Diccionario enciclopédico
LAROUSSE

Diccionario enciclopédico
LAROUSSE
en color

102 862 artículos
318 mapas
440 dibujos
5 100 fotografías

14

Planeta

Editado por Editorial Planeta, S. A.,
Córcega, 273-277, Barcelona-8 (España)
Primera edición: julio de 1984
Depósito legal: B. 17.330-1984 (tomo 14)
ISBN 84-320-8084-5 tomo 14
ISBN 84-320-8070-5 colección completa
Fotocomposición y montaje:
Tharrats, S. L., Gran Via de les Corts
Catalanes, 569, Barcelona-11
Fotomecánica: Fragma, S. A.,
Rosellón, 33, Barcelona-29
Impresión: Cayfo, S. A., Santa
Perpètua de Mogoda (Barcelona)
Papel: Estucado Argenta de
Torras Hostench, S. A.
Printed in Spain - Impreso en España

RETRACCIÓN n. f. Acción y efecto de retraer. || *Med.* Acortamiento o deformidad de ciertos tejidos u órganos.

RETRACTABLE adj. Que se puede o debe retractar.

RETRACTACIÓN n. f. Acción de retractarse.

RETRACTAR v. tr. y pron. (lat. *retractare,* retocar) [**1**]. Volverse atrás de una cosa que se ha dicho o de una actitud que se ha mantenido.

RETRÁCTIL adj. Dícese de ciertas estructuras orgánicas que pueden reducir parcialmente sus dimensiones.

RETRACTILIDAD n. f. Calidad de retráctil.

RETRACTIVO, A adj. Que produce una retracción.

RETRACTO n. m. *Der.* Derecho que compete a una persona para adquirir una cosa una vez que ésta haya sido transmitida a otra.

RETRAER v. tr. [**10**]. Reproducir una cosa en la imaginación. || *Der.* Ejercer un derecho de retracto. ◆ v. tr. y pron. Retirar, retroceder. || Apartar o disuadir a alguien de un intento. ◆ **retraerse** v. pron. Acogerse, refugiarse en algún sitio. || Aislarse, retirarse del trato con la gente. || Retirarse temporalmente de una actividad.

RETRAÍDO, A adj. y n. Que gusta de la soledad y se aparta del trato con la gente. || *Fig.* Poco comunicativo, tímido.

RETRAIMIENTO n. m. Acción y efecto de retraerse; reserva, timidez, introversión.

RETRANQUEAR v. tr. [**1**]. Bornear una columna. || Remeter el muro de fachada en la planta o plantas superiores de un edificio.

RETRANQUEO n. m. Acción y efecto de retranquear.

RETRANSMISIÓN n. f. Acción y efecto de retransmitir. || Difusión de emisiones radiofónicas o televisivas procedentes de otra estación, o transmisión de acontecimientos desde el punto en que tienen lugar.

RETRANSMITIR v. tr. [**3**]. Volver a transmitir. || Efectuar una retransmisión.

RETRASADO, A adj. Que actúa, sucede o tiene lugar más tarde de lo previsto: *reloj, tren retrasado.* ◆ adj. y n. *Retrasado mental* (Siquiatr.), afecto de retraso mental.

RETRASAR v. tr. y pron. [**1**]. Aplazar, diferir la realización de algo: *retrasar la fecha de la boda.* ◆ v. tr. Atrasar, retroceder las agujas del reloj. ◆ v. intr. y pron. Señalar el reloj una hora anterior a la que realmente es o no marchar con la debida velocidad. || Rezagarse, quedarse atrás: *retrasarse en una carrera.*

RETRASO n. m. Acción y efecto de retrasar o retrasarse: *llegar con retraso; llevar una hora de retraso.* • *Retraso mental* (Siquiatr.), todo estado de deficiencia intelectual congénita, definido por un coeficiente intelectual inferior a 80 en el test de Binet y Simon. (Según el valor del coeficiente intelectual, se distinguen diversos grados de retraso mental: debilidad, imbecilidad e idiocia. Sin embargo, la capacidad de utilizar un determinado potencial intelectual obedece a múltiples factores, de orden sobre todo afectivo, pedagógico y socioeconómico, así como a la asociación de problemas orgánicos [ceguera, sordera, epilepsia o deficiencia motriz].)

RETRATAR v. tr. [**1**]. Hacer el retrato de una persona o cosa por medio del dibujo, pintura, escultura o fotografía. ◆ v. tr. y pron. Describir exactamente con palabras a una persona o cosa.

RETRATISTA n. m. y f. Persona que tiene por oficio hacer retratos. || *Fam.* Fotógrafo profesional.

RETRATO n. m. Representación del rostro o de la figura entera de una persona mediante el dibujo, la fotografía, la pintura o la escultura. || *Fig.* Descripción de una persona o cosa. || *Fig.* Persona o cosa que se asemeja a otra: *este niño es el retrato de su padre.* || Fotografía: *enseñar los retratos de la boda.* • *Retrato robot,* dibujo de la cara de un individuo, efectuado según la descripción hecha por varios testigos.

retrato de Dorian Gray *(El),* novela de Oscar Wilde (1891). Incluye un prefacio en el cual el autor desarrolla su teoría del arte. Los rasgos de la vejez no se reflejan en el bello Dorian Gray, sino en su retrato, hasta el día en que el eterno joven rompe el cuadro y muere al momento, al tiempo que se transfiere su juventud al cuadro.

RETRECHERÍA n. f. *Fam.* Calidad de retrechero. || *Fam.* Acción propia de retrechero.

RETRECHERO, A adj. *Fam.* Que elude hacer o decir algo. || *Fam.* Simpático y con mucho atractivo.

RETREPARSE v. pron. [**1**]. Echar hacia atrás la parte superior del cuerpo. || Recostarse en el asiento, echándolo hacia atrás al apoyarse en el respaldo.

RETRETA n. f. Toque que se da en los cuarteles y campamentos militares, por la noche, para señalar el momento en que la tropa debe estar de regreso en los mismos.

RETRETE n. m. Habitación dispuesta para evacuar las necesidades; recipiente utilizado para ello.

RETRIBUCIÓN n. f. Acción de retribuir; cosa con la que se retribuye.

RETRIBUIR v. tr. (lat. *retribuere*) [**29**]. Pagar un servicio o trabajo recibido. || *Argent.* Corresponder al obsequio o favor que uno recibe.

RETRIBUTIVO, A adj. Que produce retribución o ganancia.

RETRIEVER adj. y n. m. (voz inglesa). Dícese de una raza inglesa de perros de caza, cuya especialidad es cobrar la pieza.

RETROACCIÓN n. f. Regresión, retroceso. || En cibernética, acción de retorno de las correcciones y regulaciones de un sistema de informaciones sobre el centro de mando del sistema. (Sin. FEED-BACK.)

La **revolución española de 1818**:
la batalla de Alcolea. Óleo de J.M. Rodríguez Losada.
(Academia de la historia, Madrid.)

Bevilacqua-Aisa

RETROACTIVIDAD n. f. Calidad de retroactivo.

RETROACTIVO, A adj. Que tiene aplicación, efectividad o fuerza sobre lo pasado.

RETROCEDER v. intr. (lat. *retrocedere*) [**2**]. Volver hacia atrás. || Abandonar un propósito o intento, o detenerse ante un obstáculo o peligro.

RETROCESO n. m. Acción y efecto de retroceder. || Recrudecimiento de una enfermedad. || Movimiento hacia atrás que imprime al cañón de un arma de fuego la expansión de los gases de la recámara en el momento del disparo. || *Mat.* Cambio de dirección de una curva, una de cuyas ramas va en sentido contrario a la otra, tangencialmente a ella.

RETROCOHETE n. m. Cohete de frenado, utilizado en astronáutica.

RETRÓGRADO, A adj. *Mec.* y *Astron.* Dícese del sentido del movimiento de las agujas del reloj. • *Amnesia retrógrada,* forma de amnesia que consiste en el olvido de los sucesos ocurridos antes de la enfermedad. ◆ adj. y n. Opuesto al progreso, partidario de lo anticuado y reaccionario: *ideas retrógradas.*

RETRONAR v. intr. [**1r**]. Retumbar.

RETROPROPULSIÓN n. f. Frenado de un vehículo espacial mediante un cohete.

RETROSPECCIÓN n. f. Mirada o examen retrospectivo.

RETROSPECTIVO, A adj. Que se refiere a tiempo pasado.

RETROTRAER v. tr. y pron. [**10**]. Retroceder con la memoria a un tiempo o época pasada.

RETROVENDER v. tr. [**2**]. *Der.* Volver el comprador una cosa al mismo de quien la compró, devolviéndole éste el precio.

RETROVENTA n. f. Acción de retrovender. || *Der.* Cláusula por la que el vendedor se reserva la facultad de recuperar la cosa vendida abonando al comprador el precio más los gastos de adquisición.

RETROVERSIÓN n. f. *Med.* Desviación hacia atrás de algún órgano del cuerpo.

RETROVISOR n. m. y adj. Espejo pequeño que llevan los vehículos en la parte superior del parabrisas o lateralmente, que permite al conductor ver detrás de sí.

RETRUCAR v. intr. [**1a**]. En los juegos de billar y de trucos, pegar la bola impulsada por otra en la banda y devolverle el golpe a ésta al retroceder. || Dirigir contra una persona un argumento esgrimido por ella misma.

RETRUÉCANO n. m. Figura de sentencia que consiste en invertir los términos de una proposición en otra subsiguiente para que el sentido de esta última forme contraste o antítesis con el de la anterior. (Por ejemplo: *conviene comer para vivir, no vivir para comer.*) [Sin. CONMUTACIÓN.]

RETRUQUE o **RETRUCO** n. m. En los juegos de billar y de trucos, golpe que la bola herida, dando en la banda, vuelve a dar en la bola que hirió.

RETUMBANTE adj. Que retumba. || *Fig.* Ostentoso, aparatoso.

RETUMBAR v. intr. [**1**]. Resonar, hacer mucho ruido una cosa o repercutir el sonido.

Larousse

El cardenal de **Retz.** Grabado de J. Morin, según un cuadro de Ph. de Champaigne. (Museo nacional de Granges de Port-Royal, Francia.)

RETZ (Jean-François Paul DE GONDI, *cardenal* DE), político francés (Montmirail 1613-París 1679). Fue coadjutor del arzobispo de París (1643). Participó en La Fronda (1648-1652), cambiando de partido según sus intereses. Luis XIV ordenó su detención (1652). Logró escapar y se refugió en Roma (1652) y después en Alemania y en Países Bajos. A la muerte de Mazarino (1661), regresó a Francia, y renunció al arzobispado de París, del que era titular desde 1654. Nombrado abad de Saint-Denis, escribió sus *Memorias* (publicadas en 1717), en las que se reveló como moralista y observador político.

REUCHLIN (Johannes), humanista alemán (Pforzheim 1455-Bad Liebenzell 1522), uno de los promotores de los estudios hebraicos y griegos en occidente.

REUMA o **REÚMA** n. m. o f. Sin. de REUMATISMO.

REUMÁTICO, A adj. y n. Relativo al reumatismo; afecto de reumatismo.

REUMATISMO n. m. Enfermedad caracterizada por una afección inflamatoria en una o varias articulaciones. (Sin. REUMA, REÚMA.) • *Reumatismo articular agudo,* afección febril debida a la acción de las toxinas de un estreptococo, que afecta a las estructuras del aparato locomotor y que a veces comporta una afección cardíaca. || *Reumatismo infeccioso,* afección debida a la acción directa de gérmenes diversos en las articulaciones. (El causante más frecuente suele ser el gonococo.)

REUMATOIDE adj. Dícese de un dolor análogo al de los reumatismos. • *Factor reumatoide,* globulina anormal presente en el suero de los sujetos afectados de poliartritis reumatoide. || *Poliartritis reumatoide,* inflamación crónica que afecta a varias articulaciones, simultánea o sucesivamente, y que provoca deformaciones e impotencia. (Sin. POLIARTRITIS CRÓNICA EVOLUTIVA.)

REUMATOLOGÍA n. f. Parte de la medicina que trata de las afecciones óseas articulares, reumáticas y degenerativas.

REUMATOLÓGICO, A adj. Relativo a la reumatología.

REUMATÓLOGO, A n. Médico especialista en reumatología.

REUNIÓN n. f. Acción y efecto de reunir o reunirse. || Conjunto de personas reunidas: *una reunión política, selecta.* • *Derecho de reunión* (Der.), derecho público de los ciudadanos a asociarse libremente, transitoria y espontáneamente, o de manera organizada, por tiempo ilimitado y con fines preestablecidos. || *Política de reuniones* (Hist.), política de expansión territorial practicada en plena paz por Luis XIV, especialmente en detrimento de los príncipes alemanes (1679-1684). || *Reunión de dos conjuntos* (Mat.), conjunto formado por los elementos que pertenecen por lo menos a uno de los dos conjuntos.

REUNIÓN o **LA REUNIÓN**, en fr. **La Réunion**, isla francesa de las Mascareñas que constituye un departamento francés de ultramar; 2 511 km²; 477 000 hab. Cap. *Saint-Denis.*
GEOGRAFÍA. Reunión es una isla montañosa (3 069 m en Piton des Neiges), de origen volcánico. En el E el clima, debido a los alisios, es muy húmedo, y en el O, bastante seco y las temperaturas son superiores a los 20° C a nivel del mar. Se trata de una isla superpoblada (200 hab./km²) sobre todo en las llanuras costeras, dedicadas a la agricultura, única base de su economía: predominan la caña de azúcar y sus derivados (ron), que se destinan a la exportación.
HISTORIA. Descubierta por los portugueses a principios del s. XVI, la isla *Mascareña* empezó a explotarse a partir de 1642, cuando tomó posesión de ella la Compañía francesa de Oriente, creada por Richelieu. Fue punto de escala en la ruta de las Indias. En el s. XVIII se introdujo en ella el cultivo del café y después el de las especias y la mano de obra esclava. Adoptó el nombre de *La Reunión* durante la Revolución francesa. Británica de 1810 a 1815, a partir de 1820 se inició el cultivo de la caña de azúcar, pero no logró un gran desarrollo económico. Desde 1946 constituye un departamento francés de ultramar.

REUNIR v. tr. y pron. [**3r**]. Volver a unir. || Juntar, congregar: *reunir a los miembros de una sociedad.* ◆ v. tr. Recoger, ir juntando o guardando cosas, especialmente dinero: *reunir un pequeño capital.* || Poseer determinadas cualidades o requisitos: *reunir las condiciones necesarias.*

REUS, c. de España (Tarragona), cab. de p. j., en la llanura costera (a 10 km del mar); 80 710 hab. *(Reusenses.)* Es la capital del Baix Camp, nudo ferroviario y de carreteras y centro comercial y mercantil de productos agrícolas (aceite, vino, almendras y avellanas) destinados a la exportación. Es el primer centro avícola de España (elaboración de piensos) y un importante núcleo industrial (derivados de la agricultura, textil, del calzado, confección, etc.). En 1820 llegó a ser la segunda ciudad de Cataluña. A fines del s. XIX se inició un estancamiento demográfico, superado en los últimos años. Aeropuerto. Facultad de medicina. Cuna de J. Prim, M. Fortuny y A. Gaudí.
HISTORIA. La ciudad fue establecida cerca de una necrópolis romana en tiempos de la reconquista. En 1359 ya destacaba como centro textil lanero; se benefició de la libertad de comercio con América (1768) y de la construcción del puerto de Tarragona para la exportación directa de sus frutos (avellanas y almendras), que alcanzó su apogeo a mediados del s. XIX. En 1843 fue escenario de la sublevación de Prim y de Milans del Bosch contra Espartero; tras la revolución de 1868, Reus proclamó la república federal (1869).
BELLAS ARTES. Iglesias de San Pedro (s. XVI) y de la Sangre (s. XVI, reconstruida en el s. XVIII). Ayuntamiento (s. XVII). Palacios Bofarull y Marc (s. XVIII). Edificios modernistas: instituto Pere Mata (1896), casa Rull (1900). De la arquitectura contemporánea destaca el barrio Gaudí, obra del taller Bofill. Museo municipal Salvador Vilaseca y museo Prim-Rull.

REUS (*conde* DE) → PRIM (Juan).

REUSS, r. de Suiza, que nace cerca del desfiladero de Furka, atraviesa el lago de los Cuatro Cantones, pasa por Lucerna y confluye en el Aar (or. der.); 160 km.

REUSS, antiguo principado de Turingia (Alemania), entre el Saale y el Elster. Creado en el s. XII para Enrique el Piadoso, mariscal de Enrique IV, fue repartido (1244) y reunido nuevamente en un solo estado (s. XVI). En el s. XVIII se dividió en dos ramas: la de Reuss-Greiz y la de Reuss-Schleiz, cuyos miembros llegaron a príncipes del imperio en 1778 y 1808, respectivamente. En 1919 los dos principados fueron unidos a Turingia.

REUTEMANN (Carlos), corredor automovilista argentino (Santa Fe 1942). Subcampeón del mundo en 1981 y ganador de doce grandes premios de fórmula 1, fue subcampeón de Europa de fórmula 2, en 1971, y al año siguiente debutó en la máxima categoría; ha disputado más de un centenar de carreras.

REUTLINGEN, c. de Alemania (R.F., Baden-Württemberg), al S de Stuttgart; 72 000 hab. Iglesias góticas. Industria metalúrgica.

REVÁLIDA n. f. Acción y efecto de revalidarse. || Examen que se hace al finalizar ciertos estudios.

REVALIDACIÓN n. f. Acción y efecto de revalidar.

REVALIDAR v. tr. [**1**]. Dar validez de nuevo a algo. ◆ v. tr. y pron. Realizar un examen general al finalizar determinados estudios.

REVALORIZACIÓN n. f. Acción y efecto de revalorizar.

REVALORIZAR v. tr. [**1g**]. Dar a algo o a alguien su antiguo valor o uno mayor.

REVALUACIÓN n. f. Aumento de valor de la moneda de un país en relación con las monedas extranjeras.

REVALUAR v. tr. [**1s**]. Volver a evaluar. ◆ v. tr. y pron. Producir una revaluación.

REVANCHA n. f. (fr. *revanche*). Desquite, venganza, represalia.

REVANCHISMO n. m. Actitud política agresiva, inspirada en el deseo de revancha.

REVANCHISTA adj. y n. m. y f. Relativo al revanchismo; que presenta esta actitud política.

REVELABLE adj. Que puede revelarse.

REVELACIÓN n. f. Acción y efecto de revelar o revelarse; aquello que se revela: *la revelación de un secreto; hacer revelaciones.* || Persona que manifiesta de golpe un gran talento. || *Rel.* Manifestación de un misterio o desvelamiento de una verdad por Dios o por un inspirado por Dios.

REVELADO n. m. Conjunto de operaciones que tienen por objeto transformar una imagen impresionada latente en imagen fotográfica visible y estable.

REVELADOR, RA adj. y n. Que revela.

REVELADOR n. m. Baño que actúa sobre la emulsión fotográfica impresionada para conseguir el revelado.

REVELAR v. tr. (lat. *revelare*, quitar el velo) [**1**]. Descubrir, manifestar lo que se mantenía secreto u oculto: *revelar un secreto.* || Manifestar, mostrar, dar a conocer algo o ser causa de que se conozca: *revelar una gran bondad.* || *Fot.* Efectuar un revelado. || *Rel.* Hacer una revelación. ◆ **revelarse** v. pron. Manifestarse como se expresa: *se reveló como un gran músico.*

REVELLÓN n. m. (fr. *réveillon*). Fiesta que se celebra por la noche, especialmente con motivo del fin de año.

REVENGA (José Rafael), patriota venezolano (El Consejo 1781-Caracas 1852). Combatió con Bolívar e hizo gestiones en nombre de la Junta suprema ante Washington, Madrid y Londres. Ocupó diversos ministerios y en 1830 fue desterrado por su oposición a la separación de Venezuela y Colombia. Vuelto a la vida política, fue diputado en las legislaturas de 1844 y 1848. En 1849 accedió a las carteras de Interior y Relaciones Exteriores, cargos de los que dimitió en disconformidad con el presidente Monagas.

REVENIDO n. m. Tratamiento térmico que se aplica a los metales ligeros y, principalmente, a los aceros, para disminuir su dureza y aumentar su resistencia.

REVENIMIENTO n. m. Acción y efecto de revenir o revenirse.

REVENIR v. intr. [**21**]. Volver algo a su estado propio. || Venir de nuevo. ◆ **revenirse** v. pron. Despedir humedad algunas cosas. || Alterarse las cualidades de algo, poniéndose correoso por la humedad o el calor.

REVENTAR v. tr., intr. y pron. [**1j**]. Abrir o abrirse por impulso interior: *se ha reventado una tubería; reventar un globo.* ◆ v. tr. Deshacer o romper aplastando con violencia: *reventar una puerta.* || *Fig.* y *fam.* Molestar, fastidiar mucho: *me revientan los ruidos.* || *Fig.* y *fam.* Causar un daño grave: *la crisis ha reventado a muchos.* • *Reventar los precios, o el mercado,* ofrecer una mercancía a un precio muy inferior al marcado por la competencia del mercado, de forma que a ésta le es difícil neutralizar dicha oferta. ◆ v. intr. Romperse las olas del mar deshaciéndose en espuma. || *Fig.* Estar lleno de cierta cualidad o estado de ánimo: *reventar de satisfacción.* || *Fig.* Tener deseos incontenibles de algo: *revienta por hablar.* ◆ v. tr. y pron. Hacer enfermar o matar a un caballo al someterlo a un esfuerzo excesivo. || Cansar o cansarse, sometiendo a un trabajo excesivo: *reventarse fregando.* ◆ v. intr. y pron. *Fam.* Morir violentamente.

REVENTAZÓN, r. de Costa Rica (Cartago y Limón), que nace en la cordillera de Talamanca, pasa por Peralta y desemboca en el Caribe; 145 km.

REVENTÓN n. m. Acción y efecto de reventar o reventarse. || *Autom.* Desgarramiento o rotura brusca de la cubierta y de la cámara de aire del neumático.

REVER v. tr. [**2j**]. Volver a ver, o examinar detenidamente. || *Der.* Fallar un tribunal un caso ya visto por otra sala del mismo.

REVERBERACIÓN n. f. Reflexión de la luz o del calor. || Persistencia de las sensaciones auditivas en un recinto o local, después de haber cesado la emisión del sonido.

REVERBERANTE adj. Que reverbera.

REVERBERAR v. intr. [**1**]. Producir reverberación.

REVERBERO n. m. Reverberación. • *Horno de reverbero,* horno en el que las materias que deben ser tratadas se calientan indirectamente por medio de la bóveda que, mantenida a alta temperatura por las llamas y los gases calientes, proyecta una fuerte radiación sobre la solera.

REVERDECER v. intr. y tr. [**2m**]. Recobrar el verdor los campos. || *Fig.* Renovarse o tomar nuevo vigor.

REVERDECIMIENTO n. m. Acción y efecto de reverdecer.

REVERDY (Pierre), poeta francés (Narbona 1889-Solesmes 1960). Intentó realizar una versión literaria del cubismo (*La guitarra dormida*, 1919). Reconocido como maestro por los surrealistas (*Las brasas celestes,* 1924), se retiró de la vida pública en 1925 y escribió *Piedras blancas* (1930) y *Mano de obra* (1949).

REVERENCIA n. f. Respeto o admiración que se siente y muestra hacia alguien o algo, especialmente hacia las cosas sagradas. || Inclinación del cuerpo o flexión de las piernas en señal de respeto o cortesía. || Tratamiento dado a algunos religiosos. || *Coreogr.* Movimiento de danza que se ejecuta para saludar.

REVERENCIABLE adj. Digno de reverencia.

REVERENCIADOR, RA adj. Que reverencia.

REVERENCIAL adj. Que incluye reverencia.

REVERENCIAR v. tr. [**1**]. Respetar o venerar.

REVERENDÍSIMO, A adj. y n. Tratamiento que se da a los cardenales, arzobispos, obispos y otras dignidades eclesiásticas.

REVERENDO, A adj. y n. Tratamiento que se da a sacerdotes y religiosos.

REVERENTE adj. Que muestra reverencia.

REVERÓN (Armando), pintor venezolano (Caracas 1889-*id.* 1954). Estudió en su país y se perfeccionó en Europa (España y París). La soledad y la vida libre que llevó en Macuto, unido al paisaje tropical y marino, configuran su particular universo. En 1924 se inician sus tres grandes épocas: la época azul, la blanca y la sepia. A la segunda pertenecen sus mejores cuadros (*Oleaje; Playas de Macuto; Playa y uvero; El Playón; Macuto en oro; Marina,* y *Autorretrato*), y a la etapa sepia el grupo de obras de La Guaira y un famoso *Desnudo* (1945). Su último cuadro fue *El patio del sanatorio.* Debido al material que utilizó (papel, tela de arpillera, cartón o papel de periódico) muchos de su cuadros están en deficiente estado de conservación.

REVERSIBILIDAD n. f. Calidad de reversible.

REVERSIBLE adj. Que puede o debe revertir: *un proceso reversible.* || Dícese de las telas o de las prendas de doble faz. || *Fís.* y *Quím.* Dícese de una transformación que puede cambiar de sentido en cualquier momento, bajo la influencia de una modificación infinitesimal en las condiciones de producción del fenómeno. • *Hélice reversible, o de paso reversible* (Aeron.), hélice cuyo paso puede hacerse cambiar mediante rotación de las palas alrededor de su eje.

REVERSIÓN n. f. Vuelta de una cosa al estado que tenía anteriormente. || Acción y efecto de revertir.

REVERSO n. m. Revés de algo. || Cara de una moneda o de una medalla opuesta a la efigie o elemento principal. • *El reverso de la medalla* (Fig.), persona o cosa que es la antítesis de otra con que se compara.

REVERTE JIMÉNEZ (Antonio), matador de toros español (Alcalá del Río 1870-Madrid 1903). Tomó la alternativa en Madrid, de manos de *Guerrita* (1891), y toreó también en América, Portugal y Francia. Destacó por su valor fuera de lo común y se caracterizó por sus quiebros de vaquero *(revertianas).*

REVERTIR v. intr. [**22**]. Volver una cosa al estado o condición que tuvo antes. || Redundar, derivar de una cosa el efecto o resultado que se expresa: *esfuerzos que revierten en un beneficio.* || *Der.* Volver una cosa a la propiedad del dueño que antes tuvo.

REVÉS n. m. (lat. *reversum*; de *revertere,* volver). Lado o parte posterior u opuesta al que se considera como cara o principal en una tela, papel, etc. || Golpe que se da con el dorso de la mano o con ésta vuelta. || *Fig.* Desgracia, daño imprevisto, contratiempo. || *Fig.* Cambio brusco en el trato o carácter de alguien. || En algunos deportes de pelota, golpe dado a la pelota con el dorso de la pala o raqueta. || En esgrima, golpe dado con la espada diagonalmente, y de izquierda a derecha. • *Al revés,* en sentido inverso, o de manera opuesta o contraria.

REVESINO n. m. Juego de naipes que se juega entre cuatro jugadores y que gana el que se lleva todas las bazas o el que se lleva menos.

REVESTIMIENTO n. m. Capa o cubierta con que se resguarda o adorna algo.

REVESTIR v. tr. y pron. (lat. *revestire*) [**30**]. Vestir una determinada ropa, especialmente los sacerdotes al oficiar. || *Fig.* Presentar determinado aspecto, cualidad o carácter: *el acto revistió gran solemnidad.* ◆ v. tr. Recubrir con una capa, envoltura, etc. || *Fig.* Adornar con palabras retóricas o complementarias: *revestir una frase, un discurso.* || *Fig.* Disfrazar, desfigurar representando algo distinto de lo que es: *revestir la ignorancia con discreción.*

REVIEJO, A adj. Muy viejo.

REVILLAGIGEDO o **REVILLA GIGEDO,** archipiélago de México (Colima), en el Pacífico, de origen volcánico. Las islas principales son Socorro o Santo Tomás, San Benedicto y Clarión o Santa Rosa. Está deshabitado.

REVILLAGIGEDO (*condes* DE) → GÜEMES.

REVISABLE adj. Que se puede revisar.

REVISACIÓN o **REVISADA** n. f. *Amér.* Revisión.

REVISAR v. tr. [**1**]. Examinar una cosa para comprobar si está bien o completa.

REVISIÓN n. f. Acción de revisar. • *Revisión médica* (Med.), reconocimiento médico que suele practicarse periódicamente con fines preventivos.

REVISIONISMO n. m. Actitud de quienes ponen en tela de juicio las bases de una doctrina o de un sistema económico, político, etc.

REVISIONISTA adj. y n. m. y f. Relativo al revisionismo; seguidor de esta corriente.

REVISOR, RA adj. Que revisa o examina con cuidado una cosa.

REVISOR, RA n. Persona que revisa, especialmente la que revisa los billetes en un transporte público.

REVISTA n. f. Inspección, acción de revisar a las personas o cosas que están bajo la autoridad o cuidado de uno. || Exposición o crítica que se hace y se publica de producciones literarias, teatrales, funciones, etc. || Presentación de tropas, locales o armas, para que un superior las inspeccione. || Publicación periódica. || Espectáculo teatral, relacionado con el music-hall, consistente en una serie de números de canto, baile y humor. • *Pasar revista,* ejercer un jefe las funciones de inspección que le corresponden; examinar con cuidado o detenidamente una serie de cosas.

Revista de filología española, revista cuatrimestral dedicada a lengua y literatura hispánicas, fundada (1910) y dirigida por Ramón Menéndez Pidal, a quien sucedió Dámaso Alonso.

Revista de filología hispánica, revista trimestral dedicada a temas lingüísticos y literarios hispanoamericanos, fundada por Amado Alonso, que la dirigió en los dos períodos, hasta su muerte (1952), y publicada conjuntamente por el instituto de filología de la universidad de Buenos Aires y el departamento de lengua hispánica de la universidad de Nueva York, desde 1939 a 1946. A partir de 1947 pasó a denominarse *Nueva revista de filología hispánica* y fue publicada por el Colegio de México.

REVISTAR v. tr. (lat. *revistare*) [**1**]. Pasar revista a las tropas.

REVISTERO, A n. Persona encargada de escribir revistas o reseñas en un periódico.

REVISTERO n. m. Mueble auxiliar para guardar revistas.

REVIVAL n. m. (voz inglesa, *retorno a la vida*). Retorno o reactualización de un estilo, de elementos o de temas artísticos del pasado, o de modas consumistas de un pasado reciente. || *Rel.* Nombre dado a una serie de movimientos religiosos colectivos que jalonan la renovación espiritual del protestantismo en los ss. XVIII y XIX.

REVIVIFICACIÓN n. f. Acción y efecto de revivificar.

REVIVIFICAR v. tr. [**1a**]. Vivificar, reavivar.

REVIVIR v. intr. [**3**]. Volver a la vida, resucitar. || *Fig.* Renovarse, recobrar actividad o fuerza una cosa pasada, olvidada, etc. || *Fig.* Evocar, traer a la memoria o a la imaginación.

REVIVISCENCIA n. f. Propiedad de determinados animales o plantas que, después de haber estado latentes largo tiempo, pueden revivir y recuperar su actividad normal.

REVIVISCENTE adj. Dotado de reviviscencia.

REVOCABILIDAD n. f. Calidad de revocable.

REVOCABLE adj. Que se puede o debe revocar.

REVOCACIÓN n. f. (lat. *revocationem*). Acción y efecto de revocar. || Anulación de una orden, mandato, decreto, etc.: *revocación de un testamento.*

REVOCADOR, RA adj. Que revoca.

REVOCADOR, RA n. Obrero que revoca paredes.

REVOCADURA n. f. o **REVOCO** n. m. Revoque, acción de revocar.

REVOCAR v. tr. [**1a**]. Anular una concesión, un mandato, una norma legal o una resolución: *revocar una sentencia.* || Disuadir de un propósito o una intención. || Enlucir o pintar de nuevo las paredes exteriores de un edificio. ◆ v. tr. e intr. Hacer retroceder ciertas cosas: *esta chimenea revoca el humo.*

REVOCATORIO, A adj. Que revoca o invalida.

REVOLCAR v. tr. [**1**]. Derribar a alguien y darle vueltas en el suelo maltratándole: *el toro revolcó al torero.* || *Fig.* y *fam.* Vencer o confundir a un adversario en una discusión, competición, etc. || *Fig.* y *fam.* Suspender a alguien en un examen. ◆ **revolcarse** v. pron. Echarse al suelo o sobre algo refregándose o dando vueltas sobre ello: *un animal que se revuelca en el lodo.*

REVOLCÓN n. m. *Fam.* Acción de revolcar. || *Fig.* y *fam.* Acto sexual.

REVOLOTEAR v. intr. [**1**]. Volar dando vueltas y giros en poco espacio o alrededor de algo. || Moverse una cosa ligera por el aire dando vueltas.

REVOLOTEO n. m. Acción y efecto de revolotear.

REVOLTIJO o **REVOLTILLO** n. m. Conjunto de muchas cosas desordenadas. || *Fig.* Confusión o enredo. || Guisado a manera de pisto.

revoltosa *(La),* zarzuela en un acto de R. Chapí sobre texto de J. López Silva y C. Fernández Shaw (1897). Inspirada en el ambiente popular madrileño, está considerada como una de las obras principales del género chico.

REVOLTOSO, A adj. Travieso, enredador. || Que promueve disturbios, alborotos, etc.

REVOLUCIÓN n. f. (lat. *revolutionem*). Movimiento orbital periódico de un cuerpo móvil en torno a un cuerpo central: *la revolución de un planeta.* || Tiempo empleado por este móvil para efectuar este movimiento. || Movimiento, alrededor de un eje, de una figura de forma invariable. || Cambio brusco y violento en la estructura social o política de un estado, generalmente de origen popular: *la revolución de 1868.* || *Fig.* Cambio total y radical, transformación completa. • *Revolución por minuto,* unidad de medida de velocidad angular (símbolo: r.p.m.) que equivale a 2π rd/mn. || *Revolución por segundo,* unidad de medida de velocidad angular (símbolo: r.p.s.) que equivale a 2π rd/s. || *Superficie de revolución,* superficie obtenida por la rotación de una línea de forma invariable, denominada *generatriz,* alrededor de un eje.

revolución cubana, período de la historia de Cuba, iniciado en 1953 y dividido en dos grandes etapas: lucha armada y derrocamiento del régimen de Batista (hasta en. 1959), y comienzo de la constitución del nuevo estado. La fase militar de la revolución cubana se inició con el fracasado asalto dirigido por Fidel Castro contra el cuartel de Moncada en Santiago (26 julio 1953). En diciembre de 1956, Castro desembarcó con el Granma en Belic y organizó una columna guerrillera en sierra Maestra; en La Plata obtuvo su primera victoria (17 en. 1957). Durante 1958 los insurgentes consolidaron su avance, de modo que en los últimos días de este año y los primeros de 1959 Che Guevara tomó Santa Clara, Batista y su gobierno huyeron, y las tropas rebeldes se adueñaron de La Habana y de todo el territorio cubano. Se iniciaba así la fase siguiente: reforma agraria, nacionalización de empresas privadas, transformación cultural y campaña de formación política de las masas; todo ello propició la proclamación de la república socialista, el 16 de abril de 1961.

revolución cultural proletaria, vasto movimiento de rectificación política e ideológica, iniciado en China en 1966 y dirigido por Mao Tsē-tung y sus partidarios. La campaña, iniciada en agosto, estuvo destinada a combatir las ideologías burguesas y el peligro de un eventual retorno al capitalismo y a la línea política soviética, tachada de revisionista. Con este movimiento se hicieron patentes las profundas divergencias que separaban a los dirigentes del Partido comunista chino, y la existencia de una corriente hostil a la política de Mao Tsē-tung. Esta fracción, apoyada por Liu Shao-shi, puso en cuestión la experiencia del «gran salto adelante», las comunas populares y la ruptura con la Unión Soviética, y concedió prioridad al desarrollo industrial. Frente a dicha oposición, Mao se vio obligado a revisar las estructuras del partido y a apoyarse en el ejército, en las clases populares y en la juventud (guardias rojos). Junto con ellos, Chen Po-ta y Lin Piao, jefe superior del ejército desde 1959, fueron las principales figuras de la revolución cultural. Ésta se caracterizó por la amplitud de las manifestaciones de masas, el incremento de los periódicos murales (dazibaos) y la gran difusión del *Libro rojo*. En 1967, las luchas entre las diversas fracciones se convirtieron en violentos enfrentamientos, que amenazaron al poder central y a la unidad del país. Mao pidió entonces moderación; mientras, la extrema izquierda fue apartada del seno de la revolución cultural y el papel de los guardias rojos se debilitó progresivamente. En 1968, Liu Shao-shi fue destituido; el partido, depurado de sus elementos burgueses, encontró nuevamente su papel de dirigente, y en su IX congreso (abril 1969), proclamó el éxito de la revolución cultural, consagrando la victoria de Mao sobre los «economistas». Acto seguido, Lin Piao y Chen Po-ta empezaron a hacerse impopulares, confirmando las posiciones de la tendencia moderada, representada por Chu En-lai. Tras la muerte de Mao, los principios de la revolución cultural fueron de nuevo cuestionados.

revolución mexicana:
fragmento del *Mural de la revolución*,
por David Alfaro Siqueiros, 1967.
(Castillo de Chapultepec, México.)

Arch. Planeta

revolución de octubre de 1934 → OCTUBRE DE 1934 *(revolución de)*.

revolución española de 1820, denominación del movimiento que condujo al restablecimiento de la constitución de 1812. Ineficacia y corrupción eran las principales características del gobierno absolutista (restaurado en 1814 por Fernando VII), lo que provocó un profundo descontento en el país. Numerosos intentos militares de volver a la normalidad constitucional fueron reprimidos violentamente. Pero uno de estos pronunciamientos, el de Riego, consiguió su objetivo, por el movimiento revolucionario que generó. La fase militar de la revolución empezó a fraguarse desde 1816 en Cádiz, donde estaba concentrado un ejército destinado a combatir la insurrección de las colonias americanas. La burguesía constitucionalista y las logias masónicas desplegaron una intensa actividad sobre los militares; a pesar de que el jefe de la fuerza expedicionaria, O'Donnell, denunció e hizo detener a los conspiradores, la acción siguió adelante y el 1 de enero Riego sublevó a su batallón en Cabezas de San Juan y proclamó la constitución de 1812. A pesar de que Riego y el jefe de la insurrección, Antonio Quiroga, fracasaron en sus objetivos, esta acción desencadenó un vasto movimiento revolucionario; numerosas ciudades proclamaron la constitución, de modo que Fernando VII tuvo que jurar el texto constitucional de 1812 (9 marzo), con lo que se iniciaba el trienio constitucional*.

revolución española de 1854, movimiento revolucionario español que derrocó al gobierno moderado y dio paso al bienio progresista. Tras la dimisión de Narváez (en. 1851), Isabel II intentó anular el régimen constitucional; ello, unido a la bancarrota financiera del estado, dio pie a la conspiración militar de O'Donnell (pronunciamiento de Vicálvaro). Inicialmente fue la expresión del descontento del sector liberal del ejército y de parte de la burguesía. Sin embargo, la rápida adhesión al movimiento de los progresistas y de las clases populares obligó a los sublevados a dar un contenido político a la insurrección (manifiesto de Manzanares de 7 de julio, en que se prometía descentralización mediante la formación de juntas locales, reforma electoral, reducción de impuestos, etc.). El movimiento triunfó e Isabel II se vio obligada a aceptar un gobierno dirigido por Espartero-O'Donnell (29 julio), cuya labor política, centrada en el intento de modernizar la economía del país sin alterar las estructuras sociales, sirvió de hecho para sustentar a Isabel II.

revolución española de 1868, término que designa el proceso iniciado con el derrocamiento de Isabel II (28 set. 1868) y que culminó en la proclamación de la Primera república. (También se la denomina *revolución de setiembre* o *Gloriosa*.)

La política reaccionaria de Isabel II y la incapacidad de los sucesivos gobiernos integrados por la Unión liberal y el Partido moderado dieron lugar a una serie de pronunciamientos (verano 1864; abril 1865; en. y junio 1866), que, si bien fracasaron, pusieron de relieve la inadecuación de la monarquía isabelina a las necesidades del proceso industrializador. Demócratas, progresistas y más tarde la Unión liberal suscribieron el pacto de Ostende (ag. 1866), apostando por la vía insurreccional para acceder al poder; la grave crisis económico-financiera y el destierro de varios generales aseguraron la adhesión al movimiento de amplios sectores civiles y militares. Prim y Topete iniciaron el alzamiento en la armada (18 set. 1868): ofrecían la alternativa de un gobierno provisional y la elección por sufragio universal de una cortes constituyentes. El pronunciamiento triunfó rápidamente en Cádiz y Sevilla, mientras las tropas de Serrano vencieron en Alcolea (28 set.) a las fuerzas reales capitaneadas por Pavía, e Isabel II abandonó el país (30 set.).

Serrano presidió un gobierno provisional, que convocó elecciones constituyentes fruto de las cuales, ganadas por los monárquicos, fue la constitución de 1869. Serrano fue nombrado regente y Prim accedió a la presidencia del gobierno (18 junio 1869). Sin embargo, los sectores más radicales capitalizaron el descontento popular a favor de la causa republicana: ello provocó el levantamiento federal de setiembre-octubre de 1869, sofocado por el gobierno. Mientras tanto, la coalición gubernamental no consiguió ponerse de acuerdo hata noviembre de 1870 sobre el nuevo monarca, en la persona de Amadeo I. El titular de la corona, combatido por republicanos, alfonsinos y carlistas, y tras la ruptura de la coalición gubernamental (asesinato de Prim, 27 dic. 1870), no pudo controlar la situación: el 11 de febrero de 1873 abdicó y se proclamó la república.

Revolución francesa, período de la historia de Francia (1789-1799) que puso fin al Antiguo régimen.

El estado francés, durante el reinado de Luis XVI, se encontró al borde de la bancarrota. Necker preconizó la convocatoria de los estados generales. Éstos se reunieron en Versalles (5 mayo 1789) y se transformaron en asamblea nacional constituyente (9 julio). Ésta, de composición e inspiración burguesa, tuvo que hacer frente, después de la toma de la Bastilla (14 julio) y del «gran miedo» (verano 1789), a una revolución campesina, que le obligó a votar la supresión de todos los privilegios feudales y urbanos (4 ag.). Los privilegios corporativos fueron abolidos por las leyes de Allarde y Le Chapelier (marzo y junio 1791). El 26 de agosto de 1789, la asamblea votó la *Declaración de los derechos* del hombre y del ciudadano*. Sin embargo, el rey y la asamblea se vieron forzados a instalarse en París (5-6 oct. 1789), bajo la presión del pueblo parisiense, duramente afectado por la crisis. Ésta obligó a la asamblea a decretar la transformación de los bienes del clero en bienes nacionales (2 nov.). El 12 de julio de 1790 se proclamó la constitución civil del clero, que dividió al clero francés en juramentados —o constitucionales— y en sacerdotes refractarios, considerados fuera de ley.

En 1791 se inició la contrarrevolución; la fallida huida del rey (Varennes, 21-25 junio) fue su manifestación más espectacular y la de más graves consecuencias, ya que separó la facción republicana de la revolución burguesa.

Finalmente, la monarquía constitucional —con Luis XVI, como rey de los franceses—, surgida de la constitución de setiembre de 1791, se reveló poco democrática y frágil, debido a la amenaza de la contrarrevolución y a las reacciones republicanas que suscitó.

La asamblea legislativa, que se estableció el 1 de octubre de 1791, se sentía amenazada por la contrarrevolución; de ahí las medidas tomadas contra los exiliados y contra los sacerdotes refractarios; medidas que enfrentaron la asamblea a Luis XVI. El rey se vio obligado por los girondinos, el grupo más importante de la asamblea, a declarar la guerra a los Habsburgo, a quienes se unió Prusia (20 abril 1792). El rey, unido por relaciones familiares con Viena, daba por descontada la derrota francesa. Pero, cuando la derrota se hizo realidad y se declaró que la patria estaba en peligro (11 julio 1792), la reacción de la Francia revolucionaria, suscitada por la Comuna de París, fue la abolición de la monarquía, lo que se llevó a cabo el 10 de agosto. El rey y su familia fueron hechos prisioneros. El acercamiento de los prusianos provocó el pánico en el país (matanzas de setiembre) y condujo a la elección de la Convención nacional.

La Convención, reunida el 20 de setiembre, proclamó la república (22 set.) y adoptó el calendario republicano (24 oct.); después de la victoria de Jemmapes (6 nov.) y de la ocupación de Bélgica —preludio de la anexión de Saboya (27 nov.) y de Niza (31 en. 1793)—, invitó a los pueblos oprimidos a la rebelión. Luis XVI, acusado de confabularse con los austríacos, fue condenado a muerte por la Convención (19 en. 1793) y ejecutado (21 en.). La muerte del rey provocó la formación de una coalición general contra Francia (propiciada por Gran Bretaña), que resultó victoriosa y levantó en el oeste una gran insurrección monárquica y religiosa. Frente a este doble peligro, la Convención —dominada por los jacobinos— tomó medidas de salvación pública: leva de 300 000 hombres y voto de «amalgama» (24 feb. 1793), supresión de la inviolabilidad de los diputados (1 abril), creación de un comité de salvación pública (6 abril 1793), circulación obligada de los billetes «asignados» (11 abril), etc. Los girondinos se esforzaron por contrarrestar esta política dura y centralista —de la que era promotora la Comuna de París—, pero, por instigación de Marat, fueron declarados fuera de la ley (31 mayo-2 junio 1793) por la Convención. Ésta votó seguidamente la constitución ultrademocrática, llamada «del año I» (24 junio), ratificada por referéndum, pero que quedó sólo en palabras.

El asesinato de Marat (13 julio), la revuelta de Lyon (16 julio), la toma de Valenciennes por los austríacos (28 julio) y la endémica crisis condujeron al comité de salvación pública —del que Robespierre entró a formar parte el 27 de julio— a reforzar el régimen de terror.

Esta política dio resultados inmediatos: se multiplicaron las victorias contra el enemigo exterior y se desató una campaña de descristianización, que devastó la Iglesia francesa. Robespierre reaccionó rápidamente contra este violento ateísmo (culto a la razón), y se convirtió en jefe de la revolución. El 26 de junio, en Fleurus, los franceses vencieron a los austríacos.

La caída y muerte de Robespierre, cabeza de turco de la revolución, en el termidor del año II (julio 1794), dio paso a una contrarrevolución burguesa y monárquica: se cerró el club de los jacobinos (11 nov.), se abolió la ley de máximum (24 dic.) y los girondinos volvieron al poder (8 marzo 1795). La pacificación religiosa se realizó con la separación entre la Iglesia y el estado (18 set.) y la proclamación de la libertad de cultos (21 febr. 1795). Pero, durante el invierno de 1794-1795, la Convención termidoriana se encontró frente a la miseria de las clases humildes, que, en abrill y mayo de 1795, desencadenaron las «revueltas del hambre», provocadas por los *sans-culottes*. En el exterior, las victorias y las anexiones revolucionarias se vieron enturbiadas por los tratados de Basilea (5 abril y 22 julio) y de La Haya (16 mayo). El acrecentamiento monárquico —desembarco de los exiliados en Quiberon (22 julio)— provocó la reacción de la Convención, y el 5 de octubre de 1795 (13 de vendimiario del año IV), Bonaparte abatió a los monárquicos en París.

El 26 de octubre, la Convención, que votó la constitución conservadora y burguesa del año III (22 ag.), dio paso al Directorio, régimen frágil y corrompido, de breve duración y jalonado por intentos golpistas, al que puso fin el golpe de estado del 18 y 19 de brumario del año VIII (9-10 nov. 1799).

revolución francesa de 1830 → JULIO *(monarquía de)*.

revolución industrial → INDUSTRIAL *(revolución)*.

revolución mexicana, denominación dada al período de la historia de México significado por la caída de la dictadura de Porfirio Díaz y la subida al poder de la burguesía, tras vencer, primero, a los partidarios del régimen anterior y, después, los intentos agraristas radicales.

Una serie de motines populares (Morelos, mayo 1910, bajo la dirección de Emiliano Zapata; Chihuahua, 20 nov., capitaneado por Orozco y Pancho Villa; Coahuila y Durango; Baja California; Zacatecas y posteriormente por todo el país) provocaron la caída de Díaz (mayo 1911) y el ascenso al poder de Francisco Ignacio Madero. Éste, que aglutinó en torno suyo la amplia oposición generada entre las clases medias, el campesinado y los medios obreros contra el porfiriato, utilizó el ejército porfirista para reprimir la lucha zapatista, radicalizada a través del plan de Ayala (25 nov.); en esta tarea destacó el general Victoriano Huerta, quien, tras desencadenar la decena trágica en la capital (2 000 muertos y 6 000 heridos), se hizo con el poder: Madero y el vicepresidente Pino Suárez fueron asesinados por orden de Huerta (22 febr. 1913), que se había autoproclamado presidente el día 18, con el apoyo de E.U.A.

Venustiano Carranza, gobernador de Coahuila, se proclamó continuador de la obra maderista por medio del plan de Guadalupe (26 marzo 1913) y se enfrentó, aliado con los villistas, a Huerta; simultáneamente, Zapata seguía combatiendo al S y al E del país. Las tropas de Carranza se impusieron y Huerta tuvo que dimitir (15 julio 1914), mientras que los carrancistas impedían la entrada en la capital a las fuerzas de Villa y Zapata.

Tres grupos aspiraban a controlar el proceso: los villistas, los zapatistas y los carrancistas. La convención de Aguascalientes (oct. 1914) pareció sellar la unión Villa-Zapata, con un programa zapatista, pero dominado por hombres villistas. El sectarismo villista empujó a militares constitucionalistas como Obregón hacia las filas carrancistas mientras se consumaba la ruptura Villa-Zapata (dic. 1914). Las tropas de Obregón-Carranza tomaron la capital (6 dic. 1914) y Puebla (4 en. 1915) y el nuevo gobierno obtuvo el reconocimiento de E.U.A. (oct. 1915). Mientras tanto, Zapata seguía controlando Morelos e instauraba allí una auténtica revolución, transformando las estructuras agrarias basándose en los principios comunales de distribución y cultivo de la tierra. Tras una fuerte ofensiva militar gubernamental (julio-set. 1915), los zapatistas se retiraron a las montañas de Puebla. Dueño de las cuatro quintas partes del país, Carranza, en marzo de 1917, fue elegido presidente como líder del Partido liberal constitucionalista (fundado en dic. 1916). La constitución de febrero de 1917 introdujo algunas reformas, pero el agrarismo zapatista continuaba activo en Morelos. Para deshacerse de él, el gobierno lanzó un último ataque militar (dic. 1918) y Zapata fue asesinado a traición (abril 1919), por orden de Carranza.

revolución permanente *(La)*, obra de Trotski (1928-1930), cuyas ideas primordiales son que «la construcción socialista se concibe sólo sobre la base de la lucha de clases a escala nacional e internacional» y que «la revolución socialista no puede terminar en los límites nacionales».

revolución rusa de 1905, conjunto de manifestaciones revolucionarias que estallaron en Rusia en 1905. Las transformaciones económicas y sociales de fines del s. XIX modificaron profundamente la estructura política rusa; el prestigio de los zares se debilitó progresivamente y la derrota frente a Japón sirvió de motivo para las manifestaciones revolucionarias de 1905. A principios de enero de 1905 se produjeron huelgas en San Petersburgo, y el 22 de enero (9 en., antiguo estilo), una manifestación obrera pacífica, dirigida por el pope Gapón, terminó en un baño de sangre (Domingo rojo). Las huelgas se extendieron a todas las grandes ciudades. La oposición ganó terreno, y el movimiento revolucionario surgió también en las zonas rurales y se propagó dentro del ejército. En junio de 1905 se produjo un motín a bordo del acorazado *Potemkin*. Durante el otoño, el movimiento se extendió por todo el país: Nicolás II concedió, por el manifiesto de octubre, la elección de una duma, que satisfizo a la oposición, excepto a los bolcheviques. Éstos, junto con los soviets, disponían de un poderoso instrumento de organización. Agrupados en torno a Lenin, intentaron crear un movimiento revolucionario, pero el gobierno logró sofocar todas las insurrecciones. El soviet de San Petersburgo fue disuelto, y la huelga general desencadenada en Moscú el 20 (7) de diciembre, reducida por la fuerza. El fracaso de la insurrección frenó la revolución, pero no logró sofocarla. La revolución de 1905 sirvió de experiencia y de ensayo general. El régimen zarista no lograría subsistir.

revolución rusa de 1917, movimiento revolucionario que produjo la caída del zar (revolución de febrero) y la toma del poder por los bolcheviques (revolución de octubre). Después de la revolución de 1905, el régimen zarista pareció inclinarse hacia un sistema semiliberal, pero empezó a manifestar signos de decadencia. Desde 1912 el malestar se hizo patente en todas las capas sociales. En julio de 1914, la clase obrera inició una ofensiva parecida a la de los sucesos de 1905, pero la guerra interrumpió este inicio de insurrección y despertó en el país un sentimiento patriótico unánime, que no logró subsistir a la acumulación de errores del gobierno imperial: fracaso parlamentario, empeoramiento de la situación del campesinado y desastres del ejército. La miseria se agravó durante el riguroso invierno de 1916-1917, se multiplicaron las deserciones en el ejército, y Rasputin fue asesinado el 31 de diciembre (18 dic., antiguo estilo). En febrero de 1917 se reunieron, pues, las condiciones necesarias para derribar a un régimen moribundo.

Las huelgas, importantes ya en octubre de 1916, se intensificaron en enero de 1917 y fueron claramente revolucionarias en febrero. El proletariado de Petrogrado inició una huelga parcial el 7 de marzo (22 febr.) [cierre de la fábrica Putilov]. El 8 de marzo (23 febr.), con ocasión de la jornada internacional de las mujeres, las manifestaciones se multiplicaron. La agitación se acrecentó: el 10 de marzo (25 febr.) los bolcheviques hicieron un llamamiento a la huelga general, en la que se produjeron varios muertos. El gobierno disolvió la duma el 11 de marzo (26 febr.). El 12 de marzo (27 febr.) una parte del ejército se unió a los obreros, y la ciudad cayó en manos de los insurgentes. Se constituyó el soviet de Petrogrado, formado por mencheviques, a los que se unieron los bolcheviques, y se designó el Comité ejecutivo provisional, formado por Kerenski, mencheviques y bolcheviques. El 14 de marzo (1) se crearon nuevos soviets en Moscú y en las provincias. El 15 de marzo (2) el zar abdicó a favor de su hermano Miguel, quien, con su renuncia al trono, precipitó la caída de la monarquía.

Los diputados moderados de la duma formaron un gobierno provisional presidido por el príncipe Lvov, que heredó una difícil situación, pues tuvo que compartir el poder con el soviet de Petrogrado. Los obreros y las milicias rurales desempeñaron un importante papel, pero vacilaron a la hora de definirse políticamente, incluso en el soviet. Aparentemente triunfaba una revolución burguesa. Los bolcheviques estaban situados en un segundo plano, ya que sus dirigentes se encontraban en la cárcel o en el extranjero. La amnistía liberó a los prisioneros, pero su posición no difirió mucho de la política expectante de los mencheviques. El retorno a Rusia de Lenin, quien el 17 de abril expuso sus tesis, precipitó los acontecimientos. Las «tesis de abril» (pan, tierra, paz), acogidas primero con estupefacción, fueron adoptadas por la conferencia panrusa del Partido bolchevique (7-12 mayo [24-29 abril]). Una manifestación favorable a la paz provocó la dimisión del gobierno provisional y la constitución de un segundo gobierno Lvov, formado por mencheviques y socialrevolucionarios. La participación de éstos en el poder los comprometió ante las masas, que a partir de entonces se fueron acercando poco a poco a los bolcheviques.

A comienzos de julio, el estado se hallaba en plena descomposición. La paz y las reformas estructurales ansiadas por el pueblo eran imposibles de satisfacer, y los bolcheviques se encontraron en condiciones de reivindicar el poder, lo que hizo Lenin en el primer congreso panruso de los soviets (16 junio [3]). Pero los bolcheviques se vieron sorprendidos por un motín popular en Petrogrado, que su acción había contribuido a desencadenar y que sirvió de pretexto al gobierno para iniciar una represión. Kámenev y Trotski fueron detenidos, y Lenin y Zinóviev huyeron a Finlandia. Kerenski fue nombrado presidente del consejo. La crisis ministerial que siguió a los acontecimientos de julio, el VI congreso del Partido bolchevique (8 ag. [26 julio]) y el abortado golpe de estado de Kornílov, mostraron la debilidad del gobierno y se acrecentó la influencia bolchevique. Lenin incitó desde Finlandia a desencadenar una insurrección antes del congreso de los soviets, previsto para noviembre. A su vuelta a Petrogrado, forzó a su partido a tomar esta decisión, a pesar de la oposición de Kámenev y de Zinóviev.

La noche de 6 al 7 de noviembre (24-25 oct., de donde procede el nombre de revolución de octubre), los bolcheviques ocuparon los edificios oficiales. El 8 de noviembre (26 oct.) tomaron el palacio de Invierno, sede del gobierno. El congreso de los soviets proclamó el nuevo gobierno, con una mayoría de bolcheviques. El Consejo de los comisarios del pueblo, órgano central del nuevo gobierno, presidido por Lenin, se formó el 8 de noviembre (26 oct.). Lenin declaró ante el congreso de los soviets: «Ahora vamos a edificar un orden socialista.» Los bolcheviques tuvieron que ganarse la aprobación del país, establecer nuevas instituciones y levantar la economía, lo que ofreció grandes dificultades, a causa de la ayuda otorgada por los aliados a la oposición.

REVOLUCIONAR v. tr. [**1**]. Perturbar el orden, alterar la tranquilidad o normalidad de un país, entidad, persona. ‖ Producir un cambio o alteración en cualquier cosa: *el turismo revolucionó las costumbres*. ‖ *Mec.* Imprimir más o menos revoluciones en un tiempo determinado a un cuerpo que gira o al mecanismo que produce el movimiento.

REVOLUCIONARIO, A adj. y n. Relativo a la revolución; partidario de la revolución.

revolucionario institucional *(Partido)* → INSTITUCIONAL *(Partido revolucionario)*.

revolucionario mexicano *(Partido)*, nombre que recibió de 1938 a 1946 el Partido revolucionario institucional*.

revoluciones europeas de 1848, conjunto de movimientos revolucionarios, de inspiración liberal o democrática, que estallaron en diversos países europeos en la primavera de 1848. La primera señal de insurrección tuvo lugar el 12 de enero de 1848 en Palermo, en donde se obligó al rey de Nápoles a establecer una constitución (10 febr.); lo mismo se propuso al gran duque de Toscana el día 17, y al rey de Piamonte el 5 de marzo. Mientras, en París, Luis Felipe I abdicó, dando lugar a la segunda república; el 13 de marzo, Metternich tuvo que huir a causa de la revolución austríaca; el 18 de marzo, la revolución estalló al mismo tiempo en Berlín y en Milán; el 22, se proclamó la república en Venecia, y al declarar Carlos Alberto la guerra a Austria, los duques de Parma y de Módena fueron expulsados; el 13 de abril, Viena tuvo que reconocer el estatuto húngaro; en Praga, el Comité nacional reunió a checos y a alemanes, en espera del Congreso paneslavo (2-28 junio); en España, algunos intentos ciudadanos fueron rápidamente sofocados, mientras aparecían partidas republicanas en Cataluña.

Pero en seguida se inició la reacción. Pío IX rehusó apoyar la guerra italiana contra Austria y se refugió en Gaeta (reino de Nápoles), hecho que provocó la creación de la república romana (9 febr. 1849) y la intervención del ejército francés, que tomó Roma (1 julio), dando fin al régimen republicano. Praga fue bombardeada por los austríacos (12-17 junio), mientras que en Francia la insurrección obrera (23-26 junio) era dominada, lo que favoreció la contrarrevolución conducida por Cavaignac y después por Luis Napoleón, y el restablecimiento de Fernando II en Nápoles (15 mayo) y en Sicilia (6 set.). La Asamblea constituyente de Viena abolió el régimen señorial de Austria (7 set.), pero fue disuelta el 7 de marzo de 1849, habiendo tomado Windischgrätz nuevamente Viena (31 oct. 1848). La Asamblea prusiana corrió la misma suerte (5 dic.), y el Parlamento de Frankfurt (18 junio 1849). Los húngaros se alzaron victoriosos, votaron la destitución de los Habsburgo y proclamaron a Kossuth gobernador presidente (14 abril); pero la victoria rusa de Világos (13 ag. 1849) terminó con la revolución húngara. La caída de Venecia (22 ag.) puso fin a las revoluciones europeas.

revoluciones inglesas, nombre dado a dos períodos de la historia inglesa del s. XVII.

La *primera revolución inglesa* (1642-1649), llamada también *Gran rebelión*, se suscitó a causa del conflicto entre el parlamento inglés —deseoso de conservar sus privilegios— y los dos primeros Estuardo, Jacobo I (de 1603

Arch. Planeta

Fernando **Rey** y Catherine Deneuve en una escena de *Tristana* de L. Buñuel

a 1625) y Carlos I (de 1625 a 1649). Este último, episcopaliano y además esposo de una católica, se apoyó en el poderoso episcopado anglicano y en los amigos papistas de la reina Enriqueta María, para afianzar el absolutismo; pero el protestantismo presbiteriano y puritano, profundamente arraigado en Escocia, estaba dispuesto a unirse al parlamento. El conflicto desencadenó dos guerras civiles: la primera (1642-1646) finalizó con la rendición de Carlos I a los presbiterianos escoceses, dirigidos por Oliver Cromwell, que resultaron vencedores en Naseby y en Rowton Heath (1645); la segunda (1648-1649), de corta duración, finalizó con una nueva detención del rey, que fue ejecutado el 30 de enero 1649. Los monárquicos —aliados con los escoceses, en torno a Carlos II— fueron vencidos en Worcester (1651): Cromwell se convirtió entonces en el dueño absoluto del país.

La *segunda revolución inglesa* (1688-1689) se desarrolló pacíficamente. Se produjo a causa de las imprudencias de Jacobo II Estuardo, rey católico, que fundó, en 1688, una dinastía católica (nacimiento de Jacobo Eduardo Estuardo). Consistió en el desembarco (nov. 1688) de Guillermo de Orange (futuro Guillermo III), esposo de María II Estuardo, y en la huida a Francia de Jacobo II, cuyos descendientes católicos —los jacobitas— no lograron nunca desalojar ni a los Estuardo protestantes (María, luego Ana) ni a los Hannover del trono de Inglaterra. Esta revolución sin luchas sirvió para establecer en Inglaterra una auténtica monarquía constitucional.

revolutionibus orbium coelestium *(De)*, obra de Copérnico, publicada en 1543, en la que expone su teoría sobre los movimientos planetarios (heliocentrismo).

REVOLUTO, A adj. *Bot.* Dícese de la hoja adulta con los bordes enrollados sobre el envés.

REVOLVER v. tr. [**2e**]. Hacer que una cosa dé vueltas de modo que sus elementos o componentes cambien de orden, posición o se mezclen. || Alborotar, enredar, mover lo ordenado. || Indignar, inquietar, confundir. || Meditar, reflexionar. ◆ v. tr. y pron. Hacer que alguien o algo gire o dé una vuelta entera. ◆ **revolverse** v. pron. Moverse de un lado para otro. || Cambiarse el tiempo, poniéndose borrascoso. || Enfrentarse a alguien o a algo atacándolo o contradiciéndolo.

REVÓLVER n. m. (ingl. *revolver*). Arma de fuego individual, de repetición, cuyo cargador está formado por un tambor.

REVOQUE n. m. Acción y efecto de revocar, enlucir. || Capa delgada de mortero u otro material aplicada sobre los paramentos de una obra de fábrica. || Pasta o arcilla que se aplica sobre las piezas de cerámica para ocultar su color natural.

REVUELCO n. m. Acción y efecto de revolcar o revolcarse.

REVUELO n. m. Segundo vuelo que dan las aves. || Revoloteo. || *Fig.* Agitación de cosas semejantes al movimiento de las alas. || *Fig.* Agitación o turbación producida por algún acontecimiento.

REVUELTA n. f. Disturbio, alteración del orden público. || Riña, disputa entre varias personas. || Punto en que una cosa se desvía, cambiando de dirección; este mismo cambio de dirección. || Vuelta o mudanza de un estado o parecer a otro.

revueltas *(período de las)*, período de la historia de Rusia (1605-1613). Después de la muerte de los dos hijos de Iván IV, Fiódor I (zar de 1584 a 1598) y Dimitri († 1591, quizá asesinado por orden de Borís Godunov), Borís Godunov reinó de 1598 a 1605. Le sucedió su hijo Fiódor II, que fue derrocado por un falso Dimitri que pretendía ser el hijo de Iván IV, escapado milagrosamente del atentado de 1591. Éste, después de atravesar la frontera polaca, entró en Moscú en junio 1605. Fue derrocado en 1606 por Vasili Shúiski (de 1606 a 1610), quien se mantuvo en el poder a pesar de la revuelta campesina dirigida por I. I. Bolótnikov (1606-1607), de la aparición de un segundo falso Dimitri (de 1607 a 1610) y de la intervención de los ejércitos sueco y polaco a partir de 1609. Ladislao IV Vasa reinó de 1610 a 1612 en Moscú, de donde las milicias populares que se organizaron en 1611 bajo el impulso de K. M. Minin y D. M. Pozharski expulsaron a los polacos. Un *Zemski-Sobor,* reunido en 1613, eligió zar a Miguel III Fiódorovich.

REVUELTAS (Silvestre), violinista y compositor mexicano (Santiago Papasquiaro 1899-México 1940). Director de la orquesta sinfónica de México y fundador de la orquesta nacional mexicana, es autor de obras vinculadas a España (*Homenaje a García Lorca,* 1935; *7 canciones de García Lorca,* 1938) y al folklore mexicano (*Cuauhnahuac,* 1926).

REVUELTAS (José), escritor mexicano (Durango 1914-México 1976). Perteneció al Partido comunista hasta 1961, fecha en que fundó la Liga leninista Espartaco, que al poco abandonó. Su obra se centra en los problemas sociales y en experiencias de su agitada vida personal. Junto a ensayos y obras teatrales, destacan sus relatos (*Dios en la tierra,* 1944; *Dormir en tierra,* 1960) y sus novelas (*Los muros de agua,* 1941; *El luto humano,* 1943; *Los errores,* 1964; *El Apando,* 1969).

REVUELTO, A adj. Travieso, revoltoso. || Difícil de entender, intrincado. || Dícese del mar cuando está agitado o del tiempo inseguro, variable.

REVUELVEPIEDRAS n. m. (pl. *revuelvepiedras*). Sin. de VUELVEPIEDRAS.

REVULSIÓN n. f. *Med.* Irritación local provocada para hacer cesar un estado congestivo o inflamatorio.

REVULSIVO, A adj. y n. m. Dícese del agente capaz de provocar una revulsión.

REWBELL o **REUBELL** (Jean François), político francés (Colmar 1747-*id.* 1807). Abogado, fue diputado a la Convención (1792) y participó en la defensa de Maguncia (1793). Activo termidoriano, fue elegido presidente de los Quinientos (1795-1799), y organizó, junto con Barras y La Révellière-Lépeaux, el golpe de estado del 18 de fructidor (1797).

REX n. m. (voz latina, *rey*). En la España prerromana, magistrado supremo de una comunidad política con una organización monárquica. ● *Rex Hispaniae,* título que usaron los reyes de León.

REX, monte de Chile, en el continente antártico; 3 202 m de alt.

REXACH (Joan), pintor español, activo en Valencia entre 1431 y 1482. Colaboró con Jacomart. Su estilo, dentro del gótico hispanoflamenco, se caracteriza por la rigidez, delgadez y microcefalia de sus personajes, lejos del preciosismo y firme modelado de Jacomart (retablos de *Santa Úrsula,* 1468, y de la *Epifanía* de Rubielos de Mora, museo de arte de Cataluña), y, en colaboración con Jacomart, los de Cati (Valencia) y el de la *Santa Cena,* catedral de Segorbe.

REXISMO n. m. Movimiento antiparlamentario belga, autoritario y corporativo, fundado en 1935 por Léon Degrelle y que desapareció en 1944.

REXISTA adj. y n. m. y f. Relativo al rexismo; partidario de este movimiento.

REXISTASIA n. f. *Geomorfol.* Fase de gran actividad erosiva provocada por la ausencia o escasez de cobertura vegetal.

REXROTH (Kenneth), escritor norteamericano (South Bend, Indiana, 1905-Montecito, California, 1982). Intentó lograr una nueva expresión humanista basándose en sus estudios sobre temas y técnicas poéticas, desde las epopeyas sumerias hasta las investigaciones verbales contemporáneas (*El Fénix y la tortuga,* 1944; *Colección de poemas cortos,* 1967; *Todo ojos y oídos,* 1970).

REY, REINA n. Monarca o príncipe soberano de un reino. || *Fig.* Persona, animal, planta o cosa que sobresale entre las demás de su especie o en determinado campo.

REY n. m. Pieza principal del juego de ajedrez; carta de la baraja que tiene pintada la figura de un rey. ● *Gran rey,* título del rey de Persia, según los autores griegos. || *Rey católico,* en época moderna, título dado a los reyes de España. || *Rey cristianísimo,* título oficial del rey de Francia en los ss. XVII y XVIII. || *Rey de reyes,* título dado a los reyes partos y persas. || *Rey de romanos,* en el antiguo Imperio germánico, título que llevaba desde el s. XII el emperador antes de su coronación, y luego, a partir de 1508, el sucesor designado del emperador reinante; (Fig.), persona que se supone ha de suceder a otra en algún cargo. || *Reyes católicos,* Isabel* I, reina de Castilla, y Fernando* II, rey de Aragón.

REY *(isla del)* o **SAN MIGUEL** *(isla de),* isla de Panamá, en el archipiélago de las Perlas (Panamá); 32 km². Pesquerías de perlas.

REY (Antonio MARTÍNEZ DEL CASTILLO, llamado **Florián**), director de cine español (La Almunia de Doña Godina 1894-Alicante 1962). Inició su carrera en 1924 y obtuvo grandes éxitos dirigiendo a su esposa, Imperio Argentina: *La hermana San Sulpicio* (versiones de 1927 y 1934); *Nobleza baturra* (1935). *Morena clara* (1936). Su obra más famosa es *La aldea maldita* (1929).

REY (Fernando CASADO D'ARAMBILLET, llamado **Fernando**), actor español (La Coruña 1917). En su extensa filmografía cabe destacar: *Locura de amor* (1948), de J. de Orduña; *Cómicos* (1954), de J. A. Bardem; *Campanadas a medianoche* (1965), de O. Welles; *Contra el imperio de la droga* (1971), de W. Friedkin y, sobre todo, las películas en que fue dirigido por Buñuel: *Viridiana* (1961), *Tristana* (1970), *El discreto encanto de la burguesía* (1972), *El fantasma de la libertad* (1973) y *Ese oscuro objeto del deseo* (1977). Premio de interpretación en Cannes (1977) por *Elisa, vida mía,* posteriormente actuó en películas de R. Altman, L. Comencini y M. Bolognini.

REY DE ARTIEDA (Andrés), escritor español (Valencia 1549-*id.* 1613). Perteneció al grupo valenciano de la Academia de los nocturnos. Publicó el drama en verso *Los amantes* (1581), sobre la leyenda de los amantes de Teruel, y la obra poética *Discursos, epístolas y epigramas de Artemidoro* (1605).

REY GUILLERMO *(isla del),* en ingl. **King William Island,** isla del archipiélago ártico canadiense.

rey Lear *(El),* tragedia en cinco actos de Shakespeare (c. 1605). Inspirada en una crónica de los orígenes de Inglaterra (un rey deshereda a la menor de sus hijas en provecho de las dos mayores, quienes le corresponden con ingratitud), es una tragedia del absurdo y del deseo, que mezcla el simbolismo cósmico con la estructura del melodrama.

REY PASTOR (Julio), matemático español (Logroño 1888-Buenos Aires 1962). Fue catedrático de análisis matemático en Oviedo (1911) y en Madrid (1914), donde fundó el Laboratorio y seminario matemático (1916). Desde 1917 mantuvo un contacto docente con la universidad de Buenos Aires. En sus obras *Teoría geométrica de la polaridad* (1912) y *Fundamentos de la geometría proyectiva superior* (1914) introdujo diversas innovaciones en el estudio de la geometría sintética. Se interesó por la historia de la ciencia española (*Los matemáticos españoles del siglo XVI,* 1926) y al final de su vida realizó diversos estudios sobre cartografía mallorquina. (Real academia española, 1953.)

Alfonso **Reyes** en 1958.

Arch. Planeta

REYERTA n. f. Contienda, disputa, riña.

REYES (Los) → La Paz, mun. de México.

Reyes *(valle de los)* → Tebas.

Reyes *(libros de los)*, nombre dado a dos libros bíblicos que contienen la historia del reinado de Salomón y la de los reinos de Israel y de Judá (v. hebreos). Estas narraciones, en las que se mezclan elementos legendarios, históricos y hagiográficos, y cuya primera redacción se sitúa en el s. vii a. J.C., recibieron su forma actual en el s. vi a. J.C., en tiempos de la cautividad de Babilonia.

REYES (Bernardo), militar y político mexicano (Guadalajara 1850-México 1913). Ministro de Guerra y Marina (1901-1903), sus apoyos en Nueva León le llevaron a presentarse como candidato a la vicepresidencia; Porfirio Díaz rechazó la candidatura y Reyes tuvo que exiliarse a Europa (1909). A su regreso, preparó un fracasado golpe contra Madero (Linares, dic. 1911) y fue encarcelado. Liberado por Félix Díaz, fue muerto cuando intentaba el asalto al palacio nacional.

REYES (Isabelo de los), político filipino (Vigan, Ilocos Sur, 1864-† 1938). Combatió la dominación española, por lo que fue desterrado a la Península. Regresó a Filipinas, se unió a Aguinaldo y fue elegido presidente de la república (1900). En 1901 fundó la Iglesia filipina independiente, y en 1903, la primera unión obrera.

REYES (Alfonso), escritor mexicano (Monterrey 1889-México 1959). Era hijo de uno de los generales de Porfirio Díaz. Frente a la enrarecida atmósfera intelectual del régimen, en 1909 cofundó con Henríquez Ureña y otros intelectuales el Ateneo de la juventud. Perteneciente desde 1914 al cuerpo diplomático, vivió hasta 1924 en España, donde estudió con Menéndez Pidal, colaboró en el Centro de estudios históricos y se convirtió en una autoridad sobre temas literarios del siglo de oro. Tras desempeñar cargos diplomáticos en Argentina y Brasil, fue nombrado en 1939 presidente del Colegio de México. Su copiosa producción (recopilada a partir de 1955) abarca muy diversos géneros (ello al margen de su labor como traductor: Mallarmé, Sterne, Chesterton, Stevenson, etc.), aunque alcanza su voz y estilo más adecuados en el ensayo: investigación y reflexión sobre los clásicos (*Discurso por Virgilio,* 1931; *La crítica en la edad ateniense,* 1945), sobre estética (*Cuestiones estéticas,* 1911; *En torno a la estética de Descartes,* 1958), sobre literatura española (*Cuestiones gongorinas,* 1927; *Capítulos de literatura española,* 1939-1945) o sobre la cultura mexicana (*Visión de Anáhuac,* 1915; *Letras de la Nueva España,* 1948). En su poesía se funden los motivos populares y cultos (*Huellas,* 1922; *Yerbas de Tarahumara,* 1934); destaca el libro de evocación helénica *Ifigenia cruel* (1924).

REYES (Salvador), escritor chileno (Copiapó 1899-Santiago 1969). Se inició como poeta y se orientó luego hacia la narrativa, a menudo de tema marítimo, de vigorosa imaginación: *El matador de tiburones* (1929), *Tres novelas de la costa* (1934), *Mónica Sanders* (1951) y *Los amantes desunidos* (1959).

REYES (Neftalí) → Neruda (Pablo).

REYES PRIETO (Rafael), militar y político colombiano (Santa Rosa de Viterbo, Boyacá, 1850-Bogotá 1921). Combatió en el bando legitimista durante la guerra civil de 1885; en 1895, como general en jefe del ejército, reprimió con dureza los alzamientos de Cauca y Panamá. Elegido presidente del país para el período 1904-1908, gobernó dictatorialmente. A pesar de que amplió su mandato hasta diez años, el descontento popular (polarizado en la Unión republicana) le apartó del poder en 1909.

REYES PROSPER (Ventura), matemático y lógico español (Castuera 1863-Toledo 1922). Estuvo en contacto con P. Klein y F. Lindemann, e introdujo en España el estudio de las geometrías no euclídeas. A partir de 1891 se ocupó de diversas cuestiones de lógica simbólica.

REYEZUELO n. m. Nombre dado al príncipe o señor de los distritos hispanomusulmanes que se habían constituido en taifas independientes. ‖ Paseriforme de pequeño tamaño, insectívoro, que se caracteriza por su copete naranja o amarillo. (Long. 10 cm.)

REYKJAVIK, cap. y principal puerto de Islandia, en el SO de la isla; 84 000 hab. La ciudad agrupa a casi la mitad de la población isleña. Pesca. Industria conservera; astilleros; metalurgia. Aeropuerto.

REYLES (Carlos), escritor uruguayo (Montevideo 1868-† 1938). Su producción narrativa ofrece influencias del naturalismo y es representativa del movimiento modernista. Iniciada con la novela *Beba* (1894), se inspira a menudo en las costumbres de los ambientes rurales: *La raza de Caín* (1900), *El terruño* (1916), *El gaucho Florido* (1932), su título más destacado. Vivió muchos años en España; revivió sus recuerdos andaluces en *El embrujo de Sevilla* (1922).

REYMONT (Wladyslaw Stanislaw), escritor polaco (Kobiele-Wielkie, cerca de Radom, 1867-Varsovia 1925). Sus novelas y narraciones constituyen una profunda evocación lírica de la naturaleza y de la vida campesina polacas (*Los campesinos,* 1904-1909). Publicó también varias novelas históricas (*El año 1794,* 1913-1918; *La rebelión,* 1924). [Premio Nobel de literatura, 1924.]

REYNAUD (Paul), político francés (Barcelonnette 1878-Neuilly 1966). Varias veces ministro durante la tercera república, sucedió a Daladier en la presidencia del consejo (marzo 1940) y se encargó también de los asuntos exteriores y de la defensa nacional, pero no pudo impedir la derrota. Partidario de proseguir la lucha, se opuso al armisticio, por lo que tuvo que dimitir el 16 de junio, pasando a ocupar su lugar el mariscal Pétain. Fue detenido en julio y deportado a Alemania (1942-1945).

REYNOLDS (*sir* Joshua), pintor británico (Plympton, Devon, 1723-Londres 1792). Fecundo retratista, pasó tres años en Italia y en 1752 se instaló en Londres; alrededor de 1760 adquirió gran notoriedad entre la sociedad londinense. Fue cofundador y presidente de la Real academia en 1768. Pintor clásico, admirador de los boloñeses y de Rembrandt, sus obras poseen gran belleza de colorido, pero muchas de ellas se han deteriorado con los años. Fue demasiado ambicioso en sus cuadros históricos, y a veces artificial al pintar el encanto femenino e infantil, pero alcanzó una auténtica grandeza con la dignidad realista de algunos de sus cuadros (*Lord Hearthfield,* 1785, galería nacional, Londres).

REYNOLDS (Osborne), ingeniero y físico británico (Belfast 1842-Watchet, Somersetshire, 1912). Estudió el comportamiento dinámico de los líquidos y fluidos viscosos. Demostró la existencia de una velocidad crítica y señaló la importancia, en la mecánica de los fluidos, del *número de Reynolds.*

REYNOLDS (Gregorio), poeta boliviano (Sucre 1882-La Paz 1948). Es, junto con Jaimes Freyre y Tamayo, una de las figuras del modernismo boliviano. Sus obras más importantes son: *Quimeras* (1915), poema escénico, *El cofre de Psiquis* (1918), *Horas turbias* (1922), *Prisma* (1938), *Beni* (1942), *Illumani* (1945). Sus *Poesías escogidas* (1948) abarcan 18 libros. Con el título de *Redención* publicó la primera parte de un poema épico sobre la historia de su país, que no llegó a terminar.

REYNOSA → Reinosa.

REZADO, A adj. Dícese de la misa, oficio o rezo recitado, en contraposición a cantado.

REZADOR, RA adj. y n. Que reza mucho.

REZAGARSE v. pron. [**1b**]. Quedarse atrás.

REZĀ'ĪYEH, act. **Orūmīyeh,** c. del NO de Irán, en Azerbaiján; 164 000 hab.

REZAR v. intr. [**1g**]. Dirigir a Dios o a los santos, oral o mentalmente, alabanzas o súplicas. ‖ *Fig.* y *fam.* Gruñir, refunfuñar. ◆ v. tr. Decir una oración. ‖ Leer o decir con atención las oraciones del oficio divino o las horas canónicas. ‖ *Fam.* Decir o decirse algo en un escrito. ● *Rezar* una cosa *con* alguien o algo (Fam.), referirse o ser aplicable a ellos.

Arch. Planeta

Carlos **Reyles**

REZNO n. m. Garrapata. ‖ Ricino. ‖ Larva que se desarrolla en las paredes del estómago de los rumiantes.

REZO n. m. Acción de rezar. ‖ Oración, aquello que se reza. ‖ Oficio eclesiástico que se reza diariamente. ‖ Conjunto de los oficios particulares de cada festividad.

REZONGADOR, RA adj. y n. Que rezonga.

REZONGAR v. intr. [**1b**]. Gruñir o refunfuñar.

REZUMAR v. intr. y pron. [**1**]. Salir un líquido a través de los poros del recipiente que lo contiene. ◆ v. tr. *Fig.* Tener una persona alguna cualidad en alto grado. ◆ **rezumarse** v. pron. *Fam.* Traslucirse o divulgarse un hecho, situación, etc.

R.F.A., siglas de República Federal de Alemania.

rH, índice análogo al pH, que representa cuantitativamente el valor del poder oxidante o reductor de un medio.

Rh, abrev. de factor Rhesus.

Rh, símbolo químico del *rodio.*

RHAZES → Rāzī (**al-**).

RHEDEN, c. de Países Bajos (Güeldres); 51 000 hab. Centro industrial.

RHEE (Ree Syn Man, llamado **Syngman**), político coreano (prov. de Hwanghae 1875-Honolulú 1965). Fue uno de los jefes de la resistencia contra los japoneses, y constituyó en 1919, en Shanghai, un gobierno nacionalista en el exilio. Regresó a su país en 1945, y fue nombrado presidente de la República de Corea del Sur (julio 1948). Apoyado por E.U.A., estableció un régimen dictatorial y anticomunista, que rechazó el diálogo con Corea del Norte. Fue reelegido en 1960, pero tuvo que dimitir porque la oposición demócrata impugnó la validez de las elecciones. Se refugió en E.U.A.

RHEINE, c. de Alemania (R.F., Renania del Norte-Westfalia), a orillas del Ems; 48 000 hab. Centro industrial.

RHEINHAUSEN, c. de Alemania (R.F., Renania del Norte-Westfalia), a orillas del Rin, frente a Duisburg; 72 000 hab. Siderurgia.

RHESUS n. m. Primate de unos 60 cm de long. y 25 cm de cola. (Familia cercopitécidos.) ● *Factor Rhesus,* v. factor.

RHEYDT, c. de Alemania (R.F., Renania del Norte-Westfalia); 102 000 hab. Palacio renacentista (s. xvi). Metalurgia.

RHIN → Rin.

RHINE (Joseph Banks), sicólogo norteamericano (Waterloo, Pennsylvania, 1895-Hillsborough, Carolina del Norte, 1980). Intentó proporcionar bases científicas a la parasicología, promoviendo un laboratorio en la universidad de Durham de 1940 a 1965 y con numerosas publicaciones (*El nuevo mundo de la mente,* 1953; *La parasicología actual,* 1969).

rH-METRO n. m. *Quím.* Aparato con que se mide el potencial de oxidorreducción de un medio.

RHO o **RO** n. f. Letra del alfabeto griego (ρ), correspondiente a la *r.*

RHODE, factoría griega, fundada por los rodios en el NE de la península Ibérica con anterioridad al 776 a. J.C., cuyo primitivo emplazamiento se halla en el lugar de la antigua población de Rosas, en el fondo del golfo de Rosas. Numerosos hallazgos arqueológicos confirman que fue centro de un intenso tráfico comercial marítimo. Durante los ss. iv-v se transformó en una importante ciudad fronteriza, que mantuvo su plena vitalidad hasta la edad media.

RHODE ISLAND, estado del NE de Estados Unidos, en la costa atlántica; 3 144 km²; 950 000 hab. Cap. *Providence.* Es el estado más pequeño, aunque, después de Nueva Jersey, el más densamente poblado de E.U.A. La casi totalidad de la población vive en una extensa área urbana que se extiende de Pawtucket a Warwick, pasando por Providence y Cranston. Posee una importante industria (construcciones mecánicas y eléctricas y textil).

RHODES (Cecil), financiero y administrador británico (Bishop Stortford 1853-Muizenberg 1902). En 1870 se instaló en la colonia de El Cabo y se dedicó a las explotaciones diamantíferas. Sus éxitos financieros le llevaron a desempeñar un papel político, a favor del imperialismo británico. Trató de extender la influencia británica en África (desde El Cabo hasta El Cairo) y obtuvo la federación de diversos estados hasta el Zambeze. Fue diputado de la Asamblea de El Cabo (1881) y, en 1885, logró que Bechuanalandia fuera un protectorado británico. La colonización se extendió hasta los territorios conocidos más tarde con el nombre de Rhodesia; para explotarlos, Rhodes fundó la compañía Chartered (1889). En 1890 fue nombrado primer ministro de El Cabo. Siguió adelante con la expansión británica, pero fracasó en una operación

Fleming

Cecil **Rhodes**, por G. F. Watts. (Galería nacional de retratos. Londres.)

relámpago contra los bóers (expedición de Jameson, 1895), por lo que se vio obligado a dimitir.

RHODESIA → Zimbabwe.

RHODESIANO, A adj. y n. → rodesiano.

RHÖN, pequeño macizo volcánico de Alemania, en el extremo N de Baviera, que penetra en la R.D.A.; 950 m.

RHONDDA, c. de Gran Bretaña, en el S del País de Gales; 98 000 hab. Centro hullero.

RHÔNE, departamento de Francia, en el borde E del macizo Central; 3 215 km²; 1 429 647 hab. Cap. *Lyon.* La población activa se distribuye, casi a partes iguales, entre los sectores secundario y terciario, mientras que la agricultura, orientada hacia una producción de calidad (vid y frutales), ocupa a menos de la veinteava parte de la población. La industria (textil, metalurgia de transformación, química, petroquímica) se concentra en la región de Lyon.

RHYTHM AND BLUES n. m. (voces inglesas, *ritmo y blues*). Música popular negra americana surgida del blues, el gospel y el jazz.

RÍA n. f. Valle fluvial encajado, invadido por el mar, y que queda influido por la penetración de las mareas.

¡RIÁ!, voz que usan los carreteros para hacer torcer las caballerías hacia la izquierda.

RIACHUELO n. m. Río pequeño y de poco caudal.

RIAD → Riyāḍ.

RIADA n. f. Crecida del caudal de un río. || Inundación que provoca.

RIAL n. m. Unidad monetaria de Irán, dividida en 100 dinares.

RIANCHO (Agustín), pintor español (Entrambasmestas, Santander, 1841-Ontaneda 1930). Discípulo de Carlos Haes, estudió después en Amberes y en Bruselas. Su producción se centra en el paisaje, con un estilo que evolucionó hacia coloraciones cada vez más claras y una mayor soltura en la pincelada. Está representado en el museo de Santander.

RIANJO o **RIANXO,** v. de España (La Coruña), en el fondo de la ría de Arosa (Rías Bajas); 11 352 hab. (*Rianjeiros* o *rianxeiros.*) Cereales, patatas y vid. Ganadería vacuna y porcina. Mariscos. Conservas de pescado y manufacturas de la madera (muebles).

RIÁNSARES (*duque* de) → Muñoz (Agustín Fernando).

RIAÑO (Diego), arquitecto español († Valladolid 1534). Se le debe la sacristía de los Cálices y las capillas laterales del coro de la catedral de Sevilla y el ayuntamiento de dicha ciudad. Aunque empleó primordialmente una estructura gótica, se le considera una de las principales personalidades del plateresco.

RIART (Luis Alberto), político paraguayo (1881-1953). Fue presidente interino de la república (1924), y como ministro de Relaciones Exteriores (1934-1936), firmó el protocolo que puso fin a la guerra del Chaco (Buenos Aires, 1935). Entre 1939 y 1943 fue vicepresidente electo.

Vilanova-Salmer

Rías Altas:
la ría de Santa Marta de Ortigueira en La Coruna.

RÍAS ALTAS, sector de la costa española de Galicia, que abarca el extremo NO de la provincia de La Coruña, desde el cabo de Estaca de Bares (ría de Santa Marta de Ortigueira) hasta el de Finisterre (ría de Corcubión). Es un territorio montañoso (300-600 m). La actividad económica principal es la pesca y las industrias derivadas. Astilleros en El Ferrol y refinería de petróleo en La Coruña. Turismo.

RÍAS BAJAS o **RÍAS BAIXAS,** sector de la costa española de Galicia, en la fachada O de las prov. de La Coruña y Pontevedra, desde la ría de Muros y Noya, al N, hasta la de Vigo, al S. La costa está muy recortada. Agricultura y ganadería vacuna; la pesca es la principal actividad económica. Destacan también los astilleros y las industrias de Vigo. Turismo.

RIAZA, r. de España, afl. del Duero (or. izq.); 104 km. Nace en la sierra de Ayllón, excava un desfiladero en el que se ha construido la presa de Linares del Arroyo, que alimenta una central de 1 536 kW, y desemboca en el Duero, cerca de Roa.

RIAZA, v de España (Segovia), cab. de p. j., al pie de Somosierra; 1 434 hab. (*Riazanos.*) Agricultura. Ganado lanar. Industria alimentaria; mosaicos.

RIAZÁN, c. de la U.R.S.S. (R.S.F.S. de Rusia), al SE de Moscú; 442 000 hab. Museos en los antiguos monasterios del Kremlin. Refinerías de petróleo. Industria química y metalúrgica.

RIBA (Carles), escritor español en lengua catalana (Barcelona 1893-*id.* 1959). Estudió en Barcelona, Madrid y Munich (donde fue discípulo de K. Vossler). Dirigió la sección griega de la fundación Bernat Metge (1925-1939) y profesó griego en la universidad de Barcelona. Vivió exiliado en Francia entre 1939 y 1943. A su labor crítica pertenecen libros como *Escolios y otros artículos* (1921), *Los márgenes* (1927) y *Para comprender* (1937). De sus tareas como gran traductor del griego al catalán dan fe sus versiones de la *Odisea* de Homero (1922, 1948), y de obras de Esquilo, Sófocles, Jenofonte y Kavafis. Como creador, aparte de volúmenes de narraciones, lo más destacado es su labor poética, que, iniciada con dos libros de *Estancias* (*Estances,* 1919 y 1933), se orienta hacia una pureza hermética, de denso y restringido contenido en *Tres suites* (1937), y se humaniza a raíz de la guerra y el destierro con *Elegías de Bierville* (*Elegies de Bierville,* 1942), *Salvaje corazón* (*Salvatge cor,* 1952) y *Esbozo de tres oratorios* (*Esbós de tres oratoris,* 1957).

RIBA DE SAELICES → Casares (*cueva de los*).

RIBADAVIA, v. de España (Orense), cab. de p. j., en el Ribeiro, en la confluencia del Avia y el Miño; 6 622 hab. (*Ribadavienses* o *riberavianos.*) Agricultura (vid) y ganadería. Minas de volframio. Manufacturas de la madera. Es centro de una rica comarca vinícola (*ribeiro*). Iglesias románicas de San Juan y de Santiago (s. xii). Iglesia gótica de Santo Domingo (ss. xiv-xv). Iglesia de San Francisco (s. xvi).

RIBADENEYRA o **RIVADENEYRA** (Pedro de), escritor español (Toledo 1527-Madrid 1611). Su verdadero apellido era Ortiz de Cisneros. Ingresó en la Compañía de Jesús (1540) y enseñó retórica en Palermo y en Roma. Amigo y secretario de san Ignacio, fue biógrafo de éste, de Francisco de Borja y de D. Laínez. Escribió obras ascético-morales (*Flos sanctorum* o *Libro de las vidas de los santos,* 1599) e histórico-apologéticas (*Historia eclesiástica del cisma del reino de Inglaterra,* 1588), de una prosa muy fluida.

RIBADEO, v. de España (Lugo), en la or. izq. de la *ría de Ribadeo;* 9 068 hab. Puerto pesquero (mariscos) e industria alimentaria. Coto nacional. Turismo.

RIBADESELLA, v. de España (Oviedo), en la desembocadura del río Sella (*ría de Ribadesella*); 6 688 hab. (*Ribadesellenses.*) Agricultura y ganadería. Puerto pesquero. Industria alimentaria, transformados metálicos y manufacturas de la madera. Minas de espato flúor.

RIBADOQUÍN n. m. Arma de los ss. xiv y xv, formada por varias picas o bocas de fuego montadas sobre un carro.

RIBAGORZA, comarca pirenaica de España (Huesca), entre los ríos Noguera Ribagorzana y Cinca. Energía hidroeléctrica y deportes de invierno (Benasque) en la *Alta Ribagorza;* agricultura y ganadería en la *Baja Ribagorza.*

RIBAGORZA (*condado de*), antiguo condado pirenaico, situado en los valles de los ríos Noguera Ribagorzana, Ésera e Isábena, lindante al S con el condado de Urgel y al E con el de Pallars, con el que estuvo unido políticamente hasta *c.* 922. El territorio había pertenecido al Imperio franco, del que se independizó (*c.* 884), durante el reinado de Ramón I. Desde 908 sufrió periódicamente las incursiones musulmanas, que en 1006 afectaron la sede episcopal de Roda (creada por Ramón II, † d. 954). Después del gobierno de Guillermo Isarn († 1017), el condado —junto con el de Sobrarbe— pasó a poder de Sancho III de Navarra (*c.* 1018-1035), quien expulsó a los musulmanes. Sancho III legó los territorios a su hijo Gonzalo, pero en 1044 su hermano Ramiro I los incorporó definitivamente a los dominios de Aragón.

Salmer

Francisco **Ribalta:** *La última cena.*
(Museo de bellas artes, Valencia.)

RIBAGORZANO, A adj. y n. De Ribagorza.

RIBAGORZANO n. m. Subdialecto catalán, que se extiende en una franja extrema ponentina.

RIBALDO n. m. *Hist.* Soldado de ciertos cuerpos antiguos de infantería de Francia y de otros países.

RIBALTA (Francisco), pintor español (Solsona 1565-Valencia 1628). Residió en Barcelona, Madrid (donde recibió influencias de Navarrete el Mudo, Zuccaro y Tibaldi) y Valencia, donde estableció un importante taller. Se supone que realizó un viaje a Italia (1613-1615), durante el cual entró en contacto con la obra de Caravaggio. Su estilo es fiel reflejo de la transición del manierismo (*La crucifixión,* 1582; *La degollación de Santiago,* del retablo de San Jaime de Algemesí, 1603) a un primer naturalismo tenebrista (característico de la primera pintura barroca española), de corte caravaggiesco caracterizado por un particular empleo de los efectos lumínicos, la concepción escultórica de los personajes y una neta sensación de plasticidad: *La visión de san Francisco* (Prado), *Cristo abrazando a san Bernardo* (Prado), retablo de la cartuja de Portaceli (museo de Valencia). — Su hijo Juan (Madrid 1596 o 1597-Valencia 1628) fue su discípulo y ayudante. Su estilo denota influencias de su padre, de Pedro Orrente y, sobre todo, del realismo tenebrista (*Los preparativos para la crucifixión,* 1613-1615, museo de Valencia, y *San Juan Evangelista,* Prado).

RIBARROJA o **RIBA-ROJA D'EBRE,** v. de España (Tarragona), junto al Ebro; 2 107 hab. (*Ribarrojanos* o *ribarrojeños.*) La central hidroeléctrica del *embalse de Ribarroja* (228 millones de m³) posee una potencia instalada de 310 000 kW.

RIBARROJA DEL TURIA o **RIBA-ROJA DE TÚRIA,** v. de España (Valencia), junto al río Turia; 8 035 hab. Cultivos mediterráneos. Canteras. Fábricas de cemento, cerámica y porcelana.

RIBAS (Felipe de), escultor español (Sevilla 1609-*id.* 1648). Discípulo de Alonso Cano, su estilo abarrocado se caracteriza más por la traza y factura arquitectónica de sus retablos que por sus imágenes carentes de fuerza: retablo de san Juan Bautista (1637-1638, convento de Santa Paula de Sevilla) y retablo mayor del convento de San Clemente de Sevilla (1639-1647).

RIBAS (José Félix), prócer de la independencia venezolana (Caracas 1775-Tamanaco 1814 o 1815), pariente de Bolívar. Fue uno de los fundadores de la Junta suprema de Caracas (marzo 1810) que proclamó la independencia de Venezuela (julio 1811). Venció en diversas ocasiones a los realistas y reconquistó Caracas. Colaboró en la destitución de Bolívar y Nariño (2 set. 1814), si bien evitó que fuesen fusilados. El realista Boves le derrotó en Urica (5 dic. 1814) y Ribas tuvo que refugiarse en Tamanaco, donde fue hecho prisionero y asesinado.

RIBAS DE FRESER o **RIBES DE FRESER,** v. de España (Gerona), junto al Freser; 2 810 hab. *(Ribenses.)* Industrias textil y papelera. Centro de veraneo. Fuentes termales minerales. Ferrocarril cremallera a Núria. En el pasado radicó en ella una importante industria metalúrgica (farga).

RIBAS REIG (Óscar), abogado, banquero y político andorrano (nacido en 1936). Elegido conseller por Sant Julià de Lòria (dic. 1981), en 1982, cuando por primera vez en Andorra se creó la figura de presidente del gobierno, accedió a este cargo.

RIBAZO n. m. Terreno en declive pronunciado que se encuentra especialmente a los lados de un río o de una carretera.

RIBBENTROP (Joachim VON), político y diplomático alemán (Wesel 1893-Nuremberg 1946). Embajador en Londres (1936) y ministro de Asuntos Exteriores (1938-1945), dirigió la política de expansión del III Reich. Fue condenado a muerte por el tribunal de Nuremberg y ejecutado.

RIBEIRA o **SANTA UXÍA DE RIBEIRA,** c. de España (La Coruña), en la entrada de la ría de Arosa (Rías Bajas); 23 081 hab. Cab. *Santa Eugenia* o *Santa Uxía. (Ribeirenses.)* Pesca e industrias derivadas. Playas.

RIBEIRÃO PRÊTO, c. de Brasil (São Paulo); 259 000 hab. Importante centro comercial (algodón y café) e industrial (siderurgia, química, alimentación, textil y del cuero). Universidad.

RIBEIRO n. m. Vino español que se produce en una zona de la provincia de Orense que tiene como centro Ribadavia.

RIBEIRO u **O RIBEIRO,** comarca de España (Orense), en el extremo SO de la provincia, que abarca los valles del río Avia y parte del Miño. Cultivos intensivos de viñedos (vino *ribeiro*). Avicultura. Industria de la madera en Ribadavia, capital comarcal.

RIBEIRO (Bernardim), escritor portugués del s. XV, autor de una novela pastoril, *Menina e moça* (publicada en Ferrara en 1554), plenamente renacentista, de un *Cancionero general* y de cinco églogas.

RIBERA n. f. Margen y orilla del mar o río. || Tierra cercana a los ríos, aunque no esté a su margen.

José **Ribera:** *Arquímedes.* (Prado.)

Oronoz-Ziolo

RIBERA *(La),* comarca de España (Burgos y Soria), en el valle del Duero. Agricultura e industria derivada. El núcleo más importante es Aranda de Duero.

RIBERA *(La),* comarca de España en la parte S de Navarra. Está atravesada por el río Ebro y sus afluentes (Ega, Aragón y Arga). Cereales, vid y olivo, en secano, y remolacha, maíz, alfalfa y hortalizas en regadío. Producción de vino e industria conservera. El núcleo más importante es Tudela.

RIBERA *(La)* o **RIBERA D'EBRE,** comarca de España, en Cataluña (Tarragona). Abarca ambas orillas del Ebro, entre el estrecho de Fayón y el paso de Barrufemes. Regadíos y cultivos de secano (olivos). Importante industria en Flix (electricidad, química) y Ascó (central nuclear). Aprovechamientos hidroeléctricos (embalses de Ribarroja y de Flix).

RIBERA (José o Jusepe), llamado **el Españoleto,** pintor y grabador español (Játiva 1591-Nápoles 1652). Probablemente formado en Valencia, marchó a Italia entre 1608 y 1610 y residió en Roma (hasta 1616) y en Nápoles (desde 1616 hasta su muerte), donde trabajó para la corte de los virreyes. Su amplísima obra, que lo sitúa como una de las figuras cumbre de la pintura barroca española de la primera mitad del s. XVII, evidencia una clara evolución desde la tenebrosidad y el plasticismo a la luminosidad y a lo pintoresco. Su primera etapa, inmersa en la esfera del realismo tenebrista caravaggiesco, se caracteriza por un gran dominio del dibujo, el empleo de tonalidades oscuras con marcadas gradaciones de luces y sombras, y por las extraordinarias calidades de las superficies; en ella desarrolló preferentemente temas religiosos —*El calvario* (c. 1620, colegiata de Osuna, Sevilla), la serie de aguafuertes sobre *san Jerónimo* (1621), *El martirio de san Bartolomé* (c. 1630, Prado)— y temas mitológicos en los que humaniza a sus personajes —*Sileno ebrio* (1626, museo de Capodimonte, Nápoles), *Arquímedes* (1630, Prado)—. A partir de 1630, su paleta se aclara y enriquece en pos de un triunfo del colorido, con la introducción de elementos dinámicos y sensuales en sus composiciones (influencia de la pintura veneciana): *La Inmaculada Concepción* (1635, convento de agustinas, Salamanca), *El éxtasis de santa María Magdalena* (Academia de san Fernando, Madrid). Las producciones de los últimos quince años de su vida evidencian un esfuerzo de síntesis entre la amplia claridad cromática del período anterior y algunos elementos de su primera pintura tenebrista: *El sueño de Jacob* (1639, Prado), *El patizambo* (1642, Louvre), *La comunión de los apóstoles* (1651, Nápoles).

RIBERA (Pedro DE), arquitecto español (Madrid 1683-*id.* 1742). Su estilo es fiel exponente de la tendencia ornamental churrigueresca. Destacan entre sus realizaciones la ermita de la Virgen del Puerto (1716-1718), el hospicio de San Fernando (1726, act. museo municipal, restaurado y del que sólo se conserva la fachada original) y el puente de Toledo (1732-1734), todas ellas en Madrid.

RIBERA (Juan Antonio), pintor español (Madrid 1779-*id.* 1860). Estudió en la Academia de san Fernando de Madrid con Bayeu y en París con David. Su estilo es de un pulcro neoclasicismo, en la línea davidiana, patente tanto en sus frescos de los palacios reales de Madrid y El Pardo como en sus cuadros de historia (*Cincinato abandona la labranza para dictar leyes a Roma,* Prado), aunque sus retratos se aproximan más a la estética romántica. — Su hijo CARLOS LUIS (Roma 1815-Madrid 1891) fue un pintor romántico (retrato de *Federico Madrazo*; pinturas del Congreso de los diputados).

RIBERA (Román), pintor español (Barcelona 1849-*id.* 1935). De estilo impregnado de realismo detallista, cultivó la pintura de género, desarrollando tanto temas contemporáneos como retrospectivos (seiscentistas): *Almuerzo de los trabajadores, Café-concierto, La dama de la máscara, Salida del baile.*

RIBERA ALTA *(La),* comarca de España (Valencia), en el sector S de la cordillera Ibérica comprendido entre los valles bajos del Júcar y el Magro. Agricultura para la exportación, gracias a las canalizaciones del Júcar (acequia Real y de Escalona) y los embalses (Alarcón, Contreras y Tous). Naranjos y maíz. Destacan los núcleos de Alcira, Carcagente, Carlet y Alberique.

RIBERA BAJA *(La),* comarca de España (Valencia), en la orla litoral, desde la confluencia Júcar-Magro, hasta el mar. Constituye una gran área deltaica. Arroz y agrios. Pesca y caza. Destacan los núcleos de Sueca, la capital, y Cullera. Turismo (playas).

RIBERA CHEVREMONT (Evaristo), poeta puertorriqueño (San Juan 1896-† 1976) Su obra evolucionó del experimentalismo poético a formas más tradicionales, con influencia del parnasianismo y del simbolismo franceses, desde *La copa de Hebe* (1922) a su *Antología poética* (1950) y *Río Volcado* (1968).

RIBERA Y TARRAGÓ (Julián), arabista español (Carcagente 1858-Puebla Larga 1934). Catedrático de árabe en las universidades de Zaragoza (1887) y Madrid (1905), organizó los estudios sobre temas de su especialidad (*La enseñanza entre los musulmanes españoles,* 1893; *Bibliófilos y bibliotecas de la España musulmana,* 1896) y abordó temas de musicología (*La música de las Cantigas,* 1922). [Real academia española, 1910.]

RIBERALTA, c. de Bolivia (Beni), a orillas del río Beni; 18 302 hab. Aeropuerto.

RIBERANO, A adj. y n. *Amér.* Ribereño.

RIBEREÑO, A adj. y n. Perteneciente a la ribera o propio de ella; habitante de la ribera.

RIBEREÑO n. m. Vino español, que se elabora en la comarca burgalesa de La Ribera, en las localidades de Aranda y Roa de Duero.

RIBERIEGO, A adj. Dícese del ganado que no es trashumante.

RIBES (Jaume) → CRESQUES (Jafudá).

RIBESIÁCEO, A adj. y n. f. Relativo a una familia de plantas parecidas a las rosáceas. (El *grosellero* pertenece a la familia *ribesiáceas.*)

RIBETE n. m. Cinta, galón o trencilla con que se guarnece o refuerza la orilla de una prenda de ropa, del calzado, etc. || *Fig.* Añadidura que se pone en una cosa como complemento o adorno. || *Fig.* Detalle que se añade en una conversación o escrito para darle amenidad. ◆ pl. *Fig.* Asomos, indicios de la cosa que se expresa.

RIBETEADO, A adj. Dícese de los ojos cuando los párpados están irritados.

RIBETEADO n. m. Acción y efecto de ribetear.

RIBETEAR v. tr. [**1**]. Poner ribetes.

RIBEYRO (Julio Ramón), escritor peruano (Lima 1929). Sus cuentos, influidos por los maestros del género (Chéjov, Kafka), recrean conflictos entre ilusión y realidad; han sido recopilados en el volumen *La palabra del mudo* (1973). Ha publicado asimismo novelas (*Crónica de San Gabriel,* 1960) y una miscelánea de apuntes (*Prosas apátridas,* 1975).

RÍBINSK, c. de la U.R.S.S. (R.S.F.S. de Rusia); 237 000 hab. Central hidroeléctrica a orillas del Volga superior.

RIBOFLAVINA n. f. Vitamina B_2.

RIBONUCLEASA n. f. Enzima pancreática que cataliza la hidrólisis de los ácidos ribonucleicos.

RIBONUCLEICO, A adj. Dícese de un grupo de ácidos nucleicos localizados en el citoplasma y el nucléolo, y que desempeñan un importante papel en la síntesis de las proteínas.

RIBOSA n. f. Aldosa $C_5H_{10}O_5$ constituida por numerosos nucleótidos.

RIBOSOMA n. m. Partícula citoplasmática de las células vivas, que asegura la síntesis de las proteínas.

RICACHÓN, NA adj. *Fam.* y *desp.* Muy rico.

RICAHEMBRA n. f. Antigua mujer de la nobleza.

Ricahembra *(La)* → LEONOR DE ALBURQUERQUE.

RICAHOMBRÍA n. f. Título que se daba en la baja edad media a la nobleza seglar de primera categoría.

RICAMENTE adv. m. Muy bien, cómodamente: *tan ricamente; muy ricamente.*

RICARDO I Corazón de León (Oxford 1157-Châlus, Lemosín, 1199), rey de Inglaterra de 1189 a 1199, tercer hijo de Enrique II Plantagenet y de Leonor. Duque de Aquitania (1168), tomó parte en la sublevación de su hermano mayor contra Enrique II (1173-1174). Heredero del trono en 1183, se enfrentó con su padre y participó al lado de Felipe II Augusto de Francia (1188) en la campaña que finalizó con la derrota de Enrique II. Subió al trono (1189) y renunció inmediatamente a la alianza francesa. Se hizo cruzado en 1190, conquistó Chipre (1191) y desembarcó en Palestina, donde se apoderó de San Juan de Acre. Al enterarse de las intrigas urdidas contra él por su hermano Juan y Felipe II Augusto, abandonó Palestina (1192), pero fue hecho prisionero por el duque de Austria, quien lo entregó al emperador Enrique VI, y no regresó a Inglaterra hasta 1194. Combatió seguidamente en Francia contra Felipe II Augusto, y puso de nuevo de manifiesto su superioridad militar. Murió en abril de 1199, en el asedio al castillo de Châlus.

RICARDO II (Burdeos 1367-Pontefract 1400), rey de Inglaterra de 1377 a 1399. Hijo de Eduardo, el Príncipe Negro, subió al trono a los diez años, bajo la regencia de Juan de Gante. Cuando alcanzó la mayoría de edad en 1389, gobernó como monarca absoluto, a despecho de los intereses de los señores feudales, despreció al parlamento e hizo condenar a sus principales adversarios. En 1399 Enrique de Lancaster, hijo de Juan de Gante, desató una ofensiva contra él, y se vio abandonado por la mayor parte de los barones. Hecho prisionero, se le obligó a abdicar y se le encerró en Pontefract, donde murió.

Ricardo II, drama histórico de Shakespeare (c. 1595), cuadro dramático de la debilidad del rey, dominado por consejeros nefastos.

Fleming

Ricardo III.
Pintura de la escuela inglesa del s. XV.
(Galería nacional de retratos, Londres.)

RICARDO III (Fortheringhay 1452-Bosworth 1485), rey de Inglaterra de 1483 a 1485. Hijo menor de Ricardo de York y hermano de Eduardo IV, Ricardo, duque de Gloucester, se convirtió, a la muerte de este último, en regente de su sobrino Eduardo V, que contaba trece años (mayo 1483). Secuestró al joven rey y a su hermano, les hizo declarar ilegítimos (1483) y, tras ceñirse la corona, los mandó asesinar. Después de este acontecimiento se multiplicaron las conjuraciones contra él. En 1485 fue vencido y muerto en Bosworth por su adversario Enrique Tudor.

Ricardo III, drama histórico de Shakespeare (1592-1593), en el que describe la ambición que conduce al criminal rey hasta los límites de la violencia.

RICARDO (David), economista británico (Londres 1772-Gatcomb Park, Gluoucestershire, 1823). Definidor de gran parte de los principios teóricos de la escuela clásica, de la que junto a A. Smith es el más destacado autor, miembro del parlamento y escritor

Larousse

David **Ricardo.** Grabado por F. Hedgetts.

prolífico, sus opiniones fueron consideradas por los responsables de la política económica de su país. Inició la explicación de los principales fenómenos económicos a partir del estudio analítico de una explotación agrícola, en la que al coincidir producto con factor de producción, sería posible calcular el tipo de beneficio independientemente del valor. Las dos cuestiones que él consideraba fundamentales, quedaron replanteadas a partir de sus aportaciones: *la teoría del valor,* la cual relacionaba absolutamente con la cantidad de trabajo incorporado en los bienes, pero introduciendo ciertas modificaciones según la cantidad de capital fijo y circulante utilizado, y *la teoría de la distribución,* según la cual el excedente del producto una vez repuestos los factores necesarios para producirlo se repartía entre la renta de los terratenientes y los beneficios de los organizadores de la producción, cuya posibilidad de acción se veía limitada por las rentas pagadas. Alrededor de estos dos temas principales argumentó numerosas teorías (la de los *rendimientos decrecientes de la tierra,* la de *los costes comparativos en comercio internacional, la ley de los salarios,* etc.) que le servían para dar mayor fuerza explicativa a sus argumentaciones y que siguen siendo el punto de partida de las aportaciones teóricas posteriores. Su obra más importante es *Principios de economía política y tributación* (1817).

RICARDOS (Antonio), militar español (Barbastro 1727-Madrid 1794). Conocedor de la organización del ejército prusiano, fundó, en 1773, el colegio militar de Ocaña para reorganizar el arma de caballería. Sospechoso de enciclopedismo, fue perseguido por la Inquisición y desterrado a Guipúzcoa (1778). Rehabilitado, obtuvo el mando del ejército de Cataluña (1793), con el que emprendió la primera campaña del Rosellón (1793-1794), en la que obtuvo importantes éxitos militares.

Francisco **Ricci:** *Auto de fe en la plaza Mayor de Madrid.* (Prado.)

Flash Press

RICASOLI (Bettino, *barón*), político italiano (Florencia 1809-Brolio 1880). Sucesor de Cavour al frente del gobierno piamontés (1861-1862), fue primer ministro del recién creado reino de Italia (1866-1867) y practicó una política centralista, favorable a la Iglesia.

RICAURTE, mun. de Venezuela (Zulia), en la costa O de la bahía de Tablazo; 22 589 hab. Cap. *Santa Cruz de Mara.* Centro de redistribución del petróleo de los campos de Lagunillas y Mara.

RICCI (Matteo), misionero italiano (Macerata 1552-Pekín 1610). Jesuita (1571), partió a China, en donde aprendió la lengua y las costumbres autóctonas. Concibió una nueva forma de misión basada en la adaptación del cristianismo a las costumbres chinas. Su actitud fue duramente criticada, y suscitó la controversia de los ritos* chinos.

RICCI o **RIZI** (Juan), pintor español (Madrid 1600-abadía de Montecassino 1681). Fue discípulo de su padre Antonio (Ancona c. 1565-† d. 1630), ayudante de F. Zuccaro en El Escorial y de J. B. Maino. Dada su condición de benedictino pintó en los distintos conventos españoles de esta orden, y pasó a continuación a Italia. Su producción se centró en el retrato de tema religioso dentro del realismo tenebrista típico de la pintura barroca castellana de la época, en un estilo caracterizado por la monumentalidad de sus figuras, las intensas gradaciones lumínicas, un austero cromatismo y una pincelada amplia y ligera (series de santos del monasterio de San Millán de la Cogolla, de la catedral de Burgos, *La cena de san Benito,* Prado, *La misa de san Benito,* Academia de san Fernando, Madrid). — Su hermano Francisco (Madrid 1608-El Escorial 1685) fue discípulo de V. Carducho. Trabajó para la casa real (desde 1639), y fue pintor de la catedral de Toledo (1653) y pintor de cámara del rey (1656). Su estilo se caracteriza por la complejidad compositiva y la factura suelta y abocetada de sus obras, llenas de dinamismo y color típicas del barroco de la escuela madrileña (frescos de las Descalzas reales de Madrid, retablos, cuadros de altar —*La Inmaculada,* 1670, museo de Cádiz—, y obras de gran valor histórico —*Auto de fe en la plaza Mayor de Madrid,* 1683, Prado—).

RICCI (Sebastiano), pintor italiano (Belluno 1659-Venecia 1734). Se formó y trabajó sucesivamente en Venecia, Bolonia, Parma y Roma. A principios del s. XVIII, realizó en Venecia, junto con Gian Antonio Pellegrini, una nueva pintura decorativa, luminosa y alegre, que influyó en el rococó europeo. — Su sobrino Marco (Belluno 1676-Venecia 1730) inició la pintura paisajística veneciana del s. XVIII, con sus paisajes imaginarios o de composición.

RICCI (Scipione de'), prelado italiano (Florencia 1741-*id.* 1810). Obispo de Pistoia y de Prato (1780), fue el principal representante del jansenismo en Italia. Condenado por Pío VI (1794), no se retractó hasta 1805.

Salmer

Juan **Ricci:** *La cena de san Benito.* (Prado.)

RICCIARELLI (Daniele) → Volterra (Daniele da).

RICCI-CURBASTRO (Gregorio), matemático italiano (Lugo, Ravena, 1853-Bolonia 1925). Creó, con el nombre de *cálculo diferencial absoluto,* el análisis tensorial, en el que introdujo conceptos matemáticos nuevos, generalizando los vectores ordinarios: los *tensores.*

RICCOBONI (Luigi), actor y dramaturgo italiano (Módena 1676-París 1753). Tomó el nombre de Lelio y se hizo famoso con la interpretación de papeles de enamorado en la Comedia italiana de París, que reorganizó por encargo del regente. Escribió una *Historia del teatro italiano desde la decadencia de la comedia latina* (1728-1731).

RICERCARE n. m. (voz italiana) [pl. *ricercari*]. Término con que se designaron en Italia, desde fines del s. XVI, primero, las composiciones de forma libre improvisadas por los tañedores de laúd sobre una melodía determinada, y después, las construcciones polifónicas, en varias partes, debidas principalmente a los organistas.

RICIMER o **RICIMERO,** general romano de origen suevo († 472). Fue nombrado *magister militum* en 455, y en 457 patricio, por el emperador de oriente León I. Jefe efectivo de Italia de 457 a 472, nombró y destituyó, según su conveniencia, a los emperadores: invistió a Mayoriano, y después a Libio Severo (de 461 a 465), y permitió proclamar emperador a Antemio (de 467 a 472), propuesto por Bizancio, a quien sustituyó por Olibrio (472).

RICINO n. m. Euforbiácea cuyas semillas, tóxicas, proporcionan un aceite utilizado como purgante o como lubricante.

RICKETTSIA n. f. Microorganismo intermedio entre los virus y las bacterias, agente de determinadas infecciones contagiosas (tifus).

RICKETTSIOSIS n. f. Nombre genérico de las enfermedades ocasionadas por rickettsias (tifus exantemático, tifus murino, fiebre exantemática de las montañas Rocosas, fiebre de las trincheras, etc.).

RICLA (Ambrosio Funes de Villalpando Abarca de Bolea, *conde de*), militar y político español (Zaragoza 1720-Madrid 1780). Mariscal de campo (1747), tras ser gobernador de La Habana (1763-1765), virrey de Navarra y capitán general de Cataluña (1767-1772), se convirtió en secretario de la Guerra (1772-1780), promocionado por Aranda, a cuyo «partido aragonés» pertenecía. Tras conseguir la destitución de Grimaldi (1776), propugnó el apoyo a los insurrectos norteamericanos y la declaración de guerra a Gran Bretaña (1779).

RICO, A adj. y n. Que posee grandes bienes o una gran fortuna. ‖ Decíase de la persona noble de nacimiento o de conocida y estimable reputación. ● *Nuevo rico,* persona enriquecida en poco tiempo y que hace ostentación de sus bienes y dinero. ◆ adj. Que

R. Bollaert

Ligier Richier:
la estatua funeraria de René de Chalon.
(Iglesia de San Esteban, Bar-le-Duc, Francia.)

posee en abundancia la cosa que se expresa: *alimento rico en azúcar.* || Dícese del alimento muy sabroso y agradable al paladar. || Dícese del terreno fértil: *las tierras de regadío son muy ricas.* || Magnífico, suntuoso, excelente en su línea: *el suelo estaba cubierto por ricas alfombras.* || *Fig.* Mono, agradable, simpático.

RICO (Martín), pintor español (Madrid 1833-Venecia 1908). Su estilo, dentro del paisajismo realista del s. XIX, evidencia en un primer momento influencias de la escuela de Barbizon, Ruysdael o Turner, pero fue el contacto directo con la obra de Fortuny y con el impresionismo francés los que definen su obra última a la que señorea un intenso y luminoso colorido (*Paisaje de la Alcarria, Lavanderas junto al río, Desembocadura del Bidasoa*).

Ricobayo, embalse del río Esla, en Zamora (España); 1 200 millones de m^3. Abastece a la *central de Ricobayo* (134 000 kW).

RICOEUR (Paul), filósofo francés (Valence 1913). Autor de una crítica fenomenológica de la sicología (*Lo voluntario y lo involuntario,* 1950), interpreta el sicoanálisis como una ascesis que permite a la filosofía eliminar las ilusiones de la conciencia, que debe dejar de considerarse el origen de los sentidos (*De la interpretación. Ensayo sobre Freud,* 1965; *El conflicto de las interpretaciones. Ensayo de hermenéutica,* 1969).

RICOHOMBRE n. m. (pl. *ricoshombres*). En los reinos hispanocristianos, durante la baja edad media, noble de elevada categoría y poder económico-social.

RICTUS n. m. Contracción de la boca que da al rostro una expresión de risa forzada, dolor, miedo, etc.

RICURA n. f. Calidad de rico.

RICHARDS (Theodore William), químico norteamericano (Germantown, Pennsylvania, 1868-Cambridge, Massachusetts, 1928). En 1905 ideó el calorímetro adiabático. Determinó la masa atómica del plomo derivado del uranio por radiactividad, que encontró diferente de la del plomo ordinario. (Premio Nobel de química, 1914.)

RICHARDS (Dickinson W.), médico norteamericano (Orange, Nueva Jersey, 1895-Lakeville, Connecticut, 1973). Recibió el premio Nobel de medicina en 1956, junto con Cournand y Forssmann, por sus trabajos sobre fisiología cardíaca (cateterismo del corazón).

RICHARD'S BAY, en afrikaans **Richardsbaai**, puerto de la República de Sudáfrica (Natal), en la costa del océano Índico, al N de Durban. Terminal de oleoducto.

RICHARDSON (Samuel), escritor británico (en el Derbyshire 1689-Londres 1761). Sus novelas, que se caracterizan por un realismo unido a un sentimentalismo moralizador, tuvieron gran éxito en toda la Europa del s. XVIII (*Pamela o la virtud recompensada,* 1740; *Clarisa* o la historia de una señorita,* 1747-1748; *Historia de sir Charles Grandison,* 1753).

RICHARDSON (*sir* Owen), físico británico (Dewsbury, Yorkshire, 1879-Alton, Hampshire, 1959). En 1901 enunció las leyes relativas a la emisión de electrones por los metales incandescentes: *ecuación de Richardson.* (Premio Nobel de física, 1928.)

RICHELIEU (Armand Jean DU PLESSIS, *cardenal* DE), estadista francés (París 1585-*id.* 1642). Renunció a la carrera de las armas para hacerse sacerdote. Obispo de Luçon (1606) y diputado del clero en los estados generales de 1614, fue apoyado por el Partido devoto y por María de Médicis, a quien siguió al exilio (1617-1618). Consiguió negociar la reconciliación entre Luis XIII y su madre, debido a lo cual obtuvo el cardenalato (1622) y entró a formar parte del consejo del rey, del que se convirtió en jefe (1624). Tomó numerosas medidas contra la nobleza y no vaciló en mandar a la muerte a los conspiradores.

En el exterior, para vencer a los Habsburgo tuvo que aliarse con los protestantes, a quienes combatió en el interior; después del éxito de La Rochela (1628), firmó con ellos la paz de Alès (1629), que, aunque les suprimió las garantías militares, les aseguró la libertad de culto. Esta tolerancia, unida a las victorias obtenidas sobre los españoles (Pas de Suse, Pignerol, 1629), inquietó al Partido devoto (Ana de Austria, Michel de Marillac). Pero el rey decidió apoyar plenamente a su ministro y llegó incluso a desterrar a su madre (1631). A partir de entonces, rodeado de excelentes colaboradores —como el padre José—, Richelieu se dedicó a reforzar el estado y acelerar la evolución del reino hacia el absolutismo; intervino en todos los sectores de la actividad política, económica y cultural (fundación de la Academia francesa, 1635).

A partir de 1635, estuvo absorbido por la guerra contra España (v. *guerra de los* TREINTA AÑOS) en la que se apoderó del Rosellón (1642) y que significó el inicio de la preponderancia francesa en Europa. Sin embargo, el esfuerzo de la guerra agravó las dificultades financieras de Francia, y los expedientes fiscales provocaron el descontento de las corporaciones locales y de los campesinos. La guerra perjudicó asimismo la política financiera del cardenal, marcada por el mercantilismo: desarrollo de la flota mercante creación de las compañías monopolísticas, que fueron el inicio del primer imperio colonial francés (Canadá, Senegal, Madagascar, Martinica), y fomento de las manufacturas del reino.

RICHELIEU (Louis François Armand DE VIGNEROT DU PLESSIS, *duque* DE), oficial francés (París 1696-*id.* 1788). Sobrino nieto del cardenal, prototipo del libertino, fue encarcelado varias veces. Se distinguió en la guerra de Sucesión de Austria, especialmente en Fontenoy (1745). Fue nombrado mariscal de Francia (1748) y dirigió brillantemente la ocupación de Menorca (1756) y, posteriormente, la de Hannover.

P. Starosta

ricino

RICHELIEU (Armand Emmanuel DU PLESSIS, *duque* DE), político francés (París 1766-*id.* 1822). Nieto del anterior, emigró en 1789 y sirvió al zar, quien le confió el gobierno de la provincia de Odessa. De regreso en Francia (1814) fue nombrado ministro (1815) y se valió de su influencia con los aliados para obtener algunas concesiones en el segundo tratado de París (20 nov. 1815). Después de la disolución de la cámara (5 set. 1816) se apoyó en los constitucionalistas y llevó a cabo una política constructiva. Obtuvo la evacuación de los aliados del territorio francés y logró que Francia fuese admitida en la Cuádruple alianza (nov. 1818), y luego se retiró (dic.). De nuevo jefe del gobierno después del asesinato del duque de Berry (1820), pero tuvo que dimitir (1821) porque su política moderada no complació a la derecha.

RICHEPIN (Jean), escritor francés (Médéa, Argelia, 1849-París 1926), autor de poemas (*La canción de los mendigos,* 1876), novelas (*El visco,* 1881) y dramas (*Nana Sahib,* 1883).

RICHET (Charles), médico fisiólogo e investigador francés (París 1850-*id.* 1935). Estudió el calor animal, los sueros curativos, la anafilaxia (que descubrió en colaboración con Paul Portier), etc. Fue precursor de la medicina aeronáutica, pacifista y aficionado a la metasíquica y al ocultismo. (Premio Nobel de medicina, 1913).

RICHIER (Ligier), escultor francés (Saint-Mihiel *c.* 1500-Ginebra 1567). Su genialidad se puso de manifiesto en dos obras maestras: la estatua funeraria de René de Chalon, en Bar-le-Duc (1547), y el sepulcro de Saint-Mihiel, una de sus últimas obras, de influencia italiana, pero con rasgos de realismo popular.

RICHIER (Germaine), escultora francesa (Grans, Bouches-du-Rhône, 1904-Montpellier 1959), creadora de un universo personal con sus mujeres-insectos, de modelado expresionista, mezcla de poema cósmico informalista, desgarramiento y metamorfosis (*La montaña,* bronce, 1956).

RICHLAND, c. de Estados Unidos, en el S del est. de Washington, a orillas del Snake River; 28 000 hab. Centrales nucleares en las proximidades.

RICHMOND, c. de Estados Unidos, cap. de Virginia, a orillas del James River; 248 000 hab. Museo de bellas artes. Tabaco. Industria química. Fue construida según los planos de Jefferson. Capital de los sudistas durante la guerra de Secesión, fue conquistada por el general Grant en 1865.

RICHMOND-ON-THAMES, distrito del sector O del Gran Londres; 170 000 hab. Casas antiguas. Restos de un palacio real (s. XV). Amplio parque.

RICHON-BRUNET (Ricardo), pintor francés (París 1866-† 1946). Profesor de la escuela de bellas artes de Santiago de Chile, se especializó en la pintura de género y del paisaje, de estilo impresionista (*El ciego,* museo de bellas artes, Santiago; *Los toreros; Pescadores en descanso*).

RICHTER (Jeremias Benjamin), químico alemán (Hirschberg, Silesia, 1762-Berlín 1807). Demostró que existen unas relaciones determinadas de peso entre los constituyentes de las sales neutras y determinó los pesos equivalentes de diversos ácidos y bases. En colaboración con Reich, descubrió el indio.

RICHTER (Johann Paul Friedrich), llamado **Jean-Paul**, escritor alemán (Wunsiedel 1763-Bayreuth 1825). Estudió teología en Leipzig. Adoptó el seudónimo francés de «Jean-Paul» para publicar su primera obra (*Procesos groenlandeses,* 1783). Tras la muerte de su padre, tuvo que trabajar como maestro y más tarde dirigió una escuela en Schwarzenbach. El éxito alcanzado con sus narraciones (*Vida del alegre maestrito Maria Wuz en Auenthal,* 1793; *Hesperus,* 1795; *Siebenkäs,* 1796) le permitió dedicarse a la literatura. En sus novelas y en sus obras idílicas conjugó la ironía y el idealismo sentimental, lo que convirtió su estilo barroco en uno de los más originales del romanticismo alemán (*Titán,* 1800-1803; *Años de tuna,* 1804-1805).

RICHTER (Hans) → DADÁ.

RICHTER (Hans Werner), escritor alemán (Bansin, Uznam, 1908). Fundador del Grupo 47, utilizó en sus novelas formas narrativas propias del reportaje y del lenguaje cinematográfico para describir la Alemania de la posguerra (*Los vencidos,* 1949; *Cayeron de la mano de Dios,* 1951; *No matarás,* 1955).

RICHTER (Sviatoslav), pianista soviético (Zhitomir 1914). Principal representante de la escuela pianística de su país, interpreta tanto música rusa, como la de los compositores clásicos y románticos.

RICHTER (Burton), físico norteamericano (Nueva York 1931). Diseñó y dirigió la construcción del anillo de colisión de la universidad de Stanford con el que descubrió las llamadas resonancias (1974). [Premio Nobel de física, 1976, compartido con S. Ting, quien había realizado el mismo descubrimiento.]

RICHTER PRADA (Pedro), militar y político peruano (nacido en 1921). General, desempeñó diversas funciones durante el período de gobierno militar, hasta ser designado primer ministro (1979). En las elecciones celebradas en 1980 se instauró el gobierno civil, bajo la presidencia de Belaúnde Terry.

Lauros-Giraudon

El cardenal de Richelieu,
por Philippe de Champaigne.
(Museo de bellas artes, Ruán, Francia.)

RICHTHOFEN (Ferdinand, *barón* VON), geólogo y explorador alemán (Karlsruhe, Alta Silesia, 1833-Berlín 1905). Realizó numerosos viajes por Asia oriental. Se le conoce principalmente por sus trabajos sobre China. Fue el primero que interpretó el loes chino como un limo depositado por el viento.

RICHTHOFEN (Manfred, *barón* VON), llamado **el Barón rojo,** aviador alemán (Breslau 1892-Vaux-sur-Somme 1918). Se distinguió como piloto de caza durante la primera guerra mundial. Después de 80 victorias fue abatido. Es autor de *El piloto rojo* (1917).

RIDGWAY (Matthew), general norteamericano (Fort Monroe, Virginia, 1895). En 1944 fue jefe de una división aerotransportada en Normandía. En 1951-1952 estuvo al frente de las fuerzas de la O.N.U. en Corea, y en 1952-1953 dirigió las fuerzas de la O.T.A.N. en Europa.

RIDICULEZ n. f. Dicho o hecho ridículo. || Cosa excesivamente pequeña, insignificante o sin importancia.

RIDICULIZAR v. tr. [**1g**]. Poner en ridículo.

RIDÍCULO, A adj. Que mueve a risa o burla.

|| Insignificante, escaso: *cobra una pensión ridícula.* || Extraño, irregular.

RIDÍCULO n. m. Situación ridícula.

RIDRUEJO (Dionisio), escritor español (Burgo de Osma 1912-Madrid 1975). Fue en su juventud un intelectual falangista y fundador de la revista *Escorial* (1940). Posteriormente se distanció del régimen franquista, lo que le ocasionó confinamientos y exilio (París, 1962-1964) y que expuso en libros como *Escrito en España* (1962), *En algunas ocasiones* (1962), *Diario de una tregua* (1972) y *Casi unas memorias* (1975). Fundó el Partido social de acción democrática (1957) y fue también uno de los fundadores de la Unión social demócrata española (U.S.D.E.) en 1974. Como poeta, pasó de un formalismo clasicista en sus primeros libros (recopilados en el volumen *En once años,* 1950) a la austera conciencia ética que reflejan sus últimos escritos: *Cuaderno catalán* (1966) y *Casi en prosa* (1972).

RIEGER (František Ladislav), político checo (Semily 1818-Praga 1903). Yerno de Palacký, fue diputado (1861-1863). Luchó para que se reconociera el reino de Bohemia dentro de un imperio federalista y fue jefe del partido Viejocheco.

RIEGO n. m. Acción y efecto de regar. || Agua disponible para regar. • *Riego sanguíneo,* circulación de la sangre.

Riego (El), fase cultural de la prehistoria americana (7200-5200 a. J.C.), conocida por los hallazgos realizados en el valle de Tehuacán (Puebla, México).

RIEGO (Rafael DEL), militar y político español (Santa María de Tuñas, Asturias, 1785-Madrid 1823). Destinado al cuerpo expedicionario que iba a pasar a América, fue uno de los conjurados para efectuar un pronunciamiento constitucionalista, que realizó en Cabezas de San Juan (1 en. 1820), y posteriormente realizó una marcha con sus hombres a través de Andalucía. Su acción, aunque militarmente fracasada, provocó una serie de movimientos revolucionarios civiles que obligaron a Fernando VII a aceptar el constitucionalismo. Convertido en héroe popular, Riego inició una carrera política de apoyo a los liberales exaltados. Volvió a mandar el ejército al producirse la invasión de los Cien* mil hijos de san Luis (1823): apresado, fue juzgado por traición y ahorcado. La posteridad le convirtió en símbolo del liberalismo revolucionario español. — El *himno de Riego* fue una marcha militar encargada por Riego y estrenada en 1820, con letra del comandante E. San Miguel y música, al parecer, de J. M. Gomis Colomer. Prohibido por Fernando VII, se convirtió en una especie de himno de la revolución española. Fue el himno nacional durante la Segunda república.

RIEL n. m. Barra pequeña de metal en bruto. || Carril de una vía férrea.

RIEL n. m. Unidad monetaria de Kampuchea.

Rafael del **Riego**: pintura anónima. (Museo romántico, Madrid.)

Salmer

Europa Press

Dionisio **Ridruejo**

RIEL (Louis), político canadiense (Saint-Boniface, Manitoba, 1844-Regina 1885). En 1869 formó un gobierno provisional y consiguió la admisión de Manitoba como provincia del dominio. Pero, a causa de los desórdenes desencadenados, tuvo que refugiarse en E.U.A. En 1884-1885 tomó nuevamente el mando de la rebelión de los indios y de los mestizos, pero fue vencido y ahorcado.

RIELAR v. intr. [**1**]. Brillar trémulamente la luz por reflejarse en un cuerpo transparente, generalmente el agua.

RIEMANN (Bernhard), matemático alemán (Breselenz, Hannover, 1826-Selasca, sobre el lago Mayor, 1866). Su obra, una de las más importantes en el campo del análisis, tuvo una considerable resonancia en la matemática moderna. Inspirándose en la física matemática, desarrolló la teoría de potencial a partir de la de las funciones de variable compleja. En teoría aritmética realizó los primeros estudios sobre la repartición asintótica de los números primos *(función zeta de Riemann).* En geometría, emprendió el estudio de los espacios generales de varias dimensiones, llamadas *espacios de Riemann,* que tuvieron una importancia fundamental en la teoría de la relatividad. Finalmente, creó la teoría de las funciones algebraicas y constituyó los primeros fundamentos de la topología, con sus conceptos sobre las superficies asociadas a toda ecuación algebraica y compuestas de láminas planas superpuestas, en número igual al grado de la función dada y unidas entre sí según unas líneas de paso obtenidas uniendo los puntos críticos de la función *(superficie de Riemann).*

RIEMANN (Hugo), musicólogo alemán (Grossmehlra 1849-Leipzig 1919). Autor de una historia de la música *(Handbuch der Musikgeschichte)* y de un diccionario de la música *(Musik-Lexikon),* fundó el instituto de musicología de Leipzig.

RIEMENSCHNEIDER (Tilman), escultor alemán (Osterode *c.* 1460-Wurzburgo 1531). Esculpió en piedra y en madera figuras de un estilo refinado, quizá de filiación neerlandesa (Nikolaus Gerhaert [c. 1430-1473] influyó en Renania y en Suabia). Su arte es opuesto al de Stwosz y al de los países del este, por su lirismo sosegado y su fuerza serena (*Adán y Eva,* museo de Wurzburgo; tumba de Enrique II y de Cunegunda en Bamberg, 1499-1513; retablo de la Virgen en Creglingen; etc.).

RIENDA n. f. Cada una de las dos correas que, sujetas al freno de las caballerías, sirven para conducirlas. (Suele usarse en plural.) • *A rienda suelta,* con violencia o celeridad; sin freno ni regla: *reír a rienda suelta.* || *Aflojar las riendas,* aliviar o disminuir el trabajo, la severidad o la sujeción en algo. || *Dar rienda suelta* o *soltar las riendas,* dar entera libertad a alguien o libre curso a una manifestación, estado de ánimo, etc. ◆ pl. *Fig.* Dirección o gobierno: *llevar las riendas de la nación.*

RIENTE adj. Que ríe; alegre.

RIENZO o **RIENZI** (Cola DI), político italiano (Roma 1313-*id.* 1354). Durante la estancia de los papas en Aviñón, quiso restablecer la grandeza romana y se hizo elegir tribuno (1347). Más tarde, se unió a Inocencio VI, se impuso como dictador en Roma y fue asesinado.

RIERA LLORCA (Vicenç), escritor español en lengua catalana (Barcelona 1903). Exiliado en América latina desde 1939, regresó a Cataluña en 1969. En su novela *Los tres salen por Ozama* (*Tots tres surten per l'Ozama,* 1946), trata de la inadaptación en el exilio.

RIESCO, isla de Chile, en la XII región (Magallanes y Antártica Chilena); 120 km de long. y 32 de anch. Ganado ovino. Minas de carbón.

RIESCO (Germán), político chileno (Rancagua 1854-† 1916). Afiliado al Partido liberal, fue presidente del país (1901-1906). Durante su administración se agravaron los problemas socioeconómicos.

RIESENER (Jean-Henri), ebanista francés de origen alemán (cerca de Essen 1734-París 1806), considerado como el principal representante del estilo Luis XVI.

RIESENGEBIRGE → KARKONOSZE.

RIESGO n. m. Peligro o inconveniente posible. • *A riesgo de,* exponiéndose a la desgracia o contratiempo que se expresa, o afrontándolos. || *Correr el riesgo de,* estar expuesto a la desgracia o contratiempo que se expresa.

RIESGOSO, A adj. *Amér.* Arriesgado, aventurado.

RIESLING n. m. Variedad de cepa blanca que constituye la base de los viñedos de Alsacia y Renania.

RIESMAN (David), sociólogo norteamericano (Filadelfia 1909). Estudió principalmente la manera en que las sociedades configuran la personalidad de sus miembros. Expuso dos importantes mecanismos utilizados: uno, la forma en que la sociedad se asegura la *conformidad* de sus miembros —es decir, la adopción por todos de la misma forma de pensar y actuar—; el otro, las mutaciones que permiten a una sociedad transformar sus costumbres y su forma de actuar. Cada uno de ellos asegura, respectivamente, la permanencia y el cambio de una cultura. En su obra *La muchedumbre* solitaria,* llamó «carácter social» a la forma colectiva de pensar y crear.

RIETI, c. de Italia, en el Lacio, cap. de prov.; 41 000 hab. Industrias textiles y químicas.

RIETVELD (Gerrit Thomas) → STIJL *(De).*

RIF, cordillera del N de Marruecos, que bordea la costa mediterránea de Tánger al bajo Muluya; 2 452 m de alt. en el yébel Tidighine.
HISTORIA. Poblado por tribus nómadas y piratas bereberes, el Rif fue difícilmente sometido por los romanos. En tiempos de 'Abd al-Raḥmān III (912-961), estaba sujeto a la obediencia de Córdoba. En el s. XV se inició la penetración cristiana con la toma de Ceuta (1415) por los portugueses y de Melilla (1497) por los españoles. La resistencia de los rifeños contra los españoles fue ininterrumpida hasta fines del s. XIX. Al iniciarse el s. XX Abd* el-Krim se alzó contra los españoles en el Rif. (V. *Guerras de* MARRUECOS.)

RIFA n. f. Juego u operación que consiste en dar o vender cierto número de billetes y sacar a suerte un número, correspondiendo un premio al que tiene en su billete el número igual al sacado.

RIFAR v. tr. [**1**]. Sortear, adjudicar algo mediante una rifa. ◆ **rifarse** v. pron. *Fig.* y *fam.* Disputarse una cosa o defenderla con obstinación dos o más personas.

RIFBJERG (Klaus), escritor danés (Copenhague 1931). Reflejó las crisis sociales y estéticas de su generación a través de su diversa obra lírica (*Confrontación,* 1960; *Mitología,* 1970), narrativa (*El aficionado a la ópera,* 1966; *Carta a Gerda,* 1972) y dramática, que incluye comedias musicales (*Estancia discreta,* 1964) y espectáculos de vanguardia para la televisión (*Evoluciones,* 1965; *Los locos,* 1971).

RIFEÑO, A adj. y n. Del Rif.

RIFLE n. m. (ingl. *rifle*, fusil con estrías). Tipo de fusil rayado y de repetición.

RIFLERO n. m. *Amér.* Soldado provisto de rifle.

RIFT n. m. (voz inglesa) [pl. *rifts*]. *Geol.* Fosa tectónica, especialmente la alargada en relación con fenómenos de distensión de la corteza terrestre y hundimientos de bóvedas de pliegues de gran radio de curvatura.

RIFT-VALLEY, serie de fosas formadas por hundimiento, que se extiende de Asia occidental a África oriental, donde, cubierta parcialmente por lagos, engloba el importante emplazamiento prehistórico de Olduvai*.

RIGA, c. y puerto de la U.R.S.S., a orillas del Báltico (en el *golfo de Riga*), cap. de Letonia; 835 000 hab. Monumentos y mansiones antiguas. Museos, instalados algunos de ellos en un castillo con elementos del s. XIV. Metalurgia. Construcciones eléctricas. Refinerías de petróleo. — En 1921 se firmó en ella el tratado que puso fin a la guerra polaco-soviética.

RIGALT (Pablo), pintor español (Barcelona 1788-*id.* 1845). Sus cuadros, decoraciones y escenografías son de neto estilo neoclásico: *Venus* (lonja, Barcelona), *Pastoral* (museo de arte moderno, Barcelona). — Su hijo LUIS (Barcelona 1814-*id.* 1894), discípulo de Pérez Villaamil, mezcló la tradición romántica con la pintura al natural: *Series de dibujos de monumentos de Barcelona* (Academia de bellas artes de san Jorge, Barcelona).

RIGANELLI (Agustín), escultor argentino (Buenos Aires 1890-*id.* 1949), autor de pequeñas estatuas (retrato del poeta Bufano; *Pocho*, cabeza de niño) y varios monumentos (*Florencio Sánchez,* Buenos Aires).

Mathematisches Institut

Bernhard **Riemann**

RIGAS o **RIGHAS** (Konstandinos, llamado **Fereo**), poeta griego (Valestino, Tesalia, 1760-Belgrado 1798), autor de himnos patrióticos.

RIGAUD (Hyacinthe RIGAU Y ROS, llamado **Hyacinthe**), pintor francés (Perpiñán 1659-París 1743). Instalado en París (1682), a instancias de Le Brun abandonó la pintura histórica y se dedicó al retrato (retrato de *Le Brun* y *Felipe V, rey de España*). En 1687 ingresó en la Academia, de la que fue director en 1733, después de ser nombrado pintor oficial de Luis XIV (1694) y Luis XV (1727). Admirador de Van Dyck y de Rembrandt, tuvo un importante estudio, al que acudieron los grandes personajes masculinos de su época.

RIGEL → cuadro ESTRELLAS.

RIGHI (Augusto), físico italiano (Bolonia 1850-*id.* 1920). Realizó investigaciones sobre la luz polarizada y la visión estereoscópica, y estudió la reflexión de las ondas electromagnéticas sobre las superficies metálicas (1893).

RIGIDEZ n. f. Calidad de rígido. ‖ *Econ.* Inflexibilidad de una magnitud económica para reaccionar ante variaciones de otras. ‖ *Electr.* Propiedad de un dieléctrico de oponerse al paso de la chispa.

RÍGIDO, A adj. Muy difícil de torcerse o doblarse. ‖ *Fig.* Riguroso, severo. ‖ *Fig.* Dícese de la persona de cara inexpresiva. ‖ *Fig.* Que carece de flexibilidad para adaptarse a las circunstancias.

Doc. Alpenland, Viena

Rainer Maria **Rilke,** por E. Orlik.

RIGIL KENTARUS → cuadro ESTRELLAS.

RIGODÓN n. m. (fr. *rigodon*). Danza francesa, de origen provenzal, de compás binario, ritmo moderado y carácter alegre.

Rigoletto, ópera en cuatro actos con música de G. Verdi (1851) y libreto de Piave. La acción transcurre en Mantua en el s. XVI, y está inspirada en el drama de Victor Hugo *El rey se divierte.*

RIGOR n. m. (lat. *rigorem*). Severidad, dureza. ‖ Grado de mayor intensidad de la temperatura. ‖ Gran exactitud y precisión. ‖ Acritud o aspereza de carácter. ‖ Extremo o último término a que pueden llegar las cosas. ‖ *Med.* Rigidez. ● *De rigor,* obligado, indispensable. ‖ *En rigor,* realmente, estrictamente.

RIGORISMO n. m. Exceso de rigor.

RIGORISTA adj. y n. m. y f. Extremadamente severo.

RIGUROSIDAD n. f. Rigor.

RIGUROSO, A adj. Que implica rigor.

RIJA n. f. (ár. *rīša*, barra). Fístula del conducto lacrimal.

RIJEKA, ant. **Fiume,** principal puerto de Yugoslavia (Croacia), en el litoral NE del Adriático; 133 000 hab. Refinerías de petróleo. Construcciones navales.
HISTORIA. De origen veneciano, la ciudad perteneció a los obispos de Pula, a los condes de Suino y finalmente a los Habsburgo de Austria (1466), con los cuales obtuvo el estatuto de puerto franco (1723). Salida marítima de Hungría de 1870 a 1918, después del hundimiento del imperio austro-húngaro fue motivo de rivalidades entre Italia y la recién creada Yugoslavia. En setiembre de 1919, D'Annunzio la ocupó militarmente. El tratado de Rapallo proclamó la independencia del estado de Fiume (nov. 1920) y D'Annunzio mantuvo sus tropas hasta 1922. Fue asignada a Italia (1924). Anexionada a Yugoslavia por el tratado de París (1947), tomó el nombre de *Rijeka*.

RIJOSIDAD n. f. Calidad de rijoso.

RIJOSO, A adj. Pendenciero. ‖ Lujurioso, sensual. ‖ Dícese del animal que se alborota y excita ante la presencia de la hembra.

RIJSWIJK, ant. **Ryswick,** c. de Países Bajos, en el área suburbana SE de La Haya; 54 000 hab. Iglesia románica y gótica.

Riksdag o **Rigsdag,** nombre dado al Parlamento en Suecia; en Dinamarca, esta denominación fue sustituida en 1953 por la de *Folketing.*

RILA, montaña de Bulgaria occidental (2 925 m), que forma la parte O del macizo del Ródope. Monasterio reconstruido en el s. XIX (museo).

RILKE (Rainer Maria), escritor austríaco (Praga 1875-Valmont 1926). Siguió la carrera militar, y frecuentó los ambientes literarios de Praga. Su obra, primero romántica (*Coronado de sueño,* 1897), estuvo luego influida por los simbolistas (*Canción de amor y muerte del alférez Cristóbal Rilke,* 1899; *El libro de imágenes,* 1902). Viajó a Rusia, donde conoció a Tolstói; después estuvo en París y fue durante algún tiempo secretario de Rodin. Reemprendió pronto una existencia vagabunda, símbolo de la profunda inquietud que refleja en su obra y de su deseo de conocer más íntimamente la auténtica realidad de la vida (*El libro de las horas,* 1905; *Cuadernos de Malte Laurids Brigge,* 1910). Pasó los últimos años de su vida enfermo, en Suiza, y terminó allí su meditación poética, en un prolongado esfuerzo por dominar la angustia de la muerte (*Elegías de Duino,* 1923; *Sonetos a Orfeo,* 1923).

RILLE → RISLE.

RIMA n. f. Repetición de sonidos en dos o más versos a partir de la última vocal acentuada. (La rima puede ser *asonante,* o *vocálica,* si se repiten los sonidos vocálicos, *consonante,* o *perfecta,* si la repetición de sonidos afecta a vocales y consonantes.) ◆ pl. Composición poética.

RÍMAC, distr. de Perú (Lima), atravesado por el *río Rímac* (160 km); 141 736 hab. Constituye un barrio industrial de Lima.

Rimado de palacio, poema didáctico de P. López de Ayala, escrito hacia 1365, con predominio de la cuaderna vía. Consta de tres partes: la primera consiste en una confesión personal seguida de una violenta sátira de la sociedad de la época; la segunda es un conjunto de composiciones devotas, y la tercera, un tratado didáctico.

RIMADOR, RA adj. y n. Que rima ‖ Dícese del poeta malo.

RIMAR v. intr. [**1**]. Componer versos. ‖ Ser una palabra asonante o consonante de otra, o ser dos palabras o dos versos asonantes o consonantes. ◆ v. tr. Usar una palabra como asonante o consonante de otra.

Rimas, libro de poesía de G. A. Bécquer, publicado en 1871, al cuidado y con correcciones de los amigos del autor, en especial N. Campillo (el manuscrito original se conoce como *El libro de los gorriones*). Consta de 78 poemas, algunos ya aparecidos en periódicos madrileños desde 1859; son en general breves, de un intenso lirismo y trasunto de la vida sentimental del autor. Se ha discutido la influencia indirecta de Heine sobre las *Rimas;* por su desnuda originalidad, se estima que constituyen el inicio de la poesía moderna.

RIMAYA n. f. Grieta profunda que en los glaciares separa el hielo de la capa de nieve, o los costados del hielo de las paredes rocosas.

RIMBAUD (Arthur), poeta francés (Charleville 1854-Marsella 1891). Hijo de un oficial de infantería que abandonó a su familia en 1860, reveló una extraordinaria precocidad intelectual y un gran espíritu de rebeldía, consecuencia de la formación rígida y autoritaria a que fue sometido por su madre. En 1869 escribió sus primeros poemas, y al año siguiente intentó, por dos veces, fugarse de su casa. Tras una breve estancia en París, envió a su amigo P. Demeny, en 1871, la célebre *Carta del vidente,* que puede considerarse como su credo estético. En ella se refiere a su búsqueda de una alquimia verbal, postulando la necesidad de que el poeta se haga vidente a través de «un desarreglo largo, inmenso y razonado de todos los sentidos». La liberación de poderes anímicos inconscientes con ayuda de una fantasía guiada por el intelecto, posibilita la irrupción en ese ámbito de lo «invisible» e «inaudito» al que ha de llegar el poeta, «el gran criminal, el gran maldito... ¡y el sabio supremo!». Invitado por Paul Verlaine, Rimbaud se dirigió nuevamente a París aquel mismo año, llevando consigo una serie de composiciones entre las que figura *El barco ebrio,* poema cuyo visionarismo delirante y audaz lo convierte en un punto de referencia axial dentro de la evolución de la lírica europea moderna. En la capital, Verlaine introdujo al adolescente prodigio en el ambiente literario y entabló con él una turbulenta relación amorosa que, con algunas interrupciones, los llevaría a Gran Bretaña y a Bélgica, donde, en 1873, se produjo la ruptura definitiva. Aquel año se publicó en Bruselas *Una estancia* en el infierno,* serie de poemas en prosa que ilustran magistralmente la visión, formulada por Paul Claudel, de Rimbaud como «un místico en estado salvaje». No se sabe exactamente si fue con este libro o con las *Iluminaciones*,* prosas poéticas que Verlaine editaría en 1886, que Rimbaud, a los diecinueve años, se despidió definitivamente de la literatura, poniendo fin a una de las aventuras creadoras más apasionantes de la poesía francesa del s. XIX. En 1875 se hallaba en Stuttgart, trabajando como preceptor, y en 1876 se alistó en el ejército colonial neerlandés, aunque, una vez en Batavia, desertó para volver a Francia. En 1878 trabajaba en Chipre, y en 1880 se instaló en África, dedicándose a efectuar exploraciones y al comercio de pieles, café y armas. Falleció a los treinta y siete años en un hospital de Marsella, tras haberle sido amputada una pierna.

RIMBOMBANCIA n. f. Calidad de rimbombante.

RIMBOMBANTE adj. *Fam.* Muy aparatoso y ostentoso; enfático y grandilocuente.

RIMERO n. m. Pila o conjunto de cosas amontonadas unas sobre otras: *un rimero de platos.*

RÍMINI, c. de Italia, en Emilia, al NE de San Marino, en la costa adriática; 127 000 hab. Arco de Augusto. Palacios medievales. Templo de Malatesta, iglesia del s. XIII, reconstruida en el s. XV. Industrias alimentarias y textiles. Ocupada en 268 a. J.C. por los romanos, que fundaron en ella una colonia latina, punto donde se unían la *via Aemilia* y la *via Flaminia,* Rímini (*Ariminum*) desempeñó un importante papel en la segunda guerra púnica. Obispado desde fines del s. III, y conquistada por los godos (fines del s. V) y por Bizancio (538), estuvo bajo el dominio lombardo y franco y se convirtió en capital de un ducado. En 1157 se erigió en comuna, y en 1334 cayó bajo el poder de los Malatesta. En 1528 fue anexionada a los dominios papales.

RIMMEL n. m. (de *Rimmel,* empresa que lanzó el producto). Nombre comercial de una pasta cosmética que se aplica a las pestañas.

RIMONTE o **RUIMONTE** (Pedro), compositor español (¿Zaragoza? *c.* 1550-¿Bruselas? principios del s. XVII). Maestro de capilla de la Seo zaragozana a finales de siglo, en 1598 era maestro de cámara de la infanta Isabel y del archiduque Alberto, en Flandes. Es autor de canciones sagradas a 4 y 7 voces, de una misa

Lauros-Giraudon

Arthur **Rimbaud** (a la derecha) y Verlaine. Detalle de un cuadro de Henri Fantin-Latour. (Louvre.)

B. S. I.

Rimski-Kórsakov, por V. A. Serov. (Galería Tretiakov, Moscú.)

a 6 voces (1614) y de *Parnaso español de madrigales y villancicos* (1614).

RIMSKI-KÓRSAKOV (Nikolái Andréievich), compositor y director de orquesta ruso (Tijvin 1844-Liúbensk 1908). Eminente personalidad del «grupo de los cinco», dio un gran impulso a la escuela rusa como maestro de la ópera, el ballet, la sinfonía y el poema sinfónico (*Capricho español,* 1887; *Scheherazade**, 1888). Su obra, con una excepcional orquestación, sintetizó los temas eslavos y populares, y la tradición occidental. Es autor de las óperas *Mlada* (1889), *Sadkó* (1896), *La leyenda del zar Saltán* (1899) y *El gallo de oro* (1906-1907), y de célebres tratados de armonía y orquestación.

RIN, en alem. **Rhein,** en neerlandés **Rijn,** en fr. **Rhin,** río de Europa occidental; 1 300 km.

Nace en los Alpes suizos, en Reichenau, de la conjunción de dos torrentes: el *Rin anterior (Vorderrhein),* que nace en el macizo de San Gotardo, y el *Rin posterior (Hinterrhein),* que nace en el de Adula. Forma frontera entre Suiza y Liechtenstein y Austria, y también, después de atravesar el lago de Constanza, sirve de frontera entre Alemania (R.F.) y Suiza, donde recibe su mayor afluente alpino, el Aar (or. izq.). Aguas abajo de Basilea, sigue entre Alemania y Francia, y pasa cerca de Estrasburgo, donde recibe el Ill. Después se interna en Alemania y recibe el Neckar (or. der.). Pasa por Maguncia (en la confluencia del Main), Coblenza (en la confluencia del Mosela), Bonn, Colonia y Düsseldorf. Después penetra en Países Bajos, su curso se divide en dos brazos, el Lek y el Waal, que forman un gran delta en el mar del Norte, más allá de Rotterdam.

Hasta Basilea el Rin es un río alpino, cuya cuenca se halla situada a más de 1 500 m de altura, con un régimen de aguas alto en verano y bajo en invierno. En Basilea, el caudal medio es el orden de 1 000 m^3/s. Éste se duplica a la salida del macizo esquistoso Renano; el régimen de aguas se modifica en invierno, pero en verano mantiene el máximo de intensidad. La regularización de casi todo su curso, iniciada en el s. XIX, evita las inundaciones y permite la navegación. Ésta es particularmente intensa a partir de Basilea y principalmente en Coblenza. En la frontera germano-neerlandesa (en Emmerich), el tráfico anual es de 130 millones de t, con predominio del tráfico comercial que se dirige hacia el norte (minerales e hidrocarburos destinados al Ruhr). Basilea, Estrasburgo, Mannheim, Ludwigshafen, Colonia y sobre todo Duisburg, se cuentan entre los mayores organismos portuarios del mundo. Rotterdam es el mayor puerto marítimo mundial. A la navegación renana hay que añadir las prolongaciones del Main (unión Rin-Danubio a través del Main) y del Mosela. El valle del Rin experimenta una intensa circulación coincidiendo con el tráfico fluvial. El río es también un productor de energía hidroeléctrica (gran canal de Alsacia, en Francia) y un centro turístico. Aguas abajo de Basilea, se ha convertido en la principal arteria de circulación de Europa y en una gran vía industrial y urbana.

El **Rin** en Alemania: el pueblo de Sankt Goarshausen aguas abajo del desfiladero de la Lorelei, y el castillo de Katz.

Candelier-Lauros

Rin *(liga del),* liga constituida en 1658 por Mazarino y el elector de Maguncia con los príncipes alemanes, para contrarrestar la influencia española en Alemania. Sus éxitos contribuyeron a lograr la paz de los Pirineos (1659).

RINANTO n. m. Planta herbácea de flores solitarias o en racimos terminales, parásita de otras plantas a través de sus raíces. (Familia escrofulariáceas.)

RINCÓN n. m. Ángulo entrante que resulta del encuentro de dos superficies que se cortan. || Lugar o paraje alejado o retirado. || Espacio o lugar pequeño y oculto. || *Fig.* y *fam.* Casa o habitación usada como retiro por alguien. || *Fig.* y *fam.* Resto de algo que queda apartado o almacenado. || *Dep.* Ángulo del ring donde el boxeador descansa entre los asaltos.

RINCÓN *(bahía del),* bahía de la República Dominicana, en la costa atlántica (Samaná).

RINCÓN DE LA VICTORIA, ant. **Benagalbón,** mun. de España (Málaga), en la Costa del Sol; 7 935 hab. Cultivos tropicales y mediterráneos. Pesca. Almazaras. Turismo (playas).

RINCÓN DE LA VIEJA, volcán de Costa Rica (Guanacaste y Alajuela), en la cordillera de Guanacaste; 1 895 m. Solfataras.

RINCÓN DE ROMOS, mun. de México (Aguascalientes), en la altiplanicie Meridional; 19 086 hab. Explotación forestal. Industrias agropecuarias.

Rincón del Bonete → NEGRO, río de Uruguay.

RINCONADA n. f. Ángulo entrante que se forma en la unión de dos edificios, calles, caminos, etc.

RINCONADA (La), v. de España (Sevilla), a orillas del Guadalquivir; 18 208 hab. *(Rinconeros.)* Remolacha, patatas y algodón; olivar. Industria alimentaria (azúcar y aceites).

RINCONERA n. f. Mueble pequeño, de forma adecuada para colocar en un rincón.

RINCOTE adj. y n. m. Sin. de HEMIPTEROIDEO.

RINENCÉFALO n. m. Conjunto de formaciones nerviosas situadas en la cara interna e inferior de cada hemisferio cerebral. (En estrecha conexión con el hipotálamo, el rinencéfalo interviene en el control de la vida vegetativa, en el olfato y en el gusto.)

RINER, mun. de España (Lérida), en el Solsonés; 280 hab. En el santuario del Miracle se conserva un magnífico retablo barroco, obra de C. Morató (1768).

RINFORZANDO adv. (voz italiana). *Mús.* Reforzando, pasando del piano al forte. (Se indica de forma abreviada *rinf.* o <.)

RING n. m. (voz inglesa). Cuadrilátero, lugar donde se disputan los combates de boxeo o de lucha.

Ringhals, central nuclear de Suecia, a orillas del Cattegat.

RINGLERA o **RINGLA** n. f. Fila o hilera de personas o cosas puestas unas detrás de otras.

RINGLERO n. m. Cada una de las líneas de papel pautado para aprender a escribir.

RINGORRANGO n. m. *Fam.* Rasgo o trazo exagerado o inútil en la escritura. || *Fig.* y *fam.* Cualquier adorno superfluo y extravagante.

RINITIS n. f. Proceso inflamatorio de la mucosa de las fosas nasales.

RINOCERONTE n. m. Mamífero perisodáctilo de las regiones cálidas, caracterizado por la presencia de uno o dos cuernos sobre la nariz. (Voz: el rinoceronte *barrita.*)

■ Los rinocerontes son animales poderosos y salvajes, de piel muy gruesa, que alcanzan 4 m de long. y 2 m de alt. Viven en las regiones pantanosas de Asia y de África y ocasionan grandes daños en las plantaciones. El rinoceronte de Asia por lo general sólo tiene un cuerno sobre la nariz; el de África tiene dos.

rinoceronte *(El),* obra de Ionesco (1960). Los habitantes de una pequeña ciudad de provincias van transformándose uno tras otro en rinocerontes. Sólo Bérenguer, el protagonista, resiste al contagio: una parábola que enseña al hombre a no renunciar a su dignidad personal por insignificante que sea.

RINOFARINGE n. f. Parte superior de la faringe, en comunicación inmediata con las fosas nasales.

RINOFARÍNGEO, A adj. Relativo a la rinofaringe.

RINOFARINGITIS n. f. Inflamación de la rinofaringe. (Es una afección frecuente, benigna, aunque puede dar lugar a diversas complicaciones: otitis, sinusitis, bronquitis, etc.)

Boudinot

rinanto

RINOLOGÍA n. f. Estudio de las afecciones nasales.

RINOPLASTIA n. f. Operación quirúrgica que tiene como finalidad reconstruir o remodelar la nariz en el caso de malformación o de accidente.

RINOSCOPIA n. f. Examen ocular de las fosas nasales, realizado desde los orificios nasales *(rinoscopia anterior)* o desde la rinofaringe *(rinoscopia posterior).*

RINTALA (Paavo), escritor finlandés (Víborg 1930). Después de escribir en la línea tradicional de la novela social (*Los servidores a caballo,* 1945), buscó un estilo de novela documento, conjugando los procedimientos de la entrevista y de la encuesta científica con la reconstrucción épica de los acontecimientos de un pasado reciente (*Las voces de los soldados,* 1966; *Los mensajeros del Vietnam,* 1970).

RIÑA n. f. Acción de reñir. ● *Riñas de gallos,* juegos muy populares en América del Sur, México, Filipinas y las Antillas, que consisten en hacer pelear dos gallos, con espolones armados de espuelas de acero. (En ellas suele apostarse fuerte y abundantemente.)

RIÑÓN n.m. Órgano par, que segrega la orina. (Los riñones están situados a cada lado de la columna vertebral, en las celdas renales.) || *Fig.* Parte central o principal de un lugar, asunto, etc. ● *Costar* algo *un riñón* (Fam.), costar muy caro. || *Riñón artificial,* conjunto de aparatos que permiten purificar la sangre en los casos de insuficiencia renal. || *Riñón flotante,* anormalidad consistente en un aumento de la movilidad del órgano. || *Tener cubierto el riñón* (Fam.), disponer de una buena situación económica. ◆ pl. *Anat.* Parte del cuerpo que corresponde a la pelvis.

■ Cada riñón está contenido en una celda renal. El borde interno del riñón presenta en su parte media una depresión, el hilio, que permite el paso al pedículo renal formado por la pelvis renal, la arteria y la vena renales. El tejido renal consta de dos partes: la sustancia medular, central, y la sustancia cortical, periférica. La orina, que fluye a los cálices por las papilas, es recogida en su totalidad por la pelvis renal, que se continúa por el uréter. Cada riñón está compuesto por 1 000 000 a 1 500 000 nefrones. Éstos comprenden un *glomérulo*, formado por un conjunto de asas

Fr. Varin

rinoceronte con su cría

capilares, y de un *túbulo*, conducto muy delgado que sigue al glomérulo. (V. *aparato* URINARIO.)

El riñón elimina los desechos nitrogenados del organismo y asegura por medio de la regulación de la composición de la orina la constancia del medio interno y el mantenimiento del equilibrio hidroelectrolítico. En su funcionamiento intervienen tres mecanismos: la filtración glomerular, la reabsorción tubular y la secreción tubular. El conjunto de los mecanismos renales está controlado por hormonas, tales como la aldosterona, y la hormona posthipofisiaria antidiurética.

Las lesiones inflamatorias y degenerativas constituyen las nefropatías: nefritis y síndrome nefrósico (nefrosis). Este último puede ser primitivo (principalmente en los niños) o secundario a numerosas afecciones (lupus sistémico, diabetes, mieloma).

La contusión de riñón es frecuentemente de evolución benigna; la litiasis (cálculo) de la pelvis renal o del uréter es responsable de una dilatación de la pelvis renal y de los cálices (hidronefrosis). En ausencia de tratamiento

CORTES DE UN RIÑÓN Y DE UN NEFRÓN

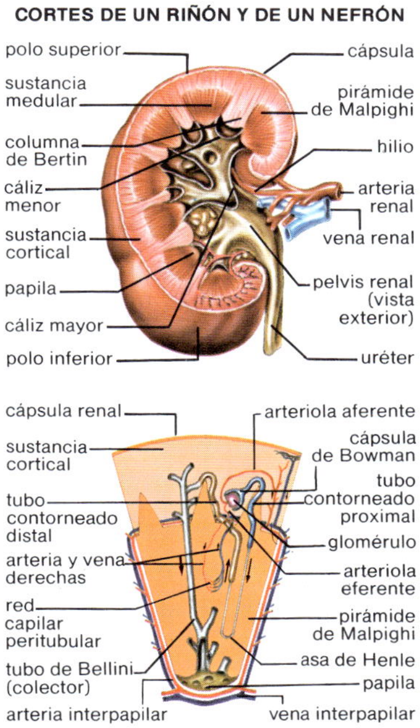

quirúrgico, aparece una infección de origen frecuentemente intestinal (síndrome enterorrenal), que conduce a la destrucción del riñón. Los tumores de riñón más frecuentes son el quiste y el cáncer: este último requiere una nefrectomía. Las malformaciones del riñón son poco frecuentes.

La insuficiencia renal provoca una elevación del nivel de urea en la sangre (uremia) y de las diversas sustancias nitrogenadas no proteicas de la sangre y afecta al metabolismo del agua y de los electrolitos. Al principio es latente; posteriormente aparecen numerosos signos clínicos, como la palidez y la hipertensión arterial. Con frecuencia el tratamiento es sólo sintomático. La depuración extrarrenal permite una mejora prolongada, y determinadas insuficiencias renales pueden beneficiarse del trasplante de riñón.

RIÑONADA n. f. Tejido adiposo que envuelve los riñones. ‖ Lugar del cuerpo en que están los riñones.

RÍO n. m. (lat. *rivum*). Curso de agua que desemboca en el mar. ‖ *Fig.* Gran abundancia de una cosa: *un río de dinero.*

■ Un río y sus afluentes se organizan en una red hidrográfica que riega una porción de continente denominada cuenca. Un río se caracteriza por su caudal y su régimen.

Los ríos transportan materiales en disolución (carbonato de calcio, por ejemplo) y residuos sólidos que, al entrechocar, adquieren una forma característica (arenas, gravas y cantos rodados). Se denomina competencia de una corriente de agua a la carga sólida máxima que ésta es capaz de transportar.

Con el material acarreado, los ríos ejercen una erosión lineal, o erosión fluvial. El perfil transversal de los valles fluviales varía a lo largo del curso, pasando de las vertientes escarpadas a los amplios canales de aluvión. En tiempo normal, la corriente de agua sólo ocupa un estrecho canal, o lecho menor, en el valle aluvial. Cuando tienen lugar las crecidas, el río puede desbordarse y ocupar todo el fondo del valle, o lecho mayor. Las corrientes de agua también tienen tendencia a regularizar su perfil longitudinal. Por efecto de las acciones erosiva y de depósito el lecho tiende a adquirir un perfil cóncavo, cuya pendiente disminuye desde el curso alto al nivel de base, representado por el mar para los ríos principales y por el punto de confluencia por lo que atañe a los afluentes. El perfil de equilibrio se alcanza cuando el río sólo ejerce una función de acarreo. Al reanudarse la erosión, el curso del agua se encajona en sus propios aluviones, dando lugar a terrazas. Éstas pueden ser debidas a variaciones eustáticas, que modifican el nivel de base, a partir del cual se ejerce una erosión regresiva, o a cambios climáticos, que influyen sobre la carga del curso de agua.

El trazado de los ríos se adapta raras veces a la estructura. La inadaptación se explica por los fenómenos de antecedencia o de sobreimposición. Por otra parte, los cursos de agua suelen describir meandros.

RÍO (Andrés Manuel DEL), geólogo y químico español (Madrid 1765-México 1849). Fue discípulo de Werner en Freiberg y de Lavoisier en París. En 1794 pasó a México, donde en 1795 fue nombrado profesor del seminario de minería. Sus *Elementos de orictognosia* (1795-1805) contienen la primera exposición crítica en castellano del sistema mineralógico de Werner. Descubrió el elemento que se llamaría vanadio, aunque aceptó el dictamen erróneo de Collet-Descotils de que se trataba de cromo. Fue diputado en las cortes españolas (1820) y defendió la independencia de México.

RÍO (Ángel DEL), profesor, ensayista y crítico literario español (Soria 1901-Nueva York 1962), nacionalizado norteamericano. Dirigió el instituto hispánico de E.U.A. en Nueva York y la *Revista hispánica moderna* (1953). Es autor de estudios críticos e históricos (*Historia de la literatura española,* 1948; *Vida y obra de Federico García Lorca,* 1952; *Estudios galdosianos,* 1953) y antologías (*Antología general de la literatura española,* 1954).

RÍO (Dolores ASUNSOLO MARTÍNEZ, llamada **Dolores del**), actriz mexicana (Durango 1905-

Frey-Arepi

Río de Janeiro; en primer término el Corcovado

Los Ángeles 1983). Debutó en el cine norteamericano en 1925 (*El precio de la gloria,* 1926, *Ave del paraíso,* 1932, y *Wonder Bar,* 1934). Regresó a México en 1943, y alcanzó gran éxito con películas de Emilio Fernández: *Flor silvestre* (1943), *María* Candelaria* (1943), *La malquerida* (1949). Más tarde continuó su carrera internacional.

Río Bec, centro arqueológico maya (Campeche), cuyos restos se asemejan a los del Petén, pero presentan algunas particularidades propias de la arquitectura de los *chenes* (altas torres laterales y centrales en las fachadas y una ornamentación original).

RÍO BENITO → MBINI, c. de Guinea Ecuatorial.

RIO BRANCO, c. de Brasil, cap. del estado de Acre; 84 000 hab. Centro comercial.

RÍO BRANCO, c. de Uruguay (Cerro Largo), a orillas del Yaguarón; 5 697 hab. El puente internacional Barón de Mauá la une a la ciudad brasileña de Jaguarão. Aeropuerto. Terminal del ferrocarril.

RÍO BRAVO, mun. de México (Tamaulipas), en el distrito de riego del bajo Bravo; 71 389 hab. Algodón y maíz.

Río Bravo, película norteamericana de Howard Hawks (1958), una de las mejores películas del oeste de los años cincuenta. Está situada en la cumbre del western, género ya clásico, que evolucionó durante la década siguiente. Dos temas se entrecruzan: la lucha entre un sheriff y un rico ganadero sin escrúpulos, y la lucha moral de un alcohólico, el ayudante del sheriff, contra su propia decadencia. John Wayne y Dean Martin son los intérpretes de esta película, en la que la trama épica deja paso al estudio del comportamiento individual.

RÍO BUENO, c. de Chile, en la X región (Los Lagos), a orillas del *río Bueno;* 11 200 hab. Centro maderero. Lácteos y curtidos.

RÍO CARIBE, c. de Venezuela (Sucre), cerca de Carúpano; 21 387 hab. Centro agrícola (cacao, coco, batata y café). Puerto pesquero. Conservas. Salinas.

RÍO CUARTO, c. de Argentina (Córdoba), junto al *río Cuarto;* 190 704 hab. Es un importante centro agrícola (cereales), ganadero (vacuno), industrial (lácteos, conservas cárnicas, textiles y cemento) y de comunicaciones. Aeropuerto. Cuna de P. E. Aramburu.

RÍO CHICO, dep. de Argentina (Tucumán), avenado por el *río Chico;* 42 172 hab. Curtidos e industria azucarera. Central hidroeléctrica.

RÍO DE JANEIRO, en port. **Rio de Janeiro,** c. de Brasil, cap. del *estado de Río de Janeiro* (44 268 km^2 y 8 999 000 hab., que en 1975 englobó el estado de Guanabara); 4 252 000 hab. Situada en un lugar excepcional (en el litoral atlántico, en la bahía de Guanabara), en ella se unen las playas, la vegetación tropical y los relieves graníticos aislados (Corcovado [704 m], Pão de Açúcar [390 m]). Capital de Brasil hasta 1960, su función política favoreció el desarrollo de los servicios (comercio y banca) y de la industria, principalmente de consumo (alimentación, textil, construcciones mecánicas y eléctricas, química). La insuficiente industrialización explica el paro y la extensión de sus suburbios *(favelas),* que contrastan con los lujosos barrios residenciales del sur de la aglomeración, al borde del Atlántico. Actualmente ha dejado de ser la capital y también la principal ciudad del país, al ser superada por São Paulo. No obstante, sigue siendo la metrópoli cultural (universidad; escuela de arquitectura moderna) y turística (célebre carnaval) del país. Es también uno de los mayores puertos marítimos de Brasil (con un tráfico del orden de 30 millones de t es uno de los más importantes de América latina), y registra el mayor tráfico aéreo del continente suramericano. Edificios modernos (palacio de cultura, obra de Niemeyer, estadio Maracaná, etc.). El lugar fue descubierto en enero de 1502 por el portugués Andrés Gonçalves.

Río de Janeiro *(protocolo de),* acuerdo de límites entre Ecuador y Perú, por el que se reconocía a este último la posesión de la Amazonia ecuatoriana y del territorio en torno a Tumbes (en. 1942). Con posterioridad, Ecuador ha declarado (1951, 1960 y 1980) la nulidad de dicho tratado, pero sin ulteriores consecuencias, excepto las escaramuzas fronterizas de 1981.

Dolores del **Río** en una escena de *María Candelaria* de Emilio Fernández.

Vendrell

Río de Janeiro (*tratado de*), pacto interamericano de no agresión y ayuda mutua (T.I.A.R.), en caso de agresión especialmente extracontinental, firmado en Río de Janeiro en 1947. El tratado fue revisado en San José de Costa Rica (1975) por los países miembros de la O.E.A. (protocolo de reformas al T.I.A.R.), y firmado con reservas por diversos países. Con ocasión de la guerra de las Malvinas (1982), fue denunciada su inoperancia.

RÍO DE LA PLATA, estuario de América del Sur, formado por la desembocadura del Paraná y del Uruguay, que se extiende entre Uruguay (or. izq.) y Argentina (or. der.). Presenta la forma de un embudo orientado en dirección NO-SE y alcanza una longitud de 287 km. Su anchura, que es de 220 km aprox. en el extremo oriental (entre Punta del Este, en la costa N, y el cabo San Antonio en la margen S), se estrecha considerablemente hacia el interior (40 km entre Colonia y Punta Lara). El Paraná arrastra un importante volumen de materiales sólidos que en gran parte llegan al Plata. Éstos se concentran en las zonas de menor movimiento, dando lugar a numerosos bancos (banco Ortiz, próximo a la costa N, Playa Honda, frente a la desembocadura del Paraná, etc.) que se encuentran rodeados por canales (canal del Norte, canal del Medio, canal del Sur) que alcanzan mayor profundidad debido a que corresponden a zonas de corriente activa, donde predomina el transporte. Las labores de dragado, que se realizan fundamentalmente en la zona de Martín García y en la Barra del Indio, tienden a facilitar la navegación hacia los puertos de Montevideo, Buenos Aires y La Plata, entre otros. Las costas presentan una gran disimetría: la margen argentina es baja y uniforme, la uruguaya es alta y acantilada.

El área de alimentación del Río de la Plata recibe el nombre de *Cuenca del Plata.* Ésta abarca unos 3 100 000 km^2, desde el Altiplano boliviano hasta el océano Atlántico y desde la llanura de Parecís hasta el S de Buenos Aires. Se extiende sobre el territorio de cinco países, ocupando el 37 % de la superficie de Argentina, el 19 % de la de Bolivia, el 17 % del territorio brasileño, el 100 % del de Paraguay y el 80 % del de Uruguay. El área de la Cuenca del Plata no coincide con la de la *región del Plata,* expresión que, aunque de sentido bastante impreciso, designa usualmente los dos países que circundan el estuario (Argentina y Uruguay). HISTORIA. La colonización española de la región se inició en 1535 en Paraguay (Pedro de Mendoza fue el primer adelantado del Río de la Plata), con Asunción como capital de la región. A fines del s. XVI el territorio estaba dividido en dos gobernaciones, Tucumán y Paraguay, de la que se desgajó (1677) el Río de la Plata, con centro en Buenos Aires, que se convirtió en eje comercial y político de la zona. Las tres gobernaciones dependían políticamente del virrey de Perú y judicialmente de la audiencia de Charcas. En el s. XVII Paraguay y el este argentino tuvieron que hacer frente al expansionismo portugués; en el orden interno, el hecho colonial más sobresaliente fue el de las Reducciones* jesuíticas. Por otro lado, los británicos exploraban el litoral patagónico, buscando bases para sus balleneros, lo que motivó el litigio de las islas Malvinas*, que llega hasta la actualidad, y posteriormente las llamadas *invasiones* británicas del Río de la Plata.* Ante estos hechos, España instituyó el virreinato del Río* de la Plata (1777), pues Lima quedaba muy lejos para ejercer un control eficaz.

Río de la Plata (*tratado del*), acuerdo suscrito por los ministros de Asuntos Exteriores de Argentina, Bolivia, Brasil, Paraguay y Uruguay, en 1969, para la realización de programas conjuntos de desarrollo de los países de la Cuenca del Plata.

RÍO DE LA PLATA (*virreinato del*), virreinato creado por España en los territorios de la región hómonima (1777-1814). Comprendía las gobernaciones de Buenos Aires, Paraguay, Santa Cruz de la Sierra, Tucumán, el distrito de la audiencia de Charcas y los territorios bajo jurisdicción de las ciudades de Mendoza y San Juan del Pico.

RÍO DE ORO (*bahía de*), golfo del África occidental, en la costa del Sahara Occidental; 32 km de long. y 8-12 km de anch. En la parte occidental de la bahía se halla Dajla (ant. Villa Cisneros). Banco de pesca canario-sahariano.

RÍO DE ORO, territorio colonial español en torno a la bahía homónima, que, junto con Saguía el Hamra, constituyó el Sahara Español. En 1509, Portugal reconoció a España el derecho a la ocupación de este territorio, que no se hizo efectiva hasta 1884. En 1920 se establecieron los límites del Sahara Español, que se denominó Río de Oro. En 1934 constituyó, junto con el territorio de Ifni*, el África* Occidental Española. (V. SAHARA OCCIDENTAL.)

RÍO DE ORO, mun. de Colombia (Cesar), en la serranía de los Motilones; 20 087 hab, (*Rioleros.*) Agricultura (maíz, arroz y plátanos) y ganadería.

RÍO GALLEGOS, c. y puerto de Argentina, cap. de la prov. de Santa Cruz y del dep. de Güer-Aike, en la desembocadura del río Gallegos; 43 749 hab. Yacimientos petrolíferos. Industrias cárnicas. El carbón extraído en las minas de Río Turbio es transportado por ferrocarril hasta el puerto y embarcado hacia los centros industriales del Litoral.

RÍO GRANDE, brazo S del delta del Orinoco, que constituye la continuación real del río; 200 km; 22 km de anch. al desembocar en el Atlántico, en Boca Grande. Se utiliza como vía de navegación, aunque durante años se prefirió el caño Macareo.

RÍO GRANDE, mun. de México (Zacatecas), en la altiplanicie Septentrional; 35 399 hab. Centro agrícola (cereales y leguminosas) y ganadero.

RÍO GRANDE, mun. de Puerto Rico (Humacao), en la sierra de Luquillo; 22 032 hab. Centro industrial (lácteos, textiles, productos químicos y elementos eléctricos).

RIO GRANDE DO NORTE, estado del NE de Brasil, en la costa atlántica; 53 015 km^2; 1 550 000 hab. Cap. *Natal.* Algodón y caña de azúcar.

RIO GRANDE DO SUL, el estado más meridional de Brasil, en la costa atlántica; 282 184 km^2; 6 670 000 hab. Cap. *Pôrto Alegre.* Situada a 30° de latitud S, en un clima templado, es una zona eminentemente agrícola, con una importante ganadería bovina (más de 20 millones de cabezas) y policultivos (cereales, tabaco, viñedos). Disputado por españoles y portugueses en el s. XVIII, fue cedido por España a Portugal en el tratado de San Ildefonso (1777). [V. *Colonia del* SACRAMENTO.]

RIO GRANDE DO SUL o **RIO GRANDE,** ant. **São Pedro do Rio Grande do Sul,** c. de Brasil (Rio Grande do Sul), a orillas de la laguna de los Patos, en la costa atlántica; 128 000 hab. Es un importante centro industrial (textiles, frigoríficos y metalurgia). Refinería de petróleo. Puerto exportador. Estación balnearia.

RÍO HONDO, dep. de Argentina (Santiago del Estero), avenado por el río Dulce; 38 619 hab. Cab. *Las Termas.* Turismo (*Termas de Río Hondo*). Embalse.

RÍO HORTEGA (Pío DEL), médico español (Portillo 1882-Buenos Aires 1945). Fue discípulo de Ramón y Cajal. En 1918 introdujo una técnica histológica de tinción mediante carbonato de plata, que aplicó al estudio de las células intersticiales del sistema nervioso (microglia y oligodendroglia).

RÍO MUNI o **ESTUARIO DEL MUNI,** estuario del S de la parte continental de Guinea Ecuatorial (Mbini) y de Gabón, formado por la confluencia de numerosos ríos de la *depresión del Muni.*

RÍO MUNI, territorio colonial español en África occidental, correspondiente al sector continental de la provincia de Mbini* de Guinea Ecuatorial. Las primeras expediciones portuguesas a la zona se produjeron entre 1469 y 1474; en el s. XVIII Portugal concedió a España el derecho al libre comercio en la costa de Guinea. En 1858 fue enviado el primer gobernador general del territorio, que comprendía asimismo las islas en torno a Fernando* Poo. Por el tratado de límites de 1901 se concedió a España el derecho a la zona continental, y, a partir de 1904, empezó su colonización sistemática. En 1959 se convirtió en provincia separada de Fernando Poo; tras el régimen de autonomía de 1963, se concedió la independencia a ambas provincias (1968), que constituyeron la República de Guinea* Ecuatorial.

RÍO NEGRO (*provincia de*), prov. del sur de Argentina; 383 896 hab. Cap. *Viedma.* En la zona SE, accidentada por la cordillera de los Andes, se encuentran las mayores altitudes de la provincia (3 554 m en el cerro Tronador) y varios lagos, entre ellos el de Nahuel Huapi. En contraste con esta región, un monótono relieve mesetiforme escalonado, sólo interrumpido por depresiones, ocupa la mayor parte del territorio y se extiende hasta el mar, donde forma acantilados de 20 a 70 m de alt. En cuanto a la red hidrográfica, destacan el Colorado y el Negro, que nacen en la región andina y corren de O a E. En el alto valle del río Negro proliferan los cultivos de frutales (manzanas y peras), forrajes, vid y hortalizas, cuya producción se destina al mercado bonaerense y a la exportación. La actividad ganadera se centra en la cría de ovinos. Cuenta con importantes recursos mineros: hierro (Sierra Grande), carbón (en torno a Nirihuau), petróleo (en el N, en los alrededores de Catriel) y gas natural. A orillas del lago Nahuel Huapi se encuentra la ciudad de San Carlos de Bariloche, gran centro turístico.

RÍO NEGRO (*departamento de*), dep. del O de Uruguay; 9 637 km^2; 49 680 hab. Cap. *Fray Bentos.* El territorio, suavemente ondulado, desciende en dirección del río Negro, que marca el límite S del dep., y del río Uruguay, que señala hacia el O la frontera con Argentina. En la zona E, abundante en pastos, se desarrolla una ganadería ovina, que produce lanas de calidad, y en el sector occidental prosperan cultivos intensivos (remolacha, caña de azúcar y sobre todo trigo, que se exporta a través del puerto de Fray Bentos). La actividad comercial se centra en la capital, que goza del estatuto de «zona franca» y mantiene un intenso intercambio con Puerto Unzué (Argentina), con el que comunica a través del puente internacional General San Martín, sobre el Uruguay. La presa de Rincón de Baigorria, sobre el río Negro, alimenta una central hidroeléctrica (108 MW), cuya potencia será sobrepasada por la de Palmar (en construcción, sobre el mismo río), que generará 420 MW.

Río negro, embalse de Uruguay, uno de los mayores lagos artificiales de América del Sur, construido sobre el río Negro entre los dep. de Tacuarembó y Durazno; 140 km de long. y 29 km de anch. Alimenta las centrales de Rincón del Bonete (128 MW) y de Rincón de Baigorria (108 MW).

Río Piedras, barrio de San Juan de Puerto Rico, situado al S del núcleo urbano. Antiguo municipio incorporado a la capital en 1951. Universidad.

RÍO PRIMERO, dep. de Argentina (Córdoba), junto al *río Primero;* 34 530 hab. Cab. *Santa Rosa de Río Primero.* Agricultura (cereales, maní, girasol y alfalfa) y ganadería vacuna. Nudo ferroviario.

RÍO SAN JUAN (*departamento de*), dep. del S de Nicaragua, entre el lago Nicaragua y el mar Caribe; 7 448 km^2; 27 821 hab. Cap. *San Carlos.* Comprende la cuenca nicaragüense del río San Juan. El clima es tropical lluvioso. Es uno de los departamentos menos densamente poblados del país (4 hab./km^2). Los principales núcleos se encuentran a orillas del lago Nicaragua (Morrito y San Miguelito) y en las del río (San Carlos y El Castillo). Explotación forestal de la selva tropical que cubre el departamento. Activa pesca en el lago Nicaragua.

RÍO SEGUNDO, dep. de Argentina (Córdoba), junto al *río Segundo;* 74 316 hab. Cab. *Villa del Rosario.* Centro agropecuario (cereales, girasol y maní). Ganado vacuno. Fábricas de aceite, alcohol y cerveza. Lácteos. Nudo ferroviario.

RÍO TERCERO, c. de Argentina (Córdoba),

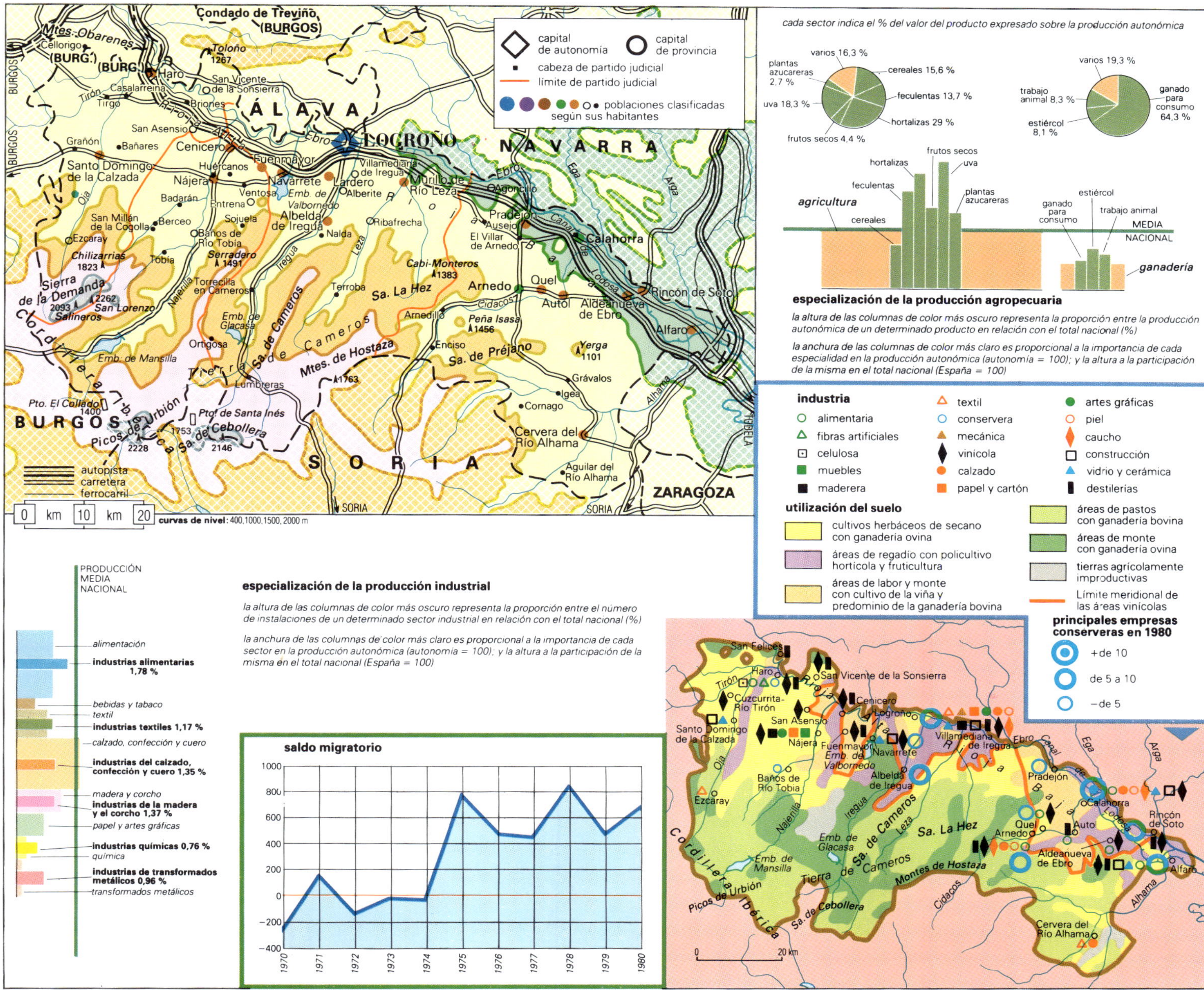

LA RIOJA

a orillas del río Tercero; 34 735 hab. Material de transporte y elementos para la industria petrolera.

RIOBAMBA, c. de Ecuador, cap. de la prov. de Chimborazo, junto al río Pastaza; 58 029 hab. Centro comercial de la región. Industrias textiles, alimentarias y de curtidos. Artesanía (alfombras, tapices, cerámica y juguetes). Aeropuerto. Carretera panamericana; ferrocarril. HISTORIA. Fundada en 1575 sobre las ruinas del poblado indígena de Liribamba, en época colonial fue nudo de comunicaciones entre Quito y Copiapó (Chile), además de importante centro agrícola y comercial, que decayó en el s. XVIII. Destruida por un terremoto (1797), fue reconstruida y participó en las luchas independentistas, con la declaración de independencia de la ciudad (1820). Fue sede de la primera asamblea constituyente de la república (1830). En 1882 se enfrentó a la dictadura de Veintemilla y en 1905 en ella Terán se alzó contra Lisardo García.

Riofrío *(palacio de)*, palacio real español de La Granja (Segovia), proyectado por V. Ravaglio, según los esquemas del palacio real de Madrid, e iniciado en 1754, con C. Fraschina y J. Díaz Gamones como directores de obra. Sobresalen en su interior la capilla elíptica y la doble escalera imperial, con esculturas de B. Sexmini. Actualmente pertenece al Patrimonio nacional, para uso y servicio del rey y de la real familia.

RIOHACHA, c. de Colombia, cap. del dep. de La Guajira, en la costa del Caribe; 39 587 hab. *(Riohacheros.)* Centro comercial. Agricultura de subsistencia. Ganadería. Salinas. Yacimientos de gas natural, conservas de pescado, tenerías y manufacturas de henequén. Puerto pesquero. Aeropuerto. Fundada en 1545.

RIOJA n. m. Vino español producido y elaborado en una zona que abarca parte de la comarca de La Rioja.

RIOJA (La), región fisiográfica de España, que abarca la *comunidad autónoma de La Rioja** *(provincia de la Rioja,* ant. provincia de Logroño), comprendida en la depresión del Ebro *(La Rioja Alta* y *La Rioja Baja),* y la parte S de la de Álava *(La Rioja Alavesa,* sector N de La Rioja Alta). Está enmarcada entre la sierra de la Demanda y las de Oberanes y Cantabria, desde La Bureba hasta La Ribera navarra (depresión del Ebro). Se distinguen dos unidades morfológicas: la sierra (ganadería ovina) y el valle (hortifruticultura, cereales y especialmente vid *[vinos de rioja]*).

RIOJA (La), región del N de España, que constituye una comunidad autónoma uniprovincial, coincidente con la *provincia de La Rioja;* 5 034 km^2; 253 295 hab. Cap. *Logroño.* GEOGRAFÍA. El territorio de la comunidad autónoma, constituido por el sector de la ribera del Ebro correspondiente a la comarca de La Rioja*, excluida La Rioja Alavesa, se extiende desde el Ebro, al N, hasta el extremo NO de la cordillera Ibérica (sierra de la Demanda, Picos de Urbión, sierra Cebollera, montes de Hostaza). Los relieves de la vertiente N de la cordillera (sierras de Camero) descienden hacia el Ebro, cortados por los afluentes de éste: Cidacos, Leza, Iregua, Najerilla, Oja. Es una región eminentemente agrícola, con cultivos en regadío (Rioja Baja) de remolacha azucarera, alfalfa, maíz, frutales y sobre todo hortalizas, y en secano, trigo, en primer lugar, y vid, especialmente en La Rioja Alta. La ganadería ocupa un lugar secundario. La principal actividad industrial es la alimentaria (conservas vegetales), seguida de la del cuero y calzado, madera, transformados metálicos, textil, química, caucho, etc. Merece especial mención la elaboración de vinos *(rioja).* La autopista Bilbao-Zaragoza, que pasa por Logroño, ha influido favorablemente en el desarrollo de toda la región.
HISTORIA. El actual nombre de La Rioja se halla citado por primera vez en el fuero de Miranda de Ebro de 1092. Tras la ocupación musulmana, fue reconquistada por Ordoño II de León y Sancho Garcés de Pamplona (923). Fue repoblada por gentes de Navarra, Álava y Castilla. Fue también importante la colonización eclesiástica, destacando la labor de los monasterios de Santa Coloma, San Millán de Albelda y San Millán de la Cogolla. Tierra fronteriza, fue objeto de continuas disputas entre los reyes de Navarra y Castilla. Invadida por Fernando I (1054) y recuperada por Sancho IV (1067), fue incorporada a Castilla por Alfonso VI (1076), quien le otorgó un fuero (1095). En el s. XIV, fue escenario de la guerra civil entre Pedro I y Enrique de Trastámara. En el s. XVI había en ella una importante población morisca. Su posición entre la Meseta y Navarra estimuló su economía, ya que enviaba sus vinos a Navarra, Burgos y el País

Vasco. Contaba además con una floreciente industria lanera, que entró en crisis cuando la guerra de la Independencia. Quedó constituida en provincia de Logroño en 1822, pero se suprimió en 1823, para volver a surgir con distintos límites pero con idéntico nombre. Los conflictos carlistas la afectaron frecuentemente, hasta el punto de que en 1863 protagonizó una importante sublevación de ese cariz. En 1980 la provincia se constituyó en ente preautonómico con el nombre de La Rioja, que en 1982 aprobó su estatuto y constituyó su primer gobierno autónomo.

RIOJA *(provincia de* **La***)*, provincia del NO de Argentina; 92 331 km^2 y 163 342 hab. Cap. *La Rioja*. La cordillera de los Andes (cerro Bonete, 6 872 m), la precordillera (sierras de Jagüé, Umango y Villa Unión) y las sierras Pampeanas (6 200 m en cerro General Belgrano, en la sierra Famatina) ocupan la mayor parte de la prov., cuyos principales núcleos de población (Vinchina, Villa Unión y Chilecito) se sitúan en los valles del N. Más al S de la quebrada de los Sauces, donde está la cap., la altura decrece (177 m en Salinas Grandes) y sólo se levantan pequeñas sierras (Chepes y Ulapes). El clima árido y la escasez de lluvias determinan un débil desarrollo agrícola (vid, olivo y frutales) y ganadero. La explotación de los yacimientos de oro y cobre (sierra de Famatina), importantes en otros tiempos, ha decaído; se extrae carbón cerca de Villa Castelli y uranio en las proximidades de Guandacol. Industrias vitícola (Nonogasta) y aceitera (La Puerta y Bazán).

RIOJA (La), c. de Argentina, cap. de la prov. homónima, en la quebrada de los Sauces; 69 254 hab. Es centro agrícola (olivo, frutales y algodón). Industria alimentaria, textiles e imprentas. Fue fundada en 1591 y en 1894 fue casi totalmente destruida por un terremoto.

RIOJA (Francisco), poeta español (Sevilla 1600-Madrid 1659). Estuvo protegido por el conde-duque de Olivares (cuya política defendió en el escrito *Aristarco*) y fue bibliotecario real. Como poeta, fue un seguidor de Herrera y destacó por su elegancia en el tratamiento de motivos florales. Compuso un tratado de oratoria.

RIOJANO, A adj. y n. De La Rioja.

RIOLITA n. f. Roca volcánica ácida, compuesta esencialmente de cuarzo y feldespato alcalino.

RIOM, mun. de Francia (Puy-de-Dôme); 17 000 hab. Iglesias románico-gótica y gótico-flamígera. Palacios antiguos. Museos. En Mozac, iglesia de los ss. XII y XV.

RION o **RIONI,** r. de la U.R.S.S., que nace en el Cáucaso y avena el O de Georgia; 314 km. Pasa por Kutaísi y desemboca en el mar Negro.

RIONEGRO, mun. de Colombia (Antioquia), en el *altiplano de Rionegro*; 40 584 hab. (*Rionegreros* o *rionegriños.*) Centro agrícola (maíz, papa y café) y ganadero, que prospera gracias a su proximidad a la cap. del dep.

RIONEGRO, mun. de Colombia (Santander), en la cordillera Oriental; 31 805 hab. (*Rionegranos.*) Yuca, maíz y plátano. Ganadería.

RIOPELLE (Jean-Paul), pintor canadiense (Montreal 1923). Perteneció al movimiento artístico de los «automatistas» y en 1948 se instaló en París. Sus cuadros, mosaicos de filamentos o caras coloreadas de una textura densa, se ordenan siguiendo ritmos vivaces. Realizó también «litocollages» y esculturas.

RIOPLATENSE adj. y n. m. y f. Del Río de la Plata.

RÍOS *(provincia de* **Los***)*, prov. centrooccidental de Ecuador; 5 912 km^2; 383 432 hab. Cap. *Babahoyo*. Está avenada por los ríos Vinces, Zapotal y Puebloviejo, afl. del Babahoyo, el cual, junto con el Daule, forma el Guayas. Explotación forestal (caoba, cedro, laurel y rosa). Agricultura para la exportación (frutos tropicales, bananos, café, caña de azúcar, arroz, etc.). Destacan los núcleos de Babahoyo, Vinces y Quevedo.

RÍOS (Pedro de los), administrador español del s. XVI, nacido en Córdoba. En 1526 sustituyó a Pedrarias Dávila como gobernador de Castilla del Oro y se opuso a que continuara la exploración de Pizarro a Perú. Firmadas las capitulaciones (1530), intervino en la conquista de Perú, en las batallas de Chupas (1542) y de Huarina (1547).

RÍOS (José Amador de los) → Amador de los Ríos (José).

RÍOS (Saturio), pintor paraguayo (nacido c. 1840-San Lorenzo del Campo Grande 1922). Ilustrador del periódico satírico *Cabichuí*, se distinguió como retratista (*Retrato del obispo Palacios*, museo Godoy, Asunción).

RÍOS (Blanca de los), escritora española (Sevilla 1862-Madrid 1956). Difundió sus ideas feministas y del acercamiento cultural de España y Latinoamérica en numerosas publicaciones periódicas. Es autora de libros de poemas (*Esperanzas y recuerdos*, 1881), novelas (*Melita Palma, Sangre española*, 1902) y estudios de escritores de los ss. XVI y XVII, especialmente Tirso de Molina, de quien publicó sus *Obras completas* (1947 y 1952).

Algar-Salmor

Fernando de los **Ríos**, por López Alarcón. (Ateneo de Madrid.)

RÍOS (Fernando de los), político español (Ronda 1879-Nueva York 1949). Dirigente del P.S.O.E., participó en la primera conferencia del trabajo de Washington (1919). Intervino, a título personal, en el pacto de San Sebastián. Fue ministro de Justicia en el gobierno provisional de la Segunda república, de Instrucción Pública (dic. 1931-junio 1933) y de Estado (junio-set. 1933). Exiliado en Nueva York (1939), fue ministro de Asuntos Exteriores (1945-1947) del gobierno republicano en el exilio.

RÍOS (Juan Antonio), político chileno (Cañete 1888-Santiago 1946). Adscrito al Partido radical, ocupó los ministerios de Estado, Interior (1932) y Justicia. En 1942 triunfó en las elecciones presidenciales como candidato del Frente popular y siguió una política moderada; rompió con las potencias del Eje (1943) y procuró la independencia económica de Chile. En 1946, enfermo, renunció a la presidencia.

RÍOS MONTT (Efraín), militar y político guatemalteco (1927). En 1974 participó en las elecciones presidenciales como representante de la coalición democristiana. El 23 de marzo de 1982 dio un golpe de estado y estableció una junta cívico-militar (30 marzo), que disolvió el 9 de junio, al asumir las funciones de presidente del país. En 1983 (ag.) fue derrocado por el general Óscar Mejía.

Efraín **Ríos Montt**

Gamma-Flash Press

ríos profundos *(Los)*, novela de José María Arguedas (1958). Basada en experiencias autobiográficas, la obra es el relato en primera persona de un adolescente, dividido entre las culturas india y española, en un pensionado católico de Abancay. Es notable en la novela la evocación del mundo mítico indigenista.

RÍOS ROSAS (Antonio de los), político español (Ronda 1812-Madrid 1873). Militó en las filas de los moderados. Se opuso a Espartero, pero en 1848 se apartó de Narváez. Ministro de Gobernación (1854), fue depuesto por la vicalvarada y luego proporcionó a O'Donnell la base política de la Unión liberal, quien le nombró ministro de Gobernación (1856). Después de 1868 colaboró con los sucesivos gobiernos de la etapa revolucionaria.

RÍOS Y LISPERGUER (Catalina de los), llamada **la Quintrala,** dama chilena (Santiago de Chile c. 1605-*id.* 1665), de la rica familia de los Lisperguer. Ha pasado a la tradición popular como una especie de Lucrecia Borgia colonial, ya que se le atribuyen más de cuarenta asesinatos. En 1660 se le abrió un proceso, pero su fortuna consiguió que éste se eternizara. En 1664 fue encarcelada por asesinato comprobado, pero de nuevo logró comprar su impunidad.

Rioseco *(batalla de)*, victoria de las tropas francesas de Bessières sobre las fuerzas conjuntas de Cuesta (ejército de Castilla) y Blake (ejército de Galicia), durante la guerra de Independencia española (14 julio 1808). El combate tuvo lugar en las cercanías de Medina de Rioseco y abrió a José I el camino de Madrid.

RIOSUCIO, mun. de Colombia (Caldas), en la cordillera Occidental; 34 892 hab. (*Riosuceños.*) Yacimientos de carbón, sal y yeso. Fábricas de bebidas y jabón. Talleres de fundición.

RIOTINTO (Minas de) → Minas de Riotinto.

RIOVERDE, mun. de México (San Luis Potosí), junto al río Verde; 57 099 hab. Centro agropecuario (naranjas, caña de azúcar y algodón) y comercial.

RIPALDA (Jerónimo Martínez de), escritor y jesuita español (Teruel 1535-Toledo 1618), autor de un célebre *Catecismo* (1618).

RIPALDA (Juan Martínez de), teólogo español (Pamplona 1594-Madrid 1648), autor de *Disputationes theologicae de ente supernaturali* (2 vols., 1634-1645), sobre la gracia, y contra las ideas bayanistas y jansenistas.

RIPAMONTE (Carlos Pablo), pintor argentino (Buenos Aires 1874-*id.* 1968). Su obra tiene como temática la Pampa argentina con un tratamiento impresionista (serie *Tipos y paisajes*).

RIPIENO n. m. (voz italiana). En la música orquestal de los ss. XVII y XVIII, grupo de instrumentos que doblan una melodía o la acompañan.

RIPIO n. m. Palabras de relleno en un discurso, escrito o poema. || Cascotes o fragmentos de piedra, ladrillos y otros materiales de desecho, utilizados en construcción para rellenar juntas, huecos, etc., y para pavimentar. • *No perder ripio* (Fam.), no perder detalle.

RIPIOSO, A adj. Abundante en ripios.

RIPOLL, v. de España (Gerona), en la confluencia del Ter y el Freser; 10 053 hab. (*Ripolleses.*) Destaca la industria metalúrgica (maquinaria), que se desarrolló al compás del auge de la cuenca carbonífera cercana (Ogassa y Surroca). Textiles, productos químicos y serrerías. Turismo.

HISTORIA. La ciudad nació en torno al monasterio construido por Wifredo el Velloso (879) para la repoblación del condado de Ausona. En los ss. X-XI se empezó a fortificar la villa y se inició su industria metalúrgica (farga catalana), que perduró hasta el s. XVIII, y un activo centro de fabricación de armas. Por el decreto de Nueva planta (1714) pasó a fomar parte del corregimiento de Vic. El saqueo carlista (1835) arruinó la ciudad.

BELLAS ARTES. El conjunto arquitectónico principal de la ciudad es el antiguo monasterio benedictino de Santa María, fundado en el s. IX. Sufrió varias ampliaciones y reformas (la principal, en el s. XI, debida al abad Oliba), convirtiéndose en uno de los centros fundamentales de la cultura de la época, sobre todo a partir de su *scriptorium*. Dentro de su recinto destacan la iglesia (ss. X-XI) con un transepto con siete ábsides, torres campanario en la parte delantera, y una gran portada (s. XII) en la fachada principal con forma de arco triunfal y con un importante conjunto

Firo-Foto

El claustro y la torre del monasterio de Santa María de **Ripoll.**

escultórico desarrollando temas bíblicos; el claustro (ss. XII-XV) cuenta con un considerable número de capiteles esculturados. El monasterio fue destruido casi en su totalidad en 1835; fue reconstruido (1886-1893) por Elías Rogent. Junto al monasterio, museo folklórico municipal.

RIPOLL (Cayetano), maestro español (Solsona 1778-Valencia 1826). Fue la última persona ejecutada en un auto de fe. El escándalo que produjo su muerte obligó al gobierno de Fernando VII a suprimir la oficiosa Junta de la fe.

RIPOLLÉS, comarca de España, en el Pirineo oriental de Cataluña (Gerona). Comprende de la cuenca alta del río Ter. Ganadería y explotación forestal. Industria textil y metalúrgica, principalmente en Ripoll, la capital comarcal. Explotaciones carboníferas e hidroeléctricas. Turismo; deportes de invierno.

RIPOLLET, v. de España (Barcelona), en el Vallés Occidental; 26 009 hab. Es un centro industrial (metalurgia, papel, textiles, plásticos y alimentación) y ciudad dormitorio.

RIPPERDÁ (Johan Willem *barón* y después *duque* DE), aventurero de origen neerlandés (Oldehove, Groninga, 1680-Tetuán 1737). Embajador en Madrid (1715), pasó al servicio de Felipe V (1718). Negoció los tratados de Viena (1725), que variaban la política exterior española, con la alianza entre Felipe V y el emperador Carlos VI. Fue ministro universal (1726), pero ante la imposibilidad de que se cumplieran los acuerdos de Viena fue exonerado de sus cargos (1726) y encarcelado. Tras escapar (1728), pasó a Portugal y a Gran Bretaña y en 1730 regresó a los Países Bajos. De allí pasó a Marruecos (1731). A partir de entonces hay dos versiones de su vida, ambas novelescas.

RIPPLE-MARK n. m. (voz inglesa). Pequeña ondulación ocasionada en la arena por el agua (en la playa) o por el viento (en los desiertos).

RIPSTEIN (Arturo), director de cine mexicano (México 1944). Realizó múltiples trabajos secundarios, entre ellos, ayudante de dirección de Buñuel, antes de rodar su primera película, *Tiempo de morir* (1965). En 1969 se convirtió en productor y rodó su película más conocida: *El lugar sin límites* (1977), según la novela de J. Donoso.

RIQUELME (Alonso), conquistador español del s. XVI. En 1530 participó en la expedición de Francisco Pizarro, y en la fundación de Lima (1535), de la cual fue nombrado regidor perpetuo y tesorero (1537). Intervino en la guerra civil entre Almagro y Pizarro.

RIQUER (Martín DE), erudito español (Barcelona 1914). Catedrático de la universidad de Barcelona, se ha especializado en literatura medieval. Editor de clásicos (el *Quijote*, *Tirant lo Blanc*) y antólogo de los poetas provenzales, es autor entre otros libros de *Los cantares de gesta franceses* (1952), *Historia de la literatura catalana* (4 vols., 1964) e *Historia de la literatura universal* (10 vols., desde 1984), en colaboración con J. M. Valverde. [Real academia española, 1965.]

RIQUET (Pierre Paul DE), ingeniero francés (Béziers 1604-Toulouse 1680), constructor del canal del Midi*.

RIQUEZA n. f. Abundancia de bienes, fortuna. || *Fig.* Conjunto de cualidades que tiene una persona. || Cualidad de rico. || Lujo, suntuosidad. || Abundancia relativa de cualquier cosa: *riqueza de vocabulario.*

riqueza de las naciones *(Investigación sobre la naturaleza y las causas de la)*, obra de Adam Smith, publicada en 1776, que situó la doctrina económica británica en un lugar preeminente. Fue una de las primeras obras de economía política y se erigió en una auténtica teoría de la riqueza. A. Smith prosigue el camino iniciado por Quesnay al definir la economía como un circuito, pero, contrariamente a los fisiócratas, prescinde de la idea del carácter improductivo de la industria. Describe la división del trabajo, base del enriquecimiento de las naciones, y trata de explicar el problema de la formación de los precios y los beneficios. Establece una clara distinción entre valor de uso y valor de cambio (el concepto de valor de uso se asemeja al de utilidad). Para explicar el valor de cambio, se refiere a la cantidad de trabajo incluida en la producción de un bien (se requiere doble trabajo para matar a un castor que para matar a un gamo); pero, como (después del estado inicial) en los procesos productivos hay que introducir capital, para A. Smith no existe una relación precisa entre los precios de las mercancías y su coste en trabajo, dado que intervienen, otros elementos. En *La riqueza de las naciones* se efectúan otras aportaciones a la economía, sobre todo desde el punto de vista del progreso económico y del crecimiento, cuyas condiciones son acumulación de capital, ahorro y libertad de cambio.

RISA n. f. Acción de reír, de manifestar alegría y regocijo. • *Estar muerto de risa* (Fam.), reírse mucho; (Fam.), permanecer inactivo y sin resolver algo, o estar abandonado y olvidado por los demás.

RISARALDA *(departamento del)*, dep. centrooccidental de Colombia; 3 962 km^2 y 501 614 hab. Cap. *Pereira.* El terreno es en general quebrado, excepto una pequeña llanura que corresponde al valle del *río Risaralda.* Los fértiles suelos, constituidos por cenizas volcánicas, se aprovechan para el cultivo de café, maíz, caña de azúcar y plátanos. Ganadería vacuna. El principal núcleo urbano e industrial es la capital (productos alimenticios, metalurgia, química y materiales para la construcción).

RISCO n. m. Peñasco alto y escarpado.

RISCO (Manuel), agustino, profesor e historiador español (Haro 1735-Madrid 1801). Completó la obra inacabada del padre Flórez: *España sagrada.* Es asimismo autor de *La Castilla y el más famoso castellano* (1792), entre otras obras.

RISCO (Vicente), escritor español en lenguas castellana y gallega (Orense 1884-*id.* 1963). Cofundador de la revista *Nos** (1920), es, con Otero Pedrayo y Castelao, el creador de la prosa gallega moderna. Escribió las novelas *El puerco de pie* (*O porco de pe*, 1928) y, en castellano, *La puerta de paja* (1953) y los ensayos *Teoría del nacionalismo gallego* (1920), *El problema político de Galicia* (1930) e *Historia de Galicia* (1952).

RISCOSO, A adj. Peñascoso.

RISIBILIDAD n. f. Cualidad de risible.

RISIBLE adj. Que causa risa, ridículo.

RISLE o **RILLE,** r. de Francia, en Normandía, que desemboca en el estuario del Sena; 140 km.

RIŠÓN-LĔ-ṢIÓN o **RISHON LE ZIYYON,** c. de Israel, al S de Tel-Aviv; 74 000 hab. Naranjos y viñedos. Conservas alimencias; metalurgia ligera.

Risorgimento, voz italiana que significa *Renacimiento* y, por extensión, *Resurrección*, que se empleó en el s. XIX para designar el movimiento ideológico y político que contribuyó a unificar y a democratizar Italia, liberándola de los regímenes extranjeros y despóticos. (V. CAVOUR, PIAMONTE.)

RISORIO, A adj. y n. m. Dícese de un pequeño músculo superficial de la cara que está unido a las comisuras de los labios y contribuye a la expresión de la risa.

RISOTADA n. f. Carcajada, risa impetuosa o ruidosa.

RÍSPIDO, A adj. Áspero, rudo.

RISS n. m. *Geol.* Tercera de las grandes glaciaciones de la era cuaternaria en Europa.

RIST (Charles), economista francés (Lausana 1874-Versalles 1955). Profesor de las facultades de derecho de Montpellier y París, ocupó el cargo de subgobernador del banco de Francia de 1926 a 1929. Es autor de *Historia de las doctrinas económicas desde los fisiócratas hasta nuestros días* (1909, en colaboración con Charles Gide), *Ensayo sobre algunos problemas económicos y monetarios* (1933), *Historia de las doctrinas relativas al crédito y la moneda desde John Law hasta nuestros días* (1938) y *Defensa del oro* (1955).

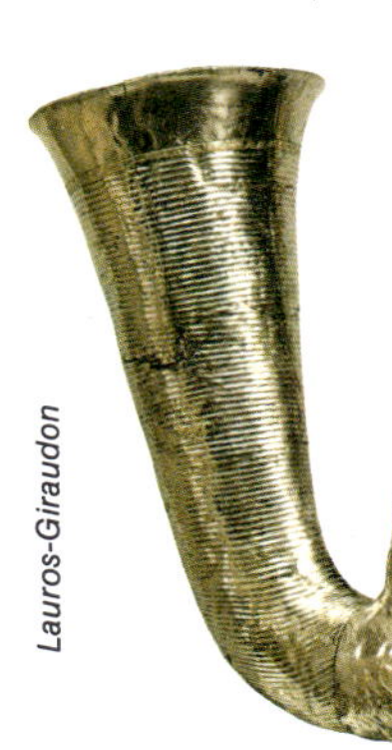

Lauros-Giraudon

ritón en forma de cabra. Plata, época aqueménida. (Louvre.)

RISTIĆ (Jovan), político servio (Kragujevać 1831-Belgrado 1899). Primer ministro y ministro de Asuntos Exteriores (1867), consiguió la evacuación de las guarniciones turcas. Jefe del consejo de regencia después del asesinato del príncipe Miguel (1868-1872), redactó la constitución de 1869. De nuevo al frente del gobierno (1873-1880 y 1887-1889), obtuvo la independencia de Servia (1878).

RISTRA n. f. Conjunto de ajos o cebollas atados uno a continuación de otro. || Conjunto de otros frutos o de cualquier otra cosa atados de igual forma: *una ristra de pimientos.* || *Fig.* Serie de cosas inmateriales que van o se suceden una tras otra.

RISTRE n. m. *Arm.* Pieza que se fijaba en la parte derecha del peto de la armadura, para encajar en él el cabo de la manija de la lanza en el momento de acometer: *lanza en ristre.* • *En ristre* (Fam.), dícese de algunos objetos que se esgrimen: *paraguas en ristre.*

RISUEÑO, A adj. Que tiene la cara alegre o sonriente o es propenso a reír. || *Fig.* De aspecto alegre, placentero. || *Fig.* Próspero, favorable: *un porvenir risueño.*

RISUEÑO (José), escultor y pintor español (Granada 1665-*id.* 1732), discípulo de Alonso Cano. Entre sus obras escultóricas destacan *San Juan de Dios* de la iglesia de San Matías de Granada y el *Cristo crucificado* del Sacromonte en Granada, y entre sus pinturas *Los desposorios de santa Catalina* y *La coronación de santa Rosalía*, ambas en la catedral de Granada.

RITACUVA *(alto de)*, punto culminante de la sierra Nevada* del Cocuy (Colombia); 5 493 m.

RITARDANDO adv. (voz italiana, *retardando*). *Mús.* Reteniendo el movimiento. (Suele abreviarse *rit.* o *ritard.*)

RITIDOMA n. m. *Bot.* Conjunto de tejidos muertos que recubren los troncos, ramas y raíces de árboles y arbustos.

RITINA n. f. Mamífero sirénido de las costas siberianas, exterminado por el hombre entre 1741 y 1768.

RÍTMICO, A adj. Sujeto a un ritmo o compás. || *Métric.* Dícese del acento que determina y sostiene el ritmo en una expresión lingüística.

RITMO n. m. (lat. *rhythmum*). Repetición a intervalos regulares de los tiempos fuertes y de los tiempos débiles de un verso, una frase musical, etc. || *Fig.* Marcha o curso acompasado en la sucesión o acaecimiento de una cosa. || *Mús.* Uno de los elementos de la música, junto con la melodía y la armonía.

RITO n. m. (lat. *ritum*). Acto, generalmente religioso, repetido invariablemente con arreglo a normas prescritas. || Conjunto de normas prescritas para la realización de una ceremonia o del culto religioso. || Costumbre, acto repetido de una manera invariable. || *Fig.* Manera de hacer alguna cosa ceremoniosamente y como siguiendo un orden prescrito. || *Antrop.* Acto, ceremonia, con frecuencia de carácter repetitivo, que tiene por objeto orientar una fuerza oculta hacia una acción determinada. || *Rel.* Liturgia: *rito bizantino; rito mozárabe.* || Ceremonia prescrita por la liturgia: *el rito del bautismo.*

RITÓN n. m. (gr. *rhyton*). *Arqueol.* Vasija para beber, en forma de cuerno o de cabeza de animal.

RITORNELO o **RETORNELO** n. m. (ital. *ritornello*). *Mús.* Fragmento musical corto que precede o sigue a un fragmento cantado. || Repetición, estribillo.

ritos chinos *(controversia de los)*, largo debate sobre las misiones, que, en los ss. XVII y XVIII, enfrentó a los poderes eclesiásticos y las órdenes antiguas (capuchinos, dominicos), quienes triunfaron finalmente (1742), con los jesuitas franceses e italianos de China, convencidos, como el padre M. Ricci, de que era necesario respetar las tradiciones chinas, que, según ellos, podían coexistir con el cristianismo.

RITSOS (Yannis), poeta griego (Malvasia 1909). En sus primeros libros (*Tractores*, 1934; *Epitafios*, 1936), describió a la vez la angustia de la soledad (agravada por la tuberculosis) y su deseo de tomar parte en la lucha de los oprimidos. Deportado varias veces, se manifestó como poeta combativo (*Helenizar*, 1947, *Ciudad indomable*, 1953); posteriormente, volvió a descubrir los mitos antiguos y halló un equilibrio entre la sensación inmediata y la inteligencia, estimulada por la presencia obsesiva del paisaje griego (*Gestos*, 1972).

RITTER (Karl), geógrafo alemán (Quedlinburg, Prusia, 1779-Berlín 1859). Fue uno de los fundadores, junto con A. von Humboldt, de la geografía moderna. En *La geografía en relación con la naturaleza y la historia del hombre* (19 vols., 1817-1859) mostró la correlación entre los elementos físicos (medio natural) y los elementos humanos (hábitat y actividades).

RITUAL adj. Relativo al rito.

RITUAL n. m. Rito, conjunto de normas prescritas para la realización de una ceremonia, especialmente religiosa. || Libro litúrgico que contiene el orden y la forma de las ceremonias religiosas, con las oraciones que deben acompañarlas. || *Siquiatr.* Acción o conjunto de acciones que, repetidas de manera estereotipada, constituyen un síntoma característico de la neurosis obsesiva. ● *De ritual,* según la costumbre; según indica el ritual.

RITUALIDAD n. f. Observancia de los ritos o de las formalidades prescritas para hacer una cosa.

RITUALISMO n. m. Tendencia a acentuar o aumentar la importancia del rito y liturgias en el culto. || *Fig.* Exagerada observancia o sujeción a las formalidades, trámites o normas establecidos en alguna cosa, especialmente en los actos jurídicos u oficiales. || Nombre dado, en el s. XIX, a un movimiento que tendía a restaurar en la Iglesia anglicana las ceremonias y las prácticas de la Iglesia romana.

RITUALISTA adj. y n. m. y f. Relativo al ritualismo; partidario de este movimiento.

RITUALIZACIÓN n. f. Acción y efecto de ritualizar.

RITUALIZAR v. tr. [**1g**]. Instaurar ritos; codificar por medio de ritos.

Algar-Salmer

El duque de **Rivas**.
Detalle de *Una lectura de Zorrilla en el estudio del pintor Esquivel*, por A. M. Esquivel.
(Museo de arte moderno, Madrid.)

RIÚRIKOVICHI, dinastía nacida del príncipe varego Riúrik, que reinó en Rusia del s. IX al s. XVI. Según la *Crónica de tiempos pasados,* Riúrik respondiendo a la «llamada a los varegos», reinó en Nóvgorod (862), y su sucesor Oleg, en Kíev (978-982). Sus descendientes asimilaron tempranamente la cultura eslava. Después del reinado de Yaroslav el Sabio (de 1036 a 1054), los príncipes Riúrikovichi gobernaron generalmente en Rusia, trasladándose de cantón en cantón según su antigüedad y una determinada jerarquía de las regiones; Kíev pertenecía al primogénito. A partir de fines del s. XII, las diversas regiones se convirtieron en patrimonio hereditario de las ramas de los diversos principados (sistema de feudos). Moscovia consiguió en el s. XIV la supremacía, con el principado de Vladímir Súzdal. Los príncipes Riúrikovichi de Moscú se convirtieron en zares de Rusia con Iván IV, y se sucedieron hasta Fiódor I, con el que desapareció la dinastía (1598).

RIUS (Eduardo DEL RÍO, llamado), dibujante de humor mexicano (México 1937). Colabora en numerosos periódicos con dibujos de índole costumbrista y de fuerte intención social y política. Es autor de historias didácticas que reflejan el lenguaje popular (*Los supermachos* y *Los agachados*).

RIUS RIVERA (Juan), patriota cubano (Mayagüez, Puerto Rico, 1847-en Honduras 1920). Participó en la guerra de Yara al frente del regimiento Céspedes (1874), apoyando a Maceo. En 1896 fue hecho prisionero en Pinar del Río y deportado a España. Tras la independencia, fue miembro de la constituyente (1901) y ministro de Hacienda con Estrada Palma.

RIVA AGÜERO (José Mariano DE LA), historiador y político peruano (Lima 1783-*id.* 1858). En 1822 se unió al general San Martín y en febrero de 1823 el ejército le proclamó presidente de la república, pero la caída de Lima determinó su destitución y expulsión del país, como sospechoso de pactismo con los realistas. De regreso en 1831, fue presidente del estado Norperuano dentro de la Confederación Perú-boliviana (1838-1839); a la disolución de ésta, emigró a Ecuador, donde permaneció hasta 1843. Es autor de *Memorias y documentos para la historia de la independencia del Perú.*

RIVA AGÜERO (José DE LA), escritor y político peruano (Lima 1885-*id.* 1944). Organizó un grupo político conservador, pero la dictadura de Leguía le exilió a Europa (1919). En 1930 regresó a Perú. Fue alcalde de Lima, presidente del instituto de historia, ministro de Instrucción Pública, presidente del consejo de ministros (1933) y presidente de la Academia peruana. Es autor de *Civilización peruana; época prehispánica* (1937).

RIVA PALACIO (Mariano), político mexicano (México 1803-*id.* 1880). Gobernador del estado de México, durante el imperio se apartó de la vida pública. Fue defensor de oficio de Maximiliano ante el consejo de guerra que lo juzgó. — Su hijo VICENTE (México 1832-Madrid 1896) destacó en la guerra contra la intervención francesa y el imperio y alcanzó el grado de general. Escribió novelas folletinescas de asunto histórico (*Los piratas del golfo,* 1869; *Memorias de un impostor,* 1872), narraciones (*Los cuentos del general,* 1896) y mordaces biografías (*Los Ceros,* 1882). Dirigió, además, la obra histórica *México a través de los tiempos.*

RIVADAVIA, dep. de Argentina (San Juan), avenado por el San Juan; 50 224 hab. Cab. *Marquesado.* En el área metropolitana de San Juan. Vinos.

RIVADAVIA, dep. de Argentina (Mendoza), a orillas del Tunuyán; 42 851 hab. Centro agrícola (vid, frutales y alfalfa). Industrias derivadas (vino, aceite y harina). Petróleo.

RIVADAVIA (Bernardino), político argentino (Buenos Aires 1870-Cádiz 1845). De formación enciclopedista, se sumó a la revolución de mayo (1810) en defensa de las tesis patriotas. Como ministro de diversas carteras (1811-1814; 1820-1824), inició la emancipación de los esclavos y creó la junta protectora de la libertad de prensa. Apoyado en la incipiente burguesía, abolió los privilegios eclesiásticos, facilitó la adquisición de tierras a los campesinos y estableció el sistema representativo. En 1826 fue elegido presidente de la república, sancionó una constitución de carácter unitario y reorganizó el ejército para conseguir la independencia e incorporación de la Banda Oriental de las Provincias Unidas, pero una insurrección federalista le obligó a dimitir (julio 1827) y a exiliarse.

RIVADENEYRA (Pedro DE) → RIBADENEYRA (Pedro DE).

RIVADENEYRA (Manuel), editor español (Barcelona 1805-Madrid 1872), iniciador de la publicación de la *Biblioteca de autores españoles,* gran colección de textos literarios españoles.

RIVAL n. m. y f. Competidor, el que contiende con otro, o aspira a obtener lo que él.

RIVALIDAD n. f. Relación entre rivales.

RIVALIZAR v. intr. [**1g**]. Intentar igualar o sobrepasar a alguien, luchar.

RIVAROL (Antoine RIVAROL, llamado **el conde de**), escritor y periodista francés (Bagnols, Languedoc, 1753-Berlín 1801). Célebre por su ingeniosa conversación y por su elegancia, recibió el premio de la academia de Berlín por su *Discurso sobre la universalidad de la lengua francesa* (1784). En el exilio inició un *Nuevo diccionario de la lengua francesa.*

Zardoya

Charlie **Rivel**

RIVAROLA (Cirilo Antonio), político paraguayo († Asunción 1878). Miembro del triunvirato de gobierno (1869-1870), fue elegido presidente del país, disolvió el congreso (15 oct. 1871) y tuvo que dimitir (15 dic.) en medio de una grave crisis económica. Fue asesinado.

RIVAS *(departamento de),* dep. del SO de Nicaragua; 2 149 km^2; 105 844 hab. Cap. *Rivas.* Ocupa el *istmo de Rivas,* entre el océano Pacífico y el lago de Nicaragua y comprende asimismo la isla de Ometepe, en el lago. Importante región ganadera. Agricultura (cacao, tabaco, algodón y caña de azúcar). Industrias derivadas de la agricultura. Destacan los núcleos de Rivas, Tola, Belén y San Juan del Sur (puerto en el Pacífico).

RIVAS, c. de Nicaragua, cap. del dep. homónimo, en el istmo de Rivas; 32 901 hab. *(Rivenses.)* Centro comercial y administrativo de una rica región agrícola (industrias derivadas). Fue fundada en 1736. En ella capituló el filibustero norteamericano Walker (1857).

RIVAS (Ángel DE SAAVEDRA, *duque* DE), escritor español (Córdoba 1791-Madrid 1865). Se inició literariamente con poesías y tragedias de corte neoclásico. Exiliado por liberal en 1823, primero en Londres y luego en Italia y en Malta, se apasionó por ciertos escritores románticos (Byron, Scott) y compuso poemas en los que se advierte el impacto que le causara el nuevo estilo, como *El sueño del proscrito* (1824) y *El faro de Malta* (1828). Ya en Malta había iniciado la redacción del poema *El moro* expósito,* continuado en París, donde se publicó en 1834 con prólogo de Alcalá Galiano: tanto el texto como el prólogo se estiman piezas claves en la historia del romanticismo español. En 1835, ya en España, apareció su drama en prosa y verso *Don* Álvaro o la fuerza del sino,* en el que escenifica el enfrentamiento del individuo ante su trágico destino. Aunque alejado ya de su exaltado liberalismo inicial, el volumen de *Romances históricos* (1841), que contiene célebres títulos como *Un castellano leal* sobre la historia del conde Benavente, mantiene el prestigio romántico del duque de Rivas. Entre sus restantes obras cabe citar: la comedia moratiniana *Tanto vales cuanto tienes* (1840), el drama simbólico *El desengaño de un sueño* (1842), y el libro histórico *La sublevación de Nápoles* (1848). Ocupó después importantes cargos políticos. (Real academia española, 1847.)

RIVAS (Patricio), político nicaragüense del s. XIX, que ocupó provisionalmente la presidencia del país en 1855-1857.

RIVAS GROOT (José María), escritor colombiano (Bogotá 1863-Roma 1923). Su obra de tema aristocrático y decadente, propio del modernismo, comprende novelas cortas (*Resurrección,* 1905; *Julieta, El triunfo de la vida,* 1916) y poesías (*Canto a Bolívar,* 1883).

RIVEL (José Andreu, llamado **Charlie**), payaso español (Cubellas, Barcelona, 1896-San Pedro de Ribas, Barcelona, 1983). Destacado acróbata cómico, integró, junto a sus hermanos Polo y René, el grupo *Los Rivel.* Más tarde se hizo famoso actuando solo e incorporando una indumentaria chaplinesca; utilizó el seudónimo Charlot Rivels, y posteriormente el de Charlie Rivel.

RIVELLES (Rafael), actor español (El Cabañal, Valencia, 1888-Madrid 1971). Actuó junto a Rosario Pino y a Francisco Morano. Con su esposa, María Fernanda Ladrón de Guevara, fue titular de una compañía propia. Destacó en el género de la «alta comedia». — Su hija Amparo (Madrid 1925) es actriz de cine y teatro.

RIVERA *(departamento de),* dep. del NE de Uruguay; 9 099 km^2; 83 064 hab. Cap. *Rivera.* Está situado junto a la frontera brasileña accidentado al N y E por las cuchillas Negra y Santa Ana, en cuyo vértice de unión nace el río Tacuarembó, principal colector de la región. Hacia el S se extiende una ancha faja constituida por rocas cristalinas *(Isla cristalina riverense)* de formas redondeadas. La economía es fundamentalmente ganadera, y la agricultura (maíz, maní y girasol) sólo alcanza cierto desarrollo en torno a la capital, que es un importante centro de comunicaciones.

RIVERA, c. de Uruguay, cap. del dep. homónimo, en el ángulo NE del dep., junto a la frontera con Brasil; 49 013 hab. *(Riverenses.)* Es el núcleo más populoso y activo de la región y constituye una única conurbación con la ciudad brasileña de Santa Anna do Livramento, con la que mantiene un intenso intercambio. Turismo. Debido a que es uno de los puntos de enlace entre las rutas brasileñas y uruguayas (terminal del ferrocarril Central) registra un intenso tráfico de mercancías hacia Uruguay o hacia Argentina, a través de los puentes sobre el río Uruguay.

RIVERA (Luis de), pintor español del s. xvi activo en Quito. En 1580, en compañía del escultor Diego de Robles, viajó a Quito, donde realizó, junto con Juan Illescas, varios cuadros para la catedral y la iglesia de San Francisco. Es asimismo autor del retablo de la iglesia de Mira.

RIVERA (Marcos), pintor de la escuela cuzqueña del s. xvii, de estilo barroco (*San Pedro Nolasco,* 1666).

RIVERA (José Fructuoso), militar y político uruguayo (¿1784 o 1788?-Montevideo 1854). Fue jefe histórico del Partido colorado. Unido a Lavalleja como segundo jefe del ejército libertador, tras la independencia de Uruguay (1828) abandonó el ejército por diferencias con Lavalleja. Primer presidente de la república (1830-1834), venció la oposición de Lavalleja en la guerra civil de 1832-1834, y en 1835 apoyó la subida de Oribe al poder, pero luego se le enfrentó y sus partidarios obligaron a Oribe a dimitir. Rivera fue de nuevo presidente (marzo 1839), pero las derrotas sufridas en la guerra civil con los blancos le obligaron a refugiarse en Brasil. Al terminar la guerra Grande (1843-1851), su fracción, encabezada por Flores, se impuso y pactó la formación de un triunvirato (Rivera, Lavalleja y Flores), pero murió antes de que éste se constituyera.

José Fructuoso **Rivera.** Óleo de B. Verazzi. (Museo histórico nacional, Montevideo.)

Salmer

RIVERA (Joaquín), político hondureño (Tegucigalpa 1796-Comayagua 1845). Presidente de la república (1833-1836), concedió amplias libertades, redujo la deuda pública e impulsó la minería. Luchó con Morazán contra el general Herrera. Capturado en la tercera invasión de Honduras, fue ejecutado.

RIVERA (Diego), pintor mexicano (Guanajuato 1886-México 1957). A los doce años comenzó sus estudios artísticos en la Academia de san Carlos, relacionándose con José Guadalupe Posada, quien lo inició en una visión arraigada en la vida y la historia mexicanas. En 1902 abandonó los estudios académicos y comenzó un camino propio, que fructificó en su primera exposición (1907). A continuación viajó a Europa, donde estudió en Madrid y en París, recorriendo, además, diversos países. Un elemento fundamental para su futura pintura fue el descubrimiento del muralismo renacentista. Sus imágenes, que tienden a una estilización geométrica, se relacionan con la monumentalidad del fresco renacentista. En 1921 regresó a México y se adhirió a los postulados del movimiento de muralistas (recuperación del pasado y gloria precolombinos, exaltación de la lucha revolucionaria y el cambio social, e incorporación de la máquina y la ciencia a una nueva sociedad). En el anfiteatro de la escuela nacional preparatoria pintó un mural sobre *La creación* (1922). Entre los años 1923 y 1926 realizó los seis importantes paneles de la secretaría de Educación Pública de la escuela nacional de agricultura, en Chapingo; en 1926 ilustró los muros del palacio del gobierno de Cuernavaca; de 1929 a 1935 la escalera monumental del palacio nacional, presentando la historia íntegra de la revolución mexicana; en 1934 reprodujo en el palacio de bellas artes su fresco (destruido) del centro Rockefeller de Nueva York. Posteriormente realizó decoraciones en California (San Francisco) y en Detroit. En 1941 emprendió una nueva serie en el palacio nacional, que quedó inconclusa, y pintó murales en el instituto de cardiología (1948) y en el hotel del Prado. Rivera tenía una ideología política combativa, expresada en imágenes y lemas que acompañan a sus murales, muchos de los cuales suscitaron vivas polémicas y hasta llegaron a destruirse.

RIVERA (José Eustasio), escritor colombiano (Neiva del Huila 1889-Nueva York 1928). Sus viajes, en misión gubernamental, por tierras del Orinoco y del Amazonas le proporcionaron material para sus dos únicos libros: la colección de sonetos *Tierra de promisión* (1921) y *La vorágine** (1924), novela regionalista de gran influencia en el desarrollo de la narrativa latinoamericana.

RIVERA (Manuel) pintor español (Granada 1927). Fue miembro fundador (1957) del grupo madrileño El paso. Iniciado en el campo figurativo, pronto tendió hacia la abstracción, adentrándose (finales de la década de los cincuenta) en una vertiente experimental de los efectos ópticos producidos por telas metálicas y alambres, a menudo superpuestas sobre soportes sólidos coloreados (sobre todo en obras a partir de 1965). Obras: *Composición n.º 10* (1957); *El bruto* (1963); *Pintura sobre papel japonés* (1965); *Homenaje a Pierro* (1970).

RIVERA CARBALLO (Julio Adalberto), militar y político salvadoreño (Zacatecoluca 1921-San José Guayabal 1973). Al frente del Partido de conciliación nacional ganó las elecciones presidenciales de 1961 como candidato único. Aseguró su sucesión en Fidel Sánchez (1967) y fue embajador en E.U.A. (1969-1973) y representante de su país en la O.E.A.

RIVERA DE HUELVA, r. de España, que nace en la sierra de Aracena y desemboca en el Guadalquivir; 115 km. Sobre uno de sus afluentes, el *río Rivera de Cala,* se ha construido el embalse de Guillena (central de 216 MW).

Salmer

Diego **Rivera:** *Vendedoras de flores.* (Museo español de arte contemporáneo, Madrid.)

RIVERA PAZ (Mariano), político guatemalteco (1804-1849). Fue presidente del país (1839-1844) y durante su mandato anuló el pacto federal de las Provincias Unidas de Centro América, mientras México se anexionaba Soconusco (1842).

RIVERO (Juan), eclesiástico e historiador español (Miraflores de la Sierra 1681-† 1736), autor de *Historia de las misiones de los llanos de Casamare y de los ríos Orinoco y Meta* (1883), con importantes noticias sobre dichos territorios.

RIVERO (Nicolas María), político español (¿Morón de la Frontera 1814?-Madrid 1878). Participó en la constitución del Partido democrático (1849). Gobernador de Valladolid durante la revolución de 1854, en 1865 fundó el periódico *La discusión,* con lo cual afirmó su jefatura en el partido. Participó en la sublevación del cuartel de San Gil (1866) y durante la revolución de 1868 fue alcalde de Madrid. Presidió las cortes constituyentes (1869-1970), en las que representó a los radicales, y fue ministro de Gobernación (1870). Proclamada la república, fue uno de los autores de la ruptura entre radicales y federales (marzo 1873) y de la fracasada sublevación radical de Madrid (abril 1873).

RIVERO Y MUÑIZ (Nicolás), periodista español residente en Cuba (Villaviciosa de Asturias 1849-La Habana 1919). Fundó numerosas publicaciones y dirigió (1895-1919) el *Diario de la marina.*

RIVERS (William Halse), antropólogo británico (Luton 1864-Cambridge 1922). Médico y sicólogo, se interesó primero por las tesis evolucionistas, y se inclinó luego por el difusionismo. Estudió a los toda del sur de la India (*Los toda,* 1906). Subrayó la importancia de la dimensión sicológica en los acontecimientos sociales y contribuyó al enriquecimiento de la teoría del parentesco (*Parentesco y organización social,* 1914).

RIVERSIDE, c. de Estados Unidos (California), al E de Los Ángeles; 140 000 hab. Construcciones mecánicas.

RIVET (Paul), etnólogo francés (Wasigny, Ardenas, 1876-París 1958). Creador del museo del hombre de París (1937), estudió diversas culturas amerindias (*Etnografía antigua de Ecuador,* 1912; *Los orígenes del hombre americano,* 1943; *Bibliografía de las lenguas aymara y quechua,* 1951-1956, en colaboración con G. de Créqui-Montfort).

RIVIER (Jean), compositor francés (Villemomble 1896). Profesor de composición del conservatorio de París, compuso de forma tradicional varios conciertos y siete sinfonías (1932-1961).

RIVIERA *(La),* sector del litoral italiano (Liguria), en el golfo de Génova, desde la frontera francesa hasta Viareggio (al N de la desembocadura del Arno). Importante región turística, en la que se distinguen la *Riviera di Ponente,* al O de Génova (con San Remo e Imperia), y la *Riviera di Levante,* al E (Rapallo).

RIVIÈRE-HÉRART (Charles), político haitiano (1787-1850). Presidente del país (en.-marzo 1844), durante su gobierno los haitianos fueron expulsados de la República Dominicana, iniciándose una guerra que duró doce años.

RIXDALE n. f. (neerlandés *rijksdaalder*). Antigua moneda de plata de diferentes valores, acuñada en Europa central y en diversos países nórdicos.

RIYĀḌ o **RIAD,** cap. de Arabia Saudí y de la prov. de Naŷd, en el interior de Arabia; 667 000 hab. Centro comercial. Refinería de petróleo. En ella se replegó la dinastía saudí (de 1824 a 1890) después de la derrota del movimiento wahhābī por los otomanos y por los egipcios. Reconquistada por ʻAbd al-ʻAzīz III ibn Saʻūd en 1902, en 1932 se convirtió en la capital de Arabia Saudí.

RIYAL n. m. Unidad monetaria de Arabia Saudí, Omán, Qaṭar y la República del Yemen.

RIZADO n. m. Acción y efecto de rizar.

RIZAL (José), médico, político y escritor filipino (Calamba 1861-Manila 1896). Autor de las novelas *Noli me tangere* (1886), denuncia de los abusos de la administración española en Filipinas, y *El filibusterismo* (1891), abiertamente nacionalista, en 1892 se trasladó a Hong-Kong para fundar la Liga filipina. Regresó a Manila (1892) pero fue deportado a Dapitán, en Mindanao, a raíz de unas hojas anticlericales. Su marcha a Barcelona (1896) coincidió con la insurrección del Katipunan, por lo que fue detenido y devuelto a Manila, donde fue condenado a muerte y fusilado. Su nombre se convirtió en bandera de los luchadores por la independencia.

RIZAR v. tr. y pron. [**1g**]. Formar rizos en el pelo. ‖ Formarlos en cualquier otra cosa. ‖ Formar el viento olas pequeñas en el agua. ◆ v. tr. Hacer en las telas, papel, etc., pliegues o dobleces muy pequeños.

RIZI (Juan y Francisco) → Ricci (Juan).

G. Schachmes-Gamma

Alain **Robbe-Grillet**

RIZO n. m. Mechón de pelo en forma de onda, bucle, sortija, etc. || *Aeron.* Figura o acrobacia aérea. || *Text.* Tela utilizada para la confección de artículos de tocador y baño. • *Rizar el rizo* (Fam.), realizar felizmente o poner de manifiesto algo que contiene más dificultades que otra cosa del mismo estilo.

RIZOIDE n. m. Filamento unicelular, fijador y absorbente, de las plantas no vasculares (algas y líquenes) y de los protalos de los helechos.

RIZOMA n. f. Tallo subterráneo, con frecuencia alargado y horizontal, que posee yemas, echa vástagos y suele producir también raíces.

RIZOMATOSO, A adj. Dícese de las plantas con rizoma.

RIZÓPODO, A adj. y n. m. Relativo a un subtipo de protozoos dotados de seudópodos. (Las *amebas*, los *foraminíferos* y los *radiolarios* pertenecen al subtipo *rizópodos.*)

RIZOSO, A adj. Dícese del pelo algo rizado o que se riza naturalmente.

RIZOSTOMA n. m. Medusa de color blanco cremoso, con brazos anaranjados y festoneados, que abunda en los mares de Europa occidental. (Diámetro: hasta 60 cm; clase acalefos.)

Rn, símbolo químico del *radón.*

R.N.E., siglas de RADIO NACIONAL DE ESPAÑA → RADIOTELEVISIÓN ESPAÑOLA.

RO n. f. → RHO.

ROA, v. de España (Burgos), a orillas del Duero; 2 556 hab. *(Rivereños.)* Restos del palacio de los reyes de Castilla. Iglesia gótica de Santa María la Mayor (s. XV), con verja del coro del s. XVI; iglesias de San Esteban y de la Trinidad. En ella murió el cardenal Cisneros (1517) y fue ajusticiado el Empecinado (1825).

ROA (Raúl), político y sociólogo cubano (La Habana 1909-*id.* 1982). Profesor de sociología, luchó contra el régimen de Batista, y, después de la revolución, representó a su país en la O.E.A. y en la O.N.U. Miembro del comité central del Partido comunista, y ministro de Asuntos Exteriores (1960-1976), fue designado vicepresidente de la asamblea nacional (1976). Es autor, entre otras obras, de *Martí y el fascismo* (1937) y *Aventuras, venturas y desventuras de un mambí* (1978).

ROA BÁRCENA (José María), escritor mexicano (Jalapa 1827-México 1908). Es autor de poesías (*Diana,* 1857; *Poesías líricas,* 1859; *Últimas poesías,* 1888-1895) y novelas publicadas en una recensión (*Novelas,* 1870).

ROA BASTOS (Augusto), escritor paraguayo (Asunción 1917). Su infancia en el pueblo de Iturbe marca el escenario casi constante de su mundo novelístico. Éste se inicia con *Fulgencio Miranda* (1941) y los cuentos de *El trueno entre las hojas* (1953) y alcanza su madurez con la novela *Hijo de hombre* (1960), que traza la imagen de su país natal a través de la evocación de episodios de la guerra del Chaco. Posteriormente ha publicado *El baldío* (1966), *Los pies sobre el agua* (1967), *Moriencia* (1969), *Cuerpo presente y otros textos* (1972) y su novela más conocida, *Yo* el Supremo* (1974). Roa Bastos ha tratado de eludir las formas de la novela regional y del realismo, para captar el trasfondo simbólico o mítico en el que adecuadamente se captan las pulsaciones de la vida colectiva.

Augusto **Roa Bastos**

Arch. Planeta

P. Starosta

rizoma

ROADSTER n. m. (voz inglesa). *Autom.* Automóvil deportivo antiguo con dos asientos delanteros protegidos por una capota y dos plazas traseras en un asiento plegable.

ROANÉS, SA adj. y n. De Ruán.

ROANNE, c. de Francia (Loire), a orillas del Loira, en la *llanura de Roanne;* 56 000 hab. Industria metalúrgica (armamento y maquinarias) y textil. Centro comercial y bancario. Museo municipal (prehistoria, arqueología y objetos de arte).

ROANO, A o **RUANO, A** adj. Dícese de la caballería en cuya capa se mezclan el blanco, el gris y el bayo.

ROAST-BEEF n. m. Rosbif.

ROATÁN, c. de Honduras, cap. del dep. de Islas de la Bahía, en la costa de la *isla de Roatán* (100 km^2), en el Caribe; 3 572 hab. *(Roataneños.)* Industrias derivadas de la agricultura y de la pesca. Puerto exportador.

RÓBALO o **ROBALO** n. m. Lubina.

ROBAR v. tr. [**1**] Cometer un robo. || Raptar a una persona. || Llevarse los ríos y corrientes parte de la tierra por donde pasan. || *Fig.* Quitar cualquier cosa no material. || *Fig.* Atraer o captar la voluntad o el afecto, embelesar. || En ciertos juegos de cartas y en el dominó, tomar naipes o fichas.

ROBBE-GRILLET (Alain), escritor francés (Brest 1922). Publicó en 1953 su primera novela, *La doble muerte del profesor Dupont,* a la que siguieron *El mirón* (1955), *La celosía** (1957) y *En el laberinto* (1959). Su libro de ensayos *Para una nueva novela* (1963) se considera el manifiesto del «nouveau roman», tendencia narrativa basada en la descripción detallista y rigurosa de la realidad, con exclusión de cualquier afán sicológico. Ha colaborado asimismo como guionista en diversas películas (*El año pasado en Marienbad,* 1961; *La inmortal,* 1963, y *El juego con el fuego,* 1975). De su producción novelística más reciente conviene destacar *Topología de una ciudad fantasma* (1975), *Recuerdos del triángulo de oro* (1978) y *Djinn* (1981).

ROBBIA (Luca DELLA), escultor y ceramista italiano (Florencia 1400-*id.* 1482). En 1431 comenzó a labrar en mármol la cantoría de la catedral de Florencia (relieves de jóvenes cantores, donde se aúnan el realismo y la armonía clásica). Es el creador de la escultura de terracota vidriada (medallones y paneles de tema religioso). — Su sobrino ANDREA (Florencia 1435-*id.* 1525), así como los hijos de éste, GIOVANNI (Florencia 1469-† c. 1529) y GIROLAMO (Florencia 1488-París 1566), fueron continuadores del género.

ROBBINS (Jerome), bailarín y coreógrafo norteamericano (Nueva York 1918). Excelente bailarín, se reveló desde los primeros ensayos (*Fancy Free,* 1944) como un coreógrafo imaginativo que ha dotado al ballet norteamericano de un auténtico estilo. *The cage* (1951), *La siesta de un fauno* (1953) y *Moves* (1959) marcaron un hito en la historia del ballet; la versión cinematográfica de *West side story,* cuya coreografía realizó, dio la vuelta al mundo. Director artístico asociado del New York city ballet (1949-1963), del cual es aún el principal coreógrafo; Robbins creó su propia compañía, los Ballets USA (1958-1962). Destacó en las versiones de *Las bodas* (1965), *Dances at a Gathering* (1969), *Watermill* (1972), *Variaciones Dybbuk* (1974) y *Concerto en sol* (1975).

ROBERT (Hubert), pintor, dibujante y grabador francés (París 1733-*id.* 1808). Residió en Italia de 1754 a 1765. Sus paisajes, cuyas ruinas y monumentos se agrupan libremente, están animados por escenas familiares y cargados de la característica sensibilidad de fines del s. XVIII. Pintó asimismo escenas callejeras de París.

ROBERT (Bartomeu), médico y político español (Tampico 1842-Barcelona 1902). Fue alcalde de Barcelona (1899) y presidente de la Unió regionalista y de la Lliga regionalista (1901).

ROBERT-HOUDIN (Jean Eugène), prestidigitador francés (Blois 1805-Saint-Gervais-la-Fôret 1871). Alcanzó grandes éxitos presentando sus juegos de manos, vestido de negro y sin ninguna escenificación. Escribió un libro sobre prestidigitación. Sus experiencias fueron seguidas por su hijo JEAN-JACQUES (París 1831-*id.* 1883).

ROBERTO el Fuerte y **ROBERTO I** → CAPETOS.

ROBERTO II el Piadoso (Orleans c. 970-Melun 1031), rey de Francia (de 996 a 1031). Fue hijo de Hugo Capeto, que le asoció al trono en 987. Acrecentó el reino anexionando el ducado de Borgoña (1003-1005) y los condados de Dreux (1015) y de Melun (1016). En 1027 hizo consagrar rey a su hijo Enrique I.

ROBERTO I Bruce (Turnberry, Ayrshire, 1274-castillo de Cardross 1329), rey de Escocia (de 1306 a 1329). Se unió a la sublevación de William Wallace contra Inglaterra (1297), pero tuvo que someterse a Eduardo I. Tras un crimen que le situó fuera de la ley, se puso al frente de la resistencia escocesa (1306). Coronado rey (1306), destruyó las fuerzas inglesas en Bannockburn en 1314. En 1328 firmó el tratado de Northampton con Inglaterra, que confirmó la independencia de su país.

ROBERTO I el Prudente (1278-Nápoles 1343), duque de Anjou y rey de Nápoles (de 1309 a 1343), tercer hijo de Carlos II de Anjou. Nombrado heredero del reino por el papa Bonifacio VIII (1297), su padre le asoció al trono. Jefe del partido güelfo, se opuso con éxito al emperador Enrique VII (1310-1313).

S. Lido

Jerome **Robbins** (a la izquierda) y George Balanchine en 1976

Convertido en vicario imperial de Italia (1314), intentó en vano conquistar nuevamente Sicilia (1314) y aplastar a los gibelinos. Logró que fuese elegido papa su candidato (Juan XXII, 1316), pero fue derrotado por los Visconti en Vaprio (1324) y sus tropas fueron expulsadas de Roma (1327) por los gibelinos, que promovieron al antipapa Nicolás V (1328-1330).

ROBERTO BELARMINO *(san),* jesuita, cardenal y doctor de la Iglesia italiano (Montepulciano 1542-Roma 1621). Ocupó la cátedra de controversias e intervino en los debates teológicos de su época sobre la gracia y los poderes papales; sostuvo que el papa, como tal, no debe ejercer una acción temporal directa. Tomó parte en la condena de Galileo (1616) y combatió el galicanismo.

ROBERTO GUISCARDO (c. 1015-Cefalonia 1085), conde (de 1057 a 1059), luego duque de Apulia, de Calabria y de Sicilia (de 1059 a 1085). Hijo de Tancredo de Hauteville, tomó parte en la conquista de Apulia y de Calabria, cuyo ducado recibió a la muerte de su hermanastro Unfrido (1057). Obtuvo del papa Nico-

Lauros-Giraudon

Hubert **Robert:** *Ruinas romanas.* (Museo Lambinet, Versalles.)

lás II (1059) la investidura ducal, arrojó a los bizantinos del sur de Italia (1060-1071) y emprendió la conquista de la Sicilia musulmana (toma de Palermo, 1072). Constituido el futuro reino de Sicilia, implantó una administración centralizada. Después de un conflicto con Gregorio VII, realizó una expedición contra la Iliria bizantina (1081-1082) y ocupó Durazzo (1082). A su regreso a Italia, liberó a Gregorio VII, asediado en Roma por Enrique IV (mayo 1084).

ROBERTS (David), pintor británico (Stockbridge, cerca de Edimburgo, 1796-Londres 1864). Viajó por España (1832-1833), de cuyo paisaje pintó numerosos detalles, y sobre la que realizó algunos cuadros (*El seminario y la catedral de Santiago de Compostela,* 1837; *La capilla de los Reyes Católicos en Granada,* 1838). Publicó sus paisajes españoles en *Apuntes pintorescos en España. Tomados durante los años 1832 y 1833 por David Roberts* (1837) y en el *Anuario de paisajes Jennings* (1835-1838).

ROBERTS (Frederick SLEIGH), mariscal británico (Cawnpore, India, 1832-Saint-Omer 1914). Se distinguió en Afganistán (1880), y en 1899 recibió el mando de las tropas británicas en la guerra contra los bóers.

ROBERTSON (William), historiador escocés (Borthwick 1721-Edimburgo 1793). Escribió una *Historia de Escocia* (1764) pero es conocido por su *Historia del emperador Carlos Quinto* (1769) y su *Historia de América* (1777), condenadas por la Inquisición (1781-1782).

ROBERTSON (*sir* William), mariscal británico (Welbourn 1860-Londres 1933), jefe del estado mayor imperial birtánico al final de la primera guerra mundial (1916-1918).

ROBERVAL (Gilles PERSONNE O PERSONIER DE), matemático y físico francés (Roberval 1602-París 1675). Estudió la cuadratura de las superficies y el volumen de los sólidos, demostró la regla de composición de las fuerzas e ideó una balanza con dos astiles y platillo sueltos (1670).

ROBESPIERRE (Maximilien DE), político francés (Arras 1758-París 1794). Abogado (1781), fue elegido en 1789 diputado del tercer estado en Artois. Orador convencido, no logró sin embargo imponerse a la asamblea constituyente, de la que fue uno de los pocos miembros demócratas. En cambio, consiguió animar el club de los jacobinos. Debido a su vida sencilla, fue calificado de «incorruptible»; influido por Rousseau, estaba persuadido de que lo primordial era proteger las necesidades del pueblo y luchar contra el Partido aristocrático. Enemigo de la guerra, atacó a los partidarios de Brissot (v. GIRONDINOS) en 1792. Fue elegido diputado de París en la Convención (set. 1792). Perteneció al grupo de la Montaña —con el que votó la ejecución del rey—, y no cesó de polemizar contra los girondinos; con el apoyo de la Comuna de París y de las secciones parisienses, reclamó y obtuvo su exclusión (mayo-junio 1793). Ante la gravedad de la situación declaró la necesidad de un poder dictatorial centralizador, basado en la virtud y en el terror. Entró a formar parte del Comité de salvación pública (27 julio 1793), y mostró sus cualidades de estadista. Temiendo que los extremistas fueran agentes enemigos, obtuvo de la Convención la eliminación de los exaltados, o hebertistas (marzo 1794), y después de los moderados, o dantonistas (abril). Entonces, como portavoz del poder ejecutivo triunfador, se convirtió en el dueño de Francia; reforzó el régimen del Terror e impuso a los franceses el culto del Ser supremo. Después de la victoria de Fleurus (26 junio 1794), que alzó nuevamente a la Francia revolucionaria, su duro régimen se hizo intolerable. El 9 de termidor (27 julio 1794), Robespierre, su hermano AUGUSTIN (Arras 1763-París 1794) y sus amigos, entre ellos Saint-Just, fueron arrestados por la asamblea. La Comuna se sublevó a favor de Robespierre, pero la Convención le detuvo y fue guillotinado.

Robespierre. Pintura anónima, s. XVIII. (Museo Carnavalet, París.)

Lauros-Giraudon

ROBÍN n. m. Herrumbre de los metales.

Robin Hood (*Robín de los Bosques*), héroe legendario inglés de la edad media, que simboliza la resistencia de los sajones contra los invasores normandos.

ROBINIA n. f. Planta arbórea o arbustiva, de hojas compuestas, con estípulas espinosas e inflorescencias en racimos, con flores blancas, rosadas o purpúreas. (Una especie es la *falsa acacia,* cultivada en los países templados como árbol de jardín; familia papilionáceas.)

ROBINSON (*sir* Robert), químico británico (Chesterfield 1886-Great Missenden, Buckinghamshire, 1975). Estudió las materias colorantes de las flores, y realizó la síntesis de hormonas sexuales y de la penicilina. (Premio Nobel de química, 1947.)

ROBINSON (Joan Violet), economista británica (Manchester 1903-† 1983). Fue discípula de Keynes, pero contribuyó a la crítica de las teorías keynesianas del pleno empleo y de la competencia perfecta del mercado introduciendo elementos de la teoría marxista de la formación del capital (*La economía de la competencia imperfecta,* 1933; *La acumulación de capital,* 1956; *Ensayos de economía poskeynesiana,* 1960; *Releyendo a Marx,* 1968; *Economía moderna,* 1978).

ROBINSON (Walker SMITH, llamado **Ray Sugar**), boxeador norteamericano (Detroit 1920). Unió un estilo elegante a un temible punch. Gracias a sus excepcionales facultades, realizó una prolongada carrera. Fue campeón del mundo de pesos welters de 1946 a 1951 y varias veces campeón de pesos medios entre 1951 y 1960.

ROBINSÓN CRUSOE, ant. **Más a Tierra,** isla de Chile (Valparaíso) que forma parte del archipiélago de Juan* Fernández.

Robinsón Crusoe (*Vida y extraordinarias y portentosas aventuras de*), novela de Daniel Defoe (1719), inspirada en las aventuras del marino escocés Alexander Selkirk, abandonado durante más de cinco años en Más a Tierra, una de las islas de Juan Fernández. Robinsón, único superviviente de un naufragio, logró vivir durante veintiocho años en una isla desierta, y consiguió incluso algunas comodidades. Ayudado más tarde por el negro Viernes, consiguió finalmente regresar a su patria.

ROBIQUET (Pierre Jean), farmacéutico y químico francés (Rennes 1780-París 1840), descubridor de la narcotina y de la codeína.

ROBLA (La), mun. de España (León), junto al Bernesga; 5 225 hab. Industria química. Central térmica de carbón (270 000 kW).

ROBLE n. m. (lat. *robur*). Árbol de gran tamaño, caducifolio y con fruto en glande, común en los bosques de Europa. (Familia fagáceas.) ‖ Madera de este árbol. ‖ *Fig.* Persona o cosa de gran resistencia y fortaleza.

■ Los robles son árboles de copa ancha, muy longevos (hasta mil años) y que crecen en climas más fríos y húmedos que las especies de hoja perenne del mismo género (*Quercus*). Su madera, pesada y fácil de trabajar, se emplea en construcción, ebanistería e industria; la corteza contiene taninos muy empleados en el curtido de pieles; las bellotas se usan para la alimentación del ganado porcino.

En la península Ibérica hay siete especies principales de robles, que dan lugar a menudo a formas híbridas. El más extendido es el *quejigo* o *roble carrasqueño,* submediterráneo, de unos 15 m de alt., que crece en los suelos calcáreos de las montañas de clima continental. El *roble cerrioide,* de un altura semejante al anterior, requiere un clima templado-martítimo, por lo que crece en las zonas más bajas de las sierras litorales. El *roble africano,* más pequeño, forma bosques sobre los suelos silíceos del sur de la Península. El *roble negral, marojo* o *malojo,* tan alto como los dos primeros y de copa poco densa, es de tipo atlántico, por lo que abunda sobre todo en Asturias, Santander y el País Vasco. El *roble pubescente,* de unos 20 m de alt., crece en el N de la Península, desde la cordillera Cantábrica al Prepirineo. El *roble albar* y el *carvallo* son las especies más altas (30 a 40 m) y, como la anterior, son típicos de las regiones septentrionales.

En América se llama robles a una serie de plantas maderables, algunas de las cuales pertenecen al género *Quercus.*

R. Engel-Pitch

robinia

ROBLE, cerro de Costa Rica, en la cordillera de Talamanca; 2 732 m de alt.

ROBLEDAL o **ROBLEDO** n. m. Lugar poblado de robles.

ROBLEDO (Jorge), militar y conquistador español (¿nacido en Úbeda?-Loma del Pozo, Colombia, 1546). Marchó a América con Alvarado (1528) y participó en la conquista de Perú en la expedición de Belalcázar (O de Colombia y Quito). En sucesivas expediciones fundó Santa Ana de los Caballeros (1539, act. Anserma de Antioquia, Colombia), Cartago (1540, act. Arma) y Santa Fe de Antioquia (1541). Sorprendido por una facción sublevada de Belalcázar en Loma del Pozo, fue ejecutado junto a tres de sus oficiales.

ROBLEDO (Melchor), compositor español († Zaragoza d. 1587), maestro de capilla de la Seo de Zaragoza, y autor de misas (a 5 voces y 4 voces), y de numerosos motetes.

ROBLEDO DE CHAVELA, mun. de España (Madrid), en la Sierra; 1 620 hab. (*Robledanos.*) Estación de seguimiento de satélites.

ROBLES, dep. de Argentina (Santiago del Estero), junto al río Dulce; 26 667 hab. Cab. *Fernández.* Centro agrícola (sorgo y forrajes) y de comunicaciones.

Lacz-Lemoine

roble

ROBLES, mun. de Colombia (Cesar), junto al río Cesar; 22 392 hab. (*Robleños.*) Algodón, maíz y plátanos. Ganadería.

ROBLES (Francisco), militar y político ecuatoriano (Guayaquil 1811-*id.* 1893). Presidente en 1856, no pudo hacer frente al bloqueo peruano de la costa del Ecuador y a la reacción conservadora de García Moreno, y huyó a Chile (1859). En 1876 participó en el pronunciamiento contra el presidente Borrero.

ROBLES (Marco Aurelio), político panameño (Aguadulce 1906). Fue ministro de Justicia con Roberto Chiari y presidente de la república (1964-1968). Su gobierno se caracterizó por la corrupción administrativa y por la represión obrera. Dio paso al golpe de estado de 1968 (11 oct.).

ROBLES PEZUELA (Manuel), político mexicano (Guanajuato 1810-† 1862). Fue presidente interino de la nación (23 dic. 1858-21 en. 1859). Al estallar la guerra de Intervención, intentó unirse a las fuerzas francesas; pero, apresado por los juaristas, fue sometido a un consejo de guerra y fusilado.

ROBLES SOLER (Antonio), llamado **Antoniorrobles,** escritor español (Robledo de Chavela 1897-San Lorenzo de El Escorial 1983). Sobresalió como autor de literatura infantil (*Veintiséis cuentos por orden alfabético,* 1930; *Cuentos de los juguetes vivos,* 1932; *Ocho estrellas y ocho cenzontles,* 1954; *Rompetacones y cien cuentos más,* 1962; *La bruja doña Paz,* 1962) y novelas, caracterizadas por un humor irónico, tierno y surrealista (*La muerte, su adulterio y la ironía,* 1929; *El refugiado Centauro Flores,* 1945). Después de la guerra civil estuvo exiliado en México hasta 1972. Recibió el primer premio de la Mesa redonda panamericana de México y del Comité de las Naciones unidas.

ROBLETO (Hernán), escritor nicaragüense

(Camoapa 1892-† 1969). Escribió novelas (*Sangre en el trópico,* 1930, sobre la intervención yanqui en Nicaragua; *Una mujer en la selva,* 1936, relato fantástico), relatos (*La mascota de Pancho Villa,* 1934; *Obregón, Toral, la madre Conchita,* 1935) y teatro (*Cárcel criolla,* 1955).

ROBLÓN n. m. Clavo especial destinado a ser remachado. || *Amér.* Teja que abraza dos canales de tejado.

ROBLONAR v. tr. [**1**]. Sujetar con roblones.

ROBO n. m. Delito cometido contra la propiedad privada por el que toma con violencia lo que no le pertenece: *cometer un robo.* || Producto del robo. || Cartas, o fichas en el dominó, que se toman del mazo de descartes o bien del monte o baceta.

ROBOAM, hijo y sucesor de Salomón, primer monarca del reino de Judá (931-913 a. J.C.). Su falta de sentido político provocó la secesión de las tribus del norte (v. HEBREOS) y la división del país en dos reinos: el de Israel y el de Judá.

Lauros-Giraudon

Estilo **rococó:** consola Luis XV de madera dorada. (Museo Condé, Chantilly, Francia.)

ROBOT n. m. (pl. *robots*). Aparato capaz de actuar de forma automática para una función determinada. || Máquina de aspecto humano. || Persona que actúa como un autómata.

ROBUSTECEDOR, RA adj. Que robustece.

ROBUSTECER v. tr. y pron. [**2m**]. Hacer más fuerte o vigoroso.

ROBUSTECIMIENTO n. m. Acción y efecto de robustecer.

ROBUSTEZ n. f. Calidad de robusto.

ROBUSTO, A adj. Fuerte, vigoroso, de gran resistencia. || Dícese de la persona de buena salud y fuertes miembros.

ROCA n. f. Material constitutivo de la corteza terrestre, formado por un agregado de minerales y que presenta una homogeneidad de composición, de estructura y de modo de formación. || *Fig.* Cosa o persona muy firme, dura y estable. • *Roca almacén,* o *depósito,* roca permeable, impregnada de petróleo o de gas natural de los que constituye el yacimiento, y recubierta por una capa impermeable que impide la migración de los hidrocarburos hacia arriba.

■ El estudio de las rocas es objeto de la petrografía, rama de la geología. Según su modo de formación, las rocas se clasifican en tres grandes tipos. Las *rocas eruptivas* proceden de la cristalización de un magma en profundidad (rocas plutónicas) o en superficie (rocas volcánicas o efusivas). Las *rocas sedimentarias* se forman por diagénesis de un sedimento que procede de la degradación del relieve. Las *rocas metamórficas* resultan de la transformación de rocas preexistentes, que se encuentran situadas en condiciones de temperatura y de presión diferentes de las que había en la época de su formación. A veces se establece la oposición entre rocas endógenas (eruptivas y metamórficas), que tienen su origen en profundidad, y rocas exógenas (sedimentarias), que se forman en la superficie. Las rocas eruptivas y metamórficas se denominan también *rocas cristalinas,* pues en ellas los cristales se ven generalmente a simple vista.

ROCA *(cabo de),* cabo de Portugal, en el extremo de la sierra de Sintra, que constituye el promontorio más occidental de Europa.

ROCA → INCA ROCA y SINCHI ROCA.

ROCA (Vicente Ramón), político ecuatoriano (Guayaquil 1792-*id.* 1858). Fue promovido a la presidencia de la república por el movimiento marcista (que derrocó en marzo de 1845 a Flores); su gobierno (1845-1849) facilitó la posterior implantación del nacionalismo militarista.

ROCA (Julio Argentino), militar y político argentino (Tucumán 1843-Buenos Aires 1914). Tras dirigir la «Guerra del desierto» contra los indios pampas* (1878-1879), fue presidente (1880-1886); durante su mandato dio empuje a los ferrocarriles y se enfrentó al Vaticano por la cuestión de la enseñanza laica. En un segundo mandato (1898-1904), impulsó la reforma legislativa y resolvió el problema fronterizo con Chile (1902).

ROCA DE TOGORES → MOLINS *(marqués* DE).

ROCA DELGADO (Mariano DE LA), pintor español (Sevilla 1825-Madrid 1872), autor de cuadros de historia de estilo realista (retratos de los reyes *don García, Sisebuto, Alfonso II, Teudiselo* y *don Rodrigo,* para la serie cronológica de reyes de España del Prado).

ROCABERTÍ *(familia),* linaje noble catalán que, al parecer, proviene de una rama de la familia de los condes de Ampurias (1078). Entre sus miembros destacan: FELIPE DALMAU, vizconde de Rocabertí († 1392), primer vicario general de los ducados de Atenas y Neopatria. — Su hijo JOFRE VI, vizconde de Rocabertí († 1403), consejero y camarlengo de Juan I y de Martín I. — JOFRE VII, vizconde de Rocabertí († 1479), jefe militar durante la guerra civil a favor del condestable Pedro de Portugal. — PERE **de Rocabertí** († 1490) luchó a favor de Juan II en la guerra civil. — Su hijo BERNAT HUG **de Rocabertí,** eclesiástico, militar y poeta († a. 1490), también luchó por Juan II. — JUAN TOMÁS **de Rocabertí de Peralada** (Perelada 1624-Madrid 1699) fue maestre general de la orden dominicana (1670-1677), arzobispo de Valencia desde 1676 e inquisidor general desde 1695. Siempre en conflicto con la monarquía española, conspiró junto a Froilán Díaz a favor del Partido francés en el asunto de la sucesión a la corona española.

ROCADERO n. m. Armazón de la rueca, que sirve para poner el copo que se ha de hilar.

ROCAFORT (Bernat DE), militar catalán († Aversa, Nápoles, d. 1309). Jefe de la expedición de los almogávares a oriente (1305), venció al emperador de Bizancio, Miguel IX, y saqueó Tracia. Intentó tomar Salónica pero sus soldados se sublevaron contra él. Teobaldo de Sipoys, representante de Carlos de Valois, lo entregó a Roberto I de Nápoles, quien lo dejó morir de hambre en el castillo de Aversa.

ROCAFUERTE, cantón de Ecuador (Manabí), avenado por el Portoviejo; 44 290 hab. Área de regadío (algodón y caña de azúcar). Recolección de tagua.

ROCAFUERTE (Vicente), político ecuatoriano (Guayaquil 1783-Lima 1847). Representó a Guayaquil en las cortes de Cádiz (1812), y a México en Gran Bretaña (1824-1829). De regreso en Ecuador, y con el apoyo de la burguesía comercial de Guayaquil, alcanzó la presidencia (1835), pero el levantamiento del general Flores acabó con su política liberal (1839) y le obligó a exiliarse en Lima.

ROCAGUINARDA (Perot), bandolero español (Oristà 1582-† d. 1635). Formó en 1603 una partida, que, engrosada con gascones y hugonotes, sitió Vic y llegó hasta las puertas de Barcelona. Indultado en 1611, embarcó a Nápoles, donde se dedicó a la profesión militar hasta 1635. Gozó de la simpatía del pueblo y de literatos como Cervantes, quien lo hace intervenir en *El Quijote* con el nombre de Roque Guinart.

ROCALLA n. f. Conjunto de fragmentos de roca desprendidos o tallados. || Jardín formado por piedras, en el que se plantan vegetales resistentes a la sequedad. || *B. Art.* Elemento decorativo de carácter asimétrico, que imita formas naturales como conchas, rocas, vegetales, etc., cuyos orígenes parecen hallarse en las grutas de los jardines renacentistas. (Alcanzó una gran difusión a lo largo del s. XVIII, fundamentalmente en Francia, configurándose como el motivo ornamental por excelencia del denominado estilo rococó.)

François de **La Rochefoucauld.**
Pintura del s. XVII (Palacio de Versalles.)

Lauros-Giraudon

ROCAMBOLA n. f. Planta herbácea de tallo erguido y enroscado en forma de anillo cerca de la inflorescencia, que se cultiva como condimento, en sustitución del ajo. (Familia liliáceas.)

ROCAMBOLESCO, A adj. Lleno de peripecias inverosímiles o extraordinarias.

ROCARD (Michel), político francés (Courbevoie 1930). En 1960 participó en la creación del Partido socialista unificado (P.S.U.), del que fue secretario general (1967-1973). En 1974 dejó el P.S.U. y se unió al Partido socialista. En 1981 accedió al ministerio de Planificación y Ordenación territorial.

ROCA-REY (Joaquín), escultor peruano (Lima 1923). En su concepción escultórica refleja la influencia de H. Moore. Fue profesor de la escuela de artes plásticas de Lima. Es autor del monumento *Al prisionero político desconocido* (1956), en Panamá, y del monumento al inca *Garcilaso de la Vega* en villa Borghese, Roma, inaugurado en 1967, así como del Pórtico del cementerio de El Ángel (Lima). Ha obtenido diversos premios y se halla representado en museos de Perú, España, E.U.A., Panamá, etc.

ROCAS DE SANTO DOMINGO, estación balnearia de Chile (Valparaíso), situada en la costa, al S de San Antonio.

ROCE n. m. Acción de rozar o rozarse. || Señal que queda en alguna cosa de haber sufrido la acción o contacto de otra. || *Fig.* y *fam.* Trato frecuente con algunas personas. || *Fig.* y *fam.* Enfado, desacuerdo o tensión en las relaciones entre personas.

ROCIADA n. f. Acción y efecto de rociar. || Rocío. || *Fig.* Acción y efecto de arrojar o caer cosas esparcidas: *una rociada de balas.* || *Fig.* Reprensión áspera.

ROCIADOR n. m. Instrumento o dispositivo para rociar o pulverizar.

ROCIAR v. tr. [**1t**]. Esparcir en menudas gotas un líquido. || *Fig.* Arrojar algunas cosas de modo que caigan diseminadas. || *Fig.* Acompañar una comida con alguna bebida. || Humedecer con jugo, grasa, salsa, etc., una carne asada. ◆ v. intr. Caer rocío o lluvia menuda.

ROCÍN n. m. Caballo de mala raza y de poca alzada. || Caballo de trabajo. || *Fig.* Hombre tosco e ignorante.

Rocinante, nombre del caballo de don Quijote.

ROCÍO n. m. Vapor que, con la frialdad de la noche, se condensa en la atmósfera en gotas muy menudas. || Las mismas gotas, perceptibles a la vista. || Lluvia ligera y pasajera. || *Fig.* Gotas menudas esparcidas sobre una cosa para humedecerla.

Rocío (El) → ALMONTE.

ROCK AND ROLL o **ROCK** n. m. (voces inglesas). Danza en dos o cuatro tiempos, con un ritmo muy acentuado. || Estilo de una escuela de cantantes y músicos muy populares a partir de 1955, derivada del jazz, del rhythm and blues negro y de diversos elementos folklóricos, que da prioridad al ritmo con relación a la improvisación melódica.

ROCKEFELLER (John Davison) industrial norteamericano (Richford 1839-Ormond Beach 1937). Fue uno de los primeros que intuyó el futuro del petróleo. Fundó la Standard oil, y dominó toda la industria petrolera norteamericana mediante el control del 90 % de los transportes petroleros; adquirió así una de las mayores fortunas del mundo, que repartió en parte entre diversas instituciones: *Instituto Rockefeller,* fundado en Nueva York (1901), para la investigación de la medicina y que se ha convertido en uno de los primeros centros de investigación mundial; creación del *Rockefeller center,* en Nueva York (1931), complejo arquitectónico de notable calidad.

ROCKER n. m. y f. o **ROCKERO, A** n. Cantante de rock and roll. || Fanático del rock and roll.

ROCKET n. m. (voz inglesa). *Arm.* Proyectil autopropulsado, cuyo elemento motor lo forma un cohete de pólvora.

ROCKFORD, c. de Estados Unidos (Illinois), al O de Chicago; 147 000 hab. Metalurgia. Construcciones automovilísticas. Curtidos.

ROCOCÓ n. m. y adj. Estilo artístico desarrollado en Europa durante buena parte del s. XVIII, que coexistió con el barroco tardío y con los inicios del neoclasicismo.

■ Sus orígenes hay que cifrarlos en el ambiente aristocrático y refinado de la Francia del regente duque de Orleans y del posterior reinado de Luis XV. En estos años se fue consolidando un nuevo tipo de ornamentación de carácter naturalista (temas vegetales, escenas rústicas, dragones), basado en la *rocalla,* y cuyo campo de aplicación fundamental fue el de las artes decorativas (orfebrería, decoraciones en madera, mobiliario, vestidos, estucos). La arquitectura dio el protagonismo, precisamente, a los interiores (mientras el exterior solía remitirse a fórmulas barrocas), complicados y asimétricos, llenos de pequeños salones y gabinetes en los que proliferaban los estucos, las tallas en madera, las porcelanas (de Sèvres, Sajonia, Chelsea, Capodimonte, Buen Retiro), los vidrios (de Bohemia, Silesia), así como los pequeños cuadros de caballete (A. Watteau, F. Boucher, H. Fragonard, J. B. S. Chardin, J. M. Nattier, Q. La Tour). Son de destacar obras de renombre del pequeño Trianón de Versalles o el hotel Biron de París (J. Gabriel), la plaza Stanislas de Nancy (E. Héré), el teatro del palacio de la Residencia Munich (F. Cuvillies), santuario de Vierzehnheiligen en Franconia (B. Neumann), iglesia de Wies en Baviera (D. Zimmermann), iglesia de Ottobeuren en Suabia (J. M. Fischer), salón de porcelanas del palacio real de Madrid, palacio de La Granja de San Ildefonso en Segovia (F. Juvara y G. B. Sachetti) e incluso, en Hispanoamérica, el altar principal de la iglesia de la Concepción en Lima, y la Quinta de Presa en la misma capital peruana.

J. Six

rodaballo

ROCOSAS *(montañas),* en ingl. **Rocky Mountains,** sistema montañoso de América del Norte. Se denomina a veces de este modo al conjunto de tierras altas del Oeste americano que van desde la frontera mexicana hasta Alaska, pero, en sentido estricto, se aplica sólo a la parte oriental de dicho conjunto. Al E dominan las llanuras de sedimentación (la Pradera), que ocupan el centro de América del Norte, y al O, una serie de altas mesetas interiores (que se extienden principalmente por E.U.A.: Gran cuenca y meseta del Colorado, meseta de Columbia en Canadá), separadas del Pacífico por las cordilleras costeras (algunas insulares [en Canadá]). Las montañas Rocosas forman una barrera casi continua, que sobrepasa con frecuencia los 4 000 m de alt. en E.U.A. (4 398 m en el monte Elbert), pero inferior en Canadá (3 954 m en el monte Robson). Excepto en los centros mineros (principalmente cobre), la población es de escasa densidad y se dedica a la ganadería. Las ciudades se hallan en el pie de monte; las más importantes son Calgary (en Canadá) y sobre todo Denver, puerto del O de E.U.A.

ROCOSO, A adj. Abundante en rocas.

ROCOTO n. m. (voz quechua). *Ecuad.* y *Perú.* Planta y fruto de una especie de ají grande, de la familia solanáceas.

ROCQUE (François, *conde* DE LA), político francés (Lorient 1886-París 1946). Presidente de las Cruces de fuego (1931), después de la disolución de las ligas (1936), formó el Partido social francés, que reformó en 1940 y le dio el nombre de Progreso social francés. Fue director de *Le petit journal.*

Rocroi *(batalla de),* derrota de los tercios españoles bajo el mando de Francisco de Melo, gobernador de los Países Bajos, por las tropas francesas del duque d'Enghien (19 marzo 1643), en Rocroi (Ardennes, Francia). El desastre de Rocroi acabó con la fama de invencibles ostentada por los tercios españoles desde comienzos del s. XVI.

ROCHA *(departamento de),* dep. del SE de Uruguay; 10 991 km^2; 59 952 hab. Cap. *Rocha.* Constituye una amplia llanura regada por numerosos ríos y arroyos. En la región costera, baja y arenosa, se encuentran la *laguna de Rocha,* la de Castillos y la Negra. La principal actividad es la ganadería (bovinos). Arroz, tabaco, cacahuete, girasol y frutales. Pesca (lobo marino). Turismo.

ROCHA, c. de Uruguay, cap. del dep. homónimo, junto al *arroyo de Rocha;* 21 672 hab. Centro comercial y turístico. Industrias alimentarias y del calzado. Terminal del ferrocarril del Este.

ROCHA (Glauber), director de cine brasileño (Vitória da Conquista, Bahía, 1938-Río de Janeiro 1981). Crítico y principal teórico del *cinema novo,* alcanzó notoriedad internacional desde sus primeras películas: *Dios y el diablo en la tierra del sol* (1963), *Tierra en trance* (1966), *Antonio das Mortes* (1968). Rodó algunas películas en Europa (*Cabezas cortadas,* 1970; *Tatu-Bola,* 1972, obra colectiva) y posteriormente volvió a trabajar en Brasil (*Claro,* 1975, y *La edad de la tierra,* 1980).

ROCHDALE, c. de Gran Bretaña, al NE de Manchester; 86 000 hab. Cuna del movimiento cooperativista (asociación creada en 1844).

ROCHEFORT o **ROCHEFORT-SUR-MER,** mun. de Francia (Charente-Maritime), a orillas del Charente; 33 000 hab. Museos marítimo y de bellas artes, instalados en villas de los ss. XVII y XVIII. Industrias madereras.

ROCHEFORT (Henri, *marqués* DE ROCHEFORT-LUÇAY, llamado **Henri**), político y periodista francés (París 1831-Aix-les-Bains 1913). En 1868 fundó *La lanterne,* a causa de cuya virulencia tuvo que exiliarse algunos meses. Diputado en 1869 y en 1871, fue miembro del gobierno de la Defensa Nacional (1870). Aprobó a la Comuna de París, por lo que fue deportado a Nueva Caledonia (1873). Se evadió, volvió de nuevo a Francia en 1880 y fundó *L'intransigeant,* periódico radical.

ROCHEFOUCAULD (François, *duque* DE LA), escritor francés (París 1613-*id.* 1680). En la corte participó en numerosas intrigas y la duquesa de Longueville le introdujo en la Fronda, a raíz de lo cual tuvo que exiliarse a Flandes. Pero obtuvo el perdón real y a partir de entonces llevó una existencia puramente mundana. Frecuentó los salones de Mme. de Sablé y sobre todo el de Mme. de La Fayette, a quien dio consejos en la redacción de sus novelas. Sus *Memorias que contienen las maniobras por el gobierno a la muerte de Luis XIII* aparecieron sin su consentimiento en 1662. De *Reflexiones o sentencias y máximas* morales* (1665-1678) realizó varias ediciones. Le sirvieron de inspiración los debates sobre la doctrina agustiniana para expresar su hastío de un mundo en el que los mejores sentimientos están inspirados por el interés.

ROCHEFOUCAULD-LIANCOURT (François Alexandre, *duque* DE LA), filántropo francés (La Roche-Guyon 1747-París 1825). Actuó en favor de los niños, los ancianos, los esclavos de las colonias y los prisioneros.

ROCHELA (La), en fr. **La Rochelle,** c. de Francia, cap. del dep. Charente-Maritime, junto al océano Atlántico; 77 000 hab. (100 000 en la aglomeración). Centro administrativo, comercial y turístico. Industria (metalurgia, construcciones navales y aeronáuticas). Segundo puerto pesquero francés. Torres del viejo puerto (ss. XIV-XV). Ayuntamiento renacentista. Catedral (s. XVIII). Museos. Se adhirió a la Reforma y sufrió varios asedios (1573 entre sus defensores hugonotes y los comisarios del rey, y en 1627-1628 por el cardenal Richelieu).

Beaujard-Lauros

La Rochela; en primer término el viejo puerto.

ROCHESTER, c. de Estados Unidos (Nueva York), entre el lago Ontario y el canal del Erie; 296 000 hab. Productos y aparatos fotográficos.

ROCHESTER, c. de Gran Bretaña (Kent), al SE de Londres; 50 000 hab. Castillo fortificado. Catedral de los ss. XII-XIV.

ROCHE-SUR-YON (La), c. de Francia, cap. del dep. de Vendée; 48 000 hab. Museo. Construcciones eléctricas y mecánicas; confección.

RODA n. f. Pieza, de madera o de hierro, que limita al buque por la proa.

RODA (La), v. de España (Albacete), cab. de p. j., junto al Júcar; 12 887 hab. (*Rodenses* o *rodeños.*) Agricultura (hortalizas) y ganadería (lanas y leche). Industrias alimentaria, química, de la construcción y destilerías de alcohol.

RODA (Manuel RODA Y ARRIETA, *marqués* DE), político español (Zaragoza 1706 o 1707-Madrid 1782). Doctor en leyes en 1729, intervino, como adscrito a la embajada española en la Santa Sede, en la confección del concordato de 1753. Fue secretario de Gracia y Justicia desde 1765.

RODA DE ISÁBENA, v. de España (Huesca), que forma parte del mun. de *Isábena;* 338 hab. Antigua catedral románica (ss. XI-XII), que conserva en su cripta el sarcófago del obispo san Ramón (s. XII) y pinturas murales románicas (ss. XI-XII). Museo parroquial (arte románico). HISTORIA. Fortaleza musulmana, sirvió de refugio a 'Umar ibn Ḥafṣūn (916) y fue reconquistada en el s. X por los condes de Pallars, quienes la erigieron en sede episcopal, que pasó posteriormente a Lérida.

RODABALLO n. m. Pez marino de carne muy apreciada, con el cuerpo comprimido de manera que el flanco derecho es plano y el izquierdo convexo. (Long.: hasta 80 cm.)

RODADO, A adj. Dícese del tránsito o movimiento efectuado por vehículos de ruedas y del transporte realizado por medio de los mismos. || Dícese de la caballería que tiene manchas más oscuras que el color general de su pelo. ● *Canto rodado* (Geol.), canto desprendido de una roca o veta que, arrastrado por su propio peso, es desgastado por el agua, el hielo o el viento. || *Venir* algo *rodado* (Fam.), presentarse la oportunidad de hacer algo sin buscarla.

RODADOR, RA adj. Que rueda o cae rodando.

RODADOR n. m. Cierta especie de mosquito americano.

RODADURA n. f. Acción de rodar. || *Fís.* Desplazamiento de un cuerpo que permanece en contacto, sin resbalar, sobre otro cuerpo.

RODAJA n. f. Rueda, loncha o tajada redonda.

RODAJE n. m. *Cin.* Operación específica en la realización de una película que consiste en la toma de vistas. (Sin. FILMACIÓN.) || *Mec.* Funcionamiento controlado de un motor nuevo hasta conseguir que las superficies de fricción se pulan y se ajusten los huelgos; período de tiempo durante el cual se mantiene este funcionamiento.

RODAL n. m. Lugar o espacio más o menos grande y redondeado que, por alguna circunstancia, se distingue de lo que le rodea.

RODAMIENTO n. m. *Mec.* Pieza interpuesta entre los cojinetes y los árboles giratorios de las máquinas, y que sustituye el rozamiento de deslizamiento entre las superficies del eje y del cojinete por un rozamiento de rodadura: *rodamiento de bolas; rodamiento de rodillos.*

RODAMINA n. f. Nombre genérico de las materias colorantes rojas, de constitución análoga a la de las fluoresceínas.

RÓDANO, en fr. **Rhône,** r. de Suiza y Francia; 812 km.

Es un río de régimen de alimentación en gran parte alpina y de carácter impetuoso (atenuado por una regularización aguas abajo de Lyon). Nace en el macizo de San Gotardo, fluye hacia el O y atraviesa el lago Léman, que regulariza su caudal. Una vez en Francia, discurre primero hacia el S y después hacia el O, hasta llegar a Lyon, donde su curso toma una dirección N-S que conserva hasta el Mediterráneo. Aguas abajo de Aviñón forma un delta que se adentra en el mar. Entre sus afluentes figuran el Ain, el Saona y el Ardèche, por la derecha, y el Isère y el Durance, por la izquierda. El caudal medio es de 600 m^3/s aguas arriba de Lyon, y puede alcanzar los 10 000 m^3/s en el curso inferior, especialmente en otoño. Desempeña un importante papel económico como gran vía fluvial y por la producción hidroeléctrica que proporciona.

El **Ródano** al norte de Arles, Francia.

Beaujard

RODANTE adj. Que rueda o puede rodar.

RODAPIÉ n. m. Paramento de madera o de otro material que se pone alrededor de los pies de las camas, mesas y otros muebles.

RODAR v. intr. [**1r**]. Dar vueltas un cuerpo alrededor de su eje. || Dar vueltas un cuerpo sobre una superficie, trasladándose de lugar. || Moverse por medio de ruedas. || Caer dando vueltas. || *Fig.* Ir algo o alguien de un sitio a otro sin quedar en ninguno de manera estable. || *Fig.* Suceder en el tiempo unas cosas a otras: *ruedan los acontecimientos.* || *Fig.* Abundar: *en aquella casa rueda el dinero.* || *Fig.* Existir: *vuelven a rodar modas que ya conocí en mi juventud.* • *Echar* algo *a rodar,* malograr, frustrar algún proyecto, asunto o situación. ◆ v. tr. Hacer que un cuerpo dé vueltas alrededor de su eje: *rodar un aro.* || *Mec.* Proceder al rodaje de un automóvil. ◆ v. tr. e intr. Proceder al rodaje de una película cinematográfica.

RODAS, en gr. **Rhodos,** isla griega del E del mar Egeo, la principal del archipiélago del Dodecaneso, cerca de la costa SO de Turquía; 1 400 km^2; 62 000 hab. Cap. *Rodas* (32 000 hab.). Posee restos de la antigua ciudad helénica (calles, estadio y teatro), en la que existió una célebre escuela de escultura de discípulos de Lisipo (coloso de bronce, una de las siete maravillas de la antigüedad, obra de Cares de Lindos; *Victoria de Samotracia;* etc.); sus murallas y su barrio medieval datan de la época de los cruzados (ss. XIV-XVI).
HISTORIA. Rodas estuvo bajo el dominio cretense y, más tarde, fue invadida por los dorios, que fundaron en ella prósperas ciudades; éstas, a su vez, crearon colonias en Asia Menor y en Italia. Dicha expansión se detuvo en el s. IV a. J.C. debido a las luchas internas. La isla pasó a depender, sucesivamente, de Esparta, de Atenas, de los carios, de los persas y de Alejandro Magno (332 a. J.C.). Después de expulsar a las tropas macedónicas, los rodios gozaron, en la época helenística, de una era de prosperidad.

Rodas se alió a Roma y tomó partido por Pompeyo, por lo que fue devastada por las tropas de César, en 43 a. J.C.; el terrible terremoto de 155 d. J.C. acabó de arruinarla. Dominada por Bizancio, fue invadida dos veces por los árabes (653-658 y 717-718), y después se convirtió en un establecimiento veneciano. En 1309, se instalaron en ella los caballeros hospitalarios de San Juan de Jerusalén. La isla se convirtió entonces en un bastión cristiano frente a los turcos; pero, en 1522, Solimán II, tras un largo asedio, tomó la isla. Los caballeros evacuaron Rodas y se instalaron en Malta (1523). Con los otomanos Rodas conoció un largo declive; a partir de 1890, los italianos pretendieron su dominio y lograron ocuparla en 1912, durante la guerra contra Turquía. En 1947 Rodas fue restituida a Grecia.

Phédon-Salou

Rodas:
el pueblo y la acrópolis de Lindos.

RODAS, c. de Cuba (Cienfuegos), a orillas del Damují; 30 845 hab. Caña de azúcar. Pastos. Balneario medicinal Ciego Montero.

RODCHENKO (Aleksandr), pintor soviético (San Petersburgo 1891-Moscú 1956). Influido por Maliévich, se adhirió luego al constructivismo de Tatlin. A partir de 1920, participó en la promoción de los nuevos institutos de arte de Moscú. Después de investigar sobre el color puro, la línea y el movimiento (móviles de 1920), escogió el camino del arte «productivista», en lugar del arte «puro», y se dedicó principalmente al diseño industrial, a las artes gráficas y a la fotografía.

RODEAR v. tr. [**1**] Estar o poner una cosa alrededor de alguien o algo: *una valla rodea el huerto.* || Estar o colocarse varias personas o animales alrededor de alguien o algo. || Andar alrededor. || Hacer dar vueltas a una cosa. ◆ v. intr. Ir por camino más largo que el ordinario. || *Fig.* Decir algo o hablar de manera indirecta, sin claridad o eludiendo la verdad. ◆ **rodearse** v. pron. Procurarse alguien ciertas cosas a su alrededor, o tener a determinadas personas formando parte de su ambiente: *rodearse de comodidades.*

RODELA n. f. (ital. *rotella*). Escudo redondo, utilizado hasta fines del s. XVI. || Disco amarillo utilizado como distintivo por los judíos. || *Chile.* Rodaja. || *Heráld.* Escudo ovalado.

RODENBACH (Georges), escritor belga en lengua francesa (Tournai 1855-París 1898), autor de libros de poemas (*El reinado del silencio,* 1891) y novelas (*Brujas la Muerta,* 1892).

RODEO n. m. Acción y efecto de rodear. || Camino más largo o desviación del camino derecho. || Vuelta que se da para despistar a un perseguidor. || *Fig.* Manera indirecta de hacer o conseguir algo a fin de eludir dificultades. || *Fig.* Manera de decir algo sin la claridad necesaria, o eludiendo decir la verdad. || En algunas partes de América, fiesta o competición consistente en la exhibición de ciertos ejercicios o lances: acoso de reses bravas, lanzamiento de lazo, doma de caballos salvajes, etc., y en la que los jinetes demuestran su destreza ecuestre. (Esta modalidad deportiva, derivada del procedimiento de recoger el ganado en los ranchos cabalgando tras de él y acosándolo hasta cercarlo para marcar las reses jóvenes, está particularmente extendida en E.U.A., México y Venezuela.)

RODEO n. m. Pez de agua dulce, de unos 8 cm de long., que pone sus huevos en el interior de moluscos bivalvos acuáticos. (Familia ciprínidos.)

RODERA n. f. Carril, surco que queda marcado en el camino por las ruedas de un vehículo. || En el campo, camino abierto por el paso de carros.

RODERICENSE adj. y n. m. y f. De Ciudad Rodrigo.

RODERICO I → RODRIGO, rey visigodo.

RODÉS ARIES (Vicente), pintor español (Alicante 1783-Barcelona 1858). Su estilo es de un neto realismo neoclásico (influencias de Ingres) patente en obras como *Abraham y Agar* o el retrato de *Damián Campeny* (ambas en la Academia de san Jorge de Barcelona).

RODESIA → ZIMBABWE.

RODESIANO, A o **RHODESIANO, A** adj. y n. De Rhodesia.

RODETE n. m. Objeto en forma de rosca o rueda. || Rosca de lienzo o paño que, colocada en la cabeza, sirve para llevar un peso sobre ella. || Moño hecho con las trenzas del pelo, colocadas en forma de rosca sobre la cabeza.

RODEZ, c. de Francia, cap. del dep. de Aveyron, a orillas del Aveyron; 28 000 hab. Catedral gótica de los ss. XIII-XVI. Museos. Construcciones mecánicas.

RODEZNO (Tomás DOMÍNGUEZ ROMERA, *conde* DE), político español (Carmona 1853-Madrid d. 1920). Reorganizador del carlismo, fue diputado por Aoíz (1905, 1907 y 1910). — Su hijo TOMÁS DOMÍNGUEZ ARÉVALO (Madrid 1882-Villafranca de Navarra 1952), conde **de Rodezno,** negoció la participación de los carlistas en el alzamiento de 1936 y la fusión de éstos con Falange (1937); fue ministro de Justicia (1938). Autor de *Carlos VII, duque de Madrid* (1932).

P. Starosta

rododendro

RODGERS (Richard) → HAMMERSTEIN II (Oscar).

RODIL (José Ramón), militar y político español (Santa María de Trobo, Lugo, 1789-Madrid 1853). Participó en la guerra de la Independencia y se distinguió en Perú, en la defensa de El Callao contra los patriotas (1824-1826). En España, fue ministro de la Guerra con Mendizábal y Calatrava (1836) y presidente del consejo con Espartero (1842-1843).

RODILLA n. f. Parte del cuerpo humano en que la pierna se articula con el muslo. || En los cuadrúpedos, articulación de los huesos carpianos y metacarpianos con el radio. • *De rodillas,* con las rodillas dobladas y apoyadas en el suelo; en tono suplicante y con insistencia. || *Doblar,* o *hincar, la rodilla,* poner una rodilla en tierra, generalmente en señal de acatamiento; someterse, humillarse.

RODILLAZO n. m. Golpe dado con la rodilla o recibido en ella.

RODILLERA n. f. Tricot flexible que se coloca en las rodillas. || Remiendo o pieza en la parte de los pantalones correspondiente a la rodilla. || Convexidad que se forma por el uso en la parte de los pantalones correspondiente a la rodilla. || Pieza de la armadura que protegía la rodilla. || Articulación de algunos mecanismos.

RODILLO n. m. Cilindro de madera, piedra u otro material utilizado en diversos usos o que forma parte de diversas máquinas o aparatos: *rodillo para pintar, para amasar, para allanar; rodillo de una máquina de escribir, de imprimir.*

RODILLUDO, A adj. Que tiene abultadas o grandes las rodillas.

RODIN (Auguste), escultor francés (París 1840-Meudon 1917). Sus estudios (escuela imperial de dibujo y de matemáticas, clases con Barye en el Museum) y los trabajos que tuvo que aceptar para subsistir (decorador, modelador) le proporcionaron su formación y su virtuosismo, pero el impacto que le produjo el conocimiento en Italia de la obra de Miguel Ángel (1895) le liberó del academicismo. Se recreó en las diversas materias (yeso, bronce y mármol), a las que logró animar como nadie con formas luminosas, y emprendió una obra que aunó, superándolos, el realismo y el romanticismo. Su arte, de un lirismo sensual (*El beso,* 1886) y de una trágica intensidad (*Los burgueses de Calais,* 1884-1886), alcanzó un estilo personal, aun inspirándose en sus modelos predilectos (antigüedad, gótico, renacimiento italiano). A pesar de los escándalos (*Balzac,* 1891-1898), acabó siendo admitido y admirado y esculpió numerosos bustos de personalidades (*Clemenceau,* 1911). Pero su obra más importante, que le ocupó de 1880 hasta su muerte, fue la monumental e inacabada *Puerta del Infierno,* donde incorporó esculturas como las diversas versiones del *Pensador.* Dos de las residencias de Rodin, en Meudon y París (museo Rodin), conservan la mayor parte de su obra.

RODIO n. m. Metal (Rh) n.° 45, de masa atómica 102,90 y densidad 12,4, que funde hacia 2 000 °C, análogo al cromo y al cobalto.

RODIO, A adj. y n. De Rodas.

RODÓ (José Enrique), escritor uruguayo (Montevideo 1872-Palermo, Italia, 1917). Colaboró en la fundación de la *Revista nacional de literatura y ciencias sociales* (1895). Se le considera el gran ensayista del modernismo y un obstinado defensor de Hispanoamérica frente a las influencias norteamericanas. Fue uno de los primeros en saber apreciar el valor de *Prosas profanas* de Darío, en un ensayo no exento de reticencias críticas, y orientó intelectualmente a su generación con el libro de ensayo *Ariel** (1900). En sus obras posteriores *Motivos de Proteo* (1909) y *El mirador de Próspero* (1914) intentó asimilar para Hispanoamérica el legado grecolatino. Entre sus ensayos póstumos figuran *El camino de Paros* (1918) y *Nuevos motivos de Proteo* (1927).

RODODENDRO n. m. Arbusto de montaña, cultivado por sus flores ornamentales. (Familia ericáceas.)

RODOFÍCEO, A adj. y n. f. Relativo a una clase de algas con clorofila coloreadas por un pigmento rojo, generalmente marinas, que se caracterizan por un ciclo reproductor complejo y que a veces están revestidas por un caparazón calcáreo. (Sin. RODÓFITO.)

RODOGUNE o **RODOGUNA,** princesa parta (s. II a. J.C.). Hija de Mitrídates I (c. 171-c. 138), casó (c. 140) con Demetrio II, rey seléucida de Siria (146-125). Víctima de las intrigas de Cleopatra Tea († 121), primera mujer de Demetrio, después de la muerte de éste regresó a su país junto a su padre.

RODOLFO *(lago)* → TURKANA *(lago).*

RODOLFO I DE HABSBURGO (Limburgo 1218-Spira 1291), rey de romanos (de 1273 a 1291). Heredó el landgraviato de la Alta Alsacia y numerosas posesiones en la Suiza alemana, y sirvió a los emperadores Federico II y Conrado V. Su elección como rey de romanos (1 oct. 1273) puso fin al gran interregno. Abandonó sus pretensiones imperiales sobre Sicilia e intentó reconstruir el dominio imperial de los Habsburgo en Bohemia. Venció a Otakar II en el Marchfeld y arrebató al heredero de éste (1278) Austria, Estiria y Carniola.

RODOLFO II DE HABSBURGO (Viena 1552-Praga 1612), archiduque de Austria, rey de Hungría (de 1572 a 1608) y de Bohemia (de 1575 a 1611), emperador germano (de 1576 a 1612), hijo de Maximiliano II. Apoyó la Contrarreforma. Instaló la capital en Praga, lo que le atrajo la simpatía de los checos y la hostilidad de alemanes y húngaros. Su hermano, el archiduque Matías, le obligó a cederle Austria, Moravia (1608), Hungría y Bohemia (1611), y le dejó sólo el título imperial.

RODOLFO DE HABSBURGO (Laxenburg 1858-Mayerling 1889), archiduque de Austria. Hijo único del emperador Francisco José I, mantuvo una ostentosa relación amorosa con María Vetsera que terminó en tragedia, al ser hallados muertos ambos amantes en el pabellón de caza de Mayerling*.

RÓDOPE, macizo montañoso de la península balcánica, que comprende las montañas más altas de Bulgaria; 2 925 m de alt. en el *pico Musala.*

RODOPSINA n. f. Pigmento de la retina, indispensable para la visión.

RODOREDA (Mercè), escritora española en lengua catalana (Barcelona 1909-Gerona 1983). Obtuvo su primer éxito con la novela *Aloma* (1938). Exiliada en Ginebra, escribió la novela *La plaza del Diamante* (*La plaça del Diamant,* 1962), visión de la guerra a través de la vida de una mujer del barrio barcelonés de Gracia. Otras obras: *La calle de las Camelias* (*El carrer de les Camèlies,* 1966), novela, los cuentos *Veintidós cuentos* (*Vint-i-dos contes,* 1958), *Mi Cristina y otros cuentos* (*La meva Cristina i altres contes,* 1967) y *Parecía de seda y otros cuentos* (*Semblava de seda i altres contes,* 1978) y la novela *Espejo roto* (*Mirall trencat,* 1975).

RODRIGO († 711), último rey de los godos (de 710 a 711). Siendo duque de la Bética se apoderó del trono a la muerte de Witiza, a pesar de que éste dejaba hijos herederos. Los fieles de Witiza no se resignaron a su derrota y recurrieron al beréber Ṭāriq ibn Ziyād, lugarteniente de Mūsà ibn Nusayr, en Tánger, para que interviniera militarmente. Ṭāriq venció en Gibraltar (711) a las tropas de cobertura que mandaba un sobrino de Rodrigo, y más tarde se enfrentó a las tropas rodriguistas a orillas del Guadalete*. Rodrigo cayó en la lucha y el triunfo de los musulmanes fue completo.

RODRIGO († ¿873?), primer conde de Castilla (de c. 850 a ¿873?). Repobló la fortaleza de la peña de Amaya (860) y fue derrotado por los musulmanes en el desfiladero de la Morcuera (865). Ayudó a Alfonso III a recuperar el trono asturiano (866).

RODRIGO (Joaquín), compositor español (Sagunto 1902). Ciego desde los tres años, estudió en España y se trasladó más tarde a Alemania y a París, donde fue discípulo de P. Dukas (1927-1932). Su primera composición de éxito fue el *Concierto* de Aranjuez,* para guitarra y orquesta (1939), estrenado por R. Sáinz de la Maza. Su obra, que deja traslucir un gran interés por la música del s. XVIII y una cierta tendencia folklórica y neorromántica, se ha hecho muy popular (*Concierto de estío* para violín y orquesta, 1943; *Concierto a modo galante* para violoncelo y orquesta, 1949; *Fantasía para un gentilhombre* para guitarra, 1955). En 1944 recibió el premio nacional por el conjunto de su obra.

RODRIGÓN n. m. Estaca o vara que hincada en tierra al lado de un árbol o un arbusto le sirve de arrimo. ‖ *Fig.* y *fam.* Criado anciano que acompañaba a las señoras.

RODRÍGUEZ (Juan), escultor español († 1544). Su producción, de estilo renacentista, se centra en la imaginería religiosa: retablo de la cabecera y sepulcros de los marqueses de Villena, en el monasterio del Parral, en Segovia (1528-1530); relieves en piedra sobre la Presentación en el templo, la Epifanía, y la degollación de los inocentes en el trascoro de la catedral de Ávila (1531-1536); retablo de san Antolín en Medina del Campo (1540).

RODRÍGUEZ (Alonso), jesuita y escritor ascético español (Valladolid 1538-Sevilla 1616), autor de *Ejercicio de perfección y virtudes cristianas* (1609), notable tanto por su prosa como por su ecuánime doctrina.

RODRÍGUEZ (*fray* Antonio), arquitecto quiteño del s. XVII. En 1657 dirigía las obras de los conventos de Santo Domingo y Santa Clara en Quito. El templo y santuario de Guápulo*, comenzado hacia 1650, es su obra maestra. Se le atribuye la traza de la iglesia del Sagrario, adosada a la catedral de Quito.

RODRÍGUEZ (Antonio), pintor mexicano del s. XVII. Fue discípulo de José Juárez, con cuya hija casó. Su estilo destaca por el colorido fuerte y brillante y la teatralidad de la composición: *San Nicolás obispo* (1668) y *Santo Tomás de Aquino y san Agustín* (escuela de artes plásticas de México); *Santa Magdalena* (1664, colección Franz Mayer). — Su hijo NICOLÁS **Rodríguez Juárez** (México 1667-*id.* 1734) fue continuador del estilo paterno: *El profeta Isaías* (1690, iglesia de La Profesa, México); *Santa Teresa con los ángeles* (1692, museo nacional de historia); *San Cristóbal* (1722, antiguo colegio de Guadalupe, Zacatecas). — Su otro hijo JUAN **Rodríguez Juárez** (México 1675-*id.* 1728), encuadrado también en el estilo barroco mexicano, es considerado el último gran pintor de la colonia: *Retrato de don Juan de Escalante y Colombres* (1697); *La educación de la Virgen* (1720, museo de Guadalajara); *La Asunción, La transfiguración* y *Tempestad en la barca* (1720, iglesia de La Profesa, México); *San José* (catedral de México); *Escenas de la vida de san Ignacio de Loyola* (catedral de Puebla).

Auguste **Rodin:** *El pensador,* 1880. Bronce. (Patio del museo Rodin, París.)

Larousse

RODRÍGUEZ (Simón), arquitecto español († 1751). Probablemente realizó los planos (1741) y parte de la iglesia de San Francisco, en Santiago de Compostela. La obra que más le caracteriza es la fachada del convento de Santa Clara, también en Santiago, que constituye uno de los ejemplos más relevantes del estilo de placas.

RODRÍGUEZ (Lorenzo), arquitecto español, activo en México (Guadix 1704-México 1774). Hacia 1731 llegó a México, donde trabajó como constructor de retablos y se convirtió en la figura más importante del barroco pleno mexicano. En 1749 se le encomendaron los planos de la iglesia del Sagrario, contigua a la catedral de México. Fue el introductor del estípite en la fachada retablo, característica de la arquitectura barroca mexicana. También son obras suyas la iglesia de la Santísima Trinidad (1755), la portada del colegio de las Vizcaínas (1772), así como gran número de palacios (del conde de Xala, de la marquesa del Villar del Águila, etc.).

RODRÍGUEZ (Ventura), arquitecto español (Ciempozuelos 1717-Madrid 1785). Su producción, que lo sitúa como una de las figuras cumbre de la primera arquitectura neoclásica española del s. XVIII, presenta una clara evolución desde un barroquismo derivado de las tendencias italianas del momento, aprendidas de los arquitectos de la escuela romana que trabajaban en la corte española (Juvara, Sacchetti, Bonavia) [capilla del palacio real de Madrid; iglesia de San Marcos de Madrid, 1749-1753; camarín de la Virgen en la basílica del Pilar de Zaragoza, 1750; iglesia de la Encarnación de Madrid, 1755] hacia un patente clasicismo (primero de influencias herrerianas y luego de influencias italianas), que se evidencia ya en sus obras a partir de 1760: iglesia de los agustinos de Valladolid (1760), Real colegio de cirugía de Barcelona (1761), palacio de Liria de Madrid (1770), fachada de la catedral de Pamplona (1783).

RODRÍGUEZ (Cayetano), poeta argentino (San Pedro 1761-Buenos Aires 1823). Sacerdote, fue profesor de filosofía y teología en la universidad de Córdoba. Redactó las actas de la asamblea de 1816, donde se declaró la independencia. La mayor parte de su obra poética está dedicada a los acontecimientos revolucionarios (el poema satírico *El sueño de Eulalia contado a Flora*).

RODRÍGUEZ (Martín), político argentino (Buenos Aires 1771-Montevideo 1844). Luchó contra los británicos (1806 y 1808) y participó en la revolución de 1810. Durante su mandato como gobernador de Buenos Aires (1820-1823), destacó la labor administrativa de su secretario Rivadavia. Posteriormente, Rosas le alejó a la Banda Oriental.

RODRÍGUEZ (Simón), llamado **el maestro del Libertador,** pedagogo y escritor venezolano (Caracas 1771-Amotape, Perú, 1854). Fue maestro de Simón Bolívar, en cuya formación influyó poderosamente. De vida agitada y romántica, sus ideas provienen de Rousseau y se nutren con la pedagogía del socialismo utópico, y era partidario de la educación práctica en el trabajo manual. Sus escritos, fragmentarios y de menor importancia que su personalidad, cobran altura de ensayo en *El suelo y sus habitantes o Sobre la educación republicana.*

RODRÍGUEZ (Juan Manuel), político salvadoreño (San Salvador 1795-† d. 1826). Proclamó la independencia de El Salvador (1814), pero fue reducido a prisión, donde permaneció hasta 1820. Al constituirse las Provincias Unidas de Centro América, gobernó el estado de El Salvador.

Algar-Salmer

Joaquín **Rodrigo** con su esposa

RODRÍGUEZ (José Joaquín), político costarricense (San José 1838-† 1917). Presidente de la república (1890-1894), adoptó medidas progresivas, como la reforma penitenciaria y la supresión del monopolio del tabaco.

RODRÍGUEZ (Abelardo), militar y político mexicano (San José de Guayma, Sonora, 1889-California 1967). En 1913 se unió a la revolución, en las filas constitucionalistas. Fue gobernador del territorio N de Baja California. En 1928 participó en el gobierno de Ortiz Rubio, a quien remplazó en la presidencia (1932-1934).

RODRÍGUEZ (Carlos Rafael), político y economista cubano (Cienfuegos 1913). Miembro del Partido comunista, participó en la guerrilla desde 1958 y fue luego presidente del Instituto nacional de reforma agraria (1962-1965), vicepresidente del consejo de ministros (desde 1971; encargado de la política exterior en 1972-1976) y representante de Cuba en el Comecon (desde 1972).

RODRÍGUEZ (Manuel) → MANOLETE.

RODRÍGUEZ (Mario Augusto), escritor panameño (Santiago de Veragua 1919). Su obra literaria, cuyo tema central es el campesinado, comprende obras teatrales (*Pasión campesina* y *El Dios de la justicia*), cuentos, poemas y ensayos de crítica literaria.

RODRÍGUEZ (Claudio), poeta español (Zamora 1934). Su poesía se distingue por su carácter esencial, su atención a la experiencia cotidiana y su rigurosa construcción formal (*Don de la ebriedad,* premio Adonais, 1953; *Conjuros,* 1958; *Alianza y condena,* 1965, y *El vuelo de la celebración,* 1976).

RODRÍGUEZ Cochise (Martín Emilio RODRÍGUEZ, llamado), ciclista colombiano (Medellín 1942). Considerado entre los mejores ciclistas americanos, fue campeón mundial de persecución amateur en pista, en Varese (1971); recordman mundial amateur de la hora, y ganador, con Gimondi, del trofeo Baracchi (1973).

RODRÍGUEZ ALCALÁ (Hugo), escritor paraguayo (Asunción 1917). Ha cultivado la poesía (*Estampas de la guerra,* 1939; *Abril que cruza el mundo,* 1960, y *El canto del aljibe,* 1973) y el ensayo (*Ensayos de norte a sur,* 1962).

RODRÍGUEZ ALCONEDO (José Luis), pintor y grabador mexicano (Puebla 1761-Apan 1815). Sufrió varios procesos y encarcelamientos por sus ideas independentistas y finalmente fue fusilado. Sus obras demuestran el dominio del pastel y la influencia del estilo de Goya (*Retrato de doña Teresa Hernández Moro,* 1810; *Autorretrato,* 1811, ambas en la academia de bellas artes de Puebla).

RODRÍGUEZ CAMPOMANES (Pedro) → CAMPOMANES (Pedro RODRÍGUEZ CAMPOMANES Y PÉREZ, *conde* DE).

RODRÍGUEZ CARNERO (José), pintor mexicano (Ciudad de México c. 1650-Puebla

1725). Sus obras más interesantes, de un barroco arcaizante, se conservan en Puebla: *Escenas de la vida de la Virgen,* en el templo de la Concordia; *El triunfo de los jesuitas,* en la sacristía del templo de la Compañía; *La vida de san José,* en la iglesia de Santo Domingo.

RODRÍGUEZ CASTELAO (Alfonso) → CASTELAO.

RODRÍGUEZ DE FONSECA (Juan), eclesiástico y político español (Toro 1451-Burgos 1524). Favorecido por la reina Isabel y luego por Fernando el Católico, llegó a ser obispo de Burgos (1514). El rey le encargó la dirección de las expediciones americanas (1493), y se ocupó desde 1503 (a través de la casa de Contratación) de los asuntos comerciales con América, hasta la fundación del consejo de Indias (1524).

RODRÍGUEZ DE FRANCIA (José Gaspar) → FRANCIA (José Gaspar RODRÍGUEZ DE).

RODRÍGUEZ DE HITA (Antonio), compositor español (Madrid 1724-*id.* 1787). Fue maestro de capilla de la catedral de Palencia y del monasterio de la Encarnación de Madrid. Trabajó en el doble campo de la música religiosa (misas, motetes, responsorios, magnificat, Te Deum) y del teatro musical español (*Las segadoras de Vallecas,* 1768; *Las labradoras de Murcia,* 1769).

RODRÍGUEZ DE LA CÁMARA o **DEL PADRÓN** (Juan), escritor español (¿nacido en Padrón?-† d. 1440). Fue poeta trovadoresco y autor de la novela sentimental *El siervo libre de amor* (c. 1430), autobiográfica.

RODRÍGUEZ DE MONTALVO (Garci), escritor castellano de fines del s. XV y principios del XVI (a veces llamado erróneamente, Garci ORDÓÑEZ DE MONTALVO). Es el refundidor del texto conocido del *Amadís* de Gaula,* al que agregó un quinto libro titulado *Las sergas de Esplandián* (1510).

RODRÍGUEZ DE TÍO (Dolores), poeta puertorriqueña (San Germán 1843-La Habana 1924). Su obra poética denota la influencia de fray Luis de León: *Mis cantares* (1876), *Claros y nieblas* (1885), *Mi libro de Cuba* (1893). Fue una activa nacionalista.

RODRÍGUEZ DE TOLEDO, pintor castellano de fines del s. XIV y principios del XV. Representante del estilo italogótico en Toledo (frescos de la capilla de San Blas de la catedral), también se le atribuye el retablo del arzobispo Sánchez de Rojas (Prado).

RODRÍGUEZ EMBIL (Luis), escritor cubano (La Habana 1879-*id.* 1954). Ha cultivado la narrativa (*Gil Luna, artista,* 1903, y *La mentira vital,* 1920, colecciones de relatos; *La insurrección,* 1910, novela sobre la guerra del 95), el ensayo (*El soñar de Segismundo,* 1937), la biografía (*José Martí, el santo de América,* 1940) y la poesía (*Versos póstumos,* 1956).

RODRÍGUEZ ERDOIZA (Manuel), patriota chileno (Santiago 1785-Til-Til 1818). Teniente coronel en 1817, fue el organizador del famoso escuadrón Húsares de la muerte. Destacó en la batalla de Maipú y en la resistencia de Santiago. Su prestigio popular y su fama de heroico guerrillero lo hicieron sospechoso para O'Higgins, quien lo hizo detener, y fue asesinado poco después.

RODRÍGUEZ ETCHART (Severo), pintor argentino (Buenos Aires 1865-*id.* 1903). Estudió en Italia y París. Su estilo, en el que destaca la transparencia luminosa del color, estuvo influido por el academicismo de fines de siglo. Entre sus obras figuran: *Loudy; La flor* y *La toilette* (museo nacional de bellas artes); *Autorretrato; Naturaleza muerta.*

RODRÍGUEZ GALVÁN (Ignacio), escritor mexicano (Tizayuca 1816-La Habana 1842). Profundamente influido por el duque de Rivas, Hartzenbusch y García Gutiérrez, es considerado el autor más destacado del romanticismo mexicano. Cultivó la poesía (*Profecía de Guatimoc*) y el drama histórico (*La capilla; Muñoz, visitador de México; El privado del virrey*), exaltando los valores nacionales de México.

RODRÍGUEZ HERNÁNDEZ (Julio Antonio) → JULIO ANTONIO.

RODRÍGUEZ LARA (Guillermo), militar y político ecuatoriano (Pujilí, Cotopaxi, 1923). Encabezó el golpe militar de 1972 y presidió el gobierno que se caracterizó por su política nacionalista. Fue obligado a renunciar por una alianza conservadora (1976).

RODRÍGUEZ LARRETA (Enrique) → LARRETA (Enrique RODRÍGUEZ).

RODRÍGUEZ MARÍN (Francisco), erudito español (Osuna 1855-Madrid 1943). Director de la Biblioteca nacional, es autor entre otras obras de la recopilación *Cantos populares españoles* (1882-1883) y de ediciones anotadas y estudios cervantinos. (Real academia española, 1905.)

RODRÍGUEZ PEÑA (Nicolás), patriota argentino (Buenos Aires 1775-en Chile 1853). Destacó en la revolución del 25 de mayo de 1810. Fue miembro del segundo triunvirato (1812) y presidente del consejo de estado (1814). Apoyó la formación del ejército libertador de Perú.

RODRÍGUEZ SUÁREZ (Juan), conquistador español (nacido en Mérida-en Venezuela 1561). Conquistó la sierra Nevada de Mérida, en Venezuela, y fundó (1558) Santiago de los Caballeros de Mérida (act. Mérida). Posteriormente luchó con los indios teques, que estaban acaudillados por Guaicaipuro*.

RODRÍGUEZ TORICES (Manuel), patriota colombiano (Cartagena de Indias 1788-Popayán 1816). Fue uno de los signatarios del acta de Independencia (1811). Ejerció el poder ejecutivo con facultades de dictador (1811-1812 y 1814). Apresado por los españoles (1816), fue ahorcado y descuartizado.

RODRÍGUEZ VILLA (Antonio), historiador español (Madrid 1843-*id.* 1912). Fue uno de los asesores de Cánovas en la redacción de la constitución de 1876. Formó el catálogo de manuscritos españoles del museo británico. En 1893 ingresó en la Academia de la historia. Es autor de numerosas biografías de personalidades españolas de la edad moderna.

RODRÍGUEZ Y RODRÍGUEZ (Luis Felipe), escritor cubano (Manzanillo 1884-La Habana 1947). Formó parte del grupo literario de Manzanillo, que fundó la revista *Orto* (1912-1957). Entre sus obras destacan: *La ilusión de la vida* (1913); *Cómo opinaba Damián Paredes* (1916); *Poemas del corazón amoroso* (1920), páginas líricas en prosa; *Ciénaga* (1937), y *La copa vacía* (1926). Fue un cultivador original del cuento vernáculo: *La pascua de la tierra natal* (1928) *Marcos Antilla, relatos de cañaveral* (1932), y *Don Quijote en Hollywood* (1936), relato de aventuras imaginarias y simbólicas de Charlot.

RODRÍGUEZ-MOÑINO (Antonio), erudito español (Calzadilla de los Caños 1910-Madrid 1970) Dirigió la colección de bibliófilo *Gallardo* y la de estudios críticos de editorial Castalia. Bibliófilo de gran autoridad y rigor erudito, publicó ediciones de poetas y cancioneros del s. XVI y libros como *Extremadura en el s. XVI* (1954), *Don Bartolomé José Gallardo* (1955), *Las fuentes del Romancero general* (1957) y *Diccionario de pliegos sueltos* (1970). [Real academia española, 1968.]

ROEDOR, RA adj. Que roe. || *Fig.* Que conmueve o agita el ánimo. ◆ adj. y n. m. Relativo a un orden de mamíferos, vegetarianos u omnívoros, con frecuencia perjudiciales para los cultivos, que poseen largos incisivos aptos para roer.

ROEDURA n. f. Acción de roer. || Señal que queda en una cosa royéndola.

ROEL n. m. *Heráld.* Pieza de forma circular y siempre de color.

ROELAS o **RUELAS** (Juan DE O DE LAS), pintor español (c. 1560-Olivares 1625). Trabajó en Valladolid, con Bartolomé Carducho, y en Sevilla (desde 1603). En su obra se aprecia el paso del manierismo del s. XVI al naturalismo barroco del s. XVII. Su estilo denota su devoción por la pintura veneciana y boloñesa, sobre todo patente en la abundancia lumínica y cromática de sus composiciones, entre las que destacan sus grandes cuadros de altar, sobrecargados de figuras, donde se presentan dos planos bien diferenciados: el terrenal, con tipos realistas, vulgares y cotidianos (de gran influencia en los realistas andaluces del s. XVII), y el celeste, lleno de ángeles que cabalgan sobre nubes: *Adoración de los pastores* (1606, universidad de Sevilla); *Martirio de san Andrés* (1609-1613, museo de Sevilla); *Liberación de san Pedro* (1612, iglesia de San Pedro de Sevilla).

ROENTGEN o **RÖNTGEN** n. m. (de W. C. *Roentgen,* físico alemán). Unidad de medida de exposición (símbolo R) equivalente a una exposición tal que la carga de todos los iones de un mismo signo producidos en el aire, cuando los electrones (negativos y positivos) liberados por los fotones de manera uniforme en una masa de aire igual a 1 kilogramo están completamente parados en el aire, es igual en valor absoluto a $2{,}58 \times 10^{-4}$ culombios.

ROENTGEN (David), ebanista alemán (Herrnhag 1743-Wiesbaden 1807). Convirtió los talleres de su padre, en Neuwied, en una gran manufactura. Sus muebles, en los que se asocian las invenciones mecánicas con un original tratamiento de la marquetería, tuvieron un gran éxito en las cortes europeas.

ROENTGEN (Wilhelm Conrad), físico alemán (Lennep, Renania, 1845-Munich 1923). En 1895 descubrió los rayos X y estudió sus propiedades. (Premio Nobel de física, 1901.)

ROER v. tr. [**2i**]. Raspar con los dientes una cosa, arrancando algo de ella. || *Fig.* Ir gastando poco a poco una cosa. || *Fig.* Producir un malestar o atormentar íntima y persistentemente una cosa.

ROESELARE, en fr. **Roulers,** c. de Bélgica, en Flandes Occidental; 51 000 hab. Iglesia de los ss. XV y XVI. Centro industrial.

ROF CARBALLO (Juan), médico y escritor español (Lugo 1905). Impulsor de la medicina sicosomática, ha publicado, además de varios ensayos, *Cerebro interno y mundo emocional* (1952), *La medicina actual* (1954), *Urdimbre afectiva y enfermedad* (1960), *El hombre como encuentro* (1968), *Fronteras vivas del psicoanálisis* (1975), etc. En gallego ha escrito *Mito y realidad de la tierra madre* (1957).

ROGAGUA, lago de Bolivia (Beni), de unos 35 km de long. y 11 km de anch.; su emisario es el río Negro.

ROGAR v. tr. [**1m**]. Pedir a alguien como gracia o favor alguna cosa. || Instar o pedir insistentemente y con súplicas. ● *Hacerse de rogar,* resistirse alguien a algo por el gusto de que se lo pidan insistentemente.

ROGATIVAS n. f. pl. *Rel. catól.* Plegarias públicas que se realizan para pedir a Dios por los frutos de la tierra y por diversas necesidades.

ROGENT (Elías), arquitecto español (Barcelona 1821-*id.* 1897), uno de los principales representantes del estilo neomedieval catalán (universidad [1863-1889] y seminario conciliar [1878] de Barcelona, restauración del monasterio de Ripoll* [1886-1893]), y dirección de las obras de la exposición internacional de 1888 en Barcelona.

ROGER I (en Normandía 1031-Mileto, Calabria, 1101), conde de Sicilia (de 1062 a 1101), hijo de Tancredo de Hauteville. Llegó a Italia para ayudar a su hermano Roberto Guiscardo en la conquista de Calabria contra los musulmanes (1061), y participó en la ocupación de Sicilia (1072), por lo que recibió de Roberto el título de conde. A la muerte de su hermano (1085), convirtió a Sicilia en un estado fuerte e independiente.

ROGER II (c. 1095-Palermo 1154), conde de Sicilia (de 1101 a 1127), duque de Apulia y de Calabria (de 1127 a 1130), primer rey de Sicilia (de 1130 a 1154), hijo de Roger I. En 1127 reivindicó la sucesión de su primo Guillermo de Apulia; proclamado rey en 1130 por el antipapa Anacleto, luchó contra Inocencio II, a quien hizo prisionero (1139) y del que obtuvo el reconocimiento de su título real.

ROGERS (Carl), sicólogo norteamericano (Chicago 1902), autor de un método de sicoterapia no directiva.

ROGOAGUADO, lago de Bolivia (Beni), que comunica con los lagos San Nicolás y Caimanes.

Ullstein

Wilhelm Conrad Roentgen

ROHAN, antigua familia francesa originaria de Bretaña (s. XII). ENRIQUE, duque **de Rohan** y príncipe **de Léon** (Blain 1579-Königsfelden 1638), ferviente hugonote, yerno de Sully, dirigió las luchas protestantes en época de Richelieu; después de la paz de Alès (1629), se puso al servicio de Venecia y más tarde de los imperiales; murió combatiendo contra Bernardo de Sajonia-Weimar. — LUIS, príncipe y cardenal **de Rohan** (París 1734-Ettenheim, Baden, 1803), coadjutor de Estrasburgo (1760), embajador en Viena (1772), gran capellán (1777), cardenal (1778) y obispo titular de Estrasburgo (1779), estuvo complicado en el asunto del collar de la reina (1785-1786). Fue elegido en los estados generales (1789) y emigró en 1790.

RÓHEIM (Géza), sicoanalista y antropólogo húngaro (Budapest 1891-Nueva York 1953). Se definió como el primer antropólogo sicoanalista. Amplió las tesis expuestas por Freud en *Tótem y tabú* (1912), y reconoció la importancia de las fantasías preedípicas, tal como las describió M. Klein. Después de estudiar en trabajo de campo, con ayuda de un método sicoanalítico, un grupo étnico de una estructura social análoga a la de los nativos de Trobriand analizados por Malinowski, afirmó, contrariamente a las tesis de este último, la existencia de una estructura edípica universal.

RÖHM (Ernst), político alemán (Munich 1887-*id.* 1934). Creador en 1921 de las Secciones de asalto (S.A.) del Partido nazi, se enfrentó a Hitler, quien lo mandó ejecutar.

ROHTAK, c. de la India (Haryana), al NO de Delhi; 125 000 hab. Centro ferroviario.

ROÍDO, A adj. Carcomido.

ROIG (Jaume), escritor valenciano (Valencia c. 1400-† 1478). Fue médico de la corte y consejero de la ciudad de Valencia. Es autor del poema en primera persona *El espejo* o *Libro de las mujeres* (*Lo spill* o *Llibre de les dones*), escrito entre 1456 y 1461, virulenta acusación contra las mujeres.

ROIG DE LEUCHSENRING (Emilio), historiador cubano (La Habana 1889-*id.* 1964). Fundó y dirigió numerosas revistas de carácter jurídico, histórico y cultural. Entre sus obras destacan los estudios sobre las guerras de Independencia, la vida y obra de José Martí, y la historia de La Habana.

ROÍS DE CORELLA (Joan), escritor valenciano (Gandía c. 1438-Valencia 1497). Fue el último de los grandes humanistas en catalán. La mayor parte de su obra está escrita en una prosa intrincada y latinizante; predominan las versiones de Ovidio, Séneca y Boccaccio, las narraciones de tema bíblico y las biografías devotas. Como poeta, asimiló plenamente al catalán el endecasílabo. Su temprana obra *Tragedia de Caldesa,* en prosa y verso, parece dedicada a una dama valenciana. La mayor parte de su poesía amorosa acusa una gran elaboración con ecos de Petrarca y otros poetas renacentistas.

Roja *(plaza),* en ruso **Krásnaia Plóschad,** plaza de Moscú, situada junto al Kremlin*. En el extremo E se halla el mausoleo de Lenin.

ROJAS, partido de Argentina (Buenos Aires); 21 415 hab. Centro agrícola (maíz, trigo y lino). Maquinaria.

ROJAS (Fernando DE), escritor español (nacido en Puebla de Montalbán-Talavera de la Reina 1541). Se sabe que era judío converso y que vivió desde 1517 en Talavera de la Reina. Es el autor principal de *La Celestina**.

ROJAS (Diego DE), conquistador español (nacido en Burgos-Tucma 1544). Fue enviado por Vaca de Castro para que se internara en el Río de la Plata (1543). Junto con Lope de Aguirre, se adentró en el país de los chunchos y fundó Chuquisaca. Descubrió la rica región de Tucumán y combatió contra los indios diaguitas, lules y juríes.

ROJAS (José Antonio), político chileno (1743-Santiago 1816). Rico hacendado, tomó parte en la llamada conspiración de los tres Antonicos encaminada a un reparto igualitario de la tierra (1780-1781). En 1810 participó en la insurrección independentista, pero los españoles lo apresaron en 1814.

ROJAS (Pedro José), periodista y político venezolano (Cumaná 1818-París 1874). Partidario del general Páez, se exilió después de la revolución de 1848. A su regreso, fundó *El independiente.* Fue ministro en el gobierno de Páez (1861). En 1872 fue expatriado por sus críticas al gobierno de Guzmán Blanco.

ROJAS (Arístides), historiador y escritor venezolano (Caracas 1826-*id.* 1894). Uno de los mejores conocedores del folklore venezolano (*Leyendas históricas de Venezuela,* 1890), realizó trabajos etnográficos, cuyos resultados recogió en *Estudios indígenas* (1878).

ROJAS (Cristóbal), pintor venezolano (Cúa 1858-Caracas 1890). Estudió en su país y en París. Si bien sus grandes composiciones están realizadas de acuerdo con el gusto académico, las obras de pequeño formato (*La lectora; Muchacha vistiéndose*) y su cuadro *El balcón* lo inscriben en el impresionismo. La obra que le dio más fama fue *El purgatorio,* para la iglesia de La Pastora de Caracas.

ROJAS (Liberato), político paraguayo (Asunción 1870-† 1922). Presidente de su país (1911-1912), intentó gobernar con el apoyo de los cívicos, pero una revolución en su propio partido lo derrocó (1912).

ROJAS (Ricardo), escritor argentino (Tucumán 1882-Buenos Aires 1957). Fue profesor de literatura y filosofía y rector de la universidad de Buenos Aires. Junto a libros poéticos (*Los lises de blasón,* 1911), narrativos y teatrales, sobresalió en los géneros del ensayo, la crítica y la biografía (*La argentinidad,* 1916; *Eurindia,* 1924; *El profeta de la Pampa,* 1945, y una *Historia de la literatura argentina,* 1924-1925).

ROJAS (Manuel), escritor chileno (Buenos Aires 1896-Santiago 1973). Establecido en Chile desde 1924, fue presidente de la Sociedad de escritores. En su obra narrativa acoge vivencias de tipo personal y material y descripciones de la vida del trabajador de su país (*Lanchas en la bahía,* 1932; *Hijo de ladrón,* 1950, su mejor obra; *Punta de rieles,* 1960, y *Cuentos,* 1970).

ROJAS (Ángel Felicísimo), escritor ecuatoriano (Loja 1909). Profesor en la universidad de Guayaquil, ha participado activamente en la dirección del Partido socialista de su país. Es autor de *Banca, novela escolar* (1938), en la que cuenta sus años escolares, y *El éxodo de Yangana* (1949), novela épica.

ROJAS (Jorge), poeta colombiano (Santa Rosa de Viterbo 1911), autor de *La forma de su huida* (1939), *Rosas de agua* (1941), *Soledades I* (1949), *Soledades II* (1954), etc.

ROJAS (Carlos), escritor español (Barcelona 1928). Ha publicado ensayos (*Por qué perdimos la guerra,* 1970) y novelas históricas (*El asesino de César,* 1958; *Auto de fe,* 1968, y *Aquelarre,* 1970; *Azaña,* 1973, premio Planeta).

ROJAS CLEMENTE (Simón DE), naturalista y viajero español (Titaguas 1777-Madrid 1827). Realizó trabajos de botánica con M. de La Gasca (1800). Tras una estancia en París y Londres, donde participó en la formación de herbarios, tomó el sobrenombre de MOHAMED BEN ALÍ, por lo que popularmente se le designó como EL MORO SABIO. En 1815 fue nombrado bibliotecario del Jardín botánico de Madrid y se encargó de la redacción de *El semanario de agricultura.*

ROJAS GARRIDO (José María), político colombiano (Agrado, Tolima, 1824-Bogotá 1883). Abogado, desempeñó diversas misiones diplomáticas y fue ministro de Relaciones Exteriores (1860, 1867) y presidente interino del país (1866). Notable periodista, destacó por su oratoria política.

ROJAS PAÚL (Juan Pablo), político y jurista venezolano (Caracas 1829-*id.* 1905). Fue ministro de Hacienda y Relaciones Exteriores, y catedrático y rector de la universidad central de Venezuela. Presidente de la república (1888-1890), su régimen se caracterizó como civilista.

ROJAS PAZ (Pablo), escritor argentino (Tucumán 1896-Buenos Aires 1956). Fundó, con Borges, Güiraldes y otros, la segunda revista *Proa.* Su obra de creación, adscrita al realismo mágico, comprende: cuentos —*Paisajes y meditaciones* (1924); *Arlequín* (1928); *El patio de la noche* (1940), y *El arpa remendada* (1944)— y novelas —*Hombres grises, montañas azules* (1930), *Hasta aquí no más* (1936) y *Mármoles bajo la lluvia* (1954)—. Es autor también de diversas obras de crítica.

ROJAS PINILLA (Gustavo), militar y político colombiano (Tunja 1900-Melgar 1975). Fue ministro de Correos en 1949 y comandante general de las fuerzas armadas en 1951. Dirigió el golpe de estado que derribó al presidente Gómez (1953). Derrocado por la burguesía en 1957, se exilió en España. Tras recuperar sus derechos políticos (1963), fundó en 1965 la Alianza nacional y popular (ANAPO) y se presentó sin éxito, con un programa socializante y cristiano, a las elecciones de 1970. — Su hija MARÍA EUGENIA (Bogotá 1934) es líder de la ANAPO.

ROJAS SARMIENTO (Juan DE), noble español del s. XVI. Estudió astronomía en Flandes con Gemma de Frisia. De regreso a España escribió *Commentariorum in astrolabium quod planisphaerium vocant* (1550), que dio a conocer en Europa la proyección ortográfica.

ROJAS VILLANDRANDO (Agustín DE), escritor español (Madrid 1572-Paredes de Nava c. 1618). Llevó una vida agitada y aventurera. Aparte de algún drama original (*El natural desdichado*), su obra principal, *El viaje entretenido* (1603), constituye un inestimable documento sobre la vida teatral coetánea.

ROJAS ZORRILLA (Francisco), dramaturgo español (Toledo 1607-Madrid 1648). Se desconoce el número exacto de sus comedias y autos, aparte de las dos recopilaciones que publicó en vida (1640 y 1645). Aunque se suele emparentar su teatro con el de Calderón, se singulariza por su carácter violento y trágico. Su título más famoso es el drama de honor *Del* rey abajo, ninguno,* modalidad a la que también pertenecen *Cada cual lo que le toca* y *El Caín de Cataluña.* Cultivó la comedia mitológica (*Progne y Filomena, Los encantos de Medea*), hagiográfica (*La vida en el ataúd, Los trabajos de Tobías*), histórica (*Santa Isabel de Portugal*), de costumbres (*Obligados y ofendidos, Donde hay agravios no hay celos*) y sobresalió en la llamada comedia de figurón, de estilizadas caricaturas (*Entre bobos anda el juego*).

ROJEAR v. tr. [**1**]. Dar a algo color rojo. ◆ v. intr. Mostrar una cosa su color rojo. || Tender algo a color rojo.

ROJEZ n. f. Calidad de rojo. || Zona de piel enrojecida.

ROJIZO, A adj. Que tiende a color rojo.

ROJO, A adj. y n. m. (lat. *russeum*). Dícese del color simple correspondiente a las radiaciones de mayor longitud de onda del espectro visible. ● *Al rojo* o *al rojo vivo,* incandescente; en estado de gran excitación. ◆ adj. y n. Dícese de los partidarios de la acción revolucionaria y de los grupos políticos de izquierda en general. || Comunista. || En la guerra de España, denominación dada por los nacionales a los republicanos. ◆ adj. De color rojo. || Rubio. || Pelirrojo. ● *Ejército rojo,* denominación de las fuerzas armadas soviéticas desde 1918 a 1943. || *Guardia rojo,* miembro del movimiento de las juventudes comunistas chinas.

ROJO n. m. Nombre de diversos colorantes de uso industrial o empleados para tinciones de células y tejidos: *rojo de cromo; rojo de anilina.*

ROJO, cabo de México, extremo E de la *isla de Cabo Rojo,* en el golfo de México.

ROJO, cabo de Puerto Rico, que constituye el extremo SO de la isla.

ROJO *(mar),* ant. **golfo Arábigo,** golfo del NO del océano Índico, que separa Arabia de África; debe su origen al hundimiento de una larga fosa, que fue invadida por las aguas. Comunica al N con el Mediterráneo por medio del canal de Suez* (cuya apertura lo convirtió en una gran vía marítima), y al S con el golfo de Adén a través del estrecho de Bāb al-Mandab.

ROJO *(río),* en vietnamita **Sông Koi** o **Sông Nhi Ha,** r. de Asia, que nace en China (Yunhan), se orienta hacia el SE, pasa por Lao Kay y Hanoi y desemboca en el golfo de Tonkín, en el mar de la China meridional, a través de un vasto delta; 1 200 km.

ROJO *(río),* en ingl. **Red River,** r. del N de Estados Unidos y de Canadá (Manitoba), que pasa por Winnipeg y desemboca en el lago Winnipeg; 1 060 km.

ROJO (Vicente), militar español (Énguera 1894-Madrid 1966). Comandante en 1936, destacó en la defensa de Madrid contra las fuerzas nacionalistas. Ascendió a general en 1937, y planeó las grandes ofensivas del ejército republicano (Teruel y Ebro).

Rojo y negro, novela de Stendhal (1830). El autor se inspiró en el proceso del seminarista Berthet, condenado a muerte en Grenoble en 1827. Hijo del pueblo, admirador de Napoleón, Julien Sorel ha nacido demasiado tarde para pretender la gloria de las armas. En su lucha por conquistar su lugar en el mundo se convierte en el amante de Madame de Rênal, de cuyos hijos es preceptor, y luego en secretario del marqués de La Môle, a cuya hija, Mathilde, seduce. A punto está de casarse con ella cuando una carta de Madame de Rênal impide sus propósitos. Sacrificando su ambición a su venganza, hiere a su primera amante y es condenado a muerte. En un intento de conciliar sus dos ídolos, Rousseau y Napoleón, Stendhal superpuso a la novela de la voluntad la novela de la felicidad, para lo cual hizo de Madame de Rênal una especie de ideal imaginario que encarna a la vez a la madre, cuya ternura faltó al protagonista, y a la mujer soñada por su sensibilidad.

ROKHA (Carlos DÍAZ LOYOLA, llamado **Pablo de**), poeta chileno (Curicó 1894-Santiago 1968). Fundó la revista *Dinamo* (1925), en donde atacó con radicalismo a autores chilenos consagrados. Rebelde y maestro de poetas (entre ellos Neruda), una voz demoníaca y desgarrada de filiación romántica impera en su poesía, escrita en una lengua barroca, de imágenes y ritmos poco frecuentes: *Gemidos* (1922), *Satanás* (1927), *Heroísmo sin alegría* (1928), *Canto de trinchera* (1933), *Cinco cantos rojos* (1938), *Morfología del espanto* (1942), *Arenga sobre el arte* (1949) y *Fuego negro* (1952).

ROKOSSOVSKI (Konstantín Konstantínovich), mariscal soviético (Varsovia 1896-Moscú 1968). Mandó el primer frente de la Rusia blanca, y posteriormente el segundo (1943-1945); se reunió en el Elba con las tropas británicas. Fue ministro de Defensa en Polonia (1949-1956) y viceministro soviético de Defensa (1958-1962).

ROL n. m. Lista de nombres, nómina o catálogo. || *Sociol.* Conjunto, difuso o explícito, de los derechos y obligaciones de un individuo en un grupo social, en relación con su estatus jurídico o su función en este grupo.

ROLANDO → ROLDÁN.

Rolando *(cisura de),* cisura situada en la cara externa de los hemisferios cerebrales, que separa los lóbulos frontal y parietal y está bordeada por dos circunvoluciones correspondientes a la zona matriz (parte delantera) y a la zona sensitiva (parte trasera). Fue descrita por el anatomista italiano Luigi Rolando (1773-1831).

ROLAR v. intr. [**1**]. *Amér. Merid.* Alternar, relacionarse.

ROLDÁN, en fr. **Roland,** uno de los legendarios doce pares de Carlomagno, inmortalizado en *El cantar de Roldán** y en los poemas épicos de Boiardo (s. XV) y de Ariosto (s. XVI). El personaje histórico es conocido gracias a Eginardo, quien narra que en 778 el conde de la Marca de Bretaña, Roldán, fue muerto en Roncesvalles. La leyenda épica le convirtió en sobrino de Carlomagno y en el ideal del caballero cristiano, generoso y valiente, que luchó hasta la muerte contra los sarracenos.

Roldán *(El cantar de)*, el más antiguo de los cantares de gesta franceses, compuesto a principios del s. XII (la primera versión, el *manuscrito de Oxford*, fue copiada por algún clérigo anglonormando hacia 1125-1150). Está compuesto en decasílabos asonantados que forman estrofas (tiradas). En el verso 4 002, y último, aparece el nombre de Turoldus, que podría ser el del clérigo normando autor, cantor o copista del poema. Es una ampliación de un hecho histórico narrado por Eginardo (la matanza de la retaguardia del ejército de Carlomagno por parte de los vascos, el 15 de agosto de 778). El poema exalta la fidelidad al soberano, el amor a la tierra natal, el entusiasmo religioso de la cristiandad frente al islam y la gloria de los héroes (cuya derrota implica, necesariamente, una traición). Escenas épicas, como la muerte de Roldán y de Oliveros, la lucha entre Carlomagno y Baligant o el castigo de Ganelón, y escenas conmovedoras, como la muerte de Alda, han hecho de esta obra un modelo del poema heroico.

ROLDÁN (Pedro), escultor español (Antequera 1624-Sevilla 1670). Discípulo, en Granada, de Alonso de Mena, en 1646 se estableció en Sevilla. Su estilo mantiene elementos heredados del naturalismo de Martínez Montañés o del propio Mena, sobre todo en sus tipos humanos de rostros convencionales, pero la disposición llena de movimiento de sus conjuntos, la vivacidad de las actitudes y el sentido dramático de las escenas evidencian la adaptación a las novedades del pleno barroco (retablo de los Vizcaínos, 1666, iglesia del Sagrario de Sevilla, y retablo mayor y *Crucifijo* de la iglesia del hospital de la Caridad de Sevilla, 1670-1674).

ROLDÁN (Belisario), escritor argentino (Buenos Aires 1873-*id.* 1922). Famoso orador, su poesía, algo melodramática y siempre patética, logra su mejor tono en el drama *El rosal de las ruinas* (1916), reconstrucción histórica de la sublevación del caudillo López Jordán en los campos de Entre Ríos.

LA CONQUISTA ROMANA DE ITALIA

Romain Rolland

ROLDÁN (Amadeo), violinista y compositor cubano (París 1900-La Habana 1939). Tras cursar estudios en Madrid con Conrado del Campo, fue director de la orquesta filarmónica (1932) y del conservatorio (1936-1938) de La Habana. Fundó la Escuela normal de dicha ciudad y organizó los conciertos de música nueva. Es autor de una *Obertura sobre temas cubanos* (1926) y de una serie de piezas (*Rítmicas,* 1930), en las que abundan los temas afrocubanos.

ROLDANA n. f. Rueda de una polea.

ROLDANA (Luisa ROLDÁN, llamada **la**), escultora española (Sevilla 1656-Madrid 1704). Hija y discípula de Pedro Roldán, fue escultora de cámara de Carlos II. Cultivó fundamentalmente la técnica del barro cocido policromado, en pequeñas figuras de un neto estilo barroco, caracterizado por la movilidad de líneas (temas de *Nacimiento, Sagrada Familia,* etc.). Entre las obras de mayor envergadura figuran el grupo de los *Desposorios de santa Catalina* (Hispanic society, Nueva York) y *San Miguel* (El Escorial).

ROLDANILLO, mun. de Colombia (Valle del Cauca), en el valle del Cauca; 25 336 hab. *(Roldanillenses.)* Agricultura (maíz, algodón y plátano). Elaboración de tabaco.

ROLDÓS (Jaime), abogado y político ecuatoriano (Guayaquil 1940-Guachanama 1981). Presidente de la asociación de abogados, fue diputado en 1958 y 1970 por la Concentración de fuerzas populares. Colaboró en la redacción de la constitución de 1978. Fue elegido presidente de la república en abril de 1979, pero murió en un accidente de aviación antes de terminar su mandato.

ROLÓN (José), compositor mexicano (Ciudad Guzmán 1883-México 1945). Estudió piano con M. Moszkovski en París (1903-1907), y con N. Boulanger y P. Dukas (1927-1930). Fue director del conservatorio nacional de México (1930-1938). Su producción, en la que utiliza elementos folklóricos mexicanos, comprende la *Sinfonía en mi menor* (1923), los poemas sinfónicos *El festín de los enanos* (1925) y *Cuauhtémoc* (1929), un concierto para piano (1942), un cuarteto con piano (1912), dos cuartetos de cuerda y numerosas canciones y piezas para piano.

ROLLAND (Romain), escritor francés (Clamecy 1866-Vézelay 1944). Bajo la doble influencia de Malwida von Meysenbug, que fue amiga de Wagner y de Nietzsche, y de los maestros del arte italiano, elaboró un universo mental en el que alternan el culto a los héroes y la pasión por la música. La angustia de la soledad y su simpatía desilusionada por los hombres animan sus dramas históricos y filosóficos (*Aërt,* 1897; *Los lobos,* 1897; *Danton,* 1901) y sus biografías (*Beethoven,* 1903; *Miguel Ángel,* 1907; *Haendel,* 1910; *Tolstói,* 1911), cuyos temas amplió en su extensa novela *Juan Cristóbal* (1904-1912). Su llamamiento a la lucidez y a la justicia durante la primera guerra mundial (*Por encima del conflicto,* 1915) suscitó odios violentos, pero él no cesó de buscar la paz en la sabiduría popular (*Colas Breugnon,* 1920), o en la filosofía india (*La vida de Vivekananda y el Evangelio universal,* 1930). Fundó la revista *Europe* (1922), manifestó su interés por la política social y cultural de la Rusia soviética y profundizó su meditación mística y humanitaria en el ciclo *El alma encantada* (1922-1934), en sus nuevos dramas (*El juego del amor y de la muerte,* 1925; *Robespierre,* 1939) y en su ensayo *Beethoven: las grandes épocas creadoras* (1929-1944). Consagró sus últimos años a escribir su autobiografía (*El viaje interior,* 1943). [Premio Nobel de literatura, 1915.]

ROLLE (Michel), matemático francés (Ambert 1652-París 1719). Opuesto a los principios del cálculo diferencial, mantuvo una campaña contra Leibniz, a cuyas teorías terminó por adherirse. Enunció un método para el cálculo de las raíces de las ecuaciones algebraicas.

Rolling Stones, conjunto vocal e instrumental británico de música pop, compuesto por Mick Jagger, Keith Richard, Bill Wyman, Charlie Watts y Brian Jones (muerto en 1969 y remplazado por Mick Taylor). Junto con los Beatles, fueron los más célebres representantes de la música pop de los años sesenta. Determinaron la reaparición del rock and roll y desempeñaron un papel importante en el resurgimiento del blues negro. Actualmente sus actuaciones siguen atrayendo multitudes tanto por la música como por el espectáculo.

ROLLINS (Theodore Walter, llamado **Sonny**), saxofonista de jazz norteamericano (Nueva York 1929), de raza negra. Perteneció a la escuela de Charlie Parker, pero, debido a su forma de interpretar, áspera y fuerte, está más vinculado a Coleman Hawkins. Tocó con Art Blakey, Budd Powell y Miles Davis, ingresó en el quinteto de Max Roach (1955-1957) y formó un trío que realizó una gira triunfal por Europa en 1959. Entre sus grabaciones destacan *Blue seven* (1956), *Freedom now suite* (1958), *Body and soul* (1958) y *Three little words* (1965).

ROLLISTA adj. y n. m. y f. *Fam.* Pesado, que endosa rollos.

ROLLIZO, A adj. Redondo, en forma cilíndrica o de rollo. || *Fig.* Robusto, grueso o gordo.

ROLLIZO o **ROLLO** n. m. Madero redondo descortezado.

ROLLO n. m. Cilindro que se forma al rodar o doblarse dando vueltas sobre sí misma una hoja o tira de papel, tela o cualquier otra materia: *rollo de alambre; rollo de papel.* || *Fig.* Masa de carne o grasa superflua que forma una arruga alrededor del cuerpo o de algún miembro. || *Fig.* Monserga, pesadez: *esta película es un rollo.* || Longitud tipo de la película fotográfica suministrada en bobinas. || Columna de piedra, generalmente rematada por una cruz, que, antiguamente, servía de señal de límite entre dos términos municipales y, a veces, de picota.

ROLLÓN, jefe normando († 927), duque de Normandía (911-c. 932). De origen noruego, encabezó las expediciones contra Bayeux (890), Lisieux (891) y París (892) y se estableció en Ruán. Negoció con Carlos el Simple, quien le concedió parte de Neustria.

ROMA, uno de los principales estados de la antigüedad.

HISTORIA

• *Los orígenes.* La fundación de Roma es recogida por los autores antiguos en dos grandes ciclos de leyendas: la leyenda de Eneas, el troyano que huyó de su país, se estableció en el Lacio (s. XII a. J.C.) y fundó Lavinium, de la que procede Roma, y la leyenda de Rómulo, el fundador de Roma (753 a. J.C), que trazó en torno al Palatino, una de las siete colinas, el surco sagrado, primera imagen del recinto urbano. Cuatro siglos, durante los cuales reinaron monarcas albanos, separan la fundación de Alba por Ascanio, hijo de Eneas, y la de Roma. A Rómulo, primer rey de Roma, le sucedieron hasta fines del s. VII a. J.C. reyes latinos y sabinos (Numa Pompilio, Tulio Hostilio, Anco Marcio) y tres monarcas etruscos (Tarquino el Viejo, Servio Tulio y Tarquino el Soberbio). En 509 a. J.C., Roma se liberó del yugo de Tarquino, abolió la monarquía y fundó la república.

Los diversos datos que se pueden obtener de estas leyendas y de las excavaciones ar-

Scala

Detalle de la parte izquierda del *Ara pacis Augustae*, altar de la paz de Augusto, erigido en Roma el 9 a. J.C. (Museo del *Ara pacis*, Roma.)

Pintura mural procedente de la villa de Livia, en Prima Porta, cerca de Roma. ¿s. I a. J.C.? (Museo nacional, Roma.)

Held-Ziolo

ARTE ROMANO

Binois-Pitch

Vista parcial del teatro del sur y de la antigua vía romana en Gerasa (act. Yarāš, Jordania). S. II d. J.C.

Scala

Estatua de mármol llamada "estatua Barberini", que representa un patricio llevando dos bustos, retratos de antepasados. S. I a. J.C. (Museo del Capitolio, Roma.)

queológicas permiten esbozar el panorama de la primitiva Roma. En el s. VIII a. J.C. existió un pueblo en el Palatino. Durante el s. VII a. J.C. las restantes colinas también se poblaron, y los pueblos del Palatino, el Esquilino y el Celio formaron una confederación, el *septimontium.* Esta liga fue contemporánea de la caída de Alba. Alrededor de 575 a. J.C. Roma fue sometida por los etruscos, que transformaron la federación de pueblos en una verdadera ciudad, impusieron un gobierno monárquico y construyeron los primeros monumentos. Las instituciones romanas empezaron a perfilarse. Los fundamentos de esta sociedad estaban formados por grandes familias, las *gentes,* cuyos miembros (patricios) honraban a un antepasado común. Junto a esta aristocracia de propietarios territoriales, la única que tenía acceso a los honores públicos y a los colegios sacerdotales, vivía una masa popular, la plebe, que en un principio no tuvo ningún derecho político ni jurídico. Al frente del estado, el rey gobernaba con poder absoluto; estaba asistido por un senado compuesto por los jefes de las *gentes.* El pueblo, dividido en treinta curias y en tres tribus, se reunía en la asamblea de los comicios curiados.

• *La república.* La tradición sitúa el establecimiento de la república en 509 a. J.C. El poder ejecutivo del rey pasó a dos magistrados elegidos anualmente, los pretores, llamados más tarde cónsules. Al principio, nada excluía a los plebeyos del consulado, pero los patricios se apoderaron pronto del poder. La plebe, excluida de las magistraturas, optó primero por un separatismo secesional en torno al Aventino, con su asamblea *(concilium plebis)* y sus magistrados (tribunos, ediles), y constituyó un verdadero estado dentro del estado. A mediados del s. V a. J.C. los tribunos siguieron una nueva orientación, consistente en integrar a la plebe en una ciudad unificada, mediante la obtención de los derechos políticos y cívicos de los patricios. La lucha entre patricios y plebeyos duró un siglo y medio y terminó con la victoria de la plebe, que obtuvo el acceso a todas las magistraturas (principios del s. III). La ascensión de la élite plebeya y el desmoronamiento de la resistencia patricia dieron origen a una nueva clase dirigente común, la *nobilitas.* Aparentemente, la constitución republicana se asentaba sobre el equilibrio de tres órganos políticos que se controlaban mutuamente: los magistrados, el senado y las asambleas del pueblo (comicios curiados, centuriados y tributos). Pero en la práctica, el poder procedía del senado, baluarte de la *nobilitas.*

Tras la partida de los etruscos, Roma perdió su hegemonía sobre el Lacio y, en el s. V a. J.C., subordinó su política a la de la Liga latina. La conquista de la ciudad etrusca de Veyes (396 a. J.C.) fue la primera etapa de la conquista de Italia central: después de una serie de luchas y negociaciones, Roma logró someter a los latinos (338-335 a. J.C.), anexionarse Campania y triunfar sobre los samnitas (290 a. J.C.). Los acuerdos que Roma firmó con Cartago consagraron el inicio de su poderío en el Mediterráneo. Tras la victoria sobre Pirro en Benevento (275 a. J.C.) y la toma de Tarento (272 a. J.C.), Roma dominó toda la península hasta la Galia Cisalpina.

Las guerras con Cartago señalaron el paso de la primera fase imperialista romana, limitada a Italia, a la segunda fase, cuya finalidad fue dominar el Mediterráneo. La primera guerra púnica (264-241 a. J.C.) tenía por objetivo Sicilia. Los romanos vencieron y se apoderaron de Sicilia, Córcega y Cerdeña. La segunda guerra púnica (218-201 a. J.C.), cuyos acontecimientos más importantes fueron las victorias de Aníbal y de Escipión el Africano, colocó a la península Ibérica bajo el dominio romano. La tercera guerra púnica (149-146 a. J.C.) finalizó, gracias a la victoria de Escipión Emiliano, con la destrucción de Cartago, cuyo territorio se convirtió en la provincia de África. Tras la victoria de Zama (202 a. J.C.), los romanos iniciaron la conquista del oriente griego: las preocupaciones defensivas se mezclaron con los intereses de la *nobilitas* y de la clase ecuestre y con la ambición de los generales. Los triunfos de Roma se debieron sobre todo a su admirable organización militar, que le procuró su victoria sobre Macedonia (Cinoscéfalos, 197 a. J.C.; Pidna, 168 a. J.C.) y sobre los seléucidas (Magnesia del Sípilo, 189 a. J.C.). En 148 a. J.C. Macedonia se transformó en provincia romana. En 146 a. J.C. Grecia fue ocupada y Corinto arrasada. En 133 a. J.C. Atalo III, rey de Pérgamo, legó a Roma su reino, que se convirtió en la provincia romana de Asia (129 a. J.C.). En el s. I a. J.C. prosiguió la expansión, a pesar de los efímeros triunfos de Mitrídates VI, rey del Ponto: Sila reconquistó Grecia y Asia, y Pompeyo tomó Siria y Judea (64-63 a. J.C.). Tras la victoria de Octavio en Actium (31 a. J.C.), Egipto cayó bajo el dominio romano. En occidente, la Galia Cisalpina fue pacificada (197 a 177 a. J.C.). La conquista de la península Ibérica terminó tras duras campañas contra los celtíberos y los lusitanos (toma de Numancia por Escipión Emiliano en 133 a. J.C.). La zona de influencia romana en África se extendió después de la victoria de Mario sobre Yugurta (105 a. J.C.). En el sur de la Galia, los romanos organizaron en 121 a. J.C. la *Provincia* (Narbonense). Conquistada por César, la Galia fue reducida a provincia (51 a. J.C.).

A mediados del s. II a. J.C., Roma dominaba el mundo mediterráneo. La economía se hallaba en plena expansión. La helenización de Roma se acentuó con la conquista de oriente. La religión tradicional, con sus dioses, que más que virtudes humanas representaban poderes, y su riguroso ceremonial, no satisfacía al sector culto de la población, que se interesó cada vez más por la filosofía. A esta crisis religiosa se sumó una crisis social y política. La gran beneficiaria de las conquistas fue la aristocracia, que adquirió grandes posesiones trabajadas por esclavos. El comercio enriqueció a los integrantes del orden ecuestre. Frente a estas clases privilegiadas, la plebe romana y campesina se hallaba en una situación precaria. El desarrollo de la economía ocasionó la ruina de los pequeños propietarios. A fines del s. II a. J.C., Tiberio y Cayo Graco intentaron realizar una reforma agraria, pero fracasaron ante la oposición de la *nobilitas.* Sus trágicas muertes iniciaron el período de las guerras civiles: durante un siglo la ciudad se vio dividida entres las dos facciones rivales de los *optimates* (aristócratas) y los *populares* (partido demócrata), mientras generales ambiciosos se disputaban el poder. Mario, y luego Sila, impusieron ilegalmente su autoridad con la ayuda de su ejército. Sila se distinguió en la guerra social (91-89/88 a. J.C.), en la que concedió a los aliados de Italia la ciudadanía romana, y fue el primero que alcanzó un poder personal, pero su obra desapareció con él. En 70 a. J.C., Pompeyo, vencedor de Sertorio, y M. Licinio Craso, que aplastó la rebelión de los esclavos de Espartaco, obtuvieron el consulado y abolieron la constitución de Sila. En 60 a. J.C., Pompeyo, Craso y César concertaron un pacto privado y secreto (primer triunvirato), para repartirse el poder. Durante la ausencia de César, que partió a conquistar la Galia, Pompeyo se convirtió en el dueño de Roma: en 52 a. J.C. se hizo nombrar cónsul con plenos poderes. Se alió con los *optimates* y se convirtió en agente del senado contra César. Pero éste cruzó el Rubicón (49 a. J.C.), y la guerra civil que siguió, jalonada por sus victorias, le convirtió en único dueño de Roma, con un poder parecido al de un monarca. La muerte de César (44 a. J.C.) no salvó a la república: Octavio, hijo adoptivo de César, acordó con Marco Antonio y Lépido el segundo triunvirato (43 a. J.C.). Después de eliminar a los republicanos en Filipos (42 a. J.C.) y más tarde a Lépido, Octavio venció a Marco Antonio en Actium (31 a. J.C.) e impuso definitivamente su poder personal.

● *El Alto imperio.* Convertido en el único dueño de Roma, Octavio reorganizó el estado. En 27 a. J.C. recibió del senado el título de Augusto, cuyo carácter sagrado y divino sirvió para subrayar que su *auctoritas* era superior a la del senado. Como primer ciudadano de Roma, siguiendo la teoría ciceroniana del *princeps,* Augusto creó un régimen nuevo, el del principado, y se reservó todos los poderes de las magistraturas republicanas. Aunque trató de mantener el senado y de respetar las instituciones republicanas, a partir de Tiberio el régimen evolucionó hacia una monarquía personal. Durante los reinados de Calígula y de Claudio el *imperium* prevaleció sobre la *auctoritas,* y el servilismo del senado permitió a Nerón, último de los Julio Claudios (de 14 a 68 d. J.C.), gobernar como déspota. El carácter monárquico del régimen se acentuó con los Flavios (Vespasiano, Tito, Domiciano) [de 69 a 96], cuyo último representante concibió su poder como un dominado. Contrariamente, los cinco primeros Antoninos (Nerva, Trajano, Adriano, Antonino y Marco Aurelio) fundamentaron su autoridad en la adopción, lo que les permitía, según la propaganda oficial, confiar el estado a la persona más idónea. Sin embargo, los Antoninos (de 96 a 192), exceptuando a Cómodo, aunque gobernaron con moderación, no dejaron de ser monarcas absolutos.

Acrecentado por nuevas conquistas (Britania, Campos Decumates, Dacia) y protegido por los *limes,* el imperio se benefició, en los ss. I y II, de la *pax romana.* Las provincias, gobernadas unas por delegados del emperador y otras por delegados del senado, vieron participar a sus élites en las instituciones del imperio. La vida comercial e intelectual fue muy intensa. En contraste con las laboriosas provincias, Italia parecía un extenso desierto. Roma, lugar de convergencia de las riquezas del mundo romano, se convirtió en una ciudad cosmopolita, en la que se producía un notorio contraste entre el lujo de los nuevos ricos y la miseria de los pobres.

El Alto imperio conoció grandes cambios religiosos: la decadencia de la religión tradicional, la aparición del culto al emperador y especialmente el triunfo de los cultos orientales. Así, de Asia Menor llegó el culto de Cibeles y de Atis; de Egipto, el de Isis, y de Persia, el de Mitra. Desde Asia Menor, donde se hallaba muy extendido, el cristianismo se difundió por Roma y por occidente y provocó la hostilidad del poder imperial; a partir de Nerón, sus adeptos fueron perseguidos, aunque no existió una política de represión sistemática.

● *El Bajo imperio.* Con Marco Aurelio y Cómodo, el equilibrio del imperio se destruyó. Los gastos del estado aumentaron: la administración y la defensa de las fronteras, atacadas por los bárbaros, obligaron a aumentar los impuestos. Tras la dinastía de los Severos (de 193 a 235) el imperio atravesó una tremenda crisis: a las invasiones germanas y sasánidas se unieron numerosas dificultades interiores (anarquía militar, usurpaciones, crisis económica), que persistieron hasta el advenimiento de Diocleciano (284). Sin embargo, a partir de Galieno (de 253 a 268), el mundo romano se encaminó hacia un extraordinario resurgimiento. Los primeros emperadores ilirios (de 268 a 284), Claudio II, Aureliano y Probo, restablecieron la seguridad en las fronteras. Los últimos grandes reinados fueron los de Diocleciano (de 284 a 305) y Constantino I (de 306 a 337). Diocleciano restauró Roma y bajo Constantino el imperio se convirtió al cristianismo y tuvo una nueva capital, Constantinopla.

El Bajo imperio fue un período de restablecimiento de la grandeza romana sobre una nueva base, el cristianismo. Los esfuerzos de Diocleciano y Constantino para salvar al imperio condujeron al establecimiento de un estado totalitario de tipo moderno. El emperador, absolutista, intervenía por doquier gracias a una burocracia militarizada y jerarquizada. Tras la breve «reacción pagana» en época de Juliano (de 361 a 363), el estado y el paganismo siguieron caminos distintos (379). En 392, Teodosio prohibió los sacrificios paganos, y esta medida fue la culminación de la evolución cuya iniciativa había tomado Constantino en 313. La ruptura entre el occidente latino y el oriente griego se produjo en los años 395-410, después de la muerte de Teodosio. El imperio de occidente, víctima de las invasiones bárbaras, desapareció a fines del s. V. El imperio de oriente resisitió a las invasiones y sobrevivió hasta 1453 (v. BIZANTINO *[imperio]*).

EL ARTE ROMANO

El arte romano adquirió personalidad propia tardíamente. Primero experimentó la influencia de la cultura etrusca y, a través de ella, del helenismo que recibió también gracias a la proximidad de las colonias griegas; a partir de las primeras conquistas importantes (mediados del s. IV-mediados del s. II a. J.C.), Roma se enriqueció con numerosas obras helenísticas, producto de los botines, a los que se unió la llegada de artistas griegos que estimularon el desarrollo de las artes plásticas. El urbanismo se ignoraba aún, pero empezaron a construirse edificios típicamente romanos (basílicas y *formix,* precedente de los arcos de triunfo).

● *Del s. II a. J.C. a los primeros siglos del imperio.* El arte provino de los patricios, que embellecieron Roma con numerosos templos construidos según dos fórmulas características: el templo circular (Roma, templo de

Arte **romano:** el rapto de Hilas por las ninfas. Mosaico de la Casa del cortejo de Venus, en Volubilis (Marruecos).

Salou-Atlas-Photo

EL IMPERIO ROMANO EN TIEMPOS DE AUGUSTO

Vesta) y el templo seudoperíptero, con columnas ensambladas en la cella (Roma, templo de la Fortuna viril). La arquitectura, el urbanismo y las artes plásticas —junto con el retrato y los bajorrelieves conmemorativos— estuvieron destinados a hacer perdurar los acontecimientos políticos de Roma; las concepciones urbanísticas y arquitectónicas romanas jalonaron el paso victorioso de los ejércitos, como el santuario de la Fortuna primigenia en Preneste y los otros monumentos de las ciudades del Lacio. Un nuevo material de construcción, consistente en una mezcla de mortero y pequeños bloques, transformó el entablamento y las columnas, elementos esenciales de la arquitectura griega, en elementos decorativos. Las pinturas de Herculano y de Pompeya, de fines de esta época, dan una idea de cómo eran las casas de los nobles y burgueses.

• *Los primeros siglos del imperio.* De la época de Augusto se conservan múltiples construcciones y diversos bajorrelieves, como los del *Ara pacis* (altar de la paz de Augusto, que se levantaba en la parte norte del campo de Marte, en Roma); el arte de esta época conserva un intenso poder de sugestión, pero muestra la impronta de un clasicismo frío y oficial, servido por un gran virtuosismo técnico (característica que se encuentra también en la glíptica). Los elementos decorativos de la arquitectura romana fueron elaborados según el orden corintio romano: capiteles de acanto con hojas de olivo, frisos decorados con follajes y cornisas sostenidas por modillones. El arco de triunfo encontró su forma definitiva a fines del s. I a. J.C. En pintura, alrededor del 15 a. J.C. apareció el tercer estilo, reacción contra el irrealismo de la época anterior, mientras que, bajo Nerón, el cuarto estilo retornó a las formas barrocas, con paisajes imaginarios, ya entrevistas en el segundo estilo.

• *De los ss. I al III d. J.C.* El genio romano siguió manifestándose en arquitectura, principalmente con Apolodoro de Damasco. La eficacia siguió siendo su preocupación esencial, tanto en los programas económicos (puertos, mercados, construcciones hidráulicas), como en los edificios destinados a las diversiones (Coliseo*, teatro de Leptis Magna). La resistencia de los materiales empleados permitió cubrir grandes espacios cerrados con enormes bóvedas (termas) o con grandes cúpulas (Panteón*); estos procedimientos exigieron la decoración con mosaicos, que experimentó un gran desarrollo. La eficacia sicológica se hizo notar también en las artes plásticas, que oscilaron entre diversas tendencias. El clasicismo helenístico aparece aún en la columna Trajana —cuyos personajes idealizados forman una equilibrada composición— y reaparece durante los reinados de Adriano, los últimos Severos y Constantino. Durante la época de César, de los Flavios y de la anarquía militar del s. III dominó la tendencia más autóctona del realismo, llamada plebeya, que traslucía una vida intensa. Finalmente, la línea patética triunfó con Antonino y Marco Aurelio, cuya columna evoca (a pesar de su falta de unidad) no sólo los horrores de la guerra, sino también la profunda angustia vivida durante esta época. Hacia principios del s. II aparecieron los sarcófagos adornados con bajorrelieves, cuya evolución fue paralela a la de la monumental escultura oficial.

• *La época de Constantino.* Esta época corresponde a un auténtico renacimiento clásico, que se acentuó cuando Constantino abandonó Roma. A partir de entonces la supervivencia helenística y la tradición oriental, íntimamente ligadas, constituyeron el fermento del arte cristiano oficial y del arte bizantino.

ROMA, cap. de Italia y de la región del Lacio, a orillas del Tíber; 2 916 000 hab. *(Romanos.)*

GEOGRAFÍA. A mediados del s. XIX Roma era una ciudad de importancia media, desde los puntos de vista demográfico y económico; debió su ulterior desarrollo a su elección como capital del nuevo reino de Italia, en 1870. Contaba entonces con 210 000 hab. El extraordinario crecimiento experimentado desde aquella fecha se llevó a cabo prioritariamente debido al impulso del sector terciario y, más recientemente, de la industria, relacionada sobre todo con el mercado de consumo (alimentación, textil, impresión, construcciones mecánicas), y estimulada también por la afluencia de millones de turistas. Si bien cuenta con una buena red férrea y vial y con suficiente infraestructura aérea (aeropuerto internacional Leonardo da Vinci en Fiumicino; el de Ciampino y el turístico de Roma-Urbe), Roma está alejada de los principales centros industriales del N (Génova, Turín y, sobre todo, Milán) y se sitúa a las puertas del Mezzogiorno, al cual la aproximan un sector terciario hipertrofiado y, en contrapartida, una industrialización reducida. Roma, capital política de la nación, metrópoli religiosa mundial (Vaticano), no es aún una ciudad cuyas funciones estén equilibradas. En tal sentido, es semejante a otras capitales de países mediterráneos (Madrid y Atenas), diferenciándose de las grandes aglomeraciones del NO de Europa (París y Londres). Roma es sede de la FAO.

HISTORIA. Establecida en un escenario de colinas desde las cuales se domina el Tíber, la Roma primitiva, constituida por varios poblados y cuya fundación legendaria se atribuye a Rómulo, se convirtió en una verdadera ciudad a raíz del establecimiento de los etruscos, quienes desempeñaron un papel capital en su organización. El Capitolio, el templo de Júpiter y el Foro formaban el corazón de la ciudad, cuya extensión, circundada por la muralla y el *pomoerium,* correspondía a la mitad de la futura Roma imperial. Durante la república, la ciudad creció y su población aumentó. En el s. IV a. J.C., los galos invadieron Roma, pero se produjo una temprana reconstrucción y el crecimiento de la ciudad no se detuvo. Las grandes conquistas transformaron Roma, la cual no cesó de embellecerse.

Durante el imperio, la ciudad ya no se confundió con el estado romano, del cual, de hecho, no fue más que la capital. Augusto la dividió en catorce regiones. Magistrados especiales, prefectos de la ciudad, de la annona y de las vigilias, cuidaban de las necesidades del conjunto. Durante el Alto imperio, Roma, al parecer, alcanzó el millón de habitantes. Los menos favorecidos se hacinaron en inmuebles de varios pisos *(insulae),* que contrastaban con las vastas mansiones *(domus)* de los privilegiados. Los acueductos traían el agua desde los Apeninos. La población se reunía en las inmensas construcciones edificadas para su placer: anfiteatros, circos, termas. Pero, a raíz del final de las conquistas y de la invasión de los bárbaros, la ciudad se replegó hacia el interior de la muralla fortificada de Aureliano. Constantino I el Grande le asestó un golpe fatal al hacer de Constantinopla una segunda capital (330).

Privada de la presencia imperial, Roma declinó desde entonces en el marco del imperio de occidente. Fue saqueada por los bárbaros (Alarico en 410, Genserico en 455, Ricimer en 472), convertida en escenario de los combates entre godos y bizantinos (mediados del s. VI), y su población disminuyó; durante siglos ofreció el aspecto de un montón de ruinas. Sin embargo, adquirió nuevo prestigio como capital del mundo cristiano. Después del período de las persecuciones y de la desaparición de los emperadores, el cristianismo convirtió al papa en el principal personaje de Roma. Gracias a la constitución de los estados de la Iglesia, el Sumo Pontífice adquirió también el poder temporal de la ciudad. Pero el papado se vio amenazado por los emperadores germánicos, quienes reivindicaban a Roma como capital. La querella de las investiduras resultó desastrosa para la ciudad; tomada por las tropas del emperador Enrique IV, Roma fue después conquistada por los normandos, quienes la saquearon. No obstante, el papa logró restablecer progresivamente su poder, y los romanos reconocieron su dominio al ver en qué medida su prosperidad dependía del papado, lo que resultó evidente al trasladarse la corte papal a Aviñón. A partir del s. XV, la autoridad papal se hizo absoluta y Roma se enriqueció gracias a las finanzas pontificias. Se emprendieron entonces grandes obras. El papa se instaló en el Vaticano, donde comenzaron a acumularse las riquezas artísticas. Así, Roma se convirtió en el centro del renacimiento artístico y literario. A pesar del saqueo de la ciudad por Carlos Quinto (1527), los trabajos de construcción y de renovación urbana prosiguieron (reconstrucción de la basílica de San Pedro). A fines del s. XVIII, Roma era una ciudad internacional. La Revolución francesa asestó un golpe al absolutismo pontificio (República romana 1797-1799), y Napoleón declaró a Roma ciudad libre e imperial. Después de la caída de éste, el papa restableció un absolutismo, que desapareció a raíz de la revolución de 1848. A partir de entonces, se planteó la cuestión romana, reglamentada por los acuerdos de Letrán (1929), que constituyeron a la ciudad del Vaticano en estado independiente. Ocupada por los alemanes en 1943, la ciudad fue liberada por los aliados en junio de 1944.

ARQUEOLOGÍA Y BELLAS ARTES

• *La Roma antigua.* Los primeros conjuntos monumentales fueron edificados por los etruscos a partir de mediados del s. VII a. J.C. La tradición atribuye las grandes obras edilicias *(cloaca maxima)* a Tarquino el Viejo. La ciudad republicana dejó pocos monumentos intactos, si se exceptúan los templos de Vesta y de la Fortuna viril, al pie del Capitolio. Las excavaciones permitieron el estudio de ciertas ruinas comprendidas dentro de construcciones imperiales.

• *La Roma imperial.* Se expandió alrededor de los foros, centro político de la ciudad. Constituido por una ancha plaza rectangular, a menudo rodeada de pórticos, cada foro contenía numerosas construcciones (mercados, basílicas, etc.). Los foros imperiales, entre ellos el de Trajano, obra de Apolodoro de Damasco, provisto de un mercado, de la basílica Ulpiana y de las dos bibliotecas que encuadraban la columna de Trajano, constituyen un conjunto arqueológico tan impresionante como el del foro romano, con el edificio de la Curia (construcción en ladrillo del s. III d. J.C.), las basílicas Emilia, Julia y de Magencio, así como con los arcos de Septimio Severo, Tito y Constantino. No lejos se levantaba el teatro de Marcelo y, frente a él, el inmenso Coliseo*. Cabe citar también las termas de Constantino, de Trajano y de Diocleciano (iglesia de Santa María de los Ángeles y museo nacional), así como las gigantescas termas de Caracalla, con sus mosaicos de una expresividad brutal, el Panteón*, el castillo de Sant'Angelo (mausoleo de Adriano), etc. La *Domus aurea* de Nerón conserva pinturas murales muy próximas a las de los comienzos del arte paleocristiano de las catacumbas (de San Calixto, San Sebastián, Santa Domitila, Santa Priscila), en las que se refleja intensamente el fervor de los primeros cristianos.

• *La edad media.* Las primeras basílicas han conservado su grandiosidad romana: San Juan de Letrán (muy modificada por Borromini en 1646; hermoso claustro, con decoración cosmatense del s. XIII; fachada del s. XVIII), Santa María la Mayor (mosaicos de los ss. IV-V y mosaico de 1295, obra de Iacopo Torriti), San Pablo Extramuros (fines del s. IV, reconstruida, salvo el transepto, en el s. XIX; la mayor después de la de San Pedro), San Clemente (reconstruida en el s. XI). Muchas pequeñas iglesias asocian las tradiciones antiguas, paleocristiana y bizantina: Santa Sabina (s. V), Santa Maria in Cosmedin (campanario del s. XII), San Cosme y San Damián (mosaico absidal del s. VI), Santa María la Antigua (frescos de los ss. VI-VIII), Santa Práxedes (s. IX), Santa Maria in Trastevere (s. XII; pavimentos polícromos cosmatenses, mosaicos de P. Cavallini), etc.

• *El renacimiento.* La construcción del palacio de Venecia (c. 1455) fue su primera gran manifestación, seguida por la decoración de la capilla Sixtina*. Las iniciativas de Julio II, confiadas a Bramante, Rafael y Miguel Ángel, hicieron de Roma el centro más importante del renacimiento clásico: obras del Vaticano, comienzos de la reconstrucción de San* Pedro, esbozo de un nuevo urbanismo (contribuciones de Peruzzi, de A. da Sangallo el Joven, etc.). La iglesia del Gesù, comenzada por Vignola en 1568 y terminada en 1584 por G. della Porta, es el edificio típico de la época de la Contrarreforma, durante la cual se abrió una vasta red de vías rectilíneas, obra de D. Fontana.

• *El barroco.* Iniciado con Maderno, llega a su cumbre en las obras de Bernini, Borromini y P. da Cortona (a quienes se debe el palacio Barberini [1626-1639]). Característica de la escenografía barroca es la plaza Navona, con la fuente de Los cuatro ríos de Bernini (1648) y la iglesia de Santa Inés, obra de Carlo Rainaldi y de Borromini (1652-1657). Fue considerable la actividad de los pintores (el Domeniquino, il Guercino, Lanfranco, etc.) y de los escultores italianos (Algardi), a los cuales se unió una legión de extranjeros, para quienes Roma constituyó un lugar de trabajo privilegiado (pintores de la escuela de Caravaggio; Poussin). El s. XVIII respondió a las anteriores empresas multiplicando perspectivas, fachadas monumentales, escaleras, fuentes (conjunto de la fuente de Trevi, obra de Nicola Salvi, 1732). Roma fue después el centro de los partidarios del neoclasicismo (Canova, David). En el s. XIX se remodeló la plaza del Popolo, obra de Giuseppe Valadier (1816). Entre los edificios del s. XX destacan la sede de la Exposición universal de Roma (1942), la

A. Edgeworth-Image Bank

Vista parcial de **Roma** con la basílica de San Pedro al fondo.

estación Termini, el estadio olímpico para los Juegos de 1960, etc.

• Principales museos: museos del Capitolio (antigüedad) y del palacio de los Conservadores, en el conjunto del Capitolio, concebido por Miguel Ángel; museo nacional de las Termas de Diocleciano (antigüedad); museo de la villa Giulia (construida por Vignola) [arte etrusco]; museo del palacio de Venecia (artes decorativas); galería nacional de arte antiguo, en el palacio Barberini (colecciones de los ss. XII-XVI); galería Doria-Pamphili (ss. XV-XVIII); villa Borghese; conjunto de los museos del Vaticano*.

Roma *(Club de),* organismo privado, fundado en 1968, que reúne a economistas y hombres de negocios, sociólogos, etc., con el fin de estudiar el crecimiento mundial, y prever y subsanar los inconvenientes más graves del mismo. Presenta importantes informes sobre la sociedad mundial.

Roma *(saco de),* devastación de Roma (1527) por las tropas españolas, alemanas e italianas mandadas por el condestable de Borbón. Francisco I de Francia y el papa Clemente VII se unieron contra los españoles en Italia; Carlos Quinto reunió entonces un ejército de mercenarios para combatir a los coligados, pero las tropas imperiales se amotinaron y asaltaron la ciudad.

Roma *(tratados de),* tratados firmados en Roma el 25 de marzo de 1957, por los que se crearon la Comunidad económica europea (o *Mercado común*) y la Comunidad europea de energía atómica (o *Euratom*).

Roma, ciudad abierta, película italiana de Roberto Rossellini (1945). Evoca los últimos tiempos del fascismo en Roma (1943-1944). Un grupo de resistentes caído en manos de la Gestapo sucumbe bajo la tortura y es ejecutado. Realizada en un estilo emparentado con el documental, esta obra fue considerada como el manifiesto del neorrealismo italiano. En realidad, las difíciles condiciones de rodaje impusieron al realizador la elección de decorados naturales y el empleo de una gran sobriedad en la puesta en escena. El éxito de la película influyó profundamente en otros directores y abrió las puertas al neorrealismo.

ROMADIZO n. m. Sin. de CORIZA.

ROMAINS (Jules) escritor francés (Saint-Julien-Chapteuil 1885-París 1972). En 1903 concibió la idea del unanimismo, que plasmó en su obra poética (*El alma de los hombres,* 1904; *La vida unánime,* 1908) y en sus novelas (*El burgo regenerado,* 1906), con un humor paródico (*Los compañeros,* 1913; *Donogoo-Tonka,* 1920), que anima también sus obras teatrales (*Knock o el triunfo de la medicina,* 1923). Inició seguidamente la descripción de la complejidad de la vida social moderna, en una serie novelesca titulada *Los hombres de buena voluntad* (1932-1947). Es también autor de ensayos (*Para conservar la razón,* 1960-1967).

ROMAN, c. del NE de Rumania (Moldavia), cerca del Siret; 51 000 hab. Industrias alimentarias.

Roman de la Rose, poema alegórico y didáctico francés, en dos partes, la primera de las cuales, escrita (c. 1236) por Guillaume de Lorris, describe, dentro del marco ficticio de un sueño, la tentativa de un amante por poseer el objeto amado, representado por una rosa. La segunda parte, redactada (1275-1280) por Jean de Meung, es una enciclopedia y una sátira de la sociedad de la época.

Roman de Renart, colección de veintisiete poemas franceses de los ss. XII y XIII, cuyos protagonistas son animales. Inspirados en fábulas de la antigüedad o en la tradición popular, originalmente fueron parodias de las novelas sentimentales y de caballerías, pero posteriormente evolucionaron hacia la sátira social y política.

ROMÁN Y REYES (Víctor Manuel), político nicaragüense (1877-Filadelfia 1950). Presidente de la república (1948-1950) como representante de los intereses somozistas, protegió la penetración norteamericana.

ROMANA n. f. y adj. Tipo de balanza de brazos desiguales. (A través del brazo más largo, que está graduado, se hace deslizar un peso que equilibra el objeto suspendido en el otro brazo.)

romana *(cuestión),* nombre con el que se designa el conjunto de problemas planteados en el s. XIX por la supervivencia de los Estados* Pontificios en una Italia* empeñada en conseguir su unidad nacional. La cuestión romana se resolvió por los acuerdos de Letrán* (1929).

romana *(I república),* república fundada en Roma por los agentes del Directorio francés (15 febr. 1798) en lugar de los Estados* Pontificios, a cuya creación siguió la deportación del papa Pío VI (marzo). Esta impopular república desapareció con la entrada de los napolitanos en Roma (29 set. 1799).

romana *(II república),* régimen republicano instaurado en los Estados* Pontificios (9 febr. 1849) por Mazzini y sus seguidores. Desapareció el 4 de julio de 1849, después de la intervención de las tropas francesas que tomaron Roma (3 julio) y restablecieron el gobierno pontificio.

ROMANA *(provincia de* **La***),* prov. del SE de la República Dominicana; 658 km^2 y 69 310 hab. Cap. *La Romana.* Está avenada por el río Dulce. Cultivos de caña de azúcar y de pastos, que alimentan a una de las mejores razas de ganado vacuno del país. La industria se concentra en la capital.

ROMANA (La), c. de la República Dominicana, cap. de la prov. homónima, junto a la costa del Caribe; 45 330 hab. Es el principal centro urbano del E del país. Industrias de transformación de productos agrícolas (refinería de azúcar y molinos harineros). Fábricas de calzado. Puerto exportador de azúcar. Pesca.

ROMANA *(marqués* DE LA*)* → CARO Y SUREDA (Pedro).

Romana Visigothorum *(Lex)* → BREVIARIO DE ALARICO.

ROMANCE adj. Románico.

ROMANCE n. m. Nombre con que se designaba la lengua vulgar hablada en los países de la Romania. || Combinación métrica que consiste en repetir al final de todos los versos pares una misma asonancia y en no dar a los impares rima de ninguna especie. || *Anglic.* Aventura amorosa pasajera. ◆ pl. *Fig.* Excusas, monsergas.

■ Frente a la antigua teoría romántica que consideraba el romance como la primera manifestación de la poesía nacional, se ha impuesto, desde Milá y Fontanals, la que lo hace derivar del cantar* de gesta. Al decaer el género épico, se produjo un proceso de desmembración —los fragmentos de mayor interés fueron desgajándose del conjunto hasta alcanzar vida propia— que dio como resultado los primeros romances. En este proceso el octosílabo se convirtió en la base de la medida fluctuante, quedando así definida la estructura métrica del romance: una serie de versos octosílabos con rima asonante los pares y los impares libres. No pueden fecharse con exactitud estos primeros romances procedentes de materiales épicos, dado que tenían una vida exclusivamente oral. Más fácil resulta en cambio situar la cronología aproximada de los llamados romances *noticieros,* cuyo primer conjunto considerable surge en torno al asunto de la guerra civil de los Trastámara, ya que es muy improbable que unos poemas con un objetivo concreto —el de influir en la opinión del público— se compusieran mucho después del suceso a que hacen referencia. Estos romances históricos se vieron continuados en el s. XV por los de tema *fronterizo,* que versan sobre las algaradas sostenidas en las fronteras con al-Andalus, y *moriscos,* cuando se adopta el punto de vista árabe. Ya en el s. XV se crean romances sobre nuevos temas, literarios y de aventuras, y unos y otros suscitan el interés de escritores cultos. Si en la *Carta-proemio* del marqués de Santillana aún se alude a ellos con cierto desapego, como manifestación exclusivamente popular, en el reinado de los Reyes Católicos pasan a la corte, y el gusto por el género se acentúa en la siguiente centuria. La boga de su impresión —desde que se incluyeran algunos romances viejos en el *Cancionero general* de 1511— y de su cultivo por los poetas no les hace perder su carácter popular y oral: un mismo romance vive y se documenta en múltiples versiones. A fines del s. XVI, en *silvas* y *flores* de romances y, sobre todo, en el famoso *Romancero general* de 1600, en el que intervienen, a menudo como anónimos, autores como Góngora, Cervantes y Lope, se crea el llamado *romancero nuevo.* Paralelamente, el romance pasa al teatro y constituye un elemento fundamental de inspiración. Después de la etapa neoclásica, en la que decayó el gusto por lo popular, el romanticismo revaloriza el romance: Wolf y Hofmann, en Alemania, y Durán, en España, publican romanceros, que conocen notable éxito, y poetas como el duque de Rivas y Zorrilla vuelven a recrearlos en sus *leyendas.* Una modalidad estrictamente callejera, la de los *romances de ciego,* ventila con su peculiar mitología lo coetáneo. En la poesía del s. XX, el romance pervive, transformado, en obras de A. Machado *(La tierra de Alvargonzález),* García Lorca *(Romancero gitano),* etc.

ROMANCEAR v. tr. [**1**]. Traducir un texto al romance. ◆ v. intr. *Chile.* Perder el tiempo charlando.

ROMANCERESCO, A adj. Novelesco.

ROMANCERO, A n. Persona que canta o recita romances.

ROMANCERO n. m. Colección de romances.

Romancero gitano, libro de poemas de F. García Lorca (1928). Conjunto de un dramatismo y una sensualidad inquietantes, en el que impera la maestría metafórica de su autor, se inspira en motivos andaluces y en la situación marginal o trágica de la comunidad gitana.

ROMANCHE n. m. Nombre de la lengua retorrománica hablada en los Grisones y que, en 1938, se convirtió en la cuarta lengua nacional de la Confederación Helvética.

ROMANIA, conjunto de los países de lengua y cultura romanas, que al desmembrarse el Imperio romano dieron lugar a los pueblos de lenguas románicas.

ROMÁNICO, A adj. Dícese de las lenguas derivadas del latín (francés, italiano, español, catalán, portugués, rumano, etc.). ◆ adj. y n. m. Dícese del arte que se desarrolló en Europa desde fines del s. X hasta principios del s. XIII.

■ El arte románico se puede calificar de funcional en la medida en que, en arquitectura, a fin de evitar los incendios catastróficos, sustituyó las techumbres de madera por diferentes sistemas de bóvedas de piedra con sus contrafuertes adecuados, reforzó mediante la escultura los puntos vitales del edificio (capiteles en los que la propia figura se ciñe a las líneas de fuerza de la función de sostén), estableció en las amplias iglesias objeto de peregrinación (como San Martín de Tours, principios del s. XI) una circulación de «sentido único» de los fieles por las naves laterales y el deambulatorio (a veces en los tres niveles de la cripta, la planta baja y la tribuna), sometió cada dispositivo del trazado y del mobiliario a las intenciones litúrgicas y respetó, finalmente, la belleza propia de cada material. No obstante, el arte románico es en primer lugar simbólico: el alzado de las naves es un medio de guiar el espíritu hacia lo divino, y no es una mera representación de la apariencia de las cosas la que motiva los grandes tímpanos esculpidos (Moissac), sino más bien el propio surgimiento de lo sagrado.

El románico heredó múltiples elementos de las civilizaciones con las que se halló en contacto y de aquellas cuyos monumentos pudo conocer: aportaciones galorromanas, del oriente cristiano (Armenia, Siria, Bizancio), del islam, de los pueblos bárbaros (celtas y francos, en Francia; visigodos, en España; vikingos, en Escandinavia...), de los monjes irlandeses (herederos a su vez de los celtas). La alta edad media, más allá del renacimiento carolingio, preparó la eclosión, en torno al año mil, del *primer arte románico,* cuyas pequeñas iglesias, decoradas con «bandas lombardas», se ven especialmente en las regiones montañosas, desde Cataluña a los Griso-

Arte **románico**: la parte central del frontal de Silos (España), s. XII. Esmalte campeado. (Museo arqueológico provincial, Burgos.)

Salmer

nes. El norte de Francia brilló con la abadía de Cluny II (segunda mitad del s. x, desaparecida), así como con la rotonda de Saint-Bénigne de Dijon o con la torre Gauzlin de Saint-Benoît-sur-Loire, donde se afirmó el renacimiento de la escultura (como se manifestó en el dintel de Saint-Genis-des-Fontaines [1020], en el Rosellón).

En el s. XI el estilo románico alcanzó su plenitud. En los reinos cristianos de la península Ibérica, a la primigenia experiencia dada en Cataluña (monasterio de Ripoll, San Vicente de Cardona, San Pedro de Caserras), se unió la importante corriente que a través del camino de Santiago extendió por Aragón, Navarra, Castilla y León los modelos franceses, inicialmente muy impregnados de la herencia prerrománica hispana (cripta del monasterio de Leire, panteón de San Isidoro de León). El florecimiento de fines del s. XI y de la primera mitad del s. XII, en Francia (Saint-Sernin de Toulouse, Cluny III, iglesias de Auvernia, Poitou, Provenza y Borgoña, iglesias con cúpulas del Périgord...), en España (Santiago de Compostela, catedral de Jaca, San Martín de Frómista, San Isidoro de León...) o en Inglaterra (Ely, Durham...), no es más que el desarrollo, con una notable amplificación, de los programas iconográficos: esculpidos (Languedoc y Gascuña: claustro y atrio de Moissac, etc.; tímpanos borgoñeses; pórticos de Saintonge; puerta de las Platerías en la catedral de Santiago de Compostela y, en todas partes, capiteles de coros y claustros [Santo Domingo de Silos]) o pintados (frescos de Sant'Angelo in Fòrmis [Capua], Tavant, Puy y Saint-Savin [Francia], Cataluña [San Clemente y Santa María de Tahull]). Desde fines del s. X a fines del s. XII se levantaron en Alemania edificios de una gran majestad (San Miguel de Hildesheim, iglesias de Colonia...), así como en Italia (catedral de Pisa), país donde dominaban el recuerdo de las basílicas paleocristianas y la influencia bizantina; en España se construyeron en esta época las catedrales de Zamora, Tarragona, Seo de Urgell, Lérida, etc.

Finalmente, no puede olvidarse la producción de la época románica en los campos de la miniatura (escuelas italiana, inglesa [Winchester], catalana [biblias de Roda y Ripoll]), de los esmaltes (Limoges, Silos), de la eboraria (talleres de León y San Millán de la Cogolla), de las vidrieras, del bronce (puertas de iglesias alemanas e italianas, pila bautismal de Saint-Barthélemy de Lieja...), del hierro forjado y de la tapicería (Bayeux; catedral de Gerona [tapiz de la Creación]).

ROMANISTA adj. y n. m. y f. Especialista en lenguas o literaturas románicas. || Dícese de los pintores que, en el s. XVI, siguieron el estilo de la pintura romana de la época. || *Der.* Especialista en derecho romano.

ROMANIZACIÓN n. f. Acción y efecto de romanizar o romanizarse; se aplica especialmente al proceso de asimilación de la civilización romana por los pobladores de Iberia, tras la conquista de ésta por Roma.

ROMANIZAR v. tr. y pron. [**1g**]. Difundir o adoptar la civilización romana.

ROMANO, A adj. y n. De Roma o del imperio romano. ◆ adj. Relativo a la Iglesia católica: *Iglesia romana.* ● *Cifras,* o *números, romanos,* letras I, V, X, L, C, D y M, que valen respectivamente 1, 5, 10, 50, 100, 500 y 1 000 y que, combinadas de formas diversas, eran utilizadas por los romanos para formar todos los números.

ROMANO → AGUÁN.

ROMANO *(Cayo)* → SABANA-CAMAGÜEY *(archipiélago de).*

ROMANO el Méloda, poeta bizantino (Emesa c. 490-Constantinopla c. 560). Sus himnos, particularmente los de Navidad, Pasión y Pascua, le convirtieron en un clásico de la poesía litúrgica bizantina.

ROMANO → cuadro PAPAS.

ROMANO I y **II** → MACEDÓNICA *(dinastía).*

ROMANO IV Diógenes → DUCAS.

ROMANO (Giulio PIPPI, llamado **Julio**), pintor y arquitecto italiano (Roma 1499-Mantua 1546). Discípulo y colaborador de Rafael en Roma, su pintura está, sin embargo, más influi-

ARTE ROMÁNICO

Scala

El campanario y el nártex con tres arcos de la antigua abadía de Santa María de Pomposa, cerca de Ferrara (Italia), ss. X-XI.

Candelier

La fachada occidental de la iglesia abacial de Maria Laach (Renania, R.F.A.), precedida de un claustro-atrio. S. XII.

Yan

El pórtico de la antigua iglesia abacial de San Pedro, en Moissac (Francia). En el tímpano, Cristo en majestad rodeado por los símbolos de los evangelistas y los venticuatro ancianos del Apocalipsis (*c.* 1115-1120).

Candelier-Brumaire-C.E.D.R.I.

Capitel de la nave de la basílica de la Magdalena en Vézelay (Francia): *El molino místico* (*c.* 1120-1150).

El campanario y ábsides de la iglesia de San Clemente de Tahull (España).

Vilanova-Salmer

Salmer

El conde de **Romanones**, por M. Arroyo. (Ayuntamiento de Madrid.)

da por Miguel Ángel. Su principal obra es el palacio del Te, en Mantua, que se aparta de las normas clásicas de la arquitectura y ofrece acusados efectos rústicos; su pintura se caracteriza por su vitalidad enfática (frescos de la sala de los Gigantes). La fuerza de su estilo define una de las facetas del manierismo.

ROMANO (Giulio) → CACCINI (Giulio).

ROMANONES (Álvaro DE FIGUEROA, *conde* DE), político español (Madrid 1863-*id.* 1950). Hijo de una opulenta familia, fue desde 1888 diputado por Guadalajara, siempre en las filas del Partido liberal. Nombrado conde de Romanones en 1893, fue alcalde de Madrid (1894-1895, 1897-1899 y 1901). En 1903 fundó el *Diario universal,* que se convertiría en su órgano político personal. Ministro en diversos gabinetes desde 1902 y presidente del gobierno en dos etapas (1912-1913 y 1915-1917), evidenció su posición francófila, mostrándose partidario, aunque sin éxito, en la primera guerra mundial, de la intervención de España al lado de los aliados. Ministro en el gobierno de concentración liberal de García Prieto (1922-1923), fue derribado por el golpe de Primo de Rivera. Al margen de la política durante la dictadura, aconsejó la formación del gobierno Aznar, pero los acontecimientos de abril de 1931 desbordaron sus previsiones, y aconsejó a Alfonso XIII que abandonara el trono. Siguió como diputado en las cortes de la república, pero ya sin peso político. Es autor, entre otras obras, de *Notas de una vida* (1929-1947).

ROMÁNOV, dinastía de zares y, a partir de 1721, de emperadores que reinó en Rusia* de 1613 a 1917. Familia de boyardos moscovitas, debe su nombre a Román († 1543), cuya hija Anastasia casó con Iván IV el Terrible. Tras el período de las revueltas* que siguió a la extinción de los Riúrikovichi, un zemski sobor eligió zar a Miguel III Fiódorovich Románov (de 1613 a 1655), hijo del patriarca Filaret (Fiódor Románov) y sobrino nieto de Iván IV. En 1797, Pablo I (de 1796 a 1801) estableció la ley de sucesión al trono (transmisión por línea masculina y por orden de primogenitura). La dinastía fue derrocada en 1917.

ROMANS-SUR-ISÈRE, mun. de Francia (Drôme); 34 000 hab. Iglesia de los ss. XII-XIV. Calzados, combustibles nucleares, equipos para automóviles.

ROMANTICISMO n. m. Conjunto de movimientos intelectuales y artísticos que, desde fines del s. XVIII, hicieron prevalecer los principios de libertad y de subjetividad contra las reglas clásicas y el racionalismo filosófico. || Calidad de romántico.

■ El romanticismo es un movimiento europeo que se manifestó en las artes y las letras desde fines del s. XVIII en Gran Bretaña (Blake, Wordsworth, Coleridge), en Alemania (Goethe, Schiller, Hölderlin) y, posteriormente, en el s. XIX, en Italia (Manzoni, Leopardi), en Francia (Chateaubriand, Hugo, Nerval) y en España. Fue, en su comienzos, el movimiento típico de una época revolucionaria (el espíritu de la revolución liberal), que postuló la libre expresión de la sensibilidad y afirmó los derechos del individuo; pero no pocas veces, en conflicto con unos tiempos de predominio de los valores utilitarios, se puso al servicio de causas contrarrevolucionarias y adoptó actitudes puramente nostálgicas. Su posición vital es, pues, esencialmente ambigua. Se ha puesto el acento en sus manifestaciones de huida (hacia el sueño, el pasado, el exotismo, lo fantástico) sin fijarse en aquello de lo que quería escapar que no era tanto la rigidez de las reglas clásicas como la falsa libertad basada en la propiedad burguesa y la división del trabajo capitalista; no tanto la razón de los moralistas como el racionalismo positivista; menos las quimeras de la juventud que la gerontocracia que obstaculizaba el camino a las nuevas ambiciones. La generación romántica es la generación de las «ilusiones perdidas», la «escuela del desencanto». Su culto al yo nace, pues, de una toma de conciencia crítica y no de un egotismo complaciente. De ahí el interés que el romanticismo tiene por la historia y la existencia concre-

Lauros-Giraudon

romanticismo: Eugène Delacroix: *La muerte de Sardanápalo*, 1827. (Louvre.)

ta de los seres; de ahí la importancia que concede a la expresión estética (medio de reconquistar una unidad perdida, de reencontrar el contacto con el mundo y con el prójimo), especialmente al lirismo y al drama (que combinan registros y movimientos contrarios, y que piden al lector espectador una actitud de participación e identificación); de ahí la misión que asigna a la poesía, instrumento de conocimiento incluso en la prueba íntima del desespero y medio social de acción. El acto poético, nacido de la experiencia dramática del mundo, se convierte en la experiencia más real y más eficaz. El yo es el modelo del mundo incluso en sus carencias y sus fantasmas. «Nueva forma de sentir» como lo define Baudelaire, el romanticismo es también una nueva forma de ver, más visionaria (Hugo) o más crítica (Stendhal).

En España, el romanticismo surgió hacia 1833, tardíamente, debido a unas circunstancias políticas poco propicias (la represión fernandina). Larra, en el ensayo periodístico, constituye la única aportación realmente valiosa. La poesía de Espronceda y los dramas poéticos del duque de Rivas *(Don Álvaro),* García Gutiérrez *(El trovador)* y Zorrilla *(Don Juan Tenorio)* marcan, hacia 1840, la plenitud del movimiento, que cuenta, asimismo, con la aparición de un nuevo género literario: el costumbrismo*. Más tarde, en plena época del realismo, se sitúa el gran logro de la poesía romántica: las *Rimas* de Gustavo Adolfo Bécquer.

● *El romanticismo en el arte.* Al elaborarse en contra de la tradición que representaban el academicismo y el neoclasicismo, esta corriente hizo triunfar, desde fines del s. XVIII, pero especialmente desde principios del s. XIX, la espontaneidad y la rebelión (anunciadas por Goya) allí donde dominaban la frialdad y la razón. Las transformaciones mundiales (sobre todo la Revolución francesa) colocaron al individuo en primer plano, con sus propias transformaciones, sus inquietudes ante la realidad, sus mitos y su lucidez (Géricault: *La balsa de la Medusa,* 1819), sus pesadillas y sus sueños (Füssli, Turner), sus errores (retratos de alienados de Géricault), sus indignaciones y sus esperanzas (Delacroix: *Las matanzas de Quíos,* 1824; *La Libertad guiando al pueblo,* 1831). La soledad, la noche, la muerte estaban próximas, según el artista, al bullicio de la vida y a la luz. La corriente romántica conoció de este modo una gran diversidad. Los paisajistas británicos (Turner, Constable, Bonington), atraídos por una naturaleza salvaje, aportaron una renovación del oficio pictórico, especialmente gracias a la acuarela. Añadieron a sus obras una parte imaginaria, mientras que W. Blake alcanzó la potencia de un misticismo visionario, y Füssli, una fantasía inquietante. Ambos estaban marcados por su afición literaria (la Biblia, Shakespeare, Milton) en consonancia con sus aspiraciones, al igual que el pintor alemán Friedrich lo estaba por Tieck y Novalis cuando pintaba el infinito, la soledad o la noche (paisajes de los montes de los Gigantes).

No obstante, el romanticismo se expresó de una forma más completa en Francia. Anunciado por los paisajes llenos de recuerdos antiguos de Hubert Robert y por los coloridos audaces de Gros (*Los apestados de Jaffa,* 1804), se desarrolló en una exaltación apasionada y una búsqueda incesante del movimiento y la riqueza cromática en Géricault y Delacroix. Los temas literarios (Delacroix: *Dante y Virgilio en los infiernos,* 1822) corrieron parejos con los temas contemporáneos (Géricault: *Coracero herido,* 1814), mientras que la historia, y especialmente la de la edad media gótica, mal conocida y dejando, por tanto, libre curso a la imaginación y a la fantasía, se convirtió en una fuente abundante de inspiración, tanto para la arquitectura (neogótico inglés y francés) como para la pintura y el grabado (con Devéria, Gavarni o Nanteuil). El conocimiento de oriente y de África proporcionó nuevos coloridos, nuevos ritmos y una nueva mezcla de lo real e imaginario: el «orientalismo» se convirtió pronto en fuente de inspiración de pintores como Decamps o Prosper Marilhat (1811-1847), seguidos por Fromentin o Chassériau. Pero hubo mucho de eclecticismo en este movimiento que se alejó así de la dialéctica de las afirmaciones imperiosas y de las interrogaciones atormentadas sobre la vida que estaban en el origen del romanticismo.

España participó también, en buena medida, de los aspectos más significativos del romanticismo artístico europeo, aunque de una forma bastante desigual. Así, mientras la arquitectura se sumergía en el eclecticismo medievalista (neogótico, neorromántico, neomudéjar), cuyos últimos apéndices (J. Martorell) entroncan con el s. XX, abarcando incluso campos de experimentación tan diversos como el de los cementerios o el de los jardines (el Retiro en Madrid, Horta en Barcelona), la pintura, por su parte, se diversificó en diferentes géneros tales como el cuadro de historia (F. de Madrazo, los *nazarenos* catalanes [C.

Lorenzale]), el retrato (F. de Madrazo, J. Espalter), la pintura costumbrista (L. Alenza, V. Domínguez Bécquer), el paisaje (J. Pérez Villaamil, J. Parcerisa). La escultura estuvo menos influida por las nuevas premisas plásticas (V. y A. Vallmitjana; J. Suñol; J. Gragera).

En Hispanoamérica, el arte romántico fue impuesto por artistas europeos y norteamericanos, de tal forma que, y en el caso del neogoticismo arquitectónico, llegaría a marginar por completo las propias notas autóctonas, únicamente recuperadas en el último tercio del s. XIX mediante la vuelta retrospectiva a ciertos motivos de las arquitecturas precolombina (monumento a Cuauhtemoc, en México D.F.) y barroca hispánica. La pintura y la escultura fueron fomentadas desde las Academias, entre las que destacan las de san Carlos en México (dirigida por los catalanes Pelegrin Clavé y Manuel Vilar, que difundieron la estética *nazarena*), y la de Chile, sobresaliendo pintores como J. Ramírez (México), J. M. Rugendas (Chile), B. Franklin Rawson (Argentina), Ignacio Merino (Perú), y escultores como F. Sojo, M. Soriano (México), Nicanor Plaza (Chile).

● *El romanticismo musical.* Continuando los movimientos de fines del s. XVIII, los músicos, a lo largo del s. XIX, consumaron la ruptura del equilibrio clásico concediendo la preponderancia al sentimiento y a la idea. Esta estética, de inspiración extramusical (pictórica, literaria, filosófica), favoreció el desarrollo del lied (Schubert), del piano (Schumann, Chopin, Liszt y Brahms), de la orquesta (Berlioz) y del drama lírico (Verdi y Wagner).

ROMÁNTICO, A adj. y n. Relativo al romanticismo; partidario de este movimiento. || Sentimental, fantástico.

ROMANZA n. f. (voz italiana). Aria, generalmente de carácter sencillo y tierno. || Composición musical del mismo carácter y meramente instrumental.

ROMAÑA, en ital. **Romagna,** ant. **Romandiola,** región histórica de Italia, que actualmente forma parte de la Emilia. Ocupada por los lombardos, fue cedida al papado por Pipino el Breve (754), pero los derechos del papa no se reconocieron hasta 1278. De hecho, Romaña estuvo totalmente infeudada hasta el s. XVI. César Borgia tomó el título de duque de Romaña en 1501, e intentó convertirla en centro de un estado. De 1503 a 1797 estuvo nuevamente bajo la autoridad papal, y luego pasó al dominio francés. En 1814 volvió a pertenecer al papa, cuya dominación, cuestionada numerosas veces, terminó en 1859. En 1860 la región fue anexionada al reino de Cerdeña.

ROMAÑA (Eduardo LÓPEZ DE) → LÓPEZ DE ROMAÑA (Eduardo).

ROMAY (Miguel DE), escultor español de fines del s. XVII y principios del XVIII. Especializado en la realización de retablos de típica inspiración barroca, es autor del retablo de piedra de la capilla del Pilar en la catedral de Santiago de Compostela (1722), de las tallas de la capilla de la Virgen de los Ojos Grandes en la catedral de Lugo y del retablo del monasterio de San Martín Pinario en Santiago de Compostela (1730).

ROMAZA n. f. Planta herbácea, de raíz gruesa, tallo nudoso y rojizo y fruto seco, con una semilla dura y triangular. (Familia poligonáceas.)

ROMBAL adj. De figura de rombo o en forma de rombo.

RÓMBICO, A adj. Dícese del sistema cristalino cuyas formas holoédricas se caracterizan por tener tres ejes binarios rectangulares y no equivalentes, tres planos de simetría y centro. (Sin. ORTORRÓMBICO.)

ROMBO n. m. Cuadrilátero cuyos cuatro lados son iguales.

■ Las diagonales de un rombo se cruzan en su punto medio y son perpendiculares entre sí. Su área es igual al semiproducto de sus diagonales.

ROMBOÉDRICO, A adj. Dícese del sistema cristalino cuya forma tipo es el romboedro.

ROMBOEDRO n. m. Paralelepípedo cuyas seis caras son rombos iguales.

ROMBOENCÉFALO n. m. *Embriol.* Estructura nerviosa del embrión, situada alrededor del cuarto ventrículo, a partir de la cual se diferencia el metencéfalo y el mielencéfalo.

ROMBOIDAL adj. De figura de romboide.

ROMBOIDE n. m. Paralelogramo cuyos lados, iguales dos a dos, no son perpendiculares.

ROMBOIDES n. m. *Anat.* Músculo ancho y delgado de la región dorsal que tiene la forma de un rombo.

Romeo y Julieta, tragedia en cinco actos de Shakespeare (1594-1595). A pesar del odio que separa a sus dos familias, Romeo y Julieta se aman y se casan, pero la fatalidad los conduce a la muerte. El drama de los amantes de Verona ha inspirado a varios compositores: Berlioz (sinfonía dramática con coros y solistas, libreto de Deschamps, 1839); Gounod (ópera en cinco actos, libreto de Barbier y Carré, 1867); Chaikovski (obertura-fantasía; tres versiones: 1869, 1870 y 1880). Para la partitura de Prokófiev (ballet, 1936, 1946) han creado coreografías L. Lavrovski (1940), D. Parlić (1948), S. Lifar y F. Ashton (1955), P. Van Dijk (1961) y de J. Cranko (1962). Para su versión (Bruselas, 1966), M. Béjart adaptó la partitura de Berlioz.

RÖMER (Olaüs u Ole), astrónomo danés (Aarhus 1644-Copenhague 1710). Se consagró a la observación de los eclipses de los satélites de Júpiter; descubrió así que la luz no se propaga instantáneamente, y fue el primero en medir su velocidad (1676), para la que obtuvo un valor ligeramente superior a 210 000 km/s. Construyó el primer anteojo meridiano (1689).

ROMERA n. f. Modalidad de cante flamenco.

ROMERAL n. m. Terreno poblado de romeros.

Romeral *(El),* centro minero de Chile, en la IV región (Coquimbo), al N de La Serena. El hierro extraído, que se embarca en el puerto de Guayacán, se destina a la industria siderúrgica de Huachipato (Biobío).

Romeral *(cueva del),* monumento megalítico situado en el término de Antequera (Málaga). Se trata de un dolmen de corredor, que conduce a una gran cámara circular con falsa cúpula, en la que se abre otro pequeño corredor que conduce a otra cámara menor.

ROMERÍA n. f. Viaje o peregrinación que se hace, generalmente por devoción, a un santuario. || Fiesta popular que se celebra en las inmediaciones de una ermita o santuario y en la que los actos religiosos se acompañan de meriendas, bailes, etc. || *Fig.* Gran número de personas que afluyen a un lugar.

ROMERO, A adj. y n. Que va en romería: *los romeros del Rocío.* || Peregrino.

ROMANTICISMO

R. Kleinhempel

Philipp Otto Runge: *Descanso durante la huida a Egipto.* 1805-1806. (Museo de Hamburgo.)

Bulloz

Victor Hugo: *El castillo de Vianden,* en Luxemburgo. Acuarela. (Museo Victor Hugo, París.)

Salmer

Leonardo Alenza: *Sátira del suicidio romántico por amor.* (Museo romántico, Madrid.)

Lauros-Giraudon

Joseph Turner: *Las grandes cascadas de Reichenbach.* Acuarela, *c.* 1803. (Galería Cecil Higgins, Bedford.)

Foto del museo

William Blake: *El círculo de la lujuria: Paolo y Francesca.* Acuarela. (Museo de Birmingham.)

ROMERO n. m. Arbusto aromático, de flores liliáceas o blanquecinas, empleado en perfumería.

ROMERO (Mateo), compositor español de origen flamenco (Lieja 1575-Madrid 1647), conocido por MAESTRO CAPITÁN. Director de la capilla real de Madrid (1596) e inspector de la música real, es autor de una misa a nueve voces y tres coros, y de numerosas piezas religiosas y profanas.

ROMERO, familia de matadores de toros españoles. JUAN (Ronda c. 1722-*id.* 1824) mantuvo una gran rivalidad con Costillares. — Su hijo, PEDRO (Ronda 1754-*id.* 1839), sustituyó a su padre en la rivalidad con Costillares (1776) y, a partir de 1789, mantuvo una virulenta competencia con Pepe-Hillo. Su trayectoria taurina alcanzó ribetes legendarios. — Su hermano, JOSÉ (Ronda c. 1756-d. 1818), alternó en la cuadrilla de su padre con sus hermanos Antonio y Pedro. Toreó con Pepe-Hillo en la corrida trágica en que éste perdió la vida (1801).

ROMERO (José Rubén), escritor mexicano (Cotija de la Paz 1890-México 1952), cultivador de la narrativa de asunto regional y autobiográfico (*Apuntes de un lugareño,* 1932; *Desbandada,* 1935) y la novela de humor picaresco (*La vida inútil de Pito Pérez,* 1938).

ROMERO (Francisco), filósofo argentino de origen español (Sevilla 1891-† 1962). Interpretó la intencionalidad como característica primaria del hombre (*Filosofía de la persona,* 1944; *Teoría del hombre,* 1952 y 1958) y enfocó la filosofía como problema (*¿Qué es la filosofía?,* 1953).

ROMERO (Rafael), intérprete del cante flamenco español (Andújar c. 1910). Cantaor de muy extenso repertorio, ha cultivado la mayoría de los estilos flamencos conocidos.

ROMERO (Luis), escritor español (Barcelona 1916), autor entre otras de novelas realistas (*La noria,* 1951, premio Nadal, y *El cacique,* 1963, premio Planeta) y de una trilogía sobre la guerra civil: *Tres días de julio* (1967), *Desastre en Cartagena* (1971) y *El final de la guerra* (1977).

ROMERO (Emilio), periodista y escritor español (Arévalo 1917). Conocido periodista (fue director del diario *Pueblo*), reunió algunos de sus artículos en el volumen *Los gallos* (1968). Ha publicado novelas (*La paz empieza nunca,* 1957, premio Planeta, y *Todos morían en Casa Manchada,* 1969).

ROMERO (Óscar Arnulfo), eclesiástico salvadoreño (Ciudad Barrios 1917-San Salvador 1980). Arzobispo de San Salvador desde 1977, se caracterizó por su radical defensa de los derechos humanos en el clima de violencia institucionalizada del país. Fue asesinado el 24 de marzo de 1980, mientras oficiaba en la catedral de San Salvador. En su funeral se registraron graves incidentes (30 muertos).

Julio **Romero de Torres:** *El pecado.* (Museo Romero de Torres, Córdoba.)

Noé-Salmer

P. Starosta

romero

ROMERO (Carlos Humberto), militar y político salvadoreño (Chalatenango 1924). Oficial de infantería desde 1945, fue ministro de Defensa en 1972 y dirigente del Partido de conciliación nacional. Elegido presidente en 1977 impuso una política conservadora. Fue derrocado por un golpe militar (oct. 1979).

ROMERO (Elvio), poeta paraguayo (Yegros 1927). Su obra poética, de reivindicación social, está integrada por: *Días roturados* (1948); *Resoles áridos* (1950); *Despiertan las fogatas* (1953); *El sol bajo las raíces* (1956), y *De cara al corazón* (1961).

ROMERO ALPUENTE (Juan), magistrado y político español del s. XIX, nacido en Aragón. Adscrito al liberalismo, miembro de las sociedades secretas de los Comuneros y de la Landaburiana, conspiró contra el régimen absolutista, por lo que fue encarcelado (1818). Destacó como dirigente en la revolución de 1820 y fue elegido diputado. Tras el triunfo de la reacción absolutista, se refugió en Gran Bretaña.

ROMERO BOSQUE (Pío), político y jurista salvadoreño (Suchitoto 1892-† en Managua). Ocupó diversos cargos judiciales y fue ministro de Guerra. Presidente de la república (1927-1931), impulsó el progreso del país y saneó la administración pública.

ROMERO BREST (Jorge), crítico e historiador de arte argentino (Buenos Aires 1905). Ha sido uno de los propulsores más significativos del arte moderno en Argentina. Es autor de *El problema del arte y el artista contemporáneo* (1937); *La pintura brasileña contemporánea* (1945); *La pintura europea contemporánea* (1952), y *El arte en la Argentina* (1969).

ROMERO DE TORRES (Julio), pintor español (Córdoba 1880-*id.* 1930). Inició su producción dentro de un realismo austero y convencional, de un acentuado tono dramático, pronto transformado por una carga entre sensual y mística que confiere a sus obras un sentido intemporal. A pesar de las controversias que su pintura provocó, obtuvo resonantes éxitos, y los medios culturales modernistas se erigieron en sus principales difusores. Sus retratos de mujer (de *Pastora Imperio,* de la *Señora de Urquijo*), que le hicieron famoso, evocan un tipo de belleza española un tanto tópico y folklorista. Entre sus obras más características figuran *La niña de la naranja, Poema de Córdoba, Las niñas de la ribera* y *El retablo del amor* (museo de arte moderno, Barcelona).

ROMERO GARCÍA (Manuel Vicente), escritor venezolano (Caracas 1864-Arataca 1917), autor de *Peonía* (1890), novela indigenista en la que arremete contra el atraso social.

ROMERO MURUBE (Joaquín), escritor español (Villafranca y Los Palacios 1904-Sevilla 1969). Poeta de raíces andaluzas, publicó, entre otros libros, *Canción del amante andaluz* (1941), *Kasidas del olvido* (1945) y, en prosa, *Sevilla en los labios* (1938), y *Discurso de la mentira* (1943).

ROMERO ROBLEDO (Francisco), político español (Antequera 1838-Madrid 1906). Diputado por la Unión liberal (1856), miembro de la Junta revolucionaria de Madrid (1868), ingresó posteriormente en el Partido constitucional de Sagasta. Combatió la república (1873) y ayudó a Cánovas en la Restauración, ocupándose de Gobernación en el ministerio-regencia (1875-1885). Del Partido conservador de Cánovas pasó al Partido reformista, para luego volver al primero, ocupando la cartera de Ultramar y de Gracia y Justicia en los dos gobiernos de Cánovas (1891-1895). Fue obligado a dimitir.

ROMITA, mun. de México (Guanajuato), en el valle del río Silao; 30 882 hab. La agricultura de regadío (frijol, trigo y garbanzos) utiliza las aguas del distrito de riego del Alto Lerma.

ROMMEL (Erwin), mariscal de campo alemán (Heidenheim 1891-Ulm 1944). En un principio admirador de Hitler, de cuyo cuartel general fue jefe en 1939, se distinguió al frente de la 7.ª división blindada en Francia (1940) y luego en el Afrika Korps, en Libia (1941-1943), donde, después de haber amenazado Egipto, fue vencido por Montgomery en la batalla de El-Alamein (1942). Llamado a Europa, le fue encargado el mando de un grupo de ejércitos en Francia; no pudo frenar el desembarco aliado (1944) y fue herido en Normandía. Su simpatía por los conjurados del 20 de julio le condujo al suicidio por orden expresa de Hitler. Su diario personal fue publicado por Liddell Hart en 1953.

ROMNEY (George), pintor británico (Dalton in Furness, Lancashire, 1734-Kendal 1802). Después de recorrer el país haciendo retratos a bajo precio, se instaló en Londres en 1762 (si bien hizo poco después un viaje a Francia y a Italia) y obtuvo gran éxito como retratista.

Fleming

George **Romney:** retrato de lady Hamilton. (Galería nacional, Londres.)

ROMO, A adj. Obtuso y sin punta. ‖ *Fig.* Torpe, tonto. ‖ De nariz pequeña y poco puntiaguda.

ROMPECABEZAS n. m. (pl. *rompecabezas*). Juego que consiste en componer determinada figura combinando cierto número de pedacitos, en cada uno de los cuales hay una parte de la figura. ‖ *Fig.* y *fam.* Cualquier cosa que entraña dificultad en su entendimiento o resolución.

ROMPEDOR, RA adj. y n. Que rompe.

ROMPEHIELOS n. m. (pl. *rompehielos*). Espolón situado frente a los pilares de un puente para protegerlo contra los hielos flotantes. ‖ Buque construido especialmente para romper los hielos que obstruyen un canal, y mantener un paso libre.

ROMPEHUELGAS n. m. y f. (pl. *rompehuelgas*). Persona que no se suma a una huelga o que se presta a ocupar el puesto de trabajo de un huelguista.

ROMPEOLAS n. m. (pl. *rompeolas*). Obra levantada a la entrada de una rada o de un puerto, para protegerlos contra el mar abierto.

ROMPER v. tr. y pron. [**2p**]. Hacer trozos o fragmentos algo. || Hacer en una cosa, especialmente en una prenda de vestir, un agujero o abertura. ◆ v. tr. *Fig.* Dividir o separar la unión o continuidad de un cuerpo: *el buque rompe las olas.* || *Fig.* Interrumpir cierto estado, proceso, desarrollo, etc. || *Fig.* Quebrantar la observancia de la ley, precepto, contrato u otra obligación. ● *De rompe y rasga,* dícese de la persona resuelta y de gran desembarazo. || *Romper fila,* separarse y disgregarse la tropa al final de un ejercicio de orden cerrado. ◆ v. intr. Deshacerse las olas en espuma por influencia del viento o en las proximidades de la costa. || *Fig.* Empezar y

Archivos Paris-Match

el mariscal **Rommel**

tener principio aquello que se expresa: *romper a llorar; romper el día.* || *Fig.* Abrirse paso por algún sitio o entre alguna cosa: *la policía rompió entre la multitud.* || *Fig.* Abrirse las flores.

ROMPIBLE adj. Que se puede romper.

ROMPIENTE n. m. Escollo que constituye un obstáculo para la ola, y sobre el que ésta rompe.

ROMPIMIENTO n. m. Ruptura de la amistad o buenas relaciones entre personas, países, etc.

ROMPOPO n. m. *Amér. Central.* Bebida hecha con aguardiente, huevos, leche, azúcar y canela.

RÓMULO, según la tradición, fundador y primer rey de Roma, descendiente de Eneas, hijo de Marte y de la vestal Rea Silvia. Después de un nacimiento y de una niñez marcados por el signo divino, Rómulo y su hermano gemelo Remo decidieron fundar una ciudad. Oídos los auspicios divinos, Rómulo trazó en torno al Palatino un surco, futuro embrión de la ciudad *(Roma quadrata),* y, al franquear Remo, por escarnio, dicha señal, le mató. Después de haber asegurado el poblamiento de Roma (rapto de las sabinas) y organizado la ciudad (creación de un consejo de *patres,* división del pueblo en treinta curias y en tres tribus), Rómulo desapareció misteriosamente en el curso de una tormenta. Se le veneró bajo la figura del dios Quirino.

RÓMULO AUGÚSTULO (nacido c. 461-462), último emperador del Imperio romano de Occidente (de 475 a 476). Fue depuesto por Odoacro, quien envió a Constantinopla las insignias del poder imperial (476).

RON n. m. (ingl. *rum*). Aguardiente obtenido por fermentación y destilación del jugo de caña de azúcar, o de las melazas y subproductos de la fabricación del azúcar de caña.

RONCA n. f. Grito que da el gamo cuando está en celo.

RONCADOR, RA adj. y n. Que ronca.

RONCAL n. m. Queso duro, cocido, prensado y salado, elaborado con leche de oveja, que se elabora en Navarra.

RONCAL *(Valle del),* comarca de España, en el Pirineo navarro, situado entre los valles de Ansó y Salazar. Está recorrido por el Esca (afl. del Aragón). Ganado lanar trashumante. Pinos. Producción de queso.

RONCAR v. intr. [**1a**]. Producir un sonido ronco al respirar, mientras se duerme. || Llamar el gamo a la hembra cuando está en celo.

RONCESVALLES *(puerto de)* → IBAÑETA.

RONCESVALLES u **ORREAGA,** v. de España (Navarra), en el Pirineo, al pie del puerto de Ibañeta o de Roncesvalles; 48 hab. Población de acento medieval: colegiata gótica de la hospedería (ss. XIII-XIV), con un importante tesoro-museo (orfebrería y escultura medieval de los ss. XII-XIV; pintura de los ss. XV-XVI).

Roncesvalles *(batalla de),* derrota de la retaguardia del ejército de Carlomagno, al ser sorprendida, en el desfiladero de Roncesvalles, cuando regresaba de una expedición a la Península (778). La emboscada la realizaron los vascos, a los que quizá se habían unido algunos musulmanes, y en ella murieron Roldán* y Oliveros.

RONCO, A adj. Que tiene o padece ronquera. || Dícese de la voz o sonido áspero y bronco.

RONCHA n. f. Pápula. || Cardenal, equimosis. || Rebanada, loncha.

RONDA n. f. Recorrido efectuado, generalmente de noche, para impedir posibles desórdenes e inspeccionar a guardias o centinelas. || Grupo de personas que andan rondando. || Acción de ir los jóvenes tocando y cantando por las calles, principalmente delante de las casas de las jóvenes. || Cada uno de los paseos o calles cuyo conjunto rodea totalmente o en gran parte a una población. || *Fam.* Cada serie de consumiciones que toman distintas personas reunidas en grupo: *esta ronda la pago yo.* || En varios juegos de naipes, vuelta o suerte de todos los jugadores. || *Coreogr.* Baile colectivo cuyos participantes se cogen de la mano formando un círculo que gira alrededor de su centro, imaginario o indicado por un árbol, una piedra sagrada o un bailarín.

RONDA *(serranía de),* macizo de España, en el extremo O de la cordillera Penibética. Está limitado al N, por el río Guadateba y al S por el mar Mediterráneo, al E por el río Guadalhorce y al O por el Guadiaro. Comprende las sierras Bermeja, Palmitera y Real, en la zona costera, y Oreganal, Blanquilla y Prieta, en la serranía de Ronda propiamente dicha. En la sierra de Tolox, al E, se halla el *Coto nacional de la serranía de Ronda.* — La *comarca de la Serranía de Ronda,* engloba el macizo montañoso homónimo. Explotación forestal y ganadería.

RONDA, c. de España (Málaga), en la Serranía de Ronda; 31 383 hab. *(Arundenses* o *rondeños.)* Constituye un gran mercado comarcal y está formada por dos barriadas situadas a ambos lados del río Guadalevín, que

Ronsard.
Pintura de la escuela francesa del s. XVII.
(Museo de bellas artes, Blois, Francia.)

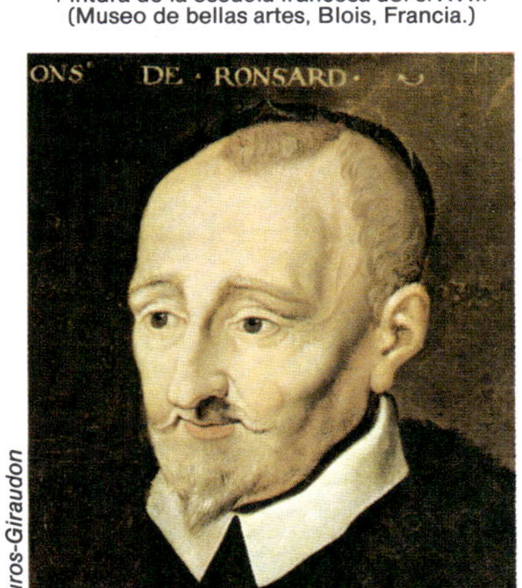

Lauros-Giraudon

A.G.E.

Ronda:
el arco
del Sillón del Moro.

recorre una profunda garganta («Tajo»). El ensanche («Mercadillo»), iniciado en el s. XIII, concentra la actividad comercial serrana. En el término se crían caballos selectos (Real maestranza de Ronda) y posee numerosas cabañas de lanares. Turismo.
HISTORIA. Por su valor estratégico los romanos la unieron a la vía Romana. Tras una etapa de decadencia, se convirtió en un reino de taifas (s. XI) que al-Mu'tamid unió al reino sevillano (1059); posteriormente fue incorporada al reino de Granada, hasta que se rindió a los Reyes Católicos (1485).
BELLAS ARTES. La ciudad se levanta sobre una antigua ciudad romana, *Acinipo,* de la que se conservan los restos de un teatro. Importantes restos árabes: tres salas de los baños (s. XIV), parte del miḥrāb de la antigua mezquita (ss. XIII-XIV) sobre la que se levantó la iglesia mayor (s. XVI). Palacios renacentistas (s. XVI) de Mondragón y de los Salvatierra. Plaza de toros (s. XVIII). Puente sobre el «Tajo» (s. XVIII).

ronda de noche *(La),* título tradicional, aunque erróneo, de una tela pintada por Rembrandt en 1642 (3,59×4,38 m, Rijksmuseum, Amsterdam), por encargo de la asociación de arcabuceros de Amsterdam, que representa *La compañía del capitán Frans Banning Cocq.* Ningún detalle nocturno aparece en esta obra, famosa por la composición dinámica que anima al conjunto, ajena a las convenciones del retrato colectivo (el descentrado del grupo principal era aún mayor antes de una amputación sufrida en 1715), por sus contrastes de color, en especial la relación amarillo-rojo característica del pintor, y por la coherencia resultante de la sabia disposición de luces y sombras.

RONDADOR, RA adj. y n. Que ronda o va de ronda.

RONDADOR n. m. Instrumento musical popular ecuatoriano a modo de flauta recta o siringa.

RONDALLA n. f. Cuento, conseja. || Ronda, conjunto de hombres que van tocando y cantando por la calle.

RONDAR v. intr. y tr. [**1**]. Hacer una ronda de vigilancia. || Salir los jóvenes de ronda. || Andar de noche paseando por las calles. ◆ v. tr. Dar vueltas alrededor de una cosa. || *Fig.* y *fam.* Ir detrás de uno importunándole para conseguir algo de él. || *Fig.* y *fam.* Cortejar a una moza. || *Fig.* y *fam.* Estar el sueño, una enfermedad, etc., a punto de apoderarse de alguien.

RONDEAU n. m. (voz francesa). Género lírico de la poesía francesa. (Sin. RONDEL.)

RONDEAU (José), patriota y militar uruguayo de origen argentino (Buenos Aires 1773-Montevideo 1844). Participó en las luchas emancipadoras desde 1807. Desempeñó el directorio de las Provincias Unidas (1815 y 1819-1820) y fue presidente de Uruguay (1828-1830). Oribe le nombró jefe del estado mayor del ejército (1835-1838), y Rivera ministro de la Guerra (1839). Murió en la guerra Grande.

RONDEÑA n. f. Modalidad de cante flamenco.

RONDEÑO, A adj. y n. De Ronda o de la serranía de Ronda.

RONDÓ n. m. *Mús.* Forma instrumental o vocal caracterizada por la alternancia de un estribillo y de estrofas en número variable.

RONDÓN. *De rondón* (Fam.), sin llamar, sin pedir permiso.

RONDÔNIA *(territorio de),* territorio del O de Brasil, limítrofe con Bolivia; 243 044 km^2; 114 000 hab. Cap. *Pôrto Velho.*

RONQUEAR v. intr. [**1**]. Estar ronco.

RONQUEDAD n. f. Calidad de ronco.

RONQUERA n. f. Afección de la laringe que provoca alteración del timbre de la voz haciéndolo bronco y poco sonoro.

RONQUIDO n. m. Ruido que se hace al roncar. || *Fig.* Ruido o sonido bronco.

RONQUILLO (Rodrigo), eclesiástico y político español († 1545). Siendo alcalde de Zamora en 1507, intentó expulsar al obispo Acuña. En la guerra de las Comunidades se unió a los realistas (1520); Acuña le hizo prisionero en Fuentesaúco, pero fue liberado. Tras la batalla de Villalar (1521), fue el juez de Acuña, a quien mandó ejecutar (1526).

RONQUILLO (Francisco), político español de los ss. XVII y XVIII. Fue nombrado corregidor de Madrid al triunfar el motín de los gatos contra el conde de Oropesa (abril 1699). Por sus servicios en la guerra de sucesión de España, Felipe V le nombró presidente del consejo de Castilla, pero fue destituido (1714) por su oposición al auto de 1713 y su enemistad con Orry.

RONQUILLO DE PEÑALOSA, estirpe de colonizadores españoles oriunda de Arévalo. Entre sus miembros destacan: GONZALO (Arévalo c. 1540-Manila 1583), alguacil mayor de México (1573-1575) y gobernador vitalicio de Filipinas (1580). — Su primo DIEGO (Arévalo 1535-Manila 1598) le sucedió en el gobierno de Filipinas.

RONRONEAR v. intr. [**1**]. Emitir el gato cierto sonido ronco y continuado en señal de satisfacción. || *Fig.* y *fam.* Causar inquietud un pensamiento o idea persistentes.

RONRONEO n. m. Acción y efecto de ronronear.

RONSARD (Pierre DE), poeta francés (castillo de Possonnière, Couture-sur-Loir, 1524-Saint-Cosme-en-l'Isle, cerca de Tours, 1585). Deseoso de dar a la poesía francesa riqueza y majestuosidad, se impuso como el jefe del núcleo poético *La brigade,* que más tarde se convirtió en la *Pléyade* (1556). Se inspiró en Píndaro y en Horacio para sus *Odas* (1550-1552), imitó a Petrarca y a Anacreonte en sus poesías amatorias (*Los amores,* 1522; *Floresta,* 1554; *Continuación de los amores,* 1555-1556) y dio tono épico a sus *Himnos* (1555-1556). Consejero y capellán ordinario del rey (1559), tomó parte en las guerras civiles (*Discursos,*

1562-1563), exaltando a la monarquía y a la nación en los cuatro primeros cantos de *La Franciada* (1572), obra inacabada. Si bien compuso todavía obras de circunstancia (*Elegías, mascaradas y pastorales,* 1565), el advenimiento de Enrique III determinó el ocaso de su prestigio; expresó su nostalgia en sus últimos poemas de amor (*Los amores de Helena,* 1578) y se retiró a su priorato de Saint-Cosme. Las críticas de Malherbe y de Boileau echaron por tierra su reputación, restablecida por Sainte-Beuve.

RÖNTGEN n. m. → ROENTGEN.

RONZAL n. m. Ramal o cabestro de una caballería.

RONZAL n. m. *Mar.* Palanca, palanquín.

RONZAR v. tr. [**1g**]. Comer una cosa dura haciendo ruido al masticarla.

RONZAR v. tr. (fr. *roncer*) [**1g**]. *Mar.* Mover una cosa pesada por medio de palancas.

ROÑA n. f. Sarna. || Porquería, suciedad que se pega fuertemente. || *Fig.* y *fam.* Roñería, mezquindad. || *Fig.* y *fam.* Farsa, astucia, sagacidad. || Moho de los metales. || Enfermedad que afecta a diversas plantas.

ROÑA n. m. y f. *Fam.* Persona roñosa, tacaña.

ROÑERÍA n. f. *Fam.* Tacañería.

ROÑOSO, A adj. Que tiene o produce roña. || Sucio, puerco. || Oxidado. || *Fig.* y *fam.* Tacaño.

ROODEPOORT, c. de la República de Sudáfrica (Transvaal), en el Witwatersrand, al O de Johannesburgo; 114 000 hab. Extracción de oro.

ROOKE (George), almirante inglés (Saint Laurent, Canterbury, 1650-en Kent 1709). Participó en la represión de Irlanda (1689) y en la guerra de la Liga de Augsburgo (1692). Durante la guerra de Sucesión de España atacó a la flota de Indias en Vigo (1702); en 1704 no logró tomar Barcelona, pero sí Gibraltar, en nombre del archiduque Carlos.

ROON (Albrecht, *conde* VON), mariscal prusiano (cerca de Kolberg 1803-Berlín 1879). Ministro de la Guerra en 1859, fue, junto con Moltke, el gran reorganizador del ejército prusiano (servicio de tres años), al cual dotó de gran movilidad, lo que contribuyó a sus éxitos de 1866 y de 1870.

ROOSENDAAL EN NISPEN, c. de Países Bajos (Brabante Septentrional), cerca de la frontera belga; 41 000 hab. Industrias del vidrio.

ROOSEVELT (Theodore), estadista norteamericano (Nueva York 1858-Oyster Bay 1919). Diputado republicano, secretario adjunto de Marina (1897), dimitió a fin de participar en la guerra hispanonorteamericana (1898). Gobernador del estado de Nueva York (1898), vicepresidente del país (1900), accedió a la presidencia tras el asesinato de McKinley (1901) y fue reelegido en 1904. En el plano internacional, practicó una política imperialista e intervencionista (Filipinas, Panamá, Santo Domingo, Cuba). En política interior, impulsó el aprovechamiento de las riquezas naturales, intervino directamente en los conflictos sociales y luchó contra los monopolios (holdings). Luego de haber abandonado la Casa blanca, se puso al frente del grupo progresista, favorable a una mayor participación del pueblo norteamericano en la vida política del país. Candidato a la presidencia en 1912, fue vencido por el demócrata Wilson. (Premio Nobel de la paz, 1906.)

Underwood

Theodore **Roosevelt**

Raymond

rorcual común

ROOSEVELT (Franklin Delano), estadista norteamericano (Hyde Park, Nueva York, 1882-Warm Springs 1945), primo y sobrino por matrimonio del anterior. Abogado, fue elegido senador demócrata por el estado de Nueva York (1910), fue secretario adjunto de la Marina (1913-1921) y gobernador de Nueva York (1929-1933). Sucedió a Hoover en la presidencia de la nación (1933-1945), cargo en el que fue reelegido en tres ocasiones sucesivas (1936, 1940 y 1944). Aconsejado por un equipo de intelectuales y de especialistas *(brain trust),* elaboró la política del New deal, destinada a modernizar el capitalismo norteamericano adaptándolo a las dificultades nacidas de la crisis económica. Supo ganarse la opinión pública de su país, apoyado en la cual hizo promulgar, a pesar de numerosas oposiciones, las leyes del New deal (control de la banca y de las industrias por parte del estado, limitación de la producción agrícola, supresión de la prohibición, abandono del patrón oro y devaluación del dólar, extensión del crédito, reglamentación de las condiciones de trabajo y de sindicalización, puesta al día de los convenios colectivos...). Por su carácter progresista, estas medidas trajeron consigo un profundo cambio del Partido demócrata y, al reforzar el poder federal, dieron al presidente de E.U.A. un papel preponderante. La reorganización de la vida política y económica permitió al país afrontar la guerra, a favor de la cual Roosevelt preparó progresivamente a la opinión pública, tradicionalmente no intervencionista. Juzgando el conflicto como inevitable, el presidente hizo votar la ley de préstamo y arriendo (1941), con el fin de ayudar a los países aliados contra Alemania, y más tarde llevó adelante con energía la dirección de la guerra. Elaboró junto con Churchill la carta del Atlántico y participó en los acuerdos de Teherán (1943) y de Yalta (1945), en los cuales su actitud conciliadora permitió evitar una ruptura con la U.R.S.S., desempeñando así un papel decisivo en la victoria aliada. — Su esposa, ANNA ELEANOR (Nueva York 1884-*id.* 1962), continuó desempeñando una intensa actividad pública a la muerte del presidente, que le valió un gran prestigio. Feminista, antisegregacionista y pacifista, defendió sus ideas en numerosas obras (*Mis días,* 1938; *Autobiografía de Eleanor Roosevelt,* 1961).

Museo imperial de la guerra

Franklin Delano **Roosevelt**

ROOTER n. m. (voz inglesa, *extirpador de raíces*). *Obr. Públ.* Elemento mecánico auxiliar que sirve para roturar un terreno muy duro.

ROPA n. f. Denominación dada a cualquier prenda de tela. || Prenda de vestir. ● *A quema ropa,* a quemarropa. || *Ropa blanca,* ropa de uso doméstico y ropa interior. || *Ropa interior,* conjunto de las prendas que se llevan debajo del vestido o traje exterior.

ROPAJE n. m. Vestido o adorno exterior del cuerpo y especialmente vestido suntuoso usado en ceremonias solemnes. || Conjunto de ropas.

ROPARTZ (Joseph *Guy*), compositor francés (Guingamp 1864-Lanloup 1955). Discípulo de C. Franck y admirador de Debussy, la mayoría de sus obras están inspiradas en su Bretaña natal (canciones, música de cámara, cinco sinfonías y *El país,* drama lírico).

ROPAVEJERÍA n. f. Tienda de ropavejero.

ROPAVEJERO, A n. Persona que tiene por oficio vender ropas, baratijas y otras cosas usadas.

ROPERO n. m. y adj. Armario o cuarto donde se guarda la ropa. ◆ n. m. Asociación benéfica que reparte ropa entre los necesitados.

ROPÓN n. m. Prenda de vestir larga y amplia que generalmente se ponía sobre los demás vestidos.

ROPS (Félicien), pintor y grabador belga (Namur 1833-Essonnes, cerca de Corbeil, 1898), de imaginación fantástica y a menudo erótica, conocido especialmente por sus ilustraciones de las obras de Péladan, Barbey d'Aurevilly, etc.

ROQUE NUBLO, cumbre del centro de la isla de Gran Canaria (España); 1 700 m de alt.

ROQUEDAL n. m. Peñascal.

ROQUEFORT n. m. Queso fabricado en Francia, en la región de Roquefort-sur-Soulzon, con leche de oveja y en el que se desarrollan esporas de un moho especial.

ROQUEÑO, A adj. Rocoso.

ROQUERO, A adj. Relativo a las rocas o edificado sobre ellas.

ROQUES (*archipiélago de* **Los**), archipiélago venezolano del Caribe (dependencia federal), formado por cayos y 45 islas. Destacan Gran Roque, cayo Grande, cayo Sal e isla Larga. Centro de investigaciones de la plataforma continental.

ROQUETAS o **ROQUETES,** c. de España (Tarragona), a orillas del Ebro; 5 766 hab. Papel, construcciones mecánicas. Observatorio del Ebro.

ROQUETAS DE MAR, mun. de España (Almería), junto al Mediterráneo; 9 397 hab. Materiales para la construcción. Puerto pesquero. Turismo.

ROQUETE n. m. *Liturg.* Sobrepelliz, y en especial el de mangas estrechas que visten los obispos y ciertos dignatarios eclesiásticos.

RORAIMA, macizo del N de América del

Sur, en el límite entre Brasil, Guyana y Venezuela. Presenta un relieve típico (tepui), en mesas de areniscas; 2 810 m en el *monte Roraima,* que para Guyana constituye el punto culminante del país.

RORAIMA *(territorio de),* ant. **territorio federal de Río Branco,** territorio de Brasil, en el límite con Venezuela y Guyana; 230 104 km² y 41 000 hab. Cap. *Boa Vista*.

RORCUAL n. f. Mamífero marino semejante a la ballena pero con la cara ventral estriada y con aleta dorsal. (La especie mayor alcanza 25 m de long.)

RORE (Cyprien DE), compositor flamenco (Malinas 1516-Parma 1565). Pasó su vida en Italia, donde sus colecciones de madrigales tuvieron un éxito considerable.

RORRO n. m. *Fam.* Niño de pecho.

Rorschach *(test de),* test proyectivo, constituido por una serie de láminas que representan manchas de tinta que el individuo debe interpretar. (El análisis de las respuestas permite discernir algunos aspectos de la personalidad.)

ROS n. m. Gorro militar duro, más alto por delante que por detrás, y con visera.

ROS DE EROLES → PORREDÓN (Bartolomé).

ROS DE OLANO (Antonio), militar y escritor español (Caracas 1808-Madrid 1886). Intervino en la primera guerra carlista; fue diputado y senador y, por su participación en la guerra de África, consiguió el grado de teniente general y el marquesado de Uad-el-Jelú. Fue luego amigo y colaborador de Sagasta. Su actividad literaria se sitúa en el romanticismo y ofrece rasgos de un intimismo y humor no pocas veces extravagante. Prologó *El diablo mundo* (1841) de Espronceda. De su afición a lo fantástico son fruto la novela *El doctor Lañuela* (1836) y la serie de *Cuentos estrambóticos,* que fue publicando en la *Revista de España* entre 1868 y 1877. Es autor también de un libro de memorias: *Episodios militares* (1833).

J. Six

rosas

ROSA n. f. Flor del rosal. || Cualquier cosa que por su forma se asemeja a ella. || *Amér.* Rosal, planta. ● *Rosa de China,* planta arbustiva de grandes flores púrpuras solitarias. (Familia malváceas.) || *Rosa de Jericó,* crucífera de Asia Menor, cuyas ramas se contraen en forma de bola en tiempo seco y se enderezan por efecto de la humedad. || *Rosa de los vientos, de la aguja,* o *náutica,* figura circular adaptada al cuadrante de la aguja náutica dividida en treinta y dos secciones que marcan los rumbos en que se divide el horizonte. || *Rosa de Navidad,* planta herbácea de la familia ranunculáceas, que vive en lugares húmedos y florece en invierno. || *Rosa del azafrán,* flor del azafrán. ◆ pl. Rosetas de maíz. || Antigua forma de canción bailable popular, procedente de la tradición folklórica gaditana.

ROSA adj. y n. m. Dícese del color rojo claro parecido al de la rosa común. ◆ adj. *Novela rosa,* género novelesco basado en personajes y ambientes convencionales, donde el amor triunfa siempre sobre la adversidad.

ROSA *(monte),* macizo de los Alpes, que ocupa parte de Suiza (Valais) y de Italia (Piamonte), con varios picos importantes: el Cervino o Matterhorn y el *Monte-Rosa* (segundo pico de los Alpes, 4 638 m en la punta Dufour, conquistado en 1872).

ROSA de Lima *(santa),* mística limeña (Lima 1586-*id.* 1617). Su nombre de pila era el de Isabel. En su niñez le dieron el nombre de Rosa y así fue confirmada por santo Toribio de Mogrovejo (1597). Desde muy temprana edad destacó por sus extraordinarios dones místicos. Quiso ingresar en la orden dominicana, pero por no haber convento de la misma en Lima, tomó el hábito de terciaria dominica. Pasó toda su vida recluida en su propia casa, dedicada a los trabajos domésticos y a la oración, llegando a gozar de éxtasis y altos dones místicos. Es la primera santa canonizada de América (1671), de donde es patrona, así como de Lima.

ROSA (Salvatore), pintor italiano (Nápoles 1615-Roma 1673). En un principio influido por Van Laer y por Ribera (batallas, bambochadas, etc.), pasó al clasicismo hacia 1640 (paisajes compuestos, marinas, pero también temas esotéricos y de brujería) y animó sus obras con acentos prerrománticos, a partir de 1650. Fue también grabador, poeta y músico.

ROSA (Luis DE LA), político mexicano (Mineral de Pinos, Zacatecas, 1804-México 1856). Fue ministro de Hacienda (1845), de Justicia (1847) y de Relaciones Exteriores en dos ocasiones (1848 y 1855), firmando como tal el tratado de Guadalupe-Hidalgo con E.U.A. en 1848. Fue encarcelado durante la dictadura de Santa Anna (1853-1855), y en 1855 se adhirió al plan de Ayutla.

Rosa blanca de Finlandia *(orden de la),* orden nacional finlandesa, creada en 1919.

ROSÁCEO, A adj. De color algo rosado. ◆ adj. y n. f. Relativo a una familia de plantas dialipétalas con numerosos estambres, provista frecuentemente de un doble cáliz. (El *rosal* y la mayor parte de frutales de Europa, *ciruelo, melocotonero, cerezo, peral, manzano,* etc., pertenecen a la familia *rosáceas.*)

ROSACRUZ n. m. Miembro de la Rosacruz.

Rosacruz, asociación mística de audiencia universal, exenta de toda alianza religiosa, que en la actualidad lleva el nombre de *Antigua y mística orden Rosacruz* (A.M.O.R.C.). Su filosofía, metafísica y física, tiene por objeto despertar todas las facultades del hombre; enseña a sus miembros la importancia y la aplicación de las leyes cósmicas y naturales. Su nombre proviene del símbolo secular de la orden: una cruz y una rosa roja.

ROSADA n. f. Escarcha.

ROSADO, A adj. Dícese del color rosa. ◆ adj. y n. m. Clarete.

ROSAL n. m. Arbusto espinoso de la familia rosáceas, cultivado por sus magníficas flores con frecuencia olorosas *(rosas),* y del que se conocen numerosas variedades.

ROSALEDA o **ROSALERA** n. f. Sitio plantado de rosales.

ROSALES (Diego DE), jesuita e historiador español (Madrid 1603-en Chile 1677). Llegado a Chile en 1629, participó en los parlamentos de pacificación con los araucanos (1645-1646). Es autor de *Historia general del reino de Chile, Flandes indiano* (publicada en 1877).

ROSALES (Antonio), compositor español (¿Madrid? c. 1740-Madrid 1801). En 1776 compuso la música de la zarzuela de Ramón de la Cruz *El tío y la tía*. Es autor de tonadillas, sainetes y comedias.

rosas de Jericó

Ruffier-Laroche-Jacana

Algar-Salmer

Santa Rosa de Lima, por Murillo. (Museo Lázaro Galdiano, Madrid.)

ROSALES (Eduardo), pintor español (Madrid 1836-*id.* 1873). De cierto purismo romántico (*Tobías y el ángel,* 1859), pasó a un realismo histórico (*El testamento de Isabel la Católica,* 1863-1864; *La muerte de Lucrecia,* 1866-1869), caracterizados por un perfecto dibujo y un vivo colorido con preeminencia de tonalidades claras, y con una técnica cada vez más suelta (*Mujer saliendo del baño,* 1868).

ROSALES (Luis), poeta español (Granada 1910). Colaborador de *Cruz y raya* y de *Escorial,* pertenece, con L. Panero y L. F. Vivanco, a la promoción poética de 1936, de orientación católica e intimista. Al clasicismo de su primer libro, *Abril* (1935), y el neopopularismo religioso de *Retablo sacro del nacimiento del Señor* (1940), sucedió su libro más destacado, *La casa encendida* (1949), evocación libre del mundo personal. Son posteriores: *Rimas* (1951), los poemas en prosa de *El contenido del corazón* (1969), *Diario de una resurrección* (1979) y *La carta entera* (1980). Ha cultivado también el ensayo y la crítica literaria. En 1982 recibió el premio de literatura Miguel de Cervantes. (Real academia española, 1962.)

ROSAMORADA, mun. de México (Nayarit), en la planicie costera Noroccidental, 28 740 hab. Bosques de maderas finas. Minería (oro, plata y plomo). Carretera internacional de Nogales.

ROSANILINA n. f. Base nitrogenada cuyos derivados (*fucsina, azul de Lyon, violeta de París,* etc.) son colorantes que tiñen directamente la fibra animal.

ROSARIO n. m. Rezo de la Iglesia católica en que se conmemoran los misterios de la vida de Jesús y de la Virgen, recitando después de cada uno un padrenuestro, diez avemarías y un gloriapatri. || Sarta de cuentas que se pasan entre los dedos para hacer este rezo. || *Fig.* Serie o sucesión de cosas. || *Fig.* y *fam.* Espinazo, espina dorsal. ● *Como el rosario de la aurora* (Fam.), mal.

ROSARIO, c. de Argentina (Santa Fe), a orillas del Paraná; 935 471 hab. *(Rosarinos.)* Es un importante centro comercial, que alcanzó gran desarrollo en el s. XIX gracias a su puerto, punto de salida de la producción de una extensa área cerealera. Industrias agropecuarias (harina, azúcar y conservas cárnicas), plantas metalúrgicas, fábricas de papel y de materiales para la construcción. Importante industrialización en su periferia N: San Lorenzo (refino de petróleo), Fray Luis Beltrán (municiones y material ferroviario) y Granadero Baigorria (petroquímica). Importante centro financiero y cultural.
HISTORIA. La formación de Rosario comenzó en 1725, al establecerse Francisco Godoy en el lugar. En 1823 obtuvo del gobierno el título de villa, y en 1852, el de ciudad. Rosario está ligada a la lucha por la independencia y a la construcción de la nación (1812, creación de la bandera argentina; 1856, juramento de la segunda constitución santafecina; etc.), pero su desarrollo se inició al ser proclamada por Urquiza (1854) puerto de las once provincias del interior, y al ser establecida la ley de derechos diferenciales en perjuicio de Buenos Aires (1857).

ROSARIO, c. de México (Sinaloa), en el golfo de California; 39 728 hab. Camarones y ostrones. Industria minerometalúrgica. Puerto de cabotaje.

ROSARIO, mun. de Venezuela (Zulia), en la llanura de la cuenca de Maracaibo; 24 369 hab. Centro agrícola (caña de azúcar, maíz y cambur) y ganadero.

ROSARIO (Florencia PÉREZ, llamada), bailarina española (Sevilla 1918). Formó pareja con Antonio (1938-1953) en giras de interpretación de ballet español; posteriormente fundó su propia compañía.

ROSARIO DE LA FRONTERA, dep. de Argentina (Salta), a orillas del *río Rosario;* 20 633 hab. Aserraderos, molinos harineros. Aguas termales. Nudo ferroviario.

ROSARIO DE TALA → TALA.

ROSAS o **ROSES,** v. de España (Gerona), en la costa N del *golfo de Rosas;* 8 131 hab. *(Rosenses.)* Centro turístico (playas) y pesquero (puerto). Restos de murallas.

ROSAS (Juan Manuel DE), militar y político argentino (Buenos Aires 1793-Swathling, Hampshire, 1877). Combatió en el ejército que hizo frente a la segunda invasión británica de Argentina, pero no participó en las luchas por la independencia. Dedicado a la ganadería, se convirtió en un gran propietario de la Pampa, donde organizó su propio ejército.

Al ser ejecutado el gobernador de Buenos Aires, Dorrego (1828), por los unitarios, Rosas encabezó un alzamiento popular que triunfó en el Litoral, mientras que en el interior el general unitario Paz derrotaba a Facundo Quiroga. Pero en 1831 Quiroga, al capturar a Paz, unía de nuevo Argentina bajo su propia égida, la de Rosas y la de López (gobernador de Santa Fe). Rosas fue gobernador de Buenos Aires (1829-1832), pero renunció, al no

la ciudad argentina de Rosario a orillas del Paraná

A.G.E.

Reskos-Lauros

Juan Manuel de **Rosas**

Cl. Nardin-Jacana

rosela

concedérsele poderes absolutos, e hizo nombrar gobernador a Balcarce, a quien sustituyó por Viamonte (1833). En 1835 aceptó de nuevo la gobernación de Buenos Aires y se enfrentó al malestar provocado por el bloqueo de la armada francesa (1837) y al enfrentamiento en el norte con la confederación Perú-boliviana. Lavalle, con el apoyo francés, organizó un ejército de antirrosistas. Pero Rosas llegó a un acuerdo con Francia, mientras su ejército, comandado por el uruguayo Oribe, reconquistaba el interior. De este modo, consiguió el poder absoluto en Argentina (1842), se autoproclamó «tirano ungido por Dios para salvar a la patria» y disolvió todos los organismos representativos. Rosas creó el Partido restaurador apostólico, apoyándose en las masas federales (campesinos, gauchos y negros), y sumió al país en una perenne cruzada contra los unitarios.

Intervino en el conflicto interno de Uruguay apoyando a Oribe en su lucha contra Rivera. Oribe dominó la campiña y los argentinos sitiaron Montevideo, pero la intervención británica obligó a la escuadra argentina a levantar el bloqueo. Los británicos, en colaboración con los franceses, bloquearon Buenos Aires (1845) y organizaron una expedición para penetrar por Paraná, que no consiguió el derrocamiento de Rosas. En 1850, cuando Montevideo parecía condenada, Urquiza, gobernador de Entre Ríos, estimulado por los unitarios y con el apoyo de los gobiernos de Brasil y Montevideo, se rebeló; derrotó a Oribe en Uruguay, invadió Santa Fe y derrotó al ejército de Rosas en la batalla de Caseros (3 febr. 1852). Rosas huyó a Gran Bretaña. Su fortuna fue confiscada y en 1857 el senado y la cámara de representantes lo declararon reo de lesa patria y lo sentenciaron a muerte en rebeldía. La historiografía argentina no ha logrado ponerse de acuerdo al juzgar el período de Rosas, aunque es indudable que consiguió una cierta estabilidad política y un considerable auge económico.

ROSBIF n. m. (ingl. *roast-beef*). Trozo de carne de buey o de vaca asado de modo que el interior quede algo crudo.

ROSCA n. f. Porción de cualquier materia de forma más o menos cilíndrica y doblada formando un aro. || Bollo o torta que tiene esta forma. || Cada vuelta de un espiral o el conjunto de ellas. || Carnosidad que sobresale en alguna parte del cuerpo. || *Chile.* Rodete para llevar pesos en la cabeza. || *Tecnol.* Filete en espiral de un tornillo. ● *Hacer la rosca* a uno (Fam.), adularle, halagarle para obtener algún provecho. || *Pasarse de rosca* (Fam.), excederse.

ROSCADO, A adj. En forma o figura de rosca.

ROSCADO n. m. Acción y efecto de roscar. || *Tecnol.* Sin. de FILETEADO.

ROSCADORA n. f. y adj. Máquina-herramienta para roscar cualquier clase de piezas mecánicamente.

ROSCAR v. tr. [**1a**]. Hacer la rosca en un tornillo.

ROSCELINO, en fr. **Roscelin,** filósofo escolástico francés (Compiègne c. 1050-¿abadía de Saint-Martin de Tours ? c. 1120), fundador del nominalismo*.

ROSCIO (Juan Germán), abogado y patriota venezolano (Caracas 1769-Rosario de Cúcuta 1821). Independentista, presidió el congreso de Angostura (1819), fue vicepresidente de Venezuela (dic. 1819) y, más tarde, de la Gran Colombia. Escribió el *Manifiesto que hizo al mundo la confederación de Venezuela* (1811).

ROSCO n. m. Rosca de pan o de bollo. ● *No comerse un rosco* (Fam.), no conseguir alguien algo que pretendía, especialmente en el terreno amoroso.

ROSCÓN n. m. Rollo en forma de rosca grande. || Rosca grande de bollo.

ROSEAU, ant. **Charlotte Town,** cap. de Dominica, en el SO de la isla; 17 000 hab. Principal puerto del país. Turismo. Catedral.

ROSEGGER (Peter), escritor austríaco (Alpl, Estiria, 1843-Krieglach 1918). En sus novelas describió la vida de su tierra y defendió las costumbres tradicionales (*Patria en el bosque,* 1877; *Jacobo el último,* 1888).

ROSELA n. f. Planta que vive en terrenos pantanosos y turberas de las regiones cálidas y templadas, con hojas de limbo redondeado cubierto por pelos glandulares irritables que capturan los insectos que se posan sobre ellos. (Sin. ROSOLÍ.)

ROSELLÓN, en fr. **Roussillon,** en cat. **Rosselló,** comarca del S de Francia, que corresponde aproximadamente al territorio reconocido por España a Francia en la paz de los Pirineos* (1659). Geográficamente, está formada por la llanura mediterránea; constituye la parte más poblada del departamento de Pyrénées-Orientales, con su capital en Perpiñán. Está intensamente explotada desde el punto de vista agrícola (viñedos, frutas y hortalizas). Turismo estival en el litoral.
HISTORIA. En el Rosellón se han hallado los primeros restos humanos paleolíticos de los Países catalanes (cueva de Taltaull) y es bien conocida su civilización neolítica (gruta de Montou) del III milenio a. J.C. La cultura indígena (ibera), a partir del s. VIII a. J.C., se basaba en la agricultura, y sus poblados *(oppida)* se encontraban en la llanura costera; en el s. VI a. J.C. entraron en contacto con los griegos. Desde el s. III a. J.C. el Rosellón sufrió, sucesivamente, la dominación gala, romana (s. II a. J.C.-s. V d. J.C.), visigoda (hasta la invasión árabe [720]) y franca (de 759 hasta la desintegración del imperio carolingio [s. IX], en que se convirtió en un condado independiente, en íntima relación con el de Barcelona). Los sucesores de Gilabert I († 1013) se hicieron vasallos del conde de Barcelona; muerto sin sucesión el conde Guinard II (1172), el condado pasó a la Corona de Aragón. Al morir Jaime I y crearse el reino de Mallorca* (1276), el Rosellón se integró en éste, hasta que Pedro el Ceremonioso lo reincorporó a la Corona de Aragón (1344). En 1463, Francia aprovechó su apoyo a Juan II, en la guerra civil de Cataluña, para anexionarse el Rosellón, pero por el tratado de Barcelona (1493) tuvo que devolverlo. En 1640 los franceses socorrieron a Cataluña en la guerra contra Castilla y, al finalizar ésta, obtuvieron el Rosellón por el tratado de los Pirineos* (1659). Durante la Revolución francesa, el Rosellón, con otros territorios, se convirtió en el departamento de Pyrénées-Orientales.

Rosellón *(guerra del),* una de las denominaciones dadas a la guerra entre España y la República Francesa (1793-1795). Tras la ejecución de Luis XVI (en. 1793) y los fallidos intentos de Aranda por mantener la paz, Godoy declaró la guerra a Francia y se unió a la coalición europea. La frontera quedó cubierta por los ejércitos de Ricardos en Cataluña, del príncipe de Castellfranco en Aragón y de Ventura Caro en el País vasco-navarro. Ricardos inició la ofensiva en el Rosellón, pero la falta de recursos le impidió tomar Perpiñán; con el nombramiento de Dugommier al frente de las tropas francesas del Rosellón (en. 1794) y la muerte de Ricardos (marzo) empezó el descalabro del ejército español, que fue derrotado en Montroig* (nov.) No obstante, los catalanes consiguieron detener a los franceses y recuperar la Cerdaña. En el País Vasco y Navarra, los franceses se impusieron al ejército español y se anexionaron Guipúzcoa, devuelta al firmarse el tratado de Basilea* (julio 1795), que ponía fin a la guerra.

ROSELLÓN *(maestro del),* pintor activo en el Rosellón entre 1398 y 1434. Su obra se encuadra en el estilo gótico internacional. Se le atribuyen los *retablos de san Juan Bautista de Evol* y *de san Andrés* (museo metropolitano, Nueva York).

ROSELLONÉS, SA adj. y n. Del Rosellón.

ROSELLONÉS n. m. Dialecto catalán del grupo oriental que se habla en la Cataluña francesa y en una franja septentrional de la provincia de Gerona.

ROSENBERG (Alfred), político alemán (Revel [act. Tallin] 1893-Nuremberg 1946). Fue uno de los principales ideólogos del nacionalsocialismo: desarrolló los conceptos de raza, anticomunismo y espacio vital *(Lebensraum)* y se esforzó en dar a su teoría del antisemitismo una justificación histórica. Ministro de los territorios ocupados del Este (1941) y organizador de las deportaciones masivas, fue condenado a muerte por el tribunal de Nuremberg y ejecutado.

Rosenberg *(caso),* asunto judicial norteamericano que, durante la época del maccarthysmo, desencadenó una vasta campaña de opinión en E.U.A. y en diversos países en favor de Julius y Ethel Rosenberg, acusados de haber entregado secretos atómicos a la U.R.S.S. Los partidarios de los esposos Rosenberg organizaron grandes manifestaciones con el fin de obtener la revisión del proceso, al cual consideraban como una maquinación policial relacionada con la ola de anticomunismo que asolaba E.U.A. No obstante, el matrimonio fue condenado a muerte (1951) y ejecutado (1953) sin que su culpabilidad fuera probada.

ROSENBLAT (Ángel), filólogo venezolano de origen polaco (nacido en 1902). Se instaló en Venezuela en 1946 y ha trabajado en el instituto de filología. Además de su labor como historiador (*La población indígena y el mestizaje en América*) y de comentarista de los clásicos castellanos, ha destacado por su investigación filológica del castellano en América y en especial en Venezuela (*Buenas y malas palabras,* 2 vols., 1956).

ROSENQUIST (James) → POP ART.

RÓSEO, A adj. De color de rosa.

ROSÉOLA n. f. *Med.* Erupción de manchas rosáceas característica de determinadas enfermedades o de la intolerancia a determinados medicamentos.

ROSETA n. f. Mancha que aparece en las mejillas. || *Arq.* Motivo ornamental en forma de rosa abierta. || Rosetón pequeño. || *Equit.* Parte móvil de la espuela, en forma de rueda estrellada. || *Tecnol.* Sin. de RAQUETA. ● *En roseta* (Bot.), dícese de las hojas que en la base del tallo o en las ramas se disponen muy juntas, formando una especie de rosa. ◆ pl. Granos de maíz que al tostarse se abren en forma de flor.

ROSETÓN n. m. Cualquier adorno parecido a una flor, de forma redondeada. || *Arq.* Gran ventana circular, cerrada por vidrieras, característica de las iglesias góticas.

ROSETTA, en ár. **Rašīd,** c. y puerto de Egipto, en la desembocadura del brazo occidental del Nilo (llamado a veces *ramal de Rosetta*); 33 000 hab. — Durante la ocupación francesa (1799) se encontró allí una piedra grabada en caracteres jeroglíficos, en demótico y en griego *(piedra de Rosetta).* Este fragmento de estela (museo británico) en basalto y el decreto trilingüe de Tolomeo, que en él figura, permitieron a Champollion descifrar la escritura jeroglífica.

ROSI (Francesco), director de cine italiano (Nápoles 1922). Considerando que el cine debe ser un arma al servicio de la verdad, rodó varias películas que testimonian sus preocupaciones sociales y políticas, y criticó las diversas formas de opresión de la sociedad contemporánea: *El desafío* (1957), *Salvatore Giuliano* (1961), *Las manos sobre la ciudad* (1963), *Hombres en contra* (1970), *El caso Mattei* (1971), *Lucky Luciano* (1973), *Excelentísimos cadáveres* (1975), *Éboli* (1979).

ROSILLO, A adj. Rojo claro. ◆ adj. y n. m. Ruano.

ORTF-Interfrance (Col. J.-L. Passek)

Escena de *La toma del poder por Luis XIV*, de Roberto **Rossellini.**

Rosita la Pastelera → MARTÍNEZ DE LA ROSA.

ROSKILDE, c. de Dinamarca (Sjaelland), al O de Copenhague; 51 000 hab. Catedral gótica (sepulturas reales). Museo vikingo. Capital de Dinamarca hasta 1445.

ROSLIN (Alexander), pintor sueco (Malmö 1718-París 1793). Visitó Italia y, en 1752, se estableció en París, donde se casó con la pastelista Marie Suzanne Giroust e hizo carrera como retratista (*La dama del velo,* museo nacional de Estocolmo).

ROSNY (Joseph Henri y su hermano Séraphin Justin BOEX, llamados **J. H.**), escritores franceses, llamado el primero **Rosny el Viejo** (Bruselas 1856-París 1940) y el segundo **Rosny el Joven** (Bruselas 1859-Ploubazlanec 1948). En un principio discípulos de Zola (*Nell Horn,* 1886), publicaron novelas que evocan la prehistoria o mundos imaginarios (*Los xipéhuz,* 1887). Cesaron su colaboración en 1909. A J. H. Rosny el Viejo se le debe *La guerra del fuego* (1911), y a su hermano, *Sepulcros blanqueados* (1913).

ROSNY-SOUS-BOIS, c. de Francia, cap. del mun. de Seine-Saint-Denis; 36 000 hab. Industrias diversas.

ROSOLI o **ROSOLÍ** n. m. Licor compuesto de aguardiente, canela, azúcar, anís y otros ingredientes aromáticos.

ROSOLÍ n. m. Sin. de ROSELA.

ROSQUILLA n. f. Golosina en forma de rosca pequeña.

ROSS *(barrera de)*, gran acantilado de hielo de la Antártida, en la costa del *mar de Ross* y limitado al E por la *isla de Ross,* en la cual se encuentra el volcán Erebus.

ROSS (*sir* John), explorador británico (Inch, Escocia, 1777-Londres 1856). En 1816 inauguró la larga serie de expediciones árticas del s. XIX. En 1833 descubrió el polo magnético, en la isla de Somerset.

ROSS (*sir* James Clarke), marino y viajero británico (Londres 1800-Aylesbury 1862). Intentó, con Crozier, llegar al polo sur por mar (1841-1842), pero llegó a la Antártida, a la que denominó Tierra Victoria del Sur (*Viaje de descubrimiento y exploración de las regiones meridional y antártica,* 1847).

ROSS (*sir* Ronald), médico británico (Almora, India, 1857-Putney 1932). Recibió el premio Nobel de medicina en 1902, a raíz de su descubrimiento del mecanismo de transmisión del paludismo mediante la intervención de un mosquito.

ROSSELLINI (Roberto), director de cine italiano (Roma 1906-*id.* 1977). Su revelación se produjo con *Roma**, *ciudad abierta* (1945), primera manifestación oficial del neorrealismo; desde entonces se impuso como uno de los grandes maestros del cine italiano: *Paisà* (1946), *El amor* (1947), *Alemania año cero* (1947), *Francisco, juglar de Dios* (1950), *Europa 51* (1952), *Te querré siempre* (1953), *India* (1957), *El general de la Rovere* (1959), *¡Viva Italia!* (1960), *Vanina Vanini* (1961), *La toma del poder por Luis XIV* (1966), *El Mesías* (1975).

ROSSELLINO (Bernardo), arquitecto y escultor florentino (Settignano 1409-Florencia 1464). Discípulo de Alberti, construyó el palacio Rucellai de Florencia (1445) y trabajó en Pienza para Pío II. En el campo de la escultura, inauguró un nuevo tipo de monumento funerario, en forma de panteón, con la tumba de Leonardo Bruni en la iglesia de Santa Croce (c. 1445). — Su hermano ANTONIO (Settignano 1427-Florencia 1479), escultor, autor de numerosos bustos y de madonas en bajorrelieve, realizó la obra maestra del preciosismo florentino con la capilla del cardenal de Portugal en la iglesia de San Miniato al Monte de Florencia (1460).

ROSSELLÓ-PÒRCEL (Bartomeu), poeta español en lengua catalana (Palma de Mallorca 1913-El Brull, Montseny, 1938), autor de *Nueve poemas* (*Nou poemes,* 1933), *Cuaderno de sonetos* (*Quadern de sonets,* 1934) e *Imitación del fuego* (*Imitació del foc,* 1938).

ROSSETTI (Dante Gabriel), pintor y poeta británico (Londres 1828-Birchington, Kent, 1882). Hijo del escritor napolitano Gabriele Rossetti, exiliado a causa de sus opiniones políticas, fue uno de los iniciadores del prerrafaelismo. Sus cuadros (*Beata Beatrix, El sueño de Dante*) y sus poemas (*La doncella bienaventurada,* 1847; *Poemas,* 1870) se inspiraron en leyendas medievales y en temas de la poesía primitiva inglesa e italiana.

ROSSI (Luigi), compositor, laudista y cantante italiano (Torremaggiore 1598-Roma 1653). Al servicio de los Médicis, y luego del cardenal Barberini, fue llamado a París por Mazarino y representó su ópera *Orfeo* (1647); su personal estilo lírico tuvo influencia en la música francesa de la época.

ROSSI (Pellegrino, *conde*), político y economista francés de origen italiano (Carrara 1787-Roma 1848). Abogado napolitano partidario de Murat, tuvo que exiliarse a Suiza (1815) y luego a París, donde, después de haberse nacionalizado francés, enseñó en el Colegio de Francia (1833) y ocupó un puesto en el Instituto de Francia (1836) y en la cámara de los pares (1839). Embajador de Francia en Roma, fue designado por Pío IX a fin de formar un gobierno constitucional (set. 1848), pero fue asesinado (15 nov.) por desconocidos.

ROSSI (Paolo), futbolista italiano (Florencia 1956). Fue el máximo goleador en el campeonato del mundo de 1982, que ganó el equipo de Italia. Ha jugado en el Como, Vicenza, Perugia y Juventus.

ROSSINI (Gioacchino), compositor italiano (Pesaro 1792-París 1868). Su carrera se desarrolló en Italia y en Francia. Una inagotable inspiración melódica y rítmica caracterizó sus principales óperas bufas (*La italiana en Argel,* 1813; *El barbero* de Sevilla,* 1816), y cierta grandeza clásica a sus óperas serias (*Tancredo y Moisés,* 1827; *Guillermo Tell,* 1829). Es también autor de un célebre *Stabat mater* (1842).

ROSSO (Medardo), pintor y escultor italiano (Turín 1858-Milán 1928). Estuvo en relación con Rodin, sobre quien influyó. Con su modelado lleno de matices, fluido y palpitante en la luz, elaboró un arte cuya ruptura es equivalente a la que el impresionismo produjo en la pintura (*Conversación en un jardín,* 1892; *Ecce puer,* cera y bronce, 1906-1910).

ROSSO FIORENTINO (Giovanni Battista di Iacopo DE' ROSSI, llamado), pintor y decorador italiano (Florencia 1494-París 1540). Formado en Florencia, se separó de la estética toscana (*Descendimiento de la Cruz,* Volterra, 1521) y amplió en Roma el horizonte de sus conocimientos (1523-1527). Fue el primer pintor real francés y dirigió los trabajos de decoración de Fontainebleau; dio la medida de su imaginación caprichosa en los doce frescos encuadrados de estuco de la galería Francisco I (1534-1540). Influido por Miguel Ángel e inflamado por un temperamento atormentado, fue uno de los maestros del manierismo.

ROSTAND (Edmond), escritor francés (Marsella 1868-París 1918). Poeta virtuoso en sus poemas (*Los entretenimientos,* 1890) y en sus fantasías dramáticas (*La princesa lejana,* 1895; *Chantecler,* 1910), supo llenar la necesidad popular de sentimentalismo con su comedia heroica *Cyrano* de Bergerac* (1897) y con su drama *El Aguilucho* (1900), interpretado por Sarah Bernhardt. — Su hijo JEAN (París 1894-Saint Cloud 1977), biólogo, llevó a cabo importantes trabajos acerca de la partenogénesis, de la biología de los anfibios y de la herencia, al tiempo que produjo una obra de divulgación científica y filosófica de primera línea, caracterizada por un claro humanismo pacifista.

ROSTICERÍA n. f. *Méx.* y *Nicar.* Establecimiento donde se asan y se venden carnes.

ROSTOCK, c. y principal puerto de Alemania (R.D.), a orillas del Warnow, cerca del Báltico; 219 000 hab. Iglesia de los ss. XIII-XV. Museo histórico en una antigua puerta fortificada. Astilleros navales, pesca y conservas.

ROSTOV, c. de la U.R.S.S. (R.S.F.S. de Rusia), al NE de Moscú; 29 000 hab. Industrias textiles y alimentarias. La ciudad, mencionada por primera vez en las crónicas en 862, fue durante los ss. XI-XII el centro del principado de Rostov-Suzdal. Suplantada a fines del s. XII por Suzdal y Vladímir, se unió a Moscovia en 1474. Su kremlin, de la segunda mitad del s. XVII, está rodeado de iglesias fortificadas de estilo moscovita (iglesia del Salvador [1675], que comunica con el palacio episcopal, llamado palacio Blanco).

ROSTOV DEL DON, en ruso **Rostov na Donú,** c. y puerto de la U.R.S.S. (R.S.F.S. de Rusia), a orillas del *Don,* cerca de su desembocadura en el mar de Azov; 921 000 hab. Material agrícola. Construcción naval, metalurgia, refinerías de petróleo e industrias alimentarias. — Escenario de violentos combates de 1941 a 1943.

ROSTOW (Walt Whitman), economista norteamericano (Nueva York 1916). Fue colaborador directo de los presidentes Kennedy y Johnson. Su aportación teórica más importante está recogida en la obra *Las etapas* del crecimiento económico* (1960), en la que expone un modelo general de desarrollo por el que deben pasar todas las economías y que contempla cinco fases: sociedad tradicional, condiciones previas al despegue, el despegue *(take off),* el proceso hacia la madurez y la era del consumo en masa. Esta teoría se ha mostrado poco operativa para seguir la evolución real de los países en desarrollo, pero ha supuesto un elemento impulsor en el replanteamiento de las teorías sobre el desarrollo. Otras obras: *Una propuesta para el desarrollo de Asia* (1965), *Es posible la detente: relaciones este-oeste* (1969) y *Cómo empezó todo: los orígenes de la economía moderna* (1975).

ROSTRADO, A adj. Que remata en punta semejante al pico del pájaro o al espolón de un barco.

ROSTRAL adj. *Columna rostral* (Ant. rom.), columna adornada con espolones de navíos, erigida en recuerdo de una victoria naval.

ROSTRO n. m. (lat. *rostrum,* pico, hocico). Cara, semblante humano. || Pico del ave. || *Zool.* Aparato bucal alargado y picador de determinados insectos (chinches, pulgón, etcétera.); órgano prominente anterior de diversos animales.

Gioacchino **Rossini.**
Pintura anónima del s. XIX.
(Academia Rossini, Bolonia.)

Lauros-Giraudon

ROSTROPÓVICH (Mstislav Leopóldovich), violonchelista soviético (Bakú 1927), cuyo virtuosismo es tal que compositores como Britten, Shostakóvich y Dutilleux han escrito partituras para él.

ROSTRUM n. m. (voz latina). *Ant. rom.* Espolón de un navío de guerra.

ROTA n. f. Planta de tallo delgado, sarmentoso y fuerte, utilizado en la construcción de muebles, respaldos de rejilla, etc. (Familia palmáceas.)

ROTA, v. de España (Cádiz), en la costa atlántica, al N de la bahía de Cádiz; 25 291 hab. *(Roteños.)* Centro agrícola *(vino tintillo de Rota).* Punto de partida del oleoducto a Puertollano, Morón y San Pablo en Sevilla, Torrejón en Madrid y Sanjurjo en Zaragoza. Base aeronaval de utilización militar norteamericana, desde 1953. — La villa actual, aunque de origen musulmán, conserva restos romanos. En 1702 fue saqueada por los ingleses.

IPS

Walt Whitman **Rostow**

Rota de la nunciatura apostólica (*tribunal de la*), también llamado **Rota española,** tribunal eclesiástico supremo constituido en España en 1771 por privilegio de la Santa Sede, a petición de Carlos III. Suprimido en 1932, fue restablecido en 1947. Tiene su sede en Madrid. Es también un tribunal de apelación.

Rota romana (*tribunal de la sagrada*), tribunal eclesiástico ordinario, colegiado, constituido por la Santa Sede para conocer de las apelaciones en la jurisdicción contenciosa, civil o criminal, reservada al fuero eclesiástico. Conoce en segunda instancia de las causas falladas por los tribunales eclesiásticos ordinarios. En tercera instancia, conoce de las apelaciones de la Rota de la nunciatura apostólica.

ROTACIÓN n. f. Acción y efecto de rodar o girar. || Movimiento de un cuerpo alrededor de un eje fijo. || Alternancia de una serie de personas o cosas en el cargo, actividad, función, etc.: *rotación de la presidencia; rotación de exposiciones.* || *Agric.* Orden de sucesión de cultivos en un terreno. || *Mat.* Desplazamiento que conserva las distancias y los ángulos y que transforma un punto M en un punto M′ tal que $OM = OM'$ y $(OM, OM') = \theta$ dado, siendo O un punto fijo (en el plano) σ la proyección ortogonal del punto M sobre un eje fijo Δ (en el espacio). ● *Rotación de existencias,* transformación en cifras de negocios de las existencias de una empresa. || *Rotación de personal,* porcentaje de personal remplazado, durante un año, en una empresa, con relación al efectivo medio.

ROTACISMO n. m. *Ling.* Cambio de articulación de una consonante que de su forma primera pasa a la de *r* alveolar.

ROTARY n. m. y adj. (voz inglesa, *rotatorio*). Aparato de perforación que actúa por rotación. || Sistema de conmutación telefónica automático en el que determinados órganos están animados por un movimiento de rotación continuo.

ROTATIVISTA n. m. y f. Obrero que maneja la rotativa.

ROTATIVO, A adj. Que da vueltas. || Que procede por rotación. ◆ adj. y n. f. *Impr.* Dícese de una máquina de imprimir con formas cilíndricas, cuyo movimiento rotatorio continuo permite una gran velocidad de impresión. ◆ adj. y n. m. Dícese del periódico impreso con estas máquinas.

ROTATORIO, A adj. Que tiene movimiento circular.

ROTERÍA n. f. *Chile.* Clase de los rotos, plebe.

ROTH (Philip), escritor norteamericano (Newark, Nueva Jersey, 1933). Sus novelas, representativas de la escuela judía norteamericana, muestran individuos desorientados, enfrentados con fantasmas obsesivos o con problemas morales inexplicables, e incapaces de integrarse a la sociedad norteamericana (*Adiós, Columbus,* 1959; *Portnoy,* 1969; *El seno,* 1974).

ROTHERHAM, c. de Gran Bretaña (Yorkshire Meridional), cerca de Sheffield; 87 000 hab. Metalurgia.

ROTHKO (Mark), pintor norteamericano de origen ruso (Dvinsk 1903-Nueva York 1970). Establecido en E.U.A. desde 1913, se inició en los temas sociales tratados con un colorido expresionista, pasó por una etapa surrealista de formas larvarias (1942-1947) y, hacia 1950, desembocó en la abstracción cromática que lo hizo célebre. Sus telas, de gran formato, están compuestas de diversos rectángulos de color de contornos difusos; su colorido se ensombreció a partir de 1958.

ROTHSCHILD, familia de banqueros de origen judíoalemán, que tuvo como fundador a MAYER AMSCHEL (Frankfurt del Main 1744-*id.* 1812), agente de la corte de Hesse-Cassel, cuyos hijos se instalaron en las principales plazas bancarias europeas: AMSCHEL (1773-1855) permaneció en Frankfurt, donde su dinastía se extinguió en 1901; SALOMON (1774-1855) se instaló en Viena (la rama austríaca desapareció en 1931); NATHAN (1777-1836) arraigó en Londres; KARL (1788-1855) fundó la rama de Nápoles, y JAMES (1792-1868) la de París. Interesados por el control de las minas de Almadén, en 1835 concedieron un empréstito al gobierno español y en compensación recibieron el arrendamiento de las minas; tuvieron la exclusiva de venta exterior de todo el mercurio producido en las minas hasta 1922. Participaron también activamente en la financiación de las construcciones ferroviarias y, en 1856, fundaron la Sociedad española mercantil e industrial con el objeto de participar en empresas industriales.

Larousse

Georges **Rouault**: *La prostituta,* acuarela y pastel, 1906. (Museo de arte moderno, París.)

ROTÍFERO, A adj. y n. m. Relativo a un tipo de animales invertebrados microscópicos abundantes en las aguas dulces, que poseen dos coronas de cilios en torno a la boca.

ROTO, A adj. y n. Andrajoso. || *Argent.* y *Perú. Fam.* Apodo dado a los chilenos. || *Chile.* Dícese del individuo de la clase más baja del pueblo. || *Méx.* Dícese del petimetre del pueblo. ◆ adj. Dícese del color que presenta reflejos de otro color.

ROTOGRABADO n. m. Procedimiento de heliograbado.

ROTONDA n. f. (voz italiana). Edificio, sala o cenador de planta circular o semicircular. || Plaza circular.

Número de grupos de impresión: 8
Anchura del papel: 980 mm
Longitud total: 28,50 m
Altura de un grupo de impresión: 3,50 m
Altura de la plegadora: 5,50 m
Peso total de las 2 líneas y la plegadora: 171 t
Velocidad máxima de impresión
con corte de 630 mm: 23 800 revoluciones de cilindro/hora

ROTATIVA OFFSET A CUATRO COLORES

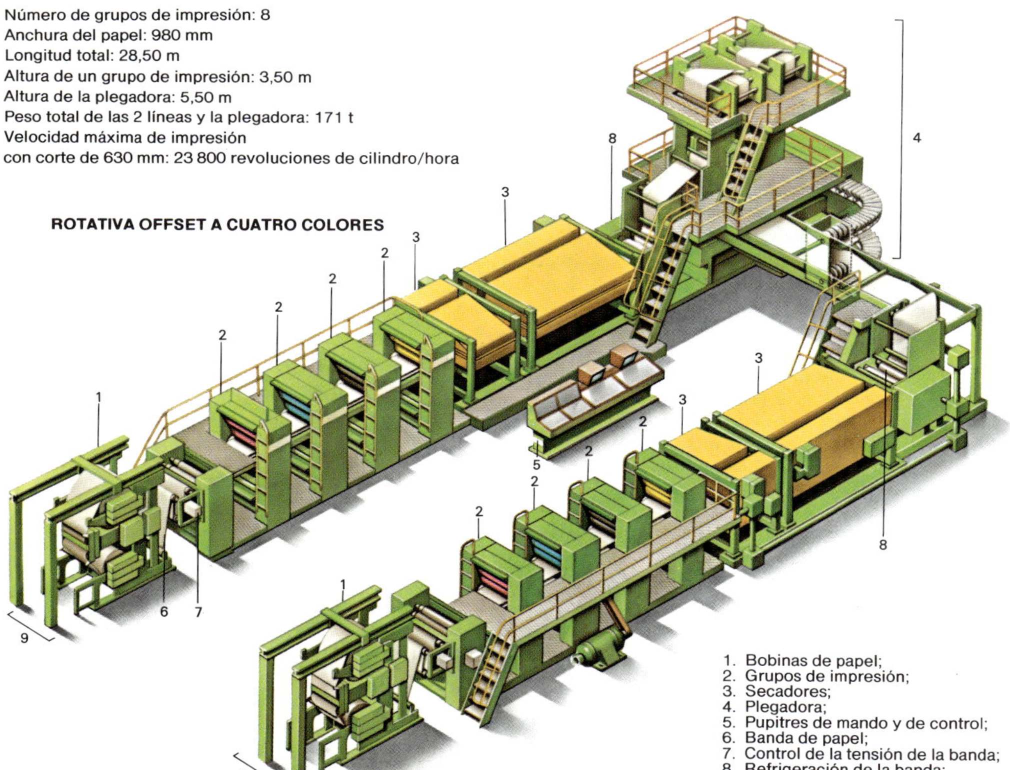

1. Bobinas de papel;
2. Grupos de impresión;
3. Secadores;
4. Plegadora;
5. Pupitres de mando y de control;
6. Banda de papel;
7. Control de la tensión de la banda;
8. Refrigeración de la banda;
9. Primera línea de impresión;
10. Segunda línea de impresión.

ROTOR n. m. (voz inglesa). Conjunto de las aspas y planos rotativos que aseguran la sustentación de los giraviones, su árbol de giro y los dispositivos que regulan su posición. || Conjunto de partes giratorias, en determinadas construcciones mecánicas y electromecánicas (por oposición a ESTATOR).

ROTROU (Jean DE), dramaturgo francés (Dreux 1609-*id.* 1650), autor de comedias en la tradición de Plauto y de los italianos (*La hermana,* 1647), de tragicomedias y de tragedias inspiradas en el teatro español (*Belisario,* 1643; *San Ginés,* 1646; *Venceslas,* 1647).

ROTTERDAM, c. de Países Bajos (Holanda Meridional), en un ramal del delta común al Rin y al Mosa; 601 000 hab. Rico museo Boymans Van Beuningen.
GEOGRAFÍA. Rotterdam es la segunda ciudad del país, pero su aglomeración es la más poblada (1 030 000 hab.) y su puerto es el primer puerto marítimo del mundo, con un tráfico anual del orden de las 300 Mt. La función portuaria se desarrolló a fines del s. XIX gracias a las obras emprendidas en el curso del Rin y al impulso industrial del Ruhr, del cual Rotterdam constituye el «pulmón» (aprovisionamiento de materias primas y exportación de productos). La zona de influencia de Rotterdam desborda el marco de Países Bajos, aun cuando el puerto se ha hecho cada vez más nacional, y alimenta con prioridad a las industrias neerlandesas, implantadas sobre todo hacia la parte superior de la ciudad desde Pernis hasta el Europoort. El refino de petróleo (el petróleo bruto importado y, secundariamente, las exportaciones de los productos refinados, representa los dos tercios del tráfico total), la petroquímica, la metalurgia de transformación y la alimentación son los sectores predominantes. El terciario está representado sobre todo por el comercio mayorista y por el mercado de materias primas y de productos agrícolas, igualmente relacionados con el tráfico portuario.
HISTORIA. Pequeño puerto pesquero, Rotterdam se desarrolló lentamente a la sombra de un castillo fortificado construido en el s. XII y no obtuvo privilegios sino muy tardíamente (1299-1340). El declinar de Amberes (fines de los ss. XVI-XVII) y el desarrollo del comercio de Indias contribuyeron a su esplendor. No obstante, el crecimiento de Rotterdam se vio obstaculizado durante largo tiempo por las características naturales del canal; la ciudad declinó en provecho de Amberes (s. XVIII) y volvió a encontrar su impulso después de las obras del canal artificial, el Nieuwe Waterweg (1863-1872), y gracias a la extensión continua de su zona portuaria hacia el O (Europoort, 1957-1960; Maasvlakte, 1968). En mayo de 1940 se vio muy afectada por los bombardeos alemanes.

RÓTULA n. f. Hueso móvil, situado en la cara anterior de la rodilla. || *Mec.* Unión entre dos piezas o barras articuladas que permite el movimiento giratorio de las mismas en todos los sentidos.

ROTULACIÓN n. f. o **ROTULADO** n. m. Acción y efecto de rotular.

ROTULADOR, RA adj. y n. Que rotula o sirve para rotular.

ROTULADOR n. m. Utensilio para rotular.

ROTULAR o **ROTULIANO, A** adj. Relativo a la rótula.

ROTULAR v. tr. [**1**]. Poner un rótulo. || Poner títulos o inscripciones en un mapa o en un plano.

RÓTULO n. m. Cartel anunciador o indicador. || Título de un escrito o de una parte del mismo.

ROTUNDIDAD n. f. Calidad de rotundo.

ROTUNDO, A adj. (lat. *rotundum*). Redondo. || *Fig.* Dícese del lenguaje preciso, expresivo. || *Fig.* Completo, terminante, categórico.

ROTURA n. f. Acción y efecto de romper o romperse algo. || *Fig.* Acción de interrumpirse alguna cosa: *rotura de relaciones diplomáticas.*

ROTURACIÓN n. f. Acción y efecto de roturar.

ROTURADOR, RA adj. Que rotura.

ROTURADOR n. m. Arado de reja muy cortante, para efectuar las roturaciones.

ROTURAR v. tr. [**1**]. Arar por primera vez las tierras incultas.

ROUAULT (Georges), pintor francés (París 1871-*id.* 1958). Trabajó como aprendiz de vidriero y seguidamente estudió pintura en el taller de Gustave Moreau (1892-1895). Se construyó un universo propio a través del fervor religioso y del odio hacia la hipocresía burguesa, factores que dieron vida a su actitud rebelde (retratos, sombríos y caricaturescos, de prostitutas, payasos y jueces). Pero la meditación y la búsqueda de la grandeza aplacaron su virulencia: sus grabados alcanzaron una depurada intensidad (*Miserere,* 1917-1927), mientras que su pintura (acuarelas y óleos) aunó una materia rica y unos colores suntuosos, siluetеados por el negro, y una depuración cada vez más rigurosa en las figuras (*Ecce homo, Pierrot,* etc.), en los paisajes (*Nocturno cristiano,* 1952) y en los temas decorativos.

ROUBAIX, mun. de Francia, cap. del dep. de Nord; 110 000 hab. Industrias textil, metalúrgica y química. Museo.

ROUELLE (Guillaume François), químico francés (Mathieu, cerca de Caen, 1703-París 1770). Estableció que las sales resultan de la acción de los ácidos sobre las bases.

ROUERGUE, región histórica del Mediodía francés, en el borde S del macizo Central.

Rouffignac *(cueva de),* gruta de Francia en Fleurac (Dordogne). Importante conjunto de figuras parietales del magdaleniense.

Lauros-Giraudon

Jean-Jacques **Rousseau**, por Allan Ramsay. (Palacio de Coppet, Francia.)

ROUGEMONT (Denis DE), escritor suizo en lengua francesa (Neuchâtel 1906). Analizó los componentes de la civilización europea desde la perspectiva de un nuevo humanismo (*El amor y el occidente,* 1938; *La aventura occidental del hombre,* 1957; *Los mitos del amor,* 1967).

ROUGET DE LISLE (Claude Joseph), oficial francés (Lons-le-Saunier 1760-Choisy-le-Roi 1836), autor del *Canto de guerra para el ejército del Rin* (1792), que se convirtió en *La marsellesa**.

Rougon-Macquart *(Los),* serie de veinte novelas en las que Emile Zola narra «la historia natural y social de una familia durante el Segundo imperio». El autor aplica a la descripción de la vida individual y al estudio de los fenómenos sociales los métodos experimentales de la ciencia (en especial las investigaciones sobre la herencia).

ROUHER (Eugène), político francés (Riom 1814-París 1884). Abogado y diputado republicano (1848-1849), sirvió a la causa de Luis Napoleón (Napoleón III). Presidente del consejo de Estado (1863) y ministro de Estado (1863) y de Finanzas (1867), ejerció gran influencia en la última época del Segundo imperio. Dimitió cuando éste se convirtió en parlamentario (1869), pero fue presidente del senado. Entre 1872 y 1881 fue el verdadero jefe del partido bonapartista.

ROULERS → ROESELARE.

ROULOTTE n. f. (voz francesa). Caravana, remolque.

ROUMANILLE (Joseph), escritor francés en lengua occitana (Saint-Rémy-de-Provence 1818-Aviñón 1891). Poeta y narrador (*Las chanzas,* 1883), fue uno de los fundadores del felibrismo.

ROUND n. m. (voz inglesa). *Dep.* En boxeo, asalto.

ROURA Y ESTRADA (José), químico español (Sant Feliu de Guíxols 1787-Barcelona 1860). Introdujo la iluminación por gas en España (Lonja de Barcelona, 1826; puerta del Sol, Madrid, 1832) y descubrió una variedad de pólvora blanca (1848).

ROURKELA, c. de la India, en el N de Orissā; 125 000 hab. Siderurgia.

ROUS (Francis Peyton), médico norteamericano (Baltimore, Maryland, 1879-Nueva York 1970). Sus estudios sobre el sarcoma del pollo mediante trasplantes de un animal a otro y de una a otra raza le permitieron elaborar una teoría vírica del cáncer. En 1966 compartió el premio Nobel de medicina con C. B. Huggins.

ROUSSEAU (Jean-Baptiste), poeta francés (París 1671-Bruselas 1741), célebre por sus *Odas* y sus *Cantatas.*

ROUSSEAU (Jean-Jacques), escritor y filósofo suizo en lengua francesa (Ginebra 1712-Ermenonville 1778). Nacido en el seno de una familia protestante, aprendió el oficio de grabador y a los dieciséis años huyó de su ciudad natal, conociendo poco después a Mme. de Warens, aristócrata suiza que sería su protectora durante unos años. En 1741 marchó a París, donde frecuentó diversos salones nobiliarios y trabó amistad con Condillac y Diderot, quien le encargó artículos de música para la *Enciclopedia.* Por esa época inició sus relaciones con Thérèse Levasseur, de la que tendría cinco hijos. Su *Discurso sobre las ciencias y las artes* (1750), con el que ganó un concurso de la Academia de Dijon respondiendo negativamente a la pregunta de si el restablecimiento de las ciencias y de las artes había contribuido a depurar las costumbres, le lanzó a la fama y marcó el comienzo de su carrera literaria. Convertido de nuevo en ciudadano suizo, escribió el *Discurso* sobre el origen de la desigualdad entre los hombres* (1755), donde formula su célebre tesis del *noble salvaje* y ataca la maldad y corrupción de la humanidad civilizada. Siguen luego la *Carta a D'Alembert sobre los espectáculos* (1758), en la que condena el teatro como fuente de inmoralidad; la novela *Julia*, o La nueva Eloísa* (1761), que introdujo en la literatura francesa la descripción evocadora de la naturaleza y la exaltación de los sentimientos sencillos; y el *Emilio** (1762), donde plantea el problema de la educación desde nuevas bases. De 1762 data asimismo la que puede considerarse obra cumbre de su pensamiento político: *El contrato* social,* que inspiró la Declaración de los derechos del hombre y del ciudadano. En sus últimos años escribió sobre todo obras de carácter personal e intimista como son las *Confesiones**, especie de autobiografía novelada escrita entre 1765 y 1770; los diálogos incluidos en *Rousseau, juez de Jean-Jacques* (ed. 1780-1782), donde intenta defenderse contra la creciente hostilidad de los enciclopedistas, y las *Meditaciones de un paseante solitario* (ed. 1782). La influencia de Rousseau en la literatura posterior fue decisiva. Su afirmación del yo y de los sentimientos frente a la razón sentó las bases del romanticismo posterior, que le debe además su concepción de la religiosidad, cimentada en la relación directa entre el creyente y el Ser supremo dentro del marco de la naturaleza. Su culto a la sinceridad como tema literario, su estilo evocador e impregnado de lirismo, y el carácter acentuadamente autobiográfico de buena parte de su obra le convierten en uno de los escritores más importantes del s. XVIII, no sólo francés sino universal, y en una de las personalidades que más dejaron sentir su influencia durante todo el s. XIX.

ROUSSEAU (Théodore), pintor francés (París 1812-Barbizon 1867). Maestro de la escuela de Barbizon, donde trabajó a partir de 1836 y donde se estableció definitivamente en 1847, a la vez realista y romántico, realizó sus paisajes de acuerdo al «modelo natural», aunque los retocaba, sobrecargando los empastes en busca del hormigueo, de la palpitación telúrica de la naturaleza, a la cual concibió como un refugio, como una garantía de permanencia frente al mundo industrial (*El descenso de las vacas al Jura,* 1835, museo Mesdag, La Haya).

B. Hofmeester

El puerto de **Rotterdam**.

ROUSSEAU (Henri, llamado **el Aduanero**), pintor francés (Laval 1844-París 1910). Poseedor de una técnica refinada y de una sensibilidad que lo coloca entre los mayores pintores naïfs, supo conjugar una composición a menudo elaborada con una nitidez de dibujo y una armoniosa sutileza de colores que confirieron a algunas de sus obras, especialmente (junto a los retratos, escenas populares y paisajes parisienses) las de inspiración exótica, una dimensión fantástica henchida de poesía (*La encantadora de serpientes,* 1907, Louvre; *El sueño,* 1910, museo de arte moderno, Nueva York).

ROUSSEL (Albert), compositor francés (Tourcoing 1869-Royan 1937). Discípulo de Vincent d'Indy, influido en un principio por Debussy y por el impresionismo (*Poema del bosque,* 1904-1905; *Evocaciones,* 1910-1911; *El festín de la araña,* 1912), se distinguió luego por la aspereza de su armonía y la austeridad de su pensamiento (*Padmâvatî,* ópera ballet, 1914-1918; *Para una fiesta de primavera,* 1920; segunda sinfonía, 1921). A partir de 1926 nacieron sus obras maestras, a veces rudas o graves, otras truculentas o plenas de insinuante languidez (*Suite en «fa»,* 1926; *Rapsodia flamenca,* 1936; tercera sinfonía, cuarta sinfonía; los ballets *Baco* y Ariana,* 1931, y *Eneas,* 1935). Hacia el final de su vida supo conjugar la perfección formal clásica con un generoso soplo romántico y una rítmica exaltante.

ROUSSEL (Raymond), escritor francés (París 1877-Palermo 1933). Escribió una poesía extremadamente elaborada, rica en imaginaciones fantásticas (*La doblez,* 1897; *Impresiones de África,* 1910; *Polvo de soles,* 1926, etc.). Su obra se considera precursora de varias corrientes filosóficas y literarias (surrealismo, estructuralismo, *nouveau roman*).

ROUX (Emile), bacteriólogo francés (Confolens 1853-París 1933). Participó junto con Pasteur en los trabajos dedicados al cólera de las gallinas, el carbunco y la rabia, y perfeccionó con aquél la vacunación por microbios atenuados. Descubrió la toxina diftérica y realizó experiencias de sueroterapia.

ROUX (Guillermo), pintor argentino (Buenos Aires 1929). Su pintura, que puede inscri-

El Aduanero **Rousseau:** *El sueño*, 1910. (Museo de arte moderno, Nueva York.)

Foto del museo

Ruyant Production

Ruán.
Vista aérea de la ciudad y de la catedral.

birse dentro del surrealismo, se caracteriza por el extremo cuidado en el dibujo.

ROVERE (DELLA), familia italiana que contó entre sus miembros a dos papas, Sixto IV y Julio II. Ostentó el ducado de Urbino de 1508 a 1631, principalmente con FRANCESCO MARIA I (1490-1538), general en jefe de las tropas venecianas, y GUIDOBALDO II (1514-1574), prefecto de Roma.

ROVIGO, c. de Italia (Véneto), cap. de prov., a orillas del Adigio; 51 000 hab. Iglesia octogonal del s. XVI. Pinacoteca.

ROVIRA, mun. de Colombia (Tolima), en la cordillera Central; 21 883 hab. *(Rovirenses.)* Maíz y yuca; ganadería. Yacimientos auríferos.

ROVNO, c. de la U.R.S.S. (Ucrania), al NE de Lvov; 167 000 hab. Construcciones mecánicas.

ROWLAND (Henry Augustus), físico norteamericano (Honesdale 1848-Baltimore 1901). En 1876 demostró que una carga eléctrica móvil genera un campo magnético. En 1882 construyó unas redes de difracción para estudiar el espectro solar.

ROWLANDSON (Thomas), pintor, dibujante y grabador británico (Londres 1756-*id.* 1827). Grafista lleno de truculencia, fue el gran maestro del dibujo satírico y humorístico, floreciente entonces en Londres (series como los *Viajes del doctor Syntax,* 1812, y *La danza de la muerte inglesa,* c. 1815).

ROYA n. f. *Bot.* Enfermedad criptogámica provocada por hongos uredinales, que afecta sobre todo a los cereales y se manifiesta por manchas pardas o amarillas en los tallos y en las hojas.

ROYALTY n. m. (voz inglesa). Compensación monetaria por el uso de una patente, marca, derechos de autor, etc., que el usuario está obligado a entregar al titular de la propiedad.

ROYCE (Josiah), filósofo norteamericano (Grass Valley 1855-Cambridge, Massachusetts, 1916). Contemporáneo de W. James y de Ch. S. Peirce, desarrolló una filosofía idealista y moral (*La concepción de Dios,* 1895; *Filosofía de la fidelidad,* 1908).

ROYO (Arístides), abogado y político panameño (nacido en 1940). Fiscal de la fiscalía general (1965-1968), perteneció a la comisión que redactó la constitución de 1972 y fue ministro de Educación (1973-1978). Participó en las negociaciones con E.U.A. sobre el canal y, presentado por Torrijos, fue elegido presidente del país (1978), pero en 1982 se vio obligado a abandonar el cargo y fue nombrado embajador en España.

ROZA n. f. *Agric.* Método de cultivo consistente en roturar parcelas de terreno en sectores de selva o bosque, que, una vez agotadas, son abandonadas, procediéndose a roturar nuevos campos.

ROZADURA n. f. Acción y efecto de rozar una cosa con otra, y señal que deja. ‖ Herida superficial de la piel.

ROZAGANTE adj. Vistoso, de mucha apariencia. ‖ *Fig.* Satisfecho, ufano.

ROZAMIENTO n. m. Roce, acción y efecto de rozar o rozarse. ‖ *Fig.* Disensión o enfado leve entre dos personas. ‖ *Fís.* Resistencia que se opone a la rotación o al deslizamiento de un cuerpo sobre otro. ● *Coeficiente de rozamiento,* fracción de la presión normal que hay que aplicar tangencialmente para vencer el rozamiento. ‖ *Rozamiento interno,* fenómeno físico-químico responsable del amortiguamiento de las vibraciones en un material. ‖ *Rozamiento por deslizamiento,* rozamiento de un cuerpo que se desliza simplemente sobre otro. ‖ *Rozamiento por rodadura,* rozamiento de un cuerpo que se desplaza rodando sobre otro.

ROZAR v. intr., tr. y pron. [**1g**]. Pasar una cosa tocando ligeramente la superficie de otra. ‖ *Fig.* Tener una cosa relación o conexión con otra: *mi trabajo roza con el suyo.* ◆ v. tr. Raspar una cosa a otra: *no roces la pared con la silla.* ◆ v. tr. y pron. Ajar o manchar alguna cosa con el uso o al tocarla ligeramente con otra: *se me han rozado los puños de la camisa.* ◆ **rozarse** v. pron. Sufrir una rozadura. ‖ Herirse o tropezarse un pie con otro. ‖ *Fig.* Tener trato o relación con alguien.

ROZAS DE MADRID (Las), mun. de España (Madrid), en el área metropolitana de Madrid, de la que constituye una zona residencial; 13 513 hab.

RÓŻEWICZ (Tadeusz), escritor polaco (Radomsko 1921). Su obra, marcada por su experiencia de la guerra y por un sentimiento del absurdo cercano al de Ionesco, denuncia de forma lírica (*Angustia,* 1947; *Formas,* 1959) o dramática (*El informe,* 1959; *El Laocoonte,* 1960; *Los testigos o Nuestra pequeña estabilización,* 1962; *Los spaghetti y la espada,* 1965; *La boda blanca,* 1975) todos los artificios sociales o sicológicos que alejan al hombre de los valores esenciales.

r.p.m., abrev. de *revolución por minuto.*

ru, símbolo químico del *rutenio.*

RÚA n. f. Calle.

RUÁN, en fr. **Rouen,** c. de Francia, cap. del dep. de Seine-Maritime, a orillas del Sena; 118 000 hab. Industrias metalúrgica de transformación, textil y refino de petróleo. Puerto (importaciones de petróleo). Catedral reconstruida en el s. XIII; iglesia de Saint-Ouen. Palacio de justicia y mansión de Bourgtheroulde. Museos.

RUANDA o **RWANDA,** estado de África central; 26 338 km^2; 4 289 000 hab. Cap. *Kigali.*

GEOGRAFÍA. El país se extiende sobre un conjunto de altas mesetas dominado al N por el macizo volcánico de los montes Virunga (4 507 m) y limitado al O por el rift de África central, ocupado por el lago Kivu. El clima, tropical, es muy húmedo, pero el bosque ha sido a menudo degradado a sabana arbórea. La población está constituida por un 85 % de hutus, agricultores bantúes, y por una minoría de tutsi, pastores hamíticos. La agricultura es aún el sector primordial de la economía. Mandioca, sorgo, judías y maíz constituyen la base de la alimentación; los cultivos comerciales (café, té) están poco desarrollados. La cría de ganado bovino proporciona escasos rendimientos. La industrialización está apenas esbozada y el país padece las consecuencias de un pronunciado aislamiento.

HISTORIA. El verdadero fundador de la Ruanda moderna fue, en el s. XVII, Ruganzu Ndori, quien fijó la capital en el Nduga y cuyos

Europa Press

Arístides Royo

sucesores practicaron una política de expansión. En el s. XIX, Kigéri Rwabugiri (de c. 1860 a 1895) extendió su dominación hacia el N y hacia el O del lago Kivu; la administración se concentró entonces alrededor de un rey o *mwami,* considerado sagrado, y el poder fue ostentado por las grandes familias tutsi, emparentadas con el rey. Los alemanes penetraron en Ruanda a partir de 1894, y establecieron, en 1907, su protectorado. En 1916, los belgas remplazaron a los alemanes: Ruanda-Urundi (constituida por Ruanda y el vecino reino de Burundi) pasó a estar entonces bajo el mandato primero (1923) y bajo la tutela después (1946) de Bélgica, la cual favoreció a los tutsi. En un contexto dramático de tensión entre los hutu y los tutsi se acordó la independencia (1962); el hutu Grégoire Kayibanda fue el primer presidente del país. Las

J. Six

rubio

dificultades económicas y el despertar de los odios tribales provocaron un golpe de estado militar (julio 1973) dirigido por el general Juvenal Habyarimana, que, en 1978, fue elegido presidente de la república, al tiempo que se adoptó una nueva constitución.

RUANO, A adj. → ROANO.

RUB' AL-JĀLĪ (Al-) o **AL-ṢAḤRĀ' AL-DAHNĀ',** desierto de arena del S de Arabia Saudí, en la frontera de Omán y la República Democrática Popular del Yemen.

RUBATO adv. (voz italiana). *Mús.* Indica que se ha de ejecutar un pasaje con una gran libertad de ritmo.

RUBCOVSK o **RUBTSOVSK,** c. de la U.R.S.S. (R.S.F.S. de Rusia), en el pie occidental del Altái; 173 000 hab. Material agrícola.

RUBEFACCIÓN n. f. Enrojecimiento de la superficie de la piel producido por un proceso inflamatorio o irritativo. ‖ En las regiones tropicales, coloración roja del suelo, debida a la impregnación de óxidos férricos liberados por la alteración de las rocas.

RUBENIANO, A adj. Que recuerda el estilo de Rubens.

RUBENS (Petrus Paulus), pintor flamenco (Siegen, Westfalia, 1577-Amberes 1640). Su gusto por la pintura italiana, adquirido en Amberes durante su formación y nutrido por el contacto con los grandes maestros en Italia (Tiziano, Tintoretto, el Veronés, il Correggio, los Carracci, Caravaggio), señala el comienzo de su gloriosa carrera (*El descendimiento de la cruz,* 1612, catedral de Amberes), una vez instalado en Amberes con su mujer, Isabel Brant. Su fuerte personalidad se asentó por medio de un estilo expresivo hasta la violencia, fogoso y lleno de color, que respondía al gusto de la Contrarreforma. La amplitud barroca que desplegó en las formas, el movimiento, los colores y los efectos dramáticos lo capacitó tanto para las composiciones profanas y mitológicas (*Combate de amazonas,* 1617, antigua pinacoteca de Munich) como para los temas religiosos (*La lanzada,* 1620, museo de bellas artes de Amberes) y para los veintidós grandes cuadros (1622-1625), actualmente en el Louvre, consagrados a María de Médicis. Después de la muerte de su mujer (1626), su arte se hizo más lírico y menos violento, se apaciguó y ganó en fantasía, en ligereza de la pincelada y en calor del colorido. Junto a los retratos de Elena Fourment, su segunda mujer, con quien se casó en 1630 (*Elena con pelliza,* 1639, Kunsthistorisches Museum, Viena), Rubens se complació en las evocaciones familiares, o se dedicó al paisaje y a las escenas populares (*La kermesse,* 1637, Louvre). Antes de alcanzar la serenidad de la vejez (*Autorretrato,* 1639-1640, Viena), ejecutó trabajos como los esbozos de los decorados mitológicos del pabellón de caza de la torre de la Parada, cerca de Madrid (1637), o *Los horrores de la guerra* (1638, palacio Pitti, Florencia). Abundante y grandiosa, su obra constituye una síntesis magistral de la pintura flamenca y de las aportaciones italianas. En el museo del Prado se conserva una parte muy importante de su obra pictórica. Rubens trabajó para Felipe IV y la nobleza hispana e influyó en la escuela madrileña y sevillana a partir del segundo tercio del s. XVII.

RUBÉOLA n. f. Enfermedad viral eruptiva, contagiosa y epidémica producida por un virus ultrafiltrable.

■ La rubéola se manifiesta de forma parecida al sarampión, pero menos intensa. Es benigna en el niño y grave en la mujer embarazada, pues puede causar malformaciones fetales.

RUBEÓLICO, A adj. Relativo a la rubéola.

RUBÍ n. m. Piedra preciosa, variedad del corindón, transparente y de color rojo vivo con matices rosados o purpúreos. || Piedra dura que sirve de soporte a un eje de una rueda en un reloj.

RUBÍ, v. de España (Barcelona), junto a la *riera de Rubí;* 43 542 hab. *(Rubinenses.)* Es un núcleo residencial e industrial (fibras sintéticas, metalurgia, plásticos y productos farmacéuticos).

RUBÍ (Pedro RUBÍ Y DE BOIXADORS, *marqués* DE), militar español († 1693). Murió defendiendo Rosas durante la guerra de la Liga de Augsburgo. — Su hijo JOSÉ ANTONIO, marqués **de Rubí** (Barcelona 1669-Amberes 1741), formó parte del consejo del archiduque Carlos en la guerra de Sucesión de España y fue virrey de Mallorca (1713-1715) y de Cerdaña, a la que defendió de los españoles (1717).

RUBIA n. f. *Fam.* Moneda de una peseta, de cobre aleado, de los tipos de 1944, 1947, 1966 y 1975. || Automóvil con la carrocería total o parcialmente de madera. || Planta trepadora de la familia rubiáceas, de cuya raíz se extrae la alizarina, sustancia tintórea utilizada antiguamente para el tinte de las indianas.

RUBIA *(Peña)*, pico de España (León y Lugo), en la cordillera Cantábrica; 1 821 m de alt.

RUBIÁCEO, A adj. y n. f. Relativo a una familia de plantas gamopétalas de distribución mundial. (La *gardenia* pertenece a la familia *rubiáceas.*)

RUBIALES n. m. y f. y adj. (pl. *rubiales*). *Fam.* Persona rubia.

RUBIALES (Pedro), pintor español (nacido en Extremadura ¿1511?). Trabajó en Valencia y fundamentalmente en Roma y Nápoles. Su estilo renacentista evolucionó (bajo el influjo de F. Salviati) hacia un recio manierismo. Colaboró con G. Vasari y otros artistas en la decoración de la sala Farnesiana del palacio de la Cancillería de Roma (1545), y realizó otras obras como la *Conversión de san Pablo* (1545, iglesia de Santo Spirito, Sassia) o los frescos en la capilla de la Summaria en Castel Capuano (Nápoles).

RUBICUNDEZ n. f. Calidad de rubicundo.

RUBICUNDO, A adj. (lat. *rubicundum*). Rubio rojizo. || Dícese de la persona de buen color y aspecto saludable. || Dícese del pelo que tira a rojo.

RUBIDIO n. m. Metal alcalino (Rb) n.º 37, de masa atómica 85,46 y densidad 1,52, que funde a 39º C, análogo al potasio, pero mucho menos frecuente.

Andréi **Rubliov:** icono de *La Trinidad.* (Galería Tetriakov, Moscú.)

M. Desjardins-Top

RUBINSTEIN (Ida), bailarina rusa (Járkov c. 1885-Vence, Alpes-Maritimes, 1960). Animadora teatral y mecenas, se rodeó de artistas de renombre (A. Benois, Honegger, Stravinski, Milhaud, Massine, Fokine, Ravel, Nijínskaia, etc.) y presentó espectáculos suntuosos. Su nombre ha quedado indisolublemente unido a los estrenos de *El martirio de san Sebastián* de Debussy y del *Bolero* de Ravel.

RUBINSTEIN (Artur), pianista polaco (Łódź 1886-Ginebra 1982), uno de los más célebres del s. XX, inigualado en su interpretación de Chopin.

RUBIO, A adj. (lat. *rubeum*, rojizo). Del color del oro o del trigo maduro. || Dícese del cabello de este color o algo más oscuro o rojizo. ◆ adj. y n. Dícese de la persona que tiene el pelo de este color.

RUBIO n. m. Pez marino que vive en los fondos cenagosos de la plataforma continental, de hocico prominente, que llega a alcanzar 60 cm de long. (Grupo teleósteos, género *Trigla.*)

RUBIO, c. de Venezuela (Táchira), en la depresión del Táchira; 31 842 hab. Centro agrícola (café y caña de azúcar) y minero (carbón).

RUBIÓ (Bartolomé), escultor gótico activo en Lérida en la segunda mitad del s. XIV. Su estilo se caracteriza por el esquematismo y la naturalidad que infunde a sus figuras (retablos de santa Lucía y de san Pedro de la iglesia de San Lorenzo de Lérida).

RUBIÓ I ORS (Joaquim), escritor español en lengua catalana (Barcelona 1818-*id.* 1899). Rector de la universidad de Barcelona, en el marco del movimiento cultural de la Renaixença, entre 1839 y 1840 publicó en el *Diario de Barcelona* una serie de poesías catalanas, bajo el seudónimo de *Lo gayter del Llobregat,* que luego adoptaría como título de dos volúmenes (1841 y 1858). — Su hijo ANTONI **Rubió i Lluch** (Valladolid 1856-Barcelona 1937) publicó *Documentos para la historia de la cultura catalana medieval* (2 vols., 1908 y 1921) y fue el primer presidente (1907) del Institut d'estudis catalans. (Real academia española, 1927.) — JORDI **Rubió i Balaguer** (Barcelona 1887-*id.* 1982), hijo del anterior, fue director de la biblioteca de Cataluña (1914-1939) y fundó la escuela de bibliotecarias. Realizó numerosos estudios sobre literatura catalana.

RUBIO Y GALÍ (Federico), cirujano español (Puerto de Santa María, Cádiz, 1827-Madrid 1902). Fundó en Madrid el instituto de terapéutica operatoria. Publicó *Manual de clínica quirúrgica* (1894) y las monografías *La ovariotomía* y *Las deformidades del cuerpo humano* (1878); propagó el método antiséptico y asentó las bases científicas de la clínica quirúrgica.

RUBLIOV (Andréi), pintor ruso (c. 1360-† 1430). Monje en Zagorsk, fue el más ilustre representante de la pintura medieval rusa, y especialmente moscovita. Se le atribuyen frescos en Zvenígorod y en Vladímir, pero su obra más famosa, proveniente del convento de Zagorsk, es el icono *La Trinidad* (los tres ángeles en la mesa de Abraham con sus suaves armonías de azul claro y amarillo ocre) en la galería Tretiakov de Moscú.

RUBLO n. m. Unidad monetaria principal de la U.R.S.S.

RUBOR n. m. (lat. *ruborem*). Color rojo muy vivo. || Color que sube al rostro causado por un sentimiento de vergüenza. || *Fig.* Vergüenza.

RUBORIZAR v. tr. y pron. [**1g**]. Causar rubor.

RUBOROSO, A adj. Que tiene rubor o es propenso a ruborizarse.

RÚBRICA n. f. (lat. *rubricam,* tierra roja). Rasgo o rasgos de figura generalmente invariable que, como parte de la firma, se suele añadir al nombre. || Epígrafe, título, frase, sentencia que precede a un escrito. || *Fig.* Final, conclusión.

RUBRICAR v. tr. [**1a**]. Poner uno su rúbrica en un documento o escrito con o sin la firma. || Firmar un despacho o papel y ponerle el sello o escudo de armas. || *Fig.* Suscribir o dar testimonio de una cosa.

Lauros-Giraudon

Rubens: *Entierro de Cristo, c.* 1615. (Iglesia de Saint-Géry, Cambrai, Francia.)

RUBRO n. m. *Amér.* Título o rótulo.

RUCIO, A adj. Dícese de los animales de color pardo claro, blanquecino o canoso.

RUCIO n. m. Asno, pollino.

RUCKERS, familia de constructores de clave, que realizó en Amberes los más célebres instrumentos de Europa, desde fines del s. XVI hasta 1670.

RÜCKERT (Friedrich), poeta y orientalista alemán (Schweinfurt 1788-Neuses 1866). Compuso poemas que exaltaban la resistencia contra Napoleón (*Poesías alemanas,* 1814), y después adaptó al lirismo alemán los ritmos de la poesía persa (*Las rosas de oriente,* 1822).

RUCO, A adj. *Amér. Central.* Viejo, inútil.

RUDA n. f. (lat. *rutam*). Planta herbácea de flores amarillas verdosas, de cuyas hojas se extrae un producto utilizado en perfumería y medicina. (Familia rutáceas.)

RUDA ŚLĄSKA, c. de Polonia, en la Alta Silesia; 152 000 hab. Explotaciones hulleras. Centro siderúrgico y metalúrgico.

RŪDAKĪ, poeta persa (cerca de Rūdak, región de Samarcanda, fines del s. IX-*id.* 940). Fue el panegirista oficial del emir sāmānī de Bujará. Sólo se han conservado algunos fragmentos de su obra, que, no obstante, testimonian que fue el primer lírico persa.

RUDE (François), escultor francés (Dijon 1784-París 1855). Perteneciente al clasicismo, es autor de algunas de las obras más representativas del período romántico (relieve de *La marsellesa,* 1833-1835, arco de triunfo de París).

RUDEL (Jaufré), príncipe **de Blaye,** trovador provenzal del s. XII. Su canción dedicada *a una* amada lejana constituye el origen de la leyenda de *La princesa lejana.*

RUDEL (Hans Ulrich), aviador alemán (Seiferdan 1916), el más popular de los pilotos de cazas en el frente soviético, de 1941 a 1945.

RUDEZA n. f. Calidad de rudo.

RUDIMENTARIO, A adj. Relativo a los rudimentos. || Elemental, poco desarrollado: *conocimientos rudimentarios; órganos rudimentarios.*

RUDIMENTOS n. m. pl. Primeros conocimientos de una ciencia o profesión.

RUDISTA adj. y n. m. Relativo a una familia de moluscos bivalvos, fósiles del secundario, que formaban arrecifes.

RUDNICKI (Adolf), escritor polaco (Varsovia 1912). Sus crónicas de los *Folletos azules* (*El espejo ciego,* 1956; *Weiss se tira al mar,* 1967) y sus relatos breves constituyen una pintura lúcida y compasiva de su país y de sus contemporáneos (*Las ratas,* 1932; *El mar vivo y muerto,* 1952; *Las ventanas de oro,* 1966; *El negociante de Łódź,* 1969; *La huida de lasnaïa Poliana,* 1973; *La mañana de una coexistencia,* 1975).

RUDO, A adj. (lat. *rudem*). Tosco, áspero, sin pulimento. || Descortés, grosero, sin educación ni delicadeza natural. || Torpe, que comprende o aprende con dificultad. || Riguroso, violento.

RUDOLF (Konrad), escultor y arquitecto alemán activo en Valencia entre 1701 y 1707 († Viena 1732). Influido por la obra de Borromini y Bernini, en 1703 proyectó la fachada de la catedral de Valencia (terminada por F. Stolf y F. Vergara), y dirigió las obras hasta 1707.

RUECA n. f. Utensilio con rueda movida mediante pedal usada para hilar.

RUEDA n. f. (lat. *rotam*). Pieza de forma circular que gira alrededor de un eje. || Corro, círculo. || Rodaja de algunas frutas, carnes o pescados. || Suplicio que consistía en romper los miembros del condenado, y atarlo después sobre una rueda de carroza apoyada sobre un poste. || *Arm.* En los ss. XVI y XVII, ruedecita de acero dentada, que, al golpear sobre un sílex, provocaba la chispa y hacía disparar las armas de fuego. ● *Hacer la rueda,* desplegar ciertas aves (pavo real) las plumas de la cola en círculo. || *Rueda de fricción,* mecanismo de transmisión en el que la tracción de las ruedas se realiza mediante la

rudistas

M. Claye-Jacana

simple acción del rozamiento. ‖ *Rueda de la fortuna,* alegoría de la incertidumbre del destino humano. ‖ *Rueda de molino,* muela. ‖ *Rueda de prensa,* entrevista periodística que sostienen varios informadores con una persona. ‖ *Rueda de recambio, o de repuesto,* rueda destinada a sustituir una rueda cuyo neumático se ha pinchado. ‖ *Rueda del timón* (Mar.), rueda guarnecida en su circunferencia con cabillas, que sirve para maniobrar el servomotor del timón. ‖ *Rueda hidráulica, o de agua,* máquina que transforma en energía mecánica la energía disponible de un pequeño salto de agua. ‖ *Rueda libre,* dispositivo que permite a un motor impulsar un mecanismo sin estar arrastrado por él. ‖ *Rueda motriz* (Autom.), rueda movida por el motor y que asegura la tracción del vehículo.

Rueda *(monasterio de),* monasterio cisterciense, situado en el término de Escatrón (Zaragoza) [iniciado en 1182] en cuyo recinto destacan su iglesia (1225-c. 1238), el claustro (ss. XIII-XIV) y el refectorio (s. XIII).

RUEDA *(taifa de)* → RUEDA DE JALÓN.

RUEDA (Lope DE), dramaturgo español (Sevilla c. 1500-Córdoba 1565). Su arte de escritor, inseparable de la de actor cómico (elogiado por Cervantes y por Agustín de Rojas, entre otros), supone cierta asimilación de las técnicas de la *commedia dell'arte* y un contacto con los registros inmediatos de la vida y los gustos del público. Vivió un tiempo en Valencia, donde trabó amistad con Juan de Timoneda, quien publicó sus obras (1567 y 1588). Éstas ofrecen tres modalidades principales. En primer lugar, las comedias de influencia italiana (Boccaccio en especial): *Armelina, Comedia de los desengaños, Medora.* En segundo lugar, los coloquios pastoriles: *Camila* y *Tymbria* (ambos en prosa) y *Prendas de amor* (en verso). Lo más significativo de su arte fueron los *pasos**, concebidos como piezas independientes o para ser intercalados en sus comedias, que ofrecen variados tipos populares, como el bobo, el valentón, la criada negra, la gitana, etc. Cuentan entre sus títulos: *Los criados, La carátula, Cornudo y contento, La tierra de Jauja, El rufián cobarde* y, el más conocido, *Las aceitunas,* cómica disputa sobre el precio a que han de venderse unas ilusorias aceitunas.

RUEDA (Salvador), escritor español (Málaga 1857-*id.* 1933). Autor de relatos, idilios y obras de ambiente andaluz, destacó como poeta descriptivo y sensual, con cierto sentido técnico innovador coetáneo a los inicios del modernismo latinoamericano. Entre sus libros poéticos destacan: *Cantos de la vendimia* (1891), *En tropel* (con un poema prólogo de Rubén Darío, 1892) y *Fuente de salud* (1906).

RUEDA DE JALÓN, v. de España (Zaragoza), junto al Jalón; 447 hab.
HISTORIA. Fortaleza a orillas del Jalón que pertenecía a la taifa de Zaragoza, en ella las tropas de Alfonso VI, que acudían contra al-Mu'tamin (1083), sufrieron una emboscada. Al ser depuesto por los almorávides, 'Imād al-Dawla, de Zaragoza, fundó la *taifa de Rueda* (1110); su hijo Sayf al-Dawla (Zafadola) se declaró vasallo de Alfonso VII (1130).

RUEDO n. m. Contorno o borde de una cosa redonda. ‖ Cualquier cosa colocada alrededor de otra adornando su borde. ‖ Estera de esparto, generalmente redonda. ‖ *Fig.* Corro, cerco de personas. ‖ *Taurom.* Espacio destinado a la lidia en las plazas de toros. (Sin. REDONDEL.)

ruedo ibérico *(El),* ciclo novelesco de Valle-Inclán que consta de *La corte de los milagros* (1927), *Viva mi dueño* (1928) y *Baza de espadas* (no recopilada en volumen hasta 1958). El autor no logró concluir su proyecto inicial: realizar una crónica novelada de la historia española desde la caída de Isabel II hasta el advenimiento de Alfonso XIII. La obra ofrece una visión grotesca y crítica de España; coexisten en ella personajes reales e imaginarios.

RUEFF (Jacques Léon), economista y financiero francés (París 1896-*id.* 1978). Preconizó la revaluación del precio del oro como solución a las dificultades del sistema monetario internacional. Entre otras obras escribió: *El pecado monetario de Occidente* (1971), *Combates para el orden financiero* (1972).

RUEGO n. m. Súplica, petición. ‖ Práctica parlamentaria para formular peticiones o preguntas a la mesa del congreso o del senado. • *Ruegos y preguntas,* apartado que en todo órgano colegiado mercantil, civil, etc., se introduce en el orden del día, al final de los asuntos de obligado tratamiento.

RUEIL-MALMAISON, mun. de Francia (Hauts-de-Seine), en el área suburbana O de París, junto al Sena; 64 000 hab. Iglesia del renacimiento. Museo napoleónico. Instituto francés del petróleo. Construcciones mecánicas y eléctricas.

RUELAS (Juan DE O DE LAS) → ROELAS (Juan DE O DE LAS).

RUELAS (Julio), pintor y grabador mexicano (Zacatecas 1870-París 1907). En 1898 colaboró en la fundación de la *Revista moderna,* que habría de constituirse en un importantísimo foco cultural. En un viaje a París estudió la técnica del aguafuerte, en la que produjo sus mejores obras *(Cabeza de medusa, La escalera del dragón, La esfinge).* En su obra se distinguen el dibujo académico y naturalista, la pintura, simbólica y alegórica, y el grabado. Especial importancia tienen sus retratos *(Fran-*

RUGBY

ensayo

Colorsport - S.A.M.

Colorsport - S.A.M.

salida de mêlée

Presse-Sports

formación de una mêlée

Martignac - S.A.M.

touche

tentativa de drop

Young-Colorsport - S.A.M.

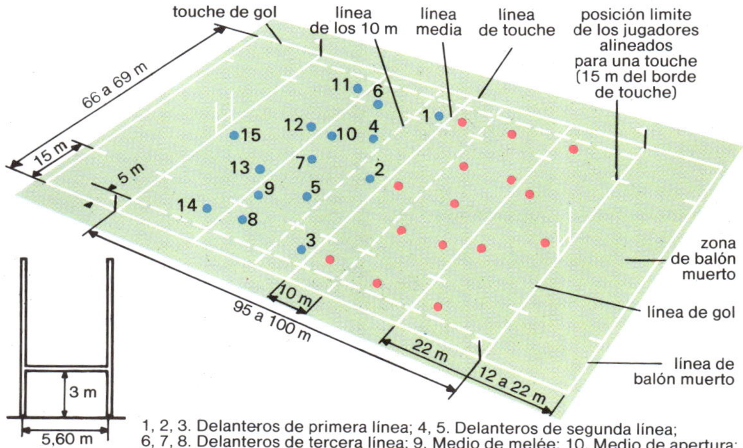

Plano y dimensiones de un campo de rugby, con la disposición de los jugadores.

1, 2, 3. Delanteros de primera línea; 4, 5. Delanteros de segunda línea; 6, 7, 8. Delanteros de tercera línea; 9. Medio de melée; 10. Medio de apertura; 11. Tres-cuartos de ala izquierda; 12, 13. Tres-cuartos de centro; 14. Tres-cuartos de derecha; 15. Defensa.

Flash Press

Lope de **Rueda**, por Manuel Borrás. (Biblioteca colombina, Sevilla.)

cisco de Alba, 1896; *Manuel José Othon,* 1900; *Autorretrato,* 1900).

RUFIÁN n. m. El que trafica con prostitutas. || Hombre vil y despreciable, que engaña y estafa.

RUFIANESCO, A adj. Relativo a los rufianes.

RUFINO → GENERAL LÓPEZ.

RUFINO, político romano (Elusa [act. Eauze] c. 335-Constantinopla 395). Prefecto del pretorio de oriente (392), desempeñó un gran papel en las negociaciones entre san Ambrosio y Teodosio. Ministro de Arcadio, entró en conflicto con Estilicón y fue asesinado posiblemente a instigación de éste.

RUFISQUE, c. y puerto de Senegal, en el área suburbana E de Dakar; 50 000 hab. Industria del calzado y textil.

RUFO, A adj. Chulo o fanfarrón. || Ufano, satisfecho.

RUFO (Juan GUTIÉRREZ, llamado **Juan**), escritor español (Córdoba c. 1547-*id.* c. 1620). De vida azarosa, jalonada de hurtos, deudas y lances amorosos, participó en Lepanto, experiencia que aprovechó para escribir su poema épico, *La Austríada* (1584), sobre las hazañas de don Juan de Austria. Su obra principal, *Las seiscientas apotegmas con otras obras en verso* (1596), de gran interés para el conocimiento de las costumbres del s. XVI, ofrece en su segunda parte algunas poesías del autor. — Su hijo, LUIS **Rufo** (Córdoba c. 1581-*id.* 1683), fue pintor y escritor (*Las quinientas apotegmas).*

RUGBY n. m. (voz inglesa). Deporte que se practica con un balón ovoide impulsado por manos y pies, y en el que se enfrentan equipos de 15 o 13 jugadores. (El juego consiste en colocar la pelota detrás de la portería contraria [ensayo], o en hacerla pasar, de un puntapié, por encima de la barra transversal situada entre los postes de la portería.)

▪ Nacido en 1823, en el colegio de Rugby, por iniciativa de un alumno, William Webb Ellis, quien, jugando al fútbol, corrió con el balón en la mano hacia la portería contraria, el rugby empezó a tener reglas escritas a partir de 1846, que fueron codificadas a partir de 1871, cuando se fundó, después del primer partido internacional que enfrentó (como en fútbol) Inglaterra y Escocia, la Rugby football union. Este deporte se extendió, a partir de entonces, con mucha rapidez por los países del hemisferio sur de emigración británica (Australia, Nueva Zelanda y África del Sur). Gran Bretaña y sus antiguas colonias, junto con Francia, dominan en el rugby, que no es todavía un deporte mundial, pero que se ha introducido, por lo menos parcialmente, en Europa oriental (Rumania), América del Sur (Argentina) y Japón.

En la actualidad existen dos modalidades: el rugby a quince (jugadores por equipo), que es la más extendida, y el rubgy a trece, nacido de una escisión entre el deporte (por lo menos en teoría) exclusivamente amateur (el rugby a quince) y el profesional. En ambos casos, el partido, dividido en dos partes, dura ochenta minutos, y los puntos se obtienen mediante ensayo o lanzamiento del balón con el pie por encima de la barra situada entre los dos postes verticales, ya sea por transformación de un golpe franco, de una penalización o de un drop (patada ejecutada con el balón en juego).

Los partidos de rugby se interrumpen con frecuentes detenciones y en ellos se suceden fases aparentemente inconexas (carreras, saques, mêlées); ello, sumado a su característica de deporte de contacto, a veces en el límite de la violencia, hace necesaria para el rugby una determinada iniciación, que ciertamente ha frenado durante largo tiempo su expansión.

En Europa, el Torneo de las cinco naciones (Inglaterra, Escocia, Gales, Irlanda [unificada para esta circunstancia] y Francia) es una competición anual que enfrenta en un solo partido a cada uno de estos equipos, que disputan dos encuentros en su terreno y dos encuentros en terreno contrario.

RUGBY, c. de Gran Bretaña, a orillas del Avon, al E de Coventry; 52 000 hab. Célebre colegio (donde nació el *rugby*).

P. Starosta

ruibarbo

RUGELES (Manuel Felipe), poeta venezolano (San Cristóbal 1904-Caracas 1959). Trató en sus obras (*Aldea en la niebla,* 1944; *Dorada estación,* 1960) temas íntimos y motivos nativistas.

RÜGEN, isla de Alemania (R.D.), en el mar Báltico (unida desde 1936 al continente por medio de un dique); 926 km^2; 87 000 hab. C. pral. *Bergen.*

RUGENDAS (Johann Moritz), pintor y grabador alemán activo en América del Sur (Augsburgo 1802-Weilheim 1858). Visitó Río de Janeiro, Santiago de Chile, Lima, Buenos Aires, Montevideo, Venezuela y México. Realizó litografías tituladas *Viaje pintoresco al Brasil* (1827-1835). Permaneció entre 1834 y 1840 en Chile, donde realizó numerosas pinturas de los indios araucanos. Posteriormente estuvo en Perú (1841-1844), donde pintó escenas costumbristas y retratos. Está representado en diversos museos de Europa y América.

RUGIDO n. m. Acción de rugir. || Bramido que se emite al rugir.

RUGIENTE adj. Que ruge: *un león rugiente.*

RUGIR v. intr. [**3b**]. Producir un sonido ronco y fuerte el león, el tigre u otros animales. || Emitir alguien, por estar enfurecido o sentir dolor, grandes gritos y voces. || Bramar el viento, el mar, etc., con ruido fuerte y gran estruendo.

RUGOSIDAD n. f. Calidad de rugoso. || Arruga.

RUGOSO, A adj. Que tiene arrugas o asperezas.

RUHMKORFF (Heinrich Daniel), mecánico y electricista alemán (Hannover 1803-París 1877), inventor de la bobina de inducción (1851).

RUHR *(cuenca del),* en alem. **Ruhrgebiet,** principal región industrial de Alemania (R.F., Renania del Norte-Westfalia).

La región debe su nombre al *río Ruhr* (232 km), afluente del Rin (or. der.), en el que desemboca en Duisburg. Limitado por el valle del Lippe al N, por una línea Düsseldorf-Wuppertal al S, rozando Hamm al E y sobrepasando ligeramente la orilla izquierda del Rin, la cuenca del Ruhr cubre solamente unos 4 500 km^2, aunque cuenta con cerca de 6 000 000 de habitantes (con una media superior a 1 300/km^2). Su riqueza se basa en la extracción de la hulla y en la siderurgia (favorecida por la abundancia de carbón de coque). La región del Ruhr producía 127 Mt de carbón en vísperas de la segunda guerra mundial; su producción ha descendido mucho a partir de los años sesenta, y este descenso ha impuesto el cierre de minas y el reagrupamiento de las sociedades (en el seno de la Ruhrkohle AG); si bien no ha traído consigo la caída de la siderurgia, sí ha exigido el desarrollo y la diversificación de actividades de sustitución: metalurgia de transformación y construcciones eléctricas, especialmente. Esta reconversión parcial, favorecida por la tradición industrial, por la densidad de población, por el fácil aprovisionamiento de energía (no sólo carbón, sino también petróleo proveniente de Rotterdam y electricidad térmica), y por una excelente red vial, ferroviaria y fluvial, ha permitido una nueva disposición del territorio y la creación de espacios verdes entre las aglomeraciones, las cuales, no obstante, sufren del predominio industrial (excepto en Düsseldorf, en los límites de la región); de ellas, las más pobladas son Dortmund, Essen, Duisburg, Wuppertal, Gelsenkirche y Bochum.

RUIBARBO n. m. Planta herbácea de 1 a 2 m de alt., hojas grandes ásperas por el haz y vellosas por el envés y flores amarillas o verdes, en espigas, que se usa como purgante. (Familia poligonáceas.)

RUIDERA *(lagunas de),* lagunas de España, situadas en La Mancha. Se trata de unas 17 lagunas aprox. que tienen una disposición escalonada, con 128 m de desnivel total. Comunican entre sí a través de emisarios accidentados por pequeños saltos. En ellas nace el Guadiana. Sitio natural de interés nacional (3 000 ha).

RUIDO n. m. (lat. *rugitum*). Sonido o fenómeno acústico más o menos irregular, confuso y no armonioso. || *Fig.* Importancia exagerada que se da a ciertas cosas; gran interés, comentarios, discusiones que suscita algo.

RUIDOSO, A adj. Que causa mucho ruido. || *Fig.* Dícese del asunto, suceso, acción, etc., de que se habla mucho.

RUIN adj. Vil, despreciable. || Avaro, tacaño. || Pequeño, poco desarrollado.

RUINA n. f. (lat. *ruinam*). Acción de caer o hundirse una construcción. || Acción de destruir una cosa material o inmaterial. || *Fig.* Hecho de quedarse alguien sin sus bienes. || *Fig.* Persona que se encuentra en estado de completa decadencia. ◆ pl. Restos de una construcción hundida.

Varin-Visage-Jacana

ruiseñor

RUINDAD n. f. Calidad de ruin. || Acción ruin.

RUINIFORME adj. *Geol.* Dícese de una roca (caliza dolomítica, gres) o de un relieve a los que la erosión ha dado un aspecto de ruina.

RUINOSO, A adj. Que amenaza ruina, o está derruido en parte. || Que causa o produce ruina o pérdida: *negocio ruinoso.*

RUISEÑOR n. m. Ave paseriforme de plumaje marrón claro, cuyo macho es un cantor notable. (Long. 15 cm; familia túrdidos.) [Voz: el ruiseñor *canta.*]

RUIZ *(nevado del),* cumbre de Colombia (Tolima y Caldas), en la cordillera Central; 5 400 m. Nieves perpetuas (estación de deportes). Parque nacional.

RUIZ, mun. de México (Nayarit), en la llanura de Tuxpan; 15 272 hab. Explotación de maderas finas. Yacimientos de oro y plata. Ferrocarril del Pacífico.

RUIZ (Juan) → HITA *(Arcipreste de).*

RUIZ (Hernán), llamado **el Viejo,** arquitecto español (¿nacido en Burgos?-Córdoba 1547). Su obra evidencia la transición de las formas del gótico tardío a las del nuevo estilo plateresco. Dirigió desde 1523 las obras de la catedral de Córdoba (levantada en el recinto de la mezquita), de la que construyó la capilla mayor y parte del crucero.

RUIZ (Bartolomé), marino español (¿nacido en Moguer?-Cajamarca, Perú, 1534). Piloto en la segunda expedición de Pizarro (1526), fue uno de Los trece de la fama* y guió la nave con que Pizarro descubrió Túmbez y el imperio incaico. Fue nombrado piloto mayor del Mar del Sur (1529).

RUIZ *(familia),* familia de banqueros castellanos, que en el s. XVI destacó por sus empréstitos a la corona. ANDRÉS († 1580) fue cónsul de España en Nantes. — SIMÓN (1525-1597), hermano del anterior y de VITORES († 1566), aprovechó la tregua de Vaucelles (1556) para asociarse con dos banqueros franceses, J. Rocaz y J. Le Lou, e impulsar sus relaciones comerciales con Francia. Nombrado proveedor de fondos de Felipe II, le salvó del desastre económico de 1575.

RUIZ (Hipólito), botánico español (Belorado 1754-Madrid 1816). Participó con Pavón y Dombey en la expedición al Perú que partió de Lima en 1778 y regresó a España en 1785. Junto con Pavón, emprendió la publicación de una *Florae Peruvianae et Chilensis prodromus* (1798-1802), que quedó inacabada.

las lagunas de **Ruidera**

Salmer

RUIZ AGUILERA (Ventura), escritor español (Salamanca 1820-Madrid 1881). Colaborador de periódicos progresistas, cultivó el drama, la narrativa y, en especial, la poesía, en una línea popularista-romántica: *Ecos nacionales* (1849, 1854), *Elegías* (1873).

RUIZ CORTINES (Adolfo), político mexicano (Veracruz 1890-México 1973). Gobernador de Veracruz (1944-1948) y secretario de estado para el Interior (1948-1951), ocupó la presidencia del país (1952-1958), desde donde realizó una política agrarista y social (voto a la mujer).

RUIZ DE ALARCÓN (Juan), dramaturgo español (México 1581-Madrid 1639). Estudió en México (1592) y en España (1600); ejerció la abogacía en Sevilla, regresó a México (1608), donde intentó conseguir en vano un puesto de catedrático, y se instaló definitivamente en Madrid (1614). Allí fue objeto de crueles burlas por parte de Quevedo, Lope de Vega, etcétera, por sus defectos físicos y sus pretensiones aristocráticas. Consiguió el puesto de relator del Consejo de Indias (1625). Su obra, en contraste con la de otros dramaturgos del momento, es más bien escasa: unas veinte comedias editadas en 1628 y 1634, que destacan por su finura sicológica y su carácter esencialmente moral y crítico. Las de mayor empeño son las llamadas de carácter, que encarnan vicios sociales: junto a las más famosas, *La verdad* sospechosa* (contra la mentira) y *Las paredes* oyen* (contra la maledicencia), están *La prueba de las promesas* (contra la ingratitud), *Mudarse por mejorarse* (contra la inconstancia amorosa) y *El examen de maridos* (sobre la elección de esposo). Cultivó también la comedia de enredo *(Los empeños de un engaño)*, heroica *(Ganar amigos, Los pechos privilegiados)* y dramática *(El Anticristo, La crueldad por el honor)*.

RUIZ DE ALCARAZ (Pedro), iluminado español del s. XVI. Hijo de una familia de conversos de Guadalajara, predicó la necesidad de la oración mental y que la relación sexual era la unión con Dios. La Inquisición le condenó (1519) a prisión perpetua.

RUIZ DE ALDA (Julio), militar y político español (Estella 1897-Madrid 1936). Participó en el vuelo del Plus* Ultra, y formó parte del trío fundacional de Falange* española; fue ejecutado al iniciarse la guerra civil. Es autor, con Ramón Franco, de *De Palos al Plata* (1926).

RUIZ DE APODACA (Juan), marqués de **Venadito,** marino y administrador español (Cádiz 1754-Madrid 1835). Durante la guerra de la Independencia fue a Londres para tratar de la alianza hispano-británica; fue capitán general de Cuba (1812-1815) y se adhirió a la constitución de 1812. Como virrey de Nueva España (1815-1821) reprimió la rebelión de Javier Mina, a quien ejecutó, pero fue depuesto por los independentistas (1821); luego, se le nombró virrey de Navarra en 1824 y capitán general de la armada (1830).

RUIZ DE CASTRO (Fernando), noble gallego († en Inglaterra 1375). Era el primogénito de la familia Castro de Galicia; al casarse su hermana Juana con Pedro I de Castilla se sintió ofendido y se unió al partido de los nobles rebeldes (1354), pero Pedro I consiguió atraerlo a su causa (1356). Tras la derrota de Bueyes (1370) se fue a Portugal, y después de la paz de Alcoutim (1371) pasó a Inglaterra.

RUIZ DE GAMBOA (Martín), colonizador y administrador español (Durango 1531 o 1533-† d. 1593). Llegó a Chile en 1522, donde conquistó Chiloé (1566), y fue gobernador de Chile (1580-1583). Suprimió la prestación personal del indio contra el pago de un impuesto.

RUIZ DE LA IGLESIA (Francisco Ignacio), pintor español (Madrid 1640-*id.* 1704). Fue pintor del rey, con un estilo dentro del barroco madrileño. Realizó decoraciones al fresco y retratos al óleo: *San Diego Velázquez* (convento Calatrava, Madrid), *Anunciación* (1671, catedral de Valladolid), *La duquesa de Aveiro* (1669, Prado).

RUIZ DE LEÓN (Francisco), poeta mexicano (Puebla 1683-*id.* 1765), autor de *Hernandía* (1755), poema épico culterano sobre la conquista española.

RUIZ DE LIHORI (Gil), político aragonés († d. 1414). A la muerte de Martín I (1410), encabezó la represión antiurgelista. Presidió, con Jiménez Cerdán, las cortes de Calatayud (1411) que dieron lugar al parlamento de Alcañiz (1412). Desde su posición apoyó a Fernando de Antequera para la sucesión.

RUIZ DE MONTOYA (Antonio), religioso español (1584-1651), autor de una *Gramática de la lengua guaraní.*

RUIZ DEL PERAL (Torcuato), escultor español (Esfiliana, Granada, 1708-† 1773). Discípulo de Diego de Mora, su estilo barroco se mantuvo fiel al realismo tradicional frente al rococó y al primer neoclasicismo. Destacan su *Virgen de las Angustias* (Santa María de la Alhambra, Granada), *San Antonio de Padua* (catedral de Cádiz), sillería de la catedral de Guadix (1741-1773).

RUIZ GIJÓN (Francisco Antonio), escultor español (nacido en Utrera en 1653). Trabajó en Sevilla entre 1671 y 1692. Dentro de un estilo típicamente barroco realizó el *Cristo de la expiración* (1682, capilla del Patrocinio, Sevilla, y *El cirineo* (1687) de la cofradía de las Tres caídas.

RUIZ GIMÉNEZ (Joaquín), abogado y político español (Jaén 1854-Madrid 1934). Miembro del Partido liberal, fue diputado (1898-1911) y senador vitalicio desde 1911, además de ocupar otros cargos en el gobierno. Es autor de *Bocetos históricos* (1880) y *Nacionalización y municipalización de los servicios colectivos* (1921). — Su hijo JOAQUÍN **Ruiz-Giménez** (Hoyo de Manzanares 1912) ha ocupado diversos cargos públicos y docentes (profesor de derecho en Madrid). Representante de la democracia cristiana franquista, fue ministro de Educación Nacional (1951-1956), pero por su política liberalizadora fue sustituido. Ingresó en Izquierda democrática cristiana, de la que fue su presidente (1969); en 1977 fusionó su partido con el de Gil-Robles, que tras el fracaso electoral se deshizo. Desde 1979 es miembro de la Comisión internacional de juristas. En 1982 fue designado defensor del pueblo. Entre sus obras destacan: *La concepción institucional del derecho* (1944) y *Del ser de España* (1963).

RUIZ GONZÁLEZ (Pedro), pintor español (Arandilla, Cuenca, 1640-Madrid 1706). Su estilo, típico del último barroco de la escuela madrileña, denota un evidente gusto por la pintura veneciana. (*Carlos II adorando la Eucaristía,* 1683, museo Ponce, Puerto Rico, y *El pretorio de Pilato,* 1689).

RUIZ HUIDOBRO (José), militar argentino (1802-1842). Como general ganó, para la causa de la independencia, las batallas de Río Cuarto, La Rioja, Mendoza, etc. Fue hombre de confianza del gobernador Quiroga; en la campaña del desierto venció a Yanquetuz.

RUIZ IRIARTE (Víctor), comediógrafo español (Madrid 1912-*id.* 1982), autor de obras de humor evasivo (*El puente de los suicidas,* 1944; *El landó de seis caballos,* 1950; *La cena de los tres reyes,* 1954; *Esta noche es la víspera,* 1959, etc.) y de numerosos guiones para televisión.

RUIZ PICASSO (Pablo) → PICASSO (Pablo RUIZ).

RUIZ TAGLE (Francisco), político chileno (nacido en Santiago-† 1860). Fue diputado (1811, 1822), senador (1812-1814), gobernador de Santiago (1817) y presidente de la corte suprema (1822) y de la convención que reconoció la independencia de Perú. Fue miembro del gobierno (1829) y presidente de la república (17 febr.-31 marzo 1830), pero la oposición conservadora le obligó a dimitir.

RUIZ ZORRILLA (Manuel) político español (Burgo de Osma 1833-Burgos 1895). Fue diputado progresista (1858-1863) y dirigió la sublevación del cuartel de San Gil (1866), por lo que tuvo que exiliarse. Participó en los preparativos de la revolución de 1868, y fue ministro de Fomento y, más tarde, de Gracia y Justicia del gobierno Serrano. Durante el reinado de Amadeo I presidió el gobierno en dos ocasiones (julio-oct. 1871 y junio 1872-febr. 1873). Tras la Restauración borbónica, fue expulsado de España (1875). Fundó el Partido republicano progresista (1880), se mezcló en actividades conspirativas (1883-1886) y publicó los manifiestos de Londres (1888) y de Bruselas (1892); en 1893 se integró en la Unión republicana y en 1895 regresó a España. De su archivo político, Llopis y Álvarez Villamil publicaron una parte con el título de *Cartas de conspiradores* (1929).

RUMANIA

RULERO n. m. *Amér. Merid.* Rulo, cilindro para rizar el cabello.

RULETA n. f. (fr. *roulette*). Juego de azar en el que el ganador es designado por la detención de una bola en determinado número de un plato giratorio. ● *Ruleta rusa,* juego de azar que consiste en poner una sola bala en el tambor de un revólver y disparar apuntándose a la sien.

RULFO (Juan), escritor mexicano (Sayula, Jalisco, 1918). Empezó a publicar cuentos en la revista *Pan,* de Guadalajara. Un volumen de cuentos, *El llano en llamas* (1953), y una novela breve, *Pedro* Páramo* (1955), bastaron para convertirlo en una de las figuras esenciales de la literatura latinoamericana contemporá-

Everts-Rapho

Rumania. Sighişoara, en Transilvania.

nea. Uno y otro títulos, centrados en un miserable ambiente rural, se funden en esencial unidad: el mundo cruel y vertiginoso de los cuentos coexiste con el caos inmutable de la novela. Ha realizado asimismo guiones cinematográficos (*El gallo de oro*, 1980).

RULO n. m. Bola gruesa u otra cosa redonda que rueda fácilmente. || Rodillo para allanar la tierra. || Rizo de pelo. || *Fam.* Objeto de forma cilíndrica, de diversos materiales, que sirve para ondular y dar forma al cabello.

RUMANIA o **RUMANÍA,** en rumano **România,** estado de Europa oriental, a orillas del mar Negro; 237 500 km^2; 21 560 000 hab. *(Rumanos.)* Cap. *Bucarest.*

GEOGRAFÍA.

• *El medio natural.* El país está atravesado por la cadena terciaria de los Cárpatos, la cual dibuja un gran arco. De altitud relativamente discreta (su punto culminante está a 2 544 m) y horadada por cuencas interiores, esta cadena se halla cubierta de densos bosques. Al E domina la llanura de Moldavia y, al O, encierra la cuenca de Transilvania, cerrada por el macizo de Bihor. El territorio cuenta con el borde oriental de la llanura de Panonia, que se prolonga más allá de las Puertas de Hierro por las cuales el Danubio atraviesa el arco de los Cárpatos, en la llanura de Valaquia. Después de haber atravesado la meseta de Dobrudja, el Danubio desemboca en el mar Negro, en un vasto delta pantanoso. El conjunto del territorio goza de clima continental (en Bucarest, la temperatura media en enero es de −0,1° C, y la de julio, de 21,2° C; las precipitaciones anuales son de 786 mm).

• *Población.* La densidad media es de 91 hab./km^2. Si se exceptúa el delta del Danubio, poco poblado debido a sus condiciones naturales, la población se reparte con bastante regularidad. Los rumanos, de lengua latina, constituyen el 85 % de la población; el resto pertenece a minorías alemanas y, sobre todo, húngaras (Transilvania). La población crece a un ritmo cercano al 1 % anual. Rumania es aún un país débilmente urbanizado, ya que alrededor de la mitad de sus habitantes residen en el medio rural. No obstante, cuenta con una red equilibrada de ciudades medias, entre las que destaca la capital.

• *Economía.* Antes de la segunda guerra mundial, Rumania era un país esencialmente rural, en el cual apenas había un esbozo de desarrollo industrial. Después de la guerra, organizó su economía sobre bases socialistas y, en la actualidad, la industria representa más de la mitad de la renta nacional.

La agricultura no ha dejado por ello de ser un sector importante. Gran parte de las tierras ha sido colectivizada en el marco de cooperativas, pero las explotaciones individuales subsisten en ciertos sectores de la montaña. Una política de grandes obras ha traído consigo importantes mejoras (repoblación forestal, lucha contra la erosión, drenaje de terrenos pantanosos, irrigación). De todo ello ha resultado un aumento de la producción, a pesar del éxodo rural consecutivo a la mecanización. El cultivo de cereales (trigo y maíz) es aún predominante, pero a él se han unido el de la remolacha azucarera y el del girasol. Asimismo, se cultiva el arroz. La cría de ganado ovino (lana) supera a la de bovinos. La pradera (más del 25 % del territorio) representa una importante fuente de recursos.

La industria ha progresado considerablemente. La energía proviene del petróleo de Ploieşti, de Oltenia y de Moldavia (15 Mt), del gas natural de Transilvania (36 GM^3) y de los modestos yacimientos de hulla y de lignito. La siderurgia utiliza el hierro del subsuelo, pero necesita importar mayor cantidad; suministra materia prima a las construcciones mecánicas. La petroquímica y la producción de abonos son los dos grandes sectores de una industria química en desarrollo. Las textiles (algodón) y alimentarias (azucareras y fábricas de cerveza) constituyen el resto de las principales ramas. Las fábricas, que suelen ser grandes aglomeraciones que agrupan toda la cadena de fabricación de un producto, se localizan en las principales ciudades y sobre todo en los puertos (Galaţi y Brăila en el Danubio, Constanţa en el mar Negro).

El énfasis puesto por los planes quinquenales en el desarrollo de la industria pesada obliga a Rumania a importar bienes de consumo. La U.R.S.S. es el principal cliente comercial, pero Rumania ha adquirido cierta independencia respecto al Comecon (del que forma parte), y los intercambios con los países occidentales (especialmente con la R.F.A.) se han incrementado. Por último, el turismo en las montañas carpáticas y en la costa del mar Negro suministra un complemento de recursos.

HISTORIA. El espacio carpatobalcánico fue ocupado por los indoeuropeos a fines del III milenio a. J.C. o a principios del II. Durante la edad de hierro (I milenio a. J.C.) se produjo en el seno del grupo tracio una separación étnica y lingüística que dio lugar a los getadacios. Durante el s. I a. J.C., durante el reinado de Burebista, se sentaron las bases de Dacia, la cual se corresponde aproximadamente con la actual Rumania. El estado dacio alcanzó su apogeo durante el reinado de Decébalo (de 87 a 106 d. J.C.); pero los romanos tenían aspiraciones con respecto a Dacia, y ésta fue conquistada por Trajano (101-106), y se convirtió en una provincia romana intensamente latinizada. Durante el milenio que separa el retroceso de la administración imperial al S del Danubio (271) y la formación de los estados feudales rumanos, Dacia fue recorrida por las olas migratorias de poblaciones germánicas, eslavas y turanias. No obstante, el proceso de formación del pueblo rumano y de su lengua (rumano) prosiguió y culminó a fines del s. X. Aparecieron entonces como entidades Valaquia y Transilvania, esta última gradualmente conquistada por Hungría entre los ss. X y XIII. El estado feudal de Valaquia nació a comienzos del s. XIV; su independencia se debió a la victoria de Posada (1330), obtenida por Basarab I (de *c.* 1322 a 1352) sobre los húngaros. Al E de los Cárpatos se formó, gracias a Bogdán I (de 1359 a 1365), el estado de Moldavia.

Durante los ss. XIV y XV, Moldavia y Valaquia se opusieron a las tendencias expansionistas de húngaros, polacos y turcos. En la lucha contra estos últimos destacaron: en Valaquia, Mircea el Grande (de 1386 a 1418) y Vlad el Empalador (de 1456 a 1462 y en 1476); en Transilvania, el voivoda Janós Hunyadi, que venció en Belgrado (1456); en Moldavia, Esteban III el Grande (de 1457 a 1504), vencedor de la batalla de Rahova (1475). Sin embargo, la expansión otomana y el derrumbamiento de Hungría después de Mohács (1526) obligaron a los tres territorios rumanos a aceptar la soberanía turca, sin que por ello perdieran sus características propias. A partir de 1541, Transilvania se convirtió en principado autónomo. En 1600, Miguel el Bravo (de 1593 a 1601), príncipe de Valaquia y vencedor de los turcos (Călugăreni, 1595), reunió bajo su cetro a los tres principados. En 1699, Transilvania cayó en manos de los Habsburgo (tratado de Karlowitz): una fuerte corriente nacionalista, estimulada por violentos alzamientos campesinos (1784-1785), se desarrolló gracias, en especial, al obispo Ioan Inocenţiu Micu (1692-1768), quien reivindicó la igualdad de los rumanos respecto de los magiares y de los sajones. Simultáneamente, en Moldavia (1711) y en Valaquia (1716) se instauró el régimen fanariota, forma opresora de la dominación otomana. Sin embargo, aunque fieles instrumentos de la Puerta, algunos príncipes fanariotas, como Konstantinos Mavrocordato (de 1711 a 1769), hospodar de Valaquia y de Moldavia, llevaron a cabo importantes reformas, la principal de las cuales fue la abolición de la servidumbre (1746). Los territorios rumanos no dejaron por ello de ser muy vulnerables: Austria se anexionó Bucovina en 1775, y Rusia, Besarabia (en 1812).

El comienzo del s. XIX se caracterizó por el recrudecimiento de la voluntad de emancipación nacional, que provocó la abolición del régimen fanariota. Después de la guerra rusoturca de 1828-1829, Valaquia y Moldavia fueron gobernadas por una administración militar rusa (1828-1834); durante este período se elaboraron los reglamentos orgánicos, verdadera constitución. La revolución de 1848-1849 fue sofocada por la intervención conjunta de turcos, rusos y austríacos, quienes ocuparon el país hasta 1856. No obstante, cuando Rusia fue vencida en Crimea, el tratado de París (1856) concedió a Moldavia y a Valaquia la garantía colectiva de las grandes potencias y estipuló que su población sería consultada a propósito de la unión. En los dos *divanes* convocados en Iaşi (Moldavia) y en Bucarest (Valaquia), los delegados elegidos se pronunciaron a favor de la unión de los dos principados en un estado que llevaría el nombre de *Rumania* (oct. 1857); no obstante, las potencias rehusaron refrendar esta conclusión. A pesar de ello, los Principados unidos de Moldavia y de Valaquia nombraron como príncipe reinante a Alejandro Juan I Cuza (1859): fue el acta de nacimiento de Rumania.

La unión de los dos principados se hizo efectiva en 1862, cuando una asamblea nacional única se reunió en Bucarest, ciudad que se convirtió en la capital del país. Cuza y su colaborador Mihail Kogălniceanu (1817-1891) emprendieron importantes medidas sociales y agrarias. Pero los grandes propietarios pronto forzaron la abdicación de Cuza (1866) y obtuvieron la designación de Carlos de Hohenzollern como príncipe (1866) y luego como rey (Carlos I, 1881) de Rumania. La independencia se hizo oficial después de la guerra ruso-turca (1877-1878), en la cual los rumanos participaron por intermedio del congreso de Berlín (1878), que entregó a Rumania la Dobrudja, pero cedió Besarabia al zar. Por su parte, Transilvania fue anexionada a Hungría después de la creación del estado austro-húngaro (1867); el Partido nacional rumano (P.N.R.) luchó por la liberación de los rumanos transilvanos. Durante el reinado de Carlos I (de 1881 a 1914), se produjeron sangrientas revueltas (1888-1907). El nacimiento de la industria desarrolló en los obreros una cierta conciencia de clase y produjo la formación de un partido socialdemócrata (1893). En el exterior, la orientación proalemana del rey chocó con la francofilia de una parte de la opinión pública.

En 1913, Rumania participó en la segunda guerra balcánica; su victoria le valió la anexión de la Dobrudja meridional («Cuadrilátero»). Neutral al comienzo de la primera guerra mundial, se alineó con los aliados en 1916. Rápidamente, los dos tercios del país fueron ocupados por austro-húngaros, turcos y búlgaros; el gobierno rumano se vio obligado a aceptar el armisticio de Focşani (1917) y el tratado de Bucarest (1918), desastrosos para el país. Pero la derrota de las potencias centrales y el desmembramiento del imperio austrohúngaro permitieron a los rumanos recuperar Bucovina y Transilvania (1918): al fin se había constituido la Gran Rumania. Los tratados de Saint-Germain (1919) y de Trianon (1920), así como la constitución de 1923, ratificaron dicha reunificación.

Al rey Fernando I (de 1914 a 1927) le sucedió su nieto Miguel, cuyo padre, Carlos II, se instaló en el trono en 1930. Después de haber coqueteado con los partidos políticos y de haber dejado que la Guardia de hierro se librara a una sangrienta agitación, Carlos II,

Rumania. El delta del Danubio.

Y. Travert-C. D. Tétrel

que tuvo que encarar las consecuencias de la crisis económica mundial y los movimientos sociales apoyados por el Partido comunista rumano (creado en 1921), estableció su propia dictadura (1938). A partir de 1919, Rumania, gracias sobre todo a su ministro de Asuntos Exteriores, Nicolae Titulescu, fue un elemento activo de la pequeña entente y firmó importantes acuerdos económicos con la Alemania hitleriana (1939-1940). Neutral al principio de la segunda guerra mundial (1939), Rumania perdió Besarabia y Bucovina, anexionadas a la U.R.S.S. como resultado del tratado germano-soviético (27 junio 1940). Muy pronto Hitler la obligó a ceder el N de Transilvania a Hungría (30 ag.) y el «Cuadrilátero» a Bulgaria (7 set.). Obligado a abdicar (6 set.), Carlos II dejó su lugar a su hijo Miguel I; Ion Antonescu instauró entonces una dictadura militar y comprometió a su país en la guerra como aliado del Eje (22 junio 1941). Pero rápidamente se formó un Frente patriótico antihitleriano. En 1944 (23 ag.) estalló la insurrección nacional que abolió el régimen de Antonescu; Rumania firmó el armisticio con los rusos y se volvió contra los alemanes (12 set.); el 25 de octubre, la totalidad de su territorio fue liberada. Pero el tratado de París (1947) dejó Besarabia en poder de los rusos, y el «Cuadrilátero» en manos de los búlgaros.

El Partido comunista rumano se infiltró pronto en las filas del Frente nacional democrático. En 1945, Gheorghe Gheorghiu-Dej (1901-1955) se convirtió en secretario general del comité central del P.C.R. (Partido obrero rumano, entre 1948 y 1965); era prácticamente el dueño del país y había emprendido ya un proceso de socialización total. El rey Miguel abdicó (30 dic. 1947) y Rumania se declaró república popular, antes de que la constitución de 1965, que vino a ocupar el lugar de la de 1948, la convirtiera en una república socialista. Desde 1965 Nicolae Ceaucescu es primer secretario del comité central del P.C.R., cargo al que sumó en 1977 el de presidente del consejo de estado de la república. Si bien en el interior la expansión económica es más rápida que la liberación efectiva, Rumania practica una política exterior original e independiente, poco tributaria de la de Moscú y fundada en la coexistencia pacífica, así como en la colaboración con el resto de los países, cualquiera que sea su sistema sociopolítico.

RUMANO, A adj. y n. De Rumania.

RUMANO n. m. Lengua románica hablada en Rumania.

Rumasa, grupo empresarial español, vinculado a la familia Ruiz-Mateos, cuyos orígenes (1961) se sitúan en los negocios vinícolas de Jerez de la Frontera. Abarca más de 300 empresas, entre ellas 20 establecimientos bancarios, con presencia en financieras, seguros, alimentación, vinos, construcción e inmobiliarias, hostelería, grandes almacenes, etc. Ante las dificultades financieras, provocadas por la rápida expansión, el grupo fue expropiado por el estado (1983). En 1984 se inició el proceso de reprivatización.

RUMBA n. f. Baile popular cubano de origen africano, de compás binario, para el que se suelen utilizar instrumentos de percusión que acentúan las abundantes síncopas. (Su carácter erótico viene dado por los movimientos sinuosos de la bailarina.) || Música de dicho baile.

RUMBEAR v. intr. [**1**]. *Amér.* Orientarse.

RUMBEAR v. intr. [**1**]. Bailar la rumba.

RUMBLAR, r. de España, afl. del Guadalquivir; 96 km. Lo forman los ríos La Campana-Grande y Pinto, en cuya confluencia se ha construido el *embalse del Rumblar* o Lóbrega (126 millones de m^3). Desemboca aguas arriba de Andújar.

RUMBO n. m. En la representación del horizonte por un círculo, cada una de las 32 direcciones o vientos en que se divide. || Dirección de la proa de una embarcación o de una aeronave. || Dirección, camino, derrotero. || Comportamiento o actitud que uno sigue o se propone seguir en lo que intenta o procura. || *Fig.* y *fam.* Generosidad, esplendidez: *da con rumbo, que Dios te lo agradecerá.* || *Fig.* y *fam.* Mucho gasto o lujo en una cosa: *vive con mucho rumbo.*

Piedra con escritura **rúnica.** (Gripsholm, Suecia.)

M. Hétier

RUMBOSO, A adj. *Fam.* Que gasta con esplendidez; que se hace con esplendidez.

RUMELIA, nombre dado por los otomanos a las provincias de Tracia y Macedonia, conquistadas por ellos en el s. XIV. El congreso de Berlín (1878) separó de la joven Bulgaria la provincia de Rumelia oriental (cap. Plovdiv) que, constituida en principado autónomo vasallo del Imperio otomano, fue administrada por un gobernador general cristiano. A partir de 1885, Rumelia se unió a Bulgaria.

RUMFORD (Benjamin THOMPSON, *conde*), físico norteamericano (Woburn, Massachusetts, 1753-Auteuil 1814). Inventó un calorímetro y un fotómetro, determinó la temperatura del máximo de densidad de agua y refutó la teoría del calórico.

RUMÍ n. m. y f. Nombre dado por los moros a los cristianos.

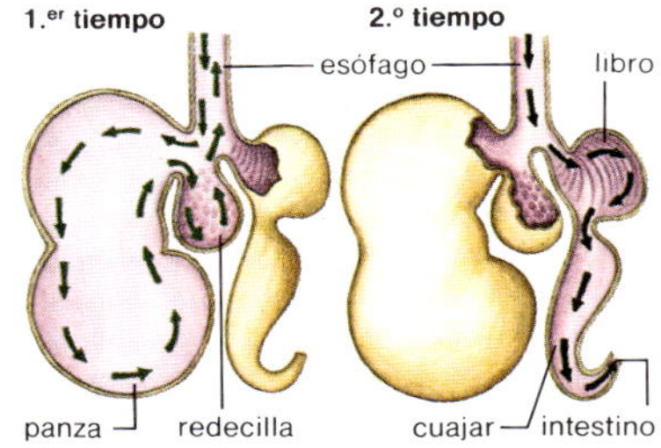

RUMIA

RUMIA o **RUMIACIÓN** n. f. Tipo de digestión particular de los rumiantes, que almacenan en la panza la hierba no masticada, la regurgitan a continuación a la boca para que sufra una trituración antes de descender de nuevo al libro y al cuajar, donde tiene lugar la digestión gástrica.

RUMIANTE adj. y n. m. Relativo a un suborden de mamíferos ungulados provistos de un estómago dividido en tres o cuatro cavidades y que practican la rumia. (El suborden *rumiantes* comprende los *bóvidos* [buey, cordero, cabra, gacela, etc.], los *giráfidos* [jirafa, okapi, etc.], los *cérvidos* [ciervo, gamo, reno, etc.] y los *camélidos* [camello, dromedario, llama, etc.].)

■ Los rumiantes son los mamíferos que han proporcionado una ayuda más importante a la civilización humana (caza, animales domésticos, etc.). Son mamíferos ungulados, con dos dedos por pata, caracterizados por su capacidad para acumular rápidamente una gran cantidad de alimento vegetal en su panza, y para regurgitarlo posteriormente en pequeñas fracciones que mascan y tragan de nuevo, dirigiéndolo esta vez hacia compartimientos del estómago que desarrollan una acción química: libro y cuajar. A esta doble ingestión corresponden dos tipos de dientes: los incisivos (6 u 8 en el maxilar inferior, inexistentes en el superior), que cortan la hierba de los pastos, y los molares, que trituran la hierba regurgitada desde la panza.

Entre los rumiantes se encuentran los únicos mamíferos dotados de un par de cuernos, presentes sólo en el macho (cordero y ciervo) o en los dos sexos (buey y reno). El hombre aprovecha la fuerza muscular de los rumiantes (animales de albarda y de tiro), su leche, su carne, su piel y su cornamenta.

RUMIAR v. tr. (lat. *rumigare*) [**1**]. Efectuar la rumia. || *Fig.* y *fam.* Cavilar mucho sobre una cosa.

RUMIÑAHUI, cumbre de los Andes ecuatorianos, en la cordillera Occidental, al S de la provincia de Pichincha; 4 722 m.

RUMIÑAHUI, cantón de Ecuador (Pichincha), avenado por el *río Rumiñahui;* 22 913 hab. Cab. *Sangolquí.* Centro agrícola (cereales y patatas) y comercial. Textiles. Elaboración de tabaco.

RUMIÑAHUI, caudillo inca († 1534). Luchó contra Pizarro y, muerto Atahualpa (1533), se proclamó emperador de los incas. Incendió Quito (1534), apoderándose de sus tesoros; apresado y torturado por los españoles, murió sin confesar dónde los había escondido.

RUMMEL *(uadi),* uadi de Argelia oriental, tributario del Mediterráneo; 250 km. Atraviesa los montes de Constantina por una serie de gargantas (la más célebre de las cuales rodea la ciudad vieja de Constantina), y más adelante toma el nombre de uadi al-Kebir.

RUMMENIGGE (Karl Heinz), futbolista alemán (Lippstadt 1955). Proclamado mejor jugador de Europa en 1980 y 1981, ha sido internacional en sesenta ocasiones; la selección de que forma parte ha conseguido los títulos de campeón de Europa de naciones (1980) y subcampeón del mundo (1982).

RUMOR n. m. Noticia vaga u oficiosa. || Ruido confuso, sordo e insistente.

RUMOR (Mariano), político italiano (Vicenza 1915). Fue secretario general del Partido democratacristiano (1964-1965) así como ministro y jefe del gobierno en varias ocasiones (1968-1969, 1969-1970 y 1973-1974). Es presidente de la Unión europea de los democratacristianos desde 1965.

RUMOREAR v. intr. [**1**]. Circular un rumor, transmitirse de unos a otros.

RUMOROSO, A adj. Que causa rumor.

RUMY n. m. Juego de naipes en el que pueden jugar de dos a seis personas con baraja de 52 cartas.

RUNA n. f. Cada uno de los caracteres de la escritura rúnica.

RUNABOUT n. m. (voz inglesa). Pequeña canoa de carreras o de recreo cuyo motor, de gran potencia, se aloja en el interior del casco.

RUNCORN, c. de Gran Bretaña (Cheshire), en el estuario del Mersey; 30 000 hab. Industrias químicas.

RUNCHO n. m. Marsupial parecido a la zarigüeya común, que vive en América Meridional. (Familia didélfidos.)

RUNDSTEDT (Gerd VON), mariscal alemán (Aschersleben 1875-Hannover 1953). Mandó un cuerpo de ejército en Polonia, Francia y Rusia (1939-1941), donde conquistó Ucrania. En 1942 se le confió el mando del frente del oeste, pero fue remplazado por Kluge después del desembarco de Normandía (1944). Hitler le confió la dirección de la última ofensiva de la Wehrmacht en las Ardenas (dic. 1944).

RUNEBERG (Johan Ludvig), poeta finlandés en lengua sueca (Jakobstad 1804-Borgoå 1877). Su inspiración lírica y épica (*Idilios y epigramas,* 1830; *Los cazadores de alces,* 1832; *El rey Fjalar,* 1844; *Relato del alférez Stål,* 1848) le convirtió en el poeta nacional de Finlandia.

RÚNICO, A adj. Dícese de una antigua escritura germánica formada con signos especiales llamados *runas.*

RUNRÚN n. m. *Fam.* Rumor, ruido confuso.

RUNRUNEAR v. intr. [**1**]. Rumorear.

RUNRUNEO n. m. Acción de runrunear. || Runrún.

RUOLZ n. m. Aleación de cobre, níquel y plata, de color parecido al de esta última, usada en orfebrería.

RUPANCO, lago de Chile (Los Lagos), al SE de Osorno; 30 km de long. y 7 de anch. En sus orillas se asientan las ciudades de *Rupanco* y Puerto Rico. Turismo.

RUPA-RUPA → TINGO MARÍA.

RUPERT, r. de Canadá (Quebec), tributario de la bahía James; 600 km.

RUPERTO (Roberto, conde palatino, llamado **el Príncipe**), almirante inglés (Praga 1619-Londres 1682). Hijo del elector palatino Federico V y de Isabel Estuardo, sirvió eficazmente a la causa de su tío Carlos I y, a continuación, a la de Carlos II.

RUPESTRE adj. (lat. *rupestrem*). Relativo a las rocas. ● *Arte rupestre* (B. Art.), pinturas, grabados y relieves realizados sobre las rocas.

RUPIA n. f. Unidad monetaria principal de

diversos países asiáticos (India, Indonesia, Maldivas, Nepal, Pakistán, Srī Lanka) y africanos (Mauricio, Seychelles).

RUPTOR n. m. Interruptor de una bobina de inducción. || Dispositivo de un automóvil, destinado a interrumpir la corriente en el sistema de encendido eléctrico para producir la chispa en la bujía.

RUPTURA n. f. Rompimiento, acción y efecto de romper o romperse, especialmente las relaciones entre personas.

RURAL adj. Relativo al campo.

RURALES n. m. pl. Nombre que recibía en México la policía del campo durante el mandato de Porfirio Díaz.

RURRENABAQUE, c. de Bolivia (Beni), a orillas del Beni, frente a la ciudad de San Buenaventura, a la que está unida con un puente. Puerto fluvial exportador (caucho).

RUSCO n. m. Brusco.

RUSE, c. del N de Bulgaria, a orillas del Danubio; 163 000 hab. Astilleros. Industrias químicas.

RUSIA, en ruso **Rossia,** nombre dado al antiguo imperio de los zares. Oleadas sucesivas de invasores se establecieron en las estepas de Rusia meridional —escitas, sármatas, godos, hunos, ávaros, jázaros—, al tiempo que los eslavos orientales procedentes de los Cárpatos se expandían por el territorio. En los ss. VIII y IX, los varegos (normandos de Escandinavia) establecieron relaciones comerciales con los búlgaros del Volga, los jázaros y el oriente musulmán. Descubrieron luego la ruta desde Nóvgorod hasta Constantinopla por el Dniéper. Dieron a los soldados mercenarios eslavos, jefes militares y, a partir de la década del 860, la dinastía Riúrikovichi, que estuvo al frente de la formación de la Rusia de Kíev.

LA RUSIA DE CATALINA II 1762-1796

• *La formación del estado ruso.* Kíev fue la capital del primer estado ruso (de fines del s. IX al s. XII), en el seno del cual tuvo lugar la unificación de los eslavos orientales. Gracias a las conquistas de Sviatoslav (de 964 a 972), de Vladimiro I el Grande (de 980 a 1015) y de Yaroslav el Sabio (de 1019 a 1054), el estado de Kíev accedió al mar del Norte y conquistó nuevos territorios en el O (Volinia) y en el NE (valle del Oká). Estrechamente relacionada con Bizancio, Kíev adoptó el cristianismo (c. 988). La constitución de una iglesia nacional, que siguió el rito eslavo introducido por los búlgaros, reforzó la cohesión nacional. El desarrollo de relaciones comerciales con los países escandinavos, con occidente, con Bizancio y con el oriente musulmán favoreció el desarrollo de las ciudades. Éstas contaban con un consejo municipal, el *vieche,* institución cuyo poder se extendía sólo hasta Nóvgorod. La mayoría de la población estaba constituida por campesinos libres *(smerd),* que gozaban de la propiedad colectiva de la tierra (*zadruga* o comunidad rural). Los boyardos formaban la clase superior.

En el s. XII, el principado de Kíev, debilitado por las querellas dinásticas, no pudo ya mantener la seguridad en los territorios del S, atacados por los nómadas. Su población emigró entonces hacia el SO (principados de Smoliensk, Chernígov, Pólotsk, Pereslav y Galitzia-Volinia) y hacia el NE (Múrom, Riazán, Rostov, Súzdal y Vladímir). En Suzdalia, los colonos rusos se mezclaron con los pobladores autóctonos fineses: así se formó, del s. XII al s. XV, la Gran Rusia. En los ss. XII y XIII, el principado de Vladímir-Súzdal conoció su apogeo, tal como lo manifestó la aparición de nuevas ciudades: Tver (act. Kalinin), Yaroslav, Moscú, Nizhni Nóvgorod (act. Gorki).

Los mongoles, que conquistaron Vladímir en 1238 y Kíev en 1240, mantuvieron su dominio sobre Rusia durante más de dos siglos. Sólo Nóvgorod, que logró detener la expansión germánica que la amenazaba (victorias de Alejandro Nevski, 1240 y 1242), se mantuvo independiente. Los príncipes rusos tuvieron que ver confirmada su autoridad sobre cada principado por medio de un *yarlik* (carta) que le era acordado por los kanes de la Horda de Oro.

• *Moscovia y la unión de las tierras rusas.* Gracias a su dinamismo y a su hábil política con respecto a los mongoles, los príncipes de Moscú adquirieron supremacía sobre los demás principados rusos, a los que reunieron, de 1263 (advenimiento de Daniel Nevski) a 1505 (muerte de Iván III), bajo su autoridad. La Iglesia, cuyo metropolitano se estableció en Moscú en 1326, favoreció esta evolución. Los príncipes de Moscú dirigieron la lucha contra los mongoles (victorias de Dimitri Donskói [1380] y de Iván III [1480 y 1502]) y liberaron el territorio nacional. Iván IV (de 1547 a 1584) eliminó los kanatos mongoles de Kazán y de Astraján (1556), anexionó la región del Volga y comenzó la expansión en Siberia.

Desde entonces se instauró en Rusia una monarquía hereditaria que evolucionó hacia la autocracia. Después de que Constantinopla, que había suscrito la unión con Roma (1439), cayera en manos de los turcos (1453), Moscú tomó su puesto y se transformó en la tercera Roma. Iván III se consideró monarca por derecho divino, protector de la ortodoxia, e Iván IV tomó el título de zar en 1547. La clase de los boyardos vio entonces su poderío en peligro, al tiempo que se desarrollaba la nueva nobleza de los *pomiéschiki,* dotada de tierras de servicio. Durante los ss. XV y XVI, los campesinos de los dominios hereditarios de los boyardos y del clero o de las tierras de servicio eran todavía libres de abandonar a sus amos. Los códigos de 1497 y de 1550 limitaron esta libertad, la cual, a partir de 1581, fue concedida sólo esporádicamente.

Después de la extinción de la dinastía de Riúrikovichi (1598, muerte de Fiódor I), el reinado de Borís Godunov (de 1598 a 1605) fue seguido por una época de inestabilidad (1605-1613) durante la cual el estado se vio amenazado de desintegración total. Los primeros Románov (Miguel Fiódorovich [de 1613 a 1645] y Alejo Mijáilovich [de 1645 a 1676]) se ocuparon de la restauración nacional, al mismo tiempo que lo hacían la nobleza, la burguesía de las ciudades y el clero, representados por el Zemski-Sobor. El código de 1649 precisó la obligación del servicio estatal para los nobles y fijó definitivamente al campesino en su tierra, con lo cual institucionalizó la servidumbre. También la Iglesia vio agravarse su dependencia con respecto al estado después del cisma de los tradicionalistas (*raskol,* 1666-1667) y durante el reinado de Pedro el Grande, quien suprimió el patriarcado e instituyó un Santo Sínodo que dependía directamente del estado. En 1667, como resultado de una larga guerra contra Polonia, Rusia confirmó (tratado de Andrúsovo) la posesión de Ucrania oriental (or. izq. del Dniéper y región de Kíev).

• *El imperio ruso de los déspotas ilustrados del s. XVIII.* Pedro I el Grande (de 1689 a 1725) accedió al poder tras el reinado de Fiódor III (de 1676 a 1682) y de la regencia de Sofía Alexéievna (de 1682 a 1689) y tomó el título de emperador en 1721. Emprendió la modernización y la occidentalización del país, que había sufrido un gran retraso económico y cultural con respecto a occidente durante la ocupación mongol, pero que había reanudado en el s. XVI sus relaciones con los países europeos. Convirtió a Rusia en una potencia marítima (acceso al Báltico tras la anexión de Livonia, Estonia, Ingria y parte de Carelia), la dotó de una nueva capital (San Petersburgo) y envió a Bering a explorar la península de Kamchatka. Ana Ivánovna (de 1730 a 1740) conquistó Azov. Durante el reinado de Isabel Petrovna (de 1741 a 1762) las tropas rusas entraron en Berlín (1760). Catalina II (de 1762 a 1796) alcanzó el mar Negro (1774, tratado de Kuchuk-Kainarzhi) y anexionó el kanato de Crimea y una parte de Moldavia. Como consecuencia de los tres repartos de Polonia, Lituania, Bielorrusia y Ucrania occidental fueron anexionadas a Rusia. A fines del s. XVIII, el imperio ruso se había convertido en una gran potencia europea que participó en las coaliciones ante la Francia revolucionaria y el primer imperio francés.

La cultura había realizado progresos decisivos, gracias a la elaboración de una lengua literaria rusa (trabajos de Lomonósov, fundador de la universidad de Moscú, 1755), pero la influencia occidental no afectó profundamente más que a la nobleza. Ésta, a cambio de su sumisión al absolutismo del estado, adquirió un poder absoluto sobre los siervos. Grandes revueltas campesinas, sofocadas por los cosacos, estallaron en los ss. XVII y XVIII. La más grave de ellas fue la de Pugachov (1773-1774).

• *Poderío y debilidades del imperio ruso en el s. XIX.* Después de la llamada guerra patriótica de 1812, victoriosas de la campaña de Rusia, las tropas rusas participaron en la liberación de Europa. Alejandro I (de 1801 a 1825) recibió en el congreso de Viena (1815) el reino de Polonia e hizo refrendar la posesión de Finlandia y de Besarabia. La expansión prosiguió en el Cáucaso, con la anexión de Georgia (de 1801 a 1878) y de Armenia (de 1828 a 1878). La influencia rusa creció en los Balcanes, en lucha contra los otomanos. Nicolás I (de 1825 a 1855) mantuvo el orden en Europa y aplastó las revoluciones polaca (1830-1831) y húngara (1848-1849). Pero la desastrosa guerra de Crimea (1854-1855) reveló las debilidades internas del imperio.

Alejandro II (de 1855 a 1881) se encaminó por la vía de las reformas, reclamadas desde tiempo atrás por la oposición liberal, y abolió la servidumbre (1861). A pesar de ello, durante la segunda mitad del s. XIX se agravaron las condiciones de vida de los campesinos, que debieron comprar sus tierras rembolsando al estado el precio del rescate que éste les había adelantado y pagar gravosos impuestos. Las parcelas atribuidas por el *mir* a cada campesino fueron exiguas en las regiones centrales, superpobladas a pesar del éxodo de numerosos colonos hacia Siberia y Ucrania meridional. La industria absorbió, no obstante, una mano de obra cada vez más poderosa: 600 000 obreros en 1860 y 2 000 000 en 1897. Sin embargo, a pesar del progreso de las industrias textil y alimentaria y de la construcción de una buena red de vías férreas

(1860-1880), la revolución industrial se desarrolló en Rusia sólo después de 1880. Los capitales extranjeros, a los que recurrió Alejandro III (de 1881 a 1894) y más tarde Nicolás II (de 1894 a 1917), permitieron la explotación de las minas de Ucrania y del petróleo de Bakú, así como la construcción del Transiberiano (1891-1906). Nació entonces un proletariado duramente explotado; a partir de 1895 las huelgas fueron frecuentes.

• *El movimiento revolucionario y la caída del zarismo.* El movimiento revolucionario, nacido en la década de 1860 (nihilismo y populismo), se radicalizó y recurrió al terrorismo (asesinato de Alejandro II). El Partido obrero socialdemócrata, fundado en 1898, difundió el marxismo entre los proletarios. El Partido socialrevolucionario, fundado en 1901-1902, fue partidario de un socialismo agrario, y una oposición moderada se desarrolló en el seno de los *ziémstvos.*

La política expansionista de Rusia en Asia (anexión de la región del Amur [1858], conquista de Asia central) chocó en Manchuria con los intereses japoneses. Los desastres de la guerra ruso-japonesa (1904-1905) hicieron estallar el descontento de todas las capas de la población. La revolución rusa de 1905 fue aplastada en enero de 1906. Los liberales, que habían fundado el Partido constitucional-demócrata, obtuvieron la instauración de una *duma* consultiva. A pesar de ello, los problemas sociales se agravaron debido a la diferenciación creciente entre el proletariado agrícola y la clase de los campesinos ricos *(kulaks).* Las huelgas se multiplicaron a partir de 1912. El Partido bolchevique, fundado por Lenin, se aprestó a una lucha violenta para conquistar el poder.

Rusia, que se había comprometido en la alianza francorrusa, a partir de 1890, y que se acercó a Gran Bretaña (acuerdos de 1907), se vio arrastrada a la primera guerra mundial. Los problemas sufridos por la nación debido al estado de guerra provocaron la caída de Nicolás II y el estallido de la revolución rusa de 1917. Los bolcheviques transformaron el imperio ruso en la Unión de Repúblicas Socialistas Soviéticas (U.R.S.S.*).

RUSIA (REPÚBLICA SOCIALISTA FEDERATIVA SOVIÉTICA DE) [R.S.F.S.R.], la mayor (17 075 000 km^2) y más poblada (130 079 000 hab., más de la mitad de la población de la U.R.S.S.) de las repúblicas de la U.R.S.S., en la cual se hallan las dos principales ciudades soviéticas: Moscú y Leningrado. Rusia es la única república soviética a la vez europea y asiática: se extiende desde el Báltico (región de Leningrado) hasta el Pacífico, y desde el Ártico hasta la frontera con Mongolia y China, y comprende la casi totalidad de la cuenca del Volga, de la cadena de los Urales y de la inmensa Siberia* (con el Kuzbass).

Rusia *(campaña de),* campaña dirigida por Napoleón contra Rusia (1812). Las dificultades derivadas del bloqueo continental, el problema polaco y la anexión napoleónica de Oldenburg (1811) provocaron la ruptura de la alianza francorrusa, concluida en Erfurt en 1807. Aliado de Austria y de Prusia, Napoleón atacó a los rusos, que habían firmado la paz con los turcos y contaban con el apoyo de Suecia. El 24 de junio de 1812 un ejército de 600 000 hombres atravesó el Nieman y, tras batir a Kutúzov en Borodinó (7 set.) entró en Moscú, devastada por el fuego. Dado que el zar rehusó toda negociación y que el ejército ruso no estaba destruido, Napoleón ordenó la retirada de sus tropas, las cuales, víctimas de los rigores del clima ruso, hostigadas por los cosacos y por Kutúzov, tuvieron que abrirse paso por el Bereziná (28 nov.). El ejército francés, 400 000 de cuyos hombres habían muerto y otros 100 000 habían sido hechos prisioneros, alcanzó el Nieman, mientras que Prusia, traicionando a Napoleón, se unía a los rusos, creando así la sexta coalición (dic. 1812).

RUSIA BLANCA → BIELORRUSIA.

RUSIENTE adj. Rojo o candente por la acción del calor.

RUSIFICACIÓN n. f. Acción de rusificar.

RUSIFICAR v. tr. y pron. [**1a**]. Hacer adoptar las instituciones o la lengua rusas.

Salmer

Santiago **Rusiñol:** *Jardín.* (Museo Pau Casals, Vendrell.)

RUSIÑOL (Santiago), pintor y escritor español en lengua catalana (Barcelona 1861-Aranjuez 1931). Se dio a conocer como pintor en la sala Parés de Barcelona (1884), junto con Ramón Casas y Enrique Clarassó. Viajó por Cataluña y vivió la bohemia parisina, experiencias que evocó en libros como *Desde mi molino* (1894) e *Impresiones de arte* (1897) y en pinturas como *La cocina del Moulin de la Galette* (museo de arte moderno, Barcelona). De 1892 a 1898 organizó en Sitges las llamadas fiestas modernistas (inauguración de la casa-museo del Cau-Ferrat, homenaje al Greco) y en Barcelona fundó el cenáculo modernista Els quatre gats. De sus muchos viajes extrajo tema de inspiración para sus pinturas (*Jardín de Aranjuez,* museo de arte contemporáneo, Madrid) y para sus libros (*La isla de la calma* [*L'illa de la calma,* 1920]). De su obra literaria son de destacar obras escénicas como *El hombre del órgano* (*L'home de l'orgue,* 1890) y *La alegría que pasa* (*L'alegria que passa,* 1898) y la novela *Las aleluyas del señor Esteve* (*L'auca del senyor Esteve,* 1907).

RUSK (Dean), político norteamericano (en el condado de Cherokee, Georgia, 1909). Sirvió en la administración Truman (1949-1951) y fue presidente de la fundación Rockefeller (1952-1961) y secretario de Estado (1961-1968) con Kennedy y Johnson; promovió la intervención de E.U.A. en Vietnam. Desde 1970 es profesor de derecho internacional.

RUSKIN (John), crítico de arte, sociólogo y escritor británico (Londres 1819-Coniston, Lancashire, 1900). Reaccionó contra el materialismo de la era victoriana y asoció las argumentaciones morales y las iniciativas prácticas con la reflexión sobre el arte; elogió la arquitectura gótica y apoyó el movimiento prerrafaelista y el renacimiento de las obras de artesanía.

RUSO, A adj. y n. De Rusia. ◆ adj. *Bistec ruso,* hamburguesa. || *Ensalada rusa,* ensaladilla.

RUSO n. m. Gabán de paño grueso. || Lengua eslava que se habla en Rusia.

■ El ruso pertenece, junto con el bielorruso (hablado por 11 millones de personas) y el ucraniano (40 millones), al grupo oriental de lenguas eslavas. Lengua materna de unos 120 millones de rusos, se enseña y practica en todo el territorio de la U.R.S.S.

El ruso antiguo se constituyó en la alta edad media a partir del eslavo común. Fue transcrito, desde el s. IX, gracias al alfabeto cirílico. A partir de esta época coexisten una lengua hablada y dos lenguas escritas: una que se utiliza en los documentos jurídicos y administrativos, y otra, el eslavón, de uso religioso. En el s. XIII, debido a las circunstancias políticas (toma de Kíev en 1240, creación del principado de Moscú c. 1260), el ruso se diferenció en tres lenguas: bielorruso, ucraniano y gran ruso. El ruso moderno se unificó progresivamente a partir del s. XVIII, con la eliminación relativa del eslavón, la normalización de la lengua escrita y la síntesis realizada por los grandes escritores de principios del s. XIX (especialmente Pushkin).

El ruso se caracteriza, como las otras lenguas eslavas, por un sistema complejo de declinaciones y por el predominio de la noción de aspecto sobre la de tiempo.

RUSÓFILO, A adj. Que simpatiza con Rusia y los rusos.

ruso-japonesa *(guerra),* conflicto que enfrentó a Rusia y Japón desde febrero de 1904 hasta setiembre de 1905. La guerra estuvo marcada por el desembarco de los japoneses en Corea, quienes, después de haber sitiado Port-Arthur, lanzaron sus fuerzas, bajo el mando del mariscal Oyama (1842-1916), sobre Mukden, donde vencieron al ejército ruso de Kuropatkin. La escuadra rusa del Báltico, tras realizar un largo periplo, fue destruida en Tsushima por el almirante Tōgō Heihachirō (1847-1934). El tratado firmado en Portsmouth (E.U.A.) consagró la victoria de Japón, quien estableció su protectorado sobre Corea, anexionó la parte sur de la isla de Sajalín y obligó a los rusos a abandonar Manchuria.

rusos blancos *(ejércitos de los),* formaciones militares que, entre 1918 y 1920, intentaron oponerse al poder bolchevique nacido de la revolución de octubre de 1917. Entre los principales cabe citar:
— los ejércitos del Sur de Rusia, en la región del Don inferior, cuyos jefes fueron los generales Kaledin, Kornílov y, sobre todo, Denikin y Wrangel, quienes, en 1919 y 1920, controlaron Crimea y parte de Ucrania;
— los ejércitos de Siberia, formados en 1918 por antiguos prisioneros checos del ejército austríaco, unidos a los cosacos del Ural. Su jefe, el almirante Kolchak, atacado por el ejército rojo, se vio obligado a replegarse desde Omsk hasta el Pacífico. Fue detenido y fusilado en Irkutsk (febr. 1920);
— el ejército de los países bálticos, a las órdenes del general Nikolai Yudiénich (1862-1933), quien, tras el fracaso de un ataque sobre Petrogrado, se replegó a Estonia.

RÜSSELSHEIM, c. de Alemania (R.F.), en Hesse, a orillas del Main; 52 000 hab. Construcción automovilística.

RUSSELL (John, *conde*), político británico (Londres 1792-Pembroke Lodge 1878). Líder del partido whig en la cámara de los Comunes (1834), secretario del Interior (1835-1839) y de Colonias (1839-1841), sucedió a Peel como primer ministro (1846-1852) y acabó la obra librecambista de aquél. Ministro de Asuntos Exteriores (1852-1855 y 1860-1865), luchó contra la influencia rusa en Europa. Fue una vez más primer ministro en 1865-1866.

RUSSELL (*Bertrand* Arthur William, tercer *conde*), lógico y filósofo británico (Trelleck, País de Gales, 1872-Penrhyndeudraeth, País de Gales, 1970). Preocupado por problemas éticos, y en especial por la paz, se esforzó para resolverlos a través de una serie de tomas de posición políticas (conferencias, debates, campaña para el desarme nuclear, creación de una fundación para la paz y promoción del *tribunal Russell* (1967) para la defensa de los derechos y las libertades de los pueblos, así como de libros (*Caminos hacia la libertad,* 1918; *Teoría y práctica del bolchevismo,* 1920; *Sobre educación,* 1926; *Ética y política en la sociedad humana,* 1954). El otro aspecto de su actividad fue su contribución a la lógica matemática (*Los principios de la matemática,* 1903; *Principia* mathematica*, en colaboración con A. N. Whitehead; *El análisis de la mente,* 1921). En *Investigación sobre significado y verdad* (1940) y *El conocimiento humano: su finalidad y límites* (1948) planteó en términos nuevos el problema de una teoría empirista del mundo, al mostrar la relación de la experiencia con las entidades lógicas. (Premio Nobel de literatura, 1950.)

RUSSELL (Henry Norris), astrónomo norteamericano (Oyster Bay, Nueva York, 1877-Princeton, Nueva Jersey, 1957). Se le deben numerosos trabajos acerca de la física de las estrellas, en los cuales estableció, en colaboración con Hertzsprung, una clasificación de las estrellas en función de su luminosidad y de su clase espectral (*diagrama de Herzsprug Russell,* 1913).

RUSTAVI, c. de la U.R.S.S. (Georgia), a orillas del Kura; 131 000 hab. Metalurgia.

RUSTENBURG, c. de la República de Sudáfrica (Transvaal), al NO de Johannesburgo. Centro de extracción de platino.

RUSTICIDAD, n. f. Calidad de rústico.

RÚSTICO, A adj. (lat. *rusticum*). Relativo al campo, o propio de las gentes del campo. || *Fig.* Tosco, inculto, grosero. • *A la,* o *en, rústica,* tratándose de encuadernaciones de libros, con cubierta de papel o cartulina.

RÚSTICO, A n. Persona del campo.

RUSTRO n. m. *Heráld.* Pieza consistente en un losange que trae un círculo en su interior.

Rut *(libro de),* libro bíblico escrito *c.* 450 a. J.C. Narra la historia de Rut, mujer moabita quien, por su casamiento con el israelita Booz, se convierte en antepasada del rey David. El libro de Rut es testimonio de un universalismo que encuentra serios problemas frente al nacionalismo intolerante.

RUTA n. f. (fr. *route*). Camino por donde se pasa para ir de un lugar a otro. || Camino establecido para un viaje, expedición, etc. || *Fig.* Conducta, comportamiento.

RUTABAGA n. f. Especie de col con raíz muy gruesa, cultivada para alimento del ganado. (Familia crucíferas.)

RUTÁCEO, A adj. y n. f. Relativo a una familia de plantas dicotiledóneas dialipétalas con fruto en drupa o en baya. (El *limonero* y el *naranjo* pertenecen a la familia *rutáceas.*)

RUTE, v. de España (Córdoba), cab. de p.j., al pie de la *sierra de Rute;* 9 868 hab. *(Ruteños.)* Industria de aguardientes.

RUTEBEUF, poeta francés del s. XIII († *c.* 1285). Autor de un monólogo cómico, de poemas satíricos, de una parte del *Roman de Renart* (*Renart le Bestourné, c.* 1270) y de uno de los más antiguos milagros de Nuestra Señora (*Milagro de Teófilo, c.* 1261), fue el primer poeta que se liberó de las tradiciones cortesanas.

RUTENIA, forma latinizada del nombre *Rusia,* adoptada en la edad media por los príncipes de Galitzia, que asumieron el título de reyes de Rutenia. Después de 1918 el nombre fue aplicado a la provincia más oriental de Checoslovaquia *(Rutenia Carpática o Subcarpática* o *Ucrania Subcarpática).* Ocupada por los húngaros en 1939, fue liberada por los soviéticos en 1944. Devuelta a Checoslovaquia después de la segunda guerra mundial, en 1947 fue anexionada definitivamente a la U.R.S.S., que la incorporó a Ucrania, donde constituye en la actualidad la región subcarpática.

Fleming

Bertrand **Russell**

RUTENIO n. m. Metal (Ru), n.º 44, perteneciente al grupo del platino, de masa atómica 101,07 y densidad 12,3, que funde hacia 2 500º C.

RUTENO, A adj. y n. De Rutenia. ◆ adj. *Iglesia rutena,* Iglesia dependiente de la antigua metrópolis de Kíev, que suscribió el acta de unión con Roma en 1595 (ratificada en Brest-Litovsk en 1596), de donde su denominación de *Iglesia uniata.*

RUTHERFORD n. m. *Fís.* Unidad de radiactividad (símbolo Rd) equivalente a la radiactividad de una sustancia radiactiva en la que se producen un millón de desintegraciones cada segundo.

RUTHERFORD OF NELSON (Ernest, *lord*), físico británico (Nelson, Nueva Zelanda, 1871-Cambridge 1937). En 1903 estableció, en colaboración con Soddy, la ley de los desplazamientos radiactivos; en 1906 demostró que las partículas alfa están formadas por núcleos de helio, y mediante experiencias de difusión de estas partículas sobre láminas delgadas, puso de manifiesto la existencia del núcleo atómico. En 1919 obtuvo la primera transmutación provocada, la del nitrógeno en oxígeno. (Premio Nobel de química, 1908.)

RUTHERFORDIO n. m. *Quím.* Nombre dado por los científicos norteamericanos al elemento químico n.º 104, para el que los científicos soviéticos proponen el nombre de kurchatovio.

RUTILANTE adj. Que rutila.

RUTILAR v. intr. (lat. *rutilare*). [**1**]. *Poét.* Brillar mucho, resplandecer.

RUTILO n. m. Óxido natural de titanio, TiO_2.

RUTINA n. f. Costumbre, o manera de hacer algo de forma mecánica y usual. || *Informát.* Parte de un programa que realiza una determinada función típica, reutilizable en otros programas distintos.

RUTINARIO, A adj. Que se hace o practica de rutina. ◆ adj. y n. Que obra por rutina.

RÜTLI o **GRÜTLI,** pradera situada en las orillas del lago de Cuatro Cantones (cantón de Uri), donde, probablemente el 1 de agosto de 1291, se prestó juramento de alianza entre los patriotas de los cantones de Uri, de Nitwald y de Schwyz, con vistas a luchar contra la tiranía de Alberto de Austria.

RUTÓSIDO n. m. o **RUTINA** n. f. Glucósido que se extrae de numerosos vegetales (ruda y tomate), dotado de actividad vitamínica P.

RUWENZORI, macizo del África oriental, en la frontera entre Zaire y Uganda; 5 119 m en el *pico Margarita.*

Ruy Blas, drama en cinco actos y en verso de Victor Hugo (1838). A fines del s. XVIII, en la corte española, don Salustio utiliza a su criado Ruy Blas para vengarse de la reina. Amado por la reina, Ruy Blas se convierte en primer ministro y pretende acabar con la corrupción dentro del estado. Deshecho el engaño mata a su amo, se envenena y muere perdonado por la reina.

RUYRA (Joaquim), escritor español en lengua catalana (Gerona 1858-Barcelona 1939). Autor representativo de la narrativa regionalista de principios de siglo, alcanzó gran prestigio con su libro de narraciones *Del mar y del bosque* (*Marines i boscatges,* 1903), ampliado en 1920 con el título de *Piña de rosa (Pinya de rosa).* Entre sus relatos posteriores destacan *La espera* (*La parada,* 1919) y *Entre llamas* (*Entre flames,* 1928). Cultivó asimismo el teatro y el ensayo.

RUYSBROEK, RUBROEK, RUBROUCK o **RUBRUQUIS** (Guillermo DE), franciscano flamenco (Rubroek, cerca de Cassel, *c.* 1220-† d. 1293). Enviado como misionero al kan de los mongoles por Luis IX, abandonó Constantinopla en 1253 y se estableció seis meses en la corte de Mangū Kan (1254). Como resultado de su misión, que fracasó en su doble aspecto diplomático y religioso, al igual que la de Pian Carpino, escribió *Itinerarium ad partes orientales.*

RUYSDAEL o **RUISDAEL** (VAN) → VAN RUYSDAEL.

RUYTER (Michiel ADRIAANSZ VON DE), almirante neerlandés (Flessinga 1607-cerca de Siracusa 1676). A las órdenes de Tromp, combatió a Blake en el Támesis (1653); vicealmirante (1673), luchó contra los berberiscos, y luego nuevamente contra los ingleses, sembrando el pánico en Londres (1667). Teniente general-almirante (1671), evitó que la flota anglofrancesa desembarcara en su país (1672-1673).

RUZ n. m. *Geomorfol.* En el relieve de tipo jurásico, valle excavado en el flanco de un anticlinal.

RUŽIČKA (Leopold), químico suizo de origen checoslovaco (Vukovar, Croacia, 1887-Zurich 1976), autor de investigaciones sobre los terpenos y las hormonas. (Premio Nobel de química, 1939.)

RUZZANTE (Angelo BEOLCO, llamado), actor y dramaturgo italiano (Padua 1502-*id.* 1542), que escribió comedias populares en dialecto paduano.

RWANDA → RUANDA.

RYBNIK, c. de Polonia, en la Alta Silesia; 104 000 hab. Hulla.

RYDBERG (Johannes Robert), físico sueco (Halmstad 1854-Lund 1919). Estableció una relación entre los espectros de los metales alcalinos y alcalinotérreos. La *constante de Rydberg,* R_H = 109 700 C.G.S., figura en esta relación.

RYDZ-ŚMIGŁY (Edward). → POLONIA *(campaña de) [1939].*

RYLE (*sir* Martin), físico y radioastrónomo británico (Brighton 1918). Es el descubridor de la técnica de observación de la apertura-síntesis, destinada a identificar objetos estelares a partir de radioseñales. Compartió con Hewish el premio Nobel de física en 1974.

Ryswick (*tratados de*), acuerdos concluidos en el castillo de Nieuwburg (cerca de Ryswick, La Haya), por Francia, con las Provincias Unidas, Inglaterra y España y con el emperador (20-30 oct. 1697), que pusieron fin a la guerra de la liga de Augsburgo*. Bajo la mediación sueca se acordó devolverse mutuamente los territorios ocupados en Europa o fuera de ella; Francia devolvió a España las posiciones españolas ocupadas tras el tratado de Nimega.

RYŪ KYŪ, archipiélago japonés del Pacífico, que se extiende a lo largo de más de 1 000 km entre Kyūshū y Taiwan, y corresponde a la prefectura de Okinawa* (principal isla del archipiélago); 2 245 km²; 993 000 hab. Cap. *Naha.*

RZESZÓW, c. del SE de Polonia, cap. de voivodato; 112 000 hab. Industria textil.

lord **Rutherford of Nelson** (en el centro) en compañía de E. T. Walton y J. D. Cockcroft

Associated Press

S

S n. f. Vigésima segunda letra del alfabeto español y decimoctava de las consonantes: *la [s] es una consonante sibilante.* (La *s* española normalmente es sorda, es decir, se produce sin vibración de las cuerdas vocales, pero eventualmente puede sonorizarse por la vecindad de una consonante sonora: *rasgar, isla, mismo.*) || **S** designa el sur. || **s,** símbolo del *segundo,* unidad de tiempo. || **S,** símbolo químico del *azufre;* símbolo del *siemens.* || **$,** símbolo del *dólar* y del *peso.*

S.A., siglas de *sociedad anónima.*

S.A., abrev. de *su alteza.*

S.A., siglas de *Sturm Abteilung* (sección de asalto), formación paramilitar del Partido nacionalsocialista alemán creada por Hitler en 1921. Bajo el mando del capitán E. Röhm, las secciones de asalto contribuyeron decisivamente a la toma del poder por Hitler en 1933. Tras la eliminación de Röhm (1934), su papel quedó muy reducido.

SÁ CARNEIRO (Mário DE), escritor portugués (Lisboa 1890-París 1916). Cultivó el relato breve, la novela y la poesía (*Dispersión,* 1914), en la que destacó. Su obra constituye el punto de arranque de las vanguardias portuguesas del s. XX. Es también autor de una importante correspondencia con Pessoa.

SÁ CARNEIRO (Francisco), político portugués (Oporto 1934-Lisboa 1980). Tras la revolución del 25 de abril de 1974, fundó el Partido popular democrático, llamado después Partido socialdemocrático (1976), y ganó las elecciones parlamentarias de 1979, en coalición con Alianza democrática; primer ministro (en. 1980), murió en un accidente de aviación (dic.).

SÁ DE MIRANDA (Francisco DE), humanista y escritor portugués (Coimbra c. 1481-Quinta de Tapada, Minho, c. 1558), que introdujo en Portugal la epístola, la oda y el soneto. Es autor de la *Fábula de Mondego* y de la égloga *Alexo;* en 1595 se recopiló gran parte de su obra *(Poesía).*

SAADI → SA'DĪ.

SAALBACH, estación de deportes de invierno (alt. 1 003-2 100 m) de Austria (Salzburgo), en los Alpes de Kitzbühel.

SAALE, r. de Alemania, que nace en Baviera y discurre, casi en su totalidad, por la República Democrática Alemana, afl. del Elba (or. izq.); 427 km.

SAALFELD, c. de Alemania (R.D., Gera), a orillas del Saale; 34 000 hab. Monumentos góticos y barrocos.

SAAREMAA, en sueco **Ösel,** isla de la U.R.S.S. (Estonia), que cierra el golfo de Riga, 2 714 km².

SAARIKOSKI (Pentti), escritor finlandés (Impilahti, Carelia, 1937). Pasó de una inspiración lírica, basada en la antigüedad clásica (*Poesías y poemas de Hipponax,* 1959), a una expresión espontánea que conjuga las consignas marxistas con una explosión verbal cercana a la de los poetas norteamericanos de la generación beat (*Voy adonde voy,* 1965; *La extensión,* 1973).

SAARINEN (Eero), arquitecto norteamericano de origen finlandés (Kirkkonummi 1910-en Michigan, E.U.A., 1961). En 1937 se asoció con su padre, ELIEL (1873-1950), arquitecto de la estación central de Helsinki (planos: 1904), establecido en E.U.A. en 1923. Construyó al estilo de Mies Van der Rohe el centro técnico de la General motors de Detroit (1950), así como conjuntos de oficinas. Abandonó el ángulo recto para el proyecto de su terminal de la T.W.A. en Idlewild, con voladizo de hormigón (1956), y manifestó en otras obras una libertad a la vez manierista e inédita (colegios universitarios en Yale, New Haven). Desde 1940, y a veces en colaboración con Ch. Eames, creó muebles de material plástico, en especial su serie de sillas tipo concha con pie central, diseñada en 1956.

SAAVEDRA, partido de Argentina (Buenos Aires), al pie de la sierra de Cura Malal; 18 258 hab. Cab. *Pigüé.* Cereales. Ganado vacuno y ovino. Productos lácteos.

SAAVEDRA (Hernando ARIAS DE) → HERNANDARIAS DE SAAVEDRA.

SAAVEDRA (Francisco DE), político español (Sevilla 1746-*id.* 1819). En América participó en la toma de Pensacola (1781) y fue intendente de Caracas (1783), hasta que los británicos le hicieron prisionero. Liberado (1788), regresó a España, donde Godoy le encomendó la secretaría de Hacienda (1797) y la de Estado (marzo 1798). Intentó solucionar las divergencias con el Directorio francés y prestó especial atención a las finanzas (*Memoria presentada al rey,* 1798; creación de la junta de hacienda), hasta que dimitió (ag. 1798). Tras la invasión francesa, dirigió la junta de Sevilla (1808) y fue miembro de la junta central y del consejo de regencia (1810).

SAAVEDRA (Ángel DE) → RIVAS (*duque* DE).

SAAVEDRA (Cornelio DE), político y general argentino (Potosí 1761-Buenos Aires 1829). Participó en la revolución de mayo (1810) y fue presidente de la primera y segunda junta gubernativa, pero sus ideas conservadoras le hicieron sospechoso de conspiración, por lo que fue destituido. Rehabilitado, fue jefe del estado mayor del ejército (1818-1821).

SAAVEDRA (Eduardo), ingeniero, arabista y arqueólogo español (Tarragona 1829-Madrid 1912), dedicado a la investigación histórica de la época arabigoespañola (*La geografía de España de Edrisí,* 1881; *Estudio sobre la invasión de los árabes de España,* 1892).

SAAVEDRA (Juan Bautista), político boliviano (La Paz 1870-† 1939). Presidente del país (1920-1925), durante su mandato se produjo una fuerte penetración de capital norteamericano; reprimió la rebelión popular de la provincia de Santa Cruz. Es autor de *El litigio Perú-boliviano.*

SAAVEDRA CERÓN (Álvaro), marino español († en el Pacífico 1529). Realizó un viaje (1527) para averiguar el paradero de Magallanes y llegó hasta las Molucas, Mindanao y Nueva Guinea.

SAAVEDRA FAJARDO (Diego DE), escritor y político español (Algezares, Murcia, 1584-Madrid 1648). Doctor en derecho por Salamanca y caballero de Santiago, estuvo en Roma al servicio del cardenal Gaspar Borja; fue embajador en Roma (1631) y en Alemania (1632) y representante de España en las conferencias de Münster (1643). En su obra, de asunto fundamentalmente político, abordó lúcidamente los defectos de la situación económica y política de España: despoblación del campo, desprecio hacia las actividades mecánicas, excesivo número de eclesiásticos y letrados, sueño de una monarquía universal (*Introducción a la política y razón de estado del rey católico don Fernando* y, sobre todo, *Empresas políticas* o *Idea de un príncipe cristiano representada en cien empresas,* 1640). Al margen de estos temas escribió la alegoría satírica *República literaria* (obra de juventud, refundida luego y editada póstumamente en 1655), que ofrece una visión de la actitud estética del barroco.

SAAVEDRA LAMAS (Carlos), político y jurisconsulto argentino (Buenos Aires 1878-*id.* 1959). Ministro de Justicia e Instrucción Pública (1915) y de Relaciones Exteriores (1932-1938), presidió la asamblea de la S.D.N. y arbitró en las negociaciones que dieron fin a la guerra del Chaco (1935). Es autor de *Por la paz de las Américas.* (Premio Nobel de la paz, 1936.)

SABA *(reino de),* antiguo estado de Arabia del suroeste. Fundado probablemente en el s. XI a. J.C., conoció a partir del VIII a. J.C. una brillante civilización. La presa de Mā'rib, construida en esta época, permitió el desarrollo de la agricultura. La Biblia relata el viaje de la *reina de Saba* a Jerusalén y su visita al rey Salomón. Tras haber sido los dueños de la Arabia del sur, los sabeos fueron dominados por los ḥimyaríes a partir del s. I d. J.C. Las roturas de la presa de Mā'rib en los ss. V y VI, y las ocupaciones etíope (521-575) y sasánida ocasionaron la ruina del país, que poco después se integraría en el imperio musulmán.

SABA (Umberto POLI, llamado **Umberto**), poeta italiano (Trieste 1883-Gorizia 1957). Al margen de las grandes corrientes literarias de entreguerras (futurismo y hermetismo), encontró en su doble experiencia del sicoanálisis y de la persecución racista materia para una poesía atenta a los sueños infantiles y a las formas elementales de la vida (*El cancionero,* 1945 y 1961).

SABADELL, c. de España (Barcelona), cab. de p.j., capital del Vallés Occidental; 184 943 hab. *(Sabadellenses* o *sabadelleses.)* Centro

Sabadell

Flash Press

industrial con predominio del textil (lanero), seguido de la metalurgia (maquinaria eléctrica, metalurgia ligera, construcciones mecánicas, etc.) y de la construcción. El crecimiento demográfico constante desde mediados del s. XIX está actualmente estancado. Junto con Tarrasa (a 7 km) constituye una conurbación que reúne a cerca de 400 000 hab. Aeródromo. Centros universitarios de la universidad de Barcelona. Museo de bellas artes con importantes restos prehistóricos (paleolíticos, neolíticos, eneolíticos y preibéricos), romanos (mosaico de La Salud), medievales y de arte popular.
HISTORIA. De origen ibérico *(Arrahona)*, en la alta edad media fue un centro agrícola disperso hasta que en el s. XII se formó el primer núcleo de población (desde 1111 aparece en las crónicas el nombre de Sabadell). En el s. XIII nació una incipiente industria textil, que se expansionó con el reformismo borbónico. Con la introducción de los telares mecánicos (1832) y las máquinas de vapor (1838), se consiguió el desarrollo de su industria lanera, que ha sido un tradicional foco de inmigración.

SABADELLENSE adj. y n. m. y f. o **SABADELLÉS, SA** adj. y n. De Sabadell.

SÁBADO n. m. (lat. *sabbatum*). Séptimo y último día de la semana. ● *Hacer sábado*, hacer la limpieza extraordinaria de la casa. || *Sábado santo*, último día de la semana santa, vigilia de Pascua.

SABAH, ant. **Borneo Septentrional,** territorio de la Federación de Malaysia, que ocupa el extremo N de la isla de Borneo: 73 700 km²; 800 000 hab. Cap. *Kota Kinabalu*. El Kinabalu (4 175 m) es el punto culminante de Borneo. El arroz es la base de la alimentación, y la madera (el bosque cubre las cuatro quintas partes del territorio) y el caucho son los productos de exportación.

SABALETA n. f. *Amér.* Pez semejante al sábalo, aunque de menor tamaño.

SÁBALO n. m. Pez teleósteo de la familia clupeidos.

SABANA n. f. Formación herbácea característica de las regiones tropicales con prolongada estación seca, en la que pueden aparecer algunos árboles aislados *(baobabs)*.

SÁBANA n. f. (lat. *sabanam*). Cada una de las dos piezas de lienzo que se usan como ropa de cama. ● *Pegársele* a uno *las sábanas* (Fam.), levantarse de la cama más tarde de lo acostumbrado.

SABANA DE LA MAR, mun. de la República Dominicana (El Seibo), en la bahía de Samaná (vertiente atlántica); 12 555 hab. Puerto pesquero. Cacao y frutas. Ganado vacuno.

SABANA GRANDE, mun. de Puerto Rico (Mayagüez), en la cabecera del Guanajibo; 16 343 hab. Centro agrícola y comercial de caña de azúcar y café. Licores; manufacturas de cigarrillos; tejidos.

SABANA GRANDE DE BOYA, distr. mun. de la República Dominicana (San Cristóbal), en la sierra de Yamasá; 31 147 hab. Café, cacao y arroz; ganado vacuno.

SABANA-CAMAGÜEY *(archipiélago de)* o **JARDINES DEL REY,** archipiélago de Cuba, en la costa N de las provincias de Matanzas, Villa Clara, Sancti Spíritus, Ciego de Ávila y Camagüey. Está constituido por formaciones coralinas que dan lugar a unos 400 cayos, entre los que destacan los de Fragoso, Romano, Coco, Sabinal y Guajaba.

SABANALARGA, mun. de Colombia (Atlántico), cerca del delta del Magdalena; 37 981 hab. *(Sabanalargueros.)* Centro agrícola y ganadero. Industrias alimentarias. Curtidos. Centros de comunicaciones.

SABANDIJA n. f. Cualquier reptil pequeño o insecto. || *Fig.* Persona despreciable.

SABANEAR v. intr. [**1**]. *Amér.* Recorrer la sabana para vigilar el ganado o reunirlo.

SABANERA n. f. Culebra de vientre amarillo y lomo salpicado de negro, verde y pardo, propia de la sabana.

SABANETA, ant. **Santiago Rodríguez,** c. de la República Dominicana, cap. de la prov. de Santiago Rodríguez; 10 152 hab. Centro comercial y de servicios de una región agrícola y ganadera; industrias derivadas.

Arch. Planeta

Ernesto **Sábato**

SABANILLA n. f. Cualquier pieza pequeña de lienzo. || *Liturg.* Lienzo exterior con que se cubre la mesa del altar.

SABAÑÓN n. m. Lesión inflamatoria producida por el frío, pero cuyas causas profundas son múltiples: trastornos circulatorios, endocrinos o neurovegetativos, o carencias alimenticias (avitaminosis). [Afecta especialmente a las extremidades y se caracteriza por cianosis, edema y grietas.]

SABARRA (Yosef **ben**), escritor hebraicoespañol (en Cataluña, segunda mitad del s. XII), autor del *Libro de enseñanzas deleitables* en prosa rimada hebrea y verso, que contiene aforismos, fábulas y sátiras.

SÁBAT ERCASTY (Carlos), poeta uruguayo (Montevideo 1887). En 1912 quemó su producción inicial, ligada a la estética del modernismo. Su nueva expresión, fruto de una visión sana y exuberante de la vida, surge en *Pantheos* (1917), *Poemas del hombre* (1921-1937), *Vidas* (1923), *Los adioses* (1929) y *Canto secular a Rubén Darío* (1967).

SABATER (Francesc, llamado **Quico**), anarquista español (Hospitalet de Llobregat 1915-San Celoni 1960). Militante de la C.N.T.-F.A.I., durante la guerra civil combatió en el frente de Aragón. En 1945 inició su actividad guerrillera en Cataluña, y fue muerto.

SABÁTICO, A adj. *Año sabático*, en la ley mosaica, decíase de un año de cada siete, durante el cual las tierras debían permanecer en barbecho y sus productos naturales donados a los pobres; dícese del año en que, principalmente en los países anglosajones, los profesores están exentos de la docencia para dedicarse a investigación u otros estudios. (Suele concederse cada siete años.)

SABATIER (Paul), químico francés (Carcasona 1854-Toulouse 1941). En colaboración con Senderens descubrió las propiedades catalíticas del níquel reducido, y realizó por este medio la síntesis de numerosos hidrocarburos. (Premio Nobel de química, 1912.)

SABATINA n. f. Oficio religioso propio del sábado.

SABATINI (Francisco), arquitecto italiano (Palermo 1722-Madrid 1797). Fue discípulo de L. Vanvitelli, con quien colaboró en la construcción del palacio de Caserta, para Carlos VII de Nápoles, futuro Carlos III de España, con quien se trasladó a España (1760), donde se encargó durante veinticinco años de la dirección de las obras arquitectónicas de la corte. Formado en los supuestos del barroco italiano, su obra se aproximó paulatinamente al neoclasicismo (la puerta de Alcalá, 1764-1778, la antigua aduana, 1769, y la fachada del convento de San Francisco el Grande, todas ellas en Madrid; diversos pabellones en Aranjuez y la iglesia de Santa Ana en Valladolid, 1783).

SABATINO, A adj. Relativo al sábado.

SÁBATO (Ernesto), escritor argentino (Rojas 1911). Estudió ingeniería y fue profesor de física en la universidad de La Plata hasta 1945, en que publicó su primer libro de ensayos: *Uno y el universo*. Una crítica humanística al futuro de la ciencia y la preocupación sociocultural orientan sus posteriores ensayos *Hombres y engranajes* (1951), *Heterodoxia* (1953), *El escritor y sus fantasmas* (1963) y *La cultura en la encrucijada nacional* (1976). Sus novelas, de corte intelectualista y experimental, transportan al campo narrativo el pensamiento del autor: *El túnel* (1948), en que se describe un proceso de incomunicación y locura; *Sobre* héroes y tumbas* (1961), y *Abaddón, el exterminador* (1974), visión apocalíptica de la realidad argentina.

SABBAT n. m. Reunión nocturna de brujos y brujas que, según la tradición popular, se celebraba el sábado a medianoche bajo la presidencia de Satán.

ŠABBAT n. m. En la ley mosaica, día de descanso semanal (desde el viernes noche al sábado noche) consagrado a Dios, que obliga a los judíos de una manera estricta.

ŠABBETAY (Yĕhudá **ben**), escritor hebraicoespañol (nacido en Toledo o Burgos ¿1188?), autor de *La ofrenda de Judá* o *El misógino* (c. 1208), alegato humorístico contra las mujeres.

SABEDOR, RA adj. Conocedor, enterado de cierta cosa.

SABEÍSMO n. m. Religión de los sabeos.

SABELA n. f. Gusano anélido poliqueto marino, que vive en un tubo hundido en el limo y que tiene dos lóbulos de branquias filamentosas. (Long.: hasta 25 cm.)

SABELIANISMO n. m. Doctrina de Sabelio.

SABELIO, heresiarca del s. III, condenado por el papa Calixto I. Fue el iniciador de una doctrina *(sabelianismo)* que tendía a negar o reducir la distinción entre las personas divinas de la Trinidad (modalismo, monarquianismo), y que posteriormente influiría en el protestantismo liberal del s. XIX.

SABELIOS, tribu que habitaba en los Apeninos en la época romana. Procedente de los sabinos, el grupo principal fue el de los samnitas*.

SABELOTODO n. m. y f. (pl. *sabelotodo*). *Fam.* Sabihondo.

SABEO, A adj. y n. Del reino de Saba.

SABEO, A n. Nombre dado a los últimos descendientes de los mandeos, que viven actualmente en Iraq.

SABER v. tr. (lat. *sapere*) [**12**]. Conocer una ciencia, arte, etc.; tener conocimientos o habilidad para hacer algo: *saber inglés; saber nadar; saber defenderse.* ◆ v. tr. e intr. Tener noticias de alguien o algo: *saber un secreto; supe de él hace unos días.* ◆ v. intr. Tener determinado sabor: *este jarabe sabe a miel.* || Tener una cosa semejanza o apariencia de otra, parecerse a ella. || Ser capaz de adaptarse a algo o de comportarse de la manera que se expresa: *saber vivir; saber callar.* || Con los verbos *ir, andar, venir*, etc., conocer el camino, conocer por donde hay que ir. || Ser sagaz y astuto. ● *A saber*, anuncia la explicación de lo que precede. || *Hacer saber*, comunicar, avisar. || *Saber mal* una cosa a alguien, disgustarle, enfadarle.

SABER n. m. Sabiduría, conocimientos.

SABICÚ n. m. Planta arbórea que crece en Antillas, cuya madera, dura, de color marrón brillante a amarillo y muy duradera, se emplea en construcciones navales y ebanistería. (Familia mimosáceas.)

SABIDILLO, A adj. y n. *Desp.* Sabihondo.

SABIDO, A adj. Dícese del que luce y presume de sus conocimientos.

SABIDURÍA n. f. Posesión de profundos conocimientos sobre determinadas materias. || Capacidad de pensar o juzgar con prudencia y equidad: *gobernar con sabiduría.*

Sabiduría *(libro de la)*, libro bíblico redactado en griego (c. 50 a. J.C.) en Alejandría. Constituye una apología del judaísmo, destinada a la vez a los judíos alejandrinos seducidos por la civilización helénica y a los paganos desconocedores de la originalidad del valor del pensamiento religioso judío; el autor, judío helenizado, muestra en la historia de Israel la acción rectora de la sabiduría divina.

SABIENDAS. *A sabiendas*, con conocimiento e intencionadamente: *lo hizo mal a sabiendas.*

SABIHONDEZ n. f. *Fam.* Calidad de sabihondo.

SABIHONDO, A o **SABIONDO, A** adj. y n. *Fam.* Que presume de saber mucho y que asume tono de persona culta.

SABIN (Albert Bruce), médico polaco (Bialystok 1906), nacionalizado norteamericano. Especialista en virus, descubrió la vacuna antipoliomelítica por vía oral *(vacuna de Sabin)*.

SABINA n. f. Planta arbustiva de Europa meridional, cuyas hojas tienen propiedades medicinales.

SABINA, ant. región del centro de Italia, entre Samnio (al E), Etruria (al O), el Piceno (al N) y el Lacio (al S), poblada por los sabinos*. Las ciudades principales eran Fidenae, Cures y Gabies.

SABINAS, mun. de México (Coahuila), avenado por el *río Sabinas;* 29 194 hab. Minas de carbón.

SABINES (Jaime), poeta mexicano (Tuxtla Gutiérrez 1926). En 1950 publicó su primer libro, *Horal*, título ya de por sí expresivo de la decantación oral y cotidiana que será la constante de este poeta. De su poesía, en prosa o en verso, recopilada en *Nuevo recuento de poemas* (1977), destacan tal vez, por su humor y vertiginoso prosaísmo, *Tarumba* (1956), y por su inspirado poder unitario y evocador, *Algo sobre la muerte del mayor Sabines* (1973). Entre sus últimas obras figura *Poemas sueltos* (1981).

P. Starosta

sabela

SABINO (Julio) [† Roma 79 d. J.C.], usurpador de origen galo (de 69 a 70 d. J.C.). Era galo y ciudadano romano, e intentó independizar la Galia, cuando Civilis* sublevó a los bátavos. Derrotado por los secuanos (fieles a Roma) y desautorizado por el congreso de Reims (que agrupaba a diversas ciudades), fue entregado a Vespasiano, quien ordenó su muerte.

SABINOS, pueblo latino establecido en Sabina*, emparentado con los oscos y los umbros. Según la leyenda, después de la fundación de Roma, Rómulo ordenó el rapto de las sabinas, lo que desencadenó la guerra entre sabinos y romanos, y a partir de entonces se fundieron los dos pueblos en uno solo, los quirites; después de la fusión, Tacio, rey sabino, compartió el poder con Rómulo y los sabinos vivieron en el Capitolio. Después de Rómulo, dos reyes sabinos gobernaron en Roma: Numa* Pompilio y Anco* Marcio.

SABIÑÁNIGO, mun. de España (Huesca), en el extremo E de la Canal de Berdún; 9 538 hab. Recursos hidroeléctricos. Industria de abonos nitrogenados, aluminio, ácido sulfúrico, plásticos y celulosa. Es el principal núcleo industrial del Pirineo español. Centro de comunicaciones.

SABIO, A adj. y n. (lat. *sapidum*). Que domina alguna ciencia o que posee grandes conocimientos. || Dotado de buen sentido, equilibrado, sensato. ◆ adj. Que instruye o que contiene sabiduría: *un sabio consejo.* || Dícese de los animales que tienen muchas habilidades: *un perro sabio.*

sabios de Grecia *(los siete)*, nombre dado por la tradición griega a siete personajes, filósofos o estadistas, del s. VI a. J.C. Según la tradición más extendida, eran Bías de Priene, Quilón de Lacedemonia, Cleóbulo de Lindos, Periandro de Corinto, Pítaco de Mitilene, Solón de Atenas y Tales de Mileto.

SABIR n. m. *Ling.* Lengua compuesta reducida a algunas reglas de combinación y a un vocabulario con un campo léxico determinado.

SABLAZO n. m. Golpe dado con el sable; herida hecha con él. || *Fig.* y *fam.* Acción de obtener dinero de alguien con habilidad o descaro.

SABLE n. m. Arma blanca, algo curva, comúnmente de un solo corte.

SABLE n. m. (voz francesa). *Heráld.* Esmalte heráldico de color negro.

EL SACRO IMPERIO ROMANO GERMÁNICO EN TIEMPOS DE LOS HOHENSTAUFEN

SABLEADOR, RA n. Sablista.

SABLEAR v. intr. [**1**]. *Fam.* Dar sablazos, sacar dinero a alguien.

SABLISTA adj. y n. m. y f. Persona que sablea.

SABOGA n. f. Pez parecido al sábalo, que vive en el litoral de la península Ibérica. (Familia clupeidos.)

SABOGAL (José), pintor y grabador peruano (Cajabamba 1888-Lima 1956). Entre 1922 y 1925 trabajó con Rivera y Orozco en México. Fue director de la escuela nacional de bellas artes de Lima. Su obra se inscribe dentro de la tendencia indigenista, de la que es uno de los más conspicuos representantes en su país (*Los cachimbos,* 1938).

SABOR n. m. (lat. *saporem*). Sensación que ciertas cosas producen en el sentido del gusto: *el sabor de los alimentos.* || Cualidad que tienen muchas cosas de producir dicha sensación: *sabor dulce; sabor a fresa.* || *Fig.* Placer o deleite que producen las cosas que gustan: *un espectáculo que deja un agradable sabor.* || *Fig.* Semejanza que una cosa presenta respecto a otra, a la que recuerda de algún modo: *una novela de sabor romántico.*

SABOREAR v. tr. y pron. [**1**]. Paladear detenidamente y con deleite lo que se come o se bebe: *saborear un manjar.* || *Fig.* Deleitarse o recrearse en algo: *saborear la belleza de un paisaje.*

SABOREO n. m. Acción y efecto de saborear.

SABOTAJE n. m. (fr. *sabotage*). Deterioro voluntario de utillajes industriales o comerciales de un negocio, de una instalación militar, etc. || *Fig.* Oposición u obstrucción disimulada contra proyectos, órdenes, ideas, etc.

SABOTEADOR, RA adj. y n. Que sabotea.

SABOTEAR v. tr. (fr. *saboter*) [**1**]. Hacer sabotajes.

SABOYA, en fr. **Savoie,** en ital. **Savoia,** región de Francia, que corresponde a la mayor parte de los Alpes franceses del N, dividida en dos dep. *(Savoie* y *Haute-Savoie).*
HISTORIA. Entre 122 y 118 a. J.C., el territorio fue conquistado por los romanos e integrado en la provincia romana de la Narbonense, a pesar de la resistencia de sus autóctonos, los alóbroges, y de los celtas, cuyas últimas tribus fueron sometidas por Augusto. Lentamente romanizada, en 443 la *Sapaudia* fue invadida por los burgundios, quienes se integraron en las poblaciones locales. Conquistada por los hijos de Clodoveo (534), formó parte del reino de Borgoña (ss. IX y X) hasta su integración en el Sacro imperio (1032). A partir del s. X, una familia condal de origen borgoñón estuvo al frente del *Pagus savogiensis,* cuyo patrimonio se fue acentuando. Saboya aprovechó la querella de las investiduras y tomó partido por el papa; sus condes adquirieron el país de Vaud, el Piamonte y el Valais, y después, durante el reinado de Pedro II (de 1263 a 1268), el Faucigny, el Beaufortin y el país de Gex. El principio del s. XIV estuvo presidido por la rivalidad con el Delfinado, pero el tratado de París (1355) consagró la coherencia territorial del principado saboyano. A partir de entonces, sus condes se orientaron hacia Italia. A la anexión de las posesiones piamontesas de Juana I (1382) siguió la adquisición del condado de Niza por Amadeo VII. No obstante, la incapacidad de sus sucesores favoreció la intervención francesa y el enfrentamiento interno entre saboyanos y piamonteses. Durante el reinado del duque Manuel Filiberto (de 1553 a 1580), que restauró el estado, la elección de Turín como capital señaló la preeminencia del Piamonte sobre Saboya. Privada, en beneficio de Francia, de la Bresse y del país de Gex (1601), y vencida por Luis XIII, al que tuvo que ceder Pinerolo (1631), Saboya pasó a formar parte de las coaliciones formadas contra Luis XIV, que por dos veces (1690-1696 y 1703-1713) ocupó el país, aunque restituyó Pinerolo (1696). Tras el acceso de su duque a la corona de Cerdeña (1720), Saboya se convirtió en una provincia del nuevo reino. En noviembre de 1792 fue anexionada por la Convención; reintegrada al estado piamontés (1814-1855), fue cedida a Francia en 1860, como compensación a la ayuda prestada por Napoleón III a Víctor Manuel II en la realización de la unidad italiana.

SABOYANA n. f. Pastel hecho de bizcocho empapado en almíbar y rociado con ron, al que se prende fuego en el momento de servirlo.

SABOYANO, A adj. y n. De Saboya.

SABROSO, A adj. Agradable al sentido del gusto. || *Fig.* Sustancioso. || *Fig.* Malicioso, picante, gracioso: *un sabroso comentario.*

SABUCO n. m. Sin. de SAÚCO.

SABUCO (Miguel) escritor español († Alcaraz 1588). Investigó el fundamento fisiológico de las pasiones, expuesto en *Nueva filosofía de la naturaleza del hombre* (1587), que ofrece interesantes observaciones sobre fisiología y sicología.

SABUESO, A adj. y n. m. Dícese de una variedad de perro podenco, algo mayor que el común y de olfato muy fino.

SABUESO n. m. Policía, detective. || Persona hábil para investigar y descubrir las cosas.

SABUGO n. m. Sin. de SAÚCO.

SABUNDE (Raimundo) → SIBIUDA (Ramon).

SABURRA n. f. (lat. *saburram*). Gruesa capa blanquecina, constituida por células epiteliales descamadas, que cubre el dorso de la lengua y que aparece principalmente en las alteraciones del tubo digestivo.

SABURROSO, A adj. Que indica la existencia de saburra: *lengua saburrosa.*

SACA n. f. Acción de sacar los estanqueros de los depósitos los efectos que después venden al público.

SACA n. f. Costal muy grande, de tela fuerte, más largo que ancho.

SACABOCADO o **SACABOCADOS** n. m. (pl. *sacabocados*). Punzón de boca hueca y contorno cortante, para taladrar chapa metálica, láminas de cuero, corcho, cartón, etc. || Tenaza provista de una boca similar, utilizada para los mismos fines.

SACACORCHOS n. m. (pl. *sacacorchos*). Instrumento formado por un tornillo de metal, provisto de un mango, para retirar el tapón de una botella.

SACADOR n. m. Tablero de la máquina de imprimir, en el que se pone el papel que va saliendo impreso.

SACALECHES n. m. (pl. *sacaleches*). Instrumento que, aplicado al pezón, permite extraer por aspiración la leche de la glándula mamaria.

SACAMANCHAS n. m. (pl. *sacamanchas*). Quitamanchas.

SACAMANTECAS n. m. y f. (pl. *sacamantecas*). *Fam.* Criminal que destripa a sus víctimas.

SACAMUELAS n. m. y f. (pl. *sacamuelas*). Persona que tenía por oficio sacar muelas. || *Fig.* y *fam.* Charlatán.

SACAPUNTAS n. m. (pl. *sacapuntas*). Sin. de AFILALÁPICES.

SACAR v. tr. [**1a**]. Hacer salir algo o a alguien fuera del lugar donde estaba encerrado, retenido o puesto. || Hacer salir a alguien de la condición o situación en que se encuentra: *sacar de una dificultad.* || Conseguir, obtener: *sacar beneficios.* || Desenvainar un arma. || Sonsacar: *sacar detalles de lo ocurrido.* || Ganar algo por suerte: *sacar un premio de la lotería.* || Hacer sobresalir una parte del cuerpo. || Alargar el dobladillo o ensanchar las costuras de una prenda de vestir. || Separar, extraer de una cosa alguna de sus partes o componentes: *sacar aceite de la soja.* || Producir, fabricar: *sacar mil coches al día.* || Inventar o divulgar un producto, moda, canción, etc.: *sacar modelos para la primavera.* || Aplicar o atribuir a alguien apodos, defectos, etc. || Exteriorizar, manifestar: *sacar el genio.* || Resolver un problema, cuenta, etc.: *sacar una suma.* || Deducir, hallar, descubrir: *sacar un misterio.* || Elegir por sorteo o votación: *sacar alcalde.* || Citar, nombrar: *sacar todo cuanto se sabe.* || Extraer citas, notas, etc., de un libro o texto. || Comprar entradas, billetes, etc. || *Fam.* Hacer una fotografía. || En numerosos juegos, especialmente de pelota, iniciar una jugada al principio del juego o después de una interrupción, de una falta, etc. • *Sacar adelante*, criar, mantener, ayudar, etc., a alguien hasta que pueda valerse por sí mismo; poner en marcha un negocio, asunto, etc., o salvarlo de la crisis. || *Sacar de la nada*, elevar de posición o promocionar a alguien económicamente débil. || *Sacar de sí*, enfurecer, indignar. || *Sacar en claro, en limpio*, etc., lograr aclarar algo.

SACARASA n. f. Sin. de INVERTASA.

SACARATO n. m. Denominación impropia de la combinación de los álcalis con el azúcar.

SACARÍFERO, A adj. Que produce o contiene azúcar.

SACARIFICACIÓN n. f. Acción y efecto de sacarificar.

SACARIFICAR v. tr. [**1a**]. Convertir en azúcar.

SACARIMETRÍA n. f. Conjunto de procedimientos que sirven para medir la cantidad de azúcar en disolución que existe en un líquido.

SACARIMÉTRICO, A adj. Relativo a la sacarimetría.

SACARÍMETRO n. m. Instrumento que se emplea en la operación de sacarimetría.

SACARINA n. f. Sustancia blanca, derivada del tolueno, por tanto químicamente sin relación con los azúcares, que da un sabor azucarado y se utiliza como sucedáneo del azúcar.

SACARINO, A adj. Que tiene azúcar, de la naturaleza del azúcar; que se asemeja al azúcar.

SACAROIDEO, A adj. Que tiene la apariencia del azúcar: *yeso sacaroideo*.

SACAROMICETÁCEO, A adj. y n. f. Sin. de BLASTOMICETE.

SACAROSA n. f. Glúcido del grupo de los ósidos que, por hidrólisis, se desdobla en glucosa y en fructosa, y constituye el azúcar de caña y el de remolacha.

SACARURO n. m. *Farm.* Granulado.

SACASA (Roberto), político nicaragüense del s. XIX. Presidente provisional a la muerte de Evaristo Carazo, fue elegido presidente en 1891; ante la difícil situación socioeconómica fue obligado a dimitir (1893).

SACASA (Juan Bautista), médico y político nicaragüense (León 1874-Los Ángeles 1946). Durante su vicepresidencia (1925-1928) se produjo la intervención norteamericana. Del Partido liberal, fue elegido presidente (1932) y logró la evacuación de las tropas norteamericanas y un pacto con el guerrillero Sandino (1933), el cual fue posteriormente asesinado (1934) con su anuencia implícita. Fue derrocado por el golpe militar de Anastasio Somoza (1936).

SACASEBO n. m. Planta gramínea silvestre, que sirve de pasto al ganado.

SACATEPÉQUEZ *(departamento de)*, dep. de Guatemala; 465 km² y 127 502 hab. Cap. *Antigua Guatemala*. Ubicado en el centro del país, ofrece un relieve volcánico muy accidentado al S y más llano hacia el N. Vegetación de la selva ecuatorial. La densidad de población es muy notable. Agricultura intensiva (cereales, café, etc.). Industrias artesanales.

SACATESTIGOS n. m. (pl. *sacatestigos*). Instrumento especial que permite cortar y extraer muestras de terrenos.

SACATINTA n. f. Planta arbustiva de América Central, de 1 m de alt. aprox., de cuyas hojas se extrae un tinte azul violeta. (Familia acantáceas.)

Sacco y Vanzetti *(caso)*, asunto judicial acaecido en E.U.A. La ejecución, en 1927, de dos anarquistas italianos llegados como emigrantes a E.U.A., Niccola Sacco (nacido en 1891) y Bartolomeo Vanzetti (nacido en 1888), acusados de asesinato sin pruebas suficientes, provocó vivas protestas en todo el mundo. En 1977 fueron rehabilitados y se anuló «la condena» que los llevó a la silla eléctrica.

SACCHETTI (Franco), escritor italiano (Ragusa *c.* 1330-San Miniato *c.* 1400), autor de cuentos que constituyen un cuadro de la vida popular del s. XIV *(Los trescientos cuentos)*.

SACCHETTI (Giovanni Battista), arquitecto italiano (nacido en Turín-Madrid 1764). Discípulo de F. Juvara, en 1736 se trasladó a Madrid, donde ocupó el puesto de arquitecto de Felipe V. Construyó parte de la fachada del palacio de La Granja* (1736) y, desde 1738, se ocupó de la dirección de las obras del palacio real de Madrid, simplificando en extensión los planes originales de Juvara.

SACCHINI (Antonio Gaspare), compositor italiano (Florencia 1730-París 1786), autor de numerosas obras líricas *(Edipo en Colona)*.

SACEDÓN, v. de España (Guadalajara), cab. de p. j., en La Alcarria; 1 806 hab. *(Sacedonenses.)* Embalse de Entrepeñas, en el Tajo.

SACERDOCIO n. m. (lat. *sacerdotium*). Función y estado del sacerdote. || Toda función que presenta un carácter particularmente respetable por razón de la abnegación que exige.

SACERDOTAL adj. Relativo al sacerdocio o a los sacerdotes.

SACERDOTE n. m. (lat. *sacerdotem*). Ministro de una religión. || En la Iglesia católica, el que ha recibido el sacramento del orden. • *Sumo sacerdote*, entre los hebreos, nombre dado al jefe de los sacerdotes del templo de Jerusalén.

SACERDOTISA n. f. Mujer consagrada al culto de una divinidad.

SACIABLE adj. Que se puede saciar.

SACIAR v. tr. y pron. (lat. *satiare*) [**1**]. Satisfacer el hambre o la sed, o hacer que alguien coma o beba hasta no poder más. || *Fig.* Satisfacer plenamente ambiciones, deseos, intenciones, etc.

SACIEDAD n. f. Estado de satisfecho o de harto. • *Hasta la saciedad*, plenamente, hasta el máximo.

SACKVILLE (Thomas), barón **de Buckhurst** y conde **de Dorset**, estadista y poeta inglés (Buckhurst, Sussex, *c.* 1536-Londres 1608), autor, en colaboración con Thomas Norton, de la primera tragedia clásica inglesa, *Gorboduc o Ferrex y Porex* (1561-1562).

SACO n. m. (lat. *saccum*). Receptáculo de tela, papel, cuero u otra materia flexible, generalmente de forma rectangular, abierto por arriba; lo contenido en él. || *Fig.* y *fam.* Persona que tiene, en alto grado, la cualidad o defecto que se expresa: *ser un saco de malicia, de bondad*. || Abrigo no ajustado. || *Amér.* y *Can.* Chaqueta. || *Anat.* Estructura del organismo, cubierta por una membrana. || *Mil.* Petate. • *Carrera de sacos*, diversión que consiste en efectuar una carrera entre personas metidas hasta la cintura en un saco, que sostienen con las manos. || *No echar en saco roto* (Fam.), no olvidar algo, tenerlo en cuenta para poder sacar algún provecho. || *Saco de dormir*, especie de saco almohadillado o forrado, que los excursionistas emplean para dormir. || *Saco embrionario* (Bot.), en las plantas con flores, masa central del óvulo que contiene la oosfera.

SACO n. m. (ital. *sacco*). Saqueo: *el saco de Roma*. • *Entrar, o meter, a saco*, saquear.

SACO Y LÓPEZ (José Antonio), escritor y político cubano (Bayamo 1797-Barcelona 1879). Opuesto al esclavismo, fue desterrado a Trinidad (1834) y pasó a España, donde realizó una campaña en favor del desarrollo de Cuba. Diversas veces diputado a las cortes españolas, su reformismo le condujo a no secundar el levantamiento independentista de 1868. Es autor de *Historia de la esclavitud* (4 vols., 1875-1879).

SACRALIZACIÓN n. f. Acción de sacralizar. || *Med.* Anomalía de la quinta vértebra lumbar al unirse a la primera sacra formando una masa única y sólida.

SACRALIZAR v. tr. [**1g**]. Conferir carácter sagrado.

SACRAMENIA, mun. de España (Segovia), en el Campo de Peñafiel; 879 hab. Monasterio cisterciense, fundado en 1141, con iglesia de los ss. XII y XIII (muchas de las dependencias del convento fueron trasladadas a E.U.A.).

SACRAMENTAL adj. Relativo a los sacramentos.

SACRAMENTAL n. m. *Rel.* Rito sagrado instituido por la Iglesia católica para obtener un efecto espiritual.

SACRAMENTAR v. tr. y pron. [**1**]. Administrar a un enfermo el viático y la extremaunción.

SACRAMENTO n. m. (lat. *sacramentum;* de *sacrare*, consagrar). *Teol.* Acto ritual sagrado, destinado a la santificación de los hombres. (La Iglesia católica y las Iglesias orientales reconocen siete sacramentos: *bautismo, confirmación, eucaristía, penitencia, extremaunción, orden* y *matrimonio*. Las Iglesias protestantes no reconocen más que dos: *bautismo* y *eucaristía* o *santa cena*.) • *El santísimo*, o *santo, sacramento*, la eucaristía. || *Los últimos sacramentos*, penitencia, eucaristía y, eventualmente, extremaunción.

SACRAMENTO *(Colonia del)*, factoría e hinterland establecidos por los portugueses (1679-1680) en la Banda Oriental del Plata, gobernación española del Río de la Plata (alrededor de la actual Colonia*, Uruguay), cedida en calidad de colonia a Portugal por el tratado de Alfonza (1701). Foco de contrabando portugués y británico, el gobernador de Buenos Aires, Zabala, ocupó el cerro de Montevideo y fundó la ciudad de Montevideo (1724); no obstante, continuó la expansión portuguesa por Rio Grande do Sul y la sierra de San Miguel. Durante el reinado de Fernando VI, la cuestión de la Colonia adquirió gran virulencia en el propio gobierno español hasta que, declarada la guerra a Gran Bretaña (1762), fue ocupada por Cevallos, gobernador de Buenos Aires. Otra vez en poder de Portugal (1763), Cevallos se apoderó de nuevo de ella (julio 1777), y por el tratado de San Ildefonso (1777) y el acta de El Pardo (1778) España cedía a Portugal Rio Grande do Sul y Santa Catarina, recibiendo a cambio la Colonia y las islas africanas de Annobón y Fernando Poo. Cayó en poder del patriota Venancio Benavides y, sucesivamente, de portugueses y brasileños (1817-1828), hasta que pasó a formar parte de Uruguay.

SACRAMENTO, c. de Estados Unidos, cap. del est. de California, junto al *río Sacramento* (620 km), tributario de la bahía de San Francisco; 276 400 hab. Metalurgia. Construcciones aeronáuticas.

Sacramento (*Compañía del* **Santísimo**), organización religiosa que en el s. XVII contribuyó a la renovación religiosa de Francia; se mostró severa con los protestantes y los jansenistas, así como con los actores teatrales; sus «devotos» fueron objeto de sátiras por parte de Molière en su *Tartufo*.

SACRIFICADOR, RA adj. y n. Que sacrifica; especialmente decíase del sacerdote o sacerdotisa que ofrecía sacrificios.

SACRIFICAR v. tr. (lat. *sacrificare*) [**1a**]. Hacer sacrificios, ofrecer algo a una divinidad en señal de reconocimiento. || Matar reses para el consumo. || *Fig.* Exponer a un riesgo o trabajo para obtener algún beneficio: *sacrificar a la humanidad en una guerra*. ◆ **sacrificarse** v. pron. Dedicarse, ofrecerse a Dios. || *Fig.* Renunciar a algo o imponerse privaciones, trabajos, etc.: *sacrificarse por los hijos*.

SACRIFICIO n. m. (lat. *sacrificium*). Ofrenda hecha a una divinidad en señal de adoración, expiación, etc. || *Fig.* Renuncia voluntaria a algo o privación que uno mismo se impone o acepta. • *Sacrificio cruento*, aquel en que se inmolaban animales. || *Sacrificio de la cruz*, muerte voluntaria de Jesús en la cruz, en expiación de los pecados de los hombres. || *Sacrificio del altar* o *santo sacrificio*, la misa.

SACRILEGIO n. m. (lat. *sacrilegium*). Profanación de una cosa, persona o lugar sagrados.

SACRÍLEGO, A adj. Que contiene o implica sacrilegio: *acción, intención sacrílega*. ◆ adj. y n. Que comete sacrilegio.

SACRISTÁN n. m. El que en las iglesias ayuda al sacerdote en el servicio del altar y cuida de los ornamentos y del aseo de la iglesia y sacristía.

SACRISTANA n. f. Mujer encargada en su convento del cuidado de la sacristía.

SACRISTANÍA n. f. Cargo de sacristán.

SACRISTÍA n. f. En las iglesias, lugar donde se guardan los ornamentos y se revisten los sacerdotes.

SACRO, A adj. (lat. *sacrum*). Sagrado: *arte sacro*. || *Anat.* Relativo al hueso sacro. ◆ adj. y n. m. Dícese del hueso formado por la soldadura de cinco vértebras, situado entre los dos ilíacos o coxales con los que forma la pelvis, y que sirve de soporte básico a la columna vertebral.

SACRO IMPERIO ROMANO GERMÁNICO, nombre que ostentó, a partir del s. XV, el imperio fundado en 962 por Otón I el Grande, desmembrado en 1806. En occidente, la idea de un imperio universal sobrevivió a la desaparición del imperio romano de occidente (476). Cuando Carlomagno fue proclamado emperador y coronado en Roma por el papa León III (800), se manifestó también como heredero de la tradición romana. Sin embargo, a fines del s. IX, el estado carolingio se disgregó y la dignidad imperial, de la que los papas se consideraban depositarios, suscitó rivalidades entre grandes señores italianos (890-924), antes de desaparecer (924). Años más tarde, tras haber reforzado su poderío en Alemania y haberse proclamado campeón de la cristiandad, frente a los húngaros, Otón I se apoderó de Italia (961), restableció el imperio de Carlomagno haciéndose coronar emperador por el papa Juan XII (febr. 962) e inauguró una política de control de la Iglesia. Englobando los reinos de Alemania y de Italia, Lorena, las marcas del este, los Estados de San Pedro y, a partir de 1032, el reino de Borgoña, el imperio alcanzó su apogeo con Enrique III (de 1039 a 1056); no obstante, la acción de los papas, decididos a librarse de la tutela imperial, provocó la querella de las investiduras* (1059-1122), a la que siguieron las luchas entre pontificado* e imperio (1157-1250).

Debilitado por estos conflictos y privado de Italia (1255), el Imperio tendió cada vez más a confundirse con el reino de Alemania, en cuyos principados se desarrolló una anarquía. Los siete príncipes electores instituidos por la Bula de oro (1356) se convirtieron en árbitros de un poder imperial impotente para mantener la paz y poner fin a la independencia de hecho de un mosaico de principados laicos y eclesiásticos. Durante el reinado de Maximiliano I se asistió a la última tentativa de centralización, y en el de su nieto Carlos Quinto (1519-1556) se produjo el fin del concepto de monarquía universal. Los éxitos de la Reforma socavaron los cimientos del Sacro imperio, y los tratados de Westfalia redujeron la entidad imperial a una ficción política (1648). A partir de entonces, el emperador sería ante todo el emperador de Austria, Hungría y Bohemia. En 1806, cuando el imperio napoleónico impuso su hegemonía a Alemania del norte, Francisco II de Austria sancionó esta evolución renunciando a la corona imperial de Alemania.

SACROILÍACO, A adj. Dícese de la articulación del sacro con los dos huesos ilíacos.

Sacromonte, barrio de la ciudad de Granada (España), al E del núcleo urbano, en un cerro frente al Generalife, poblado en su mayoría por gitanos. En la ladera se abren «cuevas» blanqueadas y rodeadas de chumberas y pitas que le confieren un estilo característico.

SACROSANTO, A adj. Que reúne las cualidades de sagrado y santo.

SACSAHUAMÁN, fortaleza incaica que dominaba y defendía la ciudad de Cuzco. Comprendía diversos arsenales y casernas y una torre monumental de cuatro o cinco pisos que se apoyaba sobre una base cuadrada. Por el lado opuesto a la ciudad, la fortaleza estaba defendida por tres murallas sucesivas, con ángulos entrantes y salientes, que se elevaban en terrazas escalonadas, realizadas con enormes bloques monolíticos (el mayor de los cuales tiene más de 5 m de alt. y pesa más de 100 t). La fortaleza, dotada de un gran

Vidler-Salmer

ruinas de la fortaleza incaica de **Sacsahuamán**

R. Azzi-Magnum

Anwār **al-Sadāt** y Moshé Dayán en 1977

significado místico fue edificada por el legendario Manco Cápac en el s. XII, y en ella pasaron días de recogimiento los sucesivos emperadores. En 1535, los pizarristas la conquistaron a Manco Cápac II.

SACUDIDA n. f. Acción y efecto de sacudir: *sacudida sísmica.*

SACUDIDOR, RA adj. y n. Que sacude.

SACUDIDOR n. m. Instrumento con que se sacude y limpia.

SACUDIDURA n. f. o **SACUDIMIENTO** n. m. Acción de sacudir, especialmente para quitar el polvo.

SACUDIR v. tr. (lat. *succutere*) [**3**]. Agitar violentamente: *el viento sacudía los árboles.* || Golpear una cosa o agitarla en el aire con violencia para quitarle el polvo, ahuecarla, etc.: *sacudir las alfombras.* || *Fam.* Golpear, pegar a alguien. ◆ v. tr. y pron. Arrojar una cosa o quitársela de encima con movimientos del cuerpo o con las manos: *sacudirse la arena, los mosquitos.* ◆ **sacudirse** v. pron. *Fig.* y *fam.* Desembarazarse de alguien o de algo: *sacudirse una responsabilidad.*

SÁCULO n. m. (lat. *sacculum,* saco pequeño). Pequeña cavidad del oído interno, que contiene los receptores sensibles del sentido del equilibrio.

SACHER-MASOCH (Leopold, *caballero* VON), escritor austríaco (Lemberg c. 1836-Lindheim, Hesse, 1895). Publicó cuentos folklóricos, bajo diversos seudónimos, y novelas (*La venus de las pieles,* 1870) en las que expresó un erotismo dominado por la voluptuosidad del sufrimiento, que ha sido denominado *masoquismo.*

SACHS (Hans), poeta alemán (Nuremberg 1494-*id.* 1576). Zapatero de oficio, fue maestro cantor. Como luterano, dedicó un himno a Lutero (*El ruiseñor de Wittenberg,* 1523); también escribió tragedias profanas y religiosas y pintó con realismo la vida cotidiana en sus *Farsas de carnaval* (1517-1563). Sin embargo, sus poemas líricos conservan el espíritu y la forma de la poesía medieval. Wagner le convirtió en protagonista de su obra *Los maestros cantores de Nuremberg.*

SACHS (Leonie, llamada **Nelly**), escritora sueca de origen alemán (Berlín 1891-Estocolmo 1970). En su obra poética (*Viaje a países sin polvo,* 1961) y dramática (*Señal en la arena,* 1962), en la que conjuga el simbolismo hasídico con el misticismo germánico, dio testimonio del martirio del pueblo judío. En 1966 recibió el premio Nobel de literatura, compartido con S. J. Agnon.

SADA, c. de España (La Coruña), en la costa de la ría de Betanzos (Rías Altas); 7 998 hab. Agricultura y ganadería. Puerto (pesca de bajura). Conservas y salazones de pescado. Turismo.

SÁDABA, v. de España (Zaragoza), una de las Cinco Villas; 1 931 hab. Regadío (canal de las Bardenas). Importantes restos de la ciudad romana, de los que destaca el llamado *Altar de los moros,* de un sepulcro del s. II. Castillo. Iglesia gótica.

SADĀT (Anwār **al-**), político egipcio (Tala, Minūfiyya, 1918-Nasr, cerca de El Cairo, 1981). Participó en el golpe de estado de 1952, fue ministro de Estado (1955-1956), secretario general de la Unión socialista árabe (1957-1961) y presidente de la Asamblea nacional (1960-1969). Nombrado por Nasser vicepresidente de la república (dic. 1969), en octubre de 1970 lo sucedió en la presidencia. A partir de 1971, apartó a los nasserianos de izquierda, que consideraban su política interior moderada y su política exterior titubeante. En los asuntos extranjeros se mostró partidario de una política de conciliación respecto a Israel y E.U.A., país al que se aproximó después de la cuarta guerra árabe-israelí (1973), mientras sus relaciones con la U.R.S.S. se deterioraban. Por iniciativa suya, en 1977 se emprendieron negociaciones con Israel que condujeron a la firma de un tratado de paz, refrendado en Washington (26 marzo 1979). Murió en un atentado realizado por los integristas musulmanes. (Premio Nobel de la paz, 1978.)

Sadd al-'Ālī («presa alta»), nombre árabe de la segunda o alta presa de Assuán (Egipto).

ṢADDIQ DE ARÉVALO (Yosef **ben**), escritor hebraicoespañol de la segunda mitad del s. XV, autor del *Compendio del recuerdo del justo,* ritual de ceremonias y oraciones religiosas que da noticia del pueblo judío desde el *Libro de la tradición* de Ibn Dā'ūd (s. XII) hasta 1488.

SADE (Donatien Alphonse François, *marqués* DE), escritor francés (París 1740-Charenton 1814). Procedente de una antiquísima familia de Aviñón, murió en el asilo de alienados de Charenton, tras haber pasado veintisiete años en trece prisiones diferentes, bajo tres regímenes. Su obra, vio la luz durante el período revolucionario —en cierto momento de 1792, Sade fue secretario de la sección de las Picas— y es interpretada a menudo como una «declaración de los derechos del erotismo» (*Justine* o las desdichas de la virtud,* 1791; *Filosofía de antecámara,* 1795; *La nueva Justine, seguida de la historia de Julieta, su hermana,* 1797). Sin embargo, la crítica contemporánea, que dispone de varias publicaciones póstumas (*Diálogo entre un sacerdote y un moribundo,* 1926; *Las ciento veinte jornadas de Sodoma,* 1931-1935; *Historia secreta de Isabel de Baviera,* 1952), tiende a ver en la obra de Sade la perversión en la escritura como una perversión sexual. Su originalidad radica menos en la exuberancia de sus fantasmas que en la institucionalización de éstos por medio de la literatura. Con la sola dimensión del lenguaje, Sade crea un espacio mental nuevo. La literatura es el único ámbito resonante a la medida de las invenciones del libertino. Sade aparece como lo contrario de Locke y como el doble monstruoso de Rousseau, ya que la naturaleza planteada como último principio afecta al mal con el mismo signo positivo del bien.

SA'DĪ (Mušarrif al-Dīn), poeta persa (Šīrāz c. 1213-† c. 1290). Estudió en Bagdad, hizo varias veces la peregrinación a La Meca y, hecho prisionero por los cruzados, fue rescatado por un mercader de Alepo que le cedió su hija en matrimonio. A su regreso a Šīrāz (c. 1258) se instaló en una ermita, donde compuso sus recopilaciones líricas, el *Gulistān* y el *Bustān,* que revelan su tendencia al sofismo y su moral indulgente de hombre de amplias miras. Occidente se inició en la poesía persa a través de su obra.

SA'DĪ, dinastía marroquí (1554-1659). Árabes de ascendencia jerifiana, los Sa'dī, oriundos del valle medio del Draa, eliminaron poco a poco a los Waṭṭāsíes. Muḥammad I (de 1549 a 1557) se apoderó de Marrakesh (1525) y de Fez (1554). Con Aḥmad al-Manṣūr (de 1578 a 1603), proclamado sultán en la batalla de Alcazarquivir, la dinastía alcanzó su apogeo. Tras la conquista de Tombouctou (1590), Marruecos controló el tráfico sahariano que llegaba a sus puertos del Atlántico. Desde la muerte de al-Manṣūr hasta el asesinato del último Sa'dī (1659), los soberanos ya no consiguieron mantener su autoridad sobre el país, el cual fue presa de la anarquía y de la decadencia económica.

SÁDICO, A adj. y n. (de *Sade,* n. pr.). Que siente placer viendo sufrir a los otros; que tiene el carácter del sadismo.

SÁDICO-ANAL adj. *Estadio sádico-anal* (*Sicoanál.*), segundo estadio del desarrollo libidinal (entre los dos y los cuatro años), centrado alrededor de la zona anal, que se convierte en zona erógena dominante.

SADISMO n. m. Placer en ver sufrir a los demás; crueldad. || *Siquiatr.* Perversión en la que la satisfacción sexual sólo se puede obtener infligiendo sufrimientos morales o físicos a otra persona. (Para Freud, el sadismo es la desviación sobre un objeto exterior de la pulsión de muerte.)

SADOMASOQUISMO n. m. *Sicoanál.* Asociación o alternancia de tendencias sádicas y masoquistas.

SADOMASOQUISTA adj. y n. m. y f. *Sicoanál.* Que presenta sadomasoquismo.

SADOUL (Georges), crítico e historiador de cine francés (Nancy 1904-París 1967). Después de seguir el movimiento surrealista de 1925 a 1932, se especializó en cinematografía y publicó varias obras importantes, entre ellas una *Historia general del cine* (1946-1955).

SADOVEANU (Mihail), escritor rumano (Paşcani, Moldavia, 1880-Bucarest 1961), autor de relatos que evocan la vida de las campiñas moldavas (*El albergue de Ancutza,* 1928).

Sadowa *(batalla de)* → AUSTROPRUSIANA *(guerra)*

SADUCEO, A adj. y n. Relativo a una secta judía opuesta a la de los fariseos; miembro de la misma.

■ Esta secta apareció en el s. II a. J.C. y desapareció en el 70, tras la destrucción de Jerusalén y de su templo. Sus miembros pertenecían, en su mayoría, a las familias sacerdotales. Conservadores en el terreno religioso y político, despreciaban al pueblo, desconfiaban a la vez de los fariseos y de los movimientos mesiánicos y se acomodaron bastante bien a la presencia romana.

SA'DUN AL-SURUNBAKĪ, rebelde muladí del s. IX. Aliado con Ibn Marwān al-Ŷilliqī de Mérida (875) y apoyados ambos por el rey de Oviedo, Alfonso III, derrotaron al ejército del emir Muḥammad I (876). Posteriormente se rebeló en el N de Portugal y fue ejecutado por orden de Alfonso III.

S.A.E. adj. (de *Society of Automotive Engineers*). Dícese de un número que caracteriza la viscosidad de un aceite lubricante para motores.

SAELICES, v. de España (Cuenca), en La Mancha; 950 hab. *(Saeliceños.)* En sus cercanías se han encontrado importantes restos arquitectónicos romanos y visigodos (Cabeza del Griego, basílica).

SAENREDAM (Pieter), pintor y dibujante neerlandés (Assendelft 1597-Haarlem 1665). Sus cuadros reflejan paisajes urbanos y sobre todo interiores de iglesias, notables por su sencillez, transparencia y silenciosa poesía.

SÁENZ DE HEREDIA (José Luis), director de cine español (Madrid 1911). Acabada la contienda civil española se erigió como el director más importante del cine oficial: *Raza** (1943), *Bambú* (1945), *Mariona Rebull* (1947), *La mies es mucha* (1949), *Los ojos dejan huella* (1952), etc.

SÁENZ DE THORNE (Manuela), llamada

Doña Manolita, patriota ecuatoriana (Quito 1793-Paita, Perú, 1859). Se convirtió en la amante de Bolívar (1822), al que salvó la vida (1828), por lo que recibió el nombre de Libertadora del Libertador. A la muerte de éste (1830), fue desterrada a Perú.

SÁENZ PEÑA (Luis), abogado y político argentino (Buenos Aires 1822-*id.* 1907). Miembro del Partido nacional, fue presidente de la república (1892-1895) en un momento de depresión económica y reprimió el movimiento radical. — Su hijo Roque (Buenos Aires 1851-*id.* 1914) participó en la conferencia panamericana de Washington, donde se alzó contra la doctrina Monroe con su *América para la humanidad* (1889). Del Partido nacional, fue presidente del país (1910-1913), y durante su mandato se concedió el sufragio universal (1912).

SAETA n. f. (lat. *sagittam*). Arma arrojadiza disparada con arco, que consiste en un asta delgada y ligera, con punta afilada, comúnmente de hierro, en uno de sus extremos, y, a veces, algunas plumas cortas en el opuesto. || Modalidad de cante flamenco, de motivo religioso, que generalmente se canta en las procesiones de semana santa. || Manecilla de reloj.

SAETABIS, localidad prerromana de la península Ibérica llamada también *Saetabícula* (act. *Játiva*). Era un importante centro de elaboración de tejidos finos de lino y acuñaba moneda propia.

SAETERA n. f. Especie de aspillera, en forma de ranura alta y estrecha, que en los antiguos castillos servía para disparar saetas a cubierto. || Ventanilla estrecha de una escalera, desván, etc.

SÁEZ (José María), político y general ecuatoriano (nacido en Quito-Guayaquil 1834). Luchó con Bolívar en las campañas del S del Cauca y de Pastos. Dirigió la sociedad El quiteño libre (1833) y, al estallar la revolución de Guayaquil (1834), invadió Ecuador, pero fue derrotado y muerto.

SÁEZ (Víctor Damián), eclesiástico y político español del s. xix. Fue confesor de Fernando VII, a quien se obligó a destituirle durante el trienio constitucional. Tras ocupar el ministerio de Estado en la regencia absolutista, fue nombrado ministro universal (1823) y dirigió la reacción absolutista, cuyo rigor motivó su sustitución al poco tiempo.

SÁEZ (Carlos Federico), pintor uruguayo (Mercedes 1878-Montevideo 1901). A pesar de su prematura muerte, dejó una abundante obra, que se caracteriza por el cuidado en el dibujo y el aire de boceto *(Autorretrato; Retrato de la madre del artista; Calle de Roma; El chal rojo; Cabeza de viejo)*.

SAFARI n. m. (voz inglesa). Expedición de caza mayor a África; excursión similar efectuada en otros territorios. || Parque zoológico en el que habitan animales salvajes libremente. • *Safari fotográfico*, tipo de safari en el que en lugar de cazar, se fotografía a los animales salvajes.

sagitaria

Boudinot

SAFAWĪES, dinastía que reinó en Irán de 1502 a 1736. Una activa propaganda chiita difundida en Azerbaiján y en Anatolia por los jeques Safawīes, que tuvieron por antepasado epónimo a Ṣafī al-Dīn (1252/1253-1334), les permitió reclutar un ejército entre las tribus turcomanas unidas a los Safawīes. Ismā'īl I (de 1502 a 1524) se hizo proclamar rey en Tabrīz con la ayuda de dicho ejército. En 1510, dominó casi todo Irán, al que impuso el chiismo duodecimano. Ṭahmāsp (de 1524 a 1576) contuvo el empuje otomano en el O y el de los uzbekos en el E. 'Abbās I el Grande (de 1587 a 1629) renovó el ejército con el cual derrotó a los uzbekos (1599) y a los otomanos. Su obra fue tan sólida que, a pesar de la mediocridad de sus sucesores, los Safawīes se mantuvieron en el poder todavía durante un siglo. En 1722, los afganos se apoderan de Iṣfahān, a la que 'Abbās I había convertido en capital de Irán. Ṭahmāsp II (de 1722 a 1732) y 'Abbās III (de 1732 a 1736) controlaron aún una parte del país hasta que Nādir tomó el poder.

Lauros-Giraudon

Mušarrif al-Dīn Sa'di

SAFENA n. f. (ár. *sāfin*). *Anat.* Denominación dada a dos venas de las extremidades inferiores.

ṢAFFĀR (Ibn al-), astrónomo hispanoárabe de principios del s. xi, autor de un popular tratado sobre el uso del astrolabio.

SAFI, en ár. **Aṣfī,** c. y puerto de Marruecos, en el Atlántico, al SO de Casablanca; 129 000 hab. Monumentos portugueses (s. xvi) e islámicos. Pesca (sardina) y conservas. Abonos y exportación de fosfatos.

SÁFICO, A adj. Relativo a Safo o al safismo. • *Estrofa sáfica*, estrofa de tres versos sáficos y un adonio, atribuida a Safo. || *Verso sáfico*, verso griego y latino de once sílabas, cuya invención se atribuye a Safo.

SAFISMO n. m. (de *Safo*, poetisa griega). Homosexualidad femenina.

SAFO, poeta griega (Lesbos c. 625-*id.* c. 586 a. J.C.). Tuvo un éxito inmenso en la antigüedad; se acuñaron monedas con su efigie y sus nueve libros de poemas fueron admirados por Horacio y Ovidio. De ellos sólo se conservan 650 versos en los cuales, inspirándose en temas populares de su isla natal y creando ritmos nuevos *(estrofa sáfica)*, evoca el amor, la muerte y la belleza.

SAFOR *(La)* o **CONCA DE LA SAFOR,** comarca de España, en la orla litoral valenciana (Valencia). Se subdivide en las subcomarcas de *Valldigna* y *Huerta de Gandía.* Importante región agrícola. El centro comarcal es Gandía. Turismo.

SAGA n. f. Denominación dada a las narraciones épico-legendarias propias de la antigua literatura nórdica. || Historia de una familia.

SAGACIDAD n. f. Calidad de sagaz.

SAGAMIHARA, c. de Japón (Honshū), en la zona suburbial O de Tōkyō; 377 000 hab. Industria textil y automovilística.

SAGAN (Françoise Quoirez, llamada **Françoise**), escritora francesa (Cajarc 1935), autora de novelas (*Buenos días, tristeza,* 1954; *La cama deshecha,* 1977; *La mujer pintarrajeada,* 1982) y obras de teatro (*El caballo desvanecido,* 1966), que ofrecen un retrato desenvuelto de una sociedad desencantada.

SĀGAR o **SAUGOR,** c. de la India (Madhya Pradesh), al NE de Bhopāl; 155 000 hab. Universidad. Serrerías y material ferroviario.

S'AGARÓ o **SEGUERÓ,** localidad de España, en el mun. de Castillo de Aro-Playa de Aro (Gerona). Importante centro de veraneo de la Costa Brava. Festival internacional de música.

SAGARRA (Ferran de), historiador y político catalán (Barcelona 1853-† 1939), autor de *Sigilografía catalana* (5 vols., 1916-1932).

SAGARRA (Josèp Maria de), escritor español en lengua catalana (Barcelona 1894-*id.* 1961). Se dio a conocer como poeta, de expresión directa y popular, ajeno a los ideales del noucentisme. Como dramaturgo, triunfó gracias a una serie de obras románticas, de considerable fuerza lírica, entre las que figuran: *Un estudiante de Vich* (*Un estudiant de Vich,* 1927), *El hostal de Gloria* (*L'hostal de la Glòria,* 1931) y *El café de la Marina* (1933). Son de destacar asimismo sus novelas *Ajo y salobre* (*All i salobre,* 1929) y *Vida privada* (1933) y sus *Memorias* (1954).

SAGASTA (Práxedes Mateo), político español (Torrecilla en Cameros, Rioja, 1825-Madrid 1903). Miembro del Partido progresista, fue diputado en el bienio progresista (1854-1856). Participó en la intentona revolucionaria de los sargentos de San Gil (1866), por lo que fue condenado a muerte y tuvo que huir a Francia. Tras la revolución de setiembre de 1868, formó parte del gobierno provisional. Participó en el primer gobierno de Amadeo I. Presidente del gobierno (dic. 1871), ganó las elecciones de abril de 1872, pero tuvo que dimitir acusado de disponer indebidamente de fondos públicos. Tras el golpe de estado de Pavía (en. 1874), fue jefe del gobierno y, con la Restauración, organizó un Partido liberal* dinástico. Tras ocupar la presidencia del gobierno (febr. 1881-oct. 1883), la Izquierda dinástica se integró en su partido; durante la regencia de María Cristina funcionó el turno en el poder entre los partidos conservador (Cánovas) y el suyo. Gobernó entre 1885 y 1890 y entre 1891 y 1895. El asesinato de Cánovas le devolvió el poder (oct. 1897); entonces E.U.A. entró en guerra con España (abril 1898), exigiendo la independencia cubana; Sagasta tuvo que aceptar las duras condiciones del tratado de París y dimitió (febr. 1899). De nuevo presidente del gobierno (marzo 1901-dic. 1902), no pudo ya evitar la desintegración de su partido.

SAGAZ adj. (lat. *sagacem;* de *sagire,* oler la pista). Agudo, astuto, sutil para descubrir lo oculto de las cosas: *detective sagaz; ojos sagaces.* || Dícese de los animales, especialmente del perro hábil para barruntar la caza.

SAGI BARBA (Emilio), barítono español (Mataró 1876-Polop 1949). Interpretó numerosas zarzuelas *(La rosa del azafrán; Luisa Fernanda; El caserío)* y en Buenos Aires, durante una gira por América del Sur (1895-1903), estrenó *La Dolorosa* de Feliu y Codina. Se retiró hacia 1932.

SAGINAW, c. de Estados Unidos (Michigan), cerca de la *bahía de Saginaw* (en el lago Hurón); 91 000 hab. Metalurgia.

SAGIPA, cacique chibcha del s. xvi. Sucesor de Tisquesusa (1537), pactó con Jiménez de Quesada, a quien ayudó en su lucha contra los penches, pero éste le mandó asesinar (¿1538?), por no revelar donde estaban los tesoros de Tisquesusa.

SAGITA n. f. (lat. *sagittam,* flecha). Porción de recta comprendida entre el punto medio de un arco de círculo y el de su cuerda.

SAGITADO, A adj. (del lat. *sagittam,* flecha). *Bot.* Que tiene forma de flecha.

SAGITAL adj. De figura de saeta. || Que está dispuesto siguiendo el plano de simetría: *corte sagital.* • *Sutura sagital* (Anat.), sutura articular que une los dos parietales.

SAGITARIA n. f. Planta herbácea acuática o de zonas pantanosas, con hojas aéreas en forma de punta de flecha. (Familia alismáceas.)

SAGITARIO, la constelación* zodiacal más austral, rica en acumulaciones de estrellas y en nebulosas, situada en dirección del centro de la Galaxia. — Noveno signo del zodíaco, que el Sol abandona en el solsticio de invierno.

SAGRA *(sierra de la)*, sierra de España (Granada), perteneciente a la cordillera Subbética; 2 381 m en el *monte Sagra,* que constituye la comarca homónima, con los valles que separan los núcleos montañosos.

SAGRA (Ramón de la), naturalista, sociólogo y político español (La Coruña 1798-París 1871). En La Habana desde 1820, escribió su *Historia física, política y natural de la isla de Cuba* (14 vols., 1832-1855, 1861 y 1863). De regreso a España (1835), fue diputado en 1837 y 1854. Sus teorías sociales, basadas en Fourier, Saint-Simon y el barón de Colins, defendían un orden social racional. Desechaba la revolución por sus métodos violentos y creía necesario extender la instrucción y la crítica para convencer sobre la necesidad del cambio. Sus obras más importantes son: *Lecciones de economía social* (1840), *Revista de los intereses materiales y morales* (1844) y *Aphorismos sociales* (1848). Sus fracasos le llevaron a un misticismo religioso y a posturas absolutistas hacia 1857, reflejadas en *Artículos varios sobre las malas doctrinas* (1859) y *El mal y el remedio* (1859).

Sagrada Familia *(templo expiatorio de la)*, templo inacabado de Barcelona (España), cuya construcción se inició en 1882, según un proyecto neogótico de F. del Villar. En 1883 se hizo cargo de las obras A. Gaudí, quien, siguiendo las directrices de primer proyecto, concluyó la cripta (1883-1891) y trabajó en el ábside (1891-1893). En 1893 transformó el proyecto inicial en otro más ambicioso y de proporciones monumentales, que había de tener tres grandes fachadas rematadas cada una de ellas por cuatro torres, una torre copular que coronaría el ábside y cuatro torres mayores que rodearían la gran aguja central. Gaudí emprendió las obras de la fachada oriental (fachada del Nacimiento), aunque antes de su muerte (1926) tan sólo se levantó una de las cuatro torres cónicas que rematan el conjunto. Las obras continuaron hasta 1935, según los dibujos y maquetas realizados por Gaudí, ya que éste no dejó proyecto definitivamente trazado. Hacia 1952 se reanudó la construcción y en 1976 se

Salmer

Sagasta,
por Ignacio Suárez Llanos.
(Palacio de las Cortes, Madrid.)

F.S.-Salmer

el templo expiatorio de la **Sagrada Familia**

acabaron las torres de la fachada de poniente (fachada de la Pasión).

Sagrada familia o crítica de la crítica crítica, obra de K. Marx y F. Engels (1845), en la cual ambos critican el idealismo neohegeliano.

sagradas *(guerras),* conflictos desencadenados por los anfictiones de Delfos para defender los derechos del templo de Apolo; de hecho, fueron luchas para asegurar el dominio sobre las riquezas del santuario. La *primera guerra sagrada* (590 a. J.C.) estuvo dirigida por los tesalios, ayudados por Atenas y Sicione, contra la ciudad focidia de Crisa, que fue vencida y arrasada. La *segunda guerra sagrada* (448-447) fue suscitada por Esparta contra los focidios, aliados de Atenas, para obligarlos a devolver su autonomía al santuario de Delfos, pero Pericles restablecería a los focidios en Delfos. La *tercera guerra sagrada* (356-346) provocó la intervención de Filipo II de Macedonia en los asuntos griegos. Los focidios, descontentos de la hegemonía ejercida por Tebas en la anfictionía délfica, intervinieron en Tesalia, lo que suscitó la réplica del rey de Macedonia, que ocupó Fócida, atrozmente arrasada (346), y adquirió un puesto preponderante, no sólo en el consejo de la anfictionía de Delfos, sino también en el concierto de los estados griegos. Una *cuarta guerra sagrada* (339-338), provocada por los locrios de Anfisa, apoyados por los tebanos y los atenienses, permitió a Filipo de Macedonia, con la victoria de Queronea (338), imponer su voluntad a Grecia.

SAGRADO, A adj. (lat. *sacratum;* de *sacrare,* consagrar). Dícese de las cosas que reciben culto religioso y de las dedicadas al culto divino. || Venerable por estar relacionado con lo divino. || *Fig.* Que debe inspirar un respeto absoluto, inviolable. • *Libros sagrados,* la Biblia. || *Sagrado corazón de Jesús,* corazón de Jesús al que la Iglesia tributa culto de latría.

SAGRADO n. m. En la interpretación de los fenómenos religiosos, carácter de lo que trasciende a lo humano, por oposición a *profano.* || Lugar en que los que habían cometido un delito podían refugiarse y en el que no podían ser apresados.

Sagrajas o **Zalaca** *(batalla de),* derrota de los ejércitos castellanos frente a los almorávides, los cuales habían llegado a la Península en ayuda de los reinos taifas, tras la conquista de Toledo por Alfonso VI que se dio en la llanura de Sagrajas, cerca de Badajoz (1086).

SAGRARIO n. m. Parte interior del templo, en que se reservan o guardan las cosas sagradas. || Lugar donde se guarda y deposita a Cristo sacramentado. || En algunas iglesias catedrales, capilla que sirve de parroquia.

SAGRARIO, cantón de Bolivia (Potosí), al pie del nevado Chorolque. Minas de estaño.

SAGREDO (Diego DE), tratadista de arquitectura español de la primera mitad del s. XVI, autor de *Medidas del romano* (1526), primer libro divulgador de la arquitectura italiana del renacimiento.

SAGRERA (Guillem), arquitecto y escultor catalán (Felanitx ¿1380?-Nápoles 1454). Es uno de los máximos exponentes del estilo gótico internacional (o flamígero) en Cataluña. Su labor como arquitecto se caracteriza por la complejidad de las estructuras, en las que predominan los grandes espacios libres, mientras que como escultor es fiel representante de la corriente realista borgoñona. Trabajó como maestro mayor en la catedral de Palma de Mallorca, para cuya portada del Mirador esculpió la imagen de *San Pedro* (1422) y, probablemente, la de *San Pablo;* dirigió las obras de la iglesia de San Juan de Perpiñán; construyó la lonja de Palma de Mallorca (1426-1444), donde también trabajó como escultor, y fue maestro mayor de las obras de Castelnuovo de Nápoles (desde 1447).

SAGÚ n. m. Palmera tropical, de hasta 5 m de alt., cuyo tronco posee una médula abundante en fécula, y cuyo palmito es comestible.

SAGUA DE TÁNAMO, mun. de Cuba (Holguín), en la costa atlántica; 40 915 hab. Caña de azúcar, café, tabaco y frutales. Ganadería. Industria azucarera. Yacimientos de níquel.

SAGUA LA GRANDE, mun. de Cuba (Villa Clara), junto al *río Sagua la Grande* (150 km); 59 571 hab. Explotación forestal. Caña de azúcar e industrias derivadas. Ganadería. Destilerías de alcohol, manufacturas de tabaco, fundiciones y productos químicos.

SAGUÍA EL HAMRA, antiguo protectorado español, actualmente integrado en el Sahara* Occidental, que se extendía en torno al *uadi de Saguía el Hamra* (420 km). Con capital en El Aaiún, la zona no fue reconocida por Francia como protectorado español hasta 1904 y 1912, pero la ciudad de Smara no llegó a ocuparse hasta 1934.

SAGUNTO, SAGUNT o **MORVEDRE,** c. de España (Valencia), cab. de p. j., en la llanura litoral; 54 759 hab. *(Saguntinos.)* La ciudad ocupa la ladera N del cerro en cuya cumbre se encuentra el castillo. Es la cap. del Bajo Palancia. Naranjos, frutales y arroz. Siderurgia integral y cemento. Astilleros. Puerto.
HISTORIA. Fue un importante centro de comercio con fenicios y griegos. Las luchas con sus vecinos turboletas motivó la intervención de Aníbal, aliado de Roma, y la toma de la ciudad por los cartagineses tras ocho meses de asedio (219 a. J.C.), hecho que significó el comienzo de la segunda guerra púnica. Conquistada por los romanos (214 a. J.C.) y ocupada sucesivamente por visigodos (su nombre visigodo *Murviedro* perduró hasta 1868), bizantinos y musulmanes, fue conquistada por Jaime I (1248). En la guerra de Sucesión tomó partido por Felipe V y en 1875 Alfonso XII le concedió el título de ciudad. En 1917, la Compañía siderúrgica del Mediterráneo construyó en ella la factoría de Altos hornos, adquirida (1940) por Altos hornos de Vizcaya.
BELLAS ARTES. Se conservan escasos restos de la antigua ciudad ibérica. Entre los restos arqueológicos del período romano destaca el teatro, que conserva su armazón, su gradería construida sobre la roca, parte de la escena y una gran parte de las galerías. Castillo medieval. Iglesias góticas de Santa María (s. XIV) y de la Sangre (s. XV). Iglesia barroca de los Desamparados (s. XVII). Iglesia neoclásica de la Virgen del Buensuceso (1754-1768).

Sagunto *(batalla de),* derrota del ejército español de Blake por las tropas francesas del mariscal Suchet, durante la guerra de la Independencia (25 oct. 1811); así los franceses pudieron proseguir su marcha sobre Valencia.

Sagunto *(pronunciamiento de),* sublevación militar que puso fin al proceso revolucionario de 1868 y significó el comienzo de la Restauración* monárquica en España. Tras sublevarse en Sagunto el general Martínez Campos, quien proclamó rey a Alfonso XII (29 dic. 1874), se le unieron el general Jovellar, jefe del ejército del Centro, los generales Moriones y Laserna, con el ejército del Norte, y el capitán general de Castilla la Nueva, Primo de Rivera. Entonces se constituyó un ministerio-regencia, presidido por Cánovas (31 dic.).

SAHAGÚN, mun. de Colombia (Córdoba) entre los valles del Sinú y el Magdalena; 49 101 hab. Maíz, arroz, yuca, plátano y algodón. Pastos. Ganado vacuno, porcino y equino.

SAHAGÚN, v. de España (León), cab. de p. j., en la Tierra de Campos; 3 347 hab. *(Sahagunenses.)* Agricultura. Ganadería lanar.
HISTORIA. Erigida cerca de un puente romano, fue creciendo alrededor de un monasterio que se convirtió en el primer monasterio benedictino del reino leonés, en época de Alfonso VI. En el primer cuarto del s. XII los comerciantes y campesinos se sublevaron contra doña Urraca y los privilegios monacales, por lo que muchos fueron expulsados y el comercio decayó, hasta que se instauraron las ferias a mediados del s. XII. En 1833 fracasó el intento carlista de ocupar la ciudad.
BELLAS ARTES. Restos de un monasterio benedictino (ss. XI-XII), con iglesia románica iniciada en 1121. Iglesias mudéjares de San Tirso (s. XII) y de San Lorenzo (s. XIII), esta última con un retablo renacentista de G. Doncel y J. de Angers (s. XVI) y una custodia de formas góticas de Enrique de Arfe (s. XVI).

SAHAGÚN *(fray* Bernardino DE), eclesiástico e historiador español (Sahagún 1500-México 1590). Se trasladó a Nueva España (1529) y en 1557 el provincial Francisco del Toral le encomendó escribir una obra en la lengua de los nativos sobre la cultura, religión y costumbres del país. Adoptó la escritura jeroglífica y recogió los relatos por medio de dibujos; así surgió la *Historia* general de las cosas de Nueva España,* que no se publicó hasta 1829 y es considerada como un modelo de etnografía. El texto azteca se conserva en el Códice florentino.

SAHAGÚN DE ARÉVALO (Juan Francisco), eclesiástico y periodista mexicano († México 1761). Publicó la *Gaceta de México* (1722) y *El mercurio de México* (1740), y realizó una recopilación de noticias titulada *Compendio de noticias mexicanas* (1728-1742).

SAHARA, el desierto más extenso del mundo, que se extiende por África a través de Marruecos, Argelia, Tunicia, Libia, Egipto, Sudán, Chad, Níger, Malí, Mauritania y el Sahara Occidental.
GEOGRAFÍA. El Sahara cubre una zona de 5 000 km de long., desde el Atlántico hasta el mar Rojo, y de 2 000 km de anch., desde las estribaciones del Atlas sahariano y el Medi-

Guillem **Sagrera:** fachada de la lonja de Palma de Mallorca.

A.G.E.

Firo-Foto

vista aérea de **Sagunto** con las ruinas y el teatro romano

terráneo hasta una línea que une Saint-Louis con Jartum, más allá de la cual comienza el clima saheliano. Su unidad se basa en la extrema aridez del clima. La permanencia de las altas presiones subtropicales explica la escasez de las precipitaciones: recibe una media de menos de 100 mm de lluvias anuales, con una gran variabilidad interanual. La sequedad del aire es causa de los grandes contrastes de temperatura. Al calor diurno, sobre todo en verano, le siguen noches frías, y las heladas no son raras en invierno. El Sahara cubre regiones de relieve bastante variado, con predominio de las superficies llanas. Los *reg*, pedregosos, y las *hamada*, mesetas estructurales, están a veces dominados por formaciones montañosas parcialmente volcánicas: el Ahaggar en Argelia, el Aïr en Níger y el Tibesti en Chad. Las depresiones están cubiertas de campos de dunas, los *erg*. El clima, responsable de un modelado bajo la influencia preponderante de la erosión eólica, explica la ausencia casi total de vegetación. Ésta se concentra alrededor de los focos de agua (gueltas), en el lecho de los uadis y en los *chott*.

Debido a la hostilidad del medio natural, el Sahara está muy poco poblado. Tribus de nómadas, sobre todo tuareg y árabes, lo recorren con sus rebaños de camellos. La agricultura es practicada por poblaciones sedentarias en los oasis. Sistemas de irrigación, antiguos y variados, permiten el crecimiento de las palmeras datileras, así como de cereales y diversas hortalizas.

A partir de los años sesenta, el Sahara entró progresivamente en la economía moderna. Esta evolución es resultado del desarrollo de las comunicaciones (carreteras y servicio aéreo), pero sobre todo del descubrimiento de importantes riquezas naturales. Se traduce con frecuencia por una sedentarización de los nómadas, que viven en condiciones miserables cerca de los yacimientos de hierro (Mauritania), de petróleo y de gas natural (Argelia y Libia).

HISTORIA. El Sahara conoció varios períodos húmedos en el curso del cuaternario. La abundancia de fósiles y de utillaje neolítico atestigua una época floreciente (del VII al II milenio aprox.). Las pinturas rupestres, en especial las del Tassili, permiten distinguir cuatro períodos principales: el del búbalo (especie de antílope), el de los criadores de bóvidos (a partir de 4000 a. J.C.), el del caballo (c. 1200 a. J.C.) y el del camello (ss. I-III d. J.C.). El desarrollo del comercio caravanero, gracias al camello, permitió a los nómadas bereberes, y después a los árabes, controlar el desierto e imponer su ley a las poblaciones sedentarias de los oasis y de las regiones limítrofes del Sahara. Los árabes, que se infiltraron en el desierto en oleadas sucesivas, a partir del s. VII implantaron el islam. Los franceses conquistaron la mayor parte del Sahara a fines del s. XIX: en 1894 tomaron Tombouctou, y en 1902 obtuvieron la sumisión de los tuareg. A partir de 1884, los españoles organizaron su colonia del Sahara Español (v. SAHARA OCCIDENTAL). A partir de la descolonización, Argelia, Marruecos y Mauritania se disputan la posesión de las regiones saharianas.

SAHARA OCCIDENTAL, ant. **Sahara Español,** territorio del NO de África, administrado por Marruecos; 266 000 km²; 117 000 hab. *(Saharauis.)*

GEOGRAFÍA. El territorio constituye una extensa planicie árida y desértica, desde el desierto hasta el Atlántico, con escasa vegetación. La población es araboberéber, con mezcla de elementos negros. La agricultura es inexistente salvo en algunos oasis de la región de Saguía El Hamra (maíz y legumbres). Los principales recursos son la pesca en el litoral (industrias conserveras y de salazón en Güera y Dajla), que se nutre del rico banco canariosahariano, y la explotación de los fosfatos de Bu-Craa, a 70 km de El Aaiún, uno de los yacimientos más importantes del mundo. Los principales núcleos de población se localizan en la costa: El Aaiún, Dajla, Güera (ocupada por Mauritania); Smara, en el N, es el centro religioso.

HISTORIA. En 1509 Portugal reconoció a España el derecho a establecerse en una franja costera del Sahara, pero el dominio español de este territorio fue teórico hasta que, en 1884, el gobierno envió una expedición para asegurar su ocupación; en 1885 la Compañía hispano-africana construyó una factoría en Río de Oro y otra en la Bahía del Oeste y comenzó la construcción de Villa Cisneros. Establecidos sus límites (1920), esta colonia se denominó protectorado de Río* de Oro, y en 1934, junto con Ifni, constituyó el África* Occidental Española, que en 1957 pasó a ser una provincia española. Tras la cesión de los territorios septentrionales de Río de Oro a Marruecos (1958), quedaron fijados los límites del Sahara Español, con capital en El Aaiún. Planteada la cuestión de su independencia por la O.N.U. (1966), el gobierno español aplazó la autodeterminación, reprimiendo los brotes nacionalistas (principio de la lucha del Frente polisario) y acentuando la explotación económica (fosfatos de Bu-Craa, 1973). Reivindicado por Marruecos y Mauritania, en noviembre de 1975 se firmó el acuerdo tripartito de Madrid, por el que España cedía este territorio a estos países para febrero de 1976, con exclusión del Frente polisario; sin embargo éste proclamaba la República Árabe Saharaui Democrática (R.A.S.D.) y declaraba la guerra abierta, con apoyo de Argelia, a Marruecos y Mauritania. Tras la caída de Ould Daddah' en Mauritania (1978) y la firma del tratado de paz entre este país y la R.A.S.D., Marruecos ocupó en 1979, el antiguo espacio mauritano en el Sahara (Tiris El Gharbia, actualmente Oued Eddahab, con excepción de la ciudad de Güera, retenida por Mauritania), pero la lucha del Polisario continuó.

SAHARANPUR, c. de la India (Uttar Pradesh); 225 000 hab. Material ferroviario, papelería, tejidos.

SAHARAUI adj. y n. m. y f. Del Sahara Occidental.

SAHARIANA n. f. Chaqueta de tela delgada y ligera con bolsillos sobrepuestos y cinturón.

SAHARIANO, A adj. y n. Del Sahara.

SAHEL n. m. En África del norte, relieve formado por colinas litorales arenosas o de areniscas. (Está muy poblado y cultivado.)

SAHEL, región natural de África, que forma una franja de tierras, de profundidad variable, intermedia entre el Sahara, al N, y la zona de la sabana, al S. Abarca una parte de Senegal, Malí, Níger, Chad y Sudán. Se caracteriza por el contraste entre una larga estación de sequía y una corta estación de lluvias (verano), y sobre todo por grandes variaciones interanuales de estas precipitaciones, que explican el carácter aleatorio de la ganadería y de los escasos cultivos que el riego permite. Esta región sufre un constante proceso de desertización.

SAHELIANO, A adj. Relativo al sahel o al Sahel.

SAHIB n. m. (voz angloindia). En la India, en la época colonial, tratamiento dado por los indígenas a los blancos.

ṢĀḤIB AL-SALĀ ('Abd al-Malik **ibn**), historiador hispanomusulmán (c. 1142-c. 1197). En su crónica *Mann bi-l-imāna* recogió los acontecimientos acaecidos entre 1159 y 1173; tiene interés por historiar las luchas de Ibn Mardanīš contra los almohades.

ṢĀḤIB AL-ṢAWA'IF, título honorífico de 'Ubayd Allāh, hijo de 'Abd Allāh al-Balansī y sobrino de Hišām I. General del ejército del califa al-Ḥakam I, derrotó a la guarnición franca en Barcelona (815) y a Alfonso II de Asturias en Álava (825).

SĀHĪWĀL, ant. **Montgomery,** c. de Pakistán (Punjāb); 115 000 hab. Industrias textiles.

SAHL AL-ISRĀ'ILĪ (Abū Isḥāq Ibrāhīm **ibn**), poeta hispanoárabe (Sevilla 1208-† en un naufragio 1248), al servicio de los gobernadores de Menorca y Ceuta. Autor de un *Diván* y de algunas moaxajas, sobresalió en el género erótico.

Šāh-nāmā *(Libro de los reyes),* epopeya persa escrita por Firdūsī (s. X) que narra las aventuras del héroe mítico Rustām.

SAHSA, siglas de *Servicio aéreo de Honduras, S.A.,* compañía aérea hondureña fundada en 1944. Realiza vuelos interiores, junto con la empresa subsidiaria Aeronaves nacionales de Honduras S.A. (ANHSA), así como internacionales.

SAHUAYO, mun. de México (Michoacán), al SE del lago de Chapala; 31 364 hab. En la or. izq. del río Lerma. Cereales, frutos tropicales y algodón; ganado porcino. Yacimientos de carbón. Industria alimentaria derivada de la ganadería. Turismo.

SAHUÍ n. m. Pequeño mono platirrino que vive en la selva virgen de Brasil y Venezuela.

SAHUMAR v. tr. y pron. [**1w**]. Dar humo aromático a una cosa.

SAHUMERIO n. m. Acción y efecto de sahumar. || Humo que despide la sustancia aromática con que se sahúma; esta misma sustancia.

SAÍ n. m. Sin. de CAÍ.

SA'ĪD AL-MAGRIBĪ ('Alī ibn Mūsā **ibn**), conocido por **Abensaid,** erudito y crítico literario hispanoárabe (Alcalá la Real 1208-Damasco o Túnez 1286). Perteneciente a una familia de literatos, concluyó una antología literaria que habían iniciado las dos generaciones que le precedieron: *Libro de la esfera de la literatura que abarca todas las galas de la lengua árabe.* En el *Libro de la extensión de la tierra* fijó la situación de los topónimos citados en la poesía preislámica.

SA'ĪD AL-MUNḎIR, político hispanoárabe del s. X. Visir de 'Abd al-Raḥmān III, dirigió el asedio de Bobastro (927), centro de la rebelión de Ibn Ḥafṣūn († 917) y de sus hijos, que se rindió en 928. En 930 sitió Toledo, cuya capitulación consiguió en 932.

SA'ĪD BAJÁ (Muḥammad) [El Cairo 1822-Alejandría 1863], virrey de Egipto (de 1854 a 1863). Hijo de Mehmet 'Alī, continuó la política modernista y prooccidental de éste. Otorgó a Lesseps (1854-1856) una concesión para la construcción y explotación del canal de Suez.

J. Delacour-Pich

paisaje del **Sahara**

ṢĀ'ID DE TOLEDO (Abū-l-Qāsim Ṣā'id **ibn**), historiador de la ciencia hispanoárabe (Almería 1029-Toledo 1070). Fue cadí en Toledo y de sus obras sólo se han conservado *Generaciones de pueblos,* principal fuente para conocer la vida científica de la época.

SA'ĪD IBN HUḎAYL, rebelde muladí de los ss. IX y X. Se sublevó en el castillo de Monteleón, centro de sus dominios, en apoyo del levantamiento muladí de la Andalucía oriental. Se alió con Ibn Ḥafṣūn (910), pero ambos fueron vencidos, y en 913 fue sitiado y se rindió.

SA'ĪD IBN ŶŪDĪ, jefe de la liga árabe de la cora de Elvira († 897). Sucedió a Sawwar ibn Ḥamdun al-Muharibī (890) por designación de los árabes que vivían en aquella región. En su lucha contra los muladíes fue derrotado en la vega del Genil (892) por Ibn Ḥafṣūn, quien se apoderó de Elvira y otras ciudades. A su muerte se desintegró la liga árabe de Elvira.

SAÏDA, c. de Argelia, cap. de dep., al pie

F. Varin

saiga

occidental de los *montes de Saïda;* 33 000 habitantes.

SAÏDA → SAYDÁ.

SAIGA n. f. Artiodáctilo de hocico protráctil en forma de trompa y cuernos de color ámbar, que vive en las estepas asiáticas.

SAIGŌ TAKAMORI, samurai japonés (Kagoshima c. 1826-cerca de Kagoshima 1877). Perteneciente al clan de Satsuma, desempeñó un papel esencial en la restauración del poder del emperador contra el shōgun (v. MEIJI), pero la política antifeudal de Mutsu-Hito le hizo pasarse a la oposición y recurrir a la rebelión (1873). Al ser vencido, se hizo el harakiri.

SAIGÓN → CIUDAD HÔ CHI MINH.

SAIIAN *(montes),* montañas de la U.R.S.S., que limitan al S con Siberia, al O del lago Baikal, y que abarcan parte del N de Mongolia; 3 491 m.

SAIKAKU, escritor japonés (Ōsaka 1642-*id.* 1693). Creó la novela de costumbres realista y satírica japonesa (*Una mujer del placer,* 1686).

SAILER (Toni), esquiador austríaco (Kitzbühel 1935). En 1956 fue el primero en conseguir los tres títulos olímpicos de esquí alpino, y en los campeonatos mundiales de 1958 logró un éxito casi idéntico (primero en descenso y en slalom gigante, segundo en slalom especial), adjudicándose además el combinado alpino.

SAÍN n. m. (bajo lat. *saginum,* gordura). Grasa de los animales.

SAIN ALTO, mun. de México (Zacatecas), en la altiplanicie Septentrional; 14 591 hab. Minas de mercurio.

SAINETE n. m. Lo que realza la gracia o el mérito de otra cosa; adorno especial en los vestidos u otras cosas. ‖ *Lit.* Pieza dramática jocosa y de carácter popular.

■ El *sainete* tuvo su origen en los pasos* y entremeses* del siglo de oro; como éstos, solía representarse en el intermedio de una sesión teatral y era de índole cómica, con personajes siempre inspirados en tipos populares. Su apogeo tuvo lugar en el s. XVIII (ajeno a la estética del neoclasicismo dominante) y va asociado al nombre de Ramón de la Cruz. En la segunda mitad del s. XIX y primeras décadas del s. XX, el sainete cobró nuevo auge, confundido con el *género* chico,* en la obra de autores como Ventura y Ricardo de la Vega, José López Silva, Carlos Arniches y los hermanos Álvarez Quintero.

SAINETERO, A n. o **SAINETISTA** n. m. y f. Escritor de sainetes.

SAINETESCO, A adj. Relativo al sainete, o propio de él.

SAÍNO n. m. Mamífero artiodáctilo americano de unos 50 cm de alt. y aspecto de jabalí, desprovisto de cola y con el pelaje relativamente corto, de un color rojo grisáceo con un collar blanco alrededor del cuello. (Familia suidos.)

SAINT ALBANS, c. de Gran Bretaña (Hertsfordshire), al N de Londres; 50 000 hab. Catedral, ant. abadía reconstruida (ss. XI-XIII). En sus alrededores, emplazamiento de la *Verulamium* romana. Construcciones aeronáuticas.

SAINT ANDREWS, c. de Gran Bretaña, en Escocia, junto al mar del Norte y al SE de Dundee; 10 000 hab. Universidad. Ruinas de la catedral y de un castillo medievales.

SAINT CATHARINES, c. de Canadá (Ontario), cerca del lago Ontario, frente a Toronto; 123 000 hab. Industria (automóvil, textil y alimentaria).

SAINT CROIX, en esp. **Santa Cruz,** isla del archipiélago de las Vírgenes (Vírgenes Norteamericanas); 207 km^2 y 32 000 hab. Cap. *Christiansted.* Refinería de petróleo, la mayor del mundo.

SAINT CHRISTOPHER → SAINT KITTS y SAINT KITTS-NEVIS.

SAINT DENIS (Ruth), una de las pioneras de la danza moderna norteamericana (Jersey City 1877-Hollywood 1968). Practicó una danza libre —similar a la de Isadora Duncan— y, junto con su marido, Ted Shawn, ejerció una acción primordial en E.U.A. Su escuela, la Denishawn school, formó a las futuras grandes figuras de la *modern dance* (Martha Graham, Doris Humphrey Charles Weidman...).

SAINT ELIAS *(cordillera de),* cordillera en los límites de Canadá y Alaska, al N del Pacífico; 6 050 m en el monte Logan, el punto culminante de Canadá (Yukon).

SAINT GEORGE *(canal),* estrecho entre el país de Gales e Irlanda, que une el Atlántico con el mar de Irlanda.

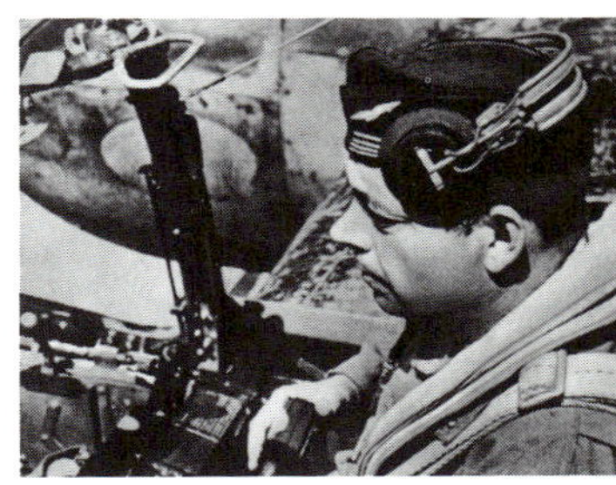
Museo del ejército, París

Antoine de **Saint-Exupéry**

SAINT GEORGE'S o **SAINT GEORGE,** cap. de Granada, en la costa O de la isla de Granada; 26 135 hab. Puerto exportador.

SAINT HELENA → SANTA ELENA.

SAINT HELENS, c. de Gran Bretaña, al NE de Liverpool; 104 000 hab. Industria del vidrio.

SAINT JOHN o **SAINT-JEAN,** r. de Estados Unidos (Maine) y de Canadá (Nuevo Brunswick), tributario de la bahía de Fundy; 720 km.

SAINT JOHN o **SAINT-JEAN**, c. y puerto del E de Canadá (Nuevo Brunswick), en la desembocadura del río Saint John; 86 000 hab. Centro comercial, industrial y pesquero.

SAINT JOHN'S o **SAINT-JEAN,** c. de Canadá, cap. de la prov. de Terranova, en la costa E de la isla; 86 576 hab. Puerto pesquero. Industrias de la madera, cemento y construcciones navales.

SAINT JOHN'S o **SAINT JOHN,** cap. de Antigua y Barbuda, en el NO de la isla; 21 814 hab. Puerto exportador.

SAINT KITTS, SAINT CHRISTOPHER o **SAINT-CHRISTOPHE,** en esp. **San Cristóbal,** isla de las Pequeñas Antillas (islas de Barlovento), que forma parte de Saint Kitts-Nevis; 168 km^2 y 32 000 hab. C. pral.: *Basseterre.* Caña de azúcar y algodón.

SAINT KITTS-NEVIS, oficialmente **Saint Christopher and Nevis**, estado federal de las Pequeñas Antillas (islas de Barlovento), integrado por las islas de Saint Kitts* y Nevis*; 269 km^2; 44 000 hab. Cap. *Basseterre.* Economía agrícola (azúcar, principal producto de exportación, y algodón); industria electrónica; turismo. Incipiente centro financiero de exención fiscal.— Miembro de la Federación de las Indias Occidentales (1958-1962), junto con Anguila*, en 1967 logró el estatuto de estado asociado con Gran Bretaña del que se desvinculó Anguila. En 1983 (set.) obtuvo la independencia en el ámbito de la Commonwealth.

SAINT LOUIS, c. de Estados Unidos (Missouri), junto al Mississippi; 622 000 hab. (1 827 000 en la aglomeración). Museo de arte. Nudo ferroviario y centro comercial e industrial (metalurgia, química y alimentación).

SAINT LUCIA → SANTA LUCÍA.

SAINT PAUL, c. de Estados Unidos, cap. de Minnesota, junto al Mississippi y unida a Minneapolis; 270 000 hab. Universidad. Industria derivada de la agricultura.

SAINT PETERSBURG, c. de Estados Unidos (Florida), en la costa O de la península; 234 000 hab. Industrias alimentarias, materiales para la construcción y construcciones eléctricas. Centro turístico.

SAINT THOMAS, isla del archipiélago de las Islas Vírgenes (norteamericanas); 83 km^2; 29 000 hab. C. pral. y cap. del territorio *Charlotte Amalie.* Ganadería. Turismo.

SAINT THOMAS, c. de Canadá (Ontario), cerca del lago Erie; 27 000 hab. Metalurgia. Industrias alimentarias.

SAINT VINCENT → SAN VICENTE, isla de las Pequeñas Antillas.

SAINT-AMANT (Marc Antoine GIRARD, *señor* DE), poeta francés (Quevilly 1594-París 1661). Su obra, que refleja la influencia del marinismo, abarca poemas líricos *(La soledad),* realistas *(El melón)* y satíricos *(Roma ridícula,* 1643), y un idilio bíblico, *Moisés salvado* (1653).

SAINT-ANTON → SANKT ANTON AM ARLBERG.

SAINT-ARNAUD (Armand Jacques LEROY DE), mariscal de Francia (París 1798-en el mar Negro 1854). Como ministro de la Guerra, organizó el golpe de estado de Luis Napoleón (1851). Al frente de las tropas de Crimea, derrotó a los rusos en el Alma (1854) y murió del cólera.

SAINT-AUBIN (DE), artistas franceses del s. XVIII, entre los cuales destacan tres hermanos, nacidos y muertos en París. CHARLES GERMAIN (1721-1786), dibujante de bordados y grabador, fue autor de escenas pletóricas de fantasía mezcladas con arabescos, y cuyos personajes son insectos. — GABRIEL JACQUES (1724-1780), pintor, dibujante y grabador, autor de unos cincuenta aguafuertes que constituyen un vivaz retrato de la vida parisina (*El Salón del Louvre en 1753; Alegoría sobre la inauguración de la estatua de Luis XV,* 1763). — AUGUSTIN (1736-1807), dibujante y grabador, el más célebre de la familia, sobresalió en la viñeta, el ornamento y el retrato.

SAINT-BARTHÉLEMY, isla francesa de las Pequeñas Antillas, al NO de Guadalupe, de la que depende; 2 491 hab. Cap. *Gustavia.* Fue sueca de 1784 a 1876.

SAINT-BENOÎT-SUR-LOIRE, mun. de Francia (Loiret), junto al Loira; 1 790 hab. Abadía de Fleury (campanario-pórtico del s. XI, coro de fines del s. XI y nave abovedada gótica), fundada hacia 651, que tomó el nombre de Saint-Benoît-sur-Loire, cuando recibió el cuerpo de san Benito.

SAINT-BERTRAND-DE-COMMINGES, mun. de Francia (Haute-Garonne), al pie de los Pirineos centrales; 251 hab. Restos romanos. Antigua catedral románica (claustro del s. XII) y gótica (s. XIV).

SAINT-BRIEUC, c. de Francia, cap. del dep. de Côtes-du-Nord, a orillas del canal de la Mancha; 56 000 hab. Catedral de los ss. XIV-XV. Museo. Metalurgia, química, alimentación y tejidos.

SAINT-CLAIR, r. emisario del lago Hurón, que separa Estados Unidos (Michigan) de Canadá (Ontario) y vierte sus aguas en el *lago Saint-Clair* (1 060 km^2), que a su vez desagua en el lago Erie a través del río Detroit.

SAINT-CYRAN → VERGIER DE HAURANNE (Jean DU).

SAINT-CHAMOND, mun. de Francia (Loire), junto al Gier; 40 533 hab. Industrias textil y metalúrgica.

SAINT-DENIS, mun. de Francia (Seine-Saint-Denis), en el extremo N del *canal de Saint-Denis;* 97 000 hab. Importante centro industrial (metalurgia y química). Catedral y antigua abadía que debe su nombre a san

Dionisio, primer obispo de París, y que se convirtió en necrópolis de los reyes de Francia. La basílica, actualmente catedral, es el primer monumento gótico de lo que queda de la obra del abad Suger: fachada (mutilada), cripta y planta del coro, con doble deambulatorio y capillas contiguas (vidrieras). La construcción fue concluida en la época de san Luis, en un estilo radiante. La basílica presenta un conjunto único de monumentos funerarios, desde las estatuas yacentes de Childeberto y Fredegunda (s. XII) y la tumba de Dagoberto (s. XIII) al espléndido grupo del renacimiento, y que comprende, entre otros, los conjuntos arquitectónicos de las tumbas de Luis XII y Ana de Bretaña (por los Juste) y de Enrique II y Catalina de Médicis (G. Pilon). Los edificios abaciales fueron reconstruidos, noblemente, en el s. XVIII. Museo de arte y de historia.

SAINT-DENIS, c. y cap. de la isla de Reunión, en la costa N de la misma; 105 000 hab. Manufacturas de tabaco. Destilerías.

SAINT-DENIS-DU-SIG → SIG.

SAINT-DIZIER, mun. de Francia (Haute-Marne), junto al Marne; 40 000 hab. Iglesias góticas y clásicas. Industria textil y alimentaria. Museo.

SAINTE-BEUVE (Charles Augustin), escritor francés (Boulogne-sur-Mer 1804-París 1869). Estudió medicina y experimentó la influencia de los ideólogos. Posteriormente ingresó en *Le globe,* hizo amistad con Hugo y Vigny, y compartió la vida y las aspiraciones del cenáculo romántico, ensalzando la poesía de la Pléyade (*Panorama histórico y crítico de la poesía francesa en el siglo XVI,* 1828). Su pasión por Adèle Hugo le hizo atravesar una crisis religiosa y estética que se tradujo en sus poemas, inspirados en los lakistas ingleses (*Vida, poesías y pensamientos de Joseph Delorme,* 1829; *Las consolaciones,* 1830; *Pensamientos de agosto,* 1837), y en su novela *Voluptuosidad* (1834). Sin embargo, decepcionado en cuanto al amor y a la creación literaria, se orientó hacia la crítica. Profesó en Lausana (1837-1838) un curso sobre Port-Royal del que saldría su obra capital, *Port-Royal* (1840-1895). En sus artículos trató de constituir la «historia natural literaria» mediante el estudio de los escritores captados en su medio biológico, histórico y social (*Retratos literarios,* 1844-1852; *Charlas del lunes,* 1851-1862; *Nuevos lunes,* 1863-1870).

Saint-John Perse

G. Freund

SAINTE-CLAIRE DEVILLE (Henri), químico francés (isla de Saint Thomas, Antillas, 1818-Boulogne-sur-Seine 1881). Descubrió numerosas disociaciones térmicas, realizó la fusión del platino y creó la primera preparación industrial del aluminio (1854).

SAINTE-FOY, c. de Canadá (Quebec), en la zona suburbial SO del Quebec; 71 000 hab.

SAINTE-MAURE o **SAINTE-MORE** (Benoît DE), poeta francés del s. XII, originario de Sainte-Maure, en la Turena. Protegido de Leonor de Aquitania, fue autor del *Roman de Troie,* uno de los prototipos del roman courtois (c. 1165) y de una *Crónica de los duques de Normandía,* continuación de la obra de Wace.

Lauros-Giraudon

Saint-Just. Sanguina de Christophe Guérin. (Museo Carnavalet, París.)

SAINTES *(islas),* pequeño archipiélago francés de las Pequeñas Antillas, dependiente de Guadalupe; 15 km^2; 3 000 hab. Pesca.

SAINTES, mun. de Francia (Charente-Maritime), junto al Charente; 28 000 hab. Iglesias románicas. Restos romanos. Museo arqueológico

SAINT-ETIENNE, c. de Francia, cap. del dep. de Loire, al E del macizo Central; 222 000 hab. Iglesia de San Esteban, en parte del s. XIV. Museo del arte y la industria. Industrias electrónicas y químicas. Textil.

SAINT-ETIENNE-DU-ROUVRAY, mun. de Francia (Seine-Maritime), junto al Sena; 37 000 hab. Industria papelera.

SAINT-EVREMOND (Charles DE MARGUETEL DE SAINT DENIS DE), escritor francés (Saint-Denis-le-Gast c. 1614-Londres 1703). Discípulo mundano de Gassendi y de La Mothe Le Vayer, expresó en ensayos breves y en su correspondencia su escepticismo religioso y su elegante epicureísmo. Sus *Obras misceláneas* fueron editadas en 1670.

SAINT-EXUPÉRY (Antoine DE), aviador y escritor francés (Lyon 1900-desaparecido en una misión aérea en 1944). Tras ingresar en la compañía Latécoère, organizó las líneas aéreas de Patagonia y como piloto realizó varios vuelos de importancia (París-Saigón, Nueva York-Tierra de Fuego). En 1940 voló como piloto de reconocimiento y en 1942 se reincorporó y desapareció al cumplir una misión frente a Córcega. En sus escritos rehúye el romanticismo de la aventura individual para ensalzar el espíritu de equipo y la solidaridad en el cumplimiento de una tarea peligrosa. Trató de oponer a los moralistas que deploraban el declive de los valores espirituales en un universo dominado por la máquina, un humanismo nuevo, en el que las virtudes tradicionales de energía y nobleza se pusieran al nivel de una civilización entregada al progreso (*Correo del Sur,* 1929; *Vuelo nocturno,* 1931; *Tierra de hombres,* 1939; *El pequeño príncipe,* 1943; *Ciudadela,* 1948).

SAINT-GALL → SANKT GALLEN.

SAINT-GELAIS (Mellin DE), poeta francés (Angulema 1491-París 1558). Poeta cortesano, fue amigo de Clément Marot y adversario de Ronsard y Du Bellay.

SAINT-GERMAIN (Claude Louis, *conde* DE), político y militar francés (castillo de Vertamboz 1707-París 1778). Nombrado por Turgot secretario de Guerra, realizó (1775-1777) reformas fundamentales: organizó el cuerpo de ingenieros militares y fundó doce escuelas militares para los futuros oficiales carentes de fortuna.

Saint-Germain-des-Prés *(abadía de),* antigua abadía de París. El monasterio Sainte-Croix-Saint-Vincent, fundado en la or. izq. del Sena por el rey Childeberto I (558), acogió en 576 la sepultura de san Germán, obispo de París, cuyo nombre tomó en el s. VIII. Destruida por los normandos y reconstruida a partir del s. XI, fue amurallada en el s. XIII. Reformada por primera vez en 1513, en 1631 los monjes entraron en la congregación benedictina de Saint-Maur y se convirtió en centro de una intensa actividad intelectual. La Revolución cerró el monasterio, cuyos edificios fueron pasto de las llamas (1794), con la excepción del palacio abacial (construido en 1586) y de la iglesia.

SAINT-GERMAIN-EN-LAYE, mun. de Francia (Yvelines), en la or. izq. del Sena; 40 000 hab. Centro residencial. Castillo renacentista con capilla gótica en el que Napoleón III instaló un museo arqueológico (1867).

SAINT-GILLES-DU-GARD, mun. de Francia (Gard), frente a la *costanera de Saint-Gilles;* 9 000 hab. Antigua abadía románica y gótica (en la fachada, importantes esculturas de los ss. XII y XIII, parecidos a los de San Trófimo de Arles).

SAINT-HERBLAIN, mun. de Francia (Loire-Atlantique); 40 000 hab. Bolígrafos.

SAINT-HUBERT, c. de Canadá (Quebec), en la zona suburbial este de Montreal; 50 000 hab. Aeropuerto.

SAINT-JEAN → SAINT JOHN'S.

SAINT-JEAN, lago de Canadá (Quebec), al NO de Quebec, que vierte sus aguas en el San Lorenzo a través del Saguenay; 1 600 km^2.

SAINT-JEAN-DE-LUZ → SAN JUAN DE LUZ.

SAINT-JÉRÔME, c. de Canadá (Quebec), al NO de Montreal; 36 000 hab. Centro industrial.

SAINT-JOHN PERSE (Alexis SAINT-LÉGER LÉGER, llamado), diplomático y poeta francés (Pointe-à-Pitre 1887-Giens, Hyères, 1975). Su verdadero exilio no fue el que, a partir de 1940, lo alejó de Francia y de la carrera diplomática (en aquel entonces secretario general del Quai d'Orsay, fue acusado de «belicismo» por el gobierno de Vichy y, despojado de la nacionalidad francesa, se refugió en E.U.A.), sino el que mantuvo al poeta de *Elogios* (1907) y de *Anábasis* (1924) al margen de la poesía durante cerca de veinte años. En 1942, *Exilio** fue un adiós a la gloria del mundo y un retorno a la práctica de la naturaleza en su exuberancia mineral o vegetal y en la sorda amplitud de sus pulsaciones (*Nieves,* 1945; *Vientos,* 1946; *Amargos*,* 1957). La poesía de Saint-John Perse se abre al mundo y lo transfigura (*Crónica,* 1960; *Aves,* 1962; *Canto para un equinoccio,* 1975). [Premio Nobel de literatura, 1960.]

SAINT-JUST (Louis Antoine Léon), político francés (Decize 1767-París 1794). Seguidor de las ideas filosóficas del s. XVIII, fue elegido diputado por Aisne en la Convención (1792). Admirador de Robespierre, era miembro de la Montaña y del Club de los jacobinos. Como miembro del Comité de salud pública (30 mayo 1793), precipitó la caída de los girondinos. Partidario del Terror, en su cargo de comisionado en los ejércitos, se mostró implacable con respecto a los responsables pusilánimes o corrompidos, y la victoria de Fleurus (26 junio 1794) se debió a su energía. Sostuvo a Robespierre contra las facciones, demostrando su dureza a expensas de los dantonistas (4 abril). Esbozó el edificio de una república ideal, cuyos recursos económicos y morales procederían sobre todo de la tierra, y preconizó la distribución de los bienes nacionales entre los pobres. Murió guillotinado.

SAINT-LAURENT, c. de Canadá (Quebec), en la zona suburbial O de Montreal; 64 000 habitantes.

SAINT-LAURENT (Louis Stephen), político canadiense (Compton, Quebec, 1882-Quebec 1973). Ministro de Asuntos Exteriores (1946-1948) y líder del Partido liberal (1948-1958), sucedió a Mackenzie King como jefe del gobierno (1948-1957). Acentuó la autonomía del país al obtener para Canadá el derecho de modificar su constitución (1949) y el nombramiento de un canadiense como gobernador general (1952).

Embajada de Canadá, París

Louis Stephen Saint-Laurent

SAINT-LAURENT (Yves), modisto francés (Orán 1936). Colaborador de Ch. Dior, le sucedió después de su muerte. A partir de 1961, dirigió su propia firma de alta costura y complementos.

SAINT-LÉON (Arthur Michel), bailarín, coreógrafo, violinista y compositor francés (París 1821-*id.* 1870). Maestro de ballet adscrito al Teatro imperial de San Petersburgo y después de la Ópera de París, compuso divertimentos y ballets (*El caballito jorobado,* 1864; *La fuente,* 1866; *Coppelia,* 1870). Publicó la *Estenocoreografía* (1852).

SAINT-LÉONARD, c. de Canadá (Quebec), zona suburbial N de Montreal; 78 000 habitantes.

SAINT-LÔ, c. de Francia, cap. del dep. de la Manche, junto al Vire; 25 000 hab. Iglesia de Nuestra Señora, de los ss. XV y XVI. Portal románico de la iglesia abadía de Sainte Croix.

SAINT-LOUIS, c. de Senegal, cerca de la desembocadura del río Senegal; 49 000 hab. Puerto.

SAINT-MALO, mun. de Francia (Ille-et-Vilaine), junto al canal de la Mancha y la desembocadura del Rance; 47 000 hab. Castillo reconstruido en el s. XV (museo de historia). Murallas del siglo XII. Estación balnearia (turismo). Secaderos de bacalao. — En el s. XVI, Saint-Malo fue el punto de partida de expediciones hacia el Nuevo Mundo (Jacques Car-

La ciudad y el puerto de **Saint-Malo.**

Mopy-Rapho

Lauros-Giraudon

El duque de **Saint-Simon**, por P. Viger du Vigneau. (Palacio de Versalles.)

tier). La ciudad se enriqueció gracias al gran comercio y a la navegación en corso, especialmente en tiempos de Luis XIV. El declive iniciado en el s. XVIII impuso la difícil reconversión hacia la pesca de altura (fines del s. XIX).

SAINT-MARTIN (Louis Claude DE), filósofo francés (Amboise 1743-Aulnay, cerca de París, 1803). Contribuyó a difundir el iluminismo y el ocultismo, antes de evolucionar hacia un sentimentalismo prerromántico (*El hombre de voluntad,* 1790).

SAINT-MAUR-DES-FOSSÉS, mun. de Francia (Val-de-Marne), junto al Marne; 81 000 hab. Iglesia de San Nicolás (ss. XII-XIV). Museo municipal. Industrias mecánicas.

SAINT-MAURICE, r. de Canadá (Quebec), afl. del San Lorenzo (or. izq.); 520 km. Hidroelectricidad.

SAINT-MORITZ, mun. de Suiza (Grisones), en la alta Engadina, a orillas del pequeño *lago de Saint-Moritz;* 6 000 hab. Gran estación de altura y de deportes de invierno (alt. 1 856-3 303 m).

SAINT-NAZAIRE, c. y puerto de Francia (Loire-Atlantique), en la desembocadura del Loira; 70 000 hab. Construcciones navales y aeronáuticas. Industrias metalúrgicas, químicas y alimentarias.

SAINT-OMER, mun. de Francia (Pas-de-Calais), en Flandes; 18 000 hab. Basílica de los ss. XIII-XV. Museo. Construcciones mecánicas y eléctricas.

SAINTONGE, ant. prov. del O de Francia. Antiguamente estuvo poblada por los *santones* y fue profundamente romanizada (cap. *Saintes*).

SAINT-OUEN, mun. de Francia (Seine-Saint-Denis), en el área suburbana N de París; 44 000 hab. Castillo neoclásico (1821), actualmente museo. Industrias mecánicas y eléctricas. Central térmica.

SAINT-PAUL, c. de la isla de Reunión, en la *bahía de Saint-Paul;* 53 000 hab. Azucareras.

SAINT-PIERRE, c. de la isla de Reunión; 45 000 hab. Destilerías, azucareras.

SAINT-PIERRE (Henri BERNARDIN DE) → BERNARDIN DE SAINT-PIERRE (Henri).

SAINT-PIERRE (Charles Irénée CASTEL, *abad* DE), escritor francés (Saint-Pierre-Eglise 1658-París 1743). Autor de un *Proyecto de paz perpetua en Europa* (1713), fue excluido de la Academia por haber criticado la política de Luis XIV en el *Discurso sobre la polisinodia* (1718).

SAINT-PIERRE-ET-MIQUELON, dep. francés de ultramar, constituido por un archipiélago situado en el Atlántico norteamericano, a unos 20 km de Terranova; 242 km²; 6 000 hab. Cap. *Saint-Pierre.* El archipiélago está formado por la *isla de Saint-Pierre* (26 km², con varios islotes vecinos), que concentra la mayor parte de la población (5 000 hab.) y por *Miquelon* (216 km², 600 hab.), constituida por dos islas, *Miquelon* (o *Grande Miquelon*) y *Langlade* (o *Petite Miquelon*). El clima, frío y húmedo, impide prácticamente todo cultivo. Pesca y preparación del bacalao. Cría del zorro plateado y del visón.
HISTORIA. Frecuentadas desde principios del s. XVI por pescadores bretones y normandos, estas islas fueron ocupadas por Francia en la segunda mitad del s. XVII y estuvieron bajo ocupación británica de 1713 a 1763, de 1778 a 1783 y de 1793 a 1814.

SAINT-POL ROUX (Paul ROUX, llamado), poeta francés (Saint-Henry, cerca de Marsella, 1861-Brest 1940). Apodado «el Magnífico» y ensalzado por los surrealistas como un precursor de la poesía moderna, pasó del simbolismo (*La dama de la hoz,* 1899) a una estética que evoca las fuerzas elementales de la naturaleza y el ritmo familiar de la vida cotidiana (*Les féeries intérieures,* 1907).

SAINT-QUENTIN, c. de Francia (Aisne), junto al Somme y al *canal de Saint-Quentin;* 69 000 hab. Construcciones mecánicas y eléctricas. Industrias químicas y textiles. Ayuntamiento gótico flamígero. Colegiata gótica (ss. XIII-XV). Museo Lécuyer (obras de M. Quentin la Tour). Escenario de la batalla de San Quintín.

Lauros-Giraudon

Camille **Saint-Saëns**, por Alberto Rossi. (Ópera de París.)

SAINT-SAËNS (Camille), compositor francés (París 1835-Argel 1921). Virtuoso del órgano y del piano, es autor de cinco conciertos, varias obras para órgano, ballets, una ópera oratorio (*Sansón* y Dalila,* 1877), cinco sinfonías, poemas sinfónicos que mantuvieron en Francia la tradición de Liszt (*La rueca de Onfalia, Faetón, La danza macabra),* numerosas partituras de música de cámara, un *Réquiem,* varios oratorios *(El diluvio)* y páginas para violín: *Introducción y rondó caprichoso.*

SAINT-SAVIN, mun. de Francia (Vienne), a orillas del Gartempe; 1 300 hab. Abadía benedictina fundada por Carlomagno (iglesia del s. XI, con pinturas al fresco).

SAINT-SIMON (Louis DE ROUVROY, *duque* DE), historiador y político francés (París 1675-*id.* 1755). Hijo de un paje de Luis XIII, abandonó el ejército en 1702. Durante su época de cortesano se hizo famoso por su energía en la defensa de las prerrogativas de duques y pares contra las intromisiones de los príncipes extranjeros y de los bastardos legitimados, lo que le valió algunos enfrentamientos tempestuosos con Luis XIV. Como político elaboró planes de reforma y fundamentó sus esperanzas en el nieto del rey, el duque de Borgoña. La muerte del Gran Delfín lo colmó de dicha, pero la del duque de Borgoña lo desesperó. Al morir el regente, Saint-Simon abandonó la política y se retiró a su castillo de La Ferté-Vidame, donde durante treinta y dos años anotaría la pequeña historia, con una gran pasión y trataría de comprender unos tiempos que execraba y un rey (Luis XIV) que le repelía al tiempo que le obsesionaba hasta el punto de hacerle sentir en todas partes su presencia formidable y difusa. Las *Memorias** de Saint-Simon, maestro de la escritura barroca, no consiguieron la comprensión que pretendían, de la historia, pero incidieron de lleno en la verdad del arte.

SAINT-SIMON (Claude Henri DE ROUVROY, *conde* DE), filósofo y economista francés (París 1760-*id.* 1825). Aristócrata, rompió con su familia, ingresó en el ejército (1777) y combatió al lado de los insurrectos norteamericanos. Al comenzar la Revolución francesa abjuró de su condición nobiliaria. En 1803 publicó su primera obra importante: *Carta de un habitante de Ginebra a sus contemporáneos,* en la que elaboró su doctrina de la *capacidad* y manifestó su deseo de la creación de un nuevo poder espiritual supraestatal, una religión de la ciencia que sustituyera al catolicismo. Se unió a Napoleón en los Cien días (1815) y después se sumó a la oposición contra los Borbones, ya que cada vez con mayor intensidad Saint-Simon opuso a la aristocracia nobiliaria aquellos nuevos propietarios que eran los adquiridores de los bienes nacionales. Para él, el término *industrial* tenía el mismo sentido que la palabra *productor,* y con todos los productores había que construir una sociedad nueva, de la que serían excluidos todos los ociosos. La *Parábola* (1819) ilustra esta sociología. Tras un período de desaliento —se disparó un balazo que le vació un ojo (1823)—, evolucionó hacia un socialismo planificador y tecnocrático, y publicó el *Catecismo de los industriales* (1821-1824) y *El nuevo cristianismo* (1825).

El sansimonismo se difundió con rapidez, sobre todo gracias a A. Bazard, P. Enfantin, M. Chevalier, H. Carnot y P. Leroux, que hizo del diario *Le globe* el órgano del movimiento. Desde el plano ideológico y retórico, éste pasó al de las realizaciones, y cabe afirmar que el impulso industrial y comercial de la segunda mitad del s. XIX se debió sobre todo a sansimonianos como los hermanos Pereire y F. de Lesseps.

SAINT-TROPEZ, mun. de Francia (Var), en el *golfo de Saint-Tropez;* 5 000 hab. Turismo.

SÁINZ (Casimiro), pintor español (Matamorosa, Cantabria, 1853-Madrid 1898). Pintó escenas de género *(En el estudio)* y principalmente paisajes impresionistas (*Paisaje con Madrid al fondo,* col. part., Madrid).

SÁINZ DE LA MAZA (Regino), guitarrista español (Burgos 1896-Madrid 1981). Profesor de guitarra en el conservatorio de Madrid (1935), estrenó, en 1940, el *Concierto de Aranjuez* de Joaquín Rodrigo. Son notables sus escritos teóricos *La guitarra y su historia* (1955).

SAIS, ciudad del antiguo Egipto, situada en la parte O del Delta. Durante la XXVI dinastía (663-525 a. J.C.) se convirtió en la capital del reino de los faraones. Con el reinado de los príncipes saítas, el Egipto faraónico vivió sus últimos años de independencia y de prosperidad.

SAÍTA adj. De Sais.

SAJADURA n. f. Incisión o corte hecho en la carne.

SAJALÍN, isla de la U.R.S.S. en el mar de Ojotsk, separada del continente por el estrecho o canal de Tartaria, y de Japón por el estrecho de La Pérouse; 87 000 km²; 616 000 hab. Montañosa y volcánica, con inviernos fríos y nevados y veranos calurosos, la isla está cubierta en gran parte por bosque, al que sucede, en altitud, la tundra. La pesca, el carbón y los hidrocarburos son los principales recursos de una población fuertemente urbanizada, más numerosas en el S. — La isla fue ocupada por los rusos a partir de la década de 1850. Repartida entre Rusia (norte del paralelo 50) y Japón (sur del paralelo 50) de 1905 a 1945, después de la segunda guerra mundial pasó totalmente a la U.R.S.S.

SAJAMA *(nevado),* cumbre volcánica de Bolivia (Oruro), en la cordillera Occidental de los Andes; 6 542 m de alt. Es el pico más elevado del país.

SAJAR v. tr. [**1**]. Hacer sajaduras.

SAJÁROFF (Alexandre) bailarín de origen ruso, (Mariúpol [act. Zhdánov] 1866-Siena 1963), y su esposa Clotilde VON DERP (cuyo verdadero nombre era Clotilde EDLE VON DER PLANITZ) bailarina de origen alemán (Berlín 1895-Roma 1974). Adquirieron celebridad como bailarines de concierto.

SAJÁROV (Rostislav Vladimírovich), bailarín y coreógrafo soviético (Astraján 1907). Autor de ballets muy famosos *(La fuente de Bajchisarai, El caballero de bronce)* y considerado en la U.R.S.S. como un innovador, es profesor de coreografía en el Instituto teatral Lunacharski.

SAJÁROV (Andrei Dmitriévich), físico soviético (Moscú 1921). Hostil a la prosecución de las pruebas nucleares, a partir de 1966 se unió a la corriente disidente soviética, e hizo publicar por el *samizdat* y la prensa extranjera sus *Ideas sobre el progreso, la coexistencia pacífica y la libertad intelectual* (1968). Como cofundador de un comité para la defensa de los derechos del hombre (1970), recibió el premio Nobel de la paz (1975). Fue confinado en Siberia, debido a su disidencia con las autoridades.

SAJÓN, NA adj. y n. De Sajonia o relativo a los sajones.

SAJÓN n. m. y adj. Conjunto de dialectos germánicos.

SAJONES, antiguo pueblo germánico, citado por primera vez por Tolomeo (s. II a. J.C.), instalado entre el Elba y el Trave. Desde la época romana, los sajones practicaron la piratería en el mar del Norte, canal de la Mancha y Atlántico. A partir de 440-460, colonizaron el S y el SO de la isla de Britania. En Alemania, llegaron hasta el Sieg y el Saale. Carlomagno los sometió: destrucción del santuario pagano del Irminsul (772), ocupación de Westfalia y Lippe, creación de una marca sajona (774-777), represión de las dos rebeliones de Widukindo (779-780; 782-785), conversiones a la fuerza y deportaciones masivas de sajones, remplazados por colonos francos (794-797). La pacificación y la cristianización de los sajones (s. IX) fueron facilitadas por el respeto a sus costumbres, redactadas por orden de Carlomagno en una *Lex Saxonum*.

SAJONIA, en alem. **Sachsen,** región del S de la República Democrática Alemana, que corresponde aprox. a los actuales distr. de Dresde, Halle, Karl Marx Stadt, Leipzig y Zwickau, intensamente industrializada y urbanizada (las cuatro primeras capitales de distrito son, con la excepción de Berlín Este, las mayores ciudades del estado); cap. *Dresde*. Con más de 7 millones de habitantes, Sajonia reúne cerca de la mitad de la población de la Alemania Democrática sobre tan sólo un cuarto de su superficie.
HISTORIA. Incorporada al Imperio franco durante el reinado de Carlomagno (fin del s. VIII), Sajonia se constituyó en ducado en el s. IX y en 843 fue integrada en el reino de Germania. En 919, el duque Enrique de Sajonia, elegido rey de Germania, fundó la dinastía sajona, que ocupó el trono imperial de 962 a 1024. El ducado pasó a los Billung (c. 986), después a Lotario de Supplinburg (1106), que llegó a ser emperador en 1133, y por último a Enrique el Soberbio (de 1137 a 1139), duque de Baviera. El hijo de este último, Enrique el León (de 1142 a 1180), otorgó al ducado su máxima extensión, antes de ser vencido por Federico I Barbarroja. Desmantelado y reducido a la región del Elba (finales del s. XII), el ducado de Sajonia fue dividido, a la muerte de Alberto I (1260), en los ducados de Sajonia-Lauenburg, o Baja Sajonia, y de Sajonia-Wittenberg, o Alta Sajonia. En 1356, la Bula de oro atribuyó al linaje de Sajonia-Wittenberg la dignidad electoral. A su extinción, el electorado recayó de nuevo en los Wettin, margraves de Misnia, cuyos descendientes, Ernesto y Alberto, se repartieron las posesiones (1485), originando las ramas Ernestina (Turingia, electorado de Wittenberg) y Albertina (Misnia). A mediados del s. XV, el electorado pasó a la rama Albertina, en tanto que Turingia, que había permanecido en manos de la rama Ernestina, se fragmentó en pequeños principados. De 1697 a 1763, los electores de Sajonia fueron al mismo tiempo reyes de Polonia. Enzarzada, a partir de 1792, en la lucha contra Francia, Sajonia firmó la paz con Napoleón, quien otorgó al duque la dignidad real (1806), pero en el congreso de Viena (1815), el reino fue considerablemente amputado en beneficio de Prusia. Integrado, en 1871, en el imperio alemán, Sajonia adoptó en 1920 una constitución republicana. En 1952 fue agregada a la República Democrática Alemana.

SAJONIA (Baja), en alem. **Niedersachsen,** estado del N de Alemania (R.F.); 44 408 km²; 7 227 000 hab. Cap. *Hannover*. Es una región que ocupa la mayor parte de la llanura del N de Alemania, bastante pantanosa y de suelos generalmente mediocres (dedicados sobre todo a la cría de ganado vacuno y porcino, y a la patata), de clima húmedo y bastante frío. Unas condiciones naturales poco favorables explican que su densidad de población sea la más baja de la Alemania Federal (con todo, rebasa los 150 hab./km²). La población se concentra en la franja calcárea de los Börde, zona de cereales y remolacha al pie de los montes hercinianos, y sobre todo vía de paso, jalonada por las principales ciudades de la Baja Sajonia, de Osnabrück a Brunswick, incluida Hannover. El subsuelo suministra una discreta cantidad de hidrocarburos, así como hierro y potasa. En la industria de transformación predomina la metalurgia (fabricación de automóviles).

SAJONIA-COBURGO (Federico Josias, *duque* DE), mariscal austríaco (Coburgo 1737-1815). Mandó el ejército de Austria en los Países Bajos y venció a Dumouriez en Neerwinden (1793), pero fue derrotado por Jourdan en Fleurus (1794).

SAJONIA-WEIMAR (Bernardo, *duque* DE), general alemán (Weimar 1604-Neuenburg 1639). Como príncipe protestante, combatió al servicio de Dinamarca y después al de Suecia. En 1635 sirvió bajo bandera francesa, derrotó a los españoles (1636) y devastó Lorena.

SAJÚ n. m. → SAPAJÚ.

SAJURIANA n. f. Danza antigua de Argentina y Chile, en que los danzarines hacen resbalar el pie escobillando el suelo, y la pareja traza un ocho en el suelo.

SAKAI, c. de Japón (Honshū), en la zona suburbial S de Ōsaka; 810 000 hab. Siderurgia. Construcciones mecánicas. Refino de petróleo.

Algar-Salmer

Regino **Sáinz de la Maza**

SAKARYA, r. de Turquía asiática, tributario del mar Negro; 650 km. Presa e hidrocentral de Saryar.

SAKE o **SAKI** n. m. Bebida alcohólica japonesa, fabricada por medio de la fermentación artificial del arroz.

SAKI n. m. *Saki de cabeza blanca,* mono de unos 80 cm de long., de pelambre espesa, que vive en América Meridional.

ŚAKTISMO n. m. Doctrina religiosa de la India, propia de ciertas corrientes (viṣnuismo, śivaísmo, tāntrismo), que otorga a la energía creadora femenina, llamada *śakti*, un papel importante en la liberación del ciclo de renovación y en la historia del universo.

Śakuntalā, drama sánscrito de Kālidāsa (ss. IV-V d. J.C.).

ŚĀKYAMUNI → BUDA.

SAL n. f. (lat. *sal*). Sustancia incolora, cristalizada, desmenuzable, soluble y de gusto acre, empleada como condimento. || *Fig.* Gracia, agudeza, ingenio; garbo, viveza, desenvoltura en gestos y ademanes. || *Quím.* Compuesto formado por la sustitución del hidrógeno de un ácido por un metal. • *Sal de Glauber,* sulfato sódico monoclínico. || *Sal de Inglaterra, de Sedlitz* o *de Epsom,* o *sal de magnesia,* sulfato magnésico. || *Sal de Saturno,* acetato de plomo cristalizado. || *Sal de Vichy,* bicarbonato sódico. || *Sal diurética,* diurético cuya acción sobre el riñón produce una fuerte eliminación de cloruros de sodio y de potasio. || *Sal gema,* mineral que tiene la composición del cloruro sódico; roca sedimentaria constituida por este mineral. || *Sal marina,* cloruro sódico extraído del agua del mar. ◆ pl. Sustancia que se da a respirar para reanimar. • *Sales de baño,* sustancia cristaloide, perfumada, que se mezcla con el agua del baño.
■ La sal, o *cloruro sódico* (NaCl), es una de las sustancias minerales más abundantes en la naturaleza, sea en estado de roca (sal gema), mezclada con arcillas (arcillas salinas) o en solución en el agua del mar (sal marina, aproximadamente de 25 a 30 g por litro).
• Las sales provienen de la acción de los ácidos sobre las bases. Sus fórmulas derivan de las de los ácidos correspondientes por sustitución del hidrógeno por un metal o un radical. En el caso de un poliácido, se pueden obtener varias sales, algunas de las cuales contienen todavía hidrógeno ácido. Al igual que los ácidos y las bases, las sales son electrolitos. Su disolución en el agua va acompañada de una ionización, siendo el anión y el catión los del ácido y los de la base generadores. Esta acción va seguida de hidrólisis si la sal deriva de un ácido o de una base débil.

sal *(rebelión de la)*, revuelta del pueblo vizcaíno contra el intento del conde-duque de Olivares de establecer el estanco de la sal en Vizcaya en 1631. Considerado contrario a sus intereses por los campesinos y declarado antiforal, se resolvió con la exención del estanco y la amnistía a los rebeldes, según propuesta de una junta especial.

SALA n. f. (germ. *sal*). Pieza principal de la casa, donde se reciben las visitas. || Mobiliario de dicha pieza. || Aposento de amplias dimensiones, destinado a ciertas finalidades: *sala de conferencias, de espectáculos*. || Público que llena una sala: *toda la sala aplaudió*. || Pieza donde se reúne un tribunal de justicia para celebrar audiencias. || Cada una de las secciones administrativas o jurisdiccionales en que se dividen los tribunales colegiados. || Conjunto de magistrados que integran cada una de las divisiones de los tribunales colegiados. • *Sala de fiestas,* sin. de CABARET. || *Sala de gobierno,* órgano gubernativo de los tribunales colegiados, audiencias y tribunal supremo. || *Sala de justicia,* órgano jurisdiccional del tribunal, que conoce y resuelve los procesos de su competencia. || *Sala de operaciones,* quirófano.

SALA (Emilio), pintor español (Alcoy 1850-Madrid 1910), autor de cuadros de historia y retratos de estilo realista (*La prisión del príncipe de Viana*, 1871, museo de arte moderno, Madrid, y el retrato de *Vicente Palmaroli*, 1886, círculo de bellas artes, Madrid).

SALA Y GÓMEZ, isla de Chile (Valparaíso), en el Pacífico, cerca de la isla de Pascua y a unos 3 000 km del continente. Está deshabitada.

SALABARDO o **SALABRE** n. m. Especie de saco o manga de red, que se emplea para extraer la pesca de las redes grandes. || En las rías altas gallegas, arte de pesca de arrastre propia para la captura de peces pequeños.

SALACIDAD n. f. Calidad de salaz.

SALACOT n. m. (voz filipina) [pl. *salacots*]. Sombrero ligero, redondeado en su parte superior, que se usa en países cálidos.

SALACROU (Armand), dramaturgo francés (Ruán 1899). Evoca en sus obras la inquietud del hombre frente a los problemas de la vida moderna (*Atlas hotel*, 1931; *La desconocida de Arras*, 1935; *La tierra es redonda*, 1938; *El archipiélago Renoir*, 1947; *Bulevar Durand*, 1961).

SALADERO n. m. Lugar destinado para salar carnes o pescados.

SALADERÍA n. f. Industria de salar carnes.

SALADILLA n. f. Planta arbustiva ramosa, de hojas pequeñas y ovales, que crece en la península Ibérica. (Familia quenopodiáceas.)

SALADILLO, A adj. Dícese de algunos frutos secos y semillas salados, como almendras y cacahuetes.

SALADILLO, partido de Argentina (Buenos Aires), avenado por el *arroyo Saladillo;* 24 595 hab. Cereales, forrajes y oleaginosas. Ganado vacuno. Industrias alimentarias. Curtidos.

SALADINO I, en ár **Ṣalāḥ al-Dīn Yūsuf** (Takrīt, Mesopotamia, 1138-Damasco 1193), primer sultán ayubí (de 1171 a 1193). Como visir de los fatimíes* desde 1169, abolió el califato fatimí en 1171 y reinstauró el sunnismo en Egipto. Desarrolló el programa de reconquista musulmana de los Estados* latinos de Levante, puesto en práctica en Siria por los zángidas*, reunió bajo su autoridad Egipto, el Hedjaz, Siria y Mesopotamia, y se erigió en el campeón de la guerra santa. Derrotó a los cruzados en la batalla de Ḥaṭṭīn y se apoderó de Jerusalén (1187), lo que motivó la formación de la tercera cruzada (1189-1192). En 1192 se firmó una paz de compromiso que dejó a los cruzados las plazas costeras reconquistadas por ellos. Saladino impresionó a sus contemporáneos por la dignidad de su comportamiento y se convirtió en el héroe de un ciclo de leyendas.

SALADO, A adj. Que contiene sal o sales en disolución: *el agua del mar es salada*. || Que tiene exceso de sal: *la comida está salada*. || *Fig.* Gracioso, agudo: *una persona muy salada*. || *Amér.* Desgraciado, gafe.

SALADO n. m. Operación fotográfica que consiste en impregnar de cloruro sódico la superficie de los papeles de positivos, antes de la sensibilización mediante nitrato de plata.

SALADO o **SALADO DEL NORTE,** r. de Argentina, afl. del Paraná (or. der.); 2 000 km aprox. Está formado por una serie de torrentes que provienen de la Puna; los del sector N forman el Arias, y los del S, el Guachipes. Ambos ríos al unirse forman el Pasaje o Juramento, que más adelante se denominará Salado. Las fuertes sequías a menudo le impiden alcanzar el Paraná.

SALADO, r. de Argentina → DESAGUADERO.

SALADO, r. de Argentina (Buenos Aires), tributario del Río de la Plata; 700 km. Nace en una serie de lagunas (Chañar y Mar Chiquita) y desemboca en la bahía de Samborombón.

SALADO *(Gran Lago)*, en ingl. **Great Salt Lake,** pantano salado del O de E.U.A., en Utah, cerca de Salt Lake City.

SALADO *(Valle del)* → VALLE DEL SALADO.

Salado *(batalla del)*, victoria de los ejércitos cristianos sobre los benimerines cerca del *río Salado*, en Cádiz (30 oct. 1340). Tras la derrota de la flota cristiana en Algeciras y la pérdida de Gibraltar, Tarifa resistió a los benimerines, quienes finalmente fueron derrotados en el Salado. La victoria puso fin al peligro de nuevas invasiones musulmanas y fue el último acto de la reconquista con carácter de cruzada antiislámica.

SALADURA n. f. Acción y efecto de salar.

SALAM (Abdus), físico paquistaní (en Jhang 1926). Destacado defensor de los intereses tercermundistas en materia educativa, ha formado parte del Comité consultivo de las Naciones Unidas para la ciencia y la tecnología (1963-1975). En 1979 compartió con S. L. Glashow y S. Weinberg el premio Nobel de física por sus contribuciones a la teoría unificada de las interacciones electromagnéticas y débiles.

SALAMÁ, c. de Guatemala, cap. del dep. de Baja Verapaz, avenado por el *río Salamá;* 23 559 hab. Centro agrícola. Textiles y productos lácteos.

SALAMANCA n. f. *Argent.* Salamandra de cabeza chata. || *Chile.* Cueva natural que hay en algunos cerros.

SALAMANCA *(isla de)*, isla de Colombia (Magdalena), entre la ciénaga de Santa Marta y el Caribe; 250 km². Parque nacional.

SALAMANCA *(provincia de)*, prov. de España, de la región de León y de la comunidad autónoma de Castilla y León; 12 336 km² y 364 305 hab. Cap. *Salamanca*. Situada en la mitad centro-occidental del país, es una vasta llanura, limitada al S por las estribaciones del sistema Central, y avenada por los afluentes del Duero. De clima continental, posee una superficie agrícola destinada principalmente a cereales, leguminosas y tubérculos. La ganadería es muy importante (ovino, vacuno y reses bravas). La minería, en decadencia, está representada por yacimientos de estaño y de volframio; más importancia tiene la producción hidroeléctrica. Dentro de la industria destaca la rama alimentaria y la textil lanera (Béjar). La población, especialmente la rural, ha conocido una notable migración desde principios del s. XX, dirigida hacia Madrid y otros núcleos industrializados del país.

SALAMANCA

SALAMANCA, c. de España, cap. de la prov. y cab. del p. j. homónimos, en la or. der. del río Tormes; 167 131 hab. *(Salmantinos.)* La ciudad está emplazada sobre tres colinas, en el sector central de la Submeseta septentrional, lo cual le confiere un carácter de encrucijada (carreteras y ferrocarriles). El plano antiguo fue transformado durante los ss. XVI y XVII, y conserva en lo fundamental el aspecto de ciudad renacentista y barroca. A partir de la guerra civil se inició una fase de gran expansión. Salamanca es una de las ciudades de la Meseta Norte con mayor crecimiento demográfico. Es centro administrativo, y fundamentalmente universitario, y centro de área comercial, al que se añade una cierta actividad industrial: mecánica, metalúrgica, química, textil, alimentaria y platería.
HISTORIA. La antigua *Elmántica* y *Salmántica,* situada en el centro de la línea que separaba los poblados vetones de los vacceos, fue ocupada por Aníbal (220 a. J.C.) y constituyó un importante centro comercial y nudo de comunicaciones durante la dominación romana. No opuso resistencia a la invasión musulmana (712) y fue conquistada por Alfonso I (763) y después por Alfonso el Magno, pero quedó arruinada por hallarse en el centro de las batallas entre musulmanes y cristianos (saqueo por Almanzor en 981). Repoblada por Alfonso VI, Alfonso IX fundó su universidad (1200). Importante centro lanero desde tiempos de los Reyes Católicos, sufrió una prolongada decadencia desde fines del s. XVI, de la que no se recuperó hasta el XIX. Durante la guerra civil de 1936-1939 fue, con Burgos, la sede principal del gobierno del general Franco.
BELLAS ARTES. Es una de las ciudades españolas más bellas por su riqueza monumental. De época romana conserva el puente sobre el Tormes. Entre los edificios religiosos románicos destacan las iglesias de San Martín, San Julián y de Santiago, y la catedral vieja (s. XII), con esbelto cimborio (Torre del Gallo), y que alberga en su interior y en su claustro un importante conjunto de escultura y pintura medievales (ss. XII-XV), entre los que destacan una *Virgen de la Vega,* románica, un *Descendimiento* de J. de Juni, el fresco del *Juicio final,* en el ábside, etc. La catedral nueva se construyó adosada a la vieja, en 1513, y corresponde al gótico tardío (A. Egas y A. Rodríguez), con decoración flamígera en las portadas; en el interior destacan el coro y el trascoro barrocos (J. de Juni y A. Churriguera), el llamado *Cristo del Cid,* románico, una *Piedad,* de L. S. Carmona, y *Virgen con Niño y san Juanito,* tabla de Luis de Morales, y el gran repertorio de imaginería, escultura y pintura medieval y renacentista, conservado en el museo diocesano. Otras muchas iglesias combinan elementos góticos y platerescos: la de San Benito; la del convento de Santa Isabel (artesonado del coro), y la del convento de las Úrsulas (sepulcro de Alonso de Fonseca, atribuido a Diego de Siloe); la del convento de San Esteban (s. XVI), con su imponente fachada de decoración plateresca (J. de Álava), su retablo mayor barroco (J. de Churriguera) y un gran fresco de A. A. Palomino (s. XVIII). De entre las barrocas, sobresalen las iglesias del convento de las Agustinas (s. XVII), con obras de Ribera; una cumbre del barroco es la Clerecía, antiguo real colegio del Espíritu Santo (ss. XVII-XVIII) [act. universidad pontificia]. Entre los edificios civiles sobresalen la universidad con su magnífica fachada plateresca (1533) y, en general, todos los edificios relacionados con ella, tales como el colegio mayor del Arzobispo (s. XVI), en cuya iglesia se conserva el retablo mayor por A. Berruguete (1529); el colegio de Huérfanos (s. XVI), con portada renacentista y claustro barroco; el colegio de Calatrava (J. y A. Churriguera, s. XVIII); y el neoclásico de San Bartolomé. Son de destacar también los palacios y casas góticos de la torre del Clavero, la casa del doctor Abarca Maldonado (que alberga el museo provincial, con pintura de los ss. XVIII-XIX y colecciones arqueológicas); de elementos gótico-platerescos y mudéjares es la casa de las Conchas (s. XVI); los palacios platerescos de Monterrey, Fonseca y Orellana (s. XVI). De época barroca es la ordenación de la plaza Mayor, porticada, proyectada por A. Churriguera (1729-1755), en cuyo ámbito destacan el pabellón real y el ayuntamiento (García de Quiñones).

La ciudad española de **Salamanca:** la casa de las Conchas.

Salmer

Salamanca *(escuela de),* conjunto de pensadores, principalmente filósofos, teólogos y juristas, que durante el s. XVI y principios del s. XVII, en la universidad de Salamanca y en el colegio de los jesuitas, revitalizaron la escolástica tomista. Su obra, aunque a veces en polos opuestos de doctrina, se enmarca en la Contrarreforma y desarrolla ampliamente las teorías sobre derecho, y centra el interés en el estudio de la política y la economía. Entre ellos destacan: Francisco de Vitoria*, Martín de Azpilcueta*, Domingo de Soto*, Melchor Cano*, Diego de Covarrubias*, Domingo de Báñez*, Luis de Molina*, y en esta corriente, aunque más extraacadémico, Tomás de Mercado*.

Salamanca *(tratado de),* acuerdo firmado entre Fernando el Católico y Felipe el Hermoso (24 nov. 1505) referente al gobierno de Castilla a la muerte de Isabel la Católica, que establecía que en Castilla y León gobernarían conjuntamente Fernando, como gobernador perpetuo, y Felipe y Juana, como reyes.

SALAMANCA, c. de México (Guanajuato), en la región de Bajío; 105 548 hab. Centro industrial (refino de petróleo, petroquímica y metalurgia). Oleoducto desde Poza Rica. Iglesia parroquial del s. XVIII, en la que la decoración de la fachada es una excelente muestra del estilo barroco mexicano.

SALAMANCA (DE), familia de banqueros y mercaderes españoles del s. XVI, uno de cuyos miembros más importantes fue GABRIEL (¿1489?-1539), que estuvo al servicio del Imperio, en Alemania.

SALAMANCA (José, *marqués* DE), financiero y político español (Málaga 1811-Madrid 1883). Adherido al ideario liberal, participó en varios movimientos insurreccionales. Operó en el mundo de los negocios, arrendando por cinco años el estanco de la sal, que le proporcionó grandes beneficios; intervino en las operaciones bursátiles y se interesó por las construcciones ferroviarias, obteniendo la concesión de la línea de Madrid a Aranjuez. Participó activamente en política a raíz del enfrentamiento con Narváez y, apoyado por

Serrano, formó el primer gabinete puritano en marzo de 1847, en el que estuvo al frente del ministerio de Hacienda, pero dimitió (oct.) al perder el apoyo de aquél. Llegó a reunir una de las fortunas mayores de Europa. Centradas sus principales actividades en torno a las empresas ferroviarias, la crisis de 1866-1867, y su repercusión en los valores ferroviarios, mermó su fortuna, aún más dañada al fracasar la urbanización del barrio madrileño que lleva su nombre.

SALAMANCA (Daniel), político boliviano (Cochabamba 1863-La Paz 1935). Tras el golpe republicano liberal de 1930 fue elegido presidente de la república (1931), pero la impopularidad que le acarrearon las medidas para afrontar las consecuencias de la guerra del Chaco le obligó a dimitir (1934).

SALAMANCA Y NEGRETE (Manuel), general español (Burgos 1831-La Habana 1891). Participó en la tercera guerra carlista (1872-1876) y se opuso al gobierno canovista. Gobernador general de Cuba en 1889, acusó al gabinete Sagasta de malversación de bienes.

SALAMANDRA n. f. (lat. *salamandram;* del gr. *salamandra*). Anfibio urodelo de Europa, Asia y NO de África, que tiene la forma de un lagarto. ‖ Estufa de carbón, de combustión lenta.

SALAMANQUESA n. f. Saurio mediterráneo de hasta unos 16 cm de long., la mitad de los cuales pertenecen a la cola, y de patas cortas. (Familia gecónidos.)

Salambó, novela de Flaubert (1862), descripción de la guerra que libró Cartago contra sus mercenarios amotinados después de la primera guerra púnica. La orgía de imágenes, la alternancia de movimiento y de inmovilidad y la liberación de fantasías la convierten en una obra maestra de la escritura plástica.

SALAME n. m. (voz italiana). Embutido hecho con carne vacuna y carne y grasa de cerdo, picadas y curadas, que se come crudo.

SALAMINA, isla de Grecia, cerca de la costa O de Ática, frente a Atenas. — En 480 a. J.C., Temístocles consiguió en ella una victoria decisiva sobre la flota persa (v. *guerras* MÉDICAS), que Esquilo evocó en su tragedia *Los persas.*

SALAMINA, ant. ciudad de Chipre, de la que fue capital hasta 58 a. J.C., en cuya fecha la isla fue sometida por los romanos, que trasladaron la metrópoli a Pafos. Las sepulturas de la necrópolis contienen un rico mobiliario funerario, testimonio de la opulencia de la ciudad en los ss. VIII y VII a. J.C. Ruinas de los ss. II y III d. J.C., entre las cuales se cuentan el teatro, el estadio, los dos foros, el anfiteatro y el gimnasio, con mosaicos murales y fragmentos de fresco. Vasto complejo basilical bizantino del s. VI.

SALAMINA, mun. de Colombia (Caldas), en la cordillera Central; 25 591 hab. (*Salamineños.*) Agricultura y ganadería. Región auroargentífera.

SALAN (Raoul-Louis), general francés (Roquecourbe, Tarn, 1899). Comandante en jefe en Indochina (1952-1953) y en Argelia (1956-1958), desempeñó un papel esencial en el llamamiento al general De Gaulle en mayo de 1958. Al retirarse en 1960, refutó la política argelina de De Gaulle y se exilió en España. En 1961, se unió al putsch de Challe en Argel y, al fracasar éste, fundó la O.A.S. en la clandestinidad. Detenido en 1962 y condenado a cadena perpetua, fue puesto en libertad en 1968 y publicó sus *Memorias* (1970-1974).

SALANDRA (Antonio), político italiano (Troia 1853-Roma 1931). Primer ministro de marzo de 1914 a junio de 1916, hizo entrar a Italia en la guerra junto a los aliados (1915).

SALANGANA n. f. Ave apodiforme de Asia y Oceanía, cuyos nidos, construidos con algas aglomeradas, se conocen con el nombre de *nidos de golondrina* y son muy apreciados por los gastrónomos.

SALAR v. tr. [**1**]. Poner en sal carnes, pescados y otras sustancias, para que se conserven. ‖ Sazonar con sal. ‖ Echar más sal de la necesaria. ◆ v. tr. y pron. *Amér.* Estropear, echar a perder.

SALAR n. m. Cuenca endorreica en la que a menudo se forma una laguna temporal que, al desecarse en la estación calurosa, deposita costras salinas, frecuente en las cuencas altas de las grandes cordilleras, especialmente de la de los Andes.

SALARIADO n. m. Proletariado.

SALARIAL adj. Relativo al salario. ● *Masa salarial,* suma de remuneraciones, directas o indirectas, percibidas por un conjunto de trabajadores asalariados.

SALARIAR v. tr. [**1**]. Asalariar.

SALARIO n. m. (lat. *salarium*). Remuneración del trabajo efectuado por una persona por cuenta de otra, en virtud de un contrato de trabajo. ● *Hoja de salario,* documento justificativo del pago del salario que el empresario debe entregar al asalariado en el momento de efectuar el pago. (Su contenido está fijado por la ley.) ‖ *Salario base,* suma mensual utilizada para el cálculo de las prestaciones familiares, y calculada siguiendo unos puntos cuyo valor está determinado por acuerdos fijados, llegado el caso, por las convenciones colectivas. ‖ *Salario bruto,* sueldo de un asalariado antes de hacer las retenciones o de sumar las primas, por oposición a *salario neto.* ‖ *Salario real,* el que expresa el poder adquisitivo real en función del coste de la vida.

P. Starosta

salamandra

■ El salario puede fijarse en base a una determinada cantidad de horas trabajadas (jornal, semanada o mensualidad) o por cantidad de productos realizados (a destajo, a precio alzado). También debe distinguirse entre *salario monetario,* que hace referencia a su magnitud cuantitativa expresada en unidades monetarias, y *salario real,* que expresa el poder adquisitivo en términos de bienes a que puede tener acceso un determinado salario monetario.

El estudio de los salarios ha ocupado un punto importante en la teoría económica, considerándose desde puntos de vista distintos: fijación del nivel de salarios, relaciones entre salarios y precios, así como el nivel de ocupación, participación de los salarios en la distribución de la renta, evolución de los salarios respecto de la dinámica de la población, de las estructuras sociales, etc. Todos estos enfoques responden a concepciones alternativas en el estudio de la realidad económica; así, para la economía clásica la determinación de los salarios se consideraba dependiente de la cantidad de productos necesarios para la reproducción de la fuerza de trabajo (salario de subsistencia), precio del que podía desviarse circunstancialmente por alteraciones del mercado de trabajo. Marx partiría de este concepto para elaborar su teoría del valor y de la explotación, al precisar que el precio del trabajo o salario se fijaba por debajo del valor del producto del trabajo. La teoría neoclásica, por el contrario, considera el salario como la remuneración exacta de la aportación productiva del trabajo que viene determinada por su fijación en el mercado. Las aportaciones más recientes sobre la formación y naturaleza del salario se detienen en la relación entre precio del trabajo y desocupación (curva de Phillips) y en la relación entre salarios y elevación general del nivel de precios (teorías sobre la inflación de costes).

SALARRUÉ (Salvador SALAZAR ARRUÉ, llamado), escritor salvadoreño (San Salvador 1899-*id.* 1976), autor de colecciones de relatos sobre la vida y costumbres de los indios (*Cuentos de barro,* 1933; *Trasmallo,* 1954; *Cuentos de cipotes,* 1958; *La espada y otras narraciones,* 1960).

SALAS, v. de España (Asturias), junto al río Narcea (afl. del Nalón); 9 198 hab. Agricultura. Importante ganadería vacuna (pastos). Industria alimentaria; manufactura de la madera. Colegiata del s. XVI.

Salas *(leyenda de los infantes de)* → INFANTES DE LARA *(leyenda de los).*

SALAS (Juan DE), escultor español del s. XVI, discípulo de Damián Forment. Durante el primer tercio del s. XVI trabajó en Aragón, donde colaboró con artistas de la talla de Gil de Morlanes (retablo de la capilla de San Miguel, en Jaca) y G. de Joly (retablo de Tauste). Posteriormente trabajó en Palma de Mallorca hasta 1536 (púlpitos de la catedral). También se le atribuyen los retablos de la iglesia de San Pedro, en Teruel.

SALAS (Carlos), escultor español (Barcelona 1728-Zaragoza 1788). Sus composiciones, todavía ligadas al barroco, fueron objeto de una depuración progresivamente mayor. Entre sus obras figuran los relieves *El IV concilio de Toledo* (Prado) y *La Asunción de la Virgen* (1776, El Pilar, Zaragoza) y cuatro esculturas y cinco relieves en la capilla de Santa Tecla de la catedral de Tarragona.

SALAS (Antonio), pintor ecuatoriano (Quito 1795-*id.* 1860). De la época colonial se conservan numerosos cuadros religiosos (*San Francisco resucitando a un obispo; La oración de san Francisco; San Francisco en el monte*), y de la independentista, retratos de próceres (*Los generales de la independencia de Colombia,* museo de Santo Domingo), entre ellos numerosos de Bolívar.

SALAS (Ramón DE), jurista y político español de fines del s. XVIII y primer tercio del XIX, y uno de los introductores del utilitarismo en España (*Lecciones de derecho político constitucional,* 1823).

SALAS (Tito), pintor venezolano (Antímano 1889). Se formó en su país y en París (*La fiesta de san Jenaro,* 1907). En 1919 regresó a Venezuela, donde decoró la casa de Bolívar: *Batalla de Araure, Toma de las Flecheras; Terremoto de 1812; Emigración de 1814;* etc. Decoró el panteón nacional, el museo Urdaneta de Maracaibo y el Banco de Venezuela de Caracas. Su estilo se caracteriza por el movimiento de la composición y la fuerza del color.

SALAS BARBADILLO (Alonso Jerónimo DE), escritor español (Madrid 1581-*id.* 1635). Cultivó diversos géneros (poesía, teatro) y sobresalió como narrador, vinculado a una doble tradición, italianizante y picaresca. Sus títulos más conocidos fueron: *La hija de Celestina* (1612), sátira de tipos y ambientes sociales de Madrid; *El caballero puntual* (1614, 1619), que ofrece abundantes cuentos intercalados con los que un criado distrae los ocios de su señor; *Corrección de vicios* (1615), sobre un filósofo loco que ilustra sus prédicas con regocijados relatos; *El sutil cordobés Pedro de Urdemalas* (1620), de afinidad con el mundo de la picaresca, y *Don Diego de Noche* (1624).

SALAS DE LOS INFANTES, c. de España (Burgos), cab. de p. j., junto al río Arlanza; 2 010 hab. Agricultura y ganadería; manufactura de la madera.

nidos de **salanganas**

Okapia

Algar-Salmer

Policarpa **Salavarrieta.** Pintura anónima. (Museo de arte colonial de Bogotá.)

SALAS Y CASTRO (Esteban DE), compositor cubano (¿La Habana? 1725-*id.* 1803). Maestro de capilla de la catedral de Santiago de Cuba (1764-1803), su obra, de tendencia napolitana, está integrada por misas, salmos y motetes.

SALAVARRIETA (Policarpa), llamada **la Pola,** patriota colombiana (Guaduas 1795-Santa Fe 1817). Maestra, colaboró con las guerrillas independentistas, por lo que fue apresada y fusilada.

SALAVAT, c. de la U.R.S.S. (R.S.F.S. de Rusia), en Bashkiria; 131 000 hab. Petroquímica.

SALAVERRÍA (José María), escritor español (Vinaroz 1873-Madrid 1940). Cultivó el periodismo y el ensayo. De sus inicios, ligado al ideario de la generación del 98, destacan su novela *La virgen de Aránzazu* (1909) y el ensayo *Vieja España* (1907). Luego exaltó los valores tradicionales: *La afirmación española* (1917) y *Loyola* (1935).

SALAVERRÍA (Elías), pintor español (Lezo 1883-Madrid 1952). Su estilo se caracteriza por el realismo fotográfico con que plasma los temas vascos, núcleo central de su producción (*Gu; Procesión del Cristo de Lezo* y *San Ignacio de Loyola*).

SALAVERRY (Felipe Santiago DE), general peruano (Lima 1805-Arequipa 1836). Destituyó al presidente Orbegoso (1835) y le sucedió en el poder; abolió la contribución de castas. Derrotado por el general boliviano Santa Cruz, fue hecho prisionero y fusilado. — Su hijo CARLOS AUGUSTO (Piura 1830-París 1891), escritor, fue autor de poesías y dramas históricos.

SALAZ adj. Lujurioso.

SALAZAR *(Valle de),* comarca de España, en el Pirineo navarro, entre los valles del Roncal y del Irati. Está regada por el *río Salazar.* Ganadería y explotación forestal (bosque del Irati).

SALAZAR (Ambrosio DE), escritor español de la primera mitad del s. XVII. Enseñó castellano en Francia y publicó, con fines pedagógicos, colecciones de cuentos y leyendas: *Espejo general de la gramática en diálogos* (1614), *Las clavellinas de recreación* (1614), *Tesoro de diversa lición* (1636) y *Secretos de la gramática española* (1640).

SALAZAR (Carlos), político guatemalteco del s. XIX. Luchó como general al lado de Morazán; en 1834 se hizo cargo de la jefatura del estado en El Salvador. Acompañó a Morazán en su exilio a Panamá (1840).

SALAZAR (António DE OLIVEIRA), estadista portugués (Vimieiro 1889-Lisboa 1970). Profesor de economía política en la universidad de Coimbra, el gobierno militar le confió el ministerio de Hacienda (1928) y después asumió la presidencia del Consejo (1932). Poseedor de unos poderes muy amplios, eliminó toda oposición e instituyó, a partir de 1933,

saledizos

Lauros-Giraudon

el *estado novo,* régimen dictatorial fundamentado en el nacionalismo y el catolicismo, el corporativismo y el anticomunismo. Con viva preocupación por la estabilidad de la moneda y la «vocación agrícola» del país, mantuvo la economía tradicional con el apoyo de la burguesía terrateniente. En cuestiones extranjeras siguió una política prudente, favorable a las dictaduras española, italiana y alemana, aunque conservando su alianza con Gran Bretaña y permaneciendo neutral durante la segunda guerra mundial. El estancamiento económico y la emigración masiva de los portugueses provocaron, a partir de 1953, el ascenso de una oposición y el endurecimiento de la represión policial. El gobierno no podía frenar ya la evolución del capitalismo moderno, ni tampoco escapar al fenómeno de la descolonización que amenazó a sus provincias de ultramar a partir de 1960. Sin embargo, las guerras coloniales posibilitaron que el régimen se mantuviera, ya que permitieron la exaltación de los sentimientos nacionalistas. Salazar tuvo que abandonar sus funciones en 1968 por razones de salud, y fue sustituido por Marcelo Caetano.

SALAZAR (Adolfo), musicólogo y compositor español (Madrid 1890-México 1958). Fue discípulo de Pérez Casas y de Falla. En 1939 se exilió a México, donde fue nombrado miembro del Colegio de México. Es autor de numerosas composiciones (*Arabia,* piano y orquesta; *Romancillo,* piano o guitarra) y tratados musicales: *Sinfonía y ballet* (1924), *La música contemporánea en España* (1930), *La rosa de los vientos en la música europea* (1940), *La música moderna* (1944) y *La música y el ballet* (1951).

SALAZAR (José), prelado mexicano (Ameca 1910). Obispo de Zamora de Hidalgo (1967) y arzobispo de Guadalajara (1970), en 1973 fue creado cardenal y elegido presidente de la Conferencia episcopal mexicana.

SALAZAR (Alberto), atleta cubano (La Habana 1958), nacionalizado norteamericano. Ganador de la maratón de Nueva York en 1980, 1981 y 1982, ostenta el récord del mundo de esta prueba, con un tiempo de 2 h 8 min 13 s.

SALAZAR ARRUÉ (Salvador) → SALARRUÉ.

SALAZAR BONDY (Sebastián), escritor peruano (Lima 1924-*id.* 1965). Su obra manifiesta una preocupación por la condición social del hombre americano y ofrece una vertiente crítica que, como en el caso de su ensayo *Lima la horrible* (1964), suscitó en su momento polémicas. Cultivó la narrativa (*Náufragos y sobrevivientes,* 1954; *Pobre gente de París,* 1958) y la poesía (*Los ojos del pródigo,* 1951; *El tacto de la araña,* 1965) y sobresalió como dramaturgo: *Amor, gran laberinto* (1948), *Rodil* (1952), *No hay isla feliz* (1954) y *Flora Tristán* (1964). — Su hermano AUGUSTO (Lima 1925), filósofo, ha aportado valiosas contribuciones al pensamiento peruano (*La filosofía en el Perú,* 1954) y latinoamericano (*¿Existe una filosofía de nuestra América?,* 1970).

SALAZAR DE ESPINOSA (Juan), conquistador español (Espinosa de los Monteros 1508-Asunción 1560). Fundó Santa María de la Asunción, futura capital de Paraguay. Expulsado a España durante la sublevación contra el adelantado Cabeza de Vaca, regresó en 1547 y en 1550-1555 realizó una nueva expedición a Paraguay.

SALAZÓN n. f. Acción y efecto de salar o curar con sal ciertos alimentos, para su conservación. || Productos alimenticios así conservados. (Puede usarse en plural.) || Industria y tráfico derivados de estas conservas. || *Amér. Central* y *Cuba.* Desgracia, mala suerte.

SALBANDA n. f. (alem. *Salband,* orillo). *Min.* Capa untuosa que se encuentra en la separación de un filón o una falla en contacto con sus paredes hastiales.

SALCANTAY *(nevado de),* pico de Perú (Cuzco), en la cordillera de Vilcabamba; 6 271 m de alt.

SALCE n. m. Sin. de SAUCE.

SALCEDO, SALCEDA o **SALCEDAL** n. m. Terreno poblado de sauces. (Sin. SAUCEDAL, SAUCEDO.)

SALCEDO *(provincia de),* prov. del N de la República Dominicana; 493 km^2 y 93 946 hab. Cap. *Salcedo.* Presenta un relieve montañoso en su sector N y más llano hacia el S. La población se agrupa mayoritariamente en el valle del Yuna y su densidad es una de las más elevadas de la república. La agricultura (café, cacao, tabaco, cereales, plátanos, etc.) es la principal actividad económica.

SALCEDO o **SAN MIGUEL DE SALCEDO,** cantón de Ecuador (Cotopaxi), avenado por el Pumacunchi; 35 723 hab. Centro comercial de una región agrícola. Ganado vacuno. Carretera panamericana.

SALCEDO, c. de la República Dominicana, cap. de la prov. homónima, junto al valle del Yuna; 10 065 hab. Centro comercial y de servicios de una región agrícola.

SALCEDO (Juan DE), conquistador español (México 1549-† 1576), nieto de Legazpi. Fue uno de los caudillos militares de la conquista de Filipinas, que exploró la bahía de Manila y participó en la ocupación de Luzón; derrotó y expulsó de las islas a los piratas chinos.

SALCEDO (Diego), administrador español del s. XVII (nacido en Bruselas). Sustituyó en 1663 a Manrique de Lara en la gobernación de Filipinas. A raíz de una revuelta de los colones en 1668, fue acusado de hereje y encarcelado.

SALCEDO CORONEL (José GARCÍA DE), escritor español (¿nacido en Sevilla?-Madrid 1651). Más que por su poesía original tiene un nombre en la historia de la literatura por su edición comentada de las obras de Góngora (1636-1648).

SALCES o **SALSES,** mun. de Francia (Pyrénées-Orientales); 2 000 hab. Fortaleza del s. XV. Vinos blancos. — Luis XII dispuso la ocupación del Rosellón, que dio lugar al cerco de Salces (1503), la cual volvió a ser ocupada en 1639 por las tropas de Condé y recuperada de nuevo por España en 1640. Pasó a Francia, junto con todo el Rosellón, en 1659.

SALCILLO (Francisco) → SALZILLO O SALCILLO (Francisco).

SALCOCHAR v. tr. [**1**]. Cocer carnes u otros alimentos sólo con agua y sal.

SALCOCHO n. m. *Amér.* Preparación de un alimento cociéndolo en agua y sal para después condimentarlo.

SALCHICHA n. f. (ital. *salciccia*). Embutido de carne de cerdo en tripa delgada, que se consume generalmente fresca.

SALCHICHERÍA n. f. Tienda donde se venden salchichas y embutidos en general.

SALCHICHERO, A n. Persona que tiene por oficio hacer o vender embutidos y otros productos de cerdo.

SALCHICHÓN n. m. Embutido en tripa gruesa, hecho a base de jamón y tocino mezclado con pimienta en grano, que se come crudo.

SALDANHA (João D'OLIVEIRA DAUN, *duque* DE), político portugués (Lisboa 1790-Londres 1876). Nieto de Pombal y refugiado en Brasil, fue capitán general de Rio Grande do Sul (1821) antes de regresar a Portugal, donde desempeñó la cartera de la Guerra (1827). Exiliado tras la insurrección de 1828, regresó (1833) y se impuso a los partidarios de don Miguel (1834). Mariscal y jefe del gobierno (1835-1836), tuvo que abandonar nuevamente el país después de la revolución de 1836. A su regreso, ejerció la dictadura de 1846 a 1849, y después con el apoyo de los británicos y de la «izquierda histórica», de 1851 a 1856. Un postrer golpe de estado le convirtió de nuevo, aunque por breve tiempo, en el dueño del país (mayo-ag. 1870).

SALDAÑA, v. de España (Palencia), junto al río Carrión (or. izq.); 2 242 hab. Iglesia de San Miguel, con varios retablos y sepulcros renacentistas (s. XVI); iglesia de la Virgen del Valle y casa del marqués de la Valdavia, de estilo barroco.

SALDAR v. tr. (ital. *saldare*) [**1**]. Pagar una deuda, liquidar una cuenta. || Vender mercancías a bajo precio. || *Fig.* Poner fin a alguna cosa o situación: *saldar diferencias.*

SALDÍAS (Adolfo), historiador argentino (Buenos Aires 1849-*id.* 1914). Fue el primero en estudiar imparcialmente la dictadura de Rosas, en obras como *Historia de la Confederación argentina* (1892) y *Papeles de Rosas* (1907).

SALDO n. m. (ital. *saldo,* entero). Diferencia entre los totales del debe y el haber de una cuenta. || Pago o liquidación de una deuda u obligación. || Resultado final en favor o en contra de algo o alguien después de considerar, comparar o compensar diversas cosas en pro o en contra. || Mercancía vendida a bajo precio. || *Fig.* Cosa que se considera de poco valor.

SALDONI (Baltasar), compositor y crítico musical español (Barcelona 1807-Madrid 1889). Inició sus estudios en Montserrat, completándolos en Madrid con R. Carnicer. Autor de algunas óperas de cierto éxito (*Saladino y Clotilde,* 1833; *Cleonice, regina de Siria,* 1839), contribuyó al resurgimiento y difusión de la zarzuela (*Boabdil,* 1845; *Guzmán el Bueno,* 1855; *La corte de Mónaco,* 1857). Como musicólogo publicó *Efemérides de músicos españoles* (1860).

SALDUBA, nombre de dos localidades de la península Ibérica prerromana, situada una en la región de los bástulos, en la desembocadura del Guadalhorce, y la otra en la región de los edetanos, cerca de Cesaraugusta, la actual Zaragoza.

SALE (Antoine DE LA), escritor francés (en Provenza c. 1388-† c. 1461). Autor de obras didácticas (*El paraíso de la reina Sibila,* 1440) y de una novela que presenta los temas fundamentales del amor y de la caballería (*Juan de Saintré,* 1451). Se le han atribuido, sin fundamento, los *Cien cuentos nuevos* y *Los quince gozos del matrimonio.*

SALÉ, c. de Marruecos junto al Atlántico, en la desembocadura del uadi Bū Regreg, frente a Rabat; 156 000 hab. Fortificaciones del s. XIII. Industrias de la madera y del cuero. Aeropuerto.
HISTORIA. Ciudad fundada en el s. XI junto a una antigua colonia romana; plaza comercial muy importante en la edad media, cayó en poder de los almohades (s. XII) y de los benimerines (s. XIV), para pasar a ser en el s. XVII refugio de numerosos moriscos andaluces, que introdujeron en ella destacados elementos de la civilización arabigoandaluza.

SALEDIZO, A adj. Saliente, que sobresale.

SALEDIZO n. m. *Arq.* y *Constr.* Parte del edificio que sobresale de la pared maestra de la fábrica.

SALEM, c. del S de la India (Tamil Nadu); 309 000 hab. Fábricas de tejidos y de papel.

SALEM, c. de Estados Unidos, cap. del est. de Oregón, junto al río Willamette; 68 000 hab. Agricultura. Industrias de la madera. — Famoso proceso por brujería, en 1692.

Saler *(El),* playa de la ciudad de Valencia (España). Parador nacional de turismo.— La *dehesa del Saler* es una reserva ecológica, en parte urbanizada.

SALERNO, c. de Italia, en Campania, cap. de prov., al SE de Nápoles, en la or. der. del *golfo de Salerno;* 162 000 hab. Monumentos antiguos: catedral, de fines del s. XI. Mercado agrícola y activo puerto. Industrias alimentarias, textiles y mecánicas. Museo (arqueología). — Antigua colonia romana, Salerno adquirió importancia en la época lombarda; se separó del ducado de Benevento en 839 y fue ocupada por los normandos en 1075. Gran centro de la artesanía del marfil en el s. XI, fue también célebre durante la edad media por su escuela de medicina.

SALERO n. m. Recipiente donde se tiene la sal para su uso en la cocina o en la mesa. || *Fig.* y *fam.* Gracia, donaire: *andar con salero.*

SALEROSO, A adj. *Fam.* Que tiene salero, gracia y simpatía.

SALES (Joan), escritor español en lengua catalana (Barcelona 1912-*id.* 1983). Exiliado después de la guerra civil, vivió en Francia, República Dominicana y México, donde publicó sus *Cuadernos de exilio (Quaderns d'exili).* Regresó a Barcelona (1948) y en 1956 apareció su obra más importante *Incierta gloria (Incerta* *glòria)* en la que evoca su experiencia de la guerra civil.

SALESA n. f. y adj. Religiosa de la congregación de la Visitación de María.

SALESIANO, A adj. y n. Dícese de los miembros de la congregación de religiosos (sociedad de Padres de San Francisco de Sales) fundada en 1859 por san Juan Bosco, en Turín, y de la congregación de religiosas (hijas de María Auxiliadora) fundada también por él mismo en Turín, en 1872. (Estas congregaciones se dedican a la educación de la juventud, y más particularmente en escuelas profesionales.)

SALETTE FALLAVAUX (La), mun. de Francia (Isère); 79 hab. Basílica de Nuestra Señora de La Salette (1869), centro de peregrinación.

SALFORD, c. de Gran Bretaña, aglomeración del área suburbana O de Manchester; 131 000 hab. Industrias textiles y químicas.

SALGADO (Luis H.), compositor ecuatoriano (Cayambe 1903). Director del conservatorio nacional de Quito (1934-1952), es autor de sinfonías, ballets, óperas (*Cumandá*, 1940-1954 y *Eunice* 1956-1957), de numerosas composiciones para piano y de la obra musicológica *Música vernácula ecuatoriana* (1952).

SALGAR, mun. de Colombia (Antioquia), en la cordillera Occidental; 19 114 hab. *(Salgarenos.)* Centro agrícola. Pastos (ganado vacuno). Industrias alimentarias y de la confección.

SALGAR (Eustorgio), político colombiano (Bogotá 1831-*id.* 1885). Fue gobernador de la provincia de Santander (1853-1855), presidente del estado de Cundinamarca (1860-1861) y presidente de la república (1870-1872), protegiendo los intereses de la burguesía.

SALGARI (Emilio), escritor italiano (Verona 1863-Turín 1911), autor de una obra ingente que ayudó a la renovación de la literatura juvenil (*Los piratas de Malasia,* 1896; *El corsario negro,* 1899; *En las fronteras del Far West,* 1908).

SALGÓTARJÁN, c. de Hungría, cap. del dep. de Nógrád, al NE de Budapest; 42 000 hab. Minas de lignito y acero.

SALÍ → DULCE, r. de Argentina.

sálica *(ley)*, disposición que excluía del trono de Francia a las hembras y sus descendientes. Introducida en España por Felipe V según el auto acordado de 10 de mayo de 1713, las cortes generales de 1789 restablecieron la sucesión de acuerdo con las *Partidas.* Sin embargo, la pragmática sanción correspondiente no fue promulgada hasta 1830 por Fernando VII, lo que originó el conflicto sucesorio que abocó en las guerras carlistas.

SALICÁCEO, A adj. y n. f. Relativo a una familia de plantas arbóreas con flores sin pétalos. (El *sauce* y el *álamo* pertenecen a la familia *salicáceas.*)

SALICARIA n. f. Planta que vive en lugares húmedos, empleada antiguamente en medicina por sus propiedades astringentes. (Familia litráceas.)

SALICILADO, A adj. Relativo al ácido salicílico o a sus sales.

SALICILATO n. m. Sal o éster del ácido salicílico.

SALICÍLICO, A adj. Dícese de un ácido que posee propiedades antisépticas y antiinflamatorias.

SÁLICO, A adj. Relativo a los francos* salios.

SALIDA n. f. Acción y efecto de salir; viaje, excursión o paseo. || Parte por donde se sale de un lugar: *esta casa tiene dos salidas.* || Mayor o menor posibilidad de venta de los géneros: *remesa con poca salida.* || Partida de data o de descargo en una cuenta. || *Fig.* Medio o recurso con que se vence un argumento, dificultad o peligro, o se puede solucionar una situación apurada. || *Fig.* Pretexto, escapatoria con que se elude algo: *buscar una salida para no trabajar.* || *Fig.* y *fam.* Ocurrencia, cosa graciosa, oportuna o sorprendente: *contestar con una buena salida.* || En numerosos juegos, acción de salir o derecho de un jugador a iniciar el juego o la partida. || *Informát.* Operación de transferencia de información tratada y de resultados desde la unidad de tratamiento del ordenador a soportes de información externos. ● *Salida de baño,* albornoz para ponerse después del baño. || *Salida de emergencia,* medio para permitir el acceso al exterior de un local, edificio, vehículo, etc., en caso de siniestro. || *Salida de tono, o de pie de banco* (Fig.), despropósito, disparate o dicho inconveniente.

SALIDO, A adj. Saliente. || Dícese de las hembras de los mamíferos cuando están en celo.

SALIDOR, RA adj. Que es amante de salir de juerga, fiesta, a espectáculos, etc.

SALIENTE adj. y n. m. Que sobresale materialmente o en importancia. ◆ adj. *Ángulo saliente,* ángulo cuya medida es inferior a 180°. (Contr. ENTRANTE.)

SALIENTE n. m. Oriente, levante.

SALIERI (Antonio), compositor italiano (Legnano 1750-Viena 1825). Compositor y maestro de capilla de la corte y director de los teatros de Viena, compuso música religiosa y óperas *(Las danaides).*

SALÍFERO, A adj. Salino, que contiene sal.

SALIFICABLE adj. *Quím.* Que puede proporcionar una sal.

SALIFICACIÓN n. f. *Quím.* Acción y efecto de salificar.

SALIFICAR v. tr. [**1a**]. *Quím.* Transformar en sal.

SALINA n. f. Mina de sal. || Yacimiento de sal gema. || Establecimiento industrial donde se obtiene sal a partir de la sal gema o de una salmuera, mediante calor artificial. || Explotación donde se beneficia la sal obtenida por evaporación de las aguas del mar o de los lagos salinos por la acción del sol y del viento. (Suele usarse en plural.)

SALINA CRUZ, c. de México (Oaxaca), junto al golfo de Tehuantepec; 22 000 hab. Refino de petróleo, petroquímica, material ferroviario y conservas de pescado. Unida a Minatitlán mediante oleoducto. Puerto pesquero y exportador de petróleo.

Salinar *(cultura de),* cultura precolombina (400 a. J.C.-300 d. J.C.), desarrollada en los valles costeros del Perú septentrional, especialmente en el de Chicama. Marca un período de transición entre la etapa cultural formativa de Cupisnique* y la floreciente de los mochica*. En cuanto a la cerámica se iniciaron las vasijas hechas a molde y la decoración pintada.

SALINAS, nombre del río Usumacinta a su paso por Guatemala.

SALINAS, cantón de Ecuador (Guayas), en la bahía de Santa Elena; 48 213 hab. Centro turístico (su playa es el primer balneario del país). Puerto exportador de La Libertad (sal, azufre y petróleo). Industrias químicas (abonos).

SALINAS, localidad de España, en el mun. de Avilés (Asturias). Centro balneario (playas). Aeropuerto nacional de Asturias.

Salinas *(batalla de las),* victoria de Hernando y Gonzalo Pizarro en Perú sobre las tropas de Diego de Almagro (abril 1538), cuya consecuencia fue la posesión del Cuzco por los Pizarro.

SALINAS (Francisco), organista y teórico musical español (Burgos 1513-Salamanca 1590). Ciego de nacimiento, estudió en Salamanca y se trasladó a Roma (1538); más tarde pasó al servicio de la capilla del duque de Alba (1553). En 1563 era organista de la catedral de León y en 1567 ocupó la cátedra de música de la universidad de Salamanca. Su obra más célebre, *De musica, libri septem* (1574), con gran acopio de música popular española, le valió la dedicación de la *Oda a Salinas* por Fray Luis de León.

SALINAS (Pedro), poeta español (Madrid 1891-Boston 1951). Fue lector de español en la Sorbona (1914-1917) y catedrático en las universidades de Sevilla y Murcia. Su obra poética, representativa de la generación del 27, se inicia con *Presagios* (1923), que ofrece ya una voz original, de una emotividad teñida de intelectualismo. Sus narraciones de *Víspera del gozo* (1926) muestran influencias de Proust, a quien tradujo. Tras la etapa intermedia representada por *Seguro azar* (1929) y *Fábula y signo* (1931), poesía en que recrea materiales del mundo moderno, su obra, siempre adicta a las esencias de la «poesía pura», aborda con delicados matices su metafísica amorosa en los libros *La voz* a ti debida* (1934) y *Razón de amor* (1936). En 1936 se exilió a E.U.A. y enseñó en las universidades de Wellesley y Baltimore. Su nueva poesía, en los libros *El contemplado* (1946) y *Todo más claro* (1949), lo muestra sensible a la crisis histórica del momento. En esta segunda época abordó otros géneros: el teatro, la narración (*El desnudo impecable,* 1951) y los estudios literarios, con monografías sobre Manrique (1947) y R. Darío (1947) y recopilaciones como *El defensor* (1948) y *Ensayos de literatura hispánica* (1958).

SALINAS DE GARCI MENDOZA, cantón de Bolivia (Oruro), en la parte NO del salar de Uyuni. Explotación de sal y azufre.

SALINAS GRANDES, desierto salado de Argentina (Santiago del Estero, Catamarca, La Rioja, Córdoba); 20 000 km² aprox. Yacimientos de sal común y de boratos.

SALINERO, A adj. Relativo a las salinas.

SALINGER (Jerome David), escritor norteamericano (Nueva York 1919). Sus cuentos y novelas, que ilustran el esteticismo a la vez irónico y simbólico de la revista *New yorker,* expresan las obsesiones y las preocupaciones de la juventud norteamericana (*El ingenuo seductor,* 1951; *Franny and Zooey,* 1961; *Seymour, una introducción,* 1963).

SALINIDAD n. f. Contenido cuantitativo de sal que el agua lleva en disolución.

SALINO, A adj. Relativo a la sal: *sabor salino.* || Que contiene sal. || *Quím.* Que tiene las características de una sal. ● *Rocas salinas,* rocas sedimentarias solubles en el agua, que provienen de la evaporización del agua del mar en las lagunas (yeso [sulfato de calcio hidratado], sal gema [cloruro de sodio], etc.).

SALIOS → FRANCOS.

SALIR v. intr. y pron. (lat. *salire*) [**28**]. Ir fuera de un lugar: *salir de casa.* || Cesar en un oficio o cargo o dejar de pertenecer a una asociación, partido, etc.: *salirse de un club.* || Conseguir, lograr algún propósito, pretensión, etc.: *salirse con la suya.* || Apartarse de lo regular o debido: *salirse de las normas.* ◆ v. intr. Partir, marcharse de un sitio: *el avión sale a las tres.* || Mantener un trato frecuente con otra persona: *sale con él desde hace un año.* || Librarse, desembarazarse de algún peligro o situación difícil o molesta: *salir de un percance.* || Aparecer, mostrarse, manifestarse: *su foto salió en el periódico.* || Nacer, brotar: *empieza a salir el trigo.* || Aparecer, encontrar lo que se había perdido: *ya salieron las llaves.* || Desaparecer las manchas al limpiarlas. || Sobresalir, estar algo más alto o más afuera que otra cosa. || Tener algo su causa, origen o procedencia en otra cosa: *de la leche sale el queso.* || Resultar de una determinada manera: *salir muy listo.* || Dar una operación, problema, etc., el resultado debido. || Resultar algo a un determinado precio: *el kilo de peras sale a cien pesetas.* || Resultar una cantidad para cada uno en un reparto. || Parecerse a otra persona: *el hijo sale a su padre.* || Presentarse una ocasión, oportunidad, etc.: *le ha salido un empleo.* || Resultar elegido por sorteo o votación: *salió presidente por mayoría.* || Ir a parar, desembocar. || Responder de algo o por alguien: *salir por un amigo.* || Decir o hacer algo intempestivo o inesperado: *salir con una inconveniencia.* || En ciertos juegos, ser uno el primero que interviene. ● *Salir a escena,* entrar al escenario para empezar su actuación en un espectáculo. || *Salir adelante,* superar una dificultad o circunstancia adversa; llegar a feliz término en un propósito o empresa. || *Salir caro,* ocasionar algo mucho perjuicio o daño. ◆ **salirse** v. pron. Rebosar o derramarse un líquido del recipiente que lo contiene.

SALISBURY, nombre que hasta abril de 1982 llevó Harare*, cap. de Zimbabwe.

SALISBURY (Juan DE) → CHARTRES *(escuela de).*

SALISBURY, c. de Gran Bretaña (Wiltshire), junto al Avon; 35 000 hab. Catedral de estilo gótico primitivo (1220-1258), con sala capitular y claustro de fines del s. XIII, y torre del s. XIV. Casas antiguas. Museo. Aeropuerto.

SALISBURY (Robert GASCOYNE-CECIL, *marqués* DE), político británico (Hatfield 1830-*id.* 1903). Secretario para la India (1866-1867, 1874 y 1878), desempeñó un papel diplomático esencial como embajador en Constantinopla, y después como ministro de Asuntos Exteriores de Disraeli en el congreso de Berlín (1878). La muerte de Disraeli (1881) le convirtió en jefe del Partido conservador. Primer ministro y ministro de Asuntos Exteriores (1885-1892 y 1895-1902), tuvo que hacer frente al problema irlandés. Tras haber evitado una guerra con Francia cuando el incidente de Fachoda (1898), buscó en vano nuevos contactos con Rusia y Alemania. Dirigió con resolución la guerra contra los bóers (1899-1902).

Fleming

El marqués de **Salisbury**, por G. F. Watts. (Galería nacional de retratos, Londres.)

SALISH, familia lingüística amerindia de la zona costera occidental de Canadá y E.U.A. Los pueblos salish han desarrollado un tipo de cultura común a la de los indios* del Noroeste. Actualmente viven en sus lugares de origen y en reservas.

SALITRE n. m. (cat. *salnitre*). Nombre usual del *nitrato de potasio.* || Cualquier sustancia salina, especialmente la que aflora en tierras y paredes.

SALITRERA n. f. Sitio donde existe salitre.

SALITRERO, A adj. Relativo al salitre.

SALITROSO, A adj. Que tiene salitre.

SALIVA n. f. (lat. *salivam*). Líquido claro que vierte en la boca, producido por la secreción de las glándulas de la mucosa bucal. (Contiene una amilasa, la ptialina, que hidroliza el almidón.) ● *Gastar saliva* (Fam.), hablar inútilmente, en general tratando de convencer a alguien. || *Tragar saliva* (Fam.), contener un enfado o indignación, sin exteriorizarlo, o soportar sin protesta algo que ofende y disgusta; turbarse, no acertar a hablar.

SÁLIVA o **SÁLIBA,** familia lingüística amerindia de la cuenca del Orinoco (Vichada, Guaviare y Meta), que comprende los pueblos *sáliva,* piaroa y macú.

SALIVACIÓN n. f. Secreción de la saliva.

SALIVADERA n. f. *Amér.* Escupidera.

SALIVAL adj. Relativo a la saliva. ● *Glándulas salivales* (Anat.), glándulas que segregan la saliva. (Existen tres pares en el hombre: las *parótidas,* las *submaxilares* y las *sublinguales.* Las glándulas salivales de la larva del gusano de seda segregan la seda.)

SALIVAR v. intr. [**1**]. Segregar saliva.

SALIVAZO n. m. Porción de saliva que se escupe de una vez.

SALIVERA n. f. Cuenta que se pone en el freno del caballo para que se refresque la boca. (Suele usarse en plural.)

SALK (Jonas Edward), bacteriólogo norteamericano (Nueva York 1914). Contribuyó a conseguir la vacuna antipoliomielítica (1954).

Nicolás **Salmerón**, por M. Domínguez. (Palacio de las cortes, Madrid.)

SALM, antiguo condado del Sacro imperio, fundado en el s. x en las Ardenas e incorporado a Francia en 1793.

SALMANASAR, nombre de varios reyes de Asiria, entre los cuales el más importante fue SALMANASAR III (de 859 a 824), que continuó y consolidó las conquistas de su padre, Asurnasirpal. Gran constructor, embelleció Nemrod, a donde se retiró al producirse las rebeliones que turbaron el fin de su reinado.

Salmanticensis *(Cursus),* curso teológico de los carmelitas descalzos de Salamanca (1631), el comentario más completo a la *Summa theologica* de santo Tomás.

SALMANTINO, A adj. y n. De Salamanca.

SALMERÓN (Alfonso), teólogo español (Toledo 1515-Nápoles 1585). Estudió humanidades en Alcalá de Henares y filosofía en París, donde conoció a san Ignacio de Loyola, el cual le admitió en el grupo originario de la Compañía de Jesús (1534). Ordenado sacerdote, cumplió misiones de la Santa Sede en varios países europeos y fue designado teólogo pontificio en el concilio de Trento (1545-1563). Aparte sus intervenciones conciliares, su obra principal son los *Comentarios al Nuevo Testamento* (16 vols., 1598-1615).

SALMERÓN (Nicolás), político y profesor español (Alhama la Seca, Almería, 1838-Pau 1908). Catedrático de filosofía en Oviedo y en Madrid, se adhirió al krausismo. Fue una de las figuras del Partido democrático, activista en los intentos insurreccionales anteriores a la revolución de 1868. Tras el triunfo revolucionario, se inclinó hacia el federalismo; no llegó al congreso hasta 1871, donde destacó por su defensa de la I internacional. Con la república, fue ministro de Gracia y Justicia en el gabinete presidido por Figueras. Elegido presidente del congreso (1873), posteriormente se le encargó el poder ejecutivo; tuvo que pactar con los militares antifederales, pero dimitió ante las exigencias de los conservadores. Con la Restauración emigró a Francia y participó en la fundación del Partido republicano progresista de Ruiz Zorrilla; regresó en 1884 y fue el líder de la minoría republicana en el congreso. En 1887 rompió con los zorrillistas e intentó reagrupar el republicanismo español, proyecto que fracasó. Presidió la Unión republicana (1903) y protagonizó los avances del republicanismo a principios del s. xx. Defendió al catalanismo en el congreso y en la campaña electoral, lo que le obligó a dejar la presidencia de Unión republicana. — Su hermano FRANCISCO (Torrejón de Ardoz 1822-Madrid 1878) fue un destacado político progresista, presidente de las cortes con la república (1873).

SALMISTA n. m. Autor o cantor de salmos.

SALMO n. m. Canto litúrgico de la religión de Israel, presente en la liturgia cristiana.

SALMODIA n. f. (gr. *psalmoidia*). Manera de cantar o de recitar los salmos. ‖ *Fig.* y *fam.* Canturreo, canto monótono, sin inflexiones de voz.

SALMODIAR v. intr. [**1**]. Rezar o cantar salmos. ◆ v. tr. Cantar algo con cadencia monótona.

SALMON (George), matemático y teólogo irlandés (Dublín 1819-*id.* 1904). En sus obras de geometría y álgebra, concilió la geometría analítica de Descartes con la geometría proyectiva de Desargues y de Pascal. Reorganizó la Iglesia anglicana en Irlanda.

SALMÓN n. m. Pez parecido a la trucha, de carne muy apreciada, que alcanza los 2 m de long. (Familia salmónidos.) ‖ Color rosa algo mezclado con ocre.

■ Los salmones jóvenes, o *esguines,* viven dos años en los ríos, siguen su crecimiento en el mar durante varios años y finalmente remontan de nuevo los ríos para poner sus huevos cerca del nacimiento, en diciembre.

SALMONADO, A adj. Dícese del pescado de carne de color rosa anaranjado, como la del salmón: *trucha salmonada.* ‖ De color salmón: *tonos salmonados.*

SALMONELOSIS o **SALMONELLOSIS** n. f. *Med.* Conjunto de afecciones debidas a las especies del género *Salmonella* (fiebres tifoidea y paratifoidea; gastroenteritis).

SALMONELLA n. f. Género de bacterias productoras de salmonelosis.

SALMONETE n. m. Denominación dada a dos especies de peces marinos, de color rojo y muy apreciados por su carne: el *salmonete de roca,* o *rayado,* y el *salmonete de fango,* o *común.* (Familia múlidos.)

SALMONICULTURA n. f. Cultivo o reproducción de los salmones.

SALMÓNIDO, A adj. y n. m. Relativo a una familia de peces óseos con dos aletas dorsales, la segunda adiposa, que viven en aguas dulces, frías y oxigenadas. (Entre los peces pertenecientes a la familia *salmónidos* destacan la *trucha* y el *salmón.*)

SALMOREJO n. m. Salsa picante, compuesta de agua, vinagre, aceite, sal y pimienta.

Salmos *(libro de los),* libro bíblico que recoge los cantos litúrgicos de la religión de Israel. La composición del salterio ocupó un largo período que va desde la época monárquica a la que siguió a la restauración del templo de Jerusalén después del exilio, es decir, del s. x al IV a. J.C.; adoptó su forma definitiva hacia el 200 a. J.C.

SALMUERA n. f. Preparación líquida muy salada, en la que se conservan carnes, pescados, legumbres, aceitunas, etc. ‖ Agua salada concentrada que se evapora para extraer la sal. ‖ Agua que sueltan las cosas saladas.

SALNÉS *(Valle de)* u **O SALNÉS,** comarca de España (Pontevedra), en el extremo NO de la provincia, en la región costera de la ría de Arosa (Rías Bajas). La capital comarcal es Cambados (ostricultura).

SALNIKOV (Vladímir), nadador soviético (Leningrado 1951). Excelente nadador de fondo, posee los récords del mundo en 400, 800 y 1 500 metros.

SALÒ, mun. de Italia, en Lombardía (Brescia), junto al lago Garda; 11 000 hab. Turismo. Fue sede de la República social italiana, creada por Mussolini (1943) y conocida por el nombre de *República de Salò.*

SALOBRE adj. Que por su naturaleza tiene sabor de sal, o que la contiene. ‖ Dícese de las aguas que tienen cierta salinidad, generalmente menor que la del mar. ‖ Dícese de la fauna y de la flora que vive en dichas aguas.

SALOBREÑA, v. de España (Granada), en el delta del Guadalfeo; 8 119 hab. *(Salambinenses, salobreñeros* o *salobreños.)* Caña de azúcar. Ganado lanar. Pesca de bajura. Industria alimentaria. Playas.

SALOBREÑO, A adj. y n. m. Dícese de la tierra que es salobre o contiene alguna sal.

SALOBRIDAD n. f. Calidad de salobre.

SALOL n. m. Salicilato de fenilo usado como antiséptico.

SALOM (Bartolomé), patriota venezolano (Puerto Cabello 1780-† 1863). Luchó con Simón Bolívar en la campaña del Magdalena y actuó en la campaña libertadora de 1819 y en la batalla de Carabobo (1821). General de división (1825), fue destinado al asedio de El Callao, donde estuvo hasta su expugnación.

SALOMA n. f. Canto cadencioso con que acompañan los marineros u otros operarios su trabajo, para hacer simultáneo el esfuerzo de todos.

salmón

salmonete

SALOMAR v. tr. [**1**]. Acompañar un trabajo o esfuerzo con una saloma.

SALOMÉ, princesa judía († 72), de la familia de los Herodes. Una tradición, reflejada en los Evangelios, explica que, por instigación de su madre, Herodías, obtuvo de su tío, Herodes Antipas, la cabeza de san Juan Bautista a cambio de interpretar una danza.

SALOMON (Erich), fotógrafo alemán (Berlín 1886-Auschwitz 1944). Al acecho de un momento de descuido (y ayudado por una cámara de pequeño formato, cuyas ventajas fue uno de los primeros en apercibir), dejó instantáneas de crudo realismo realizadas, con la luz ambiental, en el Reichstag o en el seno de las conferencias internacionales de su tiempo.

SALOMON (Noël), hispanista francés (Plurien, Bretaña, 1917-Essac, Gironde, 1977). Catedrático de lengua y literatura de España y de América latina en la universidad de Burdeos y vicepresidente de la asociación internacional de hispanistas, integró estructuralmente la producción literaria en el contexto sociopolítico de la época (*El tema campesino en la comedia de la época de Lope de Vega,* 1965, *La vida castellana en tiempos de Felipe II,* 1973, etc.).

SALOMÓN n. m. (de *Salomón,* rey de Israel). Hombre de gran sabiduría.

SALOMÓN, en ingl. **Solomon,** archipiélago de Oceanía, en Melanesia, situado al E de Nueva Guinea. Comprende el estado de islas Salomón* (islas de Santa Cruz, Santa Isabel, San Cristóbal, Malaita, Guadalcanal, Nueva Georgia, etc.) y algunas islas (Bougainville, Buka) de Papúa y Nueva Guinea. Repartido entre Alemania y Gran Bretaña (1898), en 1921 la parte alemana pasó a Australia. Fue escenario de duros combates durante la segunda guerra mundial (Bougainville y Guadalcanal). La parte australiana, tras el episodio de la secesión de Bougainville*, se independizó con Papúa y Nueva Guinea (1975), mientras la parte británica se convertía en estado de las Islas Salomón (1978).

SALOMÓN *(Islas),* en ingl. **Solomon Islands,** estado de Oceanía, constituido por el archipiélago homónimo (a excepción de las islas de Bougainville y Buka); 28 446 km² y 210 000 hab. Cap. *Honiara.* Agricultura (mandioca, batatas y cocos), pesca y recursos minerales inexplotados. Exporta copra, maderas, pescado y aceite de palma.

Se convirtió en 1978 en estado independiente, miembro de la Commonwealth como monarquía constitucional, bajo la dirección del Partido unido de las Islas Salomón de P. Kenilorea, que en 1981 fue sustituido por S. Mamaloni del Partido de la alianza del pueblo.

SALOMÓN, tercer rey de los hebreos (de c. 970 a 931), hijo y sucesor de David. Conservó la herencia de su padre, asegurándola con el establecimiento de una línea de fortalezas y reforzando su ejército; en el interior, creó una burocracia de tipo egipcio. Durante su reinado, el estado hebreo conoció una gran prosperidad, debida al desarrollo del comercio, para el cual Salomón se aseguró el apoyo de los estados fenicios. La obra maestra de este gran constructor, el templo de Jerusalén, necesitó siete años para realizarse (c. 969-962). El fin del reinado se vio ensombrecido por las intrigas cortesanas y el despertar de un antagonismo entre las tribus del S y las del N, que ocasionó, al morir Salomón, la escisión del reino. (V. HEBREOS.)

SALOMÓN BEN VERGA, historiador hispanojudío del s. XV, autor de *La vara de Judá,* sobre las persecuciones de los judíos.

SALOMÓNICO, A adj. Relativo a Salomón. • *Columna salomónica* (Arq.), la que tiene el fuste en forma helicoidal.

SALÓN n. m. Sala, pieza principal de la casa. || En una residencia o edificio público, pieza de grandes dimensiones destinada a la recepción o a la celebración de fiestas, juntas o actos. || Conjunto de muebles de estas piezas. || Exposición periódica de obras de artistas. || Exposición anual de distintas industrias: *el salón del automóvil.* || Denominación de determinados establecimientos públicos: *salón de té.* || En los buques de pasaje, nombre que suele darse al comedor. || *Lit.* En los ss. XVII y XVIII, reunión de hombres de mundo, escritores, artistas, políticos alrededor de una mujer distinguida. (Los salones tuvieron una influencia capital en la evolución de las maneras y del gusto literario en el s. XVII, y en la difusión de las ideas filosóficas en el s. XVIII.) • *De salón,* propio de un ambiente frívolo y mundano.

SALON-DE-PROVENCE, mun. de Francia (Bouches-du-Rhône); 36 000 hab. Escuelas de aeronáutica. Industrias alimentarias. Central hidroeléctrica.

Boudinot

salsifí

SALÓNICA → TESALÓNICA.

SALOON n. m. (voz inglesa). Bar del Far West americano.

SALOP, ant. **Shropshire,** condado de Gran Bretaña, en el O de Inglaterra; 3 490 km^2; 361 000 hab. Cap. *Shrewsbury.*

SALOR, r. de España, que desemboca en el Tajo (or. izq.), en la frontera con Portugal; 125 km.

SALOU → VILASECA Y SALOU.

SALOUM, r. de Senegal, tributario del Atlántico; 250 km.

SALPICADERO n. m. Tablero de los automóviles en que se hallan algunos mandos y que está situado delante del asiento del conductor. || Tablero que, dispuesto en la parte anterior del pescante de ciertos carruajes, sirve para preservar de salpicaduras de lodo al conductor del mismo.

SALPICADURA n. f. Acción y efecto de salpicar. ◆ pl. Conjunto de manchas con que está salpicado algo. || *Fig.* Consecuencias indirectas de algún suceso: *las salpicaduras de un complot.*

SALPICAR v. tr. e intr. [**1a**]. Rociar, esparcir en gotas pequeñas o partículas un líquido o una sustancia pastosa. ◆ v. tr. y pron. Mojar o ensuciar las gotas que se desprenden de algún líquido o sustancia pastosa. ◆ v. tr. *Fig.* Diseminar, poner una cosa esparcida en otra: *salpicar de anécdotas una disertación.*

SALPICÓN n. m. Salpicadura, acción y efecto de salpicar. || Picadillo de diversas clases de carne o pescado, champiñones, etc., cocido y aderezado con sal, aceite, vinagre, pimienta y cebolla.

SALPIMENTAR v. tr. [**1j**]. Adobar con sal y pimienta. || *Fig.* Amenizar una conversación, discurso, actividad, etc., con gracias, picardías, agudezas, etc.

SALPIMIENTA n. f. Mezcla de sal y pimienta.

SALPINGITIS n. f. *Med.* Inflamación de las trompas uterinas.

SALPO, distr. de Perú (La Libertad), en el valle del Moche; 27 334 hab. Minas de oro y plata, unidas mediante un cable aéreo a la planta metalúrgica de Samne.

SALPRESO, A adj. Que ha sido salado para su conservación: *jamón salpreso.*

SALPULLIDO n. m. Sin. de URTICARIA.

SALSA n. f. (lat. *salsam,* salada). Mezcla de varias sustancias, de consistencia líquida o pastosa, base de algunos guisos y que puede servirse aparte, acompañando a ciertos platos. || *Fig.* Cualidad o circunstancia que da gracia o amenidad a quien o a aquello que la posee: *la salsa de una novela, de una película.* • *En su propia salsa,* en situación o circunstancias favorables para una persona, de forma que ésta puede desenvolverse con toda libertad.

SALSADELLA o **LA SALZEDELLA,** v. de España (Castellón), en el Bajo Maestrazgo; 967 hab. Necrópolis con doble cámara hipogea y ajuar de tipo casi céltico (ss. IV-III a. J.C.).

SALSERA n. f. Recipiente en que se sirve la salsa.

SALSERO, A adj. Relativo a la salsa.

SALSIFÍ n. m. Planta de la familia compuestas, de raíces comestibles. • *Salsifí negro,* escorzonera.

SALSOLÁCEO, A adj. y n. f. Sin. de QUENOPODIÁCEO.

SALSOMAGGIORE TERME, mun. de Italia (Emilia-Romaña); 18 000 hab. Estación termal. Refinería de petróleo.

S.A.L.T., siglas de *Strategic Arms Limitation Talks,* conversaciones entre norteamericanos y soviéticos, iniciadas en 1969, y que condujeron a los acuerdos firmados en Moscú (1972 y 1974) por Bréznev y Nixon. Estos acuerdos limitaron, para cada potencia, un solo punto de emplazamiento para los sistemas de defensa antimisiles y fijaron un techo para el número de sus misiles estratégicos de tipo ICBM o SLBM. Válidos hasta 1977, debían completarse con un nuevo acuerdo para el período 1977-1985 (S.A.L.T.II). Carter realizó las conversaciones (1977) y llegó a la firma del tratado con Bréznev (1979), pero la invasión soviética de Afganistán detuvo su ratificación por el senado norteamericano. En 1982, los gobiernos de Reagan y Andrópov iniciaron otras conversaciones sobre reducción de armas estratégicas, S.T.A.R.T. (*Strategic Arms Reduction Talks*), interrumpidas en diciembre de 1983.

SALT LAKE CITY, c. de Estados Unidos, cap. del est. de Utah, al SE del Gran Lago Salado; 163 000 hab. (más de 550 000 en la aglomeración). Metalurgia. Centro comercial. Fábrica de municiones. — La ciudad fue fundada en 1847 por Brigham Young, que la convirtió en la capital de los mormones, quienes construyeron el Gran templo.

SALTA *(provincia de),* prov. del NO de Argentina; 154 775 km^2; 662 369 hab. Cap. *Salta.* El relieve se articula en torno a tres unidades básicas: la cordillera andina, en el O, dividida entre los sectores mesetarios de la Puna y el reborde oriental; las sierras preandinas (Bajos de Orán, Maíz Gordo), de relieves más bajos y suaves, y las llanuras del Chaco. El clima es subtropical seco en las zonas montañosas y algo más lluvioso en la mitad oriental chaqueña. En el fértil valle del Lerma predomina la agricultura (tabaco, huerta, olivar, etc.), mientras que en la meseta de la Puna domina la ganadería extensiva y en las zonas chaqueñas, la explotación forestal. Campo Durán destaca por la extracción de petróleo (en recesión), con un oleoducto hasta Avellaneda de casi 1 500 km de long., y de gas natural. Otros recursos mineros son el hierro (importantes reservas en Unchimé), el uranio y el azufre. Industria de tratamiento de los productos agrarios y mineros (uranio).

SALTA, c. de Argentina, cap. de la prov. homónima, en el valle del Lerma; 265 632 hab. *(Salteños.)* Es un centro político-administrativo, financiero y cultural. Industrias alimentarias, de la madera y del cuero. Destaca por sus buenas comunicaciones, que la unen por el N con Bolivia, por el S con Tucumán y Córdoba y por el O con Socompa (en el límite con Chile). La línea férrea Salta-Socompa es un ramal del ferrocarril Transandino*.
HISTORIA. Fundada por Hernando de Lerma (16 abril 1582), su nombre original fue *Ciudad de Lerma* en el valle de Salta. Constituyó un punto de enlace del camino que llevaba de Buenos Aires a Santiago de Chile por Córdoba. Durante las guerras independentistas desempeñó un singular papel debido a su situación (ocupación de la ciudad por Belgrano, tras la *batalla de Salta,* 20 febr. 1813).
BELLAS ARTES. La iglesia de San Francisco (1759) posee una cúpula realizada por fray Vicente Muñoz, similar a la que dicho arquitecto realizó en la catedral de Córdoba. La puerta del convento de San Bernardo es una típica muestra del barroco salteño del s. XVIII. El cabildo posee una torre desplazada del eje central, con doble galería.

Salmer

Un aspecto de **Salta** con la iglesia de San Francisco en el centro.

SALTABLE adj. Que se puede saltar.

SALTADOR, RA adj. y n. Que salta: *animal saltador.* ◆ adj. y n. m. Dícese del ortóptero que tiene las patas posteriores apropiadas para el salto.

SALTADOR n. m. Comba, cuerda para saltar.

P. Da Costa

saltamontes

SALTAMONTES n. m. (pl. *saltamontes*). Insecto de coloración verde o amarillenta, con patas posteriores saltadoras, cuyas hembras poseen un oviscapto. (Se suele llamar *saltamontes* a la *langosta,* en particular a la *langosta peregrina;* ambos insectos son ortópteros, pero las langostas son más bien grises o pardas y no tienen oviscapto.)

SALTAOJOS n. m. (pl. *saltaojos*). Planta herbácea de flores de color rojo o amarillo pálido, que crece en el centro, E y S de la península Ibérica. (Familia ranunculáceas.)

SALTAR v. intr. (lat. *saltare*) [**1**]. Levantarse alguien o algo del suelo o del sitio donde está con impulso, quedando suspendido por un momento, para volver a caer en el mismo sitio o en otro. || Arrojarse desde una altura para caer de pie: *saltar de la ventana al suelo.* || Salir un líquido hacia arriba con fuerza. || Romperse o resquebrajarse algo por excesiva tirantez, dilatación u otras causas; estallar: *el vaso saltó por el calor.* || *Fig.* Ofrecerse repentinamente algo a la imaginación o a la memoria. || *Fig.* Manifestar bruscamente enfado o irritación; decir algo intempestiva o inesperadamente. || *Fig.* Ser destituido: *ha saltado del ministerio.* || *Fig.* Hacerse notar o sobresalir algo. ◆ v. tr. Atravesar, pasar por encima de algo con un salto: *saltar una zanja.* || Pasar bruscamente de una cosa a otra. || En ciertos cuadrúpedos, cubrir el macho a la hembra. ◆ v. intr. y pron. Soltarse o desprenderse una cosa de otra: *saltar un botón de la camisa.* ◆ v. tr. y pron. Omitir parte de algo, especialmente de un escrito: *saltarse una línea.* || Ascender a un puesto superior sin haber pasado por los intermedios.

SALTARÍN, NA adj. y n. Inquieto, que salta y se mueve mucho. || *Fig.* Inestable, aturdido y de poco juicio.

SALTARÍN n. m. Perciforme de color castaño verdoso y aletas abdominales muy desarrolladas, con las que puede andar e incluso saltar. (Vive en las áreas fangosas de las zonas tropicales; long. 20 cm; familia góbidos.)

SALTEADOR, RA n. Ladrón que roba en los despoblados o caminos.

SALTEAR v. tr. [**1**]. Asaltar a los viajeros para robarles. || Hacer una cosa sin continuidad, dejando parte de ella sin hacer o haciéndola sin orden. || Cocer a fuego vivo, con mantequilla, aceite o grasa.

SALTEÑO, A adj. y n. De Salta (Argentina) o de Salto (Uruguay).

SALTERIO n. m. (lat. *psalterium;* del gr. *psalterion*). Antiguo instrumento musical de cuerdas frotadas o pulsadas con los dedos, de forma trapezoidal. || Reunión de 150 salmos llamados «de David», y que constituye uno de los libros del canon de la Biblia. || Libro de coro que contiene los salmos.

SALTÉS, isla de España (Huelva), en la desembocadura del Tinto y el Odiel, al S de Huelva. — En la isla se formó la *taifa de Saltés* (1031), que en 1052 pasó a depender del rey de Sevilla.

SALTIKOV-SCHEDRÍN (Mijaíl Yevgráfovich SALTIKOV, llamado), escritor ruso (Spas-Ugol, Tver, 1826-San Petersburgo 1889), que describió con pesimismo la sociedad rusa (*La familia Golovliov,* 1880; *Las antigüedades de Poshejonie,* 1889).

SALTILLO, c. de México, cap. del est. de Coahuila; en el *valle de Saltillo;* 245 738 hab. Centro comercial, agrícola y ganadero, e industrias derivadas; siderurgia, maquinaria agrícola, aparatos eléctricos, materiales para la construcción, papel y celulosa. Planta de distribución petrolera. Minas de estaño y cadmio; yacimientos de cobre y plomo. Nudo de comunicaciones. Catedral barroca (1746-1800), con torre de fines del s. XIX. La ciudad fue fundada a mediados del s. XVI. Universidad.

SALTIMBANQUI n. m. y f. (ital. *saltimbanco*). *Fam.* Titiritero.

SALTO n. m. Acción de saltar; movimiento hecho saltando: *dar un salto de alegría; los saltos de una pulga.* || Distancia que se salta. || Despeñadero muy profundo. || *Fam.* Palpitación violenta del corazón. || *Fig.* Cambio brusco y rápido, variación imprevista: *un salto económico.* || *Fig.* Diferencia notable en cantidad, intensidad, etc., entre dos cosas. || *Fig.* Omisión de una parte de un escrito, leyéndolo o copiándolo: *hay un salto de dos líneas.* || Acción de arrojarse o lanzarse en paracaídas de un avión en vuelo. || Prueba atlética que consiste en saltar determinada altura o longitud. || En natación, acción de lanzarse al agua desde determinada altura. || Cascada de agua. || Masa de agua que cae de cierta altura, en una instalación industrial. (Sin. SALTO DE AGUA.) || *Informát.* Instrucción que provoca una modificación de la secuencia normal de instrucciones de un programa de ordenador. • *A salto de mata,* huyendo de un peligro; sin previsión u orden. || *Salto de altura,* prueba de atletismo que consiste en saltar por encima de una barra sin derribarla. || *Salto de cama,* bata usada al levantarse de la cama y para estar por casa. || *Salto de longitud,* prueba de atletismo que consiste en saltar la mayor longitud posible. || *Salto con pértiga,* salto de altura en el que el atleta se ayuda con una pértiga. || *Salto mortal,* salto de acrobacia que se efectúa lanzándose de cabeza y dando una o varias vueltas completas en el aire. || *Triple salto,* prueba de salto de longitud en que el competidor debe salvar la mayor distancia posible con tres saltos encadenados.

SALTO *(departamento de),* dep. del NO de Uruguay; 14 359 km² y 100 407 hab. Cap. *Salto.* Ocupa una parte de la meseta brasileña, con una notable red hidrográfica que vierte sus aguas al río Uruguay (Arupey Grande y Chico, Daymán, etc.). El clima es muy lluvioso; grandes áreas de pastos, con una importante cabaña ganadera. La agricultura (cereales, cítricos y forrajes) ocupa las tierras aluviales más fértiles. La industria se basa en la transformación de los productos ganaderos. La población se concentra principalmente junto a las riberas del río Uruguay, eje de comunicaciones.

SALTO, c. de Uruguay, cap. del dep. homónimo, a orillas del río Uruguay; 71 881 hab. *(Salteños.)* Puerto fluvial. Frutas para la exportación, bebidas, lácteos y frigoríficos.

SALTO, partido de Argentina (Buenos Aires); 25 584 hab. Cereales, alfalfa y oleaginosas. Ganado vacuno.

SALTO (El) → PUEBLO NUEVO, mun. de México.

SALTO DE AGUA, mun. de México (Chiapas), en la planicie costera del SE; 21 441 hab. Agricultura y ganadería. Ferrocarril del sureste.

Salto Grande o **Ayuí** *(represa del),* presa construida por Uruguay y Argentina en el Ayuí, entre los Saltos Grande y Chico del río Uruguay. Un gran muro de hormigón ha creado un lago artificial de 15 a 50 km de anch. y 140 de long., que llega hasta el Cuareim. Hidroelectricidad (dos centrales hidroeléctricas, en cada margen del río, con una potencia total de 1 890 MW). Sobre la presa, línea férrea que constituye la única unión entre las redes argentina y uruguaya.

SALTÓN, NA adj. Prominente: *ojos saltones.*

SALTÓN n. m. Nombre de diversas especies de pulgones de las plantas. || Saltamontes. || Pez de color verdoso y azulado, con bandas oscuras en los flancos, y con un larguísimo apéndice en la mandíbula inferior. (Vive en el Mediterráneo y el Atlántico. Long. 60 cm; familia hemirránfidos.)

SALUBRE adj. (lat. *salubrem*). Saludable, sano.

SALUBRIDAD n. f. Calidad de salubre. || Estado general de la salud pública en cierto sitio, por lo común expresado en una estadística. || Grado en que una cosa es buena o perjudicial para la salud.

SALUD n. f. (lat. *salutem*). Estado de un ser orgánico exento de enfermedades: *rebosar salud.* || Condiciones físicas de un organismo en un determinado momento: *salud delicada; gozar de excelente salud.* || Estado de una colectividad o ente abstracto: *la salud económica; la salud de una nación.* • *Curarse en salud,* prevenirse por anticipado contra algo. || *¡Salud!,* expresión con que se saluda a alguien o se le desea un bien; fórmula para brindar.

SALUDA n. m. Impreso que envía una persona que ocupa un cargo a alguien, con una comunicación formularia y sin firma.

SALUDABLE adj. Que conserva, aumenta o restablece la salud: *clima saludable.* || De aspecto sano o de buena salud: *rostro de tono saludable.* || *Fig.* Provechoso para un fin: *medidas económicas saludables.*

SALUDAR v. tr. (lat. *salutare*) [**1**]. Dirigir palabras de cortesía, gestos o cualquier acto de atención a otra persona: *saludar a un conocido.* || Recibir, acoger de una determinada manera: *saludar con esperanza una nueva ley.* || *Mil.* Honrar con el signo de subordinación y de atención ordenado por los reglamentos. ◆ v. tr. y pron. Con negación, estar enemistado con alguien; *hace años que no se saludan.*

SALUDO n. m. Acción de saludar; palabras o gestos con los que se saluda: *negar el saludo; un amable saludo.* || *Mar.* Señal de cortesía que intercambian los navíos de guerra o buques mercantes cuando se encuentran, así como la batería de costa y los navíos extranjeros que llegan a puerto. || *Mil.* Signo externo de subordinación y de atención que tiene carácter obligatorio para el personal militar y de los cuerpos armados que utilizan divisas.

SALUÉN o **SALWEEN,** r. de Asia central; 2 500 km. Nace en las mesetas del Tibet, discurre hacia el S, penetra en Birmania, al que separa de Tailandia en una parte de su curso inferior, y desemboca en el Índico, en el golfo de Martaban, cerca de Moulmein.

SALUSTIO, historiador romano (Amiternum 86 a. J.C.-35 a. J.C.). Nacido en una rica familia plebeya, fue partidario de Clodio contra Milón. Protegido por César, se le confió el gobierno de Numidia (46), donde acumuló una fortuna. Al morir el dictador, abandonó la política, se retiró a sus espléndidos jardines *(Horti Sallustiani)* en el Quirinal, y se dedicó a escribir sus obras históricas *(Conjuración de Catilina, Guerra de Yugurta* e *Historias),* que se han conservado fragmentariamente y que abarcan el período 78-67. Inspirándose en Tucídides, captó varios grandes momentos de la historia romana, que analizó minuciosa e imparcialmente.

SALUT *(islas de),* pequeño archipiélago frente a la Guayana Francesa, de la que depende, y que comprende la isla Diable (antiguo establecimiento penitenciario).

SALUTACIÓN n. f. Saludo: *fórmulas de salutación.* || Fórmula protocolaria de saludo que aparece al comienzo o al final de los documentos. • *Salutación angélica* (Rel.), la que hizo el arcángel san Gabriel a la Virgen y que forma la primera parte del avemaría; esta misma oración.

SALUTÍFERO, A adj. Saludable.

SALVA n. f. Conjunto de disparos de cañón que se hacen durante el combate o en honor de alguna autoridad en las celebraciones. • *Salva de aplausos,* aplausos nutridos de aprobación.

SALVÁ Y CAMPILLO (Francisco), médico español (Barcelona 1751-1828). Sus escritos en favor de la inoculación antivariólica fomentaron la difusión en España de la vacuna de Jenner. Sus investigaciones sobre la electricidad le han hecho ser considerado a veces como inventor del telégrafo.

SALVABARROS n. m. (pl. *salvabarros*). Sin. de GUARDABARROS.

SALVABLE adj. Que se puede salvar.

SALVACIÓN n. f. Acción y efecto de salvar o salvarse: *la salvación de los náufragos.* || *Teol.* Consecución de la gloria y bienaventuranza eternas. (Sin. SALVACIÓN ETERNA.)

salvación *(Ejército de),* en ingl. **Salvation army,** organización religiosa de origen metodista, que une el proselitismo a la acción caritativa y social. Fue creada en Londres, en 1865, por William Booth, con el nombre de *Misión cristiana,* y en 1876 pasó a llamarse *Ejército de salvación.* Integrada por soldados y oficiales —hombres y mujeres— mandados por un general, el Ejército de salvación lucha contra la incredulidad y el pecado, y sus medios de acción, a veces espectaculares, consisten en numerosas obras sociales implantadas en todo el mundo.

SALVADO n. m. Cáscara del grano de los cereales desmenuzada por la molienda.

SALVADOR, RA adj. y n. Que salva: *una acción salvadora.*

SALVADOR n. m. *El Salvador,* Jesucristo. (Suele escribirse con mayúscula.)

SALVADOR, ant. **São Salvador** o **Bahía,** c. de Brasil, cap. del est. de Bahía; 1 237 000 hab. Puerto comercial y exportador. Industria (alimentaria, manufactura de tabaco, textil, del calzado, química, construcciones navales, refino de petróleo) alimentada por la producción hidroeléctrica de los saltos de Paulo Afonso, en el São Francisco, y la explotación de los yacimientos petrolíferos próximos.
BELLAS ARTES. En los ss. XVI y XVII se levantaron en ella notables templos como La Sé (La Seo) [mediados del s. XVII], demolida en 1934. Catedral, antigua iglesia de la Compañía (1657), cuya traza se atribuye a Francisco Dias. Templo de San Francisco (1708-1723) con un bello claustro de tipo italiano. El convento del Carmen (1585) posee una iglesia del s. XVIII. Otros templos del s. XVII son los de San Antonio da Barra, Santa Teresa, la iglesia de Ajuda (1549) y el seminario de Belem da Cachoeira (1687), cerca de la ciudad.

SALVADOR (El) → EL SALVADOR.

SALVADOR (El), mun. de Cuba (Guantánamo); 48 254 hab.

SALVADOR (El), localidad minera de Chile, en la III región (Atacama), al pie del cerro Indio Muerto; 3 511 hab. Mina de cobre comunicada por ferrocarril con Potrerillos.

SALVADOR ALVARADO, mun. de México (Sinaloa), en la or. izq. del río Mocorito; 29 046 hab. Cab. *Viles de Guamúchil.* Maíz y hortalizas.

SALVADOREÑO, A adj. y n. De El Salvador.

SALVADOREÑO n. m. Modalidad adoptada por el español en El Salvador. (V. ESPAÑOL.)

Vista parcial de **Salzburgo**, atravesada por el Salzach. En primer término, la catedral.

Lauros-Atlas-Photo

SALVAGUARDAR v. tr. [**1**]. Servir de salvaguardia: *salvaguardar el honor.*

SALVAGUARDIA o **SALVAGUARDA** n. f. Acción de asegurar o garantizar. || Documento u otra cosa que sirve para ello.

SALVAJADA n. f. Dicho o hecho propio de un salvaje. || Acción cruel, atrocidad.

SALVAJE adj. (provenz. *salvatge*). Que crece de forma natural, sin cultivar: *plantas salvajes.* || Que no está domesticado: *animales salvajes.* || Terreno no cultivado, generalmente abrupto y escabroso: *tierra salvaje.* || *Fig.* Encendido, violento, irrefrenable: *ira salvaje.* ◆ adj. y n. m. y f. Que vive en estado primitivo, sin civilización. || Necio, inculto. || *Fig.* Cruel, bárbaro, inhumano: *comportamiento salvaje.*

SALVAJISMO n. m. Modo de ser o de obrar propio de los salvajes; calidad de salvaje.

SALVALEÓN DE HIGÜEY, c. de la República Dominicana, cap. de la prov. de La Altagracia; 24 058 hab. Centro de una región agrícola (cacao, arroz, maíz) y ganadera; industrias derivadas. Santuario de la Virgen de Altagracia.

SALVAMANTELES n. m. (pl. *salvamanteles*). Pieza que se pone debajo de las fuentes para resguardar el mantel.

SALVAMENTO n. m. Acción y efecto de salvar o salvarse, especialmente la organizada para salvar de un siniestro.

SALVAR v. tr. y pron. (bajo lat. *salvare*) [**1**]. Librar de un peligro, riesgo o daño: *salvar la vida de un accidente; salvarse de un incendio.* ◆ v. tr. Soslayar, evitar un inconveniente, dificultad, etc.: *ausentarse para salvar la reprimenda.* || Exceptuar, excluir. || Vencer un obstáculo pasando por encima o a través de él: *salvar un desnivel de la carretera.* || Recorrer una distancia en un tiempo menor que el normal. || *Der.* Exculpar o probar la inocencia de alguien. || *Rel.* Librar Dios a alguien de la condenación eterna. ◆ **salvarse** v. pron. *Rel.* Alcanzar la gloria eterna.

SALVATIERRA, mun. de México (Guanajuato), en la región del Bajío, junto al río Lerma; 80 105 hab. Maíz, caña de azúcar, camote y durazno. Ganadería. Industria textil. La ciudad fue fundada (1647) por el conde de Salvatierra.

SALVATIERRA o **AGURAIN,** v. de España (Álava), en la Llanada de Vitoria; 3 566 hab. Iglesia gótica, con hermosa tribuna de coro y retablo renacentista de los ss. XVI y XVII. Fundada por Sancho el Sabio de Navarra con el nombre de Hagurahin e incorporada al reino de Castilla poco después, Alfonso X le cambió el nombre por el de Salvatierra (1256). Carlos el Malo de Navarra la conquistó (1378), pero volvió a Castilla y en 1521 se convirtió en realengo. Al morir Fernando VII (1833), Cabrera la ocupó.

SALVATIERRA (García SARMIENTO Y SOTOMAYOR, *conde* DE), administrador español del s. XVII. Sucesor de Diego López de Pacheco en el virreinato de Nueva España (1642-1648), fundó la ciudad de Salvatierra (1647); fue virrey del Perú de 1648 a 1655.

SALVATIERRA (Juan María DE), jesuita milanés al servicio de España (Milán 1648-Guadalajara, México, 1717), que fundó varias misiones en Baja California (1697 a 1704), con el padre Kino. Es autor de *Misión de la Baja California.*

SALVATIERRA (Valeriano), escultor español (Toledo c. 1790-Madrid 1836). Su estilo, neoclásico por excelencia, muestra la influencia de Canova y Thorwaldsen: *Héctor y Andrómaca* (Academia de san Fernando, Madrid); sepulcro del cardenal Luis de Borbón (catedral de Toledo); doce estatuas simbólicas (*Inmortalidad, Fortaleza,* etc.) para el Prado; etc.

SALVATIERRA DE MIÑO o **SALVATERRA DO MIÑO,** mun. de España (Pontevedra), sobre la or. der. del Miño, en la frontera con Portugal; 8 675 hab. Cab. *Castillo.* Agricultura y ganadería. Manufacturas de la madera. Feldespatos. Cerámica artesanal.

SALVAT-PAPASSEIT (Joan), poeta español en lengua catalana (Barcelona 1894-*id.* 1924). De familia humilde, y autodidacta, colaboró en su juventud en periódicos anarquistas con artículos que recopiló en *Humo de fábrica* (1918). Editor de efímeras publicaciones de vanguardia, su obra poética manifiesta influencias del futurismo italiano y de experiencias francesas (como los caligramas de Apollinaire). A sus primeros libros, *Poemas en ondas herzianas* (*Poemes en ondes hertzianes,* 1919) y *El irradiador del puerto y las gaviotas* (*L'irradiador del port i les gavines,* 1921), suceden los poemas de afirmación nacionalista *Las conspiraciones* (*Les conspiracions,* 1922) y sus dos obras de madurez creativa: *La gesta de los luceros* (*La gesta dels estels,* 1922) y *Poema de la rosa en los labios* (*Poema de la rosa als llavis,* 1923), de asunto intensamente erótico y expresión directa. Póstumamente apareció *Osa Menor* (*Ossa Menor,* 1925).

SALVAVIDAS n. m. (pl. *salvavidas*). Objeto que sirve para aprender a nadar o como medio de salvamento.

SALVE interj. Voz latina empleada para saludar. (Actualmente su uso es literario y humorístico.)

SALVE n. f. Oración dedicada a la Virgen.

SALVEDAD n. f. Razonamiento que limita o excusa, distinción, excepción: *aceptar algo con algunas salvedades; incluir a todos sin salvedad.*

Lacz-Lemoine

salvia

SALVIA n. f. Planta herbácea o arbustiva, de flores violáceas, blancas o amarillas, de la que existen numerosas variedades que se cultivan por sus propiedades tónicas o como plantas ornamentales. (La *salvia real, oficinal,* o *del Moncayo* se utiliza en cocina y en farmacia.) [Familia labiadas.]

SALVIATI (Francesco DE' ROSSI, llamado **Cecco** o **Cecchino**), pintor italiano (Florencia 1510-Roma 1563). Manierista de la segunda generación, decorador fecundo, trabajó en Roma, Venecia, Florencia y Fontainebleau.

SALVO, A adj. Ileso, librado de un peligro o sin haber sufrido daño: *salir sano y salvo de un accidente.*

SALVO adv. m. Excepto: *nadie lo sabe, salvo tú y yo.* ● *A salvo,* fuera de peligro.

SALVOCONDUCTO n. m. Documento expedido por una autoridad para poder transitar libremente por determinada zona o territorio.

SALVOCHEA (Fermín), revolucionario español (Cádiz 1842-*id.* 1907). Intervino en la revolución de 1868 y en la insurrección federal de 1869, por lo que hubo de emigrar a París. A su regreso a Cádiz (1871), fue elegido alcalde y en 1873 se le condenó a reclusión perpetua. Logró evadirse y, al morir Alfonso XII, regresó (1886), fundó *El socialista* (1886), de tendencias anarquistas, y organizó el 1.° de mayo de 1890. Estuvo de nuevo en prisión de 1891 a 1899.

SALZACH, r. de Europa central, que nace en los Alpes austríacos (al N de los Hohe Tauern), pasa por Salzburgo y forma frontera entre Austria y la R.F.A., antes de unirse al Inn (or. der.); 220 km.

SALZBURGO, en alem. **Salzburg,** c. de Austria, junto al Salzach y al pie de los *Prealpes de Salzburgo,* cap. de la *prov. de Salzburgo;* 137 000 hab. Centro universitario y turístico; festival de música. — Dominada por su antigua fortaleza, la ciudad conserva iglesias medievales, entre ellas la Franziskanerkirche, con su audaz coro de principios del s. XV (*Virgen* de M. Pacher); la época barroca la remodeló y la dotó de nuevos monumentos: catedral, por el italiano Santino Solari (1614), iglesias de Fischer von Erlach, castillo Mirabell (escalera monumental por Hildebrandt), fuentes, etc. Casa natal de Mozart. Museos.

SALZGITTER, ant. **Watenstedt-Salzgitter,** c. de Alemania (R.F.), en el SE de la Baja Sajonia, al N del Harz; 119 000 hab. Extracción de hierro. Siderurgia.

SALZILLO o **SALCILLO** (Francisco), escultor español (Murcia 1707-*id.* 1783). Continuó la obra de su padre, el escultor napolitano NICOLÁS **Salzillo** que, junto a Nicolás de Bussi, introdujeron en España la escultura de gusto barroco italiano, de la que Salzillo fue su máximo representante. En su obra se conjugan la gracia y delicadeza del rococó, con el naturalismo a veces dramático del barroco español, que unido a su manera de ver la religión, dan lugar a un peculiar estilo. Su producción comprende: *El Nacimiento* (1727-1746, museo Salzillo, Murcia), con más de ochocientas figuras; imágenes aisladas como *La Virgen de la Leche, San Jerónimo* y el altorrelieve de *La Virgen con el Niño y san Juan* (catedral de Murcia); y pasos procesionales, de valor artístico desigual, compuestos por grupos de varias figuras: *Oración en el huerto* (1754), *La caída* (1752), *La Verónica, San Juan y La Dolorosa* (1755-1756), *El prendimiento* y *La Cena* (1763), *La flagelación* (1777-1778), todas en el museo Salzillo, Murcia.

SALZKAMMERGUT, extremidad E de los Prealpes de Salzburgo, en Austria, en la cuenca superior del Traun. Explotación de la sal, ganadería y turismo.

SALLE (René Robert CAVALIER DE LA), explorador francés (Ruán 1643-en Luisiana 1687). En 1673 partió desde Montreal para reconocer el curso del Mississippi, y descendió hasta el golfo de México (1681-1682). Fue asesinado en una segunda expedición.

SALLENT o **SALLENT DE LLOBREGAT,** v. de España (Barcelona), junto al Llobregat; 8 148 hab. (*Sallentinos.*) Minas de sales potásicas. Industria textil, metalúrgica y química. — Victoria del ejército liberal sobre las tropas carlistas (11 julio 1872).

S.A.M., siglas de SURFACE TO AIR MISSILE *(misil tierra-aire)* empleadas por los norteamericanos para designar a los misiles antiaéreos soviéticos.

SAM *(tío),* en ingl. **Uncle Sam,** expresión festiva con que se designa al gobierno norteamericano, formada por las iniciales U.S. Am *(United States of America).*

SAMA → LANGREO.

SAMAIPATA, c. de Bolivia (Santa Cruz), cap. de la prov. de Florida, en el extremo E de la Prepuna; 5 000 hab. aprox. Explotación de petróleo. — En sus cercanías, en un cerro excavado, los restos arqueológicos preincas llamado *Fuerte de Samaipata,* probable centro ceremonial (rebajes en la roca, canales, esculturas de pumas).

SAMALÁ, r. de Guatemala, en la vertiente del Pacífico; 150 km.

SAMÁN n. m. Planta arbórea, muy corpulenta y robusta, que crece en América tropical. (Familia mimosáceas.)

SAMANÁ *(península de),* península de la República Dominicana, en la costa NE (Samaná), que separa la *bahía de Samaná* y la bahía Escocesa. Está recorrida por la *sierra de Samaná.* El extremo E forma el *cabo de Samaná.*

SAMANÁ *(provincia de),* prov. del NE de la República Dominicana; 988 km²; 59 556 hab. Cap. *Santa Bárbara de Samaná.* Ocupa gran parte de la península de Samaná y el delta del Yuna. La población se concentra en el litoral S, mientras que en el resto, con elevada pluviosidad, domina la selva tropical. La agricultura queda superada por las importantes actividades pesqueras. Turismo en la *bahía de Samaná.*

Flash-Press

Salzillo: *La Verónica.*
(Museo salzillo, Murcia.)

SAMANÁ, mun. de Colombia (Caldas), entre la cordillera Central y el valle del Magdalena; 30 206 hab. *(Samaneños* o *samanenses.)* Agricultura y ganadería. Bosques. Región aurífera.

SAMANIEGO, mun. de Colombia (Nariño), en la región andina; 31 969 hab. *(Samanieguenos* o *samanieganos.)* Agricultura y ganadería. Industrias domésticas.

SAMANIEGO (Manuel), pintor quiteño del s. XVIII. Son notables sus cuadros de temas religiosos: *Asunción de la Virgen, Adoración de los Reyes* (catedral de Quito) y *Tránsito de la Virgen* (convento de Santa Clara, Quito).

SAMANIEGO (Félix María), fabulista español (Laguardia 1745-*id.* 1801). Viajó a Francia y recibió el influjo de las ideas enciclopedistas. Miembro de la Sociedad patriótica vascongada, escribió para los alumnos del seminario de Vergara una colección de 137 *Fábulas* morales* (1781-1784), entre las que figuran *La cigarra y la hormiga, La lechera* y *Las moscas.* En 1782, con motivo de la aparición de las *Fábulas literarias* de Iriarte, publicó el libelo anónimo *Observaciones sobre las fábulas literarias de don Tomás de Iriarte.*

SAMANIEGO Y JARAMILLO (Manuel), pintor ecuatoriano (Quito 1767-*id.* 1824). Comenzó su carrera como paisajista y miniaturista y realizó posteriormente toda clase de pinturas. En la catedral de Quito se conservan las escenas murales de *La vida de Cristo,* el *Tránsito* del coro y las «sacras» así como los cuadros *Asunción de la Virgen, Nacimiento del niño Dios, Adoración de los Reyes Magos, Sacrificio de Justo y Pastor,* etc. Decoró la celda provincialicia de La Merced, convertida actualmente en museo.

SĀMĀNÍES, dinastía iraní (874-999), formada por gobernadores iraníes al servicio de los Abasíes, que se independizaron en Transoxiana. Ismā'īl ibn Aḥmad (de 892 a 907) conquistó el Jurāsān en 900. En la terminal de las grandes rutas comerciales del Asia central, el estado sāmānī se extendía en el s. X hasta Ferganá, y sus ciudades (Bujará, Samarkand, Harat...) consiguieron su prosperidad con el comercio de esclavos. Los Gaznawíes expulsaron a los Sāmāníes de Afganistán y del Khorasán, y los turcos Karajōníes les arrebataron la Transoxiana. Los Sāmāníes fueron los promotores del renacimiento cultural iraní.

SÁMANO (Juan DE), militar y administrador español (Selaya 1753-Panamá 1821). Fue derrotado en Guayaquil (1813) por las tropas patriotas de Nariño y venció en Cuchilla Tambó (1815) a Montúfar, a quien mandó fusilar (1816). Virrey de Nueva Granada (1817), continuó la política represiva de Morillo; tras la batalla de Boyacá (1819) tuvo que huir.

SAMAR, isla de Filipinas, al N de Mindanao; 13 429 km^2; 1 019 000 hab. Maderas. Hierro.

SAMARA → KUÍBISHEV.

SÁMARA n. f. (lat. *samaram*). *Bot.* Fruto seco indehiscente, de una sola semilla, que presentan el arce, el olmo y el fresno.

SAMARANCH (Juan Antonio), político y directivo deportivo español (Barcelona 1920). Vinculado con el deporte español de 1956 a 1970, tras ocupar diversos cargos políticos y diplomáticos, fue elegido presidente del Comité olímpico internacional (C.O.I.), en 1980.

SAMARCANDA → SAMARKAND.

SAMARIA, ant. ciudad de Palestina, cap. del reino de Israel, fundada c. 880 a. J.C. por Omri. Fue tomada y destruida en 721 a. J.C. por Sargón II de Asiria, y sus habitantes fueron deportados; su caída señaló el fin del reino de Israel. Samaria no recuperó una cierta importancia hasta la época grecorromana; Herodes la reconstruyó y la convirtió en una de las ciudades más hermosas de Palestina, dándole el nombre griego de *Sebastē* («Augusto») en honor del emperador. La decadencia de la ciudad comenzó hacia el final del período romano. La tradición cristiana ha situado en Samaria la tumba de san Juan Bautista.

Tanto la ciudad alta, sobre la acrópolis, como la ciudad baja estaban rodeadas por fortificaciones. Varios períodos de construcción (al menos seis) fueron detectados cuando se excavó, en la acrópolis, el palacio iniciado en el s. IX a. J.C. y próximo a los palacios asirios. En

J. Bottin

Samarkand: la madrasa Šir-Dār.

este edificio se encontró una cantidad importante de marfiles esculpidos, probablemente de origen sirio-fenicio, así como archivos administrativos constituidos por tablillas grabadas y pintadas. Importantes ruinas romanas.

SAMARINDA, c. de Indonesia, cap. de la prov. de Kalimantan Oriental, en el E de Borneo; 138 000 hab. Área forestal. Puerto pesquero.

SAMARIO n. m. Metal (Sm) n.º 62, de masa atómica 150,43, del grupo de las tierras raras.

SAMARITANA n. f. *La samaritana* (Rel.), pecadora de Samaria, a la que Jesús pidió que sacara un poco de agua del pozo para aplacar su sed.

SAMARITANO, A adj. y n. De Samaria. || Relativo a los samaritanos.

SAMARITANO n. m. *El buen samaritano* (Rel.), personaje presentado por Jesús como modelo de caridad discreta y desinteresada.

SAMARITANOS, habitantes de la provincia de Samaria después del exilio, que formaron una comunidad judía disidente. Tras la toma de Samaria en 721 a. J.C., que marcó el fin del reino de Israel, parte de la población fue deportada y sustituida por colonos asirios, que paulatinamente fueron mezclándose con los autóctonos que se habían quedado allí. Al regresar del éxodo, los judíos de Jerusalén apartaron de su comunidad y del templo reconstruido (v. HEBREOS) a los que ellos consideraban como medio judíos. Se produjo un cisma que se concretó en la construcción, en el monte Garizim (al sur de Nābulus), de un templo rival del de Jerusalén y que fue destruido en 128 a. J.C. Los samaritanos —en número de un centenar— subsisten todavía en Israel, alrededor de Nābulus; no reconocen más libro sagrado que el Pentateuco y practican un peculiar judaísmo, pretalmúdico. Su lengua es cercana al arameo galileo.

SAMARKAND o **SAMARCANDA,** c. de la U.R.S.S. (Uzbekistán), en el oasis del Zeravshán; 312 000 hab. Industria textil.
HISTORIA. Capital de la Sogdiana, *Maracanda,* la actual Samarkand, fue sometida por Alejandro Magno en 329 a. J.C. Conquistada por los árabes en 712, se convirtió en un gran centro económico y cultural, pero en 1220 fue devastada por Gengis Kan. Capital de Tīmūr Lang y de los Tīmūríes, en el s. XV era la ciudad más brillante del Asia central. Conquistada por los uzbekos en 1500 y por los rusos en 1868, fue de 1924 a 1930 la capital de la república soviética de Uzbekistán.
BELLAS ARTES. El mecenazgo de Tīmūr Lang convirtió a Samarkand en un importante foco artístico (escuela de miniaturistas, talleres de ceramistas que perpetuaron una tradición que se remontaba al s. IX, fabricación de paños, de tapices...). Varios monumentos originales recuerdan los esplendores tīmūríes: la plaza del Reghistan con los madrasa Uluğ Beg (1420), Šir-Dār y Tillā Kāri (s. XVII); la calle funeraria de la necrópolis Šāh-i-Zanda (el Rey Viviente), flanqueada por mausoleos con cúpulas de los ss. XIV y XV; la madrasa de Bibī Khānum (1399); el Gur-e Mir, tumba de Tīmūr Lang, coronada por una cúpula acanalada y bulbosa, adornada con brillantes azulejos color turquesa; los revestimientos exteriores son igualmente lujosos (placas de jaspe, de alabastro y de cerámica).

SĀMARRĀ, c. de Iraq, en la or. izq. del Tigris, al N de Bagdad; 15 000 hab. Las ruinas del pasado atestiguan el esplendor de la arquitectura de los Abasíes; entre ellas cabe citar la mezquita de al-Mutawakkil, o gran Mezquita (847), y la de Abū Dulaf, las dos flanqueadas por un alminar helicoidal. En los palacios y viviendas se han encontrado interesantes fragmentos de pinturas murales y de decoración estucada, así como diversos tipos de cerámica. El nombre de la ciudad está asimismo vinculado a una cerámica adornada con motivos figurativos y abstractos, fechada alrededor del 5000 a. J.C.

SAMBA n. f. (voz brasileña). Baile popular y ritmo de origen brasileño, parecido a la rumba.

■ La *samba* se caracteriza por el abundante uso de síncopas dentro de un ritmo binario (generalmente a compás de 2/4). Existen dos tipos de samba: uno rural, practicado en las poblaciones del interior de Brasil, de ritmo más vivo y casi violento, y la samba de tipo urbano, derivada de la antigua danza llamada *maxixe,* de contornos rítmicos y melódicos más suaves, y que es la variedad que se ha difundido mundialmente a través del célebre carnaval de Río de Janeiro.

SAMBAQUI n. m. (voz portuguesa, de origen guaraní). Nombre dado por los tupí-guaraníes a las sepulturas prehistóricas (un montón de conchas sobre los cadáveres) que se encuentran a lo largo de la costa meridional de Brasil.

SAMBENITO n. m. Especie de capote de lana amarilla, con la cruz de san Andrés y llamas de fuego, que utilizaban los inquisidores para vestir a los reos condenados por el tribunal de la Inquisición, incluso a los reconciliados. || Letrero que se ponía en las iglesias con el nombre y castigo de los penitenciados. || *Fig.* Mala nota, descrédito que pesa sobre alguien. ● *Colgar, o poner, el sambenito,* difamar o desacreditar.

SAMBOROMBÓN *(bahía de),* bahía de Argentina (Buenos Aires), en el interior del Río de la Plata, entre la punta Piedras y el cabo de San Antonio; 100 km de anch. por 40 de long.

Lauros-Giraudon

Samory Turé, por P. Castagnez. (Antiguo museo de las colonias, París.)

SAMBORONDÓN, cantón de Ecuador (Guayas), a orillas del Guayas; 22 886 hab. Agricultura. Industria arrocera.

SAMBRE, r. de Francia y de Bélgica; 190 km. Nace en Thiérache y pasa por Maubeuge y Charleroi, uniéndose al Mosa (or. izq.) en Namur. Su curso inferior es navegable.

SAMÉTICO, nombre de tres faraones de la XXVI dinastía (663-525 a. J.C.). [V. IMPERIO NUEVO.]

SAMMARTINI (Giovanni Battista), compositor italiano (Milán 1700 o 1701-*id.* 1775). Maestro de capilla de varias iglesias de Milán, contribuyó al florecimiento de una escuela instrumental que desempeñó un importante papel en la historia de la sonata, del concierto y de la sinfonía clásicos.

ŠAMMAY, doctor judío (principios del s. I a. J.C.) contemporáneo y rival de Hil·lel. Su escuela se caracterizó por una interpretación rigurosa de la letra de la ley y de las tradiciones.

SAMNIO, ant. región central y montañosa de Italia, situada entre el Lacio, Campania, Lucania y el Piceno, y habitada por los samnitas. Los centros principales eran *Boviano* (Boyano), *Caudio* (Montesarchio) y *Aufidena* (Alfedena).

SAMNITAS, pueblo itálico de origen sabino, establecido en Samnio. Los samnitas aparecieron en la historia cuando se instalaron en Campania en el s. V a. J.C. Roma libró contra ellos tres guerras sucesivas (de 343/341 a 290). La conquista romana, retrasada por la victoria samnita de Caudio en 321 a. J.C., culminó a mediados del s. III a. J.C.

SAMOA *(islas),* archipiélago de Oceanía, en Polinesia. Está constituido por el estado independiente de *Samoa,* llamado primeramente *Samoa Occidental* (formado por dos islas, Savaii y Upolu, que abarcan 2 842 km^2, cuenta con 155 000 hab. y tiene como capital *Apia*), y por las *Samoa orientales* o *Samoa Norteamericanas* (197 km^2 [27 000 hab.]; la isla principal es Tutuila, y la capital es *Pago-Pago,* centro turístico). El conjunto tiene un clima cálido y húmedo, favorable al bosque, además de cultivos tradicionales y comerciales (cocotero, plátano y cacao, principal producto de exportación).
HISTORIA. El archipiélago fue descubierto en 1722 por los neerlandeses, visitado por Bougainville (1768) y La Pérouse (1787); en el s. XIX fue objeto de rivalidades entre Gran Bretaña, E.U.A. y Alemania. En 1899 fue dividido entre los norteamericanos (Tutuila) y los alemanes (Savaii, Upolu), sustituidos estos últimos en 1914 por los neozelandeses, que administraron las Samoa occidentales por mandato de la S.D.N. (1920), y después bajo tutela de la O.N.U.

En 1962, se constituyó el estado independiente de *Samoa Occidental* (Savaii, Upolu), y entró a formar parte de la Commonwealth británica en 1970, y en la O.N.U. en 1976.

Las Samoa orientales se hallaron directamente bajo el control de la marina de E.U.A. hasta 1951 *(American Samoa),* quedando después bajo la administración de un gobernador dependiente del departamento norteamericano del Interior.

SAMOANO, A adj. y n. De las islas Samoa.

SAMORY TURÉ, jefe sudanés (Sanankoro, alto Níger [act. Malí], c. 1830-N'Djolé 1900). De 1861 a 1871, construyó metódicamente su poder en el S, y después se apoderó del rico valle del alto Níger, coronando en 1881 la expansión de su imperio con la toma de Kankan. Aparte el imperio tucoror de Segu*, no tenía rival, pero a partir de 1881 topó con la conquista francesa de Sudán. Se batió contra los franceses (1885) —después trató (1886-1887) con ellos (Gallieni)—, que suscitaron contra él la rebelión de gran parte de su imperio, cuya población estaba exasperada por las requisas y la islamización forzada. De 1888 a 1890, reconquistó este imperio y seguidamente se enfrentó a los franceses (1891-1894). Obligado a evacuar sus tierras, conquistó el norte de Costa de Marfil y parte de Ghana, rechazando a los franceses (1895). Cercado por las tropas del Sudán francés, fue detenido (1898) y exiliado a Gabón.

SAMOS, isla griega del mar Egeo, cerca del litoral turco; 778 km^2; 42 000 hab. Cap. *Samos.*
HISTORIA. Colonizada en el s. XI a. J.C. por los jonios, la isla conoció en el s. VI a. J.C. su período más brillante durante la tiranía de Polícrates (de 533 a 522). Sucesivamente ocupada por persas (guerras médicas) y atenienses (guerra del Peloponeso), no consiguió una autonomía pasajera hasta 322, cuando las guerras lamíacas, para caer seguidamente bajo el poder de los Tolomeos.
BELLAS ARTES. Se sucedieron varias construcciones en el emplazamiento del santuario de la ciudad de Samos, ocupado desde mediados del III milenio. El templo de Hera (ss. XI-X a. J.C.) fue sustituido, al alcanzar la ciudad su apogeo, en el s. VI a. J.C., por el más antiguo de los templos dípteros conocido. Después de un incendio a fines del s. VI, se comenzó un edificio más grande, que quedó inacabado. El nombre de la ciudad va unido a una escuela de escultura cuyas obras, majestuosas, reflejan un cierto realismo y una gracia muy jónica, como por ejemplo la *Hera de Samos* (Louvre).

SAMOS, mun. de España (Lugo) en el Valle de Sarria; 3 145 hab. *(Samienses.)* Agricultura y ganadería; licores. — En el término, monasterio benedictino (ss. XI-XIII), incendiado en 1951 y reconstruido, de portada románica (ss. XI-XII), claustro gótico (s. XV), un segundo claustro barroco (s. XVIII) e iglesia también barroca.

SAMOTANA n. f. *Amér.* Jaleo, bulla.

SAMOTRACIA, isla griega del N del Egeo, cerca de la costa de Tracia. Colonizada hacia el s. VII a. J.C. por habitantes de Samos, que le dieron su nombre (Samos de Tracia), se mantuvo al margen de la política del mundo griego. Un santuario de los Cabiros, dioses de misterios, le dio una cierta celebridad, sobre todo en la época helenística; se construyeron templos y se consagraron allí ofrendas, entre las cuales la más célebre es la *Victoria de Samotracia* (Louvre).

SAMOVAR n. m. (voz rusa). Aparato que sirve para obtener y conservar el agua hirviendo, especialmente para la preparación del té.

SAMOYEDO n. m. Conjunto de lenguas habladas por los samoyedos.

SAMOYEDOS, pueblo de Siberia (curso inferior del Ob), de lengua urálica, que ha conservado las prácticas del chamanismo.

SAMPA n. f. Planta arbustiva, muy ramosa y copuda, de hojas redondeadas, de color verde claro, que crece en lugares salitrosos de América Meridional.

SAMPÁN n. m. Pequeña embarcación china o japonesa que funciona a remo o a vela, y que, en algunas poblaciones, se utiliza como vivienda familiar.

SAMPEDRO (José Luis), economista y escritor español (Barcelona 1917). Catedrático de estructura económica, se ha especializado en el estudio de la economía española y de las relaciones económicas internacionales (*Principios prácticos de la localización industrial,* 1957; *Realidad económica y análisis estructural,*1959; *Las fuerzas económicas de nuestro tiempo,* 1967; *Estructura económica,* 1969; *Conciencia del subdesarrollo,* 1973). De su producción novelística destaca *El río que nos lleva* (1962) y *Octubre, octubre* (1982).

Reportagebild

Paul Anthony **Samuelson** recibiendo el premio Nobel de economía (1970).

SAMPER (José María), escritor y político colombiano (Honda 1831-Anapoima 1888). Tomó parte activa en la revolución liberal y desempeñó algunos cargos públicos. Autor de estudios sobre la historia política colombiana (*Apuntamientos para la historia política y social de Nueva Granada,* 1853, y *Los partidos políticos en Colombia: estudio histórico político,* 1869), escribió también poesías, comedias y novelas (*Martín Flores,* 1866).

SAMPER (Ricardo), político español (Valencia 1881-en Suiza 1938). Afiliado al Partido radical, ocupó diversos cargos y presidió un gobierno radical de transición (abril-oct. 1934); ministro de Estado (oct.-nov.), marchó a París con la guerra civil.

SAMPIRO, eclesiástico y cronista leonés (Zamora?- † 1041), autor de una *Crónica* de los reyes asturianos de 866 a 982 que inaugura la tesis de la continuidad histórica del Imperio visigótico en el reino asturiano, frente a la dominación musulmana.

SAMRIN (Heng), militar y político camboyano (1934). Dirigente de los khmer rojos, en 1978 dirigió un fracasado golpe contra Pol Pot y se exilió en Vietnam; vuelto al país con las fuerzas invasoras, tomó el poder como presidente del Consejo popular revolucionario (1979, consejo de estado en 1981) y en 1981 accedió a la secretaría general del Partido revolucionario del pueblo de Kampuchea.

SAMSĀRA n. m. Término sánscrito que designa la transmigración de los seres.

SAMSÓNOV (Alexandr Vasílievich) → TANNEMBERG.

SAMSUN, c. y puerto de Turquía, junto al mar Negro; 169 000 hab. Industrias textiles y químicas.

SAMUCO → ZAMUCO.

SAMUEL, último de los jueces de Israel (s. XI a. J.C.). Desempeñó un papel esencial en la institución de la monarquía entre los hebreos. Los dos libros bíblicos llamados de *Samuel* abarcan desde los orígenes de la monarquía israelita hasta el final del reinado de David. Tres personajes predominan en ellos: Samuel, Saúl y David. Redactados en el s. VII a. J.C., estos relatos recibirían su forma definitiva en tiempos del exilio (s. VI). Reúnen tradiciones legendarias, hagiográficas e históricas.

SAMUEL, zar de Bulgaria (de 997 a 1014). Vencedor de Basilio II (986), se apoderó de casi toda la península balcánica, que los bizantinos reconquistaron a partir de 1001.

SAMUEL HA-LEVÍ, político castellano (Toledo 1320-Sevilla 1360). Fue ministro de Pedro I y el último judío de religión que ocupó un cargo político en la Península; organizó las finanzas y protegió a sus correligionarios.

SAMUEL IBN NEGRELLA → NAGRELLA (Šemuel **ibn**).

SAMUELSON (Paul Anthony), economista norteamericano (Gary, Indiana, 1915). Representante destacado de la escuela neoclásica, es notable su aportación a la economía matemática, teoría del equilibrio general y teoría del equilibrio del consumidor (*Fundamentos del análisis económico,* 1947, obra básica de la ciencia económica académica; *Curso de economía moderna,* 1948). Fue asesor económico de J. F. Kennedy y L. B. Johnson. (Premio Nobel de economía, 1970.)

SAMUELSSON (Bengt Ingemar), bioquímico sueco (Estocolmo 1934). Investigador de la bioquímica de los ácidos biliares y de las prostaglandinas, logró sintetizar éstas y proceder a su clasificación completa. (Premio Nobel de fisiología y medicina, 1982, compartido con S. K. Bergström y J. R. Vane.)

SAMURAI n. m. (voz japonesa). Miembro de la clase de los guerreros, en la organización shōgunal del Japón, antes de 1868.

SAN adj. Apócope de santo.

SAN ADRIÁN DE BESÓS o **SANT ADRIÀ DE BESÒS,** mun. de España (Barcelona), en la desembocadura del Besós y englobado en la Corporación municipal metropolitana de Barcelona; 36 052 hab. Metalurgia, química, vidrio, papel y textil. Centrales térmicas.

SAN AGUSTÍN, parroquia urbana de Venezuela (Distrito Federal), comprendida en el Gran Caracas; 46 483 hab. Zona residencial.

Museo del hombre, Paris

Estatuas de piedra del yacimiento arqueológico de **San Agustín.**

San Agustín *(cultura de),* cultura precolombina desarrollada en el SO de la actual república de Colombia, en diversos centros del Huila y Cauca. Su nombre se deriva del más importante de ellos, cerca de las fuentes del río Magdalena. La zona arqueológica está formada por salientes erosionados llamados mesitas. Las fechas más antiguas obtenidas por medio del carbono 14 pertenecen a mediados del s. VI a. J.C. Se conservan grafismos por incisión; monolitos antropomorfos estilizados; monolitos antropomorfos naturalistas; templos y sepulturas megalíticas, y la roca y el santuario de Lavapatas. Entre los monolitos antropomorfos se repite la figura de una deidad que posee un niño-serpiente entre las garras, posible representación de una diosa madre. El santuario de Lavapatas consiste en una roca esculpida con canales por los cuales se desliza el agua que se desvía desde el río. Los canales, que poseen desde el ancho de una mano al de un dedo, presentan en sus orillas esculturas de flora y fauna. El santuario estaría asociado al culto del agua y de las fuerzas ctónicas.

SAN ALBERTO, dep. de Argentina (Córdoba), en la sierra del Pocho; 21 993 hab. Cab., *Villa Cura.* Agricultura y ganadería. Yacimientos de mica y cuarzo.

SAN ALEJO, mun. de El Salvador (La Unión), en las proximidades del golfo de Fonseca; 16 433 hab. Agricultura y ganadería. Material de construcción.

SAN ANDRÉS, c. de Colombia, cap. de la intendencia de San Andrés y Providencia, en el NE de la isla de San Andrés; 14 413 hab. Pesca. Aeropuerto. Puerto. Turismo. — **S. A. de la Barca** o **Sant Andreu de la Barca,** mun. de España (Barcelona), en el Bajo Llobregat; 13 085 hab. Huertas. Industria textil, metalúrgica y química. — **S. A. de Tuxtla,** c. de México (Veracruz), en la planicie costera del SE; 77 750 hab. Centro de una región agrícola y ganadera (industria derivada). Artesanía. — **S. A. del Rabanedo,** mun. de España (León), cerca de León y del Campamento militar; 18 383 hab.

San Andrés, parque nacional de Perú (Cajamarca); 25 km^2. Bosque andino.

SAN ANDRÉS Y PROVIDENCIA *(intendencia de),* intendencia insular de Colombia en el Caribe; 44 km^2 y 15 000 hab. Cap. *San Andrés.* — Es un archipiélago que abarca tres islas (*isla de San Andrés,* de Providencia y de Santa Catalina) y varios islotes menores, que distan unos 700 km de Cartagena. Las islas son llanas y de clima cálido. Agricultura de subsistencia, cocos y cítricos. La población, predominantemente mulata y de habla inglesa, ha conocido una emigración intensa, algo atenuada últimamente por el desarrollo de las actividades comerciales y del turismo.

SAN ANTONIO, cabo de Argentina, en el Atlántico (Buenos Aires), extremo S de la boca del Río de la Plata (bahía de Samborombón). — **S. A.,** cabo de Cuba, en el extremo O de la isla (Pinar del Río). — **S. A.,** cabo de España, en el Mediterráneo (Alicante), en el extremo N de la ensenada de Jávea. Faro. — **S. A.,** punta de España, en el Cantábrico (Asturias), al NE de Candás. Faro.

SAN ANTONIO, c. de Estados Unidos, tercera ciudad de Texas; 785 000 hab. Refino de petróleo. Industrias químicas, metalúrgicas, textiles y editorial. Turismo. Universidad. Fue fundada por los españoles en 1718 (misión franciscana de San Antonio Valero* y presidio). Sirvió de refugio a la guarnición de El Álamo (1836). — **S. A.** c. de Chile, en la V región (Valparaíso), junto al Pacífico; 60 800 hab. Agricultura. Industria. Puerto. Centro exportador e importador de cobre. Central térmica; planta hidroeléctrica. Centro de veraneo. — **S. A.,** mun. de Venezuela (Falcón); 30 485 hab. Pertenece al área urbanizada de Coro*. — **S. A.,** c. de Venezuela (Táchira), junto a la frontera con Colombia; 25 738 hab. Caña de azúcar y café. Ganadería. Puente internacional sobre el río Táchira. Aeropuerto. — **S. A.,** dep. de Argentina (Río Negro), en el golfo San Matías; 19 665 hab. Cab. *San Antonio Oeste.* Agricultura, ganadería y apicultura. Pesca. Yacimientos de hierro y petróleo. Gasoducto. —**S. A. Abad** o **Sant Antoni Abad,** v. de España (Baleares), en Ibiza; 12 331 hab. Centro turístico. Pesca. — **S. A. de los Baños,** mun. de Cuba (La Habana), avenado por el Ariguanabó y el Capellanías; 35 653 hab. Tabaco, caña de azúcar y madera. Ganadería. Central azucarero. — **S. A. del Sur,** mun. de Cuba (Guantánamo), en la costa S; 29 427 hab. Bosques. Agricultura.

San Antonio de la Florida, iglesia neoclásica madrileña construida por el italiano F. Fontana (terminada en 1798), con planta de

sampán

J. Bottin

cruz griega, abovedada y con cúpula central. Cuenta con una importante decoración al fresco realizada (1798) por Goya, que se desarrolla en la cúpula, ábside y demás superficies, y que hace referencia a un milagro de san Antonio de Padua tratado desde una perspectiva eminentemente profana, y del que son espectadores numerosos personajes populares de Madrid. El conjunto se caracteriza por la utilización de un vivo y abundante repertorio cromático y de violentos claroscuros.

SAN BARTOLO, mun. de Guatemala (Totonicapán), en la vertiente atlántica de sierra Madre; 9 281 hab. Minas de oro, cinabrio y hierro.

SAN BARTOLOMÉ: S. B. de Morelos → MORELOS. — **S. B. de Tirajana,** mun. de España (Las Palmas), en Gran Canaria; 52 836 hab. En la costa atlántica (playas de Maspalomas y las Burras). Turismo. Agricultura. Pesca. Industrias alimentarias.

San Baudel, Baudelio o **Baudilio de Berlanga** → BERLANGA DE DUERO.

SAN BAUDILIO DE LLOBREGAT o **SANT BOI DE LLOBREGAT,** v. de España (Barcelona), en el Bajo Llobregat, junto al delta del Llobregat; 74 550 hab. Frutas y hortalizas. Núcleo industrial. Pertenece a la aglomeración de Barcelona.

SAN BERNARDINO, paso de los Alpes suizos, que une los Grisones con el Ticino; 2 063 m. Túnel de carretera (de 6 600 m de long.) a 1 600 m de alt.

SAN BERNARDINO, c. de Estados Unidos (California), al E de Los Ángeles; 118 000 hab. Universidad. Siderurgia. Industrias alimentarias. — **S. B.,** mun. de Paraguay (La Cordillera), junto al lago Ypacaraí; 5 527 hab. Centro de veraneo y balneario.

SAN BERNARDO *(Gran),* paso de los Alpes, entre Suiza (Valais) e Italia (valle de Aosta); 2 473 m. Túnel de carretera a 1 900 m de alt.

SAN BERNARDO *(Pequeño),* paso de los Alpes franceses que une Saboya con el valle de Aosta, al SO del *Gran San Bernardo,* 2 188 m.

San Bernardo *(raza de),* raza de perros de salvamento, de gran tamaño y de pelo largo y suave.

SAN BERNARDO, c. de Chile, en la región Metropolitana; 110 000 hab. Agricultura en regadío (río Maipo). Ganadería. Centro industrial y comercial. — **S. B. del Viento,** mun. de Colombia (Córdoba), en la costa del Caribe; 23 279 hab. Agricultura y ganado vacuno.

SAN BLAS *(cordillera de),* cordillera de Panamá; 1 160 m en el cerro Gandí.

SAN BLAS o **MANDINGA** *(golfo de),* golfo de Panamá, en la costa N (San Blas), cerrada al N por el *cabo San Blas* y por el *archipiélago de las Mulatas* o *de San Blas* (332 islas).

SAN BLAS, mun. de Venezuela (Carabobo), en el área urbanizada de Valencia; 83 495 hab. — **S. B.,** mun. de México (Nayarit), en la costa del Pacífico; 32 431 hab. Agricultura. Explotaciones madereras. Salinas. Mariscos. Aeropuerto. Turismo. — **Comarca de S. B.,** distr. de Panamá (Colón), en la costa del Caribe; 24 681 hab. Cab. *El Porvenir.* Cultivos tropicales. Ganadería. Explotación forestal (selva).

Vista parcial de la ciudad norteamericana de **San Francisco.**

Vautier-De Nanxe

SAN BUENAVENTURA, mun. de México (Coahuila), en la sierra Madre oriental; 12 019 hab. Minas de plomo.

SAN CARLOS, r. de Costa Rica, afl. del San Juan (or. der.), que atraviesa las *llanuras de San Carlos;* 125 km.

SAN CARLOS, c. de Filipinas, en la isla de Negros; 165 000 hab. Centro industrial. — **S. C.,** cantón de Costa Rica (Alajuela), avenado por el *río San Carlos;* 54 952 hab. Cab. *Ciudad Quesada.* Agricultura y ganadería; explotaciones forestales. Centro comercial y de servicios. — **S. C.,** dep. de Argentina (Mendoza), avenado por el Tunuyán; 21 229 hab. Vid; ganadería. Minería. — **S. C.,** c. de Venezuela, cap. del est. Cojedes, junto al *río San Carlos;* 21 029 hab. Agricultura, ganadería y avicultura. Aeropuerto. — **S. C.,** c. de Chile, en la VIII región (Biobío), entre los ríos Ñuble y Changaral; 19 700 hab. *(Sancarlinos.)* Agricultura y ganadería; explotación forestal. Industria alimentaria. Central hidroeléctrica. — **S. C.,** c. de Uruguay (Maldonado), entre los arroyos Maldonado y *San Carlos;* 16 883 hab. Industrias agropecuarias. — **S. C.,** c. de Nicaragua, cap. del dep. de Río San Juan; junto al lago Nicaragua; 10 383 hab. Agricultura y ganadería; explotación forestal. — **S. C.,** localidad de Guinea Ecuatorial → LUBA. — **S. C. de Bariloche,** c. de Argentina (Río Negro), cab. del dep. de Bariloche; 48 222 hab. Centro turístico (deportes de invierno). — **S. C. de la Rápita** o **Sant Carles de la Ràpita,** c. de España (Tarragona), en el delta del Ebro; 9 960 hab. Agricultura. Puerto pesquero (langostinos). Industria química y alimentaria. Turismo. Llamada *Rábida* durante la dominación musulmana, fue cedida a los templarios, quienes reconstruyeron el castillo musulmán. Carlos III le dio su nombre actual. En 1811 fue ocupada por los franceses y en 1860 fue escenario del pronunciamiento carlista (Ortegada) en favor del conde de Montemolín.— **S. C. de la Unión,** c. de El Salvador → UNIÓN. — **S. C. del Zulia,** c. de Venezuela (Zulia), junto al lago de Maracaibo; 32 703 hab. Agricultura y ganadería.

San Carlos *(Banco de),* organismo bancario español creado en 1782. Su principal impulsor fue Cabarrús y a pesar de la protección de la corona, fue una institución privada. Actuó en diversos campos: emisión de moneda, amortización de vales reales, aprovisionamiento de la marina y del ejército, financiación de obras públicas, préstamos, monopolio de las remesas monetarias del tesoro público al exterior, etc. A comienzos del s. XIX se agudizaron sus dificultades. Durante el trienio constitucional se intentó en vano su disolución, pero en 1829 sus accionistas se vieron obligados a aceptarla, a cambio de una participación en el recién creado (1827) Banco de San Fernando (que en 1856 se denominó Banco* de España).

SAN CARLOS (José Miguel DE CARVAJAL Y VARGAS, *duque* DE), militar y político español (Lima 1771-París 1828). Por su intervención en diversas batallas ascendió a mariscal de campo (1795). Ayo del infante Fernando, fue mayordomo mayor al subir éste al trono (1808) y lo acompañó en su cautiverio de Valençay. Fue ministro de Estado (mayo-nov. 1814), embajador en Viena (1815) y París (1823), virrey de Navarra, y de nuevo embajador en París (1827-1828).

SAN CEBRIÁN DE MAZOTE, v. de España (Valladolid), en la Tierra del Pan; 280 hab. Iglesia mozárabe, anterior a 916, con planta basilical de tres naves, crucero y tres ábsides.

SAN CELONI o **SANT CELONI,** v. de España (Barcelona), en el valle del Tordera, al pie del Montseny; 11 929 hab. Bosques. Horticultura y ganadería. Industria textil, alimentaria, química, cerámica.

SAN CLEMENTE, cerro de Chile → SAN VALENTÍN.

F.S.-Salmer

Decoración interior de la iglesia de **San Antonio de la Florida,** obra de Goya.

SAN CLEMENTE, v. de España (Cuenca), cab. de p. j., en La Mancha; 6 542 hab. *(Sanclementinos.)* Agricultura y ganadería. Industria alimentaria.

SAN COSME Y DAMIÁN, mun. de Paraguay (Itapúa), avenado por el río Paraná; 6 272 hab. Minería, de tradición desde las Reducciones jesuíticas.

SAN CRISTÓBAL, isla de las Pequeñas Antillas → SAINT KITTS. — **S. C.,** isla de las Salomón; 4 660 km² y 11 000 hab. Cap. *Kirakira.* — **S. C.** o **Chatham,** isla de Ecuador, en el archipiélago de los Galápagos; 430 km² y 2 020 hab. De origen volcánico. Posee reservas de agua dulce (laguna El Junco); agricultura. Pesca y aprovechamiento de los galápagos. Las ciudades principales son Baquerizo Moreno, la cap., y El Progreso.

SAN CRISTÓBAL *(provincia de),* prov. de la República Dominicana; 3 743 km² y 372 106 hab. Cap. *San Cristóbal.* Muy montañosa, está situada en el SE de la cordillera Central y dispone de una cabecera de corrientes fluviales. Destacan la caña de azúcar y la ganadería vacuna y las explotaciones forestales y mineras (oro, cobre).

SAN CRISTÓBAL, c. de Venezuela, cap. del est. Táchira, a orillas del Torbes; 241 000 hab. Centro de comunicaciones (carreteras transandina, panamericana, occidental llanera), comercial, industrial (alimentación, destilerías, materiales para la construcción, elaboración de tabaco y café), universitario y turístico. Su área urbana se extiende sobre los mun. de La Concordia, Pedro María Morantes, San Juan Bautista y San Sebastián. Fundada (1561) por Juan Maldonado, perteneció al virreinato de Nueva Granada hasta 1777 y luego a la capitanía general de Venezuela.— **S. C.,** dep. de Argentina (Santa Fe); 64 213 hab. Agricultura y ganadería. — **S. C.,** mun. de Venezuela (Anzoátegui), en el área urbana de Barcelona*; 43 432 hab. — **S. C.,** mun. de Cuba (Pinar del Río), avenado por el *río San Cristóbal;* 55 976 hab. Tabaco, azúcar y café. Apicultura. Industrias alimentarias y textiles. — **S. C.,** c. de la República Dominicana, cap. de la prov. homónima, en el valle del Nigua; 33 396 hab. Centro agrícola y ganadero. Artesanía. — **S. C. de la Laguna,** c. de España → LAGUNA *(La).* — **S. C. de las Casas,** c. de México (Chiapas), en la mesa central de Chiapas; 32 833 hab. Centro comercial y agropecuario. Explotación forestal. Artesanía. Elaboración de licores. Turismo. Convento de Santo Domingo (s. XVI, reconstruido en el s. XVII), con importantes retablos y un púlpito en madera tallada; convento de la Encarnación (s. XVIII); catedral; casona del s. XVI, con portada plateresca. — **S. C. de Mazatlán,** c. de México → MAZATLÁN.

SAN CUGAT DEL VALLÉS o **SANT CUGAT DEL VALLÈS,** v. de España (Barcelona), al pie de la sierra de Collcerola; 31 184 hab. Agricultura, ganado y avicultura. Industria textil, cerámica, construcción, química. Saqueada por Almanzor (985), llegó a poseer grandes dominios. En el s. XV fue sede de las cortes de la Corona de Aragón en varias ocasiones. Antiguo monasterio benedictino, del que destacan: la iglesia (ss. XII-XIV), con partes románicas y góticas, de tres naves y ábsides exteriormente poligonales y con cúpula y cimborio octogonal, el claustro (s. XII), una de las más bellas obras del románico catalán, con capiteles esculpidos por Arnau Gatell, y el retablo gótico de *Todos los Santos* (s. XIV), obra de P. Serra.

SAN DIEGO, cabo de Argentina, en el Atlántico, en el extremo E de la isla de Tierra del Fuego.

SAN DIEGO, c. y puerto de Estados Unidos (California), junto al Pacífico, en la *bahía de San Diego*; 875 000 hab. (1 862 000 en la aglomeración). Museo de bellas artes (importante colección de pintura española). Construcciones navales y aeronáuticas. Refino de petróleo. Turismo. Universidades. En el lugar explorado por Rodríguez Cabrillo (1542), fray Junípero Serra fundó la misión de San Diego de Alcalá (1769). Durante la guerra de Texas fue ocupada por los norteamericanos (1846), quienes impusieron su dominio. — **S. D. de la Unión,** mun. de México (Guanajuato), en la altiplanicie Meridional; 20 672 hab. Cereales y legumbres. Ganadería.

SAN ESTANISLAO, mun. de Paraguay (San Pedro); 42 408 hab. Tabaco y yerba mate. Ganadería. Canteras de caliza. Aeropuerto.

SAN ESTEBAN, golfo de Chile, en el Pacífico (Aisén), en la parte NE del golfo de Penas.

San Esteban, embalse de España (Orense), sobre el Sil (213 millones de m^3), que abastece una central eléctrica (265,5 MW).

SAN ESTEBAN DE GORMAZ, v. de España (Soria), junto al Duero; 3 675 hab. Restos medievales de la muralla; puente medieval (modificado en 1717). Iglesias románicas de San Miguel (ss. XI-XII), con pórtico de siete arcos, y del Rivero (s. XII). — Por su situación en la línea del Duero, a la muerte de Alfonso III de León fue una de las plazas más avanzadas del reino, y sufrió los ataques de varias expediciones musulmanas (917; *c.* 955).

SAN FELIPE, mun. de México (Guanajuato), en la altiplanicie Meridional; 57 207 hab. Centro comercial y agrícola. Explotación forestal. Minas de estaño. — **S. F.,** c. de Venezuela, cap. del est. Yaracuy, en la depresión de Yaracuy; 43 801 hab. Centro comercial. Agricultura y ganadería (industrias derivadas). Parque nacional de Yurubí en sus cercanías. — **S. F.,** c. de Chile, en la V región (Valparaíso); 32 100 hab. En el valle del *río San Felipe.* Centro agrícola. — **S. F. del Progreso,** mun. de México (México), en la cordillera Neovolcánica; 87 173 hab. Agricultura. Ganadería (pastos). Explotación forestal. Industrias agrícolas.

SAN FELIU: S. F. de Guíxols o **Sant Feliu de Guíxols,** c. de España (Gerona), en la Costa Brava; 15 485 hab. Centro turístico y comercial. Puerto. Agricultura. Industria del corcho, textil y cerámica. — **S. F. de Llobregat** o **Sant Feliu de Llobregat,** c. de España (Barcelona), cab. de p. j., en el Bajo Llobregat, en la conurbación de Barcelona; 37 849 hab. Industria metalúrgica, textil, alimentaria, construcción y química.

SAN FÉLIX, isla de Chile, en el Pacífico, descubierta por Juan Fernández en 1574. Está deshabitada.

SAN FÉLIX *(maestro de),* pintor activo en Valencia y Cataluña a principios del s. XVI. Su estilo renacentista se caracteriza por la asimetría de la composición y por la expresividad de los personajes, que lo sitúan como un antecesor del manierismo: serie de tablas sobre la *Vida de san Andrés* (s. XVI, capilla del Milagro, Valencia); retablo de la iglesia de San Félix de Gerona (1519-1521).

SAN FÉLIX DE GUAYANA → CIUDAD GUAYANA.

SAN FERNANDO, dep. de Argentina (Chaco) → RESISTENCIA. — **S. F.,** partido de Argentina (Buenos Aires), comprendido en el Gran Buenos Aires; 134 156 hab. Zona residencial. Aeródromo. — **S. F.,** c. de España (Cádiz), cab. de p. j., en la Isla* de León; 78 845 hab. Salinas. Construcciones navales y aeronáuticas (complejo de La Carraca*). Instituto oceanográfico y observatorio astronómico de la armada. Cuartel general de la armada (zona marítima del Estrecho). Industria alimentaria, cerámica. Con Cádiz, Puerto Real, Puerto de Santa María y Rota forma una conurbación. Turismo. Castillo de San Romualdo (s. XIV). Fue una colonia fenicia llamada *Erythea* o *Enithria.* Durante la edad media, Alfonso X entregó su jurisdicción a Cádiz. Ésta pasó luego a Sánchez de Suazo y a Ponce de León (por lo que se le da el nombre de Isla de León). Carlos III trasladó allí el departamento de marina y tituló el lugar Villa de la real Isla de León. Fue sede de las cortes constituyentes (1810-1811) y recibió de ellas el título de Ciudad de San Fernando. Apoyó los sucesivos pronunciamientos en favor de la constitución de 1812, por lo que sufrió fuertes represalias, que influyeron en su decadencia. — **S. F.** o **S. F. de Apure,** c. de Venezuela, cap. del est. Apure, a orillas del Apure; 38 960 hab. Puente General Páez, sobre el Apure, que comunica el N y el S del país. Centro comercial y ganadero. Industrias alimentarias. Puerto fluvial (pesca). Aeropuerto. — **S. F.,** c. de Chile, en la VI región (Libertador General O'Higgins), en el valle Central; 33 300 hab. Agricultura y ganadería. Centro de almacenamiento de petróleo y gas natural (cruzado por el oleoducto de Concón a Concepción). — **S. F.,** c. de México (Tamaulipas), en la planicie Tamaulipeca; 28 064 hab. Cereales, legumbres y algodón. Ganadería. — **S. F. de Henares,** v. de España (Madrid), en la confluencia de los ríos Henares y Jarama, en el área metropolitana de Madrid; 19 310 hab. Centro industrial. — **S. F. de Monte Cristi,** c. de la República Dominicana → MONTE CRISTI. — **S. F. del Valle de Catamarca,** c. de Argentina → CATAMARCA*.

SAN FRANCISCO *(cabo de),* cabo de Ecuador, en el Pacífico (Esmeraldas), que constituye el extremo N de la *ensenada de San Francisco.*

SAN FRANCISCO *(nevado),* cumbre volcánica de América del Sur, en la frontera entre Argentina (Catamarca) y Chile (III región, Atacama); 6 005 m de alt. El *paso de San Francisco* (4 720 m), en la ladera N, es utilizado por la carretera internacional Tinogasta-Copiapó.

SAN FRANCISCO, c. y puerto de Estados Unidos (California), junto al Pacífico y en la *bahía de San Francisco* (abierta en el Pacífico por la Golden Gate); 678 000 hab. (5 182 000 en el área metropolitana de San Francisco-Oakland-San José). En un emplazamiento pintoresco y accidentado, la ciudad se desarrolló con la fiebre del oro a mediados del s. XIX, que atrajo a una población cosmopolita (con minorías asiáticas: japoneses y chinos), y después como centro de servicios y desembocadura del interior agrícola. Es un gran puerto (tráfico del orden de 40 Mt), en relación con Extremo oriente, y un importante foco industrial, dominado por la metalurgia de transformación (construcciones eléctricas, automóviles y astilleros) y la industria química (refino de petróleo). Aeropuerto. Universidades. Museos. El origen de la ciudad es la misión y presidio fundada por J. B. de Anza (1776). Por el tratado de Guadalupe-Hidalgo, entre México y E.U.A., fue norteamericana a partir de 1846. Destruida por un terremoto y un incendio en 1906, fue reconstruida con gran rapidez. La construcción del canal de Panamá le confirió un nuevo impulso. En ella se elaboró la carta de las Naciones Unidas (*carta de San Francisco,* abril-junio 1945) y se firmó el tratado de paz entre Japón y los aliados (set. 1951).

SAN FRANCISCO, c. de Argentina (Córdoba) → SAN JUSTO. — **S. F.,** mun. de Venezuela (Zulia), a orillas del lago Maracaibo; 100 525 hab. Ganadería. Industria derivada del petróleo. Cemento. Puerto. — **S. F. de Macorís,** c. de la República Dominicana, cap. de la prov. de Duarte, próxima al valle del Yuna; 72 024 hab. Centro comercial de un área agrícola. Bosques y pastos. **S. F. de Mostazal,** c. de Chile, en la VII región (Maule), cab. de la com. de *Mostazal;* 7 700 hab. Centro agrícola (cereales). Harinas y lácteos. — **S. F. del Chañar,** c. de Argentina (Córdoba) → SOBREMONTE. — **S. F. del Oro,** c. de México (Chihuahua), junto a la sierra Madre; 13 708 hab. Minería (cinc, plata, cobre, oro y plomo). — **S. F. del Rincón,** c. de México (Guanajuato), en el centro de la altiplanicie Meridional; 50 059 hab. Agricultura. Ganadería. Explotaciones madereras. Artesanía. — **S. F. Gotera,** c. de El Salvador, cap. del dep. de Morazán, en la cordillera de Cacaguatique; 5 673 hab. Agricultura. Pastos y bosques. Ganadería. Minas de oro y plata. — **S. F. Javier,** c. de España → FORMENTERA. — **S. F. Libre,** mun. de Nicaragua (Managua), junto al lago de Managua; 12 598 hab. Puerto comercial.

SAN GABRIEL, mun. de Venezuela (Falcón), en el área de la ciudad de Coro; 22 032 hab. — **S. G.,** c. de Ecuador → MONTÚFAR.

SAN GERMÁN, mun. de Puerto Rico (Mayagüez), avenado por el Guanajibo; 27 990 hab. Centro agrícola. Ganadería. Industria derivada.

Salmer

un aspecto de la ciudad española de San Fernando

SAN GERMÁN (Francisco DE TUTAVILA, *duque* DE), militar y político español del s. XVII. Fue gobernador de Cerdeña y luego virrey de Cataluña (1673-1675). Destacó en la guerra contra Francia (1673-1678), en la que invadió el Rosellón, y derrotó a Schomberg.

SAN GIL, mun. de Colombia (Santander), a orillas del río Fonce; 28 697 hab. Centro agrícola; ganadería (pastos). Carbón y cobre.

San Gil *(sublevación de los sargentos del cuartel de),* insurrección militar preparada por Prim con la colaboración de progresistas y demócratas para derrocar a la monarquía (22 junio 1866). De las fuerzas con que se contaba, sólo se sublevaron estos sargentos de artillería de Madrid, que fueron vencidos por las tropas de Serrano y Zabala; el movimiento fue reprimido con gran dureza.

SAN GIMIGNANO, c. de Italia (Toscana); 8 500 hab. Trece severas torres dominan la ciudad de aspecto medieval. Catedral del s. XII (capilla de Giuliano da Maiano, con frescos de D. Ghirlandaio); iglesia de San Agustín (s. XIII; frescos de Gozzoli).

SAN GOTARDO, en fr. **Saint Gothard,** en alem. **Sankt Gotthard,** macizo de los Alpes suizos, entre los altos valles del Reuss y el Ticino, cercano a las fuentes del Rin y el Ródano; 3 197 m en el Pizzo Rotondo. — El *paso del San Gotardo,* de 2 112 m de alt., es atravesado por un túnel ferroviario (14 997 m), a 1 155 m de alt., acompañado por un túnel de carretera.

SAN IGNACIO, dep. de Argentina (Misiones), avenado por el Paraná; 38 328 hab. Centro agrícola. Ganado vacuno. Ruinas de una misión jesuítica (templo barroco con ornamentos indígenas). — **S. I.,** mun. de México (Sinaloa), en la sierra Madre occidental; 23 332 hab. Agricultura y ganadería. Explotación forestal. Oro y plata. — **S. I.,** mun. de Paraguay (Misiones), avenado por el Yobebyry (afl. del Paraná); 15 993 hab. Centro comercial. Escuela normal. Antigua reducción jesuítica. Museo. — **S. I.,** mun. de Honduras (Francisco Morazán), en la sierra de Chile; 6 121 hab. Oro, plata, cinc y cobre. Mármol. — **S. I.,** cantón de Bolivia (Santa Cruz). Explotación forestal (caucho). Aeropuerto.

SAN ILDEFONSO → *La* GRANJA.

San Ildefonso *(tratados de),* acuerdos firmados en el sitio real de La Granja o San Ildefonso en los reinados de Carlos III y Carlos IV. • *Tratado de 1777* (1 oct.) entre España y Portugal. España obtuvo el curso del Paraná y del Uruguay, la Colonia del Sacramento y la isla de San Gabriel; Portugal recibió Río Grande de San Pedro, territorios en Paraguay y SE del Perú y la isla de Santa Catalina. • *Tratado de 1796* (18 ag.), tratado de alianza ofensivo-defensiva entre España y Francia, contra Gran Bretaña; por él Francia se comprometía a firmar un nuevo tratado comercial y a revisar el tratado de Basilea. • *Tratado de 1800* (1 oct.), convenio preliminar y secreto entre España y Francia, por el que Napoleón se comprometía a entregar Toscana al duque de Parma y a convertir sus territorios en reino de Etruria; España, por su parte, entregaría a Francia seis navíos de guerra y le devolvería la Luisiana.

SAN ILDEFONSO *(maestro de),* pintor activo en Castilla a fines del s. XV. Su obra, de estilo gótico hispanoflamenco, se caracteriza por las calidades de sus superficies, el cuidado detallismo de los ropajes y la monumentalidad de las formas. Su obra más notable es la tabla de la *Imposición de la casulla a san Ildefonso* (Louvre), que le da nombre.

SAN ISIDRO, c. de Argentina (Buenos Aires); que forma parte del Gran Buenos Aires; 287 048 hab. Industrias alimentarias, del papel, neumáticos. — **S. I.,** distr. de Perú (Lima), en la zona costera; 38 300 hab. Región agrícola. — **S. I. del General,** c. de Costa Rica → PÉREZ ZELEDÓN.

SAN ISIDRO, estación de deportes de invierno de España (León), en la cordillera Cantábrica (alt. 1 500-1 955 m), junto al *puerto de San Isidro;* 1 520 m de alt.

SAN JACINTO, mun. de Colombia (Bolívar), en las serranías de María; 19 102 hab. Agricultura y ganadería.

San Jacinto *(batalla de),* victoria, a orillas del *río San Jacinto* (Texas), de las tropas norteamericanas del general Houston sobre las mexicanas de Santa Anna (21 abril 1836). Éste, hecho prisionero, se vio obligado a conceder de hecho la independencia de Texas.

SAN JAVIER, dep. de Argentina (Córdoba), avenado por el Conlara; 36 182 hab. Cab. *Villa Dolores.* Agricultura y ganadería. Turismo. — **S. J.,** com. de Chile → SAN JAVIER DE LONCOMILLA. — **S. J.,** dep. de Argentina (Santa Fe), avenado por el *río San Javier* y por el Paraná; 23 688 hab. Agricultura y ganadería. — **S. J.,** v. de España (Murcia), junto al Mar Menor; 12 500 hab. Agricultura y ganadería. Salinas. Materiales para la construcción, cerámica e industria alimentaria. Aeropuerto de Murcia. Academia general del aire. Turismo. — **S. J.,** cantón de Bolivia (Santa Cruz), en la meseta de Chiquitos. Centro comercial. Explotación forestal (caucho). — **S. J. de Loncomilla,** c. de Chile, en la VII región (Maule), cab. de la com. de San Javier, avenado por el Loncomilla; 12 400 hab. Cereales, hortalizas y viñedos. Industrias alimentarias.

SAN JERÓNIMO, dep. de Argentina (Santa Fe), avenado por el Paraná; 64 745 hab. Cab. *Coronda.* Agricultura y ganadería.

SAN JOAQUÍN, mun. de Paraguay (Caaguazú); 20 742 hab. Pastos. Ganadería.

SAN JORGE, golfo de Argentina, en el Atlántico (Chubut y Santa Cruz). Importante cuenca petrolífera, el gas extraído abastece a Buenos Aires mediante un gasoducto de 1 600 km.

SAN JORGE, r. de Colombia, afl. del Magdalena (or. izq., brazo de Loba), que nace en las estribaciones del cerro Paramillo (Antioquia), y su valle constituye una rica región ganadera y agrícola (arroz); 400 km.

SAN JOSÉ, laguna de Puerto Rico, al SE de San Juan.

SAN JOSÉ, volcán andino de América del Sur, en la frontera entre Argentina (Mendoza) y Chile (región Metropolitana); 6 070 m de alt.

SAN JOSÉ *(golfo de),* golfo de Argentina, en la costa atlántica (Chubut).

SAN JOSÉ *(departamento de),* dep. del S de Uruguay; 4 994 km^2 y 88 281 hab. Cap. *San José de Mayo.* El relieve es llano, sólo alterado por las estribaciones de la Gran Cuchilla Inferior. El clima, oceánico, proporciona abundantes pastos. Destacan la agricultura (cereales, cultivos industriales, frutales, etc.) y la cría de ganado vacuno de leche (industria derivada).

SAN JOSÉ *(provincia de),* prov. de Costa Rica; 4 400 km^2 y 812 184 hab. Cap. *San José.* Está situada, en el altiplano central del país (volcán Irazú, 3 432 m). La densidad de población es muy elevada y característica de una rica zona agrícola (café, tabaco, caña de azúcar, plátanos, etc.) y ganadera. La capital concentra la mayor parte de la industria.

SAN JOSÉ, c. de Estados Unidos (California), al SE de San Francisco; 637 000 hab. Universidad. Construcciones mecánicas. Electrónica. Es el centro comercial del valle de Santa Clara (frutales, viñedos y tabaco). Fundada en 1777 por los españoles. — **S. J.,** parroquia urbana de Venezuela (Distrito Federal), en el área de Caracas, 72 750 hab. — **S. J.,** c. de Chile, en la VIII región (Biobío), al S de Arauco. Centro minero (carbón). **S. J.** o **S. J. de Mayo,** c. de Uruguay, cap. del dep. de San José, a orillas del *río San José,* afl. del Santa Lucía; 25 392 hab. Centro agrícola y ganadero. Industrias alimentarias. Nudo de carreteras y ferrocarril. Aeropuerto. La ciudad conserva su plano de la época colonial. — **S. J.,** mun. de Guatemala (Escuintla), en el Pacífico; 17 956 hab. Puerto. Plantaciones de algodón y haciendas ganaderas. — **S. J.** o **Sant Josep,** mun. de España (Baleares), en la isla de Ibiza; 6 736 hab. Salinas. Aeropuerto de Ibiza. — **S. J. de Cúcuta,** c. de Colombia → CÚCUTA. — **S. J. de Guanipa** GUANIPA. — **S. J. de la Mariquina,** c. de Chile → MARIQUINA. — **S. J. de las Lajas,** mun. de Cuba (La Habana); 50 000 hab. Caña de azúcar (centrales azucareros). Ganadería. — **S. J. de las Matas,** mun. de la República Dominicana (Santiago), en la *planicie de San José de las Matas,* en la cordillera Central; 48 316 hab. Agricultura. Pastos (ganadería). — **S. J. de los Llanos,** c. de la República Dominicana → *Los* LLANOS. — **S. J. de Ocoa,** mun. de la República Dominicana (Peravia), en el valle del Ocoa; 48 251 hab. Economía agropecuaria. — **S. J. de Surco,** distr. de Perú (Lima); 42 814 hab. Cab. *Surco.* Agricultura. — **S. J. del Guaviare,** c. de Colombia, cap. de la comisaría del Guaviare, junto al río Guaviare; 2 000 hab. aprox. Aeropuerto. — **S. J. Iturbide,** mun. de México (Guanajuato), en la altiplanicie Meridional; 23 490 hab. Agricultura y ganadería (pastos).

SAN JOSÉ, c. de Costa Rica, cap. del país y de la prov. homónima; 250 079 hab. (más de (500 000 hab. en el área metropolitana). *[Josefinos.].*
GEOGRAFÍA. La ciudad se levanta en un amplio y fértil valle de la meseta Central, el *valle de San José*), a 1 180 m de alt. Su crecimiento, acelerado a lo largo del s. XX en parte gracias a la emigración, ha sido muy importante. Es nudo de comunicaciones (ferrocarril que une Puerto Limón, en el Atlántico, con Puntarenas, en el Pacífico; carretera transamericana) y está situada en el centro de una rica región agrícola. Las actividades industriales (alimentaria, textil, refinería de petróleo, química, etc.), comerciales y político-administrativas son también muy destacadas. El casco urbano está trazado en damero con edificaciones de poca altura, a fin de evitar el peligro de la frecuente actividad sísmica. Aeropuerto internacional de El Coco, cercano a la capital. Universidad.
HISTORIA. Fundada en 1738, adquirió pronto gran importancia debido a la producción de tabaco (desde 1787, Costa Rica contó con el monopolio del cultivo). Sus habitantes apoyaron la causa independendista de Centroamérica y se enfrentaron a la capital (Cartago), contra la integración en el México imperial y a favor de la independencia o de su incorporación a la Gran Colombia bolivariana. Tras la victoria de los Altos de la Laguna (1823), se trasladó la capital a San José, pero las rivalidades con Cartago continuaron. En 1854 se inauguró el primer ferrocarril centroamericano, que unía San José a Puntarenas, principal centro exportador de café. Durante la guerra civil, la ciudad, escenario de graves disturbios, fue tomada por los rebeldes de José Figueras (1948). En 1960 se celebró en ella la conferencia de la O.E.A. que aprobó la *declaración de San José*; asimismo, en 1975, la *conferencia de San José* de la O.E.A. acordó la revisión del tratado de Río* de Janeiro de 1947.
BELLAS ARTES. La ciudad posee hermosos parques como el parque nacional (14 000 m^2), el central y el de Morazán y numerosos edificios de valor artístico, entre ellos la catedral, la iglesia de la Merced, el palacio episcopal, la biblioteca nacional, el palacio del gobierno y el teatro nacional (s. XIX, recientemente restaurado); también son de destacar los modernos edificios de la zona universitaria.

San José *(conferencia de),* reunión de ministros de Relaciones Exteriores de la O.E.A. celebrada en San José de Costa Rica (ag. 1960). Trató de los problemas creados entre E.U.A. y Cuba, los temas de solidaridad continental, etc. Cuba se retiró antes de que finalizara, mientras Venezuela y Perú se negaron a firmar la declaración aprobada.

SAN JUAN, bahía de Puerto Rico, en la costa N. Forma el puerto más importante del país, entre la isla de Cabras y la punta del Mono (extremo O de la *isla San Juan*). — **S. J. del Norte,** bahía de Nicaragua (Río San Juan y Zelaya), en la costa E. En su interior se encuentra el puerto de *San Juan del Norte.*

SAN JUAN o **LA CUCA,** pico de Cuba, altura máxima de las sierras de Trinidad (Cienfuegos); 1 156 m de alt.

SAN JUAN, r. de Argentina (San Juan), afluente del Desaguadero* o Salado (or. der.). Aprovechamiento hidroeléctrico y para regadío; 250 km aprox. (unos 500 km si se consideran otros cursos). — **S. J.,** r. de América Central, en la vertiente del Caribe, que nace en el lago Nicaragua, forma frontera con Costa Rica y desemboca en un amplio delta; 198 km. — **S. J.,** r. de Colombia, en la vertiente pacífica; nace en la cordillera Occidental (Risaralda) y desemboca formando un delta (Chocó). Placeres de oro y platino.

SAN JUAN *(provincia de),* prov. de Argentina; 86 137 km^2; 469 973 hab. Cap. *San Juan.* Está situada en la parte centro-occidental del país, junto a la frontera con Chile. Muy montañosa, presenta, las alineaciones andinas, valles interiores de elevada altitud y, en la mitad oriental, las sierras pampeanas de Pie de Palo y De la Huerta. La red fluvial es extensa (*río San Juan,* el Jarchal, el Bermejo, etc.) y muy aprovechada para el regadío, ya que el clima es árido y las precipitaciones muy débiles. La población se concentra en el valle del San Juan. Destaca la ganadería extensiva y la agricultura, (viña, horticultura y cereales). Las reservas mineras (plomo, cobre, hierro y metales preciosos) se hallan poco explotadas. La industria está ubicada principalmente en la capital (productos agropecuarios).

SAN JUAN, c. de Puerto Rico, cap. del estado libre asociado y del distr. de San Juan-Río Piedras. 1 099 700 hab. *(Sanjuaneros* o *capitolinos.)*
GEOGRAFÍA. La ciudad se extiende sobre una llanura, en el N de la isla y a orillas del Atlántico. El clima es húmedo y de poca oscilación interanual. Es centro de una extensa área metropolitana, que incluye a los núcleos de Río Piedras, Bayamón, Carolina, Catanos, Guaynabo y Trujillo Alto, y que ha experimentado un gran crecimiento demográfico. La presencia norteamericana se ha dejado sentir en el tramado urbano de la ciudad, contrastando los bellos ejemplos de la arquitectura colonial, con edificios modernos y amplias avenidas. Es uno de los núcleos

un aspecto de la ciudad de **San José** de Costa Rica

A.G.E.

más activos del Caribe, basado en la comercialización de productos agrarios (café, caña de azúcar, tabaco, etc.) y, más modernamente, en un intenso desarrollo industrial (petroquímica, cemento, textil, derivados de la agricultura, artículos de consumo). El puerto y el aeropuerto internacional son unos de los de mayor tráfico del Caribe (turismo). Universidad de Río Piedras.
HISTORIA. En 1508 el comendador Ovando fundó Caparra, que en 1509 se llamó Ciudad de Puerto Rico, y, al ser trasladada a su emplazamiento actual (1521), tomó el nombre de San Juan de Puerto Rico. Desde 1530, los españoles llevaron allí numerosos esclavos negros para favorecer la agricultura. Durante la guerra hispanonorteamericana (1898), fue bombardeada por la escuadra de Sampson; al quedar la isla bajo dominio norteamericano continuó como capital del país.
BELLAS ARTES. En 1540 se iniciaron las obras de la primitiva catedral, concluida hacia 1587; a pesar de las sucesivas reconstrucciones, conserva bóvedas góticas de crucería (colegio de Santo Tomás de Aquino), la escalera de caracol y la torre (posiblemente lo más antiguo del edificio). La iglesia de San José (1532) posee una espléndida bóveda gótica de crucería. Los ataques de los piratas obligaron a levantar las poderosas obras de arquitectura militar de El Morro* (entre 1591 y principios del s. XVII) y de San Cristóbal (fines del s. XVIII). Durante el s. XVIII se levantaron numerosos templos (en Coamo, Hormigueros, Toa Baja, El Plantaje, etc.). En el s. XIX se construyeron el cabildo, la diputación provincial, el hospital de la Concepción, la casa de beneficencia, el cuartel de Ballajá, el teatro Tapia, etc. Junto a numerosas casonas típicas, apareció la arquitectura moderna con la obra de A. Nechodoma, arquitecto checoslovaco, de M. Ferrer y O. Toro, autores del hotel Caribe-Hilton, del edificio de la Corte suprema de Puerto Rico y de los anexos del Capitolio, de H. Klumb, arquitecto alemán, autor del centro de estudiantes de la universidad, del museo de la universidad y del centro de la facultad.

SAN JUAN, c. de Argentina, cap. de la prov. y del dep. homónimos, junto al *río San Juan*; 117 731 hab. *(Sanjuaninos)*; [290 479 hab. en el Gran San Juan]. Centro agrícola, administrativo y comercial. Industrias alimentarias y materiales para la construcción. Fue destruida por un terremoto en 1944 y reconstruida con anchas avenidas y parques. Turismo. — **S. J.,** parroquia urbana de Venezuela (Distrito Federal), en el área urbana de Caracas; 115 198 hab. — **S. J. Bautista,** mun. de Venezuela (Táchira), en el área urbana de San Cristóbal; 45 770 hab. — **S. J. Bautista,** c. de Paraguay, cap. del dep. de Misiones, en la cuenca del río Tebicuary; 5 972 hab. Agricultura y ganadería (pastos). Escuela de agricultura. — **S. J. Bautista Tuxtepec,** c. de México (Oaxaca), en la or. izq. del río Santo Domingo; 29 345 hab. Región agrícola y ganadera. Maderas preciosas. Minería (cobre y hierro). Fábrica de papel. En sus proximidades, presa Miguel Alemán y planta hidroeléctrica El Temazcal. — **S. J. de Acre** → ACRE, c. de Israel. — **S. J. de Alicante** o **Sant Joan d'Alacant,** v. de España (Alicante), junto a la costa; 10 522 hab. Huerta. Muebles. Turismo (playas). — **S. J. de Amatitlán,** c. de Guatemala → AMATITLÁN. — **S. J. de Aznalfarache,** mun. de España (Sevilla), junto al Guadalquivir; 22 365 hab. Cereales y naranjos. Hierro y cobre. Industria química. — **S. J. de Ciénaga,** mun. de Colombia → CIÉNAGA. — **S. J. de Colón,** c. de Venezuela (Táchira), a orillas del Lobaterita; 22 577 hab. Economía agropecuaria. — **S. J. de la Maguana,** c. de la República Dominicana, cap. de la prov. homónima, en el *valle San Juan*; 40 027 hab. Economía agropecuaria. — **S. J. de las Abadesas** o **Sant Joan de les Abadesses,** v. de España (Gerona), en el Ripollés; 4 241 hab. El monasterio de *San Juan de las Abadesas*, de estilo románico, fue fundado en 885 por Wifredo I de Barcelona, y constituyó el núcleo original de la villa y uno de los principales centros repobladores catalanes. La iglesia de planta de cruz griega tiene tres ábsides semicirculares y un importante conjunto de capiteles historiados (s. XIII), un grupo escultórico románico con el *Descendimiento* (1251), el retablo de la Virgen Blanca (1343), y el sepulcro gótico del beato Miró (1345). También conserva restos del claustro románico (s. XII) y el claustro gótico (s. XV). Ha sido restaurado (1948-1963). — **S. J. de los Lagos,** c. de México (Jalisco), junto al *río San Juan*; 30 701 hab. Economía agropecuaria. Comercio. — **S. J. de los Morros,** c. de Venezuela, cap. del est. de Guárico, al pie de los *Morros de San Juan*, a orillas del *río San Juan*; 37 817 hab. Centro comercial y de comunicaciones. Manantiales termales sulfurosos. Turismo. — **S. J. de Luz,** en fr. **Saint-Jean-de-Luz,** en vasc. **Donibane-Iohiztun,** mun. de Francia (Pyrénées-Atlantiques), en el País Vasco francés, en la costa; 12 056 hab. Estación balnearia y centro turístico (casino). Fue un importante puerto comercial durante la edad media. En 1152 pasó a Inglaterra y en 1472 fue incorporado a la corona francesa. Plaza fuerte fronteriza, de ella partieron invasiones hacia España; fue tomada diversas veces por los españoles. — **S. J. de Sabinas,** c. de México (Coahuila), avenada por el *río Sabinas*; 37 875 hab. Carbón y cinc (Nueva Rosita). Centro industrial. — **S. J. de Somorrostro,** c. de España → MUSQUES. — **S. J. de Vilasar** o **Sant Joan de Vilassar,** c. de España → VILASAR DE MAR. — **S. J. del Cesar,** mun. de Colombia (La Guajira), en la cabecera del *río Cesar*; 20 296 hab. Agricultura y ganadería. — **S. J. del Río,** c. de México (Querétaro), junto al *río San Juan*; 53 899 hab. Región agrícola y ganadera (lácteos). Muebles y artesanía. Comercio. — **S. J. del Sur,** mun. de Nicaragua (Rivas), en la llanura del Pacífico; 9 620 hab. Puerto. Centro de veraneo. — **S. J. Despí** o **Sant Joan Despí,** mun. de España (Barcelona), en el Bajo Llobregat, en la or. izq. del río Llobregat; 25 292 hab. Agricultura (regadíos). Centro industrial de la conurbación barcelonesa. — **S. J. Evangelista,** mun. de México (Veracruz), en la planicie costera de Sotavento; 24 514 hab. Centro agropecuario (industrias derivadas) y comercial. Explotación maderera. — **S. J. Nepomuceno,** mun. de Colombia (Bolívar), en las sabanas próximas al Magdalena; 21 585 hab. Economía agropecuaria. — **S. J. Nepomuceno,** mun. de Paraguay (Caazapá); 18 281 hab. Agricultura y ganadería. Explotación maderera. Fábricas de almidón. — **S. J. Opico,** mun. de El Salvador (La Libertad), en la vertiente N de la cadena Costera; 27 287 hab. Centro comercial. Pastos y bosques. Agricultura y ganadería (industrias derivadas). Artesanía. — **S. J. Santepéquez,** mun. de Guatemala (Guatemala), en la altiplanicie Central; 36 697 hab. Agricultura y ganadería. Materiales de construcción, artesanía. — **S. J. y Martínez,** mun. de Cuba (Pinar del Río), próximo a la ensenada de Cortés; 48 143 hab. Agricultura y ganadería (industrias derivadas).

SAN JUAN (Andrés DE) → NÁJERA (Andrés DE).

SAN JUAN DE LA MAGUANA *(provincia de)*, prov. de la República Dominicana; 3 561 km^2; 216 721 hab. Cap. *San Juan de la Maguana*. Está situada en el valle del *río San Juan*, limitado por relieves elevados (3 175 m en el pico Duarte, máxima elevación del país). Importante producción agrícola (hortalizas, arroz, café, tabaco y maní), y ganadera (vacunos). La población se concentra principalmente en el valle del San Juan.

San Juan de la Peña *(monasterio de)*, monasterio situado en el mun. de Jaca, emplazado bajo una enorme peña. Fundado con anterioridad al s. X, su época de mayor esplendor fue en el s. XI, durante el cual fue sede de dos concilios (1033 y 1057). La iglesia consta de dos pisos: la iglesia baja, de estilo mozárabe (s. X), y la iglesia alta, románica (s. XI). El claustro, románico (s. XII), posee un importante conjunto de capiteles esculturados. En el s. XVII se levantó en las proximidades un monasterio nuevo, de estilo barroco; sobresalen la iglesia y el panteón real (s. XVIII), con capilla neoclásica.

San Juan de Ortega *(monasterio de)*, monasterio situado en el mun. de Barrios de Colina (Burgos). La iglesia, románica con notables elementos góticos (ss. XII-XV), conserva el panteón del santo titular (1474) y un conjunto de tejidos hispanoárabes.

A.G.E.

un aspecto de la ciudad de **San Juan** de Puerto Rico

San Juan de Ulúa, fortaleza situada en el *islote de San Juan de Ulúa*, a la entrada de Veracruz. Construida en época del primer virrey de Nueva España, Antonio de Mendoza (1530-1549), fue restructurada según planos de B. Antonelli a fines del s. XVI, reforzada (1690) por el alemán Franck, y ampliada en el s. XVIII. Fue el último reducto español en el continente americano, que resistió hasta 1825.

SAN JUAN-RÍO PIEDRAS *(distrito de)*, distr. de Puerto Rico; 121 km^2; 820 442 hab. Cap. *San Juan*. Está situado en la llanura costera del norte de la isla, de clima cálido y húmedo. Concentra a una tercera parte de la población de Puerto Rico y constituye una región agrícola y ganadera, aunque destaca la actividad industrial (textil, petróleo, electrónica, petróleo, etc.). Importante turismo.

SAN JUST *(sierra de)*, sierra de España (Teruel), en la cordillera Ibérica; 1 522 m de alt.; 1 452 m en el *puerto de San Just*.

SAN JUSTO, dep. de Argentina (Córdoba), avenado por el río Segundo; 195 506 hab. Cab. *San Francisco*. Centro agrícola y ganadero. Maderas. Industria. — **S. J.,** dep. de Argentina (Santa Fe), avenado por el Salado; 33 376 hab. Economía agropecuaria. — **S. J. Desvern** o **Sant Just Desvern,** mun. de España (Barcelona), considerado como barrio de Barcelona; 11 012 hab. Agricultura; floricultura. Canteras de caliza. Centro industrial.

SAN LÁZARO, cabo de México (Baja California Sur), que constituye el extremo O de la isla de Santa Magdalena, en el Pacífico.

SAN LEOCADIO (Felipe Pablo DE), pintor español (nacido probablemente en Valencia-*id.* 1547). Se le supone hijo del pintor italiano PAOLO **de San Leocadio;** en todo caso, es evidente su participación de las nuevas fórmulas del renacimiento italiano, introducidas en Valencia por su padre y otros artistas. De su producción destacan el retablo del convento de Santo Domingo (1525, museo de bellas artes, Valencia) y las tablas de san Roque, san Sebastián y el calvario (museo de bellas artes, Valencia).

SAN LORENZO, cabo de Ecuador, en el Pacífico (Manabí). — **S. L.,** cabo de España, en el Atlántico (Asturias), al E. de Gijón.

SAN LORENZO, cumbre de España (La Rioja), punto culminante de la sierra de la Demanda; 2 262 m de alt.

SAN LORENZO, r. de América del Norte. El San Lorenzo, emisario directo del lago Ontario e indirecto de los otros cuatro Grandes Lagos, comprende una parte fluvial y otra parte de estuario (570 km de long. cada una). Ha sido organizado como *vía marítima del San Lorenzo* a lo largo de unos 300 km, entre el lago Ontario y Montreal, es decir, en el tramo que separa parcialmente Estados Unidos y Canadá, único en poseer el curso aguas abajo (y el estuario) del río, jalonado por las ciudades de Trois-Rivières y Quebec. La vía marítima, por la que transitan más de 50 Mt de mercancías, es un canal (no utilizable en invierno durante varias semanas) de 8,30 m de calado, accesible para buques especiales *(lakers)* de 25 000 t y mercantes oceánicos de 8 500 t, y comprende 7 esclusas que compensan 69 m de desnivel. El calado mínimo es de 10 m de Montreal a Quebec, y de 15 m aguas abajo de esta última ciudad. En total, entre Kingston (a la salida del lago Ontario) y Septlles, el tráfico rebasa 100 Mt. Además de ser una gran ruta navegable, el San Lorenzo también suministra hidroelectricidad (central de Beauharmois).

SAN LORENZO, dep. de Argentina (Santa Fe), junto al Paraná, en la aglomeración de Rosario; 110 425 hab. Siderurgia. Refino de petróleo. Terminal del oleoducto de Campo Durán (Salta). — **S. L.,** mun. de Paraguay (Central); 36 754 hab. Economía agropecuaria. Manufactura de la madera. Facultad de agronomía y veterinaria. — **S. L.,** mun. de Puerto Rico (Humacao), en el extremo SE del valle de Caguas; 27 755 hab. Economía agropecuaria. Es el antiguo *San Miguel de Hato Grande*. — **S. L. de El Escorial,** v. de España (Madrid), cab. de p.j., en la vertiente SE de la sierra de Guadarrama; 9 518 hab. Prados y dehesas (ganadería). Centro turístico (monasterio de El Escorial*). En ella se concertó un acuerdo entre E.U.A. y España (1795), por el que ésta renunciaba a parte de Florida, occidental y reconocía a aquélla el derecho de navegación por el Mississippi. — **S. L. de Guayubín,** c. de la República Dominicana → GUAYUBÍN. — **S. L. de Morunys** o **Sant Llorenç de Morunys,** v. de España (Lérida), junto al Cardoner; 888 hab. Antiguo monasterio, en cuya iglesia románica (s. XI) se conserva el retablo del Espíritu Santo (1419), obra de Lluís Borrassà. Iglesia románica de la Santa Cruz (s. XI). Santuario gótico (ss. XIV-XV).

San Lorenzo, yacimiento arqueológico de México (Veracruz), cerca de la Venta*, a orillas del río Chiquito, sólo accesible por vía fluvial. La zona principal se extiende sobre una plataforma natural. Presenta una ocupación a partir de 1500 a J.C., en varias fases culturales. Se han descubierto seis colosales esculturas de cabezas olmecas, de las cuales la última, encontrada en 1965, aún permanece en el sitio.

SAN LUCAS, cabo de México, en el Pacífico, en el extremo S de la península de Baja California.

SAN LUCAS, isla de Costa Rica (Puntarenas), en el golfo de Nicoya, frente a Puntarenas. Establecimiento penal.

SAN LUCAS, serranía de Colombia (Bolívar), que constituye la parte N de la cordillera Central de los Andes, que sobrepasa los 2 000 m (2 350 en el Alto de Tamar).

SAN LUIS *(sierra de)*, sierra de Argentina (San Luis), que forma parte de las sierras pampeanas. Yacimientos auríferos y de volframio.

SAN LUIS *(provincia de)*, prov. de Argentina, en la región centro-occidental; 76 748 km^2; 212 837 hab. Cap. *San Luis.* Su relieve abarca varias sierras Pampeanas, entre ellas, la sierra de San Luis, en el N, y una vasta y árida llanura en el S. El clima es templado. Los ríos Conlara y Quinto son los de mayor entidad, y junto a ellos se desarrolla casi toda la actividad agrícola (cereales, algodón, frutales, etcétera). La ganadería extensiva, en cambio, predomina más hacia las áreas meridionales. Importantes reservas mineras (volframio, cinc, plomo, cobre y uranio). Industrias alimentarias en Mercedes y en la capital. Ésta es centro de comunicaciones.

SAN LUIS, mun. de Cuba (Santiago de Cuba); 82 501 hab. Centro agrícola y ganadero. Industria manufacturera. Artesanía. Nudo ferroviario. — **S. L.,** c. de Argentina, cap. de la prov. homónima, junto al río Chorrillos;

Tétrel

San Marino: la fortaleza Rocca o Gaita y la ciudad vistas desde la otra fortaleza, la Cesta.

79 508 hab. Agricultura (cereales y vid) y ganadería (vacunos); apicultura. Industria harinera. Centro administrativo y comercial y de comunicaciones (ferrocarril, carretera panamericana y aeródromo). Arquitectura colonial. — **S. L.,** mun. de Cuba (Pinar del Río), cerca de la ensenada de Cortés; 30 877 hab. Agricultura y ganadería. Industria manufacturera. — **S. L. de Acatlán,** mun. de México (Guerrero), al SE de la sierra Madre del Sur; 17 418 hab. Minería. — **S. L. de la Paz,** mun. de México (Guanajuato), en la altiplanicie Meridional; 35 954 hab. Agricultura y ganadería. Explotación forestal. Industria vinícola. Región auroargentífera. — **S. L. Río Colorado,** c. de México (Sonora), en el extremo NO del desierto de Sonora; 63 604 hab. Puesto fronterizo con E.U.A. Comercio. Área de regadío (aprovechamiento del Colorado).

SAN LUIS (*conde* DE) → SARTORIUS (Luis).

SAN LUIS POTOSÍ *(estado de)*, est. del N de México; 62 848 km^2; 1 670 000 hab. Cap. *San Luis Potosí.* Situado en gran parte dentro de la altiplanicie Septentrional Mexicana, en el sur ésta deja paso a la más elevada altiplanicie Meridional, donde se concentra la mayor parte de la población. El clima es árido en el N y más templado y lluvioso en el S y E (bosque). Destacan la agricultura (cereales, caña de azúcar, algodón, tabaco, frutales, etc.) y la ganadería vacuna. La extracción de plata (minas de Guadalcázar, junto a la capital), que dio nombre al estado, se halla en decadencia; más importantes son los yacimientos de antimonio y bismuto. La capital cuenta con un sector industrial importante.

SAN LUIS POTOSÍ, c. de México, cap. del est. homónimo, en el *valle de San Luis,* en la altiplanicie Meridional; 292 345 hab. Importante ciudad minera en la época colonial, en la actualidad es un centro industrial (metalurgia, alimentaria, textil, de la construcción, papelera y manufacturas de tabaco) y comercial. Nudo de carreteras y ferroviario. Aeropuerto.
HISTORIA. Fundada por Luis de Lieja (1576), recibió el título de ciudad del virrey duque de Alburquerque (1656). En 1810 se proclamó en ella la independencia, pero de nuevo fue tomada por los realistas (1811). Allí organizó Juárez su gobierno (1863), al ocupar México las tropas francesas, y en ella se fechó (1910) el plan que lleva su nombre, proclama inicial de la revolución mexicana.
BELLAS ARTES. El gran crecimiento de la ciudad en la segunda mitad del s. XVIII, coincidió con el auge del barroco mexicano. El templo del convento de San Francisco (iniciado en 1686) posee dos torres desiguales, cúpula recubierta de azulejos y una bella sacristía. En la parte posterior del convento se alza la capilla de Nuestra Señora de Aránzazu (actual museo regional), con gran cúpula circular y profusa decoración interior con relieves dorados y policromados. La catedral posee una portada principal que avanza sobre el nivel de la fachada y torres con tres cuerpos de arquerías de esbeltas proporciones. Destacan las fachadas de las iglesias de Loreto y de San Miguel. El templo del Carmen (1749-1764) es notable por la exuberante decoración exterior e interior. Nuestra Señora de Guadalupe (1772-1801) es de factura más sobria. Casa de la moneda, de fachada barroca, teatro Alarcón (de Tresguerras) y palacio del gobierno (de M. Costansó), neoclásicos.

San Luis Potosí *(plan de)*, programa político fechado en San Luis Potosí y proclamado en San Antonio de Texas (10 oct. 1910) por Francisco Madero, incitando a la sublevación contra la dictadura de Porfirio Díaz.

SAN MAMED, en port. **São Mamede,** sierra de la península Ibérica, entre España y Portugal, en el extremo O de los Montes de Toledo; 1 025 m de alt. — **S. M.** o **San Mamede,** sierra de España (Orense), sobre las tierras de Mecedo y La Limia; 1 618 m de alt.

San Manuel Bueno, mártir, novela de M. de Unamuno (1931). Ángela Carballino, devota del sacerdote don Manuel, cuenta la vida de éste, íntimamente dividido entre sus propias dudas acerca de la existencia de la vida eterna y su predicación y abnegada entrega al pueblo.

San Marcial *(batalla de)*, victoria de las tropas españolas de Porlier y Mendizábal en la sierra de San Marcial sobre las francesas de Soult, que acudían a defender San Sebastián (31 ag. 1813).

SAN MARCOS *(departamento de)*, dep. del O de Guatemala; 3 791 km^2; 515 147 hab. Cap. *San Marcos.* El río Suchiate señala la frontera con México. La población se concentra en el pie de monte de la cordillera interior. La selva y la pluviosidad decrecen de N a S. Maíz, café y plátanos; explotación forestal. El puerto de Ocós comercializa y exporta café.

SAN MARCOS, mun. de México (Guerrero), en la planicie costera Suroccidental; 33 078 hab. Economía agropecuaria. Salinas. Hierro. Pesca. Alfarería. — **S. M.,** distr. de Perú (Cajamarca), en la cuenca del Marañón; 24 823 hab. Agricultura. Alpacas y vicuñas. — **S. M.,** mun. de Colombia (Sucre), en la depresión Momposina; 22 072 hab. Agricultura y ganadería. Aeropuerto. — **S. M.,** c. de Guatemala, cap. del dep. homónimo, al O del volcán Tajumulco; 16 962 hab. Centro comercial y de servicios de una región agrícola (mercado de café). Aeropuerto. — **S. M.,** mun. de Nicaragua (Carazo), al NO del lago Nicaragua; 13 648 hab. Centro agrícola de una región cafetalera.

San Marcos *(universidad mayor nacional de)*, universidad estatal peruana, fundada en Lima (1551), inicialmente en un edificio que era noviciado jesuita. El Salón de grados es la antigua capilla (artesonado rococó, s. XVIII); panteón de los Próceres y museo arqueológico (series de la cultura Chavín), anexos. Observatorio meteorológico.

SAN MARINO, estado de Europa occidental, que forma un enclave en territorio italiano, al E de Florencia; 61 km^2; 20 000 hab. Cap. *San Marino.*
GEOGRAFÍA. Situado en el Apenino toscano-emilio, el país se extiende sobre la montaña calcárea del monte Titano, rodeado de colinas margosas. La vida tradicional se funda en el cultivo de cereales y de viñas, y en el ganado vacuno, pero San Marino obtiene lo esencial de sus recursos a partir del turismo, que sustenta un artesanado local (cerámica). La emisión de sellos aporta también ingresos, a los que se unen las remesas de los emigrantes.
HISTORIA. Según la leyenda, San Marino fue fundado en el s. IV por un ermitaño dálmata llamado Marino. En el s. XIII, la ciudad se emancipó y, en un lento crecimiento, se convirtió en la República de San Marino. A pesar de varios intentos de ocupación a lo largo de los siglos, consiguió conservar su independencia. Colocada, desde 1862, bajo la protección de Italia, está gobernada por dos capitanes regentes elegidos por el Gran consejo (60 miembros electos para 5 años) para un mandato de seis meses. Desde el final de la segunda guerra mundial hasta 1957 fue gobernada por socialistas y comunistas; hasta 1973 por democristianos, hasta 1977 por democristianos y socialistas, y desde 1978 por socialistas y comunistas.

SAN MARTÍN, nombre que recibe la parte argentina (Santa Cruz) del lago andino de América del Sur, cuya parte chilena (Aisén) se denomina *lago O'Higgins*; 1 013 km^2.

SAN MARTÍN *(departamento de)*, dep. del N de Perú; 53 064 km^2; 319 751 hab. Cap. *Moyobamba.* El relieve abarca en el O las cordilleras andinas, mientras que es mucho más llano en la mitad E, atravesada por la red fluvial del Huallaga y sus afl. (Mayo, Huayabamba). En las áreas irrigadas próximas a los ríos se cultiva arroz y caña de azúcar, café, tabaco, etc. En la zona montañosa dominan los cereales y la ganadería. Petróleo en el O (Tarapoto). La población se concentra en las llanuras orientales. El departamento adolece de insuficientes comunicaciones.

SAN MARTÍN, dep. de Argentina (Mendoza), en el valle del río Mendoza; 87 473 hab. Olivo y vid; caprinos. Destacan los núcleos de la cab. *San Martín* (29 746 hab.) y *Palmira* (13 601 hab.). — **S. M.,** dep. de Argentina (Santa Fe), junto a la cañada de San Antonio; 51 190 hab. Cab. *Sastre.* Agricultura y ganadería. — **S. M. de Montalbán,** v. de España (Toledo), en los Montes de Toledo; 898 hab. Iglesia románica. Castillo reedificado a partir de 1323. — **S. M. de Porres,** distr. de Perú (Lima), en el área metropolitana de Lima; 98 253 hab. Cap. *Barrio Obrero.* — **S. M. de Valdeiglesias,** v. de España (Madrid), cab. de p.j., sobre el río Alberche; 4 786 hab. Embalses de San Juan y Picadas (energía eléctrica y regadío). — **S. M. del Rey Aurelio,** mun. de España (Asturias), en la Cuenca de Oviedo; 5 239 hab. Es uno de los concejos asturianos de mayor actividad minera. Destacan *Sotrondio,* la cap. del mun., y Blimea y El Entrego*. Empresa siderúrgica Duro-Felguera. — **S. M. Hidalgo,** mun. de México (Jalisco), en la cordillera Neovolcánica; 23 300 hab. Explotación maderera. Industrias agropecuarias. — **S. M. Jilotepeque,** mun. de Guatemala (Chimaltenango), en la cabecera del Grande o Motagua; 26 184 hab. Textiles. Yacimientos de sulfato de hierro. Turismo (Mixco* Viejo). — **S. M. Texmelucan,** c. de México (Puebla), en la cordillera Neovolcánica, avenada por el *río San Martín;* 52 198 hab. Agricultura y ganadería. Industria textil; vinos y sidra. Famosa por sus sarapes de diseños geométricos, posee un monasterio del s. XVII, cuya iglesia tiene retablos de los ss. XVII y XVIII. La iglesia parroquial, de fachada churrigueresca, posee un retablo del mismo estilo.

Lauros-Reskos

José Francisco de San Martín. Pintura anónima.

SAN MARTÍN (José Francisco DE), llamado **el Libertador** y, en Perú **el Protector**, héroe argentino de la independencia americana (Yapeyú, Corrientes, 1778-Boulogne-sur-Mer 1850). En 1784 pasó con su familia a España, donde estudió en el seminario de nobles de Madrid e ingresó en el ejército (1789). Participó en la campaña de Melilla (sitio de Orán, 1791) y en la guerra del Rosellón (1793) y fue ascendido a segundo teniente (1795). Tras la guerra de las Naranjas fue de nuevo ascendido (en 1804 era capitán de infantería) y por su actuación en la guerra de la Independencia fue nombrado teniente coronel. Con esta rápida y brillante carrera militar volvió a América y se puso al lado de los movimientos independentistas. A su llegada a Buenos Aires (marzo 1812) fue confirmado en su grado por la Junta gubernativa y nombrado comandante del escuadrón de granaderos. Luchó por la independencia total de América y contra el triunvirato que dominaba en Buenos Aires. Al dimitir Belgrano, lo sustituyó al frente del ejército del norte (dic. 1813). Tras la victoria realista de Rancagua (oct. 1814), San Martín, gobernador de Cuyo, rehízo el desafortunado ejército de O'Higgins para reconquistar el territorio chileno y evitar una ofensiva realista sobre Cuyo; así se formó el ejército de los Andes. Tras la declaración de independencia (9 julio 1816), Pueyrredón lo nombró general en jefe y, como gobernador de Mendoza, preparó la campaña de liberación de los países hermanos. Después de la batalla de Chacabuco (12 febr. 1817), entró con su ejército en Santiago (14 febr.); pero los realistas se recuperaron, ante lo que San Martín fue a Buenos Aires a preparar una escuadra para atacar Perú por la costa. Mientras, el virrey Pezuela decidió atacar a San Martín, pero la victoria de éste en Maipú (abril 1818) dejó libre el camino de Perú. El Libertador intentó una paz negociada con Pezuela, y, destituido éste (en. 1821), con el nuevo virrey, La Serna, con el que firmó el pacto de Punchanca (mayo 1821): previa condición de independencia, se formaría en Perú una regencia, mientras dos comisionados irían a España en busca de un príncipe de la familia real para ocupar el trono del nuevo estado. Pero, anulado éste por la oposición de los oficiales realistas, el 12 de julio San Martín entró en Lima y proclamó la independencia de Perú (28 julio), nombrándose *Protector de Perú* hasta la pacificación del territorio. Pero sus medidas militares y diplomáticas le hicieron perder prestigio. En julio de 1822 se entrevistó con Bolívar en Guayaquil, pero no llegaron a ningún acuerdo. A su regreso a Lima, al ver que una revolución había expulsado a Monteagudo, ministro de su delegado, Torre Tagle, reunió el congreso, renunció al mando y se fue definitivamente de Perú (set.). Pasó a Chile, luego a Buenos Aires y finalmente a Europa, donde, tras una vuelta a Argentina a mediados de 1827 en la que se desilusionó por la victoria federal, se instaló definitivamente.

San Martín *(orden del Libertador)*, condecoración argentina, cuya insignia es un sol radiante de oro, creada en 1943 para recompensar a los extranjeros por sus servicios al país o a la humanidad.

SAN MARTÍN (Cosme), pintor chileno (Valparaíso 1850-Santiago 1906). Cursó estudios en su país y en 1873 obtuvo una beca para perfeccionarse en París, donde de 1876 a 1881 expuso en el Salón (*La Mandolinata*, 1876; *Amor maternal*, 1877; *El reposo de la modelo, Alrededores de París*). De regreso en su país se dedicó a la docencia y realizó gran cantidad de retratos, estudios para la decoración del salón de honor del palacio de La Moneda y cuadros de tema histórico.

San Martín de Castañeda *(monasterio de)*, monasterio situado en el mun. español de Galende (Zamora). La iglesia (s. XII), románica, con tres naves, crucero y cabecera con tres ábsides, se edificó según el modelo de la catedral de Zamora.

SAN MATEO, mun. de Venezuela (Aragua), en la cuenca del lago Valencia; 17 389 hab. Constituye un núcleo urbano satélite de Maracay*. — **S. M.** o **Sant Mateu del Maestrat,** v. de España (Castellón), cab. de p.j., centro comarcal del Bajo Maestrazgo; 2 011 hab. Agricultura; quesos. Su fundación se atribuye al Cid. Jaime I la entregó en señorío a los hospitalarios. En la baja edad media fue un centro exportador de lana. Dependiente de la orden de Montesa desde 1319, fue varias veces sede de las cortes generales de la Corona de Aragón. En el s. XVI quedó muy destruida tras las germanías. Durante la guerra de Sucesión, fue conquistada por las tropas del archiduque Carlos (1705), pero pronto recuperada por los Borbones. Iglesia arciprestal, románica, terminada en el s. XVI. Diversos edificios góticos. — **S. M. Ixtatán,** mun. de Guatemala (Huehuetenango), en los Cuchumatanes; 11 903 hab. Minas de plomo, cobre y sal. Artesanía.

San Mateo *(capitulación de)*, capitulación firmada por Miranda y el capitán español Monteverde (24 julio 1812), por la que se restablecía la autoridad española en Venezuela y se aseguraba la inmunidad de los patriotas que habían luchado. Los españoles violaron el pacto.

SAN MATÍAS *(golfo de)*, golfo de Argentina, en el Atlántico (Río Negro y Chubut).

SAN MATÍAS, cantón de Bolivia (Santa Cruz), en la región pantanosa del Curiche Grande. Puesto fronterizo con Brasil. Comercio.

SAN MAURICIO, lago pirenaico de España (Lérida), en el *parque nacional de Aigües Tortes y lago San Mauricio.*

SAN MIGUEL o **CHAPARRASTIQUE,** volcán de El Salvador (San Miguel), en el Eje volcánico guatemalteco-salvadoreño; 2 132 m de alt.

SAN MIGUEL *(golfo de)*, golfo de Panamá (Darién), en la costa S.

SAN MIGUEL *(isla de)* → REY *(isla del)*.

SAN MIGUEL *(departamento de)*, dep. de El Salvador; 2 167 km²; 404 498 hab. Cap. *San Miguel.* Situado en la mitad O del país, en la altiplanicie Central, con relieves en el S (cordillera Costera; *volcán San Miguel*, 2 121 m). Próspera agricultura (café y algodón junto con cereales y otros productos tropicales) y ganadería. Industrias alimentarias y artesanales.

SAN MIGUEL, c. de Chile, en la Región Metropolitana; 321 000 hab. Constituye un suburbio de la aglomeración de Santiago. — **S. M.,** c. de El Salvador, cap. del dep. homónimo, en la vertiente E del volcán San Miguel; 72 874 hab. *(Migueleños.)* Industrias agropecuarias (café, lácteos, aceites y manufacturas de algodón). Activo comercio. Aeropuerto. Durante la etapa colonial fue famosa por sus ferias. — **S. M.,** cantón de Ecuador (Bolívar), en el valle del Chimbo; 27 963 hab. Economía agropecuaria. — **S. M.,** distr. de Perú (Cajamarca), en la cordillera Occidental; 26 464 hab. Cab. *San Miguel de Pallaques.* Cereales. Ganadería. — **S. M.,** distr. de Perú (Lima), barrio residencial de Lima; 23 725 hab. — **S. M. de Allende,** c. de México (Guanajuato) → ALLENDE. — **S. M. de Tucumán,** c. de Argentina, cap. de la prov. de Tucumán, a orillas del Salí; 392 888 hab. Centro político-administrativo, comercial y cultural (universidad). Es una ciudad de trazado en damero, con amplios espacios verdes (parque 9 de julio, Avellaneda, etc.). Industrias (alimentación, textiles y mecánicas). Entre sus núcleos urbanos satélites destacan Tafí Viejo (talleres ferroviarios), Concepción y Banda del Río Salí, que son centros azucareros. — **S. M. del Padrón,** mun. de Cuba (Ciudad de La Habana), en el área urbana de La Habana; 143 456 hab. — **S. M. Ocampo,** mun. de México → MELCHOR OCAMPO. — **S. M. Totolapan,** mun. de México (Guerrero), junto al Balsas; 21 474 hab. Caña de azúcar y tabaco. Ganadería. Bosques. — **S. M. Zinacantepec,** c. de México → ZINACANTEPEC.

SAN MIGUEL (Evaristo), duque **de San Miguel,** militar y político español (Gijón 1785-Madrid 1862). Luchó en la guerra de la Independencia. En 1820 se unió al levantamiento constitucional de Cabezas de San Juan (escribió la letra del himno de Riego*), y durante el trienio liberal fue ministro de Estado. Luchó contra la invasión francesa en Cataluña y, tras un exilio en Londres y luego en Francia, regresó (1834) y fue capitán general de Aragón. Miembro del partido progresista, intervino en diversos gobiernos, y a la caída de Espartero (1843) se retiró y escribió su *Historia de Felipe II* (1844). Al estallar la revolución de 1854 intervino en favor de la reina —por lo que ésta lo nombró capitán general, duque y grande de España— y en 1856 abandonó la política.

San Miguel de Escalada, iglesia situada en el mun. español de Gradefes. Consagrada en 913, es una de las más bellas muestras de la arquitectura mozárabe. Tiene tres naves, cubiertas con techumbre de madera, separadas por arquerías de herradura, y terminadas en tres ábsides ultrasemicirculares con testero plano en el exterior. Existe un pórtico con arcos de herradura sobre columnas con capiteles esculturados, y una torre.

SAN MIGUELITO, distr. de Panamá (Panamá), en el área urbana de ciudad de Panamá; 68 400 hab.

SAN MILLÁN DE LA COGOLLA, v. de España (La Rioja), en la Rioja Alta; 298 hab. Cercano a la villa se halla el antiguo *monasterio de Suso,* fundado por san Millán en el s. VI. En 931, García Sánchez de Navarra fundó un monasterio benedictino, del que se conserva la iglesia mozárabe (ss. X-XI), con el sepulcro románico de san Millán (s. XII). También en las inmediaciones se encuentra el *monasterio de Yuso* (s. XVI), cuya iglesia, de tres naves y crucero, conserva los marfiles románicos (s. XI) de las arcas de San Millán y de San Félix, un retablo del s. XV, varios cuadros de Juan Ricci, y un trascoro barroco (1765-1769).

SAN NICOLÁS o **S. N. de los Arroyos,** c. de Argentina (Buenos Aires), cab. del *partido de San Nicolás,* en la or. der. del Paraná; 96 313 hab. Puerto exportador de cereales. Centro industrial (siderurgia y productos químicos). Central térmica. En ella se consiguió el acuerdo que sancionó la constitución nacional de 1853. — **S. N. de los Garza,** c. de México (Nuevo León), en la sierra Madre oriental; 113 074 hab. Agricultura y ganadería; industrias derivadas.

SAN NICOLÁS (Lorenzo DE), arquitecto y tratadista de arquitectura español (1595-1679). Fue maestro mayor de la Alhambra y de la catedral de Granada. Su estilo barroco es patente en los diferentes proyectos para capillas e iglesias (de los agustinos de Talavera de la Reina y Colmenar de Oreja, entre otras). Su tratado teórico y práctico *Arte y uso de arquitectura* (1633-1664) tuvo una gran influencia en el desarrollo de la arquitectura barroca en España y América.

SAN ONOFRE, mun. de Colombia (Sucre), en las sabanas de Bolívar: 30 110 hab. Agricultura y ganadería.

SAN PABLO, volcán de Chile (Antofagasta); 6 118 m de alt.

SAN PABLO, c. de Filipinas (Laguna), en la isla de Luzón; 117 000 hab. Industria textil y del cuero. — **S. P. del Monte,** mun. de México (Tlaxcala), en la ladera SO del volcán de La Malinche; 20 198 hab. Cab. *Vicente Guerrero.* Frutas y hortalizas.

SAN PEDRO o **MEZQUITAL,** r. de México, en la vertiente del Pacífico; 700 km aprox. Nace por la unión del Canatlán y del Sauceda y desemboca en la laguna Grande de Mexcaltitlán, en el Pacífico.

SAN PEDRO, volcán de Chile, en la II región (Antofagasta); 6 159 m alt. — **S. P.,** volcán de Guatemala (Sololá), en el Eje volcánico guatemalteco-salvadoreño; 3 020 m de alt.

SAN PEDRO *(departamento de)*, dep. del SE de Paraguay; 20 022 km²; 189 500 hab. Cap. *San Pedro.* Ocupa una extensa llanura, cruzada de N a S por el Paraguay, y numerosos afl. (Ypané, Aguaray y Jejuí), y con numerosos esteros (Pirí, Pucú y Yatetí). El clima, cálido y húmedo, permite una agricultura tropical (piña, tabaco, caña de azúcar, cereales, etc.). La ganadería bovina también es importante. La industria está ligada a las actividades forestales, con técnicas muy rudimentarias. La capital goza de buenas comunicaciones.

SAN PEDRO, dep. de Argentina (Jujuy), en el valle del San Francisco; 57 030 hab. Hierro. Serrerías. — **S. P.,** partido de Argentina (Buenos Aires), a orillas del Paraná; 41 020 hab. Cereales y forrajes. Vacunos. Gasoducto. — **S. P.,** c. de Paraguay, cap. del dep. homónimo, junto al Jejuí-Guazú; 3 302 hab. Centro agrícola y ganadero. Manufactura de la madera. Puerto fluvial. — **S. P.,** c. de Costa Rica (San José) → MONTES DE OCA. — **S. P. Alcántara,** lugar del mun. de Marbella (Málaga). Conserva restos de la ant. ciudad romana de Silviana y una gran basílica cristiana (segunda mitad del s. VI). — **S. P. Carchá,** mun. de Guatemala (Alta Verapaz), en la sierra de Chamá; 69 019 hab. Minas. Tenerías, fábricas de calzado y textiles. — **S. P. de Cholula,** mun. de México → CHOLULA DE RIVADABIA. — **S. P. de Galdamés,** c. de España (Vizcaya) → GALDAMÉS. — **S. P. de**

A.G.E.

San Millán de la Cogolla: la iglesia mozárabe del monasterio de Suso.

las Colonias, c. de México (Coahuila), en la altiplanicie Septentrional; 72 834 hab. Centro industrial (desmotado del algodón, fábricas de aceite, jabón y piensos) y comercial. — **S. P. de Macorís,** c. de la República Dominicana, cap. de la prov. homónima, junto al Caribe; 58 162 hab. Centro comercial e industrial (manufacturas de la madera) de una región agrícola (azúcar e ingenios). Puerto. — **S. P. de Ribas** o **Sant Pere de Ribes,** mun. de España (Barcelona), en el macizo de Garraf; 10 557 hab. Viticultura; avicultura. Material plástico. Casino. Planta de energía solar en el Hospital San Camilo. — **S. P. del Paraná**, distr. de Paraguay (Itapúa), junto al Tebicuary; 30 080 hab. Agricultura (cereales, yerba mate) y ganadería. Explotación forestal. — **S. P. del Pinatar**, v. de España (Murcia), en el Campo de Cartagena; 8 959 hab. Salinas. Industria alimentaria y de la construcción. Puerto pesquero. Turismo. — **S. P. Ocampo**, c. de México (Zacatecas) → MELCHOR OCAMPO. — **S. P. Perulapán,** mun. de El Salvador (Cuscatlán), al N del lago Ilopango; 19 793 hab. Economía agropecuaria. Artesanía (tejidos, cerámica). — **S. P. Pinula,** mun. de Guatemala (Jalapa), en la altiplanicie Central; 20 181 hab. Agricultura y ganadería. Productos derivados. — **S. P. Sacatepéquez,** mun. de Guatemala (San Marcos), en la altiplanicie Central; 24 054 hab. Maíz y frijol; ganadería. Materiales para la construcción y textiles. — **S. P. Sula,** c. de Honduras, cap. del dep. de Cortés, en el valle de Sula; 317 700 hab. Es la segunda ciudad del país e importante centro industrial (refino de azúcar, harineras, destilerías, textiles, construcciones mecánicas). Aeropuerto. Fue fundada en 1536.

SAN PEDRO (Diego FERNÁNDEZ DE), escritor español de la segunda mitad del s. XV. Es autor de poesías (que figuran en el *Cancionero general*) y de dos novelitas sentimentales, el *Tratado de amores de Arnalte y Lucenda* (1491) y *Cárcel* de amor* (1492).

San Pedro de Abanto *(acción de)*, combate entre los españoles y las fuerzas insurgentes cubanas de Maceo, que tuvo lugar en Punta Brava, junto a La Habana (7 dic. 1896). Su resultado fue indeciso, pero en él murió el independentista Maceo.

San Pedro de Abanto *(batalla de)*, combate de la tercera guerra carlista en el mun. español de Abanto y Ciérvana, en Vizcaya* (24-25 febr. 1874). Los liberales, mandados por Moriones, intentaron romper el cerco carlista de Bilbao, pero fueron vencidos por las tropas del general Ollo. Tras esta derrota, Serrano pasó a dirigir el ejército liberal del Norte (28 febr.).

San Pedro de Arlanza *(monasterio de)*, monasterio situado en el mun. español de Hortigüela (Burgos). Fue fundado por Fernán González en 912. Poseía una iglesia gótica (s. XV), actualmente en ruinas, al igual que el resto del monasterio.

C. D. Tétrel

La fachada de la basílica de **San Pedro de Roma**, vista desde la columnata de Bernini.

Firo-Foto

el monasterio de **San Pedro de Roda**

San Pedro de Cardeña *(monasterio de)*, monasterio benedictino español situado en el mun. de Castrillo del Val, a 10 km de Burgos. Fue fundado por Alfonso III de Asturias (889), y a fines del s. X se convirtió en uno de los principales centros de renovación cultural de la península. Destacan la torre (s. XI), el claustro de los Mártires con la sala capitular (s. XII), la iglesia (s. XV) y los grandes edificios monásticos (s. XVIII). Conserva los sepulcros en que descansaron los restos del Cid y de doña Jimena hasta su traslado a la catedral de Burgos (1842).

SAN PEDRO DE CERCADO → *El* CERCADO.

San Pedro de la Nave, iglesia situada en el mun. de San Pedro de la Nave-Almendra (Zamora). Es una de las más interesantes iglesias visigodas (último tercio del s. VII). Presenta en su planta una síntesis de basílica y cruz griega, con la parte de los pies organizada como basílica de tres naves, pero con pilares en lugar de columnas. Cuenta con un relevante conjunto de capiteles y frisos historiados.

San Pedro de las Dueñas *(monasterio de)*, monasterio situado en el mun. de Galleguillos de Campos (León). La iglesia (iniciada c. 1100) es de tres naves con ábsides semicirculares en la cabecera; su construcción presenta zonas correspondientes a una etapa románica (la mayor parte de la cabecera) y zonas con soluciones mudéjares y góticas (cubiertas).

SAN PEDRO DE MACORÍS *(provincia de)*, prov. de la República Dominicana; 1 165 km²; 133 587 hab. Cap. *San Pedro de Macorís.* Situada en la llanura Oriental, junto al Caribe, está avenada por el Macorís, el Soto, etcétera. Cultivos de caña de azúcar exportados a través del puerto de la capital. Sobresalen también el café y la ganadería.

San Pedro de Roda, *(monasterio de)*, monasterio situado en el mun. de Puerto de la Selva (Gerona). La iglesia pertenece al período del primer románico. Tiene planta de cruz latina, tres naves (la central con bóveda de cañón y las laterales con cuartos de esfera), un transepto, con capillas semicirculares en su parte oriental, y una cabecera de planta parabólica, con un deambulatorio con galería superpuesta.

San Pedro de Roma, en ital. **San Pietro in Vaticano,** el más vasto de los templos cristianos, en la Ciudad del Vaticano. Sobre una sepultura que pudo ser la de san Pedro (las *grotte*), Constantino hizo erigir una basílica que Nicolás V reconstruyó en el s. XV. Julio II reanudó las obras en 1506, bajo la dirección de Bramante. Éste imaginó un amplio espacio en forma de cruz griega cubierto por una cúpula, un dispositivo «central» que para el ideario renacentista era la imagen de la perfección; la tumba de Julio II (encargada a Miguel Ángel) debía ocupar el centro. Al morir Bramante, las obras habían avanzado poco y Rafael y G. da Sangallo propusieron volver a la cruz latina; A. da Sangallo elaboró una fórmula de compromiso que fragmentó las partes. Al reanudar los trabajos en 1547, Miguel Ángel readoptó un plan central simple a la vez que vigoroso, teniendo como eje la magnífica cúpula que sería rematada al finalizar el siglo por G. Della Porta. El retorno a la cruz latina, con la anexión de una nave y de una fachada majestuosa, por encargo de Pablo V, es obra de Maderno (principios del s. XVII). En 1626, tuvo lugar la consagración del edificio, al cual la columnata de Bernini envolvería más tarde en una perspectiva barroca.

La basílica alberga importantes obras de arte: el baldaquino de Bernini, una estatua sedente de san Pedro, en bronce, atribuida a Arnolfo di Cambio, la «silla de san Pedro» (trono de origen carolingio, en un escenario de Bernini), una *Pietà* de Miguel Ángel (1499), numerosos mausoleos de papas, estatuas, mosaicos y cuadros.

SAN PELAYO, mun. de Colombia (Córdoba), en el valle del Sinú; 25 902 hab. Agricultura y ganadería.

SAN PETERSBURGO, nombre que recibió Leningrado entre 1703 y 1914.

SAN QUINTÍN → SAINT-QUENTIN.

San Quintín *(batalla de)*, combate entre las tropas de Felipe II al mando de Manuel Filiberto de Saboya y las francesas del condestable Montmorency, que habían acudido en defensa de la plaza francesa de Saint-Quentin (10 ag. 1557). Los imperiales victoriosos pusieron sitio a la fortaleza, que se rindió (27 ag.).

Felipe II conmemoró la victoria con la construcción del monasterio de San Lorenzo de El Escorial (el 10 de agosto se celebra la festividad de dicho santo).

SAN RAFAEL, pico de Paraguay (Itapúa); 850 m de alt., la máxima elevación del país.

SAN RAFAEL, c. de Argentina (Mendoza), en la or. izq. del río Diamante; 143 190 hab. Frutas y vid. Minería del cinc, plomo, cobre y plata. Yacimiento de uranio. Salinas. Industrias alimentarias. Aeropuerto. — **S. R.** o **El Moján,** c. de Venezuela (Zulia), en la costa baja de Maracaibo; 19 139 hab. Petróleo. — **S. R.,** mun. de Colombia (Antioquia), en la vertiente E de la cordillera Central; 12 599 hab. Región auroargentífera. — **S. R. de Oreamuno,** c. de Costa Rica → OREAMUNO. — **S. R. del Sur,** mun. de Nicaragua (Managua), en la llanura del Pacífico; 35 065 hab. Agricultura y ganadería. Centro comercial.

SAN RAMÓN, cantón de Costa Rica (Alajuela), en la or. izq. del Barranca; 33 155 hab. Agricultura y ganadería (pastos) y productos derivados. Explotación forestal. — **S. R.,** mun. de Nicaragua (Matagalpa), en el Escudo central; 18 753 hab. Yacimientos de oro. — **S. R. de la Nueva Orán,** c. de Argentina → ORÁN.

SAN REMO o **SANREMO,** c. de Italia (Liguria), a orillas del Mediterráneo; 63 000 hab. Estación balnearia. Pintoresca ciudad alta (iglesia de San Siro, en parte del s. XIII). Festival anual de la canción. — En 1920 se celebró en San Remo una conferencia interaliada destinada a estudiar los problemas planteados por el Oriente medio y a preparar el tratado de Sèvres con Turquía.

SAN ROMÁN, cabo de Venezuela, en el Caribe (Falcón), extremo N de la península de Paraguaná.

SAN ROMÁN (Miguel DE), militar y político peruano (Puno 1802-Chorrillos 1863). Luchó en la guerra de Independencia y en 1827 participó en la campaña de Bolivia y de Colombia. Partidario de Gamarra durante la guerra civil, intervino decisivamente en el retorno de éste a la presidencia (1839). Luchó contra Bolivia (1841), fue nombrado gran mariscal y luego presidente del consejo de Estado (1845-1849). Posteriormente fue ministro de Guerra y Marina (1855) y presidente de la república (oct. 1862-1863); durante su mandato tuvo lugar la reforma monetaria que creó el sol.

Algar-Salmer

La batalla de **San Quintín:** un fragmento del fresco de la sala de las Batallas del monasterio de El Escorial.

SAN ROQUE, c. de España (Cádiz), cab. de p.j., en la bahía de Algeciras; 20 604 hab. Agricultura. Pesca de bajura. Industria. Salinas. Turismo. Fue fundada como consecuencia de la toma de Gibraltar por los ingleses en 1704.

SAN SADURNÍ DE NOYA o **SANT SADURNÍ D'ANOIA,** v. de España, en el Alto Penedés; 8 591 hab. Es el principal centro peninsular de elaboración de vinos espumosos y champaña.

SAN SALVADOR o **WATLING** (*Isla*) → GUANAHANÍ.

SAN SALVADOR (*departamento de*), dep. de El Salvador; 871 km^2; 912 282 hab. Cap. *San Salvador.* Situado en el centro del país, está delimitado en el N y en el S por notables relieves, entre los que se encajan varios cursos de agua. El lago de Ilopango, de aguas sulfurosas, es el mayor del país. Debido a la presencia de la capital del país, es el dep. que ha experimentado un mayor crecimiento demográfico. La agricultura (café, caña de azúcar y cereales) y la ganadería son muy importantes, mientras que la industria (alimentaria, confección, metalúrgica, cemento, etc.) se halla principalmente en la capital.

SAN SALVADOR, c. de El Salvador, cap. de la república y del dep. homónimo; 406 314 hab.
GEOGRAFÍA. La ciudad se encuentra en el valle de Quezaltepeque, dominada por los volcanes de San Salvador y San Jacinto. Su emplazamiento, en una de las principales áreas de actividad sísmica centroamericana, ha provocado su reconstrucción y cambio de posición en varias ocasiones, particularmente después de los graves terremotos de 1854, 1873 y 1917-1919. El planeamiento urbanístico sigue la forma ortogonal en el centro, con barrios que se extienden desordenadamente sobre los empinados relieves circundantes. San Salvador es el principal centro económico del país en una rica región agrícola (cultivos de exportación). El principal sector industrial es el alimentario, seguido por el químico y el metalúrgico. Centro administrativo y cultural (universidad), dispone de buenas comunicaciones con el puerto pacífico de La Libertad y el aeropuerto internacional de Ilopango.
HISTORIA. Fundada en 1524 por Diego de Alvarado en el valle de la Bermuda, fue instalada en 1528 por él mismo en su emplazamiento actual. Durante la etapa colonial dependió de la capitanía general de Guatemala y fue un importante centro comercial. En 1811 se sublevó contra la dominación española; el movimiento independentista, reiniciado en 1814, logró su propósito en 1821; se creó la república independiente de El Salvador y San Salvador fue su capital hasta 1824, en que la república se incorporó a las Provincias Unidas de Centroamérica. Recuperó la capitalidad al disolverse la federación (1838). Destruida por un terremoto (1854), se creó a pocos kilómetros otra ciudad (Nueva San Salvador) para capital, pero en 1859 el presidente Barrios ordenó devolver la capitalidad al primitivo núcleo. San Salvador cuenta con uno de los porcentajes más elevados de población indígena de Centroamérica. En 1968 sufrió los efectos de la guerra relámpago entre Honduras y El Salvador. Con la proliferación del movimiento guerrillero, la capital registró numerosos actos de oposición a los gobiernos militares. En 1951 se firmó en ella la *carta de San Salvador,* por la que se constituyó la O.D.E.C.A. (Organización* de estados centroamericanos).
BELLAS ARTES. Durante la época colonial se construyeron numerosos templos, como los de Jesucristo (1785), del Señor san José (1783), del Rosario y La Merced. La casa presidencial es neoclásica; el palacio nacional, de estilo neoclásico (1905), antigua sede del legislativo, actualmente es sede del Archivo general de la nación. Actualmente la ciudad está construida con técnicas antisísmicas y posee un trazado nuevo, con calles amplias y vastos parques (jardines de plaza de las Américas). Merecen destacarse la catedral, la universidad, el teatro nacional y el hospital Rosales y los modernos edificios del palacio legislativo y judicial, y el de telecomunicaciones.

SAN SALVADOR: S. S. de Jujuy, c. de Argentina, cap. de la prov. de Jujuy, a orillas del río Grande; 166 867 hab. (*Jujeños.*) Es un centro comercial, financiero e industrial (refino de azúcar, metalurgia, trabajos de la madera, harineras) que debido a su ubicación, en el extremo de la quebrada de Humahuaca, ha desempeñado un importante papel en las comunicaciones con Bolivia y Perú. Turismo (termas de Reyes). Catedral (s. XVII) y edificios coloniales. Fue fundada en 1561 por J. de Zurita y nuevamente en 1593 por F. de Argañaraz y Murguía, con el nombre de *San Salvador de Velasco.* — **S. S. del Valle,** mun. de España (Vizcaya), en el Bajo Nervión; 13 582 hab. Minas de hierro. Industrias metalúrgicas. Manufacturas de la madera.

Mariani-Salmer

San Salvador: la plaza de la Libertad.

SAN SEBASTIÁN (*bahía de*), bahía de Argentina, en la costa atlántica de Tierra del Fuego, entre el *cabo de San Sebastián* y la punta Arenas.

SAN SEBASTIÁN o **DONOSTIA,** c. de España, cap. de la prov. de Guipúzcoa y cab. de p.j.; 175 576 hab. (*Donostiarras.*) Está situada en la costa cantábrica, junto a la desembocadura del Urumea, cerca de la frontera francesa. Es un centro administrativo e industrial (metalurgia, alimentación y química). La ciudad vieja se levanta al pie del monte Urull, y, tras el incendio de 1813, fue reconstruida según el plan del s. XVIII, con algunas reformas, perdiendo así su fisonomía medieval. El ensanche se inició en 1864 hacia el S, a la izquierda del Urumea así como hacia la derecha del río y bordeando la bahía (La Concha), hasta el pie del monte Igueldo. A lo largo de la carretera del Urumea se ha creado una amplia zona industrial. Es el principal centro turístico y de veraneo de la costa cantábrica. Su área metropolitana abarca las ciudades de Rentería, Lezo, Hernani y Lasarte. Está unida por autopista a Bilbao, Irún y Behobia y Tolosa. Universidad. Festival internacional de cine (desde 1953).
HISTORIA. Conocida por los antiguos historiadores con los nombres de *Oiarso, Olarso, Ocaso* o *Easo,* figura entre las primeras poblaciones de la península Ibérica. El primer documento histórico conocido data de 1014, según el cual Sancho el Mayor de Navarra donó la villa al monasterio de Leyre. Al incorporarse Guipúzcoa a Castilla (1200), Alfonso VIII le confirmó todos sus privilegios. Durante los ss. XIII y XIV fue el principal puerto cantábrico. Los franceses la sitiaron en 1476 y 1512, por lo que Carlos Quinto le concedió el título de «Muy noble y leal». Al perder el comercio con América en favor de Sevilla (1573) inició una decadencia hasta que en 1728 se abrió otra etapa de prosperidad con la fundación de la Real compañía guipuzcoana* de Caracas y la concesión del libre comercio con América en 1788. Incendiada y destruida en la guerra de la Independencia, los vecinos de Zubieta la reedificaron en 1814, y en 1821 se convirtió en capital de Guipúzcoa. A partir de la inauguración del ferrocarril Madrid-Irún-París (1864) comenzó su expansión urbana.
BELLAS ARTES. De época medieval conserva restos de las murallas y el Castillo de la Mota. Del barroco destaca la iglesia de Santa María (s. XVIII), con retablo barroco (obra de D. Villanueva, R. Michel, F. Arizmendi y J. P. de Mena) y fachada ricamente esculpida. La iglesia de San Vicente con su retablo mayor plateresco (s. XVI) y el de las Ánimas (s. XVIII). El ayuntamiento fue construido según modelos neoclásicos (1829). En el antiguo convento de San Telmo (iniciado en 1531) se halla actualmente el museo municipal, que alberga colecciones arqueológicas, etnológicas y cuadros de los ss. XVII al XX (Zuloaga y Regoyos). La iglesia fue decorada por José María Sert (1930-1932).

San Sebastián (*pacto de*), acuerdo entre partidos republicanos españoles, celebrado en San Sebastián (17 ag. 1930). Entre otros acuerdos destacan el de formar un comité revolucionario y el de aceptar la necesidad

San Sebastián: La Concha.

Algar-Salmer

de elaborar un estatuto de autonomía para Cataluña por parte de unas futuras cortes constituyentes. Pretendió, de hecho, la incorporación de amplios sectores burgueses a la lucha contra la monarquía.

SAN SEBASTIÁN, ant. **Pepino,** mun. de Puerto Rico (Aguadilla), avenado por el Culebrinas; 30 157 hab. Centro agrícola y ganadería; productos derivados. — **S. S. de la Gomera,** v. de España (Santa Cruz de Tenerife), cab. de p. j., en la isla de Gomera; 5 732 hab. Plátanos. Puerto. Parador nacional Isla de Gomera. — **S. S. de los Reyes,** mun. de España (Madrid), en la or. der. del río Jarama; 39 866 hab. Cereales y viña. Industria química. Centro de veraneo.

SAN SEVERO, c. de Italia, al N de Apulia (Foggia); 52 000 hab. Centro vinícola.

SAN SIMÓN, mun. de Venezuela (Monagas); 133 036 hab. Cap. *Maturín**.

San Stefano (*tratado de*), tratado firmado el 3 de marzo de 1878 entre la Rusia victoriosa y la Turquía vencida, después de la guerra de los Balcanes (1877-1878); sus cláusulas (muy rigurosas para los turcos) fueron revisadas y profundamente modificadas por el congreso internacional de Berlín (junio-julio 1878).

SAN TIMOTEO, c. de Venezuela → GENERAL URDANETA.

SAN VALENTÍN o **SAN CLEMENTE,** cerro de Chile, en la XI región (Aisén); 4 058 m de alt. Constituye un importante nudo orográfico del que parten una serie de glaciares.

SAN VICENTE o **SÃO VICENTE,** cabo del S de Portugal, que constituye el extremo SO de Europa.

San Vicente *(batallas del cabo de),* nombre dado a los combates navales que tuvieron lugar frente al cabo de San Vicente en 1606 (victoria de la flota hispanoportuguesa de Luis Fajardo contra la neerlandesa), en 1780 (derrota española por la escuadra británica que mandaba Rodney) y en 1797, en que la escuadra británica, al mando de los almirantes Jervis y Nelson, derrotó a la española dirigida por Fernández de Córdova.

SAN VICENTE *(departamento de),* dep. de El Salvador; 1 207 km²; 192 827 hab. Cap. *San Vicente.* Está situado en la área centromeridional del país, con un relieve alterado por la cordillera Costera, que culmina en el volcán de San Vicente o *Chinchontepec* (2 181 m). El S está recorrido por el Lempa. La población se concentra en el NO, dedicada a la agricultura (cereales, café y algodón) y a la ganadería; en el centro se cultiva caña de azúcar, café y cítricos, y en el S algodón, plátanos y cocos.

SAN VICENTE, — **S. V.,** c. partido de Argentina (Buenos Aires); 55 522 hab. Cereales, forrajes y oleaginosas. Vacunos. El Salvador, cap. del dep. homónimo, junto al Achuapa; 21 513 hab. Centro comercial y agrícola. Ingenios azucareros, hilados, textiles, bebidas y materiales para la construcción. Ferias anuales. El Hospicio, por su planta ovalada, es una rara muestra dentro del barroco americano. La iglesia del Pilar (1762-1769) posee una fachada original dentro del estilo, con pilastras lisas de perfil mixtilíneo y columnas anilladas de origen antigueño. — **S. V.,** c. de Costa Rica (San José) → MORAVIA. — **S. V. de Baracaldo,** cab. del mun. español de Baracaldo* (Vizcaya). — **S. V. de Castellet** o **Sant Vicenç de Castellet,** mun. de España (Barcelona), junto al Llobregat; 7 783 hab. Centro industrial. — **S. V. de Chucurí,** mun. de Colombia (Santander), junto al valle del Magdalena; 35 804 hab. Economía agropecuaria. Yacimientos de fosfato, carbón y plomo. — **S. V. de la Barquera,** v. de España (Cantabria), en las Asturias de Santillana, en la *ría de San Vicente;* 3 956 hab. Turismo. Iglesia románica de Santa María de los Ángeles (ss. XII-XIII), que alberga el sepulcro del inquisidor Antonio del Corro (1564, obra de Bautista Vázquez). La población data del s. IX, época de construcción de su castillo primitivo, perteneciente al duque de Estrada. En 1808 los franceses arruinaron su fortaleza; su puerto quedó posteriormente cegado y fue abandonado. — **S. V. del Raspeig** o **Sant Vicent de Raspeig,** v. de España (Alicante), en el Campo de Alicante; 23 569 hab. Manufacturas de cuero y productos alimenticios.— **S. V. dels Horts** o **Sant Vicenç dels Horts,** mun. de España (Barcelona), a orillas del Llobregat; 19 975 hab. Centro industrial (textiles, cemento, electricidad, manipulación de aluminio, papel, etc.).

SAN VICENTE Y LAS GRANADINAS, en ingl. **Saint Vincent and the Grenadines,** estado de las Pequeñas Antillas (islas de Barlovento), formado por la isla de San Vicente y las Granadinas septentrionales (Bequia, Canouan, Mustique, Mayreau y Union); 388 km²; 110 000 hab. Cap. *Kingstown.* En la isla San Vicente, montañosa, se halla el Volcán de La Soufrière*. Economía agrícola (bananos, cacao, cocos, agrios y arrurruz); productos derivados.
HISTORIA. La isla de San Vicente fue descubierta por Colón en 1498; perteneció a Francia a lo largo del s. XVII, y desde 1672 fue colonia británica. El territorio, miembro de la Federación de las Indias Occidentales (1958-1962), formó parte en 1969 de los Estados asociados de las Indias Occidentales. En octubre de 1979 obtuvo la independencia. En las elecciones ganaron los laboristas (gabinete Cato).

SAN YU, militar y político birmano (Prome 1919). Miembro del Consejo revolucionario bajo el mandato presidencial del general Ne Win desde 1962, fue ministro de Finanzas (1963) y secretario general del Partido socialista birmano (1965). Fue luego ministro del Plan nacional (1969-1972) y de Defensa (1972-1974) y secretario del Consejo de estado (1974-1981). En 1981 se le eligió presidente de la república.

SAN'Ā o **SANAA,** cap. de la República Árabe del Yemen, a 2 350 m de alt.; 448 000 hab. Rodeada por una muralla de ladrillo, parcialmente destruida, la ciudad antigua posee altas construcciones tradicionales, de barro o de ladrillos rojizos, con ventanas a menudo geminadas, decoradas en yeso blanco y que se multiplican en las plantas superiores. Industria textil. Aeropuerto internacional.

SANABLE adj. Que puede ser sanado.

SANABRIA *(La),* comarca de España (Zamora), entre las sierras de Culebra, Segundera y Cabrera Baja. Agricultura y ganadería. El núcleo principal es Puebla de Sanabria.

SANABRIA, SAN MARTÍN DE CASTAÑEDA o **VILLACHICA** *(lago de),* lago de España (Zamora); 3,2 km². En la sierra Segundera. Abundante fauna piscícola y ornitológica. Parque nacional (5 027 ha).

SANAGA, principal río de Camerún, que desemboca en el golfo de Guinea más abajo de Edéa (donde alimenta una central hidroeléctrica); 520 km.

SANAR v. intr. (lat. *sanare*) [**1**]. Recobrar la salud. ◆ v. tr. Hacer que alguien recobre la salud.

SANARE, mun. de Venezuela (Lara), en la cabecera de los ríos Acarigua y Tocuyo; 19 319 hab. Centro agrícola y ganadero. Materiales para la construcción, tenerías.

SANATORIAL adj. Relativo a un sanatorio.

SANATORIO n. m. (lat. *sanatorium*, que cura). Establecimiento destinado a la cura o convalecencia de un tipo determinado de enfermos.

SANCIÓN n. f. (lat. *sanctionem*). Aprobación o legitimación dada a cualquier acto, uso o costumbre. || Castigo que emana o procede de una acción mal hecha. || *Der.* Recompensa que dimana del cumplimiento de una norma, o pena establecida para el que la infringe. || Confirmación solemne de una ley por el jefe del estado.

SANCIONABLE adj. Que merece sanción o castigo.

SANCIONADOR, RA adj. y n. Que sanciona.

SANCIONAR v. tr. [**1**]. Aprobar cualquier acto, uso o costumbre. || Aplicar una sanción o castigo. || *Der.* Conceder fuerza de ley a una disposición.

SANCLEMENTE (Manuel Antonio), político y abogado colombiano (Buga 1814-Villeta 1902). Legitimista en 1860 y en 1865, fue revolucionario en 1876. Ministro de Hacienda (1883-1885) y jefe militar de la 3.ª división (1896-1898), ejerció la presidencia de la república de 1898 a 1900, año en que fue depuesto.

SANCTASANCTÓRUM n. m. Parte interior y más sagrada del tabernáculo de los hebreos. || *Fig.* Lugar muy reservado y respetado. || *Fig.* Aquello que para una persona es de más valor o estimación.

SANCTI SPÍRITUS *(provincia de),* prov. de Cuba; 6 740 km²; 404 605 hab. Cap. *Sancti Spíritus.* Situada en el centro de la isla, está accidentada al S por el macizo de Guamuhaya *(Alturas de Sancti Spíritus)* y cruzada por numerosos ríos, entre los que destacan el Zaza (con la mayor presa del país, 1 020 m³ de embalse), el Agabama y el Jatibonico del Sur. Zona agrícola (caña de azúcar, tabaco y cereales) y ganadera (vacuno de leche), posee una industria diversificada: materiales para la construcción (cemento en Siboney; cerámica en Trinidad); centrales azucareros (Sancti Spíritus, Cabaiguán, Yaguaja); tabaco (Trinidad, Cabaiguán). El principal puerto es Casilda.

Europa Press
Claudio **Sánchez Albornoz**

SANCTI SPÍRITUS, c. de Cuba, cap. de la prov. homónima, a orillas de la presa La Zaza; 101 140 hab. Es un centro industrial (alimentación, tabacalera, refino de azúcar y productos químicos) y turístico. La ciudad fue fundada por Diego de Velázquez (1514). Atacada en diversas ocasiones, sufrió luego grandes incendios que casi la destruyeron (1741, 1742 y 1754).

SANCTIS (Francesco DE), crítico italiano (Morra Irpina 1817-Nápoles 1883). Su obra, inspirada en Hegel y Vico, marca el fin de la cultura romántica, y estudia la formación de la literatura y de la conciencia política italianas, a través de parejas de oposición ejemplares (Dante/Petrarca, Manzoni/Leopardi). Es autor de una *Historia de la literatura italiana* (1870-1872).

SANCTUS n. m. (voz latina, *santo*). En la misa, oración de alabanza que sigue al prefacio, y que comienza con la aclamación *sanctus;* parte de la misa en que se canta el *Sanctus.*

SANCHA († 985), reina de León (de c. 978 a 984). Pertenecía a la familia de los condes de Saldaña y casó con Ramiro III de León (c. 978), enlace que aseguró al rey el apoyo de buena parte de la nobleza leonesa.

SANCHA († 1027), condesa de Barcelona (de c. 1021 a 1027). Hija de Sancho García, conde de Castilla, casó con Berenguer Ramón I el Curvo (c. 1021), de cuyo matrimonio nació el futuro Ramón Berenguer I.

SANCHA († Monasterio de Sigena, Huesca, 1208), reina de la Corona de Aragón (de 1174 a 1196). Hija de Alfonso VII de Castilla, casó con Alfonso el Casto (1174). Muerto su esposo (1196), orientó la política de su hijo, Pedro el Católico, con quien tuvo conflictos (1200). Se retiró al monasterio de Sigena.

SANCHA DE CASTILLA (1116-1157), hija de Urraca y de Raimundo de Borgoña, conde de Galicia. Su hermano Alfonso VII de Castilla y León la asoció al trono y le dio el título de reina.

SANCHA DE CASTILLA († 1179), reina de Navarra (de 1157 a 1179), hija de Alfonso VII de Castilla. Casó con Sancho VI de Navarra y fue madre de Sancho VII.

SANCHA DE LEÓN (1013-1067), reina de Castilla (de 1035 a 1065) y de León (de 1037 a 1065), hija de Alfonso V. Casó con Fernando I de Castilla. La muerte de Vermudo III de León en la guerra con Castilla —para recuperar los territorios leoneses aportados en dote por Sancha— permitió a Fernando I coronarse rey de León.

SANCHA DE NAVARRA († a. 960), reina de León (924) y condesa de Castilla (de 932 a 960). Hija de Sancho I Garcés de Pamplona, casó con Ordoño II de León (924), luego con Álvaro Herraméliz y en 932 con Fernán González, conde de Castilla.

SANCHÉ (cerro), pico de Guatemala (Quiché), punto culminante de la sierra de Chuacús; 2 500 m de alt.

SÁNCHEZ, mun. de la República Dominicana (Samaná), en la bahía de Samaná; 22 519 hab. Cacao y coco. Manufacturas de la madera. Puerto. Pesca.

SÁNCHEZ (Francisco), llamado **el Brocense,** filósofo y médico portugués (Braga 1551-† 1623). Estudió en Burgos y en Italia y enseñó medicina en Montpellier. Mantuvo una actitud escéptica frente a la posibilidad del conocimiento esencial de la realidad, desconfiando tanto de los datos de los sentidos y de la introspección como de la lógica escolástica. Se le ha considerado un precursor de la duda cartesiana (*Quod nihil scitur,* 1580).

SÁNCHEZ (Tomás Antonio), escritor y erudito español (Ruiseñada 1723-Madrid 1802). Publicó las primeras ediciones modernas del *Cantar de Mio Cid,* de Berceo, del Arcipreste de Hita y del *Libro de Alexandre.* Es importante también su *Colección de poesías castellanas anteriores al s. XV.*

SÁNCHEZ (Francisco DEL ROSARIO), patriota dominicano († 1851). Afiliado a la sociedad secreta La trinitaria (1838), colaboró con Duarte para librar a Santo Domingo de la dominación de Haití. Poco antes de la independencia (1844) fue encarcelado por el dictador Pedro Santana.

SÁNCHEZ (Mariquita), patriota argentina (Buenos Aires 1786-*id.* 1868). Participó en las luchas políticas de su país desde las invasiones británicas. Su casa de Buenos Aires fue centro de reuniones patrióticas e intelectuales. Exiliada en Montevideo, dirigió allí grupos de oposición.

SÁNCHEZ (Julián), llamado **el Charro,** guerrillero español del s. XIX (nacido en Santiz, Salamanca). Durante la guerra de la Independencia, intervino en la defensa de Ciudad Rodrigo (1810). Luchó a las órdenes de Wellington y se distinguió en las batallas de Los Arapiles (1812), Vitoria (1813) y San Marcial (1813).

SÁNCHEZ (Serafín), patriota cubano († 1896). Tomó parte en las tres guerras de independencia, y se distinguió en la tercera al frente de la caballería de Las Villas.

SÁNCHEZ (Florencio), dramaturgo uruguayo (Montevideo 1875-Milán 1910). Colaboró en el diario de Minas *La voz del pueblo* con el seudónimo de JACK THE RIPPER, expresión de sus ideas radicales. En 1903, año en que estrenó su primera comedia, *M'hijo el dotor,* se estableció en Argentina, donde colaboró en periódicos y escribió unas veinte obras dramáticas, que, influidas por Ibsen, abordan desde una estética naturalista, de intenso realismo, los problemas de su tierra natal. Su producción comprende comedias como *La pobre gente* y *Nuestros hijos;* los dramas *La gringa, Barranca* abajo, Los muertos* y diversos sainetes.

SÁNCHEZ (Alberto) → ALBERTO.

SÁNCHEZ (Luis Alberto), político y escritor peruano (nacido en 1900). Miembro del A.P.R.A., lo representó en la cámara de diputados (1931-1936 y 1945-1948). Fue embajador ante Colombia y México. Dirigió la biblioteca nacional (1928-1930) y fue rector de la universidad de San Marcos (1946-1948 y 1961-1964). Diputado en 1978 dirigió la comisión que redactó la constitución de 1979. Es autor de historias generales y literarias de América latina, y especialmente del Perú (*La literatura peruana: derrotero para una historia cultural del Perú,* 1965-1966), novela, relatos, y biografías noveladas (*La Perricholi,* 1936; *Aladino o la vida de José Santos Chocano,* 1960, etc.).

SÁNCHEZ (Ideal), pintor, grabador y dibujante argentino (Buenos Aires 1916). Miembro fundador del grupo Orión en 1939, su pintura puede integrarse dentro de un surrealismo de matices personales.

SÁNCHEZ ALBORNOZ (Claudio), historiador y político español (Madrid 1893). Fue catedrático de las universidades de Barcelona (1918) y de Madrid. De ideología liberal, combatió la dictadura de Primo de Rivera; perteneció a Acción republicana y fue diputado por Ávila durante la Segunda república, presidente de la comisión de Instrucción Pública (1931-1933), ministro de Estado (1933) y en 1936 embajador en Portugal y vicepresidente de las Cortes. En julio de 1936 marchó a Burdeos y en 1940 pasó a Argentina, donde residió hasta 1983 en que regresó a España. Fue presidente del gobierno de la república en el exilio (1959-1970). Creó en Buenos Aires el Instituto de historia de España y en 1944 los *Cuadernos de historia de España.* Entre sus numerosas obras cabe citar *En torno a los orígenes del feudalismo* (3 vols., 1942) y *Viejos y nuevos estudios sobre las instituciones medievales españolas* (2 vols., 1976). En su obra de síntesis, pero de gran erudición, *España, un enigma histórico,* (1957), escrita como réplica a *España en su historia* (1948) de Américo Castro, da preponderancia al elemento germánico en oposición a los elementos judío y musulmán considerados decisivos por este último en la España del s. XVI.

Alonso **Sánchez Coello:**
Desposorios místicos de santa Catalina.
(Prado.)

Salmer

Arch. Planeta

Juan
Sánchez Cotán:
Bodegón del cardo.
(Museo
de Granada.)

SÁNCHEZ ALONSO (Benito), historiador y erudito español (nacido en 1884), autor de *Fuentes de historia española e hispanoamericana* (ed. ampliada, 1954) e *Historia de la historiografía española* (1941-1950), fundamentales para la bibliografía histórica.

SÁNCHEZ BARBUDO (Salvador), pintor español (Jerez de la Frontera 1857-Roma 1917). Su producción artística sigue la línea de un realismo preciosista (influjo de Fortuny) centrado en el tema anecdótico, con marcado carácter satírico.

SÁNCHEZ BORT (Julián), arquitecto e ingeniero español (Cuenca 1725-Cádiz 1785). Su obra se inscribe dentro del neoclasicismo académico, influido directamente por Ventura Rodríguez (fachada de la catedral de Lugo, en colaboración con J. Elejalde).

SÁNCHEZ CANTÓN (Francisco Javier), historiador del arte español (Pontevedra 1891-*id.* 1971). Fue catedrático de historia del arte en la universidad de Madrid y director del museo del Prado. De su ingente labor destacan *Fuentes literarias para la historia del arte español* (1923-1941) y *Goya, su vida y sus obras* (1953). [Real academia española, 1949.]

SÁNCHEZ CERQUERO (José), marino y astrónomo español (San Fernando 1784-Cádiz 1850). Participó en la guerra de la Independencia, a partir de 1816 estuvo vinculado al observatorio de San Fernando, y publicó importantes estudios náuticos.

SÁNCHEZ CERRO (Luis M.), político peruano (Piura 1894-Lima 1933). Encabezó el movimiento revolucionario que derrocó al presidente Leguía (1930) y ocupó la presidencia, que tuvo que abandonar a causa de la presión popular (1931), pero resultó vencedor en las elecciones del mismo año. Murió víctima de un atentado.

SÁNCHEZ COELLO (Alonso), pintor español (Benifayó 1531 o 1532-Madrid 1588). Discípulo de Antonio Moro, fue pintor de cámara y retratista de Felipe II. Su obra pictórica se centra en el retrato manierista, caracterizado por la precisión en los detalles de trajes y joyas, por la técnica ligera y el sentido vital y táctil que imprime a sus calidades y por la penetración sicológica del personaje retratado (con influencias de Moro y Tiziano). Dentro de su producción de retratos cortesanos sobresalen: *Felipe II, El príncipe Carlos* (1558), *La infanta Isabel Clara Eugenia* (1579), todos ellos en el Prado, y otros en museos de todo el mundo. Como pintor religioso destaca en las parejas de santos de la iglesia del monasterio de El Escorial (1580-1582) y en los *Desposorios místicos de santa Catalina* (1578) y *San Sebastián* (1582), ambos en el Prado.

SÁNCHEZ COTÁN (Juan), pintor español (Orgaz 1560-Granada 1627). Fue discípulo de Blas de Prado y en 1603 ingresó en los cartujos. Con sus bodegones creó un tipo definitorio de este género en España: austeridad tanto en clase y número de elementos (frutas y verduras), como en el estilo que utilizó, basado en una técnica detallista en la que la combinación de reducidas gamas cromáticas y de pronunciadas gradaciones lumínicas, consigue crear unos ambientes de intensa espiritualidad, no exentos de efecto ilusionista. También realizó un buen número de lienzos de asunto religioso (el grueso de su obra), en donde se describen episodios de la cartuja (actualmente en la cartuja y el museo de Granada), con una composición derivada de la antigua pintura flamenca, complejas escenas de intención realista y una realización precipitada, extraordinaria mezcla de sabiduría y candor, de arcaísmo y modernidad.

SÁNCHEZ DE BADAJOZ (Garci), poeta español (¿Écija 1460?- † c. 1526). Gozó fama de poeta erótico. Sus composiciones figuran en el *Cancionero general* (1511); destacan entre ellas: *Lamentaciones de amores, Infierno de enamorados, Claro-oscuro, Liciones de Job* (prohibida por el Santo Oficio) y un *Sueño,* donde narra la visión de su propio entierro.

SÁNCHEZ DE BADAJOZ (Diego), dramaturgo español de la primera mitad del s. XVI, autor de autos sacramentales, alegorías y farsas (*Farsa del juego de cañas*), moralizantes y realistas, editados póstumamente en *Recopilación en metro* (1554).

SÁNCHEZ DE BUSTAMANTE Y SIRVÉN (Antonio), jurista cubano (La Habana 1865-*id.* 1951). Fue presidente de la Sociedad cubana de derecho internacional y presidente del Tribunal internacional de La Haya (1922-1945). Presidió en 1928 la conferencia panamericana donde se aprobó el código de derecho internacional privado conocido como *código de Bustamante,* al que se adhirieron varios países americanos. Es autor de *Derecho internacional público* (5 vols. 1933-1938).

SÁNCHEZ DE CASTRO (Fernando), infante de Aragón († en el Cinca 1275), bastardo de Jaime I y de Blanca de Antillón. Estuvo en la cruzada a Tierra Santa (1269); a su vuelta, se sublevó contra su padre y su hermano, el futuro Pedro el Grande, quien lo sitió en el castillo de Pomar, lo hizo prisionero y lo mandó arrojar al Cinca.

SÁNCHEZ DE HUELVA (Alonso), piloto español (nacido en Huelva-isla de Madeira 1484), llamado también **Pedro Velasco** o **Pedro Vázquez.** Único superviviente, según la leyenda, de una expedición que la tormenta llevó tal vez a las Antillas; influyó en Colón con sus relatos.

SÁNCHEZ DE LAS BROZAS (Francisco) → BROCENSE (*El*).

SÁNCHEZ DE TOCA (Joaquín), abogado y político español (Madrid 1852-Pozuelo de Alarcón 1942). Afiliado al Partido conservador, ocupó diversos cargos políticos y ministerios, y fue jefe de gobierno (julio-dic. 1919); no pudo conciliar los crecientes conflictos sociales, lo que unido a la oposición del ejército provocó su dimisión.

SÁNCHEZ DE VERCIAL (Clemente), escritor español (c. 1370-1426), autor de un tratado de liturgia y del *Libro de los exemplos,* colección de apólogos, editada en 1860.

SÁNCHEZ ELIA (Santiago), arquitecto argentino (Buenos Aires 1911). En 1936 fundó,

Sancho Panza
en una edición de *El Quijote*,
ilustrada por Gustave Doré.
(Biblioteca de Cataluña, Barcelona.)

Salmer

con los arquitectos Peralta Ramos y A. Agostini, el estudio SEPRA, que ha sido uno de los aportes de mayor valor a la arquitectura argentina. Se le deben el mercado San Cristóbal (Buenos Aires), el hotel Victoria Plaza (Montevideo), la municipalidad de Córdoba, edificios para los periódicos *La nación* y *La razón*, la sede central del Banco de Londres y América del Sur, en Buenos Aires, en colaboración con Clorindo Testa, etc.

SÁNCHEZ FERLOSIO (Rafael), escritor español (Roma 1927), hijo de Rafael Sánchez Mazas. Ha publicado dos libros de narrativa: el relato fantástico *Industrias y andanzas de Alfanhuí* (1951), de gran virtuosismo metafórico y estilístico, y la novela *El Jarama* (premio Nadal, 1956), documento objetivo (aunque no exento de referencias críticas) sobre un grupo de excursionistas madrileños. Se estima uno de los pocos jalones significativos de la novela de posguerra. Es autor también de la recopilación de escritos misceláneos *Las semanas del jardín* (1974).

SÁNCHEZ GUERRA (José), político español (Cabra 1859-Madrid 1935). Amigo y colaborador de Maura, siguió su misma trayectoria política y pasó del Partido liberal al conservador. Ministro en los dos gabinetes de Maura, sólo las pretensiones del propio Alfonso XIII le decidieron a aceptar el ministerio de Gobernación en los gabinetes de Dato (1913-1915 y 1917). Al proclamarse la dictadura, emigró a Francia. En 1929 acaudilló un fallido golpe militar en Valencia, por lo que se le juzgó y fue absuelto. Se declaró en 1930 monárquico, pero hostil a Alfonso XIII. Medió sin éxito entre éste y el comité republicano para salvar el régimen (febr. 1931) y se retiró luego de la política.

SÁNCHEZ HERNÁNDEZ (Fidel), militar y político salvadoreño (El Divisadero, Morazán, 1917). En 1960 fue nombrado agregado militar de El Salvador en Washington y ministro del Interior en 1962. Presidente de la república (1967-1972), tuvo que afrontar la «guerra del fútbol», con Honduras. Le sucedió el general A. Molina (julio 1972).

SÁNCHEZ LABRADOR (José), eclesiástico español (La Guardia, Toledo, c. 1716-Ravena 1798), autor de una *Enciclopedia del Paraguay*, dividida en tres partes: *Paraguay natural, Paraguay cultivado*, historia económica, y *Paraguay católico*, historia política y religiosa.

SÁNCHEZ MAZAS (Rafael), escritor español (Madrid 1894-*id.* 1966). Fue uno de los inspiradores de Falange española, periodista de *ABC*, ministro (1939) y miembro del consejo nacional del Movimiento. Es autor de novelas (*La vida nueva de Pedrito de Andía*, 1951), ensayos y el volumen póstumo de poesía *Sonetos de un verano antiguo y otros poemas* (1971). [Real academia española, 1940.]

SÁNCHEZ MEJÍAS (Ignacio), matador de toros español (Sevilla 1891-Madrid 1934). Alternó el toreo con otras actividades, entre ellas la literaria (escribió obras dramáticas). Recibió la alternativa en Barcelona, de manos de Joselito (1919), y fue uno de los matadores más reputados de su tiempo. Se retiró del toreo en 1927, pero volvió en 1934, año en que, toreando en Manzanares (Ciudad Real) sufrió una cornada que le produciría la muerte, y que motivó a García Lorca su *Llanto por la muerte de Ignacio Sánchez Mejías* (1934).

SÁNCHEZ PERRIER (Emilio), pintor español (Sevilla 1855-Alhama de Granada 1907). Realizó cuadros de paisaje de estilo realista, que en sus últimas obras se aproximó al impresionismo francés. Destacan sus paisajes de Sevilla y otras zonas de España, París, Marruecos, etc.

SÁNCHEZ RAMÍREZ (*provincia de*), prov. de la República Dominicana; 1 174 km^2; 115 359 hab. Cap. *Cotuí*. Está situada en la mitad centrooriental del país, junto a la cabecera del Yuna. Las fértiles tierras sedimentarias del N (La Vega Real) permiten una agricultura diversificada (arroz, frutales y tabaco) y un pujante sector ganadero. Posee yacimientos mineros (oro, cobre, piritas, etc.).

SÁNCHEZ RAMÍREZ (Juan), caudillo dominicano († 1811). Se sublevó contra la dominación napoleónica (1808), derrotó en Palo Hincado a Ferrand, gobernador francés (1809), y tomó la capital. Restableció la soberanía española, confirmada por Francia en 1814 (tratado de París).

SÁNCHEZ ROMÁN (Felipe), jurisconsulto y político español (Valladolid 1850-Madrid 1916). Miembro de la Academia de ciencias morales y políticas, es autor de *La codificación civil en España* (1890) y de *Estudios de derecho civil* (1899-1911). — Su hijo FELIPE (1893-México 1956) fue miembro de diversas instituciones civiles (Instituto internacional para la unificación del derecho privado, Tribunal permanente de La Haya, etc.), participó en el grupo Al servicio de la república y fue diputado por Madrid (1931). Al estallar la guerra civil era líder del Partido nacional republicano (centrista) y fue ministro en el gabinete de Martínez Barrio (18 julio). Se exilió en México (1939).

SÁNCHEZ VÁZQUEZ (Adolfo), filósofo español (Algeciras 1915). Exiliado en México, enseñó estética en la universidad nacional autónoma. Se ha interesado por el marxismo en un sentido no dogmático, crítico y renovador (*Filosofía de la praxis*, 1967). Otras obras: *Ética* (1969), *Estética y marxismo* (1970), *Del socialismo científico al socialismo utópico* (1975).

SÁNCHEZ VIAMONTE (Carlos), jurista argentino (La Plata 1892- † 1972). Diputado (1940-1943) y miembro fundador de la Unión latinoamericana, fue un importante representante del liberalismo argentino. Entre sus obras destacan: *Democracia y socialismo* (1933), *Manual de derecho intersocial* (1944) y *Manual de derecho político* (1960).

SĀNCHI, lugar arqueológico de la India central (Madhya Pradesh), centro del arte budista indio. Sus stūpa —el más antiguo de los cuales es una fundación de Aśoka— se cuentan entre los mejor conservados del país (s. I a. J.C.-s. I d. J.C.). Las puertas monumentales y la gran balaustrada que acompañan al mayor de ellos están adornadas con un famoso remate esculpido. Una alta columna de gres es rematada con leones adosados y tiene grabado un edicto religioso de Aśoka. Existen, además, numerosos santuarios y monasterios, los más recientes de los cuales se remontan a los ss. X-XI. Museo.

SANCHÍS GUARNER (Manuel), filólogo e historiador español (Valencia 1911-*id.* 1981). Estudió la historia, la lengua y el folklore del País Valenciano y colaboró en el *Diccionario catalán-valenciano-balear* de Alcover y Moll, en el *Atlas lingüístico de la península Ibérica* y en la *Historia del País Valenciano* (1965). Entre sus obras cabe citar *Introducción a la historia lingüística de Valencia* (1949), *Gramática valenciana* (1950), *La ciudad de Valencia* (1976) y *Aproximación a la historia de la lengua catalana* (1980). [Premio de honor de las Letras catalanas, 1974.]

ARAGÓN

SANCHO I RAMÍREZ (en Aragón 1043-Huesca 1094), rey de Aragón (de 1063 a 1094) y de Navarra (Sancho V) [de 1076 a 1094]. Hijo de Ramiro I de Aragón, casó primero con una hija del conde de Urgel, de cuyo matrimonio nació el futuro Pedro I, y en segundas nupcias con Felicia de Roucy, de la que tuvo a los futuros Alfonso I y Ramiro II. A la muerte de Sancho II de Castilla fue reconocido por los navarros como rey (1076), sucesión que le fue discutida por Alfonso VI de León y Castilla, quien se apoderó de la Rioja. Expulsó a los musulmanes de las zonas montañosas de Aragón, colaboró con Castilla en la defensa de Toledo (1090) y con el Cid en la de Valencia (1091). Murió en el asedio a Huesca.

SANCHO, infante de Aragón († 1223), hijo de Ramón Berenguer IV. Recibió de su padre Cerdaña y Conflent (1162) y de su hermano Alfonso el Casto, el Rosellón y Vallespir (1172), a los que renunció para encargarse del gobierno de Provenza (1181-1185 y desde 1209). Ejerció la procuraduría de Aragón (1214-1218) durante la minoría de Jaime I.

CASTILLA Y LEÓN

SANCHO I el Craso († 965), rey de León (de 956 a 958 y de 960 a 965), hijo de Ramiro II. Intentó sin éxito usurpar la corona de su hermano Ordoño III (¿953?). Heredó el trono a la muerte del rey leonés (956), pero la nobleza, con la ayuda de Fernán González, le depuso y eligió a Ordoño IV el Malo. Sancho se refugió en la corte de Toda de Navarra, quien pidió ayuda a 'Abd al-Raḥmān III. Sancho recuperó la corona, pero se negó a cumplir las promesas hechas a 'Abd al-Raḥmān (961), por lo que éste ofreció su ayuda a Ordoño el Malo.

SANCHO I GARCÍA († 1017), conde de Castilla (de 995 a 1017), hijo de García Fernández, a cuya muerte (995) Sancho firmó al parecer una tregua con Almanzor. Prosiguió la ofensiva contra los musulmanes, encabezando una coalición cristiana contra Almanzor (1000), y otra contra el hijo de éste (1007), y en ambas fracasó. Repelió el ataque de los musulmanes en 1009, y avanzó hasta Córdoba, en cuyo trono instaló a Hišām II. A cambio, recibió importantes plazas fuertes.

SANCHO II el Fuerte (¿1038?-1072), rey de Castilla (de 1066 a 1072) y de León (1072), hijo primogénito de Fernando I. Al subir al trono, nombró alférez real a Rodrigo Díaz de Vivar. Intentó reunir los dominios de su padre y se enfrentó con su hermano Alfonso de León (batalla de Llantada, 1068). En 1071, ambos se unieron contra otro hermano, García, al que derrotaron y se repartieron el reino de Galicia, tras lo cual volvieron a disputarse la supremacía en Golpejera (1072); Sancho, victorioso, fue ungido y coronado en León. Fue asesinado por Vellido Adolfo en el sitio de Zamora.

SANCHO III el Deseado (1113-Toledo 1158), rey de Castilla (de 1157 a 1158), primogénito de Alfonso VII de Castilla. Sancho recibió la corona de Castilla y fundó la orden de Calatrava (1158). Su muerte dio lugar a la lucha entre los Castro y los Lara sobre la tutoría del heredero de la corona, el futuro Alfonso VIII.

SANCHO IV el Bravo (1258-Toledo 1295), rey de Castilla de 1284 a 1295), hijo segundo de Alfonso X el Sabio. Fue proclamado heredero del trono en 1275, a la muerte de su hermano Fernando de la Cerda, contra los derechos de los hijos de éste, los infantes de la Cerda (apoyados por Felipe III de Francia). Tras la muerte del rey (1284), la posición de Sancho siguió inestable. El deseo de asegurar la corona a sus hijos fue el móvil de su política contra los infantes de la Cerda. A la muerte de Felipe III de Francia (1285), el nuevo rey francés se desentendió de la suerte de los infantes de la Cerda. A la muerte de Alfonso el Liberal de Aragón (1291), que había hecho proclamar rey de Castilla a Alfonso de la Cerda (1288), su sucesor Jaime II volvió a la política de Pedro el Grande de alianza con Castilla, hasta que se convenció del doble juego de Sancho, interesado en mantener a raya a los infantes sin enemistarse con Francia y con el pontificado, lo que le llevó a firmar con el papa el tratado de Anagni (1295) que le dejaba las manos libres para intervenir en Castilla. Murió sin haber logrado sus objetivos.

GALICIA

SANCHO ORDÓÑEZ († 929), rey de Galicia (de 925 a 929), hijo de Ordoño II. Oponiéndose a Alfonso Froilaz, recuperó, con su hermano Alfonso, las posesiones de su padre, y le correspondió Galicia.

MALLORCA

SANCHO I († Formiguera, Foix, 1324), rey de Mallorca (de 1311 a 1324), hijo de Jaime II de Mallorca. Heredó el trono al renunciar a él su hermano Jaime. Se reconoció vasallo del rey de Aragón (1312), ayudó a su hermano Fernando en la conquista de Morea (1315-1316) y nombró heredero del reino de Mallorca (1322) a un hijo de éste, el futuro Jaime III.

NAVARRA

SANCHO I GARCÉS († 925), rey de Pamplona (de 905 a 925), hijo de García Jiménez. Intervino en las rivalidades familiares de los musulmanes que dominaban en el valle del Ebro, lo que le permitió ocupar una serie de posiciones, como Viguera, Nájera y Calahorra; las dos primeras quedaron definitivamente incorporadas en 920. Casó con la reina Toda, y casó a sus hijas con soberanos asturleoneses. Ejerció el gobierno del condado de Aragón, como tutor de su hijo García Sánchez I.

SANCHO II GARCÉS ABARCA († 994), rey de Pamplona (de 970 a 994) y conde de Aragón (de a. 970 a 994), heredados respectivamente de su padre García Sánchez I y de Andregoto Galíndez, condesa de Aragón. A partir de 981 entabló relaciones con Almanzor (una hija suya fue esposa de éste y madre de ʻAbd al-Raḥmān Sanchuelo). Fundó el monasterio de San Millán de la Cogolla de Suso.

SANCHO III el Mayor (¿992?-1035), rey de Pamplona (de 1000 a 1035) y conde de Aragón (de 1000 a 1035) y de Castilla (de 1029 a 1035), hijo de García III Sánchez. Hacia 1022 introdujo la teoría de la divinidad del poder real en los reinos cristianos. También cambió las normas visigóticas de los monasterios hispanos por las de San Benito de Aniano, e inició las relaciones con la Santa Sede.

Sancho III fue el primer rey que intentó la unificación de los reinos ibéricos, estableciendo las fronteras entre el reino de Pamplona y el condado de Castilla (1016), ayudado por su matrimonio con la hija del conde castellano Sancho García. Al morir éste (1017), y por la corta edad del infante García, reinó de hecho en Castilla. Para evitar las continuas luchas castellano-leonesas, casó a su cuñado García II Sánchez con Sancha, hija del rey leonés Vermudo III, pero el asesinato del infante (1029) hizo que el condado pasase a manos de Fernando, hijo de Sancho el Mayor.

Las relaciones entre Sancho el Mayor y Vermudo III fueron buenas. Al parecer, el navarro gobernó las tierras leonesas en la minoría de Vermudo III, manteniendo relaciones de mutua dependencia. Sancho III ocupó también tierras de Ribagorza (1016-1019), expulsando a reyezuelos musulmanes, y al parecer, tierras barcelonesas.

El punto más importante de su reinado es el de su testamento, sobre el que existen varias leyendas que tergiversaron la realidad. Ésta fue así: al primogénito, García, le correspondió Navarra y tierras en Aragón y Castilla; a Fernando, el condado de Castilla; a Gonzalo, el actual Sobrarbe; y a Ramiro, Aragón y parte de Navarra. La condición básica era que todos debían acatar la autoridad de García de Nájera, el primogénito y rey de todas las tierras heredadas de Sancho III. Sin embargo, las luchas de Fernando y Vermudo III, y la muerte del segundo, hicieron que Fernando, esposo de Sancha, asumiese el reino de León (1037), invirtiéndose los títulos y convirtiéndose en rey de Castilla y León. En Aragón, García de Nájera siguió siendo rey, pero mediatizado por Ramiro I, y su hijo y sucesor, Sancho Ramírez, tomó el título de rey en 1072.

SANCHO IV el de Peñalén (c. 1039-Peñalén 1076), rey de Pamplona (de 1054 a 1076), hijo de García IV Sánchez III el de Nájera. Removió a los nobles de sus cargos con arbitrariedad, lo que provocó una serie de intrigas, en las que intervinieron sus hermanos, que culminaron con su asesinato en Peñalén. Sancho IV tuvo buenas relaciones con su tío Ramiro I de Aragón, entregándole varias ciudades (1063), pero se volvió contra él, aliándose con el rey de Zaragoza, al-Muqtadir. Según parece, luchó contra Sancho III de Castilla en la llamada guerra de los tres Sanchos*, ayudado por Sancho I Ramírez de Aragón. A su muerte el reino se dividió entre Alfonso VI de Castilla y Sancho I Ramírez de Aragón.

SANCHO V de Navarra → SANCHO I RAMÍREZ DE ARAGÓN.

SANCHO VI el Sabio († 1194), rey de Navarra (de 1150 a 1194), hijo de García Ramírez. Realizó reformas administrativas y se enfrentó a la alianza castellanoaragonesa por la repartición del reino pirenaico (pacto de Tudellén, 1151). Casó a su hermana Blanca con el rey castellano Sancho III, y así consiguió romper la alianza y él, a su vez, se casó con la hija de Alfonso VII, Sancha, con lo que se solucionaron en 1158 los problemas entre ambos reinos. En la minoría de Alfonso VIII, el rey navarro ocupó Logroño (1160), dando lugar a la mediación del rey inglés Enrique II, que retornó las tierras riojanas a Castilla (1179). La lucha con Aragón siguió después de Tudellén, de modo que la paz no se firmó hasta 1163, paz reforzada por el tratado de Borja (1190), en el que el rey navarro y Alfonso II de Aragón crearon una alianza frente a Alfonso VIII de Castilla. Sancho VI amplió la política internacional del reino de Navarra, casando a su hija Berenguela con Ricardo Corazón de León.

SANCHO VII el Fuerte († Tudela 1234), rey de Navarra (de 1194 a 1234), hijo de Sancho VI el Sabio. Intervino posiblemente en la tercera cruzada, y hacia el 1200 fue al N de África, colaborando con Miramamolín. En su intento de ayudar a su primo, Alfonso VIII, en la batalla de Alarcos (1195), llegó tarde, dando lugar a una guerra en la que el rey castellano ocupó Miranda de Ebro, Vitoria y Guipúzcoa, hechos ratificados en el tratado de Guadalajara (1207). Su intervención en las Navas de Tolosa (1212) decidió la victoria, en la que obtuvo el tesoro del califa Miramamolín con el que se convirtió en uno de los reyes europeos económicamente más poderosos.

PORTUGAL

SANCHO I el Poblador (Coimbra 1154-*id.* 1211), rey de Portugal (de 1185 a 1211), hijo de Alfonso I Henriques. Realizó repoblaciones, concedió fueros y dio tierras a las órdenes del Temple y Calatrava. Reconquistó Silves, en el Algarve, pero fue sitiado por Abū Yūsuf Yaʻqūb al-Manṣūr en Santarem. En 1190 se alió con León (boda de Alfonso IX de León y su hija Teresa) y Aragón contra Castilla, pero cambió la alianza (1196), pactando con Alfonso VIII de Castilla y ocupando plazas gallegas, a lo que Alfonso IX respondió con el sitio de Braganza (1199); finalmente (1200) se firmó la paz.

SANCHO II el Capelo (Coimbra 1207-Toledo 1248), rey de Portugal (de 1233 a 1248), hijo de Alfonso II. Pactó con la Iglesia para poner fin a los problemas habidos en tiempos de Sancho I. Se dedicó a la reconquista, ocupando el Alentejo (1229) y gran parte del Algarve (1238), hasta llegar al límite S de Portugal y repoblar la Beira Baixa. La nobleza y el alto clero, descontentos y escudándose en su matrimonio con Mancía López de Haro (1240), hija del señor de Vizcaya, hicieron que Inocencio IV le destronara en favor de su hermano Alfonso (concilio de Lyon, 1245); a los tres años de lucha, renunció en efecto al trono.

SANCHO DE LA HOZ (Pedro), cronista y conquistador español († en Chile 1547). Secretario de Pizarro, continuó la crónica de Estete, que relata la conquista de Perú. Tras participar en los sucesos de Cajamarca y recibir su parte del rescate de Atahualpa, volvió a España (1534). Se arruinó y participó en la expedición de Valdivia a Chile, pero fue muerto por éste.

Sancho Panza, personaje del *Quijote** de Cervantes, cuyos rasgos plebeyos y de cordura práctica lo contraponen al protagonista. Forma con él una pareja inseparable, a través de jugosos diálogos que urden la trama de la novela, a partir del capítulo VII de la primera parte.

SANCHOPANCESCO, A adj. Propio de Sancho Panza.

Sanchos *(guerra de los tres)*, pugna que enfrentó a Sancho II de Castilla, Sancho IV de Navarra y Sancho I de Aragón, iniciada por el rey castellano al invadir los montes de Oca y La Bureba y tomar Viana. Aquí fue vencido por el rey aragonés, aliado de Sancho IV; abandonó entonces las plazas navarras, pero conservó los montes de Oca, La Bureba y Pancorbo.

SAND (Aurore DUPIN, baronesa DUDEVANT, llamada **George**), escritora francesa (París 1804-Nohant 1876). Educada en el convento de las agustinas inglesas de París, pasó por una crisis mística. Se casó para escapar de su familia, pero esta unión, de la que nacieron dos hijos, condujo a una ruptura y a un largo proceso. Fue en París donde George Sand adquirió conciencia de su talento literario. Publicó novelas llenas de pasión romántica (*Indiana*, 1832; *Valentine*, 1832; *Lélia*, 1833), y después evolucionó según sus relaciones del momento, provocando escándalos por sus costumbres y por su indumentaria masculina: entre sus numerosos amantes destacan Jules Sandeau, que le proporcionó su seudónimo, Musset, al que siguió hasta Venecia (1833-1834), y Chopin, con el que vivió una temporada en la cartuja de Valldemosa (Mallorca); jalonó cada etapa de su itinerario pasional y filosófico con relatos y meditaciones (*Mauprat*, 1837; *Spiridion*, 1840; *Un invierno en Mallorca*, 1842; *Consuelo*, 1842-1843; *El molinero de Angibault*, 1845). Junto a Ledru-Collin, emprendió la acción política, que pronto abandonó; se instaló entonces en la propiedad familiar de Nohant, donde, aunque siguió la narración de idilios mundanos (*El marqués de Villemer*, 1861), reflexionó sobre sus aventuras borrascosas (*Ella y él*, 1859; *Impresiones y recuerdos*, 1873-1876) y volvió a encontrar la forma más duradera de su inspiración, o sea la vena rústica (*El pantano del diablo*, 1846; *François le Champi*, 1847-1848; *La pequeña Fadette*, 1849; *Los maestros campaneros*, 1853). Acuciada por contradicciones, defensora de la independencia de la mujer, pero incapaz de vivir sin estar unida a otro ser, partidaria del socialismo pero favorable a la represión de la Comuna, artista emancipada y burguesa sentimental, George Sand vivió una vida superior a su obra.

SANDAGE (Allan Rex), astrofísico norteamericano (Iowa City 1926). Especialista del estudio de las galaxias, descubrió los quasar (1960).

J. F. Boudinot

sandía

SANDALIA n. f. (lat. *sandalia*; del gr. *sandalon*). Calzado compuesto de una suela que se sujeta al pie mediante tiras, cintas o cordones.

SÁNDALO n. m. (gr. *santalon*). Planta arbórea de Asia, que constituye el tipo de la familia santaláceas (dicotiledóneas apétalas), cuya madera, de excelente olor, se utiliza en ebanistería, perfumería, etc. ‖ Madera de este árbol y esencia que se extrae de ella.

SANDÁRACA n. f. (lat. *sandaracam;* del gr. *sandarakē*). Resina obtenida de una especie de tuya que se emplea para la fabricación de barnices, el glaseado del papel, etc.

SANDBURG (Carl), poeta norteamericano (Calesburg, Illinois, 1878-Flat Rock, Carolina del Norte, 1967). Fue uno de los jefes de la escuela de Chicago y encontró su inspiración en la vida popular y la civilización industrial de la Norteamérica moderna (*Poemas de Chicago*, 1916; *Humo y acero*, 1920; *El pueblo, sí*, 1936).

SANDE (Francisco DE), administrador español (¿nacido en Cáceres?-Santa Fe de Bogotá 1602). Alcalde de México, fue gobernador de Filipinas (1575), de Guatemala (1592-1596) y de Nueva Granada (1597-1602).

Lauros-Giraudon

George **Sand**, por A. Charpentier. (Museo Carnavalet, París.)

SANDEAU (Julien, llamado **Jules**), escritor francés (Aubusson 1811-París 1883). Tuvo relaciones con George Sand y firmó con ella una novela (*Rose y Blanche*, 1831), con el seudónimo de Jules Sand. Llevó a la escena sus dos obras más célebres, *Mademoiselle de La Seiglière* (1851) y *Sacos y pergaminos* (1851), en la que se inspiró, con Emile Augier, para escribir *El yerno del señor Poirier* (1854).

SANDEZ n. f. Calidad de sandio: *persona de una gran sandez.* ‖ Necedad, tontería, simpleza: *decir sandeces.*

SANDHURST, c. de Gran Bretaña (Berkshire), al SO de Londres. Academia militar.

Sandhurst *(manifiesto de)*, proclama del príncipe de Asturias, futuro Alfonso XII, en la ciudad inglesa homónima (1 dic. 1874). Redactado por Cánovas del Castillo, presentaba el modelo de monarquía parlamentaria y fue, de hecho, el programa de gobierno del Partido conservador* en la Restauración*.

Sandia, yacimiento arqueológico prehistórico de Estados Unidos (Nuevo México), cerca de Albuquerque. Se caracteriza por un tipo de punta de flecha con reverso asimétrico, retocada en ambas caras, que recuerda la punta con muesca solutrense. El nivel Sandia, descubierto debajo de un nivel Folsom*, contenía restos de mamut y de mastodonte. Se ha datado entre el XII y XI milenios a. J.C.

SANDÍA n. f. Planta herbácea, de la familia cucurbitáceas, que se cultiva en los países mediterráneos por su fruto de pulpa roja y refrescante; fruto de esta planta, de gran tamaño.

SANDIAL o **SANDIAR** n. m. Terreno sembrado de sandías.

SANDIEGO n. m. Planta herbácea de jardín, de flores moradas y blancas, que crece en Cuba. (Familia amarantáceas.)

SANDINISMO n. m. Movimiento político nicaragüense de carácter populista, surgido en 1927, partidario de las ideas de A. C. Sandino y actualmente articulado en torno al Frente sandinista* de liberación nacional.

SANDINISTA adj. y n. m. y f. Relativo al sandinismo; partidario de este movimiento.

sandinista de liberación nacional *(Frente)* **(F.S.L.N.)**, organización política nicaragüense creada en 1962 que, mediante el ideario de A. C. Sandino, inició la lucha contra los Somoza. En 1977, el F.S.L.N. se dividió en tres facciones: *Guerra popular prolongada* y *Tendencia proletaria*, ambas marxistas-leninistas, y la de los *Terceristas* (con Edén Pastora), vinculada a partidos socialdemócratas europeos, y partidaria de la insurrección popular. Renovada su ofensiva armada (1978), las tres facciones se unificaron (1979). Al estallar la guerra civil, conquistó militarmente el país (julio, 1979), derrocó a Somoza y puso en práctica su programa de reconstrucción nacional.

Camera Press-Zardoya

Augusto César **Sandino**

SANDINO, mun. de Cuba (Pinar del Río), junto a la ensenada de Guadiana; 35 881 hab. Pastos naturales.

SANDINO (Augusto César), patriota nicaragüense (Niquinohomo 1893-Managua 1934). Minero en su país, Honduras y México, volvió a Nicaragua (1926) en plena lucha entre Chamorro y Moncada, situación que ponía el país en manos de E.U.A. Sandino se alzó contra el gobierno y, con un grupo de hombres armados, lucho victoriosamente contra las tropas gubernamentales y los marines norteamericanos sin ser vencido. Elegido presidente el liberal Juan Bautista Sacasa (1933) y repatriados los marines, Sandino pactó con el gobierno, pero fue asesinado por el jefe de la guardia nacional y sobrino de Moncada, Anastasio Somoza.

SANDIO, A adj. y n. Tonto, majadero.

SANDOMIERZ, c. de Polonia (Kielce), junto al Vístula; 10 000 hab. Numerosos monumentos, entre ellos la catedral y el ayuntamiento, reconstruidos del s. XIV al XVII. Museos.

SANDONÁ, mun. de Colombia (Nariño), en la cordillera andina; 31 881 hab. *(Sandoneños.)* Región agrícola y ganadera. Industrias domésticas.

SANDOVAL *(familia)*, familia noble castellana, cuyo origen es el conde GONZALO TÉLLEZ, pariente de Fernán González. — Su hijo, SALVADOR GONZÁLEZ, fundó el linaje y su sucesor, RODRIGO GÓMEZ, tomó el apellido Sandoval al ser hecho señor de esta villa. — DIEGO GÓMEZ († 1454) obtuvo la cesión de Lerma y Saldaña y fue canciller de Castilla y conde de Castrojeriz (1426). — Su nieto, DIEGO († Lerma 1502), fue hecho marqués de Denia y su hijo, BERNARDO († 1536), $1.^{er}$ conde de Lerma, fue mayordomo de la reina Juana. — Su bisnieto, FRANCISCO (1552-1623), fue $1.^{er}$ duque de Lerma* y su hijo, CRISTÓBAL († 1624), duque de Uceda*.

SANDOVAL (Gonzalo DE), conquistador español (Medellín 1497-Palos 1527). Tomó parte en la conquista de México, apoderándose de los hombres de Narváez, dirigiendo la retirada de la Noche triste (1520) y sitiando Tenochtitlan (1521). Fundó Medellín (1521) y sofocó una revuelta indígena en Pánuco. En 1527 estuvo asociado al gobierno de Nueva España y acompañó a Cortés en su viaje a España.

SANDOVAL (Prudencio DE), historiador español (Valladolid 1553-Estella 1620). Miembro de la orden benedictina y obispo de Tuy (1608) y de Pamplona (1612), continuó la labor de Morales como cronista (1600), escribiendo una historia de los reyes castellanoleoneses desde Fernando I a Alfonso VII *(Historia de los cinco reyes)* y una crónica sobre Carlos Quinto (1604-1606) y otra sobre Alfonso VII (1600).

SANDOVAL (José León), político nicaragüense (1789-1854). Jefe de estado de 1845 a 1847, su administración originó varios movimientos de protesta popular. Cambió la capital a la ciudad de Granada.

SANDRART (Joachim VON), pintor e historiador de arte alemán (Frankfurt am Main 1606-Nuremberg 1688), reputado por su *Teutsche Akademie* (recopilación de vidas de artistas de todos los países).

SANDRINI (Luis), actor argentino (Buenos Aires 1905-*id.* 1980). Trabajó como payaso circense y, a partir de 1933, como actor cómico del cine: *Palabra de honor* (1939); *Vida íntima de Marco Antonio y Cleopatra* (1947); *El baño de Afrodita* (1948); y *Olé torero* (1949). En 1964 dirigió y protagonizó *Los placeres conyugales.*

SANDUNGA n. f. Danza y canción popular mexicana, originaria de Chiapas y típica de la región de Tehuantepec y de Oaxaca. || *Fam.* Salero, gracia natural.

SANDUNGUERO, A adj. *Fam.* Que tiene sandunga, gracia.

SANDWICH n. m. (voz inglesa). Bocadillo.

SANDWICH DEL SUR, islas subantárticas de Argentina, que pertenecen al Territorio nacional de la Tierra del Fuego e islas del Atlántico Sur; 300 km^2. De origen volcánico, en su lado E están bordeadas por la *fosa de las Sandwich del Sur* o *fosa del Meteor,* de 8 262 m de prof. máxima.

SANEADO, A adj. Libre de cargas o descuentos; boyante: *bienes saneados.*

SANEAMIENTO n. m. Acción y efecto de sanear. || Procedimiento para eliminar el exceso de agua de los terrenos húmedos. || Acción de mejorar, en el aspecto higiénico, un barrio, una ciudad, etc.

SANEAR v. tr. [**1**]. Dar condiciones de salubridad. || Remediar, reparar, equilibrar: *sanear la crisis económica.*

SANEDRÍN n. m. (arameo *sanhedrin;* del gr. *synedrion,* reunión, tribunal). Antiguo consejo supremo del judaísmo, con sede en Jerusalén, presidido por el gran sacerdote. (Creado a fines del s. III a. J.C., dejó de existir al desaparecer el estado judío, en el 70 d. J.C.)

SANFORIZACIÓN n. f. (de *Sanford* L. Cluett, su inventor). Tratamiento que da a los tejidos de algodón una estabilización dimensional para evitar que encojan en el lavado.

SANFUENTES (Salvador), escritor y político chileno (Santiago 1817-† 1860). Intendente de Valdivia y ministro de Justicia (1846), escribió dramas históricos y poesía. — Su hijo, ENRIQUE SALVADOR (1848-1939), fue diputado y ministro en las filas balmacedistas (1888-1890). — Su otro hijo, JUAN LUIS (Santiago 1858-*id.* 1930), fue presidente del país (1915) por el partido balmacedista, con un mandato progresista, al final del cual abortó una conjura militar (1919).

SANGALLO, familia de arquitectos italianos, maestros del renacimiento clásico. GIULIANO GIAMBERTI, llamado **Giuliano da Sangallo** (Florencia c. 1445-*id.* 1516), al principio a sueldo de los Médicis como ingeniero militar, creó las dos obras más representativas de fines del s. XV: la villa de Poggio en Caiano, precursora de Palladio, y la iglesia de Santa Maria delle Carceri en Prato. — Su hermano ANTONIO, llamado **Antonio da Sangallo el Viejo** (Florencia c. 1455-*id.* 1534), colaboró con él (San Pedro de Roma), erigió fortalezas y construyó en Montepulciano la iglesia de San Biagio (1518). — ANTONIO CORDIANI, llamado **Antonio da Sangallo el Joven** (Florencia 1484-Roma 1546), sobrino y discípulo de los anteriores, e ingeniero militar (como tal estuvo al servicio de los papas Médicis). Construyó en Roma varias iglesias y palacios, entre ellos el palacio Farnesio, que muestra un dominio total de las lecciones de la antigüedad (patio inspirado en el teatro de Marcelo).

SANGENJO o **SANXENXO,** v. de España (Pontevedra), en las Rías Bajas; 13 899 hab. *(Sangenjinos.)* Agricultura; ganado de cerda. Pesca. La costa recortada, con playas (playa de La Lanzeda). Turismo.

SANGER (Frederick), bioquímico británico (Rendcomb, Gloucestershire, 1918). Ha estudiado la estructura de las proteínas y en 1955 estableció la de la insulina; desde 1960 se ha dedicado a estudiar la secuencia de los núcleos que sobre las moléculas del A.D.N. dan soporte a los genes. (Premio Nobel de química, 1958 y 1980.)

SANGHA, r. del África central, cuyo curso superior se denomina *Mambéré,* afl. del Congo (or. der.); 1 700 km.

SĀNGLI, c. de la India, al S del Mahārāshtra; 115 000 hab. Centro comercial.

SANGNIER (Marc), periodista y político francés (París 1873-*id.* 1950). Organizó unos círculos de estudios que constituyeron el origen de la revista *Le sillon* (1894). Se dedicó a la educación popular y a la instauración de un cristianismo democrático y social (1898). Cuando *Le sillon* —matriz de la democracia cristiana en Francia— fue desautorizado por Pío X (1910), se sometió, y en 1912 fundó la Joven república. Después de haber sido diputado por el Bloque nacional (1919-1924), creó *L'éveil des peuples,* de inspiración internacionalista y pacifista, y fundó la Liga francesa de los albergues de la juventud (1930).

SANGOLQUÍ → RUMIÑAHUI, cantón de Ecuador.

SANGONERA → GUADALENTÍN.

SANGRADO n. m. *Impr.* Sin. de SANGRÍA.

SANGRADURA n. f. Corte hecho en una vena para sangrar.

SANGRANTE adj. Que sangra.

SANGRAR v. intr. [**1**]. Perder sangre por un orificio natural o por una herida: *sangrar la nariz.* || *Fig.* Sufrir los efectos de un desengaño, disgusto, etc.: *sangrar de dolor.* ◆ v. tr. Extraer sangre con fines terapéuticos. || *Fig.* y *fam.* Hurtar, sisar: *sangrar a los contribuyentes.* || *Impr.* Comenzar una línea más adentro que las otras de la plana. || *Silvic.* Hacer incisiones en el tronco de los árboles, para extraer látex o resina. || *Tecnol.* Dar salida al líquido contenido en algún sitio: *sangrar una tubería.*

SANGRE n. m. (lat. *sanguinem*). Líquido rojo que circula por las venas, las arterias, el corazón y los capilares, y que transporta los elementos nutritivos y los residuos de todas las células del organismo. || Linaje, familia: *ser de sangre ilustre; defender a los de su sangre.* ● *A sangre,* en un libro, revista, etc., disposición de un grabado uno o varios de cuyos lados están delimitados por los cortes o por el lomo. || *A sangre fría,* con premeditación, sin estar alterado por la cólera o un arrebato momentáneo. || *A sangre y fuego,* sin consideración para el enemigo; con violencia, sin ceder en nada. || *Bullirle la sangre* a alguien (Fam.), tener el vigor y entusiasmo de la juventud. || *Chupar la sangre* a alguien (Fam.), explotarlo o arruinarlo poco a poco. || *De sangre,* animal: *tiro de sangre.* || *Lavar con sangre,* derramar la del enemigo en venganza de algún agravio. || *Llevar* algo *en la sangre,* ser innato o hereditario. || *Mala sangre* (Fig. y fam.), carácter perverso. || *No llegar la sangre al río* (Fam.), no tener algo consecuencias graves. || *Sangre azul* (Fig.), linaje noble. || *Sangre de drago,* resina de color rojo que se extrae del tronco del drago y de otros árboles tropicales. || *Sangre fría,* serenidad, entereza de ánimo; capacidad para cometer una crueldad. || *Subírsele la sangre a la cabeza* a alguien, perder la serenidad, irritarse. || *Sudar sangre,* pasar muchos trabajos y penalidades. || *Tener sangre de horchata,* ser calmoso y no alterarse por nada. ■ La sangre es una suspensión de células, o glóbulos, en el plasma. Se coagula al salir, y a veces en el interior, de los vasos sanguíneos.

J. Six

sanguijuela

La sedimentación de la sangre tratada con un anticoagulante se produce por la acción de la gravedad, en virtud de la cual se forma un depósito de glóbulos en el fondo de un tubo largo y estrecho. La velocidad de sedimentación (v. s.) se mide por la altura, en milímetros, de la columna de plasma que rebasa la de los hematíes sedimentados. Esta altura se anota al cabo de una hora, de dos horas y de veinticuatro horas, y es diferente según el sexo: en el hombre es, respectivamente, 3, 8 y 50 mm.; en la mujer, de 6, 16 y 70 mm. En la mayor parte de las inflamaciones agudas o crónicas aumenta la velocidad de sedimentación.

La centrifugación de la sangre separa la parte globular, sólida, de la parte plasmática, líquida. La parte globular de una muestra sanguínea centrifugada representa el 45 % de su volumen total: esta tasa constituye el hematocrito.

El plasma está formado por agua, sales minerales, moléculas orgánicas (glúcidos, lípidos, prótidos), hormonas y gas disuelto.

La parte globular está constituida por glóbulos rojos, o hematíes; glóbulos blancos, o leucocitos, y plaquetas sanguíneas, o trombocitos. Su estudio da el hemograma, que es el resultado de una investigación cuantitativa (numeración globular) y cualitativa (fórmula leucocitaria). Por término medio, el número de glóbulos rojos está comprendido entre 4,5 y 5,5 millones por milímetro cúbico, y el número de glóbulos blancos, entre 5 000 y 8 000 por milímetro cúbico. La fórmula leucocitaria representa las diferentes fracciones de los leucocitos: los polinucleares neutrófilos (PN), de 45 a 70 %; los polinucleares eosinófilos (PE), de 1 a 3 %; los polinucleares basófilos, de 0 a 0,5 %; los linfocitos, de 20 a 40 %; los monocitos, de 3 a 7 %. El número de plaquetas está comprendido entre 200 000 y 400 000 por milímetro cúbico.

La centrifugación de la sangre que ha coagulado espontáneamente separa el suero del coágulo. El suero tiene la misma composición que el plasma, pero carece de fibrinógeno, transformado en fibrina insoluble en el transcurso de la coagulación.

La técnica más utilizada para la extracción de sangre para su análisis es la punción venosa en el pliegue del codo. La extracción debe efectuarse en ayunas para todos los análisis de dosificación química (protidemia, de 70 a 85 g/l; azotemia [urea], de 0,25 a 0,45 g/l; uricemia [ácido úrico], de 30 a 40 mg/l; creatininemia, de 7 a 15 mg/l; glicemia, de 0,9 a 1,1 g/l; lipidemia, de 5 a 7 g/l; colesterolemia, de 1,5 a 2,2 g/l; transaminasas SGOT, de 10 a 10 U/l; SGPT, de 10 a 50 U/l; calcio, de 90 a 110 mg/l; potasio, de 0,15 a 0,20 g/l; sodio, de 3,15 a 3,40 g/l; magnesio, de 18 a 25 mg/l) y también para el hemograma; en cambio, esta condición no es necesaria para los exámenes serológicos y bacteriológicos.

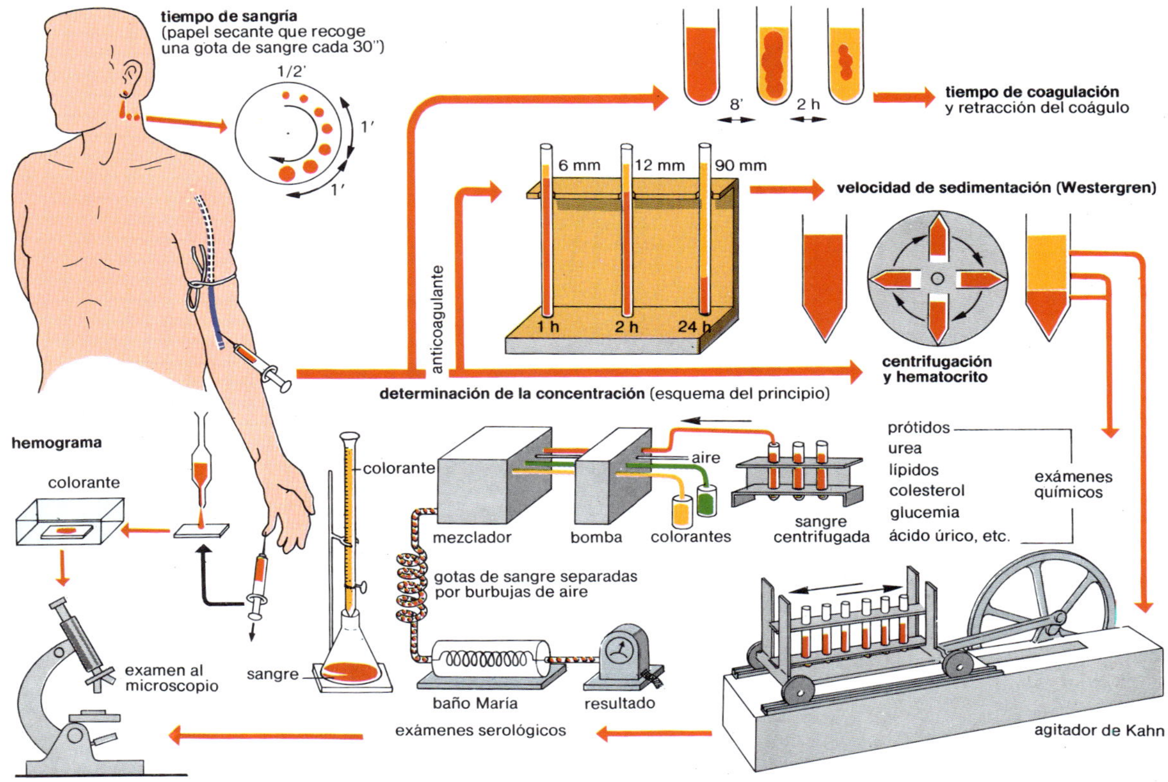

ESQUEMA DEL ANÁLISIS DE SANGRE

Sangre *(tribunal de la)* → *Tribunal de los* TUMULTOS.

sangre del cóndor *(La)* [*Yawar mallku*], película boliviana dirigida por J. Sanjinés (1969). Narra las luchas de los indios contra una institución norteamericana encargada de la esterilización masiva de las indias. Está interpretada por actores no profesionales y hablada en su mayor parte en quechua.

Sangre, voluptuosidad y muerte, obra de M. Barrès (1893), completada en 1904 y 1909. La exaltación de la personalidad buscada en la grandeza (Castilla) o en la intimidad (Brujas) de los paisajes, en el esplendor de las ciudades artísticas (Toledo, Siena y Florencia), y en el rigor de la devoción y del ejercicio creador.

SANGRÍA n. f. Acción y efecto de sangrar, de extraer sangre de un organismo vivo, con fines terapéuticos. || Parte de la articulación del brazo opuesta al codo. || Bebida refrescante compuesta de vino tinto, agua carbónica, azúcar, limón y, a veces, otras frutas y especias. || Salida que se da a las aguas de un río, canal, etc. || Incisión o corte que se hace en un árbol para que fluya la resina, provocar la exudación del látex, etc. || En metalurgia, chorro de metal en fusión que sale del horno. || Operación que consiste en dejar correr el metal líquido desde el horno al caldero de colada. || *Fig.* Gasto o pérdida que se produce en una cosa por extracciones sucesivas. || *Impr.* Acción y efecto de sangrar. (Sin. SANGRADO.) || Blanco puesto antes del texto en ciertas líneas. ● *Tiempo de sangría,* tiempo durante el cual sangra una pequeña escarificación hecha en el lóbulo de la oreja, que constituye una prueba en el estudio sobre la defensa del organismo contra las hemorragias.

SANGRIENTO, A adj. Que causa derramamiento de sangre: *batalla, lucha sangrienta.* || Sanguinario: *un rey sangriento.* || *Fig.* Cruel, que ofende gravemente: *crítica sangrienta.*

SANGRILIGERO, A adj. *Amér.* Simpático.

SANGRIPESADO, A adj. *Amér.* Antipático.

SANGRÓNIZ, ZANGRÓNIZ o **SANGRONES** *(familia),* antiguo linaje vizcaíno, uno de los fundadores del señorío de Vizcaya. Fundada por JIMENO URTIZ **de Sangróniz** en el s. XIII, era una rama de la casa de Basurto. — MARTÍN JIMÉNEZ, alcalde de Uribe, fundó Torre Vieja de Sangróniz (1235). — ÍÑIGO JIMÉNEZ asistió al juramento de los Reyes Católicos en Guernica (1476) y OXOA JIMÉNEZ anexionó Sondica y Lujúa (1523). La familia se extendió por todo el País Vasco.

SANGUARAÑA n. f. *Argent., Ecuad.* y *Perú.* Circunloquio, rodeo para decir una cosa. (Suele usarse en plural.)

SANGÜESA o **ZANGOTZA,** c. de España (Navarra), en la or. der. del Aragón; 4 572 hab. Centro comarcal de la *Cuenca de Sangüesa.* Agricultura y ganadería.
HISTORIA. Una de las fortalezas más antiguas de Navarra, fronteriza con el reino aragonés, fue cedida a Ramiro de Aragón en 1054. Cambiada de emplazamiento (1132), intentó separarse de Castilla a la muerte de Fernando el Católico. Inundada en 1787, fue defendida por Espoz y Mina en la guerra de Independencia y resultó afectada por las guerras carlistas.
BELLAS ARTES. Iglesias románicas de Santiago (s. XII) y de Santa María la Real (s. XII), en la última de las cuales destacan la torre octogonal gótica, la portada principal profusamente esculpida (ss. XII-XIII) y el retablo (s. XVI, obra de Jorge de Flandes). Palacio gótico del duque de Granada (ss. XIV-XV). Palacio barroco de Vallesantoro (ss. XVII-XVIII).

SANGUIJUELA n. f. (lat. *sanguisugiolam*). Gusano del tipo anélidos, clase hirudíneos, que vive en las aguas dulces y cuyo cuerpo termina por una ventosa en cada extremo. (Las sanguijuelas absorben la sangre de los vertebrados después de haberles practicado una incisión en la piel, mediante los tres maxilares que rodean su boca, y conservan esta sangre líquida en un tubo digestivo dilatable. Se las utilizó durante mucho tiempo para la práctica de sangrías.) || *Fig.* y *fam.* Persona ávida de dinero y que poco a poco va apoderándose de los bienes de otro.

SANGUILY (Manuel), escritor cubano (La Habana 1848-*id.* 1925). Luchó en la guerra de los Diez años, donde alcanzó el grado de coronel, y en la de la Independencia, al término de la cual desempeñó importantes cargos políticos. De su obra ensayística, cabe citar su revista *Hojas literarias* (1893) y las obras *Un insurrecto cubano en la corte* (1888) y *Discursos y conferencias* (1918). — Su hermano JULIO (La Habana 1846-*id.* 1906), fue un patriota, que, tras el grito de Baire, fue apresado y condenado a cadena perpetua (1895) y posteriormente a destierro.

SANGUINA n. f. Hematites roja. || Lápiz rojo oscuro, fabricado con hematites. || Dibujo realizado con este tipo de lápiz.

SANGUINARIA n. f. *Sanguinaria menor,* planta herbácea de la península Ibérica, de tallos tendidos y flores en glomérulos. (Familia paroniquiáceas.)

SANGUINARIO, A adj. (lat. *sanguinarium*). Cruel, feroz, que tiene tendencia a matar o herir.

SANGUÍNEO, A adj. Relativo a la sangre. || Que tiene sangre. || De color de sangre: *rojo sanguíneo.* || De aspecto pletórico, por lo general hipertenso, fácilmente irritable. ● *Vasos sanguíneos,* conductos que sirven para la circulación de la sangre.

SANGUINETI (Edoardo), escritor italiano (Génova 1930). Poeta influido por Eliot y Ezra Pound, así como por Dante, cuya doble pasión por la realidad y el lenguaje admiró (*El realismo de Dante,* 1965), y novelista que rompió con las tradiciones narrativas (*Capricho italiano,* 1963), fue en su país uno de los mejores representantes de la literatura experimental (*Laborintus,* 1956; *El noble juego de la oca,* 1967).

SANGUINO, A adj. y n. f. Dícese de una variedad de naranja cuya pulpa es de color rojizo.

SANGUINO n. m. Aladierno. || Cornejo.

SANGUINOLENCIA n. f. Calidad de sanguinolento.

SANGUINOLENTO, A adj. Que echa sangre; manchado o inyectado de sangre: *carne sanguinolenta; ojos sanguinolentos.*

SANGUIS n. m. (voz lat., *sangre*). *Rel. cat.* Sangre de Cristo bajo los accidentes del vino en la eucaristía.

SANGUISORBA n. m. Planta herbácea de las regiones templadas del hemisferio norte, de flores verduzcas, purpúreas o blanquecinas. (Familia rosáceas.)

ṢANHĀŶA, tribu beréber del Mogreb, cuya región geográfica original es la actual Cabilia. Enemigos de los zanāta, se aliaron con los fatimíes, mientras aquéllos lo hacían con los omeyas peninsulares. Cuando los fatimíes abandonaron el occidente musulmán, los ṣanhāŷa gobernaron la zona. El antecesor de la primera dinastía fue ZĪRĪ (v. ZĪRÍES), que mantuvo la capital en Kairuán y fundó ʿAšīr (940). Los ṣanhāŷa fueron enemigos de los omeyas pero, por maniobras de los califas andaluces, llegaron a combatir en la Península, donde reanudaron su lucha con los zanāta en tiempos de Almanzor; instalaron el centro de su territorio en Granada en época de Sulaymān al-Mustaʿīn. El poder militar ṣanhāŷa en el N de África acabó con la invasión de nuevas tribus árabes.

SANÍCULA n. f. Planta herbácea vivaz de la familia umbelíferas, que crece en lugares frescos.

SANIDAD n. f. Calidad de sano: *la sanidad de las costumbres.* || Salubridad: *la sanidad de un local.* || Conjunto de servicios administrativos que se refieren a la salud pública: *departamento de sanidad.* ● *Patente de sanidad,* documento expedido a un buque en el puerto de procedencia, y que acredita el estado sanitario de éste o también el de a bordo.

SANIN CANO (Baldomero), escritor colombiano (Rionegro 1861-Bogotá 1957). Fue diplomático y profesor universitario. Fundador de la *Revista contemporánea,* realizó una gran labor como ensayista literario (*La civilización manual y otros ensayos,* 1925; *Indagaciones e imágenes,* 1926; *Crítica y arte,* 1932; *Divagaciones filosóficas y apólogos literarios,* 1934; *Ensayos,* 1942, y *De mi vida y otras vidas,* 1949, memorias).

SANITARIO, A adj. Relativo a la conservación de la salud y la higiene: *centro sanitario; política sanitaria.*

SANITARIO n. m. Empleado de los servicios de sanidad. ◆ pl. y adj. Retrete. || Conjunto de aparatos de limpieza e higiene instalados en retretes, cuartos de baño, etc.

SANJINÉS (Jorge), director de cine boliviano (La Paz 1937). Rodó cortometrajes (*Sueños y realidades,* 1962; *Revolución,* 1963; *Aysa! [Derrumbe],* 1965), que constituyen lo mejor de su producción, y largometrajes (*Ukamau,* 1966; *La sangre* del cóndor, [Yawar mallku]*; *El coraje del pueblo,* 1971, y *Fuera de* *aquí,* 1977), de temática ligada a las luchas sociales de su país.

Sanjuanada, nombre dado al movimiento contrario a la dictadura de Primo de Rivera, que estalló en Tarragona la noche de San Juan de 1926. La conjura, abortada, contaba con los generales Weyler y Aguilera, y los políticos Romanones y Barriobero.

SANJURJO (José), militar español (Pamplona 1872-Estoril, Portugal, 1936). Luchó en Cuba y, como voluntario, en Melilla (1909), y ascendió a comandante. Volvió tres veces más a África, llegando a general de brigada (1920), y fue comandante general de Melilla después del desastre de Annual*. Luchó contra Abd el-Krim en Alhucemas y consiguió el título de marqués del Rif. Ya como teniente general, fue comisario superior del ejército de África (1925-1928). Director de la Guardia civil, no se resistió a la Segunda república, resentido con el rey por el cese de Primo de Rivera. Su traslado a la Dirección general de carabineros (1932) exacerbó su descontento con las medidas del gobierno y, animado por dirigentes carlistas y militares, se sublevó contra el régimen republicano (1932); fracasó e intentó huir a Portugal. Detenido y juzgado, Azaña le conmutó la pena de muerte por la de prisión perpetua, pero fue amnistiado con la subida al poder de los derechistas (1934). Murió en accidente de aviación cuando regresaba a España para tomar el mando del alzamiento de julio de 1936.

SANKARA o **SANKARĀCHĀRYA,** filósofo indio (fines del s. VIII). El hombre, según Sankara, vive en un mundo relativo e ilusorio; la única realidad auténtica a la que puede acceder reside en sí mismo. Es este yo individual el que es idéntico al yo universal o absoluto del que hablan los *Upaniṣad.* Por tanto, según Sankara no existen dos realidades diferentes, y así, su doctrina es llamada no dualista. El hombre está sometido a la ronda de las reencarnaciones en múltiples cuerpos (saṃsāra) y, para librarse de ellas, debe conocer esa identidad fundamental, que le revelará el carácter ilusorio del mundo. La interpretación extremadamente rigurosa que Sankara ofreció de los *Brahmasūtra,* de los *Upaniṣad* védicos y de la *Bhagavad-Gītā,* le convierte en uno de los primeros filósofos indios.

SANKT ANTON AM ARLBERG, estación de deportes de invierno de Austria, en el Tirol (alt. 1 304-2 811 m), cerca del *paso del Arlberg.*

SANKT GALLEN, en fr. *Saint-Gall,* c. del NE de Suiza, cap. del *cantón de Sankt Gallen* (2 076 km^2; 384 475 hab.); 81 000 hab. Industria del bordado. Casas medievales y del renacimiento. Escuela de ciencias económicas y sociales (1960). Abadía benedictina fundada en el s. VIII, que conoció un notable florecimiento a partir de la época carolingia, gracias a sus talleres de copistas y a sus escuelas de canto. Sus abades fueron príncipes del imperio a principios del s. XIII, y en 1451 se unieron a la Confederación Helvética. En el s. XVI, la abadía se convirtió en uno de los grandes centros de la Contrarreforma. El edificio fue reconstruido en los ss. XVI al XVIII.

Sanlúcar de Barrameda

Algar-Salmer

Vendrell

Jorge **Sanjinés:**
una escena de *La sangre del cóndor.*

SANKT PÖLTEN, c. de Austria, al O de Viena; 50 000 hab. Monumentos barrocos, entre ellos la catedral, de origen románico, transformada a partir de 1722 por Prandtaver (frescos de Daniel Gran 1694-1757). Metalurgia.

SANLÚCAR DE BARRAMEDA, v. de España (Cádiz), cab. de p.j., en las Marismas, junto a la desembocadura del Guadalquivir; 48 486 hab. *(Sanluqueños.)* Ganadería. Huertas, navazos y viñedo. Elaboración de vinos (manzanilla) e industrias auxiliares. Salinas y pesca. Puerto fluvial. Turismo.
HISTORIA. Reconquistada por Alfonso X (1264) a los musulmanes, fue patrimonio de los duques de Medinasidonia hasta 1645. Fue punto de partida del régimen de flotas a Indias, con lo que se desarrolló económicamente y se convirtió en ciudad (1579). Su declive vino en el s. XVIII, con la sustitución de los navíos.
BELLAS ARTES. Iglesia de Santa María (s. XIV, restaurada en el s. XVII), con notables elementos mudéjares (portada). Palacio gótico de Medinasidonia (s. XV). Iglesia barroca de la Merced (1635), con impresionante fachada; iglesia de Santo Domingo.

SANLÚCAR LA MAYOR, c. de España (Sevilla), cab. de p.j., centro comarcal de El Aljarafe; 7 836 hab. *(Sanluqueños.)* Agricultura. Ganado de lidia. Harineras. Iglesia de Santa María (ss. XIII-XIV), que combina elementos góticos y mudéjares; iglesia de San Pedro (ss. XIII-XIV), con portada mudéjar.

SANNAZZARO (Iacopo), poeta y humanista italiano (Nápoles c. 1455-*id.* 1530). Su obra principal, la *Arcadia* (1502-1504), en prosa y verso, tuvo una influencia considerable en la formación de la novela pastoril europea.

SANO, A adj. y n. (lat. *sanum*). Que goza de buena salud, exento de daño o de enfermedad: *cuerpo sano; persona sana.* ◆ adj. Saludable, bueno para la salud: *clima, aire sano.* || Que está en buen estado, que no está gastado, roto o alterado: *alimentación sana; dientes sanos.* || *Fig.* Que tiene buenos principios, exento de vicios, malicia, etc.; conforme al equilibrio intelectual o moral: *diversión sana; negocio sano; crítica sana.* ● *Cortar por lo sano,* acabar con lo que preocupa o molesta por el procedimiento más expeditivo. || *Sano y salvo,* sin daño.

SANRAKU KANŌ, pintor japonés (Gamō 1559-Kyōto 1635). Hijo adoptivo de Eitoku, fue, junto con su propio hijo adoptivo, Sansetson (1590-1651), el último gran representante del brillante estilo de la época Momoyama. Protegido por el shōgun Hideyoshi, aseguró la continuidad de la escuela Kanō en Kyōto. Sus obras (bellezas de la naturaleza, escenas históricas) atestiguan la amplitud de su talento, desde la aguada monocroma a la gran composición decorativa policroma.

Sanrocada, nombre dado a los hechos promovidos por los nacionalistas vascos, iniciados con el «¡Muera España!» gritado por Luis Arana el día de san Roque de 1893 en Guernica, y que agitaron el País Vasco, dando lugar a la creación de la organización Euskeldun Batzokija (1894).

SANS (Francisco), pintor español (Gerona 1834-Madrid 1881), autor de cuadros históricos de estilo realista (*Libertad; El general Prim en la batalla de Tetuán,* 1871; *Carlos Quinto en Roma*).

SANSCRITISMO n. m. Conjunto de ciencias que tienen por objeto el conocimiento del sánscrito.

SANSCRITISTA n. m. y f. Especialista en sánscrito.

SÁNSCRITO, A adj. y n. m. Dícese de la lengua sagrada y literaria de la civilización brahmánica, perteneciente al grupo de lenguas indoeuropeas, y de los libros escritos en esta lengua.
■ Los más antiguos textos sánscritos, los *Veda,* son colecciones de cantos religiosos, tratados litúrgicos y comentarios sobre estos cantos. Se transmitieron oralmente entre el 1800 y el 500 a. J.C.; su transcripción, más tardía, reproduce fielmente el texto oral y permite seguir la evolución de la lengua. Cuando, hacia el s. V a. J.C., el gramático Pāṇini describió la lengua y fijó las normas lingüísticas, el sánscrito estaba reducido a una lengua litúrgica, y como tal ha permanecido hasta la época contemporánea: las lenguas vivas de la India son los dialectos (o pracritos), que han dado lugar a las diversas lenguas habladas actualmente.
El «descubrimiento» del sánscrito por los occidentales a fines del s. XVIII dio lugar al nacimiento de la lingüística indoeuropea y de la gramática comparada (el sánscrito representa un estado de lengua muy cercana a sus orígenes indoeuropeos).

SANS-CULOTTE n. m. (voz francesa, *sin calzones*) [pl. *sans-culottes*]. Nombre con el que durante la Revolución francesa se designaba a los revolucionarios pertenecientes a las clases sociales más populares.

SANSEACABÓ. Y *sanseacabó,* expresión con se da por acabado un asunto o discusión.

SANSIMONIANO, A adj. y n. Relativo al sansimonismo.

SANSIMONISMO n. m. Doctrina del conde de Saint-Simon y de sus discípulos, especialmente Enfantin y Bazard.
■ La doctrina preconizaba el colectivismo, que proveería «a cada uno según su capacidad, a cada capacidad según sus obras», y criticaba la propiedad privada porque conduce a una organización anárquica de la producción y consagra la explotación del hombre por el hombre. La escuela sansimoniana evolucionó hacia una verdadera secta religiosa. Divididos ideológicamente y condenados por los tribunales, los sansimonistas se dispersaron en 1833.

SANSÓN n. m. (de *Sansón,* juez de Israel). Hombre muy forzudo.

SANSÓN, juez de Israel (s. XII a. J.C.), célebre por su fuerza, sus hazañas contra los filisteos y sus relaciones con Dalila; astutamente, ésta consiguió arrancarle el secreto de su fuerza, que residía en su cabellera, y después de cortársela lo entregó a los filisteos. Los relatos referentes a Sansón son una recopilación de anécdotas populares o de narraciones folklóricas, redactadas posteriormente y que tuvieron valor de ejemplos y de estímulo en la epopeya nacional de Israel.

Sansón y Dalila, ópera en tres actos, música de C. Saint-Saëns (1877) y libreto de F. Lemaire. Intento de crear una obra entre el oratorio y la ópera, debe su celebridad a ciertas arias de Dalila, a varios coros, a la escena final y a la orquestación inspirada en Berlioz.

SANSOVINO (Andrea CONTUCCI, llamado **il**), escultor y arquitecto italiano (Monte San Savino, Arezzo, 1460-*id.* 1529). Pureza formal y delicada idealización caracterizan su *Bautismo de Cristo* de la puerta E del baptisterio de Florencia (bronce, c. 1503), y se encuentran, más aún que en las dos grandes composiciones funerarias de Santa Maria del Popolo en Roma (para Julio II, c. 1506), en los bajorrelieves de la *Vida de la Virgen,* en la Santa casa de Loreto, cuya construcción dirigió el artista, siguiendo los pasos de Bramante, a partir de 1510 aprox.

SANSOVINO (Iacopo TATTI, llamado **il**), escultor y arquitecto italiano (Florencia 1486-

Valmachino

Iacopo **Sansovino:** la *loggetta* del campanario de San Marcos (1537-1540) y la *libreria* Vecchia (1537-1558), en la Piazzetta de Venecia.

Venecia 1570). Fue discípulo del anterior, cuyo nombre adoptó. En Roma, estuvo influido por la escultura clásica, por Rafael y por Miguel Ángel. En 1527 abandonó Roma, devastada, y se trasladó a Venecia, donde, como primer arquitecto de la ciudad, adaptó el arte del segundo renacimiento a la tradición veneciana (palacio Corner, vigorosamente modelado, a partir de 1537; conjunto fastuoso de la *loggetta* y de la *libreria,* junto a la plaza de San Marcos; numerosas esculturas; etcétera).

Sans-Souci *(palacio)* → POTSDAM.

SANT JORDI (Jordi DE), poeta catalán (en el reino de Valencia, fines del s. XIV-† c. 1425). Miembro de la corte de Alfonso el Magnánimo, tomó parte en la expedición a Córcega y Cerdeña (1420). Hecho prisionero en Nápoles (1423), escribió una de sus más personales poesías, *Prisionero (Presoner).* Por lo demás, su poesía es de temática casi exclusivamente amorosa y se inscribe dentro de la órbita trovadoresca.

SANT LLORENS DEL MUNT, sierra de España (Barcelona), en la cordillera Prelitoral catalana; 1 095 m de alt. En la cima iglesia románica (s. XI), de tipo lombardo, muy modificada en el s. XIV.

Sant Martí del Canigó, monasterio benedictino situado en el macizo del Canigó (Pyrénées-Orientales), en el mun. francés de Casteil. La iglesia románica (s. XI) posee tres naves con ábsides semicirculares. El claustro conserva tres de las primitivas galerías con bellos capiteles.

Sant Miquel de Cuixà, abadía benedictina al S de la ciudad francesa de Prades (Pyrénées-Orientales). Fundada en el 751, ha sufrido numerosas reformas y actualmente conserva la iglesia románica (s. X) de tres naves, con crucero y tres ábsides, el central en girola. Son interesantes sus arcos de herradura (prerrománicos de tradición visigótica), la cripta (s. XI) y un gran campanario (s. XI); el claustro y el baldaquino de mármol (s. XII) se conservan en parte en el museo de claustros de Nueva York.

SANTA, r. de Perú, en la vertiente del Pacífico; 328 km. Nace en la laguna de Conococha, discurre por el Callejón de Huaylas; cerca de Yuracmara, toma rumbo O, formando el Cañón del Pato (central hidroeléctrica de 50 MW), y desemboca en el Pacífico, junto a Chimbote.

SANTA o **SANTA DE CASTILLA** *(Peña),* pico de España (León y Asturias), punto culminante del macizo de Covadonga (Picos de Europa); 2 596 m de alt.

Santa alianza → *Santa* ALIANZA.

SANTA ANA o **ILAMATEPEC,** volcán de El Salvador (Santa Ana); 2 365 m de alt. En el Eje volcánico guatemalteco-salvadoreño, del que constituye la máxima elevación.

SANTA ANA *(departamento de),* dep. de El Salvador; 1 988 km^2; 416 006 hab. Cap. *Santa Ana.* Situado en la montañosa región E del país, está accidentado por la cordillera Metapán-Alotepeque (Montecristo, 2 418 m), en el N; una meseta recorrida por los cursos de agua de la cabecera del Lempa y en la que se halla la laguna de Güija (44 km^2), en el centro, y las sierras volcánicas de Apaneca-Ilamatepec (volcán Santa Ana, 2 365 m) y Joya Grande en el S. Destaca el cultivo del café (primer productor del país), cereales, caña de azúcar y agrios en los sectores volcánicos. Los cultivos de maíz, hortalizas y legumbres se extienden por la parte central. La población es muy densa y la industria, incipiente, con excepción de la rama alimentaria, se sitúa principalmente en la capital. Turismo en el lago de Coatepeque.

SANTA ANA, c. de Estados Unidos (California), al SE de los Ángeles; 204 000 hab. Centro comercial agrícola (fruticultura). Industria química y electrónica. — **S. A.,** c. de El Salvador, cap. del dep. homónimo, junto al Sauce; 112 830 hab. Es la segunda ciudad del país y un destacado centro agropecuario (café y caña de azúcar) y comercial (exportación a Guatemala). Industrias alimentaria, mecánica, textil y de la construcción. Carretera panamericana, aeropuerto y ferrocarril. — **S. A.,** cantón de Ecuador (Manabí), en el valle del Portoviejo; 59 561 hab. Cultivos tropicales. Bosques de tagua. — **S. A.,** distr. de Perú (Cuzco), avenado por el Urubamba; 18 103 hab. Cap. *Quillabamba.* Cereales y té. Ganadería. — **S. A.,** mun. de Venezuela (Falcón), en el área urbana de Coro; 17 124 hab. Salinas y carbón. Aguardiente. Aeropuerto.

SANTA ANNA (Antonio LÓPEZ DE), militar y político mexicano (Jalapa, Veracruz, 1791-México 1876). Se levantó contra Iturbide (2 dic. 1822) y firmó con Antonio Echávarri (enviado contra él) el plan de Casa Mata (1 febr. 1823), pidiendo la vuelta del congreso y el reconocimiento de la soberanía de la nación. Seguidamente, proclamó la república y, una vez instaurada, como comandante militar de Yucatán, declaró la guerra a España e intentó tomar Cuba, pero fue desautorizado por el gobierno, que aceptó su renuncia. Merced a las intrigas, su prestigio militar y la muerte de Mier Terán, llegó a la presidencia de la república, e inició con los liberales reformistas un cambio eclesiástico-militar (1833-1834) que él mismo anuló. En la guerra de Texas (1836) tomó El Álamo, pero poco después fue apresado por Houston, por lo que hubo de ceder a las imposiciones de E.U.A. (convenio de Velasco, que significaba la independencia de Texas). Volvió al frente del ejército en la «guerra de los pasteles» contra Francia (1838) y, defendiendo Veracruz, perdió una pierna. Recuperado su prestigio, fue presidente interino con Bustamante (1839), al que derrocó dos años después, quedando como dueño de la situación por las bases de Tacubaya (28 set. 1841). Reorganizó el ejército y restableció a los jesuitas en el N del país, hasta que una insurrección popular, encabezada por José Joaquín Herrera, le depuso, y en 1845 fue desterrado por el congreso; volvió al año siguiente, debido a la guerra con E.U.A.; al frente del ejército, fue varias veces derrotado, hasta verse obligado a entregar la capital a los norteamericanos (1847). Dimitido y en Colombia, fue reclamado por dirigentes liberales y conservadores en Veracruz (1853), y a la muerte de Lucas Alemán, siguió la política del Partido conservador: reforzamiento del ejército, represión del auge liberal y aumento del poder de la Iglesia y los jesuitas. A fines de 1853, Santa Anna asumió el título de alteza serenísima y la posibilidad de elegir sucesor, pero el auge de la guerrilla y el plan liberal de Ayutla* (1 marzo 1854) acabaron con su gobierno (12 ag. 1855). Fue desterrado; volvió al país en 1874 y murió olvidado.

SANTA BÁRBARA *(departamento de),* dep. del NO de Honduras; 5 115 km^2; 259 769 hab. Cap. *Santa Bárbara.* Avenado por una amplia red fluvial que incluye al río Jicatuyo, está accidentado por un conjunto de sierras (Espíritu Santo, Grita, Colima, Atimas), cuyas alturas llegan a sobrepasar los 2 700 m. Predominan los cultivos de café, tabaco y cereales. Explotación ganadera. Minería (metales preciosos).

SANTA BÁRBARA, c. de Estados Unidos (California), al NO de Los Ángeles; 75 000 hab. Centro comercial. Electrónica. Estación balnearia. — **S. B.,** mun. de Colombia (Antioquia), en la cordillera Central; 23 358 hab. Maíz y frijol. Vacunos. — **S. B.,** mun. de Venezuela (Barinas), avenado por el Suripá; 21 792 hab. Agricultura y ganadería. Aeródromo. — **S. B.,** mun. de México (Chihuahua), en la altiplanicie Septentrional; 19 862 hab. Centro minero (plomo, cinc y plata). Industria metalúrgica. — **S. B.,** dep. de Argentina (Jujuy), en la *sierra Santa Bárbara;* 15 721 hab. Cab. *Santa Clara.* Minas de hierro. — **S. B.,** c. de Honduras, cap. del dep. homónimo, en el curso alto del Ulúa; 6 129 hab. Caña de azúcar; ganadería. Canteras de mármol. — **S. B.,** mun. de Venezuela (Monagas), a orillas del Amana; 6 034 hab. Petróleo y lignito. Oleoducto hasta Puerto La Cruz. Aeródromo. — **S. B. de Samaná,** c. de República Dominicana, cap. de la prov. de Samaná, en la bahía de Samaná; 5 732 hab. Canteras de mármol. Centro agrícola y pesquero. Puerto.

Santa Bárbara *(Real fábrica de tapices de),* fábrica de tapices madrileña creada por los Borbones en el s. XVIII. Sus primeros directores fueron el flamenco J. Van der Goten (desde 1720) y A. Rafael Mengs (desde 1774). En ella trabajaron, realizando los cartones que servirían de modelo para los tapices, los pintores de la corte: Houasse, Giaquinto, Amiconi, Mengs, y los españoles R. y F. Bayeu, J. del Castillo, y, fundamentalmente, Goya, quien durante el período 1774-1792 pintó sus famosos cartones con temas costumbristas y populares del Madrid del s. XVIII.

SANTA BRÍGIDA, v. de España (Las Palmas), en la isla de Gran Canaria; 11 219 hab. Agricultura y ganadería (pastos). Elaboración de quesos.

Santa Capilla de París, antigua capilla palatina, actualmente englobada en el palacio de justicia. San Luis la hizo construir (1241-1248) para albergar las reliquias de Tierra santa. Se compone de dos capillas: la alta, joya del arte gótico florido francés, por la amplitud de los vanos recubiertos de vidrieras con medallones y la ligereza de la estructura arquitectónica; y la baja. Fue restaurada en el s. XIX.

SANTA CATALINA, isla de Colombia → SAN ANDRÉS Y PROVIDENCIA *(intendencia de).*

SANTA CATALINA, mun. de Venezuela (Sucre), en el área urbana de Carúpano; 36 239 hab. — **S. C. de Armada** → SANTA COMBA.

SANTA CATARINA, estado del Brasil meridional, junto al Atlántico; 95 985 km^2; 3 629 000 hab. Cap. *Florianópolis.* Agricultura. Madera. Carbón. Industrias. A la inmigración de las Azores (s. XVIII) en la *isla de Santa Catarina,* se añadió la inmigración italiana y alemana (ss. XIX y XX). La isla de Santa Catarina fue reconocida por España como portuguesa en el tratado de San* Ildefonso de 1777.

SANTA CATARINA, mun. de México (Nuevo León), en la sierra Madre Oriental; 36 385 hab. Agricultura y ganadería.

Santa Cecilia Acatitlán → TENAYUCA.

SANTA CLARA, cerro de Guatemala (Sololá), en la orilla O del lago Atitlán; 2 400 m de alt.

SANTA CLARA *(bahía de),* bahía de Cuba, en la costa N (Matanzas), protegida por los cayos de las Cinco Leguas.

SANTA CLARA, c. de Cuba, cap. de la prov. de Villa Clara, junto a la sierra Alta de Agabama; 180 813 hab. La industria (alimentación, tabacalera, construcción de maquinaria, productos químicos y minerometalurgia) se ve favorecida por las buenas comunicaciones (aeropuerto, carreteras que la comunican con La Habana y el puerto de Cienfuegos; ferrocarril). Centro turístico y cultural (universidad). — **S. C.,** c. de México (Michoacán), en la depresión del Balsas, próximo al lago Zirahuén; 25 354 hab. Cab. *Villa Escalante.* Centro comercial. Agricultura, ganadería (productos lácteos), avicultura y apicultura. Trabajo del cobre. — **S. C.,** c. de Argentina (Jujuy). → SANTA BÁRBARA. — **S. C. de Ocoyucán,** c. de México (Puebla) → OCOYUCÁN.

SANTA COLOMA: S. C. de Farnés o **S. C. de Farners,** c. de España (Gerona), cab. de p.j., en La Selva; 6 990 hab. Textiles, serrerías y aceite de avellana. Centro comercial . — **S. C. de Gramanet** o **S. C. de Gramenet,** c. de España (Barcelona), en el área suburbana de Barcelona, de cuya Corporación municipal metropolitana forma parte; 140 613 hab. Industria diversificada (alimentación, textiles, metalurgia y productos químicos). Junto a ella se halla el Puig Castellar, en cuya cima se encuentran los restos de un poblado ibérico. Torre Pallaresa es una residencia señorial de origen románico, reconstruida en el s. XVI. — **S. C. de Queralt,** v. de España (Tarragona), en la Conca de Barberà; 2 743 hab. La iglesia gótica de Santa María de Bell-Lloch, de portada típicamente románica, conserva los sepulcros de los condes de Queralt, obras de P. Ciroll y P. Aguilar (s. XIV). Retablo de Jordi de Déu (1386) en la iglesia parroquial.

SANTA COLOMA (Dalmau DE QUERALT, *conde* DE), noble catalán († Barcelona 1640). Virrey interino (1637) y pleno (1638-1640) de Cataluña, luchó en la campaña del Rosellón (1639-1640). Servidor de la política centralista de Olivares, intentó huir en la revuelta del Corpus de Sangre (7 junio 1640), pero murió accidentalmente en el puerto de Barcelona.

SANTA COMBA, mun. de España (La Coruña), en el valle del Jallas; 11 902 hab. Cap.

Santa Anna.
(Museo nacional de historia, México.)

Bevilacqua-Salmer

Santa Catalina de Armada. Minería (volframio y estaño). Industrias mecánicas.

Santa Comba de Bande → BANDE.

SANTA CRUZ, archipiélago del Pacífico, que pertenece al estado de Islas Salomón*. — **S. C.,** isla de las Vírgenes Norteamericanas → SAINT CROIX.

SANTA CRUZ *(pico de)* → HUAYLAS *(pico de).*

SANTA CRUZ *(provincia de)*, prov. de Argentina; 243 943 km^2; 114 479 hab. Cap. *Río Gallegos.* Es la provincia más meridional del país y la menos poblada. El relieve comprende las estribaciones andinas en el O, con cumbres de altitud media (San Lorenzo, 3 700 m) y abundantes lagos (San Martín, Viedma, Argentino), mientras que en el E dominan las mesetas bajas de la Patagonia surcadas por algunos ríos (Deseado, Chico, *Santa Cruz* [382 km]). El clima es muy frío y más lluvioso en el sector andino. La ganadería lanar, practicada en régimen extensivo, es la actividad económica más importante. Existen notables reservas de petróleo y gas natural (Cañadón Seco, Cerro Redondo), así como de carbón (río Turbio, el yacimiento más rico del país). La actividad industrial se limita al tratamiento de los productos cárnicos, con instalaciones frigoríficas en Río Gallegos, San Julián, Santa Cruz y Puerto Deseado. En la zona andina predominan las actividades forestales y el turismo.

SANTA CRUZ *(departamento de)*, dep. de Bolivia; 370 621 km^2; 862 637 hab. Cap. *Santa Cruz de la Sierra.* Está situado entre las sierras de Cochabamba y el altiplano brasileño. De clima cálido, las precipitaciones son más abundantes en el N, que posee una amplia red fluvial (río Grande, San Miguel). El valle de Piray concentra al sector más dinámico de la agricultura (algodón, caña de azúcar, cereales, etc.). Existen notables yacimientos de petróleo y gas natural, que una red de oleoductos y gasoductos conecta con las refinerías (Santa Cruz de la Sierra, Camiri), con el puerto de Arica (Chile) y con Argentina. Yacimientos de hierro de El Mutún*. La industria se localiza principalmente en la capital.

SANTA CRUZ, cantón de Costa Rica (Guanacaste), en el N de la península de Nicoya; 29 739 hab. Agricultura y ganadería (lácteos). Centro comercial. — **S. C.,** c. de Chile, en la VI región (Libertador), en la cuenca del Rapel; 10 900 hab. Centro agrícola (vid). Está unida por ferrocarril y carretera al puerto de Pichilemu. — **S. C.,** c. de Venezuela (Mérida) → MORA. — **S. C. de El Seibo,** c. de República Dominicana → SEIBO *(El).* — **S. C. de Juventino Rosas,** c. de México (Guanajuato), en la altiplanicie Meridional; 31 768 hab. Centro agrícola y ganadero. Minería. Textiles. — **S. C. de la Palma,** c. de España (Santa Cruz de Tenerife), cab. de p.j., y cap. de la isla de La Palma, en la costa E de la isla; 16 775 hab. Centro agrícola (plátanos y tabaco). Puerto. Artesanía. Turismo (parador nacional). Aeropuerto de Mazo*. Iglesia de El Salvador, con fachada barroca; ayuntamiento (s. XVI, rico artesonado); castillo de Santa Catalina y antiguos conventos de Santa Clara y Santo Domingo; palacio de los condes de Salazar. — **S. C. de la Serós,** mun. de España (Huesca), en la Canal de Berdún; 114 hab. Iglesia románica de un antiguo monasterio (s. XII). — **S. C. de la Sierra,** c. de Bolivia, cap. del dep. de Santa Cruz, a orillas del Piray; 255 568 hab. Es la segunda ciudad del país por el número de habitantes. Es centro comercial y de servicios de una rica región agrícola y petrolera e importante núcleo industrial (agroindustrias, refino de petróleo y petroquímica, papel). Nudo de comunicaciones (ferrocarril y aeropuerto). Universidad. Fundada en 1560, en el llano de Chiquitos, fue trasladada a su actual emplazamiento en 1590. — **S. C. de Mara,** c. de Venezuela (Zulia) → RICAURTE. — **S. C. del Norte,** mun. de Cuba (La Habana), en la costa N; 24 472 hab. Canteras de yeso. Turismo (playas Mégano y Santa María). — **S. C. del Quiché,** c. de Guatemala, cap. del dep. de Quiché, al SO de la sierra de Chuacús; 38 080 hab. Centro agrícola y forestal. Industria maderera. Aguas medicinales. Artesanía. — **S. C. del Sur,** mun. de Cuba (Camagüey), junto al golfo de Guacanayabo; 51 321 hab. Astilleros. Puerto. Turismo (playa Bonita). Está unido con Camagüey a través de una carretera. — **S. C. del Zulia,** mun. de Venezuela (Zulia), junto al Escalante; 23 793 hab. Caña de azúcar y cacao. Ganadería.

SANTA CRUZ DE TENERIFE

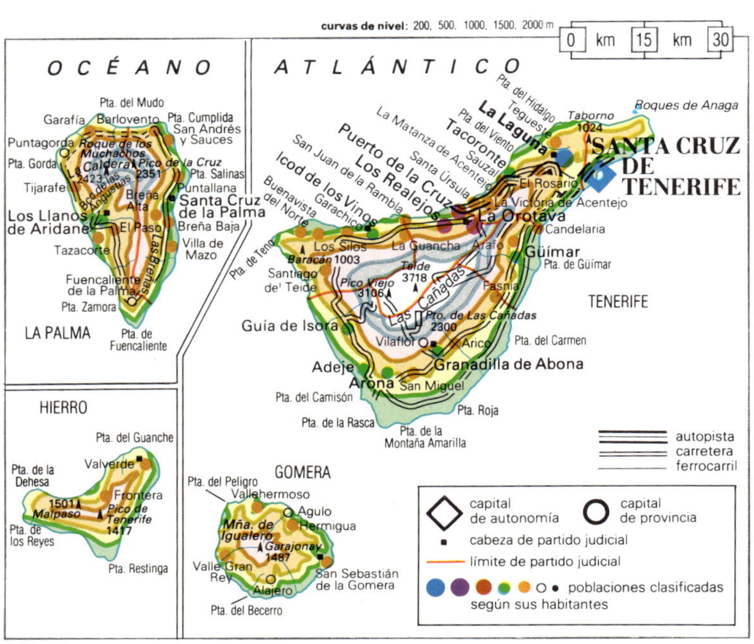

SANTA CRUZ (Alonso DE), cosmógrafo y cronista español (Sevilla 1505-Madrid 1567). Trazó una carta de desviaciones magnéticas (c. 1530) y compuso un *Islario general del mundo* (1560). En la *Crónica de los Reyes Católicos* continuó la de Hernando del Pulgar.

SANTA CRUZ (Melchor DE), escritor español del s. XVI, autor de *Floresta española de apotegmas y sentencias, sabia y graciosamente dichas, de algunos españoles* (1574).

SANTA CRUZ (Basilio DE), pintor peruano natural del Cuzco, activo a partir de la segunda mitad del s. XVII. De inspiración europea y adscrito a la corriente barroca erudita, su producción es una de las más vastas de la pintura cuzqueña. En 1662 realizó *San Laureano,* para La Merced del Cuzco, una de sus obras más importantes, con la que se inicia el barroco clasicista en la pintura cuzqueña. A continuación realizó cuatro cuadros murales para el convento de San Francisco con motivos de la vida del santo. Hacia 1690 inició la serie de grandes cuadros con diversos temas que decoran los muros del transepto de la catedral de Cuzco (*Santa Bárbara, Éxtasis de santa Catalina de Siena, El buen pastor, Santa Tecla, Santa Teresa, El martirio de santa Catalina*).

SANTA CRUZ *(marqueses* DE*)*, título de nobleza dado por Felipe II a ÁLVARO DE BAZÁN*, capitán general de las galeras de Nápoles. — Su nieta, MARÍA EUGENIA DE BAZÁN Y BENAVIDES, casó con Jerónimo Pimentel, marqués de Bayona. — El nieto de ambos, FRANCISCO DIEGO DE BAZÁN, general de las galeras de España, unió los dos títulos, a los que se añadieron los de condes de Lences y Triviana al casar ÁLVARO DE BAZÁN Y BENAVIDES con María de Villela, heredera del condado. — JOSÉ JOAQUÍN DE SILVA BAZÁN († 1802) fue miembro y director de la Academia española. — En la guerra de la Independencia, FRANCISCO DE BORJA DE SILVA BAZÁN fue declarado traidor por Napoleón y sus bienes confiscados. Posteriormente, los marqueses de Santa Cruz fueron hechos grandes de España.

SANTA CRUZ (Andrés), mariscal y político boliviano (a orillas del Titicaca 1792-Saint-Nazaire, Francia, 1865). Sirvió en el ejército español, pero, capturado por los patriotas (1820), se pasó a sus filas y liberó el Alto Perú. Constituida Bolivia, fue partidario de la unión con Perú, en contra de Sucre y los independentistas (1825). Presidente del consejo de ministros de Lima (1826), destituyó a Bolívar, afirmando la independencia de Perú, y nombrando presidente al general La Mar (1827). Tras la ocupación peruana de Chuquisaca, asumió la presidencia provisional, y después del asesinato del general Blanco, fue designado presidente (1829). Posteriormente intentó la Confederación Perú-boliviana*, penetrando en Perú (1836) con el título de Protector, lo que provocó la guerra de Restauración (contra Chile y Argentina) y, vencido, fue desterrado a Europa.

SANTA CRUZ (Manuel Ignacio SANTA CRUZ, llamado **el cura**), sacerdote y guerrillero español (Elduayen, Guipúzcoa, 1842-Pasto, Colombia, 1926). Sacerdote, en 1870 inició en el marco de la tercera guerra carlista una acción guerrillera al margen de las propias tropas carlistas y fue perseguido tanto por liberales como por sus propios correligionarios. Posteriormente ingresó en los jesuitas.

Santa Cruz de Mar Pequeña, antiguo fuerte español fundado en 1476 por Diego García de Herrera, como núcleo de apoyo de las expediciones que desde Canarias se dirigían hacia el interior de África. Destruido en tiempos de Carlos Quinto, el desaparecido fuerte fue utilizado en el tratado de 1860 con Marruecos como argumento histórico para la concesión del territorio de Ifni*. Se ignora su exacto emplazamiento.

SANTA CRUZ DE MARCENADO *(marqueses de)*, título de los vizcondes del Puerto, cuyo primer marqués fue SEBASTIÁN VIGIL, caballero de Calatrava. — Su hija, JACINTA VIGIL DE LA RÚA, casó con Juan Alonso de Navia Osorio, señor de Anleo y Celles (s. XVII). — ÁLVARO DE NAVIA OSORIO (Puerto de Vega, Asturias, 1648-Orán 1732) reunió los dos títulos y fue militar, diplomático y científico. — El título pasó luego a JOAQUÍN DE NAVIA OSORIO († 1816), que fue capitán general del principado de Asturias cuando la ocupación francesa (1808).

Santa Cruz de Ribas *(monasterio de)*, monasterio situado en el mun. español de Ribas de Campos (Palencia), fundado en 1176; iglesia gótica, sacristía y sala capitular.

SANTA CRUZ DE TENERIFE *(provincia de)*, prov. de España situada en el archipiélago canario; 3 208 km^2; 658 884 hab. Cap. *Santa Cruz de Tenerife.* Comprende las islas de Tenerife, La Palma, Gomera y Hierro, todas ellas abruptas y de constitución volcánica. En Tenerife se eleva el Teide (3 718 m), la máxima cumbre del territorio español. El clima es tropical y de escasa oscilación térmica. La agricultura está representada primordialmente por cultivos de exportación (plátanos, tomates, etc.), además de los tubérculos y las plantas industriales: algodón, caña de azúcar y tabaco. La pesca (banco canario-sahariano) es relativamente importante, mientras que la industria posee su sector más destacado en el refino de petróleo, así como en la reparación naval. Sin embargo, los mayores ingresos provienen del turismo y de las actividades comerciales. La base demográfica de la provincia es muy dinámica y ha permitido un crecimiento considerable de la población, a pesar de la fuerte emigración a América.

SANTA CRUZ DE TENERIFE, c. de España, cap. de la prov. y cab. del p.j. homónimos, y cap. alternativa de la comunidad autónoma de Canarias, en el NE de la isla de Tenerife (Canarias); 190 784 hab. *(Tinerfeños* o *santacruceños.)*

GEOGRAFÍA. Situada en una llanura sobre una bahía delimitada por la cordillera de Anaga, el núcleo primitivo se fundó en el barranco de los Santos, junto al puerto natural. La expansión urbana se inició en el s. XIX, hacia el N y el O, por donde se prolonga siguiendo el eje de la carretera a La Laguna, a cuya ciudad está unida. Por el S se han construido los barrios industriales y en la parte alta se encuentra la zona residencial. Se ha habilitado la playa de las Teresitas. El puerto ocupa el tercer lugar de España por el volumen de mercancías. Las principales actividades de la ciudad son las administrativas y comerciales, seguidas de las industriales (refinería de petró-

Cirani-Salmer

la ciudad argentina de **Santa Fe** a orillas del río Paraná

leo, transformados agrícolas, tabacos, químicа y materiales para la construcción). El crecimiento de la población ha sido continuo y acelerado desde la segunda mitad del s. XX. Es uno de los principales centros turísticos del archipiélago canario. Cuenta con dos aeropuertos.
HISTORIA. Fernández de Lugo desembarcó en su playa (1493), emplazó un fortín y conquistó la isla a partir de 1495. Pequeña villa pesquera y puerto de La Laguna, en sus primeros años empezó su amurallamiento. Etapa del itinerario hacia América, Felipe II hizo construir el castillo de San Cristóbal, atacado a menudo por corsarios y por las escuadras neerlandesa e inglesa (asedio de Blake, 1657). En 1670, Santa Cruz era ya el primer puerto de la isla y, después de que el almirante Jennings intentara tomar la villa (1706), se convirtió en sede de la capitanía general (1721), concentrando gran parte del tráfico marítimo canario (sobre todo, el comercio con América). Tras derrotar a Nelson, que intentó tomarla en 1797, disputó la capitalidad del archipiélago a Las Palmas durante el s. XIX y, pese a su desarrollo y prosperidad, perdió la primacía a partir de 1894. Posteriormente acogió a colonias de alemanes y británicos, además de comerciantes asiáticos y marroquíes.
BELLAS ARTES. Sobresalen dentro de la arquitectura religiosa la iglesia de la Concepción (reedificada en 1652), en cuyo interior destacan: la capilla de los Carta, la sillería del coro y el artesonado (s. XVIII) de la nave central, la iglesia de San Francisco (1680) y la del Pilar (1760). En la arquitectura civil merece especial atención el palacio de los Carta (1752), con elementos mudéjares y flamencos; el cabildo insular y el casino Principal. En el museo municipal de pintura y escultura (antiguo convento de San Francisco) se exhiben lienzos de Ribera, Brueghel, Madrazo, etc., y una sección especialmente dedicada a pintura canaria. El museo arqueológico y antropológico posee interesantes colecciones isleñas. En el castillo de Paso Alto se halla instalado el museo militar. Es notable el parque García Sanabria.

SANTA CRUZ PACHACUTI YAMQUI SALCAMAYHUA (Juan DE), cronista peruano (s. XVII), autor de una *Relación deste Reyno del Pirú* (1613), en la que se recogen relatos de tradición oral.

SANTA CRUZ WILSON (Domingo), compositor chileno (La Cruz, Valparaíso, 1899). Fundador (1918) y reformador (1924) de la Sociedad Bach, fue catedrático de historia de la música en la universidad de Santiago (1928). Como compositor destacan sus *Cinco poemas trágicos* para piano (1929), dos *Sinfonías* (1945 y 1948) y la *Égloga* (1949), inspirada en un texto de Lope de Vega.

SANTA CRUZ Y ESPEJO (Francisco Javier Eugenio DE), escritor ecuatoriano (c. 1747-c. 1795). Fundador del primer periódico de Quito, *Primicias de la cultura de Quito* (1792), revisó críticamente las bases del colonialismo español. Figuran entre sus obras: *Defensa de los curas de Riobamba, Nuevo Luciano* o *Despertador de ingenios, Marco Poncio Catón* y *La ciencia blancardina*. Murió en prisión.

SANTA DE CASTILLA *(Peña)* → Peña SANTA.

SANTA ELENA, bahía de Ecuador (Guayas), en el Pacífico. En su orilla se hallan las poblaciones de Santa Elena, La Libertad y Salinas.

SANTA ELENA o **SAINT HELENA,** isla británica del Atlántico sur (a unos 2 000 km de África y a 3 500 km de Brasil); 122 km^2; 5 000 hab. Cap. *Jamestown*. Está vinculada administrativamente a la isla de Ascensión* y al archipiélago de Tristán da Cunha. Fue descubierta por los portugueses en 1502. A ella fue deportado Napoleón (1815-1821). En 1834 pasó a depender del gobierno británico.

SANTA ELENA *(cabo de)*, cabo de la costa pacífica costarricense (Guanacaste), que constituye el extremo NE del país.

SANTA ELENA, cantón de Ecuador (Guayas), en la *península de Santa Elena;* 70 048 hab. Campos petrolíferos. — **S. E.,** v. de España (Jaén), al S de Despeñaperros; 1 062 hab. Yacimientos de plomo. Cueva de la Graja* (edad de bronce), en las cercanías.

SANTA EUFEMIA, localidad minera de España (Córdoba), en la sierra de Almadén. Mercurio.

SANTA EUGENIA, c. de España (La Coruña) → RIBEIRA.

SANTA EULALIA, c. de España (Oviedo) → CABRANES. — **S. E. del Río** o **Santa Eulària del Riu,** v. de España (Baleares), en el NE de la isla de Ibiza; 13 060 hab. Se extiende sobre una fértil huerta regada por el *río de Santa Eulalia,* única corriente continua de las Baleares. Iglesia con caracteres de fortaleza. Turismo.

Santa Eulalia de Bóveda, construcción romana (ss. IV-V), situada en el mun. español de Begonte (Lugo). Es casi subterránea con planta rectangular, dividida en tres naves; pinturas murales de corte clásico (ss. V ó VI).

SANTA FE *(provincia de)*, prov. de Argentina; 133 007 km^2; 2 457 188 hab. Cap. *Santa Fe.* Situada en la mitad centro-oriental del país, presenta dos áreas bien diferenciadas: al N, el Chaco, con predominio de bosques y marismas, y, al S, la Pampa. El Paraná, que discurre por el límite oriental de la provincia, y su afluente el Salado del Norte son los dos ríos de mayor importancia y excelentes vías de comunicación. La población se encuentra mayoritariamente agrupada en los márgenes del Paraná. Debido a la división climática, el N está enfocado hacia la caña de azúcar, algodón y otros productos tropicales, mientras que en el sur predominan los cereales y los forrajes (ganadería vacuna). La industria (siderurgia, alimentaria, química y textil) se encuentra muy desarrollada, conformando la segunda región económica del país, y está localizada en la capital y en Rosario, la ciudad más importante. En 1970 se inauguró un túnel entre Santa Fe y Paraná.

SANTA FE, c. de Argentina, cap. de la prov. homónima, junto a la confluencia del Salado del Norte y el Paraná; 374 384 hab. *(Santafesinos* o *santafecinos.)* Presenta una planta moderna, con amplias avenidas e importantes espacios verdes (plaza de San Martín, parque Alberdi, etc.). Durante el período colonial y el medio siglo posterior a la independencia fue un activo centro comercial debido a que a través del Paraná enlazaba con Buenos Aires. Posteriormente se convirtió en un activo puerto cerealero, progresivamente desplazado por Rosario. Cuenta con algunas industrias (alimentación, textiles, químicas y mecánicas) y destaca sobre todo por sus funciones político-administrativas y de centro de servicios; estas últimas se extienden sobre el O de la provincia de Córdoba y la región chaqueña. El túnel subfluvial Hernandarias, en el Paraná, la une a la ciudad de Paraná.
HISTORIA. Fundada en 1573 por Juan de Garay, en 1660, la ciudad se trasladó a su actual emplazamiento. Tras la caída de Rosas, se reunió en ella el primer congreso constituyente de las 13 provincias que formaron la Confederación (1853), congreso del que surgió la constitución nacional, tras el acuerdo de San Nicolás.
BELLAS ARTES. La iglesia de la Compañía, del s. XVIII, posee bóveda de madera y fachada barroca. En el templo de San Francisco destaca el claustro con pilares de madera y la sencilla fachada barroca. Se conservan casonas del s. XVIII. Catedral (s. XIX).

SANTA FE, c. de Estados Unidos, cap. de Nuevo México, a más de 2 000 m de alt.; 41 000 hab. Actividades extractivas (plomo, cinc, oro y plata). Museo. Los españoles llegaron a Santa Fe en 1542 y en 1609 Pedro de Peralta fundó la Ciudad Real de Santa Fe de San Francisco y después de varios levantamientos indios, el gobernador español De Vargas la ocupó pacíficamente (1692). En 1821 quedó incorporada a México al producirse el proceso independentista de Nueva España. El general norteamericano Kearny la conquistó (1846) y pasó a formar parte de E.U.A. — **S. F.** o **Santafé,** c. de España (Granada), junto al Genil; 10 252 hab. Fue fundada en 1491 por los Reyes Católicos y en ella se firmaron la rendición de Granada (1492) y las capitulaciones del primer viaje de Colón (abril 1949). En 1806 fue casi totalmente destruida por un temblor de tierra. Conserva tres de las puertas de su muralla (s. XVI) y una interesante iglesia neoclásica. Centro agropecuario. — **S. F. de Bogotá** → BOGOTÁ. — **S. F. de Mondújar,** v. de España (Almería), en el Andarax; 520 hab. Poblado y necrópolis de Los Millares*, de principios de la edad del bronce.

Santa Fe *(Capitulaciones de)* → CAPITULACIONES DE SANTA FE.

Santa hermandad → HERMANDAD.

SANTA INÉS, mun. de Venezuela (Sucre), en el área urbana de Cumaná*; 35 009 hab. — **S. I. de Zacatelco** → ZACATELCO.

SANTA ISABEL, nevado de Colombia, en la cordillera Central; 5 100 m. — **S. I.,** cumbre volcánica de Guinea Ecuatorial → FERNANDO POO.

SANTA ISABEL, antiguo nombre de la ciudad ecuatoguineana de Malabo*. — **S. I.,** cantón de Ecuador (Azuay), en la Hoya del Jubones; 27 973 hab. Caña de azúcar y cereales; ovinos. — **S. I.,** mun. de Puerto Rico (Ponce), en el sector central de la costa del Caribe; 16 056 hab. Caña de azúcar, cereales y frutas tropicales. Ganadería. Pesca. Aeropuerto.

Santa liga → *Santa* LIGA.

SANTA LUCÍA, r. de Uruguay, que nace en la cuchilla Grande, al NE de la ciudad de Minas, y desemboca en el Plata, entre las puntas Tigre y Espinillo; 230 km. Sus aguas, que se utilizan desde hace más de 100 años (planta de purificación Aguas Corrientes), abastecen al 70 % del consumo urbano de Uruguay. La presa de Paso Severino (en proyecto) sobre el *Santa Lucía Chico,* afl. por la or. der., almacenará 17 millones de m^3. El puente Santiago Vázquez, construido en 1925, fue el primer gran puente del país (540 m).

SANTA LUCÍA, en ingl. **Saint Lucia,** estado insular de las Pequeñas Antillas (islas Barlovento), entre Martinica y San Vicente; 616 km^2; 120 000 hab. Cap. *Castries.*
GEOGRAFÍA. Es una isla de origen volcánico que presenta un territorio fundamentalmente montañoso (Morne Gimie, 959 m, punto culminante del país. La población, básicamente negra y mestiza, mantiene un acelerado ritmo de crecimiento (2,2 %), sólo parcialmente contrarrestado por la emigración. Agricultura (banano, palma cocotera, batata y cacao) y turismo. El sector industrial, reducido antes a la rama alimentaria, se ha ampliado con nuevas plantas elaboradoras de cerveza, productos de plástico y electrónicos. Terminal de almacenamiento y transbordo de petróleo y una refinería destinada a la exportación en Castries. Aeropuerto en Vigie y Hewanorra.
HISTORIA. Descubierta la isla por Colón (1502), los ingleses se establecieron en ella en 1639, pero fueron exterminados por los indios caribes. Durante los ss. XVII y XVIII Gran Bretaña y Francia se disputaron el territorio, hasta que en 1803 se convirtió definitivamen-

Santa Cruz de Tenerife: la plaza de España.

A.G.E.

te en colonia británica. El gobierno representativo fue introducido en 1924, y en 1951 se celebraron las primeras elecciones, que dieron el triunfo a los laboristas. En 1964, el Partido de los trabajadores unidos ganó los comicios; su líder, John Compton, se hizo con el poder, que conserva desde entonces (1969,1974,1979 y 1982). El territorio formó parte de la Federación de las Indias Occidentales (1958-1962) y en 1979 obtuvo la independencia, aunque encuadrada en la Commonwealth.

SANTA LUCÍA, mun. de Venezuela (Zulia), en el área urbana de Maracaibo; 42 704 hab. — **S. L.,** dep. de Argentina (San Juan), parcialmente integrado a la aglomeración de San Juan; 34 495 hab. Centro agrícola y minero. — **S.L.,** mun. de España (Las Palmas), en la isla de Gran Canaria; 26 498 hab. Industria alimentaria. Materiales para la construcción. — **S. L.,** c. de Uruguay (Canelones), a orillas del Santa Lucía; 14 101 hab. Emplazada en el Paso de la Balsa, se ha construido un puente que une las ciudades de Canelones y San José. Es ciudad dormitorio de la cap. del país. — **S. L. Cotzumalguapa,** mun. de Guatemala (Escuintla), en el pie de monte de la sierra Madre; 36 779 hab. Agricultura (café, caña de azúcar y cereales) e industrias derivadas (ingenios azucareros y fábricas de aceite). Las excavaciones realizadas en El Baúl y Bilbao han descubierto numerosos monumentos atribuidos al pueblo pipil: pirámides, juegos de pelota y estelas del período clásico reciente (600-900).

SANTA MARGARITA, isla de México, en la costa O de la península de Baja California. Su principal núcleo es Puerto Cortés.

SANTA MARGARITA DE MONTBUY o **SANTA MARGARIDA DE MONTBUÍ,** mun. de España (Barcelona), junto al Anoya; 8 174 hab. Canteras. Textiles.

SANTA MARÍA, isla del archipiélago de las Azores, al S de São Miguel; 12 000 hab. Cap. *Vila do Porto.* Base aérea. Aeropuerto, centro crucial en la travesía aérea del Atlántico Norte.

Novak-Salmer

Santa Marta

SANTA MARÍA *(cabo)* o **PUNTA DE ROCHA,** saliente de Uruguay, en la costa atlántica (Rocha), considerado como extremo NE del Río de la Plata.

SANTA MARÍA, volcán de Guatemala (Quezaltenango), en el Eje volcánico guatemalteco-salvadoreño; 3 772 m.

SANTA MARÍA, c. de Brasil (Rio Grande do Sul), junto al Ibicuí; 183 000 hab. Centro regional. Industria alimentaria. Nudo de comunicaciones. — **S. M.** dep. de Argentina (Córdoba), avenado por el Segundo; 60 560 hab. Cabo *Alta Gracia.* Minería. Industria mecánica. Turismo. — **S. M. de Barbará,** c. de España (Barcelona) → BARBERÁ DEL VALLÉS. — **S. M. de Garoña,** localidad de España (Burgos), en el mun. de Valle de Tobalina. Central nuclear (460 MW). Gasoducto. — **S. M. de Guía de Gran Canaria,** c. de España (Las Palmas) → GUÍA DE GRAN CANARIA. — **S. M. de Huerta,** v. de España (Soria), en el valle del Jalón; 615 hab. Parador nacional. Restos de un poblado de la edad de hierro. Monasterio cisterciense fundado en 1162 (iglesia, s. XII; refectorio, iniciado en 1215, con ventanales góticos). — **S. M. del Buen Aire,** ant. nombre de la actual Buenos* Aires (Argentina). — **S. M. del Campo,** v. de España (Burgos), en El Páramo burgalés; 699 hab. Iglesia gótica (s. XV) con torre de cuatro cuerpos, construida por D. de Siloé (1527) y J. de Salas, y tablas de Pedro Berruguete y sus discípulos. — **S. M. del Oro,** c. de México (Durango) → ORO. — **S. M. del Río,** mun. de México (San Luis Potosí), en la altiplanicie Meridional; 30 162 hab. Estaño, plomo y plata. Materiales para la construcción. Aguas minerales. — **S. M. la Antigua del Darién,** localidad de Colombia (Chocó), en el mun. de Acandí. Fundada por Balboa y Fernández de Enciso, fue centro de irradiación de las expediciones de Balboa hacia el Pacífico. Con la fundación de Panamá (1519) quedó desplazada y en la actualidad es un pequeño caserío. — **S. M. la Real de Nieva,** v. de España (Segovia), cab. de p.j., en la Tierra de Pinares; 1 765 hab. Iglesia de Santa María la Real (ss. XIV-XV, con interesante decoración escultórica.

F.S.-Salmer

interior de la sinagoga de **Santa María la Blanca**

SANTA MARÍA *(fray Tomás DE),* organista, compositor y teórico musical español (Madrid entre 1510 y 1520-Valladolid 1570), autor del *Libro llamado arte de tañer fantasía, así para tecla como para vihuela* (1565) y composiciones para órgano.

SANTA MARÍA (Domingo), abogado y político chileno (Santiago 1825-*id.* 1889). Después de ocupar varios ministerios fue presidente de la nación (1881-1886); durante su mandato se promulgaron las leyes sobre el matrimonio civil y sobre el sufragio.

SANTA MARÍA (Andrés DE), pintor colombiano (Bogotá 1860-Bruselas 1945). Estudió en la escuela de bellas artes de París, y en España con Zuloaga y Rusiñol. En 1893 regresó a Colombia y fue nombrado director de la escuela de bellas artes. En 1900 se radicó definitivamente en Bruselas. Fue el primer pintor que introdujo el impresionismo en Colombia (*Retrato de monseñor Carrasquilla; Piedad; El lavadero del Sena; La campaña libertadora).*

Santa María, embarcación que utilizó Colón en el descubrimiento de América; era la mayor de la expedición y en ella viajó el descubridor. El 24 de diciembre de 1492 encalló frente a La Española y con sus restos fue construido el fuerte de Navidad*.

Santa María de Campezzo *(tratado de),* acuerdo firmado entre Carlos II de Navarra y Enrique II de Castilla durante la guerra de los dos Pedros (1366). El rey navarro se comprometió a no permitir el paso de tropas británicas por sus posesiones, a cambio de ayuda militar castellana.

Santa Maria de l'Estany, iglesia románica (s. XII), situada en el mun. español de Estany (Barcelona). De planta de cruz latina, con tres ábsides semicirculares y claustro, posee una escultura en alabastro de la Virgen con el Niño (s. XIV).

Santa María de Naranco → NARANCO.

Santa María la Blanca, antigua sinagoga toledana (ss. XII-XIII), de cinco naves paralelas, separadas por series de siete arcos de herradura, con una sobria decoración en yeso de ascendencia musulmana. Conserva decoraciones platerescas en las tres capillas de la cabecera y el retablo mayor, renacentista (s. XVI).

SANTA MARINA DE AGUAS SANTAS, parroquia y lugar del mun. de Allariz (Orense). Iglesia románica (s. XII). En los alrededores, restos de una construcción celta y del castro prehistórico de Armea.

SANTA MARTA *(ensenada de),* ensenada de España (La Coruña), en el Atlántico. En su parte interna se halla la ría de *Santa Marta de Ortigueira.*

SANTA MARTA, c. de Colombia, cap. del dep. del Magdalena, en la ribera del mar Caribe; 108 007 hab. (150 987 en la aglomeración). *[Samarios.]* Es un importante centro comercial, favorecido por la actividad del puerto (pesca y exportación de bananas) y turístico, dotado de modernas instalaciones hoteleras. Ferrocarril del Atlántico, que la une a Bogotá. Aeropuerto. Universidad tecnológica. La ciudad conserva rasgos arquitectónicos de su pasado colonial. Importante puerto del comercio indiano, fundado por R. de Bastidas (1525), y punto de penetración hacia el interior, fue saqueada por ataques piratas (1576, 1596 y 1655). En la Quinta de San Pedro Alejandrino, murió Bolívar (act. museo Bolivariano). — **S. M. de Ortigueira,** c. de España (La Coruña) → ORTIGUEIRA.

Santa Marta de Tera, iglesia románica (s. XII) situada en el mun. de Camarzana de Tera (Zamora). Consta de una sola nave, con ábside cuadrado e interesantes motivos escultóricos en frisos y capiteles.

SANTA MÓNICA, en ingl. **Santa Monica,** c. de Estados Unidos (California), junto al Pacífico y en la zona suburbial de Los Ángeles; 88 000 hab. Estación balnearia. Construcciones aeronáuticas (aviones Douglas).

SANTA PAU, v. de España (Gerona), en la Garrotxa; 1 263 hab. Plaza mayor con pórticos ojivales, castillo con ventanales góticos en la capilla, monasterio románico de San Martín e iglesia de Santa María (s. XV).

SANTA PERPETUA DE MOGUDA o **SANTA PERPÈTUA DE MOGODA,** mun. de España (Barcelona), en el Vallés Occidental; 13 528 hab. Textiles, productos químicos, fundiciones y alimentación.

SANTA POLA, v. de España (Alicante), junto a la *bahía de Santa Pola,* en el Mediterráneo; 12 022 hab. Centro turístico (playa). Puerto pesquero con industrias anexas (aparejos pesqueros y frigoríficos). En el término, el *cabo de Santa Pola* (faro).

SANTA ROSA *(departamento de),* dep. de Guatemala; 2 955 km^2; 236 837 hab. Cap. *Cuilapa.* Situado en el SE del país, presenta una alineación montañosa interior y (cerro Guacamaya, 2 166 m; volcán Tecuamburro, 1 946 m) y tramos pantanosos litorales. Está avenado por los ríos de los Esclavos, Margarita y Guazacapán. Se cultiva maíz, café, caña de azúcar y arroz. En el litoral se practica la pesca de bajura.

SANTA ROSA, c. de Argentina, cap. de la prov. de La Pampa; 54 786 hab. Centro comercial, administrativo y cultural unido por ferrocarril a Buenos Aires. mun. de Venezuela (Carabobo), en el área urbana de Valencia; 39 593 hab. — **S. R.** cantón de Ecuador (El Oro), a orillas del *río Santa Rosa;* 32 393 hab. Comprende el archipiélago de Jambelí. Centro comercial. Agricultura. Curtidurías. Aeropuerto. — **S. R.,** c. de Honduras, cap. del dep. de Copán, en la cordillera del Merendón; 12 413 hab. Centro minero (antimonio), comercial y de servicios. Elaboración de cigarros. Hasta 1843 se llamó *Los Llanos.* — **S.R. de Cabal,** mun. de Colombia (Risaralda), en la cordillera Central; 74 223 hab. Yacimientos de oro y plata. Industria alimentaria. — **S. R. de Lima,** mun. de El Salvador (La Unión), junto al Paraquina; 18 849 hab. Minería (oro y plata). Industrias agropecuarias. — **S. R. de Osos,** mun. de Colombia (Antioquia), entre los ríos Cauca y Porce; 20 424 hab. Economía agropecuaria. Centrales eléctricas. — **S. R. de Río Primero,** c. de Argentina (Córdoba) → Río Primero.

SANTA ROSALÍA, parroquia urbana de Venezuela (Distrito Federal), en el área urbana de Caracas; 150 405 hab.

SANTA SEDE → Estados Pontificios o de la Iglesia y *Ciudad del* Vaticano.

Flash Press

Manuel **Santana**

Santa Sofía *(basílica de),* edificio construido de 532 a 537, durante el reinado de Justiniano, en Constantinopla. Es una de las más importantes iglesias del mundo y atestigua la audacia de sus arquitectos: Antemio de Tralles e Isidoro de Mileto, que, aunque utilizaron todavía algunos elementos de la antigua basílica, cubrieron el edificio, de planta casi cuadrada, con una imponente cúpula central sobre pechinas. Ésta reposa sobre cuatro arcos, sostenidos a su vez por cuatro robustas columnas. Dos semicúpulas hacen de contrafuerte de la cúpula central y los muros muy abiertos están asegurados por enormes contrafuertes, mientras unas bóvedas de aristas sucesivas equilibran la parte baja. Aunque bastante maciza vista desde el exterior, esta distribución, unida en el interior a una sabia utilización de la luz, confiere unidad al majestuoso espacio central. Bella decoración de mosaico posterior a la crisis iconoclasta. Cuando se convirtió en mezquita, los turcos le añadieron cuatro elegantes alminares. Tras el advenimiento de la república, fue transformada en museo.

SANTA TECLA → Nueva San Salvador.

SANTA TERESA, parroquia urbana de Venezuela (Distrito Federal), en el área urbana de Caracas; 19 405 hab.

SANTA ÚRSULA, mun. de España (Santa Cruz de Tenerife), en la isla de Tenerife, en la costa; 7 821 hab. *(Santurseleros.)* Plátanos y legumbres. Pesca.

SANTA VERA CRUZ o **VERA CRUZ** *(cordillera de),* sistema orográfico de Bolivia, en la cordillera Real. Culmina en el *pico Santa Vera Cruz,* a 5 550 m. Estaño.

SANTABÁRBARA n. f. Pañol destinado en los barcos antiguos para guardar la pólvora.

SANTACILIA (Pedro de), bandolero y militar español (Palma de Mallorca 1592-† 1668). Jefe del bando de los canamunts*, luchó largo tiempo contra los canavalls. En 1632 firmó las paces entre los dos grupos rivales y posteriormente fue nombrado gobernador de Mallorca.

SANTACRUCEÑO, A adj. y n. De Santa Cruz (Argentina) y de Santa Cruz de Tenerife (Canarias).

SANTAFÉ, c. de España (Granada) → Santa Fe.

SANTAFESINO, A o **SANTAFECINO, A** adj. y n. De Santa Fe (Argentina).

SANTALUCIENSE n. m. y adj. Piso del mioceno de Uruguay, a orillas del río Santa Lucía.

SANTAMARÍA *(familia),* familia castellana de conversos, de origen burgalés, que desempeñó un papel muy importante en la vida política, eclesiástica y cultural de Castilla en el s. xv. El fundador de la dinastía fue el famoso Salomón ha-Leví. En 1390 se bautizó cambiando su nombre por el de Pablo **de Santamaría** o **de Burgos** (¿1350?-1435); estudió teología en Francia y posteriormente fue obispo de Cartagena y de Burgos (1415). Con Pablo, cambiaron de religión sus cuatro hermanos. Durante su matrimonio judaico, Pablo había tenido numerosos hijos. De ellos el que más destacó fue Alonso de Cartagena (¿1385?-1456), famoso por sus intervenciones político-religiosas a favor de Castilla durante el concilio de Basilea. Desde mediados del s. xv resulta difícil precisar la relación exacta de los Santamaría con el tronco originario.

SANTANA (Pedro), político dominicano (Hiucha 1801-† 1864). Tras la revolución que derrocó a Boyer (1843), fue elegido presidente por la población española de la isla. Nombrado presidente provisional (1843), ocupó el cargo durante tres períodos (1844-1848; 1853-1856 y 1858-1861). Al finalizar su mandato quiso incorporar Santo Domingo a España, por lo que Isabel II le nombró capitán general de la colonia y le hizo marqués de las Carreras.

SANTANA (Manuel), tenista español (Madrid 1938). Vencedor en los torneos de Wimbledon (1966), Roland Garros (1961 y 1964) y Forest Hills (1965), en este último año fue proclamado el mejor tenista aficionado del mundo. Se retiró de las competiciones en 1973.

SANTANDER *(bahía de),* bahía de España (Cantabria), en el Cantábrico. Es la mayor de las rías de este mar y en ella desembocan las rías de Cubas (río Miera), San Salvador, Solia (río Pisueña), Boo y Raus. En la orilla N se encuentra la ciudad de Santander.

SANTANDER *(departamento de),* dep. del N de Colombia; 30 537 km²; 1 229 000 hab. Cap. *Bucaramanga.* Abarca una región baja y llana al O, que corresponde al valle del río Magdalena, y la región montañosa de la cordillera Oriental andina. El clima es cálido y muy húmedo en las áreas bajas del O, y más templado en el resto. Aunque la agricultura (café, maíz y otros cereales, caña de azúcar, etc.) y la ganadería son muy importantes, la principal actividad económica es la extracción de petróleo, en el valle del Magdalena, uno de los yacimientos más importantes de Colombia. La refinería de Barrancabermeja es el principal núcleo de tratamiento del petróleo. Una línea férrea conecta la capital con Puerto Wilches, en el curso del Magdalena.

SANTANDER *(provincia de),* ant. nombre de la provincia española de Cantabria, constituida en comunidad autónoma de Cantabria*.

SANTANDER, c. de España, cap. de la región de Cantabria y cab. de p.j. junto al Cantábrico, en la *bahía de Santander;* 180 328 hab. *(Santanderinos.)* Antigua villa pescadora, en la actualidad es una ciudad moderna que se extiende frente a la bahía, con barrios residenciales al N (playa del Sardinero) y hacia el O. El puerto desempeña una gran actividad comercial. Destaca la industria siderometalúrgica, seguida por la farmacéutica, química, de material ferroviario, construcciones navales, alimentaria, del cuero, del papel, de la madera y conservas de pescado. Es capital de una rica región ganadera y un atractivo centro turístico y cultural. Es sede preferente de la universidad internacional Menéndez* y Pelayo (península de La Magdalena*).
HISTORIA. Las primeras referencias sobre la ciudad indican que en el s. ix pertenecía al monasterio de San Emeterio, fundado por Alfonso el Casto. En 1068, Sancho II la denominó Puerto de San Emeterio y en 1187 Alfonso VIII dio fuero a la villa. Su actividad principal fue la marítima, mediante la exportación de lana a Flandes (ss. xv-xvi) y harina castellana a América (ss. xviii-xix). En 1754, Benedicto XIV separó a Santander de la diócesis de Burgos y en junio de 1755 Fernando VI le otorgó el título de ciudad. Fue ocupada por los franceses de 1808 a 1812 y en 1833 ofreció gran resistencia a los carlistas. La independencia de las colonias americanas (1898) significó un duro golpe para su economía (en el puerto se recibían los cargamentos de azúcar de las Antillas). En 1941 sufrió un grave incendio, tras lo cual la ciudad mejoró considerablemente su urbanización.
BELLAS ARTES. De entre sus monumentos destaca la catedral gótica, iniciada en el s. xii y que sufrió reformas hasta el s. xviii; en su interior conserva el sepulcro de M. Menéndez y Pelayo, obra de Victorio Macho. En el antiguo convento de los jerónimos de Monte Corbán destaca el patio renacentista (s. xvi). Palacio de la Magdalena* (principios del s. xx). Museo provincial de prehistoria y museo municipal de bellas artes (colecciones de pintura española y pintura santanderina: Valdés Leal, Zurbarán, Goya y Gutiérrez Solana, por un lado, y José de Madrazo, Riancho y Francisco G. Cossío, por otro).

SANTANDER, mun. de Colombia (Cauca), en el valle del Cauca; 34 011 hab. Yacimientos de cobre. Centro comercial.

SANTANDER (Francisco de Paula), político y militar colombiano (Rosario de Cúcuta 1792-Bogotá 1840). Intervino desde el primer momento en las luchas por la independencia y adoptó posturas federalistas. En 1813, Bolívar le nombró lugarteniente y le encargó la defensa de los valles de Cúcuta, empresa en la que fracasó. Tras combatir en diversos frentes, en 1818 fue enviado por Bolívar a Casanare para reorganizar las dispersas guerrillas; Santander realizó con éxito su misión: su caballería de Los Llanos tuvo un papel destacadísimo en la victoria sobre los realistas en Boyacá (7 ag. 1819). Bolívar le nombró vicepresidente de la liberada Nueva Granada; desde ese momento no volvió a intervenir en campañas militares. La república de la Gran Colombia, formada por Venezuela, Nueva Granada y la presidencia de Quito, fue sancionada en 1821 por el congreso de Cúcuta; Bolívar fue elegido presidente y Santander vicepresidente, aunque con funciones de presidente, ya que el Libertador continuó dirigiendo la guerra. Los afanes secesionistas de Venezuela enfrentaron a Bolívar y a Santander, partidario el primero de un gobierno central fuerte y el segundo de una articulación federal. Ambas tendencias se enfrentaron en la convención de Ocaña (1828); los bolivarianos, en minoría, boicotearon la reunión y proclamaron unilateralmente la dictadura de Bolívar. Santander fue apresado y sentenciado a muerte (set. 1828), pena que Bolívar le conmutó por la de destierro. Muerto Bolívar y consumada la disolución de la Gran Colombia, se constituyó la de Nueva Granada; Santander fue presidente para el período 1832-1837. Durante su mandato, que tuvo visos dictatoriales, los fondos públicos se manejaron con honradez y se defendió la instrucción pública. Santander no pudo imponer a su partido la candidatura de Obando para sucederle y hasta su muerte dirigió en el congreso la oposición al nuevo presidente, Márquez.

SANTANDERINO, A adj. y n. De Santander.

Rotger-Sintes-Salmer

Santander: el puerto Chico.

la basílica de **Santa Sofía** de Constantinopla

M. Vayres-Atlas-Photo

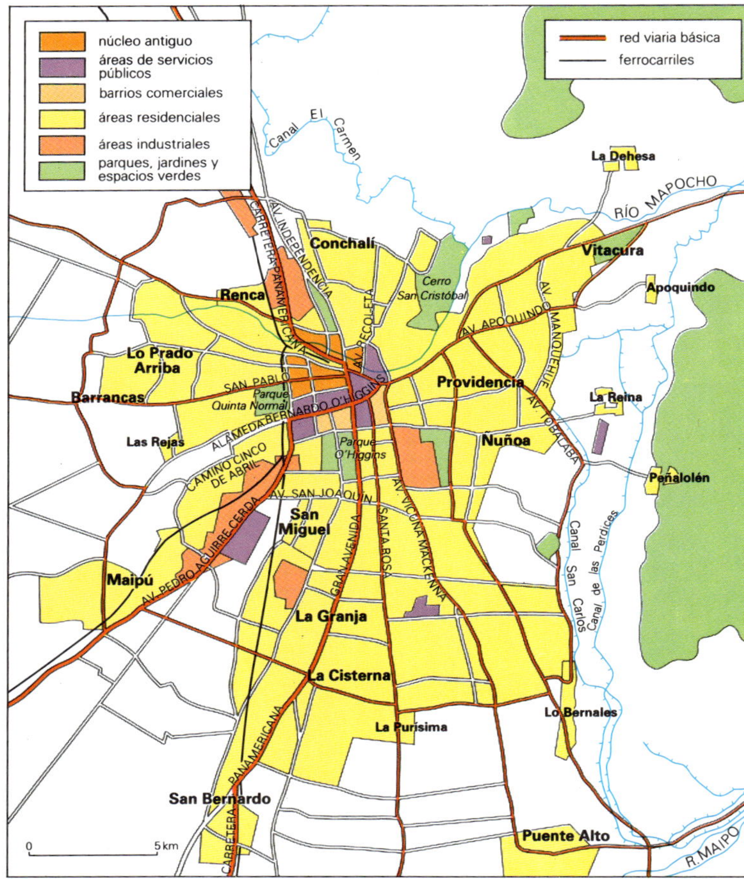

SANTIAGO DE CHILE

SANTÁNGEL (Luis de), destacado colaborador de los Reyes Católicos en las tareas financieras († 1498). Pertenecía a una rama valenciana de la antigua familia judía-aragonesa de los Chinillo. Entró al servicio de la casa real en 1478 y tuvo una decisiva intervención en las negociaciones de Santa Fe y en el éxito de la empresa colombina, a la que aportó 140 000 maravedís. En 1497 fue premiado con los bienes confiscados por el Santo Oficio en el reino de Valencia.

SANTARÉM, c. de Brasil (Pará), junto al Amazonas; 163 000 hab. Centro comercial. Puerto. Su nombre ha quedado vinculado a un estilo de cerámica precolombino que tuvo su desarrollo entre el s. XI y la época histórica, y cuyo barroquismo (abundancia de motivos modelados zoomórficos y antropomórficos) permite suponer un uso ritual.

SANTARÉM, c. de Portugal, a orillas del Tajo; 17 000 hab. Iglesias, de la época románico-gótica al barroco. Museo arqueológico, que alberga los restos de la colonización romana (la *Scallabis* fundada por Julio César).

SANTATERESA n. f. Insecto de patas anteriores prensoras, que le permiten atrapar las presas. (Long. 5 cm; orden ortópteros.)

el monasterio de **Santes Creus**

A.G.E.

SANTAYANA (Jorge Ruiz de), filósofo y escritor norteamericano de origen español (Madrid 1863-Roma 1952). Estudió en Harvard, Berlín y Cambridge. Fue profesor en Harvard, y en 1912 se trasladó a Europa. Su filosofía se centra en la explicación del mundo material (al que se asiente por la «fe animal»), por medio del nivel de las formas cognoscitivas, morales y estéticas. Entre sus obras filosóficas destaca *La vida de la razón* (1905-1906). Escribió poesía, relatos autobiográficos y la novela *El último puritano* (2 vols., 1935).

SANT' ELIA (Antonio) → FUTURISMO.

SANTELMO (Laura de), bailarina española (Sevilla 1899). A partir de 1930 inició recitales del ballet gitano en España, Argentina y Francia, e interpretó obras de Falla, Ravel, Stravinski y Debussy, con las que alcanzó gran popularidad.

SANTERO, A adj. Que rinde culto supersticioso o exagerado a los santos.

SANTERO, A n. Persona que cuida de un santuario o ermita. || Persona que pinta o esculpe santos, y también la que los vende.

Santes Creus, monasterio cisterciense situado en el mun. español de Aiguamurcia (Tarragona). Fue fundado en 1150 y cuenta con un notable grupo de edificios: la iglesia (iniciada en 1174), de tres naves cubiertas con bóvedas de crucería, que conserva los sepulcros de Pedro el Grande (s. XIII) y de Jaime II y Blanca de Anjou (s. XIV); la sala capitular, el dormitorio y el claustro viejo (fines del s. XII); el refectorio (s. XIV); el claustro mayor gótico (s. XIV), cuyas obras dirigió Reynard des Fonolls, con bellas tracerías flamígeras; el palacio real (ss. XIII-XIV).

SANTI Y GARCÍA (Mario), escultor cubano (Holguín 1911). En 1928 ingresó en la Academia de san Alejandro. Obtuvo diversos premios: a la ejecución de un busto al poeta José María Heredia, en Santiago de Cuba; 1939; al *Monumento a las madres,* en Cárdenas, 1945, y en la erección del *Monumento funerario a Martí,* en Santiago de Cuba, 1945. También figuran entre sus obras el *Monumento a Carlos Finlay,* en La Habana, y el *Panteón de los veteranos,* en Bayamo.

SANTIAGO, cerro de Panamá (Darién), punto culminante de la serranía de Tabasará; 2 826 m.

SANTIAGO o **SÃO TIAGO,** principal isla del archipiélago de Cabo Verde; 991 km²; 61 000 hab. Cap. *Praia.*

SANTIAGO, r. de México → LERMA-SANTIAGO.

SANTIAGO *(provincia de),* prov. del N de la República Dominicana; 3 111 km²; 453 972 hab. Cap. *Santiago.* El fértil valle de Cibao, regado por el Yaque del Norte y sus afluentes, y las notables áreas de regadío le aseguran el primer lugar en la agricultura dominicana (arroz, tabaco, café, maíz, etc.). La población se concentra en el valle de Cibao y la capital, segunda ciudad del país, ha desarrollado una cierta base industrial agropecuaria.

SANTIAGO *(región Metropolitana de)* → METROPOLITANA DE SANTIAGO *(región).*

SANTIAGO, c. de Chile, cap. del país y de la Región Metropolitana de Santiago; 3 853 275 hab. (más de 4 millones en la aglomeración). *[Santiaguinos.]*

GEOGRAFÍA. La ciudad está situada en el valle longitudinal del centro de Chile; el área urbana histórica está dispuesta de forma más o menos triangular, con el río Mapocho al N, el cerro de Santa Lucía al E y la Alameda Bernardo O'Higgins, al S. El área metropolitana se expande a lo largo de la llanura aluvial del Mapocho, limitando al E con los relieves andinos. La condición de capitalidad y su excelente posición geográfica le han permitido un intenso crecimiento demográfico con aportes inmigratorios muy destacados. Este crecimiento se inició a fines del s. XIX: en 1940 la ciudad superó el millón de habitantes y en 1970, los tres millones. El planeamiento urbanístico original es de tipo ortogonal, con un área comercial y financiera centrada alrededor de la plaza de Armas, un barrio residencial en las colinas del E y barrios humildes en las periferias N, S y O. Santiago es el centro de la vida económica chilena; agrupa a más de la mitad de la mano de obra industrial y concentra el 50 % del P.I.B. del país. Sobresalen las industrias ligeras (alimentarias, textiles, cuero y calzado, etc.), seguidas de la metalurgia, la química, el papel y artes gráficas, etc. La ciudad cuenta con la universidad de Chile, la universidad católica y la universidad técnica del estado. Es el principal nudo de comunicaciones chileno, muy bien conectada con el puerto de Valparaíso; aeropuerto internacional Comodoro Arturo Merino Benítez (ant. Pudahuel).

HISTORIA. El origen de la ciudad se remonta a 1540, en que Pedro de Valdivia levantó un fortín a orillas del río Mapocho, que en 1541 dio lugar a Santiago del Nuevo Extremo. Creció rápidamente, gracias a la red de caminos que unió el núcleo central con la periferia agrícola y a la navegabilidad del Mapocho hacia la costa (1556). Las guerras araucanas hicieron difícil su existencia hasta que la línea de resistencia indígena no se consolidó en el río Bío-Bío. En el s. XVII, se convirtió en el centro administrativo de la colonia, llegando a superar a Concepción, aunque su crecimiento se vio frenado por los terremotos de 1647, 1657 y 1688.

Durante el s. XVIII, la ciudad destacó por su red de comunicaciones con Argentina y con el resto del país, así como por sus mejoras urbanísticas, auspiciadas por los gobernadores Manuel Manso y Velasco y Ambrosio O'Higgins (1788-1796). El papel de Santiago en la independencia chilena fue destacado: en ella se instaló la primera junta gubernativa (18 set. 1811) y apareció el primer periódico nacional, *La aurora de Chile* (13 febr. 1812). La prosperidad económica y la estabilidad política de Chile a partir de la segunda mitad del s. XIX se reflejaron en Santiago, que aumentó considerablemente su población. Su progreso definitivo, a fines del s. XIX y comienzos del s. XX, estuvo íntimamente ligado al capital aportado por las empresas mineras, a su unión

Vautier-Decool

Santiago de Chile: el palacio de La Moneda.

con el puerto de Valparaíso y al auge de la economía de Chile. El proceso de industrialización de los años treinta y la política del Frente popular, aceleraron el crecimiento de la ciudad.
BELLAS ARTES. Los edificios construidos durante la colonia sufrieron numerosas vicisitudes, sobre todo a causa de los terremotos. Sólo se han conservado algunos elementos del s. XVII y primer tercio del s. XVIII en la catedral y en el convento de San Francisco. La iglesia de la Compañía (1595-1631), arruinada por el terremoto de 1730, fue destruida por completo en el incendio de 1862. Santo Domingo (s. XVII) se reconstruyó en 1747-1781. Las iglesias de San Isidro y de San Lázaro datan de fines del s. XVII. La arquitectura civil colonial ofreció un tipo característico de casona, del que se han conservado pocos ejemplares. De un solo piso, la fachada, flanqueada por anchas pilastras ornamentadas, luce siempre un frontón protegido bajo los aleros del techo (Casa colorada, posada del Corregidor). En el s. XVIII Joaquín Toesca implantó el neoclasicismo en Santiago; realizó La Merced (1795), la catedral (1780-1799) el palacio de La Moneda* (1788-1799), las Casas capitulares, actual telégrafos del estado (1784-1790) el hospital de San Juan de Dios (1797) y numerosas residencias privadas. Al neoclásico francés, presente en numerosos edificios realizados por distintos arquitectos de esa nacionalidad (Hénault, Lathoud, etc.), siguieron construcciones en estilo moderno. En los últimos años, el barrio cívico de Santiago es el esfuerzo urbanístico más considerable y está integrado por un imponente grupo de macizos edificios frente a La Moneda. Como edificios modernos destacan el hotel Portillo, obra de Martín Lira, y la escuela de derecho, de Juan Martínez.

P. Da Costa

santateresa

SANTIAGO o **SANTIAGO DE COMPOSTELA,** c. de España (La Coruña), cap. de la comunidad autónoma de Galicia, entre los ríos Tambre y Hulla; 93 695 hab. *(Santiagueses.)* Debe su desarrollo y crecimiento a su situación de encrucijada entre las cabeceras de las rías y el río Miño. A su función de centro religioso durante la edad media, se añadió, en el s. XVI, el de centro comarcal y universitario. Cuenta con industrias alimentarias, manufacturas de la madera, metalurgia, además de la tradicional artesanía (orfebrería, platería y azabachería). Es un importante centro turístico.
HISTORIA. El origen de la ciudad se remonta a la segunda década del s. IX, cuando, según la tradición, se descubrió un sepulcro cuyos restos se atribuyeron al apóstol Santiago. Alfonso III de Asturias construyó una basílica (910) y en el s. X, Ordoño II y Ordoño III concedieron abundantes posesiones a la misma. Durante el reinado de Vermudo III, Almanzor la ocupó y destruyó (997). El obispo Mezonzo reconstruyó la ciudad y Cresconio la amuralló. El papa Urbano II concedió el traslado de la sede episcopal de Iria Flavia a Santiago, que quedó eximida de la jurisdicción de Braga (1095). En el s. X, Diego Peláez inició la construcción de la catedral románica, que concluiría Diego Gelmírez (s. XI). Al compás de las peregrinaciones se convirtió en importante centro comercial. La incipiente burguesía luchó durante toda la edad media contra el poder eclesiástico; el levantamiento de los irmandiños* de 1467 fue el último episodio de esa lucha. Durante el s. XVI se crearon los estudios, base de la futura universidad. En 1809 la ciudad fue ocupada por los franceses, que fueron expulsados ese mismo año. A pesar de su oposición a los primeros pronunciamientos liberales, en 1846 apoyó una insurrección militar antimoderada. Desde 1982 es sede de la Xunta.
BELLAS ARTES. La ciudad se dispone en torno a la soberbia catedral románica (s. XII, con un transepto extraordinariamente largo y la tribuna que se extiende por todo el templo); especial atención merecen la portada románica llamada puerta de las Platerías* (1104) y el famoso Pórtico de la Gloria* (1118, obra del maestro Mateo). La catedral ha sufrido diversas reformas de las que destacan: la fachada barroca del Obradoiro (ss. XVII-XVIII, obra fundamentalmente de F. Casas y Novoa), la puerta Santa y el pórtico real de la Quintana (s. XVII), la torre del reloj (1676-1680, obra de D. de Andrade), y la fachada tardobarroca de la Azabachería (s. XVIII); en el interior sobresalen la capilla Mayor, con el sepulcro del apóstol y un gran retablo barroco de Santiago a caballo (s. XVI), y las de la Corticela (portada románica) y de Mondragón (*Descendimiento,* 1526), claustro plateresco (de Juan de Álava y R. Gil de Hontañón, s. XVI); sacristía; capilla de las Reliquias (Panteón real) y capilla de San Fernando, obras platerescas del s. XVI. Alrededor de la catedral existen varias plazas con excelentes edificaciones: la plaza de España (o del Obradoiro), con el palacio Gelmírez (s. XII), muestra del románico civil, el hospital Real (s. XVI, obra de E. Egas, actual hostal de los Reyes Católicos, parador nacional), el palacio Rajoy y el colegio románico de San Jerónimo (s. XV); la plaza de las Platerías (fuente barroca de los caballos); la plaza de la Inmaculada, con el monasterio de San Martín Pinario; la plaza de la Quintana, con el monasterio de San Pelayo. En el resto de la ciudad se encuentra otro buen número de edificios sobresalientes: la iglesia gótica de Santo Domingo; la colegiata de Santa María la Real de Sar (s. XV), con claustro románico; el convento de San Agustín (s. XVII), y las iglesias de San Francisco y de las Agustinas de Abajo (s. XVIII), entre las religiosas; el colegio mayor de Fonseca con portada y patio platerescos; las casas barrocas del deán (1747) y del cabildo (1758), y los edificios neoclásicos de la universidad y del ayuntamiento, entre las civiles. Museo catedralicio, museo del pueblo gallego.

Santiago *(camino de),* ruta seguida por los peregrinos que iban a venerar el sepulcro del apóstol Santiago en Compostela. Según la tradición «cuando reinaba en Asturias Alfonso II y en Francia Carlomagno» se descubrió, en la antigua diócesis de Iria Flavia, una tumba que se identificó como la de Santiago el Mayor; ello dio lugar a la erección de un templo, renovado por Alfonso III en 874, y a la llegada de peregrinos de toda Europa. Las órdenes monásticas favorecieron la peregrinación, mientras las militares, especialmente los templarios, se encargaron de la protección de los viajeros. Según el *Códice calixtino* venían de Europa a través de Francia cinco vías que confluían en dos puntos del Pirineo: Somport y Roncesvalles. Desde Somport se descendía a Jaca y se seguía el curso del río Aragón, por Sangüesa, hasta reunirse con el otro itinerario en Puente la Reina. Los que entraban por Roncesvalles pasaban a Pamplona y Puente la Reina. De ahí continuaba por un único camino: Estella, Logroño, Nájera, Santo Domingo de la Calzada, Burgos, Carrión de los Condes, Sahagún, León, Astorga, Ponferrada, el Bierzo, el Cebreiro, Puertomarín, Palas de Rey, Labacolla y Santiago. En el s. XIV se abrieron otros caminos (el de Irún a Vitoria y a Burgos; el que recorría la costa cantábrica).
La peregrinación tenía su ritual: los peregrinos salían de sus poblaciones tras hacer testamento y provistos de sayal, bordón y escarcela, además de los necesarios salvoconductos. Viajaban en grupos y en varias etapas; al llegar a la catedral de Compostela cumplían una serie de ceremonias, al término de las cuales recibían un documento, llamado *compostela,* que acreditaba su peregrinación. La peregrinación, que reunía a gentes de diversos estamentos, se mantuvo hasta el s. XVI; empezó a decaer con la difusión del protestantismo y acabó casi totalmente a fines del s. XVIII. Actualmente se celebra el *año santo* de Santiago (aquel en que el 25 de julio, fiesta del apóstol, cae en domingo).
La comunicación de la Península con Europa a través del camino de Santiago fue muy fecunda en el aspecto cultural y artístico (configuración del arte románico; formación de los cantares de gesta, de la lírica castellana y gallega, etc.), debido al intercambio de influencias y a las aportaciones de los artistas viajeros (cada una de las etapas del itinerario conserva ejemplares románicos). La peregrinación tuvo asimismo una repercusión social al favorecer la repoblación de las ciudades situadas a lo largo de la ruta.

SANTIAGO, ant. **Santiago de los Caballeros,** c. de la República Dominicana, cap. de la prov. de Santiago, en la cabecera del Yaque del Norte; 198 784 hab. Centro comercial y de servicios. Industrias agropecuarias (tabaco) y manufacturas de la madera. — **S.** o **S. de Veraguas,** c. de Panamá, cap. de la prov. de Veraguas, en las llanuras bajas del Pacífico; 14 391 hab. Industria maderera. Centro comercial. — **S.,** mun. de México (Nuevo León), en la sierra Madre oriental; 24 089 hab. Economía agropecuaria. Minería. — **S.,** cantón de Costa Rica → PURISCAL. — **S. Atitlán,** mun. de Guatemala (Sololá), junto al lago Atitlán; 12 833 hab. Turismo. — **S. Coachochitlan,** c. de México (México) → TEMASCALCINGO. — **S. de Chuco,** c. de Perú (La Libertad), en la cuenca del Huaychaca; 31 604 hab. Cereales. Ganadería. Cuna de César Vallejo. — **S. de la Puebla,** v. de España (Salamanca), en el Campo de Peñaranda; 799 hab. Iglesia de los siglos XV-XVI con retablo renacentista, labrado bajo la dirección de D. de Siloe y F. Bigarny. — **S. de Mendoza,** antiguo nombre de la ciudad mexicana de Monclova. — **S. de Surco,** mun. de Perú (Lima), avenado por el Rímac; 49 168 hab. Cap. *Surco.* Algodón y caña de azúcar. Vacunos. — **S. Ixcuintla,** c. de México (Nayarit), junto al Santiago; 84 581 hab. Industrias agropecuarias. Centro comercial. — **S. Nonualco,** mun. de El Salvador (La Paz), junto al Jalponga, en la cadena Costera; 20 626 hab. Industrias agropecuarias. Textiles. — **S. Papasquiaro,** mun. de México (Durango), avenado por el Papasquiaro; 38 217 hab. Economía agropecuaria. Centro comercial. — **S. Rodríguez,** c. de la República Dominicana → SABANETA. — **S. Tuxtla,** mun. de México (Veracruz), junto al volcán de San Martín; 30 328 hab. Centro agropecuario.

SANTIAGO el Mayor, apóstol de Jesús, hijo de Zebedeo y hermano de san Juan evangelista; según los *Hechos de los apóstoles,* murió mártir en el año 44, durante el reinado de Herodes Agripa. Según la tradición, predicó en Hispania, y Teodomiro, obis-

La fachada del Obradoiro de la catedral de **Santiago de Compostela.**

A.G.E.

Algar-Salmer

Santiago de Cuba: el castillo del Morro.

po de Iria Flavia, halló su sepulcro en la actual Santiago de Compostela. Es el patrón de España, cuya fiesta se celebra el 25 de julio. (En castellano, otros nombres equivalentes al de Santiago son YAGO, JAIME y JACOBO.)

Santiago *(orden militar de),* orden militar creada en 1170 por el caballero leonés Pedro Fernández, y que adoptó la regla de san Agustín, que les permitía practicar los votos de pobreza y castidad atenuados. En 1171, el arzobispo de Santiago recibió al maestre de la nueva orden como canónigo de la iglesia compostelana; en 1174 Alfonso VII concedió a la orden la ciudad de Uclés y en 1175 fue reconocida por el papa Alejandro III. Esta milicia nació para luchar contra los musulmanes de la península y fue la más internacional de todas las órdenes castellanoleonesas: a los treinta años de su fundación se había extendido por Castilla, Aragón y Portugal y poseía bienes en Francia, Flandes, Normandía e Inglaterra; a fines del s. XII y comienzos del s. XIII, la orden desempeñó un papel clave en la política militar de los reyes de Castilla, León y Portugal; intervino en las campañas andaluzas de Fernando III, la conquista de Sevilla (1248), la sumisión de los mudéjares sublevados (1126), etc. Desde la segunda mitad del s. XIV, los representantes del grupo triunfador de la política castellana (Fadrique de Trastámara, Álvaro de Luna, Juan Pacheco, etcétera) estuvieron al frente de la orden e hicieron de ella un elemento importante en sus guerras contra Aragón y Portugal.

El patrimonio santiaguista se formó durante el primer siglo de su existencia. La orden estableció una barrera de castillos entre el S del Tajo y el Duero, desde Lisboa hasta Cuenca. Tras el avance de la frontera cristiana en tiempos de Fernando III, la orden controló la extensa zona de pastos del ganado de la Mesta y se convirtió en la primera potencia económica de Castilla, cuando este país basó su riqueza en la exportación lanera. Posteriormente, la conversión del rey valenciano Abū Sa'īd y su posterior ingreso en la orden hizo a los santiaguistas dueños de extensas posesiones, que abarcaban desde el Algarve hasta el S de Valencia. La orden estaba regida por un maestre, asesorado por trece freires, y por el prior de los clérigos.

SANTIAGO el Menor, discípulo de Jesús que desempeñó un papel importante en la organización del cristianismo en Jerusalén (según el concilio de Trento, el hijo de Alfeo mencionado en los Evangelios). Primer obispo de Jerusalén fue ejecutado en el 62 por orden del sumo sacerdote. La *Epístola de Santiago,* que se le atribuye, es un escrito anónimo de fines del s. I, inspirado por la teología judeocristiana, cuya sede fue la comunidad cristiana de Jerusalén.

SANTIAGO (Miguel DE), pintor quiteño (Quito 1626-*id.* 1706). Su vasta obra refleja la influencia de la escuela barroca sevillana, sobre todo de Murillo. Destacan los lienzos que representan distintos aspectos de la *Vida de san Agustín,* conservados en el convento de San Agustín en Quito, en cuya iglesia se conserva un gran lienzo titulado *La regla,* en el que figuran más de quinientos personajes. En 1683 pintó la serie de *Milagros de Nuestra Señora de Guadalupe Guápulo,* en el santuario de Guápulo. Otras obras suyas son *Inmaculada Eucaristía,* museo de San Francisco; *Santísima Trinidad,* convento de San Francisco de Quito; *Cristo de la agonía,* catedral de Quito, dibujos y óleos de colecciones particulares. — Su hija ISABEL, también pintora, se inspiró más directamente en el barroco sevillano.

SANTIAGO DE CUBA *(provincia de),* prov. de Cuba; 6 346 km²; 915 818 hab. Cap. *Santiago de Cuba.* Situada en el extremo E del país, presenta un relieve diferenciado entre tramos montañosos y cuencas interiores. La población es muy densa y las principales actividades económicas son la agricultura (caña de azúcar y café), la minería (manganeso) y la industria (astilleros, cemento, derivados de la agricultura, etc.).

SANTIAGO DE CUBA, c. de Cuba, cap. de la prov. homónima, junto a la *bahía de Santiago de Cuba;* 399 845 hab. *(Santiagueros.)* Es un activo centro industrial (alimentación, tabacalera, materiales para la construcción, productos químicos, construcción de maquinaria y astilleros), comercial (puerto exportador), minero (cobre) y cultural (universidad). Refinería de petróleo. Central térmica. Aeropuerto. Turismo (playas Siboney y Caletón Blanco, parque nacional Gran Piedra). Cuna de J. M. Heredia y A. Maceo.
HISTORIA. Fundada en 1514 por Diego de Velázquez, fue la primera capital de la isla de Cuba y centro de las expediciones a México (1518-1520) y la Florida (1538). Desde 1607 fue capital del territorio comprendido entre cabo Maisí y Puerto Príncipe; a pesar de los periódicos ataques de los ingleses, la ciudad fue creciendo gracias a la actividad mercantil (contrabando con Jamaica y la metrópoli) y a la instalación en su territorio de inmigrantes procedentes de Santo Domingo (1804). Los gobiernos de Vaillant y de Quintana, entre 1788 y 1799, completaron el desarrollo y fortificación de la ciudad, que desempeñó un papel importante en las guerras de independencia de Cuba y durante la revolución castrista.
BELLAS ARTES. Los frecuentes terremotos obligaron a una arquitectura en madera, aun en monumentos de grandes proporciones como la catedral (1806). La iglesia de San Francisco posee la estructura de madera revestida de material. En las iglesias de Santo Tomás, la Trinidad y el Carmen toda la estructura es de madera vista, con decoración mudéjar. Las casas coloniales son generalmente de una sola planta con fachada en retroceso y galería cubierta o corredor, de madera labrada.

Santiago de Cuba *(combate naval de),* derrota de la escuadra española frente a la norteamericana, en el contexto de la guerra hispano-norteamericana (3 julio 1898). La victoria del almirante Sampson sobre la del almirante Cervera determinó la capitulación de Santiago de Cuba (16 julio 1898).

SANTIAGO DEL ESTERO *(provincia de),* prov. de Argentina; 135 254 km²; 652 318 hab. Cap. *Santiago del Estero.* Situada en el sector centroseptentrional del país, comprende de una extensa llanura que deja paso a varias sierras pampeanas (Sumampa, Ambargasta) hacia el SO. La escasa pendiente del terreno origina áreas pantanosas y el desdoblamiento de las corrientes fluviales en numerosos brazos (esteros). Los ríos Salado del Norte y Dulce cruzan la provincia de NO a SE. El clima, cálido y bastante seco, sólo permite una agricultura dinámica entre los dos ríos citados: algodón, cereales y frutales. La explotación del quebracho chaqueño se halla en decadencia y la ganadería tampoco es muy importante. La población se agrupa principalmente en el sector E y junto a las corrientes fluviales. La industria algodonera, ubicada en la capital, es la más representativa. Una red de carreteras y vías férreas comunica los puertos del Paraná y del Atlántico con las regiones occidentales y con Chile y Bolivia.

SANTIAGO DEL ESTERO, c. de Argentina, cap. de la prov. homónima, a orillas del río Dulce; 374 834 hab. Es la ciudad más antigua del país (fundada en 1553) y punto de partida de las expediciones que fundaron las ciudades de Tucumán, Córdoba, Salta, La Rioja, Jujuy y Catamarca. Es un centro industrial (textiles), turístico, comercial, político-administrativo y cultural.

SANTIAGO RODRÍGUEZ *(provincia de),* prov. de la República Dominicana; 1 020 km²; 51 678 hab. Cap. *Sabaneta.* De relieve montañoso y atravesada por afluentes del Yaque del Norte (Mao, Yaguajal), está situada en el NO del país. Poco poblada, las actividades forestales (maderas finas) predominan sobre las agrícolas (arroz y tabaco) y las de ganadería, extensiva.

SANTIAGUEÑO, A adj. De Santiago del Estero.

SANTIAGUERO, A adj. y n. De Santiago de Cuba.

SANTIAGUÉS, SA adj. y n. De Santiago de Compostela.

SANTIAGUINO, A adj. y n. De Santiago de Chile.

Arch. Planeta

El marqués de **Santillana.**
Detalle de un retablo de Jorge Inglés.
(Col. duque del Infantado, Madrid.)

SANTIAGUISTA adj. y n. m. Relativo a la orden militar de Santiago; miembro de dicha orden.

SANTIAMÉN. *En un santiamén* (Fam.), en un instante, rápidamente.

SANTIDAD n. f. Calidad de santo. • *Su santidad,* tratamiento dado al papa.

SANTIFICABLE adj. Que merece o puede santificarse.

SANTIFICACIÓN n. f. Acción y efecto de santificar.

SANTIFICADOR, RA adj. y n. Que santifica.

SANTIFICAR v. tr. [**1a**]. Hacer santo a alguien por medio de la gracia. || Convertir una cosa en santa, purificarla: *santificar un lugar.* || Rendir culto a los santos o a las cosas santas: *santificar a los mártires.* || Consagrar a Dios una cosa. || Transcurrir las fiestas religiosas según los preceptos de la Iglesia católica, absteniéndose de trabajar y asistiendo a misa: *santificar los domingos.*

SANTIFICATIVO, A adj. Capaz de santificar.

SANTIGUADA n. f. Acción y efecto de santiguar o santiguarse. • *Para, o por, mi, tu, su,* etc., *santiguada,* en mi, tu, su, etc., interior, con el pensamiento.

SANTIGUAR v. tr. y pron. [**1c**]. Hacer sobre sí o sobre otra persona la señal de la cruz. ◆ **santiguarse** v. pron. *Fig.* y *fam.* Demostrar admiración, asombro o extrañeza, haciendo generalmente la señal de la cruz.

SANTILLÁN (Fernando DE), administrador español († c. 1575). Fundó la academia de Quito y escribió *Relación de los incas* (c. 1572).

SANTILLÁN (Ramón DE), político y hacendista español (Lerma 1791-Madrid 1863). Participó en la guerra de la Independencia; tras el triunfo absolutista fue depurado y en 1825 dejó el ejército. En 1840 y en 1847 ocupó el ministerio de Hacienda; firmó la unificación de los dos bancos que constituyeron el Banco de España, del que fue primer gobernador (1849). Es autor de *Memoria histórica de las reformas hechas en el sistema de impuestos* (1888).

SANTILLÁN (Sinesio GARCÍA FERNÁNDEZ, llamado **Diego Abad de**), dirigente anarquista español (Burgos 1898-Barcelona 1983). Tras residir en Argentina, donde animó la anarquista Federación obrera regional argentina (F.O. R.A.), en 1936 representó a la F.A.I. en el Comité de milicias antifascistas de Cataluña y fue consejero de Economía de la Generalidad (hasta 1937). De nuevo volvió a Argentina, de donde regresó en 1976. Es autor de *La revolución y la guerra de España* (1938), *La F.O.R.A.* (1967) y *Contribución a la historia del movimiento obrero español* (3 vols., 1971).

SANTILLANA *(Asturias de)*, comarca de España (Cantabria), en la costa cantábrica. Prados (importante ganadería vacuna). Destacan los núcleos de Suances (industria), Unquera (ganadería) y Cabezón de la Sal. La capital es Torrelavega, centro industrial.

SANTILLANA o **SANTILLANA DEL MAR,** v. de España (Cantabria), junto al Cantábrico; 3 884 hab. Colegiata románica (fines del s. XII) de tres naves y claustro, con interesante repertorio escultórico en sus capiteles. Iglesias de Regina Coeli y de las clarisas. Importante conjunto de palacios: casa de los Peredo, de los Estrada, de los Tagle, parador de Gil Blas y torreón de los Velarde. Interesante promoción cultural de la Fundación Santillana. Museo de arte contemporáneo, dedicado al grabado, en las casas de Las Águilas (ss. XV-XVI). En las proximidades de la villa se hallan las cuevas de Altamira*.

SANTILLANA (Íñigo LÓPEZ DE MENDOZA, *marqués* DE), escritor español (Carrión de los Condes 1398-Guadalajara 1458). Hijo del almirante de Castilla Diego de Mendoza, pasó algunos años al servicio de los reyes de Aragón. A partir de 1418 intervino en la agitada vida política de Castilla de los reinados de Juan II y Enrique IV. Mantuvo contactos con escritores catalanes (Jordi de Sant Jordi) y castellanos (Villena, Imperial, Juan de Mena, etc.) y coleccionó una nutrida biblioteca. Su obra literaria manifiesta gran curiosidad intelectual. Al frente de sus poesías escribió una *Carta* proemio* a su amigo el condestable don Pedro de Portugal (1449), que se estima el primer bosquejo de historia literaria en castellano. El sector más inspirado de sus poemas se inscribe dentro de la tradición medieval: serranillas, canciones y decires, en metros breves y estilo realista. También profundamente medievales son sus poemas de contenido didáctico-moral: el *Diálogo de Bías contra Fortuna*, el *Doctrinal de privados* (contra don Álvaro de Luna) y una colección de *Proverbios*. La influencia italiana surge incipiente en los poemas alegóricos la *Comedieta de Ponza* (1436), inspirada en las campañas aragonesas en Italia, y el *Infierno de los enamorados*, con reminiscencias de Dante, así como en la colección *Sonetos fechos al itálico modo*, en los que se anticipa a los más afortunados de Boscán. Entre sus obras en prosa cabe destacar la recopilación *Refranes que dicen las viejas tras el fuego*.

Santimamiñe *(cueva de)*, yacimiento arqueológico del arte francocantábrico, situado en el mun. español de Guernica y Luro (Vizcaya). Fue descubierta en 1916, y contiene grabados y pinturas (bisontes, caballos, osos y ciervos).

Santo Domingo de la Calzada:
la portada meridional de la catedral,
obra de Martín de Beratúa.

A.G.E.

SANTIPONCE, v. de España (Sevilla), en El Aljarafe; 5 729 hab. Manufactura del corcho. Monasterio de San Isidoro del Campo, con dos iglesias: la principal, gótica (modificada en el s. XVII), conserva un retablo de J. Martínez Montañés (s. XVII); la otra iglesia cobija los sepulcros de Guzmán el Bueno y de su esposa María Coronel y obras de Martínez Montañés; patio mudéjar de los Muertos, patio de los Evangelistas y refectorio, con pinturas murales góticas (1431-1436).

SÄNTIS, montaña de Suiza, al S de Sankt Gallen; 2 504 m. Observatorio meteorológico.

SANTÍSIMO, A adj. Tratamiento aplicado a la Virgen, a la Trinidad y al papa.

SANTÍSIMO n. m. En la religión católica, Cristo en la eucaristía. (Suele escribirse con mayúscula.) [Sin. SANTÍSIMO SACRAMENTO.]

SANTISTEBAN (Manuel DE BENAVIDES, *conde* DE), militar y político español del s. XVII. Fue nombrado capitán general del reino de Granada (1671) y virrey de Cerdeña (1676); más tarde estuvo en Sicilia y Nápoles. En 1699, Mariana de Austria le nombró mayordomo de la corte (1699), cargo del que dimitió a la muerte de Carlos II (1700).

SANTO, A adj. (lat. *sanctum*). Absolutamente perfecto. || Sagrado, inviolable. || Que produce un efecto bueno y saludable, o un provecho especial: *un santo consejo*. || Con ciertos nombres da un énfasis especial a su significado: *esperar todo el santo día; hacer su santa voluntad*. || Relativo a la religión: *templo santo*. || Conforme a la ley moral: *vida santa*. || Dícese de cada uno de los días de la semana que precede al domingo de Pascua de Resurrección y de esa semana: *lunes santo; semana santa*. ● *A santo de qué*, expresión con que se comenta la inoportunidad o inconveniencia de algo. || *Año santo*, año jubilar de la Iglesia católica, celebrado ordinariamente cada veinticinco años. || *Írsele* a alguien *el santo al cielo* (Fam.), olvidársele lo que iba a decir o a hacer. || *No ser santo de la devoción* de alguien, no tener simpatía a alguien, inspirarle desconfianza. || *Quedarse para vestir santos*, quedarse una mujer soltera. || *Santa iglesia*, Iglesia cristiana. ◆ adj. y n. Virtuoso, muy resignado: *es una santa mujer*. || Dícese de la persona cuya vida ejemplar ha sido juzgada digna de recibir, previa la canonización, culto universal.

SANTO, A n. Imagen de un santo.

SANTO n. m. Viñeta, grabado, estampa que ilustran una publicación: *un libro con santos*. || Respecto de una persona, festividad o celebración del santo cuyo nombre lleva: *hoy es su santo*. ● *Santo de los santos*, sanctasanctórum. || *Santo y seña*, contraseña que sirve a los centinelas para identificar a las rondas o personas que se acercan al puesto de guardia.

SANTO ANDRÉ, c. de Brasil (São Paulo), en el área suburbana SE de São Paulo; 515 000 hab. Metalurgia e industrias químicas.

SANTO DOMINGO, sierra de Venezuela, que forma parte de la cordillera de Mérida y culmina en el pico Mucuñuque (4 672 m).

SANTO DOMINGO → *República* DOMINICANA, *La* ESPAÑOLA, HAITÍ.

SANTO DOMINGO o **SANTO DOMINGO DE GUZMÁN,** c. de la República Dominicana, cap. del país y del Distrito Nacional; 1 241 131 hab. *(Dominicanos.)* Junto al Caribe.

GEOGRAFÍA. Situada en el SE del país, en el denominado llano Oriental, está avenada por el río Ozama, que desemboca en el Caribe dentro del perímetro urbano. Su situación en el punto de salida de una gran región agraria y la absorción de la mayor parte del comercio exterior explican el vertiginoso crecimiento de su población. la cual se ha multiplicado por diez entre 1950 y 1980. La ciudad ha crecido hacia el O. El sector industrial ha alcanzado una gran expansión: siderúrgica, petroquímica, textil, alimentaria, etc. Universidad de Santo Tomás de Aquino, la más antigua de América (1558). Aeropuerto internacional de Punta Caucedo, que registra un

A.G.E.

Santo Domingo o **Santo Domingo de Guzmán:** el puente de Juan Pablo Duarte sobre el río Ozama.

movimiento considerable debido, sobre todo, al turismo.

HISTORIA. Fue fundada en 1496 por el adelantado Bartolomé Colón, hermano del almirante, en la ribera E del río Ozama. Esta primitiva fundación fue arrasada por un huracán, lo que indujo al gobernador Nicolás de Ovando a trasladar su emplazamiento a la orilla O (5 ag. 1502). A Ovando se debe también el trazado de la ciudad así como su organización; fue la primera ciudad europea importante establecida en América y también la primera con traza urbana en tablero de ajedrez. Sus primeros años de vida estuvieron vinculados a la explotación de las minas de oro de Jaina. Durante la primera mitad del s. XVI experimentó un fuerte auge: albergó la primera audiencia de América (1511) y conquistó la capitalidad de las Antillas; factor importante de este auge fue la estratégica ubicación de su puerto, desde el que se organizaron numerosas expediciones. La ciudad entró en crisis desde la segunda mitad del s. XVI hasta principios del s. XVII, a causa de la conquista de México y la conversión de La Habana en el principal puerto para el tráfico marítimo. En 1838, Juan Pablo Duarte fundó la sociedad La trinitaria, núcleo de la conspiración por la independencia (27 febr. 1844). Tras el terremoto de 1842, la ciudad fue reconstruida y mejorado su trazado, aunque la inestabilidad política y la decadencia económica del s. XIX repercutieron en su escaso progreso. Ya en el s. XX, Santo Domingo sufrió los efectos de un devastador ciclón (1930), tras lo que fue totalmente reformada y reconstruida. Llamada *Ciudad Trujillo* de 1936 a 1961, en 1965, fue escenario de la guerra civil dominicana y sufrió la invasión de paracaidistas norteamericanos (1965-1966).

BELLAS ARTES. Santo Domingo, por ser la más antigua ciudad colonial española, posee los primeros monumentos arquitectónicos levantados por los españoles en América, en los estilos imperantes entonces en España: gótico, isabelino y plateresco. La iglesia y hospital de San Nicolás de Bari, primer edificio construido por los españoles en América, fue edificado en piedra sobre traza realizada desde España por el sevillano Alonso Rodríguez (1502-1508): planta de cruz, con dos pisos, cada uno de ellos de tres naves. En el hospital se mezclaban los elementos constructivos góticos con los renacentistas. La catedral (1514-1540) posee un interior gótico y portada plateresca, obra de Rodrigo Gil de Liendo, quien trabajó en la ciudad entre 1525 y 1555, y ejecutó también las iglesias de La Merced (1528) y San Francisco (1547), con elementos góticos, isabelinos y árabes en curiosa fusión. Otros templos importantes son Santa Clara (1550), Santo Domingo (1511) y Santa Bárbara (1570). Las defensas de la ciudad, levantadas en el s. XVI, consistían en la torre del homenaje (1505-1507) y en altos muros (1543-1702). En Santo Domingo se halla el más antiguo palacio construido por los españoles en América, el llamado casa del Almirante (1510-1514), hecho construir por Diego Colón. Es un edificio gótico con pórtico renacentista. El mismo modelo se utilizó para la casa de Engombre, con cubierta mudéjar. Otros edificios civiles dignos de mención son la universidad, de severa fachada, y las llamadas casa del Cordón y de los Cinco medallones. Al orientarse el interés de los conquistadores hacia México y Perú, la ciudad perdió el impulso constructivo; hasta que en el s. XVIII, una situación económica algo más próspera permitió la remodelación de varias iglesias. Edificios notables son el palacio nacional, el palacio de justicia, el panteón de la Patria, y el palacio de bellas artes.

SANTO DOMINGO, mun. de Cuba (Villa Clara), junto a la presa Alacranes, construida en el Sagua la Grande; 50 859 hab. Agricultura y ganadería. Industria alimentaria (centrales azucareros). — **S. D.,** cantón de Costa Rica (Heredia), en la cordillera Central; 17 423 hab. Industrias agropecuarias. — **S. D.,** com. de Chile, en la V región (Valparaíso), junto a la desembocadura del Maipo; 4 097 hab. Cab. *Rocas* de Santo Domingo*. — **S. D. de la Calzada,** c. de España (La Rioja), en la Rioja Alta; 5 554 hab. Centro comercial (mercados y ferias). Fue fundada en 1044 por santo Domingo de la Calzada. En el s. XIII, el cabildo cedió la villa a Fernando III, que le otorgó el título de ciudad, la convirtió en obispado y la declaró capital de La Rioja. Durante la Restauración, tuvo lugar en la ciudad un pronunciamiento en favor de la república (1883), organizado por Ruiz Zorrilla. Conserva restos de murallas medievales, erigidas por Pedro I (1367). Catedral románica (iniciada en 1158), cuya torre y portada meridional corresponden al barroco (s. XVIII); en su interior sobresalen el gran retablo mayor (1537-1541, obra de Damián Forment), la sillería del coro (s. XVI, obra de Andrés de Nájera), y la capilla de Santo Domingo. Convento de San Francisco (reconstruido en 1571 por Juan de Herrera). Convento de las bernardas (s. XVII). La *sentencia de S. D. de la Calzada* fue dictada por el cardenal Guido para acabar con las disputas entre Carlos II el Malo de Navarra y Enrique II de Castilla (1372). El *tratado de S. D. de la Calzada*, que estipulaba la boda entre Leonor de Castilla y el rey navarro, fue mal acogido por Carlos II, quien en 1378 reanudó las hostilidades y reivindicó las tierras que los

Trastámaras le habían concedido a cambio de su alianza. — **S. D. de los Colorados,** cantón de Ecuador (Pichincha), en la región de la costa; 98 362 hab. Algodón. Vacunos. Explotación forestal. — **S. D. de Silos,** v. de España (Burgos), al SO de Salas de los Infantes; 376 hab. El *monasterio de S. D. de Silos,* una de las obras más notables del románico español, fue fundado en 919 por el conde Fernán González. La iglesia, consagrada en 1088 y reformada por Ventura Rodríguez en el s. XVIII, es de tres naves, con ábsides semicirculares y crucero. Especial relevancia merece el claustro, de dos pisos, con arquerías de medio punto sobre columnas pareadas, que contiene un riquísimo repertorio escultórico en relieves y en capiteles. El museo del cenobio conserva interesantes fondos prehistóricos y romanos y valiosas muestras de orfebrería (cáliz mozárabe de Santo Domingo, c. 1040). — **S. D. Tehuantepec,** c. de México (Oaxaca), a orillas del Tehuantepec; 16 682 hab. Centro comercial y turístico. Mercado tradicional. Centro zapoteca desde la época hispánica. Edificios coloniales. Catedral. En 1660, rebelión de los indios, motivada por el aumento de los tributos.

Arch. Planeta

El claustro del monasterio de **Santo Domingo de Silos.**

Santo Oficio *(tribunal del),* tribunal de la Inquisición* española.

Santo Sepulcro, el más importante santuario cristiano de Jerusalén, erigido en el lugar donde según la tradición fue sepultado Jesús. En este emplazamiento el emperador Constantino hizo construir una suntuosa basílica, desaparecida. El edificio actual conserva ciertos elementos (fachada, campanario y deambulatorio) que datan de la época de las cruzadas.

SANTO TOMÁS, volcán de Guatemala, en el Eje volcánico guatemalteco-salvadoreño; 3 505 m.

SANTO TOMÁS, c. de Colombia (Atlántico), próxima al delta del Magdalena; 10 599 hab. Cereales y algodón, vacuno. — **S. T. de Jánico,** c. de República Dominicana → JÁNICO. — **S. T. de los Plátanos,** mun. de México (México), en el N de la depresión del Balsas; 4 611 hab. Presa Ixtapantongo.

SANTO TOMÁS (Domingo DE), dominico español (Sevilla 1499-Lima 1571), autor de una *Gramática* del quechua (1560).

SANTO TOMÁS (Juan DE), teólogo, filósofo y dominico portugués (Lisboa 1589-Fraga, España, 1647), considerado como uno de los más importantes comentaristas de la obra de santo Tomás de Aquino (*Cursus philosophicus,* 1637; *Cursus theologicus,* 1663).

SANTO TOMÉ, en port. **São Tomé,** isla del estado de Santo Tomé y Príncipe, en la que se halla la cap. *Santo Tomé* (17 000 hab.); puerto pesquero; aeropuerto.

SANTO TOMÉ, c. de Argentina (Santa Fe), en el área urbana de Santa Fe; 35 063 hab. — **S. T.,** dep. de Argentina (Corrientes), a orillas del río Uruguay; 33 037 hab. Maíz, arroz y forrajes. Ganadería. — **S. T. de Guayana** → CIUDAD GUAYANA.

SANTO TOMÉ Y PRÍNCIPE, en port. **São Tomé e Príncipe,** estado insular del golfo de Guinea, cerca del ecuador, formado por la *isla de Santo Tomé* (836 km^2) y la de Príncipe (128 km^2); 74 000 hab. Cap. *Santo Tomé.* Producción de cacao, café y copra. Descubierta Príncipe en 1471 por los portugueses, las islas fueron centro del comercio de esclavos y de explotaciones agrarias, primero de la caña y, ya en el s. XVIII, del cacao y el café. En 1951 el territorio fue declarado provincia de ultramar portuguesa y logró su independencia en 1975, gracias al movimiento de liberación dirigido por Pinto da Costa, quien fue nombrado presidente.

Santo Toribio de Liébana *(monasterio),* monasterio situado en el mun. español de Camaleño (Cantabria). Existía ya en el s. VII. La iglesia actual, gótica (iniciada en 1256), consta de tres naves cubiertas con bóvedas nervadas y posee tres ábsides poligonales en la cabecera; conserva una portada románica.

SANTOB DE CARRIÓN → TOB (Sem).

SANTOCILDES (Fidel Alonso), militar español (Cubo, Burgos, 1844-Peralejo, Cuba, 1895). Combatió en Cuba, donde dio muerte al dirigente cubano José Martí (1895).

SANTOLINA n. f. Planta herbácea o subfrutescente de la familia compuestas.

SANTÓN n. m. Anacoreta de alguna religión no cristiana, principalmente de la musulmana. ‖ *Fig.* y *fam.* Persona muy autorizada e influyente en una colectividad determinada.

SANTÓNICO n. m. Planta de la península Ibérica, de hojas blancas y flores agrupadas en cabezuelas pequeñas. (Familia compuestas.) ‖ Cabezuelas sin abrir de las plantas compuestas.

SANTONINA n. f. Sustancia vermífuga obtenida de las cabezuelas de diversas plantas del género *Artemisia.*

SANTOÑA *(bahía de),* bahía de España (Cantabria), en el Cantábrico, cerrada al N por el *tómbolo de Santoña.* En el fondo de la bahía se abren las *rías de Santoña y de Treto.*

SANTOÑA, v. de España (Cantabria), en la *ría de Santoña;* 11 003 hab. *(Santoñeses.)* Centro pesquero (conservas). Iglesia de Santa María (iniciada c. 1135), con pórtico del s. XVIII, pila bautismal románica y un retablo del s. XV. Población de origen celta, la villa nació en torno a un monasterio fundado en 562. Sufrió los saqueos de los normandos (s. X) y fue repoblada por Sancho VI de Navarra, quien donó el monasterio y la villa al monasterio de Santa María la Real de Nájera (1196); en 1579 Felipe II la entregó a Gonzalo de Salamanca. En el s. XIX se activó su tráfico comercial, particularmente con América. En la villa se estableció el penal del Dueso.

SANTORAL n. m. Libro que contiene libros de santos. ‖ Lista de los santos cuya festividad se conmemora en cada uno de los días del año. ‖ Parte de los libros litúrgicos que contiene los oficios de los santos.

SANTORÍN *(archipiélago de),* archipiélago volcánico de Grecia, en la parte S de las Cícladas, cuya isla principal lleva también el nombre de *Santorín,* o *Thēra* (nombre griego del archipiélago). Es resultado del desmantelamiento, hacia el año 1000 a. J.C., de un vasto aparato volcánico.

SANTORO (Claudio), violinista y compositor brasileño (Manaus 1919), autor de sinfonías, obras para violín y orquesta de cámara (*Conciertos,* 1951-1961), quintetos para instrumentos de viento, sonatas, etc.

SANTÓRSOLA (Guido), compositor uruguayo, de origen italiano (Canosa 1904), nacionalizado en 1936. Estudió en São Paulo, Nápoles y Londres. Fundó en Brasil el Instituto musical brasileiro. Entre sus obras destacan la *Sinfonía n.° 1* (1957), la *Rapsodia criolla,* conciertos para instrumentos solistas y orquesta y obras vocales para piano y para guitarra.

Lauros

Alberto **Santos-Dumont,** por A. Gastambide. (Col. part.)

SANTOS *(provincia de* **Los**), prov. de Panamá; 3 867 km^2; 75 000 hab. Cap. *Las Tablas.* Está situado en el litoral del Pacífico y junto al golfo de Panamá, donde se concentra la mayor parte de la población. Es una provincia cerealera, donde se cultiva además café, caña de azúcar, tabaco, etc. Las reservas mineras, aunque importantes, están poco explotadas (níquel, carbón, oro, etc.). Las poblaciones costeras son activos centros pesqueros.

SANTOS, c. de Brasil (São Paulo), en la *bahía de Santos;* 395 721 hab. La connurbación Santista (Santos, San Vicente, Guaruja y Vicente de Carvalho, Cubatão), que alberga a más de 800 000 hab., es una especie de anexo portuario de São Paulo (exportación de café, astilleros) y un destacado centro industrial, sobre todo en la zona de Cubatão (refino de petróleo, industrias químicas, complejo siderúrgico). Dos aeropuertos.

SANTOS (Los), distr. de Panamá (Los Santos), en las llanuras centrales; 16 692 hab. Centro comercial. Salinas. La ciudad fue fundada en 1555.

SANTOS (Francisco), escritor español de la segunda mitad del s. XVII. Se sabe que nació en Madrid, ciudad a la que se hallan ligados sus relatos costumbristas: *Día y noche en Madrid* (1663), *Periquillo, el de las gallineras* (1663), *Las tarascas de Madrid* (1665), *Los gigantones de Madrid por defuera* (1666) y *El diablo anda suelto...* (1677).

SANTOS (Juan) → ATAHUALPA (Juan SANTOS, llamado).

SANTOS (Máximo), político y militar uruguayo (Canelones 1847-Buenos Aires 1889). Fue el primer capitán general de la república. Adicto al dictador Latorre (1876-1880), fue ministro de Guerra y Marina (1880-1882). Elegido presidente, durante su mandato (1882-1886) acabó con el bandidismo, pero generalizó la corrupción administrativa; condonó la deuda de guerra con Paraguay. Intentó acceder nuevamente a la presidencia, pero fue obligado a exiliarse.

SANTOS (Eduardo), abogado, político y periodista colombiano (Bogotá 1888-*id.* 1974). Miembro del Partido liberal y presidente del país (1938-1942), rompió las relaciones diplomáticas con el Eje (1941) y firmó un concordato con el Vaticano.

SANTOS (José Eduardo DOS), político angoleño (Luanda 1942). Se unió al M.P.L.A. en 1961 y combatió a los portugueses en Cabinda. Después de la independencia de Angola, fue ministro de Asuntos Exteriores (1974) y de Planificación (en. 1979). Al morir el presidente Neto (set. 1979), le sucedió en el cargo.

SANTOS CELAYA (José) → ZELAYA (José Santos).

SANTOS CHOCANO (José) → CHOCANO (José Santos).

SANTOS DUMONT (Alberto), ingeniero y

aeronauta brasileño (Palmira [act. Santos-Dumont] 1873-São Paulo 1932). Pionero de la navegación aérea en Francia, batió la marca mundial con un vuelo de 220 m en 21 segundos (1906).

Santos Lugares o **Tierra Santa,** localidades y santuarios de Palestina relacionados con la vida de Cristo y de la Virgen María (Belén, Nazareth, Santo Sepulcro, etc.). [V. *Custodia de* TIERRA SANTA.]

SANTOVENIA Y ECHAIDE (Emeterio Santiago), político, abogado e historiador cubano (Dimas, Mantua, 1889). Doctor en derecho civil por la universidad de La Habana (1920), y estudioso de la historia de América, ocupó cargos públicos con Batista y en 1960 se exilió a E.U.A. Fundador y director de la revista *Ínsula* (1935), es autor de numerosas obras históricas (*Genio y acción: Sarmiento y Martí,* 1938; *Historia de Cuba,* 1939, etc.).

SANTOYO, v. de España (Palencia), en la Tierra de Campos; 381 hab. — Restos de murallas medievales. Iglesia (iniciada en el período románico y concluida en el s. XVI), que conserva un gran retablo plateresco (s. XVI), obra de M. Álvarez, J. Ortiz y M. Lanorín.

Sants, barrio de Barcelona (España), al O del centro urbano. Antiguo mun. incorporado a la ciudad en 1897, constituye un centro obrero e industrial muy activo. En 1918 tuvo lugar el congreso de la Confederación regional del trabajo de Cataluña que se organizó como sindicato único y S. Seguí fue elegido secretario.

SANTUARIO n. m. Lugar de carácter sagrado en que se venera a una divinidad, o a un espíritu de los antepasados o de la naturaleza. || En el cristianismo, templo en que se venera una imagen o las reliquias de un santo. || Sanctasanctórum del templo de Jerusalén. || *Fig.* Lugar íntimo o reservado.

SANTUARIO, mun. de Colombia (Antioquia), en el altiplano de Rionegro; 20 156 hab. (*Santuareños* o *santuarianos.*) Agricultura y ganadería.

Santuario, novela de Faulkner (1931). Narra la degradación consciente de una joven estudiante en manos de un contrabandista de licores, que acarreará también la perdición de éste.

SANTUCHO (Roberto Mario), político argentino (Santiago del Estero 1936-Buenos Aires 1976). En 1967 organizó en Tucumán

D. Darbois

sao, cabeza humana en barro cocido. (Museo de N'Djamena, Chad.)

una pequeña fuerza guerrillera, que daría origen al ejército revolucionario del pueblo (E.R.P.), del que se convirtió en máximo dirigente.

SANTURCE-ANTIGUO, mun. de España (Vizcaya), en el Bajo Nervión; 53 359 hab. Centro pesquero e industrial (materiales para la construcción, metalurgia, astilleros y productos químicos). Centrales térmicas de fuel-oil (377 000 kW) y de gas (540 000 kW).

SANTURCE-ORTUELLA, mun. de España (Vizcaya), en el Bajo Nervión; 8 918 hab. Cab. *Ortuella.* Minas de hierro. Fundiciones y materiales para la construcción.

SANTURRÓN, NA adj. y n. Beato, exagerado o afectado en los actos de devoción.

SANTURRONERÍA n. f. Calidad de santurrón.

SANŪSÍES o **SENUSÍS,** miembros de una cofradía religiosa musulmana, fundada en 1837 en La Meca por Muḥammad ibn 'Alī al-Sanūsī (c. 1791-1859). Se implantó en un principio en Cirenaica y después se extendió hasta el Chad (Borkú), por Egipto y por Sudán. Los sanūsíes lucharon contra la penetración francesa en el Sahara y la penetración italiana en Libia (hasta 1931). El jefe de la cofradía, Idrīs I, accedió al trono de Libia en 1951.

SANVÍTORES (Diego Luis), eclesiástico español (Burgos 1627-† 1672). Evangelizó las islas Marianas y fundó la primera misión en Agaña (1668); fue asesinado en un levantamiento de la nobleza (1671) contra su labor evangelizadora.

SANŶAQ n. m. (voz turca, *estandarte*). *Hist.* Subdivisión de una provincia en el antiguo Imperio otomano.

SANZ (Gaspar), compositor y guitarrista español (Calanda 1640-Madrid 1710), autor de *Instrucción de música sobre la guitarra española y método desde sus primeros rudimentos hasta tañerla con destreza* (1674), uno de los pocos libros conservados de música instrumental del s. XVII.

SANZ (Miguel), patriota venezolano (Caracas 1754-Urica 1814). Fundó el colegio de abogados venezolano y la cátedra de derecho civil (1790) y fue redactor de *Semanario,* primer periódico que defendió la causa de la emancipación hispanoamericana.

SANZ (Cayetano), matador de toros español (Madrid 1821-Villamantilla, Madrid, 1891). Fue uno de los más importantes toreros de la segunda mitad del s. XIX; alternó con los más importantes diestros de la época (Chiclanero, Cúchares, etc.).

SANZ (Eulogio Florentino), escritor español (Arévalo 1822-Madrid 1881). Autor de poesías, artículos periodísticos y obras teatrales, ha pasado a la historia literaria en especial por sus versiones de poemas de Heine, aparecidas en *El museo universal* (1857), de posible influencia sobre las *Rimas* de G. A. Bécquer.

SANZ DEL RÍO (Julián), filósofo y jurista español (Torre Arévalo 1814-Madrid 1869). Estudió en Heidelberg, donde conoció la filosofía idealista alemana. Se interesó especialmente por la obra de F. Krause, cuyas tesis introdujo en España (*Lecciones sobre el sistema de filosofía analítica de F. Krause,* 1849). Catedrático en la universidad de Madrid, fue apartado de su cátedra (1867-1868) y su obra fue incluida en el Índice romano por su doctrina laicista, propugnadora de la libertad de conciencia, que inspiraría la Institución* libre de enseñanza. Obras principales: *Ideal de humanidad* (1860) y *Sistema de filosofía* (1860 y 1874).

SAÑA n. f. Insistencia cruel en el daño que se causa: *criticar con saña.* || Furor, rabia con que se ataca: *golpear con saña.*

SAÑA, distr. de Perú (Lambayeque), junto al *río Saña;* 23 951 hab. Agricultura y ganadería.

SAÑUDO, A o **SAÑOSO, A** adj. Propenso a la saña, o que tiene saña.

SAO n. m. *Cuba.* Pradera con partes de arbolado y algunos matorrales o maleza.

SAO, pueblo negro africano no musulmán, que vivía al S del lago Chad (actualmente, Nigeria, N de Camerún y Chad) y que se formó a través de oleadas sucesivas de inmigrantes. La hegemonía de estos cazadores y pescadores en la región se sitúa entre los ss. XI-XIV. Los restos de poblados y ciudades, a veces rodeadas por murallas de barro, o por sus túmulos funerarios, han proporcionado un material abundante, sobre todo estatuillas de arcilla (animales, y antepasados divinizados), probablemente cocidas al fuego y extrañamente expresivas, así como bellos adornos de bronce trabajados y fundidos en moldes de cera.

SÃO BERNARDO DO CAMPO, c. de Brasil (São Paulo), en el SE de la aglomeración de São Paulo; 267 000 hab. Industria automovilística. Facultad de ingeniería industrial.

SÃO CAETANO DO SUL, c. de Brasil (São

Serraillier-Rapho

Vista del centro de **São Paulo.**

Paulo), en la aglomeración de São Paulo; 171 000 hab. Siderurgia. Productos químicos.

Sao del Indio (*batalla de*), uno de los más duros combates de la guerra Grande cubana, en la que el general Mano se enfrentó a una columna del general español Calleja (1895) y donde no hubo vencedores ni vencidos.

SÃO FRANCISCO, r. de Brasil, que nace en Minas Gerais y desemboca en el Atlántico entre Recife y Salvador; 2 900 km. Forma, con sus afluentes, la tercera gran cuenca brasileña (632 000 km²). Su curso, navegable desde Pirapora, es aprovechada para la producción de electricidad.

SÃO GONÇALO, c. de Brasil (Rio de Janeiro), en el área metropolitana de Río de Janeiro; 534 000 hab. Sector residencial e industrial.

SÃO JOÃO DE MERITÍ, c. de Brasil (Río de Janeiro), en el área metropolitana de Río de Janeiro; 366 000 hab.

SÃO JOSÉ: S. J. do Rio Prêto, c. de Brasil (São Paulo), junto al río *São José dos Dourados;* 146 000 hab. Centro cafetalero. — **S. J. dos Campos,** c. de Brasil (São Paulo), en el valle del Paraíba do Sul; 190 000 hab. Industria.

SÃO LOURENÇO DA MATA, c. de Brasil (Minas Gerais), junto a la Serra da Mantiqueira; 113 000 hab. Estación termal.

SÃO LUÍS o **SÃO LUÍS DO MARANHÃO,** c. de Brasil, cap. del est. de Maranhão, en la *isla de São Luís;* 330 311 hab. Puerto exportador de algodón. Catedral del s. XVII.

SÃO MIGUEL, la mayor de las islas Azores; 747 km²; 160 000 hab. Cap. *Ponta Delgada.* Aeropuerto.

SÃO PAULO (*estado de*), estado del SE de Brasil, junto al Atlántico; 247 000 km²; 17 776 000 hab. Cap. *São Paulo.* El estado es el más poblado de Brasil y el único que supera los 10 millones de habitantes. El cultivo del café sigue siendo importante, así como la cría de ganado vacuno, pero un sector creciente de la población (un tercio) y de la producción industrial (los dos tercios) está concentrado en la capital, lo que explica en gran parte el notable crecimiento demográfico (cuadruplicación) del último medio siglo.

SÃO PAULO, c. de Brasil, cap. del *estado de São Paulo;* 7 199 000 hab. (unos 10 millones en la aglomeración).

A 800 m de alt., en una cuenca interior avenada por el Tietê, y fundada en 1554, São Paulo sólo tenía unos 30 000 hab. en 1872. Su desarrollo reciente ha sido prodigioso, ya que antes de 1900 se rebasó la cota de 200 000 hab. y antes de 1940 la del millón. Es la mayor ciudad brasileña, debido al principio al cultivo del café y posteriormente gracias a la industria, muy diversificada (metalurgia, textil, alimentación y química), y a la multiplicación de servicios (administración, banca, universidad y centros de estudios). Gran ciudad del interior (caso bastante excepcional en la América latina, lo que explica lo tardío de su desarrollo), São Paulo, unida al puerto de Santos* (a unos 50 km) y poseedora de dos aeropuertos (Congonhas y Viracopos), se ha convertido en la primera metrópoli económica, y sobre todo industrial, de la América latina. Posee varios museos (de bellas artes, arte contemporáneo, etc.) y universidad. Prestigiosa bienal de arte. El 7 de setiembre de 1822 fue proclamada en ella la independencia de Brasil.

SÃO PEDRO DO RIO GRANDE DO SUL → RIO GRANDE DO SUL.

SÃO SALVADOR → SALVADOR, c. de Brasil.

SÃO VICENTE, c. de Brasil (São Paulo), en la *isla de São Vicente;* 144 000 hab. Junto a la ciudad de Santos, con la que forma una conurbación.

SAONA, isla de la República Dominicana (La Altagracia), junto a la costa SE; 25 km de long. y 5 km de anch. aprox.

SAÔNE-ET-LOIRE, dep. de Francia, en Borgoña; 8 565 km²; 570 000 hab. Cap. *Mâcon.* Ganadería (vacunos). Agricultura (viñedos). Carbón. Industria (metalurgia).

SAONA, en fr. **Saône,** r. del E de Francia; 480 km. Nace en el dep. de Vosges y confluye con el Ródano (or. der.), al que regulariza, en Lyon. Es un río de alto nivel invernal. — Obras para comunicar el Ródano y el Rin.

SAPAJÚ o **SAJÚ** n. m. Mono de América tropical, que posee una larga cola.

SAPENCO n. m. Caracol terrestre, de 2,5 cm de long., con rayas pardas transversales en la concha. (Familia helícidos.)

SAPIDEZ n. f. Calidad de sápido.

SÁPIDO, A adj. Que tiene sabor.

SAPIENCIA n. f. (lat. *sapientiam*). Sabiduría.

SAPIENCIAL adj. Relativo a la sabiduría.

SAPIENCIALES adj. y n. m. pl. Dícese de un grupo de cinco libros bíblicos (*Proverbios,*

J. Six

sapajú

Saqqāra:
en primer término, pilares del templo funerario del rey Zoser ante su pirámide escalonada. III dinastía, 2800-2600 a. J.C.

Job, Eclesiastés, Eclesiástico y *Sabiduría*), colección de máximas, sentencias y poemas morales de la sabiduría oriental. (A veces se añaden los *Salmos* y el *Cantar de los cantares*.)

SAPIENTE adj. y n. m. y f. Sabio.

SAPINDÁCEO, A adj. y n. f. Relativo a una familia de plantas dicotiledóneas tropicales. (El *jaboncillo* pertenece a la familia *sapindáceas*.)

SAPINO n. m. Abeto.

SAPIR (Edward), lingüista norteamericano de origen alemán (Lauenburg, 1884-New Haven 1939). Después de sus estudios de alemán y de filología clásica, se interesó influido por el antropólogo F. Boas, por las lenguas y las culturas amerindias. Las condiciones particulares de esta descripción, llevada forzosamente de una manera sincrónica y formal, le movieron, a partir de 1925 e independientemente de los trabajos de Saussure, a exponer la noción de fonema. Propuso también una nueva tipología de las lenguas, no fundada en una clasificación genética, sino teniendo en cuenta datos formales (morfología, procedimientos de derivación, organización semántica, etc.). La concepción del lenguaje (*hipótesis de Sapir-Whorf*) consiste en que toda lengua, «representación simbólica de la realidad sensible», contiene una visión propia del mundo, que organiza y condiciona el pensamiento y, por este hecho, es inseparable del mismo.

Su obra de síntesis —*El lenguaje: una introducción para el estudio del habla* (1921)— es uno de los primeros intentos de creación de una nueva ciencia del lenguaje al margen de la influencia de consideraciones históricas, insistiendo sobre el carácter sistemático de los hechos lingüísticos. Por ello, Sapir puede ser considerado como uno de los fundadores del movimiento estructuralista.

SAPO n. m. Batracio insectívoro de la subclase anuros, de forma rechoncha, piel verrugosa y ojos saltones. (Tiene costumbres terrestres y sólo va al agua para depositar los huevos. Ciertos sapos de América miden hasta 20 cm de long.) || *Fam.* Cualquier animal semejante, cuyo nombre se ignora. • *Echar, o soltar, por la boca sapos y culebras* (Fam.), decir maldiciones y reniegos. || *Sapo partero,* batracio terrestre cuya denominación procede del hecho de que el macho transporta hasta su eclosión los huevos puestos por la hembra. (Long. 5 cm; subclase anuros.)

SAPONÁCEO, A adj. Jabonoso, de la naturaleza del jabón.

SAPONARIA n. f. *Saponaria de la Mancha,* planta de hojas carnosas, que crece en las estepas de la península Ibérica. (Familia cariofiláceas.)

SAPONIFICABLE adj. Que puede ser saponificado.

SAPONIFICACIÓN n. f. Transformación de las materias grasas en jabón, tras su desdoblamiento por la acción de una base en sal de ácido graso y en glicerina. || *Quím.* Acción de saponificar.

SAPONIFICAR v. tr. [**1a**]. Transformar en jabón: *saponificar aceites* || *Quím.* Descomponer un éster por la acción de una base.

SAPONINA n. f. Glucósido contenido en la jabonera y en otras plantas, que forma espuma con el agua.

SAPONITA n. f. Silicato hidratado natural de magnesio y de aluminio, blanquecino y untuoso.

SAPOR o **ŠĀHPŪR** → SASÁNIDAS.

SAPOTÁCEO, A adj. y n. f. Relativo a una familia de plantas dicotiledóneas gamopétalas, tropicales. (Algunas especies de la familia *sapotáceas* proporcionan la goma de chicle, la gutapercha, etc.)

SAPPORO, c. del N de Japón, en la isla de Hokkaidō; 1 402 000 hab. Industrias metalúrgicas y textiles. Universidad. Deportes de nieve.

SAPRÓFAGO, A adj. y n. m. *Zool.* Que se alimenta de materias orgánicas en descomposición.

SAPROFITISMO n. m. Modo de vida de los saprófitos.

SAPRÓFITO, A adj. y n. m. Dícese del vegetal que extrae su alimento de sustancias orgánicas en descomposición. (Diversos hongos son saprófitos: *amanites, boletos,* etc.) ◆ adj. *Microbio saprófito,* germen que vive sobre un ser vivo o huésped sin provocarle enfermedades, por oposición a *patógeno.*

ŠAPRŪṬ (Hasday **ibn**), político y mecenas hebraico andalusí (Jaén 915-Córdoba 970). Políglota y diplomático, estuvo al servicio de 'Abd al-Raḥmān III (negociación con la reina Toda de Navarra, a cuyo nieto, Sancho el Craso, curó). Fue nombrado jefe de los judíos en al-Andalus, relacionándose con las escuelas talmúdicas orientales y del N de África. Asentó el desarrollo judío en al-Andalus, protegiendo a filósofos y poetas, y tradujo al árabe la obra latina de Dioscórides *Materia médica.*

SAPUCAI, distr. de Paraguay (Paraguarí), en la cordillera de los Altos; 8 437 hab. Material ferroviario.

SAPUQUÍ, pueblo amerindio de lengua mascoi, que habita al S de Puerto Sastre (Paraguay).

SAQĀLIBA n. m. pl. (voz árabe). En al-Andalus, esclavos, normalmente de origen europeo, adscritos a la corte, casas aristocráticas o que trabajaban en el campo.

SAQQĀRA, localidad de Egipto (Ŷīza), suburbio de la antigua Menfis, cuya necrópolis (7 km de long.) alberga. Ésta, gracias a las mastabas y a las pirámides de las primeras dinastías, y también al complejo funerario de Zoser (s. XVIII a. J.C.), permite seguir la evolución de la arquitectura egipcia y constatar, desde su origen, la presencia de elementos decorativos esenciales: numerosos bajorrelieves, que se cuentan entre los más logrados del Imperio antiguo.

SAQUE n. m. Acción de poner en juego la pelota o balón, al empezar el juego, o cuando la pelota o el balón salen fuera de los límites del campo. • *Tener buen saque* (Fam.), ser capaz de comer mucho.

SAQUEADOR, RA adj. y n. Que saquea.

SAQUEAR v. tr. (ital. *sacchegiare*) [**1**]. Apoderarse los soldados al entrar en un lugar, ciudad, etc., de todo lo que encuentran, causando destrucción y devastación. || Robar en gran cantidad, apoderarse de cuanto se encuentra en un lugar.

sapo

SAQUEO o **SAQUEAMIENTO** n. m. Acción y efecto de saquear.

SAQUERÍA n. f. Fabricación de sacos; conjunto de ellos.

SAQUERO, A n. Persona que tiene por oficio hacer o vender sacos.

ŠAQUNDĪ (Abū-l-Walīd **al-**), escritor andalusí (nacido en Secunda-Córdoba 1231), autor del *Elogio del islam español*.

SARA, pueblo negroafricano que habita en el Chad y en la República Centroafricana. Su organización social se apoya en un sistema de clan, la familia es patrilineal y la residencia, virilocal.

SARA, personaje bíblico, esposa de Abraham y madre de Isaac.

SARABIA (José), pintor español (Sevilla 1608-Córdoba 1669). Hijo y discípulo del pintor Andrés Ruiz de Sarabia, completó su formación en la escuela sevillana de Zurbarán. Su obra sigue las fórmulas del realismo barroco andaluz del s. XVII y muestra una clara predilección por los temas populares: *Adoración de los pastores* (museo de Córdoba); *Adoración de los pastores* y *La incredulidad de santo Tomás* (iglesia de San Francisco, Córdoba).

SARABIA (Juan), político mexicano (1882-1920). Defensor del programa del Partido liberal mexicano (1906), destacó, con su hermano MANUEL, en la lucha por la mejora social de la clase obrera. Apoyó, junto a Ricardo Flores Magón, el lema «Tierra y libertad» del campesinado en la revolución mexicana, destacando por sus ideas socialistas.

SARAGAT (Giuseppe), político italiano (Turín 1898). Miembro de la dirección del Partido socialista italiano a partir de 1925, tuvo que exiliarse en 1926 y participó activamente en la resistencia antifascista. Hostil a la aproximación con los comunistas, rompió con P. Nenni y fundó, en 1947, el Partido socialista democrático italiano (P.S.D.I.). En colaboración con los demócratacristianos, participó en el gobierno como vicepresidente del consejo (1947-1950 y 1954-1957), y como ministro de Asuntos Exteriores (1963), antes de ser elegido presidente de la república (1964-1971). En minoría en el seno del P.S.D.I. en 1973, fue nombrado para la presidencia del partido en 1975 y secretario general del mismo en 1976.

SARAGOSSA Y DOMÈNECH (Agustina) → ARAGÓN (Agustina DE).

SARAGURO, cantón de Ecuador (Loja), en la Hoya del Jubones; 24 340 hab. Agricultura y ganadería.

SARAJEVO, c. de Yugoslavia, cap. de Bosnia-Herzegovina; 244 000 hab. (277 000 en la aglomeración). Centro industrial. Universidad — Fundada por los turcos a principios del s. XV, los austríacos establecieron en 1878 la sede de su gobierno militar en Bosnia-Herzegovina. En ella fue asesinado el archiduque Francisco Fernando (28 junio 1914), hecho que fue el preludio de la primera guerra mundial.

SARAKOLÉ → SONINKÉ.

SARAMPIÓN n. m. Enfermedad infecciosa y contagiosa, producida por un virus filtrable y caracterizada por catarro de las vías respiratorias altas, seguido de una erupción de manchas rojas en la piel, que afecta especialmente en la infancia.

Sarandí *(batalla de),* victoria a orillas del *río Sarandí* (set. 1825) de las tropas de la Provincia Oriental (act. Uruguay) al mando del general Lavalleja, sobre las brasileñas del coronel Ribeiro, que selló la independencia de la Banda Oriental respecto del imperio del Brasil.

SARANDÍ GRANDE, c. de Uruguay (Florida), en el valle del arroyo Maciel; 5 295 hab. Centro comercial agrícola y ganadero. Aeropuerto.

SARANSK, c. de la U.R.S.S. (R.S.F.S. de Rusia), cap. de la república autónoma de los Mordvanos, al O del Volga medio; 263 000 hab. Universidad. Industrias mecánicas, electrónicas y alimentarias.

SARAO n. m. (gall. *serao,* anochecer). Reunión o fiesta de sociedad, generalmente nocturna, en la que hay baile o música.

SARAPE n. m. *Guat.* y *Méx.* Especie de manta de lana o algodón, generalmente con franjas de colores vivos y a veces con una abertura en el centro para la cabeza, y que cae a lo largo del cuerpo.

SARAPIA n. f. Planta arbórea, de unos 20 m de alt. y 1 de diámetro, cuya madera se utiliza en carpintería y el fruto en perfumería. (Familia papilionáceas.) || Fruto de este árbol.

SARASA n. m. *Fam.* Hombre homosexual.

SARASATE (Martín Melitón, llamado **Pablo de**), violinista español (Pamplona 1844-Biarritz, Francia, 1908). Recibió las primeras lecciones musicales de su padre y de J. Coutier y estudió en Madrid con M. Rodríguez y en el conservatorio de París (primer premio de violín, 1857). En sus innumerables giras y conciertos fue comparado por su virtuosismo con los grandes violinistas románticos, y

A.G.E.

Pablo de **Sarasate**

numerosos compositores escribieron para él (Lalo, Saint-Saëns, Max Bruch, etc.). Él mismo compuso para violín obras inspiradas en el folklore español (*Jota aragonesa, Navarra, Serenata andaluza, El zapateado, etc.*).

SARATOGA o **SARATOGA SPRINGS,** c. de Estados Unidos (Nueva York), al N de Albany; 19 000 hab. Centro turístico. El general británico Burgoyne capituló en ella frente a los norteamericanos, el 17 de octubre de 1777.

SARÁTOV, c. de la U.R.S.S. (R.S.F.S. de Rusia), junto al Volga; 856 000 hab. Puerto fluvial. Central hidroeléctrica. Refino de petróleo. Fábricas de vidrio. Yacimiento de gas.

SARAVIA (Aparicio), político uruguayo (1855-1904). Jefe del Partido blanco, organizó una revuelta contra el presidente Idiarte Borda (1897), y otra contra Batlle y Ordóñez (1903), en la que murió (batalla de Masoller, 1904).

SARAVIA DE LA CALLE (Luis), teólogo y economista español del s. XVI, autor de *Instrucción de mercaderes* (1544), que trata de cuestiones mercantiles (teoría cuantitativa de la moneda).

SARAWAK, estado del NO de Borneo, miembro de Malaysia; 124 449 km^2; 1 116 000 hab. Cap. *Kuching.* Cercano al ecuador, está cubierto en su mayor parte por densa jungla. Extracción de petróleo y gas cerca de Brunei.

SARAZIN o **SARRAZIN** (Jacques), escultor francés (Noyon 1588-París 1660). Tras haber trabajado en Roma de 1610 a 1628, hizo carrera en Francia. Empleó un equipo y participó en la creación de la Academia real en 1648; preparó la vía del clasicismo en escultura (tumba del cardenal de Bérulle, Louvre; grupos de niños en la escalera del castillo de Maisons).

SARAZO, A adj. *Amér. Merid.* y *Antillas.* Dícese del fruto que empieza a madurar, especialmente del maíz.

SARCASMO n. m. (lat. *sarcasmum*). Ironía hiriente y mordaz con que se insulta, humilla u ofende.

SARCÁSTICO, A adj. Que denota o implica sarcasmo o concerniente a él: *palabra, risa sarcástica.*

SARCELLES, mun. de Francia (Val d'Oise), al N de París; 55 000 hab. Gran conjunto residencial.

SARCÓFAGO n. m. (lat. *sarcophagum*; del gr. *sarkophagos*). *Arqueol.* Tumba en la que los antiguos colocaban los cuerpos que no iban a ser quemados; sepulcro. || Féretro o representación de un féretro.

SARCOIDE adj. y n. m. Dícese de un pequeño tumor cutáneo, en general múltiple, que se parece al sarcoma, pero de naturaleza benigna.

SARCOMA n. m. Tumor maligno originado a partir de tejido conjuntivo. (El tejido interesado se precisa generalmente por un prefijo: osteosarcoma, fibrosarcoma, etc.)

SARCOMATOSO, A adj. Relativo al sarcoma.

SARDÁ (José), militar español († Santa Fe de Bogotá 1834). Tras la guerra de la Independencia española, pasó a México y a Colombia, combatiendo al lado de Bolívar, a quien acompañó hasta su muerte. En 1833 conspiró contra Santander, y tras ser encarcelado y fugarse, fue asesinado.

SARDÁ DEXEUS (Juan), economista español (Barcelona 1910). Durante la posguerra española fue asesor del Banco central de Venezuela. Sus relaciones con el Fondo monetario internacional y el Banco mundial le llevaron a tener un papel muy destacado en la elaboración del plan de estabilización español de 1959. Experto en temas monetarios y en economía catalana, destacan entre sus obras *La crisis monetaria internacional* (1969), y es coautor de *El Banco de España, una historia económica* (1970).

SARDANA n. f. (voz catalana). Danza tradicional catalana bailada en forma de círculo; música de esta danza.

SARDANÁPALO, rey legendario asirio identificado como Assurbanipal*. Según la tradición griega fue el último rey de Asiria que, asediado por los medos y viéndose perdido, hizo prender fuego a su palacio y pereció en el incendio junto con sus mujeres y sus tesoros.

SARDANYOLA o **CERDANYOLA DEL VALLÈS,** v. de España (Barcelona), en el Vallés Occidental; 51 173 hab. Centro industrial (metalurgia, plástico) y residencial cercano a Barcelona.

SARDĀR, SIRDĀR o **SERDĀR** n. m. (voz persa). *Hist.* Título honorífico dado en el Oriente medio al generalísimo en campaña; en Egipto, oficial británico comandante en jefe del ejército jedivial.

SARDES, ant. ciudad del Asia Menor, en el valle del Pactolo. Residencia de los reyes de Lidia, conquistada por Ciro II el Grande en 547 (o 546) a. J.C., fue un importante centro cristiano. Mantuvo su prosperidad hasta las incursiones sasánidas (615-617); fue destruida en 1402 por Tīmūr. Se han descubierto varios niveles arqueológicos, pero las ruinas más imponentes (templo de Artemisa) constituyen uno de los mejores ejemplos de las concepciones monumentales de la época helenística. Necrópolis y vasto túmulo, probable sepultura del rey lidio Gigés.

SARDINA n. f. (lat. *sardinam*). Pez parecido al arenque, común en el Mediterráneo y en el Atlántico. (Durante la primavera, las sardinas se desplazan en bancos por la superficie; es entonces cuando se pescan activamente, para consumirlas frescas o conservadas en aceite.) [Long. 20 cm; dorso azulverdoso; vientre plateado; familia clupeidos.]

SARDINAL n. m. Arte de pesca de deriva, formado por redes rectangulares de malla apropiada para enmallar sardinas y peces de tamaño similar.

SARDINEL n. m. Obra de ladrillos sentados de canto y de modo que se toquen sus caras mayores.

SARDINERA n. f. Arte de cerco que se emplea para la pesca de la sardina, el jurel, la caballa y la anchoa.

SARDINERO, A adj. Relativo a las sardinas. || Dícese de la embarcación destinada a la pesca de la sardina.

SARDINERO, A n. Persona que vende sardinas.

SARDINETA n. f. Insignia formada por dos galones apareados y terminando en punta, utilizada como divisa de algunos empleos militares como distintivo de cuerpos y unidades.

SARDO, A adj. y n. De Cerdeña.

SARDO n. m. Conjunto de dialectos neolatinos hablados en Cerdeña.

SARDONIA n. f. Planta herbácea de la península Ibérica, de unos 20 a 70 cm, que posee un jugo muy venenoso. (Familia ranunculáceas.)

SARDÓNICA o **SARDÓNICE** n. f. (lat. *sardonycem;* del gr. *sardonyx*). Variedad de calcedonia, de color pardo con translucidez roja.

SARDÓNICO, A adj. (gr. *sardonikos*). Afectado, maligno, irónico: *risa sardónica.*

SARDOU (Victorien), dramaturgo francés (París 1831-*id.* 1908). Puso su habilidad técnica al servicio de las nuevas modas, desde la comedia burguesa al drama histórico (*La Tosca,* 1887; *Madame Sans-Gêne,* 1893).

SARDUY (Severo), escritor cubano (Camagüey 1937). Es autor de ensayos (*Barroco,* 1974), poesías (*Big Bang,* 1973) y novelas. (*Gestos,* 1962; *De donde son los cantantes,* 1967; *Cobra,* 1972, y *Maitreya,* 1978), mezcla de erotismo y parodia y de andamiaje lúdico y vanguardista.

SARGA n. f. Tela cuyo tejido forma unas líneas diagonales. || Uno de los tres ligamentos fundamentales con que se fabrica esta tela. || Tela pintada para adornar o decorar las paredes.

SARGA n. f. Planta arbórea de la península Ibérica, de hojas verdosas por el haz y tomentosas por el envés, o verdes por ambas caras. (Familia salicáceas.)

Sargadelos *(cerámica de),* cerámica procedente de la fábrica de Sargadelos (Lugo), fundada en 1804. En un primer período, que finaliza en 1832 con el cierre de la fábrica, produjo lozas y porcelanas de cuidada elaboración, sobriamente decoradas. En 1835 se reanudó la actividad con una producción básica de loza fina blanca y pintada. De 1846 a 1862, año en que se cerró definitivamente la manufactura, es la famosa loza estampada, de marcadas influencias inglesas, con desarrollo de temas románticos y chinescos, al igual que las vasijas y palilleros antropomorfos y las graciosas figurillas de personas. En 1968 se inauguró una nueva fábrica y una escuela experimental, situada junto a la antigua, que produce objetos de loza y porcelana de diseño moderno.

SARGADILLA n. f. Planta herbácea, de 60 a 80 cm de alt., que crece en el S y SE de la península Ibérica. (Familia quenopodiáceas.)

SARGAZO n. m. Alga de color pardo que flota en el agua, cuya acumulación forma, a lo largo de las costas de Florida *(mar de los Sargazos),* una verdadera pradera donde ponen los huevos las anguilas.

SARGAZOS *(mar de los),* parte del Atlántico, al NE de las Antillas, cubierta parcialmente por algas (sargazos).

SARGENTO n. m. (fr. *sergent;* del lat. *serviens*). Suboficial que cuida del orden, administración y disciplina de una compañía, y que ejerce el mando de un pelotón. || *Fig.* y *fam.* Persona autoritaria y brusca. • *Sargento furriel* (Ant.), v. FURRIEL. || *Sargento primero,* suboficial con grado superior al de sargento e inferior al de brigada.

SARGO n. m. (lat. *sargum*). Pez de carne apreciada, de hasta 40 cm de long. y 2 kg de peso, de color gris metálico oscuro en el dorso y plateado hacia los flancos y vientre. (Suelen vivir a escasa profundidad y preferentemente en zonas rocosas; familia espávidos.)

SARGODHA, c. del N de Pakistán (Panjāb), al NO de Lyallpur; 201 000 hab. Centro comercial de una región agrícola. Industrias alimentarias y textiles.

SARGÓN el Grande → ACAD.

SARGÓN II, rey de Asiria (de 722 a 705 a. J.C.). Prosiguió la expansión de su imperio hacia el Mediterráneo, sometió el reino de Israel (toma de Samaria en 721), Siria y el Urartu, y aseguró el dominio asirio sobre Babilonia. En 717 fundó una nueva capital: Dur-Šarrukin (act. Jursabād); procuró asegurar la unidad del imperio; reorganizó su administración y mejoró las relaciones económicas gracias a la adopción de un patrón único de pesos y medidas.

SARH, ant. **Fort-Archambault,** c. del Chad meridional; 37 000 hab. Tejidos.

J. L. Nou

sari

SARI n. m. En la India, vestido femenino constituido por una pieza de tela de algodón o de seda, drapeada y ajustada sin costuras ni alfileres.

SARIÑENA, v. de España (Huesca), junto al Alcanadre; 4 328 hab. (*Sariñenses.*) Cabecera comarcal de Los Monegros. — La fundación del monasterio de Sigena (1183) le dio gran importancia. Convento de la Cartuja (s. XVI, restaurado en el s. XVIII).

SARIÑENA (Juan), pintor español (Valencia c. 1545-*id.* 1628). Se le suele considerar como uno de los introductores del realismo tenebrista en Valencia, ciudad en que desarrolló toda su actividad artística conocida. Destacan sus retratos colectivos de miembros de la Generalidad de Valencia (palacio de la Generalidad, Valencia) y sus retratos de *san Luis Beltrán* y *san Juan de Ribera* (colegio del Corpus Christi, Valencia).

SARISA n. f. (voz griega). *Ant. gr.* Lanza larga de la falange macedónica.

SARKIS (Elías), político libanés (Chebanyeh 1924). Cristiano maronita, elegido presidente del país en 1976 con el apoyo de las fuerzas sirias, fue incapaz de poner fin a la guerra civil y la intervención extranjera, y en 1982 le sucedió A. Gemayel.

SÁRMATAS, pueblo compuesto por tribus nómadas de origen iranio, emparentadas con los escitas, a los que expulsaron de su territorio. En los albores de la era cristiana, se instalaron en las orillas del Danubio, donde los emperadores romanos los contuvieron no sin grandes dificultades. Posteriormente se mezclaron con las oleadas germánicas.

SARMENTERA n. f. Lugar donde se guardan los sarmientos.

SARMENTOSO, A adj. Dícese de las plantas cuyo tallo es largo, flexible y trepador como el sarmiento. || De las características del sarmiento: *dedos sarmentosos.*

SARMIENTO n. m. (lat. *sarmentum*). Tallo joven de la vid. || Tallo o rama leñosa trepadora.

SARMIENTO, dep. de Argentina (Chubut), junto al lago Musters; 7 258 hab. Petróleo.

SARMIENTO (Martín), erudito benedictino español (Villafranca del Bierzo, León, 1695-Madrid 1771). De una amplia erudición universal, fueron notables sus conocimientos de botánica y sus ensayos literarios. De sus *Obras póstumas* (1775) sólo se publicó el primer tomo.

SARMIENTO (Domingo Faustino), escritor y político argentino (San Juan 1811-Asunción, Paraguay, 1888). De formación en buena parte autodidacta, se dedicó desde muy joven a la enseñanza y al periodismo. Su firme creencia en el progreso lo enfrentó al dictador Rosas, símbolo para Sarmiento de atraso e ignorancia. Debido a sus artículos periodísticos, tuvo que huir en dos ocasiones a Chile: en la primera (1829) trabajó como minero y maestro de escuela; en la segunda (1839-1851) creó la primera escuela normal del continente (1842) e intervino en disputas periodísticas (en *El Mercurio* de Valparaíso y en *El progreso* de Santiago) sobre las cuestiones de la independencia idiomática y el romanticismo. Corresponsal de las tropas que derrotaron a Rosas (1852), pero pronto receloso ante el poder creciente de Urquiza, se exilió otra vez a Chile hasta 1855. Continuó luego su labor periodística en Argentina (especialmente en *El heraldo argentino*) y ocupó diversos cargos políticos (gobernador, ministro, embajador en Washington) hasta su elección a la presidencia de la república para el período 1868-1874, que se caracterizó por el impulso otorgado a la educación y por su lucha contra el caudillaje; terminado su mandato, fue senador hasta su muerte. Estas preocupaciones orientan su labor literaria. Influido por pensadores liberales, franceses y norteamericanos, identificó cultura con vida urbana, contrapuesta al caos y a la ignorancia que rigen la vida del campo. «Civilización y barbarie» es el elocuente subtítulo de su obra maestra, *Facundo** (1845), biografía del jefe gaucho Juan Facundo Quiroga*. Sus dotes de gran narrador se evidencian asimismo en *Viajes* (1849), libro de impresiones sobre Estados Unidos, África y Europa; *Mi defensa* (1850); *Recuerdos de provincia* (1850), evocación autobiográfica de su tierra natal, donde su prosa narrativa adquiere todo su vigor, y *Campaña del Ejército grande, aliado de Sud América* (1852), narración de la caída de Rosas. De su ingente obra, fundamental en el desarrollo de la prosa ensayística latinoamericana, cabe mencionar asimismo *De la educación popular* (1849), *Las ciento y una* (1853), *Conflictos y armonías de las razas en América* (1883), una de sus mejores obras sociológicas, y *La vida de Dominguito* (1885).

SARMIENTO DE GAMBOA (Pedro), navegante español (en Galicia 1532-en el Atlántico 1592). Encabezó la expedición a las regiones del S del Pacífico (1567-1569) y escribió una *Historia de los incas*. En España (1580), persuadió a Felipe II de la necesidad de fortificar el estrecho de Magallanes y, tras un agitado viaje, arribó a él (1584) y fundó dos ciudades. Capturado por los ingleses (1586) y, luego, por los hugonotes en Francia (1590), tras ser liberado desapareció junto con la escuadra que dirigía hacia México (1592).

Salmer

Domingo Faustino **Sarmiento**, por E. Querciola.

SARMIENTO DE SILVA → HÍJAR *(duque* DE).

SARMIENTO DE SOTOMAYOR → SALVATIERRA *(conde* DE).

SARMIENTO DE VALLADARES (Diego), eclesiástico español († 1695). Obispo de Oviedo y miembro del consejo de estado, fue inquisidor general de 1669 hasta su muerte. En esta época se llevó a cabo uno de los más espectaculares autos de fe, con 118 reos, en la plaza mayor de Madrid (1680).

SARMIENTO Y VALLADARES (José), conde **de Moctezuma y de Tula,** administrador español de los ss. XVII y XVIII. Casado con una descendiente de Moctezuma, fue virrey de Nueva España (1697-1701). Sofocó un motín en demanda de pan y activó el trabajo de las minas. Acusado de austracismo tras la muerte de Carlos II, dimitió (1701).

Giraudon

Andrea del **Sarto:** *El sacrificio de Abraham, c.* 1425-1430. (Staatlisches Museum, Dresde.)

SARNA n. f. Enfermedad contagiosa de la piel, ocasionada por la hembra de un ácaro que excava surcos en la epidermis, en los que deposita sus huevos, provocando así la erupción de vesículas acompañada de un vivo escozor. || Enfermedad de numerosas plantas, que produce unas pústulas en la superficie de los tejidos externos. || Enfermedad parasitaria y contagiosa de la piel de algunos animales. ● *Más viejo que la sarna* (Fam.), muy viejo o antiguo.

SĀRNĀTH, yacimiento arqueológico de la India, al N de Benarés, donde, en el parque de las Gacelas, el Buda Śākyamuni predicó por primera vez en 531 o 523 a. J.C. El emperador Asoka erigió en este lugar un *pilar* cuyo capitel es la principal obra maestra de la escultura india (s. III a. J.C.). De los monumentos sólo quedan ruinas, pero los restos de la estatuaria constituyen un conjunto de una homogeneidad y una calidad excepcionales, sobre todo los del período clásico gupta y postgupta (c. ss. IV-VIII).

SARNIA, c. de Canadá (Ontario), en la frontera con E.U.A. y en el extremo S del lago Hurón; 56 000 hab. Refino de petróleo y petroquímica.

SARNOSO, A adj. y n. Que tiene sarna.

SAROS n. m. Período de 18 años y 11 días, que comprende 223 lunaciones y que regula aproximadamente los períodos de los eclipses. (Durante este período hay una media de 84 eclipses, de los que 42 son de Sol y 42 de Luna.)

SAROYAN (William), escritor norteamericano (Fresno, California, 1908-*id.* 1981), autor de cuentos, novelas (*El tigre de Tracy,* 1938; *Mi nombre es Aram,* 1940; *Chicos y chicas juntos,* 1963) y de obras teatrales (*Mi corazón está en las montañas,* 1939; *Los mejores años de nuestra vida,* 1939; *La hermosa gente,* 1941; *Aquí llega, ya sabéis quién,* 1961), poéticas e irónicas a la vez.

SARPULLIDO n. m. Sin. de URTICARIA.

SARRACENO, A n. y adj. Término utilizado por los occidentales de la edad media para designar a los musulmanes de Europa y de África.

SARRACENO n. m. *Sarraceno de Tartaria,* planta originaria de oriente, que se cultiva por sus semillas alimenticias. (Familia poligonáceas.)

SARRAIL (Maurice), general francés (Carcasona 1856-París 1929). Como comandante en jefe del III ejército, contribuyó a la victoria del Marne (1914). Al frente del ejército francés de oriente en 1915, organizó la base de Salónica y reconquistó Monastir (1916). Fue alto comisario en Siria (1924).

SARRAILH (Jean), hispanista francés (Monein, Pyrénées-Atlantiques, 1891-Bayona 1964), autor de numerosas obras históricas, en especial sobre la Ilustración española (*Los viajeros franceses en España en el siglo XVIII; La España ilustrada de la segunda mitad del siglo XVIII,* 1954).

SARRAUT (Albert), político francés (Burdeos 1872-París 1962). De filiación radical-socialista, fue gobernador general de Indochina (1911-1914 y 1916-1919). Presidió dos gobiernos efímeros en 1933 y 1936. En 1951 fue nombrado presidente de la Asamblea de la Unión francesa.

SARRAUTE (Nathalie), escritora francesa (Ivanovo, Rusia, 1900). Al buscar bajo las apariencias y los lugares comunes «las sensaciones en estado naciente» (*Tropismos,* 1939) y al rechazar la concepción tradicional del héroe novelesco (*La era de la sospecha,* 1956), muestra en sus novelas (*Retrato de un desconocido,* 1949; *El señor Martereau,* 1953; *El planetario,* 1959) y en su teatro (*El silencio,* 1966; *La mentira,* 1966) personajes solitarios y crueles, que intentan en vano establecer entre ellos una comunicación.

SARRE, en alem. **Saar,** r. que nace en los Vosgos (macizo del Donon) y cruza el S del estado del Sarre antes de unirse al Mosela (or. der.), cerca de Tréveris; 240 km.

SARRE, en alem. **Saarland,** estado de la República Federal de Alemania; 2 567 km²; 1 089 000 hab. Cap. *Sarrebruck.* Situado entre Lorena y el macizo esquistoso Renano, debe su importancia demográfica y económica a los yacimientos de hulla que, gracias a la proximidad del hierro lorenés, han permitido la prosperidad de su siderurgia. La producción de hulla se aproxima a las 10 Mt, y la de acero es del orden de 5 Mt. A partir de éstos se han desarrollado otros sectores, como la química, y sobre todo la metalurgia de transformación. Así se explica una densidad media superior a los 400 hab./km².

HISTORIA. En el s. XVII, la mayoría de las ciudades del Sarre quedaron anexionadas a Francia. En 1814-1815 pasaron a Prusia. Elemento importante en el impulso económico del imperio alemán después de 1871, tras la derrota de éste fue reclamado parcialmente por Francia (1918). Por el tratado de Versalles (1919) el gobierno del Sarre fue confiado por quince años a la S.D.N., y transfirió la propiedad de sus minas a Francia. Conservó su estatuto internacional hasta el plebiscito de 1935, favorable a su devolución a Alemania. Tras la segunda guerra mundial, quedó situado en la zona de ocupación francesa; en 1955 rechazó, por referéndum, el estatuto europeo propuesto por París. En 1957 volvió a ser alemán.

SARREBRUCK, c. de Alemania (R.F., Sarre), junto al río Sarre, cap. del Sarre; 203 000 hab. Monumentos, sobre todo barrocos (s. XVIII). Museo del Sarre. La aglomeración cuenta con unos 500 000 hab. (cerca de la mitad de la población del estado) y es centro administrativo, industrial (metalurgia, químicas, textiles y alimentación) y universitario.

SARRELOUIS, ant. **Saarlautern,** c. de Alemania (R.F., Sarre), junto al río Sarre; 37 000 hab. Metalurgia.

SARRIA, v. de España (Lugo), en la comarca de *Valle de Sarria* o *Terra de Sarria;* 12 000 hab. *(Sarrianos.)* Es capital comarcal y centro comercial e industrial (maderas y alimentación).

Sarriá, barrio residencial de Barcelona (España), antiguo mun. al NO del centro urbano. En él se encuentra el monasterio de Pedralbes*.

SARRO n. m. Sedimento que dejan en los recipientes algunos líquidos que llevan sustancias en suspensión o disueltas. || Capa blanquecina que cubre la lengua. || Sustancia que se deposita encima del esmalte o del cemento de las piezas dentarias.

SARROSO, A adj. Que tiene sarro.

SARRUS (Pierre), matemático francés (Saint-Affrique, Aveyron, 1798-*id.* 1861), cuyo nombre ha quedado unido a un procedimiento de cálculo de los determinantes de 3.er orden.

SARSFIELD (Pedro), general español de origen irlandés († Pamplona 1837). Hizo fracasar, junto con su superior O'Donnell, el complot liberal de El Palmar* (1819), por lo que fue desterrado a Baleares tras la victoria liberal (1820). Apoyó a Isabel II en las guerras carlistas (toma de Vitoria y Bilbao, 1833), pero, al retirarse hacia Pamplona, fue asesinado por sus tropas amotinadas.

SARTA n. f. (lat. *sertam*). Serie de cosas pasadas o sujetas una tras otra en un hilo, cuerda, etc.: *sarta de perlas.* || *Fig.* Serie de sucesos o cosas no materiales que van o suceden una tras otra: *sarta de mentiras, de necesidades.*

SARTÉN n. f. (lat. *sartaginem*). Utensilio de cocina poco profundo, de base ancha y mango largo, que sirve para freír y saltear. • *Tener la sartén por el mango* (Fam.), estar en situación de poder decidir.

SARTENEJA n. f. *Amér.* Grieta que se forma por la sequía en algunos terrenos.

SARTENEJAL n. m. *Amér.* Parte de la sabana de vegetación escasa, donde abundan las sartenejas.

SARTHE, r. del O de Francia, que recibe las aguas del Loir, antes de formar, con el Mayenne, el Maine; 285 km.

SARTHE, dep. de Francia, en la región Pays de la Loire; 6 210 km^2; 490 000 hab. Cap. *Le Mans.* Agricultura y ganadería (vacuno y porcino); volatería. Industria.

SARTO (Andrea VANUCCI, llamado **Andrea del**), pintor italiano (Florencia 1486-*id.* 1530). Marcó a la vez el momento culminante del renacimiento clásico y el punto de partida del manierismo toscano, en los frescos de los conventos de Florencia y en sus lienzos, que se caracterizaron por la combinación armoniosa de las proporciones, las líneas y los colores (la *Caridad,* 1518, Louvre).

SARTORIO n. m. Músculo de la parte anterior del muslo.

SARTORIO (José Manuel), escritor y sacerdote mexicano (México 1746-id. 1829). Tras la independencia fue vocal de la Junta provisional de gobierno. Destacó por su oratoria sagrada (*Poesías sagradas y profanas,* 1832).

SARTORIUS (Luis), conde **de San Luis,** político español (Sevilla 1820-Madrid 1871). De una humilde familia de origen polaco, se dedicó al periodismo y fundó *El heraldo,* a través del cual se opuso a Espartero (1842). Diputado en 1843, fue ministro de Gobernación con Narváez (1847-1851), y reformó la administración. Contrario a Bravo Murillo, formó gobierno en setiembre de 1853. Acusado de corrupción, se negó a dimitir y suspendió la cortes. Enfrentado a todos los sectores sociales, su política represiva dio lugar a la revolución de 1854 y dimitió. Luego presidió las últimas cortes de Isabel II.

Agence Intercontinentale

William **Saroyan**

SARTRE (Jean-Paul), filósofo y escritor francés (París 1905-*id.* 1980). Profesor de filosofía, dramaturgo y novelista, rechazó el premio Nobel de literatura en 1964. Su obra *Las palabras** (1964) desentraña los complejos afectivos y las frustraciones de la infancia. Huérfano de padre, educado por una madre excesivamente humilde y un abuelo afectado, el pequeño trató, muy pronto, de escapar de este ambiente a través de la lectura.

Su literatura y su teatro provienen directamente de este tema profundo. El deseo de unir la vida y la acción, la imposibilidad de coincidir totalmente con esta acción, el sentimiento de no autenticidad, son los problemas de los protagonistas del teatro sartriano. Un drama donde el protagonista se convierte siempre en espectador de sí mismo, dotado de una libertad enfermiza (*La náusea,* 1938; *El muro**, 1939; *Las moscas,* 1943; *A puerta cerrada,* 1944). Esta concepción existencial alcanza su máxima formulación en *El Ser* y la Nada,* donde la distinción del «en sí» y el de «para sí», de la facticidad y de la trascendencia, inaugura una filosofía de la conciencia y de la libertad soberana.

M. L. de Decker-Gamma

Nathalie **Sarraute**

Se basó en Husserl*; para construir una fenomenología fundada en la noción de intencionalidad de la conciencia (*Esbozo de una teoría de las emociones,* 1939). Su reflexión versa sobre la imaginación (*La imaginación,* 1936; *Lo imaginario,* 1940), el dominio más libre del pensamiento, porque el espíritu puede aferrarse con ella a una producción independiente de la realidad, pero también el más oscuro, por su vinculación al deseo y su frecuente funcionamiento automático (en el sueño, el delirio). Para resolver la dificultad y dejar a la conciencia su soberanía, Sartre inventó la noción de conciencia prerreflexiva.

La fenomenología permite, también, evitar el solipsismo. En el seno de esta conciencia soberana, lo mismo que el mundo está ahí, desde el origen, los otros están irremediablemente presentes. Pero, la otra conciencia, al mismo tiempo que conforma la propia, es un peligro; el juicio que el otro proyecta sobre uno, puede reducirlo, encasillarlo en un papel determinado, privarle de su propia libertad (reificación). Con frecuencia se trata de un juicio social, y su reflejo, la fascinación que ejerce sobre la conciencia individual, es lo más peligroso para la libertad: la sociedad del S de E.U.A., con su moralismo y su racismo, crea la puta y el negro de *La mujerzuela respetuosa* (1946). ¿Cómo escapar de esta fascinación y recuperar la propia libertad? J. Genet, haciendo de su tara social una profesión (*El diario de un ladrón),* se transformó también en «santo y mártir», a quien sólo libera la literatura (*San Genet, comediante y mártir,* 1952).

Sartre en la *Crítica de la razón dialéctica* (1960) intentó integrar el existencialismo en el materialismo dialéctico, rechazando la abolición de la «dimensión humana» del determinismo histórico, rechazo que manifiesta también en su interpretación de Flaubert (*El idiota de la familia,* 1971-1972).

P. Starosta

sarraceno de Tartaria

Director de revistas de extrema izquierda (*La cause du peuple,* 1970; *Libération,* 1973), Sartre buscó una fusión de todas las corrientes antiautoritarias que coexisten en la sociedad. Después de 1945, en *Los caminos de la libertad, Situaciones* y *Les temps modernes* (revista que fundó al terminar la guerra), buscaba su camino, opuesto a la vez a la reacción y al Partido comunista, que había abandonado definitivamente en 1956.

SARTROUVILLE, mun. de Francia (Yvelines) junto al Sena, al NO de París; 42 000 hab. Construcciones mecánicas.

SARŪQ (Mĕnaḥem **ibn**), gramático hebraicoespañol (nacido en Tortosa s. x), iniciador de los estudios de gramática hebrea en España (*La composición,* diccionario de la lengua bíblica) y fundador de una fecunda escuela gramatical.

ŠĀRŶA, uno de los emiratos que integran la Unión de Emiratos* Árabes; 88 000 hab. Cap. Šārŷa. Petróleo.

SAS (Andrés), compositor y folklorista peruano de origen belga (París 1900-Lima 1967). Es autor de un *Curso de gramática musical* (1935) y de numerosos trabajos sobre la música de los incas y la música colonial peruana. Fundó junto con su esposa Lily Rosay la Academia de música Sas-Rosay.

SASAFRÁS n. m. Planta arbórea de la familia lauráceas, que crece en América del Norte y China y cuyas hojas se usan como condimento.

G. Freund

Jean-Paul **Sartre** y Simone de Beauvoir en 1967

SASAMÓN, v. de España (Burgos), en El Páramo burgalés; 1 713 hab. Iglesia gótica (ss. XIII-XIV), con portada que es copia de la del Sarmental de Burgos, y retablo renacentista (s. XVI).

SASÁNIDA adj. y n. m. y f. Relativo a los Sasánidas.

SASÁNIDAS, dinastía persa que sucedió a los Arsácidas y reinó en Irán de 224 a 651. Los Sasánidas se proclamaban restauradores de las antiguas tradiciones persas y herederos de los Aqueménidas*. Ardacher (c. 226-241) fundó la dinastía, y, tras derrotar a Artabán V, el último arsácida (224), se convirtió en dueño del imperio iranio (226). Cuatro reyes impulsaron la grandeza de los Sasánidas: los dos Sapor y los dos Cosroes. Sapor I (de 241 a 272) fue un terrible adversario para los romanos, pero, tras su muerte, la decadencia de su imperio, en tiempos de Bahrām II (de 276 a 293) y de Narsés (de 293 a 302), permitió a los emperadores Caro y Galerio restablecer la influencia romana.

Tras un período de intrigas cortesanas, Sapor II (de 310 a 379) accedió al poder, y el conflicto con Roma adquirió un cariz a la vez político y religioso; la conversión de Constantino y la proclamación del cristianismo como religión oficial de los romanos provocó una situación difícil para los cristianos persas, que fueron perseguidos u obligados a adoptar el mazdeísmo*. La ruptura con Roma de la Iglesia persa, que se convirtió al nestorianismo, acarreó, a fines del s. V, un apaciguamiento. El maniqueísmo apareció en esta época y se extendió tanto en Asia como en occidente. El s. VI contempló la edad de oro del período sasánida. Cosroes I (de 531 a 579) emprendió una guerra sin tregua contra Justiniano; la paz firmada por los dos emperadores, en 562, no arrojó vencedores ni vencidos. Cosroes I, gran constructor e impulsor de las letras y las artes, es presentado por la tradición como un rey justo y magnánimo. Su nieto, Cosroes II (de 590 a 628), continuó la fastuosa política de su abuelo y combatió en Egipto, Palestina, Siria y Asia Menor. Pero, tras el contraataque de Heraclio I, fue asesinado. Tras su muerte se desencadenaron diversos incidentes que fueron aprovechados por los musulmanes vencedores en 637 en Qādisiyya, para lanzarse sobre Irán. Yazdgard III (de 632 a 651), el último sasánida, murió asesinado en su refugio de Sogdiana.

BELLAS ARTES. El arte sasánida propulsó un renacimiento nacional, caracterizado por el abandono del helenismo y la recuperación de trazos propios del arte oriental, como el hieratismo, la frontalidad y la complejidad de los motivos decorativos, algunos de los cuales recuerdan el Luristán*. Los relieves de Naqš-i Rustam y Ṭāq-i Bustān recuerdan los de los Aqueménidas, cuya influencia aparece también en la orfebrería. En Ctesifonte* se reencuentra la bóveda, ya empleada anteriormente en el Fārs; la cúpula de pechina de los partos se utilizó en los palacios de Fīrūzābād (s. III) y de Sarvestán (s. VI), donde aparece asociada al iwān, que se convirtió en el tema favorito de la arquitectura islámica irania.

SASEBO, c. y puerto de Japón, en la costa O de la isla Kyūshū; 251 000 hab. Base naval.

SASKATCHEWAN, r. de Canadá, formado por la unión del *Saskatchewan del Norte* y el *Saskatchewan del Sur,* que desemboca en el lago Winnipeg; 560 km.

SASKATCHEWAN, provincia de Canadá; 651 878 km^2; 926 000 hab. Cap. *Regina.* Provincia de la Pradera canadiense, abarca desde la frontera con E.U.A. hasta el paralelo 60, con una topografía poco accidentada (aunque abundante en lagos de origen glaciar) y un clima continental. Trigo, cebada y colza en el S, asociados a una ganadería bovina y porcina. Petróleo (unos 15 Mt por año) y potasa. Industria derivada de la agricultura y la minería. La silvicultura es muy importante en el centro y el N. Algo más de la mitad de la población está urbanizada.

SASKATOON, c. de Canadá (Saskatchewan), junto al río Saskatchewan del Sur; 134 000 hab. Centro comercial (trigo, potasa) e industrial (química y construcciones mecánicas).

SASOLBURG, c. de la República de Sudáfrica, al N del estado libre de Orange; 34 000 hab. Industrias químicas. Refino de petróleo.

SASSARI, c. de Italia, en el N de Cerdeña; 118 000 hab. Catedral gótica, renacentista y barroca. Museo (arqueología, etc.). Centro comercial de una región agrícola (olivares). Refino de petróleo.

SASSETTA (Stefano DI GIOVANNI, llamado **il**), pintor italiano (Siena 1392-*id.* 1451). Asoció el sentido espacial y plástico de Masolino con el preciosismo sienés, el realismo con el idealismo; fue partidario de la línea ondulante, el color luminoso y los detalles pintorescos (*Políptico de san Francisco,* pintado para Borgo San Sepolcro: fragmentos en Londres, en el Louvre y en Chantilly).

SASSOU-NGUESSO (Denis), militar y político congoleño (en el N del Congo 1936). Fue ministro de Defensa y vicepresidente del comité militar (1977-1979) creado tras el asesinato del presidente Ngouabi. En marzo de 1979 se le eligió presidente del país.

SÁSTAGO (*condes* DE), familia aragonesa cuyo primer miembro conocido fue ARTAL (s. X). Un descendiente suyo, BLASCO DE ALAGÓN, recibió de Jaime I en 1233 la villa de Sástago y uno de sus descendientes del mismo nombre fue creado conde por Fernando el Católico (1511). El 3.er conde, ARTAL DE ALAGÓN, fue depuesto de su cargo de virrey de Aragón durante las alteraciones de tiempos de Felipe II. En 1651 el título pasó a los duques de Villahermosa. — CRISTÓBAL FERNÁNDEZ DE CÓRDOBA Y BAZÁN (Madrid 1672-Zaragoza 1748), 10.º conde, apoyó al archiduque Carlos durante la guerra de Sucesión, lo que le valió la grandeza de España (1711, reconocida por Felipe V en 1726). En 1905 el título pasó a los Escrivá de Romaní.

SASTRE, A n. (lat. *sartorem*). Artesano que confecciona trajes, especialmente de hombre. • *Traje sastre,* traje de mujer compuesto de chaqueta y falda.

SASTRE, c. de Argentina (Santa Fe) → SAN MARTÍN.

SASTRE (Alfonso), escritor español (Madrid 1926). Se inició dentro del grupo de teatro experimental Arte nuevo, para el que escribió sus primeras obras escénicas. Su teatro, de signo expresionista y existencial, con fuerte carga crítica, incluye *Escuadra hacia la muerte* (1953), *La mordaza* (1954), *Ana Kleiber* (1956), *La cornada* (1959), *En la red* (1961) y *Oficio de tinieblas* (1967). Entre sus libros de ensayo figuran: *Anatomía del realismo* (1963), *Revolución y crítica de la cultura* (1970), *Lumpen, marginación y jerigonça* (1980) y *El lugar del crimen* (1982).

SASTRERÍA n. f. Oficio y taller de sastre.

SATANÁS o **SATÁN,** el príncipe de los demonios de la Biblia.

SATÁNICO, A adj. Relativo a Satanás. || *Fig.* Extremadamente perverso: *sonrisa, intención satánica.*

SATANISMO n. m. Carácter de lo que es satánico. || Culto dedicado a Satanás y al mal.

SATÉLITE n. m. (lat. *satellitem,* guardia de corps). *Astron.* Cuerpo que gravita alrededor de un planeta. || Astro que gravita alrededor de otro principal. || *Mec.* Piñón de engranaje que gira entre la rueda que lo arrastra y la corona periférica. • *Satélite artificial,* ingenio lanzado por un cohete, que pasa a describir una órbita alrededor de la Tierra o de otro astro. ◆ adj. y n. m. Que depende de otro en el plano político, militar o económico: *país satélite.*

■ Existen 34 *satélites naturales.* El planeta mejor dotado, Júpiter, tiene 13, seguido de Saturno con 10. En cambio, Mercurio y Venus no poseen ninguno. No todos los satélites tienen la forma casi esférica de la Luna. Los de Marte (Fobos y Deimos) son asteroides disformes. Igual ocurre con los satélites de Júpiter. En el sistema solar, 5 satélites son de tamaño superior al de la Luna. El mayor de todos es Titán, satélite de Saturno, con 5 800 km de diámetro, mayor que Mercurio (4 878 km). El menor de los satélites conocidos es Deimos, con 13 km de diámetro medio.

• *Satélites artificiales.* Para satelizar un cuerpo es necesario comunicarle una velocidad tal que las fuerzas de atracción gravitacionales del astro sean equilibradas por las fuerzas centrífugas debidas al movimiento de rotación. La trayectoria de un satélite artificial es una elipse que tiene el centro del astro en uno de sus focos; esta trayectoria se convierte en un círculo cuando la velocidad de inyección en la órbita es horizontal y tiene por valor

$$R\sqrt{\frac{g^{o}}{R+h'}}$$

siendo R el radio del astro, h la altitud del punto de inyección en la órbita y g^{o} la intensidad de la gravedad a esta altitud. Esta velocidad se llama *primera velocidad cósmica,* V_{p}. Con una velocidad 1,414 veces superior, la *segunda velocidad cósmica,* el satélite artificial escapa completamente a la atracción del planeta. El movimiento de un satélite artificial en una órbita obedece a las leyes de Kepler, en particular en lo que se refiere al cálculo del período de revolución. Para un satélite terrestre, este período T tiene por valor: $T = 8{,}6 \cdot 10^{-11} \cdot a^{3/2}$, donde *a* designa el eje menor de la trayectoria de la elipse; para que un satélite permanezca *estacionario* con relación a la Tierra, debe, en virtud de esta fórmula, encontrarse sobre una órbita circular a 36 000 km. de alt. Los satélites artificiales deben disponer de un generador de energía eléctrica, que se basa en la conversión de la energía solar por fotopilas, dispuestas en la superficie exterior del satélite o en paneles de grandes dimensiones desplegados después de su puesta en órbita. Han sido igualmente ensayados algunos generadores nucleares.

Por otra parte, para algunas aplicaciones, los satélites deben presentar una orientación fija con relación a la Tierra. Existen diferentes sistemas de estabilización: pasiva (estabilización giroscópica, estabilización por gradiente de gravedad) o activa (estabilización por chorros de gas o por volantes de inercia).

La mayor parte de los satélites artificiales se colocan en órbita alrededor de la Tierra. Según su misión, se clasifican en cuatro categorías: satélites de aplicación, satélites científicos, satélites tecnológicos y satélites militares.

Los *satélites de aplicación* se emplean para telecomunicaciones, meteorología, etc. Los más numerosos en la actualidad son los de telecomunicaciones. En 1981 había en el espacio diez satélites destinados a telecomunicaciones, situados a 36 000 km en una órbita circular por encima del ecuador terrestre. El mayor y más potente de ellos es el Intelsat, puesto en servicio en 1964 por un consorcio de diez países con predominio norteamericano. Desde 1971, la U.R.S.S. cuenta con el satélite Interspoutnik, al que se añadió en 1975 la red del Statsionar. Al margen de estas redes internacionales, Canadá, Japón e Indonesia disponen de satélites de menor alcance.

La Unión internacional de telecomunicaciones, reunida en Ginebra en 1977, asignó a cada país europeo cinco frecuencias radioeléctricas de emisión en la órbita ecuatorial. En la actualidad, dos grupos disputan el control de la televisión por satélite en Europa: un consorcio francoalemán integrado por TF-1 y TV-SAT y el proyecto denominado LUX-SAT, que auspician la Compañía luxemburguesa de la teledifusión y la Federación de editores de diarios alemanes. Italia y Gran Bretaña impulsan, en el marco de la Agencia espacial europea, el proyecto LARGE-SAT y los países escandinavos ultiman el programa común NORD-SAT.

Los *satélites meteorológicos* toman fotografías de la envoltura nubosa que rodea la Tierra y las transmiten a estaciones terrestres; están equipados con radiómetros infrarrojos que les permite operar de noche. Una función de estos satélites consiste en interrogar por vía radioeléctrica a una serie de plataformas (globos, balizas, etc.) encargadas de registrar diversos parámetros meteorológicos (presión atmosférica, temperatura, velocidad de los vientos, etc.) en la alta atmósfera, en el mar o en regiones continentales de difícil acceso, y en recoger los datos de estas plataformas y transmitirlos a las estaciones de recepción terrestres.

Los *satélites científicos* efectúan observaciones y medidas que interesan principalmente a la geofísica o a la astronomía. Entre ellos figuran los *satélites geodésicos,* utilizados para determinar la forma del globo terrestre y efectuar la cartografía exacta de su superficie mediante la medida de las distancias al suelo; los *satélites de exploración del medio interplanetario,* cuya función es estudiar el campo magnético de la Tierra y medir la densidad del flujo de meteoritos o de partículas cargadas que circulan en el espacio, y los *satélites astronómicos,* que tienen por misión observar los astros sin los impedimentos puestos por la atmósfera terrestre. Estos últimos, al permitir la detección y el estudio de las fuen-

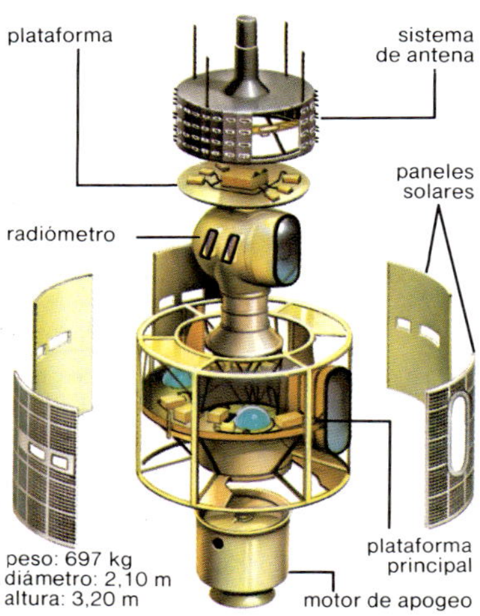

SATÉLITE METEOROLÓGICO GEOESTACIONARIO EUROPEO METEOSAT
para la observación continua de la superficie terrestre y de su cobertura de nubes

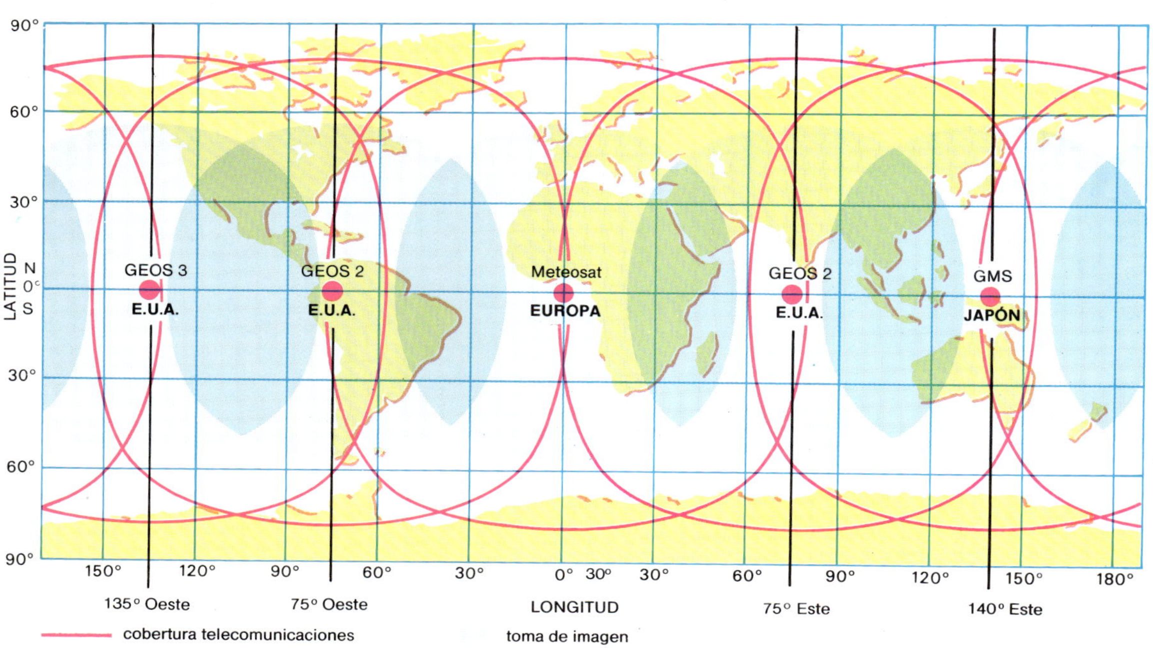

tes celestes de rayos γ, X y ultravioleta, cuya radiación no llega hasta el suelo, han favorecido el desarrollo de nuevas ramas de la astrofísica.

Los *satélites tecnológicos* tienen por objeto la realización de diversos sistemas, el estudio del comportamiento de los materiales en el medio espacial y la prueba de cohetes o de naves espaciales.

Los *satélites militares,* construidos en gran número a partir de los años sesenta en E.U.A. y en la U.R.S.S., se emplean para misiones de vigilancia y de reconocimiento fotográfico o electrónico (satélites norteamericanos Samos, numerosos satélites soviéticos Cosmos), para la detección del lanzamiento de misiles (satélites norteamericanos Midas, sustituidos a partir de 1971 por los Imews), en la vigilancia de las explosiones nucleares (satélites norteamericanos Vela hotel) o como ayudas a la navegación (satélites norteamericanos Transit), en particular de los submarinos lanzamisiles. Estos satélites evolucionan en altitudes muy diversas: de 150 a 350 km para los Samos, más de 3 000 km para los Midas.

Tras el primer vuelo espacial tripulado (12 abril 1961) se han desarrollado los *satélites habitados,* representados especialmente por las estaciones orbitales soviéticas del tipo Salyut, en las que pueden relevarse diversas tripulaciones y cuyas relaciones con la Tierra se efectúan con la ayuda de naves espaciales Soyuz.

SATELIZABLE adj. Que puede ser satelizado.

SATELIZACIÓN n. f. Acción de satelizar.

SATELIZAR v. tr. [**1g**]. Poner un móvil sobre una órbita cerrada alrededor de la Tierra o de un astro. ‖ Poner un país bajo la estrecha dependencia de otro.

SATÉN n. m. (fr. *satin*). Tejido parecido al raso.

SATIE (Alfred Erik LESLIE-SATIE, llamado **Erik**), compositor francés (Honfleur 1866-París 1925). Propuso un nuevo ideal basado en claridad, concisión y humor (*Gymnopédies,* 1888; ballet *Parada,* 1917, y drama sinfónico *Sócrates,* 1918). Influyó en el grupo de los Seis*.

SATÍN o **SATINÉ** n. m. Planta arbórea de América tropical, cuya madera se utiliza en placaje, tornería y ebanistería. (Familia moráceas.)

SATINADO, A adj. Semejante al satén; que presenta un brillo notable. ● *Piedra satinada,* piedra fina tallada de manera que parezca muy límpida y clara.

SATINADO n. m. Acción y efecto de satinar.

SATINADOR, RA adj. y n. Que satina telas, papel, etc.

SATINAR v. tr. (fr. *satiner*) [**1**]. Dar a una tela, papel, metal, etc., aspecto satinado.

SATINETA n. f. (fr. *satinette*). Tela de algodón, o de algodón y seda, de aspecto parecido al raso.

SÁTIRA n. f. (lat. *satiram*). Panfleto, discurso, escrito, dibujo, etc., que censura las costumbres públicas o privadas, o que ridiculiza a alguien o algo. ‖*Lit.* Obra en verso que mezcla los ritmos y los tonos, y en la que el autor censura y ridiculiza los vicios de su tiempo.

Sátiras de Horacio (c. 35-30 a. J.C.). Son dieciocho y están divididas en dos libros. Inspiradas al principio por el tosco realismo de Lucilio, adoptan después el tono de chanza de un poeta cortesano. Bajo una forma muy libre, en la que se mezclan los cuadros pintorescos, las confidencias y los diálogos, Horacio propone la moral epicúrea del hombre honrado tal como se la concebía en la corte de Augusto.

Sátiras de Juvenal (100-120), donde el autor ataca las costumbres decadentes de la Roma imperial del s. I d. J.C.

Sátiras de Boileau. Son doce, divididas en dos grupos: el de juventud (1666-1668) y el de vejez (1694-1705). Imitando a Horacio y a Juvenal, Boileau trató la moral y los problemas literarios e intervino en la disputa sobre los jesuitas.

SATIRIASIS n. f. *Sicol.* Estado permanente de excitación sexual en el hombre.

SATÍRICO, A adj. y n. Inclinado a la maledicencia, a la burla, que usa de la sátira: *espíritu satírico; canción satírica; dibujo satírico.* ‖ Dícese del escritor que cultiva la sátira. ◆ adj. *Lit.* Relativo a la sátira.

SATÍRICO, A adj. *Mit.* Relativo a los sátiros.

Satiricón, novela de Petronio, mezcla de prosa y verso (s. I d. J.C.); retrato realista de las andanzas de un joven libertino.

SATIRIÓN n. m. Planta herbácea de la península Ibérica, cuyos tubérculos son comestibles. (Familia orquídeas.)

SATIRIZANTE adj. Que satiriza.

SATIRIZAR v. intr. [**1g**]. Escribir sátiras. ◆ v. tr. Hacer objeto de sátiras.

SÁTIRO n. m. (lat. *satyrum*; del gr. *satyros*). En la mitología griega, genio asociado al culto de Dioniso. (Las danzas de los sátiros en honor del dios son el origen del drama satírico. La tradición les atribuía instintos lúbricos.) ‖ Hombre lascivo.

SATISFACCIÓN n. f. Acción de satisfacer una necesidad, un deseo, un apetito, etc. ‖ Aquello que satisface. ‖ Estado del que está satisfecho: *la satisfacción del deber cumplido.* ‖ Acto por el cual se repara o desagravia un daño, ofensa o injusticia: *exigir una satisfacción.* ● *Satisfacción sacramental* (Rel.), sin. de PENITENCIA.

P. Starosta

saúco

SATISFACER v. tr. (lat. *satisfacere*) [**11**]. Complacer o realizar completamente un deseo, apetito, etc.: *satisfacer caprichos.* ‖ Pagar lo que se debe: *satisfacer una deuda.* ‖ Agradar, gustar: *su comportamiento me satisface.* ‖ Solucionar, resolver: *satisfacer una dificultad, una duda, una pregunta.* ‖ Premiar o recompensar los méritos realizados. ‖ Desagraviar, reparar un agravio o perjuicio. ◆ **satisfacerse** v. pron. Vengarse de un agravio o perjuicio. ‖ Contentarse o conformarse con lo que se dice o se hace.

SATISFACTORIO, A adj. Que satisface: *respuesta satisfactoria.* ‖ Grato, bueno, próspero.

SATISFECHO, A adj. Complacido, contento.

SATLEDJ → SUTLEJ.

SATŌ (Eisaku), político japonés (Tabuse 1901-Tōkyō 1975). Fue jefe del Partido liberal (conservador), varias veces ministro y jefe del gobierno (1964-1972). Realizó una política pronorteamericana y obtuvo la devolución de Okinawa a Japón (1972). [Premio Nobel de la paz, 1974.]

SATPURA *(montes),* macizo montañoso de la India, al N del Decán, entre los valles del Narbada y del Tāpti.

SÁTRAPA n. m. (gr. *satrapēs*). En el imperio persa, gobernador de una provincia.

SATRAPÍA n. f. Provincia gobernada por un sátrapa.

SATSUMA n. m. Variedad de naranja muy apreciada por su contenido en azúcar. ‖ Tipo de porcelana japonesa con decoración dorada.

ŠAṬṬ AL-'ARAB, r. de Oriente medio formado por la confluencia del Tigris y el Éufrates, que pasa por Basora y Ābādān y desemboca en el golfo Pérsico, tras haber marcado la frontera entre Iraq e Irán; 200 km. En sus orillas se extiende el mayor palmeral del mundo (producción de dátiles). Su dominio originó el conflicto irano-iraquí* de 1980.

SATU-MARE, c. del NO de Rumania, (Maramures), junto al Somes; 104 000 hab. Construcciones mecánicas. Industria textil.

SATURABILIDAD n. f. *Quím.* Cualidad de lo que puede ser saturado.

SATURABLE adj. *Quím.* Que puede ser saturado.

SATURACIÓN n. f. Acción de saturar; estado de un líquido saturado. ‖ Saciedad, acumulación: *saturación del mercado.* ‖ *Lóg.* Carácter de un sistema axiomático en el que no se puede añadir un nuevo axioma sin que dé como resultado una teoría contradictoria. (Es una noción de metalógica.) ‖ *Quím.* Transformación en enlaces simples de los enlaces múltiples de un compuesto orgánico.

SATURADO, A adj. Completamente saciado. ‖ Dícese de la solución que no puede disolver una cantidad suplementaria de la sustancia disuelta. ‖*Lóg.* Dícese de un sistema axiomático caracterizado por una saturación. ‖ *Quím.* Dícese de un compuesto orgánico que no posee enlaces múltiples.

SATURADOR n. m. Dispositivo que sirve para aumentar la proporción de vapor de agua de la atmósfera, en un local, una habitación, etc. ‖ Aparato que sirve para disolver un gas en un líquido hasta saturarlo.

SATURANTE adj. Que satura. ● *Vapor saturante,* vapor de un líquido, en equilibrio con este último.

SATURAR v. tr. y pron. (lat. *saturare*) [**1**]. Saciar; llenar completamente: *el mercado está saturado de productos.* ◆ v. tr. Hacer que una solución contenga la mayor cantidad posible de cuerpos disueltos. ‖ *Quím.* Transformar los enlaces múltiples de un compuesto en enlaces simples.

SATURNAL adj. Relativo a Saturno.

SATURNAL n. f. Orgía, bacanal.

SATURNALES n. f. pl. Fiestas que se celebraban en la antigua Roma en honor de Saturno, durante las que reinaba una gran libertad.

SATURNINO, A adj. Relativo al plomo; producido por el plomo.

SATURNISMO n. m. Intoxicación crónica por las sales de plomo. (Está considerada como una enfermedad profesional.)

SATURNO n. m. Nombre dado al plomo por los alquimistas.

SATURNO, planeta del sistema solar. Es un planeta gigante, como Júpiter, aunque casi dos veces menos voluminoso. Está asimismo constituido por hidrógeno y helio, y presenta en su superficie bandas nebulosas paralelas al ecuador, del mismo tipo, aunque menos contrastadas, que las de Júpiter y que tienen también metano y amoníaco como base. Otra analogía entre ambos planetas es que Saturno está rodeado por un importante cortejo de satélites (10 en total) que se añaden a la multitud de aquellos, mucho menores, que constituyen su anillo. Éste, subdividido en cuatro anillos concéntricos, está formado por la yuxtaposición de bloques rocosos de diversos tamaños que giran alrededor de Saturno en densas filas que, desde lejos, dan la ilusión de una superficie continua. El espesor del anillo es ínfimo en comparación con sus dimensiones: 1 km por unos 250 000 km de diámetro.

SATURNO, antiguo dios itálico de la mitología romana. Durante los días de las festividades que le estaban consagradas (las *saturnales*) quedaban abolidas las diferencias entre esclavos y hombres libres. Se le identificó con el Cronos griego.

SAUCE n. m. (lat. *salicem*). Árbol o arbusto de hojas lanceoladas, que crece junto al agua. (El *sauce común* tiene las ramas flexibles y largas, y las hojas dentadas; el *sauce blanco* o

M. Petzold

sauces

cabruno presenta hojas elípticas; el *sauce llorón* tiene las ramas muy largas, flexibles y colgantes.) [Familia salicáceas.] (Sin. SALCE.)

Sauce *(batalla de El),* combate de la guerra civil uruguaya, entre los sublevados del coronel Aparicio y los gubernamentales del general Suárez, que resultaron vencedores (1870).

SAUCEDAL o **SAUCEDO** n. m. Sin. de SALCEDO.

Saucelle, embalse de España (Salamanca), sobre el río Duero, en el término del mun. de *Saucelle.* Tiene una capacidad de 169 millones de m^3 y abastece a la central homónima (240 MW).

SAUCILLO, mun. de México (Chihuahua), en la altiplanicie Septentrional; 29 730 hab. Industria química. Centro comercial.

SAÚCO n. m. (lat. *sabucum*). Planta arbórea de flores blancas y frutos ácidos, de color rojo o negro. (Alt.: 10 m; longevidad: hasta 100 años; familia caprifoliáceas.) [Sin. SABUCO, SABUGO.]

SAUDADE n. f. (voz gallegoportuguesa). Añoranza, nostalgia.

SAUDÍ o **SAUDITA** adj. y n. m. y f. Relativo al estado de Arabia fundado por Ibn Sa'ūd en 1932.

SAUER, en fr. **Sûre,** r. de Europa noroccidental, que nace en las Ardenas belgas, atraviesa Luxemburgo, forma frontera entre este país y la R.F.A. y desemboca en el Mosela (or. izq.); 173 km.

SAUERLAND, región de mesetas y colinas de Alemania (R.F.), al S del Ruhr.

SAUGOR → SĀGAR.

SAUGUET (Henri), compositor francés (Burdeos 1901). Admirador de Satie, formó parte de la escuela de Arcueil. Es autor de ballets *(Los feriantes).*

SAÚL, primer rey de los hebreos (de 1030 a 1010 a. J.C. aprox.). Fue al principio un jefe local cuyos éxitos le permitieron asentar su autoridad sobre las tribus israelitas, pero fracasó en su lucha contra los filisteos. La unidad nacional, comprometida por este revés, sería restablecida por su sucesor, David.

SAULT SAINTE MARIE, nombre de dos ciudades de América del Norte; la más importante (81 000 hab.) es de Canadá (Ontario), y la otra (21 000 hab.) de E.U.A. (Michigan), a un lado y otro del *río Sainte Marie.* El doble *canal de Sault Sainte Marie,* o Soo Canals, une el lago Superior con el lago Hurón, orillando los rápidos del *río Sainte Marie.*

SAUMUR, c. de Francia (Maine-et-Loire), en la confluencia del Thouet y el Loira; 34 000 hab. Castillo reconstruido a partir del s. XIV. Iglesias románica, con añadidos en la época de Luis XI (colección de tapices de los ss. XV-XVI) y gótica angevina, ss. XII-XIII. Ayuntamiento (s. XVI). Establecimientos militares; Escuela nacional de equitación. Industrias alimentarias. Metalurgia.

SAUNA n. f. (voz finlandesa). Tipo especial de baño de vapor propio de los países escandinavos, en particular de Finlandia. ‖ Establecimiento donde se toman estos baños.

SAURA (Antonio), pintor español (Huesca 1930). De formación independiente, residió durante un tiempo en París, donde entró en contacto con la obra de J. Pollock y W. de Kooning. Cofundador del grupo El Paso* (1957-1960) y miembro del equipo Un art autre de Michel Tapié, su producción, iniciada en el surrealismo, se encaminó pronto hacia el informalismo sígnico-gestual, de un carácter netamente abstracto en un principio, para ir progresivamente utilizando la figuración, en obras donde el gesto y el bicromatismo (blanco negro) manifiestan un duro dramatismo: *Brigitte Bardot* (1958); *Personaje* (1959), *Infanta* (1960), *Ada* (1962), etc.

Vendrell

Carlos **Saura**: una escena de *Mamá cumple cien años.*

SAURA (Carlos), director de cine español (Huesca 1932), hermano del anterior. Se inició con *Los golfos* (1960), película a la cual siguieron *Llanto por la muerte de un bandido* (1964) y *La caza* (1965). A partir de este año inició su colaboración con el productor E. Querejeta, el período más fecundo e interesante de su carrera: *Peppermint frappé* (1967), *El jardín de las delicias* (1970), *Ana y los lobos* (1972), *La prima Angélica* (1973), *Cría cuervos* (1975) y *Elisa, vida mía* (1977). Tras *Mamá cumple cien años* (1979), su posterior filmografía es más irregular (*Bodas de sangre*, 1980; *Deprisa, deprisa*, 1980; *Carmen*, 1983).

SAURIO, A adj. y n. m. Sin. de LACERTILIO.

SAURÓPSIDO, A adj. y n. m. Relativo a un grupo de vertebrados caracterizados por poseer algunos rasgos anatómicos de los reptiles (El grupo *saurópsidos* comprende la mayor parte de los reptiles actuales y fósiles y las aves.)

SAUSSURE (Horace Bénédict DE), naturalista y físico suizo (Conches, cerca de Ginebra, 1740-*id.* 1799). Efectuó la segunda ascensión al Mont Blanc. Inventó el higrómetro de cabello y planteó los principios de una meteorología racional.

Grivel

Ferdinand de Saussure, por Horace de Saussure. (Col. part.)

SAUSSURE (Ferdinand DE), lingüista suizo (Ginebra 1857-Vufflens, Vaud, 1913). En 1876, empezó a estudiar el sánscrito en Leipzig, donde la joven escuela de los neogramáticos se disponía a renovar los métodos de la gramática comparada. Allí presentó su tesis de doctorado *Sobre el empleo del genitivo absoluto en sánscrito* (1880), pero ya se había hecho célebre al publicar en 1879 *Memoria sobre el sistema primitivo de las vocales en las lenguas indoeuropeas,* obra revolucionaria en el aspecto de que la reconstrucción filológica no se basa en una descripción fonética, sino en las relaciones funcionales que los elementos del sistema estudiado mantienen entre ellos.

De 1880 a 1891 radicó en París, donde enseñó gramática comparada en la Escuela de altos estudios y participó en los trabajos de la Sociedad de lingüística. En 1891 regresó a Ginebra, donde enseñó, hasta su muerte, sánscrito, gramática comparada y lingüística general (1907-1911). El *Curso* de lingüística general,* que apareció en 1916, es una síntesis de estos tres años de enseñanza, realizada por sus discípulos a partir de notas, y constituye el punto de partida del estructuralismo lingüístico.

SAUTERNES n. m. Vino blanco elaborado con la uva de la *región de Sauternes* (Francia).

SAUVEUR (Joseph), matemático y físico francés (La Flèche 1653-París 1716), fundador de la acústica musical. Explicó las ondas estacionarias, creando la noción de nodos y de vientres de vibraciones, y descubrió el fenómeno de las pulsaciones.

SAUVY (Alfred), demógrafo y economista francés (Villeneuve-de-la-Raho, Pyrénées-Orientales, 1898). Director del Instituto nacional de estudios demográficos (1945-1962) y profesor en el Colegio de Francia, es autor de *Riqueza y población* (1943), *Teoría general de la población* (2 vols., 1952 y 1954), *El ascenso de los jóvenes* (1959), *Malthus y los dos Marx* (1963), *¿Crecimiento cero?* (1973) y *El fin de los ricos* (1975).

SAUZGATILLO n. m. Planta arbórea del litoral mediterráneo, con largos racimos de flores violáceas. (Familia verbenáceas.)

SAVAII, la isla más extensa (1 715 km²) de Samoa; 42 000 hab.

SAVANG VATTHANA (Luang Prabang 1907), rey de Laos (de 1959 a 1975). Sucedió a su padre Sisavong Vong con el nombre de Setha Khatya. Creado el régimen de Patet-lao (1975), abdicó. Acusado de preparar un golpe de estado, fue detenido (1977).

SAVANNAH, r. del SE de Estados Unidos, tributario del Atlántico, que separa Carolina del Sur de Georgia; 700 km.

SAVANNAH, c. y puerto de Estados Unidos (Georgia), en el estuario de Savannah; 118 000 hab. Centro industrial. Construcciones aeronáuticas.

SAVART n. m. (de *Savart*, n. propio). Unidad práctica de intervalo musical.

SAVART (Félix), físico francés (Mézières 1791-París 1841). Estudió las cuerdas vibrantes y midió, con Biot, el campo magnético creado por una corriente (1820). Se le debe una *Memoria sobre la construcción de los instrumentos de cuerda y arco.*

SAVARY (Anne Jean Marie René), duque **de Rovigo,** general francés (Marcq 1774-París 1833). Dirigió la ejecución del duque de Enghien (1804) y tuvo un papel decisivo en la victoria de Ostrołęka (1807). En 1808 fue enviado por Napoleón a España para convencer a Fernando VII que se trasladase a Bayona y sustituyó a Murat en el mando supremo de las tropas acantonadas en la península Ibérica.

SAVE o **SAVA,** r del NO de Yugoslavia, que nace en los Alpes orientales y pasa por Zagreb antes de unirse al Danubio (or. der.) en Belgrado; 940 km.

SAVIA n. f. (lat. *sapam,* mosto). Líquido que circula por las diversas partes de los vegetales. (Se distingue la *savia ascendente,* o *bruta,* que sube desde las raíces hacia las hojas, y la *savia descendente,* o *elaborada,* producida por las hojas a partir de la savia bruta.) || *Fig.* Aquello que da vida o infunde energía.

SAVIGNY (Friedrich Karl VON), jurista alemán (Frankfurt del Main 1779-Berlín 1861). Primer titular de la cátedra de derecho romano en la universidad de Berlín, en 1842 asumió una cartera ministerial en Prusia, encargado de la revisión del código. Creador de la escuela histórica alemana, escribió un *Tratado de derecho romano* (1840-1849).

SAVOIE, dep. de Francia, en los Alpes; 6 036 km²; 305 000 hab. Cap. *Chambéry*. Ganadería de montaña. Silvicultura. Energía hidroeléctrica. Industria (electrometalurgia y electroquímica). Turismo.

SAVONA, c. y puerto de Italia, en Liguria, cap. de prov., en el golfo de Génova; 80 000 hab. Nudo de comunicaciones. Puerto. Industria (siderurgia y química).

SAVONAROLA (Girolamo), predicador y político italiano (Ferrara 1452-Florencia 1498). Dominico, fue prior del convento de San Marcos en Florencia (1491), consiguió celebridad por sus predicaciones proféticas y trató de establecer en dicha ciudad una constitución mitad teocrática, mitad democrática. Sin embargo, su actitud fanática e intransigente y sus ataques contra el papado acarrearon su excomunión (1497), y más tarde su muerte, colgado y quemado.

Savonnerie (*manufactura de la*), antigua manufactura francesa de tapices, creada en París en 1604, con privilegio real, para tejer alfombras «al estilo oriental». En 1826, se fusionó con la manufactura de los Gobelinos.

SAWA (Alejandro), escritor español (Málaga 1862-Madrid 1909). Cultivó la novela naturalista. En París vivió la bohemia literaria (fue amigo de Verlaine) y conectó con los jóvenes escritores modernistas (Darío, Valle-Inclán, etcétera). Este último lo revivió en sus últimos años (ciego y loco) como el personaje Max Estrella de *Luces de bohemia.* A su muerte, apareció el volumen autobiográfico *Iluminaciones en la sombra.*

SAWIYYA, llanura del Marruecos occidental, traspaís de Casablanca.

ŠAWQĪ (Aḥmad), escritor egipcio (El Cairo 1868-*id.* 1932). Aplicó su cosmopolitismo literario a la expresión dramática (*La princesa de Andalucía,* 1919; *Alí Bey el Grande,* 1932) y lírica (*Al-Šawqiyyāt,* 1925-1943) de la renovación cultural y política de su país.

SAX (Andrés DE) → MARZAL DE SAX (Andrés).

SAX (Antoine Joseph, llamado **Adolphe**), flautista belga y fabricante de instrumentos musicales (Dinant 1814-París 1894), creador del saxófono (1845).

SAXÍCOLA adj. *Bot.* Que vive sobre o entre las rocas.

SAXÍFRAGA n. f. Planta herbácea que crece entre las piedras, utilizada como ornamental.

SAXIFRAGÁCEO, A adj. y n. f. Relativo a una familia de plantas herbáceas o leñosas, con flores cíclicas y hermafroditas. (Las *hortensias* pertenecen a la familia *saxifragáceas.*)

SAXO n. m. Apócope de *saxófono* y de *saxofonista*.

SAXOFÓN n. m. *Galic.* Saxófono.

SAXOFONISTA n. m. y f. Músico que toca el saxófono. (Apócope: SAXO.)

SAXÓFONO n. m. (de *Sax*, nombre del inventor, y gr. *phōnē*, sonido). Familia de instrumentos musicales de viento, hechos de cobre o de latón, con embocadura simple y provista de una boquilla de clarinete y de un mecanismo de llaves. (Apócope: SAXO.)

■ El instrumento más empleado de esta familia es el saxófono tenor. Los compositores lo integran corrientemente a la orquesta. En el jazz, es el instrumento favorito de los solistas.

SAY (Jean-Baptiste), economista francés (Lyon 1767-París 1832). En su *Tratado de economía política* (1803) se muestra impresionado por la obra de Adam Smith, aunque modifica sus fundamentos. Para Say, que enuncia una verdadera teoría del reparto, la producción se efectúa gracias al trabajo, al capital y a los agentes naturales, entre ellos la tierra, que es objeto de una apropiación privativa. El precio de estos diferentes servicios representa, a cambio, un ingreso: «salario», «beneficio», «renta», que representan a su vez el precio (en función de la oferta y de la demanda) del trabajo, del capital y de la tierra. Say

Girolamo **Savonarola,** por Fra Bartolomeo. (Convento de San Marcos, Florencia.)

Scala

fue un liberal optimista, en el sentido de pensar sobre todo que el salario es la justa remuneración del trabajo. Se esforzó por presentar una explicación del valor, que, según él, viene determinado por lo que entra en la producción de los bienes (beneficios, alquileres, salarios), pero también por su utilidad. Observó también que un producto, una vez elaborado, es vendido (pues tal es el deseo del productor) y permite un canal de salida para otros productos que, adquiridos por el vendedor del primero, encuentran a su vez comprador. Tal es la ley de los mercados o de las salidas. Say fue uno de los primeros en discernir el papel fundamental del empresario, sin duda por haber sido él mismo industrial.

SAYA n. f. Falda, refajo o enagua. ‖ Vestidura talar.

Riby-Larousse

saxófono contralto

SAYA n. f. En la organización administrativa de los incas, parte de una provincia.

SAYAGO, comarca de España (Zamora). Fronteriza con Portugal, se extiende desde el Duero hasta el Tormes. Bosques y pastos (ganado vacuno y lanar) y agricultura (vid y cereales). Minería de estaño.

SAYAGUÉS n. m. Lengua convencional con base del dialecto aragonés. (En el primitivo teatro español [Juan del Encina], para recalcar la rusticidad de ciertos personajes se les hace hablar en sayagués.)

SAYAL n. m. Tela de lana muy basta.

ṢAYDĀ o **SAÏDA,** ant. **Sidón,** c. y puerto del Líbano, junto al Mediterráneo; 25 000 hab. Importante necrópolis real en la que se han encontrado numerosos sarcófagos, cuya decoración está muy influida por la escultura helenística. Terrazas monumentales del templo del dios Ashmun, escalonadas en la colina de Nahr al-Awali. Exportación de petróleo, traído por el oleoducto de Arabia Saudita. — Es la antigua *Sidón,* antigua ciudad fenicia durante largo tiempo eclipsada por Tiro; su apogeo se sitúa tras la sumisión de Tiro, en 573 a. J.C., a Nabucodonosor. Próspera en las épocas persa y seléucida, cayó bajo el dominio de Roma y después del de los árabes (637), que la convirtieron en uno de los puertos de Damasco. En manos de los cruzados de 1110 a 1291, Ṣaydā conoció un nuevo florecimiento en la época de Fajr al-Dīn II.

SAYF AL-DAWLA (Abū Ŷa'far Aḥmad), soberano de la taifa de Rueda, de la dinastía Banū Hūd († en Alloch, cerca de Chinchilla, 1146), llamado por los cristianos *Zafadola.* Vasallo de Alfonso VII (1131), le acompañó en la expedición de ayuda a la rebelión hispanomusulmana de al-Andalus (1133). Nombrado luego soberano de Córdoba (en. 1145), fue destituido (marzo). Murió en la llamada batalla de Albacete contra los almorávides.

Sayíl, centro arqueológico de la cultura maya, del período clásico tardío (ss. IX-X), situado en el N del estado mexicano de Yucatán. Sus edificios pertenecen al estilo *Puuc,* caracterizado por los motivos decorativos formados por gigantescos mosaicos de piedras talladas.

ŠAYJ (Abū-l-Haŷŷāŷ Yūsuf al-Balawī **ibn al-**), erudito andalusí (Málaga 1132-*id.* 1207). Escribió en su vejez el libro *Abecedario,* enciclopedia de la cultura de la época, con predominio de los temas religiosos y arquitectónicos.

SAYO n. m. (lat. *sagum*). Casaca de guerra que usaron los galos, los romanos y los nobles de la edad media. ‖ *Fam.* Cualquier vestido amplio y de hechura simple. ● *Cortar un sayo* (Fam.), criticar a alguien, murmurar en su ausencia.

SAYÓN n. m. Verdugo. ‖ Persona que maltrata a alguien por orden de otro. ‖ *Fig.* y *fam.* Hombre de aspecto feroz. ‖ *Hist.* En la alta edad media, oficial subalterno encargado de hacer cumplir las órdenes del rey y de los señores. ‖ *Rel.* Cofrade que va en las procesiones de semana santa vestido con una túnica larga.

SAYÓN n. m. Planta subarbustiva, con porte de mata tendida, que crece en las costas de la península Ibérica.

SAYRI TUPAC, soberano inca del s. XVI. Hijo ilegítimo de Manco Cápac II, sucedió a su padre (1554), pero renunció a sus derechos, convencido por el virrey Cañete (1558), marchando a Lima y bautizándose. Su hermano Titu Cusi Yupanqui le sucedió y siguió luchando contra los españoles.

SAYULA, c. de México (Jalisco), en el sector O de la cordillera Neovolcánica, junto a la *laguna de Sayula;* 18 932 hab. Agricultura y ganadería. Fábricas de jabón y productos lácteos. Yacimientos de carbón.

SAZÓN n. f. (lat. *sationem,* tiempo de siembra). Estado de madurez o perfección de una cosa: *fruta en sazón.* ‖ Sabor que se da a los alimentos. ● *A la sazón,* entonces, en el momento de que se trata.

SAZONAR v. tr. [**1**]. Dar sazón.

Sb, símbolo químico del *antimonio* (en lat. *stibium*).

SBEÏTLA o **SBAYTLA,** localidad de Tunicia, al SO de Kairuán. Vasto conjunto monumental bien conservado (capitolio, foro, templos, arco de triunfo, etc.), que pertenecía a la ciudad romana de *Sufetula.* Ruinas de varias iglesias cristianas de los primeros siglos.

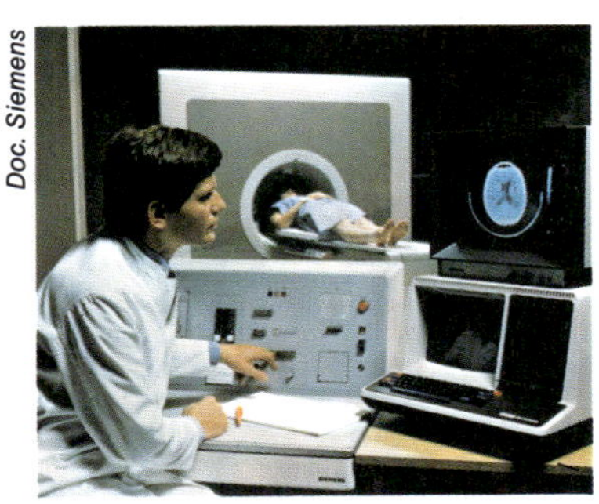

Doc. Siemens

scanner (medicina): mesa de examen, pupitre de mando y pantallas de visualización.

SBITEN n. m. Bebida rusa, compuesta de miel y jengibre.

Sc, símbolo químico del *escandio.*

SCALA (DELLA), familia italiana que gobernó en el señorío de Verona entre 1259 y 1387. Entre sus miembros figuran: MASTINO I († Verona 1277), *podestà* de Verona en 1259 y capitán del pueblo en 1261; su sobrino, CANGRANDE I (Verona 1291-Treviso 1329), recibió del emperador Enrique VII el título de vicario imperial; luchó contra Padua y dirigió la liga gibelina en Lombardía.

Scala *(teatro de la),* teatro lírico construido en Milán en 1778, cuyos célebres cantantes y directores de orquesta contribuyeron a procurarle fama internacional. Destruido por los bombardeos de 1943, fue reconstruido.

Scala Dei, cartuja fundada en 1162 por Alfonso II de Aragón, establecida primero en las montañas de Albarca, luego en Poboleda y finalmente en La Morera (Tarragona), donde se hallan sus ruinas. Fue la matriz de casi todas las cartujas de la Península. En 1228 ya estaban construidos la iglesia y el claustro románico; en 1333 se terminó el segundo claustro, gótico, y en 1403, el tercero. En el s. XVIII se hicieron numerosas reformas y fue un centro artístico importante (escuela de pintura).

Scala

Alessandro **Scarlatti.** Pintura anónima. (Biblioteca musical, Bolonia.)

SCALIGERO (Giulio Cesare) → ESCALÍGERO (Julio César).

SCAMOZZI (Vincenzo), arquitecto italiano (Vicenza 1552-Venecia 1616), continuador de Palladio. Trabajó en Venecia y en Vicenza, realizó el teatro de la Sabbioneta (Mantua), la iglesia de San Gaetano (Padua) e inició las obras de las Procuradurías, en la plaza de San Marcos (Venecia).

SCANDERBERG, ESCANDERBEG o **SKANDERBERG** (Jorge CASTRIOTA, llamado), patriota albanés (c. 1403-Lieshi 1468), conocido por los turcos como **Iskander bey.** Educado en el islam, abandonó a los otomanos en 1443 y organizó desde Krujë la resistencia contra los turcos, apoyado por el papado, Nápoles y Venecia. A partir de 1463 consiguió varias victorias contra Mehmet II.

SCANNER n. m. (voz inglesa). Aparato de teledetección capaz de captar, gracias a un dispositivo que opera por exploración, las radiaciones electromagnéticas emitidas por superficies extensas. ‖ *Art. gráf.* Aparato que sirve para realizar, por exploración electrónica de un documento original en colores, las selecciones necesarias para su reproducción. ‖ *Med.* Aparato de radiodiagnóstico compuesto por un sistema de tomografía y un ordenador que analiza los datos para reconstruir imágenes de las diversas partes del organismo en finas capas.

SCAPA FLOW, rada del archipiélago británico de las Orcadas, al N de Escocia. Antigua base de la flota británica (desmantelada en 1956), donde la flota alemana, reunida tras la victoria aliada de 1918, fue hundida por sus propias tripulaciones (21 junio 1919).

Scaramuccia, personaje de la commedia dell'arte, de origen napolitano. Su mejor intérprete fue el actor Tiberio FIORILLI (Nápoles c. 1600-París 1694), que lo popularizó en el teatro francés con el nombre de *Scaramouche,* mezcla del capitán y el arlequín.

SCARBOROUGH, c., puerto y estación balnearia de Gran Bretaña (Yorkshire), en el mar del Norte; 43 000 hab. Industria metalmecánica.

SCARLATTI, nombre de una familia de compositores italianos. — ALESSANDRO (Palermo 1660-Nápoles 1725) fue autor de más de 125 óperas, tan interesantes por su obertura «a la italiana» tripartita (vivo, lento, vivo) como por la calidad melódica de sus arias (fue uno de los maestros en el campo del *aria da capo*). Maestro de capilla en la corte de Nápoles, pasó temporadas en Roma, dirigió la escuela de música de Santa María la Mayor, y escribió misas, oratorios, cantata y piezas para clave y para órgano. — Su hijo, DOMENICO (Nápoles 1685-Madrid 1757), clavecinista de gran talento, vivió en la corte de Portugal y después en la de Madrid, donde fue profesor del futuro Fernando VI de España y de su esposa, Bárbara de Braganza. Además de óperas, se le deben unos 600 *Ejercicios para clave,* de gran virtuosismo. Riguroso y conciso en la forma, destacó por la fantasía y exuberancia de su estilo.

SCARPA (Antonio), médico italiano (Motta di Livenza, Friul, 1752-Pavía 1832). Estudió las enfermedades de los ojos, las malformaciones de los pies, los aneurismas, el aparato olfativo y el sistema nervioso.

SCARPETTA *(familia),* familia de origen italiano afincada en Cali, cuyos miembros tuvieron una notable actuación en el proceso independentista colombiano. Destacaron los hermanos MANUEL (1772-1838), JOSÉ (1780-1850), JERÓNIMO (1786-1825) y MANUEL MARÍA (1792-1817). — MANUEL ANTONIO (1806-1867), hijo de Manuel, fue comandante de las operaciones de la provincia de Cali en 1860. — Su hijo, MANUEL LEÓNIDAS (1828-1883), escribió, con S. Vergara, un *Diccionario biográfico* (1879) de los patriotas de la Gran Colombia.

SCARRON (Paul), escritor francés (París 1610-*id.* 1660). Casado con Françoise d'Aubigné, la futura Madame de Maintenon, se dio a conocer como iniciador de la poesía burlesca (*El tifón,* 1644; *Virgilio parodiado,* 1648-1652), y escribió comedias de estilo español (*Jodelet,* 1645; *Don Jafet de Armenia,* 1652; *El escolar de Salamanca,* 1654) y *La novela cómica* (1651 y 1657), sabroso retrato de la vida de los cómicos ambulantes.

SCAT n. m. (voz norteamericana). Estilo de improvisación vocal, en el que las palabras son remplazadas por onomatopeyas, popularizado por grandes compositores de jazz.

SCÈVE (Maurice), poeta francés (Lyon 1501-*id.* c. 1560). Fue el primero en traducir una «experiencia poética» moderna en las 449 décimas de *Delia, objeto de la mayor virtud* (1544); también escribió una égloga, que exalta la vida solitaria (*El saucedal,* 1547), y una epopeya sobre la caída y la redención humana (*Microcosmos,* 1562).

SCIASCIA (Leonardo), escritor italiano (Racalmuto, Agrigento, 1921). Su obra presenta, a través de la encuesta sociológica (*Las parroquias de Regalpetra,* 1956), el estudio histórico (*Los tíos de Sicilia,* 1958; *El consejo de Egipto,* 1963; *El trinquete de la locura,* 1973), la ficción novelesca (*El día de la lechuza,* 1961; *A cada cual lo suyo,* 1966; *El contexto,* 1971; *Todo modo,* 1975; *Cándido o un sueño siciliano,* 1977), o dramática (*El obispo, el virrey y los garbanzos,* 1971), una sátira de las opresiones sociales y políticas que marcan al hombre en el curso de su historia y de las que Sicilia ofrece un ejemplo desgraciado y privilegiado.

SCILLY *(islas),* pequeño archipiélago británico, al SO de la costa inglesa (Cornualles); 2 500 hab.

SCOOTER o **ESCÚTER** n. m. Vehículo de dos ruedas, de cuadro abierto y con motor protegido por un capó, en el que el conductor va sentado, en lugar de ir montado a horcajadas.

Leonardo **Sciascia**

Gamma

■ El *scooter* experimentó un gran auge después de la segunda guerra mundial. Entre sus numerososas innovaciones figuran el casco autoportante, la suspensión integral de tipo balancín, con amortiguadores hidráulicos y resortes helicoidales, que forman un conjunto elástico de flexibilidad variable (Vespa), y el conjunto motor con brazo oscilante formando cárter de transmisión por eje rígido (Lambretta).

SCORE n. m. (voz inglesa). En ciertos deportes y juegos, tanteo.

SCORZA (Manuel), escritor peruano (Lima 1928-en accidente aéreo, cerca de Madrid, 1983), autor del ciclo novelístico sobre temas tradicionales andinos *Balada* (*Redoble por Rancas,* 1970; *Historia de Garabombo el invisible,* 1972).

SCOTCH n. m. (voz inglesa, *escocés*). Whisky escocés.

SCOTLAND, nombre inglés de Escocia.

SCOTT (*sir* Walter), escritor escocés (Edimburgo 1771-castillo de Abbotsford 1832). Abogado apasionado por las leyendas escocesas, que recogió de la tradición oral (*Cantos juglarescos de la frontera escocesa,* 1802), se convirtió muy pronto en un poeta célebre (*El canto del último trovador,* 1805; *La dama del lago,* 1810). No obstante, el éxito de *Wawerley** (1814) le incitó a consagrarse a la novela histórica: *El anticuario* (1816), *Los puritanos de Escocia* (1816), *La novia de Lammermoor* (1819), *Ivanhoe** (1820), *Kenilworth* (1821) y *Quintín* Durward* (1823) le valieron un renombre universal y una fortuna considerable. La quiebra de la empresa de sus editores, en la que había invertido mucho capital, le obligó a comenzar numerosas obras que agotaron rápidamente sus fuerzas (*La vida de Napoleón,* 1827; *Los cuentos de un abuelo,* 1828-1831; *La hermosa doncella de Perth,* 1828; *El castillo peligroso;* 1832). La evocación, a veces inexacta, pero siempre vivaz, que hizo del pasado de Escocia ejerció una profunda influencia sobre la generación romántica.

Fleming

Sir Walter **Scott,** por E.H. Landseer. (Galería nacional de retratos, Londres.)

SCOTT (Robert Falcon), explorador británico (Devonport 1868-en la Antártida, 1912). De 1901 a 1904, mandó una expedición a la Antártida, a donde volvió en 1910 con la intención de alcanzar el polo sur, pero llegó allí unas semanas después de Roald Amundsen. Murió al regresar.

SCOTTO (Vincent), compositor francés (Marsella 1876-París 1952), famoso por sus canciones (*Bajo los puentes de París,* etc.), que fueron interpretadas por los grandes artistas del music-hall (Mistinguett, Joséphine Baker), y por sus operetas (*Violetas imperiales,* 1948).

SCRANTON, c. de Estados Unidos (Pennsylvania), en los Apalaches; 88 000 hab. Extracción de hulla y siderurgia.

SCRAPER n. m. (voz inglesa, *raspador*). Máquina niveladora provista de una cuchara articulada montada sobre ruedas calzadas con neumáticos, que permite excavar el suelo, transportar los materiales así extraídos y verterlos en un punto de descarga.

SCRIABIN (Alesandr Nikoláievich) → SKRIABIN.

SCRIBE (Eugène), dramaturgo francés (París 1791-*id.* 1861), famosos por sus vodeviles, comedias (*Bertrand y Raton,* 1833; *El vaso de agua,* 1840). Libretos de ópera (*Roberto el Diablo* y *Los hugonotes*).

SCRIPT n. m. y f. o **SCRIPT-GIRL** n. f. (voz norteamericana). Colaborador del realizador de una película o de una emisión de televisión, que anota los detalles relativos a la toma de vistas y que es responsable de la continuidad de la realización.

SCRUBBER n. m. (voz inglesa). Torre lavadora en la que se depura un gas por medio de un chorro de agua finamente pulverizada que arrastra las partículas sólidas que lleva en suspensión.

SCUDÉRY (Georges DE), escritor francés (El Havre 1601-París 1667). Autor de tragicomedias y adversario de Corneille, publicó novelas con su nombre, debidas casi enteramente a su hermana. — Su hermana, MADELEINE (El Havre 1607-París 1701), fue una de las figuras más características de la sociedad de su tiempo; mantuvo un salón y escribió novelas (*Artamenes o el gran Ciro,* 1649-1653; *Clélie,* 1654-1660), que mezclan retratos contemporáneos con aventuras bélicas y análisis sentimentales.

SCULTETUS (Johan SCHULTES, llamado **Iohannes**), cirujano alemán (Ulm 1595-Stuttgart 1645). Ejerció en Padua y Venecia; creó un tipo de aparatos de contención de fracturas que se utilizan todavía actualmente.

SCULL n. m. (voz inglesa) [pl. *sculls*]. Embarcación muy ligera, movida por dos hombres mediante remos cortos; remo usado en este tipo de embarcación.

SCUTARI, nombre italiano de Shköder*.

SCHAARBEEK, en fr. **Schaerbeek,** mun. de Bélgica (Brabante), en el área industrial de Bruselas; 113 000 hab.

SCHAEFFER (Pierre), compositor y escritor francés (Nancy 1910). Ha dirigido el Servicio de investigaciones musicales de la O.R.T.F., ha creado música concreta (*Sinfonía* para un hombre solo*) y ha publicado varias obras teóricas.

SCHAERER (Eduardo), político paraguayo (Caazapá 1873-† 1941). Presidente de la república (1912-1916), llevó a cabo una reestructuración económica basada en leyes estabilizadoras, fomento de las obras públicas y una eficaz política agraria.

SCHAFFHAUSEN, c. de Suiza, cap. del *cantón de Schaffhausen* (298 km²; 73 000 hab.); 37 000 hab. Restos de fortificaciones medievales. Catedral románica. Casas góticas y renacentistas. Museo. Central hidroeléctrica.

SCHALLY (Andrew Victor), médico norteamericano de origen polaco (Vilna 1926). Utilizando la técnica del radioinmunoensayo, descubrió la existencia de hormonas producidas por el hipotálamo, que desempeñan un papel regulador en la producción hormonal de la glándula pituitaria. Dicho descubrimiento le valió compartir, en 1977, el premio Nobel de fisiología y medicina con R. Guillemin y R. S. Yalow.

SCHARNHORST (Gerhard VON), general prusiano (Bordenau, Hannover, 1755-Praga 1813), reorganizador del ejército prusiano, junto con Gneisenau, de 1807 a 1813.

Monde et Caméra

Robert Falcon Scott

Carterpillar

scraper

SCHAROUN (Hans), arquitecto u urbanista alemán (Bremen 1893-Berlín 1972). Sus obras (viviendas sociales en Berlín, 1925-1932; reconstrucción del Gran Berlín), caracterizadas por el estudio del desarrollo orgánico de las partes y del todo en su relación con el exterior, presentan a veces un vigor expresionista (edificio para la filarmónica de Berlín, 1956).

SCHAWLOW (Arthur Leonard), físico norteamericano (Mount Vernon, Nueva York, 1921). Profesor de la universidad de Stanford, ha investigado en el campo de la espectrometría de alta resolución. En 1981 compartió con N. Bloembergen y K. Siegbahn el premio Nobel de física, por sus aportaciones al desarrollo de la espectroscopía con láser.

SCHEEL (Walter), político alemán (Solingen 1919). Presidente del Partido liberal (F.D.P.) a partir de 1968, lo orientó hacia una alianza con los socialdemócratas. La formación de la coalición liberalsocialista en 1969 le permitió acceder al cargo de vicecanciller y al de ministro de Asuntos Exteriores. De 1974 a 1979 fue presidente de la República.

SCHEELE (Carl Wilhelm), químico y farmacéutico sueco (Stralsund 1742-Köping 1786). Aisló el hidrógeno y el oxígeno, y descubrió el cloro (1774), la glicerina (1779) y el ácido cianhídrico (1782). Demostró que el grafito es carbono y señaló el ennegrecimiento del cloruro de plata bajo la luz.

Scheherazade o **Scheherazada,** drama coreográfico en un acto, música de Rimski-Kórsakov (poema sinfónico, 1888), libreto (según una idea de Alexandre Benois), decorados y vestuario de Léon Bakst y coreografía de Michel Fokine. Inspirada en un cuento de *Las mil y una noches,* esta obra fue la primera verdadera creación de los Ballets rusos de Diáguilev (1910).

SCHEIDT (Samuel), compositor y organista alemán (Halle 1587-*id.* 1654). Además de obras vocales (motetes y pequeños conciertos), herederas de la tradición y precursoras del futuro, escribió una obra para teclado (órgano, clave), basada a veces en el canto coral y el procedimiento de la variación, que sirve de eslabón entre Sweelinck y Bach (*Tabulatura nova*).

SCHEIN (Johann Hermann), compositor alemán (Grünhain 1586-Leipzig 1630). Su obra instrumental (*Banchetto musicale*), así como sus composiciones vocales profanas (madrigales, villanescas y lieder), son precursoras de la estética barroca.

SCHEINER (Julius), astrofísico alemán (Colonia 1858-Potsdam 1913), inventor de un sensitómetro y creador de una escala de medición de las sensibilidades de las emulsiones fotográficas (*grados Scheiner*).

SCHELER (Max), filósofo alemán (Munich 1874-Frankfurt del Main 1928). Influido por la fenomenología* de Husserl y los filósofos vitalistas (Dilthey, Nietzsche y Bergson), su reflexión personal se concreta en un sentimiento que él considera básico, la simpatía (*Esencia y formas de la simpatía,* 1923), fundamento del reconocimiento del prójimo, y por tanto raíz de toda ética y toda sociabilidad; con ello, el amor ya no sería antítesis de la moral. Su filosofía es axiológica, con los valores como tema central (*El formalismo en la ética y la ética material de los valores,*

1913-1916; *De la inversión de los valores,* 1919).

SCHELLING (Friedrich Wilhelm Joseph VON), filósofo alemán (Leonberg 1775-Ragaz 1854). Discípulo de Hegel y amigo de Goethe y Fichte, realizó una brillante carrera (secretario general de la Academia de bellas artes de Munich, presidente de la Academia real de ciencias, conservador de las colecciones científicas). En 1841, fue llamado por Guillermo IV para enseñar en la universidad de Berlín.

Su filosofía de la naturaleza entronca con la tradición mística del renacimiento. A partir de 1797, en *Ideas para una filosofía de la naturaleza,* interpretó la identidad del yo como una identidad absoluta del espíritu y del mundo. Como panteísta, inauguró, contra el formalismo de las filosofías del sujeto (Kant y Fichte), la era de las filosofías del absoluto. La naturaleza es la primera manifestación del absoluto, y el sentimiento de la naturaleza es la mediación entre el hombre y la divinidad (lo que expresa directamente la poesía romántica alemana). Por tanto, hay un sentimiento más profundo que el sentimiento moral y es la intuición del arte. En realidad, el arte sería la expresión de un espíritu que sobrepasa la naturaleza objetiva y revela la fuerza creadora del absoluto.

SCHENECTADY, c. de Estados Unidos (Nueva York), junto al Mohawk; 68 000 hab. Centro metalúrgico y de investigación nuclear.

SCHERCHEN (Hermann), director de orquesta suizo de origen alemán (Berlín 1891-Florencia 1966). Fundó la revista *Melos* y desempeñó un destacado papel en la difusión de la música contemporánea.

Scherezade o **Scherezada,** en ár. **Šahrāzād,** personaje de *Las mil* y una noches.* Cuenta al sultán Šāhriyar, su esposo, narraciones maravillosas a fin de retrasar el día en que éste debe hacerla ejecutar. Inspiró el ballet y poema sinfónico *Scheherazade**.

SCHERZANDO adv. m. (voz italiana). *Mús.* Viva y alegremente.

SCHERZO n. m. (voz italiana) [pl. *scherzi*]. *Mús.* Composición musical de compás ternario, de estilo ligero y brillante, que puede remplazar al minué en la sonata y la sinfonía, o constituir una composición independiente.

SCHEVENINGEN, puerto pesquero y estación balnearia de Países Bajos, junto a La Haya.

SCHIAFFINO (Eduardo), pintor y crítico de arte argentino (Buenos Aires 1858-*id.* 1935). Vinculado a la Sociedad estímulo de bellas artes, en 1895 fue nombrado director del museo nacional de bellas artes. Su obra refleja la influencia impresionista en los paisajes y en la preocupación por la luz y el color (*La toilette,* salón de París, 1889; *Reposo; Paisaje,* museo nacional de bellas artes, Buenos Aires). Publicó *La pintura y la escultura en la Argentina* (1933).

SCHIAFFINO (Juan Alberto), futbolista uruguayo (Montevideo 1925). Ha participado 25 veces con la selección nacional uruguaya, que se proclamó equipo campeón del mundo en 1950. Jugó en el Peñarol, en el Milán y en el Roma, en cuya fase tuvo oportunidad de ser cuatro veces internacional por Italia y mostrar su depurada técnica.

SCHIAPARELLI (Giovanni), astrónomo italiano (Savigliano, Piamonte, 1835-Milán 1910). Aunque se le deben importantes descubrimientos en astronomía planetaria y en cometas, su celebridad sigue vinculada al descubrimiento de canales en Marte (1877), canales que eran debidos en realidad a una simple ilusión óptica.

SCHIAPARELLI (Elsa), modista francesa (Roma 1896-París 1973). Rival de Chanel en el período de entreguerras, se impuso por la audacia de un estilo llamativo, con un impacto intenso de los colores y unos tejidos de punto con dibujos surrealistas.

SCHICK GUTIÉRREZ (René), político nicaragüense (Managua 1909-*id.* 1966). Vinculado a los Somoza, fue presidente del país (1963-1966).

SCHICKARD (Wilhelm), científico alemán (Herrenberg, Württemberg, 1592-Tubinga 1635). Ejecutó el levantamiento topográfico de Württemberg, estudió el movimiento de los planetas y fue de los primeros en reconocer las inmensas posibilidades de los logaritmos, que trató de presentar y calcular por un método diferente del Napier. Se le conoce sobre todo por haber ideado una máquina calculadora de ruedas dentadas con transferencia de las decenas (1623).

SCHIDLOWSKI (León), compositor chileno (Santiago 1931). Estudió en Chile y en Alemania. Integrante del grupo de vanguardia Tonus, en 1955, fue nombrado director del mismo (1959) y del Instituto de extensión musical de la universidad de Chile (1964). Obras: *Cinco piezas,* para piano (1956); *Soliloquios,* para ocho solistas (1961); *Amatorias,* para canto e instrumentos (1963), y *Llaqui,* elegía para orquesta (1965).

SCHIEDAM, c. y puerto de Países Bajos, junto al Nuevo Mosa, al O de Rotterdam; 80 000 hab. Astilleros.

SCHILLEBEECKX (Edward), teólogo belga (Amberes 1914). Ingresó en la orden de los dominicos en 1934. Profesor en el Estudio dominicano de Lovaina (Bélgica), ha sido teólogo asesor del episcopado neerlandés en el concilio Vaticano II. Entre sus obras destacan: *La economía sacramental de la salvación* (1952), *Dios futuro del hombre* (1965) y *Justicia y amor, gracia y liberación* (1977). Cofundador de la revista internacional de teología *Concilium,* ha sido uno de los principales inspiradores del *Nuevo catecismo holandés* (1966).

Museo Schiller

Friedrich von **Schiller**, por L. Simanowitz. (Museo Schiller, Marbach, Alemania.)

SCHILLER (Johann Cristoph *Friedrich* VON), escritor alemán (Marbach 1759-Weimar 1805). Destinado primero a la teología, emprendió estudios de derecho y de medicina, pero se dedicó a la poesía lírica. Su primer drama, *Los bandidos* (1782), representado en Mannheim, fue un gran éxito, pero el espíritu de rebelión latente en la obra desagradó al duque de Württemberg. Schiller, que era entonces cirujano mayor, se trasladó a Sajonia, donde prosiguió su denuncia de la tiranía (*La conjura de Fiesco en Génova,* 1783; *Don Carlos,* 1787) y de los prejuicios sociales (*Amor y engaño,* 1784). Nombrado profesor de la universidad de Jena, expresó una filosofía idealista de la historia (*Historia de la insurrección de los Países Bajos contra el gobierno español,* 1788; *Historia de la guerra de los Treinta años,* 1791-1793), se inició el pensamiento de Kant y unió, en sus ensayos sobre la estética, la búsqueda de la belleza a la perfección moral (las 27 cartas *De la educación estética del hombre,* 1793-1794). Decepcionado por la evolución de Francia después de 1789 y poco sensible al título de ciudadano de honor que le otorgó la república en 1792, Schiller pensó que toda regeneración pasa por el esfuerzo en pos de la belleza y el bien. Trabó con Goethe una amistad que sólo la muerte interrumpiría y se trasladó a Weimar, donde ambos poetas compusieron conjuntamente las *Xenias.* Schiller volvió a la poesía lírica, que había abandonado un tanto después del *Himno a la alegría* (1785), utilizado por Beethoven en su novena sinfonía. Produjo entonces algunas de las *Baladas* más célebres de la literatura alemana (*Las grullas de Íbico, El anillo de Polícrates*) y *La canción de la campana* (1799), pero inició también una interpretación de la marcha de la historia a través de los grandes personajes históricos (*Wallenstein**, 1796-1799; *María Estuardo,* 1800; *La doncella de Orleans,* 1801), uniendo la sencillez de la tragedia griega (*La novia de Messina,* 1803) con el sabor de la leyenda popular (*Guillermo Tell,* 1804).

SCHILLING n. m. Unidad monetaria principal de Austria.

SCHINKEL (Karl Friedrich), arquitecto y pintor alemán (Neuruppin 1781-Berlín 1841). Discípulo de F. Gilly, fue, a partir de 1810, el principal maestro de la arquitectura berlinesa (cuerpo de guardia, 1816; teatro real, 1818; museo antiguo, 1822). Neoclásico pero también romántico, evolucionó hacia un eclecticismo tan sensible al arte gótico como al del renacimiento.

Schiphol, aeropuerto de Amsterdam.

SCHLAG n. m. (voz alemana). Pena disciplinaria militar usada durante mucho tiempo en Alemania, que consistía en la aplicación de golpes de vara.

SCHLEGEL (August Wilhelm VON), escritor alemán (Hannover 1767-Bonn 1845). Tras haber colaborado en la revista *Las horas* dirigida por Goethe y Schiller, se instaló en Berlín y, con los poetas Tieck y Novalis, y los filósofos Fichte y Schelling, formó el primer grupo romántico. Trabó estrecha amistad con Madame de Staël y la influencia que ejerció sobre ella es clara en la obra *Alemania**. Traductor de Shakespeare y Calderón, teórico más que poeta, fue contrario a la vez al clasicismo francés y al idealismo de Schiller (*Curso sobre el arte dramático,* 1808-1809). — Su hermano FRIEDRICH (Hannover 1772-Dresde 1829) fundó la revista *Athenäum* (1798) y publicó la novela *Lucinda* (1799) y estudios sobre el persa y el sánscrito (*Sobre la lengua y la sabiduría de los indios,* 1808).

SCHLEICHER (August), lingüista alemán (Meiningen 1821-Jena 1868). Su obra es la expresión más acabada de la gramática comparada. Autor de un *Compendio de gramática comparada de las lenguas indoeuropeas* (1861), trató de reconstruir el indoeuropeo primitivo, hasta el punto de componer una poesía en esta lengua hipotética. Influido por Darwin, comparó la lengua a un organismo natural que nace, vive y muere, y al que cabe aplicar los métodos de las ciencias naturales (*La teoría de Darwin y la lingüística,* 1863).

SCHLEIERMACHER (Friedrich), teólogo protestante alemán (Breslau 1768-Berlín 1834). Es autor de *Breve exposición del estudio de la teología* (1811) y de *La fe cristiana según los principios de la Iglesia evangélica* (2 vols., 1821-1822). Su gran mérito consiste en haber querido integrar su teología en la cultura de su tiempo. Su pensamiento está en la base de la gran corriente liberal alemana y del modernismo católico, por su énfasis en el subjetivismo y la primacía del sentimiento.

SCHLEMMER (Oskar) → BAUHAUS.

SCHLESWIG-HOLSTEIN, estado del N de Alemania (R.F.); 16 578 km^2; 2 584 000 hab. Cap. *Kiel.*

GEOGRAFÍA. Ocupa principalmente la parte S de la península de Jutlandia, entre el Báltico, al E, y el mar del Norte, al O; es una región baja, con abundantes lagos. El litoral está jalonado por estaciones termales y balnearias. En el interior, la cría de ganado bovino y porcino está asociada, a veces, al cultivo de cereales (trigo, cebada y avena). La industria (metalurgia de transformación) está representada en las ciudades importantes (Lübeck y sobre todo Kiel) instaladas en el litoral báltico.

HISTORIA. En 1460, Schleswig (o Slesvig), ducado danés, y Holstein, condado del Sacro imperio (ducado en 1474), se convirtieron en propiedad personal del rey de Dinamarca, Cristián I. En el s. XVI, Holstein pasó a manos de una rama menor de la casa real, los Holstein-Gottorp. En 1815, el congreso de Viena otorgó los ducados de Holstein y de Lauenburg al rey de Dinamarca, a título personal, como compensación por la pérdida de Noruega. Los intentos daneses para incorporar los ducados, y sobre todo Schleswig, condujeron a la guerra de los Ducados (1864-1865), a consecuencia de la cual Dinamarca, vencida por los austroprusianos, tuvo que ceder a sus adversarios Schleswig, Holstein y Lauenburg. En 1866, Prusia, al vencer a Austria, se hizo entregar los ducados y los agregó al estado prusiano, reuniéndolos en un estado de Schleswig-Holstein (1867), que fue sometido a una intensa germanización. En 1920, por un plebiscito pasó a Dinamarca el norte de Schleswig, que Alemania se anexionó en 1940. En 1945 fue restablecida la frontera de 1920.

SCHLICK (Moritz), físico y filósofo alemán (Berlín 1882-Viena 1936), uno de los fundadores del círculo de Viena. Su contribución a la crítica de la metafísica a partir de la lógica matemática fue el punto de partida de los trabajos de Carnap. Se le debe *Espacio y tiempo en la física actual* (1917-1922).

SCHLIEFFEN (Alfred, *conde* VON), mariscal alemán (Berlín 1833-*id.* 1913). Jefe de estado mayor de 1891 a 1906, dio su nombre al plan de campaña elaborado a consecuencia de la alianza francorrusa en 1898. Este plan, constantemente actualizado y que fue aplicado por Alemania en 1914, consistía en contener mediante escasos efectivos las fuerzas rusas en el E y destruir rápidamente el ejército francés mediante una vasta maniobra de desbordamiento a través de Bélgica, el N de Francia y el O de París. (V. GUERRA MUNDIAL *[Primera]*.)

SCHLIEMANN (Heinrich), arqueólogo alemán (Neubukow, Mecklemburgo, 1822-Nápoles 1890). Descubrió el lugar donde estuvo enclavada la ciudad de Troya; allí encontró joyas de oro, armas y objetos cotidianos de metal que atribuyó a Príamo. En 1876, emprendió excavaciones en Micenas y descubrió las primeras tumbas y su rico mobiliario de oro. Se le debe el haber atrasado en el tiempo las cronologías prehelénicas y el haber dado un soporte real a los relatos homéricos.

SCHLUNK (Helmut), historiador del arte y arqueólogo alemán (Brandeburgo 1906-Endingen 1982). Notable investigador del arte español de la alta edad media, es autor de *Pintura mural asturiana en los siglos IX y X* (1957), en colaboración con M. Berenguer, y de una historia del arte peninsular paleocristiano y visigodo *(Hispania antiqua).*

SCHLÜTER (Poul), político danés (nacido en 1929). Elegido presidente del Partido conservador en 1974, tras la dimisión del gobierno minoritario socialdemócrata de A. Joergensen (set. 1982), fue nombrado primer ministro de una coalición cuatripartita.

SCHMIDEL (Ulrich), militar alemán del s. XVI. Participó, junto a Pedro de Mendoza, en la expedición al Río de la Plata (1535), que reflejó en *Viaje al Río de la Plata* (1567).

SCHMIDT (Wilhelm), etnólogo y lingüista alemán (Hörde [act. Dortmund] 1868-Friburgo, Suiza, 1954), fundador de la revista *Anthropos.* Promotor, junto con Graebner, del difusionismo alemán, contribuyó a la popularización de la noción de *Kulturkreis* (ciclo cultural). Sus investigaciones, orientadas en su mayor parte hacia las representaciones religiosas en las sociedades primitivas, no pudieron sustraerse a los prejuicios religiosos debidos a su formación (*El origen de la idea de Dios,* 1926-1955). Como lingüista es autor de *Las familias lingüísticas y círculos de lenguas del mundo* (1926).

SCHMIDT (Bernhard), óptico alemán (Naissaar, Estonia, 1879-Hamburgo 1935), inventor de un telescopio de gran campo (1930).

SCHMIDT (Arno), escritor alemán (Hamburgo 1914-Celle, Baja Sajonia, 1979). Autodidacto y anarquista, su narrativa constituye un retrato irónico de la Alemania de la guerra y la posguerra, a la vez que una sátira sobre la cultura tradicional (*Leviathan,* 1949; *Escenas*

G. Uzan-Gamma

Helmut **Schmidt** en 1978

de la vida de un fauno, 1953; *La república de los sabios,* 1957; *Noche con límite dorado,* 1976; *El sueño de Zettel,* 1970, novela inspirada en la vida de E. A. Poe).

SCHMIDT (Helmut), político alemán (Hamburgo 1918). Diputado socialdemócrata a partir de 1953, fue vicepresidente del S.P.D. (1968), y ministro de la Defensa (1969) y de Hacienda (1972). Designado por el Partido socialdemócrata para suceder a W. Brandt, al dimitir éste ocupó el cargo de canciller de la R.F.A. de 1974 a 1982, en que fue derrotado por una moción de censura provocada por el abandono de los liberales de la coalición, y fue sustituido por el democristiano H. Kohl.

SCHMITT (Florent), compositor francés (Blamont 1870-Neuilly-sur-Seine 1958). Su mensaje intenta una síntesis del mundo germánico, del que era admirador, y del universo de Fauré, de quien era discípulo. Compuso el *Salmo XLVII* (1906), *La tragedia de Salomé* (1907-1911), *Antonio y Cleopatra* (1920), la *Sinfonía concertante* para orquesta y piano (1932), etc.

SCHNABEL (Artur), pianista austríaco (Lipnik 1882-Morschach, Suiza, 1951). De temperamento riguroso, destacó en la interpretación de Mozart, Schubert, Brahms y sobre todo Beethoven, del que grabó por primera vez sus sonatas.

SCHNEBEL (Dieter), compositor y teólogo alemán (Lahr 1930). Profesor de teología en Munich (desde 1970), paralelamente se ha dedicado a la experimentación musical, desde el serialismo de *Análisis* (1953) hasta la música aleatoria y sus composiciones que los espectadores ven por proyectores y escuchan por altavoces (*Ki-no,* 1967). Como teórico ha publicado *Música para pensar* (1972).

Man Ray

Arnold **Schönberg**

SCHNEIDER, familia de industriales franceses. EUGÈNE (Bidestroff 1805-París 1875), junto con su hermano ADOLPHE (Nancy 1802-Le Creusot 1845), reconstituyó la antigua Fundición real de Le Creusot, creada por Luis XVI, y la organizó hasta convertirla en los talleres mecánicos más modernos en su época, de los que salió la primera locomotora de vapor francesa (1838). Dedicado a la fabricación de planchas y barras de acero dulce para los buques de guerra y de cañones de acero, su hijo HENRI (Le Creusot 1840-París 1898) y su nieto EUGÈNE (Le Creusot 1868-París 1942) ampliaron la fabricación de armamento, contribuyendo al éxito de los ejércitos aliados.

SCHNITZLER (Arthur), escritor austríaco (Viena 1862-*id.* 1931), autor de dramas (*Un amorío,* 1895), diálogos humorísticos (*Rueda,* 1900), novelas y narraciones (*El teniente Gustavo,* 1901; *La señorita Elsa,* 1924), que evocan el encanto irónico y melancólico de la Viena de antaño.

SCHNORKEL o **SNORKEL** n. m. (alem. *Schnorchel*). Tubo periscópico que puede izarse verticalmente desde la torreta de un submarino o de un carro de combate, y que sirve para la toma de aire y para la evacuación de los gases de combustión.

SCHOBERT (Johann), compositor y virtuoso alemán del clave (Silesia c. 1740-París 1767), autor de sonatas, conciertos y sinfonías de notable éxito.

SCHÖFFER (Peter), impresor alemán (Gernsheim, Hesse-Darmstadt, c. 1425-Maguncia 1502). Después de trabajar en el taller de imprenta de Gutenberg y de Fust, con los que se asoció, ideó la interlínea y las notas marginales, y fue el primero en imprimir en colores los títulos y las mayúsculas.

SCHÖFFER (Nicolas), artista y teórico francés de origen húngaro (Kalocsa 1912). Establecido en París en 1936, a partir de los años 1948-1950 fue un pionero del arte cinético con sus dispositivos «luminodinámicos», construcciones de metal brillante con movimientos e iluminaciones programados. Ha presentado proyectos de urbanismo y de arquitectura y es autor de *La ciudad cibernética* (1969).

SCHOLARIOS (Georgios) [Constantinopla c. 1405-† c. 1472], patriarca de Constantinopla bajo el nombre de *Gennadio II* (1454-1465). Se erigió en defensor de la ortodoxia bizantina contra los latinos.

SCHÖMBERG (Charles), militar francés de origen alemán (Nanteuil-le-Haudoin, Oise, 1601-París 1656), duque **de Halluin** y mariscal de Francia. Fue protegido de Luis XIII. Gobernador de Languedoc (1632), derrotó a los españoles (Leucata, 1636) y, durante la guerra de Separación catalana, fue virrey del principado (1648-1650).

SCHÖMBERG (Frédéric Armand, *duque* DE), mariscal de Francia (Heidelberg 1615-cerca de La Boyne 1690). Al servicio de Francia desde 1635, se naturalizó francés en 1668. Tras sus victorias en el Rosellón, fue nombrado mariscal de Francia (1675). Protestante, se exilió después de la revocación del edicto de Nantes (1685) y siguió a Guillermo de Orange a Inglaterra.

Seitz-Gray

Arthur **Schopenhauer.** Pintura anónima. (Biblioteca universitaria, Frankfurt del Main.)

SCHÖNBEIN (Christian Friedrich), químico alemán (Metzingen, Württemberg, 1799-Baden-Baden 1868). Descubrió el ozono (1839), el algodón pólvora y el colodión (1847).

SCHÖNBERG (Arnold), compositor austríaco (Viena 1874-Los Ángeles 1951). Procedente del posromanticismo alemán (*Gurrelieder,* 1900-1911), pasó por una fase llamada atonal libre (*Pierrot* lunaire,* 1912; *Noche transfigurada*), debida, según él, al agotamiento del sistema tonal, antes de perfeccionar, hacia 1920, el método dodecafónico serial (*Variaciones para orquesta,* 1926-1928). Siempre se consideró el heredero más fiel de la tradición germánica, y las consecuencias de ello se hicieron notar a la vez sobre su técnica de escritura y sobre el florecimiento de su pensamiento musical. De esta doble actitud surgiría, después de él, toda una generación de compositores con posterioridad a la segunda guerra mundial. Es autor de diversas obras teóricas.

Schönbrunn, palacio imperial en la zona suburbana de Viena, construido en el s. XVIII como residencia veraniega de los Habsburgo (proyecto de Fischer von Erlach, interior de Pacassi). Napoleón firmó en él los tratados de Presburgo (1805) y de Viena (1809). Su hijo, el duque de Reichstadt, murió allí en 1832.

SCHÖNEBECK, c. de Alemania (R.D.), a orillas del Elba, cerca de Magdeburgo; 46 000 hab. Metalurgia y química.

SCHONGAUER (Martin), pintor y grabador alemán (¿Colmar? c. 1450-Vieux-Brisach 1491). Hijo de un orfebre oriundo de Augsburgo, fue el último gran representante de la mística medieval renana, al tiempo que el heredero del renacimiento pictórico flamenco. Si bien es poco lo que se ha conservado de su pintura (*La Virgen de la rosaleda,* 1473, iglesia de San Martín de Colmar; *Retablo de Orliac,* museo de Colmar), se conservan de él dibujos y más de cien grabados al buril (series de la Pasión, de la vida de la Virgen, etc.). Su visión de los detalles, de una tensión espiritual y una autoridad gráfica novísimas en su época, le confirió una gran notoriedad.

SCHOONER n. m. (voz inglesa). *Mar.* Embarcación de dos palos, con aparejo de goleta.

SCHOPENHAUER (Arthur), filósofo alemán (Danzig 1788-Frankfurt del Main 1860). Procedente de la burguesía liberal alemana, no obtuvo el menor éxito con su gran obra (*El mundo como voluntad y como representación,* 1818), ni tampoco con su docencia en Berlín (1820). En 1831 se retiró a Frankfurt. Contrario a los grandes sistemas de pensamiento de su época, tomó como objeto de reflexión los temas más variados: el arte, el estilo, las mujeres, el juego, la música. Su doctrina evoca la voluntad como ser que sostiene la potencia del mundo, pero esta voluntad es una fuerza absurda que engendra sin cesar nuevas necesidades y nuevos dolores. Para esta desdicha, Schopenhauer prevé tres remedios: la filosofía, que, al hacer de la voluntad de vivir la causa de los sufrimientos humanos, expulsa la desdicha; la moral, gracias a la cual, a ejemplo del sabio hindú, el hombre puede, mediante la castidad y el ascetismo, negar el deseo y alcanzar el nirvāna; y por último, el arte, que es un placer de una especie particular (*Ensayo sobre el libre albedrío,* 1839; *Los dos problemas fundamentales de la ética,* 1841).

SCHORRE n. m. (voz neerlandesa). *Geogr.* Parte alta de las marismas litorales, generalmente cubierta de pastos (prados salados).

SCHOUTEN (Willem Cornelisz), navegante neerlandés (Hoorn 1580-Madagascar 1625). En 1616, con Le Maire, inició una circunnavegación en la que descubrieron la insularidad de la Tierra de Fuego y dieron nombre al estrecho de Le Maire y al cabo de Hornos. Posteriormente, Schouten llegó a las *islas Schouten,* junto a Nueva Guinea.

SCHRIEFFER (John Robert), físico norteamericano (Oak Park, Illinois, 1931) → COOPER (Leon N.).

SCHRÖDINGER (Erwin), físico austríaco (Viena 1887-*id.* 1961). Aplicó al átomo la mecánica ondulatoria y estableció la ecuación de propagación que permite calcular la función de onda de un corpúsculo. (Premio Nobel de física, 1933.)

SCHRUNS, estación de deportes de invierno de Austria, en Vorarlberg (alt. 730-2 300 m), en el valle del Ill.

Martin **Schongauer:** *La Virgen de la rosaleda.* (Iglesia de San Martín, Colmar, Francia.)

Lauros-Giraudon

Ackermann
Franz **Schubert**, por Nauer. (Col. part.)

SCHUBERT (Franz), compositor austríaco (Viena 1797-*id.* 1828). Su posición estética se halla entre el clasicismo y el romanticismo. Debe su reputación a su música para piano (sonatas, impromptus y momentos musicales), a su música de cámara (tríos, cuartetos y quintetos), a sus sinfonías (entre ellas una «trágica» y una «inacabada»), a sus misas y, sobre todo, a 600 lieder (varios de ellos agrupados en ciclos: *La bella molinera, Viaje de invierno*) de una inspiración espontánea, a menudo de origen popular, algunos de los cuales están a medio camino entre la romanza y la balada. Estos lieder, expresión de un dolor intenso, tratan a menudo de evocar la naturaleza, el amor y la muerte (*Margarita en la rueca, La joven y la muerte, La trucha, El rey de los elfos*). El recitado dramático alterna a veces con la simple melodía acompañada.

SCHULTEN (Adolf), historiador y arqueólogo alemán (Elberfeld 1870-Erlangen 1960). Investigó en Italia, norte de África y España. Su excavación de Numancia (1905-1912) suscitó vivas polémicas. Es autor de varias obras sobre arqueología hispana (*Fontes Hispaniae antiquae,* 1922).

SCHULTZ (Johannes Heinrich), siquiatra alemán (Göttingen 1884-Berlín 1970), introductor de una técnica de relajación, el *training autógeno.*

SCHULTZ (Theodore), economista norteamericano (Arlington, Dakota del Sur, 1902). Sus trabajos se inscriben dentro de la teoría del desarrollo (*La agricultura en una economía inestable;* 1945; *Modernización de la agricultura,* 1964). En 1979 compartió con W. A. Lewis el premio Nobel de economía.

SCHUMAN (Robert), político francés (Luxemburgo 1886-Scy-Chazelles 1963). Dirigente del Movimiento republicano popular (M.R.P.), fue ministro de Hacienda (1946-1947), presidente del Consejo (1947-1948) y ministro de Asuntos Exteriores (1948-1952). Partidario de la construcción de Europa, siguió el plan presentado por J. Monnet, que condujo en 1951 a la fundación de la Comunidad europea del carbón y del acero (C.E.C.A.), prólogo del Mercado común. Sin embargo, no consiguió la adopción de su proyecto de una Comunidad europea de defensa (C.E.D.). Ministro de Justicia (1955-1956), presidió el parlamento europeo de 1958 a 1960.

SCHUMANN (Robert), compositor alemán (Zwickau 1810-Endenich 1856). Atraído por la literatura tanto como por la música, fue el más ardiente de los compositores románticos alemanes. Descontando una gira por Rusia, su existencia se desarrolló entre Zwickau, Leipzig, Dresde y Düsseldorf. Su arte es el testimonio de una feliz fusión entre el pensamiento de Bach, que contribuyó a dar a conocer, y los de Mozart, Beethoven y Weber. Los diez primeros años de creación fueron consagrados a la composición de música para piano (*Variaciones Abegg; Carnaval, Carnaval de Viena, Estudios sinfónicos,* sonatas, *Fantasía kreisleriana, Fantasía*); los dos años siguientes, a la música vocal (*Los amores* del poeta, Vida* amorosa de una mujer*), a la música de cámara (sonatas para violín, cuartetos, quintetos), a las cuatro sinfonías, al concierto para piano, a la obertura *Manfredo.* Todas estas páginas atestiguan la emocionante confesión de un personaje de doble perfil: el de «Florestán», brillante y arrebatado y el de «Eusebius», el soñador, mediante un lenguaje de constante y tierna fantasía o de una agitación enfebrecida. — Su esposa Clara (Leipzig 1819-Frankfurt del Main 1896), de soltera **Clara Wieck,** fue una pianista notable.

SCHUMPETER (Joseph Alois), economista y sociólogo austríaco (Třešť, Moravia, 1883-Salisbury, Connecticut, 1950). Profesor, banquero y ministro de Hacienda (1919), enseñó en Viena y en E.U.A. Fue autor de *Teoría de la evolución económica* (1912), *Ciclos económicos* (1939) y *Capitalismo, socialismo y democracia* (1942). Su visión de la empresa y del crecimiento son particularmente enriquecedoras. Para analizar el crecimiento, estudió dos estados: un estado de no crecimiento, el circuito económico, y un estado de crecimiento, la *evolución,* y los diferenció netamente para analizar las causas que hacen pasar del «circuito» a la «evolución». Según él, este paso se efectúa por medio de las innovaciones que constituyen el motor del crecimiento; entre ellas distingue la fabricación de un nuevo bien, la introducción de un proceso productivo nuevo, la penetración en un nuevo mercado, la conquista de una nueva fuente de materias primeras y un nuevo tipo de organización.

SCHUSCHNIGG (Kurt von), político austríaco (Riva 1897-Mutters, cerca de Innsbruck, 1977). Diputado socialcristiano (1927), sucedió como canciller a Dollfuss (julio 1934). Intentó resistir el avance del nazismo en Austria, así como evitar el *Anschluss* (incorporación a Alemania), pero Hitler exigió su dimisión (1938) y le hizo deportar a Dachau.

SCHUSS n. m. (alem. *Schuss,* disparo). En esquí, descenso directo de cara a la pendiente más pronunciada.

SCHÜTZ (Heinrich), compositor alemán (Köstritz 1585-Dresde 1672). Estudió en la capilla de la corte de Cassel y trabajó en Venecia, primero con G. Gabrielli (1610) y después con Monteverdi (1628). Maestro de capilla en la corte de Dresde desde 1617, destacó en música religiosa. Escribió *Cantiones sacrae,* motetes latinos, *Sinfonías sacras, Pequeños conciertos espirituales* (con instrumentos fijos), *Música fúnebre, Siete palabras de Cristo, Historia de Navidad, Pasiones* y *Salmos.* Introdujo en Alemania la monodia a la italiana y la música concertante.

Lichtbildwerkstätte "Alpenland"
Erwin **Schrödinger.** Dibujo de R. Fuchs. (Biblioteca nacional austríaca.)

SCHUTZENBERGER (Paul), químico francés (Estrasburgo 1829-Mézy 1897). Descubrió los hidrosulfitos y los acetatos de celulosa (1869).

SCHWÄBISCH GMÜND, c. de Alemania (R.F., Baden-Württemberg), al E de Stuttgart; 56 000 hab. Industrias del vidrio, joyería y orfebrería. Iglesias de San Juan, de estilo románico tardío, y de Santa Cruz; del s. xiv. Pintoresca plaza del mercado.

SCHWANN (Theodor), naturalista alemán (Neuss am Rhein 1810-Colonia 1882). Descubrió, antes que Pasteur, la necesidad de un agente vivo para producir las fermentaciones y estableció que la célula es el constituyente universal de los tejidos animales.

SCHWARTZ (Laurent), matemático francés (París 1915). Especialista en análisis funcional, ha creado la teoría de las distribuciones, generalizando, de esta manera, la teoría de las funciones.

SCHWARZENBERG (Karl Philipp, *príncipe* von), general y diplomático austríaco (Viena 1771-Leipzig 1820). Mandó los ejércitos aliados de la sexta coalición que vencieron a Napoleón en Leipzig (1813) e invadieron Francia (1814). — Su sobrino, Felix (Krumau 1800-Viena 1852), canciller de Austria en 1848, reprimió la insurrección húngara (1849) y se opuso a la hegemonía de Prusia en Alemania (entrevista de Olmütz, 1850).

SCHWARZKOPF (Elisabeth), soprano alemana (Jarotschin 1915), nacionalizada británica. Se ha distinguido en la interpretación de lieder románticos (de Schubert a Hugo Wolf) y de óperas (Mozart y R. Strauss).

SCHWECHAT, c. de Austria (Baja Austria) junto al Danubio, en el área suburbana SE de Viena; 15 000 hab. Refinerías de petróleo y petroquímica. Aeropuerto de Viena.

SCHWEDT, c. de Alemania (R.D.), junto al Oder, al NE de Berlín. Refinerías de petróleo y petroquímica.

SCHWEINFURT, c. de Alemania (R.F., Baviera), junto al Main; 58 000 hab. Construcciones mecánicas.

SCHWEITZER (Albert), pastor, médico y músico francés (Kaysersberg 1875-Lambaréné 1965). Se interesó por la música, en especial por la ejecución del órgano (*J. S. Bach,* 1905-1908). Sus trabajos como exégeta y teólogo (*Búsquedas sobre la vida de Jesús, La mística del apóstol Pablo, Los grandes pensadores de la India*) están influidos por el liberalismo protestante. (Premio Nobel de la paz, 1952.)

SCHWERIN, c. del N de Alemania (R.D.), junto al *lago de Schwerin;* 112 000 hab. Fue la capital del gran ducado de Mecklenburgo-Schwerin. Industria química y metalúrgica.

SCHWINGER (Julian Seymour), físico norteamericano (Nueva York 1918). Al cuantificar el campo electromagnético, calculó el momento magnético del electrón. (Premio Nobel de física, 1965.)

SCHWITTERS (Kurt), pintor, escultor y escritor alemán (Hannover 1887-Ambleside, Gran Bretaña, 1948). Su contribución esencial a la vanguardia, y especialmente al dadaísmo, han sido sus collages y ensamblajes, de los que aplicó su técnica a la poesía, antes de experimentar el poema fonético. Dio a sus obras el nombre de *merz,* término que le había proporcionado un día el azar al recortar una revista (cuadros Merz) (esculturas Merz) (poemas Merz) y, sobre todo, *Merzbau* (construcción Merz), unión-ambientación a escala de su propia casa en Hannover (destruida). Igualmente atraído por el constructivismo, participó en los años treinta en las actividades de los grupos parisinos Círculo y cuadrado y Abstracción-creación.

SCHWYZ, cantón del centro de Suiza (de donde proviene el nombre del país); 908 km^2; 92 000 hab. Cap. *Schwyz* (12 000 hab.). Turismo.

S.D.N., siglas de *Sociedad de naciones* → Organización de las Naciones unidas.

SE pron. pers. reflexivo de tercera persona. (Puede funcionar como complemento directo *[la niña se peina; los dos se aman],* o complemento indirecto *[el niño se lava las manos; todos se lanzaban piedras],* marcar intransitividad *[el barco se hundió; su abuelo se ha muerto; siempre se queja; se sentó en un rincón],* marcar la voz pasiva *[el periódico se agotó en seguida; todos se recorrieron el lugar]* y marcar impersonalidad o indeterminación *[aquí se está bien; se ruega no fumar].*)

Robert **Schumann**, por H. Best. (Col. part.)

Ackermann

SE pron. pers. Forma variante de dativo del pronombre personal de tercera persona. (Se usa siempre precediendo a las formas pronominales *lo, la, los, las [se lo dije].*)

SE, abrev. de *sureste.*

Se, símbolo químico del *selenio.*

S. E., abrev. de *su excelencia.*

SEABORG (Glenn Theodore), químico norteamericano (Ishpeming, Michigan, 1912). Descubrió, en colaboración con McMillan, el plutonio (1941) e ideó los métodos para extraerlo; obtuvo asimismo, el americio, el curio, el berkelio y el californio. (Premio Nobel de química, junto con McMillan, 1951.)

SEA-LINE n. m. (voz inglesa). Canalización, sumergida en parte, que permite tanto la carga como la descarga en radas, bahías, fondeaderos o puertos, de un producto petrolífero.

Barenreiter Verlag
Heinrich **Schütz.** Pintura anónima. (Biblioteca estatal alemana, Munich.)

SEARLE (Ronald), dibujante y grabador británico (Cambridge 1920). Su humor negro, su grafismo de divertidos arabescos «retro», estigmatizan al rebaño humano, especialmente bajo el aspecto de animales (*Gatos raros,* álbum de 1967).

S.E.A.T., siglas de *Sociedad española de automóviles de turismo,* empresa española dedicada a la fabricación de automóviles de turismo, con factoría en Barcelona. Se constituyó en 1950, con una participación del I.N.I. del 52 % de su capital, con patentes Fiat, empresa que inicialmente suscribió un 6 % de las acciones. En 1967 se restructuró esta participación, ampliándose la de Fiat, hasta 1981, en que la totalidad de las acciones de la empresa italiana fueron adquiridas por el I.N.I. Posteriormente participaron en su capital diversas empresas extranjeras, entre ellas Volkswagen.

S.E.A.T.O., siglas inglesas de la Organización del tratado del Sureste asiático.

SEATTLE, c. de Estados Unidos (Washington), junto al Puget Sound; 494 000 hab. Museo de arte (Extremo oriente; arte moderno). Es la mayor población, el centro industrial (construcciones navales y aeronáuticas) y el principal puerto del NO de E.U.A. Aeropuerto. Universidad.

SEBÁCEO, A adj. Relativo al sebo. • *Glándula sebácea,* glándula cutánea anexa a los folículos pilosos, que segrega una grasa que lubrifica el pelo en la superficie de la piel.

SEBASTIÁN *(san),* mártir romano del s. iii. Jefe de una cohorte pretoriana de Roma, ayudó a los cristianos, por lo cual fue asaeteado y dejado por muerto. Curado por una cristiana, fue nuevamente preso y flagelado hasta morir.

SEBASTIÁN (Lisboa 1554-Alcazarquivir 1578), rey de Portugal (de 1557 a 1578). Sucedió a su abuelo Juan III y hasta 1568 gobernó bajo tutela; emprendió una primera expedición contra Marruecos (1574), fallida, e intentó vanamente convencer a Felipe II de España de la necesidad de organizar una nueva expedición, que llevó a cabo solo. Murió en la batalla de Alcazarquivir*, aunque la leyenda popular afirmaba que no fue así y que un día volvería junto a su pueblo *(sebastianismo).*

SEBASTIÁN VIZCAÍNO, bahía de México, en el Pacífico, que se abre en la costa O de la península de Baja California, entre las puntas Blanca y Eugenia. Pesca (tiburón). Salinas.

SÉBASTIANI DE LA PORTA (Horace, *conde*), mariscal de Francia (La Porta, Córcega, 1772-París 1851). General desde 1805, sirvió en España, Rusia, Leipzig y Francia. En la Península fue célebre por sus robos de cuadros valiosos. José I le encargó atraer para su causa a importantes personalidades. Con Luis Felipe ocupó los ministerios de Marina y Asuntos Exteriores. Posteriormente fue embajador en Londres y mariscal.

SEBASTIANISMO n. m. → SEBASTIÁN, rey de Portugal.

SEBASTIANO DEL PIOMBO (Sebastiano LUCIANI, llamado), pintor italiano (¿Venecia? c. 1485-Roma 1547). Discípulo de G. Bellini y de Giorgione en Venecia, se instaló en Roma (1511), donde trabó amistad con Miguel Ángel e intentó rivalizar con Rafael; tras la muerte de éste fue un retratista sin rival, de estilo monumental en la individualización (*Clemente VII*, museo de Nápoles). La misma potencia plástica caracteriza sus cuadros religiosos.

SEBASTOPOL o **SEVASTOPOL,** c. y puerto de la U.R.S.S. (Ucrania), en Crimea, junto al mar Negro; 301 000 hab. Construcciones navales. — Fundada en el s. XVIII, la ciudad fue sitiada por las tropas anglofrancoturcas durante la guerra de Crimea* (1854-1855) y por las alemanas (1941-1942) y reconquistada por los soviéticos en 1944.

SEBESTÉN n. m. Planta arbórea de unos 2 a 3 m de alt., de cuyo fruto se obtiene un mucílago que se ha empleado como emoliente y pectoral; fruto de este árbol.

SEBHA, oasis del Fezzán (Libia); 7 000 hab.

SEBO n. m. (lat. *sebum*). Grasa sólida y dura, que se obtiene de los animales herbívoros y que, derretida, se utiliza en la fabricación de velas, jabones, etc. || Producto de la secreción de las glándulas sebáceas de los animales superiores. || Aceite o grasa ennegrecidos por la frotación de los ejes de un vehículo o de los órganos de una máquina. || *Fam.* Gordura o exceso de grasa en las personas. || *Fam.* Mugre, suciedad grasienta. || *Amér. Merid.* Dinero.

SEBORREA o **SEBORRAGIA** n. f. Aumento patológico de la secreción de las glándulas sebáceas de la piel.

SEBORREICO, A adj. Relativo a la seborrea.

SEBOSO, A adj. Que tiene sebo. || Untado de sebo. || *Fam.* Mugriento, sucio de grasa.

SECA n. f. Nombre con que se conocen diversas enfermedades fíticas, parasitarias o no, que se manifiestan por disecación total o parcial de la planta (seca del trigo, del centeno, del tomate).

SECADERO n. m. Recinto o local dispuesto para secar natural o artificialmente ciertos productos.

SECADO n. m. Acción y efecto de secar. || Operación industrial que tiene por objeto eliminar la totalidad o parte del agua de una materia húmeda. o el solvente contenido en ella.

SECADOR n. m. Aparato que se utiliza para secar.

SECADORA n. f. Máquina que se emplea para secar la ropa por medio de circulación de aire caliente.

SECAM → TELEVISIÓN.

SECANO n. m. Tierra de labor que carece de riego y sólo se beneficia del agua de lluvia.

SECANTE adj. (lat. *secantem*). Que seca. || *Mat.* Dícese de un primer conjunto que tiene puntos comunes con un segundo conjunto. (Cada uno de estos conjuntos puede ser una recta, una línea, un plano, una superficie, etcétera.) ◆ adj. y n. m. Dícese de un papel poroso, que posee la propiedad de absorber los líquidos y, por consiguiente, de secar la tinta fresca.

SECANTE n. m. Preparación a base de compuestos metálicos que se añade a los aceites, pinturas, barnices y recubrimientos grasos, a fin de aumentar su rapidez de secado.

SECANTE n. f. En geometría, recta que corta a una figura dada. || En trigonometría, una de las seis líneas trigonométricas de un ángulo.

SECAR v. tr. y pron. (lat. *siccare*) [**1a**]. Eliminar la humedad de un cuerpo, dejar o quedar seca una cosa. || Limpiar las lágrimas, el sudor, la sangre, etc. ◆ **secarse** v. pron. Quedarse sin agua: *secarse un río, una fuente.* || Perder una planta su verdor o lozanía, morirse: *estas flores se han secado.* || *Fig.* y *fam.* Enflaquecer, debilitarse mucho. || *Fig.* y *fam.* Embotarse, perder agudeza o eficacia: *secarse el entendimiento, la sensibilidad.*

SECCIÓN n. f. (lat. *sectionem*). Corte o hendidura hecha en un cuerpo con un instrumento cortante. || Cada una de las partes en que se divide un todo continuo o un conjunto de cosas. || Parte de una empresa, en que se realiza un tipo de actividad homogénea, dentro del proceso productivo total. || Agrupa-

J. Six

secretario

ción de dos patrullas de un escuadrón en una formación aérea militar. || *Biol.* Cada una de las partes en que queda dividido un organismo al cortarlo por un plano determinado. || *Mat.* Conjunto de puntos comunes a dos superficies; superficie que resulta de la intersección de un sólido y un plano, o de dos sólidos. || *Mil.* Pequeña unidad en que se divide una compañía, escuadrón o batería, y que está al mando de un oficial; cada uno de los departamentos de un estado mayor. || *Tecnol.* Dibujo del perfil o figura que resultaría del supuesto corte de un terreno, edificio, máquina, etc., por un plano. ● *Sección eficaz* (Fís.), sección de la zona situada alrededor de un núcleo atómico dentro del cual éste reacciona con partículas elementales. || *Sección mojada,* sección transversal de un canal que sirve para medir su caudal. || *Sección recta de un prisma, o de un cilindro,* sección de este prima o de este cilindro por un plano perpendicular a las aristas o a la generatriz.

SECCIONADOR n. m. Aparato destinado a interrumpir la continuidad de un circuito eléctrico, especialmente por motivos de seguridad.

SECCIONAMIENTO n. m. Acción y efecto de seccionar. || *F.c.* Dispositivo de señalización destinado a evitar colisiones entre trenes que circulan o maniobran en una misma vía.

SECCIONAR v. tr. [**1**]. Fraccionar, cortar, dividir en secciones.

SECCHI (Angelo), astrónomo italiano (Reggio nell'Emilia 1818-Roma 1878). Jesuita, enseñó ciencias en Roma, en el Colegio romano. Fundador de la espectroscopía estelar, fue el primero que propuso una clasificación física de las estrellas, después de estudiar los espectros de unas cuatrocientas; las clasificó en cuatro tipos distintos, relacionados con su color, o sea por su temperatura de superficie (1863-1868).

SECESIÓN n. f. (lat. *secessionem;* de *seccedere,* separarse). Acción de separarse un grupo al que se pertenecía, especialmente población que se separa de una colectividad nacional.

Secesión *(guerra de),* guerra civil que, con motivo de la supresión de la esclavitud de los negros, enfrentó en E.U.A., de 1861 a 1865, los estados del sur y los estados del norte. La elección de la presidencia del antiesclavista Lincoln (1860) arrastró la «secesión» de los estados esclavistas del sur que, en Richmond, formaron una confederación dirigida por Jefferson Davis (Confederación sudista o Estados confederados de América). Durante cuatro años, los sudistas o confederados (generales Lee, Johnston) se enfrentaron a los nordistas o federales (generales Grant, Sherman) en numerosas batallas: Fredericksburg (1862), Gettysburg y Vicksburg (1863), Atlanta y Savannah (1864). Desde 1862, la flota federal del almirante David Farragut (1801-1870) bloqueó los estados del sur, se apoderó de Nueva Orleans y abrió a los federales el valle del Mississippi. En abril 1865, la guerra terminó con la capitulación de las fuerzas sudistas de Johnston en Durham, y las de Lee en Appomattox. Había costado a E.U.A. más de 600 000 muertos (más que el conjunto de las pérdidas norteamericanas en las dos guerras mundiales).

SECESIONISMO n. m. Tendencia u opinión favorable a la secesión política.

SECESIONISTA adj. y n. m. y f. Relativo a la secesión; partidario de ésta.

SECESSION STIL → MODERNISMO.

SECO, A adj. (lat. *siccum*). Que carece de humedad, no mojado: *terreno seco; tiempo seco; ropa seca.* || Que tiene muy poca agua o que carece de ella: *río, manantial seco.* || Dícese de las plantas sin vida: *flores secas.* || Dícese de las frutas de cáscara dura, como avellanas, nueces, etc., y de aquellas a las que se extrae la humedad para que se conserven, como higos, pasas, etc. || Dícese del país o del clima cuya característica principal es la falta de lluvia o humedad. || Flaco, de pocas carnes. || *Fig.* Tajante, desabrido en el trato, falto de amabilidad o suavidad. || Riguroso, estricto: *una justicia seca.* || *Fig.* Dícese de la bebida pura o sin restos de azúcar: *vino seco; jerez seco; champán seco.* || *Fig.* Ronco, áspero y sin resonancia: *golpe seco; sonido seco.* || *Fig.* Árido, inexpresivo, falto de amenidad: *carácter seco; expresión seca.* || *Fig.* Escueto, sin adornos. ● *A secas,* solamente, sin otra cosa alguna. || *Calor seco,* aplicación de calor en que se utiliza terapéuticamente sólo la acción del mismo, evitando la acción maceradora de los tejidos de las compresas húmedas. || *Dejar, o quedar, seco* (Fam.), dejar o quedar muerto en el acto; dejar o quedar sorprendido, confuso. || *Dique seco,* dique de carena. || *En seco,* fuera del agua o de un lugar húmedo; de repente, bruscamente; sin causa ni motivo; sin medios o sin lo necesario para realizar algo. || *Madera seca,* madera curada, libre de savia; madera cuyo contenido de humedad es de un 15 %. || *Navegar a palo seco,* navegar un velero sin servirse de las velas, dejándose impulsar sólo por la fuerza del viento sobre el casco y la arboladura. || *Tos seca,* la que no se acompaña de expectoración. || *Vapor seco* (Fís.), vapor no saturante.

SECOYA n. f. → SECUOYA.

SECRECIÓN n. f. (lat. *secretionem*). Acción de segregar; producto o sustancia segregada. || Función por la que una célula especializada del organismo elabora una sustancia que interviene después en la fisiología de este organismo; la misma sustancia. || Producto del metabolismo vegetal, sin empleo ulterior en los procesos vitales; proceso de eliminación de estos productos.

SECRETA n. f. *Litúrg. catól.* Oración del celebrante que clausura el ofertorio de la misa.

SECRETAR v. tr. [**1**]. Producir las glándulas, membranas y células su secreción.

SECRETARÍA n. f. En un organismo, empresa, etc., oficina donde los secretarios llevan los asuntos de administración. || Conjunto de los funcionarios o empleados de esta oficina. || Cargo de secretario. || Nombre que en algunos países reciben los diversos departamentos ministeriales. || *Hist.* En España, durante el Antiguo régimen, organismo encargado de la organización administrativa y ejecutiva de los asuntos de gobierno. • *Secretaría de Estado,* organismo administrativo que dirige el cardenal secretario de Estado.

SECRETARIADO n. m. Cargo o empleo de secretario; carrera o profesión de secretario; secretaría, oficina donde trabaja el secretario; cuerpo o conjunto de secretarios.

SECRETARIO, A n. Persona encargada de la administración en un organismo, empresa, etc., y cuyas funciones principales son tramitar los asuntos de la entidad, correspondencia, archivo de documentos, etc. || Persona al servicio de otra y que se ocupa de los asuntos de administración y correspondencia de la misma. || Funcionario público, encargado básicamente de dar fe de las actuaciones y diligencias del tribunal al que está adscrito. || *Hist.* En época moderna, persona que gozaba de la confianza del soberano, a quien ayudaba en el despacho de los asuntos de gobierno. • *Secretario de ayuntamiento,* funcionario de la administración local encargado de la secretaría de la corporación municipal. || *Secretario de Estado,* jefe de un departamento ministerial, que tiene o no categoría de ministro; título del ministro de Asuntos Exteriores de E.U.A.; cardenal presidente de la secretaría de Estado. || *Secretario de redacción,* periodista que tiene a su cargo la compaginación. || *Secretario general,* persona que ocupa, de hecho, la jefatura en determinados partidos políticos.

SECRETARIO n. m. Ave rapaz de África, que se alimenta de reptiles y que presenta en la cabeza una serie de plumas eréctiles.

SECRETEAR v. intr. [**1**]. *Fam.* Hablar en voz baja o secretamente una persona a otra.

SECRETEO n. m. *Fam.* Acción de secretear.

SECRETER n. m. (fr. *secrétaire*). *Galic.* Mueble con cajones y departamentos, provisto de un tablero para escribir, escamoteable o no.

SECRETINA n. f. Hormona segregada por la mucosa duodenal, y que estimula la secreción del páncreas e indirectamente el flujo de bilis.

SECRETO, A adj. (lat. *secretum*). Oculto, escondido: *puerta secreta; lugar secreto.* || Reservado, confidencial: *comentario secreto.* || Que realiza o actúa sin ser conocido por los demás: *matrimonio secreto; misión secreta; agente secreto.*

SECRETO n. m. Aquello que debe esconderse, que no debe decirse: *guardar un secreto.* || Método, sistema o medio desconocido por la mayoría que sirve para alcanzar un resultado: *secreto de fabricación.* || Reserva, sigilo. || Misterio, cosa arcana. • *En secreto,* de manera secreta. || *Secreto de confesión,* lo que un sacerdote sabe por haberle sido dicho en confesión, y que, por tanto, no puede comunicar a otros. || *Secreto de estado,* el que obliga bajo delito a los funcionarios públicos.

SECRETOR, RA adj. *Fisiol.* Que secreta.

SECTA n. f. (lat. *sectam;* de *sequi,* seguir). Conjunto de personas animadas por una ideología doctrinaria. || Sociedad secreta, especialmente política. || Doctrina, confesión religiosa. || *Rel.* Grupo disidente minoritario en las religiones o Iglesias constituidas.

SECTARIO, A adj. Intolerante, estrecho de espíritu respecto a las opiniones de los demás: *espíritu sectario.*

SECTARIO, A n. (lat. *sectarium*). Partidario de una doctrina o secta.

SECTARISMO n. m. Calidad o actitud de sectario.

SECTOR n. m. Parte, zona de un todo delimitada de algún modo. || *Fig.* Ramo, campo, ámbito en el que se desarrolla una determinada actividad: *el sector de la construcción, de las finanzas.* || Subdivisión de una red de distribución eléctrica. || *Mat.* Superficie plana limitada por dos segmentos rectilíneos y un arco de curva. || *Mil.* Territorio confiado a una división. • *Sector aéreo* (Aeron. mil.), parte de la región aérea que cuenta con organismos del ejército del aire bajo el mando de un jefe de sector. || *Sector circular,* porción de círculo limitado por dos radios. (El área de un sector se obtiene multiplicando la longitud del arco que le sirve de base por la mitad del radio o formando el producto del área del círculo por la fracción $\frac{n}{360}$, siendo *n* el número de grados del arco del sector.) || *Sector económico,* cada una de las partes en que, para su estudio y según criterios diversos, se divide de la economía. || *Sector esférico,* sólido engendrado por un sector circular al girar alrededor de un diámetro que no lo atraviesa. || *Sector naval* (Mar. mil.), parte de un departamento marítimo bajo el mando de un contraalmirante jefe de sector.

■ Se ha convertido en clásica la división entre sectores económicos que, atendiendo al tipo de actividad, realizó C. Clark: *sector primario,* que incluye las actividades relacionadas con la agricultura, la ganadería, la caza, la pesca y la explotación forestal; *sector secundario,* referido a actividades extractivas o minerales, producción de energía, industrias y construcción, y *sector terciario,* llamado también *de servicios* o *residual,* que se refiere al conjunto de actividades económicas no directamente productivas, sino encaminadas a facilitar las disponibilidades por parte de los consumidores de los productos obtenidos en los otros dos sectores. Este último sector incluye las actividades de transporte, comunicaciones, comercio, servicios financieros, educación, salud, servicios administrativos y profesiones liberales. Atendiendo a la titularidad, gestión y toma de decisiones económicas, puede también distinguirse entre *sector público,* en el que estas funciones corresponden al estado, y *sector privado,* regido por unidades económicas no estatales.

Reunión de los museos nacionales, París

secreter con marquetería china, *c.* 1770. (Louvre.)

SECUAZ adj. y n. m. y f. (lat. *sequacem*). *Desp.* Con respecto a alguien, persona que sigue su partido, opinión, etc.

SECUELA n. f. (lat. *sequellam*). Consecuencia o resultado de una cosa: *las secuelas de una guerra.* || *Med.* Trastorno funcional o lesión que persiste tras la curación de un traumatismo o enfermedad.

SECUENCIA n. f. (lat. *sequentiam*). Serie ordenada de operaciones, elementos, objetos, palabras, etc. || *Cin.* Sucesión no interrumpida de imágenes o escenas que forman un conjunto y que se refieren a una misma parte o aspecto del argumento. || *Informát.* Sucesión de fases operatorias de un automatismo secuencial. || *Liturg.* Poema rítmico que en algunas misas se canta o se recita después del gradual. || *Mús.* Reproducción de un motivo melódico o rítmico en distintos grados de la escala.

J. Six

secuoyas

SECUENCIAL adj. Relativo a la secuencia.

SECUESTRADOR, RA adj. y n. Que secuestra.

SECUESTRAR v. tr. (lat. *sequestrare*) [**1**]. Raptar a una persona, exigiendo dinero o alguna condición determinada por su rescate. || Apoderarse por la violencia del mando de una nave, avión, etc. || *Der.* Depositar de forma provisional una cosa litigiosa en poder de un tercero, o un impreso en poder de la administración; embargar judicialmente algún bien.

SECUESTRO n. m. (lat. *sequestrum*). Acción y efecto de secuestrar. || *Cir.* Fragmento de hueso necrosado que queda libre en el interior de una lesión inflamatoria o tumoral del hueso, después de una fractura o infección.

SECULAR adj. Seglar. || Que sucede o se repite cada siglo. || Que dura un siglo o que existe desde hace siglos. ◆ adj. y n. m. y f. Dícese del clero o sacerdote que no vive sujeto a votos religiosos o monásticos.

SECULARIZACIÓN n. f. Acción y efecto de secularizar.

SECULARIZAR v. tr. y pron. (**1g**). Autorizar a un clérigo, o pasar éste, al estado de laico o al clero secular; transferir bienes o funciones eclesiásticas a particulares o al estado.

SECUNDAR v. tr. [**1**]. Apoyar, ayudar a alguien en sus deseos o propósitos, o colaborar con él.

SECUNDARIO, A adj. (lat. *secundarium*). Que ocupa el segundo lugar en un orden establecido. || No principal, no primordial: *un motivo secundario.* || De menor importancia que otra cosa: *un cargo secundario.* || *Bot.* Dícese de la estructura presentada por una raíz o un tallo antiguo cuando funcionan las zonas generatrices, que aseguran el crecimiento en espesor; dícese de los tejidos producidos por las células meristemáticas. || *Med.* Dícese de toda manifestación patológica que es consecuencia de otra. || *Quím.* Dícese de un átomo de carbono unido a otros dos átomos de carbono. || *Sicol.* En caracterología, dícese de la persona cuyas reacciones son lentas, duraderas y profundas. • *Sector secundario,* v. SECTOR. ◆ adj. y n. m. Dícese de la era geológica comprendida entre el pérmico (último período de la era primaria) y el paleoceno (primer período de la era terciaria).

■ La *era secundaria,* o mesozoico, tuvo su principio hace 225 millones de años y terminó hace 65 millones de años. Está dividida en tres períodos: el triásico, el jurásico y el cretácico.

En Europa se presenta como un período de calma tectónica. Después del aplanamiento de las cordilleras hercianas, que terminó a principios del triásico, el mar invadió una gran parte de los continentes. Espesas capas de sedimentos se depositaron en las áreas poco profundas (cuencas sedimentarias) o en hoyos (geosinclinales). En particular, el cretácico se caracterizó por los depósitos de creta. A fines de este período comenzó una regresión marina, paralela a las primeras manifestaciones del ciclo orogénico alpino, especialmente sensibles en Provenza y en los Pirineos. A escala global, el acontecimiento geológico más importante fue la abertura del Atlántico, primero por el sur y después por el norte, que resultó de la expansión de los fondos oceánicos.

En el secundario la vida se distinguió por el desarrollo espectacular de ciertas especies, que desaparecieron después bruscamente, tales como los ammonites y los reptiles gigantes (dinosaurios, etc.). Aparecieron también las aves (cuyo ancestro fue *Archaeopteryx,* todavía con caracteres de reptil), los mamíferos y, entre los vegetales, las angiospermas.

SECUNDARIO n. m. y adj. *Electr.* En un transformador o bobina de inducción, arrollamiento en que la corriente que pasa por el primario crea fuerzas electromotrices y con cuyos terminales se conecta el circuito de utilización.

SECUOYA o **SECOYA** n. f. Conífera que alcanza 140 m de alt. y puede vivir más de 2 000 años. (Familia taxodiáceas.)

SED n. f. (lat. *sitim*). Sensación subjetiva que produce la carencia de agua en el organismo. || *Fig.* Necesidad de agua o de humedad que tienen las plantas, el campo, etc. || *Fig.* Anhelo, ansia o deseo vehemente: *sed de venganza, de justicia.* • *Apagar,* o *matar, la sed,* aplacarla bebiendo.

SEDA n. f. Sustancia en forma de filamento brillante, segregada por las arañas y las larvas de ciertos lepidópteros, particularmente el llamado gusano de seda. || Hilo formado por varias de estas fibras convenientemente preparadas. || Tejido fabricado con este hilo. • *Como una seda* (Fam.), muy dócil y sumiso; con mucha facilidad y sin obstáculo alguno. || *Papel de seda,* papel muy fino y traslúcido. || *Seda artificial,* hilo de fibras textiles artificiales que imita el aspecto y propiedades de la seda. || *Seda vegetal,* pelos largos y sedosos que envuelven las semillas de ciertas plantas.

seda *(ruta de la),* itinerario de caravanas, que pronto se convirtió en ruta comercial, a través de la cual circularon hacia la India y el Próximo oriente los productos chinos, sobre todo la seda, pero también las corrientes filosóficas y religiosas, desde los primeros siglos hasta la época de los descubrimientos.

SEDACIÓN n. f. Acción y efecto de sedar.

SEDAINE (Michel Jean), dramaturgo francés (París 1719-*id.* 1797), el mejor representante de la «comedia seria» (drama burgués) tal como la definió Diderot (*El filósofo sin saberlo,* 1765).

SEDAL n. m. Hilo de la caña de pescar. ||

gusano de **seda** elaborando un capullo

P. Starosta

Fragmento de hilo, plástico, metal, etc., que se hace pasar por el interior de una herida con orificio de entrada y salida para facilitar el drenaje. ● *Herida en sedal,* herida producida generalmente por una bala que entra y sale pasando simplemente bajo la piel y sin afectar ninguna parte del organismo. || *Sedal de zapatero,* hilo de cáñamo encerado que los zapateros emplean para coser.

SEDALINA n. f. Algodón mercerizado. || Hilo fino y brillante, poco retorcido, semejante a la seda.

SEDAN, c. de Francia (Ardenas), junto al Mosa; 25 000 hab. Metalurgia y tejidos. Castillo fortificado de los ss. XV-XVII.

Sedan *(batallas de)* ● *1870.* Derrota de Francia frente a Prusia (1 set.). Reunido por Mac-Mahon, para socorrer a Metz, el ejército llamado de Châlons fue rechazado por los prusianos hacia Sedan. La batalla (1 set. 1870) terminó con la victoria prusiana. En el castillo de Bellevue se negoció la capitulación de 83 000 soldados franceses (entre los cuales estaban Napoleón III y cuarenta generales), que fueron prisioneros de guerra (v. *guerra* FRANCO-PRUSIANA, 1870-1871).
● *1940.* Las divisiones acorazadas alemanas de Guderian, detenidas al sur de Sedan, a principios de la segunda guerra mundial, atravesaron el Mosa y se dirigieron hacia el O. (V. ARDENAS y *campaña de* FRANCIA.)

SEDÁN n. m. Modelo de automóvil de carrocería cerrada.

SÉDANG, pueblo protoindochino de las altas mesetas de Vietnam y de Laos.

SEDANO (Alonso DE), pintor castellano, activo a fines del s. XV. En su obra se advierte la combinación de elementos procedentes del gótico hispanoflamenco (relaciones con el círculo del pintor castellano Fernando Gallego), con el primer renacimiento italiano (tablas del primitivo retablo de la catedral de Burgos, museo diocesano, Burgos, retablo de Montenegro de Cameros, Soria, y tabla del martirio de san Sebastián, 1488, en colaboración con P. Terrencs, catedral de Palma de Mallorca).

SEDANTE adj. y n. m. Que calma el dolor o disminuye los estados de excitación nerviosa. || *Fig.* Que calma o sosiega el ánimo.

SEDAR v. tr. (lat. *sedare*) [**1**]. Apaciguar, sosegar.

SEDATIVO, A adj. Sedante.

SEDE n. f. (lat. *sedem*). Lugar donde tiene su residencia una entidad política, económica, literaria, deportiva, etc. || Asiento o trono de un prelado que ejerce jurisdicción. || Capital de una diócesis; diócesis. ● *Santa Sede* o *Sede apostólica,* sede de la cabeza visible de la Iglesia católica; gobierno pontificio.

SEDENTARIO, A adj. Dícese del oficio o vida de poco movimiento y de la persona que lo ejerce o practica. || *Zool.* Dícese del animal que tiene un hábitat fijo o que permanece fijo sobre un sustrato. ◆ adj. y n. *Antrop.* Dícese de las poblaciones que permanecen en su país de origen (por oposición a NÓMADA).

Biblioteca nacional, París

Hercules **Seghers:** *Paisaje de la rama de abeto.* Aguafuerte. (Biblioteca nacional, París.)

SEDENTARISMO n. m. Modo de vida sedentaria.

SEDENTARIZACIÓN n. f. *Antrop.* Proceso por el cual pueblos nómadas adoptan formas de vida sedentarias.

SEDENTARIZAR v. tr. [**1g**]. Volver sedentario.

SEDENTE adj. Que está sentado.

SEDERÍA n. f. Tienda donde se venden géneros de seda; conjunto de géneros de esta clase; comercio o elaboración de dichos géneros.

SEDERO, A adj. Relativo a la seda: *industria sedera.*

SEDERO, A n. Persona que labra la seda o trata en ella.

Embajada de Grecia, París

Georgios **Seferis**

SEDICENTE o **SEDICIENTE** adj. *Galic.* Pretendido, supuesto, imaginado.

SEDICIÓN n. f. (lat. *seditionem*). Levantamiento contra la autoridad legal, de carácter menos grave que la rebelión. ● *Sedición militar,* ataque colectivo a la disciplina militar.

SEDICIOSO, A adj. y n. Que promueve una sedición o interviene en ella. ◆ adj. Dícese de los actos o palabras de la persona sediciosa.

SEDIENTES adj. *Der.* Dícese de los bienes raíces.

SEDIENTO, A adj. y n. Que tiene sed. ◆ adj. *Fig.* Dícese de las plantas o tierras que necesitan riego. || *Fig.* Que tiene ansia o deseo vehemente de una cosa: *sediento de venganza.*

SEDIMENTACIÓN n. f. Acción y efecto de sedimentar. || Depósito de sedimentos. ● *Velocidad de sedimentación,* análisis de sangre que permite medir la importancia de una inflamación, sea cual sea su naturaleza.

SEDIMENTAR v. tr. [**1**]. Depositar sedimento un líquido. ◆ v. tr. y pron. *Fig.* Tranquilizar, sosegar el ánimo. ◆ **sedimentarse** v. pron. Depositarse formando sedimento las materias en suspensión en un líquido.

SEDIMENTARIO, A adj. Relativo al sedimento. || De la naturaleza del sedimento. ● *Rocas sedimentarias,* rocas formadas en la superficie de la Tierra por diagénesis de sedimentos de origen detrítico o clástico (residuos sólidos que resultan de la destrucción del relieve), o químico u orgánico (residuos que resultan de la acción de los seres vivos).

SEDIMENTO n. m. Depósito que se forma en un líquido en el que existen sustancias en suspensión. || Depósito móvil dejado por las aguas, el viento y otros agentes de erosión. (Según su origen, los sedimentos pueden ser marinos, fluviales, lacustres, glaciares, etc.) || Lodo seco o pastoso que se encuentra en suspensión en ciertos petróleos brutos, y que se posa en los tanques de depósito. || *Fig.* Huella o señal que queda en el ánimo: *sedimento de amargura.* ◆ pl. En los sondeos y perforación de pozos, detritos o ripio de perforación.

SEDIMENTOLOGÍA n. f. *Geol.* Estudio de la génesis de los sedimentos y de las rocas sedimentarias.

SEDOSO, A adj. Parecido a la seda o suave como la seda: *cabello sedoso.*

SEDUCCIÓN n. f. Acción y efecto de seducir.

SEDUCIR v. tr. (lat. *seducere*) [**20**]. Persuadir, incitar con promesas o engaños a que se haga algo, particularmente inducir a alguien a tener relaciones sexuales. || Atraer, fascinar, ejercer gran influencia: *la idea me seduce; su porte me ha seducido.*

SEDUCTIVO, A adj. Que seduce.

SEDUCTOR, RA adj. y n. Que seduce: *un joven seductor; idea seductora.*

SEEBECK (Thomas Johann), físico alemán (Reval [act. Tallinn] 1770-Berlín 1831). Descubrió la termoelectricidad (1821), que aplicó a la medición de las temperaturas.

SEECKT (Hans VON), general alemán (Schleswig 1866-Berlín 1936). Sucesor de Hindenburg al frente de la Reichswehr fue el verdadero jefe y organizador de la misma (1920-1926), de la que hizo un ejército de cuadros y volvió a crear, clandestinamente, el gran estado mayor.

SEELAND → SJAELLAND.

SEFARAD, nombre que aparece en la Biblia (libro de Abdías), que tradicionalmente se ha interpretado como la península Ibérica, aunque parece ser Asia Menor.

SEFARDÍ o **SEFARDITA** adj. y n. m. y f. Relativo a los judíos que habitaron la península Ibérica y en especial a sus descendientes después de la expulsión de 1492 hasta la actualidad; individuo de esta comunidad. (V. JUDEOESPAÑOL.)

SEFARDÍ (Mošé) → ALFONSO (Pero).

SEFERIS (Georgios Stylianos SEFERIADIS, llamado **Georgios**), diplomático y poeta griego (Esmirna 1900-Atenas 1971). Escritor en lengua demótica, conjugó la evocación de los mitos antiguos con la descripción de la vida cotidiana de la Grecia moderna (*Estrofa,* 1931; *Mitología,* 1935; *Diario de a bordo,* 1940-1955). [Premio Nobel de literatura, 1963.]

J. Six

segador

SEGABLE adj. Que está en sazón para ser segado.

SEGADOR, RA adj. y n. Que siega, que tiene por oficio segar.

SEGADOR n. m. Pequeño arácnido de vientre redondeado y patas muy largas. (Familia falángidos.)

SEGADORA n. f. Máquina de segar.

Segadores *(guerra de los)* → SEPARACIÓN DE CATALUÑA *(guerra de).*

SEGALL (Lasar), pintor, grabador y escultor brasileño de origen lituano (Vilna [act. Vilnius] 1885-São Paulo 1957). Participó en la vida artística alemana hasta 1923, en que se trasladó a Brasil. Evocó, en un estilo expresionista, la vida de los judíos de Europa central y la del pueblo brasileño *(Campo de concentración; Selva).*

SEGANTINI (Giovanni), pintor italiano (Arco, Trentino, 1858-Schafberg, Alta Engadina, 1899). De un potente naturalismo (escenas campesinas y montañesas), a causa de preocupaciones espirituales y de la adopción de la técnica divisionista pasó a un agitado simbolismo (*El amor en las fuentes de la vida,* 1896, galería municipal de arte moderno, Milán).

SEGAR v. tr. (lat. *secare*) [**1d**]. Cortar la mies o la hierba con la hoz, la guadaña o con una

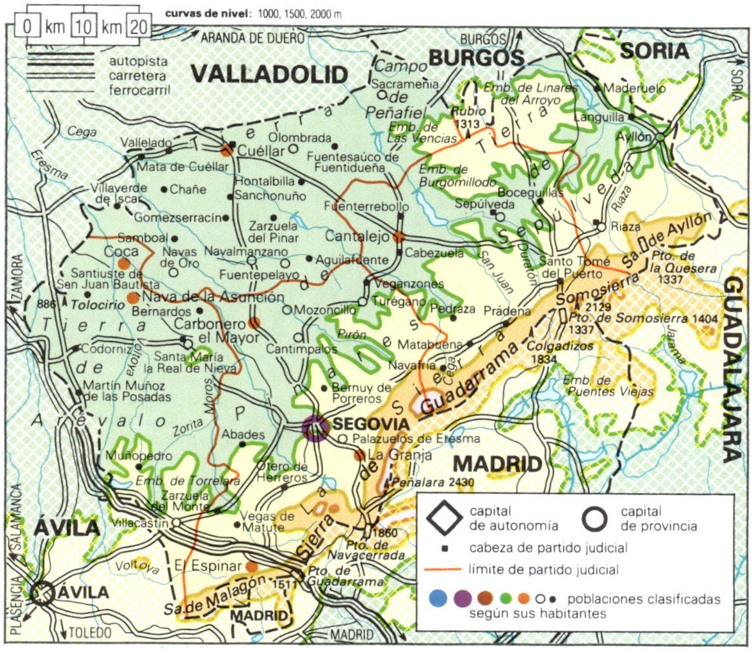

SEGOVIA

segadora. || *Fig.* Cortar la parte más alta de algo o cualquier cosa que sobresale entre las demás. || *Fig.* Cortar o impedir bruscamente el desarrollo de algo: *segar la vida, las esperanzas.*

SEGARRA *(La),* comarca de España (Lérida), en la depresión central catalana, que marca la divisoria de aguas entre el Segre y las cuencas del Llobregat, Gayá y Francolí.

SEGESTA, ant. ciudad de Sicilia, en la costa NO del mar Tirreno. Rival de Selinonte y de Siracusa, motivó la desastrosa expedición de los atenienses a Sicilia (v. *[guerra del]* PELOPONESO). Dependiente, a continuación, de Cartago, a la que había pedido protección, fue destruida en 307 a. J.C. por Agatocles, tirano de Siracusa y volvió bajo la dominación romana, a su antiguo esplendor. El templo y el teatro (s. V a. J.C.), de los que se conservan las ruinas, se cuentan entre los logros más perfectos de la arquitectura clásica griega.

SEGHERS (Hercules), pintor y grabador neerlandés (¿Haarlem? *c.* 1590-La Haya *c.* 1638). Uno de los más grandes paisajistas de su tiempo, llevó una vida miserable; se conservan pocas telas suyas. Fue grabador y entremezcló los procedimientos hasta obtener planchas de un carácter visionario y dramático (*Paisaje rocoso en el río, c.* 1620, gabinete de estampas de Amsterdam).

SEGISMUNDO *(san)* [† cerca de Orleans 523], rey de los burgundios (de 516 a 523), hijo y sucesor de Gundebaldo. Renegó del arrianismo (*c.* 500) y favoreció la implantación del cristianismo en sus estados. Fue vencido y muerto por Clodomiro.

SEGISMUNDO I y **II,** reyes de Polonia → JAGELLÓN.

SEGISMUNDO III, rey de Polonia → VASA.

Segismundo, protagonista de *La vida* es sueño* de Calderón de la Barca, en el que se dramatiza alegóricamente el triunfo del libre albedrío sobre el horóscopo que al nacer predestina aparentemente su conducta. El orden (control moral) se sobrepone al caos (instinto ciego).

SEGISMUNDO DE LUXEMBURGO (Nuremberg 1368-Znaim 1437), rey de Hungría (de 1387 a 1437), rey de romanos (de 1411 a 1433), emperador germánico (de 1433 a 1437) y rey de Bohemia (de 1419 a 1437), hijo menor del emperador Carlos IV. Convocó el concilio de Constanza (1414), para terminar con el cisma de occidente, hizo condenar a Jan Hus y se convirtió, no sin dificultades, en dueño de Bohemia (1419). A partir 1433 intentó restaurar la autoridad imperial mediante un programa de reorganización política *(Restauratio sigismundi).*

SEGLAR adj. y n. m. y f. Laico, que no es eclesiástico ni religioso.

SEGMENTACIÓN n. f. División en segmentos. || *Biol.* Conjunto de las primeras divisiones del huevo tras la fecundación.

SEGMENTAR v. tr. y pron. [**1**]. Cortar, dividir en segmentos.

SEGMENTO n. m. (lat. *segmentum*). Porción bien delimitada separada de una figura o de un conjunto. || *Zool.* Artejo. • *Segmento circular, elíptico,* etc., superficie limitada por un arco de curva y la cuerda que le subtiende. (La superficie de un segmento es igual a la superficie del sector del mismo arco disminuido de la superficie del triángulo, que tiene su vértice en el centro y que tiene por base la cuerda del segmento.) || *Segmento de compresión,* aro elástico cortado siguiendo una hélice, utilizado en el mecanismo pistón-cilindro para asegurar la estanqueidad entre los dos medios separados por el pistón. || *Segmento de freno,* pieza en forma de media luna, que se oprime contra la superficie interna del tambor y que lleva, en su periferia, una zapata que constituye la superficie de fricción. || *Segmento dirigido,* segmento de recta dotado de un sentido. (La medida de un segmento dirigido se expresa por medio de un número algebraico.) || *Segmento lineal,* o *rectilíneo,* porción de recta limitada por dos puntos.

SEGNER (Johann Andreas VON), naturalista alemán (Presburgo [act. Bratislava] 1704-Halle 1777), autor de una teoría de la capilaridad en la cual asimilaba la superficie de un líquido a una membrana tensa (1752).

SEGÓBRIGA, antigua localidad de la península Ibérica, de origen celta, perteneciente a la tribu de los olcades. Estaba emplazada al sur de la actual Saelices, en La Mancha (Cuenca). Mantuvo buenas relaciones con Roma. No quiso romper el pacto de amistad de 151 a. J.C., por lo que fue tomada por Viriato (140-139). Tenía un doble recinto amurallado, del que quedan algunos restos, y un pequeño anfiteatro circular. Se conservan, además, restos de la basílica visigoda de Cabeza del Griego (s. VI).

SEGORBE o **SOGORB,** c. de España (Castellón), cab. de p. j. y cap. comarcal del Alto Palancia; 7 525 hab. *(Segorbinos, segobricenses* o *segobrigenses.)* Industrias textiles. Mercado comarcal.
HISTORIA. Su primitivo núcleo edetano fue durante la edad media confundido con la antigua *Segóbriga.* En 1245 fue reconquistada por Jaime I. El *señorío de Segorbe* fue un título nobiliario aragonés; el infante Enrique lo ostentó como título ducal y organizó allí un ejército que derrotó a las Germanías en Oropesa (1521). En 1814, Fernando VII celebró en ella un consejo para decidir si aceptaba o no la constitución de 1812.
BELLAS ARTES. Iglesia gótica de San Pedro (s. XIII). Ruinas de la cartuja de Valdecristo (s. XIV). Catedral gótica (ss. XV-XVI), reformada en el s. XVII, que conserva junto con el museo diocesano, diversas obras de interés: el sepulcro de Gonzalo de Espejo y su esposa (*c.* 1400), una tabla con el *Encuentro ante la puerta Dorada* (s. XV), el retablo de la Santa Cena (s. XV, de Jacomart), el retablo de la Visitación (s. XV, del maestro de la Visitación), el retablo de San Martín (s. XV), el retablo mayor (1530, de Vicente Masip).

SEGORBE (Enrique DE ARAGÓN, *duque* DE), llamado **Príncipe Fortuna,** infante de Aragón (1445-1522). Virrey de Cataluña y Valencia; al morir el príncipe Juan (1497), hijo de Fernando el Católico, fue reconocido como sucesor a la Corona de Aragón.

SÉGOU o **SEGU,** c. del SO de Malí, junto al Níger; 40 000 hab. Centro comercial. Fue la capital del reino de Segu*.

SEGOVIA, nombre que se da en algunos lugares de su recorrido al río Coco* (fronterizo entre Honduras y Nicaragua).

SEGOVIA *(provincia de),* prov. de España, en Castilla y León; 6 949 km²; 149 361 hab. Cap. *Segovia.* Está situada en la mitad N de la Meseta, al SE de la cuenca del Duero. El relieve comprende las alineaciones del sistema Central; la *Sierra:* Ayllón, Somosierra, Guadarrama, ubicadas hacia el S y el E de la provincia, y las *Tierras Llanas* del N y O, cortadas por los afluentes del Duero. El clima es continental, con precipitaciones poco importantes, exceptuando los sistemas montañosos, donde existen extensos bosques (robles y coníferas). La población se encuentra en regresión, agrupándose en núcleos dispersos de pequeño tamaño. Las actividades económicas más destacadas son la agricultura (cereales, leguminosas, etc.) en las tierras llanas y, sobre todo, la ganadería ovina y bovina. Destaca también la explotación forestal, base de industrias derivadas. La capital cuenta con industrias más diversificadas (metalurgia, textil, papel, etc.). En la sierra existen núcleos turísticos de interés y áreas de residencia secundaria para los habitantes de Madrid.

SEGOVIA, c. de España, cap. de la prov. y cab. del p. j. homónimos, a orillas del Eresma; 50 759 hab. *(Segovianos.)*
GEOGRAFÍA. La ciudad, de origen militar, se asienta en unas colinas del somontano del Guadarrama. El alcázar se alza sobre un espolón que excavan el río Eresma y su afluente el Clamores. En la actualidad cuenta con modernas industrias alimentarias, químicas, metalúrgicas, textiles, prensa y papel, madera y construcción, aunque mantiene la tradicional artesanía (paños y loza). Es centro administrativo y comercial.
HISTORIA. Su emplazamiento estratégico como llave del valle del Duero explica la antigüedad de esta ciudad vaccea. Después de la invasión musulmana, se inició la repoblación en 1088. Desde el s. XII fue cabeza de cuadrilla de la Mesta y prosperó gracias a la ganadería. En 1386, Juan I convocó cortes en ella. Los Reyes Católicos celebraron (1475) en esta ciudad la *concordia de Segovia* para delimitar sus respectivos derechos; durante este reinado se estructuró en gremios la industria de paños y su mercado alcanzó gran esplendor. En 1520, la guerra de las Comunidades repercutió en su población, que, capitaneada por Juan Bravo, proclamó una comuna. El florecimiento del s. XVI quedó interrumpido en el s. XVII. Los intentos de recuperación del s. XVIII y del s. XIX no consiguieron devolver a Segovia su pasado esplendor, hasta la construcción del ferrocarril y la electrificación.
BELLAS ARTES. La ciudad conserva una espléndida muestra de la ingeniería romana: el acueducto, de tiempos de Augusto, que consta de dos hileras de arcos superpuestos, construido con sillares de granito unidos en seco. De época medieval destaca el recinto amurallado en el que sobresale el alcázar, de puntiagudos torreones y cubiertas inclinadas, iniciado en el s. XI y ampliado en diversas ocasiones, con las principales reformas de los ss. XV y XVI y de finales del s. XIX, en que fue reconstruido tras un incendio. De su arquitectura religiosa sobresale un importante conjunto de iglesias románicas (ss. XII-XIII), con peculiares atrios porticados, como San Juan de los Caballeros, actual sede del museo de cerámica Daniel de Zuloaga; San Pedro ad Vincula, con pinturas del s. XV; San Esteban, con su alta torre y un *Calvario* tallado en madera (s. XIII); San Martín, iglesia mozárabe del s. X, reconstruida en el s. XII y que cuenta con un rico conjunto escultórico; la iglesia de la Veracruz (1208), poligonal en el exterior y circular en el interior; y en las afueras de la ciudad, la de San Millán con torre mozárabe del s. XI. La catedral (iniciada en 1525 y consagrada en 1768) es del gótico tardío, según trazas de J. Gil de Hontañón, con tres naves y torre de gran altura (88 m), y claustro gótico (s. XV), procedente de la catedral antigua; en su interior conserva el *Cristo yacente* de Gregorio Hernández, el retablo de la *Piedad* de Juan de Juni, la sillería gótica del coro, vidrieras y rejas. Numerosos conventos (el de los carmelitas, fundado por san Juan de la Cruz, contiene sus restos) y monasterios (el Parral, s. XV, obras de J. Gallego y J. Guas). En arquitectura civil destaca un conjunto de casas románicas en el barrio de las Canonjías y numerosos palacios del s. XV; la casa de los Picos (s. XVI); la del marqués de Lozoya, etc.

SEGOVIA (Juan DE), pintor castellano activo durante la segunda mitad del s. XV. Su personalidad se suele relacionar con la del *maestro*

Segovia con la catedral en el centro.

A.G.E.

Flash Press

Andrés **Segovia**

de los Luna, artista que sigue la corriente del gótico hispanoflamenco. Es autor del retablo de la iglesia de San Ginés, en Guadalajara (1483-1485); del retablo de don Álvaro de Luna (1488; catedral de Toledo), en colaboración con el maestro de San Ildefonso; y de la *Virgen de la Leche* (Prado).

SEGOVIA (Andrés), guitarrista español (Linares 1894), considerado el revitalizador de la guitarra como instrumento de concierto. Dio su primer concierto en Granada (1908) y estudió posteriormente con M. Llobet, en Valencia. En 1917 inicia una larga serie de giras (Buenos Aires, Montevideo). Colaboró en el primer concurso de cante jondo de Granada (1922) y en 1924 se trasladó a París, donde estableció contacto con J. Nin y H. Villa-Lobos. Desde su fundación ha colaborado asiduamente en el festival internacional de música y danza de Granada y ha impartido cursos en Siena y Santiago de Compostela. En 1955 estrenó la *Fantasía para un gentilhombre* de J. Rodrigo, a él dedicada.

SEGOVIANO, A adj. y n. De Segovia.

SEGRE, r. de España, el principal afluente del Ebro (or. izq.); 265 km. Nace en la ladera N del Puigmal, en Francia, pasa por el enclave español de Llivia, por Puigcerdá y por Seo de Urgel, donde recibe al Valira; después de atravesar el Prepirineo, pasa por Pons, de donde arranca el canal de Urgel, recibe al Noguera Pallaresa (or. der.) y atraviesa Lérida, donde se inicia el canal de Serós; recibe después al Cinca y desemboca en el Ebro, aguas arriba de Mequinenza. Destacan los embalses y centrales eléctricas de Les Escaldes (Andorra), en el Valira (28 MW), Oliana (22,4 MW), San Lorenzo (9,1 MW), Serós (36 MW); junto con el de sus afluentes, el potencial total alcanza 877,6 MW. Regadíos.

el río **Segre**

Novak-Salmer

SEGRE (Emilio), físico norteamericano de origen italiano (Tívoli 1905). Descubrió los elementos artificiales tecnecio y astato. En 1955 realizó, junto con Chamberlain, la producción del antiprotón. (Premio Nobel de física, con Chamberlain, 1959.)

SEGREGABILIDAD n. f. Tendencia que empuja los elementos más gruesos de una mezcla heterogénea a separarse del conglomerado en el sentido de la pesantez.

SEGREGACIÓN n. f. Acción de separar de un todo, de apartar. || *Industr.* Separación parcial de diversas partes homogéneas de una mezcla durante su licuefacción. ● *Segregación racial,* forma de racismo consistente en la separación, en el interior de una comunidad, de las personas de una o más etnias.

SEGREGACIONISMO n. m. Política de segregación racial.

SEGREGACIONISTA adj. y n. m. y f. Relativo a la segregación racial; partidario de esta segregación.

SEGREGAR v. tr. (lat. *segregare*) [**1b**]. Separar o apartar una cosa de otra o a alguien de algo. || Producir y despedir de sí una estructura orgánica, una sustancia líquida o viscosa: *el caracol segrega baba.*

SEGRELLES (José), dibujante y acuarelista español (Albaida 1885-*id.* 1969), que destacó como ilustrador en revistas y libros (*Los nibelungos, Don Quijote*).

SEGRIÁ *(El),* comarca de España (Lérida), en la depresión central catalana, en la ribera del curso bajo del Segre. Importantes obras de regadío: canales de Aragón y Cataluña, de Pinana, de Serós, de Urgel, y acequias. Lérida en el centro comarcal.

SEGU o **SÉGOU** *(reino de),* estado bambara de África que adquirió su máximo apogeo durante el reinado de Mamari Kulubali (1712-1755). Cayó en poder de los franceses en 1890.

SEGUÍ (Salvador), llamado **el Noi del Sucre,** anarcosindicalista español (Lérida 1890-Barcelona 1923). Fue uno de los principales organizadores y propagandistas de la C.N.T. Sus pactos con la U.G.T. dieron lugar a las huelgas de noviembre de 1916 y agosto de 1917. En 1918 fue designado secretario general de la confederación regional de Cataluña. Tras un período de cárcel, participó en la conferencia confederal de Zaragoza (1922), donde la C.N.T. rechazó la actuación de los partidos, pero se proclamó ella misma política, por lo que aspiraba a controlar la vida económica y social de España. Murió asesinado.

SEGUÍ (Antonio), pintor argentino (Córdoba 1934). Su pintura, inscrita en la nueva figuración, utiliza elementos de raíz expresionista junto a otros de riguroso signo conceptual. Ilustró numerosas revistas latinoamericanas y destacó en la bienal de jóvenes de París (1963). Ha expuesto en las bienales de São Paulo y Venecia, y ha obtenido numerosos premios.

SEGUIDA n. f. Marcha normal de una actividad. ● *En seguida,* a continuación, inmediatamente después.

SEGUIDILLA n. f. Estrofa formada generalmente por dos pentasílabos y dos heptasílabos, con rima asonante los pares. || Antigua canción y danza española, de movimiento rápido y compás ternario.

SEGUIDO, A adj. Continuo, sucesivo, sin intervalos de tiempo o lugar: *un año seguido.* || Recto, sin desviarse de un camino o dirección.

SEGUIDO adv. m. A continuación, inmediatamente después.

SEGUIDOR, RA adj. y n. Que sigue a una persona o cosa o es partidario de ella; discípulo.

SEGUIMIENTO n. m. Acción y efecto de seguir. || *Astronáut.* Determinación a distancia, instantánea y continuada, de las características del movimiento de un ingenio espacial. ● *En seguimiento de,* en persecución de lo que se expresa.

SEGUIR v. tr. e intr. (lat. *sequi*) [**30a**]. Ir después o detrás de alguien o algo: *tú ve delante, yo te seguiré.* ◆ v. tr. Acompañar, ir con alguien: *le sigue a todas partes.* || Dirigir la vista hacia alguien o algo que se mueve y mantener la visión en él: *seguir con la mirada.* || Ir en una determinada dirección o estar a continuación de algo. || *Fig.* Tener como modelo, imitar: *seguir el ejemplo del padre; seguir un estilo.* || *Fig.* Ser del dictamen o partidario de alguien o algo. || *Fig.* Actuar según un criterio, instinto, opinión, etc.: *seguir los propios instintos.* || Estudiar o cursar una carrera o estudios: *seguir un curso de humanidades.* || Continuar haciendo lo que se expresa o proseguir un estado o actitud: *seguir hablando; sigue enfermo.* || Ir en busca de alguien o algo, caminar hacia él: *seguir una pista.* || Perseguir, acosar, importunar. || Tratar o manejar un negocio o pleito, haciendo las diligencias necesarias. ◆ v. tr. y pron. Ir después de una sucesión o ser efecto o consecuencia de otra cosa: *a la explosión siguió un grito.* ● *Seguir adelante,* perseverar en algo.

SEGUIRIYA n. f. → SIGUIRIYA.

SEGÚN prep. (lat. *secundum*). **1.** Conformidad, acuerdo entre: *actuó según la ley.* **2.** Origen o testigo de cierto conocimiento, aserción o testimonio: *según él; según su parecer.* ◆ adv. **1.** Como, tal como: *ocurrió según estaba previsto.* **2.** A juzgar por la manera como: *según tu opinión todo es falso.* **3.** Así como. **4.** Progresión simultánea de dos acciones: *según hablaba, iba emocionándose.* **5.** Eventualidad respecto a cierto acontecimiento: *según el trabajo que tenga, iré o no.* ● *Según cómo* o *según y cómo,* expresa eventualidad.

segunda

SEGUNDA n. f. *Mús.* Intervalo comprendido entre dos notas consecutivas de la escala.

SEGUNDERA *(sierra),* sierra de España (Orense y Zamora), divisoria de aguas de la cuenca del Sil y del Esla, que separa las comarcas de El Bollo y La Sanabria; 2 047 m en el Moncalvo.

SEGUNDERO n. m. Manecilla del reloj que señala los segundos.

SEGUNDO, A adj. y n. (lat. *secundum*). Que corresponde en orden al número dos: *el segundo lugar; ser el segundo en la lista.* ◆ adj. Que se añade a otro: *una segunda juventud.* || Que viene después en orden de valor, de rango, etc.: *viajar en segunda clase; representar un segundo papel.* ● *Con segundas,* con intención doble o solapada.

SEGUNDO, A n. Persona que en un empleo, institución, etc., sigue en importancia al principal: *el segundo de a bordo en un barco.*

SEGUNDO n. m. Unidad de medida de tiempo (símbolo: s) que equivale a la duración de 9 192 631 770 períodos de la radiación correspondiente a la transición entre los dos niveles hiperfinos del estado fundamental del patrón cesio 133; sesentava parte de un minuto. || Período de tiempo muy corto, momento: *espera un segundo.* ● *Segundo de ángulo,* unidad de medida de ángulo llano (símbolo: ″) que equivale a 1/60 de minuto, o sea π/648 000 radianes.

SEGUNDOGÉNITO, A adj. y n. Dícese del hijo que nace después del primogénito.

SEGUNDÓN n. m. Hijo segundo en las familias en que hay mayorazgo. || Cualquier hijo no primogénito.

SEGUR n. f. Hoz o guadaña para segar. || Hacha grande.

SÉGUR (Sophie ROSTOPCHÍN, *condesa* DE), escritora francesa (San Petersburgo 1799-París 1874). Hija del conde Rostopchín, gobernador de Moscú, escribió para sus nietos narraciones humorísticas o tiernas que han merecido siempre el favor del público infantil (*Memorias de un asno,* 1860; *Las desdichas de Sofía,* 1864; *El general Dourakine,* 1866).

SEGURA, r. de España, en la vertiente mediterránea; 341 km. Nace en Fuente Segura, cerca de Pontones, en la sierra de Segura (Jaén), cruza las provincias de Albacete, Murcia y Alicante y desemboca en el Mediterráneo cerca de Guardamar. Sus principales afluentes son el Tus y el Mundo (or. izq.), y Taibillla, Henamor, Argos, Quípar, Mula y Guadalentín (or. der.). El régimen es muy irregular, produciéndose fuertes crecidas e inundaciones como las catastróficas de 1879 y 1982. Destacan las centrales de Fuensanta y Cenajo, en el Segura; las de Talave y Camarillas, en el Mundo; las de Quípar y de La Cierva en el Mula, y las de Valdeinfierno y Puentes en el Guadalentín. La potencia eléctrica total es de 75,3 MW; la capacidad total de embalse es de 916,5 millones de m^3 y el área de regadío abarca 33 500 ha. Una red de canales y embalses une el Segura con el Júcar, y a través de éste con el Tajo (trasvase Tajo-Segura).

SEGURA *(sierra de),* sierra de España (Jaén), en la cordillera Subbética; 1 967 m de alt. La red hidrográfica de la región es tributaria del Guadalquivir y del Segura. Explotación forestal e hidroelectricidad (Pontones).

SEGURA (Bajo), comarca de España (Alicante), en la orla costera valenciana, que abarca la ribera baja del Segura. Hortalizas y naranjos. El núcleo principal es Orihuela.

SEGURA (Manuel ASCENSIO), escritor peruano (Lima 1805-*id.* 1871). Exponente del costumbrismo en su país, fundó periódicos y cultivó la poesía (*Pelimuertada,* 1851) y la comedia satírica: *El resignado* (1851), *Ña Catita* (1856), *Un juguete* (1858) y *Las tres viudas* (1862).

SEGURA (Pedro), prelado español (Caraoz, Burgos, 1880-Madrid 1957). Obispo auxiliar de Valladolid (1916) y titular de Coria (1920), y arzobispo de Burgos (1926), fue creado cardenal y ocupó la sede primada de Toledo en 1928. Celoso defensor de los privilegios eclesiásticos, se opuso al gobierno de la república (lo que motivó su detención y la renuncia al título de primado) y al de Franco, desde su diócesis de Sevilla (1937).

SEGURAMENTE adv. m. Probablemente, acaso.

SEGURIDAD n. f. Calidad de seguro: *contestó con seguridad.* || Fianza o garantía de indemnidad a favor de alguien. || *Der.* Garantía que una persona suministra a otra como prueba de que cumplirá lo pactado, prometido o mandado. || *Mil.* Conjunto de las disposiciones que permiten evitar la sorpresa y proporcionan al mando la libertad de acción indispensable para la conducción de la batalla. • *De seguridad,* dícese de ciertos mecanismos que aseguran el buen funcionamiento de una cosa. || *Delitos contra la seguridad del estado,* conjunto de delitos que lesionan la seguridad externa o la personalidad internacional del estado *(delitos contra la seguridad exterior)* o que atacan sus bases políticas y sociales *(delitos contra la seguridad interior).* || *Dispositivo de seguridad,* mecanismo anejo a un aparato o máquina, para evitar un accidente en caso de funcionamiento anómalo. || *Seguridad individual,* garantía que la ley otorga a los ciudadanos contra los arrestos, detenciones y penas arbitrarias. || *Seguridad social,* conjunto de leyes (y organismos que las aplican) que tienen por objeto proteger a los individuos y a las familias contra ciertos riesgos sociales.

■ La seguridad social tiene por objeto la prevención y remedio de riesgos personales mediante prestaciones económicas personalizadas que garantizan un nivel mínimo de rentas.

El régimen general de la seguridad social se aplica en términos generales a los trabajadores por cuenta ajena de la industria y de los servicios. Los riesgos y contingencias cubiertos por el régimen general son la incapacidad laboral transitoria, la invalidez, la vejez o jubilación, la muerte y supervivencia, las cargas familiares y el desempleo.

SEGURO, A adj. (lat. *securum*). Libre y exento de todo daño, peligro o riesgo: *lugar seguro.* || Infalible, cierto, que no admite duda o error: *una prueba segura.* || Firme, estable: *tiempo seguro; un suelo seguro.* || Que ofrece confianza, incapaz de engañar o fallar. || Confiado, convencido, persuadido de algo: *seguro de su amistad.* || Que tiene fe en sí mismo, que tiene conciencia de su valor o de sus posibilidades: *seguro de sí mismo.*

SEGURO n. m. Contrato por el que, mediante el pago de una prima, los aseguradores se comprometen a indemnizar de un eventual peligro o accidente: *seguro contra incendios.* || *Tecnol.* Pieza o aparato destinado a impedir, a voluntad, el funcionamiento de una máquina, mecanismo, etc., a fin de precaver un accidente, robo, etc. • *A buen seguro* o *al seguro,* probablemente. || *De seguro,* ciertamente, con seguridad. || *Sobre seguro,* sin aventurarse a sufrir ningún daño, riesgo o equivocación.

SEGURO adv. m. Con seguridad: *vendrá seguro.*

SÉGUY (Georges), sindicalista francés (Toulouse 1927). Secretario de la Federación de los ferroviarios de la C.G.T. (1949) y miembro del comité central del Partido comunista francés (1954) y del buró político (1956) del P.C.F., fue secretario general de la C.G.T. de 1967 a 1982.

SEI SHŌNAGON, poeta japonesa (c. 968-principios del s. XI). Estuvo al servicio de la emperatriz Sadako (993), a cuya muerte dejó la corte (1000). Es autora de un ensayo, *Notas de cabecera,* que constituye la primera manifestación de una de las obras maestras del género *zuihitsw* (ensayos «escritos a manera de pinturas»).

Seibal, yacimiento arqueológico de Guatemala (Petén) perteneciente a la cultura maya, situado en la gran curva que forma el río Pasión. A partir de 1964 se han realizado múltiples trabajos de prospección y excavación. Se trata de un gran centro ceremonial, con distintos edificios frente a los cuales se yerguen estelas que permiten fechar los monumentos entre el 1000 a J.C. al s. IX d. J.C.

SEIBO *(provincia de* **El**), prov. del E de la República Dominicana; 2 989 km^2 y 138 533 hab. Cap. *El Seibo.* En la orilla S de la bahía de Samaná, está limitada en el interior por la cordillera Oriental. La abundante pluviosidad favorece la existencia de bosques tropicales que son objeto de explotación. La agricultura más dinámica se concentra en el valle del Soco (cereales y caña de azúcar), y junto a Sabana de la Mar (cacao). Destaca también la ganadería vacuna.

SEIBO (El) o **SANTA CRUZ DE EL SEIBO,** c. de la República Dominicana, cap. de la prov. de El Seibo, en el valle del río Soco; 11 583 hab. Centro comercial de una región agropecuaria. Fue fundada en 1502.

SEIJO → TOMIÑO.

Seikan, túnel ferroviario de Japón de 59,3 km de long. (23,3 de ellos bajo el mar), que une las islas japonesas de Honshū y de Hokkaidō.

SEINE → SENA.

SEINE-ET-MARNE, dep. de Francia, en la región de Île-de-France; 5 917 km^2; 756 000 hab. Cap. *Melun.* Agricultura (cereales y remolacha azucarera) y ganadería vacuna. Industrias alimentarias, construcciones mecánicas y eléctricas, vidriería, concentradas principalmente en Meaux y en Melun.

SEINE-MARITIME, dep. de Francia, en la Alta Normandía; 6 254 km^2; 1 172 000 hab. Cap. *Ruán.* Agricultura (cereales y remolacha). Ganadería (bovinos y porcinos). Pesca. Industria (metalurgia de transformación, refino de petróleo, alimentarias y textiles) localizada principalmente en Ruán y El Havre. Turismo.

SEINE-SAINT-DENIS, dep. de Francia, en la región de Île-de-France; 236 km^2; 1 322 000 hab. Cap. *Bobigny.* Ocupa la zona suburbana del NO de París y está intensamente urbanizado e industrializado (metalurgia de transformación, química, refino del petróleo, alimentaria y textil).

SEIPEL (Ignaz), prelado y político austríaco (Viena 1876-Pernitz 1932). Sacerdote (1899), profesor de teología y, después, protonotario apostólico, presidente del Partido social cristiano (1921) y canciller de Austria (1922-1924 y 1926-1929), reprimió con dureza la insurrección socialista de Viena en 1927.

SEIS adj. num. cardin. y n. m. (lat. *sex*). Cinco y uno. ◆ adj. num. ordin. Sexto.

SEIS n. m. Naipe, dado o ficha del dominó que representa seis puntos: *el seis de espadas.* || *Mús.* Danza popular puertorriqueña que se presenta en numerosas versiones. • *Seis por cuatro,* compás de dos tiempos que tiene la blanca con puntillo como unidad de tiempo. || *Seis por ocho,* compás de dos tiempos que tiene la negra con puntillo (o tres corcheas) como unidad de tiempo.

Seis *(grupo de los),* nombre dado por el crítico Henri Collet (1920) a un grupo de compositores franceses (G. Auric, L. Durey, A. Honegger, D. Milhaud, F. Poulenc y G. Tailleferre), los cuales quisieron superar la influencia de Debussy, Fauré y Ravel. De la estética de los seis dan testimonio *El buey sobre el tejado* de Milhaud y las obras de Poulenc, como su ballet *Las ciervas.*

Seis personajes en busca de autor, obra en tres actos de Pirandello (1921). Seis personajes buscan un autor que les dé existencia teatral. La obra constituye una denuncia de las convenciones y del lenguaje tradicional del teatro, e insiste en los temas de la personalidad y de lo absurdo de la existencia.

SEISAVO, A adj. y n. m. Dícese de cada una de las seis partes iguales en que se divide un todo.

SEISCIENTOS, AS adj. num. cardin. y n. m. Seis veces ciento.

SEISCIENTOS n. m. Denominación que se aplica al arte, la literatura y, en general, la historia y la cultura del s. XVII.

SEISE n. m. Cada uno de los niños de coro que cantan en las catedrales en ciertas festividades.

SEISILLO n. m. *Mús.* Figura rítmica compuesta de seis notas iguales, que se deben ejecutar en el tiempo correspondiente a cuatro de su mismo valor, en un compás simple.

SEÍSMO n. m. → SISMO.

SEISTAN → SĪSTĀN.

SEJANO, favorito y ministro de Tiberio (Volsinios [act. Bolsena] c. 20 a. J.C.-Roma 31 d. J.C.). Prefecto del pretorio (23 d. J.C.), persuadió a Tiberio para que estableciera a los pretorianos en un campamento en la propia Roma. Ambicioso, concibió el proyecto de llegar a emperador: hizo desaparecer a Druso César, heredero del trono, persuadió a Tiberio de que se retirara a Capri y, en su ausencia, ejerció el poder. Sus intrigas llegaron a conocimiento de Tiberio quien le mandó ejecutar.

SEJE n. m. *Amér. Merid.* Planta arbórea, muy semejante al cocotero, pero menos gruesa y más baja, de cuyo fruto se extrae un denso aceite; fruto de esta planta.

SEKONDI-TAKORADI, aglomeración del litoral de Ghana, al O de Accra; 161 000 hab. Constituida por el centro comercial de Sekondi y el puerto de Takoradi.

SELA, siglas de SISTEMA ECONÓMICO LATINOAMERICANO.

SELÁCEO, A adj. y n. m. Relativo a una subclase de peces marinos de esqueleto cartilaginoso. (El *tiburón* y la *raya* pertenecen a la subclase *seláceos.*)

SELANGOR, estado de Malaysia, en el estrecho de Malaca; 1 629 000 hab. Cap. *Shahalam.* Pesca. Arroz, cocoteros y aceite de palma. Carbón y estaño.

SELASSIÉ (Hailé) → HAILÉ SELASSIÉ.

SELECCIÓN n. f. Acción de seleccionar. || Conjunto de personas o cosas seleccionadas. || Elección, natural o artificial, de animales o plantas en vistas a la reproducción. • *Selección de colores* (Impr.), procedimiento fotográfico o electrónico que permite obtener, a partir de un original en colores, los clichés de impresión para la reproducción en tricromía. || *Selección natural,* supervivencia de los animales o vegetales mejor adaptados a las condiciones consideradas, a expensas de los menos aptos. || *Selección profesional,* elección de los candidatos a una profesión, según las cualidades adecuadas.

SELECCIONADOR n. m. En las agrupaciones deportivas, el encargado de seleccionar a los jugadores que han de formar parte de un equipo.

SELECCIONADORA n. f. Máquina que clasifica a gran velocidad fichas perforadas, siguiendo un orden determinado por la serie de operaciones.

SELECCIONAR v. tr. [**1**]. Escoger o elegir entre varias personas o cosas las que se consideran mejores o más adecuadas para un fin.

SELECTIVIDAD n. f. Calidad de selectivo. || Conjunto de condiciones y pruebas a que se someten los alumnos para acceder a ciertos niveles del sistema educativo. || Propiedad de un aparato receptor de radiodifusión selectivo.

SELECTIVO, A adj. Que sirve para efectuar una selección: *método selectivo.* || Que implica una selección. || Dícese del aparato receptor de radiodifusión dotado de una buena separación de ondas de frecuencia cercanas. ◆ adj. y n. m. Dícese del curso previo o primer curso de ciertas carreras.

SELECTO, A adj. (lat. *selectum*). Dícese de lo mejor entre otros de su especie o clase: *vinos selectos.*

SELECTOR n. m. Dispositivo compuesto de un relevador electromagnético de dos posiciones, que permite efectuar una operación de selección. || Pedal para accionar el cambio de velocidades de una motocicleta o un ciclomotor. || Conmutador de varias direcciones, operado mediante señales de mando.

SELENHÍDRICO, A adj. Dícese del ácido H_2Se, llamado también *hidrógeno seleniado.*

SELENIATO n. m. Sal del ácido selénico.

SELÉNICO, A adj. Dícese del anhídrido SeO_3 y del ácido correspondiente.

SELENIO n. m. Metaloide (Se) n.º 34, de masa atómica 78,96, sólido, de densidad 4,8, fusible a 217 °C, análogo al azufre, y cuya conductividad eléctrica aumenta con la luz que recibe.

SELENIOSO, A adj. Dícese del anhídrido SeO_2 y del ácido correspondiente.

SELENITA n. m. y f. Supuesto habitante de la Luna.

SELENOGRAFÍA n. f. Descripción de la superficie de la Luna.

SELENOGRÁFICO, A adj. Relativo a la selenografía.

SELENOLOGÍA n. f. Estudio de la Luna.

SELEUCIA, nombre de varias ciudades del oriente helenístico fundadas por un Seleuco. Las más importantes son *Seleucia de Pieria,* c. y puerto de Antioquía al N de las bocas del Oronte, y *Seleucia del Tigris,* en Mesopotamia, centro comercial muy importante que fue suplantado por Bagdad.

Algar-Salmer

El río **Segura** cerca de Elche de la Sierra, Albacete.

SELÉUCIDA adj. y n. m. y f. Relativo a los Seléucidas.

SELÉUCIDAS, dinastía helenística que reinó de 312 a 64 a. J.C. en la parte asiática del imperio de Alejandro Magno. El fundador de la dinastía fue Seleuco I (c. 355-280), quien extendió sus dominios desde la India hasta el Mediterráneo; reinó de 312 a 280, en que fue asesinado cuando intentaba apoderarse de Tracia y de Macedonia: el reino seléucida conoció entonces su mayor extensión. Antíoco I (325-261; rey de 280 a 261) heredó un reino demasiado vasto y complejo, por lo que, muy pronto, Bitinia, Ponto y Capadocia se independizaron y los gálatas se instalaron en Frigia. Su hijo, Antíoco II Teos (286-246; rey de 262 a 246), demasiado ocupado en la defensa de Siria frente a los Tolomeos de Egipto, perdió Bactriana y Partia. Después de las intrigas cortesanas que marcaron el reinado de Seleuco II (de 246 a 225) y el breve reinado de Seleuco III (de 225 a 223), el

sellos de un real y cincuenta céntimos de la tercera guerra carlista, 1875. **sello** de quince céntimos, commemorativo de la exposición de industrias de Madrid, 1907. Autogiro: **sello** de dos pesetas, 1935. (Gabinete numismático, Barcelona.)

Salmer

acceso al trono de Antíoco III (de 223 a 187), a pesar de la derrota de Rafia (217), que le infligió Tolomeo IV, representó un verdadero renacimiento: restableció el prestigio seléucida en oriente y puso fin a las pretensiones de Egipto sobre la Siria meridional (198), pero chocó con el poderío romano (paz de Apamea, 188). Antíoco IV Epífanes (de 175 a 164), que sucedió a Seleuco IV (de 187 a 175), fue el último gran soberano: tuvo que enfrentarse con la resistencia de los judíos (rebelión de los macabeos, 167) y vio frustrada por los romanos su victoria sobre Egipto. Desde entonces y durante un siglo, la dinastía seléucida, dividida en dos ramas rivales que libraron una guerra sin cuartel por la posesión de un reino que cada vez se empequeñecía más, vivió una existencia precaria. Después, la Judea de los asmoneos, Media y Babilonia, sometidas por los partos, se separaron del imperio seléucida que muy pronto se vio reducido a Siria, que Pompeyo anexionó luego al imperio romano. (64 a. J.C.).

SELEUCO, nombre de seis reyes seléucidas.

SELF n. f. Apócope de SELFINDUCCIÓN y de BOBINA DE INDUCCIÓN.

SELFACTINA n. m. (ing. *self-acting*). Máquina de hilar con carro. ● *Selfactina de hilar,* máquina de hilar automática.

SELF-GOVERNMENT n. m. (voz inglesa). Sistema de administración de los dominios británicos y de los antiguos territorios coloniales que obtuvieron su autonomía.

SELFINDUCCIÓN n. f. Autoinducción.

SELFINDUCTANCIA n. f. Autoinductancia.

SELF-MADE MAN n. m. (voces inglesas). Persona que ha alcanzado su posición material y social por sus propios medios, que no debe su éxito más que a sí mismo.

SELF-SERVICE n. m. (voz inglesa). Restaurante en donde el cliente se sirve por sí mismo.

SELF-TRIMMER n. m. (voz inglesa). *Mar.* Tipo de buque de carga en el que la parte inferior de las paredes laterales de las bodegas está construida en plano inclinado, lo que permite el self-trimming.

SELF-TRIMMING n. m. (voz inglesa). *Mar.* Estiba automática de una carga pulverulenta a granel en un barco.

SELGAS Y CARRASCO (José), escritor español (Lorca 1822-Madrid 1882). Perteneció al Partido conservador. Fue poeta de corte sentimental (*La primavera y el estío,* 1850) y autor de novelas y cuadros de costumbres (*Una manzana de oro,* 1872). [Real academia española, 1865.]

SELĪM I o **SALĪM I el Cruel** (Amasya 1467-Constantinopla 1520). Sultán otomano (de 1512 a 1520). Asumió el poder con la ayuda de los jenízaros y, sin romper la paz con occidente, se volvió hacia oriente. Derrotó a los ṣafawíes en Tsaldirān (1514) y se anexionó la Anatolia oriental. Conquistó Siria, Palestina y Egipto (1516-1517), se hizo reconocer protector de las ciudades santas del islam (La Meca y Medina) y restituyó en Constantinopla al último califa abasí.

SELĪM II y **III** → OTOMANOS.

SELINONTE, c. griega de la Sicilia occidental. Muy próspera hasta su destrucción en 409 a. J.C. por los cartagineses, durante la primera guerra púnica (250 a. J.C.) sufrió nuevas destrucciones de las que no se recuperó. La acrópolis y el conjunto de los templos agrupados en dos colinas reflejan la riqueza de la ciudad, el lujo de la decoración y la libre adaptación de la severidad dórica.

ŠELOMÓ DE TORRUTIEL (Abraham **ben**), cronista hebraicoespañol (nacido en Torrutiel c. 1482), autor del *Libro de la tradición* (1510), relato de la expulsión de los judíos de España y Portugal y de la posterior historia del exilio.

ŠELŪḤ, grupo beréber de Marruecos, que habita en el Alto Atlas.

SELVA n. f. (lat. *silvam*). Bosque extenso, inculto y muy poblado de árboles. || *Fig.* Abundancia extraordinaria, confusa y desordenada de una cosa ● *Selva virgen,* bosque no alterado por la manipulación del hombre.

selva (*El libro de la*) o **Libro de las tierras vírgenes,** título de dos colecciones de cuentos de R. Kipling (1894-1895). En ellos se narran las aventuras de un niño, Mowgli, entre los animales de la jungla. Novela exótica y epopeya colonial, constituye una alegoría del imperio británico. Ha sido llevado al cine en varias ocasiones.

SELVA (*La*), comarca de España (Gerona), en la costa mediterránea. Destacan la agricultura y la explotación forestal, seguidas por la industria textil y química. Importante desarrollo turístico en la Costa Brava (Lloret, Blanes, Tossa).

SELVA ALEGRE (*marqueses* DE) → MONTÚFAR (Juan Pío y Carlos DE).

SELVA NEGRA, en alem. **Schwarzwald,** macizo montañoso de Alemania (R.F., Baden-Württemberg), que domina la llanura del Rin, frente a los Vosgos. Su altitud disminuye del S (1 493 m en Feldberg), cristalino, al N, donde se ha mantenido la cobertura sedimentaria de gres. La industria textil (en declive), la relojería y el turismo son los principales recursos.

SELVÁTICO, A adj. Relativo a la selva. || *Fig.* Rústico, inculto, tosco: *un pueblo selvático.*

SELYE (Hans), fisiólogo canadiense de origen austríaco (Viena 1907-Montreal 1982). Describió el *stress* y el *síndrome general de adaptación,* por el cual el organismo reacciona a todo tipo de agresiones.

SELYÚCIDAS o **SELŶŪQUÍES,** familia principesca de origen turco que dominó el oriente musulmán de los ss. XI al XIII. Tuvieron por antepasado epónimo a Salŷūq, de un clan de turcos uguz que abandonó el curso inferior del Sir Daryá para pasar a la Transoxiana (fines s. X). Ṭugril Beb (de 1038 a 1063) fundó la dinastía de los Selyúcidas de Irán (de 1038 a 1157) o Grandes Selyúcidas. Vencedor de los Gaznawíes en Dandānqān (1040), conquistó el Jurāsān y convirtió a Iṣfahān en su capital (1051). Entró en Bagdad (1055) y se convirtió en el protector del califato abasí. Alp Arslān (de 1063 a 1073) conquistó Alepo (1070) a los Fatimíes y derrotó al ejército bizantino en Mantzikert (1071). Con Malik sha (de 1073 a 1092), el imperio selyúcida alcanzó su apogeo, pero pronto se dividió en cuatro estados:
— *el sultanato de Rūm* (1081-1302); Sulaymān ibn Qutulmīš (de 1077 a 1086) estableció su capital en Nicea (1081); pero Kiliŷ Arslān I (de 1092 a 1107), vencido por los cruzados en Dorilea (1097), tuvo que replegarse hacia Konya; conoció su apogeo a principios del s. XIII; el sultanato de Rūm sufrió una larga agonía después de la victoria mongol de 1243;
— *el estado de los Selyúcidas del Kirmān* (1041-1186);
— *el estado de los Selyúcidas de Iraq* (1118-1194);
— *los principados de los Selyúcidas de Siria* (1078-1117).

Con los Selyúcidas, los turcos adquirieron un papel dominante en el mundo musulmán. Defensores de la ortodoxia sunnī, favorecieron el desarrollo de las universidades (*madrasa*), gracias a Niẓām al-Mulk.
BELLAS ARTES. Irán debe a los Selyúcidas algunos de sus más bellos monumentos (Gran mezquita, 1088, Iṣfahān), en los que se integran elementos típicamente iraníes (iwān). Dominaron perfectamente la construcción de cúpulas: en el interior, pasando sutilmente de la base cuadrada al tambor circular (sala del mirhāb, Gran mezquita, Iṣfahān) y en el exterior por la armonía de las proporciones y la riqueza decorativa de los azulejos (mezquita de Qazvīn), generalmente en negro y azul. Dieron un gran impulso a las artes menores y a la cerámica, especialmente la de los talleres de Rai, con variedad de motivos decorativos, testimonio de un admirable virtuosismo. El arte funerario tuvo un brillante desarrollo, y las altas torres de planta circular, estrellada u octogonal (cubiertas por un techo cónico que disimula una cúpula) se multiplicaron y llegaron a Anatolia, donde se instalaron los Selyúcidas de occidente. Portadores de cierta tradición oriental a la que se unían aportaciones bizantinas, crearon una arquitectura original, cuyos edificios característicos son los amplios caravaneros (Sivas, 1229-1236), las mezquitas y las madrasas, provistas de grandes puertas de entrada rematadas con arcos de ojiva ricamente esculpidos (Konya, Sivas o Erzurum), así como el desarrollo del alminar, muchas veces doble (Sivas) y a menudo adornado con bellos azulejos (Erzurum). Konya, la capital, parece haber sido uno de sus grandes centros de producción. Dominaron el arte del adorno arquitectónico (disposición extremadamente variada de los ladrillos, calidad y sobriedad de los revestimientos de azulejos con motivos geométricos). También dieron un gran impulso a las artes menores, particularmente a la tapicería adornada con motivos geométricos simples y equilibrados y con animales estilizados, muy estilizados.

SELLA, r. de España, en la vertiente cantábrica; 70 km. Nace en el valle de Sajambre (León) y desemboca en Ribadesella. Su equipo hidroeléctrico es de 16 MW.

SELLAR v. tr. (lat. *sigillare*) [**1**]. Imprimir el sello a una cosa: *sellar una carta.* || *Fig.* Estampar, imprimir o dejar la huella o señal de una cosa en otra. || *Fig.* Corroborar la conclusión de una cosa, especialmente de un acuerdo: *sellar un pacto.* || *Fig.* Cerrar, cubrir, tapar: *sellar los labios.* || *Tecnol.* Cerrar herméticamente: *sellar el extremo de un tubo.*

SELLE (*macizo de la*), macizo montañoso del S de Haití; 2 680 m de alt.

SELLO n. m. (lat. *sigillum*). Utensilio que sirve para estampar sobre una carta, documento, etc., la estampilla de una empresa, entidad, organismo oficial, etc. || Lo que queda estampado, impreso y señalado con el mismo sello. || *Fig.* Carácter distintivo y peculiar de una persona o cosa: *un sello de distinción.* || Viñeta o estampita de un valor convencional, emitida por una administración postal para franquear los envíos confiados al servicio de correos. (Sin. SELLO DE CORREOS). || Matriz en que están grabadas en hueco la figura, las armas o la marca simbólica de un estado, de un soberano, de una comunidad o de un particular. || Disco de metal o de cera que se ponía pendiente en documentos de importancia para garantizar su destino a una persona determinada. || Conjunto de dos obleas entre las que se encierra un medicamento para poderlo tragar sin percibir su sabor. (Sin. OBLEA.) || Sortija con una placa en la que se graban las iniciales de una persona o el escudo de un apellido.

SEM, patriarca bíblico, hijo mayor de Noé, que, según los antiguos hebreos, fue el antepasado epónimo de los semitas.

SEM TOB → TOB (Sem).

SEMA n. m. *Ling.* Unidad mínima de significación no susceptible de realización independiente.

SEMÁFORO n. m. Dispositivo de señalización luminosa para la regulación del tráfico urbano. || *F.C.* Señal óptica para la seguridad del tráfico, en los sistemas de seccionamiento. || *Mar.* Telégrafo aéreo establecido en las costas para anunciar los buques que vienen de alta mar o navegan a la vista, y comunicarse con ellos.

SEMANA n. f. (lat. *septimanam*). Serie de siete días naturales consecutivos empezando por el domingo y acabando por el sábado. || Espacio de tiempo que media entre cualquier día de la semana y el igual de la siguiente. || Salario ganado en una semana. ● *Entre semana,* en cualquier día de ella, menos el primero y el último. || *Semana inglesa,* régimen de trabajo que se inicia el lunes por la mañana y finaliza el sábado a mediodía. || *Semana santa,* la última de la cuaresma, desde el domingo de Ramos hasta el de Resurrección.

Semana trágica, denominación dada a la insurrección producida en Barcelona y en varias localidades catalanas, y que tuvo su origen en la protesta por el envío de nuevas tropas a Marruecos (26-31 julio 1909), por el gobierno Maura. La huelga general, decretada por socialistas y Solidaridad obrera, iniciada pacíficamente, se convirtió en una verdadera insurrección ante la proclamación del estado de sitio y la presencia del ejército en las calles, que acabó tomando la ciudad (29-31 julio). Dominada la insurrección, el gobierno maurista inició una dura represión. La muerte de Ferrer* Guardia, al que se pretendió presentar como principal dirigente de los hechos, provocó violentas manifestaciones de protesta en todas las grandes capitales europeas, y Maura se vio obligado a dimitir (oct.).

SEMANAL adj. Que dura una semana, o sucede, se hace o se repite cada semana.

SEMANARIO n. m. Publicación periódica semanal. || Juego de algunas cosas, formado por siete unidades: *un semanario de pulseras.*

SEMANG, pueblo pigmeo asiático, del grupo de los negritos*, que habita en las zonas montañosas de la península de Malaca. Son recolectores y cazadores.

SEMANTEMA n. m. *Ling.* Elemento que corresponde a un concepto (contenido semántico de la palabra), por oposición al *morfema* y al *fonema.* (En *mover, móvil, movedizo,* el semantema es *mov.*)

SEMÁNTICA n. f. *Ling.* Estudio de los significados de las palabras y de sus variaciones, y de los problemas relacionados con el signifi-

Salmer

sello de cera de la abadía de Ripoll, s. XIV. (Museo episcopal, Vich.)

cado. || *Lóg.* Estudio de las proposiciones de una teoría deductiva desde el punto de vista de su verdad o de su falsedad.

SEMÁNTICO, A adj. Relativo al sentido, al significado: *el contenido semántico de una palabra.* || *Lóg.* Relativo a la interpretación de un sistema formal.

SEMANTISTA n. m. y f. Especialista en semántica.

SEMARANG, c. y puerto de Indonesia, cap. de prov., en la costa N de Java; 647 000 hab.

SEMASIOLOGÍA n. f. *Ling.* Estudio de los significados, partiendo de la palabra para estudiar el sentido.

SEMBLANTE n. m. (cat. *semblant*). Cara, rostro, en cuanto exterioriza en las facciones los diversos estados del ánimo. || Cara, rostro. || *Fig.* Apariencia o aspecto favorable o desfavorable de una cosa.

SEMBLANTEAR v. tr. [**1**]. *Amér.* Mirar a uno a la cara para adivinar sus intenciones y pensamientos.

SEMBLANZA n. f. (cat. *semblança,* parecido). Descripción física o moral de una persona.

SEMBRADERO n. m. *Colomb.* Porción de tierra labrantía o de sembradura.

SEMBRADÍO, A adj. Dícese del terreno destinado a sembrar.

SEMBRADO, A adj. *Heráld.* Dícese del escudo, pieza o figura llena de pequeñas figuras o piezas en cantidad indeterminada.

SEMBRADO n. m. Terreno sembrado.

SEMBRADOR, RA adj. y n. Que siembra.

SEMBRADORA n. f. y adj. Máquina para sembrar cereales y semillas. (Sin. MÁQUINA DE SEMBRAR.)

SEMBRAR v. tr. (lat. *seminare*) [**1j**]. Esparcir las semillas en la tierra preparada para que germinen. || *Fig.* Esparcir, desparramar algo sobre una superficie: *sembrar una calle de flores.* || *Fig.* Dar motivo u origen a algo: *sembrar el pánico.* || *Fig.* Hacer algo o prepararlo para que produzca provecho, fruto, bien, etcétera: *sembrar bienestar.*

SEMEJANTE adj. Que tiene aspectos o características iguales o similares a otra persona o cosa con la que se compara. || Tal, de esta especie. || *Mat.* Dícese de dos figuras que pueden ser transformadas la una en la otra por una semejanza.

SEMEJANTE n. m. Prójimo, cualquier persona con respecto a otra. (Suele usarse en plural.)

SEMEJANZA n. f. Calidad de semejante. || *Fís.* Correspondencia entre los comportamientos de dos objetos dimensionales distintos. || *Lit.* Símil. || *Mat.* En un espacio métrico afín E, aplicación lineal *f* de E en E tal que para dos puntos cualesquiera *x* e *y* de E se cumple $f(x)f(y)^2=k^2xy^2$, siendo el número *k* una constante característica de la semejanza.

SEMEJAR v. intr. y pron. [**1**]. Parecer o tener semejanza o parecido con una persona o cosa.

SEMEMA n. m. *Ling.* Unidad compuesta por un grupo de semas, y que corresponde a un lexema.

SEMEN n. m. (lat. *semen,* semilla). *Biol.* Esperma.

SEMENCONTRA n. f. *Farm.* Medicamento que se obtiene a partir de las cabezas de varias plantas del género *Artemisa,* que contienen un principio activo contra las parasitaciones intestinales.

SEMENTAL adj. Relativo a la siembra o sementera. ◆ adj. y n. m. Dícese del animal macho que se destina a la reproducción.

SEMENTERA n. f. Acción y efecto de sembrar. || Tierra sembrada. || Cosa sembrada. || Tiempo a propósito para sembrar. || *Fig.* Cosa de la que se originan y propagan otras desagradables.

SEMESTRAL adj. Que sucede o se repite cada semestre: *reunión semestral.* || Que dura un semestre: *cursos semestrales.*

SEMESTRE n. m. Período de seis meses. || Renta o sueldo que se cobra o paga cada semestre.

SEMIÁRIDO, A adj. Dícese de las regiones y del clima de las zonas próximas a los desiertos. (Sin. SUBDESÉRTICO.)

SEMIAUTOMÁTICO, A adj. Dícese de un conjunto mecánico cuyo funcionamiento automático implica una ayuda manual. ● *Arma semiautomática* (Arm.), arma automática en la que, para hacer fuego, el tirador debe accionar cada vez el disparador.

SEMICILÍNDRICO, A adj. Relativo al semicilindro. || Que tiene forma de semicilindro o es semejante a él.

SEMICILINDRO n. m. Cada una de las dos mitades del cilindro separadas por un plano que pasa por el eje.

SEMICIRCULAR adj. Relativo al semicírculo. || Que tiene forma de semicírculo o es semejante a él. ● *Conductos semicirculares,* órganos del oído interno que dan el sentido de las posiciones de la cabeza, base del mecanismo del sentido del equilibrio.

SEMICÍRCULO n. m. Cada una de las dos mitades del círculo separadas por un diámetro.

SEMICIRCUNFERENCIA n. f. Cada una de las dos mitades de la circunferencia.

SÉMICO, A adj. *Ling.* Relativo al sema.

SEMICONDUCTOR, RA adj. y n. m. *Electr.* Dícese del cuerpo cuya conductividad eléctrica, superior a la de los metales e inferior a la de los aislantes, aumenta bajo el efecto del calor, de una radiación, de un campo eléctrico o con la presencia en su seno de ciertos átomos de impurezas.

■ En estado puro y a temperatura poco elevada, un semiconductor presenta una gran resistividad (entre 1 y 10^6 Ωm), aunque disminuye rápidamente con una elevación de temperatura, pues la agitación térmica arranca electrones a un determinado número de átomos; el recorrido de los electrones así liberados crea una corriente eléctrica cuando una diferencia de potencial se aplica entre dos puntos del semiconductor. Esta resistividad desciende todavía más si se introducen en el semiconductor ciertas impurezas en muy poca cantidad (1 átomo de impureza para 10^8 átomos del cuerpo puro).

El silicio y el germanio, que son semiconductores, pertenecen a la cuarta familia. Pueden ser «excitados» por un elemento de valencia 5 (antimonio o arsénico) y pertenecen entonces al tipo N (negativo); el átomo de antimonio o de arsénico, llamado donador, se enlaza con el germanio o el silicio por cuatro electrones de valencia, permaneciendo libre el quinto para la conducción. Si la impureza elegida es un átomo trivalente (aluminio o indio) se obtiene un semiconductor del tipo P (positivo). El átomo de impureza, llamado aceptor, sólo puede establecer enlaces con tres átomos del cuerpo; existe carencia de electrón o un «hueco» positivo en un cuarto átomo, y la conducción se efectúa mediante tales huecos; los electrones que los remplazan dejan tras de sí nuevas lagunas.

Las formas de conducción de electricidad que caracterizan a los semiconductores se emplean en diversos dispositivos, tales como diodos, transistores y elementos fotoeléctricos.

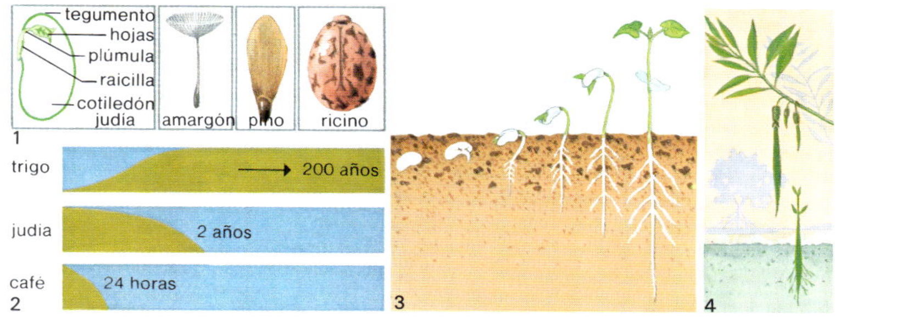

semilla y germinación: 1. Diferentes formas de semillas; 2. Evolución del poder germinativo; 3. Germinación de la judía; 4. Germinación en el árbol (mangle).

SEMICONSERVA n. f. Conserva alimentaria cuya duración es limitada y que debe guardarse en frío.

SEMICONSONANTE adj. y n. f. Dícese de la articulación explosiva agrupada con la consonante anterior. (En español la *i* de *pie* y la *u* de *bueno* son semiconsonantes.)

SEMICONVERGENTE adj. *Mat.* Dícese de una serie convergente que se convierte en divergente cuando se remplazan sus términos por sus valores absolutos.

SEMICORCHEA n. m. Nota musical cuyo valor representa la dieciseisava parte de la redonda.

SEMIDIESEL n. m. Motor diesel que funciona con menor grado de compresión y que necesita por ello un encendido eléctrico.

SEMIDIÓS, SA n. *Mit. gr.* y *rom.* Hijo de un dios y de una mortal o de un mortal y de una diosa. || Divinidad secundaria (fauno, ninfa, sátiro, etc.). || Persona excepcional por su genio.

SEMIDORMIDO, A adj. Medio o casi dormido.

SEMIEJE n. m. Cada una de las dos partes de un eje separadas por un punto.

SEMIESFERA n. f. Hemisferio.

SEMIESFÉRICO, A adj. Sin. de HEMISFÉRICO.

SEMIFINAL n. f. Prueba deportiva que precede a la final.

SEMIFINALISTA adj. y n. m. y f. Que contiende o participa en una semifinal.

SEMIFONDO n. m. Carrera de media distancia.

SEMIFUSA n. f. Figura de nota musical que representa la dieciseisava parte de una negra y la sesenta y cuatroava parte de una redonda.

SEMIGAE → ZÁPARO.

SEMILIBERTAD n. f. *Hist.* Condición de semilibre.

SEMILIBRE n. m. y f. *Hist.* Persona que gozaba de cierta libertad, pero sometida al dominio señorial.

SEMILUNAR adj. *Anat.* Que tiene forma de media luna.

SEMILLA n. f. (lat. *seminia*). Embrión en estado latente encerrado en un fruto y que, tras la dispersión y germinación, da una nueva planta. || *Fig.* Aquello que es causa u origen de una cosa, hecho, suceso, etc. ◆ pl. Granos que se siembran, exceptuando el trigo y la cebada.

SEMILLERO n. m. Lugar donde se siembran las plantas que después se han de trasplantar. || Lugar donde se conservan para estudio colecciones de diversas semillas. || *Fig.* Aquello que es causa y origen de que suceda o se realice algo: *un semillero de discordias.*

SEMINAL adj. Relativo al semen o a la semilla.

Seminara *(batallas de),* nombre de dos combates ocurridos cerca de esta localidad italiana (prov. Reggio di Calabria). El 21 de junio de 1495, las tropas francesas de d'Aubigny, gobernador de Calabria, vencieron a las del Gran Capitán. El 21 de abril de 1503, los mismos contendientes se enfrentaron; con la victoria, los españoles se aseguraron la posesión de Calabria.

SEMINARIO n. m. Establecimiento religioso donde se forma a los que aspiran al sacerdocio. || Serie de conferencias sobre un tema determinado; grupo de trabajo.

SEMINARISTA n. m. Alumno de un seminario.

SEMINÍFERO, A adj. *Anat.* Que conduce el semen; que produce o contiene semen.

SEMINOLA, pueblo amerindio de lengua muscogi, que habitaba en la península de Florida.

SEMINOMA n. m. *Med.* Variedad de tumor maligno del testículo.

SEMINÓMADA adj. y n. m. y f. Que practica el seminomadismo.

SEMINOMADISMO n. m. *Geogr.* Género de vida que combina la agricultura ocasional y la ganadería nómada, normalmente en las proximidades de los desiertos.

SEMIOLOGÍA n. f. Sin. de SEMIÓTICA. || Sin. de SINTOMATOLOGÍA.

SEMIOLÓGICO, A adj. Relativo a la semiología.

SEMIÓLOGO, A n. Especialista en semiología.

SEMIÓNOV (Nikolái Nikoláievich), químico ruso (Sarátov 1896), autor de trabajos sobre la cinética de las reacciones químicas. (Premio Nobel de química, 1956.)

SEMIORUGA n. m. Vehículo blindado equi-

D. Lecourt-Jacana

sen

pado con ruedas en el eje delantero y con cadenas en los ejes traseros. (Sin. HALF-TRACK.)

SEMIÓTICA n. f. En lógica matemática teoría de los signos.||Teoría de los signos culturales, especialmente literarios. (Sin. SEMIOLOGÍA.)
■ Ciencia general de los signos, a la que se le asignó un lugar en el sistema de las ciencias, en los años sesenta, la semiótica retoma el proyecto que F. de Saussure asignaba a la *semiología:* el estudio de los signos en el seno de la vida social. Pero, así como Saussure daba mayor importancia a las relaciones lenguaje/sociedad, la semiótica moderna (tal como se entiende a partir de C. S. Peirce), aun teniendo en cuenta los modelos elaborados por la lingüística, se esfuerza en integrar en su progreso los sistemas de expresión no lingüísticos y en abordarlos sin mediación de un «intérprete» (así, la semiótica pictórica no se reduce al análisis de los enunciados de la pintura, sino que se esfuerza en captar las estructuras formales y semánticas del espacio del cuadro). Es difícil proponer una clasificación satisfactoria de los sistemas semióticos, que se constituyen en función de elecciones metodológicas; sólo aparecen bastante bien delimitadas la semiótica de las lenguas artificiales, la semiótica poética y sobre todo la semiótica discursiva (elaborada a partir del estudio de textos folklóricos, con V. J. Propp, y mitológicos, con R. Dumézil y C. Lévi-Strauss), que permitió distinguir *niveles* en el análisis de los objetos semióticos: *nivel profundo* (estructuras abstractas que dan cuenta de las operaciones lógico-semánticas en las transformaciones de un texto); *nivel morfosintáctico* (organización sintáctica de los textos); *nivel figurativo/nivel textual.* Este reconocimiento de niveles distintos pero equivalentes permite comparar proposiciones figurativas (relatos, historias) y no figurativas (filosóficas, didácticas), y aplicar este esquema a las no literarias (jurídicas, económicas...), así como a encadenamientos no lingüísticos (rituales, convenciones sociales).

SEMIÓTICO, A adj. Relativo a la semiótica.

SEMIPALÁTINSK, c. de la U.R.S.S. (Kazajstán), junto al Irtich; 283 000 hab. Centro agrícola y ganadero. Textiles.

SEMIPAUSA n. f. *Mús.* Silencio de duración igual a una blanca.||Signo que lo indica y

semipausa

que se coloca sobre la tercera línea del pautado.

SEMIPERMEABLE adj. Dícese de una membrana o de un tabique que, separando dos soluciones, deja pasar las moléculas de disolvente pero detiene las de los cuerpos disueltos.

SEMIPESADO, A adj. y n. m. En ciertos deportes (boxeo, lucha, halterofilia), categoría de pesos intermedia entre los pesos medios y los pesos pesados.

SEMIPLANO n. m. *Mat.* Porción de plano limitado por una recta trazada en este plano.

SEMIPOLAR adj. Dícese del enlace químico entre dos átomos, uno de los cuales proporciona al otro los electrones de valencia.

SEMIPRODUCTO n. m. Materia prima que ha sufrido una primera transformación.

SEMÍRAMIS, legendaria reina asiria a quien la tradición griega atribuye la fundación de Babilonia y de sus jardines colgantes. La leyenda parece haberse formado alrededor de la regente *Sammuramat,* quien ejerció de 810 a 805 a. J.C. un poder absoluto durante la minoría de edad de su hijo Adad Nirāri III (810-782).

SEMIRRECTA n. f. *Mat.* Parte de una recta que tiene un extremo determinado por un punto y el otro extremo situado en el infinito.

SEMIRREMOLQUE n. m. Conjunto formado por un vehículo tractor y un remolque que se puede ser separado del primero.

SEMIRRÍGIDO, A adj. Dícese de un dirigible con quilla rígida, pero con cubierta exterior flexible.

SEMITA adj. y n. m. y f. (de *Sem,* hijo de Noé). Relativo a una familia de pueblos del Próximo oriente que hablan actualmente o hablaban en la antigüedad lenguas semíticas. (Los pueblos semíticos, antiguos o modernos, más importantes son los acadios [asirobabilonios], los amorritas, los arameos, los fenicios, los árabes, los hebreos y los etíopes); individuo de estos pueblos. ◆ adj. Semítico.

SEMÍTICO, A adj. Relativo a los semitas. ● *Lenguas semíticas,* grupo de lenguas habladas en un vasto dominio desde Asia suroccidental hasta África del norte (árabe, hebreo).

SEMITISMO n. m. Carácter semítico.

SEMITISTA n. m. y f. Especialista en estudios semíticos.

SEMITONO n. m. El más pequeño intervalo empleado en el sistema musical temperado.

SEMITRANSPARENTE adj. Casi transparente.

SEMIUNCIAL adj. Dícese de una escritura formada por un conjunto de unciales y minúsculas, desarrollada del s. IV al X.

SEMIVOCAL n. f. Fonema que se inicia con una abertura vocálica y termina con la estrechez de una fricativa, y cuya articulación ofrece un sentido inverso a la de las semiconsonantes, como la *i* y la *u* de *aire, peine, aura, causa.*

SEMMELVEIS (Ignác Fülöp), médico húngaro (Buda 1818-Viena 1865). Fue el primero en reconocer el carácter infeccioso y contagioso de la fiebre puerperal y preconizó la desinfección de las manos y de los instrumentos de los comadrones.

SEMMERING, puerto de los Alpes orientales, en Austria, por donde pasan el ferrocarril y la carretera entre Viena y Zagreb; 986 m.

SÉMOLA n. f. (lat. *similam,* flor de harina). Pasta hecha de harina de trigo, arroz u otro cereal, reducida a granos muy menudos.

SEMOVIENTE adj. Dícese de los bienes que pueden trasladarse por sí mismos de un lugar a otro.

SEMPER (Gottfried), arquitecto y teórico alemán (Hamburgo 1803-Roma 1879). Estudió arte antiguo en Italia y en Grecia, pero, cuando profesaba en Dresde, criticó la imitación servil a los modelos antiguos. Construyó la ópera de Dresde (1837, que reconstruyó en 1871), trabajó en Londres y en Zurich, trazó los planos, originales, de un teatro wagneriano proyectado en Munich (1866) y fue llamado en consulta a Viena al realizarse las obras del Ring (colaboración en los museos y el Burgtheater, de estilo neorrenacentista).

SEMPERE Y GUARINOS (Juan), político y escritor español (Elda 1754-*id.* 1830). Miembro de la Sociedad económica matritense y del consejo de Hacienda, intervino muy activamente en la política económica del reformismo ilustrado. Ingresó en la Academia de la historia (1803) y participó en la corriente más moderna de la historiografía de su tiempo. Se ocupó de aspectos económicos e institucionales, así como de la problemática de la decadencia. Tras la guerra de la Independencia, en la que acató a José I, tuvo que huir a Francia, para no regresar hasta terminado el trienio constitucional. Entre sus obras destacan *Historia de los vínculos y mayorazgos* (1805), *Historia de las cortes de España* (1815) y *Biblioteca española económico-política* (1801-1821).

SEMPERVIRENTE adj. Dícese de la planta cuyas hojas están verdes todo el año.

SEMPITERNO, A adj. (lat. *sempiternum*). Eterno.

SEMPRÚN (Jorge), escritor español en lenguas francesa y española (Madrid 1923). Exiliado en Francia en 1939, con el seudónimo de Federico Sánchez fue dirigente del Partido comunista español de 1953 a 1964, año en que fue expulsado. Con la excepción de la *Autobiografía de Federico Sánchez* (premio Planeta, 1977), sus novelas fueron publicadas originariamente en francés: *El largo viaje* (1963), *El desvanecimiento* (1967), *La segunda muerte de Ramón Mercader* (1969), *Aquel*

Algar-Salmer

Ramón José **Sender**

domingo (1980) y *La algarabía* (1981). Ha dirigido la película *Las dos memorias,* ha escrito guiones para Alain Resnais *(La guerra ha terminado),* Costa-Gavras *(Z, La confesión),* Yves Boisset *(El atentado)* y Joseph Losey *(Las rutas del sur)* y es autor de una biografía de Yves Montand *(Montand, la vida continúo, 1983).*

SEN n. m. o **SENA** n. f. Planta arbustiva semejante a la casia, con cuyas hojas se prepara una infusión empleada como purgante.

SEN n. m. Unidad monetaria fraccionaria diversos países de Extremo oriente.

SENA, en fr. **Seine,** r. de Francia; 776 km (78 650 km^2 de cuenca). Nace en la meseta de Langres y discurre hacia el NO atravesando el S de la Champaña, pasa por Troyes y después recibe al Aube. Toma una dirección SE, bordea los relieves de la Île-de-France, recibe el Yonne, vuelve a tomar su dirección inicial y, cerca de París, recibe el Marne y el Oise. Penetra en Normandía, por Vernon, recibe el Eure, antes de describir los conocidos meandros de su curso bajo (emplazamiento de Ruán), y desemboca en el canal de la Mancha por un estuario al S de El Havre.
Su importancia va unida a la presencia de la aglomeración parisiense. El tráfico fluvial es activo y su valle, aguas abajo de París, está jalonado por importantes industrias (construcción de automóviles, refinerías de petróleo, centrales térmicas [Porcheville]).

SENADO n. m. (lat. *senatum*). En la antigua Roma, asamblea política que, durante la república, fue la más alta autoridad del estado.||En algunos países, una de las asambleas parlamentarias; edificio donde se reúne esta asamblea.
■ El senado de la Roma antigua fue un órgano esencial en la política. Sus miembros eran elegidos entre los antiguos magistrados. En razón de sus funciones consultivas influía en los magistrados y tenía el control de las finanzas, de los asuntos extranjeros y de las provincias. Su poder decayó al final de la república y durante el imperio. En el s. XIX, cuando el parlamentarismo se extendió por Europa, el senado intentó frenar la evolución hacia la democracia. Cuando ésta se ha producido, la tendencia ha sido suprimir la cámara alta (Noruega, Dinamarca), hacerle perder sus poderes (Gran Bretaña) o transformarla en una asamblea democrática (Francia). En la actualidad, en los estados federales, salvaguarda los intereses de cada uno de los estados de la federación; en los estados unitarios sirve de freno a la cámara baja, por lo que tiene un papel conservador.
● En E.U.A., el senado es una asamblea cuyos miembros, en número de cien (dos por estado), son elegidos cada seis años. Elegido por escrutinio mayoritario uninominal a una sola vuelta y renovado en un tercio cada dos años, comparte los trabajos legislativos con

la cámara de representantes, pero dispone de prerrogativas particulares exclusivas, especialmente en materia de ratificación de tratados y de aprobación de las nominaciones presidenciales. Da su «opinión y consentimiento» a algunas de estas nominaciones (miembros del gabinete, jueces de la Corte suprema, embajadores). Tiene la iniciativa legislativa, salvo en materia presupuestaria, en la que la iniciativa la ejerce la Cámara de representantes.

SENADOCONSULTO n. m. (lat. *senatus consultum*). Decisión del senado romano.

SENADOR, RA n. Miembro de un senado.

SENADURÍA n. f. Dignidad o cargo de senador.

SENAHÚ, mun. de Guatemala (Alta Verapaz), avenado por el Candelaria; 27 214 hab. Café y caña de azúcar. Vacunos.

SENANAYAKE (Don Stephen), político cingalés (1884-Colombo 1952). Ministro de Agricultura (1931-1947), jefe del Partido nacionalista unido (U.N.P.), fundado en 1947, fue primer ministro tras la independencia de Srī Lanka. — Su hijo, DUDLEY SHELTON (Colombo 1911-*id.* 1973), estuvo al frente del gobierno (1952-1953, 1960 y 1965-1970), desde donde desarrolló una política conservadora. Fue presidente del U.N.P. a partir de 1958.

SENANCOUR (Etienne PIVERT DE), escritor francés (París 1770-Saint-Cloud 1846). Estudió como analista ideólogo su inadaptación al mundo en sus ensayos (*Libres meditaciones de un desconocido solitario sobre el desprendimiento del mundo y otros objetos de la moral religiosa,* 1829) y novelas (*Obermann**, 1804).

SENAQUERIB, rey de Asiria (705-680 a. J.C.). Príncipe enérgico y cruel, mantuvo la hegemonía asiria a pesar de los ataques de elemitas y arameos. Conquistó y arrasó Babilonia (689), que quería sustraerse a su autoridad. Emprendió grandes obras en Nínive, la capital de su reino.

SENATORIAL adj. Relativo al senado o al senador.

SENCILLEZ n. f. Calidad de sencillo.

SENCILLO, A adj. Simple, sin composición. || Sin lujo, que carece de adorno u ostentación: *vestido sencillo.* || Sin complicación, fácil de comprender, de hacer, etc.: *trabajo sencillo; examen sencillo.* || Exento de artificio o afectación: *estilo sencillo.* || *Fig.* De carácter natural y espontáneo: *un hombre sencillo.* || Que tiene menos cuerpo o volumen que otras cosas de su especie: *tafetán sencillo.*

SENCILLO n. m. *Amér.* Calderilla, dinero suelto.

SENDA n. f. (lat. *semitam*) o **SENDERO** n. m. Camino más estrecho que la vereda, formado por el paso de personas y animales. || *Fig.* Camino, medio, método.

SENDAI, c. de Japón, al N de Honshū; 665 000 hab. Centro artesano tradicional (sederías, cerámicas, laca y madera).

SENDER (Ramón José), escritor español (Chalamera, Huesca, 1902-San Diego, California, 1982). Sus primeras novelas, escritas desde un ideario político revolucionario, constituyen reportajes del agitado medio social: *Imán, novela de la guerra de Marruecos* (1930), *Orden público, novela de la cárcel* (1931), *Siete domingos rojos* (1932). Para *Mister Witt en el cantón* (1935) se basó en el movimiento cantonalista de Cartagena. Tras la guerra civil vivió en México y E.U.A., donde fue profesor de literatura hasta su muerte. Persistió en su visión satírica y descarnada de la realidad, pero ya desprovista de todo proyecto utópico social. Al tema de la guerra civil dedicó libros y novelas como *Contraataque* (1938), *El rey y la reina* (1947), *Los cinco libros de Ariadna* (1957) y *Requiem por un campesino español* (1960, publicado en 1953 con el título de *Mosén Millán*). Los temas americanos surgen en novelas como *Epitalamio del Prieto Trinidad* (1942), *La aventura equinoccial de Lope de Aguirre* (1968) y *El Mechudo y la Llorona* (1977). Entre su restante producción novelística destacan *Crónica del alba* (1942) —autobiográfica—, *El verdugo afable* (1952) y *En la vida de Ignacio Morell* (premio Planeta, 1960). Cultivó asimismo el ensayo literario.

SENDERO n. m. → SENDA.

SENDIC (Raúl) → TUPAMAROS.

SENDOS, AS adj. pl. (lat. *singulos*). Dícese de aquellas cosas de las que corresponde una para cada una de otras dos o más personas o cosas.

SENECA, tribu amerindia, del grupo iroqués, de lengua hoka-siux, que formó parte de la confederación de las «cinco naciones»; actualmente viven en reservas de Oklahoma.

SÉNECA n. m. (de *Séneca,* filósofo latino). Hombre con mucha sabiduría sobre la vida.

SÉNECA (Marco Anneo), llamado **Séneca el Retórico** o **Séneca el Viejo,** escritor latino (Córdoba *c.* 55 a. J.C.-† *c.* 39 d. J.C.). Admirador de Cicerón, y radicado en Roma al poco de la muerte de éste, compuso una antología de declamaciones, que dedicó a sus tres hijos. La componen diez libros de *Controversias* (declamaciones forenses) y uno de *Suasorias* (sobre temas históricos, literarios y mitológicos).

SÉNECA (Lucio Anneo), escritor y filósofo latino (Córdoba *c.* 3 a. J.C.-Roma 65 d. J.C.), hijo segundo de Séneca el Viejo. Se educó en Roma. De salud delicada, para restaurarla se trasladó a Alejandría, donde vivió unos años. Su carrera oficial, como cuestor y senador, tuvo lugar durante el reinado de Calígula. Fue desterrado, en 41, a Córcega por Claudio (donde escribió las *Consolationes*), pero después se le confió la educación de Nerón, durante cuyo reinado ejerció notable influencia. Implicado en la conjura de Pisón, se cortó las venas, acatando la sentencia del emperador. De su obra conservada (se han perdido sus discursos), en prosa y en verso, hay que citar en primer lugar sus tratados filosóficos. Constan éstos de doce *Diálogos* y los ensayos *La clemencia* y *Los beneficios.* Su obra más extensa y ambiciosa es de tono moral y se titula *Problemas físicos.* En tercer lugar, está la violenta sátira contra Claudio *Conversión en calabaza* y, por último, sus nueve tragedias: *Hércules furioso, Las troyanas, Las fenicias, Medea, Fedra, Edipo, Agamenón, Tiestes* y *Hércules en el Eta.* Sus modelos son los trágicos griegos (en especial, Eurípides), pero trata los temas de un modo mucho más patético y declamatorio, a la vez que, a través de ellas, transmite una peculiar versión de su ideario estoico. Éste, expuesto en unos términos más prácticos que intelectuales, exalta la autosuficiencia del individuo y pone como ideal al varón fuerte capaz de sobreponerse a las eventualidades cotidianas, para alcanzar la paz del ánimo, esencia de la felicidad (*De la tranquilidad del alma*). El estoicismo senequista ejerció una considerable influencia en el pensamiento posterior (a partir de Montaigne) y no han faltado autores (por ejemplo, Ganivet) que lo estimaran un componente más o menos esencial del carácter español. El aspecto religioso de su filosofía está más en consonancia con una concepción personalista de Dios que con el panteísmo.

Flash Press

Busto de bronce de Lucio Anneo **Séneca**, procedente de Herculano. (Museo nacional, Nápoles.)

SENECTUD n. f. Ancianidad.

SENEFELDER (Aloys), inventor alemán (Praga 1771-Munich 1834). Descubrió fortuitamente la litografía, a la que lanzó al mercado.

SENEGAL, r. de África occidental; 1 700 km. Nace en Guinea, en el Futa-Yallon, y atraviesa el SO de Malí (pasa por Kayes) antes de formar la frontera entre Mauritania y Senegal; desemboca en el Atlántico cerca de Saint-Louis.

SENEGAL, estado del África occidental, que junto con Gambia constituye la confederación de Senegambia; 197 000 km²; 5 380 000 hab. (*Senegaleses*). Cap. *Dakar.*

GEOGRAFÍA. El país se extiende sobre una depresión sedimentaria, limitada al E por colinas entalladas en el zócalo precámbrico y que culminan en los 581 m. Abierta al Atlántico, esta depresión está avenada por el río Senegal al N, el Gambia en el centro y el Casamance al S. El clima, tropical, seco en el N, cubierto de estepa, es más húmedo al S, lo que favorece el crecimiento de la sabana herbórea y del bosque galería.

La población, integrada por diversas etnias, entre las que predominan los uolof, se concentra en el valle del Senegal y en la costa. La agricultura es el sector esencial de la economía. El cultivo del cacahuete, heredado del período colonial, está asociado a los productos de subsistencia, como el mijo en el N y el arroz en el S. Los cultivos de huerta, destinados en parte a la exportación, se desarrollan alrededor de Dakar. No obstante, los rendimientos son bajos debido a la lenta modernización de las explotaciones. La pesca aporta unos recursos complementarios.

Además de la explotación de los fosfatos, las actividades industriales (aceites, conservas y textiles) están concentradas en la región del cabo Verde, alrededor de Dakar, cuyo

Senegal. Poblado al SE de Dakar.

J. Bottin

SENEGAL

puerto asegura el comercio exterior, que se efectúa principalmente con Francia.
HISTORIA. El Senegal en sus fronteras actuales es una creación de la segunda mitad del s. XIX, cuando los franceses reunieron bajo un mismo gobierno, con sede en Saint-Louis, a los uolof, los serere, los tucoror, los malinké, etcétera, pueblos dispersos cerca del desierto central del Ferlo, recorrido por los fulbé.

La ocupación humana de la región es muy antigua. En el s. XIV, el país estaba englobado dentro del imperio de Mali; al dividirse este último, se formaron pequeños reinos más o menos islamizados. En el s. XV los portugueses fundaron factorías (Rufisque) en la costa; en el s. XVI llegaron los neerlandeses (Gorea), los ingleses y los franceses, que fundaron Saint-Louis (1659). Los establecimientos franceses del Senegal (Saint-Louis, Gorea) conocieron una gran prosperidad económica en tiempos del gobernador Faidherbe (1854-1865), quien extendió la influencia francesa hacia el interior y construyó una colonia con la capital en Dakar (fundada en 1857). El comercio del cacahuete fue facilitado por la construcción de los ferrocarriles Saint-Louis-Dakar (1881-1885) y Thiès-Kayes (1923).

Desde 1848, Francia concedió un régimen representativo a las «cuatro comunas» (Saint-Louis, Dakar, Rufisque y Gorea), que en 1902 integró en el África occidental francesa (cap. Dakar), y que en 1914 eligieron a Blaise-Diagne (1872-1934) para representarles en la cámara de los diputados francesa. Tras la segunda guerra mundial, Amadú Lamine-Gueye (1891-1968) hizo aprobar por la asamblea constituyente francesa la ciudadanía para todos sus habitantes. Después del fracaso de la federación con Malí, Senegal se convirtió en 1960 en estado independiente, dotado desde 1963 de una constitución de tipo presidencialista, cuya vida política estuvo dominada por la personalidad de su presidente Léopold Sédar Senghor*, hasta su dimisión (dic. 1980). Fue sustituido por Abdou Diouf (confirmado en las elecciones de 1983). En 1981 se produjo la intervención de las tropas senegalesas en Gambia, que terminó con la integración de ambos estados en Senegambia (1982), de la que Diouf pasó a ser presidente.

SENEGALÉS, SA adj. y n. De Senegal.

SENEGAMBIA, confederación formada por los estados africanos de Senegal y Gambia; 208 295 km^2; 5 873 197 hab. Cap. *Dakar.*
HISTORIA. Después del fallido golpe de estado en Gambia (julio 1981) y la intervención de tropas senegalesas a petición del presidente Dawda Yawara, se produjo la confederación de Senegambia (1982), cuyo presidente es Abdou Diouf, presidente de Senegal, y cuyo vicepresidente es D. Yawara, presidente de Gambia.

SENEQUISMO n. m. Doctrina moral de Séneca; aplicación de la misma en la conducta y en la literatura (ss. XV-XVIII).

SENEQUISTA adj. y n. m. y f. Relativo al senequismo; partidario de las doctrinas de Séneca.

SENESCAL n. m. Gran oficial de palacio; oficial real con atribuciones de justicia en grado subalterno; principal oficial de un señor, que atendía en todos los grados de justicia.
■ Este nombre se dio en la Francia merovingia al jefe de los oficiales de palacio, quien en época carolingia heredó parte de las funciones del mayordomo. En Cataluña, el senescal atendía a las funciones palatinas y sustituía al rey en la dirección de las campañas militares; a partir del s. XIII estuvo vinculado a la casa de Montcada. En 1344 sus funciones quedaron reducidas exclusivamente a las militares.

SENESCALADO n. m. Territorio sujeto a la jurisdicción de un senescal. || Senescalía.

SENESCALÍA n. f. Cargo o dignidad de senescal; lugar donde se reunía el tribunal del senescal; este mismo tribunal.

SENESCENCIA n. f. *Biol.* y *Med.* Involución inherente al envejecimiento de los seres vivos.

SENESCENTE adj. Relativo a la senescencia; afecto de senescencia.

SENEVOL n. m. Nombre genérico de los ésteres de fórmula S=C=N—R, en los que R es un radical carbonado.

SENGHOR (Léopold Sédar), estadista y escritor senegalés (Joal 1906). Diputado a la asamblea nacional (1946) y jefe del Bloque democrático senegalés (1948), participó en el gobierno francés de Faure (1955-1956). Tras la disolución de la federación con Malí, fue elegido presidente de la república de Senegal (1960) e instituyó un régimen presidencialista, después de haber apartado al presidente del consejo, Mamadou Dia, organizador de la conjura de 1962. Gobernó con el apoyo de la Unión progresista senegalesa (U.P.S.), partido único. Defensor de la unidad africana y de la francofonía, relanzó la O.C.A.M.M. y se constituyó en uno de los líderes moderados de África. A partir de 1974, anuló el sistema de partido único y, en 1976, instituyó un régimen tripartito. Dimitió el 31 de diciembre de 1980 y fue sustituido por Abdou Diouf. Ha publicado ensayos, donde defiende la noción de negritud, y poesías (*Etiópicas,* 1956; *Nocturnos,* 1961).

Keystone

Léopold Sédar **Senghor** en 1971

SENGUERR, r. de Argentina, en la Patagonia (Chubut), emisario de los lagos La Plata y Fontana; en su último tramo forma dos brazos que desembocan en los lagos Musters y Colhué-Huapi; 338 km.

SENIL adj. Relativo a los viejos o a la vejez. || Que da muestras de senilidad.

SENILIDAD n. f. Debilitamiento físico e intelectual producido por la vejez.

SENIOR adj. y n. m. (lat. *senior,* más viejo). Dícese de la persona de más edad respecto a otra que lleva el mismo nombre. || *Dep.* Dícese de los participantes que han pasado de la edad límite para los juniors y que todavía no son veteranos.

SENNAR o **SANNĀR,** localidad del E de Sudán. Presa (irrigación, central eléctrica) en el Nilo Azul.

SENNE, r. de Bélgica, afl. del Dyle, que pasa por Bruselas; 103 km.

SENNET (Michaël SINNOTT, llamado **Mack**), actor, productor y director de cine norteamericano (Danville, Canadá, 1884-Hollywood 1960). Fue el gran adelantado del cine cómico mudo norteamericano, ayudado por autores de gags o efectos cómicos; rodó o hizo rodar por otros directores innumerables cortos cómicos. Fundador de la Keystone company (1912), fue el artífice de la popularidad de las célebres *bañistas,* y lanzó a actores como Charlie Chaplin, Roscoe Arbuckle *(Fatty),* Buster Keaton, Gloria Swanson, Harry Langdon y W. C. Fields.

SENO n. m. (lat. *sinum*). Concavidad o hueco; concavidad que forma una cosa curva. || Espacio hueco que queda entre el vestido y el pecho. || Mama, en la mujer. || Útero. (Sin. SENO MATERNO.) || *Fig.* Regazo, amparo, refugio. || *Fig.* Parte interna de algo material o inmaterial: *el seno del mar; el seno de una familia.* || *Anat.* Cavidad existente en el espesor de un hueso o entre las articulaciones de dos o más huesos (frontal, maxilar, etmoidal, esfenoidal). || Conducto venoso dentro de la cavidad craneal. || *Mat.* Relación entre la perpendicular MP trazada desde uno de los extremos M de un arco de círculo AM sobre el diámetro que pasa por el otro extremo de arco, y el radio OA.

SENS, mun. de Francia (Yonne), junto al Yonne; 28 000 hab. Catedral iniciada c. 1130-1140. Palacio sinodal (s. XIII). Iglesias medievales.

SENSACIÓN n. f. Información recibida por el sistema nervioso central, cuando uno de los órganos de los sentidos reacciona ante un estímulo externo. || Impresión de estupor, sorpresa o admiración de un hecho, noticia, suceso, etc.: *su llegada causó sensación.*
■ La sensación es recibida por los centros nerviosos en forma codificada, siempre del mismo tipo: series de potenciales de acción neuronales. El punto preciso en el que desembocan éstos corresponde a un punto de la superficie de la piel (sensaciones táctiles), de la imagen de la retina (sensaciones visuales), del laberinto del oído (sonidos), etc. Así, pueden constituirse *campos cerebrales* táctiles, visuales, auditivos, etc., que permiten la interpretación espacial de las sensaciones y su localización en el mundo exterior. La naturaleza de las sensaciones depende del área cerebral interesada (un golpe en el ojo notado como una luz, etc.) y, en cada área, de las características del paso de potenciales: velocidad, número de ondas, salvas sucesivas, intervalos de salvas, etc.

Las sensaciones se pueden clasificar según varios criterios. Una primera forma de clasificación distingue las sensaciones *exteroceptivas,* relativas al mundo exterior (los cinco sentidos clásicos), las sensaciones *enteroceptivas* (tubo digestivo, vías respiratorias, vías genitales) y las sensaciones *propioceptivas* (músculos, tendones, articulaciones). Una segunda forma de clasificación hace referencia a las formas de energía que originan las sensaciones: energía de radiación (visión, termoscopía), energía vibratoria (audición, percepción de ultrasonidos y de infrasonidos), energía mecánica (tacto), fenómenos químicos (gusto, olfato), eléctricos, etc.

El problema de si el dolor es una sensación específica o es la forma que toma toda sensación demasiado intensa no está completamente resuelto, pero se sabe ya que la interpretación de una sensación como el dolor no es fatal.

SENSACIONAL adj. Que causa gran sensación, impresión, interés, etc. || Que gusta extraordinariamente.

SENSACIONALISMO n. m. Tendencia a causar sensación, a difundir noticas sensacionales.

SENSACIONALISTA adj. y n. m. y f. Que implica o denota sensacionalismo: *prensa sensacionalista.*

SENSATEZ n. f. Calidad de sensato.

SENSATO, A adj. (lat. *sensatum*). Que piensa y actúa con buen juicio y moderación, o lo denota.

SENSI o **SENSIVO,** tribu amerindia, de lengua pano, que habita en la Amazonia peruana.

SENSIBILIDAD n. f. Facultad de los seres animados de percibir o experimentar, por medio de los sentidos, sensaciones, impresiones, manifestaciones del medio físico, externo o interno. || Capacidad para sentir afectos y emociones. || Capacidad de sentir determinadas manifestaciones: *sensibilidad para la música.* || Calidad de las cosas sensibles. || Rapidez con que una emulsión fotográfica puede proporcionar una imagen latente o una imagen visible. || Cualidad de un instrumento de medida, por la que basta una pequeña variación de la magnitud a medir para modificar la posición del dispositivo indicador. || Grado de reacción de un explosivo por efecto de una excitación provocada por un choque, fricción, elevación de temperatura, etc. || Aptitud de un receptor radioeléctrico, especialmente de un receptor de radiodifusión o de televisión, para captar señales más o menos débiles.

SENSIBILIZACIÓN n. f. Acción de sensibilizar. || *Med.* Estado de un organismo que, después de haber estado en contacto con ciertas sustancias extrañas (sobre todo proteínas) que actúan como antígenos, adquiere propiedades de reacción, útiles o no, unidas a la producción de anticuerpos.

SENSIBILIZADOR, RA adj. y n. m. Que hace sensibles ciertas materias a la acción de la luz o de otro agente. || Dícese de la sustancia que desencadena la aparición de fenómenos de hipersensibilidad a través de un mecanismo antígeno-anticuerpo.

SENSIBILIZAR v. tr. [**1g**]. Hacer sensible o aumentar la sensibilidad: *la música sensibiliza el oído.* || *Fot.* Hacer sensible a la acción de la luz. || *Med.* Provocar una sensibilización.

SENSIBLE adj. (lat. *sensibilem*). Que goza de sensibilidad: *los animales son seres sensibles.* || Que recibe o capta una impresión externa: *ser muy sensible al frío.* || Que siente o se impresiona ante los placeres estéticos. || Perceptible por los sentidos: *el mundo sensible.* || Muy perceptible y manifiesto: *experimentar una sensible mejoría.* || Lamentable, que causa disgusto, contrariedad o pena: *una sensible pérdida.* || *Fís.* Que indica las más ligeras variaciones: *un termómetro muy sensible.* || *Fot.* Dícese de la cualidad de una capa impresionada bajo la acción de la luz.

SENSIBLE n. f. Séptimo grado de la escala diatónica, situado un semitono por debajo de la tónica. (Sin. NOTA SENSIBLE.)

SENSIBLERÍA n. f. Sentimentalismo exagerado o afectado.

SENSIBLERO, A adj. Que denota sensiblería.

SENSILIO n. m. Órgano sensorial de los insectos, constituido por células con pelos o sedas, sensible a diversos tipos de vibraciones.

SENSITIVA n. f. Planta arbustiva o herbácea de las regiones cálidas, cuyas hojas se repliegan al menor contacto. (Familia mimosáceas.)

SENSITIVO, A adj. Relativo a los sentidos corporales. || Que conduce el influjo nervioso de un órgano sensorial a un centro: *nervio sensitivo.* ◆ adj. y n. De una sensibilidad excesiva. || *Siquiatr.* Dícese de las personas que sienten vivamente las reacciones ajenas a ellas.

SENSITIVOMOTOR, RA o **SENSORIMOTOR, RA** adj. Relativo a la vez a los fenómenos sensoriales y a la actividad motora: *nervio sensitivomotor; trastornos sensorimotores.*

SENSITOMETRÍA n. f. *Fot.* Estudio de las propiedades de las superficies sensibles a la luz.

SENSITÓMETRO n. m. Instrumento que sirve para realizar exposiciones escalonadas de una superficie sensible a la luz, a fin de estudiar sus propiedades.

Senso, película italiana dirigida por Luchino Visconti (1954). En 1866, en Venecia, una condesa se enamora de un teniente austríaco. Cuando éste la abandona, le denuncia como desertor y el teniente es fusilado. Este drama pasional suntuoso, con aires operísticos, fue tratado por Visconti con un hálito romántico exacerbado. A través del retrato lúcido y cruel de una aristocracia decadente en la época del Risorgimento, el autor recrea el clima de toda una época.

SENSOR n. m. Término genérico que designa cualquier equipo que permite adquirir una información. || Órgano del sistema de estabilización activa de un satélite artificial, que permite definir la orientación real del ingenio y elaborar una señal de error en función de la diferencia entre esta orientación y la deseada.

SENSORIAL adj. Relativo a las sensaciones en tanto que son fenómenos sicofísicos.

SENSORIMÉTRICO, A adj. Relativo a la medida de las sensaciones.

SENSORIO, A adj. Relativo a los sentidos o a la sensibilidad.

SENSORIO n. m. Nombre que se da a la función de integración general de todas las sensaciones. (Sin. SENSORIO COMÚN.)

SENSUAL adj. Que proporciona satisfacción o placer a los sentidos; inclinado a estos placeres: *labios sensuales; persona sensual.* || Relativo al deseo sexual: *apetitos sensuales.* || Sensitivo, relativo a los sentidos corporales.

SENSUALIDAD n. f. Calidad de sensual. || Propensión o tendencia exagerada a los placeres de los sentidos.

SENSUALISMO n. m. Filosofía según la cual todas las ideas proceden de las sensaciones.

SENSUALISTA adj. y n. m. y f. Relativo al sensualismo; partidario de esta doctrina.

SENSUNTEPEQUE, c. de El Salvador, cap. del dep. de Cabañas, en la cuenca del Lempa; 8 724 hab. Agricultura y ganadería. Cobre. Industria (cerámica, vidrio y aguardiente).

SENTADA n. f. Tiempo durante el cual alguien permanece sentado. || Manifestación no violenta que consiste en sentarse en un lugar público. ● *De una sentada* (Fam.), de una vez, sin parar.

SENTADO, A adj. Sensato, juicioso: *hablar con palabras sentadas.* ● *Dar por sentado,* considerar algo como fuera de duda o discusión.

SENTAR v. tr. y pron. [**1j**]. Colocar o colocarse en algún sitio de manera que uno quede apoyado y descansando sobre las nalgas. ◆ v. tr. Asentar, poner o colocar algo de modo que permanezca firme. || Aplanar, alisar. || *Fig.* Fundamentar algo en un razonamiento, exposición, etc.: *sentar una idea; sentar las bases.* || *Amér. Merid.* Parar un caballo por medio del freno, haciendo que levante las manos y se apoye sobre los cuartos traseros. ● *Sentar plaza,* alistarse en un cuerpo armado. || *Sentar una cuenta,* en contabilidad, realizar una anotación en una cuenta. ◆ v. intr. *Fig.* y *fam.* Digerir bien o mal un alimento, ser algo provechoso o perjudicial para el organismo: *la comida me sentó mal; un paseo te sentará bien.* || *Fig.* Ir, caer bien o mal una cosa a alguien: *el color moreno te sienta bien.* || *Fig.* y *fam.* Agradar, gustar, producir buena o mala impresión en el ánimo: *le sentó mal que no vinieras.* ● *Sentar como un tiro* (Fam.), molestar algo, enfadarle. ◆ **sentarse** v. pron. Posarse un líquido.

SENTENCIA n. f. (lat. *sententiam*). Dicho o frase corta que encierra o contiene un principio moral o un consejo de sabiduría popular. || Dictamen, parecer. || Resolución judicial en que se decide definitivamente en un juicio o en un proceso: *sentencia de muerte.* || Proposición, enunciado.

SENTENCIADOR, RA adj. y n. Que sentencia.

SENTENCIAR v. tr. [**1**]. Dar o pronunciar una sentencia. || Condenar, dictar sentencia en materia penal. || *Fig.* y *fam.* Destinar o aplicar una cosa para un fin: *sentenciar un libro a la hoguera.*

SENTENCIOSO, A adj. Que contiene una sentencia; con afectada gravedad.

SENTIDO, A adj. Que contiene o expresa sentimiento: *una frase muy sentida.* || Muy sensible a una desconsideración, reprimenda, falta de cariño, etc.: *un niño muy sentido.*

SENTIDO n. m. Órgano especializado capaz de recibir y transmitir las impresiones externas. || Función sicofisiológica por la que un organismo recibe información sobre ciertos elementos del medio exterior de naturaleza física (vista, oído, sensibilidad a la gravedad, tacto) o química (gusto, olfato). || Facultad para entender, juzgar o apreciar o sentir preocupación por las cosas, o para actuar: *el sentido del deber.* || Razón de ser, finalidad: *su reacción carece de sentido.* || Significación, manera como se ha de entender algo: *no entiendo el sentido de estos versos.* || *Fig.* Expresión, entonación: *recitar con mucho sentido.* || *Fam.* Dirección: *ir en sentido contrario.* || *Amér.* Sien. || *Ling.* y *Log.* Conjunto de representaciones que sugiere una palabra, un enunciado. ● *Doble sentido,* equívoco. || *Los cinco sentidos,* la vista, el oído, el olfato, el gusto y el tacto. || *Perder el sentido,* desmayarse. || *Sentido común,* capacidad de distinguir lo verdadero de lo falso, de actuar razonablemente. || *Sentido del humor,* capacidad para expresar o admitir lo humorístico. || *Sentido directo, sentido trigonométrico, sentido positivo* (Mat.), sentido de rotación inverso del movimiento de las agujas de un reloj. || *Sentido retrógrado, o inverso,* sentido de rotación inverso del sentido directo. || *Sexto sentido,* intuición. || *Sin sentido,* insensato; sin justificación, ilógico.

SENTIMENTAL adj. Relativo al sentimiento. ◆ adj. y n. m. y f. Que tiene o denota una sensibilidad algo romántica o exagerada: *novela sentimental; ser un sentimental.*

SENTIMENTALISMO n. m. Calidad de sentimental.

SENTIMIENTO n. m. Acción de sentir. || Estado afectivo del ánimo, de la clase que se expresa: *sentimiento de alegría.* || Parte afectiva del ser humano, por oposición a razón: *persona sin sentimiento.* || Afecto, amor: *declarar sus sentimientos.* || Aflicción, dolor que se siente por algún hecho o suceso ocurrido: *acompañar en el sentimiento.*

sentimiento trágico de la vida *(Del),* obra filosófica de M. de Unamuno (1912). Indagación sobre la condición humana, la obra pone de relieve la contradicción «trágica» entre las vertientes pasional y pensante del hombre (conflictos fe-razón y tiempo-eternidad).

SENTINA n. f. *Mar.* Parte baja de la bodega de un buque donde se acumulan las aguas. || Albañal, cloaca. || *Fig.* Lugar de gran vicio o corrupción.

SENTIR v. tr. (lat. *sentire*) [**22**]. Percibir alguna sensación por medio de los sentidos, excepto el de la vista. || Experimentar determinada sensación física o moral: *sentir hambre, pena.* || Lamentar algún suceso triste o doloroso: *siento mucho lo ocurrido.* || Tener la impresión, creer, opinar: *no siente lo que dice.* || Tener determinada disposición o capacidad de experimentar ciertas sensaciones o emociones: *sentir el arte.* || Presentir, barruntar. ● *Sin sentir,* inadvertidamente, sin darse cuenta de ello; rápidamente. ◆ v. tr. y pron. Ser consciente de algún hecho subjetivo, darse cuenta: *sentía que no lo lograría; sentirse morir.* ◆ **sentirse** v. pron. Encontrarse en determinada situación o estado físico o moral: *sentirse contento.* || Considerarse, reconocerse de cierta manera: *sentirse importante.* || Tener un dolor o molestia en alguna parte del cuerpo.

SENTIR n. m. Sentimiento. || Opinión, parecer: *exponer el sentir sobre una idea.*

SENTMENAT *(familia),* linaje noble catalán, que tomó su nombre del castillo de Sentmenat (Vallés). Sus miembros participaron en la reconquista (ss. XII-XIII). Carlos II otorgó (1699) el título de marqués a JOAQUÍN **de Sentmenat;** en 1880 sus descendientes obtuvieron la grandeza de España. A la casa de Sentmenat pertecen también los marqueses de Castelldosríus, título otorgado (1690) por Carlos II a MANUEL **de Sentmenat** (1651-1710), que fue virrey del Perú (1706-1710).

SENUFO, pueblo negroafricano de Costa de Marfil, Malí y Alto Volta, de lengua sudanesa. Son agricultores.

SENUSRET → SESOSTRIS.

SENYERA n. f. (voz catalana). Bandera.

SEÑA n. f. (lat. *signa*). Detalle o particularidad de una cosa, por la que se la reconoce o diferencia. || Gesto o ademán que sirve para atraer la atención o comunicarse con alguien: *hacer señas para llamar a alguien.* || Aquello que se acuerda o conviene de antemano para entenderse entre sí dos o más personas. ◆ pl. Indicación del paradero y domicilio de una persona. || Rasgos característicos de una persona, que permiten distinguirla o identificarla.

SEÑAL n. f. Lo que muestra o indica la existencia de algo. || Signo conocido para advertir, anunciar, dar una orden, etc.: *dar la señal de ataque.* || Detalle o particularidad que distingue una cosa de las demás. || Mojón que se pone para marcar un límite o lindero. || Imagen o representación de algo: *la bandera a media asta es señal de duelo.* || Huella, vestigio: *señales de pisadas.* || Cantidad de dinero que se entrega antes de saldar el precio total como garantía de lo que se ha encargado o comprado. || Cicatriz: *señales de quemaduras.* || En teoría de la comunicación, variación de una magnitud de cualquier naturaleza portadora de información. ● *Código internacional de señales,* código adoptado en 1965 por la Organización intergubernamental consultiva de la navegación marítima (O.M.C.I.), consistente en señales convencionales. || *En señal,* en prueba o como muestra de algo. || *Ni señal,* nada; que no se encuentra o ha desaparecido.

SEÑALADO, A adj. Insigne, famoso: *un autor señalado.* || Notable, extraordinario, especialmente referido a fechas o días: *un día señalado; un señalado favor.*

SEÑALAMIENTO n. m. Acción de señalar. || Designación de día para un juicio oral o una vista.

SEÑALAR v. tr. [**1**]. Ser la señal de algo que se manifiesta o va a ocurrir: *la caída de las hojas señala la llegada del otoño.* || Hacer o poner señales. || Indicar, referir algo: *señalar la importancia del hecho.* || Llamar la atención, hacia alguien o algo, con la mano, con un gesto o de otro modo: *señaló con el dedo lo que quería.* || Determinar el tiempo, el lugar, el precio, etc., para cierto fin: *señalar una fecha, una cantidad.* || Hacer la señal convenida para dar a conocer la existencia de algo. || Producir heridas o cicatrices en el cuerpo, particularmente en el rostro. ◆ **señalarse** v. pron. Distinguirse o sobresalir en alguna cosa o en algún sitio.

SEÑALIZACIÓN n. f. Acción y efecto de señalizar. || Utilización e instalación de señales para dar a distancia informaciones o datos; conjunto de señales.

■ La *señalización ferroviaria* tiene por objeto asegurar el espaciamiento regular de los trenes que circulan en el mismo sentido y por la misma vía, de manera que se evite un eventual alcance y se garantice la seguridad de la circulación en las zonas que comprenden diversas posibilidades de itinerarios, en particular en las vías únicas, donde dos trenes podrían circular en sentido contrario. El *espaciamiento en el tiempo,* utilizado en los inicios del ferrocarril, en la actualidad se ha remplazado por el *espaciamiento en la distancia.* La línea se divide en *secciones* (o tramos), protegidas por una señal de parada (semáforo). La señalización por block-system consiste en mantener el semáforo cerrado mientras el tren que circula por la sección protegida por la señal no haya rebasado el semáforo siguiente. El block-system automático aporta un perfeccionamiento suplementario al permitir que los propios trenes gobiernen el cierre de las señales de protección de las secciones. Este sistema se ha ido imponiendo y el block-system automático luminoso constituye el sistema de señalización fundamental de las grandes líneas. En los puntos donde se plantea el problema de la protección de la circulación contra los movimientos convergentes o secantes, las señales y las agujas relativas a un itinerario están conectadas entre sí a través de enlaces mecánicos o eléctricos que permiten materializar la incompatibilidad de dos situaciones. Además de las señales de parada, los ferrocarriles utilizan señales de limitaciones de velocidad. Todas ellas van precedidas de otras de aviso, en razón de las distancias de frenado de un tren, que son casi diez veces más largas que las de un vehículo automóvil. En el caso de velocidades muy elevadas, las distancias de frenado son muy importantes y la señalización por block-system obliga a determinar secciones excesivamente largas. La observación de una señal fija situada a lo largo de la vía debe remplazarse entonces por la recepción de una información transmitida por vía hertziana a la cabina de conducción.

● La *señalización marítima* permite que el navegante determine su posición con respecto a la orilla o con respecto a un peligro (arrecife, bajo fondo, navío hundido, etc.) mediante la medición de ángulos.

— Las *señales de balizamiento* (boya, torreta de obra, baliza, estaca empotrada en la roca o fija en el fondo) tienen un significado que depende de su forma (cono, cilindro, esfera, ojiva, huso), de su color (rojo, negro, verde) y del distintivo que las corona (cono, cilindro, esfera, cruz, etc.). Existen dos tipos de balizamiento.

El *sistema lateral,* internacional, sirve para balizar las dos orillas de un canal de navegación (entrada del puerto, río, etc.). Este sistema comprende esencialmente señales negras y señales rojas.

El *sistema cardinal* está orientado según los

puntos cardinales para indicar los peligros donde no existe una vía definida. Una marca cardinal define su propia situación con respecto al peligro e indica por tanto vía libre.

Las indicaciones que proporciona el balizamiento están en función del navegante que llega de mar adentro.

— Las *señales luminosas,* representadas por las luces emitidas por los faros, barcos faro, torretas y boyas, se caracterizan por su color, su ritmo y su período.

● *La señalización viaria* es de tres clases.

— La señalización por placas, discos y carteles (que pueden ser simplemente indicadores u obligatorios) previene al conductor de lo que va a encontrar a su paso.

— La señalización en el suelo materializa los carriles sobre la calzada por medio de rayas blancas continuas o discontinuas, completadas por grandes flechas en el suelo, que señalan la dirección que debe seguirse y, para una dirección determinada, el carril que obligatoriamente debe tomarse.

— La señalización luminosa indica, por medio de dispositivos catadióptricos e intermitentes, las obras y otros peligros. En las aglomeraciones urbanas, la circulación se regula con semáforos de tres colores: luz verde, circulación autorizada; luz ámbar, detención, excepto cuando las condiciones relativas a la velocidad y el suelo mojado desaconsejan un frenado brusco, por su peligrosidad; luz roja, detención obligatoria. La luz ámbar intermitente indica que no se tiene prioridad.

SEÑALIZAR v. tr. [**1g**]. Instalar o utilizar señales en una carretera, calle, vía férrea, puerto, etc.

SEÑERO, A adj. Único, notorio, importante. || Aislado, solitario.

SEÑOR, RA adj. y n. (lat. *seniorem,* más viejo). Dueño de una cosa o que tiene dominio sobre alguien o algo. || Amo respecto a los criados. || Tratamiento, generalmente de respeto, que se antepone a un apellido, a un título profesional, etc. || Dotado de importancia, autoridad y distinción natural: *ser todo un señor.* ◆ adj. Que denota nobleza o distinción. || Antepuesto a un nombre, encarece el significado del mismo: *dar un señor disgusto.*

SEÑOR n. m. Dios, y especialmente Jesucristo en la Eucaristía. (Con este significado suele escribirse con mayúscula.) || *Feud.* Poseedor de un feudo, de tierras. || *Hist.* Título nobiliario.

señor presidente *(El),* novela de M. Á. Asturias (1946), inspirada en la dictadura de Estrada Cabrera. El autor recrea el mundo caricaturesco de una ciudad oprimida por un tirano demiurgo y estructura su obra según un elaborado esquema de resonancias míticas.

SEÑORA n. f. y adj. Mujer casada, en oposición a señorita, mujer soltera. ◆ n. f. Mujer, esposa. || Mujer en contraposición a hombre. ● *Nuestra Señora,* la Virgen María.

señora Dalloway *(La),* novela de Virginia Woolf (1925). En una jornada londinense de una gran dama de la alta burguesía, muestra la interacción del tiempo con el flujo de la conciencia.

SEÑOREAR v. tr. [**1**]. Dominar o mandar en algo, especialmente como señor. || Dominar, ser algo más alto que lo que lo rodea: *el campanario señorea el pueblo.* || *Fig.* Dominar las propias pasiones.

Seo de Urgel

F. S.-Salmer

SEÑORÍA n. f. Tratamiento dado a personas con determinada dignidad. || Persona que recibe este tratamiento. || *Hist.* Soberanía de ciertos estados italianos que se gobernaban como repúblicas: *la señoría de Venecia.*

SEÑORIAL adj. Relativo al señorío. || Majestuoso, noble: *una casa señorial.*

SEÑORÍO n. m. Dominio o mando sobre algo. || *Fig.* Distinción, elegancia. || *Feud.* Derecho, poder, autoridad de un señor; territorio sobre el que se extendía esta autoridad.

SEÑORITA n. f. y adj. Tratamiento dado a las mujeres solteras. || Tratamiento dado a las maestras. ◆ n. f. Cierto cigarro filipino, de cortas dimensiones. || Cigarro puro corto y delgado.

señorita Julia *(La),* drama de Strindberg (1888). La orgullosa señorita Julia se convierte en la amante de su criado. — El drama sirvió de tema a una película de Alf Sjöberg (1950) y a un ballet en cuatro cuadros, música de Ture Rangström, coreografía de Birgit Cullberg, decorados y vestuario de Allan Friderica, estrenada en 1950 en el Riksteatern de Estocolmo.

SEÑORITINGO, A n. *Desp.* Señorito.

SEÑORITISMO n. m. *Desp.* Cualidad o actitud de señorito.

SEÑORITO, A adj. y n. *Fam.* Tratamiento que dan a las personas jóvenes de una casa los criados o subalternos.

SEÑORITO, A n. Persona joven, de familia acomodada, que hace ostentación de su riqueza y lleva una vida frívola.

SEÑORÓN, NA adj. y n. Señor rico o importante, o que afecta serlo.

SEÑUELO n. m. Figura de ave en que se pone carne como cebo para atraer al halcón remontado; cualquier cosa que sirve para atraer a otras aves. || *Fig.* Lo que sirve para atraer o indicar con engaño. || *Argent.* Grupo de cabestros para conducir el ganado.

SEO n. f. (cat. *seu*). Sin. de CATEDRAL.

SEO DE URGEL o **LA SEU D'URGELL,** c. de España (Lérida), cab. de p. j.; 10 681 hab. Industria alimentaria y maderera; abonos. Centro comercial, con servicios aduaneros relacionados con el cercano paso fronterizo con Andorra. Turismo.

HISTORIA. En la época visigoda era sede de un obispado, con el nombre de *Vicus Ugeris.* Reconquistada en el s. IX, Carlos el Calvo le concedió (860) importantes privilegios y se convirtió en residencia de los condes de Urgel. Su estratégico emplazamiento la convirtió en fortaleza militar. Durante los ss. XVI y XVII se agudizaron los conflictos entre el consejo municipal y el capítulo catedralicio, y al estallar la sublevación catalana (1640), La Seo fue escenario de importantes luchas. Desempeñó un importante papel en los conflictos del s. XIX; de 1874 a 1875 fue cuartel general del carlista Tristany. El obispo de Seo de Urgel es copríncipe del Principado de Andorra, y en su nominación interviene también el jefe del estado español.

BELLAS ARTES. Catedral románica (s. XII) de tres naves; claustro con capiteles esculturados; museo catedralicio: Virgen de Andorra (s. XII), códice (s. X), piezas de orfebrería (urna relicario de san Ermengol, obra de Pedro Llopart, (1755). Iglesia románica de San Miguel.

SEOANE (Luis), pintor, grabador y escritor español en lengua gallega (Buenos Aires 1910-La Coruña 1979). Pasó su infancia y juventud en España, donde ilustró libros y colaboró en periódicos, a la vez que ensayaba una pintura con tendencia al expresionismo y la abstracción, de brillante colorido. En 1936 se exilió en Buenos Aires, donde realizó unas treinta decoraciones murales, entre ellas un gran mural para el teatro San Martín, con tema de *Juan Moreira* (1957). Su obra poética es de carácter testimonial: *Hato de exiliado (Fardel de eisiliado,* 1952), *Las cicatrices (As cicatrices,* 1959), *A mayor abundamiento (A maior abondamento,* 1972). Cultivó asimismo el ensayo y el grabado *(Muncira)* y promovió publicaciones e instituciones referentes al arte gallego (museo Maside).

SÉPALO n. m. *Bot.* Pieza floral, generalmente verde, situada debajo de la corola y que envuelve el botón floral antes de abrirse. (El conjunto de los sépalos forma el *cáliz.*)

SEPALOIDE adj. *Bot.* Que tiene forma de sépalo.

SEPARABLE adj. Capaz de separarse o de ser separado.

SEPARACIÓN n. f. Acción de separar o separarse. || Espacio medible entre dos cosas separadas. || Objeto que separa (muro, tabique, etc.). || *Quím.* Operación de extracción destinada a aislar uno o varios constituyentes de una mezcla. ● *Separación conyugal,* suspensión de la vida conyugal sin rotura del vínculo. || *Separación de bienes,* régimen matrimonial en que cada cónyuge conserva la propiedad y la administración de sus bienes. || *Separación de las Iglesias y el estado,* sistema de organización de las relaciones entre las Iglesias y el estado en el que las primeras se consideran como agrupaciones de derecho privado. || *Separación isotópica,* operación que consiste en aislar los diferentes isótopos constituyentes de un elemento natural.

Separación de Cataluña *(guerra de),* alzamiento secesionista catalán (1640-1652) contra la monarquía austríaca española, también llamado *guerra de los Segadores.* Tuvo su origen en una crisis de relaciones políticas

J. Si.

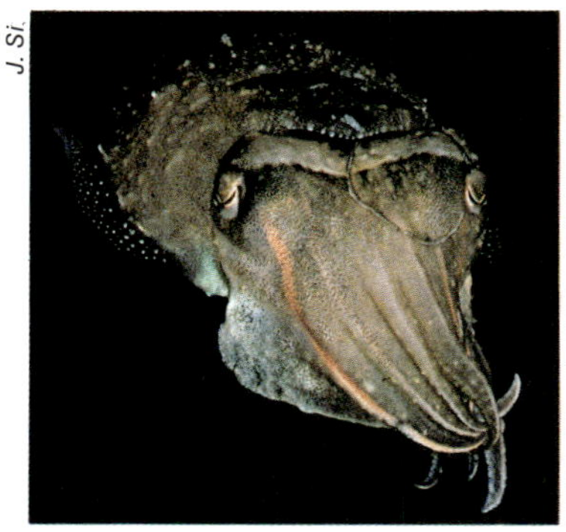

sepia

entre los organismos institucionales catalanes (Generalidad y Consejo de ciento, de Barcelona) y la monarquía, debida al programa propuesto por el conde-duque de Olivares para obtener de los reinos no castellanos de la monarquía la misma contribución en dinero y en hombres que Castilla. En 1635, al declarar Francia la guerra a España, el establecimiento de un ejército mercenario en Cataluña, mandado por Felipe IV para defender la frontera, causó malestar entre el campesinado. El día de Corpus de 1640 grupos de segadores entraron en Barcelona y se originó un motín *(Corpus de sangre),* en el que murió el virrey. Pau Claris concertó una alianza político-militar con Francia contra Felipe IV. Éste ocupó Tortosa (1640), mientras la intervención francesa obtenía la victoria en Montjuïc (1641). La guerra de la Fronda en Francia y la caída de Barcelona en manos de Juan José de Austria (1652) puso fin al alzamiento, que se saldó con la anexión del Rosellón y parte de la Cerdaña a Francia (tratado de los Pirineos*, 1659).

Separación de Portugal *(guerra de),* conflicto bélico entre Portugal y España (1640-1668). La política centralista española originó la formación de un partido nacionalista en torno al duque de Braganza, pretendiente al trono portugués. Portugal se sublevó el 1 de diciembre de 1640: los sublevados tomaron el palacio real de Lisboa; el primer ministro, Miguel de Vasconcellos, fue asesinado; la regente, Margarita de Saboya, depuesta, y el duque de Braganza, elevado al trono con el nombre de Juan IV (1641-1656). España intervino militarmente, pero Portugal contó con la ayuda de Inglaterra, las Provincias Unidas,

Francia, Dinamarca y Suecia. En 1661, reinando ya en Portugal Alfonso VI (1656-1683) España intentó un nuevo ataque: Juan José de Austria tomó Évora (1663), pero fue vencido en Ameyxial (1663) y de nuevo perdió la ciudad; el duque de Osuna fue vencido cerca de Castel Rodrigo (1664). En 1665 el marqués de Caracena, fue derrotado en Montesclaros (1665). Ante tantos fracasos, España decidió poner punto final al asunto. La paz (1668) reconocía la independencia de Portugal.

SEPARADOR, RA adj. Que separa. • *Poder separador,* cualidad del ojo o de un instrumento óptico que permite distinguir dos puntos muy cercanos uno de otro.

SEPARADOR n. m. Aparato, utensilio o dispositivo que sirve para separar. || Instrumento quirúrgico que sirve para separar los labios de una herida, las mandíbulas, los párpados, etcétera, o para dilatar. || Lámina delgada, aislante y perforada, colocada entre las placas de un acumulador.

SEPARAR v. tr. y pron. (lat. *separare*) [**1**]. Poner fuera de contacto o proximidad a personas, animales o cosas que estaban uno al lado de otro, reunidos o mezclados: *separar la cabeza del cuerpo.* ◆ v. tr. Sujetar a dos o más personas que se pelean o interponerse entre ellas. || Coger parte de una cosa o ponerla en otro sitio: *separar un trozo del pastel.* || Distinguir unas cosas de otras: *separar los distintos aspectos de un asunto.* || Destituir, deponer: *separar de un empleo a alguien.* ◆ **separarse** v. pron. Romper profesional o ideológicamente con alguien, un grupo, entidad, etcétera: *mi socio y yo nos hemos separado.* || Realizar la separación conyugal.

SEPARATA n. f. Ejemplar o conjunto de ejemplares impresos por separado de algún libro, artículo o revista.

SEPARATISMO n. m. Tendencia de los habitantes de un territorio a separarlo del estado del que forma parte.

SEPARATISTA adj. y n. m. y f. Relativo al separatismo; partidario del separatismo.

SEPELIO n. m. Acción de enterrar los cadáveres con la ceremonia religiosa correspondiente.

SEPIA n. f. (lat. *sepiam*). Molusco de concha interna, cabeza provista de diez tentáculos con ventosas, que vive cerca de las costas, y que al ser atacado proyecta un líquido negro. (Long. 30 cm; clase cefalópodos.) [Sin. JIBIA.] || Materia colorante de color pardo rojizo oscuro obtenida de este molusco, que se utiliza en la pintura a la aguada. || Color parecido a esta materia.

SEPIOLITA n. f. Silicato hidratado natural de magnesio. (Sin. ESPUMA DE MAR.)

SEPSIS n. f. → SEPTICEMIA.

SEPTAL adj. Relativo al septum.

SEPTENAL adj. Que dura siete años o que se repite cada siete años.

SEPTENARIO, A adj. Que consta de siete elementos, unidades o guarismos.

SEPTENARIO n. m. Tiempo de siete días. || Período de siete días dedicados al culto de Dios, de la Virgen o de sus santos: *septenario del Espíritu Santo.*

SEPTENIO n. m. (lat. *septennium*). Período de siete años.

SEPTENTRIÓN n. m. Norte.

SEPTENTRIONAL adj. y n. m. y f. De la parte del norte.

SEPTENTRIONAL *(altiplanicie),* región de México (Chihuahua, Durango y parte de Coahuila, Zacatecas y San Luis Potosí), limitada al E por la sierra Madre oriental, al O por la sierra Madre occidental, al N por el río Bravo y al S por las sierras Zacatecas, Fría, San Luis, del Venado, Guadalcázar y Cerritos. Constituye la porción N del Altiplano mexicano, que presenta en este sector una paisaje de llanuras onduladas, enmarcadas por numerosas sierras y serranías. El avenamiento es fundamentalmente endorreico (Bolsón de Mapimí) y parcialmente exorreico (cuencas del río Bravo y San Pedro Mezquital), con algunos sectores arreicos (El Salado). Las precipitaciones escasean y el clima se torna desértico: es el dominio de las cactáceas. Sólo en las regiones más húmedas, cercanas a los ríos y lagos, la agricultura (favorecida por el regadío) y la ganadería adquieren cierto desarrollo.

SEPTENTRIONAL *(cordillera)* o **SIERRA DE MONTECRISTI,** cordillera de la República Dominicana, que se desarrolla paralelamente a la costa N del país; 1 250 m.

SEPTETO n. m. *Mús.* Composición vocal o instrumental para siete ejecutantes.

SEPTICEMIA o **SEPSIS** n. f. Enfermedad causada por la proliferación en la sangre de bacterias patógenas.

SEPTICÉMICO, A adj. Relativo a la septicemia.

SEPTICIDAD n. f. Calidad de séptico.

SÉPTICO, A adj. (gr. *sēptikos;* de *sēpeyō,* corromper). Que causa una infección: *microbios sépticos.* || Causado por microbios. || Contaminado por microbios. • *Fosa séptica,* fosa destinada para la recepción de materias fecales, en la que éstas experimentan una fermentación rápida que las licúa.

SEPTICOPIOHEMIA n. f. Forma de septicemia caracterizada por la aparición de uno o varios abscesos, superficiales o viscerales.

SEPTIEMBRE n. m. → SETIEMBRE.

SEPT-ÎLES, c. y puerto de Canadá (Quebec), junto al estuario del San Lorenzo; 31 000 hab.

SÉPTIMA n. f. *Mús.* Intervalo que comprende siete grados.

séptima

SEPTIMANIA, territorio del SE de la Galia. Primitivamente, era la zona de Béziers *(I Narbonense),* donde se estableció en época de Augusto una colonia de veteranos de la séptima legión, origen de su denominación. En la edad media, designaba el litoral S de la Galia (entre el Ródano y los Pirineos), donde se asentaron los visigodos a principios del s. V. Invadida por los musulmanes (725), fue reconquistada por Pipino el Breve (759). Perteneció al reino de Aquitania (s. IX) y, sucesivamente, se convirtió en ducado y marquesado, llamado de Gotia o Septimania, con capital en Narbona, cuya jurisdicción abarcaba también los condados catalanes. En el s. X se creó el ducado de Narbona dependiente del de Tolosa.

SEPTIMIO SEVERO (Leptis Magna 146-Eburacum [act. York] 211), emperador romano (de 193 a 211). Proclamado en Carnuntum por el ejército de Iliria, fue reconocido por el senado; pero tuvo que luchar durante varios años para eliminar a dos rivales: en oriente, Pescennio Níger, y en occidente, Albino, a quien derrotó cerca de Lyon (197). Poco después, emprendió una brillante campaña contra los partos y volvió a Roma en 202. De origen africano y casado con Julia Domna (v. JULIA), hija del gran sacerdote de Emesa, se rodeó de juristas (Papiniano) de espíritu legalista. Inauguró un régimen autoritario, militar e igualitario; gobernó como monarca absoluto, con el apoyo del ejército de Iliria que le había llevado al poder; el senado, restringido en sus miembros y en sus bienes (proscripciones, confiscaciones), perdió su poder político; el orden ecuestre, que se reclutaba cada vez más entre los integrantes del ejército, dominó el estado; la burocracia se multiplicó y se militarizó. En el terreno religioso, Severo favoreció los cultos orientales; en 202, publicó un edicto prohibiendo el proselitismo a judíos y cristianos. Murió en 211, en Bretaña, mientras realizaba con sus hijos Caracalla y Geta una campaña contra los caledonios.

SÉPTIMO, A adj. num. ordin. (lat. *septimum*). Que corresponde en orden al número siete. ◆ adj. y n. m. Dícese de cada una de las siete partes iguales en que se divide un todo. • *Séptimo arte,* el cine. || *Séptimo cielo,* en la astronomía de los antiguos, cielo de Saturno, el más lejano de los planetas conocidos entonces; región de la felicidad perfecta.

séptimo sello *(El),* película sueca dirigida por Ingmar Bergman (1956). En el s. XIV, un caballero de regreso de las cruzadas recorre su país, asolado por la peste. Acompañado de su escudero, encuentra por el camino una pareja de saltimbanquis. Empieza una partida de ajedrez con la Muerte y, al perderla, se halla arrastrado con sus compañeros en una última danza macabra. Constituye una meditación agnóstica sobre el sentido de la vida, donde lo fantástico alterna constantemente con la realidad cotidiana.

SEPTO n. m. Sin. de SEPTUM.

SEPTUAGENARIO, A adj. y n. De edad comprendida entre los setenta y los ochenta años.

SEPTUAGÉSIMA n. f. *Domingo de septuagésima,* en la antigua liturgia romana, domingo que precedía en tres semanas al primer domingo de cuaresma, y así representaba aproximadamente el septuagésimo día antes de la Pascua. || *Tiempo de septuagésima,* período litúrgico de tres semanas que precedía a la cuaresma.

SEPTUAGÉSIMO, A adj. num. ordin. Que corresponde en orden al número setenta. ◆ adj. y n. m. Setentavo.

SEPTUM n. m. (voz latina, *tabique*). *Anat.* Tabique que separa dos cavidades. (Sin. SEPTO.)

SEPTUPLICACIÓN n. f. Acción y efecto de septuplicar.

SEPTUPLICAR v. tr. y pron. [**1a**]. Ser o hacer algo siete veces mayor.

SÉPTUPLO, A adj. y n. m. (lat. *septuplum*). Que contiene un número siete veces exactamente.

SEPULCRAL adj. Relativo al sepulcro o que tiene sus características.

SEPULCRO n. m. (lat. *sepulcrum*). Obra que se construye generalmente levantada sobre el suelo, y donde quedan encerrados los restos de una o varias personas. || Hueco del altar donde están depositadas las reliquias. || Urna o andas cerradas con una imagen de Jesucristo difunto. • *Santo sepulcro,* aquel en que estuvo Jesucristo.

SEPULTAR v. tr. [**1**]. Poner en la sepultura a un muerto. || *Fig.* Ocultar, cubrir de modo que desaparezca totalmente: *las aguas sepultaron los campos.* || *Fig.* Esconder u ocultar algo inmaterial: *sepultar un recuerdo.*

SEPULTURA n. f. (lat. *sepulturam*). Acción y efecto de sepultar. || Hoyo hecho en la tierra, o cualquier otro lugar donde se entierra uno o más cadáveres. • *Dar sepultura,* enterrar.

SEPULTURERO, A n. Persona que sepulta a los muertos en los cementerios.

SEPÚLVEDA, v. de España (Segovia), al pie de Somosierra, capital comarcal de la *Tierra de Sepúlveda;* 1 590 hab. *(Sepulvedanos.)* Restos de la muralla y del castillo medievales. Iglesias románicas del Salvador (ss. XI-XII), con pórticos laterales; de la Virgen de la Peña, con notable portada labrada, y de San Justo (cripta con esculturas, s. XII). La ciudad se ha identificado con *Septempublia.* Fernán González la conquistó (960), y el conde Sancho García le otorgó un fuero latino *(fuero de Sepúlveda),* ratificado por Alfonso VI (1076), y ampliado posteriormente. En la guerra de la Independencia, el general San Juan fue derrotado en ella por Savary (nov. 1808).

Busto de **Septimio Severo.** (Museo Saint-Raymond, Toulouse.)

Lauros-Giraudon

SEPÚLVEDA (Juan Ginés DE), historiador y eclesiástico español (Pozoblanco c. 1490-*id.* 1572 o 1573). Fue capellán y cronista de Carlos Quinto (1535). Autor de obras como: *De rebus gestis Caroli Quinti* (30 vols.); una *Antapollogia* (1532), donde impugna las doctrinas de Erasmo; varias traducciones de Aristóteles, y *De rebus Hispanorum gestis ad novum orbem* y *Democrates, sive De iustis belli causis,* donde critica las tesis del padre Las Casas sobre los derechos de los indios. La mayoría de sus obras permanecieron inéditas hasta 1780.

SEQUEDAD n. f. Calidad de seco. || *Fig.* Trato áspero y brusco.

SEQUEDAL o **SEQUERAL** n. m. Terreno muy seco.

SEQUÍA n. f. Falta de lluvias durante un largo período de tiempo.

SÉQUITO n. m. (ital. *seguito*). Grupo de gente que acompaña a una persona ilustre o célebre. || Conjunto de los seguidores o partidarios de un personaje, una idea, doctrina, etc. || *Fig.* Efecto o consecuencia de un hecho precedente: *séquito de desgracias.*

SER v. (lat. *esse*) [**15**]. Significa: 1.° en forma absoluta, ocurrir, suceder: *el eclipse fue ayer; la conferencia será mañana;* haber, existir: *eso no es de este mundo;* 2.° en función copulativa, con adjetivo: *este chico es muy alto; su mujer es extranjera;* pertenencia: *mi tío es director;* inclusión: *el hombre es un animal mamífero;* cualidad: *este edificio es un monumento;* identidad: *Cervantes es el autor del «Quijote»;* correspondencia o adecuación: *este libro no es para niños;* conveniencia, posibilidad o previsión: *es de desear que lo consiga;* servir: *este cuchillo es para el pan;* 3.° tiene función auxiliar de pasiva: *eso fue establecido hace tiempo;* 4.° significados específicos: valer: *son mil pesetas;* constituir: *eso es delito;* consistir en, depender de: *todo es proponérselo; la cuestión es decidirse;* expresa el día de la semana o la fecha: *hoy es martes;* causa: *aquello fue mi salvación;* introduce expresiones adverbiales de tiempo: *es muy tarde;* ficción en los juegos: *él era el malo de la película.* • *A no ser que,* introduce una salvedad. || *Érase una vez,* encabezamiento de los cuentos infantiles. || *Es más,* añade una razón que refuerza o confirma lo dicho anteriormente.

SER n. m. Principio activo y radical constitutivo de las cosas. || Ente. || *Filos.* Existencia. || Esencia. || Lo que no se identifica con la nada y es apto para existir. • *El Ser supremo,* Dios. (La expresión se aplica particularmente al culto deísta implantado por Robespierre en mayo-junio de 1794.)

Ser y la Nada *(El),* obra de J.-P. Sartre, publicada en 1943. Ensayo de ontología fenomenológica, que describe las relaciones que mantiene el ser humano en su existir en el mundo. Fue el fundamento de la filosofía existencialista.

Ser y tiempo, la obra más famosa de Heidegger (1927), en la que intenta desvelar el sentido del ser por medio de un método fenomenológico del existente (la persona), que a la vez es un *ser-ahí,* cuya esencia consiste en ser-en-el-mundo, con toda la angustia que conlleva, pues su destino es ser-para-la-muerte. La aceptación de ello conduce a tomar conciencia del ser-en-el-tiempo de la persona, capaz de elegir en su historicidad.

SERA n. f. Espuerta grande, generalmente sin asas.

SERAC n. m. (voz saboyana) [pl. *seracs*]. Bloque caótico de hielo que se acumula en los lugares donde la pendiente del lecho glaciar se acentúa o donde la adherencia del glaciar disminuye.

SERAFÍ (Pere), pintor y poeta español (en Grecia 1505-Barcelona 1567). Su obra pictórica manifiesta la aceptación de las nuevas fórmulas del renacimiento italiano con un estilo caracterizado por una particular tendencia a la monumentalidad (retablos de las iglesias de Arenys de Munt, 1543, de Lloret

Flash Press

Jaume **Serra**: Retablo del monasterio de Sigena, Huesca. (Museo de arte de Cataluña, Barcelona.)

de Mar, 1548, *retablo de San Román,* puertas de los órganos de las catedrales de Barcelona y Tarragona, 1563). Como poeta unió la línea renacentista a la tradicional culta catalana medieval: *Dos libros de poesía vulgar en lengua catalana* (1565); junto a composiciones populares y religiosas.

SERÁFICO, A adj. Relativo a los serafines. || *Fig.* Plácido, bondadoso: *un semblante seráfico.*

SERAFÍN n. m. *Rel.* Nombre dado a una categoría de ángeles. || *Fig.* Persona, especialmente niño, de extraordinaria hermosura.

SERAING, mun. de Bélgica (Lieja), junto al Mosa; 67 000 hab. Siderurgia y metalurgia.

SERAPEUM n. m. Necrópolis de los Apis en Egipto. || Templo de Serapis en Grecia.

SERAPIS o **SARAPIS,** dios griego-egipcio mitológico, cuyo culto fue introducido por Tolomeo I Sōtēr (305-283 a. J.C.), con el fin de unificar las religiones griega y egipcia; sus atributos fueron tomados de Osiris y de Zeus. Su culto fue muy popular hasta la época romana.

SERBA n. f. Fruto del serbal, comestible y de sabor agradable.

SERBAL n. m. Planta arbórea de tronco recto, hojas lobuladas, flores blancas y fruto comestible. (Alt. 10 m; familia rosáceas.)

SERBIA → SERVIA.

SERBIO, A adj. y n. → SERVIO.

SERBOCROATA adj. y n. m. y f. → SERVIOCROATA.

SERDĀR n. m. → SARDĀR.

SEREGNI (Líber), militar y político uruguayo (nacido en 1917). General del ejército uruguayo, renunció al mando militar (1969) y se convirtió en el líder de la izquierda. Candidato del Frente amplio (coalición de izquierdas) en las elecciones de 1971, en las que obtuvo el 20 % de los votos, tras el golpe militar (1973) fue encarcelado y condenado (1976) a catorce años de prisión; sin embargo, en 1984 fue puesto en libertad.

SEREMBAN, c. de Malaysia, al S de Kuala Lumpur; 80 000 hab. Centro comercial (estaño y cobre).

SERENA n. f. *Fam.* Sereno, humedad de la atmósfera durante la noche. || *Lit.* Composición poética o musical de los trovadores que solía cantarse de noche.

SERENA (La), comarca de España (Badajoz), recorrida por el Zújar y sus afluentes. Dehesas (ganado de cerda) y pastizales (pastoreo). Hortalizas y frutales en regadío. Ganado vacuno. Industrias agropecuarias. La *Alta Serena,* en el ángulo NO de la provincia de Badajoz, constituye una tradicional comarca ganadera (lanar).

SERENA (La), c. de Chile, cap. de la IV región (Coquimbo), junto a la bahía de Coquimbo; 77 100 hab. *(Serenenses.)* Centro agrícola (cereales y vinos), que da salida a los productos de la región a través de su puerto. Fundición de cobre. Pequeños astilleros. Industria química y alimentaria. Planta térmica. Turismo (balneario Peñuelas). Conserva una arquitectura de estilo colonial, con antiguas casonas rodeadas de parques y jardines. El museo arqueológico ofrece una variada muestra de las culturas diaguita, molle y huentelauquén, propias de la región.
HISTORIA. Fundada por orden de Pedro de Valdivia (1543), para la comunicación con Lima, fue destruida por una sublevación indígena. Posteriormente reconstruida, un terremoto (1730) entorpeció su desarrollo económico, renovado con el descubrimiento de yacimientos de mineral en Arqueros (1825).

SERENAR v. tr., intr. y pron. [**1**]. Poner tranquilo o quieto: *serenar los ánimos; ya ha serenado; serenarse el día.*

SERENATA n. f. Concierto de voces e instrumentos, o de instrumentos solos, que se da por la noche debajo de las ventanas de alguien, para festejarlo.

SERENIDAD n. f. Calidad o estado de sereno.

SERENÍSIMO, A adj. *Alteza serenísima,* tratamiento que se daba en España a los príncipes hijos de reyes. ◆ adj. y n. f. *Hist.* En los ss. XV-XVI, título dado a la república de Venecia.

SERENO, A adj. (lat. *serenum*). Claro, sin nubes o niebla: *tiempo, día sereno.* || *Fig.* Tranquilo, ecuánime, exento de toda agitación o perturbación: *mar serena; mirada serena; ojos serenos.* ● *Gota serena* (Med.), sin. de AMAUROSIS.

SERENO n. m. Humedad de la atmósfera durante la noche. || Vigilante nocturno encargado de rondar las calles para seguridad del vecindario. ● *Al sereno,* a la intemperie, durante la noche.

SERERE, pueblo negroafricano de Senegal que habita entre Thiès y el Ferlo. Agricultores, forman una sociedad matrilineal, especialmente en la transmisión de bienes raíces; las prerrogativas del orden religioso o mágico son transmitidas por línea masculina.

SERET → SIRET.

SERFAUS, estación de deportes de invierno (alt. 1 427-2 377 m) de Austria (Tirol), en el valle superior del Inn.

SERGAS n. f. pl. Hazañas, proezas.

SERGIO († 638), patriarca de Constantinopla (610-628). Consejero del emperador Heraclio I (v. HERÁCLIDAS), a quien apoyó en la guerra contra los persas (627), fue el inspirador del monotelismo*.

SERGIO I, II, III y **IV** → cuadro PAPAS.

SERGIO Rádonezhski o **de Rádonezh** *(san),* monje ruso (Rostov 1314-Troitsa 1392). Fundó, cerca de Rádonezh, el monasterio de la Trinidad-San Sergio, centro espiritual del renacimiento nacional y religioso de Rusia. Apoyó la obra de Dimitri Doskói y su lucha contra los mongoles.

SERGIPE, est. del NO de Brasil, junto al Atlántico; 21 994 km^2; 902 000 hab. Cap. *Aracajú.* Agricultura. Industria textil.

SERI, pueblo amerindio, de lengua hokasiux, que habitaba en la costa del estado de Sonora (México) y en la isla Tiburón.

SERIACIÓN n. f. Acción y efecto de seriar.

SERIAL n. m. Emisión dramática radiofónica o televisiva que se difunde en forma de episodios sucesivos. || Artículos periodísticos que forman una serie. || Película de aventuras en varios episodios.

SERIAL adj. Relativo a una serie. ● *Música serial,* sin. de DODECAFONISMO.

SERIALISMO n. m. Carácter de la música serial.

SERIAR v. tr. [**1**]. Formar una serie.

SERICÍCOLA adj. Relativo a la sericicultura.

SERICICULTOR, RA o **SERICULTOR, RA** n. Persona que se dedica a la sericicultura.

SERICICULTURA o **SERICULTURA** n. f. Industria agrícola que tiene por objeto la cría de los gusanos de seda y la obtención de la misma.

SERICÍGENO, A adj. Que produce seda.

SERICINA n. f. Proteína gelatinosa de la seda, que une los filamentos de fibroína y que se disuelve por acción del agua hirviendo a presión. (Sin. GRES.)

SÉRICO, A adj. Relativo al suero sanguíneo.

SERIE n. f. (lat. *seriem*). Conjunto de cosas relacionadas entre sí y que se suceden unas a otras. || *Fam.* Gran número de ciertas cosas: *tiene una serie de libros para leer.* || Disposición biológica según el orden natural de sus afinidades: *serie zoológica.* || Serial televisivo. || *Dep.* Prueba preliminar. || *Mar.* Conjunto de yates con características suficientemente comparables como para que puedan competir juntos. || *Mat.* Par constituido por una sucesión numérica y por la sucesión de sus sumas parciales. || *Quím.* Grupo de compuestos orgánicos que presentan numerosas analogías y se distinguen por una diferencia constante

Corniglion-Atlas-Photo

serbal

en ciertos radicales. ● *Desarrollo de una función en serie* (Mat.), formación de una serie cuya suma representa esta función en un intervalo dado. || *En serie,* dícese de los objetos que se fabrican todos iguales; (Electr.), dícese de varios conductores, generadores o receptores eléctricos acoplados de manera que el polo positivo del primero está unido al polo negativo del segundo, y así sucesivamente, y con la misma intensidad de corriente. || *Fuera de serie,* que no es de fabricación corriente; que no es habitual, notable.

SERIEDAD n. f. Calidad de serio. || Actitud o comportamiento serios.

SERIGRAFÍA n. f. Procedimiento de impresión mediante una pantalla o tamiz, semejante al estarcido.

SERINA n. f. *Biol.* Ácido α-amino constituyente de las proteínas. (Sin. SEROALBÚMINA.)

SERINGAL n. m. En la cuenca del Amazonas, asociación de plantas cauchíferas.

SERIO, A adj. (lat. *serium*). Responsable, sensato, que obra con reflexión. || Que expresa preocupación, disgusto, contrariedad, etc. || Que no es alegre, que no ríe o que ríe con poca frecuencia. || Importante, grave, digno de consideración: *motivo serio.* || Austero, no llamativo, no jocoso: *un vestido serio.* || Que se hace dignamente o de acuerdo con ciertos convencionalismos. ● *En serio,* con seriedad.

SERLIO (Sebastiano), arquitecto y escultor italiano (Bolonia 1475-Fontainebleau 1554). Trabajó en Venecia y en Roma; fue autor de un importante tratado publicado a partir de 1537, en el cual difundió los principios de una arquitectura que concedía el máximo valor a la fachada, con influencias de Rafael y de Peruzzi, traducido en España en 1552 por F. de Villalpando. Trabajó, asimismo, en Fontainebleau.

SERMÓN n. m. (lat. *sermonem*). Discurso religioso pronunciado en público por un sacerdote. || *Fam.* Amonestación, reprensión.

SERMONARIO n. m. Libro que contiene sermones.

SERMONEAR v. tr. [**1**]. *Fam.* Reprender repetida e insistentemente.

SERMONEO n. m. *Fam.* Acción de sermonear.

SERNA (Joaquín LACHERNA O LA), intérprete de cante flamenco español (nacido en Jerez de la Frontera c. 1850), considerado uno de los más genuinos creadores de siguiriyas.

SERNA E HINOJOSA (José DE LA), administrador y militar español (Jerez de la Frontera 1770-† 1832). Fue general en jefe del ejército del Alto Perú (1816) y virrey (1821). Tras la caída de Lima en manos de los independentistas, trasladó la capital a Cuzco (1821). En Ayacucho* (1824) fue derrotado y capturado por Sucre.

SEROALBÚMINA n. f. *Biol.* Sin. de SERINA.

SERODIAGNOSIS n. f. Examen del suero que permite confirmar el diagnóstico de una enfermedad infecciosa mediante la identificación de los anticuerpos específicos del germen en cuestión, que representa el antígeno.

SEROLOGÍA n. f. Estudio de los sueros, de sus propiedades y de sus aplicaciones.

SEROLÓGICO, A adj. Relativo a la serología.

SERÓN n. m. Especie de sera más larga que ancha.

SEROSIDAD n. f. Líquido análogo a la linfa, contenido en las serosas y secretado por ellas.

SEROSO, A adj. *Med.* Que tiene las características de la serosidad. ◆ adj. y n. f. Dícese de la membrana que tapiza ciertos órganos móviles, formada por dos hojas que delimitan una cavidad virtual, que puede llenarse de líquido.

SEROTERAPIA n. f. Método de tratamiento de ciertas enfermedades infecciosas por medio de sueros.

SEROTONINA n. f. Sustancia del grupo de las catecolaminas, que ejerce la función de intermediario químico a nivel de ciertas sinapsis del sistema nervioso central.

SEROV, ant. **Nadiézhdinsk,** c. de la U.R.S.S. (R.S.F.S. de Rusia), al pie de los Urales; 101 000 hab. Metalurgia.

SEROVACUNACIÓN n. f. Vacunación simultánea de sueros y vacunas.

SERPA PINTO (Alexandro Alberto DA ROCHA), explorador portugués (Tendaes 1846-Lisboa 1900). Realizó un largo viaje (1877-1879) en el que recogió importantes datos sobre el alto Zambeze y confirmó los derechos de Portugal en África. A partir de 1885, intentó unir Mozambique (en donde fue gobernador general, 1889) y Angola en un solo territorio desde el Atlántico hasta el océano Índico, pero chocó con los intereses británicos y alemanes.

SERPENTEAR o **SERPEAR** v. intr. [**1**]. Moverse o extenderse formando vueltas y ondulaciones: *un río que serpentea.*

SERPENTEO n. m. Acción y efecto de serpentear.

SERPENTÍN n. m. Antigua pieza de artillería. (Sin. SERPENTINA.) || Tubo en línea espiral, helicoidal o acodado cierto número de veces, que cabe en un recipiente o recinto de dimensiones limitadas.

SERPENTINA n. f. Tira de papel, larga y estrecha, enrollada, que se desenrolla al lanzarla reteniéndola por uno de sus extremos. || Venablo antiguo cuyo hierro forma ondas. || Sin. de SERPENTÍN. || Mineral constituido por silicato de magnesio hidratado. || Roca de color verde oscuro, resultante del metamorfismo de rocas ultrabásicas y constituida principalmente por serpentina. (Se utiliza en decoración.) || *Taurom.* Suerte de capa en que se hace girar ésta alrededor del cuerpo del torero.

SERPIENTE n. f. (lat. *serpentem;* de *serpere,* arrastrarse). Reptil que carece de extremidades y se desplaza por reptación. (Voz: la serpiente *silba.*) [Se conocen más de 2 000 especies, que forman el orden ofidios y viven sobre todo en las regiones cálidas. Algunas son venenosas: *cobra, serpiente de cascabel, víbora;* entre las no venenosas se encuentran la *culebra,* la *boa* y la *anaconda.*] || *Econ.* Figura en forma de serpiente que indica los límites superior e inferior que no deben rebasar los valores de diversas monedas vinculadas por un acuerdo que limita sus fluctuaciones (*serpiente monetaria europea*). ● *Serpiente de mar,* animal fantástico de grandes dimensiones; en el Mediterráneo y Atlántico se aplica este nombre a diversos seres, entre ellos algún elasmobranquio.

■ Las serpientes presentan una organización muy particular: cuerpo cilindrocónico muy alargado (hasta 12 m en la anaconda), carencia de extremidades, mandíbulas desarticuladas que permiten una enorme abertura del orificio bucal, párpados inmóviles, fusionados y transparentes y aparato digestivo extremadamente fuerte.

Estos rasgos, más la existencia de numerosos pares de costillas muy abiertas, aseguran una doble adaptación: por una parte, el avance por reptación, y por otra, la captura e ingestión de grandes presas, que tragan sin masticar. La existencia de dientes venenosos permite clasificar las serpientes en cuatro categorías: *aglifos* (sin dientes venenosos: boa, pitón), *opistoglifos* (dientes venenosos en la parte posterior de la boca, que sólo inoculan veneno a las presas una vez en el interior de la boca: culebra), *proteroglifos* (dientes venenosos delanteros y no articulados: cobra) y *solenoglifos* (dientes delanteros y articulados, dotados de un canal para la inoculación del veneno: víbora).

Esta clasificación no corresponde a la división en familias. Una serie de curiosos órganos —cavidad sensible al calor que irradian las presas, cascabel del crótalo, capuchón de la cobra, dientes faríngeos de los dasipéltidos, devoradores de huevos, etc.— son otros tantos testimonios de la diversidad de adaptaciones de las serpientes.

Animales de sangre «fría», las serpientes pueden detener la respiración durante largo tiempo. Existen especies marinas, mortalmente venenosas.

SERPIENTE, constelación* ecuatorial notablemente extendida en longitud, en la que se distinguen dos zonas separadas por una parte de la constelación de Ofiuco: la Cabeza de la Serpiente y la Cola de la Serpiente.

serpiente emplumada *(La),* novela de D. H. Lawrence. Una pintura realista del México contemporáneo y una evocación alegórica de las relaciones entre hombre y mujer, a propósito de un intento de restauración del culto de los antiguos dioses aztecas.

SERPIGINOSO, A adj. *Med.* Dícese de las afecciones cutáneas de contornos sinuosos.

SERPOL o **SERPILO** n. m. Planta aromática parecida al *tomillo.* (Familia labiadas.)

SERPOLLET (Léon) industrial francés (Culoz 1858-París 1907). Construyó un triciclo a vapor que puede considerarse el antecesor del automóvil (1887), y puso a punto un nuevo motor de vapor (1891), que utilizaba el aceite de parafina como carburante.

SERPOTTA (Giacomo), escultor italiano (Palermo 1656-*id.* 1732), principal representante de la escultura barroca en Sicilia. Es autor de los decorados barrocos de estuco de varios oratorios de su ciudad natal.

SÉRPUJOV, c. de la U.R.S.S. (R.S.F.S. de Rusia), al S de Moscú; 132 000 hab. Observatorio astronómico. Centro de investigaciones nucleares.

SERRA, familia de pintores catalanes de los ss. XIV-XV. Únicamente se conservan obras de JAUME y PERE, origen de la imagen más extendida de la pintura italogótica catalana de la segunda mitad del s. XIV. Su estilo está en relación directa con la obra de Ramón Destorrents, sobre todo a nivel del carácter narrativo de las composiciones y de la delicadeza de las figuras. Su particular concepción del espacio pictórico evidencia las relaciones con la pintura italiana de los Lorenzetti. Dentro de su producción destacan: de Jaume Serra, parte del *retablo de la Virgen* para el convento del Santo Sepulcro de Zaragoza (1360, museo de bellas artes, Zaragoza); de Pere Serra, el *retablo del Espíritu Santo* de la catedral de Manresa (1394) y el retablo de *San Bartolomé y san Bernardo de Claravall,* para el convento de Santo Domingo de Manresa (museo de Vich).

Algar-Salmer

Monumento a fray Junípero **Serra** en Querétaro, México.

SERRA (Miguel SERRA Y FERRER, llamado **fray Junípero**), eclesiástico y colonizador español (Petra 1713-misión de San Carlos de Monterrey, California, 1784). Franciscano (1730), fue destinado a Nueva España (1749) y estuvo hasta 1758 en Sierra Gorda (Querétaro). Colaboró en un plan de expansión hacia el N y marchó, como responsable religioso de la expedición de Gaspar de Portolá*, a la Alta California, donde fundó las misiones de San Diego (1769) y de San Carlos de Monterrey (1770). Con la sustitución del virrey Croix por Bucarelli (1771) fray Junípero consiguió la aprobación de una *Representación,* a partir de la cual se fundaron las misiones de San Francisco (1776), San Gabriel (actual Los Ángeles), etc.

SERRA RÁFOLS (Elías), historiador español (Mahón 1898-La Laguna 1972). Profesor de historia en la universidad de La Laguna (1926-1968), es autor de: *Fernando el Católico y los payeses de remensa* (1925), *El estudio general de Lérida* (1931), *Acuerdos del cabildo de Tenerife, 1497-1524* (1949-1968). — Su hermano JOSÉ DE CALASANZ (Mahón 1902-Barcelona 1971), discípulo de Bosch Gimpera, fue profesor de la universidad autónoma de Barcelona (1933) y autor de *El poblamiento prehistórico de Cataluña* (1930) y *La vida en España en la época romana* (1944).

SERRA Y MORET (Manuel), político español (Vich 1884-Perpiñán 1963). Fue uno de los fundadores de la Unió socialista de Catalunya, diputado a cortes a partir de 1931, y consejero de la Generalidad. Como miembro del P.S.U.C., presidió el Consejo de economía de Cataluña (1938). En el exilio siguió desempeñando cargos políticos. Es autor de *La reconstrucción económica de España* (1942).

SERRADIZO, A adj. Aserradizo.

SERRADURAS n. f. pl. Serrín.

SERRAI o **SERRES,** c. del N de Grecia, en Macedonia; 41 000 hab. Centro comercial.

SERRALLO n. m. (ital. *serraglio*). En los países de civilización turca, palacio real, especialmente el del sultán otomano; harén de este palacio; conjunto de mujeres del harén.

SERRALLONGA (Joan SALA I), bandolero español (Viladrau 1592-Barcelona 1634). Se dedicó al bandolerismo desde 1622 y se convirtió en la figura más destacada del bandolerismo catalán. En 1633 fue hecho prisionero, procesado y ejecutado en Barcelona. Su figura se incorporó al folklore y a la literatura catalanes.

SERRANA n. f. Composición poética parecida a la serranilla. || Modalidad de cante flamenco, probablemente originaria de la serranía de Ronda, y que en un principio debió de ser una canción de procedencia folklórica campesina.

SERRANÍA n. f. Conjunto de montañas o sierras, de altura en general moderada pero de gran extensión superficial: *la serranía de Ronda.* || Terreno montañoso, por contraposición al llano o campiña.

SERRÁNIDO, A adj. y n. m. Relativo a una familia de peces marinos de fondos rocosos. (El *mero* y el *serrano* pertenecen a la familia *serránidos.*)

SERRANILLA n. f. Composición lírica de tema rústico, en versos cortos, que generalmente describe el encuentro entre un caballero y una pastora.

SERRANO, A adj. y n. De la sierra.

SERRANO n. m. Pez de las costas rocosas, afín al mero, que alcanza como máximo 30 cm de long. (Familia serránidos.)

SERRANO, pueblo amerindio, del grupo shoshón, de lengua uto-azteca, que habita en la sierra de san Bernardino y en las estribaciones de la sierra Madre (México).

SERRANO (José Mariano), político boliviano (Chuquisaca 1788-† 1851). Representó a Chuquisaca en Buenos Aires (1813) y Tucumán (1815). Firmó el acta de independencia argentina (1817) y presidió la asamblea que proclamó la independencia boliviana (1825).

SERRANO (Francisco), duque **de la Torre,** militar y político español (Isla de León 1810-Madrid 1885). Destacó en la primera guerra carlista (1833-1840) y llegó a brigadier. En 1840 se unió al pronunciamiento de Espartero, quien le nombró mariscal de campo. Sin embargo, enviado a Barcelona (1842) para reprimir la insurrección popular, Serrano se sumó al pronunciamiento moderado-progresista, que acabó con la regencia de Espartero; fue nombrado ministro universal y restableció el derribado gabinete de López. Proclamada la mayoría de edad de Isabel II, contribuyó al ascenso de los moderados al poder (1844). Sostuvo relaciones amorosas con la reina (1846-1848), pero debió abandonar la corte ante la animadversión del marido de ésta, Francisco de Asís.

Fue uno de los inspiradores del manifiesto de Manzanares (1854), abriendo el camino a un nuevo mandato de Espartero; en 1856, como miembro de la Unión liberal de O'Donnell, colaboró con éste en el golpe contrarrevolucionario. Fue capitán general de Cuba (1859-1861); con O'Donnell reprimió la sublevación de los sargentos de San Gil (1866), y al morir el duque de Tetuán (1867) se convirtió en el jefe de la Unión liberal. Presidió el gobierno provisional a la caída de Isabel II (1868), y actuó como regente mientras se resolvía la sucesión al trono. Amadeo de Saboya le nombró jefe del gabinete de concentración, tras el asesinato de Prim, pero se mostró impotente para mantener la unidad; acabó con la sublevación carlista y tras la

Francisco **Serrano.**
(Biblioteca nacional, Madrid.)

Salmer

Joan Manuel **Serrat**

Firo-Foto

firma del convenio de Amorebieta (1872), tuvo que dimitir. Proclamada la república (1873), se unió a los conspiradores; al producirse la Paviada (1874), fue elegido presidente del ejecutivo. El golpe de estado de Martínez Campos (1874) significó la entronización de Alfonso XII y el fin de la carrera de Serrano, aunque aún presidió la Izquierda dinástica (1882).

SERRANO (Emilio), compositor español (Vitoria 1850-Madrid 1939). Estudió en Madrid con Guillén, Zabala y Arrieta, a quien sustituyó (1894) en su cátedra de composición hasta su jubilación, por lo que influyó poderosamente en numerosos compositores (C. del Campo, R. Villa y J. Subirá). Fue director artístico del Teatro real. Autor de óperas (*Mitrídates,* 1882; *Gonzalo de Córdoba*), escribió también algunas zarzuelas como *La bejarana* (1924), en colaboración con F. Alonso, y obras para piano y para orquesta.

SERRANO (José), compositor español (Sueca 1873-Madrid 1941). Inició sus estudios en Valencia con S. Giner, y se trasladó a Madrid, donde consiguió introducirse en la zarzuela con *El motete* (1900), a la que siguieron otras que figuran en todas las antologías del género: *La reina mora* (1903), *Moros y cristianos* (1905), *La canción del olvido* (1916), *Los de Aragón* (1927), *Los claveles* (1929) y *La Dolorosa* (1930). Son muy populares sus composiciones valencianas (*Himno a Valencia; Valencia canta*).

SERRANO (Pablo), escultor español (Crivillén, Teruel, 1910). Relacionado con grupos artísticos de vanguardia (Equipo 57, El Paso), en su obra en bronce y piedra, seudofigurativa (de caracteres expresionistas muy marcados) o abstracta, busca la interacción entre los volúmenes sólidos y el espacio que los envuelve y penetra: *Extensión de las características del cubo* (1956); *Bóvedas para el hombre* (1960-1962); *Bóvedas lumínicas* (1962-1965); *Hombres con puerta* (1965-1968); *Unidades-yunta* (1966); monumento a Unamuno en Salamanca (1968); *Pietà* (1972); monumento a Ponce de León (1976). Son características sus esculturas sobre el tema del pan. Museo Pablo Serrano, en Zaragoza.

SERRANO PLAJA (Arturo), escritor español (San Lorenzo de El Escorial 1909-Santa Bárbara, California, 1979). Se inició literariamente, como poeta, en vísperas de la guerra civil. En el exilio publicó libros de poesía (*Versos de guerra y paz,* 1944; *La mano de Dios pasa por este perro,* 1965), de ensayo (*El realismo «mágico» en Cervantes,* 1966) y novelas (*Don Manuel de Lora,* 1946; *La cacatúa atmosférica,* 1977).

SERRANO PONCELA (Segundo), escritor español (Madrid 1912-Caracas 1976). Exiliado, fue profesor en Puerto Rico y en Caracas. Publicó libros de ensayo (*El pensamiento de Unamuno,* 1953; *Huerto de Melibea,* 1959; *Del romancero a Machado,* 1962) y de narraciones: *Seis relatos y uno más* (1954), *La venda* (1956), *La raya oscura* (1959), *Un olor a crisantemo* (1961), *Habitación para hombre solo* (1963) y *El hombre de la cruz verde* (1970).

SERRANO SÚÑER (Ramón), político español (Cartagena 1901). Fue diputado (1931 y 1933) y dirigente de la C.E.D.A. Cuñado del general Franco, fue uno de los definidores del estado nacionalsindicalista. Formó parte de los primeros gobiernos de Franco (1939-1942), impulsando la política de amistad con el Eje (División* azul), pero fue apartado tras los incidentes entre carlistas y falangistas en Begoña (1942). Es autor de *Ensayos al viento* (1969), *Entre Hendaya y Gibraltar* (1973) y de unas *Memorias* (1977).

SERRAR v. tr. [**1j**]. Cortar madera u otras materias con la sierra.

SERRAT (Joan Manuel), cantautor español (Barcelona 1943). En 1962 entró a formar parte del grupo Els setze jutges, de canción catalana, y en 1967 dio el primer recital en solitario. Recitales en España, Francia y Latinoamérica le han consagrado como uno de los más representativos cantautores de la canción melódica en catalán y castellano.

SERRATO n. m. *Anat.* Nombre dado a diversos músculos del tronco, cuyas inserciones presentan aspecto dentado. • *Serrato mayor,* músculo depresor del omóplato.

SERRATO (José), político, ingeniero y economista uruguayo (Montevideo 1868-*id.* 1960). Miembro del Partido colorado, desempeñó varias carteras ministeriales (1903-1911), fue presidente del país (1923-1927) y ministro de Asuntos Exteriores (1934-1935 y 1945). Es autor de *Problemas económicos.*

SERRERÍA n. f. Aserradero.

SERRES → SERRAI.

SERRETA n. f. Semicírculo de hierro que se coloca sobre la nariz de los caballos para guiarlos. ‖ Pato piscívoro, de pico fino y aserrado y cuerpo grácil, generalmente con moño. (Long. hasta 65 cm.) ‖ *Heráld.* Figura que consiste en dos ramas de hierro dentadas y unidas entre sí por una charnela en uno de sus extremos.

SERRÍN n. m. Conjunto de partículas de madera, corcho, etc., que se desprenden de éstos al serrarlos.

SERRUCHO n. m. Sierra de mano, de hoja ancha y prolongada por una manija.

SERT (José María), pintor español (Barcelona 1874-*id.* 1945). Su producción se centra en la pintura mural, partiendo de un estilo muy imaginativo (influencias de temas orientales y

Algar-Salmer

Pablo **Serrano**, en 1970, junto a una de sus obras.

de un cierto expresionismo derivado de Goya) y arcaizante (conexiones con los grandes escenarios barrocos de Tiépolo, y con los ambientes vaporosos de Piranesi o Goya), en composiciones caracterizadas por la monumentalidad, el cuidado figurativismo, y el empleo casi exclusivo de tonalidades ocres terrosas, aplicadas sobre fondos dorados. Destacan sus decoraciones murales para la catedral de Vich (1900-1929, rehechas en 1939-1945), la decoración del salón de las Crónicas del ayuntamiento de Barcelona (1929), o la decoración del salón del consejo de la S.D.N. en Ginebra (1936). También decoró el hotel Waldorf Astoria y el Rockefeller center de Nueva York y numerosas mansiones particulares.

SERT (José Luis), arquitecto español (Barcelona 1902-*id.* 1983), sobrino del anterior, nacionalizado norteamericano en 1951. Estudió en París (1929-1930) con Le Corbusier. Miembro fundador (1930) del grupo GATEPAC, y presidente (1947-1956) de los C.I.A.M., fue, asimismo, decano (1953-1968) de la facultad de arquitectura de Harvard (E.U.A.). Su obra parte del racionalismo (herencia directa de la Bauhaus y de Le Corbusier). Entre su amplísima producción destacan: el proyecto urbanístico para Barcelona o *plan Maciá* (1933-1935, en colaboración con el grupo del GATEPAC más Le Corbusier), el dispensario antituberculoso de Barcelona (1935, en colaboración con Torres Clavé y Subirana), las casas de veraneo en Garraf (1935, en colaboración con Torres Clavé), el pabellón español de la exposición internacional de París en 1937 (en colaboración con Lacasa), la urbanización de la Ciudad de los motores en Brasil (1945-1947, en colaboración con Wiener y Schulz), la embajada de E.U.A. en Bagdad (1955-1960), la Fundación Maeght en Saint-Paul-de-Vence (1959-1964), el campus central de la universidad de Boston (1960-1967), la Fundación Miró en Barcelona (1972-1975).

SERTÃO n. m. (voz brasileña). En Brasil, región poco poblada, en la que la ganadería extensiva predomina sobre una agricultura de subsistencia; denominación dada a las zonas semiáridas del NE del país.

SERTORIO (Quinto), general romano (Nursia c. 123 a. J.C.-Osca 72 a. J.C.). Estuvo en Hispania con Tito Didio como tribuno militar (99). Nombrado pretor de la Hispania Citerior (83), al instaurarse la dictadura, Sila le proscribió, y tuvo que huir (81). Llamado por los lusitanos, regresó a la Península (80), y dirigió la resistencia frente a Roma, que envió a la Península a Cneo Pompeyo, quien fue imponiéndose a Sertorio (75). Finalmente, sus partidarios le asesinaron.

SÉRUSIER (Paul), pintor y teórico francés (París 1863-Morlaix 1927), que vinculó a Gauguin con los "nabis" (*Paisaje del bosque de amor,* llamado *El talismán,* 1888, col. part.).

SERVAL n. m. Carnívoro africano de piel amarillenta con manchas negras, muy apreciada. (Familia félidos.)

SERVANDONI (Giovanni Niccolò), pintor, decorador y arquitecto italiano (Florencia 1695-París 1766). Se instaló en París (c. 1728) y fue arquitecto del rey. Ejecutó la fachada original (1732-1745) y la capilla de la Virgen de la iglesia San Sulpicio. Trabajó en distintas ciudades de Europa (Lisboa, Lyon, Dresde). Muy barroco en la decoración, como arquitecto fue de los primeros en rechazar este estilo.

SERVAN-SCHREIBER (Jean-Jacques), periodista y político francés (París 1924). Fundador del semanario *L'express* (1953), fue elegido secretario general del Partido radical (1969) al que dotó de un programa reformista. Diputado (1970-1978) y presidente del Partido radical (1971-1975 y 1977-1979), fue ministro de Reformas (mayo-junio 1974). Es autor de ensayos políticos, entre ellos, *El desafío americano* (1967) y *El poder regional* (1971).

SERVATO n. m. Planta herbácea común en la península Ibérica, cuyos frutos se han usado como carminativos. (Familia umbelíferas.) [Sin. PEUCÉDANO.]

SERVENTESIO n. m. (provenz. *sirventés*). En métrica castellana, cuarteto en que riman el primer verso con el tercero y el segundo con el cuarto.

SERVET (Miguel), teólogo y médico español (Tudela, Navarra, o Villanueva de Sigena 1511-Ginebra 1553). Estudió leyes en Toulouse (1528) y se interesó por los estudios bíblicos. En 1530 pasó a Basilea y luego a Estrasburgo. Publicó en 1531 su *De trinitatis erroribus,* donde expuso la doctrina unitaria que le acarreó la condena de católicos y protestantes. En 1532, después de publicar *De trinitate,* de tono menos furibundo, abandonó Suiza. En 1533 estudió en París, pasando luego a Lyon, donde trabajó en la edición de la *Geografía* de Tolomeo y en la de la Biblia. La corrección de textos médicos le llevó a interesarse por la medicina, por lo que regresó a París, donde fue alumno de Sylvius (Jacques Dubois), Fernel y Johannes Guinter. Ejerció luego la medicina en Charlieu. En *Christianismo restitutio* plasmó su concepción de la Santísima Trinidad y al tratar de la introducción del espíritu divino en la sangre y de su diseminación por el cuerpo, negó la circulación interventricular instaurada por Galeno, proponiendo alternativamente la existencia de la circulación pulmonar o menor. Este tratado, publicado en 1553, fue escrito antes de 1546. Denunciado a la Inquisición, huyó de Lyon hacia Italia, pero a su paso por Ginebra, fue reconocido, detenido y, acusado de hereje por Calvino, fue condenado a morir en la hoguera. En 1982 fueron traducidas al castellano sus *Treinta cartas a Calvino, Sesenta signos del Anticristo* y *Apología de Melanchton.*

SERVIA o **SERBIA,** en servio **Srbija,** repú-

Varin-Jacana

serval

blica federada de Yugoslavia; 55 968 km^2 y 5 666 000 hab. (*Servios* o *serbios*.) Cap. *Belgrado,* que junto con las dos regiones autónomas dependientes, *Vojvodina,* al N (21 506 km^2; 2 028 000 hab., cap. *Novi Sad*) y *Kosovo**, al S, totalizan 88 361 km^2 y 9 279 000 hab.

GEOGRAFÍA. Servia, que ocupa la parte E de Yugoslavia, es la república de mayor extensión (más del tercio de la superficie total) y, sobre todo, la más poblada (40 % de la población) del país. También es la primera desde el punto de vista industrial, pues asocia actividades extractivas (carbón y cobre) con la siderurgia y la metalurgia. La densidad media de población es elevada para una región que es montañosa en el S, aunque cruzada por los valles de los formadores del Morava; el Kosovo está poblado por albaneses. Al N del Save-Danubio se extiende la parte meridional de la llanura Panonia, importante región agrícola (cereales e instalaciones industriales) donde habita una importante minoría de húngaros (Vojvodina).

HISTORIA. Instalados en el s. VI en las regiones yugoslavas, los servios, organizados en clanes, ocupaban sobre todo la región del Morava. Cristianizados en el s. IX bajo la influencia de Bizancio, afirmaron su entidad étnica y política en Raška y en Dioclea (Montenegro), frente al imperio búlgaro, al que fue unida la mayor parte de su territorio. A principios del s. X se impuso en Dioclea una dinastía de príncipes cuyo representante más ilustre, Miguel Voislovich (de 1050 a 1082), obtuvo del papa el título de rey. A partir de Raška, el estado servio se desarrolló con Esteban Nemanja, fundador de la dinastía de los Nemanjić; después de la muerte del emperador bizantino Manuel I Comneno (1180), aumentó sus territorios hacia el S (Zeta-Montenegro). El reino servio se afirmó con Esteban I Nemanjić (de 1196 a 1227), quien organizó una iglesia servia autóctona, independiente de Bizancio. Los sucesores de este último tuvieron suertes distintas con motivo de guerras internas: los reinados de Esteban VI Uroš II Milutin (de 1282 a 1321) y de Esteban VIII Uroš III Dečanski (de 1321 a 1331) fueron pacíficos y permitieron a Servia afirmarse como potencia balcánica. Con Esteban IX Uroš IV Dusăn (de 1331 a 1355), esta potencia alcanzó su apogeo, pues la lucha contra Bizancio permitió a Servia extender su dominio hasta el golfo de Corinto. En 1346, Dusăn fue consagrado emperador en su nueva capital, Skopje; dotó a su país de un célebre código (1349).

A su muerte, el imperio servio se disgregó bajo la presión interior de los señores feudales y el empuje exterior de los turcos. La victoria turca de Kosovo (1389) representó una tragedia nacional. Durante un tiempo, Esteban Lazarević (de 1389 a 1427), quien estableció su capital en Belgrado, y Jorge Branković (de 1427 a 1456), aun siendo vasallos del sultán, mantuvieron, con la ayuda de los húngaros, la autonomía efectiva de los servios. Pero en 1459, Servia pasó bajo el dominio de los turcos, quienes instauraron allí un régimen feudal. La Iglesia ortodoxa servia fue entonces el elemento esencial del mantenimiento de las tradiciones y de la cultura nacionales. Los patriotas servios o *haiduks* mantuvieron la lucha contra los turcos. En el curso de las guerras que, en el s. XVIII, enfrentaron a turcos y austríacos, numerosos servios se refugiaron al N del Danubio (Vojvodina), al aumentar las exacciones turcas. A principios del s. XIX se organizó la resistencia nacional alrededor de Karagdjorgje —fundador de la dinastía servia de los Karagdjorgjević—, que contó con el apoyo de la Rusia ortodoxa. La guerra interior contra los turcos fue prácticamente ininterrumpida desde 1806 a 1813. Esta rebelión endémica tuvo por resultado inmediato un comienzo de organización estatal. Finalmente, fue la familia de los Obrenović —en la persona de Miloš, convertido en gran príncipe— la que obtuvo para Servia una cierta autonomía, cuyas condiciones se definieron en 1826-1829; en tanto desapareció el sistema feudal turco y los Obrenović obtuvieron un derecho hereditario. Se deshicieron entonces de Karagdjorgje (1817), y aplastaron las rebeliones de los príncipes (1834). Miloš Obrenović realizó una política autoritaria que, por otra parte, contribuyó a sacar a su país del medioevo y de su aislamiento. En 1842, el hijo de Karagdjorgje, Alejandro (de 1842 a 1858), venció a los Obrenović, representados entonces por Miguel, segundo hijo de Miloš. A raíz de la revolución europea de 1848, planteó ante Europa el problema de la independencia de los servios. Por el congreso de París (1856), la autonomía de Servia quedó garantizada por las grandes potencias.

Impopular debido a su política, Alejandro abdicó en 1858; los Obrenović volvieron entonces al poder, con Miloš († 1860), y después con Miguel (de 1860 a 1868), quien obtuvo la evacuación de las fortalezas ocupadas todavía por los turcos (1862); un movimiento panservio se desarrolló entonces fuera de las fronteras. Después del asesinato de Miguel, el gran príncipe Milan Obrenović (de 1868 a 1889) intentó frenar el crecimiento del Partido socialista y del Partido radical e instauró un régimen dictatorial, y cuando el congreso de Berlín (1878) confirmó la independencia de Servia se proclamó rey (1882). Pero su alianza secreta con Austria y su matrimonio con una divorciada le empujaron a abdicar (1889). Su hijo Alejandro (de 1889 a 1903) prosiguió su política autoritaria y la infeudación de su país a Austria, lo que provocó la matanza de la familia real (junio 1903).

Los Karagdjorgje volvieron entonces al poder, en la persona de Pedro (de 1903 a 1921), quien dotó a Servia de una constitución liberal y se apartó de Austria. Aunque en 1908 se vio obligado a aceptar la anexión de Bosnia a Austria, participó victoriosamente en las dos guerras balcánicas (1912-1913), que valieron a Servia una gran parte de Macedonia (tratado de Bucarest, 1913). A consecuencia del atentado de Sarajevo (28 junio 1914), tuvo que rechazar el ultimátum austríaco y se vio envuelta en la primera guerra mundial; después de las peripecias dramáticas de la ocupación por los alemanes y por los búlgaros en 1916, el país fue liberado y se convirtió en el centro del movimiento yugoslavo. En 1918, Pedro I se convirtió en rey de los servios, croatas y eslovenos. Su hijo y sucesor, Alejandro I (de 1921 a 1934), fue proclamado rey de Yugoslavia en 1929. Esta predominancia de los servios en el seno del joven reino provocó choques dramáticos, especialmente con los croatas. Después de 1945, se creó una república de Servia que se integró al estado federal socialista instituido en Yugoslavia.

SERVIBLE adj. Que puede servir.

SERVICIAL adj. Que sirve con cuidado y diligencia. || Pronto a prestar ayuda o a hacer favores: *persona muy servicial.*

Algar-Salmer

José María **Sert:** *Los pactos.* (Museo de arte moderno, Barcelona.)

SERVICIO n. m. (lat. *servitium*). Acción de servir: *realizar importantes servicios; morir en acto de servicio.* || Actividad que consiste en servir: *trabajar al servicio del estado.* || Persona o personas empleadas en los trabajos domésticos de una casa privada. (Sin. SERVICIO DOMÉSTICO.) || Estado de alguien o algo que está sirviendo en aquello a que está destinado u obligado: *hoy está de servicio.* || Con la prep. *de,* conjunto de objetos que utilizan para aquello que se expresa: *servicio de tocador; servicio de té.* || Acción desinteresada, cortés o útil: *prestar un gran servicio.* || Retrete. || Orinal. || Conjunto de enseres que se ponen en la mesa para cada comensal. || En algunos deportes, saque. || Conjunto de las comunicaciones y enlaces ferroviarios garantizados de acuerdo con un horario establecido. || *Econ.* Producto de la actividad del hombre destinado a la satisfacción de sus necesidades, que no se presenta bajo la forma de un bien material. || *Hist.* Recurso extraordinario otorgado por las cortes al soberano para contribuir a los gastos excepcionales del erario o para cubrir su déficit. || *Mil.* Carrera o profesión militar. ● *Escalera de servicio,* escalera destinada a los componentes del servicio de una casa, a los proveedores, etc. || *Servicio militar,* conjunto de obligaciones militares legales impuestas a los ciudadanos, a partir de determinada edad y durante un tiempo prefijado, para contribuir en la defensa de su país por medio de las armas. || *Servicio público,* actividad de interés general (sentido material) realizada por los poderes públicos (sentido orgánico). || *Servicio secreto,* cuerpo de agentes que a las órdenes de un gobierno se dedica al espionaje con fines políticos o militares; actividades de este cuerpo. ◆ pl. Cocina y demás dependencias del trabajo doméstico y habitaciones de la servidumbre. || Habitaciones donde se encuentran los aparatos higiénicos sanitarios. || Cuerpos y actividades de la organización militar para atender a cuanto precisan las tropas para vivir y combatir. ● *Servicios generales,* actividades accesorias e instalaciones auxiliares de los talleres de fabricación de una planta industrial. || *Servicios religiosos,* celebración de actos de culto religioso.

■ El *servicio militar* es, en su forma moderna, el resultado de una larga evolución. En efecto, la obligación de servir al país ha existido siempre, pero ha revestido diversos aspectos ligados, en cada época, a factores políticos, económicos y sociales, así como a la evolución de la táctica y del pensamiento militar.

La base de todo sistema de reclutamiento militar en tiempo de guerra ha sido siempre *forzosa,* salvo en épocas limitadas o regiones concretas, en que tradiciones bélicas, subempleo crónico o pobreza relativa sustituyeron a la coacción impuesta por el poder público y facilitaron el voluntariado, mercenario o no. Los mismos mercenarios de los ejércitos europeos del s. XVIII eran a menudo vasallos reclutados por su señor inmediato o por el soberano en virtud de la *obligación militar* de origen feudal, mientras que otros voluntarios de los ss. XVII-XVIII eran gentes al borde de la delincuencia, quienes escogían el cuartel como un mal menor.

La implantación del servicio obligatorio personal es contemporánea de la abolición del reclutamiento de mercenarios extranjeros (excepto en las guerras coloniales fuera del territorio nacional, para las que siguen reclutándose «legiones extranjeras»).

En los ss. XVII-XVIII, la nobleza, la alta y la media burguesía, las profesiones liberales, los negociantes, propietarios, rentistas, etc., por encima de cierto nivel económico, quedaban exentos de toda obligación militar. Propia del s. XIX fue la generalización del principio de la igualdad de todos los ciudadanos ante la obligación militar, que, sin embargo, podía conmutarse por una cantidad de dinero pagable al estado. El ciudadano también podía librarse del servicio pagando un *sustituto* que lo cumpliera en su lugar. El sistema quedó definido por vez primera en la constitución de Massachusetts de 1776 y, sobre todo, en la legislación que emana de la Revolución francesa. En España, el precio de la redención fue de 1 500 a 2 000 pesetas oro hasta 1898. En Argentina, hacia 1880, el sustituido debía entregar una cantidad de sustitutos inversamente proporcional a su grado de fidelidad al régimen. Ciertos estados mantuvieron la sustitución hasta la segunda década del s. XX (Bélgica, Países Bajos, España). Ningu-

Salmer

José Luis **Sert:** la Fundación Miró, Barcelona.

no de los beligerantes de 1914-1918 practicaban ya la sustitución ni la redención a metálico, que se conservaron en España mientras se sostuvieron guerras coloniales.

El sistema de *cuotas,* en España, es intermedio entre la redención y el voluntariado de un año: a partir de 1912, mediante el pago de una suma fija, el soldado de cuota servía solamente 5 o 10 meses, según la cantidad pagada (de 1 000 a 2 000 pesetas). En 1924, el precio pasó a ser proporcional a la fortuna y a cubrir un período único (9 meses). Durante la guerra de Marruecos, en la década de los veinte, los reclutas destinados a África pudieron hacerse sustituir, efectuando ellos el servicio en la Península. El sistema de cuotas continuó vigente hasta la guerra de 1936-1939.

■ La noción de *servicio público,* hasta principios del s. XX, estaba estrictamente vinculada a ciertas prestaciones cuya competencia se refería inequívocamente al estado; tales son, por ejemplo, la administración de justicia, la defensa de la nación o el orden público y otras asimiladas a la responsabilidad de la administración, como las obras públicas, la enseñanza o los transportes públicos. El servicio público, como actividad de interés general, competía al derecho público y, aunque posteriormente su definición se ha ido ampliando, el criterio de interés general sigue permaneciendo en la actualidad en la base del servicio público. Aparte de su carácter de utilidad pública, el servicio público se caracteriza por la necesaria *continuidad* en su prestación, su *adaptación* a ciertas características relativas a la forma de suministrarlo y la *igualdad de acceso por parte de todos los ciudadanos.* Su prestación puede realizarse directamente por la administración del estado, a través de organismos específicos o de empresas públicas en las que puede haber participación de capital privado, por concesiones en régimen de monopolio o a través de la iniciativa privada a la que, no obstante, la administración puede fijar las normas de suministro y las tarifas, como por ejemplo, el caso de las empresas eléctricas.

Hay servicios que en ciertos países son de carácter totalmente público, mientras en otros su prestación compite con la iniciativa privada, como en el caso de la educación o la asistencia sanitaria.

SERVIDOR, RA n. Con respecto a una persona, otra que le sirve. || Persona al servicio del estado o de una entidad. || La persona que habla o escribe refiriéndose a sí misma con humildad. (Úsase también UN SERVIDOR.)

SERVIDOR n. m. *Dep.* En el tenis y en el juego de la pelota, el que pone la pelota en juego.

SERVIDUMBRE n. f. Conjunto de criados que sirve en una casa. || *Fig.* Sujeción rigurosa a las pasiones, vicios, afectos, etc. || *Fig.* Sujeción excesiva o dependencia por la que se ve sometida una persona a otra, o a un trabajo u obligación. || Estado o condición de siervo.

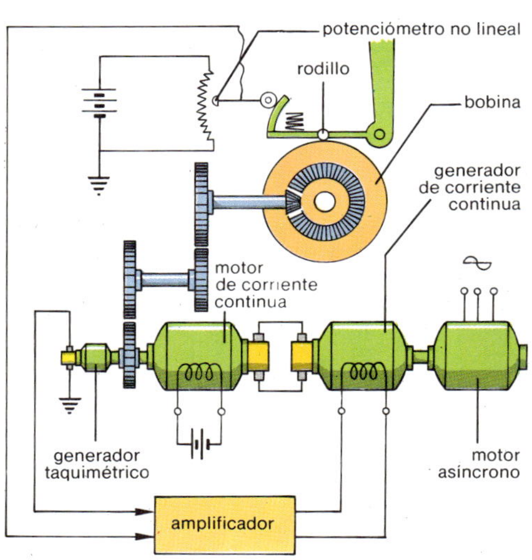

SERVOMOTOR para la regulación de la velocidad de una bobinadora. La velocidad lineal de bobinado debe mantenerse constante, cualquiera que sea el diámetro de la bobina. El potenciómetro, accionado por el rodillo en contacto con la bobina, comporta un bobinado no lineal ya que la tensión V_e es inversamente proporcional al radio de la bobina. Por otra parte, el generador taquimétrico, solidario del motor, proporciona una tensión continua V_s proporcional a la velocidad de la bobina. La diferencia de tensiones $v=V_e-V_s$ se amplifica para proporcionar la corriente inductora de un generador de corriente continua, movido a velocidad casi constante por un motor asíncrono, trifásico, que a su vez proporciona la corriente inductora del motor de corriente continua y campo inductor constante que hace girar la bobina. De esta forma la velocidad de la bobina permanece proporcional a V_e, es decir, inversamente proporcional al radio de la bobina, de forma que la velocidad lineal de bobinado no varía.

(En occidente, en los ss. XI y XII, la condición de siervo se confundió paulatinamente con la de los hombres libres. En Rusia, la servidumbre fue abolida, *de iure,* en 1861.)

SERVIL adj. (lat. *servilem*). Perteneciente a los siervos y criados. || Que muestra excesiva sumisión, que sirve o adula por interés, ambición, etc. ◆ adj. y n. m. y f. Durante el reinado de Fernando VII, partidario del absolutismo.

SERVILISMO n. m. Calidad de servil.

SERVILLETA n. f. (fr. *serviette*). Pieza de tela o papel que usa cada comensal para limpiarse la boca, manos, etc., y para proteger el vestido.

SERVILLETERO n. m. Aro en que se pone la servilleta enrollada. || Bolsa o utensilio para guardar la servilleta.

SERVIO, A o **SERBIO, A** adj. y n. De Servia.

SERVIO TULIO, sexto rey de Roma (578-535 a. J.C.). La tradición le atribuye la división de la sociedad romana en centurias y en clases, según la fortuna *(constitución servia),* la incorporación del Quirinal y del Viminal a la ciudad, así como la construcción de una amplia muralla *(muro servio).*

SERVIOCROATA o **SERBOCROATA** adj. y n. m. y f. Relativo al grupo étnico de la familia yugoslava formado por los servios y los croatas; miembro de este grupo étnico.

SERVIOCROATA o **SERBOCROATA** n. m. Lengua eslava del S, hablada en Yugoslavia.

SERVIR v. tr. e intr. (lat. *servire*) [**30**]. Trabajar para alguien, especialmente en tareas domésticas. || Prestar ayuda o hacer un favor: *¿puedo servirle en algo?* || Asistir a la mesa trayendo los manjares o las bebidas. ● *Para servirle* o *para servir a usted,* expresión de cortesía con que alguien se pone a disposición de otra persona y que se emplea como contestación a determinadas frases. ◆ v. intr. Valer, ser útil para determinado fin o para realizar determinada función. || *Dep.* Sacar, poner la pelota en juego. || *Mil.* Hacer el servicio militar: *servir en infantería.* ◆ v. tr. Suministrar determinada mercancía a un cliente. || Atender a los clientes en un establecimiento comercial: *¿ya le sirven, señora?* ◆ v. tr. y pron. Poner comida o bebida en el plato o vaso de alguien. || En el juego, dar cartas a cada jugador. ◆ **servirse** v. pron. Seguido de la prep. *de,* emplear, utilizar para determinado fin: *servirse de un bastón.* || Tener a bien hacer algo, o hacerlo por amabilidad, cortesía o condescendencia: *sírvase cerrar la puerta.*

SERVOCONTROL n. m. Mecanismo para reforzar o sustituir el esfuerzo del piloto en el manejo de los mandos de un avión.

SERVODIRECCIÓN n. f. Servomando destinado a facilitar el funcionamiento de la dirección de un vehículo automóvil.

SERVOFRENO n. m. Servomando para mejorar el funcionamiento de los frenos.

SERVOMANDO n. m. Mecanismo auxiliar que tiene por objeto suplir la fuerza muscular del hombre, asegurando automáticamente, por amplificación, la fuerza necesaria para el funcionamiento de un conjunto.

SERVOMECANISMO n. m. Mecanismo concebido para realizar por sí mismo cierto programa de acción, gracias a la comparación permanente entre las órdenes que se le dan y el trabajo que ejecuta.

SERVOMOTOR n. m. Mecanismo de mando cuya energía de maniobra es suministrada por una fuente exterior, a fin de reducir los esfuerzos que deben realizarse o de facilitar el mando a distancia.

SERVOSISTEMA n. m. *Tecnol.* Sistema de mando a distancia y control automático de aparatos y vehículos, cuyo funcionamiento tiende a anular la desviación entre una magnitud dirigida y la magnitud que dirige: *los servomecanismos son servosistemas.*

■ Los sistemas automáticos cuyo funcionamiento se rige por la desviación entre el comportamiento actual y el comportamiento deseado se llaman *servosistemas* o *sistemas asistidos.* Para una magnitud asistida única, el principio de asistencia consiste en actuar sobre ella según la diferencia entre su *valor medio* y su *valor deseado* o *prescrito.* Según ésta sea constante o variable en el tiempo, se habla de *sistema de regulación* o de *servomecanismo.* Toda magnitud física puede ser asistida por cualquier otra magnitud física, siempre que ambas magnitudes sean mensurables y se pueda actuar sobre la primera. De esta forma se realizan telemandos, asistiendo un desplazamiento por medio de una señal eléctrica o mecánica. La acción de regulación puede ser simplemente proporcional a la desviación o tener en cuenta las derivadas con respecto al tiempo (para aumentar la estabilidad) y a su integral en el tiempo (para mejorar la precisión). Los sistemas asistidos tienden a entrar en autooscilación cuando aumenta su precisión, por lo que su cálculo debe establecer el mejor compromiso posible entre las exigencias contradictorias de la *estabilidad* y la *precisión.* La teoría de asistencias lineales puede ser presentada utilizando como variables el *tiempo* o la *frecuencia,* haciendo uso de la teoría de ecuaciones diferenciales, o de la de filtros de

A.G.E.

Sestao

frecuencias. La teoría frecuencial, o análisis armónico, puede extenderse a ciertos tipos de sistemas no lineales llamados *filtrados,* en los que se pueden despreciar los armónicos engendrados por los elementos no lineales, tales como la acción de un relé, la saturación de un amplificador o un juego mecánico. Es igualmente posible tener en cuenta las señales y perturbaciones que actúan sobre el sistema estudiado, caracterizadas por sus propiedades estadísticas. La teoría del *filtrado óptimo* permite aumentar la sensibilidad del bucle de asistencia frente a las señales útiles y disminuirla frente a las señales parásitas y las perturbaciones exteriores. En los *sistemas asistidos adaptativos* los parámetros de asistencia se regulan automáticamente según las propiedades fluctuantes del sistema comandado y su entorno. El bucle de asistencia puede cerrarse permanente o intermitentemente, como ocurre en determinados aparatos de radar y en las máquinas-herramienta comandadas por ordenador: se habla entonces de *sistema asistido muestreado.*

SERVRANCKX (Victor), pintor belga (Diegem-lez-Bruxelles 1897-Elewijt 1965). Fue el pionero de la abstracción en Bélgica; su arte tiene componentes mecanicistas (*Opus 47,* 1923, museos reales de Bruselas), geométricos y surrealistas.

SESADA n. f. Seso de un animal. || Fritada de sesos.

SÉSAMO n. m. Sin. de AJONJOLÍ.

SESAMOIDEO, A adj. y n. m. *Huesos sesamoideos,* pequeños huesos del metacarpo y del metatarso.

SESEAR v. intr. [**1**]. Pronunciar la *z* o la *c* con seseo.

SESENTA adj. num. cardin. y n. m. (lat. *sexaginta*). Seis veces diez. ◆ adj. num. ordin.

y n. m. Sexagésimo. || Dícese de la década que empieza en el año sesenta y termina en el setenta.

SESENTAVO, A adj. y n. m. Dícese de cada una de las sesenta partes iguales en que se divide un todo.

SESENTENA n. f. Conjunto de sesenta unidades, o su aproximación.

SESENTÓN, NA adj. y n. *Fam.* Que ha cumplido sesenta años y no llega a los setenta.

SESEO n. m. Modificación de la pronunciación que hace que se emita con un sonido silbante *s* el sonido que normalmente debe sonar *ce* [θ].

■ El seseo se produce en una franja irregular y discontinua de Andalucía y en algunas ciudades aisladas (como Sevilla y Almería), así como en Canarias y en la casi totalidad de la América de habla hispana. El seseo es la pronunciación general en el español de América; única posible, incluso en la expresión oral de intención culta. La distinción *s/z*, aceptada como normal en los hablantes procedentes de España, se considera pedante o amanerada en boca de nativos americanos.

SESERA n. m. Parte de la cabeza del animal en que están los sesos. || *Fam.* Seso, masa encefálica. || *Fig.* y *fam.* Inteligencia.

SESGA n. f. Nesga de la tela.

SESGADURA n. f. Acción y efecto de sesgar.

SESGAR v. tr. [**1b**]. Cortar o colocar una tela al bies. || Torcer a un lado o atravesar una cosa hacia un lado.

SESGO, A adj. Oblicuo. || *Fig.* Grave, serio en el semblante.

SESGO n. m. Oblicuidad o torcimiento en la dirección o posición de una cosa. || *Fig.* Curso o rumbo que toma un asunto. || *Estadíst.* Distorsión en la representatividad de un resultado, ya sea en el proceso de estimación, ya en la selección o en el examen de la muestra. ● *Al sesgo*, oblicuamente.

SÉSIL adj. (lat. *sessilem;* de *sedere*, estar sentado). *Bot.* Dícese de todo órgano inserto directamente sobre el eje y desprovisto de pedúnculo: *hoja sésil.*

SESIÓN n. f. (lat. *sessionem*). Reunión de una asamblea, junta, tribunal, etc.; duración de esta reunión. || Acto, representación, proyección, etc., en que se exhibe un espectáculo íntegro y repetible: *sesión de cine.* || Espacio de tiempo que se emplea en una ocupación ininterrumpida, en un trabajo con otras personas: *sesión de radioterapia; hacer un retrato en tres sesiones; sesión de trabajo.* ● *Abrir la sesión*, comenzar a tratar los asuntos para los cuales se celebra. || *Levantar la sesión*, concluirla.

Sesklo, yacimiento neolítico griego (Tesalia), epónimo del neolítico medio de los Balcanes. Sus niveles sucesivos presentan la evolución continua de las herramientas, de la cerámica y del hábitat. Esta cultura se desarrolló durante la segunda mitad del VI milenio y se caracterizó por una hermosa cerámica adornada con motivos de color rojo oscuro.

SESO n. m. (lat. *sensum*). Masa encefálica. || *Fig.* Sensatez, buen juicio. ● *Beber, o beberse, el seso, o los sesos*, volverse loco, trastornarse. || *Calentarse, o devanarse, los sesos*, meditar, estudiar o cavilar mucho. || *Tener sorbido el seso* (Fam.), ejercer sobre alguien mucha influencia; tenerle muy enamorado.

SESOSTRIS o **SENUSRET,** nombre que llevaron tres faraones de la XII dinastía (V. IMPERIO MEDIO). SESOSTRIS III (de c. 1878 a c. 1843) consolidó la conquista de Nubia y, en el interior, sometió a su autoridad a los grandes señores feudales. Los autores griegos, que, en parte, le confundieron con Ramsés II, le convirtieron en un héroe legendario.

SESQUI, prefijo que significa *uno y medio.* (Ej.: *sesquióxido de hierro*, Fe_2O_3.)

SESSA (*duque de*), título concedido en Nápoles, por Fernando el Católico (1507), a Gonzalo Fernández de Córdoba, que transmitió a sus descendientes.

SESSÉ (Martín DE), médico y botánico español (Baraguás 1751-Madrid 1808). Viajó a Cuba y México y en 1787 fue nombrado director de la expedición botánica a Nueva España y del Jardín botánico de la ciudad de México, cargos que mantuvo hasta su regreso a España en 1804. Junto con José Mariano Mociño fue autor de *Plantae Novae Hispaniae* y de una *Flora Mexicana.*

SESSHŪ (Toyō), pintor japonés (prefectura de Okayama 1420-Yamaguchi 1506), célebre por haber dotado a la pintura monocroma de origen chino de un acento personal, teñido de un lirismo auténticamente japonés. Su estancia en China (1467-1469) le reveló las bases espirituales del paisaje chino, al que asoció cierto realismo (*Paisaje de Ama no Hashidate*).

SESTAO, mun. de España (Vizcaya), a orillas de la ría de Bilbao; 39 933 hab. Constituye una parte importante del área industrial de la ría y su factoría por excelencia es una de las grandes instalaciones de Altos hornos de Vizcaya. También destacan las construcciones navales (muelles portuarios) e industrias mecánicas, de laminados, tubos y cemento.

Shogakukan

Toyō **Sesshū:** *Paisaje de Ama no Hashidate*, 1506. Tinta y color sobre papel. (Comisión para la protección de los bienes culturales, Tōkyō.)

Vista general de **Seúl**.

R. Michaud-Rapho

SESTEAR v. intr. [**1**]. Pasar la siesta durmiendo o descansando. || Recogerse el ganado en las horas de calor, a la sombra.

SESTERCIO n. m. (lat. *sestertium*). *Ant.* Moneda romana de plata o de bronce.

SESTO o **SEXTO** (José OSORIO Y SILVA, *duque* DE), político español (Madrid 1825-*id.* 1910). Fue senador vitalicio (1846-1868), y tras la revolución de 1868 se dedicó a preparar la Restauración. Cuidó de la educación de Alfonso XII, que le nombró mayordomo mayor de palacio; fue diputado (1876) y senador vitalicio a partir de 1877.

SESTO SAN GIOVANNI, c. de Italia (Lombardía), en la zona suburbana de Milán; 99 000 hab. Siderurgia, construcciones ferroviarias, material eléctrico.

SESTRIERE, estación de deportes de invierno de Italia (Piamonte); alt. 2 035-2 850 m.

SESUDO, A adj. Sensato. || Inteligente.

SET n. m. (voz inglesa). En tenis, tenis de mesa y balonvolea, cada una de las partes en que se divide un partido. || Escenario o plató donde se efectúan las tomas de vista en un rodaje cinematográfico.

SETA n. f. Cualquier especie de hongo en que el aparato esporífero tiene forma de sombrero, sostenido por un pedículo.

SETA o **ZETA** n. f. Sexta letra del alfabeto griego (ζ).

SÈTE, c. de Francia (Hérault), junto al Mediterráneo; 40 179 hab. Fortificaciones del s. XVIII. Museo Paul-Valéry. Puerto. Pesca. Refinerías de petróleo. Industrias químicas. Cementos.

SETEBO o **SHETIBO,** tribu amerindia, de lengua pano, que habita en la Amazonia peruana (río Ucayali).

SETECIENTOS, AS adj. num. cardin. y n. m. Siete veces ciento.

SETECIENTOS n. m. Denominación que se aplica al arte, la literatura y, en general, la historia y la cultura del s. XVIII.

SETENTA adj. num. cardin. y n. m. (lat. *septuaginta*). Siete veces diez. ◆ adj. num. ordin. y n. m. Septuagésimo. || Dícese de la década que empieza en el año setenta y termina en el ochenta.

Setenta (*versión de los*), la más antigua versión griega del Antiguo Testamento. Realizada entre los años 250 y 130 por los judíos instalados en el mundo griego, fue utilizada por la Iglesia cristiana antigua. En la actualidad, las Iglesias griegas de oriente leen el Antiguo Testamento en una versión derivada de la de los Setenta.

SETENTAVO, A adj. y n. m. Dícese de cada una de las setenta partes iguales en que se divide un todo.

SETENTÓN, NA adj. y n. *Fam.* Que ha cumplido setenta años y no llega a los ochenta.

SETI I → IMPERIO NUEVO.

SETIEMBRE o **SEPTIEMBRE** n. m. (lat. *septembrem*). Noveno mes del año.

setiembre (*revolución del 4 de*) [1870], medidas tomadas inmediatamente después del desastre francés de Sedan (2-3 set. 1870) por los diputados republicanos (León Gambetta y Jules Favre, entre ellos): deposición de la dinastía imperial y proclamación de la república.

setiembre de 1714 (*11 de*), fecha de la caída de Barcelona en manos de las tropas de Felipe V, mandadas por el duque de Berwick, durante la guerra de Sucesión* de España. Desde 1886, este día se considera la fiesta nacional de Cataluña (*diada*).

setiembre de 1868 (*revolución de*) → REVOLUCIÓN ESPAÑOLA DE 1868.

SÉTIF, oficialmente **Stif,** c. de Argelia, cap. de dep.; 88 000 hab. Industrias alimentarias.

SETO n. m. Cercado hecho con palos o varas entretejidos. || División formada con plantas de adorno podadas de modo que simulen una pared.

SETTER adj. y n. m. Dícese de una raza de perros de muestra ingleses, de pelo largo, sedoso y ondulado.

SETÚBAL, c. y puerto de Portugal, cap. de distr., en el estuario del Sado, en el N de la *bahía de Setúbal;* 51 000 hab. Monasterio de Jesús (iglesia de estilo manuelino, 1491; claustro gótico, museo). Pesca y fábrica de conservas. — Lugar de antiguo poblamiento (paleolítico y neolítico), con los lusitanos (*Cetóbriga*) fue importante y colonizada por los romanos. Centro comercial agrícola y pesquero, puerto de salida de expediciones navales, fue conquistada (1580) por el duque de Alba y ocupada por los franceses (1807-1808).

S.E.U., siglas de SINDICATO* ESPAÑOL UNIVERSITARIO.

SEUDOALEACIÓN n. f. Producto metálico constituido por varios metales fuertemente mezclados, pero no aleados entre sí.

SEUDOARTROSIS n. f. *Cir.* Articulación anormal que se forma al nivel de una fractura cuya consolidación no puede realizarse.

SEUDO-DIONISIO el Areopagita, filósofo griego de fines del s. V o principios del s. VI, conocido por sus obras neoplatónicas atribuidas a san Dionisio* el Areopagita.

SEUDÓNIMO n. m. Nombre ficticio que toma una persona que quiere disimular su identidad.

SEUDÓPODO n. m. Prolongación del protoplasma que sirve de aparato locomotor o prensor a ciertos protozoos y a los leucocitos.

SEÚL, SÖUL o **KYÖNGSONG,** cap. de la República de Corea, junto al Han; 6 889 000 hab. Reconstruida en gran parte tras la guerra de Corea (1950-1953), ha experimentado un crecimiento demográfico y económico excepcional, relacionado con el desarrollo de los servicios y la industrialización (construcciones mecánicas, textiles y alimentación). Es el centro de un distrito urbano de 8 millones de habitantes (que engloba el vecino puerto de Inchon) y concentra cerca de la cuarta parte de la población total surcoreana.

SEURAT (Georges), pintor francés (París 1859-*id.* 1891). La lectura de obras de óptica, el estudio de Delacroix y la frecuentación del taller de Puvis* de Chavannes determinaron sus investigaciones, que desembocaron en el neoimpresionismo. Sometió la composición y la técnica pictórica a una organización sistemática; yuxtapuso las pinceladas a fin de que se sintetizaran ópticamente en la retina del espectador. Sus telas más elaboradas son *El baño* (1884, galería Tate, Londres), *Un domingo* de verano en la Grande Jatte, Las presumidas* (Merion, Pennsylvania), *El desfile* (museo metropolitano, Nueva York), *El jaleo* (1890, museo Kröller-Müller, Otterlo) y *El circo* (Louvre). Sus dibujos a lápiz (trabajos preparatorios u obras autónomas) presentan, por sus sorprendentes efectos de sombra y luz, un rigor equivalente a la poesía de Mallarmé. Las soluciones halladas por Seurat fueron muy importantes para el cubismo y el futurismo.

SEVÁN *(lago)*, lago de la U.R.S.S., en Armenia, a más de 1 800 m de alt.; 1 400 km².

SEVERIDAD n. f. Calidad de severo; actitud severa.

SEVERINI (Gino), pintor italiano (Cortona, Arezzo, 1883-París 1966). Adepto al divisionismo, se instaló en 1906 en París donde fue el principal representante del futurismo (*La danza del Pan-Pan en el Monico,* museo de arte moderno, París). A partir de 1921 se dedicó al arte religioso y a los mosaicos.

SEVERINO → cuadro PAPAS.

SEVERN, r. de Gran Bretaña, que nace en el País de Gales y pasa por Gloucester antes de desembocar en el Atlántico por un largo y ancho estuario, prolongado por el canal de Bristol; 330 km.

SEVERO, A adj. (lat. *severum*). Falto de indulgencia, muy exigente. ‖ Muy estricto, exacto en la observancia de una ley, norma, precepto, etc. ‖ Sobrio, austero: *un decorado severo.* ‖ Serio, grave: *semblante severo.*

SEVERO (nacido en Iliria-Roma 307), emperador romano (de 306 a 307). Oficial ilirio, fue césar de Constancio Cloro hasta la abdicación de Diocleciano y de Maximiano (305). Tras la muerte de Constancio, Galero le elevó al rango de augusto de occidente (306). Enviado por Galero contra Majencio, fue vencido y ejecutado (307).

SEVERO *(san)*, obispo de Barcelona de 620 a 635, cuyo culto está documentado desde el s. XI.

SEVERO ALEJANDRO (Arca Caesarea, Fenicia, 205 o 208-Germania 235), emperador romano (de 222 a 235). Adoptado por su primo Heliogábalo, al cual sucedió, y dominado por su abuela Julia Maesa y por su madre Julia Mammaea (v. JULIA), gobernó aconsejado por los jurisconsultos Ulpiano, Paulo y Modestino. Fue partidario del sincretismo religioso y se mostró tolerante con el cristianismo. Después de una mediocre campaña en oriente (232-233) contra los sasánidas, combatió junto al Rin a los germanos; fue muerto en una revuelta militar.

SEVEROS, dinastía imperial romana (193-235), a la que pertenecieron los emperadores Septimio Severo, Caracalla, Geta, Heliogábalo y Severo Alejandro. La monarquía de los Severos fue una monarquía militar, burocrática e igualitaria; por el edicto de 212 *(Constitución antonina),* Caracalla concedió la igualdad de todos sus súbditos en el interior de la ciudad romana. La época de los Severos se caracterizó por el avance del sincretismo religioso. La influencia de las princesas sirias de la dinastía (Julia* Domna, Julia Maesa y Julia Mammaea) aceleró la difusión de las religiones orientales. Con los grandes jurisconsultos Papiniano, Paulo y Ulpiano, la época de los Severos marca el apogeo del derecho romano.

Museo Kröller-Müller

Georges **Seurat**: *El jaleo*, 1890.
(Museo Kröller-Müller, Otterlo, Países Bajos.)

SEVICIA n. f. (lat. *saevitiam*). Crueldad excesiva. ◆ pl. *Der.* Crueldad o malos tratos de que se hace víctima a una persona sobre quien se tiene potestad o autoridad legítima.

SEVICHE n. m. *Amér. Merid.* Cebiche.

SÉVIGNÉ (Marie DE RABUTIN-CHANTAL, *marquesa* DE), escritora francesa (París 1626-castillo de Grignan, Drôme, 1696). En 1644 contrajo matrimonio con el marqués de Sévigné, del que enviudó al poco tiempo, después de haber tenido dos hijos: Charles y Françoise Marguerite. El profundo afecto que la unió a esta última ha quedado cristalizado en el vasto epistolario que intercambiaron durante más de veinticinco años y que es uno de los más representativos del género dentro de la literatura francesa. En sus *Cartas* (edición completa, 1818) ofrece un cuadro bastante completo de la corte de Luis XIV, y describe sus lecturas, sentimientos y gustos personales con gran espontaneidad y estilo ágil y elegante.

SEVILLA *(provincia de)*, prov. de España, en Andalucía; 14 001 km²; 1 478 311 hab. Cap. *Sevilla.* Situada en la mitad O de Andalucía, en la depresión bética, está atravesada por el Guadalquivir, cuyo tramo final está jalonado por numerosas marismas, que incluyen paisajes de gran riqueza. El clima es mediterráneo cálido, con notable escasez de precipitaciones. La agricultura presenta dos áreas bien diferenciadas; la de secano predomina en las llanuras del N y del centro (cereales, leguminosas, olivar y viña), mientras que las marismas desecadas del Guadalquivir sustentan extensas áreas en régimen de regadío (arroz, remolacha y algodón). La ganadería está representada por las reses bravas. La industria se concentra especialmente en la capital (alimentación, textil, metalurgia, construcción, etc.), núcleo de inmigración del área rural. El fuerte crecimiento demográfico de la provincia (555 256 hab. en 1900; 703 747 en 1920; 1 234 435 en 1960), debido a la elevada tasa de natalidad, ha sido considerablemente frenado por una nutrida emigración hacia las áreas industriales de España y Europa.

SEVILLA, c. de España, cap. de la prov. y cab. del p. j. homónimos, y cap. de la comunidad autónoma de Andalucía, junto al Guadalquivir (or. izq.); 645 817 hab. *(Sevillanos.)* GEOGRAFÍA. Es una ciudad de estuario, único puerto fluvial de España. El área metropolitana abarca 4 498 km² y casi un millón de habitantes, e incluye la comarca del Aljarafe,

SEVILLA

la vega del Guadalquivir y el área montañosa de las primeras estribaciones de las sierras N y S. La función comercial se centra en el puerto, que exporta los productos agrícolas y mineros de su hinterland. Es el primer centro industrial de Andalucía: comprende desde los productos agropecuarios hasta las modernas instalaciones metalúrgicas (aeronáutica, astilleros, maquinaria agrícola y material ferroviario), textiles, química, cementos, productos farmacéuticos, cerámica (vajillas de loza de La Cartuja), materiales para la construcción, vidrio y madera. Es un importante centro administrativo, comercial, y de servicios, turístico (semana santa y feria de abril) y de comunicaciones (ferrocarril, carretera y aeropuerto). Universidad.

El plano de la ciudad presenta numerosas calles estrechas rodeadas por anchas rondas en donde estuvieron emplazadas las murallas; extramuros y cerca del río aparecen barrios planos y reticulados. Los puentes de Triana y de San Telmo comunican el núcleo antiguo con el tradicional barrio de Triana*, en la otra orilla de la dársena. Se han construido numerosos barrios industriales y residenciales.

HISTORIA. Desde sus orígenes Sevilla ha sido puerto fluvial entre el Atlántico y el interior de Andalucía y encrucijada de caminos entre ésta y el resto de la Península. Su primer nombre conocido fue *Hispalis,* fundada por tribus ibéricas (turdetanos), y colonizada por fenicios, griegos y cartagineses. La conquista romana la convirtió en la ciudad más importante y opulenta de la Bética, y fue la residencia de gobernadores y altos magistrados, y la primera sede episcopal de la Bética. El rey visigodo Teudis estableció en ella la corte (531), pero Leovigildo la trasladó en castigo por haber apoyado a su hijo Hermenegildo (583). Los musulmanes la llamaron *Išbiliyya,* de

Lauros-Giraudon

La marquesa de **Sévigné**, por Claude Lefebre. (Museo Carnavalet, París.)

donde surgió el actual nombre de Sevilla. Conquistada en 712, fue residencia y corte del primer emir 'Abd al-'Azīz (713) hasta su dependencia de Córdoba. La caída del califato hizo posible el nacimiento del reino independiente de Sevilla (1035). La dominación almohade produjo el auge político-económico y urbano de la ciudad (s. XII), que fue reconquistada por Fernando III el Santo (nov. 1248). Gracias a su puerto, conoció una etapa de apogeo, ya que era punto de partida y llegada de las expediciones del Nuevo mundo, sobre todo desde la creación de la Casa de contratación de las Indias (1503), que se trasladaría a Cádiz (1717) al producirse la crisis de Sevilla como consecuencia de la presión fiscal de la corona, la competencia extranjera, la guerra de Separación de Portugal (1640) y la epidemia de 1649 (con pérdida de 60 000 hab.). Para hacer frente a la invasión napoleónica se creó una junta de defensa (1808). El primer servicio de vapor español se estableció entre Sevilla, Sanlúcar y Cádiz (1817); y en 1861 se inauguró el ferrocarril de Sevilla a Madrid. En 1982 pasó a ser la capital de la comunidad autónoma andaluza.

BELLAS ARTES. Conserva un importante conjunto de obras de época musulmana, entre las que destacan restos de las murallas almorávides, la Giralda* (1184-1195), restos del alcázar almohade (s. XII), oculto por las reformas hechas por los reyes cristianos, y la torre del Oro* (1220-1221). De época cristiana, habría que hacer especial mención de la catedral gótica (s. XV, obra de S. de Colonia, A. Rodríguez y J. Gil de Hontañón), de enormes dimensiones, levantada en el emplazamiento de la antigua mezquita; en su interior destacan la capilla mayor, con gran retablo escultórico (1482, obra de P. Dancart) y rejas doradas (s. XVI), la capilla real, con decoración plateresca, numerosas obras escultóricas (L. della Robbia, L. Mercadante de Bretaña, Martínez Montañés, D. Fancelli) y pictóricas (A. Fernández, J. de las Roelas, Zurbarán, Valdés Leal, Murillo, Goya), así como las notables piezas de su tesoro (*Tablas alfonsíes*,* orfebrería y objetos litúrgicos). La ciudad cuenta asimismo con un grupo de iglesias importantes, sobre todo, por conservar una gran cantidad de obras representativas del barroco andaluz del s. XVII: iglesia del Sagrario (1651), del Salvador, de Santa Ana (iniciada en el s. XIII), de la Magdalena, de San Lorenzo, con obras de Juan de Mesa, Valdés Leal, Alonso Cano, Martínez Montañés, etc.). En pleno centro de la ciudad cabe destacar el barrio de Santa Cruz, antigua judería, muestra de la arquitectura popular. Entre las edificaciones de carácter civil destacan: el alcázar (ss. XIV-XVI), construido sobre el musulmán; el palacio de las Dueñas (s. XV), el ayuntamiento (1527-1534), obra de D. de Riaño; el hospital de las Cinco llagas (s. XVI); la casa de Pilatos (s. XVI), con elementos platerescos y mudéjares; la antigua lonja de mercaderes (1572-1598), obra de J. de Herrera y J. de Minjares, que alberga desde el s. XVIII el archivo* de Indias; de estilo barroco son el hospital de la Caridad (s. XVII), en cuya iglesia se conservan obras de P. y L. Roldán, Murillo y Valdés Leal; el hospital de los Venerables (s. XVII), obra de L. de Figueroa; el palacio de San Telmo (s. XVII) y el palacio arzobispal; de factura neoclásica son la antigua fábrica de tabacos (1725-1766), la plaza de toros y la casa de la moneda. Del s. XIX data la construcción del puente de Isabel II (1845-1852); destaca, asimismo, el palacio de San Telmo, cuyos jardines fueron la base del parque de María* Luisa. Entre sus museos destacan el provincial de bellas artes (importante muestra de pintura sevillana); el museo arqueológico provincial; el de artes y costumbres populares (estos dos últimos en sendos pabellones de estilo neomudéjar, dentro del recinto del parque de María Luisa); el museo marítimo, en la torre del Oro, y el de arte contemporáneo.

SEVILLA *(reino de),* entidad política surgida a la caída del califato de Córdoba (1035). Tras sucesivas guerras civiles, Muḥammad (hijo de Ismā'īl, llamado Abū-l-Qāsim) inauguró el gobierno de los abadíes* sobre el reino de Sevilla (1035), que ensanchó sus dominios a costa de los reinos de taifas (Carmona, Córdoba, Granada, etc.). Sufrió la dominación almorávide (1091) y, posteriormente, la almohade; se integró en la corona de Castilla tras la conquista por Fernando III.

Sevilla *(tratado de),* pacto firmado el 9 de noviembre de 1729 entre España, Francia y Gran Bretaña (Países Bajos se adhirió, 21 nov.) tras la guerra hispano-británica de 1726. Pero, ante la nueva política británica respecto a Austria, Felipe V lo rechazó (en. 1731) y se firmó uno nuevo (Viena*, 16 marzo 1731).

SEVILLA, mun. de Colombia (Valle del Cauca), en el NE del dep., junto al río Totoró; 69 005 hab., cuya cabecera (31 582 hab.) es un importante núcleo administrativo. Agricultura tropical (café, azúcar); industrias extractivas (cobre, mercurio) y de la madera.

SEVILLA (Juan DE) → *Maestro de* SIGÜENZA.

SEVILLA (Juan DE), pintor español (Granada 1643-*id.* 1695). Discípulo de Pedro de Moya, su estilo es representativo del realismo barroco granadino de fines del s. XVII, y denota la influencia tanto de Alonso Cano y Murillo, como de la pintura flamenca de Rubens y Van Dyck (*Lázaro y el rico Epulón,* Prado, *Inmaculada,* museo de Granada, *Sagrada Familia,* catedral de Granada).

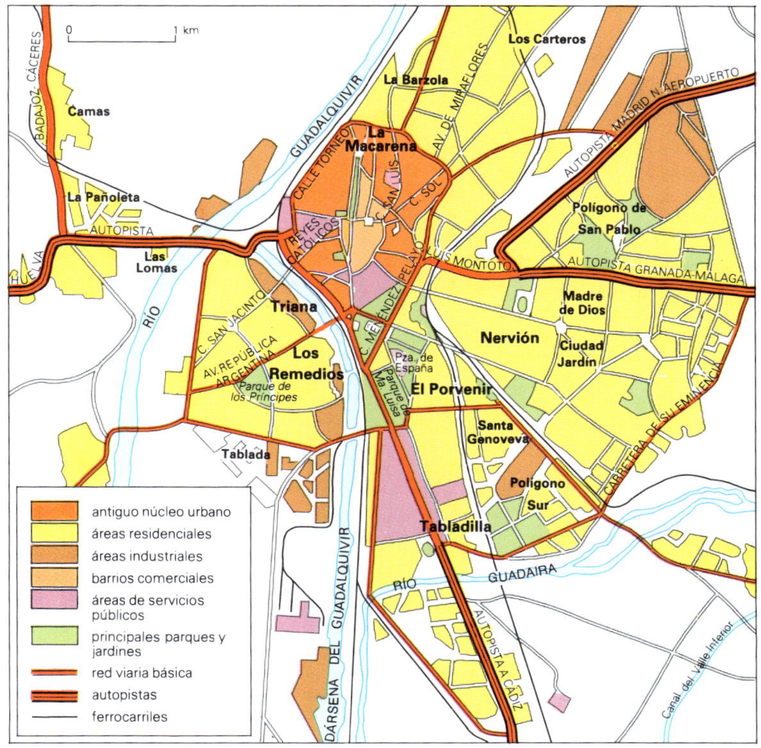

SEVILLA

SEVILLA DEL ORO, ant. ciudad de la audiencia de Quito, fundada por Juan de Salinas (s. XVI), a unos 300 km al E de la actual Macas. Su desaparición se debió a un ataque de los indios jíbaros, que incendiaron la ciudad.

SEVILLANAS n. f. pl. Forma andaluza de la seguidilla tradicional castellana y, más concretamente, de la manchega.

SEVILLANO, A adj. y n. De Sevilla.

SÈVRES, c. de Francia (Hauts-de-Seine), a orillas del Sena; 21 000 hab. Fábrica de explosivos. Material quirúrgico.

BELLAS ARTES. La Manufactura nacional de porcelana es la continuadora de la Manufactura real transferida a Sèvres desde Vincennes, en 1756. Protegida por Mme. de Pompadour, a ella concurrieron artistas como Duplessis, Boucher o Falconet. Junto a la porcelana tierna con magníficas decoraciones policromas apareció hacia 1770 la porcelana dura. Museo nacional de cerámica.

Sèvres *(tratado de),* tratado firmado el 10 de agosto de 1920 entre los aliados y Turquía. Redujo el territorio europeo de esta última a la península de Gallípoli y desposeyó al sultán de las cuatro quintas partes de los territorios que constituían el imperio otomano. Después de las victorias de Kemal sobre Grecia, este tratado fue remplazado por el de Lausana (1923).

SEXAGENARIO, A adj. y n. (lat. *sexagenarium*). De edad comprendida entre los sesenta y los setenta años.

SEXAGÉSIMA n. f. *Rel. cat.* Denominación dada, antes del concilio Vaticano II, al segundo domingo antes de Cuaresma.

SEXAGESIMAL adj. Que tiene por base el número sesenta.

SEXAGÉSIMO, A adj. num. ordin. y n. m. Que corresponde en orden al número sesenta. ◆ adj. y n. m. Dícese de cada una de las sesenta partes iguales en que se divide un todo.

SEX-APPEAL n. m. (voz inglesa). Atractivo físico y sexual.

SEXENIO n. m. Período de seis años.

SEXI, antigua localidad de la península Ibérica, situada en la actual Almuñécar (Granada). Fundada por los fenicios (¿s. VIII? a. J.C.) y ocupada por los cartagineses (s. VI a. J.C.), en

la catedral de **Sevilla** y la Giralda

Chatillon-Rapho

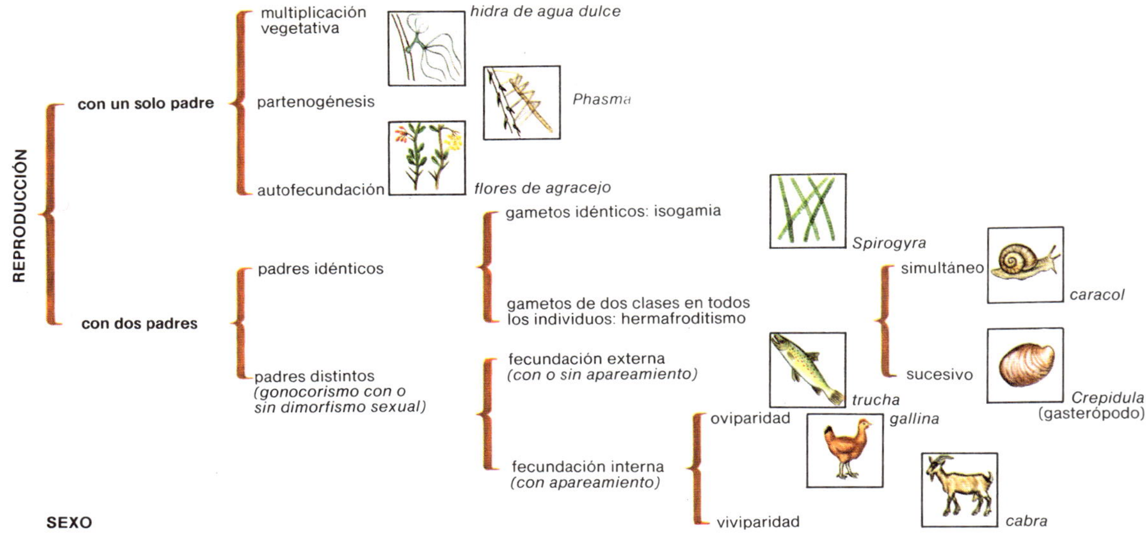

SEXO

época romana fue un importante puerto. Yacimientos arqueológicos (v. ALMUÑÉCAR).

SEXISMO n. m. Actitud discriminatoria y despreciativa a causa del sexo.

SEXISTA adj. y n. m. y f. Relativo al sexismo; partidario del sexismo.

SEXO n. m. (lat. *sexum*). Condición orgánica que distingue el macho de la hembra en los organismos heterogaméticos. || Conjunto de individuos que tienen el mismo sexo: *sexo femenino; sexo masculino.* || Conjunto de los órganos sexuales externos masculinos y femeninos. || Sexualidad: *represión del sexo.* • *Sexo débil* o *bello sexo,* las mujeres. || *Sexo fuerte,* los hombres.

■ Se distingue:
– un *sexo anatómico,* basado en la morfología de los órganos genitales externos (que determinan el sexo declarado en el registro civil) y de los órganos genitales internos;
– un *sexo genético* o *cromosómico,* que, en la especie humana, viene determinado desde la fecundación por la naturaleza del cromosoma sexual del espermatozoide (que engendra un niño si es Y y una niña si es X);
– un *sexo gonádico,* resultante de la transformación de la gónada primitiva en ovario o en testículo, que es inducido normalmente por el sexo genético.

Pueden existir anomalías del desarrollo sexual, que comprenden los estados intersexuados (hermafroditismo verdadero y seudohermafroditismo, femenino o masculino) y las disgenesias gonádicas (síndrome de Turner).

SEXOLOGÍA n. f. Estudio de los problemas relativos a la sexualidad y a sus trastornos.

SEXÓLOGO, A n. Especialista en sexología.

SEXPARTITO, A adj. Dícese de un tipo de bóveda gótica que se apoya en cuatro pilares maestros, entre los que se elevan dos pilares intermedios.

SEX-RATIO n. f. Relación numérica entre los sexos en el nacimiento. (La sex-ratio es de unos 105 niños por 100 niñas.)

SEX-SHOP n. m. (voz inglesa) [pl. *sex-shops*]. Tienda especializada en la venta de objetos, libros y revistas eróticas o pornográficas, productos afrodisíacos, etc.

SEXTA n. f. Hora menor del oficio divino,

sexta

que se suele rezar a la sexta hora del día (mediodía). || *Mús.* Intervalo de seis grados diatónicos.

SEXTANTE n. m. (lat. *sextantem,* seisavo). Instrumento de reflexión en el que el limbo graduado abarca 60°, y que permite medir la altura de los astros desde una embarcación o una aeronave. (Al medir con el sextante la altura del Sol, se determina la latitud.)

SEXTETO n. m. *Mús.* Conjunto vocal o instrumental compuesto de seis ejecutantes. || Composición para seis voces o seis instrumentos.

SEXTILLA n. f. Combinación métrica de seis versos de arte menor.

SEXTILLÓN n. m. *Mat.* Un millón de quintillones (10^{36}).

SEXTINA n. f. *Lit.* Composición poética formada por seis estrofas de seis versos y por una de tres, todos endecasílabos. || Estrofa de seis versos endecasílabos.

SEXTO, A adj. num. ordin. y n. m. (lat. *sextum*). Que corresponde en orden al número seis. ◆ adj. y n. m. Dícese de cada una de las seis partes iguales en que se divide un todo.

SEXTO Empírico, filósofo, astrónomo y médico griego (ss. II y III d. J.C.). Su método, expuesto en *Hipotiposis pirrónicas* y *Contra los sabios,* consiste en oponer los dogmas filosóficos, demostrando que no se puede afirmar la verdad de uno de ellos sin negar la de otro.

SEXTO (*duque* DE) → SESTO (*duque de*).

SEXTUPLICACIÓN n. f. Acción y efecto de sextuplicar.

SEXTUPLICAR v. tr. y pron. [**1a**]. Ser o hacer una cosa seis veces mayor, o multiplicar por seis una cantidad.

SÉXTUPLO, A adj. y n. m. (lat. *sextuplum*). Que vale seis veces una cantidad.

SEXUADO, A adj. Que posee sexo. • *Reproducción sexuada,* la que se realiza mediante la intervención de células especializadas, los gametos masculinos y femeninos.

SEXUAL adj. Relativo al sexo. || Relativo a la sexualidad: *educación sexual.* • *Acto sexual,* coito. || *Caracteres sexuales,* conjunto de manifestaciones anatómicas y fisiológicas determinadas por el sexo. (Se distinguen unos caracteres *sexuales primarios* [órganos genitales] y unos caracteres *sexuales secundarios* [pilosidad (barba, etc.), adiposidad, voz], especiales de cada sexo.) || *Órganos sexuales,* órganos que intervienen en la generación o reproducción.

SEXUALIDAD n. f. Conjunto de caracteres especiales, externos o internos, que presentan los individuos, y que son determinados por su sexo. || Conjunto de fenómenos relativos al instinto sexual y a su satisfacción. || *Sicoanál.* Conjunto de manifestaciones que abarcan el placer ligado al funcionamiento del aparato genital y los placeres ligados al ejercicio de una función vital, acompañados del apoyo de un placer inmediatamente sexual.

■ Al revelar desde el principio el nexo entre histeria y sexualidad, y al descubrir la existencia de una sexualidad infantil, Freud desveló el secreto que pesaba sobre la sexualidad. Desplazó el campo de la sexualidad, centrado hasta entonces en la sexualidad adulta heterosexual, reintegrando la perversión en una normalidad de la que estaba excluida y atacando el mito de la pureza de la infancia. Para Freud, el placer sexual está vinculado al ejercicio de una función vital. El placer, en el estadio oral, depende de la zona erógena que domina esa época y que es la boca. La sexualidad completa, según los sicoanalistas, no se organiza hasta la pubertad, bajo la primacía de la genitalidad, considerada como el estado normal de la sexualidad. Freud no concibe la sexualidad sin el sistema de la familia, y reduce al modelo edípico (v. *complejo de* EDIPO) todas las relaciones posibles entre adultos y entre éstos y los niños. Su concepción de la sexualidad se encuentra en la base de sus teorías relativas a la historia de la humanidad y basa la norma moral y, por tanto, toda cultura en la prohibición del incesto. Según Lacan, la articulación entre la ley y el deseo define la existencia de una sexualidad humana. El porqué de la represión sexual fue abordado por Reich, que ve en ella una componente del sistema autoritario.

SEXUALIZACIÓN n. f. Acción y efecto de sexualizar. || Diferenciación sexual del embrión.

SEXUALIZAR v. tr. [**1g**]. Introducir la sexualidad en un dominio cualquiera; conferir carácter sexual.

SEXY adj. (voz inglesa). Dícese de la persona dotada de atractivo físico y de las cosas que ponen de relieve este atractivo.

SEXY n. m. Sex-appeal.

SEYCHELLES, estado insular del océano Índico, al NE de Madagascar; 376 km²; 58 000 hab. Cap. *Victoria,* en la isla Mahé.
GEOGRAFÍA. El archipiélago, volcánico, está integrado por 85 islas e islotes (de los cuales solamente están habitados 33), y cuyas principales islas son Mahé, Praslin, Silhouette y La Digue. Goza de un clima tropical húmedo. La población, muy densa, vive del cultivo de la copra, de la canela y de la vainilla, e importa arroz. La contrucción de un aeropuerto ha favorecido el desarrollo del turismo.
HISTORIA. Abordado en un principio por los ingleses, el archipiélago pasó a poder de Francia en 1756, pero fue cedido definitivamente a los británicos en 1814. Dependencia de la isla Mauricio* hasta 1888, estuvo bajo el mando de un administrador antes de erigirse en colonia de Gran Bretaña (1903). Dotado de una constitución parlamentaria (1970), su independencia fue oficializada en 1976, con J. Mancham como presidente y A. René como primer ministro. Sin embargo, tras el golpe de estado de 1977, René se convirtió en presidente y el país tomó una orientación socialista.

SEYMOUR (Edward), conde **de Hertford** y 1er duque **de Somerset**, político inglés (c. 1506-Londres 1552). Hermano mayor de Juana* Seymour, esposa de Enrique VIII, a la muerte del rey (1547), se hizo nombrar protector por el consejo de regencia. Hizo triunfar la reforma protestante y se esforzó en atender a las clases populares. Derribado por Dudley, fue ejecutado.

SFAX, c. y puerto de Tunicia, cap. de gobernación, en la costa N del golfo de Gabes; 171 000 hab. (475 000 en la aglomeración). Murallas del s. IX rodeando la medina. Puerto pesquero. Fábricas de jabón.

S.F.I.O., siglas de *Sección francesa de la Internacional obrera*, agrupación política francesa socialista (1905), de la que se separó (1920) el Partido comunista francés, y que en 1971 dio origen al Partido socialista* francés.

SFORZA *(familia)*, segunda dinastía ducal de Milán (1450-1535). Procedente de Cotignola, en la Romaña, en su origen llevaba el nombre de ATTENDOLO y luego tomó el de Sforza, inicialmente sobrenombre del condottiero MUZIO (o GIACOMO) ATTENDOLO (1369-1424). Los principales miembros de esta familia fueron: FRANCISCO I (1401-1466), hijo de Muzio, duque de Milán en 1450; GALEAZZO-MARIA (1444-1476), hijo del anterior, al cual sucedió en 1466; JUAN-GALEAZZO (1469-1494), hijo del anterior, desposeído del ducado por Ludovico el Moro; MAXIMILIANO (1493-1530),

Fleming

William **Shakespeare.** Pintura anónima. (Galería nacional de retratos, Londres.)

hijo de Ludovico, duque de 1512 a 1515; FRANCISCO II (1495-1535), hermano de Maximiliano, quien legó el ducado de Milán a Carlos Quinto.

'S-GRAVENHAGE → HAYA *(La)*.

SHA n. m. (voz persa, *rey*). Título ostentado por los soberanos de Irán.

SHABA, ant. **Katanga,** región del S de Zaire; 496 965 km^2; 3 073 000 hab. Cap. *Lubumbashi.* Formada en su mayor parte por tierras que superan los 1 000 m (altura que atempera el calor habitual en una latitud próxima al ecuador), debe su importancia económica a los recursos del subsuelo. Es una importante región productora de cobre, cobalto y manganeso, y constituye la zona vital de Zaire.
HISTORIA. Habitada por los pueblos luba (al N) y lunda (al S), tradicionalmente enfrentados, la región ha sido centro de intereses de Gran Bretaña, Bélgica y Francia desde fines del s. XIX. Poco antes de la independencia del Congo, Tshombé mantuvo la secesión (República de Katanga, 1960-1963) contra Lumumba hasta el apoyo norteamericano al gobierno central.

SHACKLETON (*sir* Ernest Henry), marino y explorador británico (Kilkee, Irlanda, 1874-Georgia del Sur 1922). Tras participar en la expedición de Scott (1901-1904), llevo a cabo varias exploraciones antárticas.

SHAFTESBURY (Anthony ASHLEY COOPER, *conde* DE), político inglés (Wimborne 1621-Amsterdam 1683). Sirvió a Cromwell y, después, a Monk, contribuyendo a la restauración (1660). Principal ministro de Carlos II, canciller en 1672, se enfrentó en 1673 a su soberano erigiéndose en jefe de la oposición whig (liberal) y apoyando, luego, a Monmouth. En 1682 huyó a las Provincias Unidas.

SHAGARI (Alhaji Shehu Usman Aliu), político nigeriano (Shagari, Sokoto, 1925). Ocupó diversos ministerios de 1959 a 1966, y cargos administrativos (1966-1979). Candidato del Partido nacional de Nigeria, fue elegido presidente del país (oct. 1979). Reelegido en 1983 (oct.), fue depuesto por un golpe de estado militar (dic.).

SHĀJAHĀNPUR, c. de la India (Uttar Pradesh), al NO de Lucknow; 144 000 hab. Industrias alimentarias y químicas.

SHAJTI, ant. **Alexandrovsk-Grushevski,** c. de la U.R.S.S. (R.S.F.S. de Rusia), en la parte oriental del Donbass; 223 000 hab. Hulla.

SHAKESPEARE (William), poeta dramático inglés (Stratford-on-Avon 1564-*id.* 1616). [Aunque solía firmar *Shakespeare,* aparecen también *Shakspeare* y *Shakspere.*] Hijo de un guantero acomodado que en 1568 llegó a ser alcalde de Stratford, debió de frecuentar la escuela de su ciudad natal y recibir cierta formación humanística con maestros graduados en Oxford y Cambridge, aunque Ben Jonson afirma que, sólo aprendió «poco latín y menos griego». A los dieciocho años casó con Ann Hathaway, de la que tuvo tres hijos. Se ignora en qué momento y por qué abandonó Stratford y se instaló en Londres, pero al parecer ya se hallaba en la capital antes de 1590, dedicado a funciones muy humildes relacionadas con el teatro. Lo más seguro es que trabajara como actor, y en el otoño de 1592 aparece la primera referencia a sus actividades londinenses: el escritor Robert Greene le atacó acusándole de plagiario, pero la alusión, aunque malévola, lo presenta ya como un personaje que ha conseguido cierto éxito y tiene un peso específico en la vida teatral inglesa. Durante los años de la peste de Londres (1593-1594) escribió dos largos poemas dedicados al joven conde de Southampton, Henry Wriothesley: *Venus y Adonis* (1593) y *La violación de Lucrecia* (1594). De aquella época data asimismo la composición de los *Sonetos,* serie de 154 poemas editados por primera vez en 1609, cuyos misteriosos inspiradores —un bello joven al que Shakespeare alude sólo con las iniciales W. H., y una dama morena— continúan siendo un enigma para los biógrafos y estudiosos de la obra. En el verano de 1594, al reanudarse la vida teatral londinense, Shakespeare ya era, además de actor, autor dramático. Pronto fue también accionista de la compañía de los Lord Chamberlain's men, que tras la muerte de la reina Isabel se convertiría en la de los King's men (1603), patrocinada por el propio Jacobo I. La compañía actuaba en el Globo, prestigioso teatro al aire libre que fue destruido por un incendio en 1613, en el teatro de los Blackfriars y en el de la corte, además de efectuar giras. Es el gran período de producción shakespeariana, que se extiende aproximadamente hasta 1613, fecha en que se retiró a Stratford, donde transcurrieron sus últimos años y donde murió.

Al margen de los dos largos poemas citados, del volumen de *Sonetos* y de algunas composiciones de escaso interés, Shakespeare sólo escribió para la escena. Pese a las numerosas dudas existentes sobre la datación de sus obras, se suelen distinguir tres períodos en su producción dramática. El primero de ellos, que va de 1590 a 1601, puede definirse como la época del entusiasmo y de la juventud, de las comedias ligeras y de los grandes frescos históricos. A ella pertenecen las tres partes de *Enrique VI* y *Ricardo* III,* que forman una especie de tetralogía sobre la historia inglesa entre 1422 y 1485; *La comedia de las equivocaciones; Los dos hidalgos de Verona; La fierecilla domada; El rey Juan; Tito Andrónico; Trabajos de amor perdido; Romeo* y Julieta; Ricardo* II;* las dos partes de *Enrique IV,* que incluye la figura de Falstaff como comentador y crítico de la acción; *Enrique V; El sueño de una noche de verano; El mercader* de Venecia; Las alegres comadres de Windsor; Mucho ruido para nada; Julio César,* sin duda la más notable de sus tragedias de tema romano, y *Noche de Reyes* y *Como gustéis,* deliciosas comedias de intriga amorosa escritas alrededor de 1600. Entre este año y 1608 se extiende una segunda etapa que incluye unas cuantas comedias y, sobre todo, las grandes tragedias: *Hamlet*, Otelo*, El rey* Lear* y *Macbeth*; Antonio* y Cleopatra; Coriolano*,* y *Timón de Atenas,* así como *Troilo y Cressida; Bien está lo que bien acaba,* y *Medida por medida.* El último período parece corresponder a una visión más apacible y tolerante de las cosas; a él se adscriben *Pericles, Cimbelino* y las dos célebres tragicomedias *El cuento de invierno* y *La tempestad*.* El propio Shakespeare se cuidó muy poco de la publicación de sus obras. De las 36 o 37 obras que suelen atribuírsele, sólo 16 aparecieron en vida del autor y algunas en ediciones piratas. Unos años después de su muerte, dos amigos suyos, John Heminge y Henry Condell, publicaron un volumen de sus obras, que clasificaron en tres grupos: dramas históricos, comedias y tragedias. Es el famoso *Folio* (1623), que salvó del olvido títulos tan importantes como *Macbeth* o *Antonio y Cleopatra.* El hecho de que los testimonios personales de Shakespeare sean prácticamente nulos —no se conserva ni una sola carta, tan sólo documentos legales y su creación literaria—, ha dado pábulo a una serie de teorías según las cuales sólo pudo ser un «hombre de paja», un actor mediocre que firmaba obras escritas por un gran personaje que prefería permanecer en el anonimato. Si bien en Inglaterra la gloria de Shakespeare se afirmó ya en el s. XVIII (Pope y Johnson), su consagración definitiva fue obra del movimiento romántico alemán y británico, principalmente.

obras

COMEDIAS

La comedia de las equivocaciones; Los dos hidalgos de Verona; La fierecilla domada; Trabajos de amor perdidos; El sueño de una noche de verano; Las alegres comadres de Windsor; Mucho ruido para nada; Noche de Reyes; Como gustéis; Bien está lo que bien acaba y Medida por medida.*

TRAGEDIAS, DRAMAS HISTÓRICOS Y TRAGICOMEDIAS

Enrique VI; Ricardo III; El rey Juan; Tito Andrónico; Romeo* y Julieta; Ricardo* II; Enrique IV; Enrique V; El mercader* de Venecia; Julio César; Hamlet*; Otelo*; El rey* Lear; Macbeth*; Antonio* y Cleopatra; Coriolano*; Timón de Atenas; Troilo y Cressida; Pericles; Cimbelino; El cuento de invierno y La tempestad*.*

OBRAS POÉTICAS

Venus y Adonis (1593); *La violación de Lucrecia* (1594); *Sonetos* (1593-1594).

SHAMÁN n. m. → CHAMÁN.

SHAMIR (Itzhak), político israelí (en Polonia 1915). Emigró a Palestina en 1935 y se enroló en la lucha terrorista del Irgun y del grupo Stern contra el mandato británico, cuyas autoridades le arrestaron. Se exilió en Eritrea (1946) y en Francia, hasta 1948 en que regresó a Israel, y estuvo ligado a los servicios secretos israelíes. Miembro del Knesset desde 1973 y presidente de la asamblea (1977-1980), era ministro de Asuntos Exteriores con Beguin (1980-1983) hasta la dimisión de éste (set.), en que ocupó el cargo de primer ministro.

SHAMISEN n. m. Instrumento musical japonés, de tres cuerdas tensas por medio de unas grandes clavijas.

SHA-MO *(desierto de)* → GOBI.

SHAMPA o **CHAMPA,** reino hindú de Indochina, fundado en el s. III por los *sham.* El reino, que recibió el influjo de la India y del budismo desde su primera época, tuvo que replegarse progresivamente ante la aparición de las primeras dinastías nacionales de Vietnam, y desapareció en el s. XVII.
BELLAS ARTES. Su arte se desarrolló entre los ss. VII y XVII. Los restos más antiguos de la ciudad religiosa de Mi-son se remontan al s. VII. Después de su destrucción, la actividad artística se trasladó al S. El ladrillo es el material básico de su arquitectura, que no realizó grandes conjuntos como en Camboya, excepto el gran templo budista de Dong-duong (875): su torre santuario cuadrada (kalan), con una techumbre escalonada en terrazas, va a menudo precedida de un antecuerpo; esta construcción, de elegantes proporciones, es característica de los sham.

La decoración fue muy rica hasta el s. XI en que pasó a ser más sobria. Son típicas las pilastras que resaltan las fachadas y acentúan la verticalidad, así como las arquerías que dominan puertas y falsas puertas. La verticalidad, incluso reforzada por las arquerías lanceoladas (Po Nagar de Nha Trang), se mantiene como preocupación fundamental de esa arquitectura que, pese a estar hecha en base a aportaciones de la India, Indonesia y Camboya, tiene su propia originalidad.

La escultura oscila entre la actitud hierática de la divinidad y las animadas de los personajes secundarios. Destacan relieves que adornan los pedestales de los ídolos.

SHAN n. m. (voz birmana). Lengua thai hablada en Birmania.

SHAN *(estado de los)* o **ESTADO SHAN,** estado de la Unión de Birmania; 2 725 000 hab. Cap. *Taunggyi.*

SHANGHAI o **SANGHAI,** c. y puerto de China, cerca de la desembocadura del Yang Tsê-kiang, a orillas del mar de la China oriental; 11 860 000 hab. La ciudad, la más poblada de China y una de las mayores del mundo, constituye una municipalidad administrada directamente por el gobierno central. Su desarrollo se inició con la apertura al

Shanghai. Vista general. A la derecha, el antiguo barrio de las concesiones internacionales.

P. Koch-Rapho

Fleming

Shelley, por A. Curran.
(Galería nacional de retratos, Londres.)

comercio europeo (1842), que originó, sobre todo, el auge del trabajo del algodón, al que se sumaron la siderurgia, las construcciones mecánicas y la química. La ciudad sigue siendo el mayor central industrial de China, aunque el tráfico del puerto no alcanza al del período de las concesiones internacionales.

SHANNON, r. de Irlanda, que forma varios lagos antes de llegar a Limerick, en la orilla norte de su estuario, en el Atlántico; 368 km. El aeropuerto de Limerick lleva el nombre de *aeropuerto Shannon.*

SHANNON (Claude Elwood), matemático norteamericano (Gaylord, Michigan, 1916). Junto con W. Weaver fue un pionero de la teoría matemática de la comunicación.

SHAN-SI o **SHANXI**, en ingl. **Shansi,** provincia del N de China, al E del gran recodo del Hoang-ho; 150 000 km^2; 24 500 000 hab. Cap. *T'ai-yuan.* Está formada por mesetas y montañas, cuya altura supera casi siempre los 1 000 m, cortadas por el valle del Fen-ho. El trigo y el mijo son los principales cultivos; pero la economía se basa también en el carbón de su subsuelo (un tercio de las reservas chinas), que alimenta la siderurgia (metalurgia de transformación) y las centrales térmicas.

SHAN-T'EU o **SHANTOU**, c. y puerto de China (Kuang-tong); 300 000 hab. Industrias alimentarias y textiles.

SHAN-TONG o **SHANDONG,** en ingl. **Shantung,** provincia de China oriental, junto al mar de la China; 150 000 km^2; 72 320 000 hab. Cap. *Tsi-nan.* Está formada por colinas y montañas de altura media en su parte central y peninsular, y por llanuras en el S y en el litoral del golfo de Po-hai (desembocadura del Hoang-ho). Importante región agrícola (cacahuete, batatas, trigo, soja, algodón, etc.). Subsuelo rico en carbón. Actividad pesquera en el litoral. La provincia es una de las más densamente pobladas de China.

SHANTUNG n. m. Tela de seda que presenta un grano muy pronunciado; tela de algodón o rayón de análogas características.

SHAO-HING o **SHAOXING,** c. de China (Cho-kiang), al SO de Shanghai; 131 000 hab. Industria textil.

SHAO-YANG o **SHAOYANG,** c. de China (Hu-nan), al NO de Heng-yang; 118 000 hab. Hulla.

SHAPLEY (Harlow), astrónomo norteamericano (Nashville, Missouri, 1885-Boulder, Colorado, 1972). Estableció que las cefeidas constituyen indicadores de distancia de los sistemas estelares que las engloban; determinó la distancia de numerosos conjuntos globulares y precisó, así, la estructura de la Galaxia*.

SHÁPOSHNIKOV (Borís Mijáilovich), mariscal soviético (Zlatoúst, Urales, 1882-Moscú 1945). Antiguo oficial del ejército zarista, en 1917 se unió al régimen soviético. Fue jefe del estado mayor de Kámenev (1919-1921) y jefe del estado mayor general del ejército (1937-1942). Hasta su muerte fue consejero militar de Stalin.

SHARAKU (Saito JURŌBEI, llamado **Tōshūsai**) dibujante de estampas japonés de fines del s. XVIII, importante figura del *ukiyo-e.* No perteneció a ninguna escuela; dejó 141 estampas policromadas, exclusivamente retratos de actores. Su extremada economía de medios va unida a una gran riqueza sicológica y al uso sutil de colores sobrios, que alcanzan gran fuerza dramática.

SHARPIE n. m. (voz inglesa). Pequeño velero de fondo plano, con el pantoque de ángulos vivos y provisto de orza.

SHAUMIÁN o **ŠAUMJAN** (Sebastián Konstantínovich), lingüista soviético (nacido en 1916). Especialista en fonología (*Problemas de fonología teórica,* 1962), se interesó primero por la corriente estructuralista, dentro de la gramática, y después por la generativa, en la línea de Chomsky. En su *Lingüística estructural* (1965) propuso un modelo general del lenguaje inspirado en la lógica combinatoria: el *modelo generativo aplicativo.* En *Cuestiones filosóficas de lingüística teórica* (1971) aportó una serie de modificaciones y de precisiones a ese modelo.

G. Freund

George
Bernard
Shaw

SHAW (George Bernard), escritor irlandés (Dublín 1856-Ayot Saint Lawrence 1950). Empezó como periodista, ingresó en la Fabian society y luchó por el triunfo de las ideas socialistas a través de sus ensayos políticos y sociales (*El fabianismo y el imperio,* 1900). También publicó artículos de crítica musical, artística y dramática, así como novelas (*Un socialista poco social,* 1884; *La profesión de Cashel Byron,* 1886). En sus primeras obras teatrales, llamadas comedias agradables (*Héroes,* 1894; *Cándida,* 1894; *Nunca se puede saber,* 1895-1896) y en las desagradables (*Casa de viudos,* 1892) y, después, en las obras de madurez (*César y Cleopatra,* 1899; *Hombre y superhombre,* 1903; *Pigmalión,* 1912, *Santa Juana,* 1923) atacó todas las manifestaciones del conformismo social. Después de su muerte, y con el título de *Querido mentiroso* (1957) se ha llevado a cabo una adaptación teatral de la correspondencia que intercambió durante cuarenta años con una de sus intérpretes, Mrs. Patrick Campbell. (Premio Nobel de literatura, 1925.)

SHAW (Irwin), escritor norteamericano (Nueva York 1913), autor de obras de teatro (*Enterrad a los muertos,* 1936) y de novelas (*El baile de los malditos,* 1948; *Quince días en otro lugar,* 1960) en la tradición del realismo crítico.

SHAWN (Ted), bailarín y coreógrafo norteamericano (Kansas City, Missouri, 1891-Orlando, Florida, 1972). Cofundador de la Denishawn school (1915), creador del festival de Jacob's Pillow (1933), está considerado como el propulsor de la danza moderna en E.U.A.

SHAWNEE o **SHAUNÍ,** tribu amerindia, de lengua algonquina, que habita en Kentucky y N. de Tennessee (E.U.A.).

She Chai-shan o **Shizhaishan,** yacimiento arqueológico de China, en el Yun-nan. Contiene unas veinte tumbas (descubiertas entre 1955 y 1960), que se remontan a los Han anteriores; en ellas se han encontrado numerosos bronces que revelan la influencia de la China del Norte, junto con la de Ordos (v. ESTEPA), que, por el Yun-nan, llegaron a Indochina.

SHE HUANG-TI, TS'IN SHE HUANG-TI o **SHI HUANGDI**, primer emperador de China (de 221 a 210 a. J.C.), fundador de la dinastía Ts'in. Después de conquistar el territorio chino, emprendió la construcción de la Gran Muralla para protegerse de las incursiones de los hiong-nu, e inició la unificación política y la centralización administrativa del imperio. En 1974, en Yen-chai (Shen-si), en la cuenca del Yang Tsê-kiang, a unos 60 km de Si-ngan, cerca de su túmulo funerario, el monte Li, se descubrió un auténtico ejército en terracota, de tamaño natural (varios miles de guerreros y de caballos), así como abundante mobiliario funerario.

She Ki o **Shiji** *(Memorias históricas),* compilación histórica, redactada por Ssē Ma-Ts'ien (c. 145-c. 86 a. J.C.), que comprende la historia de China hasta la primera dinastía Han.

She King o**Shijing,** uno de los libros «clásicos» o «canónicos» chinos: es una antología de la antigua poesía china, que recoge canciones de amor e himnos religiosos.

SHEBELI o **ŠIBELI,** r. de Etiopía y de Somalia; 1 900 km.

SHED n. m. (voz inglesa, *hangar*). Cubierta en diente de sierra que tiene una vertiente acristalada de mucha pendiente, expuesta al norte.

SHEFFIELD, c. de Gran Bretaña (Yorkshire Meridional), a orillas del Don; 513 000 hab. (800 000 en la aglomeración). Museos. Desde principios del siglo XIX es uno de los grandes centros siderúrgicos europeos.

SHEIK n. m. → CHEIK.

SHEJU, isla de la República Democrática Popular de Corea, en el mar de la China oriental; 1 820 km^2; 365 000 hab. Cap. *Sheju* (106 000 hab.).

SHE-KIA-CHUANG o **SHIJIAZHUANG,** c. de China (Ho-pei), al SO de Pekín; 800 000 hab. Industria textil y ferroviaria.

SHELLEY (Percy Bysshe), poeta británico (Field Place, cerca de Horsham, Sussex, 1792-golfo de La Spezia 1822). Hijo de un rico baronet, estudió en Eton y en Oxford, de donde fue expulsado por haber publicado un panfleto sobre la *Necesidad del ateísmo* (1811). Repudiado por su familia, vivió en Londres, en donde raptó a su futura esposa, Harriet Westbrook. Residió entonces en el distrito de los Lagos, en Irlanda, en el País de Gales, donde escribió su primer gran poema: *La reina Mab* (1813). Se separó de su mujer, abandonó Gran Bretaña con la hija de William Godwin, Mary Wollstonecraft, y trabó amistad con Byron durante una estancia en Suiza. Volvió a Londres y se enteró del suicidio de Harriet, a raíz de lo cual abandonó definitivamente su patria con Mary, convertida en su esposa. Tuberculoso, vivió en Italia, donde escribió sus obras maestras (*Prometeo liberado,* 1819; *Los Cenci,* 1819; *Oda al viento del oeste; Oda a una alondra; La mimosa*). Volvió a encontrar a Byron en Pisa y, en 1821, la muerte de Keats le inspiró la elegía *Adonais.* Entretanto escribió un ensayo: *La defensa de la poesía.* Murió en el naufragio de su yate Ariel entre La Spezia y Livorno. El mar devolvió su cuerpo, que fue quemado en la playa en presencia de Byron y de Leigh Hunt. — Su esposa, MARY WOLLSTONECRAFT GODWIN (Londres 1797-*id.* 1851), es autora de la novela *Frankenstein o el Prometeo moderno* (1818) y de la narración autobiográfica *Lodore* (1835).

SHEN NING-YANG, físico chino (Ho-fei 1929). Compartió en 1957 el premio Nobel de física con Tsung Dao-lee (Shanghai 1926), por sus trabajos sobre las partículas de los núcleos atómicos.

SHEN-CHEU o **SHEN ZHOU,** pintor chino, el más destacado de la escuela Wu (escuela de letras de la región de Su-cheu) [1427-1509]. Fue maestro fecundo y diverso de un arte basado en la interpretación de las obras del pasado, convertido en eclecticismo convencional en algunos pintores del final de la dinastía Ming. Realizó unos paisajes muy trabajados, así como bocetos de flores, animales y escenas familiares, llenos de espontaneidad.

SHEN-SI o **SHAANSI,** provincia de China; 190 000 km^2; 28 100 000 hab. Cap. *Singan* o *Sian.* Una cuenca de hundimiento separa las mesetas del N, en la curva formada por el Hoang-ho, de un conjunto de montañas de mediana altura (parte de los Ts'in-ling) situadas al S. La provincia proporciona carbón y posee una importante industria textil (algodón).

SHENYANG, ant. **Mukden,** c. de la China del NE, cap. de la prov. de Lâo-ning; 3 200 000 hab. Es una de las mayores ciudades y uno de los principales centros industriales del país (metalurgia de transformación, industria textil, química y alimentaria). Monumentos imperiales del s. XVII. Fue el objetivo de la batalla más importante de la guerra ruso-japonesa (febr-marzo 1905).

SHEPP (Archie), saxofonista norteamericano (Fort Lauderdale, Florida, 1937), de raza negra. Influido por John Coltrane y Ornette Coleman, durante los años sesenta fue uno de los representantes de más talento del *free jazz.*

SHERARDIZACIÓN n. f. Procedimiento termoquímico de protección del acero por difusión superficial de cinc.

SHERATON (Thomas), dibujante y ebanista británico (Stockton-on-Tees 1751-Londres 1806). Se inspiró en el estilo Luis XVI. En la historia del mobiliario inglés, el fin del siglo XVIII se conoce como *época Sheraton*.

SHERBROOKE, c. de Canadá (Quebec); 77 000 hab. Centro industrial (metalurgia).

Sherezade → SCHEREZADE.

SHERIDAN (Richard Brinsley), dramaturgo y político británico (Dublín 1751-Londres 1816). Autor de comedias de éxito (*Los rivales*, 1775; *La escuela de la maledicencia*, 1777), director del teatro de Drury Lane, abandonó la escena por la política y formó parte de diversos ministerios whigs hasta 1812.

Sheridan, por J. Russell.
(Galería nacional de retratos, Londres.)

SHERIF n. m. (ingl. *sheriff*). En Gran Bretaña, oficial administrativo que representa a la corona en cada condado. || En E.U.A., oficial administrativo electo, con un poder judicial limitado.

Sherlock Holmes → HOLMES (Sherlock).

SHERMAN (William Tecumesh), general norteamericano (Lancaster 1820-Nueva York 1891). Durante la guerra de Secesión se distinguió en las filas de los federales; efectuó la «larga marcha» que, en 1864, condujo a sus tropas de Atlanta a Savannah. Se dio su nombre a un carro de combate construido en serie por E.U.A. de 1942 a 1945.

SHERPA, pueblo mongol del Nepal, excelentes porteadores y guías de las expediciones de alpinistas que escalan el Himalaya.

SHERRINGTON (*sir* Charles Scott), médico británico (Londres 1857-Eastbourne 1952), fundador, con Jackson, de la escuela neurológica inglesa. Premio Nobel de medicina en 1932 por sus trabajos sobre la fisiología del sistema nervioso.

SHERRY n. m. Nombre inglés de los vinos de Jerez.

SHE-T'AO, TAO TSI o **SHI TAO,** pintor, calígrafo, poeta y teórico chino (activo en la segunda mitad del s. XVII e inicios del XVIII). Fue el más inventivo de todos los «individualistas» de los inicios de la época Ts'ing, y se rebeló contra el tradicionalismo de su época. Ingresó muy joven en un monasterio (bajo el nombre de Tao tsi), tras la caída de los Ming, con los que estaba emparentado. La espontaneidad y la economía de su manejo del pincel le servían para poner en consonancia el paisaje con su estado de ánimo.

SHETLAND n. m. Paño fabricado con la lana de los carneros de Escocia.

SHETLAND o **ZETLAND,** archipiélago británico en el océano Atlántico, que constituye una región de Escocia; 18 500 hab. Cap. *Lerwick*, en la isla de Mainland (la más extensa). Ganadería ovina y pesca. Extracción de petróleo en el mar del Norte.

SHETLAND DEL SUR *(islas)*, archipiélago subantártico argentino (Territorio Nacional de la Tierra del Fuego, Antártida e islas del Antártico Sur), al N de la península Antártica. Base de operaciones para flotas pesqueras.

SHEVCHENKO, localidad de la U.R.S.S. (Kazajstán), a orillas del mar Caspio. Central nuclear (superregenerador).

SHEVCHENKO (Tarás), poeta ruso en lengua ucraniana (Morintsy 1814-San Petersburgo 1861). Fue un defensor de las ideas democráticas y federacionistas y el creador de la literatura nacional ucraniana (*El trovador*, 1840).

SHIANG MAI, c. de Tailandia, cerca de la frontera birmana; 82 000 hab. Destruida en 1773, fue reconstruida a fines del s. XVIII. Alberga numerosos monumentos religiosos, así como un importante museo con obras de los reinos de Haripunjaya (c. ss. VIII-XIII) y del Lan Na (fin del XIII-XIX). En los alrededores se han realizado importantes excavaciones arqueológicas sobre las culturas mesolíticas y neolíticas.

SHIGA NAOYA, escritor japonés (Miyagi 1883-Tōkyō 1971), autor de cuentos y novelas cortas en los que celebra el culto del yo (*Reconciliación*, 1913), y de una novela autobiográfica (*La carretera en la negra noche*, 1921-1937).

SHIGASAKI, c. de Japón (Honshū), al SO de Yokohama; 130 000 hab.

SHIKOKU o **SIKOK** *(las cuatro tierras)*, la menos extensa de las grandes islas de Japón, al S. de Honshū; 18 778 km²; 4 244 000 hab. De relieve montañoso, goza de un clima suave y húmedo, influido por el monzón. Está cubierta de bosques donde se mezclan las especies templadas y tropicales. Dominan los cultivos de arroz y de frutales, y la pesca aporta ingresos apreciables. No obstante, la costa N, más poblada, se halla en proceso de industrialización bajo la influencia de Honshū. Las fábricas de productos químicos y de tejidos jalonan el litoral del mar Interior, particularmente en Takamatsu y en Matsuyama.

SHILLING n. m. (voz inglesa). Chelín. || Unidad monetaria principal de Kenya, Somalia, Tanzania y Uganda.

SHILLONG, c. de la India, cap. del est. de Meghalaya, en la *meseta de Shillong*; 88 000 hab. Universidad. Centro comercial.

SHIMAZAKI (Tōson), escritor japonés (Magome, prefectura de Nagano, 1872-Tōkyō 1943). Poeta romántico en sus principios (*Hierbas jóvenes*, 1897), fue, luego, el líder del movimiento naturalista con su novela *Felonía* (1906).

SHIMIZU, c. y puerto de Japón (Honshū), a orillas del Pacífico; 242 000 hab. Metalurgia. Construcciones mecánicas. Astilleros.

SHIMMY n. m. (voz inglesa). Baile de origen norteamericano, muy en boga en los años inmediatamente posteriores a la primera guerra mundial. || Fenómeno caracterizado por la oscilación repetida de las ruedas directrices de un automóvil alrededor de su eje de articulación.

SHIMOGA, c. de la India (Karnataka); 103 000 hab. Metalurgia del manganeso. Yacimientos de cromo.

SHIMONOSEKI o **SIMONOSEKI,** c. de Japón, en la extremidad sur de Honshū, en el *estrecho de Shimonoseki*, que separa las islas de Honshū y de Kyūshū; 269 000 hab. Astilleros. Productos químicos. — En 1895 se firmó en ella el tratado que puso fin a una guerra chino-japonesa.

SHIPIBO, tribu amerindia, de lengua pano, que habita en la Amazonia peruana (río Ucayali).

SHIRLEY (James), dramaturgo inglés (Londres 1596-*id.* 1666). Heredero del teatro isabelino, fue autor de comedias de costumbres (*El traidor*, 1631).

SHIZUOKA, c. de Japón (Honshū), cerca del Pacífico; 458 000 hab. Mercado nacional del té. Industrias metalúrgicas.

SHKODËR, SHKODRA o **SKADAR,** en ital. **Scutari,** lago próximo al Adriático, repartido entre los territorios de Yugoslavia y Albania; 370 km². En la orilla SE se encuentra la ciudad albanesa de *Shkodër* (59 000 hab.), de fundación muy antigua.

SHLONSKY (Abraham), escritor israelí (cerca de Poltava, Ucrania, 1900-Tel-Aviv 1973).

Shostakóvich. Dibujo de Rémusat.
(Col. part.)

Descendiente de una familia de tendencias liberales, estudió en Tel-Aviv y en Rusia, y se estableció en Palestina como obrero de la construcción. Fundó y dirigió varias revistas de vanguardia (*Escritos, Columnas, Tiempos, El reloj*) y fue el director literario de las *Ediciones obreras*. Traductor de las obras maestras de la literatura eslava (simbolistas rusos) y occidentales (del *Tartufo* de Molière al *Till Ulenspiegel* de Charles de Coster), fue considerado como el jefe espiritual de la poesía israelí, evocador de la vida de los precursores (*Dentro del torbellino*, 1927), la soledad en las ciudades modernas (*Las piedras de la nada*, 1934), la fascinación autodestructora del mundo contemporáneo (*Poemas de la caída y de la reconciliación*, 1938; *Piedras sucias*, 1960) o la expresión profunda de su fe en la misión salvadora del poeta (*Plenitud*, 1947; *El libro de las escalas*, 1973).

SHOCK n. m. (voz inglesa). Conmoción, impresión violenta e imprevista que trastorna o perturba (Sin. CHOQUE.) || Estado de abatimiento físico consecutivo a un traumatismo *(shock traumático)*, a una operación quirúrgica *(shock operatorio)*, a la anestesia *(shock anestésico)* o a la presencia en el organismo de proteínas extrañas *(shock anafiláctico)*. • *Shock emocional*, conjunto de reacciones síquicas y orgánicas producidas por una emoción o sentimiento de gran intensidad y en corto lapso de tiempo. || *Tratamiento de shock*, método terapéutico, utilizado a veces en siquiatría, que consiste en crear una brusca perturbación biológica en un enfermo, sea por introducción de una proteína extraña *(proteinoterapia)* o de una fuerte dosis de insulina *(shock insulínico)*, sea por aplicación de una corriente eléctrica *(electroshock)*.

SHOCKLEY (William Bradford), físico norteamericano (Londres 1910). Sus estudios sobre los semiconductores y el perfeccionamiento de los transistores de germanio le valieron, juntamente con Bardeen y Brattain, el premio Nobel de física en 1956.

SHŌGUN n. m. (voz japonesa). Nombre dado a los jefes militares que, de 1192 a 1867 y paralelamente a las dinastías imperiales, ejercieron el poder en Japón.

SHŌGUNAL adj. Relativo a los shōgunes.

SHOLĀPUR, c. de la India (Mahārāshtra), en el Decán; 398 000 hab. Industrias textiles.

SHOLES (Cristopher Latham), inventor norteamericano (Mooresburg, Pennsylvania, 1819-Milwaukee 1890). En 1867, junto con S. Soule y C. Glidden, inventó la máquina de escribir, que fue fabricada en serie por Remington a partir de 1873.

SHÓLOJOV (Mijaíl Alexándrovich), escritor soviético (Kruzhilin, Ucrania, 1905-Veshénskaia, Rusia 1984). Su obra, presentada como uno de los modelos del realismo socialista, sobrepasa, tanto por su diversidad estilística como por su resonancia trágica, la ortodoxia estética que invoca (*El Don* apacible*, 1928-1940; *Campos roturados*, 1932-1960; *El destino de un hombre*, 1957). [Premio Nobel de literatura, 1965.]

SHORT TON n. f. Tonelada corta.

SHORTHORN adj. y n. m. Sin. de DURHAM.

SHORTS n. m. pl. (voz inglesa). Pantalón corto.

SHOSHÓN, grupo de pueblos amerindios, de lengua utoazteca, que habitan en un amplio territorio en la meseta occidental de E.U.A., entre las montañas Rocosas y la sierra Nevada. Comprende numerosas tribus: paiute, comanche, yute, las del S de California (serrano, gabrieleño, fernandino, juaneño) y hopi (indios pueblo*).

SHOSTAKÓVICH (Dmitri Dmítrievich), compositor soviético (San Petersburgo 1906-Moscú 1975). Personalidad compleja y atormentada, a un tiempo artista oficial y rebelde más o menos conformista, supo encontrar de nuevo, en el ocaso de su vida, la independencia espiritual y las audacias que le habían hecho famoso a los veinte años (ópera *Katerina Izmailova*, cantatas, quince sinfonías, música de cámara —entre ella, quince cuartetos—).

SHŌTOKU-TAISHI, nombre dado al príncipe **Umayado,** regente de Japón de 600 a 621, que introdujo el budismo en su país.

SHOW n. m. (voz inglesa). Espectáculo centrado en un actor, un cantante o un animador. || Exhibición, ostentación de determinada cualidad o capacidad. • *Show business*, conjunto de actividades comerciales implicadas en la producción de espectáculos públicos. (Equivale a INDUSTRIA DEL ESPECTÁCULO.)

SHOWMAN n. m. o **SHOWOMAN** n. f. (voz inglesa). Primera estrella, presentador y conductor de un show.

SHRAPNEL o **SHRAPNELL** n. m. (n. del inventor). Obús relleno de balines.

SHREVEPORT, c. de Estados Unidos (Luisiana); 182 000 hab. Centro de una región algodonera y forestal. Refino de petróleo.

SHREWSBURY, c. de Gran Bretaña, cap. del condado de Salop; 54 000 hab. Iglesia de Santa María (ss. XIII y XIV Mansiones antiguas. Museos. Industrias mecánicas.

Shu King *(Libro de la historia)*, uno de los libros «clásicos» chinos. Las consideraciones históricas y políticas que en él se incluyen influyeron considerablemente en el pensamiento chino, sobre todo en Confucio.

SHUISKI → REVUELTAS *(período de las)*.

SHULTZ (George Pratt), economista y político norteamericano (Nueva York 1920). Miembro de la escuela neoliberal de Chicago, fue secretario de Trabajo (1969-1970) y del Tesoro (1972-1974). Presidió el grupo Bechtel (1980-1982) y ocupó la secretaría de Estado con Reagan, tras la dimisión de A. Haig (1982).

SHUMWAY (Norman Edward), cirujano norteamericano (Kalamazoo 1923), precursor de la cirugía cardiovascular y de los trasplantes cardíacos en seres humanos.

SHUNT n. m. (voz inglesa). *Electr.* Resistencia conectada en derivación en un circuito, de modo que sólo deje pasar una fracción de la corriente por este circuito. || *Med.* Derivación de la corriente sanguínea, patológica o a causa de una intervención quirúrgica.

SHUNTAR v. tr. [**1**]. Proveer de un shunt.

SI conj. condicional (lat. *si*). Expresa condición que puede ser real o irreal: *si llueve, no iré; si necesitas algo, dímelo*. || Introduce oraciones interrogativas indirectas: *no sé si es cierto*. || Adquiere valor concesivo en determinados usos, equivaliendo a *aunque*. || Puede tener valor concesivo-distributivo: *si no ganamos, por lo menos hicimos buen papel*. || Adquiere un matiz causal: *si ayer lo aseguraste, ¿cómo lo niegas hoy?* || Se emplea en expresiones de protesta, sorpresa, negación o ponderación: *si yo no quería; mira si es amable que me invitó*.

SI n. m. Séptima nota musical de la escala de *do*; signo que representa esta nota.

si

Vendrell

Sophia Loren y Richard Burton en *El viaje* de V. de **Sica**

Si, símbolo químico del *silicio.*

S.I., siglas de *sistema internacional de unidades* → SISTEMA.

SÍ pron. pers. Forma tónica del pronombre reflexivo de 3.ª persona. (Se usa siempre precedido de preposición: *no están seguros de sí mismos;* si la preposición es *con,* el conjunto adopta la forma *consigo.*) ● *Por sí solo,* espontáneamente; sin ayuda ajena.

SÍ adv. afirm. (lat. *sic,* así). Se usa, generalmente, para responder afirmativamente a una pregunta. || Se usa enfáticamente en enunciados afirmativos e imperativos: *me voy, sí, y no trates de impedirlo.* ◆ n. m. Consentimiento o permiso: *contestó con un sí.* ● *Dar el sí,* aceptar una proposición.

sí de las niñas *(El),* comedia en tres actos y en prosa de Leandro Fernández de Moratín (1806). Una presuntuosa viuda, doña Irene, dispone la boda de su hija Paquita con el acaudalado viejo don Diego; el hijo de éste, Carlos, logra al fin imponer las ideas renovadoras de la época y casarse con la muchacha.

SIAL n. m. Nombre dado a la zona externa del globo terrestre, compuesta principalmente de silicatos de aluminio, y que corresponde a la corteza continental.

SIALAGOGO, A adj. y n. m. *Med.* Dícese de la sustancia que estimula la secreción de saliva.

SIALKOT, c. de Pakistán (Panjāb), al N de Lahore; 212 000 hab. Centro industrial y comercial.

SIALORREA n. f. Secreción excesiva de saliva.

SIAM *(golfo de),* golfo del SE de Asia, en el mar de la China meridional.

SIAM → TAILANDIA.

SIAMANG n. m. Primate catarrino de las montañas de Indonesia, que alcanza 1 m de long.

SIAMÉS, SA adj. y n. Del antiguo reino de Siam. || Dícese de una raza de gatos. ● *Hermanos siameses y hermanas siamesas* (del nombre de dos gemelos siameses [1811-1874]), gemelos unidos uno al otro por dos partes homólogas de sus cuerpos.

SIAMÉS n. f. Lengua thai hablada en Tailandia.

SIAN → SI-NGAN.

SIANG-T'AN o **XIANGTAN,** c. de China (Hu-nān), a orillas del Siang-kiang; 184 000 hab. Metalurgia.

SIBANICÚ, mun. de Cuba (Camagüey, avenado por el río Samaraguacán; 25 869 hab. Economía agropecuaria.

SIBARITA adj. y n. m. y f. Aficionado a los placeres refinados.

SIBARÍTICO, A adj. Relativo al sibarita.

SIBARITISMO n. m. Género de vida del sibarita.

SIBELIUS (Jan), compositor finlandés (Hämeenlinna Tavastehus 1865-Järvenpää 1957). Después de un período romántico y nacionalista (*Kullervo,* 1891-1892), se orientó, gracias sobre todo a la influencia de Debussy, hacia un estilo más cosmopolita y más alejado del arte ruso y germánico *(Luonnotar),* para, finalmente, crear un mundo muy personal y de perfecta coherencia. Su última obra importante, el poema sinfónico *Tapiola,* la compuso treinta años antes de morir. Escribió siete sinfonías (de 1899 a 1924).

SIBERIA, en ruso **Sibir,** región de la U.R.S.S., en la R.S.F.S. de Rusia, entre los Urales y el Pacífico, el Ártico y las cordilleras del Asia central; cubre más de 12 millones de km² (más de la mitad de la U.R.S.S.).
GEOGRAFÍA. *Siberia occidental,* situada entre los Urales y el Yeniséi, constituye un inmenso territorio pantanoso que corresponde a la cuenca del Ob. *Siberia central,* situada entre el Yeniséi y el Liena, está formada por una vasta meseta bordeada al S por una serie de cordilleras (desde los montes Saján, prolongaciones del Altái, hasta los montes Stanovói), que ocupan (montes de Verjoiansk, montes Cherski, Kolimá) toda *Siberia oriental,* llamada, también, extremo oriente soviético. Más que la topografía, es la extensión del clima continental lo que proporciona su unidad a Siberia. El alejamiento hacia el este y el aumento de la latitud (y de la altura) hacen más rudo este *clima siberiano,* que se caracteriza por un intenso y largo período de fríos. En general, más de la mitad del año la temperatura media es inferior a 0° C (con medias en enero del orden de −25° a −40° C; se ha registrado una mínima absoluta de −84° C en Oimiakón) y la temperatura del mes más cálido rebasa poco los 10° C en el N (aunque puede sobrepasar los 20° en el S). El suelo, por lo menos en profundidad, está perpetuamente helado. Las precipitaciones son poco abundantes, casi siempre inferiores a 500 mm y, en parte, en forma de nieve. El clima explica la extensión de la tundra o estepa (en los lugares donde la media de verano no rebasa los 10° C), a la que suceden, hacia el S, los inmensos bosques de coníferas (sobre todo alerces) o taigá, que engloba aproximadamente la mitad de las reservas mundiales de madera.
El medio natural, francamente hostil, explica la baja densidad de población; algo más de 25 millones (la décima parte de la población soviética), casi exclusivamente de origen europeo y concentrada en el S, de clima relativamente más suave, y, en particular, en las ciudades que atraviesa el transiberiano (de Novosibirsk y de las ciudades del Kuzbass a Chitá, pasando por Krasnoiarsk, Irkutsk y Ulán Udé). No obstante, las riquezas del territorio (poco explorado aún) son inmensas: carbón (Kuzbass), hidrocarburos (cuenca del Ob medio), cobre (Udokán), níquel (Norilsk), diamantes (Yakutia), etc. Los ríos constituyen enormes reservas hidroeléctricas, aunque están equipados muy parcialmente (centrales de Bratsk en el Angara, de Krasnoiarsk en el Yeniséi). Pero, además de las dificultades relacionadas con el clima y la falta de mano de obra, se presenta a menudo el problema del alejamiento de las regiones vitales, al O de los Urales, y el de las enormes inversiones que deben efectuarse. Es explicable la relativa lentitud de la explotación y la búsqueda de ayuda financiera y técnica desde E.U.A. y Japón, países interesados (sobre todo Japón) en abastecerse de las materias primas de esta región. Por su parte, la U.R.S.S. encuentra, junto a una ventaja económica, un interés estratégico en el reforzamiento de este territorio frente a China.
HISTORIA. Es posible reconstituir la evolución de las culturas siberianas del paleolítico, del neolítico y de la edad de bronce (v. ESTEPAS, *arte de las*). Durante el I milenio a. J.C., el desarrollo de la ganadería llevó consigo la expansión del nomadismo y la utilización del caballo. En Siberia meridional, en la zona donde se enfrentaron las tribus de los tres grandes grupos (mongol, turco y tungús) se formaron los imperios de las estepas: Hiongnu y hunos (s. II a. J.C.), Siem-pei (ss. I y II d. J.C.) y yŭan-yŭan (ss. V y VI) de origen protomongol, t'u-kiû (ss. VI y VIII) y uigures, emparentados con los turcos y, finalmente, k'i-tan (ss. X y XII) y karā-jitāy (ss. XII y XIII). La formación de estos imperios ocasionó desplazamientos de pueblos en el interior del vasto territorio siberiano, emigraciones hacia los confines de China y Persia o hacia las estepas entre el Volga y el Danubio. Las conquistas de Gengis Kan convirtieron a Siberia en el centro del imperio mongol (s. XIII). Del desmembramiento de la Horda de Oro nació el janato de Siberia (Sibir, 1428-1598), destruido por los cosacos al servicio de los zares moscovitas. Los rusos colonizaron Siberia a partir de 1582 (expedición de Yermak) y alcanzaron el mar de Ojotsk en 1632, creando puestos fortificados y sometiendo a los autóctonos a un tributo en pieles *(yassak).* China reconoció en 1858 y en 1860 el dominio ruso sobre los territorios del Amur y del Ussuri. El transiberiano, puesto en funcionamiento en 1891, llegó hasta el Pacífico en 1906. Los soviéticos eliminaron a los ejércitos de Kolchak y a los japoneses (1918-1922) y crearon distritos y regiones autónomas en el seno de la R.S.F.S. de Rusia.

SIBERIA (Nueva), gran archipiélago de la U.R.S.S, en la costa N de Siberia; 35 800 km².

SIBERIANO, A adj. y n. De Siberia.

SIBIL n. m. Pequeña despensa subterránea. || Concavidad subterránea.

SIBILA n. f. (gr. *sibylla*). En la antigüedad, mujer que transmitía los oráculos de los dioses. || Adivinadora.

SIBILANTE adj. *Med.* Que tiene el carácter de un silbido: *respiración sibilante.* ◆ adj. y n. f. Dícese de una consonante fricativa o africada caracterizada por la producción de una especie de silbido en su emisión (*s* y *z* son sibilantes).

SIBILINO, A adj. Relativo a las sibilas: *oráculo sibilino.* || *Fig.* Oscuro, incomprensible, ambiguo; oculto, misterioso: *palabras sibilinas.*

SIBIU, c. de Rumania, cap. de distr., al N de los Alpes de Transilvania; 158 000 hab. Edificios medievales. Palacio Bruckenthal, barroco (museo). Construcciones mecánicas.

SIBIUDA (Ramon), filósofo, teólogo y médico catalán (¿nacido en Barcelona o Gerona?-Toulouse 1436) Estudió medicina, teología y artes y fue profesor de la universidad de Toulouse. En su obra más importante, *Theologia naturalis seu liber creaturarum* (1434-1436), sostenía tesis semejantes a las defendidas en el *Ars magna* luliana: se llega a las verdades incluidas en la Biblia a través de la contemplación de la naturaleza y de su compendio, el hombre; hay una armonía entre fe y razón, teología y filosofía. Sus ideas tuvieron amplia difusión. Montaigne tradujo su obra y escribió su apología.

SIBONEY → CIBONEY.

SIBUCAO n. m. Planta arbórea que se cultiva en Asia tropical por su madera, muy dura y tintórea.

SIC adv. m. (voz latina, *así*). Colocado entre paréntesis detrás de una palabra o una expresión, indica que es una cita textual por rara o incorrecta que parezca.

SICA (Vittorio DE), actor y director de cine italiano (Sora, Frosinone, 1901-París 1974). Fue actor de teatro y de cine. Dirigió su primera película en 1939. En 1946 *(El limpiabotas)* se convirtió en uno de los puntales del neorrealismo. Firmó sus mejores películas en estrecha colaboración con el guionista Cesare Zavattini: *Ladrón de bicicletas* (1948), *Milagro en Milán* (1950) y *Umberto D* (1952). A continuación realizó *El oro de Nápoles* (1954), *El techo* (1956), *Dos mujeres* (1960), *Ayer, hoy y mañana* (1964), *Matrimonio a la italiana* (1964), *El jardín de los Finzi Contini* (1971), *El viaje* (1974), continuando al mismo tiempo su carrera de actor (*El general Della Rovere,* de Rossellini, 1959).

SICALIPSIS n. f. Escabrosidad, malicia sexual.

SICALÍPTICO, A adj. Escabroso, sexualmente malicioso.

SICAMBRIO, pueblo germano establecido entre el Rin y el Ruhr. Después de numerosos enfrentamientos con los romanos, fueron sometidos por Tiberio (8 d. J.C.). Una parte de ellos se estableció en la Galia.

SICAMOR n. m. Ciclamor.

SICARIO n. m. (lat. *sicarium*). Asesino asalariado.

SICASTENIA n. f. Síndrome neurótico caracterizado por abulia, astenia, duda, escrúpulo y meticulosidad.

SICASTÉNICO, A adj. y n. Relativo a la sicastenia; afecto de sicastenia.

SICCARDI (Honorio), compositor argentino (Buenos Aires 1897-*id.* 1963). Formó parte del grupo Renovación. Es autor de música instrumental, ballets (*Buenos Aires,* 1935) y óperas (*Mador,* 1956).

SICIGIA n. f. *Astron.* Conjunción u oposición de la Luna con el Sol (novilunio y plenilunio).

SICILIA, isla de Italia, en el Mediterráneo; 25 708 km²; 4 936 000 hab. Cap. *Palermo.* Está formada por nueve provincias: Agrigento, Caltanissetta, Catania, Enna, Mesina, Palermo, Ragusa, Siracusa y Trapani.
GEOGRAFÍA. Es la mayor y la más poblada de las islas del Mediterráneo, y está separada del continente por el estrecho de Messina

(3 km). La parte N, montañosa (cerca de 2 000 m), es una prolongación de Calabria. Colinas y mesetas, a menudo calcáreas, dominan en el centro y en el S, mientras que en el E se levanta el macizo volcánico del Etna sobre la llanura de Catania.

El clima es mediterráneo, con inviernos suaves y veranos cálidos y soleados, aunque varía según la exposición (más irrigado al N, más cálido en el E y muy seco en el S) y la altura (fríos sensibles en el interior). La vegetación, mediterránea, está muy degradada y muchos de los cursos de agua llegan a secarse en verano. Este clima es muy irregular, lo que afecta especialmente a la agricultura, actividad fundamental.

Los cereales (trigo) se cultivan en el interior, y en el litoral, a veces gracias a la irrigación, se dan cultivos más especializados, como los agrios (desarrollado recientemente) y las hortalizas. La viña se cultiva en los extremos occidental (Marsala) y oriental (alrededor de Catania); el olivo y el algodón están en retroceso.

En el sector extractivo destacan la potasa y el petróleo, que han remplazado a las explotaciones de azufre y de sal. El petróleo, con bruto importado, ha dado origen a la petroquímica; no obstante, la industrialización es limitada. El sector terciario es el principal generador de empleo, importancia parcialmente relacionada con el turismo el cual no basta para asegurar el pleno empleo de una población cuya densidad, muy aproximada a la de la media nacional, rebasa los 190 hab./km^2, lo que explica, al mismo tiempo, la emigración constante y la proliferación de oficios menores poco productivos.

HISTORIA. Poblada desde el pleistoceno, los sicanos, procedentes de Iberia, introdujeron la cultura neolítica (III milenio a. J.C.), y los sículos, la utilización del cobre (II milenio a. J.C.). La isla se convirtió en punto de cita de los comerciantes mediterráneos: fenicios (s. IX a. J.C.), cretenses y griegos (s. VIII a. J.C.). En los ss. V y IV las ciudades sicilianas se enfrentaron a Cartago, sin que ésta lograra someterlas. Los romanos conquistaron Sicilia durante la primera guerra púnica* (264-241), a excepción de Siracusa, que fue tomada en 212 (segunda guerra púnica); la isla fue el principal granero de Roma. Fue ocupada por los vándalos (439-468), quienes la cedieron a los hérulos (476), y después pasó a los ostrogodos (491) hasta que Belisario la integró en el imperio bizantino (535). Los musulmanes ocuparon Sicilia (827-902) y la convirtieron en emirato; conoció entonces una gran prosperidad, que se intensificó con la conquista normanda (1061-1091). A fines del s. XII, Federico II (I de Sicilia), de la casa imperial de Hohenstaufen, heredó Sicilia; y muerto sin descendencia, el papa, a quien el reino de Sicilia debía vasallaje, nombró rey a Carlos de Anjou (1266), hermano de Luis IX. Esto produjo la rebelión de las Vísperas* sicilianas (1282); Pedro el Grande, casado con Constanza, nieta de Federico II, fue proclamado rey y derrotó y expulsó (1283-1284) a Carlos de Anjou. Jaime II cedió Sicilia a los Anjou (1295), pero su hermano Federico fue nombrado rey por los sicilianos y fue reconocido por catalanes y angevinos (paz de Caltabellota, 1302). Martín I unió de nuevo las coronas siciliana y aragonesa en 1409. A causa del testamento de Juan II de Nápoles, resurgió la lucha entre Nápoles y Sicilia; Alfonso el Magnánimo, tras expulsar a Renato de Anjou, fundó el reino de las Dos* Sicilias (1442); pero a su muerte, Sicilia pasó a su hermano Juan, mientras Nápoles recaía en su hijo bastardo, Fernando I. Fernando el Católico reuniría de nuevo los reinos de Sicilia y Nápoles, que permanecieron bajo dominio español hasta los tratados de Utrecht y Rastadt (1713-1714). Sicilia pasó a Víctor Amadeo, duque de Saboya, quien la cambió por Cerdeña al emperador de Austria (1720). La paz de Viena (1738) reconoció como rey de Nápoles y Sicilia a Carlos, hijo de Felipe V de España, quien al subir al trono de España (1759) cedió aquellos dos reinos a su hermano Fernando IV (de 1759 a 1825). Al finalizar la invasión napoleónica, Fernando tomó el título de Fernando I de las Dos Sicilias (1816). Tras la sublevación victoriosa de Sicilia (1860), apoyada por Garibaldi, la toma de Nápoles (set.) y la derrota de Francisco II (1859-1861) en Volturno (oct.), se realizó un plebiscito que dio la mayoría a los partidarios de la unión al nuevo reino de Italia (21-22 oct.). La unificación no resolvió los problemas sociales; el latifundismo prosiguió y la desamortización del patrimonio eclesiástico (1866-1867) no mejoró la situación y se desarrolló la mafia*. En la primera mitad del s. XX, la situación social produjo una emigración hacia América y Australia. Durante la segunda guerra mundial fue liberada en 1943. En 1946 obtuvo un estatuto especial de autonomía regional, refrendado en 1948.

SICILIANA n. f. *Mús.* Fragmento instrumental (probablemente inspirado en una danza siciliana) de 6/8 o 12/8, de carácter pastoral.

SICILIANO, A adj. y n. De Sicilia.

SICILIANO n. m. y adj. Dialecto de la italia meridional, hablado en Sicilia.

SICIÓN, ant. ciudad de Grecia, en el Peloponeso. Conoció un período brillante durante la tiranía de los Ortagóridas (670-570 a. J.C.). Tras una etapa de decadencia, cobró nuevo esplendor en tiempos de la liga aquea. — De Sición fueron originarios Cánaco y Lisipo, y fue el foco de una célebre escuela de pintura y de escultura. Ruinas de las épocas helenística y romana.

SICOANALÉPTICO, A adj. y n. m. Sin. de SICOTÓNICO.

SICOANÁLISIS n. m. Método de investigación sicológica que tiene por objeto dilucidar el significado inconsciente de la conducta y cuyo fundamento se encuentra en la teoría de la vida síquica formulada por Freud; técnica sicoterápica basada en esta investigación. (Sin. SICOLOGÍA PROFUNDA.)

■ En su origen, el sicoanálisis constituyó fundamentalmente una terapia de los trastornos mentales, en especial de la neurosis; no obstante, y sobre todo a partir de los últimos trabajos de Freud, su influencia se hizo sentir en la totalidad de las ciencias humanas, desde el momento que trascendió sus límites puramente clínicos y se transformó en una concepción social y antropológica del ser humano y de sus obras. Como método de indagación de la estructura síquica humana, el sicoanálisis tiene un efecto terapéutico en cuanto posibilita la comprensión de los mecanismos que han desarrollado un trastorno neurótico y permite así al paciente acceder a un conocimiento sobre su propio inconsciente y establecer la reconstrucción de su historia personal.

La paulatina delimitación del sicoanálisis partió de los trabajos que Freud, en su calidad de médico neurólogo, llevó a cabo sobre la histeria y su tratamiento mediante la hipnosis. Uno de los primeros puntos de la doctrina fue la sustitución de la hipnosis por las asociaciones libres, es decir, por relaciones involuntarias establecidas por el sujeto dentro del discurso consciente y que eran el reflejo de la actividad inconsciente, donde se hallan reprimidos los recuerdos traumáticos, relegados al olvido, y que constituyen la base de la patología neurótica. Freud dio un paso más con su teoría de la interpretación de los sueños; éstos son construcciones del inconsciente, analizables por la conciencia del enfermo y del analista. La deformación de los deseos reprimidos, proceso por el cual sólo pueden aflorar a la conciencia, determina los síntomas neuróticos, los sueños y los actos fallidos. El análisis de estas tres producciones del inconsciente permitió a Freud precisar las leyes que rigen a éste. Pero de este modo, no sólo se sentaban las bases de una explicación etiológica y sus consecuencias terapéuticas, sino que se proporcionaba una interpretación de la actividad síquica normal, es decir, una explicación sicológica que resultaba instrumental como teoría general de la conducta.

Pero el sicoanálisis es también una técnica muy precisa. De hecho, el analista sólo dispone en principio del material verbal que, a través de asociaciones libres, le ofrece el paciente bajo determinadas condiciones ambientales y del relato de sus sueños o sus fantasías. Ante esto, el analista debe mantener una atención particular destinada a desentrañar la presencia activa de un discurso «reprimido», testigo de la actividad del inconsciente, así como una neutralidad afectiva respecto del paciente. Así, el analista interviene sólo cuando llega a alguna conclusión razonablemente segura, que debe ser expuesta al enfermo para ayudarle a percibir el discurso inconsciente. Sin embargo, la relación analista-paciente cobra pronto una dimensión nueva y de extrema importancia: la *transferencia*. Este proceso representa el desplazamiento, en la persona del analista, de sentimientos ya vividos en la infancia por el paciente. Es decir, que el enfermo suplanta la situación reprimida y la transfiere al médico, quien, al hacerse receptivo a ello, accede también a la actitud que hacia su entorno, y en especial hacia las figuras de los padres, tuvo el paciente durante su infancia. Cuando la transferencia ha dado sus frutos, se hace necesario un proceso inverso *(contratransferencia)* por el cual el paciente se hace consciente de su problema, lográndose así la situación propicia para que el enfermo lo resuelva, es decir, la *cura*.

A partir de muchas experiencias clínicas mediante este procedimiento, Freud estableció las principales nociones del sicoanálisis. Estos conceptos, que incluso en la obra de su creador son esencialmente cambiantes (desarrollo de la sexualidad infantil, complejos, pulsiones, estratos del siquismo), fueron la base de toda la evolución ulterior del sicoanálisis; no obstante, no fueron aceptados en bloque, hasta el punto que la historia del movimiento sicoanalítico está salpicada de disensiones, que cobran a veces carácter verdaderamente cismático. A pesar de que, en 1910, Freud se preocupó de fundar la Asociación sicoanalítica internacional, a fin de velar por la ortodoxia, ya en el mismo año se produjo la primera controversia. Ésta tuvo como protagonista al también austríaco A. Adler, cuyas teorías, que recibieron más adelante amplia aceptación en E.U.A., planteaban un análisis de la vida mental basado únicamente en los procesos del pensamiento consciente (importancia de la agresión), que determinaban la formación de complejos fundamentales (de *inferioridad* y de *superioridad*). En 1914, uno de los discípulos y amigos más brillantes de Freud, C. G. Jung, se apartó de su maestro y construyó paulatinamente una doctrina de los *tipos sicológicos* y, sobre todo, su teoría del *inconsciente colectivo*, que orientó su actividad terapéutica y teórica hacia el terreno de los fenómenos religiosos y de la alquimia. Las ramas más ortodoxas del sicoanálisis se constituyeron en Gran Bretaña (A. Freud, E. Jones) y en la misma Viena (K. Abraham), aunque la actividad en esta última ciudad cesó como consecuencia del advenimiento del nazismo, que calificó a la doctrina sicoanalítica de «impostura judía». La importante emigración hacia E.U.A. determinó la primacía que el sicoanálisis habría de tener en lo sucesivo en dicho país (K. Horney, W. Reich, E. Fromm, etc.). De esta forma, el auge y los enriquecimientos del sicoanálisis no volvieron a Europa hasta la década de los cincuenta, gracias a la obra de Lacan. Este autor comenzó a considerar la herencia de Freud a través de constantes referencias interdisciplinarias, entre las cuales destacaba la referida a la lingüística. Lacan está considerado como el defensor de una «vuelta a Freud» y los sicoanalistas tienden a situarse en pro o en contra de las enseñanzas del maestro francés. En 1980, Lacan disolvió su propia escuela, para reagrupar sólo a los ortodoxos de su teoría, ante lo heterogéneo de las prácticas que se habían desarrollado en su seno (sicodrama, sicopedagogía) y que Lacan excluyó explícitamente de la práctica del análisis. Al cabo de los años se ha desarrollado una crítica global del sicoanálisis, al que se reprocha su rigidez en la aplicación de determinadas nociones (complejo de Edipo). Del movimiento sicoanalítico francés ha surgido, después de 1968, una corriente orientada hacia la crítica de la neutralidad del analista y de sus funciones en la sociedad. Asimismo, otras líneas de investigación, algunas de ellas emparentadas con la antisiquiatría, hacen presagiar nuevas evoluciones. Por otra parte, el sicoanálisis ha inspirado diversos tratamientos que, por sus condiciones de desarrollo y por la misma finalidad que persiguen, se alejan de aquél, por lo que reciben el nombre de terapias de orientación analítica.

SICOANALISTA n. m. y f. Facultativo que practica el sicoanálisis.

SICOANALÍTICO, A adj. Relativo al sicoanálisis.

SICOANALIZAR v. tr. y pron. [**1g**]. Someter a sicoanálisis.

SICOCINESIA o **SICOKINESIA** n. f. Sin. de SICOQUINESIA.

SICOCIRUGÍA n. f. Conjunto de intervenciones quirúrgicas que se practican en el encéfalo, destinadas a hacer desaparecer ciertos síntomas de enfermedad mental.

SICOCRÍTICA n. f. Método de crítica literaria inspirado por el sicoanálisis, que estudia la frecuencia y la estructura de los temas privilegiados de una obra.

SICOCRÍTICO, A adj. Relativo a la sicocrítica.

SICOCRÍTICO, A n. Crítico literario que utiliza la sicocrítica.

SICODÉLICO, A adj. Relativo al sicodelismo. ‖ Causante de esta manifestación o estimulación: *drogas sicodélicas.* ‖ Que recuerda el efecto de los alucinógenos: *música sicodélica; pintura sicodélica.*

SICODELISMO n. m. Estado de soñar despierto, provocado por ciertos alucinógenos.

SICODISLÉPTICO, A adj. y n. m. Dícese de la sustancia sicótropa que provoca trastornos semejantes a los de las sicosis.

SICODRAMA n. m. Técnica sicoterápica de grupo que se funda en la catarsis y en la que los pacientes son invitados a escenificar sus problemas.

SICODRAMÁTICO, A adj. Relativo al sicodrama.

SICOFANTA o **SICOFANTE** n. m. (gr. *sykophantēs*). En la antigua Grecia, delator profesional. ‖ Calumniador.

SICOFÁRMACO n. m. Medicamento susceptible de modificar el siquismo.

SICOFARMACOLOGÍA n. f. Estudio de las repercusiones de los sicótropos en el sistema nervioso y en las funciones síquicas.

SICOFISIOLOGÍA n. f. Estudio científico de las relaciones entre los hechos síquicos y los hechos fisiológicos.

SICOFISIOLÓGICO, A adj. Relativo a la sicofisiología.

SICOGÉNESIS n. f. Estudio de las causas de orden síquico susceptibles de explicar un comportamiento, una modificación orgánica o un trastorno siquiátrico.

SICÓGENO, A adj. Dícese de los fenómenos cuyo origen hay que buscarlo en el funcionamiento mental.

SICOLÉPTICO, A adj. y n. m. Dícese de las sustancias que tienen una acción moderadora o calmante sobre las funciones síquicas.

SICOLINGÜISTA n. m. y f. Especialista en sicología del lenguaje.

SICOLINGÜÍSTICA n. f. Estudio científico de los comportamientos verbales en sus aspectos sicológicos.

SICOLINGÜÍSTICO, A adj. Relativo a la sicolingüística.

SICOLOGÍA n. f. Ciencia que estudia la actividad síquica. ‖ Carácter: *el refrán expresa la sicología popular.* ‖ Capacidad, perspicacia: *carecer de sicología.*

■ Aunque el término *sicología* comenzó a adquirir una entidad propia en el s. XVII, sobre todo en la obra de Wolf (*Psichologia empirica*, 1732), la sicología como materia de investigación es muy antigua y se remonta a la antigüedad clásica. Aristóteles escribió un tratado sobre los seres vivos y especialmente acerca del hombre, en el que la actividad de éste se explica por su principio, el alma racional. Esta manera de comprender la sicología predominó durante la edad media; pero a partir del renacimiento, a medida que se constituyeron las ciencias físico-naturales basadas en la experimentación y en la medición, comenzaron los intentos de establecer una sicología empírica. Así se inició el estudio de la sicología científica, basada en el estudio de la conducta observable, en un intento de eliminar toda vinculación metafísica. En la segunda mitad del s. XIX, la sicología se independizó por completo de la filosofía y se constituyó en una disciplina eminentemente experimental, según el modelo que C. Bernard había establecido para la biología (*Elementos de sicofísica*, de Fechner, 1860). Fechner realizó la primera cuantificación de los fenómenos síquicos al establecer una relación entre la intensidad de un estímulo y la intensidad de la sensación que provoca. En 1879, Wundt fundó, en Leipzig, el primer laboratorio de sicología; los trabajos de estos investigadores se limitaron sobre todo al estudio de los procesos más simples (sensación, percepción), pero no prestaron atención a los llamados superiores (inteligencia, memoria). El primer intento para explicar estos últimos se debió a O. Külpe, quien se sirvió de la introspección, es decir, del análisis de los fenómenos sicológicos llevado a cabo por el sujeto que los experimenta, para descubrir la existencia de un «pensamiento sin imagen». A partir de estos primeros pasos, las investigaciones sicológicas se diversifican de tal modo, en lo que se refiere a su objeto, que no resulta fácil asignarle un fin común ni una metodología característica. En efecto, determinado fenómeno sicológico no es estudiado de la misma manera por un clínico, por un sicólogo de laboratorio, por un etólogo o por un sicólogo social. La primera diversificación se produjo cuando Galton, sicólogo británico en la línea del evolucionismo, comenzó a interesarse por las diferencias sicológicas entre individuos y entre grupos. Su escuela llevó a cabo mediciones de las facultades en vastos grupos de individuos, con ayuda de pruebas consideradas como los primeros tests sicológicos, e inventó cierto número de técnicas estadísticas para tratar sus resultados. En Francia, A. Binet utilizó los mismos procedimientos, pero consideró que la mejor manera de diferenciar a los individuos entre sí era considerarlos desde el punto de vista de sus funciones superiores; creó así la primera medida de la inteligencia, para seleccionar a los niños no aptos para seguir la enseñanza primaria. Esta orientación, que constituye la sicología diferencial, se desarrolló considerablemente en E.U.A. durante la primera guerra mundial, lo cual se explica sobre todo por su utilidad respecto al reclutamiento militar y a la selección de tareas específicas. A partir de la década de los veinte, a estos tests de inteligencia se unieron los inspirados directamente en la teoría analítica. En la actualidad se recurre a estas pruebas sobre todo cuando se trata de problemas de escolaridad, de orientación vocacional, etc.

Por otra parte, y a partir fundamentalmente de los trabajos de Charcot a propósito de la histeria, la vida afectiva pasó a un primer plano de las consideraciones sicológicas. Ello daría origen, de la mano de Freud, a la sicología analítica, cuya técnica de investigación, y de terapéutica, constituyó el sicoanálisis*. Por su parte, T. Ribot consideraba las enfermedades mentales como experiencias naturales y veía en su estudio un equivalente del método experimental. Bajo la influencia de este enfoque (cuyo principal defensor fue P. Janet) y del sicoanálisis, nació una práctica sicológica basada en el contacto individual y en el estudio en profundidad de los casos particulares, con el nombre de *sicología clínica*.

Pero pronto, debido a los estudios de Pávlov sobre el condicionamiento, nació otra concepción del hecho sicológico, basada no en datos de la conciencia sino en datos objetivos, de tal modo que se constituyó la noción de *objetividad* en sicología. De los trabajos de Pávlov —y en especial de los referidos a la formación de los reflejos condicionados— nació una corriente que consideró el comportamiento como *conducta* (behaviorismo). El comportamiento, que Watson asignó como objeto de la sicología, cubre todas las reacciones adaptativas de un organismo a un estímulo proveniente del medio exterior o del medio interior. Por este lado, la sicología se transformó en una ciencia práctica fundada en la observación y cuyo cometido era la previsión del comportamiento una vez conocido el estímulo. Reveló la continuidad del animal en el hombre, de tal forma que las diferencias entre ambos se conciben meramente como distintos grados de complejidad del comportamiento. Aun en la actualidad, una orientación como el conductismo y la derivada de los trabajos sicoanalíticos se encuentran en pugna, ya que en la segunda subyace un fundamento idealista (derivado de la filosofía alemana del s. XIX y de una concepción antropológica de tipo escatológico) que se opone al materialismo de la primera, que servirá de orientación —y de credo— a la sicología soviética.

Metodológicamente, el estudio de la conducta humana puede enfocarse como un estudio de leyes generales comunes a todos los individuos (*sicología general*) o de las características específicas que diferencian a los grupos de culturas distintas (*sicología comparada*) o a los individuos de una misma

SIDERURGIA

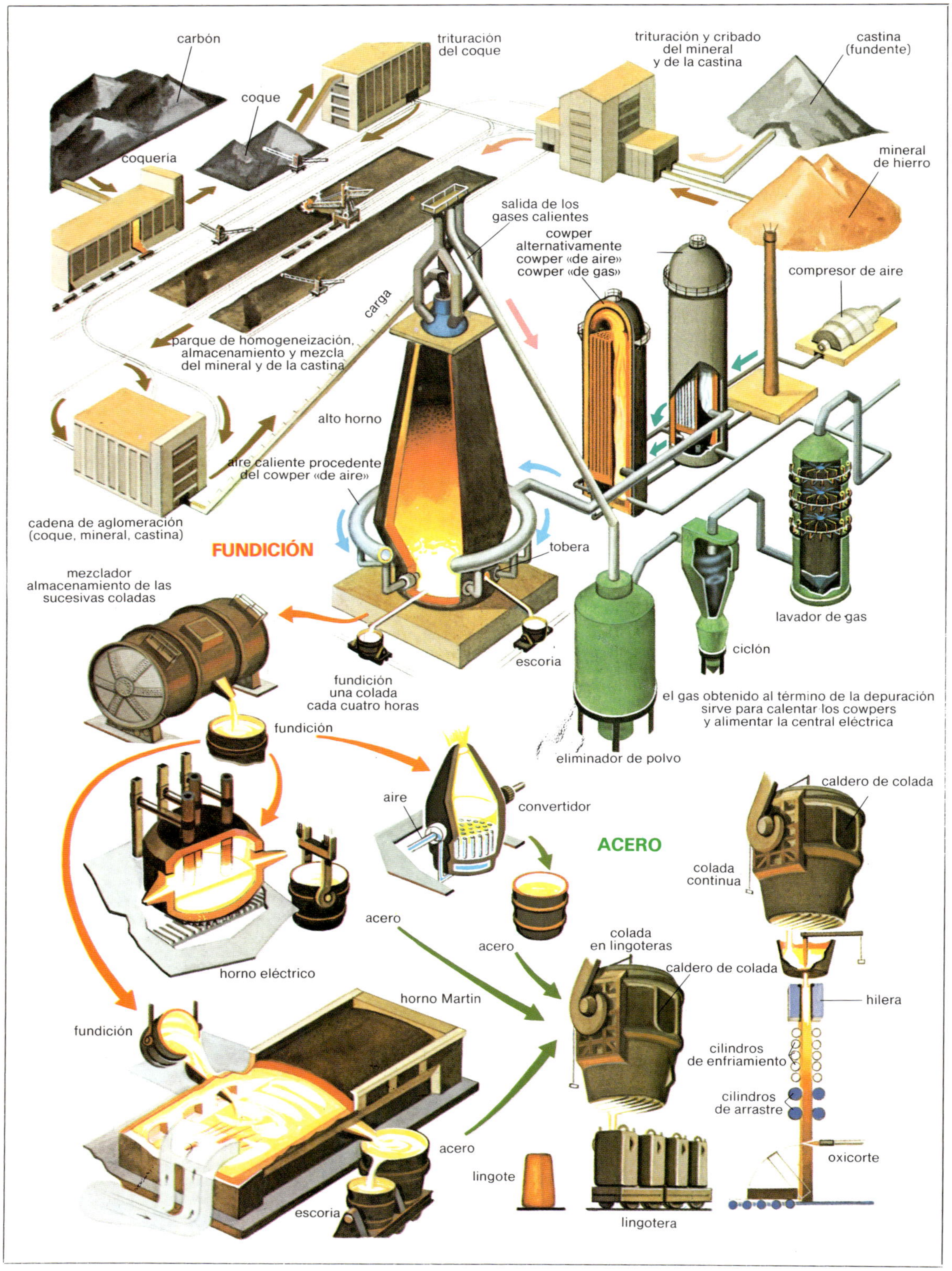

cultura *(sicología individual)*, bien por grupos de edad o de desarrollo *(sicología evolutiva)* o por el estudio de las conductas anormales o patológicas *(sicología clínica)*. La *sicología aplicada* se ocupa de diversos ámbitos de actividad en relación con otras ciencias (sicopedagogía, etnosicología, sicosociología, etc.). Asimismo, el término se aplica a aspectos muy determinados de la actividad humana (sicología del trabajo, del arte, de la información, del deporte, etc.).

Mención aparte merece la *sicología infantil*, que se desarrolló a partir de las observaciones de A. Gesell y cobró mayor importancia gracias a las contribuciones de Freud. Ello dio origen a la *sicología evolutiva*, que estudia el desarrollo de la conducta en los seres humanos. Biológicamente, el significado del desarrollo depende de la relación entre las funciones mentales, y el crecimiento y la anatomía y fisiología del sistema nervioso superior. De ahí la importancia de la maduración neurofuncional en la primera infancia.

SICOLÓGICO, A adj. Relativo a la sicología. • *Momento*, o *instante, sicológico*, momento oportuno para actuar.

SICOLOGISMO n. m. Tendencia a reducir la teoría del conocimiento y la epistemología al estudio de los estados de consciencia del sujeto.

SICÓLOGO, A n. Especialista en sicología. || Persona dotada de especial penetración para el conocimiento de las personas.

SICOMETRÍA n. f. Conjunto de métodos de medida de los fenómenos sicológicos, especialmente los tests.

SICOMÉTRICO, A adj. Relativo a la sicometría.

SICÓMORO n. m. Planta arbórea de hojas similares a las del moral, fruto pequeño blanquecino, y cuya madera es incorruptible. (Familia moráceas.) || Plátano falso.

SICOMOTOR, RA adj. Dícese del comportamiento del niño en relación con la adquisición de reflejos (maduración). || Dícese de trastornos de la realización motora sin soporte orgánico. • *Reeducación sicomotora*, terapéutica no verbal cuyo objeto es reequilibrar las relaciones entre un sujeto y su cuerpo.

SICOMOTRICIDAD n. f. Integración de las funciones motoras y mentales por efecto de la maduración del sistema nervioso.

SICOMOTRIZ adj. f. Sicomotora.

SICONEUROSIS n. f. *Sicoanál.* Conjunto de afecciones síquicas cuyos síntomas son la expresión simbólica de conflictos entre el yo y el ello, que tienen sus orígenes en la infancia.

SICÓPATA n. m. y f. Todo enfermo mental. || *Siquiatr.* Enfermo afecto de sicopatía.

SICOPATÍA n. f. *Siquiatr.* Trastorno de la personalidad que se manifiesta principalmente por comportamientos antisociales (paso a la acción) sin culpabilidad aparente. (Sin. DESEQUILIBRIO MENTAL.)

SICOPATOLOGÍA n. f. Rama de la sicología que tiene por objeto el estudio comparado de los procesos normales y patológicos de la vida síquica.

SICOPEDAGOGÍA n. f. Pedagogía fundada en el estudio científico del desarrollo del niño.

SICOPEDAGÓGICO, A adj. Relativo a la sicopedagogía.

SICOQUINESIA n. f. En parasicología, término que designa la acción directa de la mente sobre la materia. (Sin. SICOCINESIA, SICOKINESIA.)

SICORRIGIDEZ n. f. Rasgo de carácter que se manifiesta por una ausencia de flexibilidad de los procesos intelectuales e incapacidad de adaptación a situaciones nuevas.

SICORRÍGIDO, A adj. y n. Que manifiesta sicorrigidez.

SICOSENSORIAL adj. Que concierne a las relaciones entre los estímulos sensoriales y la actividad síquica.

SICOSIS n. m. (gr. *sykōsis*, tumor en forma de higo). Infección de la piel localizada en los folículos pilosos, por lo general debida a estafilococos.

SICOSIS n. f. Término genérico que designa las enfermedades mentales caracterizadas por una alteración global de la personalidad, cuyas relaciones con la realidad están perturbadas. || Obsesión colectiva provocada por un traumatismo de origen social o político.

■ El significado del término sicosis dentro de la siquiatría clínica es poco preciso y su ubicación nosológica obedece a criterios meramente descriptivos. Desde mediados del s. XIX, cuando el término locura, que englobaba una gran variedad de estados marginales, comenzó a ser sometido a un criterio científico, se consideran sicóticos aquellos estados caracterizados por delirio, alucinaciones o una alteración general grave de la vida afectiva. Entran en esta categoría general las esquizofrenias, los delirios crónicos (paranoia), las sicosis alucinatorias, la parafrenia y las sicosis maníaco-depresivas. Ya entrado el s. XX, el concepto de sicosis fue delimitado cada vez más en función del de neurosis, pudiéndose decir que, en términos generales, la relación del enfermo con las prerrogativas de lo real está trastornada en la sicosis y, con mayor grado, preservada en la neurosis. H. Ey considera la sicosis como una alteración externa de las relaciones entre el yo del enfermo y el mundo exterior; la ruptura con éste hace que el enfermo resulte poco consciente de su trastorno. Así, nada merma la convicción del paciente, cuyas ideas —aun estando en manifiesta oposición con la realidad— resisten la evidencia.

Dentro de las sicosis, se distinguen las exógenas de las endógenas. Las primeras responderían a causas orgánicas bien definidas (traumatismos, infecciones, intoxicaciones, arteriosclerosis). Las segundas, de causa desconocida para la siquiatría tradicional, constituyen un punto clave de la polémica entre organicistas (partidarios del origen orgánico de las sicosis) y sicogenetistas. Entre estos últimos, los representantes de la corriente sicoanalítica parten de la descripción que estableció Freud de los trastornos síquicos en términos de conflicto entre las instancias de lo síquico: yo, ello y super-yo. Freud explicó la sicosis como el resultado entre el yo y el mundo exterior, en el que el primero «se deja dominar por el ello y, a su vez, arrancar de la realidad». Lacan, al introducir el concepto de *forclusión*, se esforzó en dar cuenta de una carencia fundamental que afectaría la vida imaginaria del sicótico: la ausencia del significante *padre*. Por otra parte, la siquiatría ha reconocido algunos rasgos específicos de las sicosis infantiles, cuyo estudio está estrechamente relacionado con las tendencias de orientación sicoanalítica.

SICOSOCIAL adj. Relativo a la sicología individual y a la vida social.

SICOSOCIOLOGÍA n. f. Estudio sicológico de los hechos sociales.

SICOSOCIOLÓGICO, A adj. Relativo a la sicosociología.

SICOSOCIÓLOGO, A n. Especialista en sicosociología.

SICOSOMÁTICO, A adj. Relativo a la vez al cuerpo y a la mente. • *Medicina sicosomática*, rama de la medicina que estudia los trastornos sicosomáticos. || *Trastorno sicosomático*, enfermedad orgánica cuyos determinismo y evolución se encuentran sometidos de manera prioritaria a factores de orden síquico o conflictivo, aunque no aparecen síntomas de enfermedad mental.

SICOTE n. f. *Amér.* Suciedad de los pies.

SICOTECNIA n. f. Conjunto de tests que permiten apreciar las reacciones sicológicas y fisiológicas (motoras) de los individuos. (Suele utilizarse en la orientación y selección profesionales.)

SICOTÉCNICO, A adj. Relativo a la sicotecnia.

SICOTERAPEUTA n. m. y f. Especialista en sicoterapia.

SICOTERAPIA n. f. Conjunto de medios terapéuticos basados en la relación interpersonal (terapeuta-paciente) y que, a través del diálogo, la escucha y las intervenciones del terapeuta, posibilitan al paciente un proceso de análisis, comprensión y superación del conflicto síquico.

■ El término *sicoterapia* suele aplicarse a todo tratamiento que opera mediante procesos sicológicos, de tal modo que se opone a otras formas terapéuticas de los trastornos síquicos basadas en la química o en otros medios. A pesar de que su definición implica una acción sobre los trastornos síquicos, la sicoterapia se aplica también a ciertos desarreglos orgánicos (enfermedades sicosomáticas) o a ciertas dificultades de adaptación (familiar, escolar, etc.). Por el contrario, no todas las enfermedades mentales son accesibles a la sicoterapia, sino sólo aquellas que están determinadas por la resonancia emocional y por actitudes que están en relación con conflictos síquicos permanentes. En la actualidad, las diferentes formas de sicoterapia pueden clasificarse con relación al sicoanálisis y a la coherencia de su material conceptual. En efecto, las dificultades prácticas de la cura tipo llevaron a los analistas al establecimiento de varias técnicas —sicoterapias de orientación sicoanalítica— menos ansiógenas, más breves y menos gravosas desde el punto de vista económico. Con el nombre de *sicoterapia de grupo* se conoce el empleo de las técnicas sicoanalíticas aplicadas a una comunidad de individuos síquicamente homogénea (sicodrama, grupos de actividad, etc.). Otras formas de sicoterapia, preconizadas por los disidentes de la ortodoxia analítica, aunque hayan conservado ciertos detalles técnicos del sicoanálisis, se encuentran muy alejadas de él puesto que se fundan en concepciones sicológicas diferentes (análisis existencial, *art therapy*, expresión corporal, sicoterapia no directiva de Rogers). Por su parte, la sicología del condicionamiento ha dado lugar a la *behavior therapy*.

SICOTERÁPICO, A o **SICOTERAPÉUTICO, A** adj. Relativo a la sicoterapia.

SICÓTICO, A adj. y n. Relativo a la sicosis; afecto de sicosis.

SICOTÓNICO, A adj. y n. m. Clase de sicótropos que incrementan el nivel de vigilancia (anfetaminas, cafeína) o el estado de ánimo (antidepresivos). [Sin. SICOANALÉPTICO.]

SICÓTROPO, A adj. y n. m. Dícese de las sustancias medicamentosas que actúan sobre el siquismo.

■ La definición y clasificación de las sustancias sicótropas han tropezado con numerosas dificultades. En efecto, ciertas sustancias tienen los mismos efectos farmacológicos, pero estructuras químicas muy diferentes. La clasificación química más aceptada distingue tres variedades de sicótropos: *sicolépticos*, *sicoanalépticos* y *sicodislépticos*. Entre los sicolépticos se clasifican los hipnóticos (barbitúricos o no barbitúricos), los neurolépticos y los tranquilizantes; entre los sicoanalépticos se distingue los estimulantes de la vigilancia (anfetaminas, cafeína) y los estimulantes del estado de ánimo (antidepresivos o timoanalépticos); los sicodislépticos, que perturban la actividad mental y provocan trastornos parecidos a los que aparecen en las sicosis, son esencialmente los alucinógenos.

SICROMETRÍA n. f. Determinación del estado higrométrico del aire por medio del sicrómetro.

SICROMÉTRICO, A adj. Relativo a la sicrometría.

SICRÓMETRO n. m. Aparato que sirve para determinar el estado higrométrico del aire.

SICUANI, distr. de Perú (Cuzco), en la cordillera de Vilcabamba; 32 514 hab. Centro agropecuario. Industria alimentaria. Textiles.

SÍCULO (Lucio MARINEO) → MARINEO SÍCULO (Lucio).

SÍCULOS, pueblo primitivo de Sicilia*, que fue rechazado por los griegos a partir del s. VIII a. J.C.

SĪD AL-BAṬALYAWSĪ (Abū Bahr ʿĀṣim **ibn al-**), conocido por **Abenalsid**, filósofo y filólogo hispanoárabe (Badajoz 1052-Valencia 1127). Defendió la tesis de que filosofía y teología tienen un objeto común pero difieren en cuanto al enfoque *(Libro de las cuestiones)*.

SIDA (Ibn), filólogo hispanoárabe (Murcia 1007-Denia 1065), autor de un notable diccionario ideológico de la lengua árabe.

SIDECAR n. m. (voz inglesa). Vehículo de una sola rueda y provisto de un asiento, que se acopla lateralmente a las motocicletas.

SIDERACIÓN n. f. *Siquiatr.* Suspensión repentina de las reacciones emocionales y motoras, bajo el efecto de un shock emocional intenso.

SIDERAL o **SIDÉREO, A** adj. (lat. *sideralem*). Relativo a los astros.

SIDERAR v. tr. (lat. *siderari*) [**1**]. Destruir súbitamente la actividad vital por un proceso de sideración.

SIDERITA n. f. Carbonato de hierro $FeCO_3$, que contiene en general una pequeña cantidad de carbonato de magneso y carbonatos alcalino-térreos. (Sin. SIDEROSA.)

SIDEROLÍTICO, A adj. y n. m. *Geol.* Dícese de unas formaciones terciarias ricas en menas de hierro, en pequeñas capas o en bolsas dentro de las calizas.

SIDEROLITO n. m. Variedad de meteorito constituida por metales (hierro, níquel) y silicatos, en proporciones similares.

SIDEROSA n. f. Sin. de SIDERITA.

SIDEROSIS n. f. *Med.* Neumoconiosis debida a la inhalación de óxido de hierro, observada en fundidores, afiladores y soldadores.

SIDEROSTATO n. m. Aparato dotado de un espejo móvil que permite reflejar la imagen de un astro en una dirección fija.

Siderperú, empresa estatal peruana, fundada en 1958, que tiene a su cargo la promoción y gestión del sector siderúrgico.

SIDERURGIA n. f. (gr. *sidēros*, hierro, y *ergon*, obra). Metalurgia del hierro.

■ La siderurgia comprende la *siderurgia pesada*, que trata los tonelajes más elevados de fundiciones y de aceros corrientes y débilmente aleados, y la *siderurgia ligera*, que concierne a las fundiciones y aceros de aleación que requieren procedimientos de elaboración más particulares. El procedimiento básico es la elaboración de la fundición o arrabio (aleación de hierro con alrededor del 3,5 % de carbono) mediante el tratamiento en alto horno de menas con una riqueza en hierro de 30 a 70 %, en forma de óxidos (hematites, goethita, magnetita) o de carbonato (siderosa), previamente preparados por procedimientos de enriquecimiento. El mineral, o mena, al que se ha añadido un fundente, la *castina*, o carbonato cálcico, y coque, se carga en la parte superior del alto horno. Durante el descenso de la carga, el óxido sufre una reducción por el carbono o por el óxido de carbono resultante de la combustión del coque con la corriente de aire caliente, impulsado a través de toberas en la base de la instalación. El hierro resultante de esta reducción se transforma en arrabio bajo la acción del medio fuertemente carburante. El arrabio fundido, separado de la escoria, se recoge en un crisol en el interior de la instalación. Los gases calientes que escapan por la parte alta, o tragante, se recuperan, tras una depuración, para el recalentamiento del viento en unos intercambiadores, o *cowpers*. La producción diaria de un alto horno, que era de una media de 60 t en 1850 y de 1 000 t en 1950, alcanza actualmente 10 000 t.

Entre los procedimientos de afino del arrabio líquido y su conversión en acero por oxidación exotérmica selectiva de los elementos integrantes (carbono, fósforo, silicio, manganeso), la conversión por inyección de oxígeno puro (oxiderurgia) permite elaborar más de 50 % del acero en convertidores, cuya capacidad alcanza las 300 t. Diversos procedimientos (LD, O.L.P., Kaldo, Rotor) han sustituido los procedimientos clásicos de conversión por aire: *Bessemer*, en convertidores con revestimiento ácido, *Thomas*, en convertidores básicos para el tratamiento de minerales fosforosos. El afino por calentamiento del arrabio sobre solera, en un horno de reverbero tipo Martin, con recuperador de calor Siemens, se practica en hornos de gran capacidad —hasta 600 t—, con revestimiento por lo general básico, sea por dilución del arrabio con chatarra, sea por oxidación con ayuda de minerales pobres. La elaboración de aceros ligeros y especiales, de ferroaleaciones y de fundiciones sintéticas se realiza en hornos eléctricos de arco (tipo Héroult), de una capacidad media de 100 t, pero que puede llegar a 400 t. Otros procedimientos especiales permiten obtener aceros con matices particulares (acero al crisol fundido en horno de inducción, acero elaborado al vacío o con escoria electroconductora), o se imponen por imperativos económicos locales (procedimientos de reducción directa de los minerales por medio de carbón o gases reductores) en países en curso de desarrollo siderúrgico, como los de América latina o del Próximo oriente.

La evolución de la siderurgia se caracteriza por la implantación de los centros en regiones portuarias, el desarrollo de la oxiderurgia, la colada continua de acero y la creación de instalaciones que elaboran semiproductos específicos (miniacerías).

Siderúrgica del Orinoco (Sidor), empresa estatal venezolana, con sede en Caracas, que tiene a su cargo el programa siderúrgico de la Guayana venezolana.

Siderúrgica mexicana (Sidermex), empresa siderúrgica mexicana, fundada en 1978 por fusión de las compañías Ahmsa, Fundidora de Monterrey y Sicartsa, bajo dirección estatal.

SIDERÚRGICO, A adj. Relativo a la siderurgia.

SIDERÚRGICO, A n. Obrero o industrial de la siderurgia.

SIDI IFNI → Ifni.

SIDI-BEL-ABBÈS, c. de Argelia, cap. de dep., al S de Orán; 87 000 hab. Guarnición de la Legión extranjera francesa de 1843 a 1962. Industrias alimentarias. Maquinaria agrícola.

SIDNEY (*sir* Philip), político y escritor inglés (Penshurst, Kent, 1554-Arnhem 1586), autor de *Astrofel y Stella* (1591), libro de sonetos, *La Arcadia** (1590), novela pastoril, y *La defensa de la poesía* (1598).

Scala

Interior de la catedral de **Siena:** pavimento historiado y púlpito, obra de Nicola Pisano.

SIDÓN → Ṣaydā'.

SIDONIO APOLINAR (*san*), obispo de Clermont-Ferrand (Lyon *c.* 430-Clermont-Ferrand *c.* 487). Fue prefecto de Roma y, después, patricio. Elegido obispo de Clermont (471-472), defendió Auvernia contra los visigodos. Fue poeta y dejó una importante obra epistolar.

SIDRA n. f. Bebida alcohólica que se obtiene, principalmente, por fermentación del zumo de manzanas.

SIDRERÍA n. f. Establecimiento en el que se vende sidra. || Factoría o lugar en que se fabrica sidra. || Conjunto de las técnicas utilizadas para la fabricación de sidra.

SIE HO o **XIE HE,** escritor chino en cuyo tratado, redactado *c.* 500, enunció los cánones estéticos, fundamento de toda la crítica artística china ulterior.

SIEGA n. f. Acción de segar, de cortar mieses, plantas o hierbas. || Tiempo en que se siegan las mieses.

SIEGBAHN (Manne), físico sueco (Örebro 1886-Estocolmo 1978). Estudió los espectros de los rayos X y descubrió, en 1925, la refracción de los mismos. (Premio Nobel de química, 1924.)

SIEGBAHN (Kay), físico sueco (Lund 1918). Fue el creador de la técnica denominada ESCA (espectroscopía electrónica para el análisis químico). En 1981 recibió el premio Nobel de física, junto con N. Bloembergen y A. Schawlow, por sus contribuciones al desarrollo de la espectroscopía de electrones de alta resolución.

SIEMBRA n. f. Acción y efecto de sembrar. || Época en que se siembra. || Sembrado, tierra sembrada.

SIEMENS n. m. Unidad de medida de la conductancia eléctrica (símbolo *S*), equivalente a la conductancia eléctrica de un conductor que presenta una resistencia eléctrica de 1 ohm.

SIEMENS (von), familia de ingenieros e industriales alemanes. Werner (Lenthe, cerca de Hannover, 1816-Berlín 1892) fundó, en 1847, junto con J. G. Halske (1814-1890), la sociedad Siemens y Halske para el tendido de líneas telegráficas, sentó el principio de la dinamo (1866), instaló, con sus hermanos Wilhelm y Carl, varios cables trasatlánticos, a partir de 1874, e inventó la primera locomotora eléctrica (1879), así como una línea de tranvía con dos carriles conductores. — Su hermano Wilhelm (Lenthe 1823-Londres 1883), emigró en 1844 a Gran Bretaña, perfeccionó los procedimientos electroquímicos de Elkington y mejoró el procedimiento de elaboración de acero. — Friedrich (Menzendorf 1826-Dresde 1904), hermano de los anteriores, ideó en 1856, con Wilhelm, el horno de regeneración para la fundición del acero y del vidrio. — Otro hermano, Carl (Menzendorf 1829-Menton 1906), estableció numerosas redes telegráficas en el extranjero, ayudó a su hermano Wilhelm en la fabricación de los grandes cables trasatlánticos (1870-1871) e introdujo la iluminación eléctrica en Rusia (1853-1918).

SIEMIANOWICE ŚLĄSKIE, c. de Polonia, en Silesia, al N de Katowice; 73 000 hab. Extracción de hulla. Metalurgia.

SIEMPRE adv. t. (lat. *semper*). En todo tiempo. || Que se produce cada vez que concurre una situación determinada: *antes de entrar siempre llama.* || En todo caso, cuando menos: *siempre podrá decir que lo intentó.* || Se usa para enfatizar una afirmación: *siempre será más divertido.* ● *De siempre,* acostumbrado o corriente. || *De siempre* o *desde siempre,* desde que se recuerda. || *Siempre que* o *siempre y cuando,* con tal que. || *Siempre que,* cada vez que.

SIEMPREVIVA n. f. Planta herbácea indígena de Australia, de flores ornamentales. (Familia compuestas.)

SIEN n. f. Región alta y lateral de la cabeza, por encima del arco cigomático, delante de la región temporal.

SIENA, ant. ciudad de Egipto, a orillas del Nilo, cerca de la frontera de Nubia. Destacado puesto militar en el Bajo Egipto durante la época romana, con la llegada de los árabes, cambió su nombre por el de Asuán*.

Y. Mien

Henryk **Sienkiewicz**

SIENA, c. de Italia en Toscana, cap. de prov.; 62 000 hab. Centro comercial y turístico.

HISTORIA. Colonia romana (*Sena Iulia*) fundada por Augusto, tuvo importancia durante las invasiones bárbaras. Emplazada en una encrucijada de caminos, se convirtió muy pronto en centro comercial y plaza bancaria de primer orden. Sede de un obispado y residencia de un gastaldo lombardo en el s. VIII y de un conde franco en el s. IX, adquirió la categoría de municipio en el s. XII. La lucha contra Florencia, por una parte, y la quiebra de las compañías de mercaderes, en particular la de los Buonsignori, por otra, propiciaron la decadencia de la ciudad, agravada por la peste negra de 1348. Conservó, no obstante, su irradiación artística e intelectual. Atacada por las tropas imperiales en 1555, fue absorbida por el gran ducado de Toscana.

BELLAS ARTES. El aspecto actual de la antigua ciudad es aún el de los ss. XIII y XIV. Catedral (iniciada a mediados del s. XII) en la que trabajaron N. y G. Pisano, y otras iglesias góticas de aspecto más severo; en la plaza del Campo: ayuntamiento (s. XIV) con alto campanile y fuertes murallas (museo), y palacios de la aristocracia.

La pinacoteca (en un edificio del s. XIV) refleja la originalidad de la pintura de Siena, que se inició con Duccio (*Maestà* del museo de la obra de la catedral, 1311), continuó con una escuela gótica caracterizada por el refinamiento lineal y el preciosismo de las tonalidades —S. Martini y los Lorenzetti (grandes decoraciones del palacio público)— y se prolongó con Giovanni di Paolo († 1482) e il Sassetta. El primer impulso del renacimiento se dio en escultura, gracias a Iacopo della Quercia (fuente Gaia, 1409-1419; pilas bautismales de la catedral, con intervenciones de Ghiberti, Donatello, etc.). En pintura, il Vecchietta (*c.* 1412-1480), también escultor, y Matteo di Giovanni († 1495) aseguraron la transición hacia el nuevo arte expresado por Francesco di Giorgio Martini. Il Pinturicchio, Signorelli e il Sodoma trabajaron en Siena. Mecherino Beccafumi (*c.* 1486-1551), representante del manierismo, contribuyó en gran medida a finalizar los mosaicos de la catedral.

SIENÉS, SA adj. y n. De Siena.

SIENITA n. f. Roca plutónica, sin cuarzo, constituida principalmente por feldespato alcalino y anfíbol.

SIENKIEWICZ (Henryk), escritor polaco (Wola Okrzejska 1846-Vevey, Suiza, 1916). Sus primeras obras reflejan imágenes de la vida campesina (*Bosquejos al carbón,* 1877); luego, aparecieron *Cartas de viaje* y narraciones (*El torrero,* 1880), fruto de sus viajes, especialmente a E.U.A. En 1882, tomó la dirección del diario *Stowo* y mantuvo despierta la conciencia nacional de Polonia, dividida y sojuzgada, con una gran trilogía novelesca (*A sangre y fuego,* 1884; *El diluvio,* 1886; *El señor Wolodyjowski,* 1888). A continuación glorificó la victoria del espíritu sobre la fuerza material en *Quo* vadis?* (1896) y exaltó la resurrección de la Polonia medieval en *Los* *cruzados* (1897-1900). Se apoyó en su prestigio de escritor para defender la causa de su país cerca de Guillermo II y ante la opinión universal; fue considerado héroe nacional en ocasión de su jubileo literario (1900). [Premio Nobel de literatura, 1905.]

SIERO, mun. de España (Asturias), cab. de p. j., en la Cuenca de Oviedo; 40 222 hab. Cap. *Pola de Siero.* Centro ganadero (lácteos). Minería (fluorita). Industria de la construcción y fundición de hierro.

SIERPE n. f. Serpiente.

SIERPIŃSKI (Wacław), matemático polaco (Varsovia 1882-*id.* 1969). Principal representante de la escuela matemática polaca moderna, ha estudiado principalmente las teorías de los números y de los conjuntos y la topología.

SIERRA n. f. (lat. *serram*). Hoja de acero con el borde dentado que, animada de un movimiento de vaivén, sirve para cortar madera, piedra, metal, plásticos, aglomerados, etc. ‖ Herramienta compuesta de piezas articuladas con dientes cortantes, o consistente en un disco dentado, que efectúa un trabajo análogo al de la sierra propiamente dicha. ‖ *Geogr.* Unidad de relieve, en general de forma más alargada que ancha, que destaca por su altura sobre los relieves circundantes. ‖ Terreno montañoso, por contraposición al llano o campiña. • *En diente de sierra,* que presenta puntas, picos o salientes regularmente dispuestos.

SIERRA *(La),* comarca de España (Huelva, Sevilla, Córdoba y Jaén), en sierra Morena. Región ganadera. Explotación maderera y del corcho. Importantes recursos mineros en La Carolina.

SIERRA *(La),* comarca de España (Soria, Guadalajara, Madrid y Segovia), en la cordillera Central.

SIERRA (Terencio), general y político hondureño (Comayagua 1849-Tegucigalpa 1907). Sucedió a Policarpo Bonilla en la presidencia (1899-1903); posteriormente fue nombrado comandante general de armas e intentó derrocar a su sucesor, el presidente Manuel Bonilla.

SIERRA ALTA *(La),* comarca de España (Huelva) en la transición entre La Sierra, al N, y la depresión Bética, al S. Vid y ganado de cerda. Industria chacinera (Jabugo). Recursos mineros en Almonaster.

SIERRA DE OUTES → OUTES.

SIERRA LEONA, estado de África occidental, miembro de la Commonwealth; 72 323 km²; 3 200 000 hab. Cap. *Freetown.*
GEOGRAFÍA. El país se extiende sobre una porción de la meseta precámbrica erosionada, parcialmente cubierta de sedimentos arenosos. Las altas mesetas del E, en las que sobresalen relieves residuales (1 948 m), se vinculan con la dorsal guineana y dominan una vasta llanura, parcialmente inundable, abierta hacia el Atlántico en una costa de amplios estuarios. El clima, subecuatorial, muy húmedo (más de 3 meses de lluvia al año, en el litoral), permite el crecimiento de la selva densa (abundantemente desbrozada por el hombre) y del manglar (en las costas). La población, compuesta principalmente por los mendé y timné, es rural en su gran mayoría. Concentrada en la zona litoral, cultiva arroz, mandioca y mijo. Los cultivos comerciales, poco desarrollados, suministran aceite de palma, café y cacao. El país extrae una gran parte de sus recursos del subsuelo. Las minas de diamantes, hierro y bauxita aseguran, más de los dos tercios de las exportaciones. Los intercambios, casi equilibrados, se realizan por el puerto de Freetown.
HISTORIA. Hacia 1460, el portugués Pedro de Sintra dio el nombre de *Serra Leõa* a la península montañosa que cierra el estuario de los ríos Mitombo y Maipula; los portugueses instalaron factorías y construyeron fortificaciones, pero durante el s. XVII los ingleses les eliminaron en provecho propio; en el s. XVIII, el recurso principal fue la trata de esclavos. No obstante, en 1786, se creó Freetown para recibir antiguos esclavos. Cuando el parlamento británico abolió la trata (1807), Sierra Leona, posesión de una compañía con privilegios, se convirtió en colonia británica, y Freetown atrajo, desde entonces, a libertos de toda África. Durante el s. XIX, Gran Bretaña instaló su protectorado sobre una zona de influencia vecina a las fronteras con Liberia y con la Guinea francesa. Se estableció una coexistencia entre el protectorado y la colonia, que recibieron una constitución en 1924. En 1951 se instituyó un régimen democrático parlamentario. Más tarde, la acción del Partido del pueblo de Sierra Leona (S.L.P.P.) propició la independencia (1961). Paulatinamente se instaló un régimen presidencial bajo la acción de Siaka Stevens, quien proclamó la república en 1971.

SIERRA LEONA

SIERRA MÉNDEZ (Justo), escritor y político mexicano (Campeche 1848-Madrid 1912), hijo de J. Sierra* O'Reilly. Ocupó en el porfiriato la subsecretaría de Instrucción Pública; luego apoyó a Madero, quien le nombró embajador en Madrid. Escribió poemas y narraciones de tradición romántica; y artículos y ensayos de asunto histórico, como *Evolución política del pueblo mexicano* (1900-1902) y *Juárez, su obra y su tiempo* (1905).

SIERRA O'REILLY (Justo), escritor y político mexicano (Tixcacaltuyú, Yucatán, 1814-Mérida 1861). Doctor en derecho, organizó a los estados sureños contra el centralismo (1841). Fue diputado del Congreso de la Unión (1851); creó y dirigió cuatro periódicos: *El museo yucateco* (1841-1842), *Registro yucateco* (1845-1849), *El fénix* (1848-1851) y *La unión liberal* (1855-1857), donde insertó sus novelas por entregas: *El filibustero* (1841), *Un año en el hospital de San Lázaro* (1845-1846) y *La hija del judío* (1848-1849).

SIERVO, A n. (lat. *servum*). Esclavo. ‖ *Feud.* Persona ligada a la gleba y dependiente de un señor. ‖ *Rel.* Denominación dada a los miembros de algunas órdenes o congregaciones religiosas.
■ La palabra *siervo* se empleó en el régimen feudal para designar a las personas de una determinada condición jurídica y distinguirlas de los hombres libres. Los siervos estaban sometidos a la potestad dominical de otro, quien detentaba un poder absoluto sobre ellos y sus posesiones. No tenían derecho a ser retribuidos y su condición servil era hereditaria; únicamente podían liberarse por voluntad del señor. En los ss. XI y XII, numerosos siervos mejoraron su condición al instalarse en predios rurales, donde disponían de los frutos de su trabajo y tenían unas obligaciones determinadas; llegaron casi a identificarse con la condición social de los campesinos libres *(colonos),* adscritos al predio y sin libertad de movimientos. El renacimiento del derecho romano (s. XIII) atribuyó rasgos de la antigua esclavitud a la condición servil, y ésta sobrevivió a la edad media en algunas regiones. En Hispania, el señor tenía sobre los siervos derecho de propiedad; los que pertenecían a la comunidad política o al estado *(siervos fiscales)* gozaron de una situación social superior, incluso, a la de los hombres libres (reino hispanogodo). En la edad media, en los reinos hispanocristianos, existían diferencias entre los *siervos personales,* que vivían en la casa del señor y se ocupaban de los trabajos domésticos y artesanales, y los *siervos rurales o adscripticios,* que estaban adscritos a un predio, vivían del producto de su trabajo, y debían pagar un censo al señor y realizar trabajos en las tierras de reserva señorial, por lo que llegaron a ser considerados como colonos. Ambos estamentos iniciaron un proceso de liberación (s. XI) mediante estatutos o fueros que mitigaban su situación, o consiguiendo la libertad participando en la colonización de nuevos territorios, y, sobre todo, emigrando a las ciudades.

SIESTA n. f. Tiempo después del mediodía en que el calor es más fuerte. ‖ Rato que se destina a dormir o descansar después de la comida. ‖ Sueño que se echa después de comer. • *Dormir la siesta,* echarse a dormir después de comer.

SIETE adj. num. cardin. y n. m. (lat. *septem*). Seis y uno. ◆ adj. num. ordin. y n. m. Séptimo.

SIETE n. m. *Fam.* Rasgón o rotura en forma de ángulo que se hace en trajes, telas, etc. ‖ *Argent.* y *Colomb.* Ano. • *Siete y medio,* o *y media,* juego de naipes en el que se apuesta y gana el jugador que obtiene la puntuación justa de siete y medio o el que más se aproxima a ese número pero no lo supera.

Siete *(sociedad de los),* sociedad secreta de ideas independentistas constituida (1810) en la Banda Oriental (act. Uruguay). Debe su denominación al número de sus directores.

Siete años *(guerra de los),* conflicto que enfrentó, de 1756 a 1763, a Gran Bretaña y Prusia con Francia, Austria y sus aliados. En los orígenes, se encuentra el enfrentamiento francobritánico en relación a la constitución de un imperio colonial en la India y en América, así como el deseo de María Teresa de volver a tomar Silesia a Prusia; de ahí surgió la alianza francoaustríaca firmada en Versalles (1756).

En Alemania, los austríacos y los franceses, a los que se unieron los príncipes alemanes, Rusia y Suecia (1757), consiguieron, en un principio, ciertos éxitos, pero Federico II cambió la situación con una serie de victorias (Rossbach y Leuthen, 1757; Zorndorf, 1758); mientras los rusos vencieron en Kunersdorf (1759) y ocuparon Berlín. Federico II se salvó del desastre por la ascensión al trono del emperador Pedro III de Rusia (1762), que firmó una paz separada con Prusia; la victoria de Burkersdorf (1762) le permitió recuperar Silesia.

Por mar y en las colonias, la victoria británica fue total (toma de Quebec, después de la batalla de las llanuras de Abraham, 1760; capitulación de Pondichéry, 1761). Ante ello, Francia logró la alianza de España (1761), que también fue derrotada (toma de Florida, La Habana y Manila, 1762), aunque conquistó Sacramento. El tratado de Hubertsburg (15 febr. 1763) mantuvo el statu quo en Alemania, confirmando a Prusia como gran potencia, mientras que el tratado de París (10 febr.) privó a Francia de la mayor parte de su imperio, en especial Canadá y la India, en provecho de los británicos, a la vez que éstos lograban de España privilegios comerciales y la Florida.

Siete jefes *(guerra de los),* conflicto que enfrentó en la leyenda tebana a los dos hijos de Edipo, Eteocles y Polinices, por la posesión del trono de Tebas. Siete jefes griegos participaron en la guerra, los cuales dejaron a sus hijos, los *epígonos,* el encargo de vengarles de su derrota. Al terminar esta guerra, en la que los dos hermanos enemigos se mataron entre sí, Creón volvió a ocupar el trono de Tebas. Este tema inspiró a Esquilo *(Los siete contra Tebas),* a Eurípides *(Las fenicias),* a Estacio *(La Tebaida)* y a Racine *(La Tebaida).*

Siete Partidas *(código de las),* código jurídico de la baja edad media castellana, cuyas primeras redacciones se deben a Alfonso X (1252-1284), por lo que se le conoce también como *Código de partidas de Alfonso el Sabio.* Tuvo un largo proceso evolutivo, desde 1256 hasta 1348, y en él se distinguen seis redacciones. En la tercera (1295-1312), se dividió en siete libros, partes o partidas, lo que le daría el título.

siete samurais *(Los),* película japonesa dirigida por Akira Kurosawa (1954). Siete samurais y su jefe se ponen al servicio de los campesinos de un pueblecito para luchar contra las exacciones de crueles bandidos que aterrorizan la región. Película de acción, al estilo de los westerns, es a la vez un fresco histórico y social del mundo rural japonés en el s. XVI. Inspiró versiones en western de la cinematografía norteamericana.

SIETEIGLESIAS *(marqués* DE) → CALDERÓN (Rodrigo).

SIETEMESINO, A adj. y n. Dícese de la criatura que nace a los siete meses de engendrada. ‖ *Fig.* y *fam.* Jovencito que presume de persona mayor. ‖ *Fig.* y *fam.* Raquítico, enclenque.

SIÉVERNAIA ZEMLIÁ *(Tierra del Norte),*

Página miniada del código de las **Siete Partidas.**

(Biblioteca nacional, Madrid.)

archipiélago ártico de la U.R.S.S., al N de la península de Taimir, entre el mar de Kara y el mar de Láptiev, a ambos lados del paralelo 80 y formado especialmente por las islas Bolchevique, Komsomolets y de la Revolución de Octubre; 36 700 km^2.

SIEVERODVINSK, c. de la U.R.S.S. (R.S.F.S. de Rusia), junto al mar Blanco, al NO de Vológda; 180 000 hab. Construcciones navales.

SIEYÈS (Emmanuel Joseph), político francés (Fréjus 1748-París 1836). Vicario general de Chartres, su alegato *¿Qué es el tercer estado?* (1789) tuvo un inmenso éxito. Diputado por el tercer estado en París, reclamó la reunión de los tres órdenes y redactó el texto del juramento del Juego de pelota. Diputado a la Convención (1792), fue presidente de los Quinientos. Intentó una revisión de la constitución en un sentido favorable al ejecutivo, pero fue desplazado por Napoleón.

SÍFAX, rey de los masesilios de Numidia occidental († Roma 203 o 202 a. J.C.). En la segunda guerra púnica, se alió con Roma y luego con Cartago, después de haberse casado con Sofonisbe. Escipión le venció en Campi Magni (203) y le hizo prisionero, tras haber sido detenido por Masinisa cerca de Cirta.

SIFÍLIDE n. f. Lesión cutánea sifilítica, que se manifiesta en forma de manchas, granos, etc.

SÍFILIS n. f. Enfermedad venérea infectocontagiosa, provocada por la espiroqueta *Treponema pallidum,* que se manifiesta por un chancro y por lesiones viscerales y encefálicas a largo plazo. (Sin. LUETISMO.)

■ La *sífilis primaria* se caracteriza por la aparición del chancro unos 20 días después del contagio, en el lugar de la inoculación. El chancro del glande, el más típico, produce una erosión roja, limpia, infiltrada e indolora; Los chancros cutáneos tienen un aspecto costroso; los chancros de las amígdalas pueden confundirse con una angina. El chancro va asociado a una tumefacción no inflamatoria del territorio ganglionar correspondiente. En este estadio, la sífilis se cura mediante tratamiento con penicilina. El chancro cicatriza espontáneamente y la infección pasa al período secundario. La *sífilis secundaria* precoz aparece 2 meses después del contagio. En este estadio se manifiesta por una roséola (máculas rosadas diseminadas), placas mucosas (boca y vagina), alopecia, fiebre ligera y micropoliadenopatías (pequeños ganglios diseminados). La serología clásica (reacción de Bordet-Wassermann) es positiva.

La *sífilis secundaria* tardía aparece de 4 a 12 meses después del contagio. Se caracteriza por lesiones cutáneo-mucosas difusas, infiltradas; las sifílides más características se localizan en la palma de la mano y en la planta del pie, y a ellas se asocian inflamaciones en las comisuras de los labios (boqueras) y lesiones vegetantes perianales y perineovulvares. La serología es positiva y en las lesiones mucosas abundan los *Treponema.*

El *período terciario* sobreviene varios años después del contagio, pero esta forma es muy rara en la actualidad debido a la penicilinoterapia. Aparecen lesiones cutáneo-mucosas gomosas. Las lesiones óseas pueden ser hipertróficas o del tipo goma mutilante; las lesiones cardiovasculares son más raras: la sífilis afecta sobre todo la aorta. Las manifestaciones nerviosas son muy variadas. Cabe citar la tabes, que se manifiesta por una ataxia, dolores fulgurantes, dolorosas crisis viscerales, artropatías indoloras y parálisis general, que trae aparejada la demencia.

La *sífilis congénita* es muy rara; es consecuencia de una infección contraída por el feto durante el embarazo. Los exámenes de laboratorio son de dos tipos: investigación del *Treponema,* mediante el ultramicroscopio, en el chancro y en las sifílides, y exámenes serológicos, que comprenden las clásicas reacciones de Bordet-Wassermann, de Kahn y de Kline, que resultan positivas de 10 a 12 días después de la aparición del chancro, el test de inmunofluorescencia (el más precozmente positivo) y el test de Nelson (de inmovilización de los *Treponema*), que es el más específico.

Lauros-Giraudon

Cerámica **sigillata.** Arte galorromano. (Museo de antigüedades nacionales, Saint-Germain-en-Laye, Francia.)

El tratamiento se basa en la penicilina y sus formas «retardadas». Como complemento de este tratamiento se emplean aún las sales de bismuto.

SIFILÍTICO, A adj. y n. Relativo a la sífilis; afecto de sífilis.

SIFOMICETE adj. y n. m. Relativo a una clase de hongos inferiores, de talo continuo, no tabicado. (La clase *sifomicetes* comprende mohos saprófitos *[Mucor]* o parásitos *[Phytophthora].* Se caracterizan por su micelio en forma de filamentos continuos, sin tabiques celulares.) [Sin. FICOMICETE.]

SIFÓN n. m. (lat. *siphonem*). Tubo en forma de U invertida, para trasvasar líquidos de un nivel a otro más bajo, elevándolos primero a un nivel situado por encima del nivel más alto. || Tubo de doble curvatura, que sirve para evacuar las aguas residuales a la vez que impide la salida de malos olores. || Aparato empleado para permitir que las aguas de alimentación o de evacuación salven un obstáculo. || Recipiente de vidrio grueso, cerrado con un casquete accionado por una palanca, que permite la salida de un líquido a presión. || Órgano tubular de ciertos moluscos bivalvos, que les permite la renovación del agua que respiran. || En espeleología, conducto natural anegado por el agua.

SIFONÁPTERO, A adj. y n. m. Relativo a un orden de insectos sin alas, afín a los dípteros. (La *pulga* pertenece al orden *sifonápteros.*)

SIFONÓFORO, A adj. y n. m. Relativo a un orden de hidrozoos que constituyen colonias pelágicas, con polimorfismo, formadas por individuos especializados.

SIFONOGAMIA n. f. Modo normal de fecundación de las plantas superiores, por medio de un tubo polínico.

SIGEBERTO, I, II y **III** → MEROVINGIOS.

Sigena *(monasterio de),* monasterio de los ss. XII-XIV, en el mun. español de *Villanueva de Sigena* (Huesca), con importantes pinturas murales góticas, actualmente en el museo de arte de Cataluña (Barcelona).

SIGER de Brabante, teólogo brabanzón (c. 1235-Orvieto 1281). Canónigo de San Martín de Lieja, maestro en artes de la universidad de París (c. 1266), fue el miembro más destacado del averroísmo latino. Sus escritos, especialmente, *Impossibilia* y el *De aeternitate mundi,* provocaron su condenación por Roma.

SIGERICO, rey de los visigodos († 415). Se opuso a la alianza con Roma, preconizada por Ataúlfo. A la muerte de éste (415) se apoderó del trono, pero siete días después fue asesinado por orden de Walia, a quien había depuesto.

Sigfrido, héroe de las leyendas germánicas (Sigfrid) y escandinavas (Sigurd), que aparece en el *Edda,* en los *Volsungsaga* y en *Los nibelungos.*

Sigfrido → TETRALOGÍA.

Sigfrido *(línea),* posición fortificada construida por Alemania de 1937 a 1940 en su frontera occidental. Fue conquistada por los aliados entre noviembre de 1944 y marzo de 1945.

SIGILAR v. tr. (lat. *sigillare*) [**1**]. Sellar, estampar el sello a una cosa. || Mantener en secreto u ocultar algo.

SIGILO n. m. (lat. *sigillum*). Secreto que se guarda de una cosa o noticia. || Silencio o disimulo para pasar inadvertido.

SIGILOGRAFÍA n. f. Estudio de los sellos.

SIGILOGRÁFICO, A adj. Relativo a la sigilografía.

SIGILOSO, A adj. Que guarda sigilo.

SIGILLATA adj. y n. f. Dícese de la cerámica de uso corriente en la época del imperio romano, de color rojizo y cubierta de barniz brillante.

SĪGIRIYĀ, localidad arqueológica de Srī Lanka. En la cumbre de un pitón rocoso, el rey Kaśyapa I (de 473 a 491) hizo edificar su fortaleza palacio, cuya fachada, de ladrillos y yeso, tenía la forma de un león. Las salas, cortadas en la roca, están decoradas con hermosos frescos.

SIGLA n. f. Cada una de las letras iniciales de un grupo de palabras, que se usan convencionalmente unidas en lugar de la expresión entera. || Cualquier signo que sirve para abreviar la escritura.

SIGLO n. m. (lat. *saeculum*). Espacio de tiempo de cien años. || Período de cien años numerados de 1 a 100, de 101 a 200, de 201 a 300, etc., contando a partir de un punto de partida cronológico, llamado *era.* || Época que se ha hecho célebre por un personaje, un descubrimiento, acontecimiento, etc.: *el siglo de Pericles, del átomo.* || Mucho tiempo: *hace un siglo que no le veo.* || *Rel.* Vida o actividades profanas, por oposición a las actividades espirituales. ● *En,* o *por, los siglos de los siglos,* por la eternidad. || *Siglo de las luces,* denominación dada al s. XVIII en relación con el movimiento de la Ilustración* que se produjo a lo largo de todo su transcurso. || *Siglo de oro,* o *dorado* (Fig.), época de paz, felicidad, prosperidad y de gran esplendor cultural; en la literatura española, los ss. XVI y XVII.

siglo de las luces *(El),* novela de Alejo Carpentier (1962). Ambientada en las islas del Caribe en los tiempos de la Revolución francesa, muestra cómo los ideales que inspiraron los movimientos independentistas degeneraron en dictaduras aristocráticas.

SIGMA n. f. Letra del alfabeto griego (σ, ς, Σ), que corresponde a la *s.*

SIGMOIDE adj. *Colon sigmoide,* parte final del colon, que describe una S antes del recto.

SIGMOIDEO, A adj. (gr. *sigmoidēs*). *Cavidad sigmoidea,* cavidad articular de ciertos huesos (cubito, húmero, radio). ● *Válvulas sigmoideas,* válvulas situadas en el inicio de la aorta y de la arteria pulmonar.

SIGMOIDITIS n. f. *Med.* Inflamación crónica del colon sigmoide.

SIGNAC (Paul) → NEOIMPRESIONISMO.

Algar-Salmer

Sigüenza con la catedral en primer término

Flash Press

El maestro de **Sigüenza**: detalle del retablo de san Juan y Santa Catalina. (Prado.)

SIGNAR v. tr. [**1**]. Poner o imprimir el signo. ‖ Firmar. ◆ v. tr. y pron. Hacer la señal de la cruz.

SIGNATARIO, A adj. y n. Firmante.

SIGNATURA n. f. Acción de signar. ‖ Señal, especialmente la de números y letras puestas a un libro o documento para indicar su colocación dentro de una biblioteca o archivo. ‖ *Impr.* Cifra o marca particular que se pone al pie de la primera plana de cada pliego correspondiente a una obra impresa, para indicar su emplazamiento; pliego.

Signatura apostólica *(tribunal supremo de la)* → ROTA.

SIGNIFICACIÓN n. f. Acción y efecto de significar algo. ‖ Cosa u objeto significado o representado: *la significación de un cuadro.* ‖ Trascendencia, importancia, influencia. ‖ En lógica, contenido del juicio.

SIGNIFICADO, A adj. Conocido, importante, reputado.

SIGNIFICADO n. m. *Ling.* Sentido, contenido semántico de un signo; sentido de una palabra.

SIGNIFICANTE n. m. *Ling.* Imagen acústica o manifestación fonética del signo lingüístico.

SIGNIFICAR v. tr. (lat. *significare*) [**1a**]. Ser una cosa signo o representación de otra. ‖ Ser una palabra o frase expresión de una idea o de una cosa material. ‖ Equivaler a cierta cosa o suponerla. ◆ v. intr. Representar, valer, tener importancia: *el dinero no significa nada para él.* ◆ **significarse** v. pron. Hacerse notar, distinguirse. ‖ Mostrarse como persona de ciertas ideas.

SIGNIFICATIVO, A adj. Que expresa un significado particular, o que tiene un especial valor expresivo: *un gesto significativo.*

SIGNO n. m. (lat. *signum*). Cualquier cosa que evoca o representa la idea de otra. ‖ Cualquiera de los caracteres usados en la escritura o imprenta. ‖ Dibujo que es símbolo, señal o representación convencional de algo: *la cruz es un signo del cristianismo.* ‖ Destino de la persona, ligado al influjo de los astros: *tener un signo trágico.* ‖ Asociación arbitraria de un significado, o contenido semántico, y de un significante, o expresión. ‖ *Mat.* Símbolo que representa una operación o caracteriza a una magnitud. ‖ *Med.* Manifestación elemental de una enfermedad. (Se distinguen los signos físicos [observados por el médico], los signos funcionales [algunos de los cuales sólo son perceptibles por el enfermo], y los signos generales.) ‖ *Mús.* Convención gráfica con que se representan las características de los sonidos musicales (altura, duración e intensidad). ● *Signo del zodíaco,* V. ZODÍACO.

SIGNORELLI (Luca), llamado **Luca da Cortona**, pintor italiano (Cortona c. 1445-*id.* 1523). Discípulo y colaborador de Piero della Francesca, de Verrocchio y de Pollaiolo, llamado a Loreto en 1478, y a Roma (capilla Sixtina) c. 1481, adquirió un estilo personal de potente tensión (*Anunciación,* Volterra, 1491; *Virgen con el Niño,* Uffizi), antes de ejecutar junto con los miembros de su taller (1497) una colección de frescos de la vida de san Benito, en el claustro de monte Oliveto Maggiore, cerca de Siena, y de componer los de la capilla de San Brizio en la catedral de Orvieto (1499-1504), notables por la exaltación plástica de las figuras (desnudos de la *Resurrección de los cuerpos*).

SIGNORINI (Telemaco) → TACHISTAS.

SIGSIG, cantón de Ecuador (Azuay), en la cordillera Zagnarzongo; 23 338 hab. Lavaderos de oro; cobre. Industria alimentaria.

SIGUANEA *(ensenada de),* ensenada de la costa O de la Isla de la Juventud (Cuba). Turismo (playa Roja).

SIGUATEPEQUE, mun. de Honduras (Comayagua), avenado por el Selguapa; 19 337 hab. *(Siguatepeques.)* Centro agropecuario.

SIGÜENZA, c. de España (Guadalajara), cab. de p. j., a orillas del Henares; 5 656 hab. *(Seguntinos.)* Antiguo centro eclesiástico y universitario, en la actualidad sólo conserva la primera de sus funciones. Centro de subárea comercial.
HISTORIA. De origen celtibérico, romanizada *(Seguntia),* fue convertida en sede episcopal por los visigodos, invadida por los árabes y reconquistada por Alfonso VIII (1124). Es un típico ejemplo de ciudad medieval, es decir, fue plaza fuerte, sede episcopal, mercado, centro artesano y campesino. Durante la guerra de la Independencia, Espoz y Mina venció en esta ciudad a las tropas francesas de Abbe en 1812. En el s. XIX se inició su decadencia, que la ruralizó.
BELLAS ARTES. Catedral (ss. XII-XIV), iniciada en estilo románico (cabecera) y terminada en estilo gótico; girola (s. XV); dos grandes torres (similares, pero de diferente época), y claustro gótico con elementos renacentistas (s. XVI). Conserva un importante conjunto de obras artísticas: el sepulcro del cardenal de San Eustaquio (s. XV), el doncel* de Sigüenza (s. XV), la puerta plateresca del Jaspe, el retablo del altar de Santa Librada (1525, obra de Juan de Pereda), la sacristía mayor renacentista (1532-1561, obra de Alonso de Covarrubias y Martín de Vandoma). Museo diocesano (tejidos hispanoárabes, tapices flamencos, una *Anunciación* del Greco, imaginería y orfebrería).

Sila. Mármol. (Louvre.)

Lauros-Giraudon

SIGÜENZA *(maestro de),* pintor español activo en la primera mitad del s. XV. Su obra se encuadra en el estilo gótico internacional: retablo de san Juan y santa Catalina, para la capilla de los Arces en la catedral de Sigüenza (Prado), tríptico de la Virgen (museo Lázaro Galdiano, Madrid).

SIGÜENZA (José DE), escritor español (Sigüenza 1544-El Escorial 1606). Ingresó en la orden de los jerónimos en 1567, y fue bibliotecario y prior de El Escorial. Escribió, en una prosa elaborada y brillante, la crónica de la orden en los libros *Vida de san Jerónimo* (1595) y *Historia de la orden de san Jerónimo* (1600 y 1605), en la que narra la fundación del monasterio de El Escorial.

SIGÜENZA Y GÓNGORA (Carlos DE), escritor y científico mexicano (México 1645-*id.* 1700), sobrino de Luis de Góngora. Profesor de astrología y matemáticas en la universidad de México, fue una figura cultural representativa del barroco colonial. Concurrió a los certámenes poéticos (*Triunfo parténico,* 1683) y escribió en prosa obras científicas (sobre astronomía) e históricas (*Infortunios de Alfonso Ramírez,* 1690), y levantó el mapa de Nueva España.

SIGUIENTE adj. Que sigue. ‖ Ulterior, posterior.

SIGUIRIYA o **SEGUIRIYA** n. f. Una de las tres formas fundamentales —junto a la *toná* y la *soleá*— del cante flamenco, o, más propiamente, de los cantos gitanoandaluces.

SIHANUK (Norodom) → NORODOM SIHANUK.

SIJOTÉ-ALIN, ant. **montes de Tartaria,** conjunto montañoso del extremo E de la U.R.S.S., bordeado al O por el Ussuri (la frontera china) y el Amur. Con un punto culminante de 2 078 m, es una región forestal, con subsuelo rico en yacimientos mineros.

ŠIK (Ota), economista y político checo (Plzeň 1919), nacionalizado suizo. Miembro del comité central del Partido comunista checoslovaco (1963-1969) participó en la elaboración de un plan de reformas que criticaba el estalinismo en su país. Tras la dimisión de Novotný fue primer ministro (1968). Desposeído de su nacionalidad en 1970, profesó en la universidad de Basilea (*La economía burocrática,* 1972; *Argumentos para la tercera vía,* 1973; *El sistema de poder comunista,* 1976).

SIKELIANOS (Angelos), poeta griego (Leucas 1884-Atenas 1951). Su obra lírica y dramática, inspirada en un panteísmo cercano al orfismo de los misterios antiguos, es la mejor encarnación del simbolismo en Grecia (*Prólogo a la vida,* 1915-1917; *Ditirambo de la rosa,* 1932; *Dédalo en Creta,* 1943; *La muerte de Dhighenis,* 1947).

SIKH adj. y n. m. y f. (sánscr. *śisya,* discípulo). Relativo a una secta de la India, fundada por Nānak Dev (1469-1538); miembro de esta secta.
■ La secta de los sikhs se afirmó como un movimiento religioso que criticaba los excesos del islam y del hinduismo, para refundir estas doctrinas en una religión sincretista de tipo monoteísta. Sometida a los ataques de los musulmanes, la comunidad religiosa trató de instaurar una teocracia militar en Cachemira, Multān y Peshāwar, impulsada por Govind Singh, guru a partir de 1675. Aunque la organización y los ritos de los sikhs fueran establecidos por Govind Singh, la comunidad se dispersó en múltiples sectas. Cobró vigor en el s. XIX y en la actualidad cuenta con más de diez millones de adeptos.

SI-KIANG o **XIJIANG,** r. del S de China, que pasa por Nan-ning y desemboca al mar de China meridional a través de un delta, en el emplazamiento de Cantón, y cerca de Macao y Hong Kong; 2 100 km.

SIKKIM, estado de la India, situado en el Himalaya oriental, al E del Nepal; 7 107 km^2; 205 000 hab. Cap. *Gangtok.* Yacimientos de cobre, cinc, plomo, plata y hierro. En los valles y cuencas inferiores, de clima tropical, se cultiva arroz, maíz, frutales, té y cardamomo.
HISTORIA. Este pequeño estado himalayo constituye una frontera del área cultural tibetana e india. La familia reinante llegó de la región de Lhassa c. 1641 e introdujo el budismo. En 1849 los británicos anexionaron el borde meridional del territorio. Después de múltiples litigios, pasó bajo protectorado británico en 1890. En 1950 se instauró el protectorado indio; a partir de 1973, quedó prácticamente integrado en la India, de la que, desde 1975 (abolición de la monarquía), constituye un estado.

SIKOK → SHIKOKU.

SIKORSKI (Władysław), general y político polaco (Tuszow, Galitzia, 1881-Gibraltar 1943). Jefe de gobierno (1922) y ministro de la Guerra (1924-1925), se retiró a Francia a raíz del golpe de estado de Piłsudski. Tras la derrota de 1939, dirigió el gobierno polaco refugiado primero en Francia y después en Londres (1940) y tuvo enfrentamientos con la U.R.S.S. Murió en un accidente de aviación.

SIKTIVKAR, c. de la U.R.S.S. (R.S.F.S. de Rusia), al N de Kírov, cap. de la República Autónoma de los Komi; 161 000 hab. Industrias metalúrgicas y papeleras.

SIKU n. m. Instrumento musical de viento, típico del Altiplano andino.

SIL, r. de España, en la vertiente galaica, afl. del Miño (or. izq.); 228 km. Nace en el extremo O de la cordillera Cantábrica, que cruza abriendo profundas gargantas en las sierras de Caurel y del Eje, y cuyo valle constituye el único acceso entre Asturias y Orense; desemboca en el Miño, aguas arriba de Orense. Sus principales afluentes son el Cuá, Valcarce y Cabe (or. der.), y el Bibey (or. izq.). Uno de los ríos con mayor caudal de la Península, sus aguas se aprovechan para el regadío y para la producción hidroeléctrica.

Vilanova-Salmer

El río **Sil**: la presa de San Esteban.

SILA o **SULA** (Lucio Cornelio), militar y político romano (138 a. J.C.-Cumas 78 a. J.C.). Descendiente de una familia aristocrática *(gens Cornelia),* su interés por la política fue bastante tardío. Elegido cuestor de Mario (106), obligó al rey de Mauritania, Bochus I, a que le entregara a Yugurta. Luego acompañó a Mario en las operaciones contra los cimbrios y los teutones. Fue elegido pretor en 97, y después protector en Cilicia. Nombrado cónsul en 88, tuvo un papel decisivo en la guerra social. Se alió con los *optimates* y consiguió que el senado le confiara el mando de la guerra contra Mitrídates (88). Mario le desposeyó ilegalmente de ese mando, pero Sila tomó Roma por la fuerza y logró que el senado declarara a Mario fuera de la ley. Después partió hacia oriente, donde venció a Mitrídates. De nuevo en Italia (83), tuvo que volver a luchar contra los partidarios de Mario. Venció en Sacriport, cerca de Preneste (82), entró en Roma y, tras la batalla de la puerta Colina (nov. 82), se convirtió en dueño indiscutible de la ciudad. Se hizo nombrar dictador vitalicio por la *lex Valeria* (82) e institucionalizó el terror, al proscribir a todo el que se opusiera al nuevo régimen. Reformó profundamente las instituciones (aumento del número de senadores y de magistra-

dos, reducción de los poderes de los tribunos de la plebe y de los privilegios del orden ecuestre, nombramiento de los promagistrados para los gobiernos de las provincias), aseguró la colonización de Italia por sus veteranos y desarrolló una legislación puntillosa y represiva tendente a restablecer o a consolidar el orden y la tradición (aumento de las penas criminales, lucha contra la inmoralidad, reforma religiosa). En 79, renunció súbitamente a todos sus poderes y se retiró a Cumas, en Campania.

SÍLABA n. f. (lat. *syllabam*). Fonema o conjunto de fonemas que se pronuncian con una sola emisión de voz: *«Madrid» tiene dos sílabas.*

SILABACIÓN n. f. *Ling.* División de las palabras en sílabas, atendiendo a los límites silábicos.

SILABARIO n. m. Libro elemental para enseñanza de los niños.

SILABEAR v. intr. y tr. [**1**]. Pronunciar separando las sílabas.

SILABEO n. m. Acción y efecto de silabear.

SILÁBICO, A adj. Relativo a las sílabas o que se compone de sílabas. • *Canto silábico,* canto en el que a cada nota corresponde una sílaba. || *Escritura silábica,* escritura en la que cada sílaba es representada por un solo carácter.

Gamma-Flash Press

Hernán **Siles Zuazo**

SILANO n. m. Nombre genérico de los compuestos hidrogenados del sicilio, análogos a los hidrocarburos.

SILANO (Marco Junio), general romano († 196 a. J.C.). En 210 a. J.C. pasó a Hispania con Cornelio Escipión y ambos se instalaron en Tarraco. Tomó Baecula (¿Bailén?), Castulo e Iliturgi, y posteriormente Qart-hadašat, hasta expulsar a los cartagineses.

SILAO, c. de México (Guanajuato), junto al *río Silao*; 71 037 hab. Centro agrícola (cereales y leguminosas) y comercial. Textiles, calzado. Iglesia del s. XVIII.

SILBA n. f. Acción de silbar en señal de protesta.

SILBADOR, RA adj. y n. Que silba.

SILBANTE adj. Que silba. || Sibilante.

SILBAR v. intr. (lat. *sibilare*) [**1**]. Dar o producir silbidos. || Producir el aire un sonido muy agudo, similar al silbido: *silbar el viento.* || Producir este sonido un objeto al rozar con el aire: *silbar un proyectil.* || *Fig.* Manifestar agrado o desagrado el público con silbidos.

SILBATINA n. f. *Amér.* Silba, rechifla.

SILBATO n. m. Instrumento pequeño y hueco, que produce un silbido al soplar en él. || Pequeña rotura por donde pasa el aire o un líquido. || Aparato de señalización sonora accionado por vapor o aire comprimido.

SILBIDO o **SILBO** n. m. Sonido agudo que produce el aire. || Sonido agudo que se produce al hacer pasar con fuerza el aire por la boca, con los labios o con los dedos colocados en ella de cierta forma. || Sonido de igual clase que se hace soplando con fuerza en un silbato, llave, etc. || Voz aguda y penetrante de algunos animales. || En un circuito telefónico, oscilación continua de frecuencia acústica que se produce a causa de los fenómenos de reacción en el circuito de un repetidor.

SILENCIADOR n. m. Dispositivo (distinto de una envoltura aislante) que se utiliza para amortiguar el ruido del funcionamiento de un motor, de la detonación de un arma de fuego, etc.

SILENCIAR v. tr. [**1**]. Guardar silencio sobre algo. || *Amér.* Imponer silencio.

SILENCIO n. m. (lat. *silentium*). Ausencia de todo ruido o sonido: *el silencio de la noche.* || Hecho de estar callado o de abstenerse de hablar: *guardar silencio.* || Circunstancia de no hablar de cierta cosa: *obligar al silencio a los periodistas.* || Interrupción de la correspondencia, falta de noticias. || *Mús.* Interrupción del sonido; signo que indica esta interrupción. • *En silencio,* sin protestar, sin quejarse.

SILENCIOSO, A adj. Que calla o tiene costumbre de callar. || Dícese del lugar o tiempo en que hay o se guarda silencio: *un local silencioso.* || Que no hace ruido o que es poco ruidoso: *risa silenciosa.*

SILENO, en la mitología griega, padre nutricio de Dioniso y pequeños genios mitad hombres, mitad caballos, similares a los sátiros, con quienes se les confunde a menudo.

SILENTBLOC n. m. (marca registrada). Bloque elástico de caucho especial, comprimido e interpuesto entre dos piezas para absorber las vibraciones y los ruidos.

SILEPSIS n. f. (gr. *syllēpsis*). *Ling.* Concordancia de las palabras en la frase según el sentido y no según las reglas gramaticales. (Ej.: *la multitud de jóvenes lo aclamaban con entusiasmo.*)

SILES (**Hernando**), político boliviano (Sucre 1882-Lima 1942). Ministro (1920 y 1921), senador (1924-1926) y presidente del país (1926-1930), dimitió debido a una crisis económica.

SILES SALINAS (Luis Adolfo), político boliviano (La Paz 1925). Hermano consanguíneo de Siles Zuazo, fue nombrado presidente del país en 1969 pero fue derrocado meses después por Ovando y se exilió (1970-1978). En 1979 fundó un partido político.

SILES ZUAZO (Hernán), político boliviano (La Paz 1914). Fundó con Paz Estenssoro el Movimiento nacional revolucionario (M.N.R.), y luego del exilio (1946-1951) volvió a su país, donde destacó en la revolución nacionalista de 1952. Vicepresidente (1952-1956) y presidente de la república (1956-1960), su mandato se caracterizó por una política reformista. Tras el golpe de R. Barrientos (1964) se exilió de nuevo. En 1972 dirigió una escisión del M.N.R., el Movimiento nacional revolucionario de izquierda, que en 1977 se coaligó con el M.I.R., ala radical democratacristiana, en la Unidad democrática y popular, que participó en las elecciones de 1978, 1979 y 1980. A pesar de su victoria en las dos últimas elecciones, no pudo gobernar debido al golpe militar de García Meza. Al abandonar los militares el poder, el congreso nacional de Bolivia proclamó a Siles Zuazo presidente de la república (oct. 1982).

SILESIA, en polaco **Śląsk**, región de Europa central, dividida entre Polonia (principalmente) y Checoslovaquia.
GEOGRAFÍA. La Silesia polaca se divide tradicionalmente en *Baja Silesia,* al SO, a una y otra orilla del Odra, alrededor de la ciudad de Opole, y en *Alta Silesia,* al SE. Ésta (que corresponde aproximadamente al actual voivodato de Katowice) es la parte más poblada y activa de la Silesia histórica, debido a la existencia de una gran cuenca hullera (alrededor de 150 Mt de carbón anual), que ha originado una potente industria (siderurgia y metalurgia de transformación). En 2 000 km^2 se concentran más de dos millones de habitantes, en una aglomeración dominada por Katowice, pero que engloba otras poblaciones de más de 100 000 habitantes (Chorzów, Bytom, Ruda Śląska, Sosnowiec, Zabrze, Bielsko-Biala). La Alta Silesia es la gran región de la industria pesada de Polonia. La *Silesia checoslovaca,* situada alrededor de Ostrava, pertenece a Moravia Septentrional; su interés económico estriba también en el carbón, pero la extracción tiene un límite máximo de aproximadamente 25 Mt y la industrialización, aun cuando es notable, está lejos del nivel alcanzado por la Alta Silesia polaca para la cual se reserva, a veces, la denominación de Silesia.
HISTORIA. Después de una fuerte presión checa, a fines del s. IX, Polonia se anexionó la región. Ésta, rápidamente parcelada, sufrió progresivamente la colonización germánica, que no impidió el avance checo y sajón. A principios del s. XIV, la mayoría de los principados, gobernados por miembros de la dinastía de los Piast, reconocieron la soberanía de Bohemia; cuando ésta entró a formar parte del estado de los Habsburgo (1526), Silesia, ampliamente ganada por el protestantismo, pasó bajo la influencia austríaca: en el s. XVII los Habsburgo practicaron una política de recatolización y de germanización. Después de 1742, las nueve décimas partes del territorio pasaron a Prusia: Federico II, a quien el tratado de Hubertsburg (1763) confirmó su soberanía sobre Silesia, la fortaleció y desarrolló la industria. En 1815, aún prusiana, Silesia se anexionó una parte de la Lusacia. No obstante, en el s. XIX inició un renacimiento polaco, y la universidad de Breslau (Wroclaw), fundada en 1702, se convirtió en un foco de eslavismo y de agitación.

Al final de la primera guerra mundial, la cuestión silesia tomó un giro dramático, el enfrentamiento polaco-alemán se complicó con la rivalidad polaco-checa. Un plebiscito en la Alta Silesia (1921) acabó con un reparto de esta región; Polonia recibió la zona de Katowice. En 1945, Silesia fue atribuida a Polonia, lo que provocó un éxodo (hacia la R.F.A. y la R.D.A.) de la población alemana.

SILESIO, A adj. y n. De Silesia.

SÍLEX n. m. Roca silícea muy dura, compuesta de calcedonia y ópalo y de color variable, que forma parte de ciertas rocas calcáreas. (La fractura del sílex, con aristas cortantes, hizo que fuera utilizado por el hombre prehistórico como arma y como útil. Se empleó también como pedernal o piedra de chispa, puesto que, golpeándolo contra un trozo de hierro o de acero, arranca partículas del metal, cuya temperatura es lo suficientemente elevada para hacer arder la pólvora o la yesca. En la actualidad se utiliza en la fabricación de hormigón y en el tendido de firmes.

SÍLFIDE n. f. Ninfa del aire. || *Fig.* Mujer bella y esbelta.

sílfide *(La),* ballet en 2 actos, música de J. Schneitzhöffer, libreto de A. Nourrit, y coreografía de F. Taglioni, primer ballet romántico. Se estrenó en la Academia real de música de París en 1832, y actuó en el papel principal Maria Taglioni.

SÍLFIDO, A adj. y n. m. Relativo a una familia de insectos coleópteros, de 1 cm de long., una de cuyas especies es perjudicial para la remolacha. (La familia *sílfidos* comprende pequeñas especies saprófitas.)

SILFO n. m. Genio del aire de las mitologías celta y germánica.

SILGADO, A adj. *Ecuad.* Enjuto, delgado.

SILICATO n. m. Mineral que se considera constituido por un agrupamiento de tetraedros casi regulares, $(Si, Al)O_4$, cuyos centros se encuentran ocupados por iones calcio o aluminio y los vértices por iones oxígeno.
■ Materia prima para las industrias de la

siluro

J. Six

edificación, del vidrio y de la cerámica, y constituyentes de las escorias, los silicatos forman la casi totalidad de la corteza terrestre.

SÍLICE n. f. (lat. *silicem*). Dióxido de silicio, SiO_2. (Existen diversas variedades naturales de sílice: el cuarzo cristalizado, la calcedonia, de estructura fibrosa, y el ópalo, amorfo.) ● *Sílice fundida* o *vidrio de sílice*, forma vítrea de la sílice, que puede resistir importantes y bruscos cambios de temperatura.

SILÍCEO, A adj. De sílice, semejante a ella o que la contienen en cantidad. ● *Rocas silíceas*, familia de rocas sedimentarias duras, ricas, en sílice, como la arena, la arenisca, el sílex y el pedernal.

SILÍCEO (Juan MARTÍNEZ) → MARTÍNEZ SILÍCEO (Juan).

SILÍCICO, A adj. Dícese de unos hipotéticos ácidos derivados de la sílice.

SILICÍCOLA adj. *Bot.* Dícese de la planta que crece en suelos silíceos, como el castaño y el brezo.

F.S.-Salmer

Gil de **Siloe**: el retablo mayor de la cartuja de Miraflores, Burgos.

SILICIO n. m. Metaloide (Si) n.º 14, de masa atómica 28,086 y densidad 2,35, que en estado amorfo presenta color pardo y en estado cristalizado, gris plomizo. (El silicio funde hacia 2 000 ºC y se volatiliza en el horno eléctrico.)

SILICIURO n. m. Compuesto formado por un metal y silicio.

SILICONA n. f. Nombre genérico de unas sustancias análogas a los compuestos orgánicos, en las cuales el silicio sustituye al carbono.

SILICOSIS n. f. Enfermedad, por lo general profesional, debida a la inhalación de polvo de sílice y que se caracteriza por una transformación fibrosa del tejido pulmonar.

SILICÓTICO, A adj. y n. Relativo a la silicosis; afecto de esta enfermedad.

SILICUA n. f. *Bot.* Fruto seco que se abre por cuatro hendiduras, como el del alhelí y el de otras crucíferas.

SILÍCULA n. f. Variedad de silicua corta.

SILIO ITÁLICO, poeta latino (c. 15 d. J.C.-† 101), autor de una epopeya sobre la segunda guerra púnica (*Púnica*, 90).

SILO n. m. Fosa o cavidad subterránea para guardar grano, tubérculos, forrajes, etc. || *Fig.* Cualquier lugar subterráneo, profundo y oscuro. || Depósito cilíndrico o prismático, de altura considerable, que se carga por arriba y se vacía por abajo, destinado a almacenamiento de determinados productos agrícolas. || *Chile.* Pasto prensado que se guarda para alimento del ganado. ● *Silo lanzamisiles* (Arm.), cavidad revestida de hormigón abierta en el suelo para almacenar un misil y dispararlo desde ella.

SILOE o **SILOEE** (Gil DE), escultor, probablemente de origen flamenco, activo en Burgos en el último cuarto del s. XV. Su estilo corresponde al del último período gótico castellano, de impronta flamenca, caracterizado por la captación realista de los rostros de sus personajes, y por el pulcro y extraordinario detallismo con que trata los ropajes y demás motivos ornamentales, en unas composiciones saturadas de motivos escultóricos. Entre su obra cabe destacar, en la cartuja de Miraflores, los sepulcros de Juan II y su esposa Isabel de Portugal (1486-1493), y el del infante Alfonso (1489-1493) y el retablo mayor (1496-1499). Trabajó también en San Gregorio de Valladolid. — Su hijo DIEGO (¿Burgos? 1495-Granada 1563), fue escultor y arquitecto. Estudió en Italia, en donde sintetizó la estética renacentista que marcaría toda su obra. Existen en su producción tres períodos: el primero, durante su estancia en Italia, en el que afirmó su estilo al contacto con los artistas italianos, realizando obras como el retablo de la capilla Caracciolo en la iglesia de San Giovanni a Carbonara de Nápoles (c. 1517, en colaboración con Bartolomé Ordóñez); hacia 1519 se instaló en Burgos, e inició una ingente labor, fundamentalmente escultórica (infundió a su delicado estilo un cierto aire de dramatismo), centrada en gran parte en la catedral de esta ciudad: los sepulcros de Luis de Acuña (1519) y de Diego de Santander, la escalera dorada (1519-1523), el retablo mayor de la capilla del Condestable (1523-1526, en colaboración con F. Bigarny), *San Jerónimo penitente*, y, otras obras tan significativas como la sillería del coro del monasterio de San Benito de Valladolid (1525-1528, museo de Valladolid), o las trazas para la torre de la iglesia de Santa María del Campo (1527); en 1528 se trasladó a Granada, y desarrolló su gran etapa como arquitecto, al crear fórmulas que tuvieron gran influencia tanto en Andalucía como en la América española: la iglesia de San Jerónimo de Granada, la catedral de Granada (iniciada en 1528, variando los planes originales de E. de Egas), la catedral de Guadix, la sacristía de la catedral de Sevilla, sin dejar de lado la escultura: el *Cristo a la columna* (iglesia de San José, Granada), las estatuas orantes de los Reyes Católicos (capilla real de Granada).

SILOGISMO n. m. (gr. *syllogismos*). Razonamiento que contiene tres proposiciones (mayor, menor y conclusión), tal que la conclusión es deducida de la mayor por medio de la menor. (Ej.: *todos los hombres son mortales* [mayor]; *todos los griegos son hombres* [menor]; *luego todos los griegos son mortales* [conclusión].) || Todo razonamiento deductivo riguroso.

SILOGÍSTICA n. f. Ciencia de los silogismos.

SILOGÍSTICO, A adj. Relativo al silogismo.

SILOGIZAR v. intr. [**1g**]. Argumentar con silogismos.

SILONE (Secondo TRANQUILLI, llamado **Ignazio**), escritor italiano (Pescina, Aquila, 1900-Ginebra 1978). Fue uno de los fundadores del Partido comunista italiano y dirigió desde Moscú la actividad clandestina antifascista en Italia. Expulsado del Partido comunista (1930), vivió en Suiza y no volvió a Italia hasta 1945. En sus novelas evoca la vida de los campesinos del Fucino y su lucha por la libertad (*Fontamara*, 1930; *Pan y vino*, 1937; *La semilla bajo la nieve*, 1940; *El secreto de Lucas*, 1956; *La zorra y las camelias*, 1960, etc.).

SILT n. m. (voz inglesa, *limo*). Material detrítico de dimensiones intermedias entre la arena y la arcilla.

SILUETA n. f. (fr. *silhouette*). Dibujo, representación de sólo los trazos del contorno de un rostro, figura u objeto. || Contorno de un objeto al proyectarse sobre un fondo más claro. || Línea del contorno del cuerpo humano.

SILÚRICO, A adj. y n. m. Dícese del tercer período de la era primaria, situado entre el ordovícico y el devónico.

SILURO n. m. Pez de agua dulce que presenta seis largas barbillas alrededor de la boca. (El *pez gato* es un siluro.)

Algar-Salmer

Francisco **Silvela**. (Ateneo de Madrid.)

SILVA n. f. (lat. *silvam*, bosque). Colección de escritos sin relación entre sí. || *Lit.* Serie de versos endecasílabos, o endecasílabos y heptasílabos, dispuestos sin orden ni número fijo y que riman a gusto del poeta.

SILVA (*familia* DE), familia noble española cuyo origen se remonta al s. X con PELAYO FRUELA, señor **de Silva,** que casó con una hija de Vermudo II. De esta rama se derivaron catorce casas nobiliarias. Destacan: MANUEL († 1538), gobernador portugués de las Azores. — FERNANDO **de Silva y Meneses** (c. 1670-1749), que tuvo una destacada participación en el bando austracista en la guerra de Sucesión de España y fue virrey de Cerdeña (1706-1708), — PEDRO **de Silva** (Madrid 1742-Aranjuez 1808), nombrado por Fernando VII patriarca de las Indias. — JUAN **de Silva Samaniego** (nacido en Toro 1792), gobernador militar de Santiago de Cuba en 1838.

SILVA (Feliciano DE), escritor español (Ciudad Rodrigo 1492-*id.* c. 1558). Fue un escritor prolífico, que revivió en sus novelas los ciclos de la Celestina (la *Segunda Celestina*, su mejor obra) y del Amadís de Gaula (*Noveno libro de Amadís de Gaula; Don Florisel de Niquea*, 1532; *Don Rogel de Grecia*, 1535, y *Cuarta parte de don Florisel*, 1551). Hizo gala en ellas de ampulosidad estilística y desaforada imaginación, que fueron parodiadas por Cervantes en el *Quijote*.

SILVA (António José DA), dramaturgo portugués (Río de Janeiro 1705-Lisboa 1739). Renovador del teatro popular (*La vida de don Quijote*, 1733; *Los hechizos de Medea*, 1735; *Las guerras de Romero y Mejorana*, 1737). Acusado de judaísmo, fue quemado vivo por la Inquisición.

SILVA (José Asunción), poeta colombiano (Bogotá 1865-*id.* 1896). Su vocación literaria quedó interrumpida por tenerse que cuidar de un ruinoso negocio paterno. En 1884 viajó a Europa y se familiarizó con la obra de Schopenhauer, O. Wilde y los decadentes y simbolistas franceses (en especial, Huysmans). El naufragio de un barco que le conducía a Bogotá (1894), en el que perdió buena parte de sus manuscritos literarios, la muerte de su hermana, por la que sentía una incestuosa pasión, y la ruina definitiva de su negocio amargaron sus últimos años y le condujeron al suicidio. Su obra conservada, en buena parte recompuesta, es, pese a su brevedad, fundamental en la primera etapa del modernismo latinoamericano. Entre sus *Poesías*, cuya primera edición apareció en 1908 con un prólogo de M. de Unamuno, destacan «Crepúsculo», «Psicopatía» y el célebre «Nocturno III», a la muerte de su hermana. En la novela *De sobremesa* recreó la aventura literaria y humana de su enfermiza personalidad.

SILVA (Medardo Ángel), escritor ecuatoriano (Guayaquil 1898-*id.* 1919). Una de las grandes figuras del modernismo ecuatoriano, e iniciador de la sensibilidad vanguardista; escribió poesía (*El árbol del bien y del mal*, 1918) y novela: *María Jesús* (1919).

SILVA HENRÍQUEZ (Raúl), cardenal chileno (Talca 1907). Salesiano, fue presidente de Cáritas internacional y promotor de varios proyectos sociales. Fue nombrado arzobispo de Santiago en 1961. Es autor de *La misión social del cristianismo: conflicto de clases o solidaridad cristiana* (1973).

SILVA HERZOG (Jesús), economista mexicano (San Luis Potosí 1892). Profesor de economía (1931-1963) y director de la revista *Cuadernos americanos* desde 1942, su obra está dedicada a la sociología mexicana (*El agrarismo mexicano y la reforma agraria*, 1959) y al pensamiento económico general y de su país (*El pensamiento económico en México*, 1947). — Su hijo JESÚS (México 1935), economista y político, fue gobernador del Banco de México, subsecretario de Hacienda y Crédito Público con López Portillo, y desde 1982 (dic.) es secretario de Hacienda y Crédito Público con M. de la Madrid.

SILVANO, en la mitología romana, genio protector de los bosques.

SILVELA (Francisco), político español (Madrid 1843-*id.* 1905). Fue diputado (1870 y 1874) e integrante del grupo liberal-conservador de Cánovas. Miembro de las cortes de 1876, participó como ministro en varios gobiernos canovistas (1879, 1885 y 1890). No conforme con la reconciliación entre Cánovas y Romero Robledo, rompió con aquél en 1892 y formó un movimiento silvelista, cuyo órgano fue *El tiempo*. Designado presidente de un ministerio de Regeneración Nacional (1899), tuvo que dimitir (1900) porque los planes de hacienda de Villaverde provocaron la oposición de la burguesía catalana y vasca, y se produjo una fuerte agitación obrera. Formó un nuevo gobierno (1902-1903) que también fracasó.

SILVELA (Luis), jurista español († 1903). Profesor de derecho penal de la universidad de Madrid, sus planteamientos surgen del movimiento correccionalista, al cual se adscribe parcialmente su obra *El derecho penal estudiado en sus principios y en la legislación vigente en España* (1874-1879).

Silver star, condecoración militar norteamericana, creada en 1918.

SILVERIO (*san*) → cuadro PAPAS.

SILVESTRE adj. Que crece o se cría espontáneamente, sin cultivo, en bosques o campos. || Inculto, rústico.

SILVESTRE I (*san*), papa de 314 a 335. Durante su pontificado, en tiempos de Constantino, el cristianismo se convirtió en religión del imperio.

SILVESTRE II (Gerberto DE AURILLAC) [en Auvernia c. 938-Roma 1003], papa de 999 a 1003. Principal consejero del arzobispo Adalberón, favoreció el acceso a la corona de Francia de Hugo Capeto (987). Fue arzobispo de Reims (991) y posteriormente de Ravena (998). Elegido papa, luchó contra la simonía y trató en vano de restaurar el prestigio de la Santa Sede.

SILVESTRE III (Juan) → cuadro PAPAS.

SILVESTRE (Gregorio), poeta español (Lisboa 1520-Granada 1569). Su padre, médico real, se trasladó a España, siendo él niño, en el séquito de la infanta Isabel. Representa en lo fundamental, junto con Castillejo, la tendencia tradicionalista de la poesía española de la época, aunque también cultivó el nuevo esti-

José Asunción **Silva**

Arch. Planeta

lo garcilasista. Sus *Obras* fueron publicadas en 1582.

SILVESTRE (Manuel FERNÁNDEZ), militar español (1871-Annual 1921). Destacó en diversas campañas militares (Cuba, 1895-1898; Marruecos, 1908-1914), que le valieron el ascenso a general y una fama de militar audaz. Enviado por Alfonso XIII a Marruecos (1920), puso en práctica un plan para llegar a Alhucemas en breve plazo, pero fue derrotado por Abd el-Krim en Annual*, donde perdió la vida.

SILVICULTOR, RA n. Persona con especiales conocimientos de silvicultura.

SILVICULTURA n. f. Cultivo y explotación racional de los bosques.

SILVINA n. f. Cloruro potásico KCl natural, utilizado como abono.

SILLA n. f. (lat. *sellam*). Asiento individual con respaldo y patas. || Sede del papa o de otros prelados. • *Silla de la reina,* asiento hecho entre dos personas cogiéndose cada una con una de sus manos una muñeca y con la otra una muñeca del otro. || *Silla de manos,* vehículo con asiento para una persona transportado por medio de dos largas varas. || *Silla de montar,* guarnición que se coloca encima del caballo y que sirve de asiento al jinete. || *Silla de posta,* antiguo carruaje para viajeros y para el servicio de correos. || *Silla eléctrica,* en algunos estados de E.U.A., silla en que se coloca a los condenados a muerte para ejecutarlos por electrocución. || *Silla gestatoria,* silla portátil usada por los papas en actos de gran ceremonia.

SILLA, v. de España (Valencia), en la Huerta de Valencia; 16 145 hab. *(Sillanos.)* Regadíos. Industria alimentaria, mecánica, abonos, piensos compuestos.

SILLANPÄÄ (Frans Eemil), escritor finlandés en lengua finesa (Hämeenkyrö, prov. de Häme, 1888-Helsinki 1964). Sus narraciones y sus novelas describen las costumbres campesinas y la naturaleza de su país (*La vida y el sol,* 1916; *Santa miseria,* 1919; *Silja o un destino breve,* 1931; *El camino del hombre,* 1932; *Hombres en la noche estival,* 1935). [Premio Nobel de literatura, 1939.]

SILLAR n. m. Piedra labrada que se emplea en construcción.

SILLEDA, mun. de España (Pontevedra), en la Tierra de Santiago; 9 980 hab. *(Silledanos.)* Minas de volframio y estaño. Industria maderera.

SILLERÍA n. f. Juego de sillas, o de sillas, sillones y sofá, con que se amuebla una habitación. || Conjunto de asientos situados en el coro de las iglesias. [Sin. SILLERÍA DE CORO.] || Obra de fábrica hecha de sillares asentados unos sobre otros y en hiladas de juntas finas; conjunto de estos sillares o piedras labradas.

SILLETA n. f. *Amér.* Silla, asiento.

SILLÍN n. m. Asiento de bicicleta, motocicleta y otros vehículos análogos.

SILLITOE (Alan), escritor británico (Nottingham 1928). Uno de los miembros más representativos del grupo de los angry young men, expresó con vigor las frustraciones de la clase obrera y su desprecio por la sociedad tradicional inglesa, en sus poemas, sus narraciones satíricas o alegóricas (*El general,* 1960; *Viajes a Nihilón,* 1971; *La soledad del corredor de fondo,* 1959) y sus novelas (*Sábado por la noche y domingo por la mañana,* 1958).

SILLÓN n. m. Asiento de brazos, generalmente mullido y amplio.

SIMA n. f. Hendidura natural profunda en una región calcárea.

SIMA n. m. Capa hipotética y semiprofunda de la corteza terrestre, y en la que dominarían la sílice y la magnesia, así como los óxidos de hierro.

SÍMACO *(san)* → cuadro PAPAS.

SIMANCAS, v. de España (Valladolid), en la campiña del Pisuerga; 1 378 hab. *(Simanquinos.)* Restos de murallas y castillo medievales, restaurado en 1564 por Juan de Herrera; en la actualidad, totalmente renovado, es sede del Archivo* general histórico de España. Iglesia gótica del Salvador (s. XVI), con retablo mayor (1562) de I. Berruguete y J. Beltrán, y retablo de la Piedad (1571), de F. de la Maza. — Reconquistada a los musulmanes en 883, fue sede episcopal (927). Capitulación de Juan II (1427), ante la nobleza.

Simancas *(batalla de),* victoria de las tropas leonesas, castellanas, gallegas, astures y navarras, bajo el mando de Ramiro II de León, frente a un ejército cordobés capitaneado por 'Abd al-Raḥmān III (939). La derrota impidió al califa cordobés apoderarse de León y permitió a Ramiro II avanzar la frontera leonesa hasta el Tormes.

SIMARUBA o **SIMARRUBA** n. f. Árbol de América tropical, cuya corteza tiene propiedades tónicas.

SIMARUBÁCEO, A adj. y n. f. Relativo a una familia de plantas dicotiledóneas dialipétalas de las regiones tropicales, como la *simarruba.* (La familia *simarubáceas* comprende unas 200 especies de los países cálidos.)

SIMBIONTE adj. y n. m. *Biol.* Dícese de cada uno de los seres asociados en simbiosis.

SIMBIOSIS n. f. *Biol.* Asociación de forma equilibrada de dos o más organismos de distinta especie, que les permite obtener ciertos provechos y beneficios.

SIMBIÓTICO, A adj. Relativo a la simbiosis.

SIMBÓLICO, A adj. Relativo al símbolo, o expresado por medio de él: *lenguaje simbólico.* || Que no tiene valor o eficacia por sí mismo: *un gesto puramente simbólico.*

SIMBOLISMO n. m. Calidad de simbólico. || Sistema de símbolos que expresan unas creencias. || Sistema de signos escritos cuya disposición responde a unas reglas, y que traduce visualmente la formulación de un razonamiento. (Sin. SIMBOLOGÍA.) || Movimiento literario y artístico, aparecido en Francia en la segunda mitad del s. XIX como reacción contra el realismo naturalista y el formalismo parnasiano, y que, al vincularse al misterio y a la esencia espiritual de los objetos y de los seres, trataba de dar unos equivalentes plásticos de la naturaleza y del pensamiento.

■ Pocos términos fueron tan difícilmente aceptados como el de simbolismo y el de escuela simbolista, incluso por parte de quienes parecían ser sus miembros más característicos. Verlaine exclamaba: «¿Simbolismo? ¡No sé lo que es! ¡Debe de ser una palabra alemana!» Sin embargo, el simbolismo tiene una originalidad en su contenido estético, en su desarrollo cronológico y en su extensión geográfica. Aunque sus raíces se hundan en el romanticismo alemán, en la filosofía de Hegel y de Schopenhauer, en el prerrafaelismo británico y en la obra de Swimburney, y en la tradición esotérica de los ss. XVIII y XIX, su nacimiento, en tanto que movimiento específico, es francés. Al reaccionar contra el positivismo y la literatura naturalista, el simbolismo trató de dar unos «equivalentes plásticos» de la naturaleza. Rechazó el arte de oropel del Parnaso para encontrar detrás de las cosas el misterio, que tradujo en un verso flexible, musical y «portador de significaciones indefinidas». Encontró su iniciador en Baudelaire, y sus maestros fueron Verlaine y Mallarmé. El simbolismo se internacionalizó con los poetas belgas (Maeterlinck, Verhaeren), británicos (Oscar Wilde), alemanes (Stefan George), rusos (Balmont), daneses (Georg Brandes) y de los países de habla española (Rubén Darío). En la literatura española e hispanoamericana influyó sobre el modernismo*, incidiendo con el movimiento parnasiano.

• *El simbolismo en el arte.* La inquietud que muchos experimentaban a fines del s. XIX ante las consecuencias de la civilización industrial fue formulada por el simbolismo por medio de un idealismo que recuperaba ciertas aspiraciones esenciales del romanticismo (principalmente alemán y británico). Su búsqueda de lo indecible y de lo invisible, su predilección por el ensueño y los fantasmas se mezclaban a la afición, ya afirmada por los prerrafaelistas, por una historia mística y legendaria. La proclamada primacía de la idea sobre la forma explica la variedad estilística de los pintores simbolistas. Así, la fidelidad académica planteada en principio por Puvis de Chavannes dominó, con el misterio que puede emanar de la precisión, el arte de los belgas Fernand Khnopff (1858-1921) y Jean Delville (1867-1953) o del francés Lucien Lévy-Dhurmer (1865-1953), mientras que Redon, el suizo Böcklin, el alemán Max Klinger, el ruso Vroubel y también pintores, como Segantini, atraídos por la técnica neoimpresionista, pueden agruparse en una corriente barroca, cuya extraña poesía debe mucho a Gustave Moreau. Más innovadora desde el punto de vista estilístico, otra corriente se inspiró en el sintetismo de Gauguin y de los nabis (como el neerlandés Johan Thorn Prikker, 1868-1932), y manifestó evidentes convergencias con el modernismo (el neerlandés Jan Toorop, 1858-1928, Beardsley, Klimt, o los catalanes Alexandre de Riquer, S. Rusiñol y J. M. Tamburini). Pero los aspectos más interesante del simbolismo hay que buscarlos quizás en las fronteras del expresionismo, donde se sitúan el belga Spilliaert y el noruego Munch, así como en las prefiguraciones del surrealismo que encierran los dibujos y grabados del italiano Alberto Martini (1876-1954) y las telas del belga William Degoove de Nuncques (1867-1935). Así aparecen, en su diversidad y riqueza, el espíritu y la sensibilidad que se reflejarán en el futurismo, el surrealismo e incluso en el arte abstracto.

Georges **Simenon**

M.-L. de Decker-Gamma

SIMBOLISTA adj. y n. m. y f. Relativo al simbolismo; adepto del simbolismo.

SIMBOLIZACIÓN n. f. Acción y efecto de simbolizar.

SIMBOLIZAR v. tr. **[1g]**. Servir una cosa como símbolo de otra; representar algo mediante un símbolo: *la paloma simboliza la paz.*

SÍMBOLO n. m. (lat. *symbolum*). Signo figurativo, ser animado o inanimado, que representa algo abstracto, que es la imagen de una cosa: *la balanza es el símbolo de la justicia.* || Todo signo convencional que indica una abreviatura. || Signo figurativo de una magnitud, de un número, de una operación o de entidad matemática o lógica de cualquier naturaleza. || *Quím.* Letra o grupo de letras adoptadas para designar un elemento. || *Rel.* Formulario de los principales artículos de fe de una religión; profesión de fe cristiana. • *Símbolo de la fe, o de los apóstoles,* credo.

SIMBOLOGÍA n. f. Estudio de los símbolos. || Sin. de SIMBOLISMO.

SIMENON (Georges), escritor belga en lengua francesa (Lieja 1903). Es autor de narraciones (*El barco de Emilio,* 1954), de obras teatrales (*La nieve estaba sucia,* 1950), de cuentos (*El pequeño santo,* 1965) y de novelas policíacas protagonizadas por el comisario Maigret (*El ahorcado de Saint-Pholien,* 1931; *Mi amigo Maigret,* 1949; *El viudo,* 1960; *La habitación azul,* 1964; *Maigret duda,* 1968, etc., hasta 1973). En 1982 publicó sus memorias.

SIMEÓN I el Grande (864 o 865-927), kan de los búlgaros (de 893 a 927). En una primera serie de campañas (894-896) derrotó a los bizantinos y sus aliados húngaros. En 913 invadió Tracia y se hizo coronar coemperador junto a Constantino VII Porfirogéneta, pero fue desposeído por la regente Zoé y Romano I Lecapeno. Prosiguió sus ataques contra los bizantinos. Dueño de un imperio que comprendía Servia, Albania y Macedonia, creó en 925 un patriarcado búlgaro autónomo.

SIMETRÍA n. f. (lat. *symmetriam*). Armonía resultante de ciertas posiciones de los elementos que constituyen un conjunto. || *Biol.* Repetición de un órgano o de una parte orgánica de los seres vivos, en relación con una línea o un plano. || *Fís.* Propiedad de las ecuaciones que describen un sistema físico de permanecer invariantes para un grupo de transformaciones. || *Mat.* Transformación que, a un punto M, hace corresponder un punto M' tal que el segmento MM' posee un punto fijo como centro (simetría con respecto a un punto), una recta o un eje fijos como mediatriz (simetría con respecto a una recta o un eje), o también un plano fijo como plano mediano (simetría con respecto a un plano); propiedad de una figura que permanece invariante para esta transformación.

SIMÉTRICA n. f. Todo elemento simétrico de otro.

SIMÉTRICO, A adj. Relativo a la simetría; que tiene simetría. || Dícese de dos cosas semejantes y opuestas: *las dos mitades del rostro son simétricas;* dícese de una de estas dos cosas respecto a la otra. • *Función simétrica,* función de diversas variables que no se modifica si éstas se permutan. || *Relación simétrica* (Mat.), relación que, si es cierta para *a* y *b*, tomadas en este orden, lo es también para *b* y *a*, tomadas en este orden.

SIMFERÓPOL, ant. **Ak-Mechet,** c. de la U.R.S.S. (Ucrania), en Crimea; 291 000 hab. Industrias metalúrgicas, textiles y alimentarias.

SIMIENTE n. f. (lat. *sementem*, siembra). Semilla. || Semen.

SIMIESCO, A adj. Que se asemeja al simio o es propio de él.

SÍMIL n. m. Comparación, expresión de la semejanza o de la igualdad entre dos cosas. || Figura retórica que consiste en comparar dos términos de diferente categoría y naturaleza que guardan entre sí una semejanza metafórica.

SIMILAR adj. Semejante, análogo, parecido.

SIMILITUD n. f. (lat. *similitudinem*). Semejanza, parecido.

SIMILIZADO n. m. *Industr.* Tratamiento del algodón con un álcali, de modo que las fibras se vuelven más delgadas, duras y brillantes.

SIMILOR n. m. Aleación de cobre, estaño y cinc que imita el oro. (Sin. CRISOCALCO.)

SIMIO, A adj. y n. m. (lat. *simium*). Relativo a un suborden de primates, de rostro desnudo, y manos y pies prensiles, cuyos dedos terminan en uñas.

■ Los *simios* constituyen el grupo más numeroso en especies y más variado del orden primates. Son, casi todos, de vida arborícola y se caracterizan por su rostro sin pelo y más o menos aplanado, sus manos y pies de cinco dedos, dotados de uñas planas, y su cola, por lo general larga y prensil.

Se alimentan principalmente de frutos, aunque, como todos los habitantes de la selva, ingieren otros alimentos (huevos, pequeños animales, insectos, etc.) cuando los frutos escasean.

Se distinguen tres grupos de simios: antropoideos, catarrinos y platirrinos. Los *antropoideos* (chimpancé, orangután, gorila, gibón) no tienen cola y difieren relativamente poco del hombre. Los *catarrinos,* de cola no prensil, viven en África y Asia. Comprenden principalmente macacos, magotes, mangabeyes, cinocéfalos, babuinos, semnopitecos y colobos. En muchos de ellos se observa la existencia de abazones, de callosidades isquiáticas más o menos coloreadas y de un estómago con varios compartimentos. En cuanto a los *platirrinos,* todos americanos, deben su nombre a la nariz aplastada, con los orificios separados por un grueso tabique. Presentan siempre tres premolares por semimaxilar. La presen-

SIMBOLISMO.

Cameraphoto

Fernand Khnopff: *La máscara blanca,* c. 1907. (Galería de arte moderno, Venecia.)

Schwitter

Arnold Böcklin: una de las seis versiones de *La isla de los muertos,* 1880-1890. (Museo de bellas artes, Basilea.)

Lauros-Giraudon

Lucien Lévy-Dhurmer: *Mi madre, un atardecer, vio la ciudad de Ys,* 1898. (Museo de bellas artes, Brest, Francia.)

Lauros-Giraudon

William Degouve de Nuncques: *Ángeles en la noche,* 1896. (Museo Kröller-Müller, Otterlo, Países Bajos.)

Museo municipal, Amsterdam

Delftsche Slaolie, cartel de Jan Toorop. (Museo municipal, Amsterdam.)

Scala

Giovanni Segantini: *El amor en las fuentes de la vida,* 1896. (Galería de arte moderno, Milán.)

cia de garras en ciertos dedos, el pelaje espeso y los hábitos a veces nocturnos indican una afinidad con los lemúridos. La cola es prensil en ciertos cébidos (araguato, barizo, ateles, barrigudos), pero no lo es en los uácaries ni en la familia hapálidos (tití, tamarino).

SIMLA, c. de la India, cap. del est. de Himāchal Pradesh; 55 000 hab. Antigua capital de verano de la India.

SÍMMACO, orador y político romano (Roma c. 340- † 410). Prefecto de Roma (384) y cónsul (391), fue uno de los jefes de la aristocracia pagana de Roma. Además de sus *Discursos* y sus *Cartas* (10 libros), se conservan unos *Informes* oficiales que escribió siendo prefecto; el más importante es el que dirigió, en nombre de los senadores paganos, a Valentiniano II para pedir la restauración del altar de la Victoria en el senado (384), rechazado por san Ambrosio.

SIMMEL (Georg), filósofo y sociólogo alemán (Berlín 1858-Estrasburgo 1918). Su filosofía se inspira en Kant, pero aporta elementos originales: filosofía de la vida, relativismo moderado y rechazo de las abstracciones (*Filosofía de la cultura,* 1911; *El conflicto de la cultura moderna,* 1918).

SIMOCA, dep. de Argentina (Tucumán), junto al río Salí; 31 196 hab. Centro agropecuario.

SIMON (Jules François Simon SUISSE, llamado **Jules**), político francés (Lorient 1814-París 1896). Diputado republicano durante el imperio (1863-1870) y ministro de Instrucción Pública (set. 1870), tuvo graves diferencias con L. Gambetta. Diputado a la Asamblea nacional (1871), volvió a ser ministro de Instrucción Pública (febr. 1871-mayo 1873). Posteriormente, dirigió un gobierno del que la actitud de Mac-Mahon le obligó a dimitir en mayo de 1877.

M.-L. de Decker-Gamma

Claude **Simon**

SIMON (Claude), escritor francés (Tananarive 1913), uno de los mejores representantes del *noveau roman* (*El viento,* 1957; *La ruta de Flandes,* 1960; *Tríptico,* 1973).

SIMON (Herbert A.), economista y científico social norteamericano (Milwaukee 1916). Fue autor de importantes contribuciones al análisis de los procesos de la toma de decisión, que le valieron, en 1978, el premio Nobel de economía.

SIMÓN n. m. y adj. En Madrid, antiguo coche de caballos de alquiler y cochero que lo guiaba.

SIMÓN *(san),* uno de los doce apóstoles de Jesús, llamado también ZELOTES *(apasionado).* Se desconoce si perteneció al partido de los zelotes*, patriotas intransigentes. Según la tradición murió mártir en Persia, junto con san Judas.

SIMÓN el Mago, personaje que aparece en los *Hechos de los apóstoles* y que ejercía el oficio de mago. Convertido al cristianismo, quiso comprar a los apóstoles el poder de comunicar el Espíritu Santo. Los autores antiguos han visto en Simón el iniciador del nosticismo. (V. NÓSTICOS.)

SIMÓN → BARCOKEBAS.

SIMONET (Francisco Javier), arabista e historiador español (Málaga 1829-Madrid 1897). Catedrático de lengua árabe en la universidad de Granada, es autor, entre otras obras, de *Glosario de voces ibéricas y latinas usadas entre los mozárabes* (1888) y de una *Historia de los mozárabes de España* (1897-1903). En colaboración con J. Lerchundi, publicó *Crestomatía arabigoespañola* (1881).

SIMONÍA n. f. (de *Simón el Mago*). *Rel.* Acción de negociar con objetos sagrados, bienes espirituales o cargos eclesiásticos.

SIMONÍACO, A o **SIMONIACO, A** adj. Relativo a la simonía. ◆ adj. y n. Que comete simonía.

SIMÓNIDES de Ceos, poeta griego (Yulis, isla de Ceos, c. 556-Siracusa o Agrigento 467 a. J.C.), uno de los creadores del treno y de la oda triunfal.

SÍMONOV (Kirill Mijáilovich, llamado **Konstantín**), escritor soviético (Petrogrado 1915-Moscú 1979). En sus poemas, teatro y novelas (*Días y noches,* 1943-1944) celebró el heroísmo de los combatientes de la segunda guerra mundial.

SIMONSTOWN, c. y puerto de la República de Sudáfrica, al S de El Cabo. Antigua base naval británica transferida a la República de Sudáfrica en 1957; 12 000 hab.

SIMPA n. f. *Argent.* y *Perú.* Trenza.

SIMPATECTOMÍA n. f. *Cir.* Ablación de ganglios o de filetes nerviosos del sistema simpático.

SIMPATÍA n. f. (gr. *synpatheia*). Inclinación afectiva motivada muchas veces por sentimientos análogos. || Participación en la alegría o dolor de otro. || *Med.* Mecanismo de lesión de una estructura orgánica cuando la simétrica se halla afectada. ● *Explosión por simpatía,* en determinados explosivos, la que puede producirse cuando tiene lugar otra a poca distancia.

SIMPÁTICO, A adj. Que inspira simpatía.

SIMPÁTICO n. m. y adj. *Anat.* Una de las dos partes del sistema nervioso, regulador de la vida vegetativa (el otro es el *parasimpático*). ■ La excitación del simpático acelera el corazón, aumenta la tensión arterial, dilata los bronquios y enlentece las contracciones del tubo digestivo; el parasimpático tiene una acción inversa; del equilibrio entre los dos sistemas resulta el funcionamiento normal del organismo.

SIMPATICOLÍTICO, A adj. y n. m. Dícese de la sustancia que suprime los efectos de la excitación del sistema nervioso simpático.

SIMPATICOMIMÉTICO, A adj. y n. m. Dícese de la sustancia que reproduce los efectos provocados por el estímulo de los nervios simpáticos.

SIMPATIZANTE adj. y n. m. y f. Que se siente atraído por un partido, doctrina, opinión, etc., sin adherirse totalmente a él.

SIMPATIZAR v. intr. [**1g**]. Sentir simpatía hacia alguien o algo.

SIMPLE adj. Dícese de un cuerpo formado por átomos idénticos: *el oro y el oxígeno son cuerpos simples.* || Sencillo, poco complicado, sin refuerzos: *reducir a la más simple expresión; mecanismo simple.* || Dícese de la palabra que no se compone de otras de la misma lengua. || *Quím.* Dícese del enlace entre dos átomos formado por un par de electrones. (Se representa por el signo — situado entre los símbolos de los átomos.) || *Zool.* Dícese de los órganos que no presentan ni apéndices, ni divisiones, ni accidentes importantes. ● *Tiempos simples,* tiempos del verbo que se conjugan sin verbo auxiliar. ◆ adj. y n. m. y f. *Fig.* Cándido, apacible, incauto: *simple como un niño.* || *Fig.* Falto de listeza, tonto: *simple de entendederas.*

SIMPLE n. m. En tenis, ping-pong y badminton, partido disputado por dos jugadores, uno contra otro.

SIMPLEMENTE adv. m. Solamente; con sólo lo que se expresa.

SIMPLEX n. m. *Mat.* Conjunto formado por las partes de un conjunto.

SIMPLEZA n. f. Cualidad de simple, ingenuo o tonto. || Tontería, necedad: *decir simplezas.* || *Fam.* Insignificancia, nimiedad: *pelearse por una simpleza.*

SIMPLICIDAD n. f. Calidad de simple. || Sencillez.

SIMPLICIO → cuadro PAPAS.

SIMPLIFICABLE adj. Susceptible de simplificación.

SIMPLIFICACIÓN n. f. Acción y efecto de simplificar.

SIMPLIFICADOR, RA adj. Que simplifica.

SIMPLIFICAR v. tr. [**1a**]. Hacer más sencillo o más fácil: *simplificar un problema.*

SIMPLISMO n. f. Tendencia a simplificar excesivamente.

SIMPLISTA adj. y n. m. y f. Que ve las cosas con pocas complicaciones y las resuelve sin considerar aspectos importantes de las mismas.

SIMPLON, puerto de los Alpes suizos (Valais); a 2 009 m de alt. Lo cruzan dos túneles ferroviarios de 19 801 y 19 821 m de long., respectivamente.

SIMPLÓN, NA adj. y n. Tonto; sencillo, ingenuo.

SIMPOSIO o **SIMPOSIUM** n. m. Reunión, congreso científico.

SIMPSON (Thomas), matemático británico (Market Bosworth, Leicestershire, 1710-*id.* 1761). Se interesó por el cálculo diferencial de Newton, por la astronomía y por el cálculo de probabilidades. Su nombre ha quedado vinculado a las fórmulas de la determinación numérica de las funciones trigonométricas y de la evaluación aproximada del área de una curva.

SIMULACIÓN n. f. Acción de simular.

SIMULACRO n. m. (lat. *simulacrum*). Acción por la que se finge realizar una cosa, apariencia: *simulacro de combate.*

SIMULADOR, RA adj. y n. Que simula.

SIMULADOR, n. m. Aparato capaz de reproducir el comportamiento de otro cuyo funcionamiento se quiere estudiar o cuya utilización se quiere enseñar, o bien de un cuerpo cuya evolución se desea seguir.

SIMULAR v. tr. (lat. *simulare*) [**1**]. Hacer aparecer como real algo que no lo es: *simular una enfermedad, un combate.*

SIMULTANEAR v. tr. [**1**]. Realizar dos o más cosas al mismo tiempo.

SIMULTANEIDAD n. f. Calidad de simultáneo.

SIMULTÁNEO, A adj. Que se hace u ocurre al mismo tiempo que otra cosa.

SIMÚN n. m. (ár. *samūm*). Viento cálido, seco y brusco del desierto.

SIN prep. (lat. *sine*). Denota privación o carencia: *estar sin trabajo.* || Con un infinitivo, expresa la negación de un hecho simultáneo o anterior al del verbo principal: *me fui sin comer.* || Además de: *llevo tanto en dinero, sin las alhajas.*

SIN HAI-LIEN o **XINHAILIAN,** c. de China (Kiang-su); 208 000 hab. Su puerto es Lienyun, en el mar Amarillo.

Sin novedad en el frente, película norteamericana de Lewis Milestone (1930), basada en la novela homónima de Erich Marie Remarque. Su realizador fue uno de los primeros que denunció en la pantalla los horrores y el absurdo de la guerra, a través del trágico destino de unos jóvenes reclutas alemanes durante la primera guerra mundial. Causó un fuerte impacto en su época, por su realismo violento y por su faceta polémica.

SINABUE, tribu amerindia, de lengua pano, que habita a orillas del río Pisqui, en la Amazonia peruana.

SINAGOGA n. f. (gr. *synagōgē*). Asamblea de los fieles bajo la antigua ley judía. || Casa de reunión y de oración de las comunidades judías.

SINAÍ *(península del),* península desértica, parcialmente montañosa (2 641 m), de Egipto, junto al mar Rojo (que forma los golfos de Suez y de al-'Aqaba). Yacimientos de petróleo. — Una tradición antigua localiza en el Sinaí la *montaña de Dios,* donde Moisés, según la Biblia, recibió las tablas de la ley. En el s. v, el Sinaí fue un centro importante de monaquismo cristiano. Escenario de violentos combates durante la tercera (1967) y cuarta (1973) guerra árabe-israelí, la península fue ocupada por los israelíes, que la evacuaron en el período 1979-1982, excepto la franja de Gaza*.

SINALAGMÁTICO, A adj. (gr. *synallagmatikos*). Dícese del contrato que produce obligaciones recíprocas.

SINALEFA n. f. (lat. *synaleopham*). Fusión de la vocal o vocales finales de una palabra con la vocal o vocales iniciales de la palabra siguiente.

SINALOA, r. de México, que nace en la sierra Madre occidental y desemboca en el golfo de California, junto a Boca del Río; 500 km aprox. Obras de regadío.

SINALOA *(estado de)*, est. de México; 58 092 km^2; 1 882 000 hab. Cap. *Culiacán.* Está situado en el NO del país, entre la sierra Madre occidental y el golfo de California. El relieve consiste en una llanura litoral, avenada por algunos ríos (Sinaloa, Fuertes, Humaya), que conforma una costa baja y arenosa y que, hacia el interior, va elevándose gradualmente, hasta alcanzar las estribaciones de la cordillera. De clima tropical, las precipitaciones disminuyen hacia el N, donde se cultivan cereales y hortalizas. En el S predominan el algodón, el tabaco y la caña de azúcar. El estado posee extensos depósitos minerales (oro, plata, hierro y plomo). La industria es predominantemente de base agraria (alimentaria y textil). Los sectores de mayor importancia, como la metalurgia, la industria química y el cemento, se localizan en Culiacán y, sobre todo, en Mazatlán, las mayores ciudades del estado. También destaca la pesca y el turismo. — El territorio, conquistado por Nuño de Guzmán (1531), fue compartido por Nueva* Galicia y Nueva* Vizcaya.

SINALOA, mun. de México (Sinaloa), avenado por el Sinaloa; 52 942 hab. *(Sinaloenses.)* Cab. *Sinaloa de Leyva.* Cereales y patatas. Minería (cobre, cinc y plomo).

SINÁN (Mimar), arquitecto turco (cerca de Kayseri 1489-Istanbul 1578 o 1588). Su abundante obra revela su genio creador y su espíritu de síntesis que supo conjugar la gran tradición arquitectónica del próximo oriente antiguo con la de Bizancio. Juegos sutiles de cúpulas confieren a sus obras una majestad y una elegancia típicas de la arquitectura clásica otomana: mezquitas Süleymaniya (1550-1557) y de Rüstem bajá (c. 1555-1561) en Istanbul, la Selimiya (1569-1575) en Edirne.

SINÁN (Bernardo DOMÍNGUEZ ALBA, llamado **Rogelio**), escritor panameño (isla Taboga 1904). Exponente de la poesía de vanguardia (*Onda,* 1929; *Incendio,* 1944 y *Semana santa en la niebla,* 1949), ha destacado como narrador introspectivo, en la novela *Plenilunio* (1947) y en sus *Cuentos* (1971).

SINANTÉREO, A ajd. *Bot.* Que tiene las anteras concrescentes, unidas íntimamente en un solo cuerpo.

SINANTROPO n. m. Tipo de arcantropo encontrado cerca de Pekín (China). [Se calcula que vivió hace unos 500 000 años.]

SINAPISMO n. m. (lat. *sinapismum*). Medicamento a base de polvo de mostaza.

SINAPIZADO, A adj. *Med.* Elaborado con polvo de mostaza.

SINAPSIS n. f. (gr. *synapsis,* unión). *Neurol.* Región de contacto entre dos neuronas.

SINÁPTICO, A adj. Relativo a la sinapsis.

SINARQUÍA n. f. Gobierno ejercido por un grupo de personas.

SINARQUISMO n. m. Movimiento político derechista mexicano, fundado en León (1937). [Surgió como respuesta al gobierno de Lázaro Cárdenas (1934-1940). De carácter fascista, fue disuelto legalmente (1950), pero, poco después, se reorganizó en la Unión nacional sinarquista.]

SINARQUISTA adj. y n. m. y f. Relativo al sinarquismo; partidario del sinarquismo.

SINARTROSIS n. f. *Anat.* Articulación fija entre dos huesos.

SINATRA (Francis Albert, llamado **Frank**), cantante y actor norteamericano (Hoboken, Nueva Jersey, 1915). Apodado *La voz* por su modo de cantar, a la vez rítmico y melódico, ha sido uno de los más célebres cantantes populares del mundo y una gran estrella del music-hall norteamericano. Ha interpretado numerosas películas (*De aquí a la eternidad,* 1953; *El hombre del brazo de oro,* 1955).

SINCÉ, mun. de Colombia (Sucre), en las Sabanas de Bolívar; 18 162 hab. *(Sinceanos.)* Industrias alimentarias. El oleoducto de La Petrólea-Coveñas cruza el término.

SINCELEJO, c. de Colombia, cap. del dep. de Sucre, en las Sabanas de Bolívar; 55 705 hab. *(Sincelejanos.)* Centro comercial y administrativo, agrícola (maíz, yuca, caña de azúcar, tabaco y plátanos) y ganadero.

SINCERARSE v. pron. [**1**]. Explicar alguna cosa de la que uno se cree culpable, o supone que otros lo creen.

SINCERIDAD n. f. Cualidad de sincero; franqueza.

SINCERO, A adj. (lat. *sincerum*). Que se expresa o actúa tal como piensa o siente, libre de fingimientos: *respuesta sincera.*

SINCINESIA n. f. Trastorno que consiste en la ejecución involuntaria y sin utilidad de los movimientos de una extremidad por la extremidad simétrica.

SINCIPITAL adj. Relativo al sincipucio.

SINCIPUCIO n. m. *Anat.* Parte superior y anterior de la cabeza. (Su opuesto es OCCIPUCIO.)

SINCITIO n. m. Masa de citoplasma que comprende varios núcleos.

SINCLAIR (*sir* John), economista escocés (Thurso Castle, Caithness, 1754-Edimburgo 1835). En 1793 fundó, en Edimburgo, el instituto agrícola del que fue el primer presidente.

SINCLAIR (Upton), escritor norteamericano (Baltimore 1878-Bound Brook, New Jersey, 1968). Sus novelas son alegatos contra la sociedad capitalista (*La jungla,* 1906; *La metrópoli,* 1908; *El rey Carbón,* 1917; *Petróleo,* 1927; *El fin del mundo,* 1940). Escribió también sobre la guerra civil española (*«¡No pasarán!» Historia de la batalla de Madrid,* 1937).

SINCLINAL adj. y n. m. *Geol.* Dícese de la parte deprimida de un pliegue simple. (Contr. ANTICLINAL.)

SÍNCOPA n. f. (lat. *syncopam*). Supresión de un fonema o grupo de fonemas en el interior de una palabra. || *Mús.* Elemento rítmico que consiste en un sonido articulado sobre un tiempo débil y prolongado sobre el tiempo fuerte siguiente, o en un sonido articulado sobre la parte débil de un tiempo y prolongado sobre la parte fuerte del tiempo siguiente.

SINCOPADO, A adj. Dícese de la nota musical que forma síncopa, o del ritmo o canto que tiene notas sincopadas.

SINCOPAL adj. Relativo al estado de síncope.

SINCOPAR v. tr. [**1**]. Suprimir un fonema en el interior de una palabra. || *Fig.* Abreviar. || *Mús.* Unir por medio de una síncopa.

SÍNCOPE n. m. Pérdida momentánea de la sensibilidad y del movimiento. (El síncope puede deberse a un paro momentáneo del corazón: el enfermo palidece, suda y su pulso es débil; el síncope respiratorio se debe al paro de la respiración, sin producirse paro cardíaco.)

SINCRÉTICO, A adj. Relativo al sincretismo.

SINCRETISMO n. m. *Antrop.* Fusión de diversos sistemas religiosos o de prácticas religiosas pertenecientes a diversas culturas. || *Sicol.* Sistema arcaico de pensamiento y de percepción, consistente en una aprehensión global y confusa de los diferentes elementos.

SINCRETISTA adj. y n. m. y f. Que pertenece al sincretismo.

SINCROCICLOTRÓN n. m. Acelerador de partículas, análogo al ciclotrón, pero en el cual se encuentra restablecido el sincronismo entre la frecuencia del campo acelerador y la frecuencia de rotación de las partículas.

SINCRONÍA n. f. Circunstancia de coincidir hechos o fenómenos en el tiempo. || *Ling.* Carácter de los fenómenos lingüísticos observados en un estadio de lengua dado, independientemente de su evolución en el tiempo. (Contr. DIACRONÍA.)

SINCRÓNICO, A adj. Dícese de lo que ocurre o se verifica al mismo tiempo. || Dícese de los movimientos que se realizan al mismo tiempo. || Dícese de una máquina eléctrica cuya velocidad angular es siempre igual a la pulsación de la corriente alterna que recibe o que genera, o bien es un submúltiplo o un múltiplo entero de esta pulsación.

SINCRONISMO n. m. Circunstancia de ocurrir o suceder dos o más cosas al mismo tiempo.

SINCRONIZACIÓN n. f. Acción y efecto de sincronizar. || Operación de hacer solidarios y simultáneos los movimientos de dos aparatos. || *Cin.* Coincidencia de la imagen con el sonido; coincidencia de los dos negativos de imagen y sonido.

SINCRONIZADOR n. m. *Tecnol.* Dispositivo o aparato que permite llevar al mismo régimen dos engranajes antes de que entren en contacto.

síncopa

SINCRONIZAR v. tr. [**1g**]. Hacer que dos o más cosas o fenómenos sean sincrónicos: *sincronizar dos movimientos; sincronizar varios emisores.*

SINCROTRÓN n. m. Acelerador de partículas de gran potencia, que puede ser considerado como una síntesis del ciclotrón y el betatrón. ● *Radiación sincrotrón,* radiación electromagnética emitida por electrones relativistas que se desplazan en un campo magnético. (Emitida en los anillos de almacenamiento en forma de haces intensos de rayos X blandos, esta radiación es una herramienta valiosa para la investigación y las aplicaciones técnicas.)

SINCHI ROCA, emperador inca de Perú (del s. XI), hijo y sucesor de Manco Cápac. Formó la confederación del pueblo inca, con los cana y los conchi. Dividió el imperio inca (Tahuantinsuyu*) en cuatro partes. Murió intentando conquistar el actual Chile.

SIN-CHU o **XINZHU,** puerto de Taiwan, en la costa NO de la isla; 184 000 hab.

SIND, región árida del SE de Pakistán, al E del delta del Indo, junto al mar de Omán. Arroz, algodón.

SINDACTILIA n. f. *Med.* Adherencia de los dedos.

SINDÁCTILO, A adj. y n. m. Que tiene los dedos unidos entre sí.

SINDELFINGEN, c. de Alemania (R.F., Baden-Würtemberg), al SO de Stuttgart; 26 000 hab. Construcciones automovilísticas.

SINDÉRESIS n. f. (gr. *syntērēsis*). Buen juicio, actitud para juzgar rectamente y con acierto.

SINDERMAN (Horst), político alemán (Dresde 1915). Desde 1963 es miembro del buró político del Partido socialista unificado de la R.D.A. Presidente del consejo de ministros (1973-1976), es, desde 1976, presidente de la cámara del pueblo.

SINDICABLE adj. Que puede sindicarse.

SINDICACIÓN n. f. Acción y efecto de sindicar o sindicarse.

SINDICAL adj. Relativo al síndico. || Relativo al sindicato.

SINDICALISMO n. m. Movimiento organizado en sindicatos que tiene por objeto definir, defender y hacer triunfar las reivindicaciones económicas, políticas y sociales de sus miembros. || Doctrina según la cual los problemas sociales deben resolverse fundamentalmente a través de la acción de los sindicatos. ■ Las corrientes más importantes del sindicalismo obrero han sido las influidas por el socialismo, el anarquismo y el comunismo, pero también existen un sindicalismo cristiano y otros determinados por la patronal. Los orígenes de las asociaciones de obreros se remontan a las primeras manifestaciones de

R. Michaud-Rapho

Mimar **Sinan:** la mezquita Selimiya en Edirne.

la revolución industrial y se confunden con los primeros pasos del movimiento obrero*, a pesar de las prohibiciones generalizadas de asociacionismo (en España no se autorizó hasta 1840). Gran Bretaña fue el país donde alcanzaron más amplitud; el movimiento de las trade-unions adquirió gran desarrollo desde 1860. En Francia, alrededor de 1863, surgieron las cámaras sindicales obreras. La intensificación de los contactos francobritánicos llevó a la formación de la Asociación internacional de trabajadores (A.I.T.); aunque el enfrentamiento entre las tesis de Bakunin y las de Marx afectó al movimiento, éste creció paralelamente al auge de la industrialización. En Alemania, a partir de 1890, los sindicatos socialistas tendieron a la unificación, lo mismo que en Austria y en Hungría, mientras que en la mayor parte de países donde existía una tendencia anarquista también se daba una tendencia a la unidad, como en Francia e Italia. En Rusia, el grupo marxista Emancipación del trabajo (1883) influyó en el nacimiento de organizaciones socialdemócratas y sindicales. En E.U.A. el movimiento de influencia anarquista se organizó en 1883; en 1904 se constituyó la Industrial workers of the world (I.W.W.). En España, en cambio, se dio paralelamente la influencia marxista y la anarquista. En 1868 se fundó la Dirección general de sociedades obreras de Barcelona y, asimismo, apareció la agrupación sindical las Tres* clases de vapor. En 1870 se celebró en Barcelona el I congreso obrero español y se formó la federación regional española de la A.I.T., de carácter anarquista; en 1888 se fundó la Unión* general de trabajadores (U.G.T.), de orientación marxista.

La primera conferencia sindical internacional tuvo lugar en 1901, de la que en 1913 surgiría la Federación sindical internacional (F.S.I.), en la que Largo Caballero tendría posteriormente notable incidencia. Por otro lado, en agosto de 1907 se celebró un congreso internacional anarquista, del que surgió en 1913 una Internacional sindicalista, mientras que hasta 1922 no se logró una central anarcosindicalista (con el viejo nombre de la A.I.T.), gracias fundamentalmente al esfuerzo español (Confederación* nacional del trabajo), y en la que estuvo bien representado el sindicalismo latinoamericano (Argentina, Uruguay, México, etc.). El llamado sindicalismo revolucionario se extendió desde principios del s. XX y en su teoría convergieron ideas socialistas y libertarias, pero su incidencia se quebró tras la primera guerra mundial. Tras ella, la revolución rusa y la división internacional del socialismo llevaron a la formación de la III internacional y después a la Internacional sindical roja (I.S.R.), que pretendió constituir un núcleo comunista en cada organización sindical; en 1921 se celebró en Moscú el primer congreso —en su secretariado figuró Andreu Nin— y dejó de actuar en 1934.

De las conversaciones desde 1941 entre las trade-unions británicas —cuyo secretario general era presidente de la F.S.I.— y los sindicatos soviéticos, salió la gran conferencia obrera mundial de Londres (1945), que organizó la Federación* sindical mundial (F.S.M.); en su primer congreso estaban representados 70 millones de trabajadores; a ella se incorporó el Congress of industrial organizations (C.I.O.) de E.U.A. Pero el desarrollo del plan Marshall en Europa provocó la escisión de la F.S.M.: la minoría favorable al plan fundó en 1949 la Confederación* internacional de sindicatos libres (C.I.S.L.), que en 1952 favoreció la aparición de la Confederación europea de sindicatos (C.E.S.). Pero la F.S.M. siguió siendo el principal centro del sindicalismo internacional.

Las organizaciones sindicales cristianas celebraron su primer congreso en La Haya en 1920, y se constituyeron en Confederación internacional de sindicatos cristianos (C.I.S.C.), con representantes de 12 países europeos; desde 1968 la C.I.S.C. adoptó el nombre de Confederación* mundial del trabajo. A partir de 1925 se desarrolló en Italia, España, Alemania y Francia un sindicalismo fuertemente controlado por el estado. En España, tras la guerra civil, la Central* nacional sindicalista (C.N.S.) pasó a ser el sindicato oficial, vertical y único.

En América latina el movimiento sindical se extendió a fines del s. XIX y tendió a cuajar en organizaciones a escala nacional, al tiempo que se producía la división entre socialistas y anarquistas. Tras la crisis de 1929 se formaron importantes centrales en Brasil (1929), Argentina (1930), Chile (1936), México (1936), Cuba (1939), etc., y en 1938 se creó la Confederación de trabajadores de América latina, con el apoyo comunista. Con la guerra fría los sindicatos latinoamericanos entraron en crisis, superada a partir de 1959.

SINDICALISTA adj. y n. m. y f. Relativo al sindicalismo; adepto al sindicalismo.

SINDICAR v. tr. y pron. [**1a**]. Agrupar en un sindicato. ◆ **sindicarse** v. pron. Afiliarse a un sindicato.

SINDICATO n. m. Agrupación formada para la defensa de intereses profesionales comunes: *sindicato obrero; sindicato patronal.* • *Sindicato vertical*, sindicato mixto que en España agrupaba a todos los elementos de un determinado servicio o ramo de la producción, ordenado jerárquicamente bajo la dirección del estado. (Fue suprimido en 1977.)

Sindicato español universitario (S.E.U.), organización sindical española de estudiantes universitarios cuyo eje era Falange española (nov. 1933). En 1939 se convirtió en la única organización estudiantil legal, incorporada al Frente de juventudes (1940). Tras un período de agitación estudiantil, fue sustituido por asociaciones profesionales de estudiantes (1965).

SÍNDICO n. m. Persona encargada, en un concurso de acreedores o en una quiebra, de liquidar el activo y pasivo del concursado o quebrado, para satisfacer en lo posible los créditos contra él. || En el Antiguo régimen, persona encargada de representar a una comunidad de habitantes. (En la Corona de Aragón representaban a las ciudades en las cortes.)

SÍNDROME n. m. (gr. *syndromē*, concurso). Conjunto de síntomas que caracterizan una enfermedad o una afección. || Conjunto de fenómenos que caracterizan una situación determinada.

SINE DIE loc. (voces lat.). *Der.* Sin fijar día.

SINE QUA NON loc. (voces lat., *sin lo cual no*). Dícese de una condición indispensable, necesaria.

SINÉCDOQUE n. f. Tropo de dicción que consiste en designar un objeto por alguna de sus partes (*cabeza* por *hombre*), una pluralidad por algo singular (*el hombre es mortal* por *los hombres son mortales*), el género por la especie (*los mortales* por *los hombres*), etc., y viceversa.

SINECISMO n. m. (gr. *synoikismos*). *Ant. gr.* Reunión de varias aldeas rurales alrededor de un centro urbano y que dio origen a la ciudad griega, o *polis*.

SINECURA n. f. Cargo o empleo retribuido que ocasiona poco o ningún trabajo.

SINEQUIA n. f. *Med.* Adherencia patológica entre dos superficies.

SINÉRESIS n. f. Licencia poética que consiste en la fusión de dos vocales contiguas en una sola sílaba. || *Quím.* Separación del líquido de un gel.

SINERGIA n. f. *Fisiol.* Asociación de varios órganos para realizar una función.

SINÉRGICO, A adj. Relativo a la sinergia.

SINÉRGIDA n. f. Célula vegetal afín a la oosfera y que, muy excepcionalmente, puede ser fecundada. (Existen siempre dos sinérgidas.)

SINESTESIA n. f. *Sicol.* Asociación espontánea por correspondencia de sensaciones pertenecientes a zonas diferentes.

SINFÍN n. m. Infinidad, sinnúmero.

SÍNFISIS n. f. (gr. *symphysis*, unión). *Anat.* Articulación poco móvil, formada por tejido conjuntivo elástico. || *Patol.* Adherencia anormal entre dos hojas serosas.

SINFONÍA n. f. (gr. *symphonia*). *Mús.* Composición musical para orquesta, de tres a cuatro movimientos de notable extensión, de los cuales el primero por lo menos toma la forma de sonata. (Antiguamente, el término *sinfonía* podía designar cualquier composición para un conjunto de instrumentos.)

■ Si los teóricos griegos y de la edad media daban a este término el sentido de «sonidos simultáneos», de «armonías constantes», el renacimiento y el clasicismo retuvieron de él la idea de colectividad, al principio vocal e instrumental (G. Gabrieli, Schütz) y después simplemente instrumental. Bajo esta última forma se designaban oberturas, suites y ritornelos. A principios del s. XVIII, la sinfonía se unió con la sonata, en plena oclusión (A. Scarlatti), y adoptó su estructura. Pronto, la sinfonía se transformó en sonata para orquesta, y floreció en Milán (Sammartini), en Mannheim (los Stamitz), en Londres (J. C. Bach), en París (Gossec), y alcanzó su perfección en Viena, con Haydn, Mozart y Beethoven. Su fusión con el concerto —el concerto grosso especialmente— desembocó durante un tiempo, en Francia, en la *sinfonía concertante*.

El camino se abrió a un florecimiento ininterrumpido de obras germánicas (Schubert, Mendelssohn, Schumann, Brahms, Bruckner, Mahler), francesas (Berlioz, Franck y sus discípulos, Saint-Saëns, Roussel, Honneger, Dutilleux) y eslavas (Chaikovski, Dvořák, Prokófiev, Sibelius, Shostakóvich), cuyas influencias se interpenetraban. Ciertos excesos en el tratamiento de la materia instrumental o del trabajo temático (Mahler) provocaron, como reacción, el retorno a la *sinfonietta* o a la *sinfonía de cámara* (Schönberg, Hindemith y Roussel).

Sinfonía fantástica, o *Episodio de la vida de un artista*, obra de H. Berlioz (1830). El autor narra —a través de cinco movimientos— la historia de su amor imposible por la actriz Harriet Smithson. Destaca por el aprovechamiento de un tema cíclico («idea fija») y por la suntuosidad y la novedad de la orquestación.

Sinfonía para un hombre solo, ballet de Maurice Béjart, música concreta de Pierre Henry y Pierre Schaeffer, estrenado en París en 1955.

SINFÓNICO, A adj. Relativo a la sinfonía. ◆ adj. y n. f. Dícese de algunas sociedades musicales y de determinadas sociedades de conciertos.

SINFONISTA adj. y n. m. y f. Dícese de la persona que compone o ejecuta sinfonías.

SI-NGAN, SIAN o **XI'AN,** c. de China, cap. de la prov. de Shen-si; 1 600 000 hab. Industrias metalúrgicas y textiles. Antigua Ch'ang-ngan, la ciudad debe su gloria a la dinastía T'ang (618-906), que hizo de ella la capital. Edificada según un plano en damero, forma un amplio rectángulo cortado por anchas vías rectilíneas sobre un eje central N-S. En esta ciudad «exterior» se alzan santuarios taoístas, budistas, nestorianos y musulmanes. Al norte, la ciudad imperial está separada del palacio fortificado del emperador por una ancha avenida. Las excavaciones han descubierto monedas chinas, árabes, persas y bizantinas. Subsisten algunos monumentos de la época T'ang (pagoda de la Gran Oca o Ta-yen t'a).

SINGANALLUR, c. de la India (Tamil Nadu), cerca de Coimbatore; 113 000 hab.

SINGAPUR, estado insular del SE de Asia; 618 km^2; 2 414 000 hab. Cap. *Singapur.* 2 308 000 hab. Es el centro industrial, portuario, comercial y financiero más importante del Sureste asiático. Aeropuerto internacional.

GEOGRAFÍA. Por su proximidad al ecuador el clima es cálido y húmedo. Su población, muy urbanizada, está integrada en más de sus tres cuartas partes por chinos. Su situación le permitió desarrollarse como puerto de depósitos (caucho, estaño) y de distribución. El tráfico es del orden de 60 Mt y alimenta una actividad industrial de desarrollo reciente: construcciones mecánicas y eléctricas, textiles, química elaborada, etc., cuya producción está destinada fundamentalmente a la exportación. La acelerada industrialización se ha debido a la abundante mano de obra barata, y a reglamentaciones laborales favorables para los empresarios. Además, Singapur, es un importante centro financiero.

HISTORIA. Admirablemente situada, la isla de Singapur fue el emplazamiento de una factoría marítima de Sumatra desde el s. XIV. Después de una larga decadencia en provecho de Malaca, Singapur renació (1819) cuando la Compañía de las Indias Orientales obtuvo a perpetuidad el territorio de la isla. En 1826, la isla fue asociada a Penang y a Malaca para formar los Straits Settlements, cuyo gobernador pasó a residir en Singapur a partir de 1837; desde 1867, estos establecimientos fueron incorporados a Gran Bretaña. Fue base japonesa de 1942 a 1945. Singapur obtuvo la autonomía interna en 1959, y en 1963, tras su independencia, se convirtió en uno de los catorce estados de la Federación de Malasia, pero en 1965 se retiró de ella. Desde 1959 el poder ha estado en manos del Partido de acción popular, dirigido por Lee Kuan Yew.

SINGAR v. intr. [**1b**]. *Mar.* Bogar con un remo armado en la popa de una embarcación, manejándolo de manera que produzca un movimiento de avance.

SINGER (Isaac Merrit), inventor e industrial norteamericano (Pittstown, Nueva York, 1811-Torquay 1875). Perfeccionó una máquina de coser (1851), para la construcción de la cual fundó en Nueva York (1853) una fábrica: la futura Singer manufacturing company.

SINGER (Isaac Bashevis), escritor polaco en lengua yiddish (Radzymin, cerca de Vasovia, 1904), nacionalizado norteamericano. Sus novelas y sus cuentos hacen revivir la Polonia de su infancia, con el ritmo de los cuentistas judíos tradicionales (*El cuerno del carnero,* 1935; *La familia Moskat,* 1950; *El mago de Lublin,* 1959; *Pasiones,* 1974). [Premio Nobel de literatura, 1978.]

SINGH (Chauduri CHARAN), político indio (Noorpur, Meerut, 1902). Fundador del partido de Bharatiya kranti dal, en 1974 constituyó el Bharatiya lok dal (B.L.D.), del que fue presidente. Entró en el Janata (1977) y ocupó cargos ministeriales (1977-1979); abandonó el partido por desacuerdos con Desai y organizó el Janata (S). Primer ministro (julio 1979), fracasó en las elecciones de 1980 y le sucedió Indira Gandhi.

SINGLADURA n. f. Distancia recorrida por una nave en veinticuatro horas. || Intervalo de veinticuatro horas, que empiezan generalmente a contarse desde mediodía. || *Fig.* Rumbo, dirección.

SINGLAR v. intr. (fr. *cingler*) [**1b**]. *Mar.* Navegar con rumbo determinado.

SINGLE n. m. Disco grabado de 45 r.p.m., con un diámetro de 17 cm, y que reproduce en cada cara una sola pieza musical o canción.

SINGLETÓN n. m. *Mat.* Conjunto que sólo posee un elemento.

SINGSPIEL n. m. (voz alemana). Obra teatral alemana en la que alternan el recitado y el canto, las más de las veces de carácter ligero y popular.

SINGULAR adj. (lat. *singularem*). Único, solo. || Extraordinario, raro o excelente. || *Mat.* Dícese de un punto de una curva o de una superficie de ecuación para el cual son nulos o inexistentes los términos de primer grado del desarrollo por la fórmula de Taylor. ● *En singular,* particular o especialmente. ◆ adj. y n. m. *Ling.* Dícese de un número que señala una sola persona, una sola cosa o un solo conjunto de personas o de cosas.

SINGULARIDAD n. f. Calidad de singular: *la singularidad de un suceso.* || Particularidad, distintivo: *es admirado por sus singularidades.* || *Ling.* Carácter del singular de las palabras usadas en singular.

SINGULARIZAR v. tr. [**1g**]. Hacer que una cosa se distinga entre otras: *las costumbres que singularizan a los pueblos.* || Referirse a alguien o algo en particular. ◆ **singularizarse** v. pron. Distinguirse por alguna particularidad o apartarse de lo común: *singularizarse por su inteligencia.*

SIN-HIANG o **XINXIANG,** c. de China, en el N de Ho-nan; 170 000 hab. Carbón.

SINIESTRA n. f. Mano izquierda. || *Heráld.* Lado izquierdo del escudo.

SINIESTRADO, A adj. Que ha sufrido un siniestro.

SINIESTRO, A adj. (lat. *sinistrum*). Izquierdo: *mano siniestra.* || *Fig.* Malintencionado, perverso: *ideas siniestras.* || *Fig.* Infausto, funesto, desgraciado: *año siniestro.*

SINIESTRO n. m. Suceso catastrófico que lleva aparejadas pérdidas materiales y humanas. || Hecho que causa daños a uno mismo o a terceros y que origina la intervención de un asegurador.

SI-NING o **XINING,** c. de China, cap. del Ts'ing-hai; 300 000 hab. Centro comercial (pieles y lana).

SINISTROSIS n. f. Estado mental patológico que reside en una idea delirante de perjuicio corporal, que se enraíza en la mente de ciertos accidentados.

SIN-KIANG o **XINJIANG** *(Región autónoma Uigur del),* región del NO de China; 1 646 800 km^2; 8 000 000 hab. Cap. *Urumtsi.* Se extiende entre el Altai mongol y la frontera soviética, al N, y las ramificaciones del Kuenluen, al S. En el centro, las montañas T'ienshan separan dos depresiones, la Dzhungaria, al N, y el Takla-makan, al S, dos regiones desérticas, en la que sólo el pie de monte está irrigado. El conjunto experimenta un clima frío en invierno (entre −8 y −20 °C de media en enero) y árido, hecho que explica lo reducido de la población. Ésta está integrada en su mitad por uigures y vive en su mayor parte de la ganadería, muchas veces nómada, y de los cultivos cerealeros donde la irrigación lo permite. Desde los años cincuenta se vienen realizando prospecciones (especialmente petróleo). Industrias de transformación (metalurgia y textiles) en los oasis (Urumtsi, Kuldja y Kashgar). Esta modernización de la economía ha provocado una «sinización» de la población.

Sinn Fein, movimiento nacionalista irlandés, fundado hacia 1902 por Arthur Griffith, que tomó su nombre de la expresión gaélica *nosotros solos.* Se radicalizó después del levantamiento de Pascua (1916) y, desde entonces, reunió a los partidarios de la independencia y de la república, alrededor de Eamon De Valera. Después de un gran éxito electoral en 1918, el partido constituyó un gobierno republicano provisional, dirigido por De Valera (1919), y formó una organización militar, el I.R.A. El Sinn Fein, cuya acción permitió al país acceder a la independencia, estaba profundamente dividido, en el momento del tratado de 1921 con Gran Bretaña, entre partidarios del reparto del Ulster y adversarios del mismo. Los nacionalistas radicales se alinearon, en la guerra civil, al lado de De Valera (1922-1923), pero al aceptar éste el Estado Libre de Irlanda y formar un nuevo partido, el Fianna* Fáil (1926-1927) acabó prácticamente con el Sinn Fein, que sin embargo renació en ocasión de movilizaciones que se desarrollan a partir de 1968 en Irlanda del Norte. Tomó entonces una orientación netamente socialista y se puso al frente de la resistencia sostenida por el I.R.A. contra el ejército británico y el gobierno del Ulster, pero la escisión de 1970 entre el I.R.A. provisional y el I.R.A. oficial la debilitó gravemente.

SINNAMARY, r. costero de la Guayana Francesa; 300 km aprox.

SINNÚMERO n. m. Número incalculable: *llegaron un sinnúmero de personas.*

SINO n. m. Destino, hado determinado por el influjo de los astros.

SINO conj. advers. Contrapone a un concepto afirmativo otro negativo: *no lo hizo Juan sino Pedro.* || Denota idea de excepción: *nadie lo sabe sino tú.* || Precedido de negación equivale a solamente o tan sólo; *no te pido sino que me oigas.* || Precedido del adv. *no sólo,* denota adición de otro u otros miembros a la cláusula: *no sólo por entendido sino por afable merece ser estimado.*

SINODAL adj. Relativo al sínodo.

SINÓDICO, A adj. (gr. *synodikos*). Relativo al sínodo. ● *Revolución sinódica,* tiempo que tarda un planeta para volver a estar en conjunción con el Sol.

Vautier-de-Nanxe

un aspecto de **Singapur**

SÍNODO n. m. (gr. *synodos*). En la Iglesia católica, asamblea de eclesiásticos convocada para tratar de asuntos de una diócesis o de la Iglesia universal. (El concilio Vaticano II auspició la reunión de sínodos episcopales periódicos.) || En la Iglesia reformada, asamblea de delegados (pastores o laicos) de los consistorios parroquiales o regionales. ● *Santo sínodo,* consejo supremo de la Iglesia rusa de 1721 a 1917, que remplazó al patriarcado suprimido por Pedro el Grande.

SINOLOGÍA n. f. Ciencia de la historia, de la lengua y de la civilización de China.

SINÓLOGO, A n. Especialista en sinología.

SINONIMIA n. f. Circunstancia de ser sinónimos dos o más palabras; circunstancia de existir sinónimos.

SINONÍMICO, A adj. Relativo a la sinonimia o a los sinónimos.

SINÓNIMO, A adj. y n. m. (lat. *synonymum*). Dícese de las palabras de la misma categoría que tienen un significado muy próximo.

SINOPLE o **SÍNOPLE** n. m. *Heráld.* Color verde.

SINOPSIS n. f. (gr. *synopsis*). Compendio o resumen de una ciencia o tratado, expuesto en forma sinóptica.

SINÓPTICO, A adj. Que puede ser abarcado de una vez con la vista; que ofrece una visión general: *cuadro sinóptico.* ◆ adj. y n. m. pl. *Evangelios sinópticos,* nombre que se da a los evangelios de san Mateo, san Marcos y san Lucas, los cuales presentan grandes semejanzas entre sí.

SINOSTOSIS n. f. *Med.* Unión de los huesos por soldadura.

SINOVECTOMÍA n. f. Ablación quirúrgica de la membrana sinovial.

SINOVIA n. f. Líquido transparente y viscoso que lubrica las articulaciones.

SINOVIAL adj. Relativo a la sinovia.

SINOVIAL n. f. y adj. Serosa que segrega la sinovia. (Sin. BOLSA, MEMBRANA SINOVIAL.)

SINOVITIS n. f. Inflamación de una membrana sinovial.

SINOWATZ (Fred), político austríaco (Neufeldt an der Leitha 1929). Miembro de una familia obrera croata, ingresó en el partido socialista y en 1964 llegó a la presidencia del gobierno del estado federal de Burgenland. Fue luego ministro de Educación (1971-1983) y vicecanciller (1981-1983) con B. Kreisky, al que sustituyó en la cancillería tras las elecciones de 1983, dirigiendo una coalición socialista-liberal.

SINRAZÓN n. f. Acción injusta cometida con abuso de poder.

SINSABOR n. m. Disgusto, pesar.

SINSONTE n. m. Ave paseriforme, parecida al mirlo, que vive en América.

SINSUSTANCIA n. m. y f. *Fam.* Persona insustancial, necia.

SINTÁCTICO, A adj. (gr. *syntaktikos*). Relativo a la sintaxis.

SINTAGMA n. m. *Ling.* Unidad sintáctica elemental (grupo nominal, grupo verbal) de una frase.

SINTAGMÁTICO, A adj. *Ling.* Relativo al sintagma.

SINTAXIS n. f. (gr. *syntaxis*). Parte de la gramática que estudia la estructura de la oración. || Modo de ordenarse o enlazarse las palabras en una oración.

SINTERIZACIÓN n. f. Acción de sinterizar.

SINTERIZAR v. tr. [**1g**]. Realizar objetos sólidos mediante el prensado de la mezcla de polvos metálicos y materias plásticas no fusibles.

SÍNTESIS n. f. (gr. *synthesis*). Método de demostración que procede de los principios a las consecuencias, de las causas a los efectos: *la síntesis es la operación inversa del análisis.* || Exposición de conjunto, apreciación global; reunión de elementos en un todo; resumen, compendio. || *Quím.* Formación artificial de un cuerpo compuesto a partir de sus elementos. ● *Síntesis aditiva,* principio de mezcla de los colores, observable por proyección sobre una pantalla de manchas, no coincidentes en parte, de luces roja, verde y azul (se obtiene el azul verdoso [cyan], el magenta, el amarillo y el blanco). || *Síntesis sustractiva,* principio de mezcla de los colores observable superponiendo, en una posición en parte no coincidente y delante de un foco de luz blanca, filtros coloreados de amarillo, magenta y azul verdoso (cyan). [Se obtiene el azul, el verde, el rojo y el negro.]

SINTETASA n. f. *Biol.* Sin. de LIGASA.

SINTÉTICO, A adj. Relativo a la síntesis: *método sintético.* || Que resume o sintetiza. || Obtenido por síntesis: *caucho sintético.*

SINTETISMO n. m. Tendencia pictórica francesa fundada en el uso de zonas de color aisladas y de contornos rigurosamente delimitados. (Elaborado por E. Bernard, en Pont-Aven, fue adoptado por diversos artistas, entre ellos Gauguin.)

SINTETIZABLE adj. Que se puede sintetizar.

SINTETIZADOR, RA adj. Que sintetiza.

SINTETIZADOR n. m. Órgano electrónico utilizado en estudios de composición musical, capaz de producir un sonido a partir de sus constituyentes (frecuencias, intensidades, duraciones).

SINTETIZAR v. tr. [**1g**]. Reducir a síntesis; realizar una síntesis: *sintetizar una lección; sintetizar los hechos.*

SINT-GILLIS, en fr. **Saint-Gilles,** mun. de Bélgica (Brabante), en la zona industrial de Bruselas; 51 100 hab.

SINT-JANS-MOLENBEEK, en fr. **Molenbeek-Saint-Jean,** mun. de Bélgica, en Brabante, en el área suburbana NO de Bruselas; 72 000 hab.

SINT-MARTENS-LATEM, en fr. **Laethem-Saint-Martin,** mun. de Bélgica (Flandes Oriental); 4 000 hab. — A fines del s. XIX se constituyó allí un grupo de tendencia simbolista, formado especialmente por el escritor Karel Van de Woestijne, su hermano Gustave, pintor, y el escultor Minne. Un segundo grupo, formado después de 1918, marcó el desarrollo del expresionismo pictórico belga, con Permeke y G. de Smet (1877-1943) y Frits Van de Berghe (1883-1939).

SINT-NIKLAAS, en fr. **Saint-Nicolas,** c. de Bélgica (Flandes Oriental), al SO de Amberes; 68 000 hab. Amplia plaza con casas antiguas e iglesia de San Nicolás, de los ss. XVI-XVII. Museo.

SINTOÍSMO o **SINTO** n. m. Religión nacional de Japón, anterior (s. VI) a la introducción del budismo, que rinde culto a los antepasados.

■ El sintoísmo antiguo consistía en un conjunto de creencias y ritos animistas, pero, a partir del s. XIV, el sintoísmo —que considera al emperador como el representante de los dioses— se convirtió en un movimiento de carácter nacionalista. Separado oficialmente del estado en 1946, sigue ejerciendo una gran influencia en Japón.

SINTOÍSTA adj. y n. m. y f. Relativo al sintoísmo; adepto de esta religión.

SÍNTOMA n. m. (gr. *symptōma*). Fenómeno que revela un trastorno funcional o una lesión. || Señal, indicio.

SINTOMÁTICO, A adj. Relativo a los síntomas de una enfermedad. || *Fig.* Revelador de algo, que constituye un síntoma: *incidente sintomático.* ● *Terapéutica sintomática,* tratamiento que combate los síntomas sin atacar la causa (por oposición al tratamiento fundado en la etiología).

SINTOMATOLOGÍA n. f. Estudio de los síntomas de las enfermedades. (Sin. SEMIOLOGÍA.)

SINTONÍA n. f. Fragmento musical que, en lenguaje radiofónico, sirve para distinguir el comienzo o el fin de un programa. || Facultad de vibrar al unísono con otro u otros, o con el medio ambiente. || *Fís.* Concordancia en resonancia de diversos circuitos eléctricos que oscilan en una misma frecuencia.

SINTONIZACIÓN n. f. Acción y efecto de sintonizar.

SINTONIZADOR, RA adj. Que sintoniza.

SINTONIZADOR n. m. Amplificador sintonizado de alta frecuencia en un receptor de radio o de televisión. || Parte del radiorreceptor que posee los elementos resonantes de sintonía.

SINTONIZAR v. tr. [**1g**]. Regular el circuito oscilante de un radiorreceptor, para que su frecuencia propia coincida con la de la emisora que se desea captar. || *Fig.* Adaptarse a las características de una persona, de un medio, etcétera.

SINTRA, c. de Portugal, al NO de Lisboa; 20 000 hab. Antiguo palacio real, pintoresco conjunto de los ss. XIV-XVI (decoraciones de azulejos de los ss. XV al XVIII, etc.). En los bosques vecinos, palacio de la Pena, de mediados del s. XIX. — Tras la invasión de Portugal por las tropas napoleónicas, fue sede de la *capitulación de Sintra* o *Cintra* (30 ag. 1808).

SINUIJU o **SIN-EUI-JU,** c. de la República Democrática Popular de Corea, en la frontera china; 165 000 hab. Textiles.

SINUOSIDAD n. f. Calidad de sinuoso. || Concavidad, parte sinuosa de algo.

SINUOSO, A adj. Que tiene ondulaciones o recodos: *un camino sinuoso.* || *Fig.* Que oculta o disimula un propósito o una intención: *actuar de forma sinuosa.*

SINUSAL adj. Relativo al seno del corazón, o a un seno.

SINUSITIS n. f. Inflamación de los senos óseos de la cara.

SINUSOIDAL adj. *Mat.* De aspecto, forma o variación que recuerdan los de una sinusoide; dícese de un fenómeno periódico cuya representación en función del tiempo es una sinusoide.

SINUSOIDE n. f. *Mat.* Curva plana que representa las variaciones del seno cuando el arco varía.

SINVERGÜENCERÍA n. f. *Fam.* Desfachatez, falta de vergüenza.

SINVERGÜENZA adj. y n. m. y f. Que comete actos reprochables o ilegales en provecho propio o que incurre en inmoralidades. || Desvergonzado, granuja, tunante.

SIÓN, una de las colinas de Jerusalén, en la cual estaba edificada la ciudadela cananea tomada por David. Este término se emplea a menudo como sinónimo de Jerusalén.

SIONISMO n. m. (de *Sión,* colina de Jerusalén). Doctrina y movimiento que tuvo por objeto el establecimiento de judíos en una comunidad nacional autónoma o independiente en Palestina.

■ El sionismo tomó cuerpo en el s. XIX, con «el despertar de las nacionalidades», en forma de una colonización agrícola. La primera colonia judía en Palestina se estableció en 1878. El sionismo se hizo activo a fines del siglo, gracias a Theodor Herzl, cuyo libro *El estado judío* (1896) y el periódico *Die Welt* provocaron la celebración, en 1897, del primer congreso sionista mundial. En 1901 se creó el Fondo nacional judío para el rescate de tierras en Palestina. La inmigración aumentó sobre todo después de la declaración Balfour (1917), que consideraba favorablemente la creación de un hogar judío en Palestina y que fue ratificada por la conferencia de San Remo (1920), cuya aplicación se reveló ardua, dado que las relaciones entre judíos, árabes y británicos en Palestina provocaron luchas sangrientas. Después de la segunda guerra mundial —en la que 6 millones de judíos fueron víctimas del nazismo— el sionismo llegó a una solución concreta: la formación del Estado de Israel (1948).

SIONISTA adj. y n. m. y f. Relativo al sionismo; partidario de este movimiento.

SIOUX → SIUX.

SIOUX CITY, c. de Estados Unidos (Iowa), a orillas del Missouri; 82 000 hab. Mercado de ganado. Industrias alimentarias.

SIQUE n. f. (gr. *psykhē*, alma). *Filos.* Sin. del YO, tomado en el sentido de sus componentes relacionales y afectivos.

SIQUEIROS (David ALFARO), pintor mexicano (Chihuahua 1896-Cuernavaca 1974). Estudió en la escuela de bellas artes y en la escuela de pintura de Santa Anita de México. Entre 1919 y 1922 permaneció en Europa. En París trabó amistad con D. Rivera y en Barcelona, en 1921, fundó la revista *Vida americana* y lanzó un *Manifiesto a los plásticos de América* en el que aboga por «un arte monumental y heroico, un arte humano, un arte público con el ejemplo directo y vivo de nuestras grandes y extraordinarias culturas prehispánicas». De regreso en su país organizó el sindicato de pintores, escultores y grabadores revolucionarios de México y redactó su *Manifiesto,* bandera de la renovación de la pintura mural. De esta época datan sus primeros murales: varios tableros realizados en la escalera del patio Chico de la Escuela nacional preparatoria, en encáustica y fresco *(Los elementos, El entierro de un obrero muerto).* En 1924, en colaboración con Xavier Guerrero, fundó el periódico *El machete* y en los años siguientes visitó Rusia, Buenos Aires y Montevideo. De regreso en México, en 1930-1931 permaneció encarcelado. En 1932 realizó una exposición en el casino español de la capital en la que figuraron algunos de sus primeros trabajos, entre ellos los famosos *Madre campesina* y *Zapata.* En E.U.A. intentó nuevamente la pintura mural, pero fue expulsado por sus ideas políticas y no quedan huellas de sus obras. En 1933 volvió a Argentina y en colaboración con A. Berni y L. Spilimbergo realizó un mural en la residencia de A. Botana, director del periódico *Crítica.* (*Ejercicio plástico,* serie de desnudos de formas geométricas). En 1936 fundó en Nueva York un taller experimental, abandonó el óleo por la piroxilina y realizó ensayos de expresión. En 1939 pintó en la escalera del sindicato mexicano de electricistas su primera obra mural completa, *Proceso al fascismo.* En 1940, nuevamente fuera del país por motivos políticos, pintó en Chile, en la biblioteca de la escuela México, uno de sus murales más completos, *Muerte al invasor,* con tema de la conquista de América. En 1944 fundó el Centro de arte realista moderno, en cuya sala pintó *Cuauhtémoc contra el Mito.* Otra de sus obras fundamentales la realizó en el vestíbulo del salón de actos del Hospital n.° 1 del seguro social, en México (1953). Encarcelado y condenado a ocho años de prisión (1960), salió en libertad en 1964. En 1966 finalizó su obra *Historia de la humanidad.* Posteriormente realizó esculturas gigantes de plástico. Su estilo personal, claramente reconocible dentro del movimiento de muralistas, realiza una particular síntesis de tendencias modernas (futurismo, expresionismo, abstracción) que él llamó realismo, entendiendo por éste una posición de compromiso frente a la realidad y no un estilo pictórico.

SIQUEM, ant. ciudad cananea de Samaria, ilustre por el recuerdo de los patriarcas hebreos que residieron en su territorio. Durante el período monárquico gozó de un estatuto especial. Primera capital del reino de Israel, antes que Samaria, se convirtió, tras el exilio, en la metrópoli religiosa de los samaritanos. Destruida en 128 a. J.C. por Hircano I (V. ASMONEOS) quedó reducida a una pequeña población junto a la cual Vespasiano en 72 d. J.C. fundó Flavia Neapolis, act. Napluse.

SIQUIATRA n. m. y f. Médico especializado en enfermedades mentales. (Sin. ALIENISTA.)

SIQUIATRÍA n. f. Disciplina médica cuyo objeto es el estudio y tratamiento de las enfermedades mentales. (Sin. FRENOPATÍA.)

■ Desde la antigüedad se conocen los síntomas de naturaleza síquica (alucinaciones, amnesias, comportamientos extravagantes, etc.), pero la siquiatría como disciplina médica no nació hasta el momento en que se aceptó estudiar una causa determinada que, hasta entonces, se había considerado del dominio de lo demoníaco. Así, el enfermo mental fue distinguido progresivamente de otros individuos que habían sido considerados sus pares (delincuentes, asociales). Pero, en un principio, la franja en la que se colocó al enfermo síquico estaba mal delimitada; fue necesario el gran esfuerzo de la nosografía, en el s. XIX, de la mano fundamentalmente de P. Pinel, para que la caracterización de los trastornos síquicos tuviera calidad científica. La siquiatría nació, pues, como especialidad médica, merced al positivismo científico del s. XIX, al definir su objeto de estudio dentro del modelo médico de enfermedad. Considerando el cerebro como centro de la actividad mental del individuo, la siquiatría se encargará de organizar y describir el diagnóstico, la etiología y el tratamiento de las distintas patologías. La nosografía clínica clásica se constituyó a partir de la descripción y clasificación en el asilo de las diferentes conductas «irracionales» que allí se manifestaban y tomando como modelo la parálisis general progresiva. La locura se redefinió como enfermedad mental, al tiempo que se pretendía aislar sus «manifestaciones» del contexto social en el que se origina. El aislamiento del alienado, arrancado de su marco vital e insertado en el orden del manicomio, representó durante mucho tiempo la pieza maestra del arsenal terapéutico de los alienistas, quienes, limitados tanto en sus prerrogativas como en su eficacia terapéutica, se limitaron a observar y describir las distintas formas de enfermedad mental. La siquiatría, al considerar la mente como un órgano cualquiera, se constituyó según el modelo de la medicina orgánica de la época. Hasta 1920 no existió la posibilidad de que los pacientes ingresaran por propia voluntad en un servicio hospitalario y salieran de éste de la misma manera.

A mediados del s. XX, sin embargo, el resultado de varios trabajos en distintas ramas de la investigación y el auge de la teoría sicoanalítica hicieron posible una mayor autonomía en el tratamiento de las enfermedades mentales; el descubrimiento de los sicofármacos, por ejemplo, hizo posible modificar el tratamiento de algunas enfermedades cuyas manifestaciones exigían el ingreso en un centro (por ejemplo, las crisis de los «furiosos»). Por otra parte, la investigación química, muy unida a la siquiatría, permitió el establecimiento de ciertas modalidades terapéuticas que gozaron del favor de la mayoría de los alienistas. Entre ellas merecen señalarse la insulinoterapia, la convulsoterapia (electroshock) y la sicocirugía. El electroshock tiene por objeto provocar una conmoción que se estima saludable. Las curas de sueño, durante las que el organismo se halla en hibernación, tienen, sin embargo, una justificación totalmente opuesta.

Por otra parte, existe una corriente distinta en su consideración tanto etiológica como terapéutica de los trastornos mentales: la basada en el estudio de las estructuras profundas de la personalidad y en la dinámica de sus estratos. Iniciada por Freud, ha dado lugar, por un lado, a la creación de una importante escuela terapéutica, la *siquiatría sicoanalítica,* pero además ha permitido abordar de modo mucho más amplio el conocimiento de la mente humana tanto en estado normal como patológico. Aunque el número de enfermos mentales que se han podido beneficiar concretamente del sicoanálisis es muy limitado, éste tiene un impacto importante en siquiatría, que lleva a ciertos siquiatras a liberalizar su práctica.

La entrada de la corriente teórica sicoanalítica en las instituciones siquiátricas promovió el desarrollo de un movimiento denominado *sicoterapia institucional*, llamado así en razón de su enfoque polidimensional de la enfermedad mental. Por el valor particular que concede al trabajo y al lenguaje, sus referencias teóricas son el marxismo y el sicoanálisis. Este modelo plantea dos tipos de principios ideológico-técnicos: 1) rechazo de la segregación del enfermo mental, que presupone la implantación del equipo asistencial en el medio donde viven los pacientes, y 2) unidad e indivisibilidad de las tareas terapéuticas.

A partir de comienzos de la década de los sesenta se inició también un movimiento de transformación teórico-asistencial, agrupado inicialmente bajo el nombre de *antisiquiatría,* el cual criticó tanto la tendencia siquiátrica, desde una perspectiva claramente sociopolítica y contracultural, como al sicoanálisis (*Antiedipo* de G. Deleuze y F. Guattari). La antisiquiatría arraigó particularmente en E.U.A. y en Gran Bretaña, donde se instituyeron pequeñas comunidades terapéuticas destinadas a proveer al individuo que atraviesa una crisis existencial del lugar y de los acompañantes adecuados, sin interferir en el proceso curativo, que se considera natural.

El saber siquiátrico actual acerca de la salud y de la enfermedad mental, con la transformación de la práctica asistencial, considera al individuo-paciente como sujeto de contradicciones sociales, políticas y culturales en el marco de interacción familiar, laboral y comunitaria, y a la enfermedad mental o desadaptación de la conducta como resultado de una disfuncionalidad de aquellas contradicciones en el proceso de socialización.

SIQUIÁTRICO, A adj. Relativo a la siquiatría. (Sin. FRENOPÁTICO.)

SÍQUICO, A adj. (gr. *psykhikos*). Relativo a la sique o al siquismo.

SIQUIERA conj. Equivale a bien que, aunque: *ayúdame, siquiera por última vez.* || Equivale a *o, ya* u otra semejante: *siquiera venga, siquiera no venga.* ◆ adv. Por lo menos, tan sólo: *déme usted media paga siquiera.*

SIQUISIQUE, c. de Venezuela (Lara), a orillas del Tocuyo; 14 781 hab. Centro agrícola (caña de azúcar y café).

SIQUISMO n. m. Conjunto de caracteres síquicos de un individuo determinado.

SIR n. m. (voz inglesa). Tratamiento honorífico empleado por los británicos.

SIRACUSA, c. y puerto de Italia, en Sicilia, cap. de prov., en la costa E de la isla; 123 000 hab.
HISTORIA. Fundada por los corintios (c. 734-733 a. J.C.), en el s. v a. J.C. impuso su hegemonía en Sicilia, después de haber reducido la influencia cartaginesa, con la victoria de Himera (480) y con el fin de la tiranía de Gelón (de 485 a 478). Con Hierón I (de 478 a 466), protector de las letras (atrajo a su corte a Esquilo, Píndaro y Simónides), se reafirmó esa política de dominio, que adquirió su apogeo con la victoria sobre Atenas en 413 (v. PELOPONESO *[guerra del]).* Dionisio el Viejo (de 405 a 367) limitó al O de la isla la influencia de Cartago y extendió su imperio a las ciudades griegas de la Italia meridional; su hijo, Dionisio el Joven (de 367 a 344), no supo conservar las conquistas de su padre, y hasta la tiranía de Agatocles (de 317 a 289) no se restableció la supremacía de Siracusa sobre las ciudades de Sicilia. Hierón II (de 265 a 215) fue primero aliado de los cartagineses y después de los romanos (v. PÚNICAS *[guerras]*). Pero su sobrino, Jerónimo (de 215 a 214), tomó partido por los cartagineses y fue derrotado por los romanos.
BELLAS ARTES. Numerosas ruinas antiguas: dos templos de Apolo (uno de fines del s. VII a. J.C. y otro helenístico); gran teatro griego (s. v a. J.C.), con gradas talladas en la roca, como las del anfiteatro romano (s. III); conjunto romano que comprende un templo, un pórtico y un teatro; latomías, antiguos hipódromos en actividad desde el s. VI a. J.C.; fortificación de Euríalo (en el O de la ciudad), parte de las de Dionisio el Viejo; columnas del templo de Minerva (s. v a. J.C.), empotradas en la catedral (ss. VII-XVIII). Iglesias y palacios de la edad media (palacio Bellomo: museo nacional). Monumentos barrocos del s. XVIII, entre ellos el palacio Bosco (museo arqueológico).

ŠIRĀZ, c. de Irán, en el Zagros; 336 000 hab. Alberga numerosas tumbas veneradas, entre las que destacan las de los poetas Sa'adī y Ḥāfiẓ; debe también su celebridad a una escuela de miniaturistas cuya expansión se sitúa en el s. XV, en época de los Timūríes. Tapices. Industrias eléctricas y químicas.
HISTORIA. Eclipsada en la antigüedad por las grandes ciudades del N del Fārs, conoció su auge después de la conquista árabe (s. VII). En el s. X, los Būwayhíes la dotaron de tantos monumentos que llegó a rivalizar con Bagdad. En la época ṣafawī (ss. XVI-XVIII) se convirtió en la capital de Persia durante el dominio zend (1750-1794).

SIRDĀR n. m. → SARDĀR.

SIRE n. m. (voz francesa). Título que se daba a los reyes en algunos países.

SIRENA n. f. Divinidad del mar, medio mujer y medio pájaro, temible por el encanto de su voz. (La iconografía medieval representó las sirenas con busto de mujer y cola de pez.) || Aparato que emite sonidos mediante interrupciones y restablecimientos periódicos de un chorro de aire.

SIRENIO, A adj. y n. m. Relativo a un orden de mamíferos herbívoros marinos y fluviales, dotados de aletas. (El *manatí* y el *dugón* pertenecen al orden *sirenios.*)

SIRET o **SERET,** r. de Europa, que bordea exteriormente los Cárpatos orientales y fluye por el E de Rumania (Moldavia) antes de llegar al Danubio (or. izq.), cerca de Galaṭti; 726 km.

SÍRFIDO, A adj. y n. m. Relativo a una familia de insectos dípteros, que viven sobre las flores y en los prados. (La familia *sírfidos* comprende gran número de especies y de individuos.)

SIRGA n. f. Maroma que sirve para tirar las redes, para llevar las embarcaciones desde tierra, principalmente en la navegación fluvial, y para otros usos. ● *Camino de sirga,* camino destinado a la sirga a lo largo de un curso de agua.

SIRGADOR n. m. El que sirga.

SIRGAR v. tr. [**1b**]. Remolcar un barco desde tierra, con la ayuda de una sirga.

SIRIA, región histórica de Asia occidental, que incluye los actuales estados de Siria, Líbano, Israel y Jordania.
● *La Siria de la antigüedad.* Por ser zona de paso entre Egipto, Asia Menor y Mesopotamia, y cuna de importantes civilizaciones, Siria estuvo sometida a las presiones de los grandes imperios del antiguo oriente (Babilonia, Egipto, hititas, Asiria, persas), que se esforzaron por controlarla. Formó un mosaico de pequeños estados, en los que predominaba el elemento semita: durante el II milenio se infiltraron, en sucesivas oleadas, amorritas, hurritas, cananeos (fenicios, en el litoral), arameos y hebreos; algunos grupos (filisteos) de los pueblos del mar, que habían sido derrotados por los egipcios, se instalaron en el S de la costa fenicia. La toma de Babilonia (539 a. J.C.) por Ciro II el Grande, convirtió a la antigua Siria en una satrapía persa que, a la muerte de Alejandro (323 a. J.C.), pasó al dominio de los Seléucidas y tomó el nombre de reino de Siria, con Antioquía como capital. En 64-63 a. J.C. Pompeyo venció a los Seléucidas y convirtió su imperio en la provincia romana de Siria, que, al producirse la división del imperio romano, en 395, quedó incluida en el imperio de oriente.
● *La Siria árabe.* La población siria (sirios o judíos de lengua aramea o árabes gasāníes, establecidos en el *limes* romano desde fines del s. V), superada por siglos de dominio romano-bizantino, opuso escasa resistencia a los conquistadores árabes, vencedores del ejército bizantino en el Yarmūk (636). Con Mu'āwiyya (de 661 a 680), fundador de la dinastía de los Omeyas (661-750), Siria se convirtió en el centro del imperio musulmán y conoció un gran desarrollo económico y cultural. La islamización progresó lentamente, mientras que la arabización fue rápida. Con la subida al trono de los Abasíes (750-1258), Siria perdió su posición privilegiada en el seno del imperio musulmán, cuya capital pasó de Damasco a Bagdad. Después de un período de numerosas revueltas contra el poder central, Palestina y el S de Siria entraron en la órbita egipcia (con las dinastías de los Tūlūníes, los Ijšīdíes y los Fatimíes), mientras que los Ḥamdāníes de Alepo (s. X) no pudieron contener los ataques de la reconquista bizantina. Los turcos selyúcidas tomaron Damasco (1076) y Jerusalén (1077). Siria, debilitada por las luchas internas, dinásticas o religiosas (califato chiíta de los Fatimíes, secta de los *asesinos*), fue conquistada por los cruzados, que fundaron en su territorio el principado de Antioquía (1098-1268), el reino de Jerusalén (1099-1291) y el condado de Trípoli (1109-1289). Los zangīes (1127-1183) de Mosul y Alepo realizaron la contracruzada, que prosiguió Saladino. Con sus sucesores, los Ayyūbíes, Siria mantuvo relaciones pacíficas con los francos y conoció un nuevo desarrollo económico, gracias al auge del comercio con occidente. Los mamelucos de Egipto detuvieron a los mongoles en 'Ayn Djālūt (1260) y reconquistaron las últimas posesiones francas de Siria y Palestina, en las que gobernaron hasta la conquista otomana (1516). Siria fue devastada por Timūr Lang (Tamerlán) en 1400-1401.
● *La Siria colonial.* A inicios de la etapa otomana (1516-1918) la economía siria se fue recuperando de las destrucciones del s. XV. En los ss. XVII-XVIII, la región decayó, pues sus sistemas de producción resultaron caducos frente a los progresos técnicos de occidente. Tras el restablecimiento de la autoridad de los otomanos, expulsados de Siria (1831-1840) por Mehmet 'Alī e Ibrāhīm, Siria y Líbano entraron en un período de anarquía marcado por la intervención de las potencias extranjeras, los conflictos confesionales (drusos, maronitas) y el auge del nacionalismo árabe (v. ÁRABES).

Durante la primera guerra mundial, los sirios se desvincularon de los turcos, alineados con los alemanes, y se integraron en las fuerzas francobritánicas y hachemitas. Fayṣāl I entró en Damasco en 1918 y fue elegido rey de Siria en 1920. Pero Francia obtuvo de la S.D.N. un mandato sobre Siria (1920-1941) y el Líbano. El país fue entonces dividido en tres estados: Damasco, Alepo y el territorio de los Alawíes. El ŷabal Druso se rebeló de 1925 a 1927. Francia evacuó completamente Siria en 1945-1946.

SIRIA, en ár. **Sūriyya,** estado del Asia occidental, junto al Mediterráneo; 184 400 km^2; 7 840 000 hab. *(Sirios.)* Cap. *Damasco.*
GEOGRAFÍA. La estrecha llanura costera del Mediterráneo está dominada, al E, por las montañas calcáreas del ŷabal Anṣāriyya, que se prolonga hacia el S por el Antilíbano, el Hermón y el ŷabal Durūz. Esta franja litoral, de clima mediterráneo, menos suave en la parte montañosa, contrasta con la zona E del país, amplia meseta desértica enclavada en la cuenca del Éufrates.

La población se concentra en las montañas y en la llanura oriental, donde se ubican el puerto de Latakia, y las principales ciudades: Alepo, Ḥamā, Ḥoms y Damasco.

Siria es predominantemente agrícola. A los cultivos de secano (trigo y cebada) de las montañas y las mesetas (Yazīra) se añaden los de regadío del pie de monte (olivos, frutales, algodón y tabaco), practicados en el gūṭa de Damasco y el Gāb, depresión tectónica regada por el Orontes al pie del ŷabal Anṣāriyya. En las mesetas desérticas se practica una ganadería ovina nómada. La industria es básicamente de transformación (textil), localizada en Alepo y Damasco. La explotación de los fosfatos y, sobre todo, del petróleo favorece su desarrollo. El territorio es atravesado por oleoductos procedentes de Iraq (bloqueados a raíz de la guerra irano-iraquí).
HISTORIA. El general Catroux proclamó la independencia de Siria en 1941; sin embargo, los franceses no evacuaron el país hasta 1945-1946. Un golpe de estado militar derrocó al que había sido presidente de la república (1943-1949), Šukrī al-Quwatlī, después de la derrota en la guerra de Palestina (v. ÁRABE-

David Alfaro **Siqueiros:** *Autorretrato.* (Museo de arte moderno, México.)

Flash Press

curvas de nivel: 200. 500. 1000. 1500 m

SIRIA

ISRAELÍES [*guerras*]). La vida política siria pasó a estar dominada por los conflictos entre los partidos proiraquí (partidario de los hachemitas, aliados de los británicos) y proegipcio, que se fueron turnando en el poder. Finalmente, Siria rechazó el proyecto británico del pacto de Bagdad (1955), aceptó la ayuda soviética y se unió a Egipto formando la República Árabe Unida (R.A.U.) [1958-1961]. El partido Ba'at está en el poder desde 1963. Las nacionalizaciones y la reforma agraria provocaron el éxodo de los capitales autóctonos. Tras la derrota de 1967, Siria volvió a practicar su política de apoyo a la resistencia palestina y rechazó cualquier pacto con Israel. El régimen se liberalizó con la toma del poder por parte de al-Asad (1970). Después de la cuarta guerra árabe-israelí (1973), Siria reanudó las relaciones diplomáticas con E.U.A. Desde 1975 intervino en el Líbano, con ocasión de la guerra civil, y cada día fue mayor su influencia en ese país, hasta la invasión israelí de 1982. A partir de 1978, ciertos medios integristas se opusieron violentamente al régimen del presidente al-Asad.

SIRÍACO, A adj. y n. m. Dícese de una lengua semítica derivada del arameo, que se ha conservado como lengua literaria y litúrgica de ciertas Iglesias orientales.

SIRICIO *(san)* → cuadro PAPAS.

SIRIMIRI n. m. Lluvia muy fina, persistente y penetrante.

SIRINGA n. f. Flauta de Pan.

SIRINGE n. f. Órgano de fonación de las aves, situado en la bifurcación de los bronquios.

SIRINGOMIELIA n. f. Enfermedad del sistema nervioso central en la que la destrucción de la sustancia gris de la médula espinal acarrea la pérdida de la sensibilidad al dolor y a la temperatura.

SIRIO, A adj. y n. De Siria.

SIRIO n. m. Dialecto árabe hablado en Siria.

SIRIO → cuadro ESTRELLAS.

SIRIONÓ, pueblo amerindio, de lengua tupíguaraní, que habita al E de Bolivia. Su primitivismo físico permite incluirlos entre los paleoamerindios.

SIRKA n. f. Semilla del ají, empleada como condimento en diversos países de América del Sur.

SIRLE n. m. Deyección del ganado lanar y cabrío.

SIRLÍ n. m. Ave paseriforme de alas muy desarrolladas, que vive en las zonas desérticas de África central y septentrional.

SIROCO n. m. Viento muy seco y cálido que sopla desde el Sahara hacia el litoral, cuando reinan bajas presiones en el Mediterráneo.

SIROS, isla griega del archipiélago de las Cícladas. 19 000 hab. C. pral. *Hermópolis.* Obispado.

SIRTAKI n. m. (voz griega). Danza de origen griego, que se baila con las manos enlazadas. (Se puso de moda en Europa en los años sesenta.)

SIRTE n. f. Bajo de arena, en el fondo del mar.

SIRTE o **SYRTE,** antiguo nombre de dos golfos: la *Gran Sirte,* que se extendía por las costas de Cirenaica y de Tripolitania, y la *Pequeña Sirte,* actualmente *golfo de Gabes.*

SIRUMA *(sierra de)* → JIRAJARA *(sierra de).*

SIRVENTÉS n. m. (voz provenzal). Género poético provenzal de los ss. XII y XIII, que trata de la actualidad, en especial política, de una manera polémica y satírica.

SIRVIENTE, A n. Persona dedicada al servicio doméstico, criado.

SISA n. f. (fr. *assise*). Parte que se hurta de lo que se maneja por cuenta de otro, especialmente en cosas menudas. || Corte hecho en la tela de las prendas de vestir para que ajusten al cuerpo, especialmente la escotadura donde debe asentarse la manga.

SISADOR, RA adj. y n. Que sisa, hurta.

SISAK, c. de Yugoslavia (Croacia), a orillas del Save; 38 000 hab. Puerto fluvial y centro industrial (siderurgia y refino de petróleo).

SISAL n. m. Planta amarilidácea, de cuyas hojas se extraen unas fibras utilizadas en la fabricación de sacos y cuerdas. || Fibra que se utiliza en la fabricación de sacos, cordelería, etcétera.

SISAR v. tr. [**1**]. Hurtar o sustraer, generalmente en pequeñas cantidades. || Hacer sisas en las prendas de vestir.

SISBERTO, noble visigodo de los ss. VII-VIII, hermano de Witiza. Contactó con el musulmán Ṭāriq (710) para que penetrara en la Península y en la batalla de Guadalete (711) abandonó al monarca visigodo Rodrigo.

SISEAR v. intr. y tr. [**1**]. Emitir repetidamente el sonido inarticulado de *s* y *ch,* para llamar a alguien o para mostrar desagrado.

SISEBUTO († 621), rey de los visigodos (de 612 a 621). Su reinado se caracterizó por la protección a la religión católica y el auge de la cultura oficial en versión romanizante. Escribió *Vida de san Desiderio* y el poema *Astronomicon.* Promulgó una serie de leyes contra los judíos, sofocó las rebeliones de los astures y rucones, y realizó una campaña contra los bizantinos.

SISENANDO († 636), rey de los visigodos (de 631 a 636). Derrocó a Suintila y fue proclamado rey en Zaragoza (631), y reconocido como tal en el IV concilio de Toledo (633).

SISEO n. m. Acción y efecto de sisear.

SÍSIFO, rey legendario de Corinto, célebre por su ingenio y su astucia. Por haber querido escapar de las leyes de Thánatos (la Muerte) fue condenado a empujar eternamente hacia arriba de una montaña una roca, que siempre volvía a caer antes de alcanzar la cima. El *mito de Sísifo* es el símbolo de la absurda condición del hombre que tropieza siempre con los ciegos imperativos de la divinidad. A. Camus escribió en 1942 una obra con este tema.

SISINIO → cuadro PAPAS.

Paisaje de **Siria,** cerca de la antigua ciudad de Apamea.

J. Guillard